商事判例研究

第 Ⅵ 卷

商法·會社整理法·어음法·기타

(2000 ~ 2005)

編輯代表 崔 基 元

傳 英 社

머 리 말

지난 2000년 3월에 商事判例硏究 第Ⅳ卷과 第Ⅴ卷이 발간된 지 6년 만에 第Ⅵ卷의 발간을 보게 되었다. 본서의 대상판례는 商法 全般을 비롯하여 어음법, 회사정리법과 기타 관련 분야에 관한 지난 6년 동안 새로 나온 대법원 판례 중에서 중요하다고 판단되는 것으로서 28개에 이른다. 執筆者는 17명의 대학교수와 11명의 판사와 변호사들로 구성되었다. 본서의 내용은 지난 6년간 商事判例硏究會에 발표된 원고를 취합한 것이다.

본서는 날로 복잡하고 다양하게 발전하고 있는 상사관계에 대한 연구와 상사분쟁의 해결을 위하여 법학 전공자와 기업인뿐만 아니라 실무에 종사하는 法曹人들에게 크게 도움이 될 것으로 믿는다.

본서의 발간은 여러분들이 지대한 관심을 베풀어 주신 덕분으로 가능하게 된 것이다. 발표회가 있을 때마다 참가하시어 고견을 피력해 주신 홍익대학의 명예교수이신 鄭鎭世 교수님의 열의와 성원에 감사드리고, 법원의 중책을 맡고 있으면서 자주 발표회에 참가하여 후배교수와 판사들을 격려해 주신 李宙興 대전지방법원 원장에게 사의를 표하지 않을 수 없다.

그리고 사실상 연구회를 이끌어 가는 기관사인 편집위원, 연세대의 金星泰 교수, 서울대의 金建植 교수, 법원행정처 차장 睦榮埈 판사, 대법원 수석재판연구관 金龍德 판사, 대전지방법원 수석부장 權純一 판사, 연구회의 간사로서 발표회의 모든 계획과 준비를 하고 본서 발간의 책임을 지고 수고한 서울대 朴庠根 교수에게 감사의 뜻을 전한다. 아울러 발표회가 있을 때마다 도와 준 상명대학 김동민 교수에게도 고맙게 생각한다.

끝으로 본서의 발간을 위하여 힘써 주신 博英社의 宋逸根 주간님, 교정을 위해 애쓰신 朴圭泰 편집위원님과 판례연구 발표회의 회의장을 흔쾌히 사용할 수 있도록 배려해 주신 安鍾萬 회장님에게 사의를 표하는 바이다.

2006년 2월

서울대학교 연구실에서

편집대표 崔基元 씀

執 筆 者

權純姬 연세대학교 법학연구소 전문연구원, 법학박사
金甲猷 변호사, 법무법인 태평양
金大元 판사, 대법원 재판연구관
金東民 상명대학교 법학과 교수
金容載 국민대학교 법과대학 교수
金昌俊 변호사, 법무법인 세경
魯赫俊 단국대학교 법과대학 교수
文英和 판사, 대법원 재판연구관
朴庠根 서울대학교 법과대학 교수
朴 薰 서울시립대학교 세무학과 교수
宋沃烈 서울대학교 법과대학 교수
安修賢 충북대학교 법과대학 교수
梁鉉周 인천지방법원 부장판사
呂美淑 판사, 법원도서관 조사심의관
劉榮一 울산대학교 법학부 교수
李太鍾 서울행정법원 부장판사
林采雄 사법연수원 교수, 부장판사
張德祚 아주대학교 법과대학 교수
蔣尙均 판사, 대법원 재판연구관
全遇賢 영남대학교 법과대학 법학부 교수
鄭敬永 성균관대학교 법과대학 교수
蔡東憲 판사, 사법연수원 교수
崔基元 서울대학교 법과대학 명예교수
崔東烈 판사, 대법원 재판연구관

崔文僖 강원대학교 법과대학 교수
崔鍾賢 연세대학교 법과대학 교수, 변호사
韓基貞 이화여자대학교 법과대학 교수
韓昌熙 서경대학교 법학과 교수

(가나다順. 현직은 2005년 12월 기준)

目　次

商號權侵害의 判定

朴 庠 根*

대법원 2002. 4. 15. 선고 2001다73879 판결**

[事實의 槪要]

原告 회사는 1995년 6월 20일 본점 소재지를 서울특별시, 설립목적을 전자부품·전자제품·반도체부품의 도소매업 및 수출입업 등으로 하여 설립된 회사로서 당초 '주식회사 서주반도체부품'이라는 상호로 위 목적사업을 영위하여 오다가 상호를 1995년 12월 29일 '파워컴전자 주식회사'로, 다시 1999년 11월 3일 '파워컴 주식회사'로 변경하고 각각 변경등기를 하였다. 소외 한국전력공사는 그 소유의 광통신망 및 동축케이블망 등을 현물출자하여 被告 회사를 설립하면서 1999년 9월 21일 '주식회사 파워콤'으로 상호가등기를 경료하였고, 피고 회사는 2000년 1월 26일 본점소재지를 서울특별시, 설립목적을 전기통신회선설비 임대사업, 종합유선방송 분배망 및 전송망 사업 등으로 하여 설립된 후 위 상호가등기에 기하여 상호등기를 경료하고 목적사업을 영위하여 왔다. 이에 원고는 피고가 '파워콤'이라는 상호를 사용하지 말 것과 상호권침해로 인한 손해배상을 청구하였다.

[訴訟의 經過]

제1심[1]과 항소심[2]에서 原告의 請求는 棄却되었고, 이에 원고가 上告하였다.

[判決要旨]

대법원은 上告를 棄却하면서 다음과 같이 판시하였다.

1. 상법 제23조 제1항은 누구든지 부정한 목적으로 타인의 영업으로 오인할 수 있는 상호를 사용하지 못한다고 규정하고 있는바, 타인의 영업으로 오인할 수 있는 상호는 그 타인의 영업과 동종 영업에 사용되는 상호만을 한정하

* 서울대학교 법과대학 교수.

** 공 2002. 4. 15.(152), 805.

1) 서울지방법원 2001. 4. 20. 선고 2000가합37178 판결.

2) 서울고등법원 2001. 10. 24. 선고 2001나25759 판결.

는 것은 아니라고 할 것이나, 어떤 상호가 일반 수요자들로 하여금 영업주체를 오인·혼동시킬 염려가 있는 것인지를 판단함에 있어서는, 양 상호 전체를 비교관찰하여 각 영업의 성질이나 내용, 영업방법, 수요자층 등에서 서로 밀접한 관련을 가지고 있는 경우로서 일반 수요자들이 양 업무의 주체가 서로 관련이 있는 것으로 생각하거나 또는 그 타인의 상호가 현저하게 널리 알려져 있어 일반 수요자들로부터 기업의 명성으로 인하여 절대적인 신뢰를 획득한 경우에 해당하는지 여부를 종합적으로 고려하여야 한다.

2. 상호를 먼저 사용한 자(先使用者)의 상호와 동일·유사한 상호를 나중에 사용하는 자(後使用者)의 영업규모가 선사용자보다 크고 그 상호가 주지성을 획득한 경우, 후사용자의 상호사용으로 인하여 마치 선사용자가 후사용자의 명성이나 소비자신용에 편승하여 선사용자의 상품의 출처가 후사용자인 것처럼 소비자를 기망한다는 오해를 받아 선사용자의 신용이 훼손된 때 등에 있어서는 이를 이른바 逆混同에 의한 피해로 보아 후사용자의 선사용자에 대한 손해배상책임을 인정할 여지가 전혀 없지는 않다고 할 것이나, 상호를 보호하는 상법과 부정경쟁방지 및 영업비밀보호에 관한 법률의 입법취지에 비추어, 선사용자의 영업이 후사용자의 영업과 그 종류가 다른 것이거나 영업의 성질이나 내용, 영업방법, 수요자층 등에서 밀접한 관련이 없는 경우 등에 있어서는 위와 같은 역혼동으로 인한 피해를 인정할 수 없다.

[評　釋]

Ⅰ. 머 리 말

商號權에 관한 기존의 문헌을 살펴보면 상호권에 관한 설명은 어느 정도 도식화된 방식이 있다. 그러나 이러한 관행적인 설명을 그대로 따라가다 보면, 뭔가 부족한 느낌이 있다. 우선 상호권의 법적 성질에 대한 설명과 상호권의 내용에 대한 설명이 서로 연결되지 않는 점이 있다. 또한 商號專用權의 요건에 관한 설명에서 흔히 시도하고 있는 판례의 인용은 적절하지 않아 보인다. 왜냐하면 최근의 판례는 상호전용권의 요건에 관한 기존의 체계를 벗어나고 있는 것으로 보이는데, 문헌들은 이를 반영하지 못하고 있는 듯하다. 이에 상호권에 관한 判例를 분석하여 과연 기존의 설명과 최근 판례의 태도 중에 어느 것이 상법의 취지에 부합하는지 밝혀 보고자 한다.

상호권에 관한 최근의 판례에서 보이는 또 하나의 특징은 不正競爭防止法[3]의 영향이다. 이에 관하여는 해당하는 곳에서 언급하기로 한다.

Ⅱ. 商號權의 內容

1. 商號使用權과 商號專用權

商號權의 내용은 상호사용권과 상호전용권으로 구성되어 있다고 하는 것이 일반적인 견해이다.[4] 商號使用權은 적법하게 선정한 상호를 타인의 방해를 받지 않고 사용할 수 있는 권리로서 積極的 商號權이며, 商號專用權은 타인이 부정하게 자기 상호와 동일 또는 유사한 상호를 사용할 경우에 그 사용폐지를 청구할 수 있는 권리로서 消極的 商號權이다.

2. 새로운 見解 — 단일한 商號權

상호권의 二分法에 대하여 批判하는 見解가 있다.[5] 이에 의하면 상호권자가 자신이 적법하게 선정한 상호를 타인의 방해를 받음이 없이 자유롭게 사용하고, 또 이와 같은 사용을 방해하는 자에 대하여 민법의 불법행위에 기한 손해배상청구를 할 수 있는 것은 너무나 당연한 것이므로, 이를 별도의 商號使用權이라는 개념으로 구성할 가치가 없고, 또한 상호전용권이라는 용어도 사용권을 핵심으로 하는 것으로서 권리자의 자유로운 상호사용을 당연히 내포하는 것이다. 또한 상법 제23조는 특정한 상인의 상호에 관하여 상표권과 같은 배타적이고 독점적인 사용권을 부여하는 것이 아니라, 오로지 제 3 자가 동일하거나 유사한 상호를 부정한 목적으로 사용할 때 그 사용의 폐지를 청구할 수 있도록 한 것에 지나지 않으므로, 상법 제23조에 규정된 '주체를 오인시킬 상호의 사용금지'를 중심으로 해서 이를 商號專用權으로 구성하는 것은 석연치가 않다. 왜냐하면 부정한 목적이 없는 한 타인의 상호와 동일한 상호도 얼마든지 선정·사용할 수 있는 점에서 상호전용권의 專用權으로서의 한계가 있으며, 상법 제23조는 명성과 신용을 얻고 있는 다른 기업의 상호와 같거나 유사한 상호를 사용하여 소비자의 혼동을 초래하는 행위 또는 다른 기업의 명성과 신용에 憑藉

---

3) 부정경쟁방지 및 영업비밀보호에 관한 법률. 이하 '부정경쟁방지법'이라 한다.

4) 상법 제22조에 의한 登記獨占力을 客觀的 商號權이라고 하면서, 세 가지 상호권을 말하는 견해도 있다(김영호, 「상인법총론 · 상거래법」(1999), 68면).

5) 鄭浩烈, "商號에 대한 새로운 理解," 「비교사법」 제 3 권 제 1 호(통권 제 4 호), 51면, 56~57면.

하면서 자신의 경쟁상의 입지를 提高하고자 하는 商道義에 반하는 행위를 규제하고 있는 것이기 때문이다. 따라서 상호권에 있어서 상호의 전용권으로서의 속성, 즉 배타적이고 독점적인 사용을 할 수 있다는 권리로서의 속성은 충분하지 않다. 그러므로 상호권을 사용권과 전용권으로 나누어야 할 필요가 없고, 상호에 대한 법적 보호 및 상호의 법적 지위를 일괄하여 단일한 商號權으로 입론하는 태도가 타당하다는 것이다.

3. 檢　討

(1) 상호권의 내용을 사용권과 전용권으로 구분할 필요성을 구명하기 위해서는 상호사용권과 상호전용권의 내용을 명확히 하는 것이 선행되어야 한다. 商號使用權에 관하여 살펴보면, 상호사용권은 일반적으로 상인이 적법하게 선정한 상호를 타인의 방해를 받지 않고 사용할 권리이며, 이 상호사용권의 침해는 不法行爲로서 손해배상청구권을 발생시킨다고 설명한다. 한편 商號의 使用은 상호를 법적으로 또는 사실상 사용하는 행위 일반을 의미한다는 것이 일반적인 설명이다. 계약체결이나 어음·수표행위에 상호를 사용하는 것, 즉 계약당사자 또는 행위자의 표시로 상호를 사용하는 것은 상호를 법적으로 사용하는 것이며, 제품이나 포장지 또는 간판에 상호를 표기하는 것, TV광고 등 선전홍보물에 상호를 사용하는 것은 상호를 사실상 사용하는 것이다. 이러한 상호의 사용이 상호권의 내용이 되는 것은 너무나 당연하다. 다음으로 상호사용권의 내용으로 일반적으로 언급되는 것이 타인의 방해를 받지 않고 상호를 사용할 권리인데, 의문이 드는 점은 타인의 '妨害'가 어떤 형태로 나타나는가 하는 것, 즉 상호를 법적으로 또는 사실상 사용하는 것에 대하여 어떻게 방해를 할 수 있는가 하는 것이다. 상호의 법적인 사용을 방해하는 것은 생각하기 힘들다. 상호의 사실상 사용에 대한 직접적인 방해가 있을 경우에[6] 이것이 일반적인 不法行爲가 되는 외에 상호권침해로서 불법행위가 된다고 하는 것은 불필요하며, 간접적인 방해는 경우에 따라 상호전용권의 발생요건상황이 될 수 있을 것이다. 결국 상호사용권은, 상호전용권이 발동되는 경우를 제외하면, 상호를 그저 사용하는 권리에 지나지 않는다.

商號專用權은 타인이 부정한 목적으로 자신의 상호와 동일 또는 유사한 상호를 사용하는 경우에 그 상호의 사용을 배척할 수 있는 권리이다. 이러한 상호

6) 예컨대 간판의 훼손 등.

전용권의 내용에 따르면, 먼저 '專用權'이라는 표현이 적절하지 않음을 알 수 있다. 상호전용권의 근거규정으로 인식되고 있는 상법 제23조의 취지에 따르면, 상호권의 보호는 동일·유사상호의 사용자의 부정한 목적의 존부 등에 의하여 좌우되므로, 상호권을 전용권, 즉 배타적·독점적 권리라고 하는 것은 부분적인 타당성만을 가진다. 또한 상호전용권은 상호권자의 상호사용을 당연한 전제로 하는 것이므로, 상호전용권이 상호사용권과는 별개의 권리인 것처럼 설명하는 것은 부적절하다. 상호전용권은 타인이 동일·유사상호를 사용함으로 인하여 상호권자가 상호의 사용으로 얻을 수 있는 效用을 모두 얻을 수 없을 때에 발생하는 것이다. 그러므로 상호전용권은 상호권자에게 상호사용으로 인한 이익을 보장하기 위한 권리로서, 상호사용권에서 파생한 권리라고 할 것이다.

이상의 논의를 종합하면 상호전용권은 우선 그 명칭이 부적절하며, 상호사용권과 구별되는 별개의 권리가 아니다. 상법 제23조에 의한 권리는 상호의 사용을 방해하는 것에 대한 방어방법으로 인정되는 것이므로, 商號使用妨害排除權이라고 부를 수 있을 것이다.

(2) 그런데 상호사용권과 상호사용방해배제권(상호전용권)만으로 상호권의 내용을 모두 설명할 수는 없다. 종래의 모든 논의가 상호권의 내용을 상호사용권과 상호전용권만으로 설명하고 있는데, 상호권의 내용이 이에 해당하는 것뿐이라면 다음의 상황을 설명할 수 없다. 즉 상호는 일정한 요건하에 貸與가 가능하며,[7] 讓渡도 가능하다.[8] 달리 표현하면 제한적이지만 상호의 受益·處分이 가능하며, 이는 상호사용권에서 말하는 상호의 사용과는 다른 것이다. 이것은 상호의 (準)産業財産權的 측면으로서, 상호에 대한 사용·수익·처분의 권리가 상호권의 당연한 내용이 된다고 해야 한다. 따라서 상호권의 내용은 기본적으로 商號의 使用·受益·處分權이며, 상호의 사용을 방해하는 일정한 경우에 대한 방어방법으로서 상법 제23조에 의한 사용방해배제권이 인정된다고 할 것이다.

(3) 상호의 사용·수익·처분권과 사용방해배제권은 상호권의 재산권적 측면의 권리이다. 그런데 상호권의 법적 성질에 관한 논의에서 현재 압도적 다수설로 되어 있는 견해에 따르면 상호권은 人格權的 성질을 가진 財産權이다.[9]

7) 상법 제24조 참조.
8) 상법 제25조 참조.
9) 異說로는 姜渭斗, 「상법총칙·상행위법(제2전정판)」(1998), 129면: "상호권은 약간의 특수성을 가진 재산권"이다.

상호권의 인격권적 성질은, 상호는 상인의 명칭이며,[10] 상호권의 침해가 상인의 명예와 신용을 손상하는 점에서[11] 인정된다고 한다. 이 때의 상호권의 침해는 상호전용권의 전제가 되는 상황을 뜻하는 것으로 보인다. 그러나 상호권의 인격권적 침해는 상호전용권의 경우 이외의 방법, 예컨대 姓名權을 침해하는 방법에 의하여도 가능하다. 따라서 상호권을 인격권적 성질을 가진 재산권이라고 한다면, 상호사용권과 상호전용권의 구분법을 취하더라도 당연히 상호권의 내용에 人格權이 있다고 해야 할 것이다.[12]

(4) 결국 상호권의 내용은 인격권적 측면과 재산권적 측면으로 이루어져 있으며, 재산권적 측면은 상호의 사용·수익·처분의 권리와 상호의 사용을 방해하는 것을 배척할 수 있는 권리로 구성되어 있다고 할 것이다. 따라서 이 글에서는 종래의 상호전용권의 요건상황을 상호사용방해 또는 상호사용권침해라고 부르기로 한다.

Ⅲ. 商法 제23조의 成立要件

1. 問題의 提起

(1) 商號權者가 자신의 상호사용을 방해하는 자의 상호사용을 배척할 수 있는 요건은 商法 제23조 제 1 항과 제 2 항, 그리고 제 4 항에 규정되어 있다. 즉 부정한 목적으로 타인의 영업으로 오인할 수 있는 상호를 사용하는 것(제1항), 상호권자가 손해를 입을 염려가 있거나 그 상호를 등기하였을 것(제2항), 그리고 동일한 특별시·광역시·시·군에서 동종영업으로 타인이 등기한 상호를 사용하는 자는 부정한 목적이 있는 것으로 추정한다(제4항).

(2) 상호권에 관한 종래의 설명을 보면, 대체로 소위 상호전용권의 행사를 위한 요건을 不正한 目的의 존재, 他人의 營業으로 誤認할 수 있는 商號의 使用, 損害를 입을 念慮 등으로 구분하고, 타인의 영업으로 오인할 수 있는 상호는 동일·유사상호를 의미하는 것으로 기술하고 있다. 그리고 판례들을 이러한 틀에 따라 나열하고 있다. 그러나 이러한 설명방식은 상호사용방해의 성립과

---

10) 多數說. 상호가 영업의 명칭이며, 상인은 상호의 법적 주체일 뿐이라는 少數說에 의하더라도 여기에서의 논의의 결론은 달라지지 않는다.

11) 李哲松, 「상법총칙·상행위(제 4 전정판)」(2003), 138면; 李基秀·崔漢峻·金聖虎, 「상법총칙·상행위법」(2003), 165면.

12) 상호권이 인격권적 성질을 가진 재산권이라는 견해를 취하는 문헌에서도 상호권의 내용에 인격권이 있음을 설명하고 있는 것은 찾아볼 수 없다. 인격권이 商法學의 관심대상이 아니어서 그럴 수도 있으나, 상호권의 내용에 인격권이 포함된다는 점은 인정하여야 할 것이다.

그 요건을 이해하는 것을 어렵게 만든다. 이는 특히 최근의 판례들을 인용하고 있는 부분에서 그러하다. 왜냐하면 최근의 판례들은 상법 제23조의 적용요건에 있어서 나름의 체계를 정립하고 있는 것으로 보이는데, 이것이 기존의 설명방식과 일치하지 않음에도 불구하고, 이 판례들이 별다른 숙고 없이 기존의 설명의 틀에 따라 나열되고 있기 때문이다.

(3) 상법 제23조 제1항에서 정하고 있는 요건은 '不正한 目的'의 존재와 '他人의 營業으로 誤認할 수 있는 商號의 使用'으로 구분할 수 있다. 후자는 달리 표현하면 '商號에 의한 營業主體의 誤認可能性'이라고 할 수 있는데,[13] 判例는 이를 '商號가 營業主體를 誤認·混同시킬 念慮(憂慮)'라고 표현하고 있다.[14] 法院은 이의 판단을 위하여 '商號의 同一·類似性'과 '상호 외에 誤認을 불러일으키거나 반대로 誤認이 생기지 않게 하는 狀況'을 나누어 분석하고 있는 것으로 보인다. 이 때 상호와 기타 상황은 綜合的으로 考慮하되, 상호의 동일·유사성을 비교적 용이하게 확정할 수 있는 경우는 상호에 관한 판단을 한 후에 여타 상황들을 분석한다. 그리고 '不正한 目的'의 존재를 입증하는 것은 매우 어려운 일이다. 따라서 法院은 부정한 목적의 존부를 판단함에 있어서 여러 가지 상황들을 종합적으로 고려하여 이를 推斷하고 있는데, 이는 불가피하다고 할 것이나. 즉 法院은 사실상 "상호의 동일·유사성 판단→상호 외에 誤認을 불러일으키거나 반대로 誤認이 생기지 않게 하는 狀況에 대한 판단→부정한 목적의 판단"이라는 3단계를 밟는다고 할 것이다.

(4) 여기서 判例의 태도에 대하여 제기되는 의문은 다음의 두 가지인데, 이들은 서로 밀접하게 관련되어 있다.

첫째, 상호 이외에 다른 상황들을 오인가능성의 판단에 활용하는 것이 상법 제23조의 취지에 비추어 타당한 것인가?

둘째, 영업주체의 오인가능성을 판단함에 있어서도 여러 가지 상황들을 종합적으로 고려하고, 부정한 목적의 존부를 판단함에 있어서도 여러 가지 상황들을 종합적으로 고려하는데, 이는 중복되는 것이 아닌가?

아래에서는 判例의 분석방법을 중심으로 상법 제23조에 의한 권리행사의

13) 실제에 있어서는 거래자들은 대개 영업주체가 누구인지에 대하여 관심이 없다. 따라서 '영업주체의 오인가능성'이라는 표현은 적절하지 않으며, '영업(체)의 오인가능성'이라고 해야 할 것이지만, 상호를 상인의 명칭으로 보는 한에서는 상호에 의하여 오인되는 것은 상인, 즉 영업주체가 될 수밖에 없으므로, '영업주체의 오인가능성'이라는 표현을 사용하기로 한다.

14) 대법원 2002.2.26. 선고 2001다73879 판결; 同 1996.10.15. 선고 96다24637 판결.

요건을 하나씩 설명하면서, 위에 제기한 문제들을 검토하고자 한다.

2. 他人의 營業으로 誤認할 수 있는 商號의 使用

⑴ 同一·類似한 商號의 使用

㈎ 商號의 同一·類似性 ① 상호의 전체가 완전히 같은 경우, 즉 同一商號의 경우는 다른 고려를 할 필요 없이 '타인의 영업으로 오인할 수 있는 상호'로 판단하여야 할 것이다.[15] 그러나 상호가 완전히 동일하지는 않으나 유사한 경우, 즉 類似商號의 경우는 다른 사정에 의하여 식별력이 있는지에 대한 판단이 필요하다. 그렇다면 어떠한 경우에 두 상호가 서로 유사하다고 할 것인지, 그 판단방법이 문제가 된다.

② 商法에서 동일·유사상호가 문제되는 또 하나의 경우는 제22조가 있다. 同條에 의하면 타인이 등기한 상호는 동일한 특별시·광역시·시·군에서 동종영업의 상호로 등기하지 못한다. 그리고 非訟事件節次法 제164조에 의하면 상호의 등기는 동일한 특별시·광역시·시 또는 군 내에서 동일한 영업을 위하여 타인이 등기한 것과 확연히 구별할 수 있는 것이 아니면 이를 할 수 없다. 즉 상호의 등기에 있어서 동종영업의 상호일 경우에 이미 등기된 상호와 확연히 구별할 수 없는 상호의 등기신청은 각하된다.[16] 여기서 비송사건절차법 제164조의 '확연히 구별할 수 없는 상호'와 상법 제23조 제 1 항의 '타인의 영업으로 오인할 수 있는 상호'의 개념관계가 논의될 수 있다. 양 개념이 동일하다는 견해(同概念說)에 의하면,[17] '확연히 구별할 수 없는 상호'라는 것은 일반 거래계에서 사회일반인이 상호의 주체를 혼동·오인할 염려가 있는 경우라는 뜻이므로 '타인의 영업으로 오인할 수 있는 상호'와 동의어로 해석해야 한다고 한다. 이에 대하여 양자가 다르다는 견해(異概念說)는 상법 제22조의 경우는 상호의 오인·혼동의 추상적 위험성을 판단하는 것이고, 상법 제23조의 경우는 구체적 위험성이 판단기준이 된다고 하거나,[18] '확연히 구별되지 않는 상호'는 상호를 형식적·추상적으로 비교하여 실제 거래에서 혼동·오인할 위험이 있는지의 여부에 따라 판단하지만 '타인의 영업으로 오인할 수 있는 상호'는 영업의

15) 대법원 1970. 9. 17. 선고 70다1225·1226 판결: '주식회사 천일약방'과 '천일한약주식회사'는 상법상 동일상호로 볼 수 없다.

16) 비송사건절차법 제159조 제13호 참조.

17) 黃壹善, "商業登記에 있어서의 商號에 관한 諸問題—상호가등기제도와 유사상호 판단문제를 중심으로—," 「사법연구자료(제14집)」(1987. 5), 121면, 154면.

18) 林泓根, 「상법(총칙·상행위)」(2001), 108면.

실태까지 참작해서 판단해야 하므로 전자는 후자보다 넓은 개념이라고 한다.[19]

異概念說은 판례의 입장과 같다고 할 수 있다. 즉 '타인의 영업으로 오인할 수 있는 상호'의 판단은 상호의 동일·유사성의 확정과 기타 상황의 종합적 고려라는 두 가지 판단을 거친다는 것을 전제로 하는 것이고, 따라서 '타인의 영업으로 오인할 수 있는 상호'와 '확연히 구별할 수 없는 상호'는 다르다는 결론이 된다. 이는 위에서 제기한 문제와 같은 선상의 것이므로, 이에 대한 고찰은 아래에서 하기로 한다. 異概念說을 따르더라도 적어도 '同一·類似商號'는 '확연히 구별할 수 없는 상호'와 같은 개념이므로, 여기서는 어느 견해를 따르든 상관 없다. 여기서 중요한 것은 비송사건절차법에 의하여 상호등기신청의 각하사유가 되는 '확연히 구별할 수 없는 상호,' 즉 類似商號의 判斷方法은 어느 정도 확립되어 있다는 것이고, 이 방법을 '타인의 영업으로 오인할 수 있는 상호'에서 유사상호의 판단에 그대로 적용할 수 있다는 것이다. 상호등기에 있어서 유사상호의 판단방법은 다음과 같다.

③ 상호의 유사성의 판단은 상호 전체를 비교·검토하여 일반인이 영업주체를 오인·혼동할 염려가 있는지를 판단하여야 한다. 그러나 상호 전체를 비교하여 유사성을 판단하는 것은 쉬운 일이 아니다. 그래서 유사상호의 판정을 용이하게 하기 위한 기술로서 主要部分比較法과 全體觀察法이 발전되었다. 먼저 주요부분비교법에 의하는데, 그 결과 유사상호로 판단된 경우는 전체관찰법으로 다시 판단한다.[20] 그러나 주요부분비교법에 의하여 유사상호가 아니라고 판단되면 전체관찰법에 의한 판단은 불필요하다.[21] 주요부분이 없는 상호의 유사성은 전체관찰법에 의할 수밖에 없다.[22] 이러한 유사상호의 판단방법을 간략히 정리하면 다음과 같다.

① 主要部分比較法

(i) 主要部分　　상호의 주요부분이라 함은 상호 중에 일반인의 주의가 쏠리는 부분, 즉 분명한 인상을 받는 부분, 약칭 또는 통칭부분을 말하고, 상호사용자가 실제 거래에 있어서 자신을 표시하기 위하여 특히 중요한 것으로 사용하는 부분이라든지, 일반인에게도 그 사용자를 표시하는 약칭 또는 통칭으로 널리 인

---

19) 李哲松, 「상법총칙·상행위」, 148면. 同旨: 金星泰, 「상법총칙·상행위법강론」(1998), 240면.

20) 田桂元, 「상업등기실무강의」 제 8 판(2003), 689면; 黃壹善(주 17), 160면. 다른 견해로는 鄭浩烈(주 5), 58면: 상호의 전체를 놓고 양자를 비교하는 것이 원칙이지만, 경우에 따라서는 요부비교의 방법에 의할 수도 있다.

21) 黃壹善(주 17), 160면.

22) 黃壹善(주 17), 164면.

식되고 불려지는 부분이다.[23] 判例에서는 이를 重要部分,[24] 主要部分[25] 또는 要部라고[26] 부르고 있다.

일반적으로 상호의 주요부분이 아닌 것은 다음과 같다.[27]

· 會社의 種類[28]: 일반인에게 영업의 주체가 개인이냐, 어떤 종류의 회사인가는 통상 큰 관심의 대상이 아니기 때문이다.

· 地 名[29]

· 本店 또는 支店의 표시

· 영업의 新舊 또는 規模의 표시: 상호에 '新', '새', '뉴'를 부가한 경우 또는 '大'를 부가한 경우 등.

· 業種의 표시[30]

(ii) 類 似 性　　두 상호의 주요부분이 동일한 경우[31]뿐만 아니라, 發音·文字·觀念 세 가지 중에 한 가지라도 유사하면, 두 상호는 유사성이 있다.[32] 그런데 이러한 유사성은 법률상의 개념이므로 일반인을 기준으로 하여 사회통념과 거래계의 통념에 따라 판단하여야 한다.[33]

② 全體觀察法

주요부분비교법에 의하여 상호의 유사성이 인정되더라도 상호의 주요부분이 아니라고 제외시킨 부분에 오히려 식별력이 있는 요소가 존재하는 경우에 전체관찰법의 의의가 있다.[34] 그러나 상호의 주요부분이 아닌 부분은 대개 전체관찰법에 의하여도 두 상호가 유사상호가 아니라고 판단할 현저한 식별력이 없다고 할 것이다.[35] 다만 업종의 경우는 다양한 표시방법에 의하여 상호 전체의 식별력이 인정될 수 있다.[36]

---

23) 田桂元,「상업등기실무강의」, 689면; 黃壹善(주 17), 157면.

24) 대법원 1970.9.17. 선고 70다1225·1226 판결.

25) 대법원 1995.9.29. 선고 94다31365 판결.

26) 대법원 1996.10.15. 선고 96다24637 판결; 同 1993.7.13. 선고 92다49492 판결.

27) 田桂元,「상업등기실무강의」, 689면; 黃壹善(주 17), 157~158면.

28) 대법원 1995.9.29. 선고 94다31365 판결: 상호 '주식회사 동성'의 주요부분은 '동성'.

29) 대법원 1996.10.15. 선고 96다24637 판결: 상호 '충주합동레카'에 있어서 상호의 요부는 '합동.' 대법원 1993.7.13. 선고 92다49492 판결: 상호 '서울 고려당'은 그 요부가 '고려당'에 있다.

30) 대법원 1996.10.15. 선고 96다24637 판결: 상호 '합동공업사'와 '충주합동레카'에 있어서 상호의 요부는 '합동.' 대법원 1970.9.17. 선고 70다1225·1226 판결: '주식회사 천일약방'과 '천일한약주식회사'의 중요부분은 '천일.'

31) 대법원 1996.10.15. 선고 96다24637 판결: '합동공업사'와 '충주합동레카'라는 상호는 그 요부인 '합동'이 동일하여 영업주체에 대한 오인·혼동의 우려가 있는 상호이다. 대법원 1993.7.13. 선고 92다49492 판결: 피신청인의 상호인 '서울 고려당'은 그 요부가 '고려당'에 있고 신청인의 상호인 '고려당'과 동일하여 양자는 오인·혼동의 우려가 있어 서로 유사한 상호로 봄이 상당하다.

32) 通說.

33) 黃壹善(주 17), 159~160면.

34) 黃壹善(주 17), 160면.

35) 黃壹善(주 17), 161~162면.

36) 상세한 예시와 설명은 黃壹善(주 17), 162면 이하 참조.

④ 상호의 유사성의 판단에 있어서 그 主體는 통상적인 변별력을 가진 사회평균인이라고 일반적으로 말하고 있으나, 전문적인 변별능력을 가지는 상대방과만 거래하는 경우는 이들 전문가의 이해능력을 기준으로 판단해야 할 것이라는 견해가 있다.[37] 이는 상호에 의한 영업주체의 오인의 주체와 관련되는 문제이므로, 아래에서 보기로 한다.[38]

(나) 商號의 '使用' 상호의 사용은 상호를 법적으로 또는 사실상 사용하는 행위 일반을 의미한다.[39][40] 상호를 사용하는 방법에 따라 오인가능성에도 영향을 미칠 수 있다.[41]

(2) 商號 외의 狀況으로 인한 誤認의 念慮

(가) 同種營業의 경우 判例를 살펴보면 영업주체의 오인가능성을 판단함에 있어서 상호 외에 먼저 양 상호가 표상하는 각 영업이 同種營業인가 하는 점을 고려하고 있다. 類似商號의 두 영업이 동종영업인 경우는 영업주체의 오인가능성이 매우 크다고 본다. 그러나 동종영업의 경우에도 영업방법, 수요자층 등 여러 가지 상황으로 보아 서로 관련이 없으면 영업주체의 오인가능성이 부정된다.[42]

(나) 同種營業이 아닌 경우 ① 동종영업이 아니라고 하여 타인의 영업으로 오인할 수 있는 상호가 아닌 것은 아니다. 상법 제23조에는 문제된 영업들이 동종영업이어야 한다는 요건이 없으며, 중요한 것은 영업주체의 오인가능성의 존부인데, 이것은 동종영업의 여부를 불문하기 때문이다.

判例에 의하면 유사상호의 두 영업이 동종영업이 아닌 경우는 다음과 같이

---

37) 鄭浩烈(주 5), 58면.

38) 아래 (2)(다) 부분 참조.

39) 위 Ⅱ. 3.(1) 참조.

40) 사실상 사용의 例: 대법원 1964. 4. 28. 선고 63다811 판결: 상호간판 '뉴-서울사장'의 위 또는 아래와 옆에 작은 글씨로 '전 허바허바 개칭,' '전 허바허바 사장 개칭' 또는 '허바허바 사장 개칭'이라고 덧붙여서 기재한 것은 비록 작은 글씨라 하더라도 다른 사람의 '허바허바 사장'이라는 상호를 사용한 것이다.

41) 대법원 1993. 7. 13. 선고 92다49492 판결: 간판에 'SINCE 1945 신용의 양과 서울 고려당 마산분점'이라고 표시하여 '고려당'이라는 상호와 구분되도록 한 점과 … 점 등을 종합하여 보면 오인의 염려가 없다.

42) 대법원 1993. 7. 13. 선고 92다49492 판결: 신청인과 피신청인이 같은 마산시에서 제과점을 경영하고 있으나 … 피신청인이 신청인보다 명성이나 신용이 더 큰 회사의 판매대리점 경영자로서 구태여 신청인의 명성이나 신용에 편승할 필요가 없었고, 간판에도 위 회사와의 관계(마산분점이라는 표시를 하여 신청인의 상호와 구분되도록 하고 있다)를 표시한 점, 신청인과 피신청인의 영업소가 서로 원거리인 다른 구에 있는 점 등을 종합하면 양자 사이에 오인의 염려가 없으므로 피신청인에게 부정한 목적이 없다.

판단한다. 첫째, 각 영업의 성질이나 내용, 영업방법, 수요자층 등에서 서로 밀접한 관련을 가지고 있는 경우로서 일반 수요자들이 양 업무의 주체가 서로 관련이 있는 것으로 생각하거나, 둘째, 그 타인의 상호가 현저하게 널리 알려져 있어서 일반 수요자들로부터 기업의 명성으로 인하여 절대적인 신뢰를 획득한 경우는, 일반 수요자들이 영업주체에 대하여 오인·혼동을 할 염려가 있다.[43] 여기서 첫째는 營業이 밀접한 關聯性이 있는 경우라고 할 것이며, 둘째는 商號가 著名性을 획득한 경우라고 할 것이다. 이 두 가지 경우는 서로 異次元의 것은 아니며, 역시 종합적인 고려를 하여야 할 것이다.

② 營業의 關聯性　　동종영업은 아니지만 영업이 서로 밀접한 관련을 가지는 경우는 영업주체의 오인가능성을 높인다고 할 것이다. 判例는 영업이 서로 밀접한 관련이 있는지를 판단하기 위하여 영업의 성질이나 내용, 영업방법, 영업의 규모, 수요자층 등에서 서로 밀접한 관련을 가지고 있는지를 검토한다. 그런데 영업의 규모를 고려의 대상으로 하는 것은,[44] 영업규모가 현저하게 차이가 나는 경우에 영업규모가 큰 쪽에 유리하게 작용하는 결과가 되어, 대기업 위주의 법운용이 될 가능성이 있으므로 바람직하지 않다. 이러한 검토의 대상이 되는 정황들은 객관적인 것이어야 한다. 왜냐하면, 아래 (대)에서 보듯이 오인의 주체는 해당 영업계의 평균적 거래자이기 때문이다.

(i) 오인가능성을 일부나마 認定한 판례로는 大法院 1996. 10. 15. 선고 96다24637 판결: "자동차견인업과 자동차정비업은 그 성질이나 내용상 서로 밀접한 관련이 있는 영업이고, 자동차정비업자 중의 상당수가 견인업을 겸업하고 있으며, 일반인들 또한 그렇게 생각하는 경향이 많으므로, … 일단은 영업주체에 대한 오인·혼동의 우려가 있는 상호라고 볼 여지도 있다."

(ii) 오인가능성을 否定한 판례로는 本 評釋對象判決: "원고 회사의 주고객이 전자부품·전자제품·반도체부품의 수요자인 전자제품 제조회사 또는 소비자 등인 데 비하여, 피고 회사의 주고객은 전기통신회선설비 사용자인 전기통신사업자들로서 그 수요자층이 서로 다른 점, 원고 회사의 자본금이 6억 4,000만 원이고 2000년도 매출액이 금 52억 원 상당인 데 비하여, 피고 회사는 자본금이 7,500억 원, 2000년도 매출액이 금 2,580억 원으로서 그 사업규모에 있어서 큰 차이가 있는 점 등에 비추어, 피고 회사가 원고 회사의 상호와 동일·

---

43) 대법원 2002. 2. 26. 선고 2001다73879 판결; 同 1996. 10. 15. 선고 96다24637 판결.
44) 대법원 2002. 2. 26. 선고 2001다73879 판결.

유사한 상호를 사용하더라도 일반 수요자들이 피고 회사의 영업을 원고 회사의 영업으로 오인할 염려가 없다."

(iii) 오인가능성을 否定한 다른 판례로는 大法院 1993. 7. 13. 선고 92다 49492 판결: "피신청인이 신청인보다 명성이나 신용이 더 큰 회사의 판매대리점 경영자로서 구태여 신청인의 명성이나 신용에 편승할 필요가 없었고, 간판에도 위 회사와의 관계(마산분점이라는 표시를 하여 신청인의 상호와 구분되도록 하고 있다)를 표시한 점, 신청인과 피신청인의 영업소가 서로 원거리인 다른 구에 있는 점 등을 종합하면 양자 사이에 오인의 염려가 없다."

③ 商號의 著名性 상호의 저명성을 인정하여 오인가능성을 긍정한 판례는 아직 없다.45) 著名性은 부정경쟁방지법에서 중요한 개념인 周知性과는 다르다. 周知性은 국내에 널리 인식된 것을 의미하지만,46) 商號의 著名性은 상호가 현저하게 널리 알려져 있어 일반 수요자들로부터 기업의 명성으로 인하여 절대적인 신뢰를 획득한 경우이다.47)

(다) 誤認의 主體 ① 오인의 주체에 관하여 判例는 一般 需要者라고 하고 있는데,48) 종합적 고려의 요소로 수요자층을 적시하고 있는 점을 볼 때, '일반 수요자'는 해당 영업의 去來圈에서의 평균적 수요자를 의미하는 것으로 보인다. 따라서 오인의 주체는 각각의 경우에 해당 영업의 특성을 고려하여 정해지게 된다. 이는 不正競爭防止法에서 混同의 主體에 대하여 설명하는 것과 유사하고,49) 同法의 영향으로 볼 수 있을 것이다.

45) 대법원 1976. 2. 24. 선고 73다 1238 판결: 원고(보령제약주식회사)와 피고(수원보령약국)는 그 영업의 종류, 범위는 물론이거니와 그를 위한 시설과 규모 등 그 영업의 양상을 달리할 것이라고 하여야 할 것은 물론, 특히 원고와 피고는 서로 그 고객을 달리하고 있게 되므로 원고의 일반 고객이 원고 회사의 근처도 아닌 수원에 개설된 피고 경영의 '수원보령약국'이 서울에 있는 원고 '보령제약주식회사'의 영업으로 혼동·오인하게 된다는 것은 좀처럼 있을 수 없을 것이므로, 단지 그 상호에 '보령'이라는 것이 공통된다고 해서 다른 특별한 사정도 없이 피고의 위 약국을 원고 회사의 영업으로 오인·혼동케 할 염려가 있다고는 단정할 수 없다. 이 판결에 대하여 鄭浩烈(주 5), 58면은 양 상호가 본·지점관계 또는 기타 특수한 관계를 암시하는 유사한 상호로 보아야 할 것이라고 하며, 金星泰, 「상법총칙·상행위법강론」, 237면, 註 41)은 '보령'이라는 부분이 일치할 뿐만 아니라 약품과 관련을 가진 영업을 한다는 점에서 거래통념상으로는 오인·혼동의 가능성이 전혀 없다고 보기는 어렵다고 한다. 생각건대 '보령'이라는 상호는 적어도 약품업계와 그 수요자층에서는 현저하게 알려져 있어 일반 수요자들로부터 기업의 명성으로 인하여 절대적인 신뢰를 획득한 경우에 해당하며, 업종이 동일하지는 않으나 인접한 경우이므로 영업주체의 오인가능성이 충분히 긍정될 수 있다고 할 것이다.

46) 부정경쟁방지법 제 2 조 참조.

47) 대법원 2002. 2. 26. 선고 2001다73879 판결; 同 1996. 10. 15. 선고 96다24637 판결.

48) 대법원 2002. 2. 26. 선고 2001다73879 판결; 同 1996. 10. 15. 선고 96다24637 판결.

49) 鄭浩烈, 「부정경쟁방지법론」(1993), 169~170면 참조. 부정경쟁방지법학에서는 대체로 혼동의 주체를 일반거래자 또는 수요자라고 한다.

② 그런데 오인의 주체를 需要者로 한정하는 것이 타당한 것인지가 문제된다. 제기될 수 있는 문제들로는 우선 오인의 주체를 수요자로 한정하게 되면, 그 외의 자, 예컨대 供給者가 영업주체를 오인하는 경우는[50] 제외되며, 둘째 상법 제23조 제1항의 규정취지를 벗어나는 것은 아닌지 의문이 들고, 셋째 상호의 유사성의 판단주체를 사회평균인이라고 하는 것과 서로 맞지 않는다.

③ 생각건대 상법 제23조의 全趣旨에서 볼 때, 同條가 수요자에 의한 영업주체의 오인만을 규율대상으로 하는 것으로 해석할 근거는 없다. 오인의 주체를 그 영업의 수요자로 한정하는 것은, 아마도 그 영업주체에게 직접적으로 경제적 이익을 주는 것이 수요자이고, 따라서 수요자의 영업주체오인으로 인하여 수요가 감소함으로써 정당한 상호권자의 영업이익이 감소하여 손해를 보는 것으로 전제한 때문이 아닌가 보여진다. 그러나 영업으로 인한 경제적 이익은 수요자에 의하여만 창출되는 것이 아니며, 영업손해 또한 수요의 감소만으로 발생하는 것이 아니다. 또한 손해의 발생과 그 정도는 상법 제23조 제1항의 관심사항이 아니므로, 영업주체의 오인가능성을 판단함에 있어서는 손해의 측면을 고려할 필요가 없다. 그리고 상호에 의한 영업주체의 오인가능성은 상호의 유사성 요건을 중심으로 여러 상황들을 종합적으로 해석하여 판단하여야 하므로, 상호의 유사성의 판단주체와 오인의 주체가 동일하여야 함은 당연하다.[51] 한편 그 영업과 어떠한 형태로든 관계를 맺을 가능성이 전혀 또는 거의 없는 사람들을 고려할 필요가 없음은 분명하다. 결론적으로 오인의 주체는 해당 영업의 관련거래권의 수요자 및 공급자를 포함하는 평균적 거래자라고 할 것이며, 이 설명은 상호의 유사성의 판단주체에도 그대로 적용된다고 할 것이다.

㈑ 타인의 영업으로 오인할 수 있는 상호의 사용이 있는지를 판단함에 있어서 영업주체에 대한 오인·혼동의 염려를 중심으로 상호 외에 여러 가지 상황을 함께 고려하는 것이 타당한 것인지가 문제된다. 찬동하는 입장을 취한다면 일반인이 일상에서 상호에 의하여 그 영업을 식별하는 것은 상호와 함께 知得하는 모든 관련정보와 經驗則 등에 의하여 이루어진다고 할 것이므로 상호

50) 평석대상판결의 상고이유를 보면, 상호혼동의 우려가 있는 거래시장은 반드시 수요자의 입장에서만 한정적으로 해석할 것이 아니라, 공급측면도 고려하여야 한다고 하였으나, 대법원은 이를 받아들이지 않았다. 대법원의 입장에 찬동하는 견해는 黃迪和, 「대법원판례해설(통권 제40호)」(2002년 상반기), 648면, 659면(논거 없음).

51) 부정경쟁방지법상 혼동의 주체에 관한 논의에서 同旨: 鄭浩烈, 「부정경쟁방지법론」, 170면.

외의 상황들을 종합적으로 고려하여야 한다고 주장할 수 있을 것이다. 반대하는 입장을 취한다면 상법 제23조의 文理解釋에 의하면 '상호에 의한' 영업주체의 오인가능성이 문제가 되며, 일반적인 영업주체의 오인가능성을 문제삼는 것은 아니므로 기타 상황은 고려할 필요가 없으며, 기타 상황은 부정한 목적의 판단에서 고려된다는 주장을 할 수 있을 것이다. 따라서 이 문제에 대한 결론은 아래의 부정한 목적의 판단에 관한 서술에서 시도하기로 한다.

3. 不正한 目的

(1) 意　義

부정한 목적의 내용에 관하여 학설과 판례는 달리 보고 있다. 學說은 부정한 목적을 자기의 영업을 타인의 영업으로 오인시켜 기존의 상호가 가진 사회적 신용과 경제적 가치를 자기의 영업에 유리하게 이용하려는 의도라고 하는데 일치하고 있다. 그러나 判例는 부정한 목적은 어느 명칭을 자기의 상호로 사용함으로써 일반인으로 하여금 자기의 영업을 그 명칭에 의하여 표시된 타인의 영업으로 오인시키려고 하는 의도라고 한다.[52] 생각건대 타인의 영업으로 오인시키려는 의도가 있으면 오인의 결과를 이용하려는 의도도 있는 것으로 보아야 할 것이므로 양 견해가 실질적인 차이가 있는 것은 아니다. 다만 판례의 견해가 상법 제23조 제1항의 법문에 더욱 충실한 것으로 보이며, 간명한 설명이라고 할 것이어서 이를 따르기로 한다.

(2) 判　斷

상법 제23조 제2항의 청구를 하려는 자는 해당 상호사용자의 부정한 목적을 입증하여야 하며, 동일한 특별시·광역시·시·군에서 동종영업으로 타인이 등기한 상호를 사용하는 자는 부정한 목적으로 그 상호를 사용하는 것으로 추정되므로(상법 제23조 제4항), 상호권침해의 책임을 면하려면 부정한 목적이 없음을 입증하여야 한다. 그러나 부정한 목적이라는 것은 상호사용자의 內心的 狀態이어서 그 存否를 입증하는 것은 거의 불가능하며, 여러 가지 상황들로써 그 존부를 추단할 수 있을 뿐이다. 判例는 부정한 목적이 없다고 한 사례가 대부분이며,[53] 다양한 상황들을 종합적으로 고려하여 판단하고 있다.

---

52) 대표적으로 대법원 1995. 9. 29. 선고 94다31365 판결.

53) 부정한 목적을 긍정한 사례는 대법원 1964. 4. 28. 선고 63다811 판결이 있으나, 판단의 이유는 밝히지 않고 있다.

(3) 問題의 檢討

(가) 判例는 영업주체에 대한 오인·혼동의 염려를 판단함에 있어서도 다양한 상황을 종합적으로 고려하였다. 그런데 영업주체의 오인가능성의 판단을 위하여 고려되는 상황과 부정한 목적의 판단을 위하여 고려되는 상황은 서로 명확히 구별되는 것은 아니다. 다만 상호사용자의 具體的·主觀的 事情은 부정한 목적의 존부를 판단하는 중요한 상황이 될 것이다. 그런데 判例를 살펴보면, 부정한 목적의 존부를 판별하기 위하여 고려한 상황들 중에 상당수가 영업주체의 오인가능성의 판단을 위하여 적절한 상황들이어서, 영업주체의 오인가능성이 없으면 부정한 목적도 없다는 논리를 펴는 인상을 준다. 오인의 염려가 없으므로 부정한 목적이 없다는 설시를 한 판례도 있다.[54] 그러나 영업주체의 오인가능성은 객관적으로 판단되어야 하는 사실이고 부정한 목적은 행위자의 주관적인 내심에 지나지 않는 것이어서, 오인가능성이 인정되지 않는 경우에도 부정한 목적은 있을 수 있다. 물론 오인가능성과 부정한 목적 둘 중에 하나라도 없으면 상호권자는 상법 제23조에 기한 권리들을 행사할 수 없으므로 결과는 같지만, 오인가능성이 없다고 해서 부정한 목적도 없다고 하는 것은 論理的으로 잘못이다. 다만 오인가능성이 없는 경우는 오인가능성이 없으므로 상호권이 침해되지 않았다고 하면 되는 것이지, 굳이 부정한 목적의 존부까지 판단할 필요는 없을 것이다.[55]

(나) 부정한 목적의 존부에 관한 직접적인 판단을 한 판례들을 분석해 보면 아래와 같다.[56] 이 판례들에서는 모두 부정한 목적이 否定되었다.[57]

① 大法院 1996. 10. 15. 선고 96다24637 판결 ㉠ 자동차정비업과 자동차견인업은 영업의 종류가 서로 다르고 그 영업의 성질과 내용이 서로 달라서 비교적 서비스의 품위에 있어서 관련성이 적은 점,[58] ㉡ 자동차를 견인할 경우 견인장소(주로 정비소일 것이다)를 차량소유자가 지정할 수 있는 점, ㉢ 운수관련업계에서 '합동'이라는 용어가 일반적으로 널리 사용되고 있어 그 식별력

54) 대법원 1993. 7. 13. 선고 92다49492 판결.

55) 대법원 1996. 10. 15. 선고 96다24637 판결은 상호의 유사성이 없어서 영업주체에 대한 오인·혼동의 우려는 없다고 한 다음에 부정한 목적의 존부에 대하여도 검토하고 이를 부정하였다.

56) 영업주체의 오인가능성에 대한 판단에서 여러 상황을 종합적으로 고려한 판례들은 위 Ⅲ. 2. (2) (나) ② 참조.

57) 判示內容 중에서 ㉠㉡ 등은 필자가 임의로 附記한 것임.

58) 동 판결에서 영업주체의 오인가능성을 판단하는 부분에서는 전혀 반대의 설시를 하면서 영업주체에 대한 오인·혼동의 우려가 있다고 볼 여지도 있다고 하였다.

이 그다지 크지 아니한 점, ㉣ 신청인과 피신청인측의 신뢰관계, ㉤ 신청인도 견인작업을 하고 있었고, 그 후 별도의 견인업 등록을 한 점, ㉥ 피신청인이 정비업을 하고 있지 아니한 점과, ㉦ 피신청인의 영업방법이나 그 기간 등을 고려할 때, 피신청인이 '부정한 목적'으로 위 상호를 사용하였다고 할 수 없다.

[檢 討] ㉠과 ㉡은 영업의 성질이나 내용, 영업방법에 관한 것으로서 영업주체의 오인가능성이 없다고 판단할 수 있는 상황이다. ㉢은 상호의 주요부분이 해당 업계에서 널리 사용되는 것이라는 점에서, ㉣은 당사자들의 주관적인 사정으로서, ㉦은 영업을 먼저 시작하였다는 점에서 부정한 목적이 없다고 판단하는 중요한 상황이다. 그리고 ㉤은 오히려 영업주체의 오인가능성을 인정하는 상황이다.

② 大法院 1995.9.29. 선고 94다31365 판결 ㉠ 피고 회사는 1984년 법인설립 이래 경남지역에서 자신의 등기된 상호의 주요부분인 '동성'이라는 이름으로 아파트공사를 시작하여 그 지역에서 주지성을 확보한 이래 서울에 지점을 설치하고 수도권 지역에 사업을 확장하면서도 일관되게 '동성'이라는 이름을 계속 사용하여 아파트건설업을 하여 온 반면, 원고 회사는 당초 등기된 상호인 '동성종합건설'과는 전혀 관계 없는 '상아'라는 이름으로 1978년경부터 10년이 넘는 장기간을 아파트 건설업을 하여 옴으로써 일반인에게 '상아'아파트를 건설하는 회사로서 널리 알려져 오다가 1990년경부터서야 비로소 아파트건설에 '동성'이라는 이름을 사용하기 시작한 점, ㉡ 원고 회사가 피혁제품의 제조판매를 사업목적으로 하는 주식회사 동성을 흡수합병한 1986년 이래 1990년경부터 위와 같이 아파트에 '동성'이라는 이름을 사용하기 시작한 때까지는 원고 회사의 주력업종은 피혁부분의 사업이었던 점, ㉢ 원·피고 회사의 건설공사 도급한도액 순위가 피고 회사가 서울 등 수도권지역에서 본격적인 건설사업을 벌이기 시작한 1991년도에는 원고 회사 151위, 피고 회사 152위로 비슷하였으나 그 후부터는 오히려 피고 회사가 앞선 점 등에 비추어 보면, 피고에게 원고의 명칭과 동일·유사한 명칭을 사용하여 일반인으로 하여금 자기의 영업을 원고의 영업으로 오인시키려고 하는 의도가 있었다고 보기는 어렵다 할 것이므로 부정한 목적이 있다는 추정은 깨어졌다.

[檢 討] ㉠은 피고의 원래 상호였다는 점에서 부정한 목적이 없다고 판단할 수 있는 상황이다. ㉢은 양 회사의 경쟁이 시작되는 시기에는 양 회사의 사업규모가 비슷하였으므로 부정한 목적이 없었다고 할 수 있는 상황이 아니라

고 할 것이다.

③ 大法院 1993. 7. 13. 선고 92다49492 판결 ㉠ 피신청인이 신청인보다 명성이나 신용이 더 큰 회사의 판매대리점 경영자로서 구태여 신청인의 명성이나 신용에 편승할 필요가 없었고, ㉡ 간판에도 위 회사와의 관계(마산분점이라는 표시를 하여 신청인의 상호와 구분되도록 하고 있다)를 표시한 점, ㉢ 신청인과 피신청인의 영업소가 서로 원거리인 다른 구에 있는 점 등을 종합하면 양자 사이에 오인의 염려가 없으므로 피신청인에게 부정한 목적이 없다.

[檢 討] ㉠에서 사업규모의 차이가 현저하다는 것은 부정한 목적의 존재를 부정할 수 있는 상황이라 할 것이다. ㉡은 영업주체의 오인을 막으려는 노력으로 평가할 수 있으므로, 부정한 목적이 없다고 할 상황이다. ㉢은 거래자군이 서로 다르다는 것이고, 이것은 영업주체의 오인가능성을 부정하는 상황이다.

(다) 영업주체의 오인가능성에 대한 판단에서 고려하는 여러 가지 상황들을 부정한 목적의 존부를 판단하는 과정에서 고려하는 것으로 족한 것이 아닌지 의문이 든다.[59] 특히 판례처럼 오인의 염려와 부정한 목적을 연관시키는 태도에서는 더욱 그러하다. 그러나 위에서 보았듯이 오인가능성과 부정한 목적을 연계시키는 것은 옳지 않다. 따라서 오인가능성의 판단에는 적절하지만 부정한 목적의 판단을 위한 상황으로 적절하지 않은 것은 후자의 판단과정에서 고려해서는 아니 될 것이다. 逆의 경우도 마찬가지이다. 또한 상호의 유사성은 인정되지만 거래계에서 전혀 영업주체를 오인하지 않는 경우에도 부정한 목적이 있다는 이유로 상법 제23조에 의한 의무를 지우는 것은 부당하다고 할 것이다. 따라서 영업주체의 오인가능성을 판단할 때에도 상호 외에 여러 가지 상황들을 종합적으로 고려하여 영업주체에 대한 오인·혼동의 우려가 있는지를 판단하는 것이 필요하다. 이것은 어떤 영업의 거래자가 상호에 의하여 영업주체를 판단할 때에는 상호 외에 여러 가지 상황을 종합적으로 고려할 것이라는 점과, 상법 제23조 제 1 항을 '상호에 의한' 영업주체의 오인만을 뜻하는 것으로 좁게 해석할 근거는 없다는 점에서도 타당하다.[60]

(라) 결론적으로 타인의 영업으로 오인할 수 있는 상호의 사용을 판단함에 있어서 상호의 유사성 외에 여러 상황들을 종합적으로 고려하는 것은 타당하다. 그러나 영업주체의 오인가능성에 관한 판단과 부정한 목적의 존부에 관한

59) 위 Ⅲ. 1. (4) 참조.
60) 위 Ⅲ. 2. (2) (라) 참조.

판단에서 고려하는 상황들은 구별하여야 할 것이다(물론 양쪽의 판단에 모두 유용한 상황도 있을 수 있다). 오인가능성의 여부에 따라 부정한 목적의 존부를 판단하는 것은 잘못이며, 부정한 목적의 판단을 위한 상황들은 당사자들의 주관적이고 구체적인 상황들이어야 할 것이다.

4. 損害를 받을 念慮

損害는 예상수익의 상실이나 감소, 명성이나 신용의 실추나 희석화 등으로 인한 경제적 · 인격적 불이익을 말한다.[61] 장래에 손해를 받을 염려가 있는 경우에 한한다는 견해와[62] 현재 손해를 받는 경우를 포함한다는 견해가[63] 있다. 생각건대 商法 제23조 제 2 항에 의한 商號使用廢止請求權은 장래의 상호사용을 하지 못하게 하는 것이므로, 장래에 손해를 받을 염려가 있는 경우에 행사할 수 있는 권리인 것은 명백하며, 현재 손해가 발생하고 있다는 것은 장래의 손해발생의 염려에 대한 입증방법이 될 수 있을 것이다. 이미 발생한 손해는 同條 제 3 항에 의하여 손해배상을 받을 수 있다. 손해를 받을 염려는 상호권자가 입증하여야 한다.[64] 실제로는 영업주체의 오인가능성이 인정되면 손해를 받을 염려는 비교적 용이하게 인정될 수 있을 것이다. 다만 오인의 주체가 수요자가 아닌 경우는 손해의 입증이 용이하지 않을 것이다.

5. 商號의 登記

상호를 등기한 자는 손해를 받을 염려를 입증할 필요가 없으며(상법 제23조 제 2 항), 동일한 특별시 · 광역시 · 시 · 군에서 동일 · 유사상호를 사용하는 자가 있는 경우에 그의 부정한 목적을 입증할 필요도 없다(상법 제23조 제 4 항). 즉 등기상호권자는 미등기상호권자에 비하여 상호사용방해에 대한 방어가 훨씬 용이하다.

등기는 商號登記여야 한다. 즉 會社의 경우는 설립등기와 함께 상호가 등기되므로 별도의 상호등기가 필요 없으나, 個人商人이 등기상호권자로서 보호받기 위하여는 商號登記簿에 등기하여야 한다. 예컨대 지배인등기를 하면서 지배인등기부에 등기된 상호는 商法 제23조 제 2 항과 제 4 항의 의미에서 등기된 상호가 아니다.[65]

---

61) 梁明朝, 「주석상법」, § 23 Ⅲ 1.
62) 林泓根, 「상법(총칙 · 상행위)」, 115면.
63) 梁明朝, 「주석상법」, § 23 Ⅲ 1.
64) 通說. 異見: 李哲松, 「상법총칙 · 상행위」, 146면.
65) 田桂元, 「상업등기실무강의」, 687면.

Ⅳ. 맺 는 말

상호권은 재산권과 인격권으로 이루어져 있으며, 재산권적 측면은 상호의 사용·수익·처분의 권리와 상호사용을 방해하는 것을 배척할 수 있는 권리로 구성되어 있다. 상호의 사용방해에 관한 商法 제23조에 의한 권리를 행사하기 위한 요건은 '타인의 영업으로 오인할 수 있는 상호의 사용'과 '부정한 목적'의 존재이며, 전자는 상호의 동일·유사성과 영업주체의 오인가능성으로 구성된다. 영업주체의 오인가능성은 상호 외에 영업주체에 대한 오인·혼동의 염려를 추단케 하는 여러 가지 상황들을 종합적으로 고려하여 판단한다. 부정한 목적의 존부는 당사자들의 주관적·구체적 사정과 상황들을 고려하여 판단한다. 다양한 상황의 고려는 영업주체에 대한 오인가능성의 판단과 부정한 목적의 판단에 있어서 이루어지지만, 고려되는 상황은 구별하여야 한다. 그리고 영업주체의 오인가능성의 여부에 따라 부정한 목적의 존부를 판단하려는 판례의 태도는 옳지 않다.

株主間의 株式讓渡制限約定의 效力

李　太　鍾*

대법원 2000. 9. 26. 선고 99다48429 판결**

[事實의 槪要]

1. 포항제철(주)과 코오롱 그룹 관련 5개 회사는 1993. 12. 30.경 정부의 제2이동통신사업 추진과 관련하여 새로이 설립될 피고회사(신세기통신)의 지배주주로 선정되었다. 포항제철과 코오롱 등 국내외 24개 회사와 피고회사는 1994. 6. 3. 이후 컨소시움 형태로 확대되어 출범하게 될 피고회사의 납입자본금을 1천억 원으로 하고, 위 24개 회사가 피고회사에 대하여 각자 일정한 지분별로 정하여진 금액을 투자하기로 하는 내용의 합작투자계약을 체결하였다.

2. 합작투자계약의 당사자들은 피고회사에 대한 투자액 1천억 원 중 합작투자계약으로 확보된 금액을 제외한 25.3%의 지분에 상응하는 253억 원을 (주)경방을 비롯한 221개 회사로부터 모집하기로 하였나.

3. 포항제철은 합작투자계약의 당사자들을 대리하여 1994. 6. 4. (주)경방과 사이에, 경방이 위 합작투자계약의 내용을 인정하고, 피고회사에 대하여 0.8%의 지분에 상응하는 금 8억 원(16만株)을 투자하기로 하는 내용의 계약을 체결하였다(다만 이 사건 주식 35만주는 경방의 최초 투자주식 16만주에 피고회사의 이후 증자과정에서 경방이 새로이 배정받은 17만주를 합한 것이다).

4. 피고회사를 포함한 합작투자계약 당사자들은 1994. 6. 3. 합작투자계약시에, 그리고 합작투자계약의 당사자들을 대리한 포항제철과 경방은 1994. 6. 4. 투자약정시에, 다음과 같은 내용으로 피고회사 발행주식의 양도제한에 관하여 약정하였다.

(1) 합작회사(피고회사)가 사전에 공개되는 경우를 제외하고 합작회사의 설립일로부터 5년 동안, 합작회사의 어느 주주도 합작회사 주식의 전부 또는 일부를 다른 당사자 또는 제3자에게 매각·양도할 수 없다. 단 법률상 또는 정부의 조치에 의하여 그 주식의 양도가 강제되는 경우 또는 당사자들 전원이 그 양도에 동의하는 경우는 예외로 한다.

(2) 위 예외의 경우나 설립일로부터 5년이 경과한 후 합작회사의 공개 이전까지 포항제철이나 코오롱 이외의 주주가 보유하는 합작회사의 주식의 전부 또는 일부를

* 서울행정법원 부장판사.

** 판례공보 2000하, 2183면.

양도하고자 할 경우에는 포항제철과 코오롱이 주식매입시의 각자의 주식보유비율에 따라 동 주식을 우선 매수할 권리가 있다. 이 때 양도인은 우선 포항제철과 코오롱에 서면으로 동 주식의 양도를 청약하여야 하고, 그 양도가액은 합의된 가격 또는 감정에 의한 공정가격으로 한다.

(3) 위 계약들에 의한 주식의 양도제한에 위배하여 합작회사의 주식이 양도된 경우 그 주식양수인은 위 계약들에 따른 어떠한 권리와 이익도 가지지 아니하며, 그 주식의 양도인은 본 계약 및 위 합의서 등의 서면에 의한 약정 및 의무에 대하여 계속 책임을 진다.

5. 경방은 1997. 9. 10. 이세진에게 피고회사 발행의 주식 35만 주를 매도하고, 이세진은 다시 같은 날 원고(홍승캐피탈)에게 이를 동일한 가격으로 재매도하여 원고는 현재 위 주식을 표창하는 피고회사 발행의 주권을 교부받아 소지하고 있다. 원고는 이를 매수함에 있어 위 '주식양도제한약정'이 체결되어 있었음을 알고 있었다.

6. 원고는 피고회사에게 이 사건 주식에 대한 명의개서를 요구하였으나 피고회사는 위 양도금지약정이 있었음을 이유로 이를 거절하였고, 이에 원고가 위 주식에 대한 명의개서의 이행을 구하는 것이 이 사건 소송이다.

7. 피고가 명의개서를 거절하는 구체적 이유는, 피고는 이동통신사업을 위하여 정책적으로 컨소시움 형태로 설립된 폐쇄회사로서 원고의 명의개서요구에 응하게 되면 이는 피고가 이동전화사업허가과정에서 정부에 대하여 서약한 허가조건을 스스로 위반하게 되는 결과 정부로부터 이동전화사업허가취소 등의 불이익을 받을 우려가 있고, 경방의 이세진에 대한 주식양도 및 이세진의 원고에 대한 주식양도는 피고회사의 설립과정에서 체결된 위 '주주 간 계약'(합작투자계약 및 피고회사를 포함한 그 당사자들과 경방과의 1994. 6. 4.자 합의를 합쳐서 지칭한다)상의 주식양도제한 규정에 위반되는 것으로 이세진과 원고가 이러한 사실을 알고도 이 사건 주식을 양수한 것이므로 피고회사는 원고의 명의개서요구를 거절할 수 있다는 것이다.

[訴訟의 經過]

1. 第 1 審 判決(서울지방법원 1998.11.3. 선고 97가합87005 판결: 원고 승소)

상법이 명문으로 인정하지 아니하는 '주주 간 계약'에 의한 주식양도의 제한은 설사 주식양도를 제한하는 주주 간 계약의 체결사실을 주식양수인이 미리 알았다고 하더라도 그것만으로 주주 간 계약의 사단법적 효력이 인정될 수 없고, 다만 주식양수인의 회사에 대한 권리주장이 특별히 사회질서에 반하여 권리남용이 될 만한 매우 예외적인 사정들을 구성하는 하나의 요소가 됨에 지나지 않는다고 할 것이다.

그런데 피고회사 등 합작투자계약의 당사자들과 경방 사이에 합의된 주식양도제한에 관한 내용은 상법의 개정 이후부터 이 사건 주식의 양도 당시까지 2년에 가까운 기간 동안 피고회사의 정관에 규정되지 아니하였고, 기타 주식청약서나 주권에도 기재되지 않고 등기도 되지 아니한 점 등 여러 사정에 비추어 보면 원고의 피고회사에 대한 명의개서요구가 특별히 사회질서에 반하여 권리남용에 해당된다고 보기에 부족하다.

따라서 주주 간 계약의 사단법적 효력이나 권리남용을 근거로 한 피고의 주장은 결국 받아들일 수 없다.

2. 原審 判決(서울고등법원 1999.7.13. 선고 98나65917 판결: 피고 항소기각)

항소심 법원은 제 1 심 판결의 이유를 그대로 인용하면서, 피고의 항소를 기각하였다.

3. 上告理由의 要旨

원고에 대한 주식양도는 주식양도제한약정에 위반한 것으로서 피고회사에 대하여 그 효력이 없다고 보아야 한다. 더욱이 원고는 그러한 주식양도제한약정이 있음을 알면서도 이 사건 주식을 양수하였으므로 그러한 악의의 양수인인 원고가 피고에 대하여 명의개서를 구함은 선량한 사회풍속 또는 사회질서 위반 및 권리남용에 해당한다고 보아야 함에도 원심은 이를 그르친 잘못이 있다.

[判決要旨]

1. 상법 제335조 제 1 항 단서는 주식의 양도를 전제로 하고, 다만 이를 제한하는 방법으로서 이사회의 승인을 요하도록 정관에 정할 수 있다는 취지이지 주식의 양도 그 자체를 금지할 수 있음을 정할 수 있다는 뜻은 아니기 때문에, 정관의 규정으로 주식의 양도를 제한하는 경우에도 주식양도를 전면적으로 금지하는 규정을 둘 수는 없다.

2. 회사와 주주들 사이에서 혹은 주주들 사이에서 회사의 설립일로부터 5 년 동안 주식의 전부 또는 일부를 다른 당사자 또는 제 3 자에게 매각·양도할 수 없다는 내용의 약정을 한 경우, 그 약정은 주식양도에 이사회의 승인을 얻도록 하는 등 그 양도를 제한하는 것이 아니라 설립 후 5 년간 일체 주식의 양도를 금지하는 내용으로 이를 정관으로 규정하였다고 하더라도 주주의 투하자본회수의 가능성을 전면적으로 부정하는 것으로서 무효라고 할 것인데, 이처럼 정관으로 규정하여도 무효가 되는 내용을 나아가 회사와 주주들 사이에서 혹은 주주들 사이에서 약정하였다고 하더라도 이 또한 무효라고 할 것이다.

3. 위 약정 가운데 주주 전원의 동의가 있으면 양도할 수 있다는 내용이 있기는 하지만, 이 역시 상법 제335조 제 1 항 단서 소정의 양도제한요건을 가중하는 것으로서 상법규정의 취지에 반할 뿐 아니라, 사실상 양도를 불가능하

게 하거나 현저하게 양도를 곤란하게 하는 것으로서 실질적으로 양도를 금지한 것과 달리 볼 것은 아니다.

[評 釋]

I. 株式의 讓渡制限

1. 株式讓渡自由의 原則과 讓渡制限의 必要性

株式讓渡自由의 原則(Grundsatz der freien Übertragbarkeit der Mitgliedschaft)은 株主有限責任의 원칙과 더불어 주식회사의 중요한 특성 중의 하나라고 할 수 있다.[1] 물적회사인 주식회사의 경우에는 인적회사와 달리 주주상호간의 신뢰관계가 그다지 필요하지 않고, 주주에게 투하자본을 회수할 수 있는 기회를 보장하며, 주식의 원활한 유통을 보장하여 회사가 자본시장으로부터 자본조달을 용이하게 하기 위하여는 株式讓渡의 自由가 보장되어야 한다.

그러나 위와 같은 주식양도자유의 원칙이 절대적인 것은 아니다. 주식회사가 아무리 물적회사라고 할지라도 주주는 주주총회를 통하여 이사 등의 업무집행자를 선임하여 회사지배의 주체가 되므로 주주의 인적 구성이 완전히 무시될 수는 없다.[2] 특히 우리나라에서 많은 부분을 차지하는 小規模·閉鎖的인 주식회사는 경영의 안정을 도모하기 위하여 다른 주주의 유입이나 인적 관계가 없는 자의 경영참가를 방지하고자 한다.[3] 나아가 株式의 讓渡는 會社支配構造에 變動을 초래할 수 있기 때문에 大規模·公開會社라 할지라도 최근 국제적 자본교류의 자유화 현상에 따라 외국자본의 국내유입과 기업의 인수합병(M&A)이 가속화되고 있는 상황하에서 법령에 의한 제한 이외에 회사로 하여금 주식양도의 제한을 통하여 자치적으로 외국자본의 국내기업지배에 대한 자구책을 강구하도록 허용할 필요성이 있다. 또한 우리社株制度[4]의 효율적인 운영, 경쟁업체

1) 崔基元, 「新會社法論(第10大訂版)」(博英社, 2000), 310面.

2) 李哲松, "株式讓渡制限의 法理," 「人權과 定義」 第236號(大韓辯護士協會, 1996. 4), 43面; 朴世和, "株式讓渡의 制限-改正商法上의 問題點을 中心으로-," 「새울法學(創刊號)」(대전대학교 법문화연구소, 1997), 322面.

3) 日本 最高裁判所 昭和 48(1973). 6. 15. 판결은 우리 상법 제335조 제1항 단서에 해당하는 일본 상법 제204조 제1항 단서의 입법취지에 관하여 "이는 오로지 회사로 하여금 원하지 않는 자가 주주로 되는 것을 방지하는 것에 있다"고 판시한 바 있고, 위 판시내용은 이후 最高裁判所 判例에 인용되고 있는바, 그러한 설명은 우리의 경우에도 그대로 해당할 것으로 보인다.

4) 證券去來法 제191조의7 제1항에서 규정하고 있는 우리社株組合員에 대한 優先配定制度이다. 종래 從業員持株制度라고 불려 온 것이다.

나 대기업의 주식매수에 대한 저지, 국내기업이 외국기업과 합작회사를 설립하는 경우 합작파트너의 변동방지, 정부로부터 인허가를 받아 신규사업을 함에 있어서 일정 주식분포비율이 인허가의 조건으로 된 경우 그 지분비율의 확보 등을 위하여 株式讓渡制限이 필요하게 된다.

그리하여 우리나라를 비롯한 대부분의 국가에서는 주식양도의 자유를 인정하면서도 일정한 범위 내에서 일정한 방법으로 그 제한을 인정하고 있다.

2. 立法의 變遷

의용상법하에서는 정관의 규정에 의하여 주식의 양도를 제한할 수 있었지만, 1995년 개정 전의 상법 제335조 제 1 항은 "株式의 讓渡는 定款에 의하여도 이를 금지하거나 제한하지 못한다"라고 규정하여 株式讓渡의 自由를 절대적으로 보장하고 있었다.

위와 같은 입법의 태도에 대하여는 앞서 본 바와 같은 주식양도제한의 필요성뿐만 아니라, 株主權의 靜態的인 權利表彰方法인 記名株式을 주식의 원칙적인 형태로 하면서(상법 제357조 제 1 항) 주식양도의 절대적 자유를 보장하는 것은 비논리적이라는 비판이 있었는바, 이러한 사정과 기업계의 요청을 감안하여 1995. 12. 29. 법률 제5053호로 상법 제335조 제 1 항을 "株式은 他人에게 이를 讓渡할 수 있다. 다만 株式의 讓渡는 定款이 정하는 바에 따라 理事會의 承認을 얻도록 할 수 있다"라고 개정하고, 그 제 2 항으로 "제 1 항 단서의 규정에 위반하여 理事會의 承認을 얻지 아니한 株式의 讓渡는 會社에 대하여 효력이 없다"라는 규정을 신설하여 1996. 10. 1.부터 시행하여 왔다. 이러한 개정입법에는 다른 외국의 입법, 특히 日本의 立法을 많이 참고한 것으로 보인다.

3. 外國의 立法例

(1) 日　　本

日本에서 明治 32年(1899) 商法制定 당시에는 그 제149조에서 "株式은 定款에 별도의 정함이 없는 때는 會社의 승낙이 없어도 이를 타인에게 讓渡할 수 있다. 다만 제141조 제 1 항[5]의 규정에 따라 본점소재지에 등기를 마칠 때까지는 이를 양도 또는 양도의 예약을 할 수 없다"라고 규정하고 있었는데, 昭和

5) 會社는 發起人이 株式의 총수를 인수한 때는 調査終了日, 發起人이 株式의 총수를 인수하지 아니한 때에는 創立總會終決日부터 2주간 내에 회사본점 및 지점소재지에 登記를 요한다는 규정이다.

13年(1938) 改正商法 제204조는 위 制定商法上의 疑問點을 해소하기 위하여 "株式은 이를 他人에게 讓渡할 수 있다. 但, 定款으로 그 讓渡의 制限을 정하는 것은 無妨하다"고 규정하였다. 당시 이 때의 '制限'에는 '禁止'도 포함한다고 해석되었다.[6]

그러다가 戰後 일본 군벌을 해체하려는 미국의 영향을 많이 받은 昭和 25年(1950)의 改正商法 제204조 제1항에서는 "株式의 讓渡는 定款이 정하는 바에 의하여도 이를 禁止 또는 制限할 수 없다"고 규정함으로써 株式의 自由讓渡性을 強行法的으로 保障하게 되었다. 이것은 明治 32年(1899)의 商法이 채택하였던 株主總會中心主義를 버림으로써 株主의 地位가 회사 내에서 상대적으로 약화된 데 대하여 균형을 유지하는 의미도 가지고 있었다.[7] 우리나라의 1995년 개정 전의 상법은 위 일본 昭和 25年 상법의 영향을 받은 것이다.

다시 日本에서는 昭和 41年(1966) 商法改正으로 일본 상법 제204조 제1항을 "株式은 이를 他人에게 讓渡할 수 있다. 단, 定款으로 理事會의 승인을 요하는 것으로 정하는 것은 무방하다"고 정하여 株式會社는 정관의 규정에 의하여 株式讓渡에 理事會의 승인을 받게 할 수 있도록 규정하는 한편, 제204조의2 내지 5의 규정[8]을 신설하여 위 承認을 받지 못한 株主에게 株式買受人指定請求權을 인정하여 投下資本回收의 길을 保障하여 현재에 이르고 있다. 1995년에 개정된 우리 현행 商法은 위 일본 현행 상법의 규정과 유사하다.

(2) 美　國

美國에서는 株式을 기본적으로 動產으로 보고, 株主는 다른 동산과 마찬가지로 주식을 양도할 절대적인 권리를 가지는 것으로 파악한다.[9] 判例도 시종일관 주식양도의 절대적 금지 및 不合理한 制約(unreasonable restraint)은 公益(public policy)에 반하는 것으로서 無效라고 판시하고 있다.[10] 법원에서는 주식양도제한 규정의 합리성을 회사의 규모, 양도제한의 정도, 제한기간의 장단, 주식양도가액의 결정방법, 회사의 목적 달성에 공헌할 정도, 주식양수인이 회사에

6) 田中耕太郎, 「改正商法及有限會社法解說」(有斐閣, 1939), 152頁.
7) "株式讓渡と株式買取り請求權," 1996년 韓日法學會 심포지움(森 教授 발언 내용).
8) 우리 현행 상법 제335조의2 내지 7의 규정에 대응하는 규정이다.
9) Cataldo, Stock Transfer Restriction and the Closed Corporations, 37 Va. L. Rev., p. 232; Cook, A Treatise on the Law of Corporation having a Capital Stock, Vol. 2(8th ed.), p. 1174; Fletcher, Cyclopedia of the Law of Private Corporations, Vol. 12, p. 206.
10) Ballantine, On Corporations, p. 778 n. 72; Christy, Transfer of Stock(1), §36.5:1 n. 1, §37.5:4 n. 1.

대하여 손해를 입힐 가능성 또는 제한규정이 전체로서 회사의 최상의 이익을 추진할 가능성이 있는가 등의 제반 사정을 감안하여 판단하고 있다.[11]

美國에서 사용되고 있는 株式譲渡制限의 方法으로는 ① 주식양도에 주주 또는 이사회의 동의를 요구하는 방법, ② 회사・임원 혹은 다른 주주에게 先買權(pre-emptive right)을 주는 방법, ③ 일정한 사람에 대하여만 양도를 제한하는 방법, ④ 사망 주주의 주식을 회사 또는 다른 주주에게 양도한다는 취지의 매매약정(buy-out agreement), ⑤ 사망 주주의 상속인에게 先買權을 인정하는 방법, ⑥ 일정기간 양도를 제한하는 방법, ⑦ 회사가 불황인 때 또는 자본이 감손된 때 양도를 제한하는 방법 등이 있으나, 실제로는 이들 중 두 세 개가 결합되어 사용되는 경우가 많다.[12]

美國에서 주식양도제한의 근거로 되는 것은 制定法(statute), 定款(articles of incorporation), 附屬定款(bylaws) 및 契約(agreement)이다. 制定法의 예로는 미국 모든 州에서 채용하고 있었던 1909년의 統一株式譲渡法(Uniform Stock Transfer Act, 1909)을 들 수 있는바, 위 법에서는 양도제한이 株券에 기재될 것을 요구함으로써 묵시적으로 합리적인 양도제한을 수권하고 있었다.[13] 그 후 위 법 대신 성립한 統一商法典(Uniform Commercial Code) 제8-204조에서는 "만일 발행회사에 의하여 부과된 양도의 제한이 증권상에 뚜렷이 표시되지 아니한 경우에는 그 밖의 점에 있어서 적법한 양도제한이라고 할지라도 실제로 그 제한을 알고 있는 사람에 대한 관계를 제외하고는 효력이 없다"고 규정하고 있다. 나아가 改正模範事業會社法(The Revised Model Business Corporation Act) §6.27에서도 "① 정관, 부속정관, 주주 간의 계약 또는 주주와 회사 간의 계약으로 회사주식의 양도나 양도의 등록에 대하여 제한을 가할 수 있다. 주식소유자가 제한계약의 당사자이거나 제한규정에 찬성한 경우가 아니면 제한규정이 채택되기 전에 발행한 주식에 대하여는 효력이 미치지 않는다. ② 주식의 양도

11) O'Neal, Restrictions on Transfer of Stock in Closely Held Corporations: Planning and Drafting, 65 Harv. L. Rev., p. 778.

12) Fletcher, Cyclopedia of the Law of Private Corporations, Vol. 12, p. 214.

13) 예를 들어 델라웨어州 一般會社法(General Corporation Law) 제222조 (a)항에서는 "if … noted conspicuously on the certificate or certificates representing the security or securities so restricted"라고 규정함으로써 양도제한사실을 株券에 기재할 것을 요구하고 있다. 캘리포니아州 一般會社法(General Corporation Law) 제418조 (a)항에서도 "There shall also appear on the certificate, the initial transaction statement, … the statement required by all of the following clauses to the extent applicable. (1) The fact that the shares are subject to restrictions upon transfer"라고 하여 유사한 취지를 규정하고 있다.

또는 양도의 등록에 대한 제한은 그 제한이 본조에 의하여 인정되고, 그 존재가 주권의 표면 또는 이면에 명확히 기재되거나 §6.26(b)에서 요구하는 정보표명서(information statement)에 포함될 때 유효하고, 또한 주주나 주주로부터 양수를 받은 자에 대하여 강행할 수 있다. 그와 같이 기재하지 않은 때에는 위 제한을 모르는 자에 대하여 이를 강제할 수 없다"라고 규정하고 있다.[14)]

定款에 의하여 합리적인 양도제한(reasonable restraint)을 하고 있는 경우에는 주주들이 이에 구속을 받는 것은 당연하다.[15)] 문제는 附屬定款에 의한 경우인바, 몇 개의 판결은 부속정관에 규정된 양도제한규정도 유효하다고 한 것이 있기는 하지만, 대다수의 州에서는 주식의 양도에 제한을 가하고 있는 부속정관의 채용이 제정법이나 정관에 명문의 규정에 의하여 수권되지 아니한 이상 그 제한내용이 합리적인지의 여부를 불문하고 무효로 하고 있다.[16)] 다만 이러한 경우 附屬定款으로서는 무효라고 하더라도 그 내용을 알거나 혹은 이에 동의하면서 주식을 취득한 주주와 회사 사이에는 계약이 성립한 것으로 보아 결과적으로 주식양도제한이 유효해지는 경우가 있다.[17)]

(3) 獨 逸[18)]

1965년의 株式法 제68조(記名株式의 讓渡, 株主名簿의 名義改書) 제2항은 "定款에 記名株式(Namensaktie)의 讓渡를 회사의 승인에 구속되는 것으로 정할 수 있다. 승인은 이를 理事會가 한다. 그러나 정관에 監事會나 株主總會에서 승인을 결정하는 것으로 정할 수 있다. 정관에 승인을 거부할 수 있는 사유를 정할 수 있다"라고 규정하고 있다. 獨逸의 株式會社의 약 3분의 1 가량이 이 制限을 두고 있다고 한다.[19)] 다만 獨逸에서 주식의 원칙적인 형태인 無記名株式

14) 이를 받아들인 델라웨어州 一般會社法 제222조 (b)항에서는 "회사주식의 양도나 명의개서에 대한 제한은 정관, 부속정관 및 주주들 사이의 혹은 주주와 회사 사이의 계약에 의하여 부과될 수 있다. 위 제한을 채택하기 이전에 발행된 주식에 대하여는 위 제한이 적용되지 아니하나, 위 주식에 대한 주주가 위 양도제한계약의 당사자이거나 혹은 위 양도제한에 찬성하는 표결을 한 경우에는 그러하지 아니하다"라고 규정하여 정관 및 부속정관에 의한 양도제한뿐만 아니라 계약에 의한 양도제한도 명시적으로 인정하고 있다. 다른 많은 州에서도 위 改正模範事業會社法의 규정을 받아들이고 있다.

15) Cataldo, Stock Transfer Restriction and the Closed Corporations, 37 Va. L. Rev., p. 235.

16) O'Neal, Restrictions on Transfer of Stock in Closely Held Corporations: Planning and Drafting, 65 Harv. L. Rev., p. 779. n. 26; Cataldo, Stock Transfer Restriction and the Closed Corporations, 37 Va. L. Rev., p. 237.

17) Christy, Transfer of Stock(1), §38.5:8 n. 20, 5:9 n. 1.

18) 獨逸法上 株式讓渡의 制限에 관하여 자세한 것은 張敬煥, "株式讓渡의 制限,"「商事法硏究」第13輯(韓國商事法學會, 1994), 59面 이하 참조.

19) Gessler/Hefermehl/Eckardt/Kropff, Aktiengesetz, Band 1-2, §68, Anm. 75; 張敬煥, "株式讓渡의 制限,"「商事法硏究」第13輯(1994), 59面 이하에서 再引用.

에 대하여는 讓渡制限을 허용하지 않고 있다.

우리 법과의 차이를 살펴보면, 獨逸 株式法은 이사회의 승인거부시 주주의 讓渡相對方 指定請求權과 株式買受請求權을 인정하지 않고 있고, 주식양도에 대한 승인 여부의 결정을 이사회뿐만 아니라 정관의 규정에 의해 감사회나 주주총회에서도 할 수 있으며, 승인거부사유를 정관에 기재할 수 있는 것으로 하고 있다. 이처럼 구체적인 면에서는 우리 법과 차이를 보이고 있으나, 주식의 양도를 이사회의 승인을 거치도록 함으로써 제한하는 것이 허용되는 점에서는 우리와 동일하다고 할 수 있다.

⑷ 英 國

英國 회사법상 정관에 별다른 규정이 없는 한 주식은 절대적인 자유양도성을 가지며, 주주가 양도하고자 하는 동기가 설혹 회사의 이익에 반한다고 할지라도 문제가 되지 않는다. 다만 회사는 정관에 어떠한 내용으로든 주식의 양도를 제한하는 규정을 둘 수 있으며, 대부분의 閉鎖會社(private company)에서 양도제한에 관한 규정을 두고 있다.[20]

⑸ 유럽 諸國

프랑스 상사회사법 제275조는 정관으로 주식의 양도에 회사의 동의를 요하는 것으로 할 수 있음을 규정하고 있고, 이 同意의 청구에 대하여 회사가 3개월 내에 회답을 하지 않으면 동의한 것으로 보게 된다. 그리고 회사가 통지한 양도인에게 동의를 하지 않는 경우에는 이사회, 집행위원회 또는 관리자가 거절을 통지한 때로부터 3개월 내에 주주 또는 제 3 자에 의하여 또는 자본감소를 위하여 양도인의 동의를 얻어 會社에 의하여 그 주식이 취득되어야 한다.

스위스 채무법 제684조는 정관에 다른 정함이 없으면 기명주식을 양도할 수 있음을 규정하고 있다. 따라서 정관으로 기명주식의 양도에 제한을 가할 수 있다.

이탈리아 민법전 제2345조는 금전적인 급부의무가 결합되어 있는 주식은 기명주식이어야 하는 동시에 이사의 동의가 없으면 이전하지 못하게 규정하고 있으며, 이 경우는 정관의 규정과 관계 없다.[21]

20) Schmitthoff, Palmer's Company Law, Stevens & Sons(1982), p. 475.

21) 孫珠瓚 · 鄭東潤 編, 「註釋商法(Ⅲ)-會社(2)」(韓國司法行政學會, 1999), 76面(孫珠瓚 집필 부분).

Ⅱ. 定款에 의한 株式讓渡制限의 有效性과 效力

1. 定款의 規定에 의한 理事會 承認要求

商法 제335조 제1항 단서의 규정에 의하면, 주식양도를 제한하는 방법은 주식의 양도에 관하여 이사회의 승인을 얻도록 定款으로 規定하는 것이다. 그러므로 통상 定款에 "주식의 양도는 이사회의 승인을 얻어야 한다"는 식으로 포괄적으로 규정될 것이다.

2. 定款의 規定에 의한 기타의 讓渡制限

定款으로 株式의 讓渡制限에 관하여 규정하는 경우에 앞서 본 바와 같은 이사회의 승인을 요구하는 방법 이외에 다른 방법을 규정할 수 있는지 여부가 문제로 된다. 定款에서 정한 株式讓渡制限의 규정이 상법 제335조의 규정에 따르지 않은 경우, 우선 이러한 讓渡制限은 예외적인 것이니 이를 축소함으로써 주식양도자유의 원칙으로 복귀하는 것을 확대하여야 할 필요성이 있다고 할 것이므로 특별한 사정이 없는 한 이러한 주식의 讓渡制限은 無效라고 해석하여야 할 것이지만, 상법 제335조 단서에서 주식의 양도제한을 입법한 취지가 회사가 원하지 않는 자가 주주로 되는 것을 막고, 회사운영의 안정을 꾀하려는 점에 있는 점을 고려하면 이러한 입법취지에 부합하는 것은 그 유효성을 인정할 수도 있을 것이다.[22]

구체적으로 보면, 먼저 定款에 株式讓渡를 금지한다는 규정을 두는 것은 효력이 없다고 함에 의견이 일치되어 있다.[23] 상법 제335조 제1항 단서의 규정은 주식의 양도를 전제로 하고, 다만 이를 제한하는 방법으로서 이사회의 승인을 요하도록 정관에 정할 수 있다는 취지이지, 주식의 양도 그 자체를 금지할 수 있음을 정할 수 있다는 뜻은 아니기 때문이다.

定款의 규정에 의하여 양도제한을 위한 승인기관을 株主總會나 代表理事 혹은 특정 株主로 규정할 수 있는지[24] 혹은 특정 주식 또는 일정 수의 주식양도에만 승인을 얻도록 할 수 있는지, 특정 양도인의 경우에만 승인을 받도록 제

22) 田中誠二, 「會社法詳論(上卷)(第3全訂版)」(勁草書房, 1993), 363頁.

23) 崔基元, 「新會社法論(第10大訂版)」(博英社, 2000), 311面; 孫珠瓚·鄭東潤 編, 「註釋商法(Ⅲ)-會社(2)」(韓國司法行政學會, 1999), 77面(孫珠瓚 집필부분). 나아가 李哲松, 「會社法講義」 第8版(博英社, 2000), 294面에서는 단지 일정기간만의 株式讓渡를 금지하는 것도 無效라고 하고 있다.

24) 앞서 본 바와 같이 獨逸의 경우에는 정관의 규정에 의하여 監事會나 株主總會에서 승인을 받도록 양도제한을 부과할 수 있다. 이 점에서 우리 법의 해석과 달라진다.

한할 수 있는지 여부도 문제로 되나, 대체로 學說은 부정적이다.[25)]

다만 예를 들어 株主 이외의 자, 外國人에게 주식을 양도하는 경우에는 理事會의 승인을 요한다고 규정하는 것처럼 株式讓受人을 제한하는 취지의 규정은 유효하다고 보고 있다.[26)] 상법이 주식양도를 제한할 수 있게 한 취지는 원래 회사가 원하지 않는 자에게 주식이 양도되는 것을 방지하기 위한 것이며, 이러한 취지는 회사가 양도승인을 거부할 수 있고, 양도상대방을 지정할 수도 있는 점 등에 나타나 있는 점에 비추어 볼 때 이와 같은 讓受人의 制限은 허용된다고 본다.

3. 定款에 株式讓渡制限의 규정을 둔 경우와 全株主의 承諾

정관에 규정된 주식양도제한방법의 유효성과 직접적으로 관련된 판결은 우리나라에서는 물론 일본에서도 아직은 찾아 볼 수 없다. 다만 이와 관련하여 定款에 주식양도시 이사회의 승인을 얻도록 규정하고 있음에도 불구하고 이를 거치지 않았으나 株主全員의 동의가 있는 경우에 그 양도의 효력을 인정한 다음과 같은 일본의 判決이 있다.

日本 最高裁判所 平成 5(1993). 3. 30. 判決[27)]에서는 그 原審인 東京高等裁判所 平成 2(1990). 11. 29. 선고 平成 2(1990)年(ネ) 제2385호 判決[28)]이, 원고가 피고회사 대표이사로 재직하던 중 당시 피고회사 주식을 전부 소유하고 있는 남편 A로부터 전체 발행주식의 절반인 5천주를 양도받았으나, 정관에 규정된 대로 주식양도에 관한 이사회의 승인을 받지는 않고 있던중, 피고회사가 원고를 배제한 채 A의 주도하에 주주총회를 열어 새로운 대표이사를 선임하게 되자 원고가 주주총회결의 부존재의 확인을 구하는 사건에서 "상법 제335조 제1항 단서가 정관의 규정에 의하여 주식의 양도에 이사회의 승인을 요하도록 하고 있는 것은 주주의 개성이나 주주의 지주비율에 의하여 중대한 영향을 받

25) 崔基元,「新會社法論(第10大訂版)」(博英社, 2000), 311面; 孫珠瓚 · 鄭東潤 編,「註釋商法(Ⅲ)-會社(2)」(韓國司法行政學會, 1999), 77~78面(孫珠瓚 집필부분); 李哲松,「會社法講義」 第8版(博英社, 2000), 294面; 上柳克郎 外 2人 編,「新版注釋會社法(3)」(有斐閣, 1986), 64~67頁(上柳克郎 집필부분).

26) 孫珠瓚 · 鄭東潤 編,「註釋商法(Ⅲ)-會社(2)」(韓國司法行政學會, 1999), 78面(孫珠瓚 집필부분); 李哲松,「會社法講義」 第8版(博英社, 2000), 294面.

27)「民集(第47卷 第4號)」, 3439頁.

28)「判例時報」 第1374號, 112頁;「商事法務」 第1250號, 1629頁. 이 판결에 대한 판례평석으로는 鈴木千佳子, "株式の讓渡制限を定款に定める會社において, 株式の讓渡につき株主全員の承諾があったときは, その讓渡は會社に對する關係においても有效であるとした事例,"「法學研究」 第69卷 第9號(慶應義塾大學法學研究會, 1996. 9), 189頁.

을 수 있는 소규모주식회사에서 좋아하지 않는 주주의 출현을 방지함으로써 회사경영의 안정을 도모하고, 나머지 주주의 이익을 보호하는 데 있다. … 그런데 주주는 회사존립의 기초가 되는 존재이고, 주주의 의사를 회사운영에 반영하는 주주총회는 주식회사의 최고기관으로서 이사회보다 상위에 있는 점 및 앞서 본 상법 제335조 제 1 항 단서의 취지에 의하면 위 규정이 주식의 양도승인을 이사회의 권한으로 한 것은 그 처리를 신속·원활하게 하고 사안의 성질상 이를 주주의 의사에 위임하는 것이 적당하지 않기 때문인 점을 고려하면, 정관에 양도제한의 규정이 있는 경우에 특정 주식의 양도에 관하여 주주 전원의 승낙이 있는 경우에는 이사회의 승인이 없어도 그 양도를 회사에 대한 관계에서 유효하다고 하여야 한다"고 判示한 것을 그대로 承認하였다.

4. 效　力

商法 제335조에서 규정하고 있는 정관에 의한 주식양도의 제한은 對世的인 效力이 있는 株式讓渡의 制限이다. 즉 위 정관의 규정에 의한 주식양도의 제한은 정관에 의하여 團體法的으로 구성원인 모든 株主를 규율할 뿐만 아니라, 그 讓渡制限이 등기되어 공시되고(商法 제317조 제 2 항 제 3 호의2), 株式請約書에 기재하여야 하며(商法 제302조 제 2 항 제 5 호의2), 株券에도 기재되어야 하므로(商法 제356조 제 6 호의2), 이러한 주식양도제한은 회사의 구성원인 주주뿐만 아니라 주주와 거래하는 제 3 자에 대하여도 양도제한의 효력이 미친다.

Ⅲ. 契約에 의한 株式讓渡制限의 效力

1. 序

定款에 의한 株式讓渡制限制度를 채택하고 있는 현행법하에서 이 제도를 이용하지 아니하고 혹은 이 제도와 병행하여, 契約에 의하여 주식의 양도를 제한하는 것이 상당한 의미를 지닐 수 있다. 契約에 의한 株式讓渡制限의 機能으로는 다음과 같은 것을 들 수 있다.

첫째, 契約이라는 형태를 취함으로써 주식양도제한에 있어서 보다 유연해질 수 있다. 어떠한 내용의 주식양도제한이 유효하게 되는가는 차후의 문제이고, 우선은 정관의 규정에 의할 때보다 제한의 태양을 구체적 사정에 따라 자유롭게 정할 수 있다.[29] 예를 들어 定款에 의한 제한의 경우에는 주주평등의 원

29) 浜田道代, 「アメリカ閉鎖會社法」(1974), 295頁.

칙상 허용되지 않는 일정 주주에 국한하여 적용하는 주식양도의 제한도 계약에 의하는 경우에는 가능하게 된다. 또한 이사회의 승인이라는 별도의 조치를 할 필요 없이 스스로 직접 다른 주주의 주식양도에 간섭할 수 있다는 점에서 이점이 있다.30)

둘째, 상장회사나 상장을 원하는 회사, 協會仲介市場(KOSDAQ)에 등록된 회사나 등록을 원하는 회사는 정관의 규정에 의한 주식의 양도제한을 인정할 수 없기 때문에, 이들 회사에서 주식양도를 제한할 필요성이 있는 경우에는 양도제한계약을 이용하게 된다.31)

셋째, 계약에 의한 방법을 취할 때에는 株式讓渡制限을 설정하기가 용이하다. 定款에 의한 양도제한의 경우에는 원시정관에 양도제한이 규정되지 않았다면 정관변경의 엄격한 절차를 거쳐야 한다. 주주의 수가 많은 경우에 새롭게 정관에 의하여 주식의 양도제한 조치를 취하는 것도 번거롭다. 하지만, 契約에 의하는 경우에는 양도제한을 과할 필요가 있는 범위의 주주 사이에서 계약을 체결하면 되기 때문에 간편하다.

넷째, 주주의 사망이나 퇴직 등 일정 사유가 발생한 때에 다른 주주가 당해 주주의 주식을 매수하기로 하는 형태의 계약을 체결하는 경우에는 주주의 의사를 묻지 않고 일정 사유의 발생에 의하여 주식의 양도를 강제하는 형태라는 점에서, 정관의 규정에 의한 양도제한과 다른 이점이 있다. 이러한 주식양도제한은 사유가 발생한 주주로 하여금 투하자본의 회수 기회를 가지게 하는 이점도 있다.

30) 前田雅弘, "契約による株式の讓渡制限,"「法學論叢」第121巻 第1號(有斐閣, 1987. 4), 34頁.

31) 韓國證券去來所가 證券去來法 제88조의 규정에 근거하여 제정한 有價證券上場規定에서는 다음과 같이 주식의 양도제한이 있는 회사는 상장될 수 없고, 상장된 이후에 양도제한이 발생하면 상장을 폐지하도록 정하고 있다.

제15조(주권의 신규상장심사요건) ① 주권의 신규상장은 다음 각호의 요건을 구비한 법인이 발행한 주권이어야 한다.

14. 주식양도의 제한: 주식양도의 제한이 없을 것. 다만 다른 법령에 의하여 주식양도가 제한되는 경우로서 그 제한이 유가증권시장에서의 매매거래를 저해하지 아니한다고 인정되는 때에는 그러하지 아니하다.

제37조(주권의 상장폐지기준) 거래소는 주권상장법인이 다음 각호의 1에 해당하는 경우 당해 주권의 상장을 폐지한다.

7. 주식양도의 제한: 주권상장법인이 주식의 양도에 제한을 받는 경우. 다만 다른 법령에 의하여 제한되는 경우로서 그 제한이 유가증권시장에서의 매매거래를 저해하지 아니한다고 인정되는 때에는 그러하지 아니하다.

韓國證券業協會가 證券去來法 제172조의3의 규정에 근거하여 제정한 協會仲介市場運營規定 제4조 제1항 제13호, 제10조 제1항 제13호에서도 위 유가증권상장규정과 유사하게 주식의 양도제한이 있는 회사는 協會仲介市場(KOSDAQ)에 등록될 수 없고, 등록된 이후에 양도제한이 발생하면 등록을 취소하도록 하고 있다.

2. 株式讓渡制限契約의 效力

⑴ 學　說

㈎ 定款의 규정이 아닌 契約에 의한 株式讓渡制限約定의 사법적 효력에 관하여는 견해가 나뉜다. 우리나라의 경우에는 1995년 상법개정 이후 아직 그다지 논의가 활발하게 전개되고 있지는 않지만, 1966년 상법개정에 의하여 양도제한을 인정하여 온 日本에서는 이에 관하여 다양한 견해가 제기되었다.

㈏ 株式讓渡의 絶對性을 보장하던 1995년 개정 전의 상법하에서는 계약에 의한 양도제한에 관하여 주식양도의 자유는 주식회사의 본질에 기초한 요청이므로 회사와 주주 사이의 계약뿐만이 아니라 주주상호간의 계약에 기하여서도 주식양도의 자유를 금지하거나 제한할 수 없고, 이를 정하는 계약은 無效라고 하는 견해도 있었다.[32] 그러나 改正商法下에서는 株式讓渡制限契約의 效力에 관하여 다음과 같이 회사가 계약의 당사자인지의 여부에 따라 有效性의 판단기준을 달리하는 것이 지배적이다.

① 會社와 株主 사이의 契約에 의하는 경우　　회사가 개개의 주주와 사이에 체결한 주식양도제한계약은 상법 제335조 제1항 단서의 제한을 회피하기 위한 탈법수단으로 인정되기 쉽기 때문에 원칙적으로 無效라는 것이 通說의 입장이다.[33] 예를 들어 會社가 주식신청서나 주권에 주식양도제한의 취지를 기재하여 주주로서의 지위를 취득함과 동시에 附合契約에 의하여 양도제한계약을 체결하도록 한 경우에, 만일 이를 유효하다고 한다면 會社로서는 상법 제335조 이하의 복잡한 절차를 거치지 않고도 간단하게 주식양도제한의 목적을 달성하는 반면, 株主로서는 주식양도의 자유를 간단하게 박탈당하는 결과로 되어, 商法이 주주의 권리를 보호하기 위하여 규정한 상법 제335조 이하의 규정을 부당하게 회피하는 것으로서 無效라고 보아야 한다.[34] 다만 通說의 입장에서도 예외적으로 그러한 계약이 유효로 되는 경우를 인정하고 있는바, 有效로 되는 경

32) 松田二郎・鈴木忠一,「條解株式會社法(上)」(弘文堂, 1951), 116頁.

33) 鄭東潤,「會社法」第六版(法文社, 2000), 240面; 上柳克郎 外 2人 編,「新版注釋會社法(3)」(有斐閣, 1986), 71頁(上柳克郎 집필부분); 前田雅弘, "契約による株式の讓渡制限,"「法學論叢」第121卷 第1號(有斐閣, 1987. 4), 39頁; 森本滋, "株式の讓渡制限,"「法學論叢」第146卷 第3·4號(有斐閣, 1999), 92頁; 藤原俊雄, "持株會・從業員間の株式讓渡制限契約の效力,"「判例タイムズ」第49卷 第22號(臨時增刊號 975)(判例タイムズ社, 1998. 8), 37頁; 藤原俊雄, "從業員持株制度をとる會社の株主が社員持株會に加入するに當たり同會と締結した株式讓渡制限の契約が有效とされた事例,"「判例タイムズ」第47卷 第17號(907)(判例タイムズ社, 1996. 7), 68頁.

34) 元木伸,「讓渡制限付株式の實務」(商事法務研究會, 1995), 146～147頁.

우에 관하여는 (i) 계약의 내용이 상법이 정관에 의하여 정할 수 있도록 허용한 것과 실질적으로 동일한 경우로 국한하여 보는 견해,[35] (ii) 계약의 내용이 주주의 투하자본회수를 부당하게 방해하지 않는 합리적인 경우로 보는 견해[36]로 나뉘어 있다.

② 株主 상호간의 契約에 의하는 경우　　會社가 개입하지 아니하고 株主 상호간의 계약 혹은 株主와 第3者 사이의 契約에 의하여 주식의 양도제한 약정을 하는 경우에는 상법 제335조 제1항의 규정과 무관하므로 원칙적으로 有效하다고 본다. 따라서 이와 같은 契約으로 주식의 양도에 특정인의 승인을 얻도록 하거나, 그 위반에 대하여 위약금을 정하는 것은 유효하다고 인정된다. 다만 앞서 본 바와 같이 회사와 주주 사이에 체결되는 주식양도제한계약이 무효로 되는 것을 회피하기 위하여 탈법수단으로서 주주 상호간에 주식양도제한 약정을 체결하는 방법을 취한 경우에는 예외적으로 無效로 보아야 한다.[37]

(다) 위와 같은 전통적인 見解에 대하여, 최근 일본의 학설 가운데에는 그와 같이 會社가 當事者인지의 여부에 따라 계약의 효력을 논하지 않고, ① 會社가 당사자인 경우에도 기본적으로 契約自由의 原則에 비추어 有效로 보아야 하고, 다만 민법 제103조 소정의 公序良俗에 반하는 경우에만 무효로 되는 것에 불과하다는 견해,[38] ② 商法이 직접 규정하고 있는 것은 定款에 의한 주식양도제한의 경우이지만, 이러한 商法의 규제는 계약에 의한 경우를 포함한 양도제한 일반에 관하여 투하자본회수의 기회를 부당하게 침탈하여서는 안 된다는 理想을 밝힌 것이므로, 계약에 의한 양도제한이 이러한 이상과 모순되는 경우에 그 계약이 무효로 된다는 견해,[39] ③ 회사의 입장에서 양도제한의 필요성과 주주의

---

35) 上柳克郎 外 2人 編,「新版注釋會社法(3)」(有斐閣, 1986), 71頁(上柳克郎 집필부분). 이 견해에 의하면 株式의 讓渡를 금지하는 契約은 물론 이사회 이외의 자가 지정하는 사람에게 선매권을 인정하는 계약도 無效로 보게 된다.

36) 鄭東潤,「會社法」第六版(法文社, 2000), 240面; 大隅健一郎 · 今井宏,「新會社法論(上)」(1980), 354頁; 石井照久 · 鴻常夫,「會社法」第1券(1977), 222頁; 元木伸,「讓渡制限付株式の實務」(商事法務硏究會, 1995), 147頁. 이 견해에 따르게 되면 다른 株主 또는 會社가 지정하는 제3자에게 先買權을 인정하는 계약은 有效로 되지만, 특정 株主가 가지고 있는 株式의 讓渡를 전적으로 금지하는 契約은 여전히 無效로 된다.

37) 鄭東潤,「會社法」第六版(法文社, 2000), 240面; 上柳克郎 外 2人 編,「新版注釋會社法(3)」(有斐閣, 1986), 71頁(上柳克郎 집필부분); 大隅健一郎,「會社法論(上卷)」, 434頁.

38) 神田秀樹, "株式會社法の強行法規性,"「法學敎室」第148號, 88頁; 河本一郎 外, "座談會: 従業員持株制度をめぐる諸問題(三·完),"「民商法雜誌」第98卷 第3號, 320頁(神琦·森本 발언).

39) 上柳克郎, "株式の讓渡制限ー定款による制限と契約による制限,"「大阪學院大學 法學硏究」第15卷 第1·2號, 1頁.

입장에서 투하자본회수확보의 요청이 균형을 이루어 상법 제335조 소정의 주식양도제한제도가 정립된 것이므로, 이러한 균형을 무시하고 회사가 주주와의 계약에 의하여 주식의 양도를 제한하는 것은 무효라는 견해[40] 등이 대두되고 있다.

(2) 判　例

우리나라의 경우 대법원판결은 본 연구대상판결이 최초인 것으로 보이고, 그 이전에는 下級審 決定만 나와 있었다. 즉 서울지방법원 1997. 11. 20.자 97파7454 결정에서는, 株式의 讓渡는 인정하되 그 양도에 있어서 미리 양도의사 및 양도조건 등을 이사회에 통지하여야 하고, 양도를 받은 이사회는 다른 주주들에게 통지하여 주주들의 선매권을 인정하며, 만약 매수를 희망하는 주주가 없는 경우에는 제 3 자에게 자유로이 양도할 수 있다는 내용의 양도제한약정을 맺은 경우에, 그 주식양도제한계약의 내용이 상법상 정관으로 정하도록 되어 있는 것과 실질적으로 유사하고, 주식양도제한이 실질적으로 주주의 투하자본회수를 방해하지 아니한다는 등의 이유로 위 계약은 유효하다고 판단하였다.

한편 우리와 유사한 규정을 가지고 있는 日本의 경우에는 從業員持株制度 시행시에 문제로 된 株式讓渡制限과 관련된 판례가 많이 나와 있다. 종업원에게 회사의 주식을 배정하여 취득시킴으로써 회사운영의 안정을 꾀하고 종업원으로 하여금 근무의욕을 고취시키고 자산을 증대시키려는 從業員持株制度를 채택하는 경우에는 통상 회사와 종업원 사이에 혹은 회사를 대표한 대표이사와 종업원 사이에, 경우에 따라서는 종업원들을 대표한 종업원지주회와 종업원 사이에 퇴직할 경우 분배받은 주식을 일정금액으로 회사나 회사가 지정한 종업원 등 제 3 자에게 양도할 것을 미리 정하여 두는 경우가 많다. 그런데 회사를 퇴직하는 종업원이 당초 약정과 달리 회사 등 약정된 사람에게 주식을 양도하는 것을 거부하는 사태가 발생하고, 그에 따라 퇴직종업원과 회사 사이에 주식을 둘러싼 분쟁이 생겨, 이 경우 퇴직종업원측에서는 그와 같은 양도제한약정이 상법상 규정에 위반된다는 주장을 하게 된다.

이와 같은 분쟁에 관하여 日本의 判例는 전통적인 학설의 견해와 같이 회사가 계약의 당사자인지의 여부에 따라 주식양도제한계약의 유·무효를 따

40) 前田雅弘, "從業員持株制度と退職從業員の株式讓渡義務," 「ジュリスト(別冊): 會社判例百選」 第六版 第149號(1998. 9), 37頁.

지는 것이 아니고, 대체적으로 구체적 사정에 따라 그러한 양도제한약정이 투하자본의 회수를 부당하게 제한하고 있지 않다거나, 公序良俗에 반하지 않는다고 하여 그 有效性을 인정하면서 퇴직종업원의 주장을 배척하는 판결을 하고 있다.

먼저 이 점에 관한 유일한 日本 最高裁判所 判例는 平成 7(1995). 4. 25. 宣告 平成 3(1991)년(オ) 제1332호 判決이다.[41] 事案은 앞서 본 바와 같이 피고회사가 원고 종업원들에게 피고회사 주식을 액면금액으로 매도하면서 퇴직시에는 다시 그 취득한 주식을 액면금액으로 이사회가 지정한 자에게 양도하기로 약정하였다. 그 후 원고들이 퇴직하게 되자 피고회사는 A를 주식양수인으로 지정하였고, A는 그 매수의사를 표시하면서 그 대금액을 공탁하였다. 원고들이 피고회사 주식을 가지고 있었던 동안 대체로 8% 내지 30%의 이익배당이 이루어졌다. 원고들은 위 株式譲渡制限의 約定이 株式譲渡自由의 原則과 公序良俗에 반하여 無效라고 주장하면서 피고회사에 대하여 株券發行을 청구하게 되었다. 第1審 法院은 원고들의 청구를 기각하였고,[42] 抗訴審 法院도 株式譲渡自由의 原則違反 主張에 대하여는 상법 제335조(일본 상법 제204조)가 회사와 주주 사이에 개별적으로 체결된 계약에 관하여 직접 규정하고 있는 것은 아니라는 이유로, 그리고 公序良俗違反 主張에 대하여는 종업원은 상당 정도의 이익배당을 받을 수 있었고, 피고회사의 종업원지주제도는 종업원의 재산형성에 그런대로 기여하는 바가 있으며, 매도가격이 액면금액으로 고정되어 있기는 하지만 그 합의가 직접적으로 투하자본의 회수를 현저히 제한하는 불합리한 것이라고는 할 수 없다는 이유로 원고들의 항소를 기각하였다.[43] 이에 대하여 원고들이 상고하자, 위 最高裁判所 判決에서는 본건 합의는 상법 제335조 제1항에 위반하는 것이 아니고 公序良俗에 반하는 것도 아니기 때문에 유효하고, 피고회사의 이사회가 본건 합의에 기초하여 양수인으로 A를 지정하고 A가 매수의사를 명백히 함으로써 원고들은 피고회사의 주식을 상실하였다고 할 것이므로 주권발행을 구하는 원고들의 청구를 기각한 원심판단은 정당하다고 하였다.

나아가 東京高等裁判所 平成 5(1993). 6. 29. 宣告 平成 4(1992)년(ネ) 제

---

41) 「最高裁判所裁判集 民事」 第175號, 91頁. 위 판결에 대한 判例評釋으로는 前田雅弘, "従業員持株制度と退職従業員の株式譲渡義務," 「ジュリスト(別冊): 會社判例百選」 第六版 第149號(1998. 9), 36頁.

42) 名古屋地方裁判所 平成 元年(1989). 1. 18. 判決.

43) 名古屋高等裁判所 平成 3(1991). 5. 30. 判決.

1625호 판결[44]에서도 持株會員은 액면금액으로 취득한 주식지분을 持株會 이외의 자에게 양도할 수 없고, 회원이 사망한 때에는 회원의 자격을 상실함과 동시에 그 주식지분은 당연히 持株會에게 이전되며, 그 경우 지분매수가격은 배당환원방식에 의하되, 이에 의한 금액이 액면금액을 미달하는 경우에는 액면금액으로 정하기로 약정한 事案에서 다음과 같이 株式持分讓渡制限契約을 유효한 것으로 인정하였다. 즉 위 判決에서는 "원고는 被告會社 持株會 설립취지와 이 사건 규약의 내용을 알고서 자신의 의사에 기하여 위 持株會에 가입하여 본건 계약을 체결하였는바, 본건 계약은 피고회사 내 임의단체인 被告會社 持株會와 원고 사이에 체결된 것으로서 상법규정이 직접 적용되지 않고, 모든 증거에 의하더라도 피고회사가 상법규정의 적용을 회피할 목적으로 被告會社 持株會를 설립하여 종업원과 지주계약을 체결하였다고 볼 만한 특별한 사정은 인정되지 않는다. 나아가 그 내용에 있어서도 원고 지분의 買受人을 제한하고 被告會社 持株會의 매수가격이 정하여져 있다고 할지라도, 피고회사의 주식은 원래 자유로운 거래 내지 시장가격이 형성되어 있지 않은 점, 피고회사의 종업원에 대하여 취득의 기회가 주어지지 않는 위 회사주식을 被告會社 持株會의 지분형태로 취득할 기회를 주는 것이기 때문에 회원자격을 상실한 자로부터 그 지분을 회수하는 것이 특별히 부당하다고 보여지지는 않는 점, 피고회사는 매년 주식액면금액의 10%를 이익배당하고 원고는 이를 持株會로부터 수령하여 왔는데 원고가 본건 주식을 액면가액으로 취득하였으므로 위 이익배당금액은 원고의 투하자본에 대한 배당으로서 상당한 수준인 점 등에 비추어 보면 본건 계약은 원고의 주장과 같이 원고의 이익을 부당하게 침해하는 公序良俗에 위반하는 것이라고 볼 수 없다"고 판시하였다.

이상과 같은 日本 判例의 입장을 정리하면, 判例는 전통적인 학설의 견해에서처럼 일차적으로 회사가 당사자인가의 여부에 따라 그 유·무효를 판단하고 있는 것이 아니라, 그 양도제한약정의 내용 및 그러한 약정에 이르게 된 경위, 그로 인한 주주의 투하자본회수 가능성과 주주의 이익침해 가능성 등을 종합하여 위 약정이 상법 제335조 제1항 단서의 규정을 회피하려는 違法한 것인지

44)「判例時報」第1465號, 146頁. 이 판결에 대한 判例評釋으로는 藤原俊雄, "持株會・従業員間の株式讓渡制限契約の效力,"「判例タイムズ」第49巻 第22號(臨時增刊號 975)(判例タイムズ社, 1998.8), 36頁; 藤原俊雄, "従業員持株制度をとる會社の株主が社員持株會に加入するに當たり同會と締結した株式讓渡制限の契約が有效とされた事例,"「判例タイムズ」第47巻 第17號 907(判例タイムズ社, 1996.7), 66頁.

혹은 公序良俗에 반하는지를 판단하고 있다고 보여진다.

(3) **株式讓渡制限契約의 第3者에 대한 效力**

株式讓渡制限契約이 유효한 경우에 그 제한계약은 계약당사자 사이에 債權的 效力을 발생시킴에 불과하고 이에 위반하는 株式讓渡가 행하여진 경우 양수인의 선의·악의를 불문하고 株式讓渡는 有效하므로, 회사는 제3자에 대하여 주식양도의 효력을 인정하여야 하고, 다만 양도인은 契約相對方에 대하여 損害賠償義務나 違約金支給義務를 부담할 뿐이라는 것이 우리나라와 일본의 通說이다.[45] 이에 반하여 모든 株主가 契約當事者인 경우에는 회사까지도 拘束할 수 있다고 보아야 하므로 달리 보아야 한다는 견해도 있으나,[46] 契約의 債權的 效力이 문제로 되는 것은 회사와 약정에 위배하여 주식을 취득한 제3자 사이에 문제가 되는 것이므로 위 反對說의 견해는 타당하지 않다고 할 것이다.

한편 주식양도제한계약의 당사자로서 주식의 양도에 일정한 제한을 부담하는 株主가 다른 계약당사자인 주주로부터 양도가 제한되는 주식을 그 계약에 위반하여 양수한 경우에, 양도제한계약에 이르게 된 취지가 주주 사이의 지분변동까지 제한하려는 취지라면 주식을 양수하게 된 주주는 위 계약의 위반에 적극 가담한 것이 되므로 양수계약의 효력을 주장할 수 없다고 보아야 할 것이고, 주식양도제한의 취지가 단지 새로운 주주의 진입에 제한을 두는 것이라면 위 경우는 단지 주주들 사이의 주식매매에 불과한 것이므로 양도제한계약이 있음을 들어 위 주식매매계약이 無效라고 할 수는 없을 것이다.

그런데 이처럼 株式讓渡制限契約의 효력을 債權的으로 이해하는 경우 이에 위반하여 주식이 양도됨으로 인하여 발생하는 다른 당사자의 손해는 이론적으로는 성립할 수 있지만 그 損害額을 입증하는 것은 곤란한 경우가 많을 것이다. 이러한 경우에 대비하여 損害賠償의 豫定이나 違約罰을 약정하는 것을 강구할 수 있을 것이나, 이를 지나치게 정하면 주식양도제한계약 자체가 公序良俗에 반할 소지가 있음에 주의하여야 할 것이다.

---

45) 崔基元, 「新會社法論(第10大訂版)」(博英社, 2000), 325面; 鄭東潤, 「會社法」 第六版(法文社, 2000), 240面; 上柳克郎 外 2人 編, 「新版注釋會社法(3)」(有斐閣, 1986), 72頁(上柳克郎 집필부분); 大隅健一郎 · 今井宏, 「新會社法論(上)」(1980), 354頁; 大隅健一朗, 「會社法論(上卷)」, 435頁; 石井照久 · 鴻常夫, 「會社法(第1券)」(1977), 222頁; 前田雅弘, “契約による株式の讓渡制限,” 「法學論叢」 第121卷 第1號(有斐閣, 1987. 4), 39頁; 元木伸, 「讓渡制限付株式の實務」(商事法務硏究會, 1995), 148頁.

46) 浜田道代, 「アメリカ閉鎖會社法」(1974), 312頁.

3. 檢　討

契約에 의한 株式讓渡制限의 효력을 논함에 있어서 가장 基本이 되는 것은 株主의 투하자본회수를 위하여 보장하여야 하는 株式讓渡自由의 原則과 일정한 경우에 그 주식양도의 자유마저 사적자치에 기하여 제한할 수 있다는 契約自由의 原則이다. 일반적으로 말하여 주식의 양도제한약정이 당사자 사이의 계약의 형식을 취한 경우에 그 계약의 내용이 強行法規에 위반된다든가 혹은 公序良俗에 반하는 것이 아닌 한 그 계약의 내용대로 효력을 인정하여야 할 것이다.

商法 제335조 제 1 항 본문에서는 "株式은 타인에게 이를 讓渡할 수 있다"고 규정함으로써 原則的으로 株式讓渡의 自由를 규정하고 있고, 같은 항 단서에서는 "株式의 讓渡는 定款이 정하는 바에 따라 理事會의 승인을 얻도록 할 수 있다"고 규정함으로써 例外的인 제한을 규정하고 있다. 위 상법규정의 형식과 그 입법의 변천과정, 그리고 유사한 규정을 가지고 있는 외국의 해석론에 비추어 보면 주식회사의 주주에게 '投下資本의 回收'라는 強行法的으로 보장되어야 할 일정 부분이 있다고 할 것이고, 이러한 부분은 契約自由의 領域에 속하지 아니하고, 따라서 계약자유의 원칙에 의하여도 침해할 수 없다고 보는 것이 타당하다.

問題는 어느 범위의 株式讓渡制限契約이 허용되고, 어느 범위에서 허용되지 않는가를 판별하는 것이라고 할 것인바, 앞서 본 바와 같이 정관에 규정할 수 있는 주식양도제한과 유사하게 이사회가 지정하는 자에게 선매권을 주는 정도의 양도제한계약 정도만이 유효하다고 보는 견해로부터 폭 넓게 주식양도제한계약을 인정하는 견해까지 다양하게 제시되어 있다.

생각건대 주식양도제한계약의 유효성을 논함에 있어서는 그 契約의 內容과 效力範圍의 면에서 접근할 필요가 있다.

첫째로, 契約의 內容에 관하여 살펴보면 앞서 본 바와 같은 주식양도의 자유원칙이 인정되는 본질적인 면을 침해하는 讓渡制限契約은 그 효력을 인정할 수 없을 것이다. 따라서 양 당사자의 합의에 따른 계약에 의한 것이라 할지라도 주식의 양도를 절대적으로 금지하는 내용의 계약은 그 효력을 인정할 수 없다. 다만 일정기간을 정하여 양도를 금지하는 것은 그 기간이 합리적인 범위 내의 것이고, 또한 그러한 양도금지기간을 설정할 정당한 이유가 있는 경우에 한하여 유효성을 인정할 수 있다. 한편 주식양도제한계약의 내용이 이사회 등의 일정한 자가 지정하는 자에게만 매도하도록 함으로써 주식양도인의 相對方(讓受人) 選擇의 自由를 제한한다고 하여도 상대방 선택의 자유는 그다지 중시할 필요가 없기 때문에 위 이유만으로 讓渡制限契約이 無效로 되지는 않는다. 투하자본을 회수하여 회사로부터 이탈하려는 양도인을 대신하여 주주로 되는 자의 개성은 양도인에게는 별로 중요한 것이 아니기 때문이다.[47] 양도인이 그 소유주식의 일부만을 양도하여 여전히 회사의 구성원으로 남는 경우에는 새로운 양수인의 개성에 관련을 가지기는 하지만, 스스로 주식의 일부를 양도하는 양도인의 그러한 이익까지 고려할 필요는 없을 것이다. 이처럼 先買權者의 指定權者를 정하는 계약이 유효로 해석된다면 직접적으로 先買權者를 정하는 양도제한계약도 당연히 유효로 해석될 것이다. 다만 先買權者나 그 指定權者를 정하는 방법을 취하고 있다고 할지라도 부당하게 장기간 이후에나 이를 행사할 수 있다고 정하는 경우에는 일정기간 양도금지에 해당하게 되어 앞서 본 바와 같이 無效로 될 소지가 있다.

先買權者를 지정하거나 혹은 사망·퇴직 등 일정사유가 발생한 경우에 매각을 강제하는 양도제한계약을 체결하면서 讓渡의 代價를 정하고 있는 경우 그 내용이 양도제한계약의 효력에 영향을 미친다. 그 約定價格이 양도시 그 주식의 진실한 가치와 합리적으로 연결되지 않을 때는 양도제한계약이 무효로 될 소지가 있다. 주식의 시장가격이 형성되어 있음에도 이에 따르지 않고 그보다 적은 액면기액을 기준으로 양도가액을 정하고 있다면 그 계약은 무효로 될 것이다. 시장가격이 형성되어 있지 않은 경우에는 주식의 가격을 평가할 수 있는 적정한 방법에 의할 것이지만,[48] 株主가 株式을 취득한 가격을 그대로 양도가액으로 정하더라도 그 회사의 이익배당이 보장되어 있다면 이를 無效로 볼 것은 아니다. 이에 대하여 주식의 취득가격과 양도가격이 동일하면 주주에게 자본이득을 안겨줄 수 없어서 실질적인 투하자본의 회수가 불가능하게 되므로 無效로 보아야 한다는 견해도 있으나,[49] 주식가격의 변동은 계약 당시에 예측이 불가능한 것으로[50] 그 위험을 회피하기 위하여 취득가격과 동일한 가격 혹은

47) 前田雅弘, "契約による株式の讓渡制限," 「法學論叢」 第121巻 第1號(有斐閣, 1987. 4), 40頁.

48) 생각할 수 있는 방법으로는 讓渡時의 株式純資產價値에 의하거나 類似業績會社의 株價에 의하는 것이다.

49) 龍田 節, "従業員持株制度と株式の讓渡制限," 「商事法務」 第1055號(商事法務研究會, 1985. 10), 104頁; 前田雅弘, "契約による株式の讓渡制限," 「法學論叢」 第121巻 第1號(有斐閣, 1987. 4), 41頁.

50) 讓渡時點의 株式價格이 取得價格보다 상승한 경우에는 讓渡株主가 위와 같은 양도가격을 정한 약정에 의하여 손해를 보게 되지만, 반대로 株價가 取得價格보다 떨어지는 경우에는 讓渡株主가 오히려 이득을 보게 되는 면이 있으므로, 약정 당시에 어느 쪽이 불리하다고 단정할 수는 없다.

거기에 물가상승률을 감안한 가격을 양도가액으로 정하고 자본이득은 이익배당에 의하여 실현하고자 하는 것도 충분히 가능하므로 위 이유만으로 讓渡制限契約이 無效라고 하기는 어려울 것이다.

둘째로, 契約의 效力 範圍에 관하여 보면 회사와 주주 간 혹은 주주들 사이, 주주와 제 3 자 사이에 개별적으로 주식양도제한약정을 하는 경우에는 그 효력은 앞서 본 바와 같이 당사자 사이에 債權的 效力을 가지는 것에 불과하여 이에 위반하여도 손해배상이나 위약금 문제만 발생할 뿐이라고 본다면 주식양도제한계약 자체의 효력을 폭 넓게 인정할 수 있다. 그러나 形式的으로는 당사자 사이의 개별적인 약정의 형태를 취하고 있다고 할지라도 회사측에서 주식청약서나 주권에 그러한 취지를 기재함으로써 일률적으로 양도제한계약을 맺는다든지 혹은 부합계약의 형식으로 양도제한계약을 체결하여 대부분의 주주와 이러한 약정을 맺은 경우에는 양도제한약정의 유효성이 좀더 공격을 받을 수 있다.

마지막으로, 전통적인 견해에 따르면 회사가 양도제한계약의 당사자로 되는가 아닌가에 따라 그 유효성 판단을 달리하고 있는바, 확실히 회사가 당사자로 되는 경우에는 획일적인 부합계약에 의하여 단체법적 효력을 도모하는 양도제한약정을 하는 경우가 많을 것이므로 무효로 될 소지는 더 많아 보인다. 그러나 회사라 할지라도 모든 주주와 일괄하여 약정을 체결하는 것이 아니라 일부 주주와 사이에 특별한 목적을 가지고 개별적으로 양도제한약정을 체결하는 경우에는 주주들 사이의 개별약정과 그 유효성 판단을 달리할 근거가 없다. 따라서 기본적으로는 회사가 당사자로 되었는지를 불문하고 계약의 내용 등이 強行法規나 公序良俗에 위반하는지 여부에 의하여 양도제한계약의 유효성을 판별하면 족할 것이고, 다만 그러한 해당 여부를 판별함에 있어 회사가 당사자인지의 여부를 한 고려요소로 삼으면 충분하다고 할 것이다.

結論的으로 要約하면 회사와 주주 간, 주주 상호간 및 제 3 자와 주주 간에 개별적인 계약에 기하여 주식의 양도제한을 약정하는 경우 그것이 상법상 보장되는 주주의 투하자본회수라는 주식양도자유의 본질적인 면을 해하지 않는 경우에는 계약자유의 원칙상 적법하게 효력을 가진다고 할 것이지만, 그렇지 않은 경우에는 무효로 될 것이다. 具體的인 契約이 株式讓渡自由의 本質을 침해하고 있는지 여부를 판단함에 있어서는 그와 같은 계약에 이르게 된 경위, 계약의 구체적 내용, 회사의 목적 달성에 필요한가의 여부, 계약으로 인하여 주주들의 주식양도가 제한되는 정도, 제한이 부과된 기간, 양도제한주식의 양도가격을 결정하는 방법, 양도제한계약에 참여하고 있는 당사자의 비율, 회사의 규모 정도와 주주의 수, 경쟁자에 의한 회사의 침입가능성, 제한이 회사의 이익을 증진하는지의 여부 등 제반 사정을 감안하여야 할 것이다.[51] 그리고 위와 같은 양도제한약정이 효력을 가지는 경우에도 기본적으로는 당사자 사이에 債權的 效力을 가질 뿐이다.

Ⅳ. 研究對象判決에 대한 檢討

1. 判示要旨 제 1 점에 대하여

연구대상판결은 이 사건 양도제한약정의 효력을 판단함에 있어 그 전제가 되는 法律論으로서 "상법 제335조 제 1 항 단서는 주식의 양도를 전제로 하고, 다만 이를 제한하는 방법으로서 이사회의 승인을 요하도록 정관에 정할 수 있다는 취지이지 주식의 양도 그 자체를 금지할 수 있음을 정할 수 있다는 뜻은 아니기 때문에, 정관의 규정으로 주식의 양도를 제한하는 경우에도 주식양도를 전면적으로 금지하는 규정을 둘 수는 없다"고 판시하고 있는바, 이는 앞서 본 바와 같은 해석론에 비추어 볼 때 전적으로 타당하다고 할 것이다.

2. 判示要旨 제 2 점에 대하여

이 사건에서 피고회사는 상법 제335조 제 1 항 단서에 정해진 定款의 規定에 의한 양도제한제도를 채택하고 있지는 않은 것으로 보인다. 국가의 기간산업인 전기통신사업에 참여하는 피고회사로서는 궁극적으로는 기업의 공개를 염두에 두어야 할 것이므로 정관에 의한 주식양도제한은 채택하기 어려울 것이다. 이 말을 뒤집어 생각해 보면 피고회사의 입장에서 주식의 양도를 제한하고자 한다면 계약의 형식을 취할 수밖에 없는 것이 되므로, 이러한 사정은 그 계약내용의 유효성 판단에 있어 하나의 요소로 작용할 수 있다고 본다.

이 사건에서 株式讓渡制限契約은 실질적으로는 하나이지만, 형식적으로는 두 개가 존재한다. 즉 피고회사와 최초의 기본주주가 되는 합작투자계약의 당사자들(24개 社)과 사이에는 1994. 6. 3.에, 그리고 위 기존 합작투자계약당사자들(代, 포항제철)과 추가로 참여하는 경방 사이에는 1994. 6. 4.에 각 주식양도제한약정이 체결되었다. 前者는 회사와 주주 사이의 讓渡制限契約이라고 할 것이고, 後者는 주주와 주주 사이의 양도제한계약이라고 할 것이다. 이 사건에서 문

51) 鄭東潤, 「閉鎖會社의 法理」(法文社, 1982), 73面.

제로 된 것은 경방이 위 양도제한계약에 위반하여 주식을 양도한 것이므로 後者의 주주들 사이의 양도제한계약과 관련된 것이다. 그러나 경방으로서는 이미 피고회사와 기존 합작투자계약당사자 주주들 사이에 위와 같은 내용으로 양도제한계약이 체결되었다는 점을 알면서 이를 모두 승인한 상태에서 다른 주주들과 동일한 내용의 양도제한약정을 체결한 것이기 때문에 실질적으로는 회사와 양도제한계약을 체결한 것과 다를 바 없다. 더구나 앞서 본 바와 같이 회사가 당사자인지의 여부가 주식양도제한약정의 유효성을 판단하는 중요한 요소라고 할 수도 없으므로, 이 사건 양도제한약정이 주주들 상호간에 이루어진 것인가 혹은 회사와 주주들 사이에 이루어졌는가 하는 점은 그다지 중요한 것은 아니라고 할 것이다.

問題는 이 사건 약정의 내용이 주주의 투하자본회수를 위한 주식양도의 자유의 본질적인 부분을 침해하여 계약자유의 원칙 영역범위를 벗어나는지 여부이다. 이 사건 약정의 주된 내용은 투자주주들은 회사설립일로부터 5년 동안 주식의 일부 또는 전부를 제3자에게 양도할 수 없고, 그 기간이 경과한 이후에는 제1·2대주주인 포항제철과 코오롱이 비율에 따라 先買權을 가진다는 내용이다. 다만 예외적으로 설립일로부터 5년 이내라도 주식양도가 허용되는 경우는 ① 회사가 공개되는 경우, ② 법률상 또는 정부의 조치에 의하여 주식양도가 강제되는 경우, ③ 당사자 전원이 동의하는 경우이다.

이 점에 관하여 본 연구대상판결에서는 "이 사건 약정은 그 내용 자체에 의하더라도 그 양도에 이사회의 승인을 얻도록 하는 등 그 양도를 제한하는 것이 아니라 설립 후 5년간 일체 주식의 양도를 금지하는 내용으로, 이와 같은 내용은 위에서 본 바와 같이 정관으로 규정하였다고 하더라도 이는 주주의 투하자본회수의 가능성을 전면적으로 부정하는 것으로서 무효라고 할 것이다. 그러므로 그와 같이 정관으로 규정하여도 무효가 되는 내용을 나아가 회사나 주주들 사이에서 혹은 주주들 사이에서 약정하였다고 하더라도 이 또한 무효라고 할 것이다"라고 판단하였다.

현재와 같이 경제환경이 급변하고 발전속도가 빠른 세상에서 5년이라는 기간은 짧다고 할 수 없고, 특히 수십억원씩을 투자한 주주들로 하여금 위 기간 동안 투자자금을 회수할 수 없도록 하는 점을 생각하면, 위 판결의 취지와 같이 이를 무효로 볼 수도 있다. 그러나 한편 ① 위 약정에서 주식양도를 영구히 금지하는 것이 아니라 5년간 한시적으로 제한하고 있는 점, ② 그러면서도 법률이나 정부의 조치에 의하여 주식의 양도가 강제되는 경우에는 주식이 양도될 수 있도록 허용하고 있는 점, ③ 나아가 당사자(주주) 전원이 동의하는 경우에도 주식양도가 허용되고 있으므로 기간 내라고 하여 주식의 양도가 전면적으로 부정되는 것은 아닌 점, ④ 또한 會社가 公開되는 경우에는 당연히 양도제한약정이 적용되지 않기로 하고 있는 점, ⑤ 위와 같이 5년간 주식양도를 제한하는 약정을 체결하게 된 이유는, 피고회사의 사업이 정부로부터 認可를 받아야 하는 국가기간산업으로서 자본력이 풍부한 기존 어느 한 재벌그룹에 의하여 장악되지 않고 주식비율의 적정한 분포가 이루어지는 것이 바람직할 뿐만 아니라, 사업 초기에 방향설정과 많은 투자를 주도적으로 진행하여야 할 최대주주의 지위는 보장할 필요성이 있었고, 그로 인하여 피고회사가 정부로부터 이동전화사업을 허가받으면서 피고회사 주식분배비율을 유지할 것을 정부에 서약하게 되었는바, 만일 이를 지키지 못하게 되면 그 사업인가가 취소될 수도 있으므로 인가조건을 충족하기 위하여는 위와 같은 주식양도에 일정한 제한을 가할 필요성이 있었던 때문인 점, ⑥ 피고회사의 사업은 초기에 많은 시설투자와 연구개발이 필요한 사업으로 정상적인 수익을 올리려면 상당한 기간이 필요하고, 이러한 사실은 이에 투자하는 주주들도 당연히 인식하고 있던 사항이므로, 그 기간 동안은 주주의 투하자본회수보다는 회사의 지분비율을 유지하여 회사경영의 안정을 도모하는 것이 더 의미가 있는 점, ⑦ 앞서 본 바와 같이 종국적으로도 기업공개를 염두에 둔 피고회사로서는 정관의 규정에 의한 양도제한이 곤란하기 때문에 계약에 의한 양도제한 방법을 취할 수밖에 없었던 점 등을 고려하면, 이 사건 양도제한약정은 주주의 투하자본회수를 어느 정도 제약하기는 하지만 그 본질을 침해하고 있다고 말하기는 곤란하다고 생각한다.

그리고 定款의 규정에 의한 讓渡制限은 그 對世的 效力으로 말미암아 유효로 되는 경우가 좁은 반면, 契約에 의한 讓渡制限은 단지 당사자 사이에 채권적 효력을 가지는 데 그쳐 당사자 사이에 주식양도자유의 본질을 침해하지 않는 한 자유롭게 정할 수 있으므로 그것이 유효로 될 수 있는 범위는 정관의 규정에 의한 경우보다 넓다고 할 것이다. 따라서 연구대상판결의 판시 중에 정관으로 규정하여도 무효가 되는 내용을 계약으로 약정하더라도 無效라고 한 부분은 찬성하기 어렵다.

결론적으로 연구대상판결에서 이 사건 양도제한약정을 주주의 투하자본회수 가능성을 전면적으로 부정하는 것으로 보아 無效라고 한 점에 대하여는 의문이 있다.

3. 判示要旨 제 3 점에 대하여

研究對象判決에서는 "주주 전원의 동의가 있으면 양도할 수 있다는 내용은 상법 제335조 제 1 항 단서 소정의 양도제한 요건을 가중하는 것으로서 상법규정의 취지에 반할 뿐 아니라, 사실상 양도를 불가능하게 하거나 현저하게 양도를 곤란하게 하는 것으로서 실질적으로 양도를 금지한 것과 달리 볼 것은 아니다"라고 판시하였다.

먼저 株式의 讓渡에 관하여 상법에 규정된 바와 같은 理事會의 承認이 아니라 株主總會의 承認을 요구하도록 定款에 규정한 경우 그 효력에 관하여는 독일과 달리 우리 법에서는 무효라는 것이 通說이다.[52] 위와 같은 내용을 定款의 規定이 아니라 當事者 사이의 契約에 의하여 약정한 경우에 그 효력에 관하여는 이를 肯定하는 입장[53]과 否定하는 입장[54]으로 나뉘어 있다. 그런데 주주총회의 승인보다 한 걸음 더 나아가 주식의 양도에 주주 전원의 동의를 얻도록 하는 것은 그 동의를 얻는 것이 그다지 곤란한 것은 아니라는 특별한 사정이 없는 한 양도를 사실상 불가능하게 하거나 현저하게 곤란하게 하는 것으로서 실질적으로 양도를 금지한 것과 같기 때문에 이러한 讓渡制限契約은 無效로 된다고 보는 것이 타당하다. 이 점에서 이 부분 판결요지의 결론은 타당하다.

다만 위와 같이 모든 주주의 동의를 얻도록 하는 양도제한약정은 어디까지나 契約에 의한 양도제한약정이므로 그 有效性 判斷에 있어 定款의 규정에 의한 양도제한을 규정하고 있는 상법 제335조 제 1 항 단서의 규정의 취지를 논거로 삼을 것은 아니라고 본다. 양자의 有效性을 判斷하는 기준은 서로 다른데, 앞서 본 바와 같이 양도제한이 유효로 인정될 가능성은 계약에 의한 경우가 정관의 규정에 의한 경우보다 큰 관계로, 정관에 규정하였더라면 무효가 될 것이라고 하여 계약에 의한 양도제한의 경우도 반드시 무효로 되는 것은 아니기 때문이다.

그런데 이 사건에서는 주식양도제한약정으로 모든 주주의 동의를 얻어야만

---

52) 崔基元, 「新會社法論(第10大訂版)」(博英社, 2000), 311面; 孫珠瓚·鄭東潤 編, 「註釋商法(Ⅲ)-會社(2)」(韓國司法行政學會, 1999), 77～78面(孫珠瓚 집필부분); 李哲松, 「會社法講義」 第 8 版(博英社, 2000), 294面; 上柳克郎 外 2人 編, 「新版注釋會社法(3)」(有斐閣, 1986), 64～67頁(上柳克郎 집필부분).

53) 鈴木竹雄·石井照久, 「改正株式會社法解說」(1950), 31頁.

54) 森本滋, "株式の讓渡制限," 「法學論叢」 第146卷 第 3·4 號(有斐閣, 1999), 92頁.

가능하다고 하고 있는 것이 아니라, 5년 동안 한시적으로 주식의 양도가 제한되지만 그 이전이라도 모든 주주의 동의가 있으면 양도가 가능하다는 것이어서, 모든 주주 동의 조항은 양도제한에 대한 예외로서 오히려 제한을 완화하고 있는 규정이라고 할 것이다. 따라서 판시요지 3의 결론이 타당하기는 하지만, 그 의미는 판시요지 2에서 이 사건 양도제한약정을 무효로 보기 곤란하다는 논거 중의 하나인 모든 주주의 동의를 규정하고 있다는 점을 약화시키는 데 그치는 것이다.

4. 株式讓渡制限契約의 債權的 效力

연구대상판결은 이 사건 주식양도제한계약을 무효로 보았기 때문에 양도제한약정의 채권적 효력에 관하여는 더 이상 나아가 판단하지 않았다. 만일 이 사건에서 위 약정이 유효하다고 한다면 결론이 바뀔 수 있는지에 관하여 검토하여 본다.

앞서 본 바와 같은 주식양도제한계약의 효력에 관한 통설에 의하면, 비록 가사 이 사건 양도제한약정이 유효하다고 하더라도 그 계약은 계약당사자 사이에 채권적 효력을 발생시킴에 불과하고, 이에 위반하는 양도가 행하여진 경우 양수인의 선의·악의를 불문하고 주식양도는 유효하고, 회사는 이를 인정하여야 한다. 따라서 피고회사는 비록 원고가 그러한 약정의 존재를 알고 이를 양수하였다고 하더라도[55] 이 사건 주식양도의 효력을 인정하여야 한다. 피고회사 혹은 다른 주주들이 약정에 위배하여 주식을 양도한 경방을 상대로 손해배상을 구하는 것은 별개의 문제이다. 결론적으로 이 사건 양도제한약정의 효력 여부를 불문하고 명의개서를 구하는 원고의 이 사건 청구는 받아들여질 것이었다.

V. 結 語

研究對象判決은 주식양도제한계약에 관하여 최초로 우리 대법원의 견해를 밝힌 중요한 것이다. 먼저 상법 제335조 제1항의 의미에 관하여, 위 규정에 의한 정관의 규정에 의한 양도제한은 주식의 양도를 전제로 하고 이를 이사회의 승인을 얻도록 함으로써 제한할 수 있다는 취지일 뿐이므로, 이에 의하여 주식양도를 전면적으로 금지할 수는 없는 것이라는 견해를 밝혔다. 타당한 결론이라고 할 것이다.

55) 이 사건에서는 원고도 이를 알고 양수하였다.

나아가 연구대상판결은 구체적으로 본 사건에서 설립 후 5년간 일체의 주식양도를 금지하는 내용으로 양도제한약정을 한 것은 주주의 투하자본회수 가능성을 전면적으로 부정하는 것으로서 無效라고 보았다. 이 사건에서 구체적인 사정을 살펴보면, 반드시 5년 동안 일체의 주식양도가 금지된 것도 아니고, 또한 5년간 주식양도를 제한할 합리적인 이유도 있으므로 본 판결의 위와 같은 결론에는 의문이 있다. 하지만, 대법원은 주식의 양도제한에 관하여 주주의 투하자본회수 가능성에 제 1 차적인 중점을 둠으로써 사적자치에 기한 양도제한약정을 제한적으로 해석하고 있다는 점에서, 투자자보호를 중시하고, 주식의 자유융통성을 보장하는 입장이라고 해석할 수 있다. 아쉬움이 있다면 양도제한약정의 유무효를 판정하는 기준에 관하여 좀더 객관적인 기준을 제시하지 아니한 점이다.

한편 주주 전원의 동의가 있어야 주식을 양도할 수 있다는 규정은 양도를 사실상 불가능하게 하거나 현저하게 곤란하게 하는 것으로서 실질적으로 양도를 금지한 것과 동일하다고 본 점도 주목할 만한 판시이다. 본 사건의 결론에는 직접적인 영향이 없다고 생각되지만, 유사한 다른 사안에 대하여 선례로 될 수 있는 부분이다.

향후 주식양도제한계약의 효력을 둘러싼 분쟁은 늘어날 것으로 보이는바, 이 사건에서 보여준 대법원의 엄격한 입장이 그대로 유지될지, 아니면 구체적인 사정에 따라 완화될 수 있을지가 주목된다.

商法 제342조의3 소정의 株式取得 通知義務의 適用範圍

劉 榮 一*

대법원 2001. 5. 15. 선고 2001다12973 판결**

[事實의 槪要]

피고회사(대원제지공업 주식회사)는 1999. 3. 27. 第39차 정기주주총회를 개최한 바 있고, 원고(김영직)는 당시 피고회사의 대표이사이자 주주였는데, 피고회사는 당시 수권주식 200만 주 중 액면가 5,000원의 기명식 보통주식 134만 주를 발행하여, 원고가 563,313주(명의개서를 한 주식 513,424주+명의개서를 하지 아니한 주식 49,889주)를, 원고의 친인척이 합계 54,215주를, 소외 시그마창업투자주식회사(시그마창투) 등의 의결권 대리행사 권유를 받아들인 111명의 주주가 합계 402,485주 등을 각 보유하고 있었다.

피고회사의 주주인 소외 박유재 등은 1999. 2. 12. 주주제안을 통하여 주주총회에서 다룰 안건에 대한 제안을 한 후, 피고회사의 주주인 한라 1호 투자조합 및 그 업무집행조합원인 시그마창투와 주주총회에서 공동으로 의결권을 행사하기로 합의하고 시그마창투를 대리인으로 위임하여, 일반 주주들을 상대로 이 사건 주주총회의 개별안건에 대한 찬·부의 의견을 표시할 수 있는 위임장에 주주들의 의견을 기재하도록 하여 의결권의 대리행사를 권유한 결과 위 111명의 주주로부터 의결권 대리행사를 위임받았다.

주주총회 당일 10:00경 주주총회가 개최되었는데, 피고회사의 직원들과 시그마창투측 사이에 원고의 위 명의개서되지 아니한 주식 49,889주와 주주총회 참석장을 소지하지 아니한 주주 유숙자의 주식 30,000주에 대한 주주총회 참석자격을 인정할 것인지에 관하여 언쟁이 있었으나 위 49,889주에 대하여는 의결권을 인정하지 않기로 결론을 내렸으며, 사회를 보던 피고회사 총무과장이 10:12경 1,056,317주의 주주가 참석하여 성원이 되었다고 보고하자, 일부 주주들이 아직 등록을 하지 아니 하였다며 등록을 마친 후 개회를 하자고 요구하여 개회가 지연되다가, 주주총회의 의장인 원고가 10:55경 1,177,207주의 주주(의결권대리행사를 위임한 주주를 포함하여 145명)가

---

* 울산대학교 법학부 교수.

** 판례공보 2001, 1379.

참석하여 87.85%로 성원이 되었으므로 주주총회를 개회한다고 선언한 후, 원고의 의사진행에 따라 제1호 안건(대차대조표 등 승인의 건)과 제2호 안건(결손금처리계산서안 승인 및 회사회생의 건)이 각 상정되자, 일부 주주들이 원고에게 회사 부실경영과 불분명한 지출에 대한 해명을 요구하는 등 주주들과 원고 사이에 언쟁이 벌어지면서 의사진행이 지연되기 시작하였으며, 원고는 제3호 안건(이사 및 감사선임의 건)에 대하여 안건철회를 요구하였으나, 일부 참석자들의 반대로 안건철회가 여의치 않게 되자, 해외출장에서 돌아와 피곤하다며 주주총회 연기를 선언하고 총회장을 떠나려 하였지만, 일부 참석자들이 제지하는 바람에 총회장을 떠나지 못하였으며, 다시 다음 주주총회에서 이사와 감사를 선임하자고 주장하였으나 일부 참석자들의 반대로 결국 원고의 제3호 안건 철회안을 놓고 표결을 하게 되었는데, 1,161,465주의 주주들이 표결에 참여한 결과 찬성하는 주주는 567,450주(48.8%), 반대하는 주주는 594,015주(51.2%)로 원고의 철회안은 부결되었고,[1] 이에 일부 주주들이 이사 5명과 감사 1명의 선임을 요구하자 원고는 '그것은 적대적 M&A에 해당한다'는 등의 주장을 내세우며 의안처리를 계속 미루다가 '적대적 M&A 문제가 해결될 때까지 회의를 연기하겠다'고 일방적으로 선언하고 퇴장하였으나, 594,015주의 주주가 속회를 결의하여 임시의장으로 시그마창투의 대표이사인 김인선(현재 피고회사의 대표이사)을 선출하고 회의를 진행하여 참석한 549,015주(발행주식총수의 40.9%)의 주주 전원의 동의로 위 김인선 등을 이사와 감사로 각 선임한 후 제5, 6호 의안을 처리 또는 폐기하고 폐회하였다.

이에 원고는 회사가 다른 회사의 발행주식총수의 10분의 1을 초과하여 의결권을 대리행사할 권한을 취득한 경우에도 상법 제342조의3이 유추적용되는 것이므로, 시그마창투가 피고회사의 발행주식총수의 10분의 1을 초과하여 402,485주(30.04%)에 대한 의결권 대리행사를 위임받은 이상 피고회사에게 이러한 사실을 통지하였어야 하는데도 시그마창투가 이를 통지하지 아니하고 의결권을 행사할 수 없는 초과주식 268,485주(402,485주－1,340,000주×10%)에 대하여 의결권을 행사하였으므로 위 10분의 1을 초과하는 주식의 의결권행사는 부적법하다는 등의 이유로, 주위적으로 주주총회결의의 부존재확인을, 그리고 예비적으로 주주총회결의의 취소를 구하였다.

[訴訟의 經過]

1. 제1심(서울지방법원 2000. 6. 22. 선고 99가합43184 판결) — **청구기각**

특정 주주총회에 한정하여 각 주주들로부터 개별안건에 대한 의견을 표시하게 하여 의결권을 위임받아 의결권을 대리행사하는 경우에는 상법 제342조의3이 유추적용되지 않는다. 판결이유는 대법원과 동일.

2. 제2심(서울고등법원 2001. 1. 18. 선고 2000나34718 판결) — **항소기각**

주주총회에서 시그마창투가 의결권 대리행사의 권유를 위하여 사용한 위임

---

1) 원고의 명의개서 하지 않은 주식 49,889주가 포함되었더라면 철회안이 가결될 수 있었다.

장에는 개별의안에 대한 찬부의 의사표시를 묻는 부분이 기재되어 있고, 그 위에 굵은 고딕 글씨체로 "대리인은 위임장에 표시된 찬반표시에 따라 의결권을 대리행사하되, 만일 위임장의 의안 중 전부 또는 일부에 대하여 찬반표시가 이루어지지 않은 채 대리인에게 위임장이 반송되는 경우에는 대리인은 권유주주들이 찬부를 권유한 의안에 대하여는 권유한 대로, 권유하지 않은 의안에 대하여는 주주의 이익을 최대한 도모할 수 있다고 대리인이 합리적으로 판단하는 바에 따라 의결권을 대리행사한다"고 기재되어 있는 사실, 또한 위 위임장에는 주주총회 개별안건 중 제3호 안건인 '이사 및 감사선임의 건'에 관하여는 회사측안에 대하여는 반대의 의사표시를, 권유주주안에 대하여는 찬성의 의사표시를 하여 주기 바라며, 회사측안에 대하여는 '반대'부분을, 권유주주안에 대하여는 '찬성'부분을 굵은 글씨로 표시하여 놓은 사실, 그런데 주주총회 의결권 대리를 위임한 피고회사의 주주 111명 중 앞서 본 소외 김은진을 포함한 41명의 위임주주들이 주주총회의 개별 안건별로 찬·부표시를 하지 않았다고 하여도, 위임장의 내용과 형식 등에 비추어 보면 위임주주들은 당연히 위임장의 굵은 글씨에 표시된 대로 개별안건별로 권유주주들의 입장에 따라 자신의 의결권이 행사되도록 위임한 것으로 볼 수 있어, 위임주주들이 의결권 대리에 관한 권한을 포괄적으로 위임한 것임을 전제로 하는 원고의 이 부분 주장은 이유 없다.

[判決要旨]

상법 제342조의3에는 "회사가 다른 회사의 발행주식 총수의 10분의 1을 초과하여 취득한 때에는 그 다른 회사에 대하여 지체 없이 이를 통지하여야 한다"라고 규정되어 있는바, 이는 회사가 다른 회사의 발행주식 총수의 10분의 1 이상을 취득하여 의결권을 행사하는 경우 경영권의 안정을 위협받게 된 그 다른 회사는 역으로 상대방 회사의 발행주식의 10분의 1 이상을 취득함으로써 이른바 상호보유주식의 의결권제한 규정(상법 제369조 제3항)에 따라 서로 상대회사에 대하여 의결권을 행사할 수 없도록 방어조치를 취하여 다른 회사의 지배가능성을 배제하고 경영권의 안정을 도모하도록 하기 위한 것으로서, 특정 주주총회에 한정하여 각 주주들로부터 개별안건에 대한 의견을 표시하게 하여 의결권을 위임받아 의결권을 대리행사하는 경우에는 회사가 다른 회사의 발행주식 총수의 10분의 1을 초과하여 의결권을 대리행사할 권한을 취득하였다고 하여도 위 규정이 유추적용되지 않는다.

[評 釋]

I. 問題의 所在

이 사건에서는 상법 제342조의3상의 통지의무를 주주가 개별 안건에 대하여 찬·부의 의견을 명시하여 의결권 대리행사를 위임한 경우에도 유추적용할 수 있는가 하는 점이 다투어지고 있다. 즉, 동조상의 '취득'의 해석문제이다. 이 사건에서 원고는 41명 주주분의 위임장은 주주총회의 개별 안건에 관해 안건별로 찬·부의 표시를 하게 하지 않았으므로 의결권 대리행사에 관한 포괄적 위임으로서 그 효력이 없을 뿐만 아니라, 개별 안건에 대한 의결권 대리행사로 볼 수 없어 상법 제342의3이 유추적용된다고 주장한다. 이에 대해 원심은 이 사건에서 이용된 위임장의 내용과 형식 등에 비추어 보면 위임주주들은 당연히 개별안건별로 권유주주들의 입장에 따라 자신의 의결권이 행사되도록 위임한 것으로 볼 수 있어, 의결권 대리행사에 관한 권한을 포괄적으로 위임한 것이라고 볼 수 없다고 하고, 대법원은 이를 토대로 특정 주주총회에 한정하여 각 주주들로부터 개별 안건에 대한 의견을 표시하게 하여 의결권을 위임받아 의결권을 대리행사하는 경우에는 위 규정이 유추적용되지 않는다고 판시하고 있다.

이 문제를 해결하기 위해서는 상법 제342조의3의 입법취지와 외국의 입법례, 증권거래법상의 5% rule에서의 보유개념, 그리고 주식의 상호보유를 규제하는 상법 규정상의 '취득' 개념의 해석에 대한 검토가 필요하다. 또한 이 사건에서 원고는 통지의무 위반의 경우 10분의 1을 초과하는 주식의 의결권이 없음을 주장하고 있으므로, 통지의무 위반의 효과에 대해서도 알아 볼 필요가 있다. 그 밖에 원심은 이 사건에서의 의결권 대리행사의 위임은 포괄적인 위임이 아니라고 판시했는데, 만일 포괄적인 위임의 경우였다면 의결권 대리행사의 포괄적인 위임의 효력이 인정되는지, 그리고 효력이 인정된다면 포괄적인 위임의 경우에는 상법 제342의3이 유추적용될 수 있는지도 문제된다. 아래에서 순서대로 살펴보기로 한다.[2)]

---

2) 본 사건에서는 그 밖에, ① 주주명부에 명의개서를 하지 않은 주식취득자에 대하여 회사측에서 주주로 인정하는 것은 무방한지 여부(적극)와 ② 의안에 대한 심사를 마치지 아니한 상태에서 의장이 자진하여 퇴장한 후 주주들이 임시의장을 선출하여 진행한 주주총회의 결의가 적법한지 여부(적극) 등도 문제되었으나, 여기서는 이에 대한 논의는 생략한다.

Ⅱ. 商法 제342조의3의 立法趣旨

상법 제342조의3은 독일 주식법 및 프랑스 회사법을 모델로 1995년 상법 개정에서 도입되었는데, 그 입법취지는 다음과 같다. 회사, 모회사 및 자회사 또는 자회사가 다른 회사의 발행주식총수의 10분의 1을 초과하는 주식을 가지고 있는 경우 그 다른 회사가 가지고 있는 회사 또는 모회사의 주식은 의결권이 없다(상법 제369조 3항). 그러므로 예컨대, 갑회사가 을회사 주식을 10%를 초과하여 취득한 경우, 을이 갑의 지배를 받지 않으려면 을이 동시에 갑의 주식을 10%를 초과하여 취득하여야 한다. 그러나 을이 이와 같은 기회를 갖기 위해서는 갑의 주식취득 사실을 알아야 한다. 그렇지 않으면 갑이 을의 주식을 은밀하게 대량으로 취득한 후 을의 주주총회에서 기습적으로 의결권을 행사하여 임원을 교체함으로써 을이 방어할 기회조차 갖지 못할 것이기 때문이다. 이처럼 통지의무는 회사 간의 지배경쟁에서 균등한 기회를 부여함으로써 선의의 경쟁을 유도하는 역할을 한다. 그러므로 통지의무는 신의칙상으로도 요구된다 할 것이다.[3)]

대법원도 이 사건에서 상법 제342조의3의 입법취지를 회사가 다른 회사의 발행주식 총수의 10% 이상을 취득하여 의결권을 행사하는 경우 경영권의 안정을 위협받게 된 그 다른 회사는 역으로 상대방 회사의 발행주식의 10% 이상을 취득함으로써 상법 제369조 제3항에 따라 서로 상대회사에 대하여 의결권을 행사할 수 없도록 방어조치를 취하여 다른 회사의 지배가능성을 배제하고 경영권의 안정을 도모하도록 하기 위한 것으로 보고 있다.

이와 같은 입법취지에 비추어 볼 때, 회사가 단독으로 10%를 초과하여 주식을 취득한 경우뿐만 아니라, 회사, 모회사 및 자회사 또는 자회사가 다른 회사의 발행주식총수의 10%를 초과하는 주식을 가지고 있는 경우에도, 이들 회사는 그 사실을 다른 회사에 통지할 의무를 부담한다고 본다.[4)]

Ⅲ. 立 法 例

1. 獨逸 株式法

주식회사의 자본의 25% 또는 50%를 초과하여 취득한 기업은 그 뜻을 주

3) 이철송, 「회사법강의」 제9판(2001), 334~335면; 정동윤외, 「상법개정안해설」(1995), 102~103면; 최기원, 「개정상법해설(1995년)」(1996), 130면.

4) 서헌제, 「회사법」(2000), 248면; 정동윤, 「회사법」 제5판(1999), 263면; 최기원, 「신회사법론(제10대정판)」(2000), 347면.

식회사에 서면으로 지체없이 통지하여야 한다(주식법 제20조). 4분의 1을 기준으로 삼은 이유는 독일 주식법에서는 주주총회의 특별결의요건이 자본의 4분의 3이므로, 4분의 1을 초과한 주식취득은 회사지배력에 영향을 미치는 중대한 지분비율의 변화로 볼 수 있기 때문이다. 또한 독일에서는 상호주의 의결권 제한기준이 자본의 4분의 1을 초과하여 상호보유하는 것으로 되어 있다. 독일에서는 무기명주식이 일반적이므로 통지의무가 특히 중요한 의미를 갖는다. 25%의 계산은 당해 기업이 보유하는 주식의 액면총액의 자본에 대한 비율에 의한다. 종속기업이 보유하는 주식과 제3자가 당해 기업 또는 종속기업의 계산으로 보유하는 주식도 당해 기업이 보유하는 것으로 간주한다(주식법 제16조 2항, 4항). 또한 25%의 계산시에는 실질적인 기준이 적용되어, ① 당해 기업, 종속기업, 또는 당해 기업 또는 종속기업의 계산으로 제3자가 양도를 요구할 수 있는 주식과 ② 당해 기업, 종속기업, 또는 당해 기업 또는 종속기업의 계산으로 제3자가 인수할 의무를 부담하는 주식도 당해 기업의 보유 주식수에 산입한다(주식법 제20조 2항). 주식을 양도하여 비율이 다시 25% 이하가 된 경우에도 통지하여야 한다(주식법 제20조 5항). 다른 기업이 주식취득 사실을 안다고 해서 통지의무가 면제되지는 않는다.[5] 통지의무에 위반한 경우에는 당해 주식에 기한 권리는 통지하지 않은 동안 당해 기업, 종속기업 또는 제3자가 이를 행사할 수 없다(주식법 제20조 7항). 의결권뿐만 아니라, 이익배당청구권, 신주인수권 등 모든 권리가 휴지된다. 이에 위반하여 의결권이 행사된 경우에는 그 주주총회의 결의는 취소할 수 있다.[6]

또한 증권거래법에서는 상장회사의 주식을 5%, 10%, 25%, 50%, 75%를 넘어 취득할 때마다 공시의무를 부과한다(동법 제21조 1항). 산정기준은 주식법과 달리 자본비율이 아니고, 의결권비율에 의한다. 산입되는 의결권에는 자기의 계산으로 제3자가 보유하는 것, 종속기업이 보유하는 것, 공동행위자가 보유하는 것 등이 모두 포함된다(동법 제22조). 담보에 제공된 주식의 의결권은 원칙적으로 담보권설정자의 것으로 산입되지만, 담보권자가 의결권행사 권한을 가지고, 또한 그 의도를 표명한 경우에는 담보권자의 것으로 산입한다. 또한 寄託주식의 경우에는 기탁받은 자가 의결권을 자기의 재량으로 행사할 수 있는 경우에는 그에게 의결권이 귀속하지만(동법 제22조 1항 7호), 금융기관의 寄託株 의결권 대리행사의 경우는 이에 해당하지 않는다. 금융기관은 주주가 의결권행사에 대해 지시하지 않은

5) Gessler/Hefermehl/Eckardt/Kropff, Aktiengesetz, Band I, 1984, S. 276.

6) Würdinger, Aktienrecht und das Recht der verbundenen Unternehmen, 4. Aufl. 1981, S. 286.

경우에도 자신이 앞서 통지한 제안에 따라서만 의결권을 행사할 수 있고, 자기의 재량으로 의결권을 행사하는 것은 아니기 때문이다(주식법 제135조 5항 참조). 증권업자는 자기매매 등에 의한 단기보유의 유가증권에 대해서 발행회사에 대한 영향력 행사 의도가 없는 경우 연방증권거래감독청에 서면으로 신청함으로써 적용이 면제될 수 있다.[7] 공동행위자가 보유하는 주식의 의결권도 포함되는데(동법 제22조 1항 3호), 이에 의하면 통지의무자나 그 종속기업이 제 3 자와 대상회사의 업무집행에 대해 공동목적을 추구하기 위하여 장기적으로 의결권행사에 합의한 경우에는 제 3 자가 보유하는 주식의 의결권도 산입된다.[8]

2. 프랑스 會社法

프랑스 내에 본점을 둔 회사 자본의 1/10, 1/3 또는 1/2을 초과하여 주식을 취득하게 된 모든 자연인 또는 법인은, 그가 가지는 당해회사 주식의 합계가 자본참가의 기준을 초과하는 날로부터 1개월 이내에 당해 회사에 그 수치를 통지하여야 한다(회사법 제356-1조). 주식이 증권거래소 또는 제2시장에 상장되어 있는 경우에는 기준수치를 초과한 날부터 5거래일 이내에 공인중개인조합에 대해서도 이를 통지하여야 한다(동조 2항). 이 경우 공인중개인조합은 이 정보를 일반인도 알게 하여야 한다. 또 주식을 양도하여 기준수치 이하가 된 경우에도 상장회사와 비상장회사는 동일한 통지의무를 부담한다(동조 3항). 이에 위반한 때에는 벌칙에 의한 제재가 있다(회사법 제481-1조 1항). 공시내용은 기준수치를 초과한 사실과 보유주식의 합계수이다. 여기서 기준수치인 1/10은 '참가'의 단계를 표시하고, 1/2은 '지배'의 단계를 의미한다. 1/3의 자본참가의 단계는 프랑스 회사법상 주주총회의 특별결의 요건이 출석의결권의 2/3로 되어 있어(동법 제153조 3항), 1/3의 소수는 의사가 전면적으로 배제되는 결과가 되기 때문에 1985년 개정법은 새로이 '배제되는 소수파'라는 의미를 가진 기준을 정립한 것이다. 이리하여 자본참가기준으로서 3단계가 설정되었다.[9]

프랑스 회사법에서도 공동행위자 개념을 인정하고 있는데, 다음과 같은 합의를 한 경우 공동행위자로 인정된다(동법 제356-1조 3항). ① 의결권의 취득, 양도를 목적으로 하는 합의. 이 경우 회사에 대한 공동의 정책을 행사하는 것을 합의내용으로 할 필요는 없다. 전형적인 예로는 복수인에 의한 주식매집을 들 수 있다. ②

7) 梅本剛正, "株主の開示規制について(二)," 「民商法雜誌」 110권 1호(1994), 47頁.

8) 위 논문, 48면.

9) 奧島孝康, "フランス企業法の理論と動態," 「企業法研究」 제 1 권(1999), 308頁.

회사에 대한 공동의 정책을 수행하기 위해 의결권을 행사하기로 하는 합의. 회사의 운영관리에 관한 계속적인 합의가 이에 해당하며, 주주총회에서 특정 의안에 대해 의결권행사에 협력할 뿐인 경우에는 해당하지 않는다.[10] 합의는 서면에 의한 것에 한하지 않으며, 또한 명시든 묵시든 묻지 않는다. 통지의무에 위반한 경우에는 통지의무의 기준이 되는 경계점을 초과한 부분, 예컨대 23% 취득시 통지의무를 위반한 경우에는 20%를 초과한 3%에 대하여 의결권행사가 2년간 정지된다.[11]

3. 美 國

미국 증권거래법상의 5% rule에서도 공동행위자의 주식보유분은 보고의무자의 주식수에 산입된다. 즉 공동행위자가 지분증권의 취득, 보유, 의결권행사, 처분 등의 목적을 가지고 공동으로 행위하는 데 동의한 때에는, 그 시점에서 공시의무가 발생한다(SEC규칙 제13d-5(b)(1)). 즉 집단성립 후에 새로이 증권을 취득하지 않아도 집단이 이러한 목적에 따라 행위하기로 합의하면 충분하고, 합의는 증권취득에 관한 것일 필요는 없다. 판례는 공개매수에 대항하여 경영진을 지지하기 위해 형성된 주주집단에 대해서도 공시의무를 인정한다. 위임장권유가 10인 이하의 자에 대해 이루어져 위임장규칙이 적용되지 않는 경우에도(SEC규칙 14a-2), 의결권행사를 목적으로 하는 공동행위자로서 공시의무가 발생한다.[12]

4. 英 國

영국 회사법에서는 다른 회사 주식의 3% 이상을 취득한 경우나 그 후 1% 이상 변동된 때마다 통지의무가 부과된다. 보유비율의 산정은 주주총회에서 의결권을 가지는 주식의 액면가치의 자본에 대한 비율에 의한다. 기타 신탁수익자, 옵션 및 전환권 보유자, 의결권행사계약이나 철회불능의 위임장 등에 의해 의결권을 행사할 수 있는 자의 경우에는 주식수가 산입된다(동법 제208조).[13] 다만, 개별 주주총회에서 위임장이 수여되어 있을 뿐인 경우에는 당해 의결권은 산입되지 않는다(동법 제209조 12항). 판례는 주식의 양도저당의 경우 양도저당권자에 대

10) 梅本剛正, 앞의 논문, 42頁.

11) 권기범, 「기업구조조정법」(1998), 424~425면.

12) 이에 대해 기관투자가를 중심으로 하는 주주적극주의를 긍정적으로 평가하는 자들은 이러한 경우에까지 공시의무를 확대하는 것에 대해 주주 간의 의견교환을 방해한다는 이유로 반대한다. Black, Shareholder Passivity Reexamined, 89 Mich. L. Rev. 520(1990).

13) Pennington, *Company Law*, 6th ed.,(1990), p. 365.

해 당해 주식수를 산입한다. 공유주식의 경우에는 각자가 전 주식을 보유하는 것으로 간주하며(동법 제208조 7항), 의결권이 없는 주식은 적용이 제외된다(동법 제209조).[14]

5. 日　本

일본은 1981년 회사법 개정에서 주식상호보유에 대한 규제를 도입하였는데, 규제내용은 대체로 우리와 비슷하다. 즉, 자회사에 의한 친회사(과반수 주식보유) 주식의 취득이 금지되고, 갑회사가 을회사의 발행주식총수의 1/4을 초과하여 주식을 보유하는 경우, 을회사는 그가 가지는 갑회사의 주식에 대해서 의결권을 행사할 수 없다(상법 제241조 3항). 의결권행사 제한에 위반하여 의결권이 행사된 경우에는 주주총회결의의 취소사유가 된다(상법 제247조 1항 1호). 다만 통지의무에 대해서는 규정이 없다. 1977년 5월 16일 법무성 민사국 참사관실에서 마련한 주식제도에 관한 개정시안에는, 실질적 과반수를 소유하게 된 취득회사로부터 상대방회사에 대한 통지제도가 있었으나(제3.9), 통지경쟁의 폐단이 있을 것이라는 이유로 1981년 회사법 개정에서는 이를 도입하지 않았다.[15]

Ⅳ. 證券去來法상의 5% rule

주권상장법인 또는 코스닥상장법인의 주식 등을 5% 이상 보유하게 된 자는 그 날부터 5일 이내에 보유상황을 금융감독위원회와 거래소에 보고하여야 하며, 보유주식비율이 당해 법인의 주식 등의 총수의 1% 이상 변동된 경우에는 변동이 있은 날부터 5일 이내에 변동내용을 금융감독위원회와 거래소에 보고하여야 한다(증권거래법 제200조의2 1항). 이를 5% rule이라고 한다. 5% rule은 주식의 대량보유에 따른 회사지배의 변동가능성을 공시하기 위한 제도로서, 상법 제342조의3의 통지제도와 대체로 취지를 같이 한다.[16] 5% rule은 1992년 증권거래법 개정시 처음 도입되었는데, 종전법은 소유를 중심으로 규제하고 있었기 때문에, 자기계산에 의한 소유가 아닌 형태에 대해서는 적용되지 않는 문제점이 있었다. 즉 의결권의 위임 또는 신탁의 경우에는 규제를 피할 수 있었다. 이에 1997년 증권거래법 개정에서 사실상의 영향력, 공동보유자, 보유 등 실질적 개념이 도

---

14) 梅本剛正, 앞의 논문(一),「民商法雜誌」109권 4·5호(1994), 749頁.

15) 정찬형,「상법강의(상)」제5판(2001), 743면.

16) 다만, 상법상의 통지제도와 다른 점은, ① 통지대상이 상대회사가 아니고, 금융감독위원회와 증권거래소(협회)인 점, ② 상대회사 보호가 아니라 일반 투자자 보호를 목적으로 하는 점, ③ 5% 이상 취득 후 1% 변동시마다 추가로 공시가 요구되는 점, ④ 기준이 5% '초과'가 아니라 5% '이상'으로 되어 있는 점 등이다.

입됨으로써 내용이 대폭 강화되었다. 특히 개정법은 새로이 '保有' 개념을 도입하였는데, 보유 개념 속에는 다음의 것이 모두 포함된다(증권거래법 제21조 1항, 동법시행령 제10조의4): ① 누구의 명의로든지 자기의 계산으로 주식 등을 소유하는 경우, ② 법률의 규정 또는 매매 기타 계약에 의하여 주식 등의 인도청구권을 갖는 경우, ③ 법률의 규정 또는 금전의 신탁계약, 담보계약 기타 계약에 의하여 당해 주식 등의 취득 또는 처분권한이나 의결권(의결권의 행사를 지시할 수 있는 권한을 포함한다)을 갖는 경우, ④ 주식 등의 일방적인 매매계약완결권을 가지고 그 행사를 통해서 매수인이 될 수 있는 경우, ⑤ 주식 등의 매수옵션을 가지고 있는 경우, ⑥ 증권거래법에 의한 주식매수선택권을 부여받은 경우.

이에 따라 법적 또는 사실적으로 주식을 소유하는 경우뿐만 아니라, 의결권행사에 영향을 줄 수 있는 경우, 그리고 장차 소유권을 취득할 가능성이 있는 경우가 모두 공시대상에 포함되게 되었다. 여기서 ③의 '기타 계약에 의하여 당해 주식 등의 의결권을 갖는 경우'가 무엇을 의미하는지가 문제된다. 여기서 말하는 계약이란 의결권행사가 어느 정도 장기적으로 가능한 의결권신탁, 의결권구속계약 또는 자격양도 등을 의미한다고 본다. 그리고 수회의 주주총회에 걸친 의결권행사의 포괄적인 위임이 가능하다고 본다면, 이와 같은 의결권 행사의 포괄적인 위임계약도 여기에 포함될 수 있을 것이다. 그러나 특정 주주총회에서의 의결권 대리행사의 경우는 여기에 포함되지 않는다고 본다. 증권거래법에서는 특정 주주총회에서의 의결권 대리행사의 권유에 대해서는 5% rule과는 별도로 위임장권유의 규제라는 규제를 두고 있다(동법 제199조 참조). 5% rule에 위반하여 주식 등의 대량보유상황 및 그 변동내용을 보고하지 아니한 자는 대통령령이 정하는 기간동안 의결권 있는 발행주식총수의 5%를 초과하는 부분 중 위반분에 대하여 의결권을 행사할 수 없으며,[17] 금융감독위원회는 당해 위반분의 처분을 명할 수 있다(동법 제200조의 3).

Ⅴ. 通知義務의 適用範圍

상법 제342조의3이 의결권 대리행사의 경우에도 적용되는가 하는 문제에 대해서는 긍정설과 부정설이 대립한다.

17) 의결권행사가 제한되는 기간은, ① 고의로 보고를 하지 아니한 경우에는 당해 주식을 매수한 날부터 당해 보고를 한 후 6월이 경과한 날까지이고, ② 착오로 보고를 지연한 경우에는 당해 주식을 매수한 날부터 당해 보고를 한 날까지이다(증권거래법시행령 제86조의8).

1. 肯 定 說

상법 제342조의3은 기습적인 의결권행사를 방지하기 위한 것이므로 의결권 행사가 가능한 모든 경우에 적용된다고 한다. 따라서 주식을 담보로 취득한 경우에는 적용되지 않지만, 주식을 취득하는 경우 외에 타인의 주식을 신탁받은 경우, 의결권행사의 대리권을 취득한 경우에도 상법 제342조의3이 유추적용된다고 한다.[18]

2. 否 定 說

의결권을 대리행사하는 경우에는 그 대리행사하는 주식이 상대회사 주식의 10%를 초과하여도 통지의무는 없다고 한다.[19] 대상판결에서도 특정 주주총회에 한정하여 각 주주들로부터 개별 안건에 대한 의견을 표시하게 하여 의결권을 대리행사하는 경우에는 상법 제342조의3이 유추적용되지 않는다고 함으로써 부정설의 입장을 분명히 하고 있다. 대상판결은 판결이유에서 그 근거로서, ① 주주가 개별 안건에 대하여 찬·부의 의견을 명시하여 의결권 대리행사를 위임하여 위임받은 자가 그 의사에 따라 이를 행사하는 경우에는, 주식을 취득하여 의결권을 행사하는 경우에 비하여 회사에 대한 지배가능성이 크지 않고, ② 주주총회를 개최하는 회사가 주주총회를 목전에 둔 시점에서 의결권의 대리행사를 위임받은 회사의 발행주식 10분의 1 이상을 취득하여 자기 회사에 대한 의결권이 박탈되도록 하는 것이 용이하지도 않아 실효성도 없는 반면, ③ 개별 안건에 대한 의견을 명시하여 의결권 대리행사를 위임한 주주의 의결권을 통지의무 위반을 이유로 박탈하여야 할 합리적인 이유도 없다는 점을 들고 있다. 본 판결은 대법원이 부정설의 입장을 취하고 있음과, 그 근거를 상세히 밝히고 있는 점에서 그 의미가 크다고 할 수 있다.

3. 私 見

否定說이 옳다고 본다. 따라서 판지에 찬성한다. 그 이유는 다음과 같다.

(1) 외국 입법례의 경우에는 탈법행위를 막기 위해 회사법이나 증권거래법에서 보유개념을 도입하고 있는데, 이 경우에도 특정 주주총회에서의 의결권의 대리행사는 보유개념에서 제외된다고 해석하는 것이 대부분이다. 외국의 입법

---

18) 이철송, 앞의 책, 336면; 정동윤, 앞의 책, 263면.
19) 최기원, 앞의 책, 348면.

례와 비교할 때, 우리가 도입한 통지의무 제도는 아주 초보적인 수준에 불과하다.[20] 상법 제342조의3에서는 명시적으로 발행주식총수의 10분의 1을 초과하여 '취득'한 때라고 규정하여 보유개념조차 도입하고 있지 않다. 명문의 규정이 없음에도 불구하고 상법에서 취득(소유)개념을 확대하여 보유개념을 포함한다고 할 수는 없다.

(2) 상법 제342조의3의 입법취지가 기습적인 의결권행사를 막기 위한 것이기는 하지만, 이는 어디까지나 주식취득을 통한 의결권행사로 보아야 할 것이다. 그렇지 않고 동조의 '취득'의 해석에 의결권 취득까지 포함시켜서 의결권 대리행사까지 이에 포함시키는 것은 옳지 않다. 통지의무는 주식상호보유 규제의 일환으로 부과되는 것인데, 주식의 상호보유규제에 관한 상법의 다른 조문에서의 취득개념에는 의결권 대리행사는 당연히 포함되지 않는다. 예컨대 상법 제342조의2(자회사에 의한 모회사 주식의 취득)이나 제369조 3항(10분의 1을 초과하는 주식을 가지고 있는 경우 의결권행사 금지)에서의 '취득' 내지 '주식을 가지고 있는 경우'에는 의결권의 대리행사는 포함되지 않는다. 그러므로 상법 조문에서의 용어해석의 통일성을 기한다는 점에서도 상법 제342조의3의 취득의 개념 속에 의결권의 대리행사는 포함되지 않는다고 본다.

(3) 이 사건과 직접 관련된 것은 아니지만, 증권거래법상의 보유 개념 속에 의결권 대리행사가 포함되는가 하는 문제를 검토한다. 이와 관련해서는 우선 의결권 대리행사의 포괄적인 위임이나 의결권계약이 우리 법에서도 적법한가 하는 문제가 검토되어야 한다. 의결권행사의 포괄적인 위임과 관련해서 다수설은 회사의 지배권 분배와 관련하여 포괄적으로 대리권을 수여할 필요가 있으므로 기간이 특정될 수 있는 한 1회의 대리권 수여로 수회의 총회에 관한 포괄적인 대리권의 수여가 가능하다고 한다.[21] 또한 일부에서는 우리 법상으로도 의결권 구속계약은 물론, 의결권신탁(voting trust)이나 자격양도도 인정된다고 한다.[22]

20) 상법상의 통지의무 제도는 많은 문제점을 가지고 있다. 우선, 통지방법, 위반효과 등에 관해 아무런 규정이 없을 뿐만 아니라, ① 개인이 주식을 취득한 경우, ② 주식취득이 공동으로 이루어진 경우에는 적용되지 않는다. 또한 10분의 1의 계산과 관련해서도, ③ 무의결권 우선주도 포함되는지, ④ 10%를 넘었다가 다시 이를 하회하는 경우에도 통지의무가 있는지, ⑤ 자회사나 모회사가 갖는 주식도 합산하는지 등이 명확하지 않다(권기범, 앞의 책, 424~425면; 김건식, 「증권거래법」(2000), 231~232면; 최기원, 앞의 책, 347~349면).

21) 정동윤, 앞의 책, 332면; 정찬형, 앞의 책, 748면; 최기원, 앞의 책, 443면. 이에 대해 대리권은 총회마다 개별적으로 수여하여야 한다는 이유로 이를 부정하는 견해도 있다(이철송, 앞의 책, 426면; 일본 상법 제239조 3항도 부정설의 입장이다).

22) 정동윤, 앞의 책, 339~342면; 최기원, 앞의 책, 464~466면. 의결권의 신탁적 양도나 자격양도는 불가능하다는 견해로는, 이철송, 앞의 책, 430면; 정찬형, 앞의 책, 752면.

이에 따르는 경우에는, 의결권 대리행사의 포괄적인 위임, 의결권구속계약, 의결권신탁, 자격양도 등은 증권거래법시행령 제10조의4 제3호의 '기타 계약에 의하여 당해 주식 등의 의결권을 갖는 경우'에 포함된다고 해석할 수 있을 것이다. 그러나 특정 주주총회에서의 의결권의 대리행사는 장기적인 지배가능성의 결여라고 하는 측면에서 여기에 해당하지 않는다고 보아야 할 것이다. 이처럼 특정 주주총회에서의 의결권의 대리행사가 증권거래법상의 보유 개념에도 포함되지 않는다고 보면, 주식취득을 전제로 하는 상법 제342조의3의 적용범위에서는 당연히 제외되어야 할 것이다. 증권거래법에서는 특정 주주총회에서의 의결권 대리행사의 권유에 대해서는 5% rule과는 별도로 위임장권유 규제라는 규제를 두고 있다(동법 제199조 참조). 비상장회사라고 해서 달리 해석할 이유는 없다. 주식취득에 의한 장기적인 지배와 의결권 대리행사에 의한 일시적인 지배는 구별하여야 하기 때문이다. 이 사건에서의 의결권 대리행사는 이용된 위임장의 내용과 형식 등에 비추어 볼 때, 위임주주들이 의결권 대리에 관한 권한을 포괄적으로 위임한 것으로 볼 수는 없으므로 증권거래법상의 보유개념에도 포함되지 않는다고 본다.

Ⅵ. 通知義務 違反의 效果

통지의무를 위반한 경우에도 주식취득의 사법상의 효력에는 영향이 없다. 문제는 통지의무를 위반한 경우 의결권을 행사할 수 있는가 하는 점이다. 이에 대해 상법에는 아무런 규정이 없다. 이 사건에서 원고는 통지의무 위반의 경우 10분의 1을 초과하는 부분에 대해 의결권을 행사할 수 없다는 것을 전제로, 10분의 1을 초과하는 주식의 의결권 행사는 부적법하여 주주총회의 결의는 하자가 현저하고 중대하여 결의 자체가 존재하지 아니하거나 그 결의방법이 정관에 위반되어 현저히 불공정한 것이므로 주주총회결의의 부존재확인 내지 결의취소를 주장하고 있다. 대법원도 판결이유에서 같은 입장을 취하고 있다. 이에 대해 통지의무 위반의 경우 의결권 행사를 제한하는 문제는 앞으로의 입법에 맡길 수밖에 없고, 현재로서는 관계당사자의 민·형사책임, 주식취득회사의 충실의무 위반 등으로 이해조정을 할 수밖에 없다는 견해가 있다.[23] 그 이유는 통지의무 위반시 의결권을 정지시키는 것이 보편적인 추세이기는 하지만, 정지요건, 정지기간, 정지되는 의결권수는 입법례에 따라 많은 차이가 있어 이를 해석만으로

23) 권기범, 「현대회사법론」(2001), 480면.

정하기에는 한계가 있기 때문이라고 한다. 그러나 상법 제342조의3의 입법취지가 기습적인 의결권 행사의 방지에 있는 만큼, 통지의무를 위반한 경우에는 대법원의 입장과 같이 의결권을 행사할 수 없다고 보아야 할 것이다.[24] 이에 관해 상법에 명시적인 규정을 두는 것이 올바른 해결방법이기는 하겠으나, 현재로서는 이와 같이 해석하는 수밖에는 없을 것이다. 이와 같이 해석하지 않으면 이 제도를 신설한 의미가 없어지기 때문이다.

문제는 의결권을 행사할 수 없는 부분이 취득주식 전체인가, 아니면 10% 초과분인가 하는 것이다. 그리고 의결권을 행사할 수 없는 기간도 문제된다. 증권거래법에서는 5% rule에 위반한 경우 대통령령이 정하는 기간 동안 5%를 초과하는 부분에 대하여 의결권을 행사할 수 없도록 되어 있다(동법 제200조의3). 생각건대, ① 주식의 10% 초과 취득시 상대방은 자신이 보유하는 주식 전부에 대해 의결권이 없다는 점, ② 만일 초과분에 대해서만 의결권이 없다고 한다면, 10%를 초과하여 주식을 취득한 회사는 10%까지는 의결권이 인정되게 되어 불이익이 크지 않다는 점, ③ 상법 제342조의3의 취지가 상법 제369조 3항과 관련하여 한 회사가 다른 회사 주식의 10%를 초과하여 취득한 경우 이를 무력화하기 위해 상대회사가 다시 이 회사의 주식을 10%를 초과하여 취득하여 서로 상대방 회사의 주주총회에서 의결권을 행사할 수 없도록 하는 데 있다는 점 등에 비추어 볼 때 취득주식 전부에 대해 의결권이 없다고 보아야 할 것이다. 그리고 의결권이 정지되는 기간은 당해 주주총회 기간에 한정되고, 그 후 통지의무를 이행한 때에는 다음 번 주주총회부터는 의결권을 행사할 수 있다고 보아야 할 것이다. 이 경우 10% 초과분의 주식을 처분할 의무는 없다고 본다. 이처럼 통지의무 위반시 보유주식 전부에 대한 의결권이 정지되므로, 통지를 하지 않고 의결권을 행사하였다면 그 주주총회의 결의는 결의방법이 법령 또는 정관에 위반하거나 현저하게 불공정한 경우로서 취소할 수 있다고 본다.

24) 이철송, 앞의 책, 336면; 정동윤, 앞의 책, 264면; 최기원, 앞의 책, 349면.

銀行理事의 善管注意義務와 經營判斷의 法則

金 容 載*

대법원 2002. 3. 15. 선고 2000다9086 판결**

[事實의 槪要]

(1) 제일은행이 소외 H철강에 대하여 신규여신을 제공할 당시 H철강의 재무구조가 매우 열악하였고, 당시 행장 및 이사들이었던 피고 갑(전임행장), 을(후임행장), 병(전임 전무이사), 정(전임 상무이사) 역시 이러한 사정을 알았으며, 신규대출 당시 여신심사의견서에도 H철강의 재무구조가 동업계 대비 열악한 상태로서 여신제공이 원칙적으로 금지되는 업체라고 기재되어 있었음에도, 피고들은 소외 H그룹회장 C의 장래 담보제공 약속만을 믿고 아무런 담보를 제공받음이 없이 위의 신규대출을 감행하였다. 여기서 피고 병, 정은 H철강에 대한 대출결정시 결제라인에 있었던 대출담당 임원이었다.

(2) 피고들은 ① H철강이 그 후의 추가대출을 받을 때에도 만일의 사태에 대비하여 확실한 담보를 취득하는 등의 대비책을 마련하지 않은 채 신용만으로 여신을 제공하였고, ② H철강의 재무구조가 계속 악화되어 외부 전문 신용평가기관들의 평가서에서 H철강의 제반 문제점과 외부차입금에 의존한 사업성에 관한 우려가 계속적으로 표명되었음에도, 기존의 여신에 대한 관리대책을 세우지 아니함은 물론 오히려 여신의 규모를 대폭 확대하여 담보 없이 거액의 여신을 지속적으로 제공한다고 결의하였으며, ③ H철강에 대한 사후의 적정한 여신관리를 행하지 않았고, ④ 피고 갑과 을은 미리 여신제공방침을 결정한 후 담당실무자에게 여신적격의견으로 심사의견서를 작성하라고 지시하고, 피고 병과 정은 심사의견서가 위와 같이 작성되었음을 알았음에도 이사회의 결의시 아무런 이의제기 없이 승인결의하였으며, ⑤ 은행법 제35조에 의하여 은행계정 대출로 동일인 여신한도에 이르게 되자, H철강에게 그 제약을 받지 않는 다른 신탁계정을 통하여 여신을 계속 제공하였고, ⑥ 피고 갑이 C의 요청을 받고 H건설이 U건설을 인수하도록 하기 위하여 추가대출하여 준 것은 H철강에 간접적으로 거액의 여신을 추가제공하기 위한 방편이었음이 밝혀졌으며, ⑦ 피고 갑, 을은 H철강에 위와 같이 대출을 해 주면서 그 사례로 C로부터 거액의 뇌물을 받았다.

(3) 제일은행은 상법 제404조 제 1 항에 따라 현재의 행장을 대표자로 공동소송참

* 국민대학교 법과대학 교수.

** 집 50(1)민, 196; 공 2002. 5. 1.(153), 864.

가하여 피고 갑, 을, 병, 정을 상대로 선관주의의무 내지 충실의무를 위반하여 소외 H 철강에게 부당한 거액대출을 행함으로써 원고에게 막대한 손해를 입혔음을 이유로 손해배상액의 지급을 청구하였다.1)

[判決要旨]

(1) 주식회사의 이사는 회사에 대하여 선량한 관리자의 주의의무를 지므로 (상법 제382조 제2항, 민법 제681조), 그 의무를 충실히 한 때에야 이사로서의 임무를 다한 것으로 된다. 다만 금융기관인 주식회사의 이사가 한 대출이 결과적으로 회수곤란 또는 회수불능으로 되었다고 할지라도 그것만으로 바로 대출결정을 내린 대표이사 또는 이사의 판단이 선관주의의무 내지 충실의무를 위반한 것이라고 단정할 수는 없다. 그런데 금융기관인 은행은 이윤추구만을 목표로 하는 영리법인인 일반의 주식회사와는 달리 예금자의 재산을 보호하고 신용질서 유지와 자금중개 기능의 효율성 유지를 통하여 금융시장의 안정 및 국민경제의 발전에 이바지해야 하는 공공적 역할을 담당하는 위치에 있는 것이기에, 은행의 그러한 업무의 집행에 임하는 이사는 일반의 주식회사 이사의 선관의무에서 더 나아가 은행의 그 공공적 성격에 걸맞는 내용의 선관의무까지 다할 것이 요구된다 할 것이다.

(2) 금융기관의 이사가 위와 같은 선량한 관리자의 주의의무에 위반하여 자신의 임무를 해태하였는지의 여부는 그 대출결정에 통상의 대출담당임원으로서 간과해서는 안 될 잘못이 있는지의 여부를 금융기관으로서의 공공적 역할의 관점에서 대출의 조건과 내용, 규모, 변제계획, 담보의 유무와 내용, 채무자의 재산 및 경영상황, 성장가능성 등 여러 가지 사항에 비추어 종합적으로 판정해야 할 것이다. 피고들의 이 사건 대출결정에 이른 경위와 규모, 그 당시 대출을 받는 H철강의 제반 상황 및 담보확보 여부, H철강의 재무구조 및 수익성에 대한 부정적인 평가결과 등의 제반사정을 종합 고려한 끝에 피고들이 은행 최고경영자 혹은 이사로서 임무를 해태하였으므로 제일은행에 대한 손해배상책임이

1) 1998년 1월 31일 제일은행의 기존주식을 8.2대 1의 비율로 병합하여 감자가 이루어진 후, 예금보험공사는 공적자금을 투입하여 최대주주가 되었다. 1심소송은 감자조치로 인하여 지분이 감소한 일반 소수주주들에 의하여 대표소송의 형태로 제기되었다. 대법원판결에서 제일은행이 공동소송참가인으로 참가한 것은 제일은행의 이러한 지분변동 및 관련법의 개정과 관련이 있다. 즉 2000년 12월 30일 개정된 현행 예금자보호법 제21조의2에 의하면, 공적자금을 지원한 예금보험공사는 당해 은행에게 부실에 책임이 있다고 인정되는 전·현직 임·직원을 상대로 손해배상청구를 하도록 요구할 수 있다. 따라서 전직 임원이었던 피고들을 상대로 한 대표소송에 제일은행이 공동으로 소송참가한 것은 동법의 규정을 근거로 한 예금보험공사의 필요에 따른 것이었음을 미루어 짐작할 수 있다.

있다.

(3) 한편 이사인 병, 정이 H철강의 이러한 사정을 알고 있었거나 적어도 충분히 판단할 수 있었음에도 대출관련 상임이사회 결의시 아무런 이의제기 없이 승인 결의한 것은 상법 제399조 제1항을 위반하여 임무를 해태한 것이 명백하다.

[評　　釋]

I. 對象判決의 意義 및 問題의 提起

1. 意　　義

1998년 7월 24일 서울지방법원 민사 17부에서 1심판결이 이루어진 이후, 동 사안은 우리나라 역사상 최초로 소액주주들이 부실경영에 대하여 회사경영진에게 책임을 추궁하는 대표소송이라는 점에 관심이 집중되었다. 왜냐하면 대표소송제도 자체가 이전까지는 법문상으로 존재할 뿐 실제로 전혀 활용되지 못하였던 死文化 상태에 있었기 때문이다. 따라서 동 사안에 대한 대법원판결을 계기로 상법상 보장된 소수주주권 중 회계장부열람권 이외에도 대표소송제도가 적극적으로 활용됨으로써, 경영진으로 하여금 투명경영과 책임경영을 유도할 수 있는 선례가 구축되었다고 평가된다.[2] 그런데 筆者는 대상판결의 의의를 다른 각도에서 찾고자 한다. 왜냐하면 동 사안은 1997년 금융위기의 단초를 제공하였던 H그룹에 대한 거액의 부실대출로 인하여 결국 제일은행까지 파탄상태로 이끈 은행이사들에 대하여 고도의 선관주의의무 위반책임을 명시적으로 언급한 국내 최초의 판결이기 때문이다.

筆者는 본 사건에 있어서의 대법원 판시에 대하여 다음과 같은 이유로 결론에 적극 찬동하는 바이다. ① 첫째로, 은행이 일반 주식회사와는 달리 전체 경제에 있어서 고도의 공공적인 역할을 수행함을 들어 은행이사도 그에 걸맞는 고도의 선관주의의무를 진다는 점을 명시적으로 선언하고 있다.[3] 이는 한편으로는 은행이사에게 경영판단의 법칙이 축소적용될 수 있음을 간접적으로 선언하였다는 점에서 매우 주목된다. ② 둘째로, 대상판결은 이사의 선관주의의무

2) 1심판결 이후 동 사안이 대표소송이라는 점에 큰 비중을 둔 판례평석은 이미 발표되었다. 대표적인 예로서 김석연, "부실경영과 경영진의 손해배상책임－제일은행 소액주주들의 주주대표소송을 중심으로," 「보험법률」 통권 27호(1999. 6), 6～10면.

3) 미국에서도 은행이 準공공기관이므로 단지 영리만을 추구하는 일반 주식회사와는 구별되어야 함을 강조하고 있다. 예를 들어 Van Reed v. People's National Bank, 198 U.S. 554, 557(1905).

를 위반한 행위유형으로서 상법 제399조 제1항의 법령이나 정관을 위반한 행위와 임무해태행위를 추가하였다.[4] 즉 대법원은 피고들의 여신운용원칙(상관습법) 위반행위, 뇌물수수행위(은행법 제21조 위반행위), 동일차주에 대한 신용공여한도 일탈행위(은행법 제35조 위반행위) 및 임무태만행위(계약위반행위)들을 모두 "선관주의의무 내지 충실의무 위반행위"로 포섭시킨 것이다.[5] 상법 제399조 제1항이 이사의 책임에 관한 규정으로서 이사의 의무와는 밀접하게 관련되기 때문에 논리전개상 당연한 결과라고도 볼 수 있지만, 한편으로는 대법원이 이사의 선관주의의무가 법령, 정관이나 내규, 기타 계약서에 명시된 의무를 포괄하는 상위개념임을 선언하였다는 점에 의의가 있다. ③ 셋째로, 동 판결에 의하여 과거와 같이 은행 대표이사의 지시에 무조건 순응하던 은행이사(임원)들의 소극적인 행태가 전면적으로 시정될 수 있는 계기가 마련되었다. 즉 은행의 건전성과 안전성에 위해를 미칠 수 있는 대표이사의 잘못된 업무지시사항에 대하여 개개의 이사들은 자리에 연연하지 않고 적극적으로 이를 반대할 의무가 있다는 점이 명확해졌다. ④ 넷째로, 은행이사가 정식 결의기구가 아닌 상임이사회에 참석하여 대표이사의 지시를 소극적으로 승인한 것에 불과한데도 불구하고 이사회의 결의에 참석하여 찬성하였던 타 이사들과 책임을 차별화하는 것은 형평에 어긋난다는 피고측 주장(판결문 10~11면)에 대해,[6] 대법원은 은행이사가 단지 이사회에 참석하여 결의에 찬성하였는지 여부만이 책임을 묻는 유일한 잣대가 될 수 없음을 명확

4) 국내 문헌상으로는 이사의 선관주의의무에 대한 세부적인 내용으로 대표이사에 대한 감시의무 정도만이 소개될 뿐이다. 최기원, 「신회사법론」(2000), 594~595면[이하 최기원이라고 함].

5) 원심판결에서 밝혀진 사실관계에 의하면, 제일은행의 내규인 여신심사및운용준칙에서는 여신심사기준표의 평점 합계 40점 미만인 E급의 경우 원칙상 여신이 금지되나, 이 경우 여신을 취급할 때에는 상임이사회의 승인을 받아서 취급할 수 있다는 규정이 있었다. 본건에서 피고들은 동 내규조항을 준수하였음을 들어 선관주의의무를 위반한 것이 아니라는 주장을 하였다. 이에 대하여 원심판결은 모든 피고들이 "은행의 경영자가 여신을 취급함에 있어서 자금의 용도가 적절하고 자산신용과 영업상태가 확실하며 거래상황이 양호한 자에게 허용하여야 하고 담보취득을 원칙으로 한다"는 여신운용원칙을 위반하였고, 특히 대표이사였던 갑과 을에 대해서는 H철강에 대출을 하면서 그 사례로 C로부터 거액의 뇌물을 받은 점에 주목하여 선관주의의무를 위반하였다고 판시하였다. 또한 원심판결은 H철강에 대한 이례적인 대출결정이 은행 최고경영자 혹은 이사에게 요구되는 본연의 임무를 해태한 것이라는 점을 강조하고 있다. 서울고등법원 2000. 1. 4. 선고 98나45982 판결.

6) 사실 피고측이 이러한 주장을 하게 된 속사정을 들여다보면, 대출결재라인에 있었던 자신들과 마찬가지로 추후 이사회에서 찬성결의를 하였던 다른 이사(예: 사외이사)들도 손해배상책임을 부담하는 것이 옳다는 숨은 뜻이 담겨져 있었던 것으로 추정된다. 왜냐하면 1심판결문(서울지방법원 1998. 7. 24. 선고 97가합39907)에 첨부된 제3별지에는, H철강에 대한 일련의 대출건에 대하여 건별로 제일은행 이사회에 상정되어 찬성결의가 되었던 것으로 기재되어 있다(평균 12명의 이사에 의한 찬성으로 이사회결의가 이루어졌던 것으로 기록되어 있음).

히 함으로써, 은행상임이사들로 하여금 정책결정과 집행과정에 보다 적극적으로 참여할 것을 요구하고 있다. 이는 특히 상임이사의 책임을 추궁함에 있어서 상법 제399조 제 1 항이 제 2 항보다 우선적으로 적용되기 때문에, 이사회에 상정되기 前의 사항이라도 상임이사들이 대표이사의 업무집행에 대한 적극적인 감시의무를 지게 됨을 선언한 것이다.[7)]

2. 問 題 點

(1) 우선 대상판결은 이사들이 은행에 대하여 "선관주의의무 내지 충실의무"를 위반하였다고 판시함으로써, 양 의무가 同一한 것인지 異質的인 것인지에 대한 종래의 논란을 완전히 불식시키지 못하고 있다.

(2) 또한 대상판결 이후, 은행이사의 의무에 대한 구체적인 外延이 어느 범위까지 확대될 것인가에 대한 업계의 불안이 증폭된 것도 사실이다.[8)] 왜냐하면 선관주의의무라는 다소 추상적인 개념을 확대해석할 경우, 법적 안정성이 저해될 위험성마저 존재하기 때문이다. 따라서 대상판결 이후 학계가 선관주의의무의 범위와 한계에 대해 과거보다는 좀더 정예한 기준을 제시할 책무를 맡게 되었다.

(3) 일반적으로 사외이사는 이사회의 구성원으로서 상법상 이사에게 인정된 의무와 책임을 부담한다고 간주된다.[9)] 그러나 대상판결에 의하면, 이사회에 참석하여 찬성결의를 하였음에도 불구하고 그 지위가 상임이사인지 사외이사인지에 따라 책임이 이원화되는 모순된 결과를 초래하게 된다. 이 때에는 상법 제399조 제 2 항의 규정이 形骸化될 위험성마저 존재한다.

(4) 마지막으로 대상판결의 사실관계를 분석한 결과, 筆者는 은행이사의 책임을 완화시킬 수 있는 경영판단의 법칙을 좀 더 상황에 맞게 구체적으로 적용하였을 경우 다소 결론이 달라질 수도 있었다는 문제점을 발견하였다. 동 사건

7) 사실 본 판결만으로 이사회에 상정되지 않은 모든 사항에 대해 이사의 감시의무가 발생한다고 단정할 수는 없다. 왜냐하면 대상판결에서는 피고 병·정이 상임이사회에서의 결정사항에 대해 "부당 혹은 부적절하다는 사정을 알고 있었거나 충분히 판단할 수 있었음에도"라는 문구를 삽입하였기 때문이다. 이는 종래에 이사회에 상정되지 않은 사항으로서 위험을 알았거나 의심할 만한 사유가 있었을 때에 한하여 이사의 감시의무가 발생한다는 다수설의 입장과도 일맥상통한다. 상세한 내용은 최기원, 594～595면.

8) 금융감독당국자에 의하면 대상판결 이후 금융시장에서의 동요가 일부 감지되었는바, 실례로서 일부 현직 금융기관 상임이사들이 勇退하려는 움직임마저 있었다고 한다. 금융감독원 은행검사국 실장과의 인터뷰(인터뷰일: 2003. 6. 4).

9) 최기원, 527면.

이 은행이사의 선관주의의무를 직접적으로 다룬 최초의 사건이므로 향후 유사한 사안에서 동일하게 판시될 가능성이 높다는 점을 감안할 때, 법원이 좀 더 개념설정과 책임의 명확화 등에 있어서 적극적이었으면 하는 아쉬움이 남는다. 물론 변론주의의 한계로 인하여 당사자가 주장하지 않은 부분에까지 법원이 굳이 판단할 필요는 없었을 것이라는 점을 이해한다.

3. 論議의 順序

이하에서 筆者는 우선 이사의 선관주의의무와 충실의무의 관계 및 동 의무를 위반한 경우 발생하게 될 손해배상책임의 본질에 대한 국내에서의 학설을 정리한 후, 나름대로의 소견을 밝히고자 한다. 다음으로 대상판결이 국내에서 최초로 은행이사의 선관주의의무를 다룬 사안이지만 그 세부내용과 범위에 대해 국내문헌상으로 구체적인 시사점을 찾기에는 한계가 있다고 판단하여, 100여 년간 동일 쟁점에 대해 치열한 격론을 벌인 미국에서의 논의를 간략히 소개할 것이다.[10] 물론 선관주의의무 위반에 대한 항변으로서 은행산업에서 제기가능한 경영판단의 법칙을 끝 부분에 첨부하였다. 筆者는 이러한 작업이 은행이사의 선관주의의무의 구체적인 내용을 밝히고 책임범위를 명확히 함으로써, 업계에서의 불안을 다소라도 진정시키고 예측가능성을 높이는 데 기여하였으면 한다. 마지막으로 筆者는 경영판단의 법칙을 좀 더 탄력적으로 적용하여 이사의 손해배상액을 감경하는 방향으로 대상판결에 대한 판시내용을 재구성하여 보았다.

Ⅱ. 理事의 善管注意義務와 責任의 本質에 대한 國內學說의 檢討

1. 善管注意義務와 忠實義務間의 關係

(1) 同 質 說

1998년 개정에 의하여 신설된 상법 제382조의3에서는 "이사는 법령과 정관의 규정에 따라 회사를 위하여 직무를 충실하게 수행하여야 한다"고 규정하

---

10) 미국의 법원들은 19세기 중반 이후 은행의 이사와 임원들이 기타 산업에서의 이사와 임원들에 비하여 훨씬 고도의 선관주의의무를 진다고 판시하여 왔다. 은행이사에게 고도의 책임을 인정하려는 경향은 총체적으로 금융시장이 위기에 봉착할 경우 더욱 두드러지게 나타난다고 한다. 예를 들어 미국은 1980년대 대량의 연쇄적인 금융기관의 파산을 경험한 후, 1990년대 초반 특별입법에 의하여 선관주의의무를 위반한 은행이사들을 상대로 매우 엄격한 책임을 묻는 추세이다. Patricia A. McCoy, Banking Law Manual, §14.04[2](2001)[이하 Banking Law Manual이라고 함].

는데, 동질설은 여기서의 충실의무가 선관주의의무와 淵源을 같이 하는 것으로서 선관주의의무를 구체화한 표현에 불과한 것이라고 본다.[11] 이 설에 의할 경우 상법 제382조의3은 상법 제382조 제2항의 "회사와 이사의 관계에 대하여는 위임에 관한 규정이 준용된다"는 규정과 민법 제681조의 "이사는 회사의 업무를 집행함에 있어서 선량한 관리자의 주의의무를 진다"는 규정을 구체적·주의적으로 선언한 것에 지나지 않는다. 동질설에 의하면 대상판결에서의 선관주의의무 내지 충실의무라는 표현은 판결문상으로 선관주의의무나 충실의무 중 어느 한 개념을 사용하였더라도 무방하다는 결론에 이르게 된다.

⑵ **異 質 說**

충실의무는 선관주의의무와 그 근본이 다르다고 본다. 이질설에 의하면 상법이 영미법상의 이사회제도를 도입하여 이사회의 권한이 확대되고 현대의 주식회사 자체도 이제는 그 규모 및 업무의 범위가 거대화·국제화되었기 때문에 이사의 의무도 이에 상응하여 확대될 필요성이 높아졌다는 점을 강조한다.[12] 따라서 상법 제382조의3은 이러한 현실적 필요성에 입각하여 종래의 선관주의의무와는 별개의 의무를 법문화한 것으로서 훨씬 고도의 주의의무를 규정한 것으로 본다. 이질설에 의하면 대상판결에서 고도의 선관주의의무 내지 충실의무를 병렬적으로 기재한 것은 논리모순으로 귀결되게 된다.

⑶ **私 見**

이질설에 의하면 대상판결에서 대법원은 "고도의 충실의무"를 지는 것으로 개념을 단일화하였어야 한다. 왜냐하면 대상판결과 같이 은행이사가 은행의 공공적 성격 때문에 일반 주식회사의 이사보다 고도의 주의의무를 진다면 이질설에 의할 경우 그것은 충실의무를 뜻하는 것이 될 것인바, 이질설의 논거에 충실할 경우 이미 일반 주식회사의 이사도 충실의무를 지므로 은행이사의 경우에는 '고도의 충실의무'만이 적용 가능한 유일한 의무이기 때문이다. 그러나 이질설은 영미법상으로 규정한 이사의 주의의무에 대한 本旨를 다소 오해한데서 비롯된 것이라고 판단된다.

미국 개정모범회사법 Section 8.30(a)에서 "이사는 ① 선의로; ② 통상적으로 동일한 지위에 있는 신중한 자가 유사한 상황에서 행사하여야 할 주의를 갖고; ③ 회사에게 최선의 이익이 된다고 합리적으로 믿는 방식으로, 의무를

11) 최기원, 595~597면.

12) 송상현, "주식회사이사의 충실의무론," 서울대 「법학」 14권 제2호(통권 30호)(1973. 12), 119면 이하.

이행하여야 한다"고 규정하고 있다.[13] 이는 이사의 지위에 있는 자에게 일반적으로 요구되는 상당한 정도의 주의의무를 이행하여야 한다는 선관주의의무를 법문화한 것이다. 그런데 동 조항에 대한 유권해석(Official Comment)에 의하면 개정모범회사법 제정시 Section 8. 30(a)에는 의도적으로 신탁법상으로 사용하는 충실의무(신임인의 의무, fiduciary duty)의 개념을 사용하지 않았다는 점이 명기되어 있다. 왜냐하면 이사의 행위기준으로서 신임인(fiduciary)의 개념을 사용할 경우, 신탁법상 부과되는 신임인의 독특한 특성 및 의무(충실의무)와 일반 주식회사 이사의 의무가 차별화되어야 함에도 불구하고 양자가 혼동되어 적용될 가능성을 염려하였기 때문이다. 더욱이 신임인의 의무 중 일부 사항은 주식회사의 이사에게 적용하기가 전혀 적절치 않다는 점도 강조하고 있다.[14] 그런데 동 유권해석을 본래의 취지에 맞게 재구성한다면 결국 일반 주식회사 이사의 선관의무는 신탁법상의 충실의무로부터 淵源한 것임을 알 수 있으며, 정도의 차이는 있지만 신탁영역 밖에서 이사는 신탁에 있어서의 수탁자와 유사한 지위에 있다는 점을 알 수 있다. 이는 Section 8. 30(a)②에서 명시적으로 규정한 '신중한 자(prudent person)'가 판례에 의하여 발전한 신탁법상의 '신중인(prudent man)'의 법리와 거의 동일한 用例를 채택하였다는 점에서도 드러난다. 따라서 회사법 영역에서 이사가 부담하는 선관주의의무(duty of care)와 충실의무(fiduciary duty)는 본질적으로 동일하고, 다만 신탁법 영역에서 수탁자가 부담할 의무는 선관주의의무보다 한층 고차원의 신임인의 의무(충실의무)라고 이원적으로 해석하여야 하는 것이다.[15]

결론적으로 同質說에 찬동하는 바이며, 향후 법원은 유사한 사건에서 오해의 소지를 없애기 위하여 이사의 선관주의의무로 용어를 통일하는 것이 바람직하다는 소견을 밝힌다.

---

13) 원문은 다음과 같다. Revised Model Business Corporation Act § 8.30(WEST 1996)

(a) A director shall discharge his duties as a director, including his duties as a member of a committee:

(1) in good faith;

(2) with the care an ordinarily prudent person in a like position would excercise under similar circumstances; and

(3) in a manner he reasonably believes to be in the best interests of the corporation.

14) Edward S. Adams & John H. Matheson, Corporations and Other Business Associations Statutes, Rules and Forms, 86(WEST 1996).

15) 한편 미국 개정모범회사법 Section 8. 31에서는 이사의 이해상충을 방지하여야 할 충성의무(duty of royalty)를 별도로 규정하고 있다. 따라서 이사의 충성의무가 선관주의의무 내지 충실의무와 그 궤를 달리한다는 점을 알 수 있지만 평석대상이 아니므로 추가적인 논의를 생략한다.

2. 理事의 善管注意義務 違反에 따른 責任의 本質

(1) 問題의 提起

대상판결에 의하면 ① 이사의 법령이나 정관에 위반하는 행위와 ② 임무해태행위가 모두 선관주의의무에 위반한 것으로 된다. 문제는 양자를 어떻게 조화시킬 것인가이다. 왜냐하면 우리나라에서는 임무해태에 의한 손해배상책임을 계약위반행위로서 過失責任이라고 하지만, 이사의 법령 또는 정관의 위반으로 인한 손해배상책임에 대해서는 무과실책임설과 절충설 및 과실책임설 등이 난립하기 때문이다.[16] 물론 후자에 대해 다수설은 과실책임설을 취하고 있으므로, 이사의 선관주의의무 위반에 의한 손해배상책임을 그 유형과 관련없이 과실책임이라고 간단히 치부할 수도 있다. 그러나 문제는 그리 간단치 않다. 왜냐하면 입증책임에 있어서 법령 또는 정관을 위반한 행위로 인한 손해배상책임에 대하여 과실책임설을 취하는 다수설은 이사가 무과실의 입증을 하여야 한다는 입장인 반면에, 임무해태로 인한 손해배상책임에 대해 다수설은 이사의 책임을 주장하는 자에게 입증책임이 있다고 하기 때문이다.[17] 기존의 판례는 이러한 쟁점을 더욱 복잡하게 만든다. 예를 들어 종래의 대법원 판결에 의하면 "악의 또는 중과실로 임무를 해태한 행위라 함은 이사의 충실의무 또는 선관의무 위반행위로서 위법성이 있는 것을 말한다"는 판시가 있는바,[18] 文面 그대로 이해할 경우 선관주의의무 위반행위는 경과실이 아닌 악의 또는 중과실을 요건으로 한다고 해석할 여지도 있는 것이다.

한편 다수설에 따라 법령 또는 정관에 위반한 행위를 과실책임으로 구성하는 것이 현행 금융관련법규와 조화롭지 못하다는 문제점이 발생한다. 은행법 제54조에서는 금융감독위원회로 하여금 은행이사가 은행법 또는 동법에 의한 규정·명령 또는 지시를 고의로 위반하거나 은행의 건전한 운영을 크게 해치는 행위를 하는 경우 금융감독원장의 건의에 따라 당해 이사의 업무집행의 정지를 명하거나 주주총회에 대하여 당해 이사의 해임을 권고할 수 있도록 규정하고 있다.[19] 더욱이 동법 제53조에서는 그 위반의 정도가 심할 경우 금융감독위원회로 하여금 당해 은행업무를 6월 이내의 기간을 정하여 전부 정지시킬 수도

16) 최기원, 617~618면.

17) 앞의 서적.

18) 대법원 1985. 11. 12. 선고 84다카2490 판결.

19) 예를 들어 은행법에서는 상업은행들의 여신을 규율하고 있는바, 第35조 제1항은 은행으로 하여금 동일차주에 대하여 당해 은행 자기자본의 25/100을 초과하는 신용공여를 할 수 없도록 규정하고 있다.

있을 뿐만 아니라 은행업의 인가마저 취소할 수 있는 근거규정을 두고 있다. 따라서 이러한 은행법의 취지에 맞추어 명문의 근거는 없지만 은행이사에게 개인적으로 손해배상책임을 물으려면 적어도 고의의 법령위반행위가 있어야 한다는 주장이 성립될 수 있다. 왜냐하면 이사의 은행법 위반행위에 대하여 금융감독당국으로부터 실효성 있는 제재가 발동되어야 이해관계자들(주주 및 채권자)도 그 위반사실을 인지하게 되고 손해배상책임을 물을 수 있기 때문이다.[20] 극단적으로 은행법 제54조를 개정하여 고의요건을 존치한 채 은행이사의 개별적인 손해배상책임에 대한 명문의 근거를 마련할 경우, 은행이사의 선관주의의무위반 중 법령위반행위는 더 이상 과실책임으로 구성할 수 없게 될 것이다.

⑵ 美國에서의 銀行理事 善管注意義務 違反에 대한 法理構成

미국에서는 은행이사의 선관주의의무 위반이 계약위반행위인지(과실책임) 혹은 은행법상의 특수불법행위(고의책임)인지에 대하여 논란이 많다. 왜냐하면 이는 손해배상청구권의 소멸시효와 직접적으로 관련되기 때문이다. 참고로 미국 연방법규상으로 계약법 위반을 이유로 한 손해배상청구권은 당해 청구권이 발생한 후 6년이 경과할 경우 권리가 소멸되는 반면, 불법행위에 기한 손해배상청구권은 3년의 단기소멸시효가 적용된다.[21] 그런데 미국의 하급심판결이기는 하지만 일부법원에서는 본질적으로 불법행위로 청구되어야 마땅할 일부 선관주의의무 위반행위에 대해 6년의 장기소멸시효가 적용된다는 판시를 하여 왔다.[22] 이는 손해배상청구권자의 보호를 두텁게 하기 위하여 법원이 운용의 묘를 살린 것일 뿐, 고의를 요건으로 하는 특수불법행위책임을 과실을 요건으로 하는 계약책임으로 단일화하려는 데 있지 않음을 유의하여야 한다. 오히려 이사의 선관주의의무 위반행위는 계약위반과 불법행위의 양자를 모두 竝有하고 있다는 점을 재확인한 것이다.

미국에서는 최근 양자의 절충점을 찾으려는 시도가 있었다. 즉 1989년 제

20) 미국 법원들도 법령위반에 대한 책임의 본질은 고의설에 입각하고 있었다. 예를 들어 Yates v. Jones National Bank, 206 U. S. 158, 177～178(1906). 그러나 미국 법원은 고의를 매우 광범위하게 해석하여 왔다. 즉 이사들이 조사의무를 지고 있음에도 불구하고 자의적으로 조사행위를 하지 않은 경우, 이로 인하여 발생하는 법령위반행위는 "intentional"이라고 판시하여 온 것이다. Corsicana National Bank v. Johnson, 251 U. S. 68, 71(1919) *cited in* Alan E. Grunewald & Bruce P. Golden, Bank Director Liability Post-FIRA: How to Avoid It, 98 Banking L. J. 412, 421～424(1981).

21) 28 U. S. C. § 2415(a)와 (b)(WEST 2001).

22) FDIC v. Former Officers & Directors of Metropolitan Bank, 884 F. 2d 1304, 1306～1307(9th Cir. 1989); RTC v. Gladstone, 895 F. Supp. 356, 374(D. Mass. 1995); FSLIC v. Burdette, 696 F. Supp. 1196, 1201～1202(E. D. Tenn. 1988).

정된 FIRREA(The Financial Institutions Reform Recovery and Enforcement Act)는 은행이사의 임무해태행위에 대한 손해배상책임을 규정하고 있는바, 책임발생요건으로서 중대한 과실이나 고의를 요구하고 있다.[23] 이는 은행이사의 법령위반행위에 있어서 고의를 요건으로 하는 것과 조화를 강구하려는 의도가 있었다고 판단된다. 그러나 1997년 *Atherton v. FDIC* 판결에서 미국의 연방대법원은 관련 주법이 은행이사의 책임요건으로서 단순과실을 규정하고 있을 때에는 주법이 FIRREA에 우선한다는 판시를 함으로써, 경과실의 경우에도 책임을 물을 수 있다는 1989년 이전의 상황으로 선회하였다.[24] 이는 미국에서도 은행이사가 부담하는 선관주의의무의 본질에 대해 치열한 격론이 벌어지고 있음을 반증하는 대표적인 예로 볼 수 있다.

⑶ 私　見

은행이사의 선관주의의무 위반행위를 단순하게 분류하자면 특수불법행위(법령이나 정관을 위반한 행위)와 계약위반행위(임무를 해태한 행위)로 이원화할 수 있다. 그런데 은행이사가 일반 주식회사의 이사보다 그 공공적 성격으로 인하여 훨씬 고도의 선관주의의무를 부담하고 어떠한 행위유형은 법령이나 정관을 위반할 뿐만 아니라 계약을 위반한 것으로 구성할 수 있다는 점을 감안할 때, 법령이나 정관 위반행위에 대한 책임요건만은 다소 완화해 줄 필요성이 크다. 즉 법령이나 정관을 위반한 행위에 대해 그것이 경미한 과실이라면 손해배상책임을 부담하지 않도록 하는 입법론이 필요한 것이다. 이러한 筆者의 주장은 고의요건만으로 한정한 미국의 입법례와도 차이가 난다는 점에서, 우리 법제가 수용할 수 있는 절충점이라고 본다.

한편 우리 법제가 은행이사의 선임 시부터 그 자격요건으로서 전문성을 철저히 요구하므로, 타 산업에 비하여 은행이사의 과실 여부에 대한 판단기준도 매우 상향될 것이라는 점을 예측할 수 있다.[25] 즉 타 산업에서는 경과실로 판단될 사항이라도 은행이사에 대해서는 중과실로 간주될 가능성이 높은 것이다. 그럼에도 불구하고 은행산업에 있어서도 법령이나 정관을 위반한 행위에 대해 과실요건을 굳이 유지한다면, 은행이사가 부담할 손해배상책임은 거의 무과실

23) 12 U.S.C. §1821(k)(WEST 2001).

24) 519 U. S. 213(1997).

25) 은행법 제18조 제1항에서는 임원의 결격요건을 규정하고, 동조 제2항에서는 은행에 대한 경험과 지식을 갖춘 자로서 은행의 공익성 및 건전경영과 신용질서를 해하지 않을 전문가를 요구하고 있다.

책임이라고 보아도 무방하다. 왜냐하면 다수설의 입장에 따라 은행이사로 하여금 면책주장을 위한 무과실을 입증케 하기란 거의 불가능을 요구하는 것이기 때문이다.

筆者의 이와 같은 주장은 은행법 제54조의 입법취지와도 조화를 이룰 뿐만 아니라, 은행이사들이 방대한 금융관련법령을 완전히 소화하여야 할 현실적인 부담에서도 벗어나게 될 것이다. 그렇다고 경과실로 법령이나 정관을 위배한 이사의 책임을 전혀 묻지 못하는 것은 아니다. 왜냐하면 이 때에도 계약위반에 따른 책임을 물을 수 있는 가능성이 여전히 존재하기 때문이다.[26] 차선책으로 굳이 현행과 같이 법령이나 정관 위반행위를 과실책임으로 구성하려면, 입증책임은 과실을 주장하는 측에서 부담하여야 한다는 것이 筆者의 판단이다.

Ⅲ. 善管注意義務에 대한 具體的인 內容 — 美國에서의 論議를 參考하여

1. 金融機關 理事에게 片面的으로 認定되는 特別善管注意義務

최근까지 미국 금융감독당국의 결정사항과 법원판결을 정리하면, 금융기관의 이사에게는 금융산업의 특수성으로 인하여 동 업종에 종사하는 자에게만 요구되는 특별한 선관주의의무요건이 존재하게 된다.[27] 다음의 5가지로 세분할 수 있는바, 대상판결과 관련되지 않는 부분은 되도록 상세한 논의를 생략한다.

(1) 業務熟知義務 및 업무수행시 勤勉義務

우선 금융기관의 이사는 자신의 업무환경에 대하여 숙지하여야 할 의무가 있다. 단지 하위 경영진의 적극적인 업무결정사항에 대하여 수동적으로 결재도장만을 찍는다면, 결코 책임으로부터 자유로울 수 없다. 만일 충분한 실무경험이 없다고 판단될 경우, 당해 이사는 실무를 적극적으로 습득하려는 자세를 견지하든가 아니면 아예 이사의 취임 자체를 스스로 거절하는 것이 옳다. 대상판결에서 피고 병, 정이 대표이사였던 피고 갑, 을에 대하여 은행의 건전성을 침해하는 결정에 대해 끝까지 반대하고 만일 이것이 관철되지 않을 경우 사퇴하였어야 한다는 筆者의 판단도 사실 이러한 의무에 기초한 것이다. 한편 미국의 판결례 중에는 이사가 장식물이 아니고 회사지배에 있어서 본질적인 구성부분

26) 사실 미국의 법원에서도 은행이사의 금융관련법 위반행위에 대해 엄격한 고의요건을 충족하기 어렵다는 현실적인 이유로, 당해 이사의 행위를 과실 그 자체(negligence *per se*)를 요건으로 하는 보통법상의 선관주의의무에 위반(즉 계약책임위반)한 것으로 판시를 구성하여 왔다고 한다. Banking Law Manual, §14.04[2] 48면.

27) 은행산업의 특수성에 대해서는 김용재, "21세기와 새로운 은행규제환경에 대한 모색," 「21세기 한국상사법학의 과제와 전망」(심당 송산현 선생 화갑기념논문집), 551~579면 참조.

이므로 자신이 명목상의 이사에 불과하여 회사업무 전반에 대하여 알 수 없었다고 주장한 피고의 항변을 배척한 사례도 있다.[28] 대상판결에서 만일 사외이사들이 피고로 추가되어 법원이 선관주의의무를 위반하였다고 판시하였다면, 그 논거는 당연히 업무숙지의무를 위반한 것에 초점을 맞추었으리라고 판단된다.

다음으로 금융기관의 이사에게는 업무수행에 있어서 고도의 근면성을 요구하고 있다. 자신의 시간과 정력을 금융기관에 집중하여야 할 것인데, 이사회와 위원회에 정기적으로 출석하는 것도 이사로서 정당한 주의를 행사하였다고 간주받는 가장 본질적인 요소이다. 금융기관의 이사가 이사회에 출석하지 않음에 따라 어떠한 업무에 대하여 알지 못한다면 이는 중대한 의무태만으로 간주될 수 있다.[29] 단순히 출석요건만을 채우기보다 이사회나 위원회의 심의에 적극적으로 참여함으로써 경영진과 위원회로부터 정기적으로 정보를 수집하고 報告받는 체제를 확립하여야 할 것이다. 이렇게 집적된 정보를 기반으로 객관적이고 독립적인 판단을 행할 의무(exercise independent judgment)도 선관주의의무로부터 발생한다. 대상판결에서 피고 병, 정이 객관적이고 독립적인 판단을 하지 않았음은 사실관계로 보아도 명약관화하다.

(2) 유능한 하급직원의 選任·監督義務

은행의 직원채용을 담당하는 이사는 유능한 하급직원을 선발하여야 하고, 하급직원의 소관업무 수행에 대해 담당이사는 이를 철저히 감독할 의무가 있다. 미국에서는 이사가 통상의 주의를 기울였음에도 불구하고 하급직원의 부당한 업무집행을 알 수 없었다면 이는 적법한 항변사유로 될 여지가 있으나, 단순히 하급직원의 업무집행사항을 알지 못하였다는 항변만으로는 오히려 자신들의 선관주의의무를 放棄하였다는 반증자료가 되어 책임이 가중될 소지도 있다는 판례가 있다.[30] 그런데 대상판결의 사실관계를 보면 유능한 하급직원이 심도 깊은 조사를 통하여 H철강에 대하여 신규여신을 해서는 안 된다는 평가를 하였으므로, 본 의무의 이행 여부에 대해 논의하는 것이 語不成說이라는 주장도 가능하다. 판단컨대 하급직원의 감독의무에는 은행의 상임이사들이 자신의 소관업무와 관련하여 하급직원의 객관적이고 공정한 의견을 진지하게 수용하여야 할 의무를 포함시켜야 한다는 것이 筆者의 소견이다. 따라서 대상판결에서 모

28) Francis v. United Jersey Bank, 432 A. 2d 814, 823(1981).

29) Bowerman v. Hamner, 250 U. S. 504(1919).

30) Joy v. North, 692 F. 2d 880, 896(2d Cir. 1982).

든 피고들이 하급직원의 진지한 의견을 무시한 채 대출을 감행한 것은 감독의무를 방기한 책임이 있다고 본다.

(3) 당해 금융기관에 대한 적절한 指示義務

은행 이사회는 경영목표 및 평가에 관한 사항에 대하여 심의 · 의결할 권한이 있다.[31] 이는 은행의 장·단기 계획설정 및 그에 따른 세부지침의 수립 책임이 종국적으로 이사회에게 있다는 의미이다. 미국에서는 특히 이사회가 단기영업계획에 맞추어 반드시 기본지침을 수립하여야 할 영역으로, ① 신용공여업무 ② 자금관리업무 ③ 투자분산업무(investment portfolio activities)의 3분야를 들고 있다. 이 부분에 있어서 기본지침이 꼼꼼하게 작성된다면 이사회가 적절한 지시의무를 이행한 것으로 간주된다.[32] 그런데 제일은행 여신심사및운용준칙에 의하면 E등급업체라도 상임이사회의 승인을 받아 취급할 수 있다는 예외조항을 두고 있었는바, 이는 상임이사회의 재량권을 악의적으로 남용할 여지를 두었다는 점에서, 결국 제일은행 이사회가 신용공여업무에 대한 지침수립에 신중하지 못했다는 결론에 도달하게 된다.

(4) 監視義務

대표이사에 대한 감시의무는 종래부터 인정되어 온 이사의 선관주의의무 중 가장 핵심적인 내용이었다. 일반적으로 이사회가 명망 있는 대표이사를 선임한 후 지침의 형태로 적절한 지시를 전달한 것만으로, 자신의 선관주의의무를 완전히 이행하였다고 주장할 수 없다. 즉 선관주의의무를 충실히 이행하였음을 주장하려면 이사들은 경영진의 업무를 지속적으로 감시할 업무감독의무가 있는 것이다. 본 의무를 이행하기 위해, 우선 이사회는 회계장부에 대하여 정기적인 감사를 요구하여야 하고 감사보고서를 주의깊게 심사하여야 한다. 또한 이사회는 특히 주의를 기울여야 할 분야(relevant areas of concern)에 대해 경영진으로 하여금 정기보고서를 제출토록 요구하여야 한다. 여러 가지 보고서를 6개 분야로 세분한다면, ① 재정보고서 ② 자산의 질 ③ 자산/부채 관리 ④ 내부보고서 ⑤ 외부보고서 및 ⑥ 기타 보고서로 구분할 수 있을 것이다.[33] 이들 중 가장 중요한 것은 관할 금융감독당국이 발간한 외부 검사보고서이다. 이사들은 이러한 검사보고서를 금융기관의 내부업무를 감시하여야 할 고유의무에 대한 대체물(즉 내부보고서에 대한 대체물)로서 사용하여서는 안 된다. 왜냐하면

31) 은행법 제23조 제1항.

32) Banking Law Manual, § 14.04[2].

33) Office of Thrift Supervision, Director Information Guidelines viii(1989).

양자는 상호 독립된 별개의 보고서로서, 이사는 당해 기관의 현황에 대하여 숙지하여야 할 의무가 있기 때문이다. 따라서 감독기관이 금융기관에 대한 심각한 문제점을 발견하지 못하였더라도, 이사들이 당해 문제점을 과실로 발견하지 못한 이상, 당해 이사들의 책임이 면제되지는 않는다.[34] 대상판결에서 당시의 금융감독당국이었던 한국은행의 은행감독원과 재경부가 제일은행의 부실대출 상황에 대해 알지 못하였다고 믿기는 어렵다. 그렇지만 제일은행의 이사회는 외부 감독기관의 검사와는 별개로 대표이사였던 피고 갑, 을에게 H철강에 대한 내부검사보고서를 요구하였어야 한다는 아쉬움이 남는다. 원심판결에서 이 부분에 대한 사실관계가 명확하지 않고 피고인 상임이사들이 굳이 감추려고 하였다면 비상임이사들은 이를 효과적으로 감시할 방법이 없었을 것이라는 판단이 들어 더 이상의 논의를 생략한다.

(5) 情報體制 構築義務

감시의무를 적절하게 수행하려면 은행이사회는 내부통제체제의 구축과 함께 내부감사인과 준법감시인을 선임하고 감사위원회를 설치하는 등의 정보체제를 구축하여야 하는데, 이것이 금융기관의 이사에게 마지막으로 요구되는 특별 선관주의의무이다. 그런데 제일은행 이사들은 우리나라가 1997년 IMF로부터 긴급원조를 받기 전까지 이러한 정보체제의 구축에 대한 요구가 법문에 없었음을 들어 자신들에게는 과실이 없다고 항변할 수 있다. 물론 우리나라에서 은행 이사회에게 이러한 정보체제를 구축할 의무가 발생한 것은 2000년 1월 21일 은행법 제23조의2 규정(감사위원회) 신설과 2002년 4월 27일 은행법 제23조의3 규정(내부통제기준 등) 신설을 통해서이기 때문에 가장 최근의 일로 볼 수 있다. 그러나 법제화의 여부를 떠나 은행 내부적으로 H철강에 대한 여신관리체제를 구축하지 못한 것은 이사들의 중대한 과실이라고 본다.

2. 善管注意義務와 經營判斷의 法則(Business Judgement Rule)

(1) 問題의 提起

경영판단의 법칙에 의하면 이해관계가 없는 이사회의 결정은 비록 결정시 예측되었던 위험들이 결과적으로 잘못된 것으로 판명되더라도 과실책임으로부터 면제된다.[35] 따라서 경영판단의 법칙에 따른 보호를 받고자 한다면, 이사들

34) Banking Law Manual, §14.04[2], 14~78면.

35) FDIC v. Jackson, 133 F. 3d 694, 699~700(9th Cir. 1998).

은 선관주의의무와 충성의무(duty of royalty), 관련법령, 은행정관 및 내규 등을 준수하면서 이사회의 결정에 참여하고 각자 본연의 업무를 수행하여야 할 것이다. 이러한 전제조건들을 충족함으로써 경영판단의 법칙이 적용될 경우, 순수하였지만 잘못된 이사회의 결정은 과실책임으로부터 보호된다. 경영판단의 법칙이 존재함으로써 주의의무만을 엄격히 적용할 경우 중대한 이사회의 결정사항에 대한 사후의 책임을 회피하기 위하여 이사들이 위험회피적인 의결권을 행사할 것이라는 우려를 불식시키게 된다. 대상판결에서도 결과 자체만으로 책임을 물을 수 없다는 판시가 있는바, 이는 경영판단의 법칙을 선언한 것이다.

본 사안에서 만일 H철강에 대한 대출이 이루어질 경우 대가를 언약받고 피고 갑, 을이 이사회에 참석하여 대출결의를 주도하였다면, 이해관계가 없는 이사회의 결정이었다고 볼 여지는 전혀 없다. 그러나 대출에 대한 대가를 받는 것이 당시의 관행이었고 피고 갑, 을도 대출결정시 전혀 대가를 염두에 둔 것이 아니었다면 순수한 이사회의 결정으로 볼 수도 있다. 짐작컨대 대법원은 후자의 입장에서 경영판단의 법칙에 대한 판단을 한 듯하다. 그렇다면 구체적으로 어떠한 요건을 충족할 경우 경영판단의 법칙에 의한 보호를 받을 수 있는가?

(2) 구체적인 고찰: 은행이사의 信用供與決定과 經營判斷의 法則

최근 미국의 법원들은 은행의 신용공여실무에 있어서 매우 놀라울 정도로 경영판단의 법칙을 축소하여 적용하는 경향이 발견된다. 즉 오늘날 다양한 대출결정사례들에 있어서 미국법원들은 경영판단의 법칙을 적용하지 않고 단순과실 혹은 중과실을 이유로 은행이사에게 책임을 묻는 추세이다. 가장 대표적인 예로서는 부적절한 담보를 대가로 한 대출에 대하여 은행내규에서는 이사의 재량을 어느 정도 인정하고 있음에도 불구하고 경영판단의 법칙에 의한 보호를 하지 않은 법원들의 결정을 들 수 있다.[36] 반면 이사들이 대출결정시 대출액에 상응하는 적절한 담보물을 취득하였다면, 차후 예상치 못하였던 경기침체나 재해 등의 사고가 발생함으로써 담보가액이 급락하더라도 이사들에게 형사벌을 부과하려 하지 않는다.[37] 그 외 과거 미국의 일부 법원들이 경영판단의 법칙을 축소적용함으로써 은행이사들의 과실책임을 묻는 분야는 처음 사업을 개시하는

---

36) FDIC v. Robertson, No. 87-2623-S, 1989 U.S. Dist. LEXIS 9292, at 13~20(D. Kan. July 24, 1989). 대상판결에서 피고들이 제일은행의 여신심사및운용준칙을 준수하였다는 항변에 대해 법원이 상관습법인 여신운용원칙에 위배되었다고 판단한 부분은 바로 이러한 미국 법원의 판결과 궤를 같이 하는 것이다.

37) FDIC v. Stanley, 770 F. Supp. 1281, 1300~1301(N.D. Ind. 1991).

벤처기업에 대한 대출에 관한 것이었다. 이는 검증되지 않은 업체에 대한 대출에 대하여 제동을 가함으로써 은행 자체의 보유자산에 대하여 부당하게 위험이 집중되는 것을 막으려는 의도가 있었다고 판단된다. 그러나 21세기 접어들어 경제성장의 새로운 견인차 역할을 수행할 수 있는 벤처기업에 대하여 대출을 금지하는 조치는 경제위축을 초래할 위험성도 높다. 따라서 대출액에 상응하는 인적 연대보증이나 물적 담보가 확보된 상태에서 신규사업에 대출하는 것은 이제 허용되게 되었다.[38)]

그러면 어떠한 형태의 담보물이든 징구하기만 하면 이사는 항상 경영판단의 법칙에 의하여 보호를 받게 되는가? 왜냐하면 특정 담보물의 경우에는 경기변동에 민감하게 반응함으로써 그 가치가 급락할 위험성이 존재하기 때문이다. 최근 미국의 법원들은 이러한 쟁점에 대하여 문제의식을 갖기 시작하였다. 즉 폐쇄회사의 주식과 신규회사의 재고품 및 未收債權(accounts receivable), 감가상각이 급속도로 이루어지는 불도우저와 같은 중장기 등을 담보물로 징구함으로써 원금이 상환되지 않을 경우에는 이사의 책임을 묻는 추세인 것이다.[39)] 그러나 예금부보를 받는 예금, 금융증서와 金(bullion) 및 은행이 담보권을 행사하여 경매할 수 있는 가액의 담보물 등을 취득할 경우에는 경영판단의 법칙에 따른 보호를 받게 된다. 과거에는 후순위 저당권을 설정한 사안에서 이를 이사의 과실로 취급한 판례도 존재하지만,[40)] 지금은 후순위저당권 설정 자체에 대해 문제삼지는 않고 전체담보가액에서 선순위저당가액을 차감한 잔액이 대출액에 상당하다면 이사의 주의의무를 이행한 것으로 본다.[41)] 또한 과거에는 약정이자가 제 때 지급되지 않을 경우 은행이 기존의 채무자가 상환한 원금상환액으로 미지급이자액을 충당한 사안도 과실이 존재하는 것으로 간주하였지만,[42)] 지금은 미지급이자의 충당가능성을 협의하고 충당상한액을 한정하는 구체적인 내규가 존재한다면 과실이 없다는 유연한 입장으로 선회하였다.[43)]

물론 물적 담보가 있는 담보물을 취득하고 있음에도 불구하고 제 때 경매 등 적절한 환가조치를 취하지 않는 경우에는 과실책임을 지게 될 것이다. 한편

38) 12 C.F.R. pt. 34, Subpt. D, Appendix A(WEST 2002).
39) Banking Law Manual, 14-98.
40) FDIC v. Stanley, 770 F.Supp. 1281, 1292-1293(N.D. Ind. 1991).
41) 12 C.F.R. pt. 34, subpt. D, Appendix A(WEST 2002).
42) Federal Savings and Loan Insurance Corporation v. Williams, 599 F. Supp. 1184, 1191(D. Md. 1984).
43) 12 C.F.R. pt. 34, subpt. D, Appendix A(WEST 2002).

이행지체의 상태에 있는 채무자를 상대로 대출약정의 갱신(대환)이나 기한의 연장 혹은 추가적인 신용공여를 행하는 것이 과실이라고 단정할 수는 없다. 왜냐하면 이행지체시 즉각적으로 채권을 회수하는 조치를 취할 경우 오히려 채무자로부터 원금상환의 가능성을 악화시키는 상황도 발생할 수 있기 때문이다.[44] 여기서 은행이사가 대환 등의 조처를 하려면 구체적인 내부정책이나 지침이 마련되어야 할 것은 재론할 필요가 없다. 대출을 승인하기 전에 채무자에 대한 정보를 충분히 수집·입증·분석하지 않았을 경우 이사의 책임이 발생할 뿐만 아니라, 채무인수절차를 내규로 확정하고 이를 준수하지 않을 경우에도 마찬가지의 책임이 발생한다. 미국에서는 대출집행체제가 불명료할 경우에도 이사의 책임을 물은 사례가 있다.[45]

(3) 整　理

이상의 논의를 종합하면 미국에서도 은행이사의 책임을 강화하는 추세지만, 은행이사의 신용공여결정에 대해 경영판단의 법칙이 전혀 적용되지 않는다고 단언할 수는 없다. 특히 채무자의 신용상태를 판단하는 것과 같이 본질적으로 이사의 주관적인 판단이 개재되는 영역에 있어서는 경영판단의 법칙이 여전히 그 의의를 갖는다. 또한 대출을 갱신할지 여부가 문제되는 워크아웃결정에 있어서 경영판단의 법칙은 이사가 항변할 수 있는 최후의 수단으로서 여전히 그 의미를 갖게 된다. 담보물에 대하여 수차의 경매를 통하여 환가할 경우 담보가치의 급락에 따른 손실이 발생할 수도 있지만 이를 무릅쓰고 한 채권회수조치 결정에 대해 이사의 책임을 결코 물을 수는 없을 것이다. 마찬가지로 시장상황이 호전될 것이라고 기대하여 즉각적인 환가조치를 취하지 않고 담보물을 보유하는 행위도 비난할 수는 없다.[46] 환가할 담보재산이 기업체이고 동 기업체를 유지함으로써 사회에서의 본연의 기능을 수행토록 하기 위해 추가적인 자금지원이 필요하다는 판단에 따라 은행이사가 신용공여를 증액할 경우, 법원은 이사의 경영판단을 존중해 주어야 할 것이다. 대상판결에서의 사실관계를 보면, 피고들이 H철강에 대한 대환을 행한 이유로서 이러한 여러 가지 정당화 요인들을 강조하고 있다.

---

44) 실제로 Washington Bancorporation v. Said, 812 F. Supp. 1256(D. D. C. 1993) 사건에서는 대출채권을 즉각적으로 회수하는 조치를 취할 경우 오히려 채무회사를 파산의 경지로 몰아갈 수도 있었다는 은행이사의 항변이 성공적으로 받아들여졌다.

45) FDIC v. Schreiner, 892 F. Supp. 764, 766(D. Colo. 1993).

46) RTC v. Scott, 929 F. Supp. 1001, 1018-1025(S. D. Miss. 1996).

그러나 그 외의 영역에 있어서 경영판단의 법칙은 특히 은행업의 경우 그 존재의의를 점차 상실하여 왔다. 대출에 대한 은행 내부의 기본적인 방침과 엄격한 절차가 마련되었음에도 불구하고 이를 준수하지 않는 사례, 담보확보도 하지 않은 상태에서 신규사업체에 대하여 무리하게 대출을 한 사례, 은행 내부의 자체감사나 감독당국의 검사에서 적발된 문제되는 대출에 대하여 이를 즉각적으로 회수하는 등의 조치를 취하지 않은 사례 등에 있어서 경영판단의 법칙은 더 이상 이사들이 안주할 수 있는 피난처가 아닌 것이다. 따라서 H철강의 제일은행에 대한 신규대출요청에 대해 피고들이 유능한 하급직원의 여신심사의 견서를 무시하고 담보도 없이 무리한 대출을 결정한 것은 결코 경영판단의 법칙을 원용할 수 없는 선관주의의무 위반임에 틀림없다.

Ⅳ. 第一銀行 判示의 再構成

제일은행 사건에서 피고들은 모두 동일차주에 대한 신용공여한도를 규정한 은행법 제35조 제1항을 위반함으로써 자원배분의 적정성을 기하려는 은행법의 목적 자체를 일탈하였다. 더욱이 사실관계에서는 명확히 기술되지 않았지만 은행법 제47조에 의하여 은행이사들은 금융감독당국이 즉시 이상징후를 감지할 수 있는 보고서를 작성하여야 할 것인바, 피고들은 H철강에 대한 부실여신사실을 감추려는 목적으로 허위보고서를 작성·제출하였음을 추론할 수 있고, 이로 인하여 제일은행과 거래관계에 있는 예금자들 및 제일은행 주주들에게 막대한 손해를 발생시켰다. 이러한 피고들의 일련의 행위는 고의로 은행관련 제법규 및 은행 자체의 정관과 내규 등을 위반한 것이므로 은행법 제54조에 기한 제재를 받을 요건을 충족하였을 뿐만 아니라 상법 제399조·제401조에 의한 손해배상책임을 지게 된다.

다음으로 이사의 선관주의의무 위반에 관하여 고찰하면, 피고 갑, 을은 H철강에 대한 최초의 신용공여 결정 및 추가적인 신용공여 제공에 대하여 여신심사의견서를 무시하거나 혹은 여신심사의견서 자체를 사실과 상이하게 작성할 것을 지시함으로써 제일은행 자체에서 수립한 여신관련 내규 및 절차를 위반하였고, 피고 병·정은 H철강에 대한 부적절한 여신이 이루어진다는 점을 알면서도 상임이사회 및 이사회결의에서 이를 승인함으로써 본연의 주의의무를 위반하였음이 명백하다. 피고들은 최초의 대출시 적절한 담보를 징구하여야 함에도 불구하고 H철강 대표이사의 구두약속만을 믿고 대출을 감행한 중과실이 발견된다. 더욱이 피고 병·정이 신중한 이사였다면 사후 H철강에 대한 대출에 대하여 이상을 감지할 만한 명백한 정황증거로서 외부 신용평가전문기관들이 H철강에 대한 경종을 계속 울렸음에도 불구하고 즉시 조사에 착수하여 대출을 회수하는 등의 시정조치를 행할 감시의무를 이행하지 못하였다. 만일 병·정이 이러한 사실을 단순히 알지 못하였다고 항변한다면 오히려 이사의 책임을 방기하였다는 반증자료로서 활용될 수도 있다.

피고들은 H철강에 대한 신용실적에 대해 면밀한 분석이 없었을 뿐만 아니라 법률상 한도를 초과하는 과다한 대출이 있었음에도 불구하고 법의 준수를 감시할 적절한 통제체제를 구축하지 못한 과실이 발견된다. 더욱이 피고 갑·을은 대출결정시 H철강의 현금흐름이나 상환능력이 아닌 담보를 제공하겠다는 구두약속에 지나치게 의존하여 대출담당 임원들에게 무리한 대출을 지시함으로써 제일은행에 대한 적절지시의무를 위반하였다. 피고 병·정은 사내이사로서 대표이사인 갑·을의 업무집행에 대하여 이사회 결의사항이었던지 여부를 묻지 않고 지속적으로 정보를 수집 · 분석 · 평가하거나 외부의 자문가 등과 협의하여야 할 적극적인 감독의무가 존재함에도 불구하고 이를 해태한 과실이 인정된다.

마지막으로 H철강에 대한 최초의 대출결정은 대출액에 상응하는 적절한 담보가 수반되지 않았기 때문에 경영판단의 법칙이 전혀 개재될 여지가 없다고 판단된다. 한편 추가적으로 대환이나 만기의 연장 등과 같은 조치를 취할 당시에도 담보를 취득하려는 진지한 노력이 있었는지 여부가 매우 중요한 판단기준이 된다. 다만 H철강에 대하여 기존의 여신을 회수하거나 추가적으로 담보를 징구할 경우, H철강 자체의 도산에 그치는 것이 아니라 사회적으로 중대한 타격을 줄 가능성이 있었던지 여부에 대해서도 원심법원은 면밀한 분석을 하였어야 한다. 왜냐하면 제일은행 이사들이 후자의 판단에 더욱 비중을 두었더라면, 이 부분에 국한해서만큼은 경영판단의 법칙에 따른 보호를 해 주어야 하였기 때문이다. 한편 이사회결의에 참석하여 H철강에 대한 대출을 승인한 비상임이사(사외이사)들도 업무숙지의무, 적절한 지시의무, 감시의무 및 정보체제구축의무 등을 이행하지 못함으로써 본연의 선관주의의무를 해태한 과실이 인정된다. 따라서 피고들이 책임져야 할 손해배상액이 일정 부분 감액될 가능성이 있었음에도 불구하고 경영판단사항 및 기타 이사회 구성원들의 책임에 대해 원심법원이 구체적인 판단을 유탈한 책임이 인정된다.

理事의 民事責任과 刑事責任의 判斷基準

宋 沃 烈*

대법원 2003. 4. 25. 선고 2001도4035 판결**

[事實의 槪要]

본 판결의 사실관계는 크게 두 가지인데, 자명한 부분을 제외하고 본 평석에서 살펴보는 부분만 정리하면 다음과 같다. 피고인 甲은 A사의 이사로 근무하고 있었는데, 1996. 9. 23. 미국에 있는 X사로부터 온 팩스를 보고 대표이사 乙의 회사자금 횡령사실을 알게 되었다. 구체적으로, A사가 X사에 지급해야 할 설비공사대금 등이 실제로는 700만 달러였는데, 계약서상에는 1,000만 달러인 것처럼 허위로 기재되어 있고, 실제로 X사에 지급된 금액도 어찌된 일인지 860만 달러임을 알게 되었던 것이다. 그러나 甲은 이 사실을 알고도 乙에게 시정하라고 말한 것 이외에, 더 나아가 이를 감사에게 보고하는 등의 조치는 취하지 아니하였다.

[訴訟의 經過]

제 1 심법원에서는 甲의 유죄가 인정되었고, 이에 대하여 피고인 甲은, "이사의 보고의무에 관한 상법 제412조의2는 1995. 12. 29. 개정으로 신설된 규정이고, 이 신설조항은 동 부칙 제 1 조에 의하여 1996. 10. 1. 시행되는 것이어서 본 사안에는 적용이 없고, A사의 정관에도 이사의 보고의무는 1997. 3.경에야 비로소 규정된 점 등에 비추어 보면, 1996. 9.경에 피고인 甲이 감사에게 위 대표이사의 횡령사실을 보고할 의무가 있다고 할 수 없다"는 것을 이유로 항소하였다.

이에 대하여 원심은, "상법 제412조의2가 신설되기 이전에도 이사는 이사회의 구성원으로서 대표이사의 업무집행에 대한 감독권한을 가지고 있었고(상법 제393조), 또 이사는 선량한 관리자의 주의로써 위임사무를 처리하여야 하고(상법 제382조 제 2 항, 민법 제681조), 감사에 관한 상법의 각 규정의 취지에 비추어 볼 때, 甲이 乙이 설비

---

* 서울대학교 법과대학 조교수(상법).

** 공 2003, 1377.

공사에 있어서 그 대금을 부풀리는 방법으로 차액을 횡령한 사실을 발견하였으면 이사회 및 감사에게 이를 보고하여 회계감사 등을 실시하게 함으로써 횡령한 금원을 회수하고 乙에 대한 해임조치를 취할 수 있도록 하는 등 회사재산보존에 필요한 조치를 취하여야 한다"고 하면서, 이사로서 당연히 할 것으로 기대되는 행위를 하지 않음으로써 배임의 책임이 있다고 인정하여, 위 항소이유를 배척하였다.

[判決要旨]

업무상배임죄는 타인에 대한 신뢰관계에서 일정한 임무에 따라 사무처리를 할 법적 의무가 있는 자가 당해 사정하에서 당연히 할 것이 법적으로 기대되는 행위를 하지 않는 때에 성립하는 것으로, 그 죄가 성립하기 위하여는 행위자가 주관적으로 자기의 행위가 임무에 위배되는 것이라는 인식 외에도 그로 인하여 본인에게 재산상 손해를 발생 또는 발생시킬 염려가 있다는 인식이 있어야 한다. 피고인 甲이 乙의 횡령사실을 발견하였을 당시는 이미 乙에 의한 횡령이 이루어진 후로서, 甲이 위와 같이 乙에게 시정을 촉구한 뒤의 부작위가 새로운 범죄를 구성하기 위하여는 그 부작위로 인하여 피해자 회사가 乙에 대하여 가지는 손해배상청구권의 행사가 위태롭게 되든가 혹은 그 청구권의 집행가능성이 없어지는 등의 새로운 손해의 발생 혹은 그 위험이 존재하여야만 하는데, 피고인이 乙의 횡령사실을 인지하였을 무렵 乙의 재산으로는 그가 개인적으로 운영하던 남양사의 공장 등 일부 부동산이 있었던 것으로 보이나, 이후 남양사의 부도로 인한 경매과정에서 위 부동산에 대한 경락대금은 선순위 근저당권자의 채권 등에 배당되어 소진되었고, 달리 피고인의 부작위로 인하여 채권의 집행 가능성에 위험을 초래케 하였거나, 피고인이 그 당시 피해자 회사의 손해배상청구권의 향후 집행가능성에 대한 위험을 인식하고 있었다고 볼 수 있는 자료가 없다. 그렇다면 피고인에게 임무위배행위와 그로 인한 손해의 발생에 대한 인식이 있었다고 볼 수 없다.

[評　釋]

I. 問題의 提起

본 사건에서 대법원은 이사가 감시의무를 게을리 한 행위에 대하여 타인의 손해가 없기 때문에 업무상배임죄의 죄책을 지지 않는다고 판시하였다.[1] 통상 업무상배임이 문제되는 경우는 이사의 적극적 판단이나 행위가 문제되는 경우가 많은데, 대상판결은 이사의 소극적 부작위에 대하여 판단하였다는 점에서 매우 이례적인 사안이라고 할 수 있다. 결과적으로 이사에 대한 형사처벌이 부정된 사례이기는 하나, 이사의 부작위는 형사처벌에서 제외된다는 원칙을 선언하였다기보다는, 그 반대로 이사의 소극적 감시의무위반도 역시 형사처벌의 대상이 된다는 전제하에서 당사자의 특수한 상황을 들어 형사처벌을 하지 않은 것이다. 따라서 여전히 법리적으로는 이사에 대한 배임죄를 엄격히 적용하는 입장을 취하고 있다고 하겠다. 이 글에서는 이사의 형사책임에 관한 일련의 판결들을 살펴보면서, 이사의 업무집행에 대하여 민사책임을 추궁하는 것 이외에 어느 정도까지 형사책임을 물어야 하는지의 문제를 법정책과 법해석의 관점에서 살펴보도록 한다.

회사의 이사나 임원, 지배주주 등의 잘못에 대하여 형사처벌이 우선시되는 '범죄화 현상'은 1997년 외환위기 이후 두드러지게 나타나고 있는 현상이다. 물론 이 가운데에는 뇌물수수나 횡령과 같이 전형적으로 형사범죄로 인식되는 유형도 많으나, 반면 단순히 회사법상의 충실의무 위반이나 이익상충거래 등이 형사처벌로 이어진 경우도 적지 않은 것으로 보인다.[2] 특히 업무상배임죄로 처벌되는 경우가 그러하다. 이러한 형사처벌은 사실 외환위기의 주된 원인 중의 하나가 우리나라의 후진적 기업지배구조에 있다는 인식에서 기인한 바가 크다. 경제위기로 인하여 국민의 경제생활이 어려워질수록, 그리고 그 원인의 정점에 경영자의 부도덕성이 있다는 언론보도가 빈번해질수록, 이익충돌이나 경영실패로 인하여 타인에게 손해를 준 것이 단순히 민사불법을 넘어 형사처벌이 필요한 범죄의 하나로 인정되기 쉽기 때문이다.[3] 다시 말해서, 원래부터 이사에 대한 형사책임의 기준이 정해져 있었다기보다는, 사회적 상황의 변화로 인하여

1) 사실 위 판시사항은 전체 판결의 일부에 불과하고, 피고인은 다른 업무상배임의 사실이 인정되어 유죄판결을 받았다. 본 평석은 대상판결 전체를 다루는 것이 아니고, 위 판시사항과 관련된 부분에만 국한하여 서술한 것임을 밝혀둔다.

2) 예를 들어 경영자가 안정주주를 확보하여 경영권을 계속 유지하기 위하여 종업원지주제도상의 경영발전위원회에 회사자금을 지원하여 종업원의 자기주식취득을 지원하는 경우(대법원 1999. 6. 25. 선고 99도1141 판결), 재벌그룹 대표이사가 계열회사로 하여금 모회사를 지원하도록 지시하는 경우(대법원 2000. 3. 14. 선고 99도4923 판결), 주식회사 이사가 경영판단에 따라 어음금의 지급능력이 없는 타인 발행의 약속어음에 회사 명의로 배서하여 금융기관으로부터 자금을 융통하는 경우(대법원 2000. 5. 26. 선고 99도2781 판결) 등을 그 예로 들 수 있다.

3) 이상돈, "경영실패와 경영진의 형사책임,"「법조」제52권 제 5 호(2003), 62면.

경영진의 행위가 '도덕적' 차원에서 논의될 수 있는 것으로 인식되게끔 되었다는 것이다.[4] 물론 우리나라의 기업지배구조가 아직도 개선될 여지가 많다고 전제하는 입장에서 본다면, 이와 같은 경영진에 대한 형사처벌은 경영진의 사익추구에 대한 적절한 억지효과를 가져올 수 있는 거의 유일한 메카니즘이라는 긍정적 효과도 무시할 수 없다.

그러나 이론적 차원에서 본다면 경영진에 대한 형사처벌은 다음과 같은 이유로 부적절할 수 있다는 견해도 있다.[5] 첫째, 경영진의 사익 추구에 대하여 이미 민사적·행정적 제재방법이 있는 마당에 중첩적으로 형사제재까지 부과되면 과도한 규제가 되어 결국 기업가적 의지를 처음부터 훼손할 우려가 있다. 둘째, 경영진의 행위에 대하여는 비난가능성이 결여된 경우도 많다. 다시 말해서, 타인의 법익을 침해하려는 의도적인 행위라기보다는 회사의 생리상 과도한 이익추구 또는 위험인수의 결과로 야기되는 부차적인 것인 경우에는 부도덕하다고 단정지을 수 없다. 셋째, 광범위한 회사의 영업활동을 규율하다 보면 법률의 규정이 어쩔 수 없이 추상적이 될 수밖에 없는데, 그 결과 형사처벌의 핵심이라고 할 수 있는 죄형법정주의에 위배된다는 항변이 가능하다. 최근 들어 경제형법에 대하여 죄형법정주의 위반의 소지가 있다는 위헌제청이 자주 이루어지는 것도 이러한 맥락에서 이해할 수 있다. 넷째, 회사의 영업은 원천적 위험을 전제로 하고 있어, 경영진의 경영판단을 일차적으로 존중하여야 한다는 차원에서 검사의 기소재량이 너무 넓을 수밖에 없다는 문제도 있다. 요약하자면, 결국 이러한 회사관계에서 이해관계자의 이해를 사전적 또는 사후적으로 조절함에 있어 형사적 접근방법은 바람직하지 않을 가능성이 높다는 것이다.

대상판결은 업무상배임죄를 다룬 형사판결로서, 형사법의 법리를 전개하고 있으므로 상사법의 관점에서 평석하기에 적절하지 않을 수 있다. 그러나 이러한 경제형법의 영역은 최근까지도 형법과 기업법의 중간에서 그 어느 학계의 관심도 끌지 못한 상태에서 방치되어 온 것도 현실이다. 형사법의 법리에 밝지 못함에도 불구하고 이 판결을 대상판결로 채택한 이유는 경제형법을 이렇게 방치해서는 안 된다는 문제의식에서 출발한다. 나아가 어쩔 수 없이 당사자 간의 이해관계가 첨예하게 대립되고 도덕적인 판단보다는 경제적인 판단이 우선시될 수밖에 없는 회사관계에 대하여 최근 일어나고 있는 '범죄화 현상'에 대하여 문

4) 이상돈, 위 각주 3 논문, 67면.
5) 이하의 네 가지 논거는 사법연수원, 「경제범죄론」(2003), 191면 참조.

제를 제기하고자 하는 목적도 있다. 따라서 이 평석은, 사업상 이해관계자 사이의 이해관계의 상충이나 그로 인하여 빚어지는 문제는 私法的 방법에 의하여 해결되는 것이 바람직하며, 국가의 공권력 행사는 최소한의 수준에서 머물러야 한다는 점을 옹호하는 입장을 취한다. 구체적으로 다음 절에서는 현재의 해석론에 따르면 민사적 의무위반이 있으면 거의 자동적으로 업무상배임죄가 되도록 이론이 전개되어 있음을 보이고, 그 다음 절에서는 이러한 태도가 사회적으로 바람직하지 않음을 논한다. 이 경우 입법을 통하여 문제를 해결하면 간단하겠으나, 만일 억지로 해석론을 변형하여 해결하는 방법은 없는지 살펴본다. 궁극적으로 여기에 제시되는 견해는 시론적 성격이 강하며, 따라서 향후 보다 깊은 논의가 전개될 필요가 있다.

Ⅱ. 현행법상 經營者의 違法行爲에 대한 刑事處罰

1. 業務上背任罪와 特別背任罪

현행법상 이사의 주의의무 또는 충실의무 위반에 대하여 생각해 볼 수 있는 형사처벌 규정은 형법 제356조 업무상배임죄와 상법 제622조의 특별배임죄를 들 수 있다. 두 경우 모두 구성요건은 물론 그 문구 자체까지 동일하고, 다만 상법상 특별배임죄의 경우 그 주체가 특정되어 있다는 차이가 있을 따름이다. 법정형도 10년 이하의 징역 또는 3천만원 이하의 벌금으로 동일하므로, 따라서 이사가 상법상 특별배임죄에서 요구하고 있는 신분을 충족하고 있다는 점을 생각하면, 사실 어느 규정에 의하여 처벌되든 상관이 없다. 따라서 그 자체로는 별로 논의의 실익은 없으나, 법리적으로는 형법 제356조와 상법 제622조는 법조경합의 관계에 있기 때문에, 주식회사의 이사에 대해서는 상법상의 특별배임죄만 적용된다고 보는 것이 타당할 것이다.

그러나 이러한 법리에도 불구하고 실제로 상법상의 특별배임죄를 적용법조로 하여 의율되는 범죄는 많지 않은데, 그 이유는 특정경제범죄 가중처벌 등에 관한 법률 제 3 조가 형법 제356조만을 열거하고 있기 때문이다. 다시 말해서, 형법 제356조를 적용하면 가중처벌이 가능하지만, 상법 제622조를 적용하면 가중처벌이 불가능하다. 그 결과 주식회사의 이사 등의 배임행위에 대해서는 언제나 상법상의 특별배임죄가 적용되어야 함에도 불구하고, 실무에서는 그 취득한 이득액이 5억원을 넘는 경우에는 형법상의 업무상배임죄를 적용함으로써 특정경제범죄 가중처벌 등에 관한 법률 제 3 조가 적용될 여지를 남기고 있다.[6] 대상판결 역시 이러한 이유로 특정경제범죄 가중처벌 등에 관한 법률로 의율된 사안이다. 이처럼 현행법상 법조 적용에 있어 다소 문제가 있기는 하지만, 업무상배임죄와 특별배임죄의 구성요건이 동일하기 때문에, 법리적인 부분에 있어서 특별한 영향을 미치는 것은 아니다. 따라서 이 글의 목적상 이하에서는 업무상배임죄로 통일하여 서술하기로 한다.

2. 業務上背任罪의 構成要件

이사의 경우 업무상배임죄의 신분요건은 당연히 충족된다는 전제하에서, 업무상배임죄가 성립하려면, ① 임무위배 행위가 있어야 하고, ② 행위자가 재산상의 이득을 취하였거나 이를 제3자로 하여금 취득하게 하여, ③ 본인에게 손해[7]를 가할 것을 필요로 한다. 이러한 구성요건은 형법의 다른 조문에 비해서도 매우 불확정성이 높은 경우에 속하므로 상당히 신축적으로 해석할 수 있으며, 앞서 언급한 바와 같이, 최근 늘어나고 있는 형사처벌에 대하여는 "현재 대법원은 개인적인 귀속이 가능한 결과에 대해서만 책임을 묻는 범죄의 유형이었던 배임죄를 비윤리적 경영행위를 범죄화하는 구성요건으로 리모델링하고 있다"는 비판까지 있는 실정이다.[8]

위 구성요건의 구체적인 것은 형법 교과서나 형법학계의 몫으로 돌릴 것이지, 이 글에서 자세히 논할 필요는 없을 것이다. 필요한 부분만 간단히 살펴보면, 우선 우리 형법학계와 판례는 배임의 본질을 '특별한 신임관계의 위배' 즉, 타인의 신뢰를 배반하여 재산을 침해한다는 점에 있다고 보고 있다는 점을 주의할 필요가 있다.[9] 일반적으로 주식회사의 이사는 주주로부터 재산의 관리를 위탁받은 수탁자로서 주주에게 일정한 법적 의무를 지고 있다고 이해되고 있으므로, 이러한 주주와 이사의 관계를 '특별한 신임관계'라고 보고, 이사가 주주에 대한 의무를 해태한 경우 이러한 신임관계를 배신한 것으로 보는 것은 매우 자

6) 문성식 · 주종상, "주식회사 이사의 특별배임죄: 존재의의와 한계," 「새울법학」 제3집 (1999), 277면.

7) 여기서 재산상 손해는 현실적으로 손해를 가한 경우뿐만 아니라 전체적으로 재산가치의 감소라고 볼 수 있는 재산상의 위험 발생의 경우까지 포함한다(대법원 1983. 2. 8. 선고 81도3190 판결 등 다수). 다시 말해서, 판례는 배임죄를 위험범으로 인식하고 있다.

8) 이상돈, 위 각주 3 논문, 77면.

9) 예를 들어 대법원 1997. 2. 10. 선고 96도2287 판결("배임행위는 사무의 내용, 성질 등 구체적 상황에 비추어 법률의 규정, 계약의 내용 혹은 신의칙상 당연히 할 것으로 기대되는 행위를 하지 않았거나 당연히 하지 말아야 할 것으로 기대되는 행위를 함으로써 본인과의 사이에 신임관계를 저버리는 행위를 말한다.").

연스러운 일이다.[10] 이러한 경영진의 의무위반이 문제되는 경우는 거의 언제나 회사(주주)에 결과적으로 손해가 생긴 경우일 것이므로, 그 결과 실제로 경영진의 주의의무 위반 또는 충실의무 위반의 경우 위 세 가지 요건은 거의 대부분의 경우 충족되는 데 별 어려움이 없다. 따라서 판례가 이사의 업무상배임죄의 성립을 부정하는 경우 대부분 위 요건의 흠결을 이유로 하는 것이 아니라, 구성요건적 고의, 특히 두 번째와 세 번째 요건에 대한 인식의 흠결을 이유로 하는 경우가 많다.[11] 몇몇 예를 살펴보면, 회사의 이사 등이 영업부진을 타개하기 위해서 소위 부외자금이 필요하다고 판단하고 그 부외자금을 조달하는 방식에서 다소의 위법 내지는 편법을 사용하여 결과적으로 회사에 손해를 입힌 경우 법원은 "그와 같이 조성된 부외자금을 회사를 위하여 전액 지출하였다면 이사 등은 위와 같은 부외자금의 조성 및 그 소비과정에서 위 회사에 재산상 손해를 발생시키거나 발생시킬 염려가 있다는 인식이 있었다고 보여지지는 않는다"고 판시하였고,[12] 단위농업협동조합의 조합장이 조합규약에 따른 대금회수 확보를 위한 담보취득 등의 조치 없이 조합의 양곡을 외상판매함으로 인하여 위 조합에 손해가 발생한 사안에서, 특정한 이유로 "오로지 조합의 이익을 위하여 양곡을 신속히 처분하려다 손해가 발생한 것이라면, 위 양곡 외상판매행위가 위 조합에 손해를 가하고 자기 또는 제 3 자에게 재산상의 이익을 취득하게 한다는 인식, 인용하에서 행해진 행위라고 할 수 없다"고 판시한 바 있

10) 예를 들어 이용식, "횡령 · 배임죄와 이사의 자기거래," 「상사판례연구」 제Ⅳ권(2000), 239~230면의 설명을 보자. "상법이 이사의 자기거래를 규제하는 취지는 이사는 회사로부터 포괄적 수권을 받은 자로서 이사가 회사를 대리하여 이사 본인과 거래하고자 할 경우 회사의 이익에 반하여 자신의 이익을 위하여 행할 우려가 있어 양자의 이해충돌을 피하여 회사의 이익을 옹호하고자 하는 것이고, 따라서 자기거래 위반의 행위는 일반적으로 횡령 또는 배임의 유력한 요소가 된다 할 것이다. … 상법이 금지하는 자기거래가 무엇을 말하는 것인지는 상법학이 담당할 과제이나, 상법 해석상 명백히 자기거래로 인정되는 행위는 그 행위로써 회사에 실질적인 손해를 입힌 경우에는 당해행위의 실질적 배임성, 곧 형법상 임무위배 또는 불법영득을 쉽게 인정할 수 있을 것이다. 자기거래는 이사의 충실의무 위반의 한 가지 전형적인 사례이므로, 이 설명이 이사의 주의의무 위반 또는 충실의무 위반에 대해서도 그대로 적용될 수 있음은 당연하다."

11) 다만, 배임죄의 주관적 구성요건으로서 손해를 가할 목적이 있을 것을 요하지는 않는다는 것이 형법학계의 통설과 판례이다. 이는 우리 형법이 구형법에서 규정하고 있던 '본인에게 해를 가할 목적'이라는 문구를 삭제한 것에서도 분명하게 알 수 있다고 한다. 예를 들어 대법원 1983. 12. 23. 선고 83도2330 판결(전합)에서는 '배임죄의 범의는 자기의 행위가 그 임무에 위배한다는 인식으로 족하고 본인에게 손해를 가하려는 의사는 이를 필요로 하지 않다고 판시하고 있으나, 그 정확한 의미는 본인에게 손해를 가할 '목적'이 필요하지 않다는 것이며, 구성요건적 고의인 '본인에게 손해를 가한다는 고의'는 있어야 한다는 것이 통설이다. 이재상, 「형법각론」 제 4 판(2000), 394면; 임웅, 「형법각론(개정판)」(2003), 451면.

12) 대법원 1988. 5. 24. 선고 88도542 판결.

다.[13] 대상판결 역시 사실관계의 분석과 밀접한 관련성은 없으나, 이러한 원칙을 다시 한번 확인하고 있다.

3. 株主 이외의 者의 利益에 대한 侵害?

이사에게 업무상배임의 죄책을 묻는 것과 구별하여야 할 것은 회사가 제3자에 대하여 손해를 끼친 경우의 회사 자체에 대한 형사처벌 또는 그 책임 있는 이사나 임원에 대한 책임추궁이다. 대표이사나 이사, 기타 종업원의 행위로 인하여 회사가 제3자에게 손해를 입힌 경우 회사가 자기책임이나 사용자책임의 법리에 의하여 형사처벌을 받는 경우가 많다. 우리나라의 각종 행정법규나 환경법규에서 이러한 입법을 취하고 있으며, 미국의 경우에도 특히 1990년대 들어 이러한 입법이 부쩍 증가하고 있다.[14] 물론 이러한 형사처벌에 대해서도 많은 비판의 목소리가 있지만,[15] 여기서 지적할 점은, 이러한 경우와 주주에 대한 임무위배로 이사가 처벌받는 경우와는 구별되어야 한다는 점이다. 특히 채권자와의 관계에서는 주의를 요한다.

구체적으로 보면, ① 업무상배임죄의 형사처벌의 증가를 기업의 사회적 책임론의 대두와 연결시키는 경우도 많은데, 이는 위 두 가지 서로 다른 경우를 혼동한 것이라고 할 수 있다. 제3자나 환경침해로 인하여 회사 자체 또는 그 책임자에 대하여 형사책임을 묻는 것은 기업의 사회적 책임을 강조하는 맥락에서 이해할 수 있겠으나, 이사나 임원에게 업무상배임죄를 묻는 것은 고전적인 주주이익 극대화의 측면에서밖에는 이해할 수 없다. 오히려 최근 경영진에 대

13) 대법원 1992. 1. 17. 선고 91도1675 판결.

14) 예를 들어 Comprehensive Environmental Response, Compensation, and Liability Act; Resource Conservation and Recovery Act; Clean Water Act; Clean Air Act; Occupational Safety and Health Act; Food, Drug, and Cosmetics Act 등 많은 연방법률에서 회사 자체와 그 책임자를 형사처벌하는 조항을 두고 있으며, 나아가 1991년에는 U.S. Sentencing Commission 주도로 회사가 피고인인 경우의 연방 양형기준(Organization Sentencing Guideline)을 마련하기도 하였다. Willam T. Allen & Reinier Kraakman, Commentaries and Cases on the Law of Business Organization(2003), p. 275.

15) 그 이유는 회사에 대한 형사처벌은 벌금형 이외에는 생각할 수 없기 때문이다. 이미 불법행위책임이 인정되고 있는 마당에 덧붙여 벌금형을 부과하는 것은 동일한 금전적 불이익을 부과하는 것이어서 과도하게 억지력을 가져올 위험이 크다는 것과, 기업으로서는 위반행위에 예방노력을 기울일수록 범죄 적발확률도 동시에 증가하게 되기 때문에, 형사처벌로 인한 평판의 훼손을 두려워하는 기업으로서는 오히려 범죄 예방노력 자체를 줄일 수 있다는 것이다. 예를 들어, Jennifer Arlen, *The Potentially Perverse Effects of Corporate Criminal Liability*, 23J. Legal. Stud. 833(1994); Daniel R. Fischel & Alan O. Sykes, *Corporate Crime*, 25 J. Legal Stud. 319(1996); Jennifer Arlen & Reinier Kraakman, *Controlling Corporate Misconduct: An Analysis of Corporate Liability Regime*, 72 N.Y.U.L. Rev. 687(1997) 참조.

한 형사처벌이 증가하고 있는 것은 주주이익의 보호라는 측면이 사회적으로 강조되고 있는 점에도 상당히 기인하고 있다고 하겠다. 따라서 경영진의 주주에 대한 범죄와 경영진의 제 3 자에 대한 범죄는 명백하게 구별하여야 한다. ② 형법상의 업무상배임죄는 단순히 주주에 대한 임무위배가 아니라 채권자에 대한 임무위배도 포함하고 있어 그 보호법익의 범위에 차이가 있다는 견해도 있다.[16)] 예를 들어, 판례가 1 인주주회사의 경우에도 주주이자 경영자인 1 인 주주의 횡령죄를 인정하고 있음은 주지의 사실인데,[17)] 그 이유는 판례가 횡령죄의 보호법익으로 채권자의 이익까지 고려하고 있기 때문이라는 설명이다. 그러나 이러한 판례는 "1 인주주 회사에 있어서도 행위의 주체와 회사는 분명히 별개의 인격"이라는 맹목적적인 도그마틱의 결과일 뿐, 채권자의 이익이 형법의 보호법익으로 고려되어야 하는 것을 말해 주는 근거는 될 수 없다. 만일 채권자의 보호가 고려되어야 한다면, 결국 문제는 1 인 주주의 행위로 인하여 회사의 책임재산이 채권을 변제할 수 없는 수준으로 감소되었는가 하는 점을 따져보아야 할 것이고 이러한 경우에 한하여 보호법익이 침해되었다고 볼 수 있기 때문에 결국 횡령죄의 죄책이 구체적인 회사의 재무상황에 전적으로 의존하게 되는 기이한 결과를 가져오게 된다. 따라서 위 판례는 부당하며, 이사의 업무상횡령 또는 업무상배임의 경우 채권자의 이익이 보호법익으로 고려되어야 한다는 것은 전혀 근거가 없다. 오직 실질적으로는 주주의 이익, 형식적으로는 회사의 이익이 침해되었는지만 따지면 되는 것이다.

결론적으로 우리법의 업무상배임죄 또는 특별배임죄의 해석론으로는 이사가 회사법상의 주의의무 또는 충실의무를 위반한 경우, 당연히 회사(주주)에 손해가 발생하고 대부분의 경우 그에 상응하는 이익이 최소한 제 3 자에게는 발생하였을 것이므로 배임죄의 구성요건이 충족됨에는 얼핏 별다른 어려움이 없어 보인다. 그렇다면 이러한 결론은 사회적으로 바람직한 것인가? 만일 바람직하지 않다면, 그리고 입법이 불가능하다면 해석론으로 개선할 여지는 없는 것인가? 이하에서 살펴보기로 한다.

16) 예를 들어 이용식, 각주 10 논문, 241면.
17) 대법원 1987. 2. 24. 선고 86도999 판결; 대법원 1983. 12. 13. 선고 83도2330 판결.

Ⅲ. 理事의 義務違反과 業務上背任罪 適用의 限界

1. 理事에 대한 刑事處罰의 問題點

주식회사의 이사나 임원에 대한 형사처벌의 목적은 무엇인가? 이 글에서 형벌의 철학적 측면까지 논할 여력은 없으나, 최소한 피해자 구제나 응보 등의 목적은 경제형벌과는 별다른 관련이 없다고 볼 수밖에 없다. 자유형의 경우 피해자 구제와는 아무 상관도 없음은 분명하고, 벌금형의 경우에도 그 벌금은 피해자에게 주어지는 것이 아니라 국가에 귀속되므로 피해자 구제는 형사처벌의 목적이 될 수 없다. 나아가 경제적인 이해관계가 문제되는 사안에서 '응보'가 과연 무엇을 의미하는지 또는 필요한지 의문이 아닐 수 없다. 결국 남은 가능성은 이사나 임원에 대한 형사처벌의 목적은 사전적인 일반예방과 사후적인 특별예방의 차원인데, 그렇다면 이러한 형사처벌이 과연 어느 정도의 억지효과를 가지는가 하는 점이 재검토되어야 할 것이다.[18] 특히 다른 억지수단과 비교하여 보다 효과적인지 여부가 중점적으로 검토될 필요가 있다.

(1) 국가의 직접개입은 일정한 경우 민사적 억지보다 효율적이지 못할 수 있다

회사의 경영진에 대하여 국가의 형벌권이 자주 발동되는 근거로서, 우리나라는 아직 민사적 방법에 의한 억지가 효율성이 떨어지기 때문에 국가에 의한 감시시스템이 더 효율적이라는 주장을 쉽게 생각할 수 있다. 물론 우리나라의 국민 정서나 민사소송에 들어가는 현실적인 비용 등을 생각한다면 수긍할 점이 없는 것은 아니다. 현실적으로 우리나라에서는 경영진의 민사책임을 묻는 시스템이 잘 발전되지 못했기 때문에, 그 대안으로서의 형사처벌이라는 관념이 더욱 설득력을 가질 수 있다. 나아가 이론적으로도 보더라도, 가해자의 책임재산이 피해액에 미치지 못하여 판결을 얻더라도 집행이 될 수 없는 경우라든가, 아니면 현실적으로 민사책임을 묻는 시스템이 잘 갖추어져 있지 못하여 가해자가 책임을 지지 않을 수 있는 확률이 있는 경우에는, 형벌이나 형벌적 성격을 가지는 손해배상(punitive damages)을 부과하는 것이 가해자가 사회적으로 적정수준에서 억지되도록 하는 메카니즘이 될 수 있다. 그러나 민사책임의 추궁에 이러한 문제가 있다고 해서 그 바람직한 해법이 국가의 직접개입인지 여부는 다시 따져볼 일이다. 왜냐하면, 국가의 형사적 개입 역시 많은 비효율을 야기할 수 있고, 따라서 그 해법으로서 민사적 구제방법을 보다 효율적으로 개선하여

18) 사법연수원, 위 각주 5 책, 181~182면.

야 한다는 결론도 가능하기 때문이다.

이러한 관점에서 형사처벌과 민사재판을 이용하는 사회적 비용을 서로 비교해 볼 필요가 있는데, 민사재판에 들어가는 사회적 비용과 형사소추 및 형사재판에 들어가는 행정비용을 일률적으로 비교할 수 없다는 견지에서 편의상 서로 같다고 가정한다면, 어느 방법이 바람직한지는 궁극적으로 억지의 적정 수준에 관한 정보를 국가가 쉽게 얻을 수 있는가 하는 점에 달려 있다고 하겠다.[19) 만일 그렇지 않다면 결국 과다억지 또는 과소억지가 될 수밖에 없기 때문에 당사자 사이의 억지 메카니즘을 보다 발전시키는 방향으로 정책이 이루어져야 한다. 여러 가지 경우의 수를 생각해 볼 수 있으나, 특히 이사가 주주에게 지는 의무를 위반한 것은 분명하나 실제로 손해가 발생했는지 여부가 확실하지 않은 경우에는 국가가 적정 억지수준을 알아내는 것은 매우 어렵다. 예를 들어, 경영진이 M&A 상황에서 불법적으로 방어수단을 사용하였다고 하자. 만일 잘 정비된 M&A 법리가 있다면 이러한 경우 경영진이 충실의무를 위반하였는지 여부는 쉽게 판단할 수 있다. 그러나 이러한 경우를 업무상 배임죄로 처벌하는 것은 적절하지 않은데, 왜냐하면 주주가 손해를 입었는지 아닌지 불명확하기 때문이다. M&A 상황에서 무능한 경영진이 퇴출되지 못한 불이익은 추상적으로만 평가할 수 있을 뿐이다. 물론 주주가 소송을 제기하지 않는 것이 손해를 보지 않았다는 것을 의미하는 것은 아니기 때문에, 국가로서는 주주들이 실제로 손해를 입었음에도 불구하고 민사소송에 의한 구제가 너무 많은 비용이 들어서 이 경우 국가의 형사적 개입이 필요하다고 논리를 내세워 손해를 사실상 의제하는 방식을 취할 수도 있다. 그러나 이 경우 국가가 어느 수준에서 억지의 기준을 설정하여야 하는지 알아내는 데는 너무 많은 비용이 들고, 이 비용은 억지를 하지 못해서 발생하는 사회적 비용보다 클 수 있다.

(2) 형사법의 특성상 엄격한 입증의 요구 등으로 인하여 실질적인 업무집행지시자는 책임을 지지 않을 수 있고, 이는 실질적 업무집행자에 대한 과소억지를 가져올 수 있다

나아가 손해가 명확하더라도 형사처벌이 과소억지 또는 과다억지를 가져올 수 있는데, 이는 우리나라의 기업소유구조상 업무상 배임죄로 처벌되는 자는 실제로 의사결정을 한 지배주주가 아닐 가능성이 높기 때문이다. 예를 들어, 다소 오래된 판례이기는 하나, "특별배임죄의 주체는 상법상 회사의 적합한 이사

19) Steven Shavell, Foundations of Economic Analysis of Law(2004), p. 578.

나 대표이사의 지위에 있는 자라야 한다"는 전제하에, 부존재하는 결의에 의하여 대표이사로 선출된 자는 신분을 결하고 있다는 이유로 무죄를 선고한 경우가 있다.[20] 다소 맥락은 상이하나, 이러한 판례의 입장에서 보면 재벌총수와 같이 실질적인 의사결정권한을 가지고 있는 자에게 업무상 배임죄를 바로 적용하기가 쉽지 않음을 알 수 있다. 최근 상법이 개정되면서 사실상 업무집행지시자에 대한 민사책임규정을 신설하였으나(상법 제401조의2), 이러한 자들에 대한 형사책임에 대해서는 침묵하고 있기 때문에, 사실상 업무집행지시자가 업무상배임죄 또는 특별배임죄의 주체가 될 수 있는지에 대하여 의문이 있다. 대기업의 경영실태에 비추어 당연히 신분요건을 충족시킨다고 해석할 여지가 없는 것은 아니나 죄형법정주의의 원칙상 여전히 엄격한 해석을 할 수밖에 없다고 본다면, 실질적 업무집행자는 의사결정은 하되 책임은 지지 않는 결과가 되어 결국 과소억지가 될 것이다.

재벌총수 등과 같은 사실상 업무집행지시자가 형사책임을 피할 수 있는 방법은 이처럼 신분요건을 문제삼는 방법도 있으나, 형사소송과정에서의 입증 문제도 중요한 영향을 미친다. 왜냐하면, 실제로 임무위배 행위는 대부분 지배주주의 명시적 또는 묵시적 지시를 받은 경영진에 의하여 이루어지는데, 그 지시를 입증하지 못하는 경우가 대부분이기 때문이다. 민사절차와 형사절차에서 요구되는 입증의 정도의 차이를 생각하면 형사절차에서 이러한 지시가 입증되어 지배주주에게 책임을 물을 수 있게 된다는 것은 민사절차에 비하여 상대적으로 어렵다. 결국 민사절차에서와는 달리 형사절차에서는 재벌총수 또는 업무집행지시자를 규제하는 것이 보다 어렵고, 따라서 이러한 측면에서 형사처벌은 효율적인 억지를 달성하기 어렵다고 할 수 있다.

(3) 재벌구조하에서 기계적인 배임죄의 적용은 사회적으로 바람직한 행위까지 억지할 과도억지의 가능성이 있다

다소 기교적이기는 하지만, 현재의 재벌구조를 전제로 하면 사회적으로 바람직한 경우에도 업무상 배임죄가 적용되는 것을 피할 수 없다. 왜냐하면, 원칙적으로 업무상 배임죄가 성립되는지 개별 회사를 단위로 하여 판단하기 때문이다. 예를 들어, A와 B 두 회사로 이루어진 재벌 그룹을 생각해 보자. 이 경우 지배주주가 A회사에 50의 이익을 주지만 B회사에는 30의 손해를 주는 의사결정을 하고 이를 각 회사의 경영진에게 수행하도록 하였다고 하자. 이 경우 B회

20) 대법원 1978. 11. 28. 선고 78도1297 판결.

사의 이사에게는 업무상 배임죄가 적용될 가능성이 높다. B회사의 주주의 입장에서 보면 그 이사들은 주주에게 대한 충실의무나 주의의무를 위반하였기 때문이다. 물론 의무위반에 관한 판단을 개별 회사 단위로 한다는 것은 민사적으로도 동일하기 때문에, 이 점에 있어서는 형사와 민사의 차이는 없다. 그러나 중요한 차이점은, 민사의 경우 당사자 사이의 협상 또는 이와 유사한 메카니즘이 존재하여 실제로 이러한 의사결정이 아무도 불만을 제기하지 않고 집행될 수 있는 반면, 형사의 경우에는 그것이 불가능하다는 것이다. 형사책임의 경우에는 설사 관련 당사자들이 아무도 불만을 제기하지 않는다 하더라도 여전히 경영진은 처벌의 위험을 감수하여야 한다.

좀더 자세히 보면, 이러한 거래에 대하여 B회사의 주주로서도 형식적인 손해에도 불구하고 별로 불만을 갖지 않을 수 있다.[21] 예를 들어, 만일 B회사 주주가 A회사의 주식도 동일한 지분만큼 가지고 있다면(투자분산), 이러한 주주가 위 결정에 불만을 가질 이유가 없다. 나아가 보다 기교적으로 생각해 보면, 만일 사전적으로 동일한 거래가 A회사에서 B회사로 일어날지 아니면 B회사에서 A회사로 일어날지 같은 확률로 가능하다면 기대수익이 0보다 크기 때문에 주주로서 불만을 가질 일은 아니다. 또한 만일 그 확률이 달라서, B회사가 대부분 손해를 보는 입장에 처할 가능성이 높다고 한다면 그러한 가능성은 이미 투자자가 그 주식을 매입할 때 가격에 반영되어 있을 것으로 보는 것이 타당하다. 결국 B회사 주주는 설사 투자를 전체 그룹으로 분산시켜 두지 않더라도 '사전적으로는' 손해를 보지 않는 결과가 된다. 이러한 상황이라면 B 회사 주주는 B 회사 이사에게 민사적 책임을 물을 가능성이 크지 않지만, 설사 민사적 책임을 묻더라도 전체의 파이가 커졌기 때문에, A회사에서 다소의 보상을 해 줄 수 있다.[22] 그러나 이러한 여러가지 가능성이 형사처벌의 경우에는 모두 사라지게 된다. A회사에 50의 이익을 주지만 B회사에는 30의 손해를 주는 거래가 반드시 일어나야 하는지 또는 사회적으로 바람직한지에 대해서는 많은 논의가 있을 수 있겠지만, 최소한 당사자가 적절한 수준에서 만족할 수 있는 가능성이 있음

21) 송옥렬, "SK 사건일지: 법적 쟁점의 정리," 「BFL」 제 3 호(2004), 26면; 송옥렬, "기업집단 부당내부거래 규제의 법정책적 이해," 「서울대학교 법학」 제46권 제 1 호(2005), 239~246면.

22) 실제로 이러한 보상이 어떻게 이루어질 수 있는지에 대하여는 확실하지 않다. 다른 한 가지 문제는 처음 50의 이익을 얻을 때의 A회사의 주주와 보상을 해 줄 때 A회사의 주주가 동일하다는 보장이 없다는 것이다. 따라서 보상 자체가 A회사의 현주주에게 대해서는 배임행위가 될 수 있다.

에도 불구하고 형사처벌이 이루어지는 것은 바람직하지 않다.

(4) 계속되는 형사처벌은 민사사건의 형사화를 초래한다

이 문제는 이미 일반 형사분야, 예를 들어 사기사건과 같이 실질은 민사사건이나 상대방에 대한 협박의 목적상 또는 국가 경찰력을 이용하기 위한 목적상 형사사건으로 몰아가는 경우를 보면 쉽게 알 수 있다. 개인적으로 보면 소기의 목적을 달성하는 데 보다 유리한 방법일 수 있으나, 사회적으로 보면 불필요한 자원의 낭비와 보다 중요한 사건에 자원이 배분되지 못한다는 문제를 야기한다. 이는 우리 주위에서 쉽게 볼 수 있는 현상이고 이미 문제가 많이 제기되고 있는 부분이기 때문에 자세한 논의는 생략한다.

2. 대상판결의 해석론상 문제점

이사의 의무위반에 대한 형사처벌이 몇 가지 문제를 야기한다는 점을 보았는데, 그렇다면 어떻게 형사처벌을 보다 완화할 수 있을 것인가를 생각해 보게 된다. 물론 입법론이 있을 수 있겠으나, 이 글에서는 보다 완화된 해석론의 가능성만을 본다. 먼저 대상판결이 이사의 형사책임을 부정한 것부터 살펴보기로 하자. 앞서도 언급하였듯이, 이 대상판결의 논리는 수긍하기 어려운 점이 다소 있다.

우선 원심에서도 인정하고 있는 바와 같이, 상법 제412조의2가 신설되기 이전에도 이사의 감시의무는 상법 제393조 또는 이사의 선관주의의무(상법 제382조 제2항, 민법 제681조) 등에 기초하여 이미 인정되고 있었다. 또한 이러한 감시의무가 사전적인 감시에만 한정되는 것이 아님도 이의가 있을 수 없다. 이사의 보고의무 또는 감시의무가 주의의무의 중요한 한 유형이라는 것은 미국법에서도 널리 인정되고 있으며,[23] 때로는 통상적인 경영판단의 경우보다 오히려 더 중요하다고 생각하기도 한다. 예를 들어 이미 1920년대 Learned Hand 판사는 "회사의 자산이 불법적으로 유용된 경우, 이사가 항변하였다면 충분히 막을 수 있었고, 따라서 이사가 그렇게 하지 않은 것이 회사의 손실을 유발하였다고 할 수 있다. 그러나 잘못된 경영판단으로 회사에 손실이 발생하였다면, 어찌 한 이사가 판단을 제대로 했더라면 손실이 발생하지 않았을 것이라고 말할 수 있겠는가"[24]라고 반

23) 대표적으로, Graham v. Allis-Chalmers Manufacturing Co., 188 A. 2d 125(Del. 1963); Francis v. United Jersey Bank, 432 A. 2d 814(N. J. 1981); In re Caremark International Inc. Derivative Litigation, 698 A. 2d 959(Del. Ch. 1996).

24) Barnes v. Andrews, 298 F. 614, 616-617(S. D. N. Y. 1924)("When the corporate

문하고 있을 정도이다. 대상판결에서도 이사에게 이러한 의무가 있다는 것은 원심을 그대로 인정하고 있다.

이사가 주주와의 사이에 어떠한 의무를 지는지 여부는 형법에서 독자적으로 정할 수 없고, 결국 상사법에 의하여 정해지는 것이므로, 대상판결에서 대표이사의 횡령사실을 알고 따로 특별한 조치를 취하지 않은 피고인의 행위는 당연히 이러한 의무에 위반한 것이고, 부작위와 작위가 동일하게 평가되는 형사법에 있어서는 당연히 부작위에 의한 배임행위가 됨을 면할 수 없다고 하겠다. 그런데 대상판결에서는 그럼에도 불구하고 손해 또는 그 손해발생의 위험—앞서 언급한 바와 같이 판례는 업무상 배임죄를 위험범으로 본다—이 없다는 결론을 내리고 있다. 보다 정확히 본다면, 주주에게 물론 손해가 발생하였는데, 위와 같은 보고의무 또는 감시의무의 위반과는 아무런 인과관계가 없다는 것으로 이해할 수 있다.

주주의 손해는 대표이사인 乙의 횡령에 의하여 이미 발생한 것이고, 甲의 부작위는 이와 인과관계가 없으며, 甲의 부작위가 범죄가 되려면 그 부작위로 인하여 "피해자 회사가 乙에 대하여 가지는 손해배상청구권의 행사가 위태롭게 되든가 혹은 그 청구권의 집행가능성이 없어지는 등의 새로운 손해의 발생 또는 그 위험이 존재하여야 한다"는 것이다.

그러나 이러한 설시는 이사의 감독의무 내지 보고의무 자체를 부정하게 되므로 받아들일 수 없다고 생각한다. 이러한 설시에 의하면, 이사의 감독의무 내지 보고의무가 범죄가 되는지 여부는 이러한 부작위와 별 상관없는, 예를 들면 대표이사가 얼마나 그 횡령금을 다 써버렸는지, 대표이사가 원래 재산이 많은지 등의 우연적인 요소에 의존하게 되는 기이한 결과가 된다(실제로 대상판결은 이러한 우연적 요소에 대하여 판단하고 있다). 그 결과 일반적인 경우에는 이미 발생한 손해와 아무런 인과관계가 없을 가능성이 높다. 그러나 이렇게 생각한다면 왜 이사가 감시의무나 보고의무를 지는지 설명하기 어렵다. 설사 손해가 이미 발생하였다고 하더라도, 이사는 감시의무 또는 보고의무를 통하여 그 손해를 즉시 또는 효과적으로 회복하게끔 할 의무가 있는 것이고, 따라서 보고의무 위반과 손해 사이의 상당인과관계는 보고가 얼마나 용이하였는지, 그 보고가

---

funds have been illegally lent, it is a fair inference that … the director's neglect caused the loss. But when a business fails from general mismanagement, business incapacity, or bad judgment, how is it possible to say that a single director could have made the company successful, or how much in dollars he could have saved?").

이루어졌다면 그 당시 정황으로 미루어보아 그 손해를 쉽게 방지할 수 있었는지 등과 같이, 이사가 얼마나 쉽게 그 손해의 방지를 할 수 있었는지를 주된 판단기준으로 삼는 것이 옳다.

요약하면, 의무위반을 인정하면서 그 손해가 없다는 논리는 그 '의무'가 무엇이고 왜 존재하는지를 간과한 것으로서, 쉽게 납득하기 어렵다. 이처럼 대상판결과 같은 방식으로 이사의 형사처벌을 부정하는 것이 법리적으로 문제가 있다고 한다면, 어떤 다른 해석론이 있을 수 있을까?

3. 刑事處罰 緩和를 위한 解釋論의 摸索

우선 생각해 볼 수 있는 것은 앞서 서론에서 언급한 바와 같이, 회사의 영업은 기본적으로 위험을 전제로 하는 것이므로 모험투자와 같이 사후적으로 주주에게 손해가 생길 수 있는 경우에도 이러한 손해를 이사의 책임으로 귀속시켜서는 안 된다는 식의 논의가 있을 수 있다.

예를 들어 최근의 한 대법원 판결은 이러한 접근방법을 취하면서 다음과 같이 설시하고 있다.[25)]

> "기업의 경영에는 원천적으로 위험이 내재하여 있어서 경영자가 아무런 개인적인 이익을 취할 의도 없이 선의에 기하여 가능한 범위 내에서 수집된 정보를 바탕으로 기업의 이익에 합치된다는 믿음을 가지고 신중하게 결정을 내렸다 하더라도 그 예측이 빗나가 기업에 손해가 발생하는 경우가 있을 수 있는바, 이러한 경우에까지 고의에 관한 해석기준을 완화하여 업무상배임죄의 형사책임을 묻고자 한다면 이는 죄형법정주의의 원칙에 위배되는 것임은 물론이고 정책적인 차원에서 볼 때에도 영업이익의 원천인 기업가 정신을 위축시키는 결과를 낳게 되어 당해 기업뿐만 아니라 사회적으로도 큰 손실이 될 것이다. 따라서 현행법상의 배임죄가 위태범이라는 법리를 부인할 수 없다 할지라도, 문제된 경영상의 판단에 이르게 된 경위와 동기, 판단대상인 사업의 내용, 기업이 처한 경제적 상황, 손실 발생의 개연성과 이익획득의 개연성 등 제반 사정에 비추어 자기 또는 제3자가 재산상 이익을 취한다는 인식과 본인에게 손해를 가한다는 인식(미필적 인식을 포함)하의 의도적 행위임이 인정되는 경우에 한하여 배임죄의 고의를 인정하는 엄격한 해석기준은 유지되어야 할 것이고, 그러한 인식이 없는데 단순히 본인에게 손해가 발생하였다는 결과만으로 책임을 묻거나 주의의무를 소홀히 한 과실이 있다는 이유로 책임을 물을 수는 없다 할 것이다."

물론 이는 지극히 타당한 말이지만, 이 판결이 현재의 대법원의 입장을 수

25) 대법원 2004. 7. 22. 선고 2002도4229 판결.

정한 것도 아니며, 나아가 경영진에 대한 형사처벌 완화에 대하여 현재의 상황과 다른 어떤 법원칙을 선언하고 있지도 않다. 왜냐하면 이 판결에서 제시한 기준은 역시 이사에 대한 민사책임에도 동일하게 적용되기 때문이다. 배임죄의 책임이 부정되었다면, 그 이사는 민사적으로도 자신의 의무를 위배한 것으로 되지 않는다.

앞서 언급한 바와 같이 형사법상 주주에 대한 의무라는 개념을 따로 만들 수 없기 때문에, 의무위반 여부는 민사법의 판단에 따를 수밖에 없고, 따라서 위험투자의 경우에는 그 주의의무 위반 여부에 있어서 형사법과 민사법이 다를 수 없다.

결국 해석론으로서 형사처벌을 완화할 수 있는 방법으로는 다음 두 가지 정도를 생각해 볼 수 있다.

① 먼저 "주주에 대하여 어떠한 의무를 지는지는 상사법에서 정한다"라는 원칙을 벗어나 형사상의 독자적인 의무개념을 만들어 내는 것이다. 예를 들어 업무상 배임죄에서 임무위배라 함은 단순히 민사법상에서의 신뢰관계를 저버리는 것이 아니라, '도덕적으로 비난가능성이 있는' 임무위배에 국한된다는 식으로 해석하는 것이다. 물론 당연한 후속 질문은 그럼 어떠한 임무위배를 도덕적으로 비난할 수 있을지가 될 터인데, 이러한 질문에 일정한 기준을 세울 수 있을지는 의문이다.

② 행위자의 비난가능성이 더 높은 경우만을 문제삼기 위한 한 가지 좋은 테크닉은 이를 목적범으로 만드는 것이다. 단순한 고의보다는 한 단계 더 높은 주관적 요건을 요구함으로써, 단순한 민사적 주의의무 위반이나 충실의무 위반이 형사처벌로 연결되는 경우를 피할 수 있다. 그러나 이 해법의 결정적 문제는 이미 우리 형법 제정 당시에 구형법에 있었던 목적범 요건을 삭제하였다는 점이다.[26] 입법자의 명시적인 의도에 반하여 업무상 배임죄를 목적범으로 해석할 수 있는지는 역시 의문이다.

결국 현재의 법체계상 민사적 책임은 지지만 형사적으로는 면책될 수 있는 중간영역을 만들어 내는 것은 대단히 어렵다. 그 결과 민사적으로 의무위반이 인정되면 거의 자동적으로 형사처벌의 구성요건을 만족하게 된다. 그것이 대상판결에서 피고인에 대한 형사처벌을 부정하기 위해 다소 기이한 논리를 채용한 이유일지도 모른다. 그리고 사실 이 글의 문제제기 자체가 잘못되었는지도 모

26) 각주 11 참조.

른다. 민사적 책임과 형사적 책임 사이에 중간영역이 있어야 한다는 것은 아직 논증된 명제가 아니기 때문이다. 실제로 기업을 운영하는 입장에서 형사처벌의 문제는 매우 민감한 부분임에도 불구하고, 경제형벌에 대한 논의가 너무나 없다는 것은 의아한 일이다. 앞으로 보다 심도 있는 논의가 이루어지기를 바란다.

二重代表訴訟과 原告適格

安　修　賢*

대법원 2004. 9. 23. 선고 2003다49221 판결**

［事實의 槪要］

1. 기초사실

支配會社 소외 P는 염전개발업 등을 주된 목적으로 설립된 법인이나 현재 종속회사인 소외 S의 발행주식 657,100株 중 529,300株(발행주식의 80.55%)를 소유한 지주회사일 뿐 특별히 영위하는 사업이 없다. 從屬會社 S는 염부산물의 생산, 가공, 판매 및 수출입 등을 주된 목적으로 설립된 법인이나 1996년경 염전을 폐전한 후 주로 부동산 임대 등의 사업만을 영위하고 있는 회사로 1993. 5. 27, "중소기업 등의 장외거래에 관한 규정"에 의해 장외등록(코스닥등록)을 하였다가 1999. 10. 30. 주식분산기준 미달로 그 등록이 취소되었다. S사 역시 P사 발행주식 73,000주 중 14,592주(19.99%)를 소유하고 있다.

피고 A는 1990. 12. 3.부터 2000. 6. 29.까지 P사의 이사 및 대표이사로 재직하였으며 1991. 3. 6.부터 1997. 7. 25.까지 S사의 이사 및 대표이사로도 재직하였다. 피고 B는 1990. 2. 13.부터 2000. 6. 29.까지 P사의 이사로 있으면서 그 기간중인 1996. 6. 12.부터 1997. 10. 13일까지 P사 대표이사로 재직하였으며, 1991. 12. 18.부터 1997. 4. 16.까지 S사의 이사 및 대표이사로도 재직하다가 1997. 4. 17.부터 2001. 3. 29까지 P의 이사로 재직하였다. 피고 C는 1991. 5. 31.부터 1994. 5. 31.까지 P사의 이사로, 피고 D는 1991. 5. 31.부터 1996. 10. 11.까지 P사 감사로 재직하였으며 1992. 3. 2.부터 1996. 10. 11.까지 S사의 이사로도 재직한 바 있다. 피고 E는 1996. 6. 12.부터 1997. 10. 13.까지 P사의 감사로 1996. 3. 4.부터 1997. 5. 30.까지 S사의 감사로도 재직하였다.

피고 A, B, C는 P사의 이사회결의를 거쳐 P사가 보유하고 있고 있는 S사의 주식 중 1993. 5. 23 조흥증권에 20,000주를 1주당 23,000원에, 1994. 3. 14. 소외 S'사에 5,300주를 1주당 16,300원에, 같은 해 3. 16. S'사에 4,260주를 1주당 16,200원에, 같은해, 3. 17. S'에 6,410주를 16,200원에, 같은 해 3. 19. S'에 15,000주를 1주당 16,300원에 매도하는 등 합계 50,700주를 매도하였고, 같은 해 4. 19. 80,000주를 피고 A에게, 50,000주를 피고 B에게, 50,000주를 소외 X에게, 100,000주를 소외 Y에게 16,300원

---

* 충북대학교 법과대학 조교수.

** 공 2004. 11. 1.(213), 1702.

에 매도하였다가 같은 해 5. 6. 주식양도계약을 해제하고 다시 P사의 소유로 환원하였다.

종속회사 S사는 1971년부터 P사에 대하여 대여금 등 채권을 가지고 있었는데, 원금과 이자 일부만을 변제받았을 뿐 1,322,044,501원의 채권 전액을 회수하는 조치를 취하지 않아 정기 회계감사에서 여러 번 지적을 받게 되자, P사에 대하여 그 상환을 요구하였고, 이에 피고 A, B, C는 1993. 2. 21. P사의 이사회를 개최하여 S사에 대한 위 채무를 P사가 보유하고 있는 S사의 주식을 매각하여 변제하기로 결의하고 이에 따라 P사의 대표이사인 피고 A를 대리하여 피고 D가 수취인 및 채권자 S 대표이사 A로 된 약속어음 공정증서를 작성하여 S사에 교부하였고, S사는 위 약속어음 공정증서에 기하여 P사가 소유하고 있는 S사의 주식 71,586주에 대한 강제집행을 신청하였다. 집행법원이 선정한 감정평가사의 감정가격으로 위 S주식 71,586주를 1주당 19,550원으로 피고 E가 낙찰받았다. 이 주식들은 이후 100 여명의 소유로 분산되었다가 1999. 10. 30. B 회사의 코스닥등록이 취소되면서 소액투자자보호를 위하여 자사주를 매입하라는 금융감독원의 통보에 따라 S회사가 이 중 60,834주를 매입하였다.

S사 대표이사였던 피고 B는 1995. 11월부터 1년여 동안 5회에 걸쳐 S사 소유 부동산의 임대보증금과 매매대금 중 일부인 합계 570,207,600원을 횡령하였다.

2. 원고의 주장

원고는 지배회사의 소수주주(P사 발행주식 73,000주 중 21,350주를 소유한 주주)로 지배회사의 (대표)이사와 감사 및 종속회사의 대표이사에 대해 각각 대표소송과 이중대표소송을 제기하면서 다음과 같은 주장을 하였다.

(1) 支配會社의 대표(이사) 및 감사에 대한 대표소송 제기

(가) 피고 A, B는 종속회사의 이사 및 대표이사직을 수행함에 있어 지배회사 주주의 이익을 침해하지 않도록 할 의무가 있고, 지배회사의 다른 이사 또한 지배회사 주주의 이익을 보호할 의무가 있음에도 불구하고 종속회사의 장외등록 및 주식매도와 관련하여 다음의 위법행위를 하였다.

① 우선, 종속회사 S사는 1993. 5. 27.경 수년간 경상손실이 누적되어 기업을 공개할 단계가 아니었고, 부채도 거의 없어 자금조달을 할 필요가 없는 등 장외등록을 해야 할 사유가 없으며 S의 장외등록과 P사의 S사에 대한 주식의 매도는 S사의 주식보유 이외에 다른 특별한 재산이 없는 P사에게는 중요한 사항이므로 P사 주주들의 동의를 얻어 장외등록을 해야 하고,

② S사의 장외등록 당시 S사 주식의 교환가치를 평가할 매매실적이 거의 없어 주식의 시가를 평가할 마땅한 방법이 없으므로, 이러한 경우 주식의 시가(S사의 공시지가를 기준으로 산정한 자산총계는 1993년의 경우 170,958,393,259원으로 1주당 가격이 260,171원)으로 결정하는 것이 상당함에도 불구하고 재무제표에 나타난 자산총계인 50,393,434,000원을 기준으로 주식 1주당가격을 23,000원으로 산정하여 장외등록을 하였는데다, 더욱이 P사가 보유한 S사 주식을 S'회사에 16,200원 내지 23,000원 등 저가매도함으로써 P사에 실제 주식가치와의 차액 89억원에 상당한 손해를 입혔다고 주장하였다.

(나) 피고 C, D는 支配會社의 監事였던 자로 이사들의 위법행위를 적발하여 시정을 요구할 의무가 있음에도 그 직무를 태만히 하였으므로 위법행위로 인한 손해배상

의무가 있다고 주장하였다.

① 원고가 주장한 위법행위는 우선 P사의 S사에 대한 채무는 이미 소멸시효가 완성되어 변제필요성이 없는 데도 변제한 점이 있고,

② P사와 S사가 모자회사관계에 있고 피고 A, B는 두 회사를 함께 경영하고 있으므로 P사의 S사에 대한 채무는 P사의 증자, P사와 S사의 합병, S사의 P사에 대한 이익배당 등의 방법으로 P사에 실질적인 손해를 입히지 않고 해결할 수 있음에도 S사에 대하여 약속어음 공정증서를 작성해 주고 S사로 하여금 P사 소유 S사 주식에 대하여 강제집행하는 방법으로 S사 주식 71,586주를 장외시장에서 형성된 가격인 1주당 19,555원에 경락되게 함으로써 당시 S사의 주식 1주당 가격인 195,254원(2000년 자산재평가에 의한 자산가치인 333,489,059,173원을 기준으로 평가함)의 차액인 125억원 상당의 손해를 입혔다고 주장하였다.

(2) 종속회사의 대표이사에 대한 이중대표소송 제기

피고 B를 상대로는 종속회사 S사의 대표이사로 재직중 횡령으로 종속회사에 손해를 입힌 점을 이유로 이중대표소송을 제기하였다.

3. 論 點

(1) 대표소송건

(가) 종속회사 S사의 장외등록부분이 P사 임원의 위법행위인가?

(나) 지배회사 P는 종속회사 S사의 주식 외에 다른 재산이 없으므로 S사의 주식매도가 '영업의 중요한 일부의 양도'에 해당하여 주주총회의 특별결의가 필요한 사항인가 및 현저하게 저가로 매도한 것인가?

(다) 지배회사 P사의 종속회사 S사에 대한 채무변제 방식으로 P사의 증자, P·S간의 합병, P사의 이익배당 등의 방법을 통해 P사에 실질적인 손해를 입히지 않고 해결할 수 있음에도 P사가 소유한 S사주식의 강제집행으로 저가로 경락시킨 행위가 이사의 위법행위인가? 그리고 감사의 경우 이들 이사들의 위법행위를 적발하여 시정을 요구할 의무를 해태하였다고 할 수 있는가 등이 문제된다.

(2) 이중대표소송건

(가) 모자회사의 지배종속관계에 있을 경우 종속회사 이사 등의 부정행위에 의해 손해를 입은 경우 지배회사의 주주가 종속회사를 위하여 종속회사의 이사를 상대로 직접 대표소송을 제기하는 이중대표소송을 허용할 수 있는지

(나) 이 경우 상법 제403조의 대표소송의 원고적격은 '발행주식 총수의 100분의 1 이상에 해당하는 주식을 가진 주주'로 한정하고 있는데, 그 주주의 개념에 '회사인 주주의 주주' 즉 지배회사의 주주가 포함되는지 여부가 문제된다.

[訴訟의 經過]

1. 原審(2003. 8. 22. 선고 서울고등법원 2002나13746판결)

(1) 대표소송에 대한 판단: 원고 패소

(가) 주주대표소송은 주주가 회사를 위하여 법령 또는 정관에 위배된 행위를

하거나 임무를 해태한 이사 및 감사의 책임을 추궁하는 소송인바, S사의 장외등록 여부의 결정, 주식가격 산정 등 S사의 장외등록과 관련된 업무는 피고 A, B, C, D가 S사의 대표이사, 이사 및 감사로서 한 업무일 뿐 P사의 대표이사, 이사, 감사였던 A, B, C, D가 P사에 대하여 위법행위를 하였다고 할 수 없으며,

P사가 S사 주식을 소유하고 있는 외에 별다른 재산이 없었다 하더라도, P사가 S'사에게 매도한 주식은 소유주식의 극히 일부(651,586주 중 50.700주)에 해당하여 P사의 S사에 대한 지배구조가 변경될 정도에 이르지 않아 상법상 영업양도의 규제를 받아야 할 정도의 '영업용 재산의 중요한 일부의 양도'에 해당한다고 볼 수 없고, S사가 장외등록을 하는 과정에서 결정한 1주당 가격은 당시 시행되던 '공모주식의 인수가액결정에관한기준'에 따라 산정한 것이므로 피고 A, B, C, D가 재무제표 등 주식교환가치의 산정에 필요한 자료 조작 등의 방법으로 S사 주식 1주당 가격을 저가로 산정하는 등 위법행위가 있다고 할 수 없다.

(나) 합병, 증자, 이익배당방식을 통한 채무상환방식을 택하지 않고 S사 주식 매각을 통한 채무상환방식을 택하였다고 해서 위법하다고 단정할 수 없고, S사가 채권회수방안으로 P사 소유의 자사주식에 대한 강제집행을 선택한 것은 채권자인 S사의 사무일 뿐 P사의 사무는 아니므로 피고 B가 형사재판에서 유죄의 판결을 받았다고 하더라도 P사가 소유한 S사주식의 매각을 통해 S사에 대한 채무를 변제한 것이 P사에 대한 위법행위가 된다고 할 수 없다.

(2) 이중대표소송에 대한 판단: 원고 승소

(가) 주주대표소송을 제기하기 위하여서는 부정행위 발생 당시에 그 회사의 주주이어야 한다는 '주식 동시소유의 원칙'에 반한다거나 지배회사의 주주는 지배회사 이사회에 종속회사의 주주로서 대표소송을 제기하라는 제소청구를 할 수 있고, 지배회사의 이사회가 이를 거절하는 경우 지배회사 이사를 상대로 그들이 지배회사의 종속회사에 대한 투자분을 보호하는 조치를 취하지 않는 것에 대해 책임을 물을 수 있다는 이유로 이중대표소송은 불필요하다는 견해도 있으나, 지배회사 이사회에 대한 제소청구 또는 지배회사 이사를 상대로 한 대표소송만으로는 ① 종속회사 이사의 부정행위로 인한 지배회사의 간접적인 손해액을 평가하기 어렵고, ② 종속회사의 주식을 여러 회사가 나누어 소유하고 있는 경우 각 지배회사마다 대표소송이 제기되는 결과를 초래할 수 있으며, ③ 이중

대표소송을 허용하지 않으면 지배회사 및 종속회사에 대한 경영권을 모두 지배하고 있는 경영진이 종속회사를 통해서 부정행위를 함으로써 책임을 회피하는 수단으로 이용할 위험이 존재하는 등의 부작용이 발생하는 난점을 극복하기 어렵다.

(나) 반면 종속회사의 경영진이나 주주들이 여러 가지 이유로 이사들의 종속회사에 대한 부정행위를 시정하지 못하는 경우가 있을 수 있는바, 이러한 경우 이중대표소송을 인정함으로써 종속회사 이사들의 부정행위를 억제할 수 있는 효과를 기대할 수 있고, 종속회사의 손해는 종국적으로 지배회사 주주의 손해로 귀속되므로 이중대표소송을 통하여 종속회사의 손해를 회복함으로써 간접적으로 지배회사 및 지배회사 주주의 손해를 경감하는 효과를 기대할 수도 있다.

(다) 이와 같은 이중대표소송의 필요성에 비추어 우리 상법의 해석에서도 대표소송을 제기할 수 있는 주주의 개념에 '회사인 주주의 주주'를 포함함으로써 이중대표소송을 인정할 수 있다고 볼 것이므로, 지배회사인 P사 주주인 원고가 종속회사 S사 대표이사였던 피고 B의 위법행위[1)]에 대하여 S사를 위한 대표소송으로써 그 손해배상을 직접 청구할 수 있다.

2. 대법원 2004. 9. 23. 선고 2003다 49221판결

(1) 대표소송에 대한 판단: 원고 패소

원심과 동일

(2) 이중대표소송에 대한 판단: 원고 패소

(가) 대법원은 원심의 판단은 다음의 이유로 수긍하기 어렵다고 하면서 원고의 상고 기각 및 피고 B의 패소부분을 파기하고 각하하였다.

(나) 판시이유로서 대법원은 상법 제403조 제 1 항, 제 3 항은 발행주식총수의 100분의 1 이상에 해당하는 주식을 가진 주주는 회사에 대하여 이사의 책임을 추궁할 소의 제기를 청구할 수 있고, 회사가 이 청구를 받은 날로부터 30일 내에 소를 제기하지 아니한 때에는 위 주주는 즉시 회사를 위하여 소를 제기할

1) 피고 S사 대표이사의 위법행위로 업무상 횡령이 인정되었다. 피고 김○○은 S사의 대표이사로 재직한 1995. 11.월경 S사 소유의 토지를 소외 K에게 임대하고 보증금 및 임료 명목으로 45,000,000원을 수령하고도, 위 토지를 보증금 3,000,000원, 임료 12,000,000원에 임대한 것처럼 허위의 임대차계약서를 작성한 후 실제 보증금 등과의 차액 30,000,000원을 S사에 입금하지 않고 횡령하였다. 이외에도 1995. 12. S사 소유 토지를 매도하면서 허위의 매매계약서를 작성하여 실제 매매금과의 차액 242,600,000을 횡령하였으며, 1996. 2. 토지임대 임료를 수령하고도 허위 임대차계약서를 작성한 후 실제 임료와의 차액 31,637,000원, 1996. 4월 토지를 매도하면서 실제 매매대금과의 차액 55,970,000원을, 1996. 11. 210,000,000을 횡령하여 총 570,207,6000원을 횡령하였다.

수 있다고 규정하고 있고, 이 규정은 상법 제415조에 의하여 감사에 준용되는 바, 어느 한 회사가 다른 회사의 주식의 전부 또는 대부분을 소유하여 양자 간에 지배종속관계에 있고, 종속회사가 그 이사 등의 부정행위에 대하여 손해를 입었다고 할지라도 지배회사와 종속회사는 상법상 별개의 법인격을 가진 회사이고, 대표소송의 제소자격은 책임추궁을 당하여야 하는 이사가 속한 당해 회사의 주주로 한정되어 있으므로, 종속회사의 주주가 아닌 지배회사의 주주는 상법 제403조, 제415조에 의하여 종속회사의 이사 등에 대하여 책임을 추궁하는 이른바 이중대표소송을 제기할 수 없다고 설시하였다.

[評　　釋]

I. 序　　說

우리 상법에서는 株主利益을 보호하는 장치의 하나로 이른바 代表訴訟制度를 두고 있다. 이 제도는 소수주주[2]가 회사를 위하여 이사 등[3]의 책임을 추궁하기 위하여 제기하는 소송을 말한다. 이사와 회사 간의 소송의 경우 감사(또는 감사위원회)가 회사를 대표하여 회사가 스스로 소를 제기하여야 하지만, 이들과 이사 간의 정실관계로 인해 그 실현을 기대하기 어렵기 때문에 소수주주에게 회사를 대위하여 이사 등의 책임을 추궁하도록 인정한 것이다.

그런데 종래 대표소송제도는 개별 회사에서의 주주대표소송만을 염두에 두어 논의되어 왔다. 이 때문에 본 사안과 같이 별개로 독립된 회사 간에 支配從屬 내지 지주회사관계에 있는 경우에 현행 상법상의 주주대표소송제도를 자회사의 이사에 대한 母會社의 株主에까지 적용할 수 있는지 여부가 새로운 법적 이슈로 제기되고 있다. 이른바 이중대표소송이 인정되는가 하는가가 문제이다.

대상사건은 이와 같은 논의를 본격화시키는 계기가 된 사안으로 본 사안에서 原告는 2개의 대표소송과 1개의 이중대표소송을 제기하였다. 前者인 대표소송은 종속회사의 장외등록 및 주식 매도와 관련한 위법행위와 지배회사의 종

2) 우리법에서는 濫訴를 막기 위하여 소수주주권으로 하고 있어 발행주식의 100분의 1 이상의 주식을 가진 주주에 한하여 제소할 수 있다(상법 제403조 제1항). 상장회사의 경우는 요건이 완화되어 10,000분의 1 이상의 주식을 가진 주주에게 인정된다(증권거래법 제191의 13조 제1항). 우리와 달리 외국에서는 단독주주권으로 인정된다. 예컨대 일본이 그러하며 6개월 보유요건을 요하고 있다(日 상법 제267조 제1항).

3) 이사 외에 발기인, 업무집행지시자, 감사, 청산인 등의 책임을 추궁하기 위해서도 제기할 수 있다(상법 제324조, 제401조의2 1항, 제415조, 제415의2조 제6항, 제542조 제2항 참조).

속회사에 대한 채무변제와 관련된 위법행위를 주장한 사안인 반면, 後者인 이중대표소송은 지배회사의 주주로서 종속회사의 대표이사를 상대로 제기한 것이다. 이에 대해 原審은 이중대표소송건에 대해서는 이를 인정하여 자회사 대표이사인 피고에게 업무상 횡령으로 인한 원금 및 지연 손해금을 배상할 것을 판결하였다. 이와 달리 大法院은 母會社 株主에게 子會社 理事 등을 상대로 二重代表訴訟을 인정하는 것은 주주대표소송의 원고적격에 관한 법리를 오해하였다고 하여 각하하였다.

이하에서는 이중대표소송의 인정 여부를 둘러싸고 상반된 입장을 취한 원심과 대상판결을 비교·검토함으로써 현행법상 이중대표소송의 이용가능성에 대해 검토해 보기로 한다. 이와 관련해서 원고가 주장한 대표소송건은 논의에서 제외하였는데, 그러한 이유는 원심과 대상판결 모두 대표소송건은 공통적으로 받아들이지 않았는데다, 대상판결이 이중대표소송제도에 관한 논의를 촉발시킨 계기가 되었던 사안이라는 점에서 이에 집중해서 검토하는 것이 보다 유용할 것으로 보았기 때문이다. 서술순서로는 먼저 논의의 전제가 된 이중대표소송제도를 간략히 개관해 본 후 대상판결을 검토하는 것으로 진행하기로 한다.

Ⅱ. 二重代表訴訟制度 概觀

1. 概　念

대표소송은 소수주주가 회사를 위하여 이사 기타의 자의 책임을 추궁하기 위하여 제기하는 소송으로 우리 상법 제403조에서 인정하고 있다. 통상 한 회사 내에서 주주가 당해 회사를 위하여 이사 등의 회사에 대한 책임을 추궁하는 소송을 대표소송이라고 칭한다. 이러한 소송은 회사에 손해를 발생시킨 자 중 특정의 자에 대해서만 책임을 추궁하는 소송으로 우리법상 소수주주에게만 인정되고 있다[4)]

반면에 이중대표소송은 어느 한 회사가 다른 회사 주식의 전부 또는 대부분을 소유하여 양자 간에 모자회사 간의 지배종속관계에 있을 경우 회사를 위하여 모회사의 주주가 다른 회사의 이사를 상대로 대표소송을 제기하는 것을 말한다.[5)] 이러한 이중대표소송은 상법이 소수주주에게만 인정하는 대표소송 청

4) 입법예에 따라서는 주주 외에도 이사, 채권자에게까지 인정된다(대표적으로 이스라엘 1999년 회사법 제194조 (A)항 참조).

5) 두 회사가 관련된 경우를 이중대표소송(double derivative suit)이라고 하며, 세 회사가 관련된 경우 삼중대표소송(triple derivative suit)이라고 한다. 이처럼 소유의 연계가 있는 한

구권을 지배회사의 주주에게까지 확장한다는 의미에서 종래의 주주대표소송의 한 유형으로 파악되고 있다.

2. 效 用

이중대표소송은 무엇보다도 기업결합관계에 있는 회사의 주주, 특히 母會社의 小數株主의 利益을 보호하는 장치로 기능한다. 그러한 효과는 다음과 같은 맥락에서 이해할 수 있다. 즉 이중대표소송을 인정하지 않는 경우라고 가정할 경우 자회사의 이사가 그 위법행위로 자회사에 대해 손해배상책임을 부담하는 경우 모회사의 이사는 모회사를 대표해서 당해 자회사의 이사에 대해 대표소송을 제기할 수 있다. 그러나 이들 이사들 간의 정실관계로 인해 대표소송을 제기하지 않을 경우 이는 모회사의 이사의 선관주의의무 위반이 될 수 있고, 모회사의 주주는 이러한 선관주의의무 위반을 이유로 모회사의 이사에 대해 대표소송을 제기할 수 있다.[6] 그런데 이 경우 자회사의 이사의 임무해태로 인하여 발생한 손해가 바로 모회사의 손해로 인정될 수 있는지, 그리고 모회사의 이사가 제소하지 않은 것이 모회사에 발생한 손해로 인정될 수 있는지는 분명하지 않다.[7] 요컨대 모회사의 주주가 모회사의 이사에게 책임을 묻는 방법만으로는 모회사의 주주이익이 확실히 보호된다고는 장담할 수 없게 된다.

더구나 현재 주식의 소유로 인한 지배종속관계에 있는 회사가 갈수록 증가하고 있다. 이로 인해 종속회사에 대한 이사의 부정행위를 주장하는 소송이 적지 않을 것으로 예상된다. 이 경우 이중대표소송은 지배회사의 주주로 하여금 이와 같은 소송을 담당하게 할 수 있다. 특히 이중대표소송은 회사의 법인격에 구애를 받지 않고 주주가 다른 회사의 이사의 행위를 감시할 수 있는 방법이 되기 때문에 기업집단에 속한 계열사의 행위를 통제하는 데 있어 보다 용이하고 효과적인 수단이 될 수 있다.[8] 또한 모회사의 지배주주 또는 대표이사와 자

몇 단계든지 중복하여 대표소송이 제기될 수 있는바, 이를 중복대표소송(multiple derivative suit)이라고 부른다. 이태종, "미국 회사법상의 이중대표소송," 「수원지방법원 재판실무연구」 제 2 권(1997), 497면 참조.

6) 일본의 리조나지주회사의 사례 참조. 大阪地裁 平成 15年 9月 24日, 상사법무 237호 93면 참조. 동 사안에서는 자회사 이사의 선관주의의무 위반이 인정되지 않아 모회사의 이사의 선관주의위반이 인정되지 않았다. 그러나 이러한 판지를 반대로 생각해 보면 자회사의 이사의 선관주의의무위반이 인정될 경우 모회사의 이사의 선관주의의무 위반이 되어 모회사의 이사도 책임을 질 수 있다.

7) 일본의 경우 학설상 다툼이 있다.

8) 송옥렬, "현행 상법상 이중대표소송의 허용 여부," 민사판례연구(2006년 2월 발간예정).

회사의 이사 사이에 특별한 관계가 형성되어 지배회사가 자회사 이사를 상대로 대표소송을 제기하지 않거나 소송제기를 거부하는 경우 이중대표소송은 효과가 크다. 더욱이 지주회사구조하에서라면 더 진가가 발휘되는데, 이 경우 지배회사 주주의 이익은 순전히 종속회사의 영업성과에 좌우되기 때문에 종속회사의 이사의 부정행위를 감시하는 수단으로 매우 효과적이다.[9] 지주회사의 주주는 원칙적으로 지주회사에 대해서만 주주권을 행사할 수 있을 뿐이고 사업을 실질적으로 수행하는 자회사에 대해서는 관리감독권이 인정되지 않는데, 이러한 효과를 이용하고자 지주회사구조를 취함으로써 실질적으로 사업을 수행하는 회사를 자회사하여 지주회사의 주주로 하여금 종전처럼 사업수행에 대한 관리감독권을 행사할 수 없게 만들어 버릴 수 있기 때문이다.

3. 學說과 判例[10]

(1) 美國에서의 논의

연혁적으로 이중대표소송제도는 형평법을 근거로 판례에서 인정되면서 주목받기 시작하였으며, 현재 그 인정에 대해서는 대체로 찬성하고 있다. 다만 이를 인정하는 논거에 대해서는 이견이 적지 않다. 미국에서 이중대표소송을 인정하는 이론적 근거들은 크게 이론적인 측면과 실질적인 측면으로 나뉘어진다. 이하 ①~⑥은 이론석인 논거에 해당하는 것이라 할 수 있으며, ⑦의 논거는 실질적인 측면에서의 논거라고 할 수 있다. 이중대표소송을 인정하는 초기단계에서는 ⑦의 논거가 더 많이 강조되는 반면[11] 이중대표소송제도가 확립된 단계에서는 이론적 측면이 강조되는 경향이 있다.

(가) 學　說　　이중대표소송의 인정을 뒷받침하는 이론으로는 다음과 같은 것이 있다

① 法人格 否認論　　이중대표소송은 종속회사와 지배회사를 하나의 회사로 보아 종속회사의 독립된 법인격을 부인함으로써 정당화될 수 있다고 한다.[12]

---

9) 송옥렬, 전게논문 참조.

10) 미국에서의 이중대표소송제도에 관한 학설과 판례를 상세히 정리한 글로는 여하윤, "미국 회사법상의 이중대표소송에 관한 연구," 서울대학교 석사학위논문, 2003. 2 참조; 미국의 이중대표소송제도의 연혁과 전개과정을 소개하고 일본에서의 이용가능성을 고찰한 글로는 山田泰弘, "株主代表訴訟の法理," 信山社, 2000.

11) 그러한 이유는 대표소송제도가 활성화되지 않은 상태에서 이중대표소송제도를 대표소송제도의 활성화를 위한 진작방안으로 이용하고자 하기 때문이 아닌가 생각된다.

12) 이러한 주장은 Note, *Suits by Shareholder in a Parent Corporation to Redress Injuries to*

왜냐하면 지배회사의 주주는 지배회사를 대신하여 대표소송을 당연히 제기할 수 있는바, 종속회사를 법인격 부인에 의거 지배회사와 1개 회사로 보면 당해 기업에 대한 소권을 이용하는 통상의 대표소송으로 볼 수 있으므로 자연히 지배회사의 주주는 종속회사를 위한 대표소송을 제기할 수 있다는 것이다.13) 이 이론에 의할 경우 이중대표소송의 제기절차는 지배회사와 자회사 모두에게 제소청구요건을 갖출 필요는 없고 최종적으로 제소결정을 하게 되는 회사의 이사회에 제소청구를 하면 충분하다.

② 同一人 支配說(Common Control) 동일 이사나 경영진에 의해 지배회사와 그 100% 종속회사를 지배하고 있는 경우에는 이중대표소송이 허용되어야 한다는 것이다. 동일인이 지배회사와 종속회사를 지배하면서 종속회사의 이익을 해하고 있는 경우 그 자는 자신의 지배력을 이용하여 자기에 대한 책임을 추궁하는 종속회사의 직접소송이나 지배회사의 대표소송을 철저히 통제할 수 있을 것이므로 결국 지배회사의 주주만이 종속회사에 대한 침해를 방지할 수 있는 유일한 당사자가 된다는 것이다.14) 이처럼 동일인이 종속회사와 지배회사 모두를 지배하고 있는 경우에 이중대표소송을 허용하는 이유는 그 경우에 유독 이중대표소송의 필요성이 인정되기 때문이다. 즉 만일 부정행위자가 오직 종속회사만을 지배하고 있다면 지배회사가 대표소송을 제기할 수 있을 것이고,

---

the Subsidiary, 64 Harv. L. Rev. 1313(1951), at 1318; 이를 인정한 판례로는 Martin v. D. Martin Co., 10 Del Ch. 211, 88 A 612(1913).

13) 이러한 논거에 대한 반대주장도 적지 않다. 이에 해당하는 것으로 첫째, 법인격부인이론이 적용되는 경우는 매우 예외적이므로 이 경우에만 이중대표소송이 허용된다면 매우 제한적으로밖에 인정되지 않는바, 결과적으로 매우 극소수를 제외하고 이중대표소송을 허용하지 않는 것과 동일한 결과를 초래한다는 것이다. 둘째, 지배회사 자신이 종속회사를 위한 대표소송을 제기하는 경우 법인격부인이론을 적용할 필요가 없고, 지배회사의 주주가 동일한 목적의 대표소송을 제기하고자 하는 경우에는 반드시 법인격부인이론에 의해서만 정당성을 찾는 것은 일관성이 없다는 것이다. 셋째, 법인격이론에 의해 이중대표소송을 정당화시키면 소송비용이 증가하게 된다는 것이다. 이러한 지적은 Painter, "*An Examination of the Multiple Derivative Suit and Some Problems Involved there in Light of the Theory of the Single Derivative Suit*," 31 N.Y.U. Law Rev. 938(1956) 참조.

14) 이 견해에 대해서도 비판이 있다. 첫째, 누가 회사를 지배하고 있는지 판단이 쉽지 않다는 점이다. 둘째, 동일인 지배이론에 의해 대표소송을 인정하는 경우 전통적인 주주대표소송과 균형이 맞지 않는다는 것이다. 즉 미국의 전통적인 주주대표소송은 단 1주의 주식을 소유한 경우에도 가능한데, 동일인지배에 의할 경우 지배회사가 종속회사에 대한 지배권을 갖기 위해서는 불가피하게 주식의 일정 비율 이상을 소유하고 있을 것이 요구될 것인바, 이 경우 종속회사의 주식을 일정 비율 소유한 지배회사의 주주 중 1주를 소유하더라도 지배회사의 주주는 이중대표소송을 제기할 수 있는 반면 지배회사가 종속회사의 주식을 일정비율 이하로 소유한 경우 지배회사의 주식을 99% 가져도 이러한 지배회사의 주주는 종속회사에 대해 이중대표소송을 제기할 수 없는 불합리가 있다는 것을 지적하고 있다.

반대로 부정행위자가 지배회사만을 지배하고 있다면 종속회사가 소송을 제기할 수 있으므로 동일인 지배가 없는 한 이중대표소송의 필요성도 없기 때문이다.

③ 신탁설(Trust Fiduciary Theory)　　이는 회사와 주주의 관계를 신탁관계로 보는바, 이중대표소송은 지배회사의 주주와 종속회사 사이에 二重의 信託關係가 성립한다고 보고 지배회사와 종속회사 사이의 신탁관계와 지배회사와 그 주주 간의 신탁관계로서, 전자에서는 지배회사가 신탁자이지만, 후자에서는 지배회사가 수탁자라는 것이다.[15] 따라서 지배회사는 그 주주들에게 신탁상의 의무를 부담하고, 종속회사는 지배회사에게 역시 신탁상의 의무를 부담하는바, 이중대표소송의 경우에는 지배회사의 주주가 자신의 수탁자인 지배회사에 대하여 신탁상의 의무를 부담하는 종속회사에 대하여 그 권리를 실행하기 위한 것이라고 한다.[16]

④ 대리이론(Agency Theory)　　이는 종속회사가 지배회사의 대리인으로 행동하였음을 이유로 이중대표소송이 허용된다는 것이다. 이 이론은 법인격부인이론의 변형인바, 법인격부인 주장이 없는 경우에도 대리이론을 적용할 수 있다는 점에 利點이 있다.[17]

⑤ 특정이행설(Specific Performance Theory)　　이는 지배회사가 종속회사에 대하여 지배권을 행사하고 있으므로 지배회사는 그 주주들에게 종속회사에 대한 부정행위를 시정하기 위하여 소를 제기할 의무를 부담하는바, 지배회사의 주주는 이중대표소송에 의해 회사의 이러한 의무를 특정 이행시킬 수 있다고 본다. 이 이론은 통상 信託說의 變形으로 설명되는데, 종속회사의 신탁의무 위반대신 특정 이행이라는 법적 도구를 이용한 것으로 분석된다.

⑥ 지주회사이론　　이는 지배회사와 종속회사의 관계가 지주회사나 사

---

15) 신탁관계에서 주장한 글로는 Note, *Corporation—Triple Derivative Suit Allowed in Absence of Controlling Interest*, 25 Fordham L. Rev. 140, 143 (1956). ; 통상의 대표소송을 신탁관계로 설명한 글로는 Bert S Prunty, *The Shareholders's Derivative Suits: Notes on its derivation*, 32 N. Y. U. L. Rev. 980, 986(1957).

16) 이에 대한 비판으로는 만일 지배회사가 신탁의무를 위배하였다면 지배회사의 주주는 대표소송에 의할 것도 없이 바로 그 책임을 추궁하는 소를 제기할 수 있고, 종속회사가 신탁의무를 위배하였다면 지배회사를 포함한 모든 주주가 개별적으로 모두 직접 소권을 가지게 되어 소송이 증가하게 된다는 점이 있다. 또한 피해를 입은 회사가 부정행위자에게 제소의무를 이행하지 않은 것이 되어 실제 피고가 되버린다는 문제도 지적되고 있다.

17) 이 이론도 원고주주로서는 종속회사가 지배회사의 대리인이라는 것을 입증하는 데 어려움이 있는데다가 사실상 이중대표소송이 제기될 필요성이 있는 사건 중 많은 경우 종속회사가 지배회사의 대리인으로서 행동하였다는 요소를 전혀 포함하지 않은 경우도 적지 않다는 문제가 있다.

업회사관계에 있는 경우에만 이중대표소송이 인정된다고 본다.[18]

⑦ 주주의 損害回復과 違法行爲의 抑制理論　　일반적인 대표소송의 논거인 주주의 손해회복과 위법행위의 억제가 그대로 이중대표소송의 인정논거로 타당하다는 것이다.[19]

⑧ 통상의 대표소송 擴張說　　이 이론은 이중대표소송을 원고주주가 제소권을 얻기 위해 제기하는 소송(이사회의 불제소의 경영판단이 부당하다는 것을 확인하는 소송)과 위법행위자에 대한 손해배상청구소송이 합쳐진 것으로 본다. 지주회사의 자회사의 경우 공개회사와 다르고 적대적 기업매수, 증권시장에 의한 감시, 위임장쟁탈전 등의 감시기회가 적어 자회사의 이사에 대한 억지기능이 작동하기 어렵고, 모회사 주주는 자회사에 대해 간접적으로 이해관계를 갖기 때문에 이중대표소송을 인정해야 한다는 것이다.[20]

상술한 바와 같이 여러 가지 이론이 제시되고 있으나 아직까지 이중대표소송을 보편적으로 설명하는 일반적 이론으로 확립된 것은 없다.

한편 이중대표소송을 否定하는 理論的 論據들도 지지받고 있는데, 이에는 다음과 같은 이론들이 해당된다.

① 代替手段 存在說(Alternatives to Double Derivative Suits Exist)　　지배회사의 주주는 이중대표소송을 제기하기 전에 지배회사와 종속회사의 이사회에 모두 제소청구를 해야 하는데, 이 때 지배회사의 이사회가 주주의 종속회사에 대한 제소청구를 거절하는 경우 그 주주는 지배회사를 대신하여 지배회사의 이사를 상대로 그들이 지배회사의 종속회사에 대한 투자분을 보호하는 조치를 취하지 못한 것에 대한 책임을 전통적인 단일대표소송으로 제기할 수 있는바, 굳이 이중대표소송이 아니라도 구제받을 대체수단이 있기 때문에 이중대표소송이 불필요하다는 주장이다.[21]

---

18) 이 이론 역시 지주회사가 무엇을 가리키는 용어인지 불분명하고, 부수적으로 사업을 하는 경우뿐 아니라 종속회사의 모든 주식을 소유한 경우를 의미하는 것인지가 명확하지 않고, 이중대표소송을 지주회사의 경우에만 인정한다면 그 범위가 임의적 또는 인위적으로 정해질 가능성이 있고, 이를 인정하는 범위도 너무 제한된다는 비판이 있다.

19) 이 주장도 대표소송의 제도적 취지가 주주의 손해회복과 위법행위의 억제에 있다는 논거만으로 대표소송 이외에 이중대표소송이 허용될 수 있는가에 대한 법리적 설명으로는 부족하고, 논리적 근거도 적절하지 못하다는 비판을 받고 있다.

20) David Locascio, *The Dilemma of the Double Derivatives Suit, Nw.* U. L. Rev. 729, at 754~757.

21) 그러나 이러한 주장은 직접적인 손해를 입은 것은 지배회사가 아니라 종속회사이기 때문에 지배회사의 간접적인 손해규모를 평가하는 것은 매우 곤란하며, 주식의 가치에 영향을 미치는 요소는 매우 다양하기 때문에 종속회사에 대한 침해가 필연적으로 지배회사가 소유하고 있는

② 同時株式所有原則違背說(Contemporaneous Ownership Requirements) 주주가 대표소송을 제기하기 위해서는 부정행위 발생 당시에 그 회사의 주주이어야 하는데, 지배회사의 주주는 종속회사의 주주가 아니어서 당시 주식소유의 원칙을 충족하고 있지 않기 때문에 종속회사를 대신해서 대표소송을 제기할 원고적격이 인정되지 않는다는 것이다.[22)][23)]

(나) 判　例　　판례들은 대체로 이중대표소송을 인정하고 있으나[24)] 한편에서는 이중대표소송을 부정하는 판례들도 존재한다. 이중대표소송을 인정한 판례에서 인정한 논거들도 다양한데, 대표적으로 법인격부인론을 적용한 예로는 Martin v. D. . Martin Co.[25)]사건이 있으며, 동일인지배론을 적용한 경우로 United States Lines v. United States Lines Co.,[26)]가 있으며, 신탁설에 기초한 것으로는 Goldstein v. Groesbeck 사건,[27)] 위법행위억제설에 기초한 판례로는 Holmes v. Camp[28)] 등이 있다.

종속회사 주식가치의 감소로 이어지지는 않는다는 비판을 받고 있다.

22) 동시주식보유원칙위배를 이유로 이중대표소송이 부인된 대표적인 사례로는 Crow v. Content Industries, Inc 260 So. 2d 865(Fla Dist. Ct. App. 1972)이 있다. 이 사건에서 원고는 Life Insurance사의 주주였는데 조금 지나 Life of Florida사의 주식을 교환받았다. 원고는 주식교환 후 발생한 종속회사의 자산처분이 부당하다고 주장하면서 대표소송을 제기하였다. 플로리다 항소법원은 원고가 소송제기 당시에는 Life Insurance사의 주주가 아니므로 동시주식소유원칙을 충족하고 있지 못하기 때문에 종속회사인 Life Insurance사를 대신하여 대표소송을 제기할 원고적격이 없다고 판시하였다.

23) 그러나 위 사례에 대해서는 지배회사의 이사들이 종속회사의 이익을 해치고 있으나 그들이 지배회사와 종속회사 모두에게 지배권을 행사하고 있기 때문에 그들을 상대로 종속회사가 직접 소송을 제기하거나 지배회사가 대표소송을 제기할 수 없는 경우 지배회사의 주주들에게 손해를 입은 종속회사를 위하여 이중대표소송을 제기하는 것을 허용해야 이사의 행동을 통제할 수 있다는 주장이 있으며, 이중대표소송이 허용되지 않는다면 회사의 경영자들은 항상 종속회사를 통하여 문제되는 거래를 함으로써 책임을 회피하려 할 것이라는 비판 등이 제기되고 있다.

24) 이중대표소송을 인정한 초기 판례들로는 Holmes v. Camp, 180 App. Div. 409, 167 NYS 840, 842(1917); Martin v. D. Martin Co., 10 Del Ch. 211, 88 A 612(1913); Schneider v. Greater M. & S. Circuit, 144 Misc 534, 259 NYS 319(1932). 이중대표소송의 필요적 당사자는 종속회사임을 명시적으로 밝힌 판례이다. 이후 이중대표소송제도의 필요성에 대한 인식이 차차 높아지면서 합리적인 절차를 고안하기 위한 시도가 계속되었다. 이중대표소송절차가 확립되는 계기가 된 사안으로는 United States Lines v. United States Lines Co. 96 F. 2d, 148(2nd Cir. 1938); Goldstein v. Groesbeck, 142 F. 2d 422(2nd Cir. 1944); Brown v. Tenny, 508 N. E. 2d 347(I 11. App. 1 Dist. 1987). 이 판례에서는 선례를 뒤집고 이중대표소송을 인정하였다.

25) 10 Del Ch. 211, 88 A 612 (1913).

26) 96 F. 2d 148(2nd Cir. 1938). 이 사건에서는 손해가 발생한 회사와 그 주식을 보유한 회사간에 지배관계 없이 자매회사관계에 있는데도 불구하고 위법행위가 양사를 지배하고 있다는 사실로 이중대표소송을 인정하였다.

27) 142 F. 2d 422(2nd Cir. 1944).

28) 180 App. Div. 409, 167 NYS 840, 842(1817).

(2) 우리나라에서의 논의

현재 현행법상 이중대표소송제도가 인정되어질 수 있는지에 대해서는 찬반 의견이 나뉘어 있다. 우리 상법상 해석으로도 이중대표소송이 허용된다는 입장[29]과 성문법체계하에서 법정되어 있는 대표소송의 제소자격을 해석으로 확장하는 것은 법해석의 한계를 일탈한 것이라고 하여 否定하는 견해가 그것이다.[30] 또한 해석상 가능하다는 前者의 주장도 실상 인정논거는 일치하지 않고 있는데, 각각 법인격부인론, 지주회사론, 주주의 손해회복과 위법행위억지론 등을 제시하고 있다. 반면에 법문에 따라 엄격하게 해석하여 이중대표소송을 부정하는 견해중에도 이중대표소송의 필요성을 인정하여 입법론을 제시하는 견해가 많다[31]

4. 適用範圍

(1) 우리나라의 경우 이중대표소송의 인정범위는 크게 (i) 지배 · 종속관계에 있으면 인정된다는 견해와[32] (ii) 최소한 완전지배종속관계에서는 인정해야 한다는 견해와[33] (iii) 지배종속관계가 없어도 인정된다는 견해로 구분할 수 있다. (iii)의 경우는 동일인 지배하에 있으면 인정된다고 본다.[34]

---

29) 정동윤, 「회사법」 제 6 판(법문사, 2000), 465면. 의결권의 통과행사와 같은 원리에서 제소권자인 주주의 개념에 종속회사의 주주인 지배회사의 주주도 포함된 것으로 해석하여 종속회사와 지배회사 모두 책임추궁을 거절하는 경우 이중대표소송이 허용된다고 한다; 정동윤, "주주의 대표소송-실무상의 문제점을 중심으로," 「사법논집」 제 2 집(1972), 365면 참조; 김재형 · 최장현, "이중대표소송의 인정근거," 「상사판례연구」 제15집(한국상사판례학회, 2003), 280면 이하 참조; 송옥렬, 전게논문, 대표소송의 본질과 그에 근거한 현행법의 구조에서 해석상 인정할 수 있다고 주장한다; 안성포, "주주대표소송과 원고적격성," 「비교사법」 제12권 1호(2005. 3), 484면. 최소한 완전종속회사의 경우에는 이중대표소송을 인정해야 한다고 주장하고 있다.

30) 이철송, 「회사법강의」 제11판(2004); 김재문, "지주회사의 도입에 따른 회사법의 방향," 「상사법연구」 제18권 제 1 호(1999), 108면; 이동원, 「지주회사」(세창출판사, 1998), 311면 참조; 손영화, "모회사 주주의 대표소송과 이사의 경영판단(대법원 2004. 9. 23, 선고 2003다49221 사건을 중심으로)," 「상사판례연구」 제17집(한국상사판례학회, 2004), 18면; 김대연, 종속회사 이사의 위법행위와 지배회사 주주의 보호(서울고등법원 2003. 8. 22. 선고 2002나13746 판결)," 「상사판례연구」 제16집(한국상사판례학회, 2004), 361면.

31) 손영화, 전게논문, 33면; 김대연, 전게논문 375면 참조; 김대규, "지배회사주주의 이중대표소송," 「증권법연구」 제 5 권 제 2 호(2004), 139면. 모자회사관계법의 제정을 통해 실현되는 것이 바람직하다고 한다.

32) 김대연, 전게논문, 361면; 지주비율이 100% 미만이어도 지배관계가 있고 더욱이 자회사가 실질상의 모회사의 일부라고 인정되는 경우 양자가 경제적으로 일체이고 재산적 일체관계에 있는 경우에도 모회사 주주에게 이중대표소송을 인정해야 한다는 주장으로 손영화, 전게논문, 39면 참조; 유사한 취지로는 김재형 · 최장현, 전게논문, 281면.

33) 안성포, 전게논문, 484면 참조.

34) 이에 대한 반대의견으로는 송옥렬, 전게논문, 참조. 이 경우까지 이중대표소송을 인정할 경우 우리나라의 경우 모든 계열회사의 주주는 모든 계열사의 이사를 상대로 이중대표소송을

(2) 미국의 경우 대표소송의 이념에서 사실상의 支配的 利害關係(de factor controlling interest)를 갖는 한 이중대표소송을 인정하는 것이 주된 경향이다.[35] 다만 판례는 소수주주가 전혀 없는 완전종속회사에서만 이중대표소송을 인정하는 경향을 띠며, 특히 이중대표소송은 완전종속회사의 경우에 설득력이 있다고 한다.[36]

5. 節 次

이중대표소송을 어떠한 이론하에서 인정하는가에 따라 절차도 차이가 있다. 예컨대 지배관계를 인정요건으로 하지 않는 이론하에서는 남소방지조치의 고려가 더 절실히 요구된다. 이 경우 이른바 제소청구요건으로서 양 회사에 사전에 소제기를 청구할 것을 요건으로 하는 경향이 높은 반면에, 지배관계는 단순히 양 회사에 대한 제소청구를 면제하는 판단기준으로서 사용하기 위한 것이라는 입장[37]에 의하면 사전제소청구가 요구되지 않는 것도 인정된다.

한편 우리나라에서 개진되는 견해들의 경우 주장하는 이론적 논거와 상관없이 대체로 이중대표소송을 인정하는 견해들은 책임추궁절차와 관련해서는 통상의 주주대표소송에서 요구되는 절차가 이중대표소송에도 동일하게 적용된다고 한다. 즉 지배회사의 주주는 (i) 지배회사와 종속회사의 각각의 이사회에 대한 제소청구를 사전에 행해야 하며,[38] (ii) 소송비용의 담보제공 및 (iii) 회사를 필요적 당사자로 할 것을 요건으로 제시하고 있다.[39]

제기할 수 있다는 부당한 결과에 이를 뿐 아니라 이론적으로도 동일인에 의해 지배되고 있는 계열사의 주주는 일반적으로 서로 이해관계가 일치된다고 볼 수 없기 때문에 부정하는 것이 타당하다고 주장한다.

35) ALI, Principles of Corporate Governance : Analysis and Recommendations, 1994, § 7.02 Comment f.

36) 김대연, 전게논문, 361면; Painter, *Double Derivative Suits and Other Remedies with Regard to Damaged Subsidiary*, 36 Ind. L. J. 143, at 146.

37) Craftsman Finance & Mortgage Co. v. Brown, 64 F. Supp. 168(S. D. N. Y. 1945).

38) 김대연, 전게논문, 367면; 정동윤, 전게서, 471면; 이태종, 전게논문, 510면 참조. 이 경우 지배회사 주주는 지배회사 이사회에 대해 제소청구를 하고, 다음으로 종속 회사에 대하여 제소청구를 하고 이러한 청구가 모두 거절된 후에야 이중대표소송을 제기할 수 있게 된다.

39) 그러한 사고는 다음과 같은 점을 고려한 것이 아닌가 추측되는데, 즉 우리회사법은 개별기업을 전제로 하고 있어 이중대표소송으로 별개의 법인격을 가진 회사에 대해 대표소송을 제기하는 것이 인정된다고 하더라도 대표소송의 원고적격을 인정하는 것일 뿐 통상의 대표소송과 다르지 않기 때문에 통상의 대표소송절차와 동일한 절차를 밟아야 하는 것으로 본 것이 아닌가 생각된다. 두 번째는 별개의 법인격을 가진 자회사의 이사에 대해 대표소송을 제기하는 것의 인정으로 인해 우려되는 남용가능성을 방지하는 방안으로서 절차를 보다 엄격히 인정하고자 한 것은 아닌가 생각된다. 그러나 이중대표소송의 절차와 관련해서는 이중대표소송의 특이점을 중시하여 절차를 명확히 할 필요가 있다. 예컨대 이중대표소송의 인정논거로서 법인격

미국의 경우 대체로는 예외를 제외하고는 대표소송에 요구되는 절차를 원칙적으로 이중대표소송에도 그대로 적용하고 있다.40) 다만 예외로서 부정행위자가 지배회사와 종속회사를 모두 지배하고 있는 경우처럼 이사회에 대한 제소청구가 무익한 경우에는 사전제소청구가 면제된다.41)

Ⅲ. 對象判決의 分析

그 간 이중대표소송제도를 둘러싼 학계의 논의는 대상판결과 원심이 나오기 전까지는 그리 활발하지 않았다. 그러한 점을 감안한다면 대상판결과 하급심판결은 이중대표소송을 둘러싼 논의를 활성화시키게 된 계기가 된 판결이라는 점에서 회사법상 상당히 중요한 의미가 있다.

이하에서는 이러한 의미를 가진 원심과 대상판결이 여러 면에서 대조를 보이고 있는바, 대상판결을 분석하기 앞서 원심판결을 먼저 살펴보고자 한다.

1. 原審判決의 檢討

(1) 特 徵

우선 원심판결에서는 이중대표소송을 인정하기 앞서 이중대표소송의 否定論據로 제시되는 이른바 '동시주식소유원칙의 위배'와 '대체적 수단의 존재설'의 문제점을 지적하고 있다. 이 중 대체적 수단의 존재설이 갖는 문제점에 대해서는 다음과 같이 상세히 지적하고 있다. 이에 의하면 "… 지배회사의 이사회에 대한 제소청구 또는 지배회사의 이사를 상대로 한 대표소송만으로는 ① 종속회사 이사의 부정행위로 위한 지배회사의 간접적인 손해액을 평가하기 어렵고, ② 종속회사의 주식을 여러 회사가 나누어 소유하고 있는 경우, 각 지배회사마다 대표소송이 제기되는 결과를 초래할 수 있으며, ③ 이중대표소송을 허용하

부인론을 취하는 경우에는 법인격을 전제로 하지 않기 때문에 사전제소절차를 지배회사, 종속회사 모두에 요구할 의의가 상대적으로 적다. 반면 위법행위억제설을 취하는 경우에는 남용을 막기 위해 지배회사와 종속회사 양사에 제소청구를 할 것을 요건으로 인정할 필요가 있지만, 양 회사를 지배하는 관계에 있는 경우에는 그러한 요건이 무익해진다.

40) 즉 이사회에 대한 제소청구의 원칙, 소송비용의 담보규정, 회사를 필요적 당사자로 하는 규정 등의 적용 여부가 해당된다. 다만 洲에 따라서는(뉴욕주 및 대략 1/3의 주 해당) 일정 수의 지주수 내지 시가액을 갖추지 않은 경우에만 소송비용의 담보제공을 요구하고 있으며 손해를 입은 종속회사만이 담보를 청구할 수 있다. 예컨대 뉴욕주 회사법의 경우 5% 내지 5만달러 시가액을 기준으로 담보제공을 요구하고 있다. 이에 관해서는 김대연, 전게논문, 364면 주 55 참조.

41) Note, *Corporations-An Examination of the Multiple Derivativessuit and Some Problems Involved Therein in Light of the Theory of the Single Derivative Suit*, 31 N.Y.U.L. Rev. 932, 941(1956); 김대연, 전게논문, 363면 참조.

지 않으면 지배회사 및 종속회사에 대한 경영권을 모두 지배하고 있는 경영진이 종속회사를 통해서 부정행위를 함으로써 책임을 회피하는 수단으로 이용할 위험이 존재하는 등의 부작용이 발생하는 난점을 극복하기 어렵다."고 지적하면서 이중대표소송의 부정론을 받아들이지 않았다. 원심판결의 또 다른 특징으로 특기할 만한 것을 들자면 이중대표소송을 인정하면서 그 이론적 근거로서 이른바 '보상과 억제설'[42] 및 '신탁설'[43]을 제시하고 있다는 점이다.

(2) 效　果

원심판결이 현행 상법하에서 적극적으로 이중대표소송을 해석으로 수용하고자 의욕한 점에서 그 의의와 효과는 다음과 같은 점에서 상당하다. 즉 ① 과거 금지된 순수지주회사의 설립과 전환이 현재 자유로운 기업현실을 감안하여 자회사 경영에서 일체 배제된 지주회사의 소수주주의 이익을 보호하는 방안을 현실화하고자 의욕한 점, ② 이중대표소송을 인정하지 않을 경우 발생할 수 있는 부작용을 인식하고 이를 명확히 한 점, ③ 이중대표소송의 인정논거들을 비교적 자세히 설명한 점에서 실효성 있는 주주이익보호방안을 마련하고자 노력한 흔적이 있는 점, ④ 이론적으로 '보상과 억제설' 및 '신탁설'에 기초하여 이중대표소송을 인정함으로써 향후 이중대표소송의 인정범위를 넓게 인정할 여지를 열어 둔 점 등에서 향후 지배 종속회사의 경영 감시장치로서 이중대표소송의 역할이 상당할 것임을 기대하도록 하게 하고 있는 점이다.

(3) **問題點: 이중대표소송을 인정한 논거의 타당성 문제**

원심의 적극적인 시도는 비록 그 의미가 상당함에도 불구하고, 적용법리와 관련해서 몇 가지 검토할 사항이 있다.

원심판결은 '보상과 억제설'과 '신탁설'에 근거하여 이중대표소송을 인정하고 있다. 이 이론들은 이중대표소송을 적극적으로 인정하기 위해 취한 이론들이란 점에서 충분히 수긍이 가나 과연 이들 이론적 논거들이 해석상 이중대표소송을 인정하는 데 충분한 설득력을 갖는 것인가 하는 점은 의문의 여지가 있

42) 원심판결에서는 "… 반면 종속회사의 경영진이나 주주들이 여러 가지 이유로 이사들의 종속회사에 대한 부정행위를 시정하지 못하는 경우가 있을 수 있는바, 이러한 경우 이중대표소송을 인정함으로써 종속회사 이사들의 부정행위를 억제할 수 있는 효과를 기대할 수 있고, 종속회사의 손해를 종국적으로 지배회사 주주의 손해로 귀속되므로 이중대표소송을 통하여 종속회사의 손해를 회복함으로써 간접적으로 지배회사 및 지배회사 주주의 손해를 경감하는 효과를 기대할 수도 있다"라고 하고 있다.

43) 원심판결에서는 "… 이와 같은 이중대표소송의 필요성에 비추어 우리 상법의 해석에서도 대표소송을 제기할 수 있는 주주의 개념에 '회사인 주주의 주주'를 포함함으로써 이중대표소송을 인정할 수 있다고 볼 것이므로 …"라고 하고 있다.

다.[44)]

우선 신탁설은 신탁이론에 기초한 이론인데, 이러한 법리는 우리 회사법제에 있어 확립된 법적 개념이 아니며 친숙하지 않다.[45)] 즉 우리법상 신탁법리는 신탁업법을 제외하고, 이러한 이론에 친숙한 금융법 분야에서조차 신탁법리를 법에서 명문으로 인정하고 있지는 않다. 더구나 회사법상 이중대표소송과 관련한 논의에서만 신탁이론을 인정하는 것은 타당하다고 할 수 없다. 게다가 법리적으로 맞지 않는데, 즉 신탁법리하에서는 주식을 신탁한 관계에 있는 경우 신탁재산인 주식에 대해 수익자는 간접적으로 이해관계를 갖고 있을 뿐이고 신탁재산을 위해 대표소송을 제기할 수 있는 자는 수탁자로 제한되어 受益者에게는 인정되지 않는다.[46)] 또한 신탁설에 의할 경우 반드시 지배종속회사관계가 아니라 하더라도 이중대표소송이 인정될 수 있는바 대표소송의 이용을 無限的으로 허용하는 결과를 낳을 수 있어 濫用이 우려될 수 있다. 요컨대 원심판결이 채택하고 있는 보상과 억제설과 신탁설 이들 두 이론은 이중대표소송의 적용을 해석에 의해 무한히 확대할 危險性이 있다.[47)]

그렇다면 어떠한 이론적 근거가 보다 설득력을 갖고 있는 것이라고 할 수 있는가? 생각건대 대상판결과 같은 사안에서라면 이중대표소송을 인정하는 이론 중에서 이른바 '同一人 支配說'에 기초해서 인정하였다면 보다 타당하였을 것으로 생각된다. 동일인 지배설은 이중대표소송이 왜 필요한지를 분명히 제시하는 이론이기 때문이다. 더욱이 이 사안에서는 이러한 동일인지배요건을 충분히 충족하고 있다. 즉 동일 이사나 경영진에 의해 지배회사와 그 100% 종속회사를 지배하고 있는 경우에는 이중대표소송을 허용하는 것인바 동일인이 지배회사와 종속회사를 지배하면서 종속회사의 이익을 해하고 있는 경우 그 사람은 자신의 지배력을 이용하여 자기에 대한 책임을 추궁하는 종속회사의 직접소송이나 지배회사의 대표소송을 철저히 통제할 수 있을 것이므로 결국 지배회사의 주주만이 종속회사에 대한 침해를 방지할 수 있는 유일한 당사자가 된다.

---

44) 이러한 지적에 찬정하는 견해로는 김대연, 전게논문, 368면 참조.

45) 이러한 점 때문인지 분명하지는 않지만, 일본에서는 위임관계 및 복위임관계로 설명하기도 한다. 山田泰弘, 전게서, 310면 이하; 浜田道代,"サービス提供取引の法體系に關する一及試論－委任・雇傭・請負および代理・取次に・匿名組合・信託・會社について," 田邊 光政先生還曆記念 現代企業取人法[浜田道代ほか編] 16～17(稅務經理協會, 1998년).

46) 신탁법리와 대표소송과의 관계에 대한 자세한 연구는 Judith Schemel Suelzle, *Trust Beneficiary Standing in Shareholder Derivative Actions*, 39 Stan. L. Rev. 267, at. 267 참조.

47) 같은 지적에 대해 송옥렬, 전게논문, 참조.

물론 이러한 주장에 대해 '동일인 지배'를 근거로 할 경우 '支配' 요건을 판단하는 것이 쉽지 않으며 지배 여부에 대한 판단은 법원에 과중한 부담이 되며, 지배에 이르지 못한 결합의 경우에는 구제책이 없다는 지적이 있다.[48] 그러나 지주비율 내지 공통의 이사 선임 등에 의해서 지배로 인정하는 것이 불가능하지 않으며[49] 지주비율 내지 공통이사와 관련 없는 영향력을 갖는 것으로도 지배는 충분히 인정될 수 있을 것이다. 더구나 지배종속회사와 같은 구조일 경우 일단 지주비율이 전제되어 있는 이상 지배요건의 충족 여부를 판단하는 것이 보다 용이하며 이중대표소송의 적용법리로 제시되는 다른 이론들에 비해 현행 법상 받아들이기 용이하다는 점에서도 利點이 있다. 예를 들어 法人格否認論은 우리법상 매우 예외적으로 인정되는 법리이며 신탁설(내지 그 일종인 특정이행설 포함)도 경제적 실체를 중시하는 이론적 측면에서는 수긍할 수 있지만 신탁법리에 의할 경우 법적 권리를 행사할 수 있는 자는 수탁자에 한정되며 수익자에게는 인정되지 않으므로 신탁법리적으로 설명이 안 된다는 문제가 있음은 앞서 지적한 바 있다. 반면 동일인 지배설에 근거할 경우 다른 利點도 기대할 수 있는데, 즉 각각의 회사가 법인격은 물론 재산과 업무가 형식적으로 獨立性을 유지한 경우에도 동일인 지배에 기초하여 이중대표소송을 허용할 수 있는 점에서 법인격 부인이론보다 허용범위가 넓다는 점이다. 법인격이론이 적용되기 위해서는 자본과소, 재산, 업무의 혼용 등의 요건들이 충족되어야만 하지만 동일인 지배설은 이러한 요건을 요구하지 않기 때문이다. 또한 별개의 법인격을 가진 회사를 전제로 한 현행 회사법 패러다임 안에서도 적용할 수 있다는 이점이 있다. 마지막으로 보상과 억제설 내지 신탁설과 달리 무한하게 이중대표소송을 인정할 우려는 적다는 점도 큰 이점이라 할 것이다.

48) 동일한 논거를 제시하고 있는 글로는 Paint, *Double Derivative Suits and Other Remedies with Regard to Damaged Subsidiaries*, at 151 ; 지배를 판단하는 것이 어렵다는 점을 지적하고 있는 글은 Gevurtz, *"Who Represents the Corporation" In Search of a Better Method For Determining the Corporate Interest In Derivative Suits*, 46 U. PITT. L. Rev. 265, at 281(1985); 동일인 지배설에 대한 비판을 소개한 글로는 김재형 · 최장현, 전게논문, 273면 참조; 정병성, 전게논문, 242면 이하 참조.

49) 다양한 법에서 각각의 입법목적에 따라 지배를 결정하는 기준들을 제시하고 있다. 예컨대 구 은행법 제15조 사실상의 지배 개념이나 공정거래법상의 기업결합을 판단하는 지배관계를 들 수 있다.

구 은행법 제15조(동일인의 주식보유한도 등) ① 주주 1인과 그와 대통령령이 정하는 특수관계에 있는 자(이하 동일인이라고 한다)는 금융기관의 의결권 있는 발행주식총수의 100분의 4를 초과하는 주식을 소유하거나 사실상 지배(동일인이 자기 또는 타인의 명의로 소유하거나 담합에 의하여 의결권을 행사하는 것을 포함하며, 이하 이조, 제16조 및 제26조에서 보유라고 한다)하지 못한다.

한편 이중대표소송이 발달된 나라들을 보면 인정범위가 넓으며 이를 위한 이론적 논거도 이중대표소송을 넓게 인정하는 보상과 억제설[50] 내지 신탁설이 채택되는 경향이 있으나 이 경우 대표소송의 남용에 대한 회사의 부담을 입법정책상 크게 우려하지 않을 수 없다. 따라서 대표소송의 기능이면서 최대의 이점인 회사 경영자의 업무 감시효과 및 그로 인한 회사와 주주의 이익보호를 구현하기 위한 대표소송의 활성화 차원에서의 고려도 일응 하면서 이와 함께 그 남용의 방지라는 두 개의 목적을 달성하는 측면에서 보면 무한히 적용범위를 확대하는 이론적 근거보다는 양 측면을 고려하여 조화할 수 있는 입장인 동일인지배설이 보다 타당할 것으로 생각된다.

2. 對象判決의 檢討

⑴ 特 徵

대상판결은 현행법의 해석상 이중대표소송은 원칙적으로 인정되지 않음을 명백히 밝히고 있다.

⑵ 問 題 點

대상판결에서 이중대표소송을 否定하면서 제시한 논거들은 다음과 같은 점에서 검토의 여지가 있다.

㈎ 형식논리에 의한 결론이 주주의 정당한 권리를 행사할 수 있도록 하는 이론구성에 우선할 수 있는가? 대법원은 이중대표소송을 부정하면서 "어느 한 회사가 다른 회사의 주식의 전부 또는 대부분을 소유하여 양자 간에 지배종속관계에 있고, 종속회사가 그 이사 등의 부정행위에 대하여 손해를 입었다고 할지라도 지배회사와 종속회사는 상법상 별개의 법인격을 가진 회사이고, 대표소송의 제소자격은 책임추궁을 당하여야 하는 이사가 속한 당해 회사의 주주로 한정되어 있으므로, 종속회사의 주주가 아닌 지배회사의 주주는 상법 제403조, 제415조에 의하여 종속회사의 이사 등에 대하여 책임을 추궁하는 이른바 이중대표소송을 제기할 수 없다"고 설시하였다.

이러한 설시와 관련하여 우선, 대상판결은 이중대표소송을 인정할 수 있는

50) 1999년 개정된 이스라엘 회사법 제194조 A항 "누구든지 주주 또는 이사는… 대표소송을 제기할 수 있다"라고 규정하고 있다. 회사가 금지된 분배를 하는 경우에는 채권자도 대표소송을 제기할 수 있다(제204조). 즉 '누구든지'라고 규정함으로써 주주인 경우는 당해 회사건 지배회사의 주주건 대표소송을 제기할 수 있도록 허용하고 있다. 이러한 규정에 의해 이중대표소송이 인정된 이론적 논거로서 보상과 억제설 및 주주보호를 든다. 자세한 것은 Arad Reisberg, *ISRAL*: Promoting The Use of Derivative Actions, Comp. Law.(2003), p. 248 이하 참조.

다른 이론적 근거들을 충분히 살피지 않은 채 일반적으로 이중대표소송을 부인한 점에서 문제가 있다. 대상판결은 회사는 각각 별개의 법인격을 가짐을 전제로[51] 상법 문언에 충실하게 해석하여 '당해 종속회사의 주주'만이 대표소송을 제기할 원고적격이 있다고 판시하였다. 그러나—비록 이중대표소송건은 아니나—종래 법인격부인법리가 적용된 판결을 찾아볼 수 있고, 또한 지배종속회사 간의 공통의 이사 등의 존재가 대표소송에 미치는 영향 등을 고려하여 다른 이론들을 검토하였어야 옳았다.

대법원의 판단은 법적 안정성을 확보할 수는 있겠지만 주주의 정당한 권리 행사로서 대표소송을 제기할 수 있는 기회를 일절 박탈하는 이론구성에 우선할 수는 없다고 보여진다. 위법행위에 대한 구제수단으로 다른 구제수단과 대표소송 중 선택할 수 있게 하는 결정권을 주주에게 주는 방안을 모색해 보았다면 하는 아쉬움이 있다.

(나) 기업현실의 반영 결여 두 번째로, 대법원의 판단은 현실적으로 지배종속회사 내지 지주회사 형태의 증가라는 기업현실을 반영하지 못하는 문제점이 있다. 나아가 별개의 회사 형태를 이용하여 종속회사의 이사들이 지배회사의 주주들의 이익을 침해하는 남용의 경우에 대처하지 못하고 공백의 상태로 남기게 되는 중대한 허점이 있다.[52] 대법원이 형식적인 논리에 기초한 논지를 계속 고수할 경우 특히 완전자회사에 손해를 입힌 모회사의 이사 등이 모회사와 자회사를 모두 지배하고 있는 경우 자회사에 의한 직접소송과 모회사에 의한 대표소송을 방지하기 위하여 자신의 지배력을 이용할 경우 대표소송은 일체 무력화될 수밖에 없다.

최근 이와 같은 대표소송의 엄격한 요건을 오히려 남용하는 데 이용한다는

51) "상법 제403조 제1항, 제3항은 발행주식총수의 100분의 1 이상에 해당하는 주식을 가진 주주는 회사에 대하여 이사의 책임을 추궁할 소의 제기를 청구할 수 있고, 회사가 이 청구를 받은 날로부터 30일 내에 소를 제기하지 아니한 때에는 위 주주는 즉시 회사를 위하여 소를 제기할 수 있다고 규정하고 있고, 이 규정은 상법 제415조에 의하여 감사에 준용되는바, 어느 한 회사가 다른 회사의 주식의 전부 또는 대부분을 소유하여 양자 간에 지배종속관계에 있고, 종속회사가 그 이사 등의 부정행위에 대하여 손해를 입었다고 할지라도 지배회사와 종속회사는 상법상 별개의 법인격을 가진 회사이고, 대표소송의 제소자격은 책임추궁을 당하여야 하는 이사가 속한 당해 회사의 주주로 한정되어 있으므로, 종속회사의 주주가 아닌 지배회사의 주주는 상법 제403조, 제415조에 의하여 종속회사의 이사 등에 대하여 책임을 추궁하는 이른바 이중대표소송을 제기할 수 없다"

52) 대상판결과 유사한 판지를 내린 판결은 미국에서도 적지 않게 찾아볼 수 있다. 이러한 결과는 이른바 동시소유원칙을 고집스럽게 고수한 결과인데, 이에 대하여 법원이 다른 회사형태를 이용한 남용행위를 하도록 촉진하는 결과를 야기한다는 비난이 있다. David W. Locascio, *The Dilemma of the Double Derivative Suit*, at 741, 김재형·최장형, 전게논문, 재인용.

우려가 대내외적으로 높아지고 있는 추세이다. 대표적으로 日本에서 연이어 나온 주식교환 · 주식이전에 의한 원고적격 상실을 이유로 대표소송을 각하한 판결[53]과 그 선구적 모델이 된 합병 내지 주식교환 이전으로 원고적격을 상실한 미국의 보수적인 판결들이[54] 법원에서 굳혀지고 있음을 우려하여 이에 대한 반향으로 최근에는 그러한 남용을 막는 장치를 적극적으로 입법화하려는 시도가 행해지고 있고[55] 이와 함께 선례에 구속하지 않는 판례들도 속속 등장[56]하고 있음을 주목할 필요가 있다.

(3) 다른 이론들의 적용가능성 檢討

(가) 법인격부인론의 적용가능성 이중대표소송을 인정하는 근거 중의 하나로 법인격부인론이 제시되고 있음은 앞서 본바와 같다. 이 이론은 우리나라에서도 일찍이 받아들여진 이론으로 신의칙 내지 권리남용 금지라는 일반 원칙이지만, 이미 대법원은 이를 회사법관계에 적용한 바 있다. 이 법리의 적용과 관련해서 동 사안에서 법인격부인 법리를 적용하여 이중대표소송을 허용할 수 있다는 주장[57]과 이와 달리 법인격부인론과 이중대표소송은 정반대방향으로

53) 東京地判 平成 13年 3月 29日 ミスホールテイングス事件, 判時 1748号 171면, 金判 1120号 참조; 名古屋地判 平成 14년 8월 8일(東海銀行事件) 判時 1800号 150면; 東京地判 平成 15年 2月 6日(三井不動産販賣事件) 判時, 1812号, 143면; 名古屋高判 平成 15年 4月 23日(동해은행사건항소심판결, 판례집미등재) 등 참조.

54) Lewis v. Anderson, 477 A. 2d 1040(Del. 1984), 이에 대한 논문으로는 近藤光男, 會社の合併 · 株式交換と 株主代表訴訟, 商事法務 1637号(2002), 48면 참조.

55) 대표적으로 일본의 경우 2003년 10월 22일 법무성 산하 법제심의회 "회사법 현대화관계부회"에서는 회사법제의 현대화에 관한 요강시안을 발표하면서 그 4부 제4의 8에서 주주대표소송제도의 개정 여부에 관하여 검토하고 있다고 밝히면서, 그 각주에서 소위 소송위원회제도의 도입, 주주대표소송의 원고적격상실의 방지, 주주대표소송에서의 담보제공의 요건인 악의의 요건의 명확화를 예시하고 있다. 이에 의해 판례로 굳혀지고 있는 주식교환 · 이전으로 인한 원고적격상실에 대해 입법적으로 대처하고자 하고 있음을 알 수 있다. 시안 및 이에 대한 설명에 대해서는 상사법무 1678호(2003), 20면 참조; 시안에 대한 의견으로는 주주대표소송제도연구회, "株式交換 · 株式移轉と株主代表訴訟(1)－原告適格の繼續－,"「商事法務」1680号(2003), 4면 이하; 株主代表訴訟制度研究會, "株式交換 · 株式移轉と株主代表訴訟(2)－企業結合と株主代表訴訟－,"「商事法務」1682号(2003), 4면 이하 참조.

56) 1984년 Lewis v. Anderson 판결로 주식교환 · 이전으로 원고적격이 상실되는 것으로 판례법이 형성된 이후 1999년 미국에서는 이를 뒤집는 판결이 미네소타州에서 나와 크게 주목받고 있다. 즉 Professional Management Associates, Inc., v. Coss, 598 N. W. 2d 406(Minn. App. 1999)판결이 그것이다; 주주의 권리행사를 부당하게 형식적인 이유로 저해하는 것은 문제라는 논거에서 Lewis 판결을 비판하면서 Professional Management판결에 대해 찬성하는 글로는 吉實, "會社の合併 · 株式交換と株主代表訴訟の當事者適格－Coss ケースの檢討 中心にして,"「大阪經大論集」第54卷 第5号(2004年 1月), 383면 이하 참조 ; 판결에 대한 비판론으로는 Mark M. Graham, *Delaware Post－Merger Derivative Suit Standing and Demand Requirements: Professional Management Associates, Inc v. Coss*, 25 J. of Corp.(2000) 참조.

57) 정병석, 전게논문, 244면 참조. 논문에 의하면 "종속회사 대표이사의 횡령이 발생할 당시 지배회사는 특별한 사업을 영위함이 없이 종속회사의 주식만을 소유하고 있고, 지주비율도

작동하는 이론이라는 점에서 법인격부인 이론을 적용하는 것은 무리라는 반대 주장이 있다.[58]

통상 법인격부인론은 채권자보호를 위한 법리로 이용되는 것이 보통의 경우이며 또한 법인격부인론은 기업결합관계에 있는 회사 간에 특별히 이중대표소송을 인정해야 할 설득력 있는 이유를 제시하지 못하고 일반론으로 해결하는 문제점이 없지 않다. 그러나 법인격부인론이 인정되는 요건을 갖추는 한 법인격부인론을 적용하여 모회사의 소수주주가 보호받는 경우를 일부러 제외할 이유는 없을 것으로 보인다. 이중대표소송제도가 가장 먼저 인정된 미국의 경우를 보더라도 초기이용단계에서는 가장 먼저 적용한 법리가 법인격부인이론이었음을 감안한다면 굳이 제외할 것은 아니라고 본다.[59] 다만 법인격부인론에 의존한다면 실제 매우 예외적인 경우만 인정될 것이기 때문에 이중대표소송을 제한적으로만 인정하게 됨으로써 결과적으로 이중대표소송을 인정하지 않는 부작용을 낳을 우려가 있어 일반적인 이론적 논거로 의존하기에는 불완전한 점이 있다.

(나) **보상과 억제설의 적용가능성** 한편 보상과 억제설을 주장하는 견해들은 다음과 같은 접근방법을 취하고 있는 것으로 보인다. 즉 (i) 이중대표소송은 통상의 대표소송제도와 그 기능이 다를 바 없기 때문에 대표소송의 인정논

81%정도로 지배권을 행사하기에 충분하고 실제 종속회사의 대표이사와 이사, 감사를 지배회사의 경영진이 겸직하는 등 사실관계에서 법인격의 독립성을 부인하는 데 필요한 지배요건과 업무의 혼용요건을 충족하고 있다는 것을 이유로 제시한다. 또한 재산의 혼용과 관련해서는 양 회사가 구분된 회계처리 등 재산관계의 독립성을 형식적으로 유지하였다고 하더라도, 채무이행을 장기간 방치하고 있었던 점 등 실질적인 재산의 혼융을 추정할 수 있는 사실 등에 기초해서 이 사건도 법인격 부인론에 근거하여 이중대표소송을 인정할 여지는 충분하다고 주장하고 있다.

58) 송옥렬, 전게논문, "… 법인격부인의 경우에는 종속회사의 채권자가 지배회사의 책임을 묻기 위하여 이용할 수 있는 것임에 비해, 이중대표소송은 지배회사의 주주가 종속회사의 이사에게 책임을 묻기 위한 것이다. 따라서 두 이론에 있어 부인해야 할 법인격이 서로 다르다. 법인격부인의 경우에는 종속회사의 법인격이 부인되어 종속회사의 채권자가 마치 지배회사의 채권자인 것처럼 되지만, 이중대표소송의 경우에는 지배회사의 법인격이 부인되어 지배회사의 주주가 마치 종속회사의 주주인 것처럼 된다. 그 결과 종속회사의 법인격을 부인하기 위하여 법인격부인이론에서 논의되고 있는 여러 고려사항들이 자동적으로 이중대표소송에도 고려되는 것은 아니다. 예를 들어, 이중대표소송의 경우에는 지배회사의 법인격을 부인하기 위하여 지배회사의 자본이 충분한지 여부를 고려할 필요가 없다. 법인격부인론은 단순히 회사의 법인격을 무시하는 이론을 통칭하는 것이라기보다는 구체적으로 주주의 유한책임을 부정하는 것에 국한된 이론이므로, 이러한 맥락에서 개발된 이론을 주주의 유한책임과 상관없는 사항에 적용하는 것은 무리이다"라고 주장하고 있다.

59) 대표적으로 Martin v. D. B. Martin Co., 10 Del. Ch. 211, 88A612(1913), 참조. 동 사건의 개요와 설명은 山田泰弘, 전게서, 286면.

거인 보상과 억제설을 확대 적용할 수 있다고 보는 접근방법이다. (ii) 두 번째는 자회사의 운영과 관련한 사항은 주주권의 행사범위와 관련하여 모회사의 이사회가 결정할지 모회사의 주주가 결정할지 여부가 매우 중요하지만,[60] 운영에 관한 것이 아니라면 예컨대 주주권 중 감독시정에 관련된 것은 모회사의 주주가 하든 모회사가 직접 하든 크게 중요하지 않다는 접근방법이다.[61] iii) 세 번째는 현재 통상의 대표소송제도가 활성화되지 않는 현시점에서 이러한 문제를 개선하는 일환으로 정책적으로 이중대표소송제도를 넓게 인정하는 것이 필요하다는 접근방법이다.

그러나 보상과 억제설은 이중대표소송을 인정하기 위한 특유의 논거가 될 수 없는 점, 우리법상 대표소송은 주주의 개별적인 이익이 아니라 대표성을 갖고 회사와 주주 전체의 이익을 위하여 소수주주에게 인정된 것인바, 보상과 억제설을 취할 경우 극단적인 경우 1주를 가진 주주 내지 채권자(stakeholder라는 차원에서 근로자까지도)도 감독시정권의 행사인 한 인정하여야 하는 결과를 가져올 수 있는 점, 대표소송제도 활성화 차원에서 이중대표소송제도를 인정하는 것은 정책적인 판단에 달린 것이지만, 입법화되기 이전에 해석상 인정되는 이론적 논거로서는 충분하다고 보기 어렵다 할 것이다.

(다) 小 結 이 사안의 경우 지배회사는 특별한 사업을 영위하지 않고 종속회사의 주식만 소유하고 있었으며 지주비율이 81%에 이르러 지배권을 행사하기에 충분하며 동일인이 지배회사와 종속회사의 이사를 겸직하고 있었다. 또한 종속회사의 감사 역시 지배회사의 경영진이 겸직하고 위법행위 발생기간 동안 종속회사의 감사와 지배회사의 감사가 동일인인 점[62] 등 동일인 지

60) 별개의 법인격을 전제로 하는 한 모회사의 주주는 자회사의 주주가 아니므로 자회사의 주주권을 직접 행사할 수는 없다. 그러나 이러한 말이 모회사가 갖고 있는 주주권을 반드시 모회사의 이사회의 판단에만 기초해서 행사하여야 한다는 것을 의미하지는 않는다. 자회사 주주권 중 자회사의 일상적인 운영과 사업집행 같은 사안은 모회사의 대표이사 내지 이사회판단으로 하면 되겠지만, 자회사의 존립에 관한 중요사항(예컨대 영업양도)의 결정과 같은 주주권 행사는 모회사의 주주의 이익측면에 지대한 영향을 주는데다 일상적인 상황이 아니기 때문에 이러한 경우 누가 주주권을 행사할 수 있는가에 관하여 논의들이 진지하게 행해질 필요가 있다. 이러한 인식하에 이 문제를 논의한 글로는 西尾幸夫, 子會社運營に關する親會社株主の權限, ジュリスト, 1140号 14(1998).

61) 이러한 견해는 송옥렬, 전게논문, 참조; 山田泰弘, 전게서, 317면; 실제 이러한 접근방법을 회사법제에 입법화한 나라로 이스라엘을 들 수 있다.

62) 종속회사의 대표이사 김○○은 1995년 11월부터 1년여 동안 5회에 걸쳐 B회사 소유 부동산의 임대보증금과매매대금 중 일부를 횡령하였으며, 이 기간 중 종속회사의 감사는 1996. 3. 4.부터 1997. 5. 30.까지 재직하면서, 동시에 1996. 6. 12.부터 1997. 10. 13.까지 지배회사의 감사로 재직한 바 있다.

배를 추정하게 할 수 있는 점들이 다수 인정된다.

이처럼 지배회사와 종속회사를 공통으로 지배하면서 종속회사의 이익을 해하고 있으면서 종속회사의 이사는 자신의 지배력을 이용하여 자기에 대한 책임을 추궁하는 종속회사의 직접소송이나 지배회사의 대표소송을 철저히 통제할 수 있는 경우에는 지배회사의 주주만이 종속회사에 대한 침해를 방지할 수 있는 유일한 당사자로 인정할 수밖에 없다.

(4) 절차관련 쟁점－원고가 P회사와 S회사의 이사회에 事前提訴請求를 할 필요가 있는가?

상법상 단순대표소송인 경우 주주가 대표소송을 제기하기 위해서는 원칙적으로 회사에 대해 이유를 기재한 서면으로 이사의 책임을 추궁할 소의 제기를 청구하여야 한다(동법 제394조, 제403조 제1항, 제2항). 따라서 회사가 주주의 제소청구를 받은 날로부터 30일 이내에 제소하지 않은 경우에야 비로소 소수주주는 직접 소송을 제기할 수 있다(동법 제403조 제3항).

이중대표소송제도를 인정하는 견해들을 보면 이중대표소송제도를 단순대표소송과 달리 볼 이유는 없다는 점에서 단순대표소송과 마찬가지의 소제기전 절차가 요구된다고 보는 견해가 다수이다. 즉 지배회사의 주주는 (i) 지배회사와 종속회사의 각각의 이사회에 대한 제소청구를 사전에 행해야 하며,[63] (ii) 소송비용의 담보제공 및 (iii) 회사를 필요적 당사자로 할 것을 제시하고 있다. 이와 관련하여 이중대표소송을 인정하지 않은 대상판결에서는 논의될 기회가 없었지만, 이중대표소송을 인정한 원심판결을 둘러싸고 지배회사의 주주가 지배회사의 이사회(와 종속회사의 이사회)에 대하여 제소청구를 하였는지 엄격한 제소청구요건을 검토했어야 했다는 비판이 있다.[64]

그런데 대상사건과 같은 경우라면 소제기전 절차를 엄격히 검토하였다 하더라도 결국 소제기전절차가 무익한 사안으로 판단되었을 것으로 보인다. 왜냐하면 동 사안과 같이 부정행위자가 지배회사와 종속회사를 모두 지배하고 있는 경우라면 각각 지배회사의 이사회와 종속회사에 대한 제소청구가 무익한 경우가 되기 때문이다. 미국에서도 이처럼 소제기전절차가 무익한 경우에는 사전제

63) 김대연, 전게논문, 367면; 정동윤, 전게서, 471면; 이태종, 전게논문, 510면 참조. 이 경우 지배회사 주주는 지배회사 이사회에 대해 제소청구를 하고, 다음으로 종속 회사에 대하여 제소청구를 하고 이러한 청구가 모두 거절된 후 이중대표소송을 제기할 수 있게 된다.

64) 절차적 정당성의 확보를 무시할 수 없다는 점에서 판결이 좀 더 신중하게 원고가 제대로 제소전절차를 밟았는지를 검토했어야 했다는 비판이 있다. 권재열, "이중대표소송의 허부에 대한 비교법적 검토,"「비교사법」제11권 2호(통권 25호), 462면 참조.

소청구가 면제되고 있다.[65)]

Ⅳ. 結 論

이중대표소송제도는 갈수록 그 필요성과 이용이 증대할 것으로 보인다. 기업이 支配從屬 내지 지주회사구조를 취할수록 지배회사의 주주의 주주권 감축이라는 문제가 우려될 수밖에 없는데, 이에 대한 시정책으로서 이중대표소송에 대한 수요는 증대될 것이기 때문이다. 한편으로 통상의 대표소송이 그리 활발히 이용되지 않는 현시점에서 대표소송제도의 활성화 차원에서도 이중대표소송제도에 대한 기대가 높아질 것으로 보인다.

그런데 위와 같은 현실적인 필요성을 강조하지 않아도 이상의 검토에서 본 바와 같이 현행 상법하에서 이중대표소송제도가 해석상 전혀 인정될 수 없다고는 단언할 수 없다. 앞서 검토한 바와 같이 법인격부인론이나 동일인지배설 등에 의해 충분히 인정될 수 있기 때문이다. 한 가지 더 부언하자면 원심에서 이중대표소송을 인정하면서 그 절차와 관련하여 엄격하게 검토하지 않았다는 비판이 제기된 바 있지만, 이중대표소송이 인정되는 경우 사전 소제기전 절차는 양사회사에 모두 청구할 필요는 없다. 동사안과 같이 부정행위자가 지배회사와 종속회사를 모두 지배하고 있는 경우라면 지배회사의 이사회와 종속회사에 대한 제소청구가 무익하기 때문이다.

---

65) Note, *Corporations-An Examination of the Multiple Derivative Suit and Some Problems Involved Therein in Light of the Theory of the Single Derivative Suit*, at 941(1956); 김대연, 전게논문, 363면 참조.

第3者 配定에 의한 轉換社債發行의 效力

崔 文 僖*

대법원 2004. 6. 25. 선고 2000다37326 판결**

[事實의 槪要]

1. 1997. 11. 20. 현재 원고는 피고회사의 주식 136주(보통주)를 소유한 주주이고, 피고회사 삼성전자(주)(이하 "피고")는 상장법인으로서 자본금은 609,817,335,000원, 발행주식총수는 121,963,467주(보통주 98,070,040주, 우선주 23,893,427주)인 삼성그룹의 계열회사이다. 소외 이재용(이하 "B")은 1997. 3. 24. 현재 피고의 주식 3,497,888주(지분 3.8%)를 보유한 소외 이건희(이하 "A")의 장남이고, 소외 삼성물산 주식회사(이하 "C")는 1997. 3. 24. 현재 피고의 주식 3,310,218주(지분 3.6%)를 소유한 삼성그룹의 계열회사이다.

2. 피고는 1997. 3. 24. 이사회를 개최하여 운영자금 조달 목적으로 사모(私募)의 방법에 의하여 발행 총액 600억 원, 만기 2002. 3. 23., 전환가격 50,000원, 전환기간 1997. 9. 25.부터 2002. 3. 23., 이자율 연 7%로 무기명식 전환사채(이하 "이 사건 전환사채")를 발행하기로 결의하고, 같은 날 B에게 450억 원 상당을, C에게 150억 원 상당을 발행하였다.

3. 1997. 9. 29. B와 C는 위와 같이 인수한 전환사채 전부에 대해 전환권을 행사하여 주식을 취득함에 따라 B는 기명식 보통주식 901,243주, C는 기명식 보통주식 300,414주를 각각 취득하였고, 그 결과 1997. 11. 20. 현재 피고의 보통주식 98,070,040주 중 A는 3.5%, B는 0.9%, C는 4.5%의 비율로 소유하게 되었다.

4. 피고의 이 사건 전환사채 발행당시 주가는 1주당 금 56,700원이고, 피고가 1997. 7. 4. 발행한 신주는 1주당 금액이 금 68,500원이었다. 피고는 이 사건 전환사채 발행일로부터 2개월 정도 지난 1997. 5. 17. 미화 3억 달러 상당의 해외 전환사채발행을 결의하였는데 전환조건은 1주당 금 123,635원이었다.

5. 위 전환사채 발행을 위한 피고의 이사회 회의록에 의하면, 이사회는 1997. 3. 24. 개최되었는데 이사회에서는 전환조건, 전환기간에 관한 사항은 결의하였으나 전환사채 인수인을 누구로 할 것인지는 결의하지 아니한 채 전환사채 발행에 관한 기타 사항을 대표이사에게 위임한 것으로 되어 있다.

---

* 강원대학교 법과대학 교수.

** 공 2004. 8. 1.(207), 1207.

6. 피고 정관의 전환사채에 관한 규정 중 이 사건에서 쟁점이 된 부분은 다음과 같다.

(가) 회사는 사채의 액면 총액이 금 1조 원을 초과하지 않는 범위 내에서 주주 외의 자에게 전환사채를 발행할 수 있다(제16조 1.).

(나) 제 1 항의 전환사채에 있어서 이사회는 그 일부에 대해서만 전환권을 부여하는 조건으로 발행할 수 있다(제16조 2.).

(다) 전환으로 인하여 발행하는 주식은 … 전환가액은 주식의 액면금액 또는 그 이상의 가액으로 사채발행시 이사회가 정한다(제16조 3.).

(라) 전환을 청구할 수 있는 기간은 당해 사채의 발행일 익일부터 그 상환기일의 직전일까지로 한다(제16조 4.).

〈이 사건 전환사채의 목록: 요약〉

- 사채의 종류: 무기명식 무보증 전환사채
- 발행일 및 납입기일: 1997. 3. 24.
- 사채의 발행총액: 60,000,000,000원
- 사채의 발행조건:
  - 가. 발행가격: 사채권면액의 100%
  - 나. 사채권면액: 금 1,000,000,000원 1종
  - 다. 사채의 이율: 연 7%
  - 라. 만기 후 보장수익률: 연 9%
- 사채의 주식전환에 관한 사항
  - 가. 전환조건
    - 1) 전환비율: 각 사채권면액의 100%
    - 2) 전환가격: 50,000원
  - 나. 전환으로 인하여 발행될 주식의 종류: 기명식 보통주식
  - 다. 전환청구기간: 1997. 9. 25.부터 2002. 3. 23.까지

7. 원고는 이 사건 전환사채 발행의 무효를 주장하며 소송을 제기하였다.[1)2)] 원고가 무효사유로서 주장한 것을 간추리면 다음과 같다.

(1) 정관규정의 무효와 주주총회결의의 흠결

상법에 의하면 주주 외의 제 3 자에게 전환사채를 발행하는 경우에는 정관에 전환사채의 액, 전환조건, 전환으로 인하여 발행할 주식의 내용과 전환청구기간(상법 제513조 제 3 항)

1) 원고가 1997. 6. 24. 이 건 소송을 제기할 당시 청구취지는 이 사건 전환사채발행의 무효를 구하는 것이었으나, 1997. 10. 4. 전환권 행사에 의해 발행된 신주의 무효를 구하는 것으로 청구취지를 변경하였다.

2) 원고는 본안소송과 아울러 이 사건 전환사채의 전환권 행사에 기해 B와 C에게 발행된 신주의 주권상장을 금지하는 가처분신청도 제기하였다. 가처분사건의 결정은 본안사건의 1심판결 하루 전에 내려졌는데 법원은 B에 대한 가처분신청을 인용하였다(수원지방법원 1997. 12. 16. 자 97카합7333 결정).

에 대한 정함이 있어야 하는데, 피고의 정관은 전환사채를 발행할 수 있는 액면 총액을 1조 원으로 한정하고 전환가격은 주식의 액면가 이상이어야 한다고 추상적으로 규정할 뿐, 전환사채발행에 관한 모든 사항을 이사회에 위임하고 있다. 이와 같이 이사회에 전환사채발행의 결정권을 포괄적으로 위임하는 정관 규정은 무효이므로, 피고가 전환사채를 주주 외의 자에게 발행하려면 주주총회의 특별결의를 얻어야 하는데도(상법 제513조 제3항) 이를 거치지 않았으므로 이 사건 전환사채 발행은 절차적 위법이 있다.

⑵ 주주평등원칙의 위배, 주주의 신주인수권 침해

주주의 신주인수권을 전면적으로 부인한 신주발행이 무효가 되듯이 이 건에서 주주의 전환사채인수권을 인정하지 않은 전환사채의 발행은 무효이다.

이 사건에서 B와 C 모두 A와 특수관계에 있는 자인데, 이 사건 전환사채의 발행은 결국 지배주주 A의 지분을 높이거나 지배권이전의 수단으로 활용되게 하여 위 A에게만 이익을 부여한 결과가 되어 주주평등의 원칙을 위반한 것이다.

⑶ 심히 부당한 방법에 의한 발행

㈎ 발행목적의 부당성 이사회가 전환사채를 자금조달을 위해서가 아니라 대주주의 지배권 강화 또는 지배권 변경을 목적으로 발행하는 것은 이사회의 권한범위 밖의 행위로서 무효이다. 그런데 피고의 이사회는 긴급한 자금수요가 없음에도 A의 지배권을 강화할 목적으로 이 사건 전환사채를 발행하기로 결정하였으므로 이 결의에 기한 이 사건 전환사채 발행은 무효이다.

㈏ 사모방식에 의한 발행의 부당성 피고는 공모방식에 의하여 전환사채를 발행했더라면 더 많은 자금을 확보할 수 있었음에도 특정인에게 지나치게 저렴한 전환가격으로 전환사채를 발행함으로써 회사에 손해를 끼치고 위 B와 C에게 부당한 이득을 주었다.

㈐ 전환가액 결정의 부당성 피고는 이 사건 전환사채 가격을 발행당시 시가인 56,700원보다 10% 이상 낮은 50,000원으로 정하였고, 이에 따라 B와 C는 8,000,000,000원 이상의 시세차익을 얻을 수 있는 기회를 가진 반면 기존 주주들은 같은 금액 상당의 재산적 이익을 박탈당하게 되었는바, 이러한 전환가액에 의한 발행은 현저히 부당한 방법에 의한 발행에 해당한다.

㈑ 발행방법의 부당성 특정인에게 전환사채를 발행함에 있어서는 사전에 이를 주주에게 통지하거나 공고함으로써 주주들이 이의를 제기하거나 유지청구권을 행사하여 주주의 이익을 보호할 기회를 주어야 함에도 불구하고, 피고는 아무런 사전 통지 없이 이 사건 전환사채를 발행하였으므로 이 사건 전환사채의 발행은 무효이다.

[訴訟의 經過]

1. 제 1 심(수원지방법원 1997. 12. 17. 선고 97가합12863 판결)

제 1 심은 다음과 같은 이유로 원고의 청구를 기각하였다.

⑴ 피고의 정관에는 "주주 외의 자에 대해 전환사채를 발행할 수 있다는 사항, 전환사채의 액, 전환조건, 전환청구기간"에 관해 정하고 있고, 일부 사항

에 대해서 이사회에 위임하고 있는데, 이러한 위임조항은 상법 제513조 제3항에 따라 주주총회 특별결의를 거친 것이므로 적법하며, 따라서 어느 정도 위임사항이 있다고 하여 그 정관규정을 무효라고 할 수 없다.

(2) 전환사채의 발행은 위 정관규정에 기하여 발행된 것이므로, 주주에게 인수기회를 주지 않았거나 기존의 일부 주주와 특수관계에 있는 자에게 인수권을 주었더라도 주주의 전환사채인수권이나 신주인수권, 주주평등의 원칙을 부당히 침해하는 사유가 될 수 없다. 전환사채의 제3자 배정에 의해 제3자와 특수관계에 있는 기존의 일부 주주의 지분율이 증가하고, 다른 주주의 지분율이 희석되었다 해도 주주평등의 원칙을 침해한 것은 아니다.

(3) 전환사채제도는 회사에 적절한 자금조달수단을 제공하는 데 그 취지가 있으므로, 이러한 제도의 취지를 남용·일탈하지 않고 전환사채가 발행된 이상 전환사채의 발행에는 여러 가지 부수적인 목적이 있을 수 있고, 그러한 부수적 목적이 있다고 해서 그 전환사채 발행을 무효로 할 수는 없다. 원고가 주장하는 대로 이 사건 전환사채를 발행할 필요성이 없었다거나 자금조달의 목적은 없이 원고의 주장과 같은 목적만을 위하여 전환사채가 발행되었다고 볼 수는 없으므로, 발행목적이 부당하다는 원고의 주장은 이유 없다.

(4) 피고는 전환사채를 기준주가 55,200원보다 9.42% 할인된 50,000원에 발행하였고, 1997년에 전환사채를 발행한 우리나라 70여개 상장회사들의 액면가 대비 적정 전환가격을 산출하면 평균 134.94%(공모의 경우 131.69%, 사모의 경우 136.87%)로서 이 사건 전환사채의 적정 발행가 136.14%와 큰 차이가 없었던 사실 등에 비추어 이 사건 전환사채는 적정한 가격으로 발행되었다.

(5) 원고는 피고가 이 사건 전환사채를 발행함에 있어 청약일인 1997. 3. 24. 당일에 비로소 공시함으로써 주주들의 발행유지청구권을 침해했다고 주장하고 있으나, 현행법은 사모방식에 의한 전환사채발행의 경우에 사전공시를 하거나 주주에게 통지하여야 한다는 등 절차에 관해 아무런 제한규정이 없으므로 원고의 주장은 이유 없다.

2. 原　　審(서울고등법원 2000. 6. 23. 선고 98나4608 판결)

원심도 1심법원과 결론을 같이 하며 원고의 청구를 기각하였다. 항소단계에서 원고는 새로이 이 사건 전환사채 발행을 위한 이사회 결의에 하자[3]가 있

3) 피고의 정관에 따르면 이사회 결의는 재적 이사 과반수의 출석과 출석 이사 과반수의 찬성으로 한다고 규정되어 있다. 원고는 이 사건 전환사채 발행의 이사회 결의 당시 재적이사는 59명이고, 이 사건 전환사채 발행 이사회의 회의록에 따르면 출석 이사가 32명으로 되어 있

다는 주장을 하였다. 그러나 원심은 이에 관해 다음과 같이 판단하며 주장을 배척하였다.

원심은 일단 이 사건 전환사채 발행을 위한 이사회 결의는 이사 총원 59명의 과반수인 30명에 미달하여 정족수 미달로 불성립되었다고 보아야 함을 인정한 후, 이사회 결의에 절차상의 중대한 하자가 있거나 이사회 결의 없이 대표이사가 전환사채를 발행한 경우 전환사채 발행은 내부적인 조직법상 행위라기보다 자금조달을 위한 대표이사의 외부적인 거래행위 내지 업무집행 행위이고 이사회 결의는 회사 내부의 의사결정 과정에 불과하다고 할 것이므로, 회사를 대표할 정당한 권한이 있는 대표이사가 전환사채를 발행한 이상 이를 위한 이사회 결의에 중대한 하자가 있거나 결의가 부존재한다고 하더라도 이러한 사정만으로는 그 전환사채 발행이 무효라고 볼 수는 없다고 하였다.[4)]

3. 상고이유 요지

원고의 상고이유 중 주요한 것만 간추리면 다음과 같다.

(1) 원심은 다양한 하자 및 위법의 점이 있는 이 사건 전환사채의 효력에 관하여 각 하자 및 위법의 점을 개별적으로 살펴 각각의 점들만으로써는 전환사채 발행을 무효로 보기에는 부족하다고 하고 있지만, 전환사채의 내용 및 발행절차 요소들 거의 전부에 하자가 있다면 이 위법요소들을 종합하여 전환사채의 효력 여하를 판단하였어야 하는바, 이 점에서 원심은 심리방법 및 판단방법에 관한 법리를 오해하였다. 이 사건 전환사채는 재산의 사전상속·증여를 위해, 인수인에게 시세차익을 안겨주는 낮은 가격으로, 적법한 이사회 결의도 없이 발행되었으므로 이를 종합적으로 고려하면 전환사채발행의 형식적·내용적 요건의 전부를 결여하였다.

(2) 피고의 정관은 전환가격(전환조건) 결정에 관한 주주총회의 권한을 아무런 유보없이 이사회에 백지위임하고 있는데, 이사회 결의만으로 전환사채를 발행하도록 규정한 위 정관규정은 무효이다.

(3) 이 사건 전환사채 발행에 관한 이사회 결의에 하자가 있으므로 전환사

지만, 32명의 이사 중 4명은 해외 체류 중이어서 회의 참석이 불가능하였으므로 그 이사회는 정족수 미달로 불성립되었다 할 것이고, 따라서 그 이사회에서 결의한 이 사건 전환사채 발행은 무효라고 보아야 한다고 주장하였다. 이 이사회결의의 절차상의 하자는 원고가 항소심 단계에서 항소이유로 주장한 것이다. 전환사채발행일인 1997. 3. 24. 이후 6개월을 경과한 이후의 날인 1998. 4. 16.에 주장한 것이다. 이와 같이 전환사채 발행 후 6월이 경과한 후 무효사유 추가가 가능한지에 관해서는 후술한다('평석' 부분의 Ⅳ).

4) 원심 판단의 오류에 관해서는 아래 '평석'부분의 Ⅳ에서 상술한다.

채발행은 무효이다.

(4) 기존 주주들의 인수권을 배제하고 소외 A의 특별이해관계인인 주주 외의 자들에게 전환사채를 발행함으로써 결국 A에게 이익을 가져다 주게 되었으므로 주주평등권을 침해하였다.

(5) 이 사건 전환사채 발행은 소외 B에게 지배권을 취득시킬 목적에서 이루어졌으므로 무효이다.

(6) 이 사건 전환사채 발행의 가격이 현저히 저렴하므로 무효이다.

[判決要旨]

大法院은 다음과 같은 이유로 상고를 기각하였다.

(1) 전환사채의 발행의 경우에도 신주발행무효의 소에 관한 상법 제429조가 유추적용된다고 봄이 상당하고, 이 경우 당사자가 주장하는 개개의 공격방법으로서의 구체적인 무효원인은 각각 어느 정도 개별성을 가지고 판단할 수밖에 없는 것이기는 하지만, 전환사채의 발행에 무효원인이 있다는 것이 전체로서 하나의 청구원인이 된다는 점을 감안할 때 전환사채의 발행을 무효라고 볼 것인지 여부를 판단함에 있어서는 구체적인 무효원인에 개재된 여러 위법 요소가 종합적으로 고려되어야 한다.

(2) 상법 제513조 제 3 항(2001. 7. 24. 법률 제6488호로 개정되기 전의 것, 이하 "구상법")은 주주 외의 자에 대하여 전환사채를 발행하는 경우에 그 발행할 수 있는 전환사채의 액, 전환의 조건, 전환으로 인하여 발행할 주식의 내용과 전환을 청구할 수 있는 기간에 관하여 정관에 규정이 없으면 주주총회의 특별결의(상법 제434조)로써 이를 정하여야 한다고 규정하고 있는바, 전환의 조건 등이 정관에 이미 규정되어 있어 주주총회의 특별결의를 다시 거칠 필요가 없다고 하기 위해서는 전환의 조건 등이 정관에 상당한 정도로 특정되어 있을 것이 요구된다고 하겠으나, 주식회사가 필요한 자금수요에 대응한 다양한 자금조달의 방법 중에서 주주 외의 자에게 전환사채를 발행하는 방법을 선택하여 자금을 조달함에 있어서는 전환가액 등 전환의 조건을 그때그때의 필요자금의 규모와 긴급성, 발행회사의 주가, 이자율과 시장상황 등 구체적인 경제사정에 즉응하여 신축적으로 결정할 수 있도록 하는 것이 바람직하고, 따라서 정관에 전환의 조건 등을 미리 획일적으로 확정하여 규정하도록 요구할 것은 아니며, 정관에 일응의 기준을 정해 놓은 다음 이에 기하여 실제로 발행할 전환사채의 구체적인 전

환의 조건 등은 그 발행시마다 정관에 벗어나지 않는 범위에서 이사회에서 결정하도록 위임하는 방법을 취하는 것도 허용된다.

(3) 정관이 전환사채의 발행에 관하여 "전환가액은 주식의 액면금액 또는 그 이상의 가액으로 사채발행시 이사회가 정한다"라고 규정하고 있는 경우, 이는 구상법 제513조 제 3 항에 정한 여러 사항을 정관에 규정하면서 전환의 조건 중의 하나인 전환가액에 관하여는 주식의 액면금액 이상이라는 일응의 기준을 정하되, 구체적인 전환가액은 전환사채의 발행시마다 이사회에서 결정하도록 위임하고 있는 것이라고 할 것인데, 이러한 정관의 규정은 구상법 제513조 제 3 항이 요구하는 최소한도의 요건을 충족하고 있는 것이라고 봄이 상당하고, 그 기준 또는 위임방식이 지나치게 추상적이거나 포괄적이어서 무효라고 볼 수는 없다.

(4) 상법 제429조는 신주발행의 무효는 주주, 이사 또는 감사에 한하여 신주를 발행한 날로부터 6 월 내에 소만으로 이를 주장할 수 있다고 규정하고 있는바, 이는 신주발행에 수반되는 복잡한 법률관계를 조기에 확정하고자 하는 것이므로, 새로운 무효사유를 출소시간의 경과 후에도 주장할 수 있도록 하면 법률관계가 불안정하게 되어 위 규정의 취지가 몰각된다는 점에 비추어 위 규정은 무효사유의 주장시기도 제한하고 있는 것이라고 해석함이 상당하고, 한편 상법 제429조의 유추적용에 의한 전환사채발행무효의 소에 있어서도 전환사채를 발행한 날로부터 6 월의 출소기간이 경과한 후에는 새로운 무효사유를 추가하여 주장할 수 없다고 보아야 한다.

(5) 신주발행무효의 소에 관한 상법 제429조에도 무효원인이 규정되어 있지 않고 다만, 전환사채의 발행의 경우에도 준용되는 상법 제424조에 "법령이나 정관의 위반 또는 현저하게 불공정한 방법에 의한 주식의 발행"이 신주발행유지청구의 요건으로 규정되어 있으므로, 위와 같은 요건을 전환사채발행의 무효원인으로 일응 고려할 수 있다고 하겠으나 다른 한편, 전환사채가 일단 발행되면 그 인수인의 이익을 고려할 필요가 있고 또 전환사채나 전환권의 행사에 의하여 발행된 주식은 유가증권으로서 유통되는 것이므로 거래의 안전을 보호하여야 할 필요가 크다고 할 것인데, 전환사채발행유지청구권은 위법한 발행에 대한 사전 구제수단임에 반하여, 전환사채발행무효의 소는 사후에 이를 무효로 함으로써 거래의 안전과 법적 안정성을 해칠 위험이 큰 점을 고려할 때, 그 무효원인은 가급적 엄격하게 해석하여야 하고, 따라서 법령이나 정관의 중대한

위반 또는 현저한 불공정이 있어 그것이 주식회사의 본질이나 회사법의 기본원칙에 반하거나 기존 주주들의 이익과 회사의 경영권 내지 지배권에 중대한 영향을 미치는 경우로서 전환사채와 관련된 거래의 안전, 주주 기타 이해관계인의 이익 등을 고려하더라도 도저히 묵과할 수 없는 정도라고 평가되는 경우에 한하여 전환사채의 발행 또는 그 전환권의 행사에 의한 주식의 발행을 무효로 할 수 있을 것이며, 그 무효원인을 회사의 경영권분쟁이 현재 계속중이거나 임박해 있는 등 오직 지배권의 변경을 초래하거나 이를 저지할 목적으로 전환사채를 발행하였음이 객관적으로 명백한 경우에 한정할 것은 아니다.

(6) 전환사채의 인수인이 회사의 지배주주와 특별한 관계에 있는 자라거나 그 전환가액이 발행시점의 주가 등에 비추어 다소 낮은 가격이라는 것과 같은 사유는 일반적으로 전환사채발행유지청구의 원인이 될 수 있음은 별론으로 하고 이미 발행된 전환사채 또는 그 전환권의 행사로 발행된 주식을 무효화할 만한 원인이 되지는 못한다.

[評 釋]

I. 머 리 말

이 사건은 피고가 주주가 아닌 자에게 사모방식으로 전환사채를 발행한 것과 관련하여, 원고 주주가 발행절차와 방법, 전환조건, 발행목적에 하자가 있다는 이유로 전환사채발행의 무효를 구한 것이다.

원고의 상고이유를 기준으로 사건의 쟁점을 살펴보면, (1) 전환사채발행 무효청구의 심리 및 판단방법, (2) 실체적 무효사유와 관련된 것으로서 ① 피고의 정관규정의 효력 ② 발행목적 및 발행가액의 위법 및 부당 ③ 주주평등권의 침해, (3) 절차적 무효사유와 관련된 것으로서 전환사채발행을 위한 이사회결의의 하자로 대별할 수 있다.

이 중 필자는 (2)와 (3)의 쟁점에 국한하여 판례를 분석하기로 한다.[5] 쟁점 (2) ①은 주주 외의 자에게 전환사채를 발행하는 경우 주주총회의 특별결의를 거칠 필요가 없다고 하기 위해서는 전환조건 등이 정관규정에 어느 정도 구체적으로 특정되어야 하는가의 문제이다. 쟁점 (2) ②와 (2) ③은 전환사채발행의

---

5) 이 사건에서는 (1)의 "전환사채 발행무효의 소"를 제기할 수 있는지도 논점이 되었다. 상법은 전환사채와 관련하여 신주발행유지청구에 관한 규정(상법 제424조)을 준용하여 전환사채

무효원인에 관한 문제이다. 쟁점 (3)은 전환사채발행무효의 소의 제소기간이 경과한 이후 새로운 무효사유를 추가하는 것이 허용되는지 여부와 이사회결의의 하자와 전환사채발행의 효력의 관계에 관한 문제이다. 논의의 편의상 쟁점 (2) ①은 피고의 정관규정의 효력의 문제로(Ⅱ), 쟁점 (2) ②와 (2) ③은 전환사채발행의 무효원인의 문제로(Ⅲ), (3)은 제소기간 경과 후 무효사유 추가의 가부의 문제로(Ⅳ)로 치환하여 검토하기로 한다.

Ⅱ. 피고회사의 定款規定의 效力

1. 문제의 소재

상법은 회사가 전환사채를 발행하는 경우, 전환사채의 총액, 전환의 조건, 전환으로 인하여 발행할 주식의 내용, 전환청구기간, 주주 외의 자에게 전환사채를 발행하는 것과 이에 대하여 발행할 전환사채액에 관하여 정관에 규정이 없으면 이사회가 결정하도록 하고(제513조 제2항), 주주 외의 자에게 전환사채를 발행하는 경우에 ① 발행할 수 있는 전환사채액, ② 전환조건, ③ 전환으로 발행할 주식의 내용, ④ 전환청구기간에 관해 정관에 규정이 없으면 주주총회의 특별결의(상법 제434조)에 의하여야 한다고 규정하고 있다. 요컨대 전환사채를 제3자에게 배

발행유지청구의 소에 관한 명문규정은 두면서도, 신주발행무효의 소에 관한 규정(상법 제429조)은 준용하고 있지 않기 때문에(상법 제516조 제1항), 우리 상법 하에서 전환사채발행무효의 소를 제기할 수 있는가에 대해서는 의문이 있을 수 있다. 국내의 학설 중에는 전환사채가 잠재적 주식으로서 성질을 지니고 있고 이를 발행하는 것은 신주인수권을 부여하는 것과 같다는 근거로 긍정설에 입각해 있는 견해가 있다(강위두, "전환사채발행의 무효," 「상사판례연구」 제12권, 2001, 187면; 권기범, "주식회사의 자금조달에 관한 연구," 코협연구보고서 01-1, 2001, 144-145면; 이철송, 「회사법강의」(박영사, 2005), 821면; 최기원, 「신회사법론」(박영사, 2001), 800면; 한창희, "전환사채발행의 무효," 「상사판례연구[Ⅳ]」(박영사, 2000), 306면). 이에 반해 주주에게 전환사채의 우선적 인수권이 인정되고 있지 않다거나(정동윤, 「회사법」(법문사, 2000), 567면; 정찬형, 「회사법강의」(박영사, 2003), 853면); 거래의 안전보호(임홍근, 「회사법」(법문사, 2001), 610면), 자금조달수단으로서의 전환사채의 기능과 거래안전보호 취지(전삼현, "주주권보호와 경영효율성의 조화," 상장협 제48호, 2003. 9, 115면)에서 부정하는 견해가 있다. 한편 이 사건의 대법원 판결 이전의 하급심 판례들은 대개 전환사채가 전환권행사에 의해 장차 주식으로 전환될 수 있어서 전환사채발행은 신주발행의 의미가 있으므로 신주발행의 무효의 소에 관한 상법 제429조를 유추적용할 수 있다는 입장에 서 있었다(서울고등법원 1997. 5. 13.자 97라36결정; 수원지방법원 1997. 12. 16.자 97카합7333결정(이 사건과 관련된 주식상장금지가처분 사건)). 이 사건의 1심(수원지방법원 1997. 12. 17. 선고 97가합12863판결), 2심(서울고등법원 2000. 6. 23. 98나4608판결)에 이어 대법원도 위 긍정설과 같은 입장에서 "<u>전환사채는 전환권의 행사에 의하여 장차 주식으로 전환될 수 있는 권리가 부여된 사채로서, 이러한 전환사채의 발행은 주식회사의 물적 기초와 기존 주주들의 이해관계에 영향을 미친다는 점에서 사실상 신주를 발행하는 것과 유사하므로, 전환사채의 발행의 경우에도 신주발행무효의 소에 관한 상법 제429조가 유추적용된다고 봄이 상당하다</u>"(밑줄은 판례 원문에 그어진 것임.)라고 판시하였다.

정하는 경우에 주주총회의 특별결의를 거치지 않아도 되기 위해서는 ①②③④의 사항 전부에 관해 정관에 규정이 있어야 한다.

피고 회사의 정관에는, 위 네 가지 사항 중 ① 발행할 수 있는 전환사채액, ③ 전환으로 발행할 주식의 내용, ④ 전환청구기간에 대해서는 규정이 있었지만, ② 전환조건에 대해서는 "전환가액은 주식의 액면금액 또는 그 이상의 가액으로 사채발행시 이사회가 정한다(피고 회사 정관 제16조 3.)"라고 규정하고 있었다. 원고는 피고회사의 정관규정이 '전환조건'에 관해서 주주총회가 가진 모든 권한을 아무런 유보 없이 이사회에 포괄적으로 백지위임하는 것이므로 무효라고 주장하였다.

여기서 쟁점은 피고의 정관규정이 '전환조건'에 관해 규정을 한 것이라고 볼 수 있는 것이어서 전환조건에 관해 별도로 주주총회의 특별결의를 거치지 않아도 되는가 하는 점이다. 이는 정관에 전환조건을 정해야 한다고 할 때, 그것을 어느 정도 구체적이고 확정적으로 정할 것이 요구되는지, 이사회에 대한 위임은 어느 정도로 허용되는지에 관한 것이라고 할 수 있다.

2. 이사회에 대한 위임의 허용 여부와 한계

(1) 포괄적 위임규정의 허용 여부

주주 외의 자에게 전환사채를 발행하는 경우에 전환사채액, 전환조건, 전환으로 발행할 주식의 내용, 전환청구기간에 관해서는 정관의 규정이나 주주총회의 특별결의를 거쳐야 한다(상법제513조 제3항). 정관규정이나 특별결의로 결정할 사항들에 관해서 정관규정으로 포괄적으로 이사회에 결정권한을 위임하는 것은 허용되지 않는다는 것이 학설과 판례의 태도이며,[6] 대상판결도 마찬가지로 판시하고 있다. 상법에서 '정관'이나 '주주총회 특별결의'에 의해 정하도록 되어 있는 사항을 막연히 이사회에 위임하는 것은 상법이 예정하고 있는 기관 간 권한분배사고에 반한다고 볼 것이다. '정관규정'과 '특별결의'를 선택지로 규정하고 있는 취지는 이들 사항에 관해서는 이사회가 독단적으로 결정해서는 안 된다는 것이다. 따라서 정관에서 다시금 '이사회가 결정한다'라는 식으로 규정하는 것은 허용되지 않는다.

(2) 정관규정의 위임의 한계

정관규정에 의한 포괄적 위임이 허용되지 않는다고 할 때 정관에서 어느

---

6) 이철송, 앞의 책, 816면; 서울고등법원 2000. 5. 9.자 2000라77 결정.

정도 특정한 후에 이사회에 위임하는 것도 허용되지 않는다고 볼 것인가. 정관으로 이사회에 위임하는 것을 일률적으로 허용되지 않는다고 볼 것은 아니다. 정관규정이 '전환조건'에 관해 어느 정도 특정하고 위임하고 있는지에 따라 당해 정관규정의 효력을 판단해야 할 것이다. 이 사건에서 문제되고 있는 "전환가액은 주식의 액면금액 또는 그 이상의 가액으로 사채발행시 이사회가 정한다"라는 정관규정은 최소한도의 특정을 하고 있는지, 그리하여 전환조건에 관해 따로 주주총회의 결의를 얻을 필요가 없는지가 쟁점이 된다.

㈎ **學　說**　　학설 중에는 상법 제515조 제3항의 정관규정에서 위임할 수 있는 정도를 매우 엄격하게 해석하는 견해가 있다. 그리하여 정관규정에서 제3자에게 전환사채 인수권을 부여할 것을 정할 때에는 그 내용이 구체적이고 확정적이어야 한다고 하며, "사채총액의 2분의 1의 범위 내에서 주주가 아닌 자에게 인수권을 부여한다"는 규정이나 "전환가액은 주식의 액면가 이상으로 이사회가 정한다"는 규정은 포괄위임에 해당하여 허용되지 않는다고 본다.[7] 이 견해는 주식의 액면가 이하로의 전환은 어차피 허용되지 않으므로(상법 제417조), 이 사건의 경우와 같은 정관의 위임규정은 백지위임이나 다를 바 없다고 한다.[8] 이 견해에 따르면 그와 같은 정관규정은 무효가 되므로 전환조건에 관해 따로 주주총회의 특별결의가 있어야 한다고 보게 될 것이다.

㈏ **判　例**

① 판례 1: 서울고등법원 2000. 5. 9.자 2000라77 결정　　이 판례는 "신주인수권행사로 발행하는 주식의 가액에 관하여는 액면금액 또는 그 이상의 가액으로 사채발행시 이사회가 결정한다"라고 규정하고 있는 정관규정(삼성SDS의 정관 제18조 2.)은 상법 제516조의2 제4항에 반한 것으로서 효력이 없다고 판시하였다.[9] 이 판례는 "신주인수를 청구할 수 있는 금액, 신주인수권의 행사로 발행하는 주식의 가액(행사가격)은 신주인수권의 내용이 어떠한 것인지를 결정하는 본질적인 요소로서 주주의 이익이나 회사지배권의 변동에 직접적인 영향을 미치는 사항이므로 그 내용이 구체적이고 확정적으로 정관에 규정되어 있을 때에

7) 이철송, 앞의 책, 816면.
8) 이철송, 앞의 책, 816면.
9) 사안은 위와 같은 정관규정에 의거해 삼성 SDS가 주주 외의 자에게 신주인수권부사채(BW)를 발행하였는데, 삼성 SDS의 주주가 사채를 발행받은 자에게 신주인수권행사금지 가처분신청을 한 것이다. 이 사건의 제1심은 위 대법원 판시처럼 정관에 따라 이사회가 신주인수권부사채의 내용을 정할 수 있다고 판시하였다(서울지방법원 2000. 2. 22.자 99카합3340 결정).

한하여 주주총회의 특별결의를 거칠 필요가 없다고 해석하는 것이 상법 제516조의2 제 4 항의 올바른 해석이다"라고 하였다. 이 판례는 위 학설의 태도와 같은 선상에 서 있는 것이라 할 수 있다.

② 판례 2: 수원지방법원 1997. 12. 16.자 97카합7333 결정 이 사건의 주식상장금지 가처분신청 사건의 제 1 심은 "피신청인인 회사의 정관 제16조에는 상법 제513조 제 3 항에서 주주 외의 자에게 전환사채를 발행하는 경우에 정하여야 할 사항 …에 관하여 모두 정함이 있고, 다만 일부 사항에 관하여 그 권한범위를 지정하여 구체적인 결정을 이사회에게 위임하고 있는바, 위와 같은 위임조항은 상법 제513조 제 3 항에 따라 주주총회의 특별결의를 거쳐 정해진 것이므로 적법한 것이고, 위 위임조항을 들어 위 정관 제16조가 무효라고 볼 수는 없다"라고 하면서 정관규정의 효력을 인정하고 있다.

(다) **대법원의 판단** 대법원은 "전환조건과 관련해 주주총회의 특별결의가 필요없다고 하기 위해서는 전환의 조건 등이 정관에 상당한 정도로 특정되어 있을 것이 요구되지만, 주식회사가 다양한 자금조달의 방법 중에서 주주 외의 자에게 전환사채를 발행하는 방법을 선택하여 자금을 조달함에 있어서는 전환가액 등 전환의 조건을 그때 그때의 필요자금의 규모와 긴급성, 발행회사의 주가, 이자율과 시장상황 등 구체적인 경제사정에 즉응하여 신축적으로 결정할 수 있도록 하는 것이 바람직하고, 정관에 전환의 조건 등을 미리 획일적으로 확정하여 규정하도록 요구할 것은 아니며, 정관에 일응의 기준을 정해 놓은 다음 이에 기하여 실제로 발행할 전환사채의 구체적인 전환의 조건 등은 그 발행시마다 정관에 벗어나지 않는 범위에서 이사회에서 결정하도록 위임하는 방법을 취하는 것도 허용된다"[10]라고 하면서, "피고회사의 정관은 주식의 액면금액 이상이라는 일응의 기준을 정하되 구체적인 전환가액은 전환사채의 발행 시마다 이사회에서 결정하도록 위임하고 있는데, 이것은 상법 제513조 제 3 항이 요구하는 최소한도의 요건을 충족하고 있고, 그 기준 또는 위임방식이 지나치게 추상적이거나 포괄적이어서 무효라고 볼 수는 없다"라고 판시하였다.

3. 檢 討

위 대법원 판례는 전환조건에 관해 정관에는 일응의 기준만 정해 놓고 이에 기하여 실제로 발행할 전환사채의 구체적인 전환조건 등은 발행 시마다 정

10) 밑줄은 판결문 원문에 그어진 것임.

관에서 벗어나지 않는 범위에서 이사회에서 결정하도록 위임하는 방법이 허용된다고 하고 있다. 필자는 다음과 같은 이유에서 대법원의 입장처럼 피고의 정관에서와 같은 전환조건 기준을 두고 나머지 사항을 이사회에 위임하는 규정은 무효가 아니라고 본다.

위 학설이나 판례 1[11]과 같이 전환조건을 구체적이고 확정적으로 정해 놓아야 한다고 해석할 경우에는, 전환조건을 그와 같이 구체화하는 것이 현실적으로 불가능하기 때문에 전환조건을 "정관에 규정할 수 있다"고 하는 상법 제513조 제 3 항의 존재의의가 상실될 수 있다. 전환조건을 피고의 정관 이상의 수준으로 구체화하는 데에는 현실적 어려움이 있으므로, 사실상 전환조건은 정관규정으로 정할 수는 없고 언제든지 주주총회의 결의에 의해야 한다는 결과가 되기 때문이다.

'전환조건'을 어느 정도로 구체화해야 하느냐의 문제는, 전환사채의 본질·제 3 자 배정의 필요성 · 주가변동의 예측불가능성 · 정관개정의 어려움 및 거래안전의 보호와 같은 여러 가지 요소를 감안하여 결정하여야 할 것이다. 그런데 피고의 정관규정 이상으로 전환조건을 구체화하는 것은 현실적으로 상당히 곤란하다고 볼 수 있다. 그 이유로는 다음 몇 가지를 생각해 볼 수 있다.

먼저 주가변동의 예측불가능성을 들 수 있다. 주식으로의 전환이 장래의 일정시기로 예정되어 있는 전환사채의 전환가액을 사전에 정관에 구체적으로 정하는 것은 어려울 수 있다.[12] 또한 정관에 발행가액범위를 구체적으로 특정해야 하고 그렇지 않을 경우에는 주주총회의 특별결의에 의해야 한다면, 제 3 자 배정에 의한 전환사채발행은 상당히 곤란할 수 있다. 주가가 급격히 하락하여 회사의 자금사정이 악화된 경우에는 사채나 신주발행에 의한 자금조달이 어려워질 것이다. 이러한 경우 하락한 주가를 반영하기 위해 정관에 규정된 전환사채가액을 조정하기 위해 주주총회결의를 필요로 한다면, 간이하고 신속한 자금조달수단으로서의 전환사채의 기능은 살릴 수 없을 것이다. 나아가 정관에서 정한 전환사채 발행가액을 변경하기 위해 수시로 임시주주총회를 개최해야 한다는 것은 주주총회 개최에 한 달 이상의 기간이 소요되는 대규모 상장회사에

11) 이 판례는 신주인수권부사채의 신주발행가액에 관한 것이지만, 전환사채의 전환조건의 경우에도 마찬가지로 볼 수 있을 것이다.

12) 피고의 주가도 이 사건 전환사채 발행 당시에는 50,000원 내외이었으나, IMF사태 이후 주가하락시에는 30,000원, 이후 주가 상승국면에서는 400,000원으로 폭등하기도 하는 등 불과 2-3년 사이에 10배 이상의 변동폭을 가지고 변동한 사실이 있다.

서는 상당한 부담이 될 수 있다. 이러한 현실적 어려움을 감안하지 않고, 정관 규정에 구체적으로 전환조건을 정해 놓을 것이 요구된다면 '정관규정에 의한 전환조건 결정'이라는 상법 규정은 무의미하게 되고 정관의 수권에 의한 전환사채의 제3자 배정은 이루어지기 어려울 것이다.

Ⅲ. 轉換社債發行의 無效의 判斷方法과 無效原因

1. 총 설

이 사건 전환사채발행의 무효의 판단과 관련해서는 두 가지 논점에 대한 검토가 필요하다. 전환사채발행의 무효원인을 어떻게 판단할 것인가에 관한 문제와 원고가 주장하는 무효원인을 무효판단시 고려할 요소로 볼 수 있는지 하는 문제가 그것이다.

앞서 살펴본 바와 같이 우리 상법은 전환사채발행 무효의 소에 관한 규정은 두고 있지 않지만, 신주발행무효의 소에 관한 규정(제429조)이 유추적용된다. 그런데 신주발행무효의 소에 관한 규정에서도 어떠한 경우에 신주발행무효의 소를 제기할 수 있는지, 즉 어떠한 사항이 무효원인이 될 수 있는지에 관해 규정하고 있지 않다. 따라서 어떠한 경우에 전환사채발행이 무효가 될 것인지가 문제된다. 전환사채발행의 무효원인의 판단방법의 문제로 검토해 보기로 한다.

원고는 이 사건 전환사채발행이 ① 지배주주 A의 B에 대한 지배권의 사전상속·승계 또는 강화 목적 하에 ② 주주 외의 자에게 ③ 현저히 저렴하게 발행되었다는 점을 들어 전환사채 발행의 무효를 주장하였다. ①은 발행목적의 부당성 문제, ②는 주주의 신주인수권의 침해의 문제, ③은 발행가액의 부당성의 문제라고 할 수 있다. 이러한 요소가 전환사채 발행무효의 판단 시 고려할 요인이 되는지 살펴보기로 한다.

2. 전환사채 발행의 무효원인의 판단

(1) 序

상법에서 전환사채발행 무효의 소에 관한 규정을 두고 있지는 않지만, 신주발행무효의 소에 관한 규정을 유추적용하여 전환사채발행 무효의 소가 허용됨은 살펴본 바와 같다. 그렇다면 신주발행무효의 소의 무효원인을 그대로 전환사채발행 무효의 원인으로 삼을 수 있는가. 만일 이것이 인정된다고 하더라도 현재 신주발행무효의 소에 관한 규정에서도 신주발행의 무효원인을 따로 규정하고 있지 않는데, 신주발행무효의 사유로서 어떠한 것을 고려할 수 있는지 문제된다. 한편 상법은 전환사채의 발행과 관련해서 신주발행유지청구권에 관한 규정(상법 제424조)을 준용하고 있으므로(상법 제516조) 신주발행유지청구권에 규정된 청구원인을 전환사채발행의 무효원인으로 볼 수 있는지 하는 점도 문제된다. 즉 유지청구의 원인인 "법령이나 정관의 위반 또는 현저하게 불공정한 방법에 의한 발행"을 전환사채발행의 무효원인으로 볼 수 있는지 하는 점이다. 아래에서는 두 가지의 경우를 나누어서 살펴보기로 한다.

⑵ **신주발행(전환사채발행)유지청구 규정을 준용할 수 있는지 여부**

우리나라에서 신주발행유지청구(전환사채발행유지청구)의 원인을 전환사채발행 무효원인으로 볼 수 있는지에 관해 구체적으로 언급하고 있는 견해는 많지 않다.[13] 만일 이것이 인정된다면, 전환사채발행은 "법령이나 정관위반, 또는 현저히 불공정한 발행"이 있으면 무효원인이 될 것이다. 따라서 법령이나 정관의 단순한 위반, 현저히 불공정한 발행의 사유라도 무효원인이 될 수 있다.

그러나 상법에서 신주발행의 무효원인과 신주발행유지청구권의 원인을 다르게 파악해야 한다는 점에 비추어 볼 때 신주발행유지청구권(전환사채발행유지청구권)의 원인을 전환사채발행의 무효원인으로 그대로 원용할 수는 없다고 본다. 전자는 발행의 효력이 아직 발생하지 않은 단계에서의 사전적 구제수단이므로, 유지청구의 인용으로 인해 거래안전을 해할 우려가 없다. 이에 비해 후자는 기왕에 발생한 효력을 무효화시키는 것이므로 거래안전을 해할 수 있기 때문이다.

이 점은 우리 통설의 견해처럼 신주발행에 관해 신주발행유지청구권의 규정을 그대로 준용해서는 안 되고, 신주가 발행되면 이에 기하여 많은 법률관계가 파생되므로 무효가 되었을 때의 법률관계의 혼란을 감안해서 무효원인을 엄격히 인정해야 한다는[14] 점에 비추어 볼 때에도 그러하다.

⑶ **신주발행무효의 원인을 원용할 수 있는지 여부**

전환사채발행무효원인은 신주발행무효의 원인과 유사하게 볼 수 있을 것인가.[15] 신주발행무효의 소가 전환사채발행 무효의 소에 준용된다고 본다면 무효

13) 양자를 달리 보는 견해로는, 전현정, "전환사채발행의 효력," BFL 제9호(2005.1), 서울대학교 금융법센터, 87면. 다수의 견해는 신주발행의 무효원인은 신주발행유지청구권의 원인과는 다르다고 하고 있다.

14) 이철송, 앞의 책, 711면; 정동윤, 앞의 책, 530면; 최기원, 앞의 책, 716면.

15) 신주발행의 경우에 준해서 볼 수 있다는 견해로는 박철희, "사모방식을 통한 전환사채의 제 3 자배정에 관한 연구," 서울대학교 법학석사 학위논문, 2000, 129면.

의 원인도 같은 차원에서 논할 수 있을 것이다.

학설에서는, 법령 또는 정관에 위반한 모든 하자가 무효원인이 될 수는 없다거나,[16] 수권주식의 총수와 종류의 위반 · 자본충실의 위반 · 신주발행유지청구권을 무시하고 발행한 경우,[17] 수권자본제의 한계를 일탈한 경우 · 자본충실의 원칙을 위반한 경우 · 주주의 신주인수권을 본질적으로 침해한 경우,[18] 주식회사의 본질에 반하는 중대한 위법행위[19]와 같은 것을 신주발행의 무효사유로 들고 있다. 나아가 신주발행의 무효원인은 신주의 유통성과 거래안전보호를 위해 가급적 좁게 또는 엄격하게 인정해야 한다는 데 견해가 일치하고 있다.

⑷ 대법원의 판단

㈎ **신주발행유지청구 규정을 준용할 수 있는지에 대하여** 대법원은 상법 제424조에서 규정한 '법령이나 정관의 위반 또는 현저하게 불공정한 방법에 의한 주식의 발행'이라는 신주발행유지청구의 요건을 일응 전환사채발행의 무효원인으로 고려할 수 있다고 하면서도, 전환사채 발행무효와 발행유지청구권 간에는 차이가 있다는 점을 밝히고 있다. 전환사채발행 유지청구권은 위법한 발행에 대한 '사전 구제수단'임에 반하여, 전환사채발행 무효의 소는 사후에 이를 무효로 함으로써 거래의 안전과 법적 안정성을 해칠 위험이 크다는 것이다.

㈏ **신주발행무효 사유와 같이 볼 수 있는지에 대하여** 대법원은 위 판시에서 나아가 "전환사채발행의 무효원인은 가급적 엄격하게 해석하여야 하고, 법령이나 정관의 중대한 위반 또는 현저한 불공정[20]이 있어 그것이 주식회사의 본질이나 회사법의 기본원칙에 반하거나 기존 주주들의 이익과 회사의 경영권 내지 지배권에 중대한 영향을 미치는 경우로서 전환사채와 관련된 거래의 안전, 주주 기타 이해관계인의 이익 등을 고려하더라도 도저히 묵과할 수 없는 정도라고 평가되는 경우에 한하여 무효로 할 수 있고…"라고 하고 있다.

⑸ 檢　討

앞서 언급한 대로 대법원이 전환사채발행 유지청구권의 요건과 전환사채발행의 무효원인을 구분하여 판단한 것은 적절하다고 본다. 무효원인에 관한 대

16) 정동윤, 앞의 책, 531면.
17) 이기수, 「회사법학」(박영사, 1997), 531면; 정동윤, 앞의 책, 531면; 채이식, 「상법강의(상)」(박영사, 1996), 714면.
18) 이철송, 앞의 책, 711-713면.
19) 정찬형, 앞의 책, 708면.
20) 밑줄은 필자가 그은 것임.

법원의 판시는 전환사채발행에 있어서도 신주발행의 경우에 준하여 판단한 것으로 보인다. 또한 무효원인을 가급적 엄격하게 판단하여야 한다는 통설과 같은 입장에 서 있다고 할 수 있다.

대법원의 판시에 따르면 전환사채의 발행이 무효가 되려면 그 발행에 ① 법령이나 정관의 '중대한 위반'이나 '현저한 불공정'이 있으며, ② 그것이 주식회사의 본질·회사법의 기본원칙에 반하거나 기존 주주들의 이익과 회사의 경영권 내지 지배권에 중대한 영향을 미치는 경우이어야 하고, ③ 나아가 이러한 사유가 전환사채와 관련된 거래의 안전, 주주 기타 이해관계인의 이익을 고려하더라도 도저히 묵과할 수 없는 상태에 이르러야 한다.

①과 ②는 무효사유를 가급적 엄격하게 인정해야 한다는 취지의 판시라고 할 것이다. 그런데 ②에서 대법원이 해당 사유가 "주식회사의 본질·회사법의 기본원칙"에 반하는지 여부를 살핀다고 판시한 것에는 의문이 없지 않다. 아마도 이 부분은 학설에서 언급하고 있는 "수권주식의 총수와 종류의 위반·자본충실의 위반·신주발행유지청구권을 무시하고 발행한 경우, 수권자본제의 한계를 일탈한 경우·주주의 신주인수권을 본질적으로 침해"와 같은 무효사유들을 포괄하려는 뜻이었을 것이다. 그러나 이와 같이 추상적으로 표현하기보다는 전환사채와 관련하여서 무효원인으로 일응 볼 수 있는 사유들을 구체적으로 거시하는 편이 나았을 것이다.

③은 전환사채 발행이 ①과 ②에는 해당한다 하더라도 바로 무효라고 해서는 안 되고, 무효로 하였을 경우의 이해관계인의 보호와 거래안전이라는 법익과 다시 교량하여야 한다는 뜻이다. 이 점은 무효사유를 판단함에 있어 거래의 안전이나 기타 이해관계인의 이익도 고려하여야 하고, 이 점을 고려해도 묵과할 수 없는 정도에 이를 것을 요구하는 식으로 엄격하게 판단하여야 함을 표현한 것이다.

3. 전환사채발행의 무효 판단시 고려 요소

(1) 序

원고 측은 이 사건 전환사채가 지배권의 사전 상속·승계 또는 강화 목적(이하 '지배권 승계 또는 강화')하에, 주주 외의 자에게, 현저히 저렴하게 발행되었으므로 무효라고 주장하였다. 이러한 사유가 전환사채발행의 무효사유가 될 수 있는가. 이것은 제３자 배정방식에 의한 전환사채발행이 무효로 판단되기 위해서는 어떠한 요건이 갖추어져야 하는가의 문제이다. 이 항에서는 이들 사유가 전환사채발행의 무효판단 시 고려할 요소에 해당하는지 보고, 이 사건의 경우에는 어떻게 판단될 것인지는 항을 바꾸어 살펴보기로 한다.

(2) 제 3 자 배정방식의 전환사채발행의 목적

(가) 전환사채발행의 목적과 효력과의 관계　　우리 상법상 전환사채제도는 회사에 적절한 자금조달수단을 제공하는 데 취지가 있다고 할 수 있다. 따라서 규정의 취지상 전환사채가 어떠한 목적 하에서 발행되었는가는 발행의 효력을 판단함에 있어서도 고려할 사항이라고 하겠다. 그런데 현재까지 우리나라에서 제 3 자 배정방식의 전환사채발행이 사건화된 사례는 그다지 많지 않다. 주로 이것이 문제되는 것은 지배권분쟁과 관련하여 적대적 기업매수 시 공격자에 대한 방어행위의 일환으로 대상회사가 제 3 자에게 전환사채를 발행하는 경우이다.[21] 그러나 우리나라에서는 이러한 경우도 사건화된 예가 많지 않다.

한편 日本에서는 지배권분쟁 시 제 3 자 배정방식에 의한 전환사채(신주) 발행에 관한 판례가 집적되어 있고, 판례상 이들 발행이 '현저히 불공정'한 발행에 해당하는가 여부를 판단하는 기준이 형성되어 있다. 이 기준은 소위 넓은 의미에서의 '주요목적기준'이라고 일컫는 것이다. 즉 발행의 주요목적이 '자금조달목적' 등 정당한 목적인가, '지배권유지' 등 부당한 목적인가를 따져 어느 것이 더 우세한가를 검토하여 현저히 불공정한 발행 여부를 판단하는 것이다. 전환사채제도의 취지가 '자금조달목적'에 있다고 한다면 위와 같이 제 3 자 배정방식에 의한 전환사채(신주) 발행의 불공정성 판단기준은 전환사채의 효력을 판단하는 데 시사하는 바가 크다고 하겠다. 따라서 이 판단기준에 관해 간단히 살펴보고 전환사채발행의 목적과 발행의 효력의 관계를 검토하기로 한다.

(나) 광의의 주요목적기준　　종래 日本에서는 제 3 자 배정에 의한 증자가 불공정발행에 해당하는지를 판단함에 있어서, 그 발행을 자금조달목적에서 행한 것인가 지배권유지목적에서 행한 것인가를 검토하고, 지배권유지 목적이 주요목적이라고 인정되는 경우에는 불공정하다고 보는 것이 다수설과[22] 판례의

---

21) 신주발행의 경우에도 마찬가지이다.

22) 大杉謙一, "ニッポン放送の新株豫約權發行をめぐる法的諸問題,"「金融法務事情」제1733호(2005. 3. 15), 15면; 藤田友敬, "オプションの発行と会社法(上)-新株予約權制度の創設とその問題点,「商事法務」제1622호(2002. 3. 5), 20면; 黑沼悅郞, "公開會社における種類株式・新株豫約權の效用と問題點,"「民商法雜誌」제126권 제4·5호(2002), 461면 등. 이에 대해 일본의 다수 사건의 판례에서 자금조달 목적이 쉽게 인정되어 불공정발행을 부정하는 경향이 있었던 것은 사실이지만, 주요목적이론에서도 정당한 목적을 자금조달 목적에 한정시킨

입장이었다.[23] 신주발행의 주요목적이 무엇인가를 검토하여 불공정 여부를 판단한다는 의미에서 이를 '주요목적기준'이라 하는데 '자금조달 수요'여부를 중요한 표지로 삼고 있다. 그런데 발행목적을 비교교량함에 있어서 고려한 것을 자금조달목적이나 지배권유지목적에만 한정하지 않은 판례도 있다. 즉 목적이 지배권유지가 아니라고 하더라도 다른 부당한 목적이 있는 때에는 불공정하다고 한 예가 있는가 하면, 자금조달목적이 없더라도 정당하거나 합리적인 다른 목적이 있다면 불공정발행에 해당하지 않는다고 한 판례도 있다. 어찌되었건 발행의 주요목적이 정당한가 여부를 따져 효력을 판단한다는 점에서 이들을 일응 '광의의 주요목적기준'이라고 부를 수 있을 것이다.

앞서 서술한 대로 비교교량의 대상인 정당한 목적을 반드시 '자금조달목적'에 한정하지 않고, 다른 정당한 목적을 지배권유지목적과 비교교량하여 불공정성을 판단하는 방법도 주요목적기준의 범위에 속한다는 견해와 판례가 있다. 즉 신주발행을 결정한 여러 가지 동기 중에서 지배권유지를 위한 부당한 동기가 자금조달목적 이외의 정당한 동기보다 우월한 경우에 불공정발행에 해당한다고 판단하는 것도 주요목적기준을 채택한 것으로 보는 것이다.[24] 일본 상법하에서 본래 신주발행의 목적은 자금조달에 한정되었으므로 주요목적기준에서는 정당한 목적을 자금조달목적에 한정하였을 것이다. 그러나 이후 일본에서는 스톡옵션제도와 신주예약권 제도가 도입됨에 따라 자금조달목적과 직무공헌에 대한 인센티브 부여목적 등 여러 가지 목적에서 신주예약권의 발행이 가능하게 되었다.[25] 그리하여 이사회는 자금조달목적이 없더라도 "다른 기업에 대한 업

것인지에 대해서는 논의의 여지가 있다는 견해도 있다(竹平征吾, "稀釋化型ポイズン・ピルの適法性-司法の役割とその限界,"「商事法務」제1729호(2005. 4. 15), 42면 주33).

23) 洲崎博史, "不公正な新株發行とその規制(二・完)," 民商法(二・完),「民商法雜誌」제94권 제 6 호(1986), 734면 주 8의 여러 문헌과 판례; 太田 洋, "ニッポン放送新株豫約權發行差止假處分申立事件決定とその意義(下),"「商事法務」제1730호(2005. 4. 25), 9면. 최근의 판례로는, ベルシステム24 사건(「金融法務事情」제1733호(2005. 3. 15), 93면 이하); イチヤ 사건(高知地決 2004. 6. 8. 선고,「商事法務」제1706호(2004. 8. 25), 51면과 제1710호(2004. 10. 5), 94면); ダインー 사건(大阪地決 2004. 9. 27. 선고,「商事法務」제1710호(2004. 10. 5), 93면). 이들 사건에 대한 자세한 서술은 최문희, "신주의 제 3 자 배정증자에 의한 경영권 방어의 적법성," BFL 제12호(2005. 7), 서울대 금융법센터, 30면 이하.

24) 太田 洋/野田昌毅, "敵對的企業買收と第三者割當增資ーベルシステム24 新株發行差止假處分申立事件決定の分析を通じて,"「商事法務」제1710호(2004. 10. 5), 51면; 일본방송 사건(東京高等裁判所 第16民事部 平成 17年(ラ) 第429号 新株予約權發行差止仮處分決定認可決定に對する保全抗告事件,「商事法務」제1728호(2005. 4. 5), 41면).

25) 신주예약권의 발행에 있어서는 '자금조달목적'이 요구되지 않고, 지배권 쟁탈전이 있는 경우에 신주예약권을 특정의 자에게 발행하는 것이 불공정발행에 해당하는지 여부는 구체적 사례에 따라 판단해야 한다고 한다(神田秀樹,「會社法」(弘文堂, 2004), 225면).

무제휴의 대가로서 제공, 업무상 신뢰관계유지를 위한 상호보유, 종업원 등에 대한 직무공헌에 대한 보상제공, 종업원의 직무발명에 대한 특허권양수의 대가로 지불(이하 '기타 정당한 목적')"등 종래 이사회의 경영권한에 속한다고[26] 상정된 목적에 따라 신주 등을 발행할 수 있게 되었다. 따라서 기타 정당한 목적을 갖고 제3자 배정을 한 결과 기존 주주의 지주비율이 저하되더라도 불공정발행에 해당하지 않는다고 볼 수 있다고 하게 되었다.[27]

나아가 신주를 발행하게 된 부당한 목적을 확대하여 지배권유지목적이 없다고 하더라도 불공정발행에 해당하는 경우가 있다고 보는 학설과[28] 판례도 있다. 秀和와 いなげや·忠實屋 사건에서[29] 東京地方法院은 일단 주요목적기준을 긍인하면서도, 부당한 목적을 넓게 해석하여 "신주발행의 주요목적이 현경영자의 지배권유지가 아니라 하더라도 그 신주발행에 의해 특정 주주의 지주비율이 현저히 저하된다는 것을 인식하고서 신주를 발행한 경우에는 그 신주발행을 정당화하는 합리적 이유가 없는 한 불공정발행에 해당한다"라고 판시하였다.

(다) 위와 같이 신주(전환사채)발행의 불공정성을 판단함에 있어서는 정당한 목적과 부당한 목적을 교량하여 어느 것이 우월한가를 따져보는 것이 일본의 지배적인 견해이다. 이 때 정당한 목적은 '자금조달목적'에 한정하지 않고 기타 정당한 목적도 포함하고 있으며, 부당한 목적도 반드시 '지배권유지목적'에 한정하지 않고 있다. 이와 같은 태도는 우리 나라의 현대엘리베이터 사건[30]의 판시와 일맥상통하는 점이 있다. 현대엘리베이터 사건에서는 "자금조달목적이 없고, 경영권유지 목적이 있다 하더라도" 신주발행이 허용되는 사유를 상당히 넓게 인정하고 있다. 즉 "적대적 매수자의 자본의 성격, 매수의 의도, 기존 지배주주와 현 경영진의 경영전략, 대상회사의 기업문화 및 종래의 대상회사의 사업내용이 사회경제적으로 차지하는 중요성과 기업취득으로 인한 종래의 사업의 지속 전망 등에 비추어 현 경영진의 지배권 유지가 대상회사와 일반 주주에게 이익이 되거나 특별한 사회적 필요가 있다고 인정되는 경우"에는 그러한 경영상 목적을 위해 신주발행을 할 수 있다고 하였다.

---

26) 일본방송 사건 항고결정의 판시내용이다.

27) 太田 洋, "ニッポン放送新株豫約權發行差止假處分申立事件決定とその意義(下)," 「商事法務」 제1730호(2005. 4. 25), 10면.

28) 森本滋, "新株の發行と株主の地位," 「法學論叢」 제104권 제2호(1987), 17면(州崎博史, 앞의 논문, 725면에서 재인용).

29) 東京地決 1989. 7. 25. 선고 「判例時報」 제1317호, 28면.

30) 수원지방법원 여주지원 2003. 12. 12.자 2003카합369 결정.

전환사채제도는 자금조달수단을 제공하는 데 취지가 있다 할 것이다. 이러한 제도의 취지를 침탈하지 않고 발행되는 이상 전환사채가 발행되는 데에는 자금조달 외에도 여러 가지 부수적인 목적이 있을 수 있다. 이러한 부수적인 목적이 있다고 하더라도, 그것이 '정당한 목적'의 범주에 속한다면 전환사채의 발행을 무효라고 볼 수는 없을 것이다. 일본의 판례를 참조할 때 정당한 목적으로는 주주가 아닌 전환사채 인수인과의 업무제휴, 회사의 지분구조를 적절하게 조정하기 위한 목적, 유상증자의 대체수단으로 이용하는 경우, 다른 자금조달방법이 있다 하더라도 자금조달의 여력을 남겨주기 위한 경우를 들 수 있다. 한편 부당한 목적에 관해서도 오로지 '지배권유지목적'이 있는지 여부에만 초점을 맞출 것이 아니라 '다른 주주의 지분비율을 현저히 저하시킬 목적'으로 발행하는 경우 등과 같은 경우도 부당한 목적으로 볼 수 있을 것이다.

(3) 전환사채의 인수인 선정

전환사채를 주주 외의 제 3 자에게 발행하는 것이 무효가 될 수 있는가. 이는 주주에게 언제나 당연히 전환사채 인수권이 있는가의 문제로 바꾸어 볼 수 있다. 전환사채는 주식으로 전환될 수 있는 잠재적 주식이므로 주주의 신주인수권에 관한 논의가 전환사채의 경우에도 적용된다고 보는 견해도 성립될 수 있을 것이다.[31] 그러나 전환사채에 관해서는 주주의 우선인수권이 없다는 것이 다수의 견해이다.

우리 상법은 수권자본주의를 택하고 있으므로, 수권자본의 한도 내에서는 이사회는 상법의 규정에 따라 자유로이 전환사채를 배정할 수 있다. 우리 상법도 전환사채의 제 3 자 배정에 관한 규정을 두고 정관에 이에 관한 근거규정을 두면 신주나 전환사채를 제 3 자에게 발행할 수 있도록 하고 있다(제513조 제 2 항 · 제 3 항). 따라서 전환사채발행의 효력을 판단함에 있어서는 전환사채를 주주 외의 자에게 배정하였다고 해서 바로 그 전환사채발행이 무효로 되는 것은 아니고, 법률과 정관규정에 의거해 적절한 절차에 따라 발행되었는지를 살펴보아야 할 것이다.

(4) 전환사채의 발행가격

전환사채의 발행가액의 적정성을 판단하는 것에 관해서는 확립된 이론이 없는 실정이다. 다만, 대법원의 판단에 따르면 다음과 같은 몇 가지 요소를 고려하여 판단할 수 있을 것이다. 당시의 주가, 발행된 다른 전환사채의 가격, 사

31) 이러한 관점에서 주주에게 전환사채 인수권이 있다는 견해로는, 이철송, "전환사채의 발행에 따르는 몇 가지 문제점," 「사법행정」, 제336호(1998. 12), 33면.

채발행조건에 관한 기준, 감독기관의 발행조건에 관한 규정 같은 것이 예가 될 수 있다. 이에 대해서는 다음 항에서 이 사건 대법원의 판단과 거시사실을 살펴본 후 서술하기로 한다.

4. 이 사건의 경우

(1) 전환사채의 발행목적

(가) 원심의 판단　　원심은 전환사채의 발행이 무효라고 하기 위해서는 "회사의 경영권분쟁이 현재 계속 중이거나 임박해 있는 등 오직 지배권의 변경을 초래하거나 이를 저지할 목적으로 전환사채를 발행하였음이 객관적으로 명백한 경우"라야 한다고 하면서,[32] 이 사건 전환사채의 발행에서 지배권 강화의 목적이 전혀 없었다고 할 수는 없지만(재산의 사전상속, 혹은 증여의 의도가 강하다) 전환사채발행 무효사유에 해당한다고 볼 수 없다고 하였다. "경영권 분쟁의 계속, 임박" 등 지배권의 변경을 초래하거나 이를 저지할 목적이 있어야 한다고 하여 전환사채의 발행무효사유를 제한적으로 봄과 동시에 이 사건에서는 이러한 목적보다는 재산의 사전상속·증여의 의도하에 전환사채가 발행된 것으로 보인다고 하였다.

(나) 대법원의 판단

① 거시 사실　　대법원은 전환사채발행의 목적을 판단하기 위해 다음과 같은 사실들을 밝히고 있다.

㉠ 이 사건 전환사채발행 당시 피고에 경영권분쟁이 진행중이었거나 임박했다는 조짐이 없었고, 피고와 지배주주 A의 지분비율에 비추어 피고의 경영권은 안정되어 있었다.

㉡ 피고는 이 사건 전환사채 외에도 수시로 회사채를 발행해 자금을 조달해 왔는데, 피고의 자본규모에 비해 이 사건 전환사채 발행의 규모는 미미하였다고 보인다.

㉢ 기록상 피고에게 자금조달의 필요가 없었다고 단정하기 어렵다.

② 판　단　　위의 거시사실에 비추어 대법원은 다음과 같이 판시하였다.

㉠ 이 사건 전환사채발행이 편법적인 사전상속 또는 증여에 의해 피고회사의 경영권 내지 지배권을 이양하려는 목적에서 이루어졌다는 원고의 주장은

32) 서울고등법원 1997. 5. 13.자 97라36 결정(확정).

근거가 분명하지 않다.

㉡ 다른 법리에 의한 무효원인이 있다고 볼 만한 사정이 없다면, 설령 이 사건 전환사채의 발행이 사전상속·증여나 회사 경영권 내지 지배권 이전의 목적 아래 이루어진 것이라는 의심이 있다고 하더라도 그러한 사유만으로 전환사채발행을 무효로 볼 수는 없다.

㉢ 나아가 회사의 자금조달의 필요가 없었다는 의심의 여지가 있다고 하더라도, 그러한 사유만으로 전환사채발행을 무효로 볼 수 없다.

㉣ 무효원인이 회사의 경영권분쟁이 현재 계속중이거나 임박해 있는 등 오직 지배권의 변경을 초래하거나 이를 저지할 목적으로 전환사채를 발행하였음이 객관적으로 명백한 경우에 한정할 것은 아니다.

(다) **檢　討**　대법원은 이 사건 전환사채발행에서 자금조달의 필요가 있고('자금조달'이라는 정당한 목적의 존재), 지배권이양이라는 목적의 주장은 근거가 불분명하다('지배권이양'이라는 부당한 목적의 부존재)라고 하였다. 나아가 설사 편법적인 사전상속 또는 증여, 지배권이양이라는 목적에 대한 "의심이 있다"고 하더라도 그러한 사유만으로 전환사채발행을 무효로 볼 수는 없다고 하고 있다.[33] 다른 한편 무효원인으로 반드시 "경영권분쟁이 계속 중이거나 임박해 있는 등 지배권변경을 초래 또는 저지할 목적"이 있을 것을 요구하고 있지 않다는 점도 주목된다.

대법원의 판단은 전환사채발행에 정당한 목적이 존재하는 상태에서는, 부당한 목적에 대한 의심이 있는 사유만으로는 무효가 되지 않는 반면, 부당한 목적을 반드시 "지배권"과 결부시켜 한정하여 파악할 것이 아니라 다른 사유가 있다 하더라도 무효가 될 수 있다고 풀이한 것으로 볼 수 있다. 이러한 판단은 앞서 서술한, 전환사채발행의 목적과 관련해 '주된 목적'이 무엇인가를 따져보는 광의의 주요목적기준에 의한 판단방법을 따른 것으로 보인다.

이같은 대법원의 판단은 적절한 것이라 볼 수 있다. 그런데 기술한 바와 같이 대법원은 이 사건 전환사채발행의 목적을 "지배권강화의 목적이 전혀 없었다고 할 수 없고 재산의 사전상속, 혹은 증여의 의도가 강하다"고 파악한 원심과 다르게 파악하고 있다. 이것은 원심의 판단을 인정하면 전환사채발행에 부

33) 이 사건과 함께 제기된 신주상장금지 가처분신청의 1심법원은 "자금조달의 목적은 표면적 이유에 불과하고 다른 주주들의 의사를 무시한 채 지배주주나 경영진의 이익만을 위하여 회사지배관계에 대한 영향력에 변동을 주는 것을 목적으로 한 경우에 전환사채발행은 무효로 보아야 한다"라고 판시한 바 있다(수원지방법원 1997. 12. 16. 97카합7333 결정).

당한 목적이 있음을 인정하는 격이 되므로, 그와 같은 발행목적의 부당성을 부정하여 이 사건 전환사채발행의 효력을 무효라고 하지 않기 위해 대법원이 고심한 것이라 할 수 있다.

한편 사실관계에 비추어 보면 이 사건 전환사채에 터잡아 발행된 신주는 1,201,657주이고 이는 신주발행 당시 총 발행주식의 1.01%이며, 그 중 원고가 "사전상속 혹은 증여에 의한 지배권의 이양"을 문제삼은 소외 B의 지분율은 2000. 3. 현재 0.76%에 해당한다.[34] 이 정도의 비율로써는 소외 B가 이 사건 전환사채발행에 의해 지배권을 취득하였다고 단정하기는 어렵다.

⑵ 전환사채의 인수인 선정과 발행가액

㈎ 원고의 주장 원고는 발행당시 주가가 56,800인데 전환가액을 50,000원으로 하여 지배주주의 특별이해관계자에게 발행한 것은 현저하게 부당한 발행이라고 주장하였다. 원고의 주장은 주주배정의 방식으로 또는 공모의 방식으로 발행하였다면 더 높은 가격에 발행할 수 있었음에도 전환사채를 주주 외의 자에게 사모의 방법으로 불공정한 가액으로 발행하였다는 것이다.[35]

㈏ 대법원의 판단

① 거시 사실

㉠ 위 전환가액은 '사채의 발행조건에 관한 기준'[36]에 따른 일반공모방식에 의할 경우의 기준주가[37] 55,200원보다 약 9.42% 할인된 것으로서 사모방식으로 발행되었음에도 공모방식에 적용되는 기준주가의 90% 이상이라는 요건도 충족하였다.

㉡ 이 사건 전환사채에는 전환사채발행 당시 발행한 회사채의 이율 연 11%보다 낮은 연 7%의 이율이 적용되었다.

② 판 단 위 거시사실에 터잡아 대법원은 "이 사건 전환사채의 전환가액이 피고 회사의 주가나 비슷한 시기에 발행된 피고 회사의 다른 전환사채 가액 등에 비추어 다소 저렴하게 발행되었다고 볼 여지가 있다 하더라도, 그 정도에 비추어 이미 발행된 전환사채 및 전환권행사로 발행된 주식을 무효

34) 한편 피고의 주주 구성(2000. 3. 현재 주주총회)을 보면 1대주주의 지분비율은 9.59%, 외국인 주주의 비율은 45.28%이며, 외국인 주주의 지주비율은 이후 더 증대하였다.

35) 원고는 1997. 7. 4. 발행한 신주 가액이 금 68,500원이고, 1997. 5. 17. 발행한 해외전환사채의 전환조건이 1주당 금 123,635원이었음도 주장하였다.

36) 사채발행인수실무협의회에서 실무상의 준칙으로 정한 것이다.

37) 전환가액의 결정을 위한 이사회결의일 전일로부터 소급한 1개월 평균종가, 1주일 평균종가 및 최근일 종가를 산술평균하여 산정한 가격과 최근일 종가 중 낮은 가격이 '기준주가'이다.

로 볼 수는 없다"라고 판시하였다.

(다) **檢　討**　　이 사건 전환사채가 ㉠ '주주 외의 제 3 자에게' ㉡ '사모방식'으로 ㉢ '부당한 가액'으로 발행한 것이 무효원인이 되는지 여부가 쟁점이다. ㉠과 ㉡은 전환사채 인수인의 선정방식에 관한 문제이고 ㉢은 전환가액에 관한 문제이다.

① 우선 ㉠과 ㉡은 전환사채를 발행함에 있어 반드시 주주배정방식에 의하거나, 제 3 자 배정방식이라 하더라도 공모방식을 취해야 하는가의 문제라 할 것이다. 원심은 주주 외의 자에게 전환사채를 발행할 수 있는 금액 내에서는 주주의 전환사채인수권이 배제되는 것이고, 그 한도에서 피고회사의 이사회는 이 사건 전환사채를 인수인이 주주인지 여부와 상관 없이 배정하였다고 주주평등권이 침해되었다고 할 수는 없다고 판단하였다. 대법원은 원심의 판단이 정당하다고 하면서, 이 사건 인수인들이 소외 A와 특별관계에 있다 하더라도 다른 자들이 인수인이었을 경우와 비교해 전환조건에 차이가 없다면 주주들의 권리가 특별히 더 침해되는 것도 아니라고 하였다. 앞에서 우리 상법상 주주에게 전환사채 인수권이 있는가의 문제에 관해서 이를 부정하는 것이 옳다고 보았고, 따라서 법률과 정관의 규정에 따라 제 3 자에게 전환사채를 발행한 것에는 의문이 없다고 할 것이다.

그렇다면 제 3 자 배정방식으로 하더라도 사모방식을 택했어야 하는가에 관해 의문을 제기해 볼 수 있을 것이다. 일단 제 3 자에게 전환사채를 발행하는 것이 허용된다면 공모방식을 취할 것인가, 사모방식을 취할 것인가는 회사의 선택에 맡겨져 있다고 할 것이다. 이것은 개별기업의 각기의 사정에 따른 자금조달 정책 또는 자금조달 기법에 관한 문제라 할 것이다. 사모방식에 의한 발행시 전환가액이 부당하지 않다면, 공모방식을 취할 것인가 사모방식을 취할 것인가 이사회에서 선택할 수 있어야 할 것이고 자금조달의 기동성을 위해서[38] 사모방식을 취하는 것도 허용될 것이다.

더 나아가 사모방식이 허용된다 하더라도 원고의 주장과 같이 피고의 지배주주의 특별이해관계인을 인수인으로 선정한 것이 타당한가 하는 의문을 제기할 수 있을 것이다. 그러나 대법원의 판시와 같이 특별이해관계인을 인수인으로 선정하였다는 것만으로는 무효사유가 될 수 없다고 본다. 예컨대 특정인을

38) 당시 전환사채발행의 절차와 관련한 규정에 의하면, 주주배정방식은 55일 이상, 공모방식은 27일, 사모방식은 3일 정도가 소요된다.

인수인으로 선정한 것이 부당한 경우로는, 경영권분쟁이 있는 경우에 특정 대주주의 지분은 늘리고 분쟁의 당사자인 다른 주주의 지분비율을 현저하게 감소시키는 경우를 들 수 있다. 이러한 예에 해당하지 않는, 이 사건과 같이 통상적인 경우에는 특정인을 인수인으로 선정한다 하더라도 전환사채의 발행을 무효로 할 만한 원인은 되지 않을 것이다. 결국 문제는 전환사채의 발행가액이 적절하였는가에 집중된다.

② 전환사채의 발행가액이 어느 정도이면 부당하지 않다고 할 것인가. 대법원의 판시에 의하면 당시의 주가, 사채의 이율을 고려하고 있다. 대법원은 당시 '사채발행조건에 관한 기준'에 의하면, 공모방식에 의할 때 전환가액은 기준주가의 90% 이상이라고 하고 있었다는 점과, 당시 피고의 기준주가가 55,200원이었는데 50,000원에 발행한 것은 9.42%할인된 것이고, 당시 피고 회사의 회사채 이율이 11%임에도 본건 전환사채의 이율은 7%로 회사에 유리하게 발행된 사정까지 고려하면 이 사건 전환사채의 가격이 지나치게 저렴하다고 할 수 없다고 하고 있다.

그런데 대법원이 전환사채의 발행가격의 적정성 여부를 판단하는 데 다음과 같은 몇 가지 요소를 더 고려했더라면 하는 아쉬움이 남아 있다. 먼저 당시 상장법인재무관리규정에 의하면 일반공모방식에 의한 자금조달의 경우, 전환청구기간의 제한이 없음에도 불구하고 일반공모가격을 기준주가보다 30%까지 할인하여 제 3 자에게 발행할 수 있도록 하고 있었다는 점이다.[39] 이러한 점도 이 사건 전환사채가 부적정한 가격으로 발행되지 않았다는 것을 판단하는 데에 고려할 수 있었을 것이다. 또한 이 사건 전환사채발행 당시를 전후하여 다른 회사의 전환사채의 발행실무에서 어떠한 방식을 취하고 있었으며, 발행가격이 기준주가 대비 어느 정도이었나 하는 점도 고려할 수 있었을 것이다. 더 나아가 당시의 피고의 주가변동의 가능성과, 당시 사모방식의 전환사채의 경우에는 전환기간에 관해 규정상의 제약이 없었음에도 불구하고 이 사건 전환사채의 경우에는 전환청구기간에 6개월간의 전환금지를 설정하였다는 점도 고려할 수 있었을 것이다.

그러나 결론에 있어서 이 사건 전환사채가 피고의 지배주주 A와 특별관계자인 B와 C에게 다소 저렴하게 발행되었다는 것만으로는 전환사채발행을 무효로 할 만한 사유로 볼 수 없다는 대법원의 판단은 적절하다 할 것이다.

---

39) 당시 상장법인재무관리규정 제16조의3.

Ⅳ. 訴提起期間 經過後 無效事由의 追加 可否—商法 제429조의 法定期間의 意味

1. 문제의 소재

원고는 1997. 3. 24. 발행된 이 사건 전환사채에 관하여 1997. 6. 24. 소를 제기한 후 1998. 4. 16.자 항소이유서에서 이 사건 전환사채발행을 위한 이사회 결의에 흠이 있다는 주장을 새로이 추가하였다. 신주발행무효의 소는 신주발행일로부터 6월이 경과한 후에는 제기할 수 없고(상법 제429조), 위에서 살펴본 바와 같이 이 사건에서 대법원은 전환사채발행 무효의 소에 신주발행의 무효의 소에 관한 상법 제429조가 유추적용된다고 하였는데, 이에 의하면 전환사채발행 무효의 소도 전환사채 발행일로부터 6월 내에 제기하여야 한다.

그런데 이 사건에서 원고는 소제기 자체는 전환사채 발행일로부터 6월 내에 하였지만, 소제기 당시에는 무효원인 전부를 주장하지 않다가 전환사채 발행일로부터 6개월이 경과한 후에 비로소 새로운 청구원인을 추가하여 무효를 주장하였다. 이처럼 전환사채발행 무효의 소의 제소기간이 경과한 후에 새로운 무효사유를 추가하여 무효를 주장하는 것이 허용되는가. 말하자면 상법 제429조에서 규정한 6개월의 기간이란 소제기 자체의 법정기간의 의미만을 띠는지, 아니면 더 나아가 무효사유의 주장시기를 정한 의미도 있는지가 문제된다.

2. 원심의 판단

원심은 이사회결의가 의결정족수 미달[40]의 흠이 있기는 하지만 그러한 사유만으로 이 사건 전환사채의 발행을 무효로 볼 수는 없다고 판시하였다. 원심은 무효사유를 추가하는 것이 6개월의 기간의 제한을 받는지에 관해서 분명히 논급하고 있지는 않지만, 원심의 판단은 상법 제429조에서 규정하고 있는 기간이 제소기간을 의미하는 데 한정되는 것이지 제소기간이 경과한 후에 새로운 무효사유를 추가하여 주장하는 것은 허용된다는 전제에 서야만 가능한 것으로 보인다.

3. 대법원의 판단

원심이 원고가 새로이 무효사유를 추가한 것에 관해 실체판단을 한 것에

40) 재적이사 59명 중 28명이 출석하여 재적이사 과반수 요건을 갖추지 못하였다.

대해, 대법원은 원심의 판단은 새로운 무효사유의 추가에 관한 법리를 오해한 것이라고 하면서, 상법 제429조의 6개월의 제소기간 제한은 무효사유의 주장에도 미친다고 하였다. 이 규정은 신주발행에 수반되는 복잡한 법률관계를 조기에 확정하고자 하는 것이므로, 새로운 무효사유를 출소기간의 경과 후에도 주장할 수 있도록 하면 법률관계가 불안정하게 되어 이 규정의 취지가 몰각된다는 점에 비추어 이 규정은 무효사유의 주장시기도 제한하고 있는 것이라고 해석하여야 한다는 것이다.

4. 학설과 종전의 판례

상법 제429조의 6개월의 기간제한은 무효원인을 새로이 주장하는 것에도 적용된다고 보는 것이 학설과[41] 이 사건 전의 판례[42]와 일본 판례[43]의 태도이다. 우리 학설은 근거를 분명히 밝히고 있지는 않다. 한편 일본 판례는 "소제기 기간을 6월로 정하고 있는 것은 신주발행에 수반된 복잡한 법률관계를 조기에 확정시키기 위함인데, 새로운 무효사유를 위 기간의 경과 후에도 주장할 수 있게 한다면 법률관계가 불안정하게 되어 위 규정의 취지가 몰각되기 때문"이라고 하고 있는바, 이 사건 대법원의 판단과 같은 입장이라고 할 수 있다.

5. 檢　討

대법원은 "전환사채발행에 준용되는 상법 제429조의 출소기간 제한의 취지가 전환사채발행에 수반되는 복잡한 법률관계를 조기에 확정하려는 것이므로, 새로운 무효사유를 출소기간 경과 후에도 주장할 수 있도록 하면 법률관계가 불안정하게 되어 위 규정의 취지가 몰각"되기 때문에 이 규정은 무효사유의 주장시기도 제한하는 것이라고 보고 있다. 이와 같이 대법원이 무효사유 추가를 허용하지 않는 이유는 "전환사채발행과 관련된 복잡한 법률관계의 조기확정"이나 "법률관계의 불안정"을 중시한 때문이다.

그런데 이 사건에서 대법원의 판시와 같이 이 사건 전환사채발행과 관련해

---

41) 손주찬 · 정동윤(편저), 「주석상법(Ⅳ)」(한국사법행정학회, 1999), 155면; 이철송, 앞의 책, 716면; 「新版 注釋會社法(Ⅶ)」(有斐閣, 1987), 360면.

42) 서울고등법원 1977. 4. 7. 선고 76나2887(판결 확정). 이 사건에서 원고는 신주발행 후 6개월 경과 후 새로이 주주총회결의의 하자를 무효원인으로 추가하였으나, 법원은 그 당부를 따져볼 필요 없이 배척을 면치 못한다고 판시하였다.

43) 最高裁 1994. 7. 18. 판결. 주주총회결의 취소의 소에 관해서 最高裁 1976. 12. 24. 民集 30卷11号 1076면.

복잡한 법률관계가 형성되었거나, 새로운 무효사유의 추가를 허용하면 법률관계가 불안정해지는가에 대해서는 의문을 제기하는 견해가 있을 수 있다. 즉 이 사건 전환사채발행과 그에 따른 신주발행을 무효로 하더라도 거래의 안전에는 해가 되지 않는다고 보는 것이다. 왜냐하면 이 사건에서는 소외 B가 전환권행사로 발행받은 신주에 대해 상장금지 가처분결정이 내려졌으므로,[44][45] 소외 B가 발행받은 주식에 대해 제 3 의 이해관계인이 관여할 일이 없고, 따라서 이 사건 전환사채발행 및 신주발행과 관련해 복잡한 법률관계가 발생할 수 없다고 볼 수도 있기 때문이다. 이러한 관점에서는 무효사유추가를 허용해도 무방하다는 입론이 성립될 여지도 있을 것이다.

그러나 상법이 제소기간을 전환사채발행일로부터 6개월로 제한하고 있는 것은 대법원이 판시한 바와 같이 전환사채발행과 관련된 법률관계를 조기에 종결시키기 위함이다. 이러한 법률관계의 조기종결이나 거래의 안전에 대한 요청은, 전환사채발행 및 전환권행사에 따른 신주발행과 관련된 이해관계자로서 인수인으로부터 신주를 양수한 제 3 자가 있는지 혹은 그러할 가능성이 있는지 여부와 같은 개별적 사정을 묻지 않고 확보되어야 할 것이다. 집단적 채권·채무관계의 설정행위인 사채발행의 경우에는 일반적인 거래안전을 보호하기 위해 통일적이고 획일적인 법적 규율이 필요하다. 따라서 전환사채발행이나 신주발행 후 실제로 복잡한 법률관계가 형성되었는지, 또는 6개월 경과 후 법률관계가 불안정해지는지 여부와 관계 없이 사채발행일로부터 6개월이 경과하면 소송을 제기하는 것을 허용해서는 안 될 것이다. 따라서 위 규정에서 말하는 기간은 제소자체에 대한 법정기간일 뿐만 아니라, 청구원인과 관련해서 그 기간이 경과한 후에는 새로운 무효원인을 추가하는 것도 허용될 수 없다는 법리도 포함하고 있다고 보아야 할 것이다. 요컨대 제소기간의 의미에 관한 대법원의 판

44) 원고는 본안소송으로서 전환사채발행 무효소송과 함께 보전처분으로서 전환권 행사금지 및 처분금지 가처분신청을 제기하였다. 이에 대해 수원지법 민사 제30부는 1997. 9. 30. 97카합4400사건에서 신청인(이 사건의 원고)의 가처분신청을 인용하였다. 그러나 가처분결정이 고지되기 전인 1997. 9. 29. 소외 B는 전환권을 행사하여 주식 901,243주를 보유하게 되었다. 이에 신청인은 1997. 10. 8. 소외 B와 증권거래소를 상대로 주식처분 및 상장금지 가처분신청을 하였고, 1997. 12. 16. 수원지법은 본안소송이 확정되기 전까지 주식처분 및 상장금지를 인용하는 결정을 하였다.

45) 대법원은 상장금지 가처분이 내려졌다고 하더라도 장외에서 거래되는 것이 금지되는 것은 아니며, 상장금지 가처분결정은 본안재판에 앞서 이 사건 전환사채발행의 무효를 구할 권리에 대한 소명이 있다고 보아 이를 바탕으로 내린 보전처분인데, 본안재판을 함에 있어 가처분결정이 있다는 사유를 전환사채발행의 무효사유로 판단하는 근거로 삼을 수는 없다고 판시하였다. 적절한 지적이라고 판단된다.

단은 적절하다고 볼 것이다.

이와 같은 법리적 관점을 차치하고라도, 이 사건에서는 이 사건 전환사채 및 전환권행사에 의한 신주 중 소외 C가 인수한 부분은 원고의 주식처분 및 상장금지 가처분신청이 기각되어 유통에 놓일 수 있는 상태에 있으므로 거래안전 보호에 문제가 없다는 주장은 더욱 더 설득력이 없을 것이다.[46)]

원심은 원고가 추가한 "이사회결의의 하자"를 인정하기는 하면서도 이 사유만으로는 이 사건 전환사채발행을 무효로 할 만한 원인이 되지 못한다고 하였다. 그러나 원심은 이와 같이 새로이 추가한 무효원인이 사채발행 후 6월 이내인지 여부를 직권으로 조사하여 실체심리에 들어갈 필요 없이 원고의 주장을 부적법하다고 배척하였어야 했다. 따라서 대법원이 "원심의 판단은 새로운 무효사유의 추가에 관한 법리를 오해한 것"이라고 한 것은 적절한 지적이라고 하겠다.

V. 理事會決議의 瑕疵와 轉換社債 發行無效의 關係

1. 序

대법원은 6개월의 제소기간 경과 후 새로운 무효사유를 제출하는 것은 허용되지 않는다고 판시하였다. 만일 원고 측에서 이사회결의의 하자를 6월의 기간 내에 전환사채발행의 무효원인으로 주장하였다면 대법원은 어떻게 판단하였을까? 앞서 살펴본 바와 같이 원심은 이사회의 결의정족수 미달로 결의에 흠이 있음은 인정하였으나, 그러한 사유만으로 사채발행이나 신주발행을 무효로 할 수는 없다고 판시한 바 있다.

한편으로는 이사회결의의 절차상 하자 때문에 사채나 신주발행도 무효로 되어야 한다면 사채나 신주발행의 통일성과 거래안전을 해하게 될 것이다. 그러나 다른 한편으로 거래안전 때문에 이사회결의의 하자는 언제든지 무시할 수 있다면 회사의 의사결정과정의 적법성은 담보되지 못할 것이다. 문제는 양자를

46) 한편 피고가 소외 B, C에게 전환사채를 발행한 데에는 B, C에 의한 지분취득에 의해 삼성그룹의 지배주주의 지배권을 공고히 하기 위한 목적이 있었을 것이므로, 애초에 B 또는 C에게는 신주를 유통시키지 않으려는 목적이 있었을 것이라는 견해가 있을 수 있다. 그리하여 거래안전 보호에 문제가 없었을 것이라고 보는 것이다. 그러나 B의 주식에 대해서는 처분금지 가처분신청이 받아들여진 상태이고, 설사 그렇지 않다 하더라도 앞서 언급한 바대로 거래의 안전 보호는 구체적 상황이 어떠한지 여부를 불문하고(즉, 앞의 견해처럼 "유통시켰을 개연성이 지극히 낮다"는 등과 같은 사정에 구애됨이 없이) 요청된다는 관점에서 이러한 견해에는 찬동하기 어렵다.

어느 선에서 조화롭게 해결하는 것이 바람직한가이다. 아래에서는 이사회결의의 절차상 하자가 사채발행 또는 신주발행의 무효원인이 될 수 있는지 여부와 만일 그렇다면 어떠한 요건 하에서 그러한지 살펴보기로 한다.

2. 전환사채발행, 신주발행의 무효사유

전환사채나 신주가 발행되면 거래계에 유통될 것이 당연 전제로 되고 그로 인하여 사채권자는 다수일 것이므로 거래의 안전을 보호할 필요가 있게 된다. 이러한 관점에서 학설은 신주발행이나 사채발행의[47] 무효사유는 엄격히 제한적으로 해석하여야 한다고 한다.[48] 즉, 발행절차의 하자가 중대하고 명백하여 이를 무효로 하지 않으면 회사나 다른 주주들의 이익이 회복할 수 없을 정도로 침해되는 경우에 한하여 무효로 본다.

3. 이사회결의의 하자와 전환사채발행, 신주발행의 무효 여부

⑴ **學　說**　　이사회의 결의가 없는 신주발행이라도 유효하다고 보는 학설은 회사의 신주발행을 회사의 업무집행에 준하는 것으로 취급하고, 거래의 안전을 보호하기 위함이라거나, 이사회의 결의가 회사의 내부의사 결정과정에 불과하다거나, 신주발행을 결정한 대표이사의 대표권을 신뢰한 상대방의 보호나 획일적 처리를 위함을 근거로 하고 있다.[49]

이에 대해 무효로 보는 견해는 신주발행이 회사의 중요한 조직법적 변화를 가져오는 행위라거나, 대표이사의 개인적 결정에 의한 신주발행을 유효로 보게 되면 주주의 지위를 불안정하게 할 염려가 있다고 한다.[50]

⑵ **判　例**　　원심 판결은 이 사건 전환사채발행을 위한 이사회결의가 정족수 미달로 불성립되었다고 보아야 한다고 하면서도 "대표이사가 전환사채를 발행한 경우 전환사채가 잠재적 주식으로서의 성격을 가지고 있다고 하더라

---

47) 전환사채발행에 관해서는 별도로 언급하고 있지 않지만, 전환사채발행의 무효에 관해서 신주발행의 무효에 관한 해석론이 적용된다고 하고 있으므로, 신주발행에 관한 서술이 전환사채발행의 무효에도 타당하다고 본다.

48) 즉 법령이나 정관에 위반한 모든 하자가 무효원인이 될 수는 없다거나(정동윤, 앞의 책, 530면), 가급적 무효원인을 엄격히 인정해야 하므로 수권자본제, 자본충실, 주주의 신주인수권의 본질적 부분을 침해한 경우이어야 한다거나(이철송, 앞의 책, 711면) 또는 신주발행의 무효사유는 가급적 회피해야 한다(최기원, 앞의 책, 753면)는 것이다.

49) 정동윤, 앞의 책, 531면.

50) 이철송, 앞의 책, 712면; 최기원, 앞의 책, 754~755면(이 견해는 사채발행에 대해서는 신주발행과 다르게 파악하고 있다).

도 전환사채의 발행은 내부적인 조직법상의 행위라기보다 자금조달을 위한 대표이사의 외부적인 거래행위 내지 업무집행행위이고 이사회결의는 회사 내부의 의사결정과정에 불과하다고 할 것이므로, 회사를 대표할 정당한 권한이 있는 대표이사가 전환사채를 발행한 이상 이를 위한 이사회결의에 중대한 하자가 있거나 결의가 부존재한다고 하더라도 이러한 사정만으로는 그 전환사채발행이 무효라고 볼 수는 없다"[51]고 판시하여 이사회 결의의 하자가 언제나 전환사채 발행의 무효원인이 되는 것은 아니라고 하였다.

대법원 판례 중에는 이사회결의의 하자와 신주발행의 관계에 관한 것은 아니지만, 신주발행의 절차상 하자가 바로 신주발행의 무효사유가 되는 것은 아니라고 파악한 것이 있다.[52]

日本의 판례는 "신주발행은 회사의 조직에 관한 것이라기보다는 업무집행에 준하여 취급되는 것이기 때문에, 회사를 대표할 권한을 가진 이사가 신주를 발행한 이상, 설사 신주발행에 유효한 이사회결의가 없었다고 하더라도 신주발행은 유효하다"라고 판시하여 상기 우리나라의 유효설과 같은 입장을 보이고 있다.[53]

(3) 檢　討　　이사회결의의 하자가 존재한다고 해서 신주발행 또는 전환사채 발행이 언제나 무효로 판단되어서는 안 된다고 본다. 즉 이사회결의의 하자의 중대성 정도에 따라서 유·무효는 달라질 수 있다고 본다. 예컨대 이사들 상당수가 신주발행 또는 전환사채발행에 반대하여 결의가 부결될 가능성이 높은데도 이를 무시한 채 대표이사가 독단적으로 신주나 전환사채를 발행하는 경우와 같이 이사들의 의사가 봉쇄되거나 무시되는 등으로 절차적 하자가 중대하고 명백한 경우에[54] 전환사채발행이나 신주발행의 효력은 부인될 수 있을 것이다.

이 사건의 경우에는 이사회결의는 내려진 것으로 되어 있으나 이사들의 출석정족수가 30명에 2명이 미달되어 있고, 대표이사가 독단적으로 전환사채 발

51) 밑줄은 필자가 그은 것임.
52) 대법원 1980. 2. 21. 선고 79다509 판결.
53) 最高裁 1994. 7. 14. 판결; 最高裁 1961. 3. 31. 판결.
54) 예컨대 경영권 분쟁과정에서 회사의 대표이사가 다른 이사들의 의사는 무시한 채 경영권분쟁 당사자인 일방 주주의 이익만을 위해 그 지배권을 부여할 목적으로 신주나 전환사채를 발행하는 경우나 실제로 이사들이 발행에 반대하였음에도 대표이사가 그 직에 있음을 기화로 자신들에게 신주를 발행하는 경우(Staar Surgical Company v. Thomas R. Waggoner et. al, 588 A. 2d 1130(1991)).

행을 결정했다는 사정이 보이지 않는다. 따라서 위의 이사회결의의 흠은 중대하고 명백한 것이 아니어서 전환사채발행을 무효로 할 만한 것은 아니라고 판단된다.

Ⅵ. 맺 음 말

이 사건은 시민단체가 재벌감시와 주주이익보호라는 차원에서, 특히 우리나라 제 1 대재벌그룹을 상대로 제기한 일련의 전환사채 또는 신주인수권부사채에 관한 소송 중 하나라는 점에서 소송이 제기되던 당시부터 세간의 이목을 집중시켰다. 또한 최종심인 대법원의 판단을 받았다는 점에서 법리적인 논쟁거리도 제공하였다. 이 판례에 쏟아진 관심만큼이나 이 판례는 상법상으로도 다양한 논점들을 담고 있으며, 이 중에는 우리 상법에 명문의 규정이 없는 사항에 관해서 판단을 내린 것(전환사채발행 무효의 소의 가부 문제)과, 종래 하급심의 판단만을 받은 사항(상법 제429조의 제소기간의 의미)에 관해 대법원에서 최초로 판단을 내린 것도 포함하고 있다.

이 판결의 의의와 평가는 각 논점사항별로 서술한 바와 같다. 아래에서는 논점사항에 포함되지 않은 것으로서 이 판결의 논리의 미진이나 오류에 관해 두 가지 사항을 언급하고, 아울러 이 사건과 관련하여 전환사채발행에 관한 금융감독위원회의 '유가증권의 발행 및 공시 등에 관한 규정'의 문제점을 지적하고 글을 맺기로 한다.

첫째, 이 판례의 주요 논점의 하나인 전환가격의 적정성과 관련하여, 대법원이 어떠한 사항들이 적정성을 판단하는 요소가 될 수 있는지에 관해서 보다 명확하게 판시하지 않은 것은 아쉬운 점이라 할 것이다.

둘째, 이 사건 정관규정의 효력을 설시하는 부분에서 대법원은 피고의 정관 제16조에 대해 괄호안의 문구로써 "위 규정은 상장회사 표준정관에 따른 것이다"라고 설시하였다. 그런데, 이 괄호부분의 의미가 무엇인지에 대해서는 의문이 있다. 즉 표준정관에 따랐기 때문에 피고회사의 정관의 효력에는 의문이 없다는 뜻인지 아니면 다른 의미를 갖고 있는지 알 수 없다. 굳이 이 부분의 설시를 한 것은 전자의 의미를 표현하기 위함이었을 것으로 추측되지만, 그렇다고 하더라도 의문이 없지 않다. 피고의 정관규정이 상장회사 표준정관을 따랐다고 하여 바로 유효성이 담보될 수 있는 것은 아니기 때문이다. 상장회사 표준정관이란 다름 아니라 상장회사협의회가 채택한 것으로 법적인 효력은 없는 것이다. 물론 대법원이 이 점을 굳이 설시하고 있는 것은 다음과 같은 점을 감안한 측면이 있을 것이다. 당시 한국증권거래소가 제정한 '유가증권 상장규정'에 의해 신규상장을 위한 예비심사청구시 정관을 제출하도록 하고 있는 점(동 규정 제4조 제2항)에 비추어 표준정관의 내용과 같은 피고의 정관에 대해 이미 심사가 이루어졌다는 점, 또한 대다수의 상장회사가 표준정관과 유사한 정관규정을 두고 있으므로 이들 회사의 전환사채에 관한 규정을 모두 무효로 하면 그간에 국내에서 발행된 모든 전환사채의 효력에 문제가 있을 수 있다는 점이다. 그러나 이러한 사정을 고려한다 하더라도 표준정관에 따랐다는 사실이 피고회사의 정관의 효력 유무를 가르는 사유가 될 수는 없을 것이다. 결국 대법원은 이 부분에 대한 설시는 하지 않았던 것이 좋았을 것이다.

한편 유가증권의 발행 및 공시 등에 관한 규정에 의하면, 사모방식의 전환사채나 신주인수권부사채를 경영권분쟁 시에 발행하는 것은 금지되어 있고(제60조, 제63조), 전환권이나 신주인수권의 행사기간에 발행 후 1년이라는 제한기간을 설정하고 있다(제62조, 제63조). 그러나 하위규정에서 이같이 경영권방어 시의 전환사채발행을 일률적으로 금지하는 것이 상법이나 증권거래법에 비추어 허용되는 것인지는 의문이 있다. 나아가 전환권과 신주인수권의 행사기간을 발행 후 1년으로 제한하고 있는 규정도 마찬가지이다.

轉換社債發行의 無效

崔　基　元*

대법원 2004. 6. 25. 선고 2000다37326 판결**

[事實의 槪要]

1. 原告는 피고회사(○○전자주식회사)의 보통주식 136주를 소유한 주주이고, 被告會社는 전자·전기·기계기구 및 관련기기와 그 부품의 제작·판매 등을 목적으로 하는 上場法人이다. 소외 李○○는 이 사건 전환사채발행 당시 被告會社의 지분 3.8%를 소유하고 있던 大株主이고, 소외 李○용은 위 李○○의 장남이며, 소외 ○○물산 주식회사는 피고회사와 마찬가지로 위 李○○가 대주주로 있는 소위 S그룹의 系列會社이다.

2. 피고회사는 1997. 3. 24. 理事會를 개최하여 私募의 방법에 의하여 발행총액 600억 원의 轉換社債를 발행하기로 하고 같은 날 위 李○용에게 450억 원 상당을, ○○물산에 150억 원 상당을 발행하였다. 이후 1997. 9. 24.에 李○용과 ○○물산은 피고회사에 전환사채의 轉換을 청구하였고, 피고회사는 각각 901,243주와 300,414주의 보통주를 발행하였다.

3. 1997. 3. 24.에 개최된 이사회에서는, 회의록에 의하면 전환사채의 전환의 조건 및 기간에 관해서만 의결하였을 뿐이고, 제 3 자인 전환사채의 인수인은 정하지 않았을 뿐 아니라 기타 발행사항의 결정을 代表理事에게 위임하였다. 그런데 이사회 결의 당시 피고회사의 이사 총원 59명 중 32명이 이사회에 참석하여 회의록에 기명날인한 것으로 되어 있으나 이들 중 4명은 해외출장중이었다.

4. 피고회사의 定款에는 이 사건과 관련되는 사항에 관하여 ① 전환가액은 주식의 액면금액 또는 그 이상의 가액으로 사채발행시 이사회가 정한다. ② 이사회는 상법 또는 정관에 주주총회의 결의사항으로 되어 있는 것을 제외하고 본 회사업무의 중요사항을 결정한다.

5. 피고회사의 이 사건 전환사채발행 당시 1주당 주가는 금 56,700원이고 피고회사가 1997. 7. 4.에 발행한 신주의 1주당 주가는 금 68,500원이었다. 그런데 피고회사는 이 사건 전환사채발행일로부터 2개월 정도 지난 1997. 5. 17.에 미화 3억달러 상당의 해외전환사채의 발행을 결의하였는데 전환조건은 1주당 금 123,635원이었다.

---

* 서울대학교 법과대학 명예교수.

** 공 2004. 8. 1(207), 1207.

6. 원고는 피고회사를 상대로 전환사채발행무효의 소를 제기하였다.

[訴訟의 經過]

1. 第 1 審(수원지방법원 1997. 12. 7. 선고 97가합12863 판결)은 다음과 같은 이유로 원고의 請求를 棄却하였다.

(1) 피고회사의 정관은 전환사채 발행사항의 일부를 이사회에 위임하고 있는데, 이 위임조항은 상법 제513조 제 3 항에 따라 주주총회의 특별결의를 거친 것이므로 적법하여 정관규정을 무효라고 할 수 없다.

(2) 상법 제513조 제 3 항에서는 정관으로 전환사채를 인수할 '주주 외의 자'를 확정적으로 정할 것을 요구하고 있지 않으므로 주주 외의 자를 제한적으로 특정해 두지 않는 것도 허용된다. 따라서 피고회사의 정관규정은 무효가 아니다.

(3) 현행법은 전화사채 사모발행의 경우에 사전공지를 하거나 주주에게 통지하여야 한다는 절차에 관해 아무런 제한규정이 없다.

2. 原審(서울고등법원 2000. 6. 23. 선고 98나4608 판결)은 원고의 抗訴를 棄却하였는데 그 이유는 다음과 같다.

(1) 피고회사의 이사회는 인수인을 누구로 할 것인지 아무런 결정을 하지 않은 채 그 결정을 대표이사에게 위임한 잘못을 저질렀다 할 것이나 이러한 위법은 원고가 이 사건 전환사채발행의 무효사유로 주장하는 바도 아니고 이 사건 전환사채발행을 무효라 할 만큼 중대한 것도 아니다.

(2) 이 사건 전환사채발행 이사회결의에 출석하였다고 하는 32명의 이사 중 4명이 해외에 체류중이었다면, 위 이사회의 회의는 이사총원 59명의 과반수인 30명에 미달하여 정족수 미달로 불성립되었다고 보아야 한다. 그러나 전환사채의 발행은 내부적인 조직법상의 행위라기보다 자금조달을 위한 대표이사의 외부적인 거래행위 내지 업무집행행위이고 이사회결의는 회사내부의 의사결정과정에 불과하므로, 회사의 대표이사가 전환사채를 발행한 이상 이사회결의에 중대한 하자가 있거나 결의가 부존재한다고 하더라도 그 전환사채발행이 무효라고 볼 수는 없다.

3. 上告理由

원고는 다음과 같은 이유로 상고하였다.

(1) 전환사채발행의 무효 여부는 전환사채발행에서 발견되는 위법 및 하자

를 종합적으로 고려하여 판단하여야 한다. 그런데 원심에서는 다른 위법요소가 없음을 전제로 각각의 위법 및 하자를 개별적으로 판단하여 이 사건 전환사채 발행의 효력 여부를 판단한 잘못이 있다.

(2) 주주 외의 자에 대하여 전환사채를 발행할 경우에는 전환의 조건 등에 관하여 정관에 규정이 있거나 주주총회의 특별결의가 있어야 한다(商法 제513조 제3항). 피고회사의 정관에서는 전환사채를 발행할 수 있는 액면총액을 금 1조 원으로 한정하고, 전환가액에 대하여는 주식의 액면금액 이상의 가액이어야 한다고 추상적으로 규정할 뿐, 전환의 조건 등 나머지 사항에 대하여 이사회에서 정하도록 포괄적으로 위임하고 있다. 위와 같은 정관의 규정은 구체적이고 확정적이지 않기 때문에 무효이다. 그러므로 전환의 조건 등에 관하여 주주총회의 특별결의로 정하여야 한다. 그런데 이러한 절차를 거치지 않은 채 이 사건 전환사채가 발행되었다. 따라서 위 전환사채발행은 무효이다.

(3) 이 사건 전환사채발행을 위한 理事會決議에 瑕疵가 있다. 이사회의 결의는 이사 과반수의 출석과 출석이사 과반수로써 하여야 한다. 그런데 위 전환사채발행을 위한 이사회 회의시 이사총원 59명의 과반수인 30명에 미달하는 이사만이 참석하였으므로, 위 이사회는 정족수 미달로 불성립하였고, 위 이사회에서 결의한 이 사건 전환사채발행은 무효이다.

(4) 이 사건 전환사채의 발행은 피고회사의 대표이사에 의하여 이루어지지 아니하였으므로 무효이다.

(5) 이 사건 전환사채의 발행은 자금조달을 목적으로 하지 않고, 대주주의 지배권을 강화하거나 지배권변경을 목적으로 하여 특정인에게 지나치게 저렴한 가격으로 발행되었으므로 현저히 부당하여 무효이다. 李○용은 위 전환사채의 발행으로 인하여 0.9%에 해당하는 지분율을 취득하게 되었다. 지배주주인 李○○가 3.5%의 지분율을 가지고 피고회사 및 S그룹에 대한 지배권을 행사하고 있는 점을 감안하면, 李○용의 위 지분 역시 피고회사 전체 또는 S그룹에 대한 지배권장악과 관련이 없다고 할 수 없다. 또한 전환가격이 당시의 주가나 그 당시 발행된 다른 전환사채의 가액에 비하여 낮았으므로, 위 전환사채발행은 무효이다.

[判決要旨]

1. 轉換社債發行 無效原因의 판단방법에 관한 법리오해 주장에 대하여

判例는 「상법은 제516조 제 1 항에서 신주발행의 유지청구권에 관한 제424조 및 불공정한 가액으로 주식을 인수한 자의 책임에 관한 제424조의2 등을 전환사채의 발행의 경우에 준용하면서도 新株發行無效의 訴에 관한 제429조의 준용 여부에 대해서는 아무런 규정을 두고 있지 않으나, 전환사채는 장차 주식으로 전환될 수 있는 권리가 부여된 사채로서, 轉換社債의 발행은 주식회사의 물적 기초와 기존 주주들의 이해관계에 영향을 미친다는 점에서 사실상 신주발행과 유사하므로, 전환사채의 발행의 경우에도 신주발행무효의 소에 관한 상법 제429조가 유추적용된다고 봄이 상당하다. 그리고 이 경우 당사자가 주장하는 개개의 공격방법으로서의 구체적인 무효원인은 각각 어느 정도 개별성을 가지고 판단할 수밖에 없지만, 전환사채의 발행에 無效原因이 있다는 것이 전체로서 하나의 請求原因이 된다는 점을 감안할 때 전환사채의 발행을 무효라고 볼 것인지 여부를 판단함에 있어서는 구체적인 無效原因에 기재된 여러 違法要素가 종합적으로 고려되어야 한다」고 하면서 原審은 「이 사건과 관련된 무효원인의 판단방법에 관한 법리오해의 위법이 없다」고 하였다.

2. 피고회사 定款의 效力 등에 관한 법리오해 주장에 대하여

判例는 「구 상법(2001. 7. 24. 법률 제6488호로 개정되기 전의 것. 이하 '구 상법'이라 한다) 제513조 제 3 항은 株主 외의 자에 대하여 轉換社債를 발행하는 경우에 그 발행할 수 있는 전환사채의 액, 전환의 조건, 전환으로 인하여 발행할 주식의 내용과 전환을 청구할 수 있는 기간에 관하여 定款에 規定이 없으면 상법 제434조의 결의로써 이를 정하여야 한다고 규정하고 있는바, 轉換의 條件 등이 정관에 이미 규정되어 있어 주주총회의 특별결의를 다시 거칠 필요가 없다고 하기 위해서는 전환의 조건 등이 定款에 상당한 정도로 특정되어 있을 것이 요구된다고 하겠으나, 주식회사가 株主 외의 자에게 轉換社債를 발행하는 방법을 선택하여 자금을 조달함에 있어서는 전환가액 등 전환의 조건을 그때그때의 필요자금의 규모와 긴급성, 발행회사의 주가, 이자율과 시장상황 등 구체적인 경제사정에 즉응하여 결정할 수 있도록 하는 것이 바람직하고, 따라서 株主總會의 特別決議에 의해서만 변경이 가능한 정관에 전환의 조건 등을 미리 획일적으로 확정하여 규정하도록 요구할 것은 아니며, 定款에 일응의 기준을 정해 놓은 다음 이에 기하여 실제로 발행할 轉換社債의 구체적인 전환의 조건 등은 그 발행시마다 정관에 벗어나지 않는 범위에서 理事會에서 결정하도록 위임하는 방법을 취하는 것도 허용된다」고 하면서, 「기록에 의하면, 이 사건 전환사채발행 당시의 피고회사 정관 제16조는 전환사채의 발행에 관하여 필요한 사항을 규정하면서 제 3 항 후단으로 轉換價額은 주식의 額面金額 또는 그 이상의 가액으로 사채발행시 理事會가 정한다」라고 정하고 있는바, 이러한 「피고회사 定款의 규정은 구 상법 제513조 제 3 항이 요구하는 최소한도의 要件을 충족하고 있는 것이고 그 基準 또는 委任方式이 지나치게 추상적이거나 포괄적이어서 무효라고 볼 수는 없다」고 하였다.

3. 理事會決議에 흠이 있는 轉換社債發行의 효력에 관한 법리오해 주장 등에 대하여

判例는 「상법 제429조는 新株發行의 무효는 주주·이사 또는 감사에 한하여 신주를 발행한 날로부터 6 월 내에 소만으로 이를 주장할 수 있는바, 신주발행에 수반되는 복잡한 법률관계를 조기에 확정하고자 하는 것이므로, 새로운 無效事由를 出訴期間의 경과 후에도 주장할 수 있도록 하면 법률관계가 불안정하게 된다는 점에 비추어 위 규정은 無效事由의 主張時期도 제한하고 있는 것이라고 해석함이 상당하고, 轉換社債發行無效의 소에 있어서도 전환사채를 발행한 날로부터 6 월의 出訴期間이 경과한 후에는 새로운 무효사유를 追加하여 주장할 수 없다고 보아야 할 것이다」고 하면서, 「기록에 의하면, 원고는 1997. 3. 24. 발행된 이 사건 轉換社債에 관하여 같은 해 6. 24. 이 사건 소를 제기한 후 1998. 4. 16.자 抗訴理由書에서 비로소 전환사채의 발행을 위한 理事會決議에 흠이 있다는 주장을 새로 追加하였는바, 이처럼 전환사채발행무효의 소의 출소기간이 경과한 후에 새로운 무효사유를 추가하는 것은 허용되지 않는다」고 하였다. 그러면서 「原審은, 이와는 달리 전환사채발행무효의 소의 出訴期間이 경과한 후에도 새로운 無效事由의 추가가 허용된다는 전제에서, 전환사채의 발행을 위한 理事會決議에 議決定足數 미달의 흠이 있기는 하지만 그러한 사유만으로 이 사건 전환사채의 발행을 무효로 볼 수는 없다고 판단하였는바, 이러한 原審의 판단은 새로운 無效事由의 추가에 관한 법리를 오해한 것이라고 하겠으나, 원고의 이 부분 주장을 배척한 조치는 결국 정당하고, 거기에 이사회결의에 흠이 있는 전환사채발행의 효력에 관한 법리를 오해하여 판결에 영향을 미친 위법이 있다고 할 수 없다」고 하였다.

4. 代表理事의 전환사채발행 사실에 관한 사실오인 주장에 대하여

判例는 「이 사건 轉換社債의 발행이 피고회사의 代表理事에 의하여 이루어진 것이 아니어서 무효라는 주장은 상고심에서 비로소 내세운 것으로서 적법한 상고이유가 될 수 없을 뿐만 아니라, 轉換社債發行無效의 訴의 출소기간이 경과한 후에 새로운 無效事由를 추가하여 주장하는 것인 점에서도 더 나아가 살펴볼 필요 없이 받아들일 수 없다」고 하였다.

5. 株主平等權 侵害에 관한 법리오해 주장에 대하여

判例는 「원심은, 구 상법 및 피고회사 정관의 규정에 의하면, 株主 외의 자에게 轉換社債를 발행할 수 있는 금액범위 내에서는 株主의 轉換社債引受權이 배제되는 것으로 해석되고, 피고회사의 理事會는 이 사건 전환사채를 그 引受人이 株主인지 여부에 상관 없이 배정할 수 있다 할 것이고, 따라서 이 사건 전환사채를 李○용 및 ○○물산주식회사에 배정하였다고 하여 株主平等權이 침해되었다고 볼 수는 없다」고 한 「원심의 판단은 정당한 것으로 수긍이 가고, 더 나아가 전환사채의 引受人들이 피고회사의 大株主인 李○○와 특별한 관계에 있음은 분명하나, 轉換條件에 차이가 없다면 그들 이외의 다른 제 3 자가 引受人이었을 경우와 비교하여 기존주주들의 권리가 특별히 더 침해되는 것도 아니므로, 원심의 판단은 정당하며, 株主平等權 침해에 관한 법리오해의 위법이 있다고 할 수 없다」고 하였다.

6. 대표이사의 전환사채 발행권한의 일탈·남용, 支配權取得의 목적, 轉換價額의 부당성 등으로 인한 전환사채발행의 효력에 관한 법리오해 내지 사실오인 주장에 대하여

判例는 「가. 원심은 신주발행무효의 소의 법리에 의하여 전환사채의 발행을 무효로 보기 위해서는 회사의 經營權紛爭이 현재 계속중이거나 임박해 있는 등 오직 支配權의 변경을 초래하거나 이를 저지할 목적으로 轉換社債를 발행하였음이 객관적으로 명백한 경우라야 한다고 전제한 다음, 이 사건 전환사채발행 당시 피고회사에는 經營權의 분쟁이나 그러한 조짐이 전혀 없었고, 피고회사의 규모와 지배주주인 李○○측의 特分比率에 비추어 볼 때 被告會社의 經營權은 안정되어 있었다고 보이며, 피고회사의 자본규모에 비하여 轉換社債發行의 규모가 미미한 점 등을 종합하여 보면, 전환사채의 발행에 支配權 強化의 목적이 전혀 없었다고 할 수는 없다 하더라도, 전환사채발행 無效事由에 해당한다고 볼 수는 없다」고 하였다. 이어서 「전환사채발행 당시 피고회사의 株價, 비슷한 시기에 발행된 피고회사의 다른 轉換社債의 轉換價額 등에 비추어 볼 때, 이 사건 전환사채는 비교적 저렴한 가격으로 발행되었다고 보이지만, 이러한 사유는 일단 轉換社債가 발행된 이상 이를 무효로 하는 사유는 될 수 없다」고 하였다.

「나. 전환사채발행의 無效原因에 대하여 살피건대, 신주발행무효의 소에 관한 상법 제429조에도 無效原因이 규정되어 있지 않고, 다만 전환사채발행의 경우에도 준용되는 상법 제424조에 "법령이나 정관의 위반 또는 현저하게 불공정한 방법에 의한 주식의 발행"이 신주발행유지청구의 요건으로 규정되어 있으므로, 위와 같은 요건을 전환사채발행의 無效原因으로 일응 고려할 수 있겠으나, 다른 한편 전환사채가 일단 발행되면 그 引受人의 이익을 고려할 필요가 있고, 또 전환사채나 전환권의 행사에 의하여 발행된 주식은 有價證券으로서 유통되므로 去來의 安全을 보호하여야 할 것인데, 전환사채발행무효의 소는 사후에 이를 무효로 함으로써 거래의 안전과 법적 안정성을 해칠 위험이 큰 점을 고려할 때, 그 無效原因은 가급적 엄격하게 해석하여야 하고, 따라서 법령이나 정관의 중대한 위반 또는 현저한 불공정이 있어 그것이 株式會社의 本質이나 會社法의 基本原則에 반하거나 기존주주들의 이익과 회사의 경영권 내지 지배권에 중대한 영향을 미치는 경우로서 전환사채와 관련된 거래의 안전, 株主 기타 利害關係人의 이익 등을 고려하더라도 도저히 묵과할 수 없는 정도라고 평가되는 경우에 한하여 전환사채의 발행 또는 그 전환권의 행사에 의한 주식의 발행을 무효로 할 수 있을 것이다」고 하면서, 「단지 轉換社債의 引受人이 회사의 지배주주와 특별한 관계에 있는 자라거나 그 轉換價額이 發行時點의 株價 등에 비추어 다소 낮은 가격이라는 사유는 이미 발행된 전환사채 또는 그 전환권의 행사로 발행된 주식을 무효화할 만한 원인이 되지는 못 한다」고 하였다.

「다. 전환사채의 발행 당시 轉換價額에 관하여 사채발행인수실무협의회에서 실무상의 준칙으로 정한 '사채의 발행조건에 관한 기준'은 상장법인이 轉換社債를 公募方式으로 발행하는 경우 그 전환가액은 理事會決議日 前日로부터 소급한 1개월 平均終價, 1주일 평균종가 및 최근일종가를 산술평균하여 산정한 가격과 최근일종가 중 낮은 가격을 '기준주가'로 하여 基準株價의 90% 이상으로 정하도록 하고 있었는데, 이 사건 轉換社債의 轉換價額 50,000원은 위 '사채의 발행조건에 관한 기준'에 따른 基準株價 55,200원보다 약 9.42% 할인된 것, 일응 공모방식에 적용되는 기준주가의 90% 이상이라는 요건도 충족하고 있었으며, 이 사건 전환사채는 전환권이 부여되는 대신 피고회사가 그 무렵 발행한 회사채의 이율인 연 11%보다 낮은 연 7%의 이율이 적용되었다는 사정까지 고려하여 볼 때, 비록 이 사건 轉換社債의 轉換價額이 피고회사의 株價나 비슷한 시기에 발행된 피고회사의 다른 轉換社債의 轉換價額 등에 비추어 다소 저렴하게 발행되었다고 볼 여지가 있다 하더라도, 이미 발행된 전환사채 또는 전환권의 행사로 발행된 주식을 무효로 볼 수는 없다」고 하였다.

「원고는 또 피고회사가 資金調達의 긴급한 필요가 없었는데도 피고회사 支配株主의 장남인 李○용 등에게 이 사건 전환사채를 배정한 것은 기존주주들의 株式價値를 희석화시키는 한편, 편법적인 사전상속 또는 증여에 의하여 피고회사의 經營權 내지 支配權을 이양하려는 목적이었음이 분명하다는 점도 전환사채발행의 무효원인의 하나로 주장하고 있는바, 설령 이 점에 관하여 의심의 여지가 있더라도 그러한 사유만으로 전환사채의 발행을 무효로 볼 수 없고, 기존주주들의 株式價値가 희석될 수 있다는 것은 구 상법과 피고회사 정관이 주주 외의 자에 대한 轉換社債의 발행을 허용한 데 따른 당연한 결과라고 할 것이며, 구 상법과 피고회사 정관이 주주 이외의 자에 대한 전환사채의 발행을 허용하면서 피고회사의 지배주주와 특별한 관계에 있는 자를 그 인수인에서 제외하고 있지 않으므로, 李○용 등에게 전환사채를 배정하였다는 사유만으로 이 사건 전환사채의 발행을 무효로 볼 수는 없고, 한편 원고는 이 사건 전환사채의 전환권의 행사로 발행된 주식에 관하여 수원지방법원의 株券上場禁止假處分決定이 내려져 있으므로 이 사건 전환사채 또는 그 전환권의 행사로 발행된 주식을 무효로 하더라도 거래의 안전을 해할 위험이 없다고 하나, 상장금지가처분결정이 내려졌다고 하여 證券去來所가 아닌 장외에서 거래가 금지되는 것은 아닐 뿐만 아니라, 위 상장금지가처분결정은 本案裁判에 앞서 일응 이 사건 전환사채발행의 무효를 구할 권리에 대한 소명이 있다고 보아 내린 보전처분으로서, 본안재판을 함에 있어서 假處分決定이 있다는 사유를 거꾸로 이 사건 轉換社債의 발행이 무효라고 판단하는 근거로 삼을 수는 없다」고 하였다. 「더 나아가 원고가 주장하는 구체적인 무효원인과 관련된 여러 사정들을 종합적으로 고려하더라도 이 사건 전환사채의 발행에 무효원인이 있다고 볼 수는 없다」고 하였다.

[評 釋]

1. 이 판례에 의하여 전환사채발행의 경우에 신주발행무효의 소에 관한 상법 제429조가 유추적용된다는 것은 모든 심급의 법원의 입장이 되었다고 할 수

있다. 이 점에 대하여 학설에는 유추적용을 부정하는 설도 있으나[1] 多數說은 肯定說이다.[2] 부정설에서는 그 근거를 신주발행무효에 관한 상법 제429조는 전환사채발행의 경우에 준용규정이 없기 때문이라고 한다. 그러나 전환사채는 잠재적 주식으로서 신주발행의 경우와 동일한 폐해가 예상되므로 당연히 상법 제429조가 유추적용되어야 한다.

2. 判例는 피고회사 定款의 效力에 관하여 전환가액 등 轉換의 條件을 정관에 일응 기준을 정한 다음 실제로 발행할 轉換社債의 구체적인 전환의 조건 등은 理事會에서 결정하는 것도 허용된다고 하면서 피고회사 定款에서 「轉換價額은 주식의 액면금액 또는 그 이상의 가액으로 사채발행시 理事會가 정한다」고 한 것은 「상법 제513조 제 3 항이 요구하는 최소한도의 요건을 충족하고 있는 것이고 그 基準 또는 委任方式이 지나치게 추상적이거나 포괄적이어서 무효라고 볼 수는 없다」고 하였다. 그러면서 피고회사의 정관규정은 上場會社標準定款에 따른 것이라는 것을 암시하고 있다. 이러한 암시가 무엇을 의미하는지는 알 수 없으나 定款의 규정이 標準定款의 규정과 같다고 하여 그 정관이 적법하다고는 할 수 없는 것이다. 설사 피고회사 定款의 規定이 적법하다고 하더라도 이 사건과 관련이 있는 피고회사 정관의 규정은 株式會社의 성질상 당연한 것을 강조한 규정일 뿐 理事會에 특별한 권한을 부여한 것이 아니다. 그리고 定款의 規定은 회사가 轉換社債의 引受權을 株主에 부여하거나 전환사채를 公募하는 경우에 적용되는 것을 예정한 것이지 特定人에게만 引受權을 주는 私募의 경우에도 적용되는 것은 아니라고 본다.

또한 判例는 피고회사 정관의 규정은 구 상법 제513조 제 3 항이 요구하는 最小限度의 요건을 충족하고 있는 것이라고 하였으나 의문이 아닐 수 없다. 전환사채의 인수권을 株主平等의 원칙에 따라 株主들에게 부여하는 경우에는 정관에 규정이 없는 전환조건을 포함한 轉換社債發行事項은 이사회가 결정한다

1) 鄭東潤, 「會社法」(이하 '鄭東潤'이라 한다), 567면; 鄭燦亨, 「商法講義(上)」(이하 '鄭燦亨'이라 한다), 1043면.

2) 拙著, 「신회사법론(제12대정판)」(이하 '拙著'라 한다), 836면; 姜渭斗, "전환사채발행의 무효," 「판례연구」 제12집, 부산판례연구회(2001), 41면; 金敎昌, "M&A의 방어수단으로 발행된 전환사채의 효력," 「인권과 정의」 제259호, 119면; 李哲松, 「회사법강의」(이하 '李哲松'이라 한다), 819면; 權奇範, 「현대회사법론」(이하 '權奇範'이라 한다), 855면; 한창희, "전환사채발행의 무효," 「상사판례연구(Ⅳ)」, 306면; 김택주, "지배권쟁탈전 하에서의 전환사채발행의 적법성," 「동아법학」 제25호, 223면; 전현정, "전환사채발행의 효력," 「Business Finance Law」 제 9 호, 2005, 98면.

(商法 제513조 제2항). 그러나 주주 외의 자에 대하여 전환사채를 발행하는 때에는 전환조건 등의 발행사항은 定款에 규정이 없으면 株主總會의 特別決議에 의하여 정하여야 한다(商法 제513조 제3항). 이는 株主 외의 자에 대하여 전환사채를 발행하는 경우에 會社와 株主의 이익을 보호하려는 데 立法趣旨가 있는 것이다. 그러므로 피고회사의 정관규정은 상법에 위반하는 것이고 무효라고 할 것이다. 왜냐하면 상법 제513조 제3항은 이 사건과 같은 轉換社債의 발행을 방지하기 위하여 입법화한 규정이라고 할 수 있기 때문이다.

理事會의 권한은 定款의 규정으로 株主總會의 권한으로 할 수 있으나,[3] 株主總會의 법정권한은 주주총회의 專屬權限으로서 定款의 규정으로도 다른 기관에 委讓할 수 없는 것이다. 이러한 점에서 볼 때에, 판례가 피고회사의 정관규정이 상법이 요구하는 최소한도의 요건을 구비하였다고 하는 것은 株主 외의 자에 대한 轉換社債發行의 법리와 株主總會와 理事會의 권한에 관한 법리를 오해한 것이 아닐 수 없다.

3. 轉換社債를 주주 외의 자에게 발행하는 경우에 상법 제513조 제3항에서는 '株主 외의 자'에 대하여 아무런 정함을 하고 있지 않다. 그렇다고 하여 회사가 누구든지 임의로 '주주 외의 자'를 아무런 기준이 없이 특정할 수 있는 것은 아니다. 그러므로 新株發行의 경우와 마찬가지로 주주 외의 第3者의 범위는 구체적으로(종업원 · 임원 등) 설정하여야 할 것이다(商法 제420조 제5호 참조).[4] 이 경우에 제3자는 주주 이외의 자뿐만 아니라 주주이지만 株主의 資格과 관계 없이 전환사채의 引受權을 부여받는 자를 포함한다. 그러므로 이 사건과 관련이 있는 株式上場禁止假處分決定에서[5] 피고회사의 주주인 S물산의 주식인수에 대하여 「피신청인 회사의 株主에게 전환사채를 발행하는 경우에는 株主總會의 特別決議를 요하지 아니하므로 주주인 S물산에 대한 발행 역시 적법하다」고 한 것은 株主 외의 자에 대한 법리를 오해한 잘못이 아닐 수 없다.

이 사건의 경우 '주주 외의 자'의 범위를 定款이나 株主總會의 特別決議로 정하지도 않았고, 理事會의 결의에 의하지도 않았으며 그 결정을 代表理事에게

---

3) 商 제389조 제1항 단서, 제416조 제1항 단서, 제461조 제1항 단서, 제513조 제2항 단서, 제516조의2 제2항 단서 등.

4) 同旨: 李哲松, "전환사채의 발행에 따르는 몇 가지 문제점," 「사법행정」 제336호, 33면; 姜渭斗, 전게논문, 34면.

5) 수원지방법원 1997. 12. 16, 97가합7333 결정.

위임한 것은 違法이며 無效라고 하지 않을 수 없다. 이 사건 판례의 原審은「이러한 위법은 원고가 이 사건 전환사채발행의 무효사유로 주장하지 않았을 뿐만 아니라 이 사건 전환사채의 발행을 무효화할 정도로 중대하지도 않다」고 하였다. 이는 전환사채발행 無效의 訴의 提訴期間이 경과되기 전에 원고가 전환사채발행의 무효사유로 주장하였더라도 전환사채를 무효화할 사유는 못 된다는 의미로 해석된다. 그러나 전환사채발행 무효원인의 判斷方法에 대한 판례의 입장이「당사자가 주장하는 개개의 공격방법으로서의 구체적인 無效原因은 각각 어느 정도 個別性을 가지고 판단할 수밖에 없는 것이기는 하지만, 전환사채의 발행에 無效原因이 있다는 것이 全體로서 하나의 請求原因이 된다는 점을 감안할 때 전환사채의 발행을 무효로 볼 것인지 여부를 판단함에 있어서는 구체적인 무효원인에 개재된 여러 違法要素가 綜合的으로 고려되어야 한다」는 것이라면 원고의 주장이 없었더라도 중대한 절차상의 하자가 존재한다는 것을 종합적으로 고려하였어야 한다고 생각된다.

4. 轉換社債의 발행을 위한 理事會決議에 흠이 있다는 원고의 주장에 대하여 大法院은 전환사채 발행무효의 소의 出訴期間이 경과한 후에 이사회결의에 흠이 있다는 새로운 無效事由를 追加하는 것은 허용되지 않는다고 하였다. 즉 상법 제429조에서 신주발행무효의 출소기간을 제한하고 있는 것은 出訴期間 내에 무효의 소가 제기된 후 無效事由의 주장시기도 제한하고 있는 것이라고 해석하여야 한다고 하였다. 그러므로「原審이 출소기간이 경과한 후에도 無效事由의 追加가 허용된다는 전제에서 理事會決議에 議決定足數 미달의 흠이 있기는 하지만 그러한 사정만으로 전환사채의 발행을 무효로 볼 수 없다고 한 판단은 無效事由의 추가에 관한 法理를 오해한 것이라고 하겠으나 원고의 주장을 배척한 조치는 판결에 영향을 미친 위법이 있다고 할 수는 없다」고 하였다. 大法院의 이러한 판단은 만약에 出訴期間의 경과 전에 원고가 이사회의 의결정족수 미달의 無效事由를 추가하였더라면 대법원도 원심과 같은 판단을 하였을 것이라는 것을 짐작케 한다.

주주총회 결의에 대한 取消의 訴의 경우에는 2월의 제소기간이 경과한 때에는 취소의 원인을 추가할 수 없다는 것이 학설의 통설이다. 이는 일본의 경우도 같다.[6] 우리나라의 판례에도 결의취소의 소에 관하여는 이에 관한 판례가

6) 日最高 1976. 12. 24. 民(集) 33.7. 709.

없으나, 신주발행무효의 소에 대하여 6월의 제소기간 경과 후에는 취소사유를 추가할 수 없다고 한 판례가 있고,[7] 본 대상판결의 원심은 전환사채발행무효의 소에 관하여 제소기간 후에도 무효사유의 추가는 인정된다고 하였다. 그리고 결의취소의 소에 대하여 1967년에 일본의 大阪고등재판소는 제소기간(舊 일본은 3월이다)이 경과한 다음에도 구두변론 종결시까지는 민사소송법 제149조(舊 일본 민사소송법 제139조)의 제약을 받는 것을 전제로 취소사유의 추가·변경이 가능하다고 판시한 이후,[8] 이를 지지하는 설이 늘어나고 있다.[9] 이러한 追加肯定說에 의하면 상법 제376조 제1항에서 「… 결의의 날로부터 2月 내에 결의취소의 訴를 제기할 수 있다」고 규정하고 있는 것은 決議取消의 주장 자체만을 기간적으로 제한한 것이고, 취소사유의 추가는 소송진행중의 공격과 방어의 문제로서 제한을 받지 않는다고 한다. 取消訴訟의 경우에 제소기간의 제한은 경미한 하자가 있는 경우에 결의의 효력을 가능한 한 조속히 확정하여 法的 安定性을 도모하는 데 입법취지가 있다는 점에 비추어 제소기간의 경과 후에 취소사유의 추가는 인정되지 않는다고 본다.

그러나 신주발행이나 전환사채발행의 무효는 그 瑕疵가 중대한 경우에 인정되고 결의취소의 경우에 2월과 달리 그 提訴期間이 6월인 점에 비추어 볼 때 신주발행 또는 전환사채발행의 무효의 소가 제소기간 내에 제기된 이상 無效事由의 追加는 본 대상판결의 원심과 같이 인정하여야 할 것이다. 신주발행무효의 제소기간을 제한하고 있는 것은 발행된 주식이 유통되어 善意取得者가 있는 경우에 去來의 安全을 도모하기 위한 것이지만 대상판결의 경우와 같이 그 주식이 거래소의 장 내외를 불문하고 최초의 引受人으로부터 유통된 바 없는 경우는 무효사유의 추가는 인정되어야 한다고 본다.

이사회가 의결정족수에 미달한 상태로 한 결의는 不存在한 것이라고 할 것이다. 그러므로 전환사채발행 부존재확인의 소를 제기할 수 있는 것이다. 理事會의 議決定足數는 회의의 開會時로부터 決議가 종결될 때까지 유지되어야 한다.

原審은 「전환사채의 발행은 내부적인 組織法上의 行爲라기보다 자금조달을 위한 대표이사의 외부적인 去來行爲 내지 業務執行行爲이고 이사회결의는

7) 서울고등법원 1977. 4. 7. 선고 76나2887 판결.

8) 日大阪高判 1967. 9. 26. 高民集 20.4. 411.

9) 西原寬一, "株主總會," 「ジュリスト選書」, 116頁; 古瀨村邦夫, 「商事判例硏究」, 1952(昭和 27)年度 33事件 評釋.

회사내부의 의사결정과정에 불과하다고 할 것이므로 회사를 대표할 정당한 권한이 있는 代表理事가 전환사채를 발행한 이상, 이를 위한 理事會決議에 중대한 하자가 있거나 결의가 부존재한다고 하더라도 이러한 사정만으로는 그 전환사채의 발행이 무효라고 볼 수는 없다」고 하였다. 학설에도 신주발행에 관하여 이러한 견해가 있다.[10] 이러한 주장은 회사가 주식으로의 전환권이 없는 普通社債를 발행한 경우는 합당하다고 할 수도 있으나 轉換社債의 발행을 단순한 金錢借入이나 普通社債의 발행과 같은 자금조달을 위한 단순한 業務執行行爲로 보는 것은 타당하지 못하다.

전환사채는 사채권자가 轉換權을 행사하면 주식이 발행되는데 株式은 회사의 社員의 地位 내지 資格을 의미하므로 주식의 증가는 組織法上의 행위이고 理事會의 결의는 전환사채발행의 效力要件이라고 할 수 있다. 따라서 이사회결의에 하자가 있거나 이사회결의가 부존재하면 전환사채의 발행은 무효라고 할 것이다. 이는 이사회의 결의 없는 新株發行의 경우와 같다고 할 것이다.[11] 有效說에 의한다 하더라도 株主의 引受權이 배제되고 특정한 2인의 大株主와 特別利害關係가 있는 자들에게만 인수권을 주는 경우에 理事會의 決議가 무효이거나 부존재하더라도 그 전환사채의 발행이 유효하다고 할 것인지는 의문이다. 특히 정관에 의하여 新株發行의 결정이 株主總會의 결의에 의하도록 한 경우(商法 제416조 단서)는 依用商法上의 수수총회의 增資決議와 다를 바 없는 것인데, 授權資本制를 도입하였다 하여 이 경우에도 주주총회의 決議 없는 신주발행을 業務執行의 일환이라고 하거나 株主總會의 決議를 內部節次에 불과하다고 하여 유효하다고 보는 것은 타당하다고 할 수 없다. 다만 新株發行의 無效가 거래의 안전을 크게 해하게 되는 경우에는 法院의 裁量棄却權(商法 제430조, 제189조)에 의하여 거래의 안전은 보호될 수 있다고 본다. 신주발행을 위한 이사회결의가 없더라도 신주발행은 유효하다는 우리나라와 일본의 判例는 모두 신주의 선의취득자를 보호한다는 취지로 이해할 수 있으나, 한편으로는 양국에 있어서 영미의 理事會制度가 정착되지 못하고 대표이사 중심의 경영구조에 익숙한 상황에서 이사회를 경시하는 풍조가 영향을 미친 측면이 없지 않은 것으로 판단된다. 오늘날 社外理事制度의 도입 등으로 이사회제도가 외형상 강화된 것으로 보이긴 하나, 아

10) 鄭(熙), 513면; 鄭(茂), 502면; 鄭(東), 531면; 鄭(燦), 708면; 姜(渭), 651면; 權(奇), 819면.

11) 同旨: 徐(燉), 424면; 徐(廷), 314면; 李(哲), 712면; 李(炳), 499면; 李·崔, 739~740면; 林(泓), 611면; 蔡(利), 714면; 金(正), 737면.

직도 이사회는 대표이사를 위한 들러리에 불과한 현실을 볼 때, 영미의 민주적 회의제도인 이사회제도는 가부장제도에 익숙한 한국이나 일본에는 적합하지 못한 제도가 아닌가 한다.

5. 判例는 「이 사건 轉換社債의 轉換價額이 발행시점의 株價 등에 비추어 다소 낮은 가격이라는 이유는 이미 발행된 전환사채 또는 그 전환권의 행사로 발행된 주식을 무효화할 만한 원인이 되지 못한다」고 하였다. 피고회사는 定款에 기하여 理事會의 결의로 轉換價額을 결정하였다고 하는데 議決定足數 미달로 不存在한 理事會가 전환가액을 결정하였다는 것이 어떠한 의미가 있는가 하는 점에 대하여 大法院은 아무런 언급이 없다. 이사회의 의결정족수 미달이라는 無效事由를 출소기간의 경과 후에 追加하는 것은 인정하지 않는다고 하더라도, 그렇다고 하여 그러한 理事會가 한 轉換價額의 결정도 적법한 것으로 인정한다는 것은 모순이다. 결국 피고회사의 전환가액은 株主總會의 특별결의도 아니고 적법한 理事會의 결의에 의하여 결정되지도 않았다. 그럼에도 불구하고 그러한 轉換價額으로 발행된, 株主 외의 자에 대한 轉換社債의 발행과 그 轉換權의 행사로 발행된 주식도 유효하다고 하는 것은 문제가 아닐 수 없다.

6. 判例는 원고가 이 사건 전환사채의 전환권행사로 발행된 주식에 대하여 수원지방법원의 株券上場禁止假處分決定이 내려져 있으므로 발행된 주식을 무효로 하더라도 거래의 안전을 해할 위험이 없다고 한 데 대하여, 상장금지가처분결정이 내려졌다고 하여 證券去來所가 아닌 場外에서의 거래가 금지되는 것은 아니므로 여전히 거래의 안전을 해할 위험이 있다고 하였다. 그러나 이러한 이유는 이 사건 轉換社債의 引受權을 모든 株主에게 부여하였거나 전환사채를 公募한 경우에는 타당성이 인정된다고 할 수도 있다. 그러나 이 사건 전환사채의 발행은 大株主와 특별한 利害關係에 있는 2人에게만 전환사채의 引受權을 부여하여 株主總會에서 大株主의 영향력을 강화하는 데 그 목적이 있으므로 전환권의 행사로 발행된 주식이 場外에서 거래되어 거래의 안전을 해할 수 있다고 하는 것은 설득력을 결여한다.

이 사건의 경우 轉換社債 또는 전환된 株式이 실제로 유통되지 않았다면 거래의 안전을 이유로 하여 전환사채 또는 주식의 발행이 유효하다고 하는 것은 타당한 이유가 될 수 없다. 이 사건과 관련이 있는 수원지방법원의 결정에서는 轉換社債를 인수한 李○용이 전환청구에 의하여 新株를 발행받아 소유하고 있으므로 거래의 안전을 고려할 필요가 없다고 하였다.[12] 또한 서울고등법원의 결정에서도 전환된 주식에 대하여 處分禁止假處分決定이 있고 인수인들이 그대로 주식을 보유하고 있는 때에는 선의의 피해자가 있을 수 없으므로 거래의 안전을 해할 위험도 없다고 하였다.[13] 또한 이 결정에서 違法의 정도가 重大한 경우에는 이미 발행 및 전환은 끝난 일이기 때문에 거래의 안전을 위하여 전환사채발행을 무효화시켜서는 안 된다는 주장은 채택할 수 없다고 하였다. 이 판례의 입장은 정당하다고 할 것이다.

이 사건의 경우 議決定足數도 충족되지 않은 理事會가 引受人이 누구인지도 모르고 전환사채의 사모를 결정하였으며, 인수인을 사후에 代表理事가 대주주의 아들과 대주주가 역시 대주주로 있는 ○○물산주식회사로 하여 전환사채를 발행하였다. 이는 은밀하게, 대주주의 주주총회에서의 영향력 강화를 목적으로 전환사채를 발행한 것이 분명하다. 그러므로 처음부터 전환사채에 의한 전환권의 행사로 발행받은 株式을 讓渡의 목적으로 처분한다는 것은 상상할 수 없는 일이었다. 그러므로 이론적으로 주식은 場外에서 거래될 수도 있다는 이유로 거래의 안전을 위하여 전환사채 및 신주의 발행을 무효화할 이유가 되지 못한다고 한 것은 去來安全의 法理를 오해한 판결이 아닐 수 없다. 법원의 판결은 특정한 事實關係에 따라 특정한 당사자간의 분쟁을 해결하기 위하여 법원이 내리는 판단임에도 선의취득에 관한 一般論을 들어 전환사채 및 신주발행을 무효화할 이유가 되지 못한다고 한 것은 이 사건 사실관계와 무관한 잘못된 판단이 아닐 수 없다.

7. 判例는「이 사건 전환사채는 轉換權이 부여되는 대신 피고회사가 그 무렵 발행한 회사채의 이율인 연 11%보다 낮은 연 7%의 이율이 적용되었다는 사정까지 고려할 때 전환권의 행사로 발행된 주식을 무효로 볼 수 없다」고 하였다. 그러나 피고회사가 그 무렵 발행한 회사채(판례는 이 사채가 보통사채인지 전환사채인지를 밝히지 않고 있다)가 轉換社債인데도 11%의 이율로 발행하였다면 이 사건 전환사채를 7%의 이율로 발행한 것은 인수인들이 불리한 조건을 감수하였다고 할 수도 있을 것이다. 그러나 그 무렵 피고회사가 11%의 이율로

12) 수원지방법원 1997. 12. 16, 97가합7333 결정.
13) 서울고등법원 1997. 5. 13, 97라36 결정.

발행한 회사채가 普通社債였다면 이 사건 전환사채를 7%의 이율로 발행한 것은 낮은 이율이라고 할 수 없다. 왜냐하면 轉換社債는 주식으로의 전환권을 주는 대신 普通社債보다 낮은 이율로 필요한 자금을 조달할 수 있도록 하기 위한 제도이기 때문이다. 그러므로 대법원이 이 사건 전환사채가 「낮은 연 7%의 이율이 적용되었다는 사정까지 고려하여 볼 때」 이미 발행된 전환사채 또는 전환권의 행사로 발행된 주식을 무효로 볼 수는 없다고 한 것은 轉換社債의 法理를 오해하여 판결에 영향을 미친 것이 아닐 수 없다.

8. 이 사건 轉換社債의 발행에 대하여 원고가 피고회사는 資金調達의 긴급한 필요가 없었다고 한 데 대하여 第1審法院은 「전환사채의 발행에는 자금조달 외에 여러 가지 부수적인 목적이 있을 수 있고, 그러한 부수적인 목적이 있다고 하여 그 전환사채의 발행을 무효라고는 할 수 없다」고 하였다. 그러면서 「피고는 이 사건 轉換社債의 발행으로 인하여 위 李○용, S물산으로부터 납입된 자금을 당시 피고에게 교환제시된 어음의 決濟資金으로 사용한 사실이 인정되는바, 이 사건 전환사채 등이 발행될 필요성이 없었다거나 자금조달의 목적은 없이 오로지 원고의 주장과 같은 목적만을 위하여 발행되었다고 볼 수는 없다」고 하였다. 또한 대상판결에서는 「당시 피고회사에 資金調達의 必要性이 없었다고 단정하기 어려울 뿐만 아니라, 설령 이 점에 관하여 의심의 여지가 있다고 하더라도 그러한 사유만으로 전환사채의 발행을 무효로 볼 수 없다」고 하였다.

현행 商法(2001년 개정)에 의하면, 주주 외의 자에 대한 전환사채의 발행은 '新技術의 도입, 財務構造의 개선 등 회사의 경영상의 목적을 달성을 위하여 필요한 경우'에만 가능하다(商法 제512조의2 제2항, 제418조 제2항). 이러한 규정은 물론 이 사건 전환사채의 발행 이후에 개정된 것이지만 이러한 규정이 없었다고 하더라도 달리 자금조달의 필요성이 없어도 주주 외의 자에 대한 전환사채의 발행이 가능한 것은 아니다. 왜냐하면 이는 注意的 規定에 불과하기 때문이다. 피고회사가 당시 자금조달을 위하여 주주에 대한 또는 공모에 의한 新株發行이나 普通社債의 발행 또는 金錢借入, 株主에 대한 전환사채의 발행이 모두 불가능하며 전환사채를 大株主의 아들과 大株主가 대주주로 있는 다른 회사인 S물산에 인수시키지 않았다면 資金調達이 불가능하였을 것이라는 사정이 존재하지 않는 한 이 사건 전환사채의 발행은 자금조달 이외의 목적을 위하여 이루어졌다는 의심을 지울 수 없다고 할 것이다. 제 1 심에서는 이 사건 전환사채의 발행은 자금조달의 필요성이 있어서 이루어졌다는 근거로 이 사건 轉換社債의 발행으로 인하여 납입된 자금이 당시 피고에게 교환제시된 어음의 결제자금으로 사용한 사실이 인정된다고 하였다. 이에 대하여는 과연 이 사건 전환사채의 발행이 아니었다면 회사가 부도가 날 정도로 피고회사가 긴급한 상태였는지 의문이다.

이 사건 전환사채의 발행이 투명한 資金調達의 方法에 의하지 않고 정족수 미달의 부존재한 理事會에서 引受人을 알지 못한 채 전환사채를 사모의 방법으로 추진되었다는 점에서 볼 때 자금조달 이외에 다른 목적을 위하여 이루어졌다고 한다면 이 사건 轉換社債의 발행은 無效라고 할 것이다.[14)]

9. 判例는 결론적으로 「더 나아가 전환사채발행무효의 소의 無效原因에 관한 앞서 본 법리에 의할 때, 원고가 주장하는 구체적인 무효원인과 관련된 여러 사정들을 종합적으로 고려하더라도 이 사건 轉換社債의 발행에 무효원인이 있다고 할 수 없다」고 하였다. 대법원은 무효원인과 관련된 여러 사정을 綜合的으로 고려하였다고 하나, 원고가 주장한 無效事由를 個別的으로 검토한 결과 그 어느 사유도 이 사건 전환사채 또는 전환권의 행사로 발행된 주식을 무효로 할 만한 충분한 사유가 되지 못한다고 판단한 것으로 보인다. 그러나 위에서 피력한 拙見에 의하면 이 사건 전환사채의 발행은 그 하자가 중대하고 다양하여 綜合的으로 판단할 때 무효라고 할 수도 있었을 것이다.

---

14) 同旨: 전현정, 전게논문, 106면.

會社分割에 있어서 債權者의 異議提出을 위한 個別 催告의 要件과 限界

金　東　民*

대법원 2004. 8. 30. 선고 2003다25973 판결**

［事實의 槪要］

1. 수산물 위탁판매사업을 영위하던 원고(하동군 수산업조합)는 1998. 7. 14.경 피고(한국전력공사)의 하동화력본부장과 사이에 하동화력발전소 1호기 내지 4호기 가동으로 인한 손실보상과 관련, 원고 조합의 위탁판매수수료 감소분에 관하여 "평가는 실시하고 손실분 지급에 대해서는 관계기관의 유권해석에 따른다"라고 합의(이하 '이 사건 합의'라고 한다)하였다.

2. 이 사건 합의에 따라 원고 조합과 피고 공사가 선정한 중앙감정평가법인과 정일감정평가법인은 2000. 11. 7.경 원고 조합의 위탁판매수수료 감소분을 모두 6억 2,253만 원으로 평가하였다.

3. 원고 조합은 그 후 산업자원부 장관과 건설교통부 장관에게 위 위탁판매수수료 감소분의 손실보상 여부 등에 대하여 각 질의하였다가 소관사항이 아니라는 취지의 회신을 받고, 다시 2001. 5. 16.경 해양수산부 장관에게 같은 내용을 질의하였는데, 이에 대해 해양수산부 장관은 2001. 5. 25.경 "원고 조합은 관계법령에 근거하여 수산물의 위탁판매사업을 전담 수행하여 왔으므로 하동화력발전소의 건설 및 가동으로 인한 위탁판매수수료 감소분에 대하여는 손실보상이 이루어져야 한다"는 취지의 회신을 하였다.

4. 한편 피고 공사는 전력산업의 구조개편을 촉진함으로써 전력산업의 경쟁력을 높이고 전기사용자에 대한 서비스 수준을 향상하게 하여 전력사업의 건전한 발전을 도모하고자 전력산업구조개편촉진에관한법률(2000. 12. 23. 제정)에 따라 피고 공사는 그대로 존속하면서 단지 그 발전사업부문만을 상법 제530조의12의 규정에 의해 권역별로 6개의 별도 회사를 신설하는 방식으로 회사를 분할하기로 하고, 그 분할계획서를 작성하여 2001. 3. 16. 그 정기주주총회에서 상법 제434조(정관변경의 특별결의) 소정의 특별결의에 의한 승인을 얻은 다음, 같은 해 3. 30. 산업자원부 장관으로부터

---

* 상명대학교 법학과 교수.

** 판례공보 2004하, 1594.

인가를 받아 피고 공사의 발전사업부문을 6개의 신설회사로 분할하였다.

5. 피고 공사는 상법 제530조의9 제2항의 규정에 기하여 위 각 신설회사가 분할되는 피고 공사의 채무 중에서 출자한 재산에 관한 채무만을 승계하여 부담한다는 원칙 아래, 피고 공사의 분할계획서 제6-1조(총칙)에서 “피고 공사가 도서지역을 제외한 나머지 국내의 지역에서 영위하고 있는 기존의 발전사업부문에 속하거나 주로 관련되는 일체의 적극재산(재산적 가치 있는 사실관계를 포함한다)과 소극재산, 본 분할계획이 별도로 명시하는 소극재산 그리고 동 사업에 주로 관련되는 피고 공사의 권리와 의무 일체는 각 신설회사에 이전되며, 이전되는 적극 및 소극재산 기타의 권리·의무와 사실관계 일체에 대한 계산은 설립등기일로부터 신설회사가 한 것으로 간주한다”라고 규정하고, 제6-2-1조(계약의 승계)에서 “종전의 본부, 처, 발전소, 건설소 등 사업소의 장 명의로 체결된 모든 계약, 약속, 합의, 양해각서, 의향서 또는 입찰, 입찰참가제안, 오퍼 등에 관한 피고 공사의 권리 · 의무는 당해 신설회사가 승계한다”고 규정하였으며, 이에 따라 이 사건 하동화력본부에 속하는 재산과 권리 · 의무는 제4신설회사인 소외 한국남부발전주식회사가 이를 승계하기로 정하였고, 위 한국남부발전주식회사는 같은 해 4. 2. 그 설립등기를 마쳤다.

[訴訟의 經過]

1. 第1審 判決[1]: 원고 승소

(1) 원고 조합 및 피고 공사의 각 업무내역, 이 사건 합의의 내용, 원고 조합 및 피고 공사의 각 행정관청에 대한 질의 및 회신경위, 해양수산부 장관의 회신내용 등에 비추어 보면, 이 사건 합의서상의 ‘관계기관의 유권해석’의 의미를 반드시 원고 조합과 피고 공사가 합의한 행정관청에 의한 유권해석만으로 풀이할 수는 없고, 위탁판매수수료의 손실보상 여부에 관하여 건설교통부 장관, 해양수산부 장관 등을 포함한 관련 행정관청의 판단이 있으면 일응 그에 따른다는 의미로 풀이함이 상당하다.

(2) 그런데 이 사건 위탁판매수수료의 손실보상 여부에 관하여 구체적인 견해를 밝히지 않은 산업자원부 장관 및 건설교통부 장관과는 달리, 해양수산부 장관이 구체적으로 손실보상을 해야 한다는 취지의 회신을 한 사실은 앞에서 본 바와 같은바, 그렇다면 특별한 사정이 없는 한 위 해양수산부 장관의 판단이 이 사건 합의서상의 ‘관계기관의 유권해석’에 해당한다고 할 것이므로 피고 공사는 원고 조합에게 이 사건 합의에 따라 원고 조합의 위탁판매수수료 감소분에 대하여 손실보상을 해야 할 의무가 있다.

(3) 그렇다면 피고 공사는 원고 조합에게 위탁판매수수료 감소분 6억 2,253

1) 서울지방법원 2002. 5. 3. 선고 2001가합32941 판결.

만 원 및 이에 대하여 원고가 구하는 바에 따라 이 사건 소장부본 송달 다음 날임이 기록상 명백한 2001. 6. 3.부터 완제일까지 소송촉진등에관한특례법 소정의 연 25%의 비율에 의한 지연손해금을 지급할 의무가 있으므로, 원고조합의 이 사건 청구는 이유 있어 이를 인용하기로 한다.

2. 原審判決[2]: 원고(피항소인) 패소

(1) 피고공사가 하동화력본부에 속하는 모든 재산을 출자하여 한국남부발전주식회사를 신설하였고,[3] "설립되는 회사(이하 '受惠會社'라 한다)가 분할되는 회사(이하 '被分割會社'라 한다)의 채무 중에서 출자한 재산에 관한 채무만을 부담할 것을 정할 수 있다"라는 상법 제530조의9 제2항 전문의 규정에 따라 그 분할계획서에서 위 하동화력본부에 속하는 모든 권리·의무는 위 한국남부발전주식회사가 이를 승계하며, 종전의 본부 등 사업소의 장 명의로 체결된 모든 계약, 약속, 합의, 양해각서, 의향서 또는 입찰, 입찰참가제안, 오퍼 등에 관한 피고공사의 권리·의무도 당해 신설된 수혜회사가 승계하는 것으로 정하여 이를 상법 제530조의3 제2항 규정에 의한 결의(상법 제434조 소정의 정관변경의 특별결의)에 의한 주주총회의 승인을 받은 다음 전력산업구조개편촉진에관한법률에서 정한 산업자원부장관의 인가까지 받아 그 분할절차를 완료한 이상, 원고가 주장하는 위 하동화력본부와 관련된 이 사건 합의에 기한 채무는 가사 원고의 주장과 같이 이 사건 합의상의 요건이 충족되었다고 하더라도 위 상법 제530조의9 제2항 전·후단의 규정에 따라 위 한국남부발전주식회사에게 승계되었고, 피고공사는 그 채무를 면하였다고 보아야 할 것이다(피고공사의 분할은 이 사건 소 제기 전에 이루어져 위 한국남부발전주식회사로의 소송절차수계는 허용될 수 없고, 항소심인 당심에서의 피고경정 역시 받아들일 여지가 없다).

(2) 이에 대하여 원고조합은, 가사 위 분할이 유효하더라도 피고공사는 상법 제527의5 소정의 공고 내지 개별 최고 등의 채권자보호절차를 이행한 바 없으므로 원고조합에 대하여 위 분할의 효력을 주장할 수 없다고 주장하나, 이 사건 변론에 현출된 제반 자료에 의하면, 피고공사는 위 회사분할의 승인이 이루어진 주주총회 직후 일간지에 공고를 하여 이의 있는 채권자들로 하여금 그

2) 서울고등법원 2003. 4. 24. 선고 2002나27448 판결.

3) 본 논문에서는 영업재산의 총체를 분리하여 상대방회사에게 部分的으로 포괄승계하는 분할의 주체가 되는 회사를 '被分割會社'(gespaltene Gesellschaft)라 하고, 이로부터 영업재산의 총체의 일부분을 포괄승계의 방식으로 이전받고 그 대가로서 자신의 주식을 피분할회사의 株主에게 그 지주비율대로 교부하는 회사를 '受惠會社'(begünstigte Gesellschaft)라 명칭하기로 한다.

취지를 신고하도록 하였으나, 원고 조합은 아무런 이의제출 등의 조치를 취하지 않은 사실이 인정될 뿐만 아니라, 가사 피고 공사가 채권자보호절차를 밟지 아니하였다 하더라도 이를 이유로 채권자인 원고 조합이 회사분할의 무효소송을 제기한다거나 피고 공사가 위 채권자보호절차를 위반함으로써 손해를 입었다면 이를 이유로 손해배상을 구하는 것은 별론으로 하고, 원고 조합의 주장처럼 위 분할계획서상의 채무승계의 효력이 원고 조합에게는 미치지 않는다고 보기는 어려우므로 원고 조합의 위 주장은 받아들일 수 없다. 그렇다면 원고 조합의 이 사건 청구는 이유 없어 이를 기각할 것인바, 제 1 심 판결은 이와 결론을 달리하여 부당하므로 이를 취소하여 원고의 청구를 기각하기로 한다.

3. 大法院判決

대법원은 다음과 같은 이유로 제 2 심 판결을 파기하고 사건을 서울고등법원에 환송하였다.

[判決要旨]

1. 상법은 회사가 분할되고 피분할회사가 분할 후에도 존속하는 경우에, 특별한 사정이 없는 한 회사의 책임재산은 피분할회사와 수혜회사의 소유로 분리되는 것이 일반적이므로 분할 전 회사의 채권자를 보호하기 위하여 피분할회사와 수혜회사가 분할 전의 회사채무에 관하여 연대책임을 지는 것을 원칙으로 하고, 이 경우에는 회사가 분할되더라도 채권자의 이익을 해할 우려가 없으므로 알고 있는 채권자에 대하여 따로 이를 최고할 필요가 없도록 한 반면에, 다만 만약 이러한 연대책임의 원칙을 엄격하게 고수한다면 회사분할제도의 활용을 가로막는 요소로 작용할 수 있으므로 연대책임의 원칙에 대한 예외를 인정하여 수혜회사가 피분할회사의 채무 중에서 출자받은 재산에 관한 채무만을 부담할 것을 분할되는 회사의 주주총회의 특별결의로써 정할 수 있게 하면서, 그 경우에는 수혜회사가 피분할회사의 채무 중에서 그 부분의 채무만을 부담하고, 피분할회사는 수혜회사가 부담하지 아니하는 채무만을 부담하게 하여 채무관계가 분할채무관계로 바뀌도록 규정하였다고 해석된다.

2. 피분할회사와 수혜회사가 분할 전 회사의 채무에 대하여 연대책임을 지지 않는 경우에는 채무자의 책임재산에 변동이 생기게 되어 채권자의 이해관계에 중대한 영향을 미치므로 채권자의 보호를 위하여 피분할회사가 알고 있는 채권자에게 개별적으로 이를 최고하도록 규정하고 있는 것이고, 따라서 피분할

회사와 수혜회사의 채무관계가 분할채무관계로 바뀌는 것은 피분할회사가 자신이 알고 있는 채권자에게 개별적인 최고절차를 제대로 거쳤을 것을 요건으로 하는 것이라고 보아야 하며, 만약 그러한 개별적인 최고를 누락한 경우에는 그 채권자에 대하여 분할채무관계의 효력이 발생할 수 없고 원칙으로 돌아가 수혜회사와 피분할회사가 연대하여 변제할 책임을 지게 되는 것이라고 해석하는 것이 옳다.

[評　　釋]

Ⅰ. 序　　說

1. 일반적으로 '회사의 분할'(Spaltung, division, scission)이란,[4] 피분할회사(divided company)의 적극 및 소극재산의 총체가 분리되어 적어도 하나 이상의 신설된 또는 기존의 수혜회사(beneficiary company)에 部分的 포괄승계의 방식으로 이전되고, 그 반대급부로서 수혜회사의 사원권 내지 주식이 피분할회사의 사원 내지 주주에게 그 지분비율대로 교부되는 회사법상의 조직재편제도를 말한다.[5] 즉 회사분할은 그 고유의 징표로서 피분할회사로부터 분리된 영업재산의 部分的 포괄승계와 수혜회사 株式의 취득에 의한 피분할회사 주주의 地位의 변동이라는 두 가지 요건이 동시에 구비되어야 한다.[6] 이러한 회사분할에 의한 구조조정은 기업의 영업부문의 총체 중에서 우량한 영업부문은 분할당사회사의 일방에 분리귀속시켜서 집중적으로 육성·지원하고, 나머지 불량한 영업부문은 다른 일방회사에 존치시키고 청산의 수순을 밟아서 퇴출·도태시킴으로써, 경영의 효율성을 확보하고 영업의 수익성을 제고하여 경영상 위기에 처한 기업의 유지·성장을 도모하는 데 근본목적이 있다.[7] 그런데 회사분할에 의해 당해 회사의 영업활동의 주체가 바뀌면서 본래의 계약당사자의 일방의 변경이 있게 되고 이로 인해 궁극적으로 契約內容이 달라지게 되어 기존의 채권자의 기대이익이 침해되기 때문에, 분할 전 피분할회사의 각종 債權者들을 보호하기 위한 개별적 보호장치가 마련될 필요가 있다.

4) Kraft/Kreuz, 「Gesellschaftsrecht」, 10. Aufl., Luchterhand(1997), S. 67.

5) 權奇範, 「企業構造調整法(제 3 판)」(삼지원, 2002), 322면.

6) 洪復基, "商法에 있어서 會社分割에 관한 規定의 導入檢討," 「商事法硏究」 제17권 제 1 호(한국상사법학회, 1998), 345면.

7) 金東民, "會社分割을 통한 企業構造調整에 관한 硏究 — 소수주주 및 채권자보호를 중심으로 —," 서울대학교 법학박사 학위논문(2003), 2면 참조.

2. 상법에 의하면 회사분할의 경우에 피분할회사의 영업재산이 수혜회사에 部分的으로 포괄승계(partielle Universalsukzession)되며,[8] 분할 전 피분할회사의 채무에 대하여 특별한 약정이 없는 한 분할 이후 분할당사회사가 連帶責任을 부담하는 것이 원칙이므로(상법 제530조의9 제1항), 이들 채권자의 個別的 동의 없이도 회사분할에 의한 조직재편이 가능하다. 다만 피분할회사의 영업재산의 총체는 특별한 이전절차 없이 수혜회사에 승계되어 각종 채권자의 책임재산이 분리되고 擔保價値의 감소로 인한 支給不能의 위험이 증가하기 때문에, 이러한 채권자들의 지위를 안정적으로 유지시키기 위하여 채권자에 대한 보호절차가 요청된다.[9]

상법은 이를 위하여 채권자의 이의제출권(상법 제530조의9 제4항, 제527조의5)을 규정하면서, 이와 동시에 분할당사회사의 연대책임(상법 제530조의9 제1항)에 관하여 별도의 규정을 두고 있다. 다만 분할당사회사의 연대책임에 의해 회사분할에 의한 조직구조의 재편이 저해되는 것을 방지하기 위하여, 상법은 주주총회의 특별결의에 의해 분할당사회사의 연대책임이 배제되는 특약이 가능한 것으로 규정하고 있다(상법 제530조의9 제2항 및 제3항).[10] 그런데 회사분할을 통한 조직재편의 경우에는 영업을 구성하는 피분할회사의 재산이 수혜회사로 이전하여 그 책임재산의 총액이 변동하고, 당해 회사의 채무도 채권자의 개별 동의를 얻지 않고 수혜회사에 免責的으로 승계되기 때문에, 특히 분할당사회사의 연대책임이 배제되는 경우에는 피분할회사의 책임재산의 감소에 의한 기존 채권자의 권익침해의 위험을 극복하기 위해서 채권자보호절차로서 채권자의 이의제출권을 보장하고 있다.[11]

3. 대상판결에서는 분할당사회사의 연대책임의 배제에 관한 의의를 명시하면서, 분할계획서에서 분할당사회사의 연대책임이 배제되는 것으로 규정하고 있더라도 피분할회사가 알고 있는 채권자에게 개별 최고절차를 이행하지 않게 되면 분할당사회사의 연대책임이 부활하는 것으로 판시하고 있다. 이하에서는

8) 영업재산의 '部分的 包括承繼'의 개념에 관하여는 Mertens, "Zur Universalsukzession in einem neuem Umwandlungsrecht," AG(1994), S. 67; K. Schmidt, "Gläubigerschutz bei Umstrukturierungen—Zum Referentenentwurf eines Umwandlungsgesetzes—," ZGR(1993), S. 402 참조.

9) 原田晃治, "會社分割法制の創設について(中)—平成12年改正商法の解說—," 「商事法務」第1565號(2000), 15頁.

10) 崔基元, 「新會社法論(제12대정판)」(박영사, 2004), 1184면.

11) 金東民, 전게논문, 167면.

분할유형을 중심으로 회사채권자의 이의제출권 행사를 위한 개별 최고절차의 요건 및 효과에 관해 살펴보면서, 이러한 대상판결의 논거 및 해석의 타당성에 관하여 검토해 보기로 한다.

Ⅱ. 會社分割의 意義

1. 會社分割의 概念과 類型

(1) 회사분할이란, 피분할회사의 적극 및 소극재산의 총체가 분리되어 적어도 하나 이상의 신설된 또는 기존의 수혜회사에 部分的으로 포괄승계되고, 그 반대급부로서 수혜회사의 사원권 내지 주식이 피분할회사의 주주에게 交付되는 회사법상의 제도를 말한다.[12] 상법에 의하면 '會社分割'이라 함은 피분할회사가 분할에 의하여 1개 또는 수개의 새로운 회사를 설립하면서(상법 제530조의2 제1항), 그 자신은 消滅하기도 하고(완전분할) 存續하기도 하는(불완전분할) 회사법상의 조직변경절차를 말한다.[13] 이와는 별도로 피분할회사가 분할에 의하여 1개 또는 수개의 존립중의 회사와 합병하는 경우를 分割合倂이라 하는데(상법 제530조의2 제2항), 보통 회사의 분할이라고 할 때에는 이러한 양자의 유형을 포함하는 의미로 사용한다.[14] 그런데 상법상 회사분할은 원칙적으로 피분할회사로부터 영업재산의 일부를 승계받은 수혜회사가 그에 대한 대가로서 발행한 주식을 피분할회사의 주주에게 교부하는 人的分割의 유형을 가리키지만, 상법은 독일 기업재편법의 영향을 받아 분할에 의해 발행된 수혜회사의 주식을 피분할회사 자신이 직접 취득하는 物的分割의 유형도 특별히 인정되고 있다(상법 제530조의12).[15]

(2) 회사의 분할은 분할의 주체인 피분할회사가 분할의 효력발생 이후에 消滅하는지의 여부에 따라 완전분할과 불완전분할로 구분할 수 있다. '完全分割'(division parfaite, Aufspaltung)이라 함은, 피분할회사가 자신의 영업재산의 총체를 2개 이상의 영업부문으로 분리하여 2개 이상의 새로운 회사를 설립하거나 또는 기존의 다른 회사에 이전하고, 당해 회사의 주주에게 수혜회사의 주식을 교부하면서 자신은 청산절차 없이 해산하는 형태이며, '全部分割' 또는 '消滅分割'이라고도 한다. 이러한 완전분할은 피분할회사가 영업재산의 총체를 출자

12) Kraft/Kreuz, 「Gesellschaftsrecht」, S. 67.

13) 상법은 이를 '分割'이라고 표현하고 있지만, 모든 형태의 分割類型을 포괄하는 최상위 개념으로서의 會社分割과 구별하기 위해 '單純分割'이라 명칭하기로 한다.

14) 李哲松, "合併·分割의 會社法理와 稅制," 「上場協 硏究報告書」(1999), 55면.

15) 崔基元, 전게서, 1165면.

하여 수혜회사를 신설하느냐 아니면 이를 기존의 수혜회사에 승계하느냐에 따라 소멸신설분할과 소멸흡수분할로 분류된다.[16] 한편 '不完全分割'(division impar- faite, Abspaltung)이라 함은 피분할회사가 자신의 영업재산의 총체 중에서 1개 이상의 영업부문을 분리하여 이를 1개 이상의 새로운 회사를 設立하거나 또는 기존의 다른 회사에 이전하고, 당해 회사의 주주에게 수혜회사의 주식을 교부하면서 자신은 나머지 영업재산을 보유한 채 독립된 회사로서 존속하는 형태이며, '部分分割' 또는 '存續分割'이라고도 한다.[17] 따라서 불완전분할의 경우 피분할회사의 주주는 피분할회사의 株式과 수혜회사의 株式을 동시에 보유하여 양 회사의 주주의 지위를 겸유하게 된다.[18] 이러한 불완전분할의 유형은 피분할회사가 자신의 분리된 영업재산으로 새로운 수혜회사를 설립하느냐 아니면 기존의 수혜회사에 출자하느냐에 따라서 존속신설분할과 존속흡수분할로 분류된다.[19]

2. 對象判決의 檢討

(1) 대상판결에서는 피고 공사가 전력산업구조개편촉진에관한법률에 따라 그 발전사업부문을 상법 제530조의12의 규정에 의하여 권역별로 6개의 별도 회사를 신설하는 방식으로 회사를 분할하기로 하고, 분할계획서를 작성하여 2001. 3. 16. 정기주주총회에서 특별결의에 의한 승인을 얻은 다음 2001. 3. 30. 산업자원부장관의 인가를 받아 피고의 발전사업부문을 6개의 신설회사로 분할한 사실을 인정하고 있다. 구체적으로 대상판결에 의하면 피고가 상법 제530조의9 제2항의 규정에 기하여 위 각 신설회사가 피고의 채무 중에서 출자받은 재산에 관한 채무만을 승계하여 부담한다는 원칙에 따라 피고의 분할계획서 제6-1조(총칙)에서 "피고가 도서지역을 제외한 나머지 국내의 지역에서 영위하고 있는 기존의 발전사업부문에 속하거나 주로 관련되는 일체의 적극재산(재산적 가치 있는 사실관계를 포함한다)과 소극재산, 본 분할계획이 별도로 명시하는 소극재산 그리고 동 사업에 주로 관련되는 피고의 권리와 의무 일체는 각 신설회사에 이전되며, 이전되는 적극 및 소극재산 기타의 권리의무와 사실관계 일체

---

16) 金東民, 전게 박사논문, 18면.

17) Limmer, 「Umwandlungsrecht」, Verlag für die Rechts und Anwaltspraxis(1995), S. 45.

18) 金聖虎, "株式會社의 分割에 관한 硏究," 고려대학교 박사학위논문(1999), 16면.

19) 金東民, 전게 박사논문, 19면.

에 대한 계산은 설립등기일로부터 신설회사가 한 것으로 간주한다"라고 규정하고, 제6-2-1조(계약의 승계)에서 "종전의 본부, 처, 발전소, 건설소 등 사업소의 장 명의로 체결된 모든 계약, 약속, 합의, 양해각서, 의향서 또는 입찰, 입찰참가제안, 오퍼 등에 관한 피고의 권리·의무는 당해 신설회사가 승계한다"고 규정한 사실을 근거로 하여 피고 산하 하동화력본부에 속하는 재산과 권리·의무는 제 4 신설회사인 소외 한국남부발전 주식회사(이하 '남부발전'이라 한다)에 적법하게 승계된 것으로 판단하고 있다. 결국 대상판결은 피고가 위와 같은 절차를 거쳐 회사분할절차를 완료한 이상, 원고가 주장하는 하동화력본부와 관련된 이 사건 채무는 위 분할계획서에서 피고로부터 남부발전으로 이전되는 것으로 정하였다고 해석하는 것이 타당하다고 판단하였다.

(2) 대상판결에 의하면 피고 공사는 상법 제530조의12에서 규정하고 있는 바에 따라 자신의 영업재산 중 발전사업부문을 분리출자하여 6개의 별도 회사를 신설하면서 피고 공사 자신도 존속하는 형태의 회사분할을 하였다. 구체적으로 피분할회사인 피고 공사가 분할 이후에도 존속하는 '불완전분할'이면서, 피분할회사의 영업재산의 출자에 의해 새로운 복수의 수혜회사가 설립되는 '단순분할'이고, 새로 설립된 6개의 수혜회사의 주식이 각각 피분할회사 자신에게 귀속되는 '물적분할'이 되는 조직재편을 한 것이다. 이 경우 피고 공사는 분할에 의해 신설된 각 신설회사가 피고의 채무 중에서 출자받은 재산에 관한 채무만을 승계하여 부담하는 것을 내용으로 하는 분할계획서를 작성하고 이에 대해 2001. 3. 16. 정기주주총회에서 특별결의에 의한 승인을 얻은 다음 2001. 3. 30. 산업자원부장관의 인가를 받아 2001. 4. 2. 분할등기로서 신설된 수혜회사의 설립등기를 경료하였다. 이러한 피고 공사의 분할절차가 상법과 특별법의 규정을 준수하면서 적법하게 이루어졌기 때문에, 피고 공사의 분할은 법에 저촉하지 않는 적법하고 유효한 분할이고, 결국 분할당사회사에 대하여는 분할계획서의 내용대로 분할의 효과가 발생한다. 그리하여 분할계획서에 기재된 대로 원고가 주장하는 하동화력본부와 관련된 채무는 피분할회사인 피고 공사로부터 수혜회사 중의 하나인 남부발전으로 이전된다.

(3) 그런데 대상판결에 의하면 단순분할을 하면서 분할당사회사의 연대책임을 배제하는 분할계획서의 내용 자체에는 문제가 없지만, 피고 공사의 분할 전 채권자의 이의제출권 행사를 위한 피분할회사의 개별 최고절차가 제대로 이행되었는지가 문제된다. 왜냐하면 피분할회사가 분할 전 채권자보호를 위한 개

별 최고절차를 경유했는지에 따라, 분할계획서에서 정하고 있는 분할당사회사의 연대책임의 구체적 내용은 다르게 해석될 수 있기 때문이다.

Ⅲ. 債權者에 대한 保護制度

1. 債權者의 異議提出權

(1) 異議提出權의 意義

상법은 피분할회사의 담보재산의 감소로 인한 채권자의 지위를 보호하기 위하여 채권자의 異議提出權과 분할당사회사의 連帶責任을 규정하고 있는데, 특히 프랑스 상사회사법과 마찬가지로 채권자의 이의제출권을 회사분할의 절차로서 강제하고 있다.[20] 상법에 의하면 피분할회사는 분할을 위한 주주총회의 특별결의가 있은 날부터 2주간 이내에 채권자에 대하여 분할에 이의가 있으면 1개월의 기간 내에 이를 제출할 것을 公告해야 하고, 이미 알고 있는 채권자에 대하여는 개별 催告를 해야 한다(상법 제530조의11, 제527조의5, 제232조 제1항 및 제2항). 이와 같이 피분할회사의 공고 및 최고한 기간 내에 채권자가 분할에 관한 이의를 제기할 수 있는 권리를 채권자의 異議提出權이라 한다.[21] 채권자의 이의제출이 있으면 회사는 당해 채권자에 대하여 辨濟 또는 상당한 擔保를 제공하거나 이를 목적으로 하여 상당한 재산을 신탁회사에 信託하여야 한다(상법 제530조의11, 제527조의5, 제232조 제3항).[22] 이러한 '異議提出權'은 분할절차의 수행과정에서 주주총회의 분할결의 이후 분할절차가 종료되기 전에 당해 채무회사를 상대로 변제 및 담보제공을 받을 수 있는 권리인 점에서, 분할이 종료된 이후 영업재산을 출자한 회사와 이를 승계받은 회사들이 연대하여 책임을 부담하는 '連帶責任制度'와 근본적으로 구별된다. 왜냐하면 궁극적으로 채무의 변제가 이루어진다는 측면에서는 이들 제도 상호간에 그 法律效果는 동일하지만, 사전에 책임재산을 파악하고 채권계약을 체결한 당해 채무회사에 의한 변제와 분할 이후 영업재산의 승계에 의해 책임내용 및 채무

20) 프랑스 상사회사법에 의하면, 회사분할에 의해 모든 수혜회사는 분할 전 피분할회사의 채무에 대하여 連帶責任을 부담하기 때문에(동법 제385조) 원칙적으로 채권자의 이의제출권이 인정되지 않지만, 예외적으로 각 수혜회사가 피분할회사의 채무 중에서 일부만을 개별적으로 부담한다는 합의를 하는 경우에는 채권자의 異議提出權이 허용되는 것으로 규정하고 있다(동법 제386조 제2항).

21) 崔基元, 「新會社法論(제12대정판)」(박영사, 2004), 1184면.

22) 상법이 분할에서의 채권자 보호절차로서 합병에서와 동일한 異議提出制度를 채택한 이유는, 분할의 결과 채권에 대한 이행이 불가능하게 될 위험이 있는 경우에 채권자로 하여금 이의를 제기하여 변제 및 담보제공을 받을 수 있도록 하는 것이 다른 어떤 절차보다도 당해 채권의 만족을 위하여 가장 합리적인 방법이기 때문이다. 原田晃治, 전게논문(中), 14頁.

자가 변경된 새로운 회사에 의한 변제는 실질적인 辨濟可能性의 측면에서 차이가 나기 때문이다. 따라서 채권자의 이의제출권은 특히 분할당사회사가 연대책임을 排除하는 약정을 체결하여 분할 전 피분할회사의 채무의 범위를 제한하는 경우에 사전적으로 채권자의 권리를 보호하는 기능을 한다.[23)]

⑵ **異議提出權의 許容範圍**

회사채권자의 이의제출권은 분할의 유형, 특히 단순분할과 분할합병 및 물적분할의 유형에 따라 그 요건과 허용범위가 달라진다.

㈎ 첫째, '單純分割'의 경우에는 피분할회사에서 분리된 영업재산이 출자되어 새로운 수혜회사를 설립하기 때문에, 채권자는 당해 회사의 총채권자를 위하여 공동담보로 기능하던 책임재산이 소멸하거나 감소하여 채권의 변제가능성이 희박해지는 위험을 감수해야 하는 입장에 처한다. 특히 피분할회사의 연대책임이 排除된 단순분할의 경우에는, 수혜회사로 승계되는 재산의 총액만큼 피분할회사의 책임재산이 감소하며 분할당사회사는 개별적으로 분할채무를 부담하기 때문에, 이들 채권자에 대한 별도의 보호장치가 필요하다. 그리하여 상법은 피분할회사가 單純分割을 하면서 분할당사회사의 연대책임이 排除되는 경우에 한하여, 회사의 합병에서 인정하고 있는 채권자의 異議提出權에 관한 상법 제527조의5의 규정을 준용하고 있다(상법 제530조의9 제4항). 이 경우 분할당사회사의 연대책임을 排除한다는 내용이 분할계획서 등에 기재되면 충분히 채권자의 이의제출권이 인정되고, 그 밖에 이러한 내용에 관한 특별한 약정이 별도로 존재해야 채권자에게 그러한 권리가 부여되는 것은 아니다.[24)] 그러나 피분할회사가 單純分割을 하면서 분할당사회사의 連帶責任이 인정되는 경우에는 신설된 수혜회사가 피분할회사와 함께 책임을 부담하기 때문에, 채권자가 파악하고 있던 책임재산이 감소될 여지가 없고 그 책임주체에도 실질적인 변동이 없으며, 더 나아가 분할합병에서와 같이 다른 회사의 채무에 대한 책임을 부담하게 될 염려도 없다.[25)] 그리하여 상법은 분할당사회사가 연대책임을 부담하는 단순분할의 경우에는 채권자에 대한 보호조치가 필요하지 않기 때문에, 당해 회사의 채권자에게 異議提出權을 허용하지 않고 있다.

23) 金東民, 전게 박사논문, 168면.

24) 이와 反對되는 견해로는 禹洪九, "會社分割制度의 立法論에 관한 小考,"「企業構造의 再編과 商事法」, 晦明 朴吉俊 교수 화갑기념논문집(정문사, 1998), 399면.

25) 尹顯錫, "會社分割制度의 柔軟性과 便宜性提高를 위한 研究 —商法 및 稅法의 改正方案을 중심으로—," 한양대학교 박사학위논문(2000), 114면; 姜德美, "改正商法上 株式會社分割節次의 問題點,"「法學研究」 제 6 권(1999), 59면.

(나) 둘째, '分割合併'의 경우에는 피분할회사의 영업재산이 기존의 수혜회사에 출자되어 당해 회사의 영업재산과 융화됨으로써 분할당사회사가 각각의 책임재산을 공유하게 되기 때문에, 피분할회사의 채권자의 입장에서는 담보재산의 총액과 책임주체에 관한 중대한 변화가 있게 된다. 그리하여 상법은 회사의 합병에서 인정되는 채권자의 異議提出權에 관한 상법 제527조의5의 규정을 分割合併에도 그대로 준용하고 있다(상법 제530조의11 제2항). 예컨대 피분할회사가 채무초과상태인 수혜회사와 분할합병을 하면서 連帶責任을 부담하는 경우에는, 기존의 채권자에 대한 책임재산의 총액은 수혜회사의 채무초과액만큼 감소하게 된다. 또한 피분할회사가 분할합병을 하면서 연대책임이 排除되는 경우에도, 수혜회사로 승계되는 적극재산의 총액만큼 기존의 채권자에 대한 책임재산이 감소하게 된다. 그러므로 분할당사회사의 연대책임이 排除된 경우는 물론이고 연대책임을 부담하는 경우에도, 分割合併으로 인해 책임재산의 총액이 감소되어 기존의 채권자는 지급불능의 위험을 감수할 수밖에 없게 된다. 이러한 점에서 채권자에 대한 보호장치가 필요하므로, 상법은 이들 채권자에게 異議提出權의 행사를 보장하여 그 권리보호를 도모하고 있다.[26] 한편 분할합병의 상대방회사인 기존의 수혜회사의 채권자에게도 이의제출권이 허용되는지에 관하여 상법은 아무런 규정을 두고 있지 않다. 分割合併에 의한 조직변경은 부분적으로 회사가 합병을 하는 경우와 유사하여 기존의 수혜회사는 흡수합병이나 신설합병에서의 존속회사와 마찬가지의 지위를 갖게 되므로, 合併에서의 이의제출권에 관한 규정은 분할합병에도 유추될 수 있다고 해석된다. 이러한 점에서 기존의 受惠會社의 채권자에게도 이의제출권이 허용된다고 할 것이다.[27]

(다) 셋째, '物的 分割'의 경우에는 피분할회사의 영업재산이 분리되어 수혜회사로 승계되고 당해 수혜회사의 주식이 피분할회사에게 직접 귀속되기 때문에, 채권자를 위한 공동담보인 피분할회사의 책임재산이 출자한 영업재산만큼 減少되어 채권의 변제 여부가 불확실해진다는 점에서 인적분할의 경우와 마찬가지로 채권자보호의 문제가 발생한다[28] 그리하여 상법은 物的 分割의 당사회사는 분할 전 피분할회사의 채무에 대하여 連帶責任을 부담하는 것으로 규정하고 있다 (상법 제530조의12, 제530조의9 제1항). 그런데 상법은 피분할회사가 분할 또는 분할합병

26) 李相勳, "改正商法上 株式會社의 分割,"「人權과 正義」통권 제270호(1999), 36면.

27) 崔基元, 전게서, 1186면; 李哲松, 전게서, 861면.

28) 孫珠瓚, "株式會社分割에 관한 政府案의 檢討,"「企業構造의 再編과 商事法」, 晦明 朴吉俊 교수 화갑기념논문집(정문사, 1998), 507면.

으로 인하여 '設立되는 會社'의 주식의 총수를 취득하는 경우에 인적분할에 관한 규정을 준용함으로써, 영업재산의 출자에 의해 수혜회사가 신설되면서 피분할회사와 完全母子會社의 관계가 형성되는 형태의 물적 분할만을 인정하고 있다(상법 제530조의12). 따라서 영업재산을 분리하여 기존의 수혜회사에 출자하면서 수혜회사 주식의 일부를 피분할회사가 취득하는 '吸收分割合併' 형태의 물적 분할은, 새로운 수혜회사가 設立되지 않기 때문에 상법상 허용되지 않는다. 또한 복수의 회사가 피분할회사의 입장에서 공동으로 새로운 수혜회사를 설립하는 '新設分割合併'[29) 형태의 물적 분할도, 일방의 피분할회사가 수혜회사 주식의 총수를 취득하지 않고 그 일부만을 취득할 뿐이며, 나머지 일부의 주식은 다른 일방의 피분할회사가 취득하게 되므로, 상법상 인정되지 않는다.[30) 그리하여 상법에서 허용하고 있는 單純分割 형태의 물적 분할에 의해 피분할회사가 신설회사의 발행주식총수를 배정받게 되면, 分割合併 형태의 물적 분할과는 달리 실질적으로 채권자의 채권에 대한 책임재산이 감소되는 현상은 발생하지 않는다.[31) 이러한 이유로 상법은 물적 분할의 경우에도 단순분할에 의한 인적 분할과 마찬가지로 분할당사회사가 連帶責任을 부담하지 않는 범위에서 채권자에게 異議提出權을 인정하고 있다(상법 제530조의12, 제527조의5). 결국 상법상 채권자의 이의제출권은 이들의 권리침해에 대한 실질적인 보호의 필요성에 근거하지 아니하고, 회사의 분할유형을 형식적으로 구분하여 모든 分割合併의 경우와 연대책임의 배제특약이 있는 單純分割 및 물적 분할의 경우에 허용되고 있다.

2. 分割當事會社의 連帶責任

(1) 連帶責任의 意義

일반적으로 회사분할에서 분할당사회사의 連帶責任이란, 분할 이후 피분할회사 및 수혜회사가 분할 전 피분할회사의 채무에 대하여 연대하여 변제할 책임을 부담하는 책임분배의 원칙을 말한다. 우리 상법에서도 분할 또는 분할합병으로 인하여 설립되는 회사 또는 존속하는 회사는 분할 또는 분할합병 전의

29) 日本 상법에서는 新設分割合倂의 유형을 '共同新設分割'이라고 한다(동법 제374조 제2항 제11호). 武井一浩・平林素子, 「會社分割の實務」(商事法務硏究會, 2000), 11頁.

30) 그러나 吸收分割合倂이나 新設分割合倂의 경우를 예외적으로 物的分割의 허용범위에서 제외해야 할 합리적 이유가 없으며, 상법은 명문으로 '分割 또는 分割合倂으로 인하여' 물적 분할을 하는 경우라고 규정하고 있으므로(상법 제530조의12), 이러한 형태의 物的分割도 허용된다고 해석하는 것이 타당하다. 崔基元, 전게서, 1165면.

31) 李哲松, 전게서, 862면; 洪復基, 전게논문, 346면; 尹顯錫, 전게논문, 115면.

회사채무에 관하여 연대하여 변제할 책임이 있는 것으로 규정하여(상법 제530조의9 제1항), 피분할회사와 수혜회사 상호간의 연대책임에 관한 원칙을 도입하고 있다.[32] 결국 연대책임의 주체와 관련하여 상법 제530조의9 제1항에서는 ① '完全分割'의 경우 피분할회사로부터 출자를 받은 복수의 수혜회사 상호간의 연대책임과, ② '不完全分割'의 경우 피분할회사와 그 영업재산을 승계받는 수혜회사의 연대책임을 규정한 것이라고 해석된다.[33] 이러한 연대책임주의는 피분할회사가 분할된 이후에 분할당사회사의 책임의 소재를 분명히 밝히고 있는 원칙규정으로서, 분할당사회사 간의 채무승계가 어떠한 방법으로 이루어지든지 관계 없이 회사분할에 의하여 피분할회사의 책임재산이 감소함으로써 당해 회사의 채권자들이 받게 되는 불이익을 방지하려는 데에 그 목적이 있다.[34]

(2) 連帶責任의 許容範圍

(가) 상법상 人的 分割의 경우에 인정되는 분할당사회사의 연대책임에 관한 규정은 物的 分割의 경우에도 그대로 준용된다(상법 제530조의12). 따라서 피분할회사가 물적 분할을 하는 경우에 '受惠會社'는 피분할회사로부터 승계받은 채무 이외에 피분할회사에 잔존하는 일체의 채무에 대하여도 피분할회사와 연대책임을 부담하는 것으로 해석된다.[35] 상법 제530조의9 제1항은 회사분할로 인하여 피분할회사의 분할 전의 책임재산의 총액이 감소됨에 따라 당해 회사의 기존 채권자가 채권의 만족에 불이익을 받지 않도록 하기 위한 채권자의 권리보호규정이다.[36] 그런데 物的 分割에 의하면 피분할회사로부터 수혜회사로 이전된 영업재산만큼의 수혜회사의 주식이 피분할회사에 직접 귀속되기 때문에, 피분할회사의 재산은 출자된 영업재산만큼 수혜회사의 有價證券(주식)으로 그 형태만 변경되어 있을 뿐이고, 경제적인 측면에서 이를 금전으로 환가한 피분할회사의 책임재산의 총액이 감소하는 것은 아니다. 그리하여 物的 分割의 경우에도 과연 분할 이후에 존속하는 '被分割會社'가 수혜회사에 승계된 재산에 관한 채무에 대하여도 이들 수혜회사와 함께 연대책임을 부담하는 것으로 해석할 수 있

32) 安慶峰, "會社分割에 있어서 債權者保護," 「考試硏究」(고시연구사, 1998), 36면.

33) 同旨: 崔基元, 전게서, 1188면; 權奇範, 전게서, 396면; 李哲松, 전게서, 867면; 安慶峰, 전게논문, 36면; 金聖虎, 전게논문, 178면.

34) 連帶責任에 관한 상법의 규정은 각 수혜회사는 물론이고 피분할회사도 연대책임의 주체가 된다는 점에서 프랑스 商事會社法 제385조보다는 오히려 독일 企業再編法 제133조의 영향을 받은 것으로 파악된다. 崔基元, 전게서, 1155면; 金東民, 전게논문, 217면.

35) 孫珠瓚, 전게논문, 376면.

36) 安慶峰, 전게논문, 36면; 金聖虎, 전게논문, 181면; 姜德美, 전게논문, 49면.

는지가 문제된다.

(나) 상법 제530조의9 제1항의 입법취지는 피분할회사로부터 수혜회사로의 채무의 승계가 어떠한 방법으로 이루어지든 상관 없이 분할 전 피분할회사의 채권자가 당해 회사의 責任財產이 감소되어 지급불능의 위험에 처하는 불이익을 입지 않게 하려는 것이다.[37] 이러한 입법취지를 고려하여 합목적적으로 해석한다면, 物的分割의 경우에는 피분할회사의 책임재산에 실질적 감소가 없으므로, 분할 후 존속하는 피분할회사가 수혜회사에 승계한 채무에 대하여 연대책임을 부담하지 않아도 되는 것으로 볼 여지는 있다. 그러나 피분할회사가 불량자산과 채무를 출자하는 물적 분할을 하게 되면, 수혜회사에 승계된 채무에 대하여 채권을 행사하려는 자는 사실상 채권의 집행이 용이하지 못하게 되어 결국 채권만족에 불이익을 받게 된다. 또한 피분할회사에 잔존하는 채무에 대해 채권을 행사하려는 자의 입장에서는, 물적 분할에 의해 피분할회사의 책임재산이 감소하지 않더라도 예컨대 피분할회사가 취득한 수혜회사 주식의 再上場 여부에 따라서 그 株式價値가 달라지게 되면 피분할회사의 책임재산에 실질적인 가치의 변동이 초래됨으로써 결국 그 권익을 침해받게 될 수도 있다. 그리고 무엇보다도 상법에서는 人的 分割에 관한 모든 분할규정을 물적 분할의 경우에도 그대로 준용하면서(상법 제530조의12), 피분할회사의 연대책임이 배제되는 별도의 규정을 두고 있지 아니하다. 생각건대 物的 分割의 경우 상법에서 피분할회사가 연대책임의 주체에서 제외된다는 특별규정을 명문으로 규정하고 있지 않는 한, 피분할회사도 수혜회사에 승계된 채무에 대하여 수혜회사와 함께 連帶責任을 부담하는 것으로 해석된다.[38]

3. 連帶責任의 排除

(1) 連帶責任排除의 意義

상법에 의하면 피분할회사의 분할 전 채무에 대하여 분할 이후 분할당사회사가 상호간에 부담하는 연대책임은 분할계획서 또는 분할합병계약서에 대한 주주총회의 분할승인결의에 의하여 배제될 수 있다. 즉 '單純分割'의 경우 피분할회사는 주주총회의 특별결의로 수혜회사가 피분할회사의 채무 중에서 '出資한 재산에 관한 債務'만을 부담하게 할 수 있고, 분할 이후에 존속하는 피분할

37) 李哲松, 전게서, 866면; 姜德美, 전게논문, 49면.

38) 同旨: 崔基元, 전게서, 1189면; 李哲松, 전게서, 868면; 安慶峰, 전게논문, 37면; 金聖虎, 전게논문, 178면; 尹顯錫, 전게논문, 115면.

회사는 분할출자를 받은 '受惠會社가 부담하지 아니하는 債務'만을 부담하는 것으로 정할 수 있다(상법 제530조의9 제2항).[39] 또한 '分割合併'의 경우에도 피분할회사 및 상대방회사의 주주총회의 특별결의로 분할합병의 상대방회사가 부담하는 채무를 피분할회사가 상대방회사에 '出資한 재산에 관한 債務'로 제한하여 분할당사회사의 연대책임을 배제할 수 있다(상법 제530조의9 제3항). 이러한 규정은 주주총회의 분할승인결의에서 분할당사회사의 연대책임을 인정하되, 그 책임액의 일정 부분을 제한하는 것이 아니라, 처음부터 이들 회사의 연대채무를 배제하고 分割債務를 부담하는 결의의 가능성을 보장한 것이다. 구체적으로 분할당사회사의 연대책임이 배제된 경우, 각 수혜회사는 피분할회사로부터 자신이 승계받은 채무에 대해서만 책임을 지고 피분할회사의 잔존채무라든가 피분할회사로부터 다른 수혜회사에 승계된 채무에 대하여는 책임을 부담하지 않으며, 피분할회사 역시 분할 후에 존속하더라도 각 수혜회사에 승계시킨 채무에 대하여는 어떠한 책임도 부담하지 않는다.[40] 이와 같이 상법은 회사분할의 경우 채권자의 권리보호를 위해 連帶責任主義를 채택하면서 동시에 이를 배제할 수 있는 제한규정을 마련함으로써, 분할에 의한 구조조정이 보다 탄력적이고 柔軟性 있게 수행될 수 있는 길을 열어두고 있다.

(2) 連帶責任排除의 實效性

(가) 분할당사회사의 연대책임의 排除를 인정하는 상법 제530조의9 제2항 및 제3항의 입법취지는, 단순분할에 의해 설립되거나 분할합병에 의해 출자를 받는 수혜회사가 상법상 연대책임규정의 적용에 의해 피분할회사로부터 승계한 영업재산을 월등히 초과하는 모든 채무에 대하여 책임을 부담하게 되는 불합리성을 최대한 완화시키려는 데에 있다. 즉 기업이 조직재편을 위하여 회사분할을 강력히 요구하는 경우 분할당사회사의 의사를 무시한 채 이들에게 강행법규로서 무조건적인 연대책임을 부담시키게 되면, 분할당사회사 상호간의 책임범위를 무한정 확대시킴으로써 분할제도의 이용을 저해할 우려가 있기 때문에, 이들에게 자율적인 책임의 분배를 결정할 수 있는 길을 열어 둔 것이다.[41] 실

39) '대우중공업(주)'는 조선사업부문과 기계사업부문을 分離하여 별도의 '조선회사'와 '기계회사'를 設立하면서, 대우의 系列社에 대한 투자자산과 매출채권 등 營業과 직접적인 關係가 없거나 정상적인 回收가 의문시되는 資産은 '대우중공업(주)'가 유지・관리하고, '조선회사'와 '기계회사'는 대우중공업(주)의 채무 중에서 출자한 財産에 관한 債務만을 부담하는 내용의 人的分割을 단행하였다. 대우중공업(株),「分割計劃書」(2000), 3면.

40) 崔基元, 전게서, 1187면; 權奇範, 전게서, 402면.

41) 李哲松, "合併・分割의 會社法理와 稅制,"「上場協」(한국상장회사협의회, 1999), 89면.

무에서도 피분할회사를 비롯한 모든 수혜회사가 連帶責任을 부담하는 것보다는 이를 배제하여 각 회사마다 개별적인 分割債務를 부담하는 방법이 분할당사회사의 경영의 효율성을 확보하고 경쟁력을 제고시키는 측면에서 더욱 활발하게 이용되고 있다.[42] 그러나 연대책임을 배제하는 약정에 의해 분할당사회사가 각자 보유하고 있는 재산에 관한 채무만을 부담하는 경우에도, 당해 채권자의 권리보호를 위해서는 수혜회사에 개별적으로 승계되는 재산 및 이에 관한 채무의 내역을 구체적으로 확정하여 그 책임소재에 대한 다툼이 발생하지 않도록 하는 작업이 선행되어야 한다. 특히 분할 이전에는 潛在的 채무로 존속하다가 분할 이후에 現實的 채무로 확정되는 '偶發債務'와 같이 미확정의 채무로서 귀속이 불분명한 채무에 대하여는, 분할 이후 어느 회사가 궁극적인 책임부담의 주체로 되는지를 분할계획의 수립 당시부터 명확하게 정해 둘 필요가 있다. 이와 같이 연대책임의 排除로부터 야기되는 채권자의 권리침해에 대한 위험을 실질적으로 방지할 수 있는 제도적 장치가 마련되어야 한다.[43]

(나) 분할당사회사의 연대책임 排除에 관한 상법 제530조의9 제 2 항은 프랑스 상사회사법 제386조 제 1 항을 본받은 것인데,[44] 법리적으로 보아 피분할회사의 채무에 대해 가장 밀접한 이해관계를 갖는 채권자를 배제한 채 당해 회사의 주주들만이 독자적으로 주주총회의 특별결의에 의해 그 책임의 범위를 결정한다는 것은 합리성을 결여한 입법이라고 할 것이다. 또한 연대책임을 배제하는 주주총회의 특별결의가 있더라도 분할당사회사의 채권자들은 당해 회사의 책임재산이 부족하게 되어 채권의 집행이 불확실해질 것을 예상하고 사전에 異議提出權을 행사하여 당해 분할을 원천적으로 봉쇄할 것이기 때문에, 실무상 이러한 연대책임의 제한규정이 얼마나 활용될 수 있을지도 의문이다.[45] 이와 같이 분할당사회사의 연대책임이 배제되는 경우에는 피분할회사의 채권자에 대한 보호의 필요성이 더욱 절실하므로, 이러한 점을 고려하여 상법은 분할합병은 물론이고 單純分割의 경우에도 분할을 반대하는 채권자에게 異議提出權을 인정하고 있다(상법 제530조의9 제 4 항, 제530조의11 제 2 항). 즉 상법은 분할당사회사의 연대책임이 인정되는 단순분할의 경우와는 달리, 그렇지 아니한 單純分割의 경우에는 피분할회

42) 尹顯錫, 전게논문, 110면.

43) 분할당사회사의 連帶責任이 排除된 경우, 피분할회사의 '偶發債務'에 대한 분할 이후 責任歸屬의 問題에 관하여는 金東民, 전게논문, 제 4 장 제 3 절 Ⅳ 참조.

44) 孫珠瓚, 전게논문, 380면; 李哲松, 전게서, 867면.

45) 權奇範, 전게서, 402면; 李哲松, 전게서, 867면.

사의 채권자에게 이의제출의 권리를 보장함으로써, 분할출자에 의해 회사의 책임재산이 감소되어 받게 되는 불이익을 사전에 방지할 수 있는 제도적 장치를 마련하고 있는 것이다.[46]

(3) 對象判決의 檢討

(가) 전력산업구조개편촉진에관한법률 제2조 제1호에서는 피고의 분할을 상법 제530조의12의 규정에 의한 회사분할로 정의하고 있는데, 상법 제530조의12는 회사분할 중 이른바 '물적 분할'에 관한 규정으로서 일반적인 회사분할에 관한 상법 제530조의2 내지 제530조의11의 규정을 준용하는 것으로 규정하고 있다. 이에 의하면 회사분할에 있어서는 분할로 인하여 설립되는 회사(이하 '신설회사'라고 한다)는 분할 전의 회사채무에 관하여, 분할되는 회사와 연대하여 변제할 책임이 있고(상법 제530조의9 제1항), 다만 주주총회의 특별결의로써 신설회사가 분할되는 회사의 채무 중에서 출자한 재산에 관한 채무만을 부담할 것을 정할 수 있고, 이 경우 분할되는 회사가 분할 후에 존속하는 때에는 신설회사가 부담하지 아니하는 채무만을 부담하며(상법 제530조의9 제2항), 이 때에는 회사가 알고 있는 채권자에게 일정한 기간 내에 이의를 제출할 것을 최고하는 등의 채권자보호절차를 이행하여야 하고(상법 제530조의9 제4항, 제527조의5), 한편 채권자가 이의기간 내에 이의를 제출하지 아니한 때에는 분할을 승인한 것으로 간주된다(상법 제530조의9 제4항, 제527조의5 제3항, 제232조 제2항).

(나) 대상판결에서는 이러한 규정을 종합하여, 상법은 회사가 분할되고 분할되는 회사가 분할 후에도 존속하는 경우에, 특별한 사정이 없는 한 회사의 책임재산은 분할되는 회사와 신설회사의 소유로 분리되는 것이 일반적이므로 분할 전 회사의 채권자를 보호하기 위하여 분할되는 회사와 신설회사가 분할 전의 회사채무에 관하여 연대책임을 지는 것을 원칙으로 하고, 이 경우에는 회사가 분할되더라도 채권자의 이익을 해할 우려가 없으므로 알고 있는 채권자에 대하여 따로 이를 최고할 필요가 없도록 규정한 것이라고 판단하고 있다.[47] 다만 만약 이러한 연대책임의 원칙을 엄격하게 고수한다면 회사분할제도의 활용을 가로막는 요소로 작용할 수 있으므로 연대책임의 원칙에 대한 예외를 인정하여 신설회사가 분할되는 회사의 채무 중에서 출자받은 재산에 관한 채무만을 부담할 것을 분할되는 회사의 주주총회의 특별결의로써 정할 수 있게 하면서, 그 경우에는 신설회사가 분할되는 회사의 채무 중에서 그 부분의 채무만을 부담하

46) 崔基元, 전게서, 1185면.
47) 同旨 : 金東民, 전게 박사논문, 173면.

고, 분할되는 회사는 신설회사가 부담하지 아니하는 채무만을 부담하게 하여 채무관계가 분할채무관계로 바뀌도록 규정한 것으로 해석하고 있다.

Ⅳ. 個別 催告節次의 漏落의 效果

1. 個別 催告의 節次

(1) 알고 있는 債權者의 範圍

(가) 상업상 회사분할의 경우, 피분할회사는 알고 있는 채권자에 대하여 분할에 이의가 있으면 이의를 제출할 것을 개별적으로 최고해야 하는데, 이 경우 '알고 있는 債權者'의 범위에 관하여는 논란이 제기되고 있다. 일반적으로 피분할회사가 알고 있는 채권자라 함은 당해 회사의 장부 기타 자료에 의하여 채권을 갖고 있는 자로서 피분할회사가 알고 있는 자와 당해 회사에 대하여 채권이 있다는 사실을 주장하는 자이다. 따라서 그 성명과 주소가 회사에 알려져 있는 채권자뿐만 아니라 대표이사가 개인적으로 알고 있는 채권자도 이에 포함되는 것으로 해석된다.[48]

또한 법원에 계류중인 소송의 채권자에 관하여는, 사건의 경과와 기존의 訴訟資料 기타 여러 가지 사정을 종합적으로 고려하여 이른바 알고 있는 채권자인지 여부를 결정해야 하며, 당연히 이러한 범위에서 제외할 것은 아니라고 본다.[49] 회사가 소송에 있어서 당해 채권의 부존재를 확신하고 있는 경우에는, 회사가 패소하여 채권의 존재가 확인되었다고 가정할 때에 그 상대방이 분할에 의해 채권의 효력에 중대한 영향을 받게 될 것으로 예상되면 최고의 대상이 되는 채권자로 보아야 할 것이다.[50] 따라서 회사에 대하여 채권을 주장하는 자와 이를 부정하는 회사 사이에 다툼이 있는 경우 또는 채권자와 회사 사이에 소송이 계류중인 경우, 이러한 채권자도 회사가 알고 있는 채권자로서 개별 최고의 대상이 된다고 할 것이다.[51] 결론적으로 피분할회사가 처음부터 알고 있는 자

48) 同旨: 崔基元, 전게서, 895면; 權奇範, 전게서, 256면.

49) 徐燉珏·金泰柱, 「註釋 新商法通覽」(육법사, 1984), 317면; 徐廷甲, 전게서, 308면; 車洛勳 외 3인, 전게서(上), 652면.

50) 小林健南, 「會社合併の實際と手續」(ビジネス教育出版社, 1983), 581頁. 참고로 獨逸에서는 주식법상 채권자의 擔保提供請求權(동법 제347조 제1항)은 법원에 계류중인 채권의 경우에도 인정되는 것으로 해석하고 있다. Kraft, in: Kölner Kommentar zum Aktiengesetz, Bd. 3(1972), §347, Rn. 5.

51) 주식회사의 淸算에서 '알고 있는 債權者'의 범위와 관련하여 법인의 解散判決 이전에 이미 회사를 상대로 訴訟을 제기한 자는 淸算人이 알고 있는 債權者에 해당한다. 대법원 1964. 6. 16. 선고 64다5 제2부 판결; 대법원 1968. 6. 18. 선고 67다2528 판결.

는 물론이고, 피분할회사에 대하여 재판상 또는 재판 외의 방법으로 채권이 있다는 사실을 주장하는 자도 이러한 채권자의 범위에 포함된다고 본다.[52] 그러나 피분할회사는 당해 채권의 구체적 금액이나 변제기까지 정확하게 알 필요는 없고, 회사에 대하여 채권이 있다는 사실을 아는 것만으로 충분하다.[53]

(나) 특정 채권의 존재가 부정될 수 있는 가능성이 있다고 하여 미리 그 채권이 확정적으로 존재하지 않는다고 취급하는 것은 정당하지 못하기 때문에,[54] 피분할회사가 채권자로 인정하지 않는 자라도 회사에 대하여 채권을 주장하고 있는 이상 당해 회사가 알고 있는 채권자에 해당한다고 보아야 한다. 그리고 조건이나 기한 등 법률행위의 부관이 장착된 채무도 분할 이후 期限의 도래 및 條件의 성취에 의해 장래 특정 시점에서 확정채무로 轉換됨으로써 분할당사회사가 책임을 부담하게 되므로, 조건부채무 또는 기한부채무의 권리자도 피분할회사가 알고 있는 채권자에 해당한다. 참고로 日本 판례에 의하면 회사의 합병에서 인정되는 이의제출권과 관련하여, 합병당사회사는 채권자가 누구인지 그리고 당해 채권이 어떠한 원인에 기초한 청구권인지를 알고 있어야 하는 것으로 판시하고 있다.[55] 회사의 분할에서의 채권자 이의제출권에 관한 입법취지는 회사의 合倂에서의 그것과 동일하므로 이러한 判例의 해석은 회사의 분할, 특히 분할합병의 경우에 유추적용된다고 하더라도, 피분할회사가 이의제출의 대상이 되는 채권의 발생원인까지 알고 있어야 한다는 것은 당해 회사에 너무 가혹한 해석이라고 할 것이다.

(2) 個別 催告의 省略이 可能한 경우

(가) 피분할회사가 알고 있는 채권자이지만 다음과 같은 특별한 사유가 있는 경우에는 예외적으로 개별 최고의 절차가 배제될 수 있다. 첫째, '少額債權의 채권자'에게는 개별 최고를 할 필요가 없다고 본다.[56] 피분할회사의 규모가 크고 회사와 관련된 채권자가 많은 경우에는, 분할사무에 있어 시간이나 노력 및 경비 등에 과대한 부담이 예상되는데, 채권확보에 특별한 위험이 없는 소액채권자에게까지 모두 개별 최고를 요구하는 것은 무리한 요구라고 본다. 실제로 피분할회사는 다른 채권자에게 별다른 영향을 주지 않고도 소액채권자에게 변

52) 崔基元, 전게서, 896면; 李哲松, 전게서, 897면.
53) 金東民, 전게 박사논문, 181면.
54) Oertmann, §50, EAa; 崔基元, 전게서, 896면에서 재인용.
55) 日本 大審院 1932. 4. 30. 判決, 民集 第11券 第7號, 706頁 참조.
56) 田村諄之輔, 전게논문(二), 108頁; 小林健南, 전게서, 581頁; 古曳正夫, 전게서, 54頁.

제할 수 있으며, 이들 소액채권자는 분할에 따른 利害關係가 큰 것도 아니다. 이러한 소액채권의 경우 그 소액의 범위가 어느 정도의 금액인지를 결정하는 기준이 분명하지 않기 때문에 어느 경우나 개별 최고를 요한다고 하는 견해가 있지만,[57] 이는 기업규모와 채권의 유형에 따라 사회통념에 의하여 판단할 문제라고 본다. 또한 전기나 수도 및 가스의 사용에 따른 채권 등 회사의 상거래 이외에 일상적으로 발생하는 채권도 일반적으로 개별 최고를 요하지 않는다고 본다.[58] 이러한 채권은 대부분 소액이며 그 지급도 일상적·계속적으로 이루어지는 短期決濟의 형태이며, 분할에 의하여 당해 채권의 효력이 크게 영향을 받지 않는 관계로 채권보전의 필요성이 적기 때문이다.[59] 다만 이러한 채무가 결제되기 전에 회사의 재산이 사외로 유출되어 재산상태의 변경이 발생하는 경우처럼 채권자에 대한 이익침해의 가능성이 현저한 경우에는 개별 최고가 요구된다고 본다.

(나) 둘째, 저당권이나 질권 등의 '擔保를 갖는 채권자'에게도 개별적으로 최고하는 것을 원칙으로 한다. 그러나 이미 제공된 담보가 채권의 변제에 충분한 때에는 개별 최고를 할 필요가 없으며,[60] 채권자가 이의를 제출한 때에도 그 담보권이 채권을 변제하기에 충분함을 회사가 입증하면 이의제출의 이익은 상실된다고 본다.[61] 이미 제공된 담보가 채권을 변제하기에 충분치 않은 때에는 회사로서는 그 부족분에 대하여서만 담보를 제공하거나 기타의 조치를 취하면 될 것이다.[62] 그리고 보증인이 主債務者인 회사를 위하여 채권자에게 변제한 후에는 회사에 대하여 구상권을 취득하고 채권자의 회사에 대한 채권을 대위취득하게 되는데, 이러한 保證人에 대하여는 이의제출을 보장하기 위해 개별 최고가 필요하다. 그러나 보증인이 채권자에게 변제하기 전이라도 장래의 구상권의 채권자이기 때문에 이의제출이 가능하다고 한다면, 회사는 채권자와 보증인에 대하여 이중으로 변제나 담보제공 및 신탁을 강요당하는 것으로 된다. 따라서 이러한 보증인은 이의제출권의 보호대상인 채권자가 아니므로 개별 최고가

57) 竹內昭夫·松下滿雄, 「現代企業法講座(3)」(1989), 423頁; 今井 宏, 전게서(1), 401頁; 車洛勳 외 3인, 전게서(上), 652면.

58) 古曳正夫, 전게서, 54~55頁; 小林健南, 전게서, 581頁.

59) 이에 反對하는 견해로는 今井 宏, 전게서(1), 401頁; 車洛勳 외 3인, 전게서(上), 652면.

60) 小林健南, 전게서, 577頁; 今井 宏, 전게서(1), 404頁.

61) 竹內昭夫·松下滿雄, 전게서(3), 423~424頁; 今井 宏, 전게서(1), 404~405頁; 小林健南, 전게서, 577頁; 車洛勳 외 3인, 전게서(上), 653면.

62) 今井 宏, 전게서(1), 404頁.

필요 없다.[63]

2. 個別 催告節次의 限界

⑴ 우리 상법은 피분할회사가 '알고 있는 債權者'에 대하여 개별 최고까지 하도록 규정하고 있다(상법 제530조의11 제2항, 제527조의5 제1항). 그리하여 피분할회사가 채권자의 이의절차를 수행하지 아니하거나 이를 경유하더라도 개별 최고가 누락되는 등의 하자가 있는 경우에는 분할무효의 사유를 구성하기 때문에, 개별 최고의 범위를 둘러싸고 그 판정기준이 애매하여 회사분할을 둘러싼 법률관계의 안정성을 해칠 우려가 크다. 또한 대규모 상장회사의 경우 예컨대 회사가 부담하는 전화료나 전기료, 사무용품의 대금, 신문잡지의 구독료 등과 관련된 무수히 많은 少額債權者에게 당해 회사가 일일이 개별 최고를 하는 것은 현실적으로 엄청난 시간과 비용이 소요되는 일이고, 상황에 따라서는 개별 최고의 실행 자체가 물리적으로 불가능한 경우도 발생할 수 있다. 이러한 점에서 상법상 피분할회사의 개별 최고제도는 회사법의 단체법적 성격에도 부합하지 아니한다.[64] 일반적으로 회사분할을 위한 절차의 원활한 수행과 이해관계인의 권리에 대한 보호라는 두 가지 이념의 조화는, 분할법제의 해석과 입법에 있어서 반드시 고려되어야 하는 사항이다. 따라서 피분할회사가 알고 있는 채권자에 대한 개별 최고를 규정하고 있는 상법에도, 최고의 대상인 채권자의 범위에 대하여 해석상 합리적인 제한을 두는 작업이 필요하다. 채권자에 대한 보호절차로서 개별 최고 이외에 채권자 일반에 대한 公告가 행하여지고 있으므로, 확정적으로 발생한 채권을 보유하고 있는 모든 채권자가 催告의 대상이라고 보는 것은 불합리하기 때문이다.[65]

⑵ 일반적으로 피분할회사가 '알고 있는 債權者'라 함은, 채권의 주체가 누구이며 어떠한 원인에 기한 청구권인지가 주주총회의 분할결의 이전의 시점에서 피분할회사에게 알려져 있는 자로서,[66] 회사분할의 사실을 모르고 있기 때문에 분할에 의해 채권의 효력이 중대한 영향을 받게 되는 자를 지칭한다.[67] 따라서 주주총회의 분할결의 이후 새롭게 채권을 취득한 자는 주주총회의 분할

63) 古曳正夫, 전게서, 60頁; 金興洙, 전게논문, 567면.
64) 同旨: 權奇範, 전게서, 257면.
65) 金東民, 전게 박사논문, 184면.
66) 徐燉珏·金泰柱, 전게서, 317면; 車洛勳 외 3인, 전게서(上), 652면; 徐廷甲, 전게서, 308면.
67) 小林健南, 전게서, 576頁. 회사가 個別的으로 催告해야 하는 채권자의 範圍를 예컨대 중요한 이해관계를 갖는 債權者 등으로 제한해야 할 필요가 있다고 한다.

결정으로 인해 이미 회사분할의 사실을 알면서 권리를 향유하는 자이므로, 개별 최고를 위한 채권자의 보호대상에 해당하지 않는다. 또한 채권이 객관적으로 존재하더라도 그 존재가 최고를 해야 하는 2주간 내에 피분할회사에 알려져 있지 않은 한, 당해 회사에 대하여 알고 있는 채권자라고 주장할 수는 없다.[68] 이와 같이 상법상 이의제출을 위한 개별 催告의 대상은 피분할회사가 알고 있는 채권자로 제한되어 있으며, 소액채권자와 같이 비록 알고 있는 채권자라 할지라도 그 모두를 催告의 대상으로 하는 것이 절차의 효율성 측면에서 불합리한 경우도 없지 아니하다. 따라서 입법론으로는 현행 '금융산업의구조개선에관한법률' 제5조 제3항처럼 개별 최고에 의하는 절차를 생략할 수 있도록 하거나, 아니면 공고절차로 一元化하고 공고를 기준으로 하여 이의제출기간의 기산일로 하는 방안도 고려해 볼 필요가 있다.[69] 이러한 방법에 의하더라도 피분할회사는 중요한 債權者에 대하여는 이의제출을 방지하기 위하여 어차피 사전에 양해 정도는 구하는 것이 보통이기 때문에 채권자보호의 차원에서 별다른 문제는 없을 것이다. 참고로 日本 상법은 자산과 부채가 피분할회사 및 수혜회사에 분리되어 승계되는 경우에는 채권자에게 미치는 영향이 크기 때문에 회사에서 알고 있는 채권자에 대한 개별 催告를 생략할 수 없지만, 자산과 부채의 일체가 수혜회사로 승계되는 경우에는 관보 및 정관에서 정한 일간신문에 公告를 한 때에는 개별 催告가 필요 없는 것으로 규정하고 있다(동법 제412조 제1항 단서). 그 밖에 독일 기업재편법이나 프랑스 상사회사법에서는 債權者의 권리보호를 위한 개별 최고의 절차에 관하여 아무런 규정을 두고 있지 아니하다.[70]

V. 結 論

1. 대상판결에서는 분할당사회사의 연대책임의 意義와 연대책임의 排除의 근거를 설시하면서, 피분할회사와 수혜회사가 분할 전 회사의 채무에 대하여 連帶責任을 지지 않는 경우에는 채무자의 책임재산에 변동이 생기게 되어 채권자의 이해관계에 중대한 영향을 미치므로 상법에서는 채권자의 보호를 위하여 피분할회사가 알고 있는 채권자에게 개별적으로 이를 催告하도록 규정하고 있는 것이고, 따라서 피분할회사와 수혜회사의 채무관계가 분할채무관계로 바뀌

68) 今井 宏, 전게서(1), 396~397頁.

69) 同旨: 權奇範, 전게서, 257면; 金東民, 전게 박사논문, 185면.

70) 독일 株式法 제347조 제1항 및 프랑스 商事會社法 시행령 제216조 제1항에서도 登記 내지 公告를 기준으로 하고 있다. 田村諄之輔, 전게논문(二), 134頁.

는 것은 피분할회사가 자신이 알고 있는 채권자에게 개별적인 최고절차를 제대로 거쳤을 것을 요건으로 하는 것이라고 보아야 하며, 만약 그러한 개별적인 최고를 漏落한 경우에는 그 채권자에 대하여 分割債務關係의 효력이 발생할 수 없고 원칙으로 돌아가 피분할회사와 수혜회사가 連帶하여 辨濟할 책임을 지게 되는 것이라고 해석하는 것이 타당하다고 판시하고 있다.

2. 분할당사회사의 연대책임이 배제된 회사분할에서 피분할회사가 알고 있는 채권자에게 이의제출권의 행사를 위한 최고절차를 이행하지 않은 경우, 당해 債權者의 보호를 위하여 분할당사회사의 연대책임이 復活하는 것이 타당한지가 문제된다. 이러한 경우는 회사분할의 無效事由에 해당하므로 분할무효의 소의 請求原因이 될 수 있을 뿐이고 분할당사회사의 연대책임이 復活하는 것은 아니라고 해석하는 견해가 있다.[71] 그러나 分割無效의 소에서 원고가 승소한 경우 판결의 遡及效가 인정되지 않기 때문에, 예컨대 분할 이후 수혜회사가 행한 주주총회의 결의 또는 제3자에 대한 주식의 양도행위 등 분할의 유효를 전제로 하여 이루어진 모든 대내외적 법률행위는 그대로 유효하다. 다만 분할에 의해 신설된 수혜회사는 소멸하고 수혜회사가 承繼한 모든 적극 및 소극재산의 총체는 피분할회사에 원래대로 復歸하는 등 분할당사회사의 모든 법률관계가 原狀回復되어, 회사분할에 의한 구조조정이 사실상 실패로 막을 내리게 된다. 결국 피분할회사로 복귀한 債務에 대해 당해 회사가 책임을 부담하게 되어 채권자는 채권의 만족을 얻을 수 있지만 이는 피분할회사의 責任財産이 확보된 경우에만 가능한 일이고, 또한 회사분할을 통한 조직재편 자체가 효력을 상실하여 구조조정에 制動이 걸림으로써 거시적 차원에서 사회경제적으로 負의 效果가 수반되는 점을 배제할 수 없다. 따라서 피분할회사가 특정 채권자의 이의제출권행사에 대해 辨濟나 상당한 擔保提供 등을 하지 않았다는 이유로 會社分割 전체의 효력을 부정하는 것은, 오히려 회사분할을 수용하고 이로부터 혜택을 받게 되는 다른 이해관계인들의 期待利益을 박탈한다는 측면에서 이들에 대한 逆差別의 문제가 발생한다고 할 것이다.

3. 또한 이의제출권의 행사 이후에 辨濟나 상당한 擔保提供을 받지 못한 채권자에게 分割無效의 소를 인정하여 분할당사회사의 권리의무를 원상회복시

---

71) 權奇範, 전게서, 403면.

킨다고 하더라도 결국은 피분할회사가 당해 채권에 대해 責任을 부담하게 되므로, 구태여 會社分割 자체를 무효로 하면서까지 이러한 채권자의 권익을 保護할 필요는 없는 것이다.[72] 즉 회사분할 자체가 無效로 확정되지 않더라도 분할당사회사가 이들 채권자에게 連帶責任을 부담하도록 하면, 이러한 節次의 반복에 따르는 구조조정 자체의 시간적·경제적 非效率性을 사전에 차단하면서 債權者의 권익도 함께 보호할 수 있다. 결국 분할무효의 소에 대한 원고승소의 판결이 갖는 비소급적인 原狀回復의 효력을 고려한다면, 채권자의 지위를 전적으로 이러한 소송형태에 의존하여 보호하는 것은 構造調整의 목적 자체를 저해하는 것인바, 分割無效의 소에 의한 채권자의 救濟는 최종적 판단에 의해 補充的 수단으로 채택될 필요가 있다. 생각건대 이러한 문제는 피분할회사의 변제나 상당한 담보제공 등의 義務懈怠에 따른 채권자의 권익보호의 측면과, 피분할회사의 組織再編에 수반되는 사회경제적 시너지효과의 측면을 비교형량하여 판단해야 한다. 위와 같은 상황에서는 분할당사회사의 連帶責任을 부활시키는 것이 구조조정의 效用性을 제고하면서 동시에 개별 채권자의 권익을 保護하는 최선의 해결책이라고 본다.

---

72) 同旨: 藤原祥二, 전게서, 320~321頁; 金東民, 전게 박사논문, 186면.

整理前會社가 事故申告擔保金을 預託한 후 會社整理節次가 開始된 경우 어음所持人의 地位에 관한 研究

林 采 雄*

대법원 2001. 7. 24. 선고 2001다3122 판결**

[事實의 槪要]

1. 원고는 정리전회사 A가 발행한 어음을 소지하고 있었는데, A가 피사취를 이유로 지급정지의뢰를 해 두어 어음금을 지급받지 못하게 되자 A를 상대로 어음금지급청구의 소(이 사건 소)를 제기하였다.

2. 위 소의 진행 도중 A에 대하여 정리절차가 개시되자 소송(제 1 심 단계)이 중단되었는데, 원고는 정리채권신고기간 내에 이를 신고하지 아니하였고, 뒤늦게 추완신고를 하였으나 각하되었다.

3. 원고가 정리회사를 상대로 어음액면금 상당의 정리채권의 확정을 구하는 것이 주위적 청구이나 원심단계에서 취하되었다.

4. 원고는 예비적으로 "피고(관리인)는 은행이 사고신고담보금을 원고에게 지급하는 것에 동의하라 라는 청구"(제 1 차 예비적 청구)와 "위 사고신고담보금에 대한 지급청구권이 원고에게 있음을 확인한다 라는 청구"(제 2 차 예비적 청구)를 하였다.

《서울어음교환소규약》

㉮ 어음소지인이 어음금지급청구소송에서 승소하고 그 판결확정증명 또는 확정판결과 동일한 효력이 있는 것으로 지급은행이 인정하는 증서를 제출한 경우, ㉯ 어음발행인이 제기한 어음채무부존재확인소송에서 어음소지인이 승소하

---

* 사법연수원 교수, 부장판사.

** 공 2001. 9. 15.(138), 1919. 대상판결에 대해 다룬 글로는 崔相烈, "정리채권신고를 하지 아니하여 실권된 약속어음소지인이 사고신고담보금의 지급에 동의할 것을 구하거나 혹은 사고신고담보금 지급청구권이 자신에게 있음의 확인을 구할 수 있는지 여부"(대법원 2001. 7. 24. 선고 2001다3122 판결(공 2001하, 1919)), 「대법원판례해설 2001년 하반기(통권 제38호)」, 법원도서관, 538면 이하; 李鎭萬, "整理債權인 약속어음금債權의 免責과 事故申告擔保金," 「民事判例研究(XXV)」(博英社, 2003. 2), 324면 이하가 있다.

고 그 판결확정증명 또는 확정판결과 동일한 효력이 있는 것으로 지급은행이 인정하는 증서를 제출한 경우, ㊁ 어음발행인이 어음소지인에 대한 어음금지급에 동의하고 이를 증명하는 서면을 제출한 경우에는 하나은행이 어음소지인에게 위 사고신고담보금을 지급하고(서울어음교환소규약 제76조 제1항 제1호), 반대로 ㉮ 어음소지인이 제기한 어음금지급청구소송에서 어음발행인이 승소하고 그 판결확정증명 또는 확정판결과 동일한 효력이 있는 것으로 지급은행이 인정하는 증서를 제출한 경우, ㉯ 어음발행인이 어음채무부존재확인소송에서 승소하고 그 판결확정증명 또는 확정판결과 동일한 효력이 있는 것으로 지급은행이 인정하는 증서를 제출한 경우, ㉰ 당해 어음채무로 인하여 어음발행인이 그 상대방을 위하여 별도로 담보공탁하였음을 입증하는 서면을 제출하는 경우, ㉱ 어음발행인이 당해 어음을 회수하여 제시하는 경우, ㉲ 당해 어음과 관련하여 이해관계인이 소송계속중임을 입증하는 서면을 지급은행에 제출한 바가 없고 지급제시일로부터 6개월이 경과한 경우, ㉳ 당해 어음이 지급제시기간 내에 제시되지 않은 경우(위 규약 제76조 제1항 제2호)에는 하나은행이 어음발행인인 정리전회사에게 위 사고신고담보금을 반환하기로 하는 내용이다.

[訴訟의 經過]

原審(서울지법 2000. 12. 5. 선고 2000나29720 판결)

1. 청구취지: 모두 기각[1)]

2. 제1차 예비적 청구에 대한 판단

(1) 사고신고담보금은 그 소유권이 은행에 귀속되고, 어음발행인은 서울어음교환소규약의 조건이 성취된 때 한하여 지급은행에 대하여 반환청구권을 가지는 데 불과하다.

(2) 어음소지인의 담보금에 대한 권리는 정리담보권이 아니고, 따라서 지급은행을 상대로 사고신고담보금의 지급청구권을 행사할 수 있다.

(3) 그러나 원고도 위 청구권의 행사를 위해서는 위 규약상의 요건을 갖추어야 한다.

(4) 먼저 원고는 어음금채권에 관해 정리채권확정의 소에서 승소판결을 받을 수 있을 것이나, 이 사건의 경우 실권되었으므로 청구할 수 없다.

(5) 위 규약 제76조 제1항 제1호 (다)목에서 발행인의 동의를 요구하면서, (가)목에서 어음금지급청구소송에서의 승소판결을 요구하는 점에 비추어 볼 때, 위 동의는 발행인의 자발적 동의를 지칭하고, 어음발행인에게 동의의 의사표시

1) 정확하게 말하자면 제1차 예비적 청구에 대해서는 항소기각, 원심에서 추가된 제2차 예비적 청구에 대해서는 청구기각하였다. 제1심은 제1차 예비적 청구에 대해 기각하였다. 따라서 원심은 결과적으로 위 두 청구 모두 기각한 것이다. 원고의 청구들은 강학상의 순수한 예비적 병합관계에 있는 것은 아니라고 생각한다.

를 할 의무를 부여한 것이라 할 수 없고, 달리 동의의무를 인정할 만한 약정이 없다.

(6) 어음금채권이 실권되어 자연채무가 되었으므로, 원고는 사고신고담보금의 지급을 구할 수 있는 약속어음의 정당한 권리자라고 볼 수 없고, 따라서 피고가 동의하여야 할 실체법상 의무도 없다.

3. 제 2 차 예비적 청구에 대한 판단

원고의 지급청구권은 위 규약에서 정하는 요건이 충족됨을 정지조건으로 하는 채권인데, 원고가 이러한 요건을 충족하였다고 볼 아무런 증거도 없으므로 이유 없다.

[判決要旨]

1. 어음발행인이 어음의 피사취 등을 이유로 지급은행에 사고신고와 함께 그 어음금의 지급정지를 의뢰하면서 예탁하는 사고신고담보금은 어음발행인인 회사가 출연한 재산이라고 하더라도 은행에 예탁된 이상 그 소유권은 은행에 이전되고 회사는 어음교환소규약이나 사고신고담보금처리에 관한 약정에서 정한 조건이 성취된 때에 한하여 은행에 대하여 사고신고담보금 반환청구권을 가지는 데 불과하며, 어음소지인의 사고신고담보금에 대한 권리를 회사정리법상의 정리담보권이라고 볼 수 없으므로 어음의 정당한 소지인은 정리절차에 의하지 아니하고 지급은행을 상대로 사고신고담보금의 지급청구권을 행사하여 그 채권의 만족을 얻을 수 있고, 이 경우 어음소지인은 위 규약 등이 정하는 바에 따라 어음발행인인 정리회사의 관리인을 상대로 어음금채권에 대한 정리채권확정의 소에서 승소판결을 받고 그 판결이 확정되면 지급은행에 사고신고담보금의 지급을 청구할 수 있다.

2. 회사정리법 제241조는 정리계획의 인가가 있는 때에는 계획의 규정 또는 같은 법의 규정에 의하여 인정된 권리를 제외하고 회사는 모든 정리채권과 정리담보권에 관하여 그 책임을 면한다고 규정하고 있는바, 여기서 말하는 면책이라 함은 채무 자체는 존속하지만 회사에 대하여 이행을 강제할 수 없다는 의미라고 봄이 상당하다.

3. 약속어음 소지인이 정리채권신고를 하지 아니하여 실권된 경우, 어음금채권은 정리회사에 대한 관계에서 자연채무 상태로 남게 되어 어음소지인을 사고신고담보금의 지급을 구할 수 있는 어음의 정당한 권리자로 볼 수 없으므로,

따로 약정이 없는 한 어음을 발행하였던 정리회사의 관리인을 상대로 은행이 사고신고담보금을 지급하는 데 동의하라고 소구할 수 없고, 또한 어음교환소규약이 정하는 요건을 갖추지 않은 한 위 사고신고담보금에 대한 지급청구권이 어음소지인에게 있음의 확인을 구할 수도 없다.

[評　釋]

Ⅰ. 들어가는 말

대상판결은 원심판결의 내용을 요약한 다음 그 내용이 옳다고 본 것이고,[2] 원심판결이 선고한 사항 외에는 특별히 추가된 내용은 없다고 생각된다.[3] 결국 원심판결과 대상판결의 주요 판단내용은 ① 정리절차에 있어서의 면책의 효과는 정리회사의 채무가 자연채무로 된다는 점을 선언한 것과, ② 사고신고담보금에 관해서는 그 동안 축적되어 온 판례를 충실히 따른 것[4]으로 생각된다.

본고에서는 위 두 가지 점을 중심으로 간단히 살펴보기로 하되, 사고신고담보금에 관한 일반적인 설명은 생략하고 회사정리절차와 관련하여서만 논의하기로 한다.

Ⅱ. 면책의 효력에 대하여

1. 자연채무[5]

(1) 어떤 채무를 자연채무라 부른다 하더라도, 자연채무가 되는 것에는 그 내용상 서로 큰 차이가 있으므로, 자연채무라고만 해서는 과연 그것이 무엇을 의미하는지 정확하게 말하기 어렵다.

---

2) 대상판결은 그 설시에서 "원심의 설시에 다소 미흡한 점은 있으나"라고 하고 있어 원심판결에 일부 불만을 표시하고 있으나, 그 미흡한 점이 무엇인지는 판결문만으로는 알 수 없다. 위와 같은 설시에 바로 뒤를 이어 "원심이 원고의 청구를 모두 배척한 취지에는 원고가 상고이유로 다투는 주장도 배척한 것으로 못 볼 바 아니므로 …"라고 하고 있는 것을 보면, 원고의 어떠한 주장에 대해 명백히 판단하지 않은 것이 아닌가 추측된다. 대상판결의 전반적인 취지로 보아 원심판결의 주요 판시가 잘못되었다는 취지로 보이지는 않는다.

3) 따라서 이 글은 실제로는 대상판결에 대해서만이 아니라, 그에 더하여 원심판결까지도 평석의 대상으로 삼는 것이라 할 수 있다.

4) 특히 대상판결 스스로가 인용하고 있는 대법원 1995. 1. 24. 선고 94다40321 판결을 충실히 따르고 있는 것으로 이해된다.

5) 이하 자연채무에 관한 일반론은 「民法注解(IX)(이하 이 책을 「주해」라고 한다)」, 27면 이하에 주로 의존하였다.

본고에서 자연채무 자체를 정면으로 다루고자 하는 것은 아니므로, 일단은 통설적 견해에 따라 訴求可能性을 갖지 못한 채무를 자연채무로 보고 논의를 전개하고자 한다.

(2) 우리나라에서는 자연채무의 개념을 인정하는 것이 통설적인 견해이고, 재판실무상으로도 그 개념이 인정됨을 전제로 하여 운영되어 왔다고 생각되나, 실제로 재판실무상 그 개념이 문제되는 경우는 매우 드물다고 할 수 있다.[6] 따라서 '자연채무'라는 단어가 판결문상에 등장하는 것도 매우 이례적인 일이다.[7]

2. 면책의 효력에 관한 학설

(1) 기존의 학설

파산절차 또는 회사정리절차를 통해 면책된 경우 그 채권의 효력은 어떻게 되는가에 대하여 완전히 소멸한다는 설(소멸설)과 자연채무로 남는다는 설(자연채무설)로 갈리고 있으나, 우리나라에서는 자연채무설이 압도적인 통설이라 한다.[8] 대상판결에서는 "이행을 강제할 수 없다"라고 하고 있어 약간 의문의 여지를 남겨 두고 있으나,[9] 통설은 강제집행뿐 아니라 소구도 불가능한 것으로 새기고 있다. 우리의 실무상으로도 실권된 채권의 청구는 각하하고 있으므로 통설과 같은 견해를 취하고 있다고 할 수 있다.

통설의 주요 근거는 회사정리법 제240조에서 주채무가 면책되더라도 보증인 등에게는 효력이 미치지 않는다는 점을 주요 근거로 삼고 있다. 아래에서 소개하는 유력한 견해의 論者는 자연채무설이 보증인과의 관계를 근거로 든다면, 주채무가 자연채무가 된다면 부종성에 따라 보증채무도 자연채무가 된다고 하여야 논리가 일관될 것이라는 점에서 타당하지 않다고 하고 있다. 한편 우리나라에서는 이 점과 관련하여 면책의 효력이 보증인 등에게 미치지 않는 것은 법

6) 본인은 그 이유 중 하나는 자연채무가 소의 목적인 경우에도, 그 개념 자체가 문제되지 않는 경우가 많기 때문이라 생각하고 있다. 즉 예를 들어 부제소합의가 있는 채무를 자연채무로 보는 것이 통설인데(「주해」, 31면), 그러한 채무에 대해 소가 제기된다고 하더라도 소구권이 있느냐 없느냐가 문제되는 것이지, 그 성격이 자연채무냐 아니냐가 문제되지 않는 것이다.

7) 2005년 12월 말 현재, 종합법률정보를 통하여 검색해 보면 '자연채무'라는 단어가 등장하는 판결례는 대상판결 외에 대법원 1977. 6. 28. 선고 77다728 판결 및 대법원 2005. 2. 17. 선고 2004다39597 판결 등 2건이 더 있다. '자연채권'이라는 단어를 사용한 경우는 대법원 2005. 2. 17. 선고 2004다39597 판결 1건이 있다.

8) 「주해」, 39면.

9) "이행을 강제할 수 없다"라는 표현의 의미가 訴求도 안 된다는 것인지, 訴求는 되나 執行은 안 된다는 것인지 불분명하다고 생각한다.

이 정책적으로 보증채무 등의 부종성에 예외를 인정한 것이라고 이해하면 된다고 주장하는 견해가 있다.[10)]

⑵ 유력한 견해

이 견해에서는 위 두 견해의 실질적인 차이는 그리 크지 않다고 지적하면서, 면책이란 종국적으로는 책임만이 소멸되는 것이지만, 정리절차 중에는 채권의 모든 효력이 정지되어 채무 자체가 소멸한 것과 같이 된다고 해석하여야 하며, 이를 자연채무라고 하는 것은 자연채무라는 개념 자체의 내용이 확정되어 있지도 않으므로 부적당하다고 한다.[11)]

여기서 "정리절차 중에는 채권의 모든 효력이 정지된다"는 의미는 관리인이 잘못하여 실권된 채무를 변제한 경우 부당이득으로 반환할 수 있다는 의미이고, 이 점에서 자연채무설을 그대로 취할 수 없다고 하는 것인데, 위와 같은 경우 과연 부당이득으로 반환받을 수 있다고 해야 하는 것인지는 의문이다.

3. 소 결 론

⑴ 보증인 등에게 효력을 미치지 않는 것이 어차피 특별한 법규정의 효력에 의한 것이라면, 보증인 등에 대한 관계 때문에 채무가 소멸되지 않는다고 볼 필요는 없을 것이라는, 유력한 견해의 지적도 타당한 점이 있으나, 유력한 견해도 채무가 소멸한다고 하고 있지는 않으므로, 이 견해와 자연채무설은 자연채무라는 용어의 개념에 대해서 차이가 있는 것일 뿐, 그 핵심내용상 차이가 있는 것은 아니라고 생각한다.

⑵ 면책되고 남은 채무를 자연채무로 볼 것인가 하는 점은 자연채무에 관한 본격적인 연구에 맡기기로 하고, 여하간에 면책을 통하여 채무가 완전히 소멸하는 것은 아니라고 보는 것이 옳다고 생각하며, 이러한 점에서 대상판결의 위 결론에는 찬성한다.

⑶ 다만 자연채무의 성격이 명확하지 않은 상태에서 판결문상 자연채무라고 단정한 것은 약간 성급하지 않았는가 하는 생각을 하게 된다.

Ⅲ. 실권된 어음금채권자의 지위

1. 정리절차에서 실권된 이상 어음금채권자는 그 어음금청구권에 기하여

10) 「주해」, 39~40면.

11) 「條解會社更生法(下)(第3次補訂)」, 737면.

訴求할 수 없음은 위에서 본 바와 같다. 만일 채권자가 이를 소구해 오면 그 소구는 소송요건 흠결을 이유로 각하되어야 할 것이다.[12] 위와 같은 경우 소구할 수 없다는 의미가 어떠한 소송요건 흠결로 연결되는가, 과연 기각 대신 각하하는 것이 옳으냐 하는 점에 대해서도 異見이 있을 수 있을 것이나, 본고에서는 이러한 점에 대해서는 다루지 않기로 한다.

2. 사고신고담보금의 성격

(1) 발행인의 담보금에 대한 권리는 물권적인 것이 아니며, 조건부반환청구권으로 보고 있다. 한편 소지인의 권리 또한 조건부지급청구권이 되며, 이 두 권리는 양립불가능한 것이 된다.[13]

(2) 여기서 양립불가능하다 함은 동시에 존속할 수 없다는 것이 아니라, 동시에 조건성취가 될 수는 없다는 뜻으로 새겨야 할 것이다. 조건성취 前段階에서는 조건부권리로 동시에 존속한다고 본다.

3. 이 사건에서의 각 예비적 청구는 가능한가

(1) 제 1 차 예비적 청구에 대하여

(가) '발행인의 동의'　① 원심은 위 규정이 소지인이 발행인에 대하여 지급청구소송을 하여 승소하거나, 이와 선택적으로 발행인의 동의를 요하는 점에서 착안하여, 위에서 말하는 '동의'는 '자발적 동의'를 말하며 발행인에게 동의의무를 인정할 수 없다고 하고 있다. 그러나 '동의'란 그 용어 자체에서 자발적인 것을 의미하는 것으로 위와 같은 해석에는 쉽게 찬동하기 어렵다.

② 私見으로는 계약이나 법령에 특별한 정함이 없더라도, 채무자는 채권자의 정당한 채권행사[14]에 협조하는 것이 마땅하며 그것이 필요하다면 응해 주어야 할 의무가 있는 것이라 생각한다. 이러한 의무는 부수적 의무라 할 수도 있

---

12) 강학상 자연채무로 들어지고 있는 것들 중 제한초과의 이자채무, 사무관리에 있어서의 보수지급의무(각 자연채무가 아니라고 하는 반대설 있음) 등이 청구되어 오는 경우 기각될 것으로 생각된다. 이러한 점에서 자연채무라는 개념의 外延이 지나치게 넓다는 생각을 하게 된다.

13) 吳官錫, "銀行의 事故申告擔保金과 相計," 「民事判例研究(XVII)」, 107면 이하에서는 담보금반환채권은 정당한 소지인에게 一次的인 권리귀속이 있고, 발행인에게는 二次的인 권리귀속이 있다고 새기고 있다. 그러나 兩人의 권리는 경합적인 것이지 소지인에게 우선권이 있는 것은 아닐 것이므로, '一次的 · 二次的'이라는 표현은 옳지 않다고 생각한다.

14) 여기서 말하는 행사란 채권 자체의 행사를 의미하는 것이 아니라, 행사에 부수하는 절차상의 협조의무 등을 말한다.

을 것이다. 따라서 채권자가 채권을 행사하는 데 채무자의 동의가 필요하다면, 채무자는 이에 동의를 해 주어야 할 의무가 있다고 생각한다.

③ 요컨대 소지인은 어음금지급청구 자체를 하면 되므로 굳이 동의를 구할 이익이 없다거나, 실권된 후 동의를 구하는 것은 사실상 실권효를 배제하기 위한 것으로 허용될 수 없다고 이론구성을 하는 것이 온당하다고 생각하며, 원심이 들고 있는 논리로 동의를 소구할 수 없다고 하는 것은 찬동하기 어렵다.

(나) 파생적인 권리로서의 위치　　① 한편 소지인이 발행인에게 동의의 의사표시를 하라고 요구하는 것은, 소지인의 어음금채권 자체에서 비롯되는 것이다. 즉 동의를 구하는 권리는 어음금과는 별개의 권리가 아니라 어음금채권을 행사하기 위한 파생적인 권리라 할 수 있다. 소지인은 원래 발행인에 대한 어음금채권과는 별도로 은행에 대한 조건부 지급청구권을 갖고 있었다고 하겠지만, 발행인측에 대해 행사하는 권리는 어음금채권에서 비롯된 것으로 볼 수 밖에 없을 것이다.

그런데 위 청구 당시 대상판결의 사안에서 소지인의 어음금채권 자체는 이미 실권된 뒤였다. 이렇듯 그 근거가 되는 청구권이 실권되었다면, 그로 인하여 파생되는 권리도 역시 실권되었다고 하여야 할 것이다. 이는 물권이 소멸된 경우 거기에서 파생되는 물권적 청구권 역시 소멸되었다고 보아야 하는 것과 마찬가지일 것이다.

② 이상과 같은 논리에서, 원고의 위 의사표시청구권은 정리회사에 대해 이미 실권된 뒤 행사된 것이었고, 따라서 근거가 되는 어음금채권 자체가 행사되는 경우와 마찬가지로 법원은 그에 대해 기각할 것이 아니라 각하하였어야 한다고 본다.

(다) 정리채권 여부　　① 원심의 판단구조를 고찰하면, 위 청구권은 정리채권이나 정리담보권이 아닌 별도의 권리로 인식하고 있는 것으로 생각된다. 그러나 본인은 아래와 같은 이유로 정리채권이 된다고 생각하며, 따라서 법원으로서는 정리채권이라는 이유만으로도 위 청구를 각하하였어야 했다고 생각한다.

② 의사표시청구권을 행사하는 것이 정리채권을 행사하는 것으로 이해될 수 있다면, 애초부터 "의사표시를 하라"라는 내용의 청구를 할 수 없었다는 의미가 되며, 원고로서는 그 청구권을 정리채권으로 신고한 다음, 부인되면 그에 대한 채권확정의 소를 제기하였어야 했다는 의미가 된다.

③ 위와 같은 의사표시청구권의 가액은 어음금액과 동일액이 될 것이므로, 이는 처음부터 어음금채권에 대해 정리채권확정의 소를 제기하는 것과 동일한 것이 되며, 이러한 소송을 별도로 허용할 만한 실익이 없다고 생각한다. 요컨대 소지인은 어음금채권 자체를 행사하는 정리채권확정의 소를 제기하였어야 했고, 이와 별도로 제 1 차 예비적 청구를 하는 것은 허용되지 않는다고 봄이 상당하다.

④ 위 청구권이 정리채권인지 여부는 아래에서 별도로 논의하기로 한다.

(2) 제 2 차 예비적 청구에 대하여

(가) 확인의 소는 그것이 경제적인 의미가 있는 것이라 하더라도 파산절차나 정리절차하에서도 진행할 수 있다고 보아야 할 것이다. 위 청구는 담보금 지급청구권이 원고에게 있음을 전제로 하는 것이므로, 그 주장에 따르면(즉 그 주장이 옳다면) 정리회사의 재산의 일부를 구성하지 않는 것이겠지만, 원고의 주장이 옳지 않다면 결국 정리회사의 재산이 늘어나는 것이므로, 결국 정리회사재산과 관련된 소송이라 할 수 있고, 그 당사자적격은 관리인에게 있다고 보아야 할 것이다.

(나) 한편 확인의 소에는 확인의 이익이 있어야 하는데, 이 사건의 경우 그 이익이 있는지 의심스럽다. 즉 관리인이 확인을 해 줌으로써 원고의 권리가 확보되어야 하는데, 그렇지 않은 것이다.[15]

(다) 이러한 점에서 원고가 지급청구권을 획득하지 못하였다는 원심의 사실판단은 옳으나, 소의 이익이 없다는 점에서 각하되었어야 한다고 생각한다.

(라) 소의 이익이 없다는 것은 기존의 소의 이익에 대한 태도에서 볼 때 그러하다는 것이며, 가급적 확인의 소의 이익을 넓게 인정해 주는 것이 좋을 것이라고 보고 있는 私見으로는 이 사건의 사안 정도의 사건에서 만일 원고가 승소하면 은행이 실제로 이에 대해 다툴 가능성은 거의 없었을 것이라는 점에서 확인의 이익을 인정해 줄 여지가 없지는 않다고 생각한다.

---

15) 만일 원고가 승소하면 실제로는 은행이 더 이상 다투지 않을 것이라는 점에서 원고의 입장에서는 이익이 있는 듯이도 보이지만, 이는 사실상의 이익에 불과하다. 원고가 승소하더라도 은행은 원고에 대한 별도의 항변권을 행사할 수 있으므로, 그 경우 원고는 은행을 상대로 별소를 제기하여야 한다. 이러한 점을 고려해 보면 원고가 지급청구권을 획득한 상태라면, 처음부터 은행을 상대로 하여 직접 청구하는 것이 옳다. 이 때 피고측의 협조가 필요한 것도 아니다.

Ⅳ. 동의청구권이 정리채권인지 여부

1. 문제의 소재

원심은 원고가 동의의 의사표시를 할 것을 청구해 옴에 대하여 아무런 의심 없이 실체적 판단을 하여 청구를 기각하고 말았다. 동의의 의사표시를 하는 행위 자체는 비용이 수반되는 것은 아닐 터이나, 그것을 청구하는 것이 과연 정리채권인지, 정리채권이 아니면 당사자적격이 관리인이 아니라 정리회사에게 있는 것은 아닌지 하는 점 등의 의문이 생긴다.

파산채권과 정리채권은 그 실질에 있어서는 거의 차이가 없고, 이론적으로도 상호 적용이 가능하다. 따라서 이하의 논의는 위 동의청구권이 파산채권 내지는 정리채권이 되는가 하는 문제로 볼 수 있다. 이하에서 '파산채권'이라고 하면 특별한 설명이 없는 한 정리채권도 포함되는 의미로 사용되는 것이다.

2. 검 토

(1) 파산법 제14조는 파산채권에 관하여 정의하기를 "파산자에 대하여 파산선고 전의 원인으로 생긴 財産上의 請求權은 이를 破産債權으로 한다"라고 규정하고 있고, 회사정리법 제102조는 "회사에 대하여 정리절차개시 전의 원인으로 생긴 재산상의 청구권은 이를 정리채권으로 한다"라고 규정하고 있다.

이 사건에서 원고의 청구가 '재산에 관한 것'이라고는 쉽게 인정할 수 있으나, 그것이 정리채권이 되는 재산상의 청구권인가 하는 점이 문제이다. 아래의 논의는 원고의 동의청구권이 정당했는가를 따지는 것이 아니다. 그 청구권이 정리채권이라면 애초에 '동의를 하라'라는 청구가 불가능해지는 것이다.

(2) 이론의 전개

(가) 개념의 불명확성 ① '재산'의 객관적인 의미는 '경제적인 가치가 있는 것'이라 이해할 수 있을 것이나, '재산상의 청구권'이란 개념은 반드시 명확한 것은 아니다. 한 가지 분명한 것은 '(정리회사에 대한) 재산과 관련된 청구권'이 예외 없이 정리채권이 되는 것은 아니라는 점이다.

② 대법원 1999. 12. 28. 선고 99다8971 판결은 파산자의 채무자가 파산자에 대하여 채무가 없음을 확인하는 소송에 관한 것이었는데 대법원은 이에 대하여 "파산자의 채무자가 파산자를 상대로 제기한 채무부존재확인을 구하는 소송은 파산재단에 관한 소송 중 파산재단에 속하는 재산에 관한 소송에 해당하

므로, 이에 관한 소송절차는 파산자에 대한 파산선고로 당연히 중단된다"고 하고 이어 관재인이 수계함으로써 속행된다고 판단하였다. 채무부존재확인소송이 그러하다면, 적극적인 확인소송도 마찬가지일 것이며, 이러한 확인소송에 의하여 파산재단의 재산에 실질적인 增減이 있을 수 있을 것임에도 이러한 확인청구권은 파산채권이라 할 수 없는 것이다.

③ 법조문상으로는 '파산선고 전에 발생한 재산상의 청구권'이기만 하면 모두 정리채권인 것처럼 되어 있으나, 아래에서 보는 바와 같이 파산채권이 되려면 추가의 여러 요건이 필요하며, 각 요건에 대한 엄밀한 검토가 필요하다. 또한 근거가 되는 청구권이 재산상의 청구권이라 하더라도, 그에 부수하는 권리는 그것이 특별한 경제적 의미를 갖지 않는 한 재산상의 청구권이라 하기 어려울 것이다.

> 예를 들어 계약을 체결한 당사자들 사이에는 신의칙상의 보호의무가 있다고 설명되고 있다. 즉 매매를 위하여 매도인의 賣場을 방문한 매수인을 위하여 매장 바닥을 미끄럽지 않게 유지하여 매수인의 신체에 가해질 위해를 미리 제거해 두어야 할 의무도 이러한 의무 중 하나가 될 수 있을 것이다. 이론상으로는 매도인에게 이러한 의무가 있다면, 매수인은 이러한 의무의 이행을 청구할 청구권이 있다고 할 것인데,[16] 이러한 청구권은 재산상의 청구권이라 하기 어려울 것이다. 기타 부수적 의무들도 특별한 것이 아니면 마찬가지가 될 것으로 보인다.

㈏ 파산채권의 요건

① 요 건 문헌[17]들은 파산채권의 요건으로 (i) 財產上의 請求權일 것, (ii) 파산자에 대한 人的 請求權일 것, (iii) 執行可能한 請求權일 것, (iv) 파산선고 전의 원인에 기초하여 발생한 것일 것을 들고 있다. 이 중 (iv)번 요건은 보통은 크게 문제되지 않을 것이다.

② 人的 請求權 人的 請求權이어야 한다는 것은 파산채권은 파산자의 총재산으로 이루어진 파산재단을 담보로 하여 그 강제적 실현이 도모되는 것이고, 따라서 채무자의 총재산으로 변제의 책임을 지게 되는 채권이어야 한다는 것이다. 따라서 어떤 물건이 파산자의 일반재산에 속하지 않는 것을 전제

16) 여기서의 설명은 이해를 돕기 위한 것이다. 위와 같은 예에서 고객이 구체적인 손해를 입은 뒤 손해배상청구를 하는 것과 별도로 사전에 조치를 취할 것을 요구할 권리가 있는가 없는가를 논하는 것은 아니다.

17) 예를 들어 「注解 破產法(上卷)」 第3版, 110면 이하. 이하의 기본적인 이론에 대한 설명은 주로 이 참고문헌에 따른 것이다. 한일 양국의 여타 문헌들의 설명도 大同小異하다.

로 하여 그 물건에 대한 물권에 터잡아 물건의 인도, 기타 작위·부작위를 구하는 청구권은 파산자에 대한 인적 청구권이 아니다. 이러한 의미에서 소유권에 기한 물권적 청구권, 인격권에 기한 각종 청구권 등은 파산채권이 아니다.

반면 물건의 이전을 목적으로 하더라도 (채권적) 이전등기청구권과 같이 물권을 기초로 하지 않는 것은 파산채권이 될 수 있다.[18]

이 사건에서 원고가 행사하고 있는 청구권은 그 자체의 행사를 위해서 정리회사가 재산을 감소시켜야 할 필요는 없을 것이므로[19] 형식적으로는 정리회사의 총재산을 담보로 이루어지는 것이라 하기는 어려울 것이나, 실제에 있어서는 그 행사를 통하여 비로소 원고의 지급청구권의 조건이 성취되고, 그 반대로 정리회사의 재산은 감소하는 것이므로 그 실질은 권리의 이전이나 다름없다. 결국 정리회사재산의 희생하에 원고의 재산이 증대하는 효과를 나타낸다. 이론적으로는 단정하기 까다로운 면이 있으나, 결국 아래에서 보는 재산상의 청구권인지 여부에 대한 결론에 따라, 만일 재산상의 청구권이라면 인적 청구권으로 볼 수 있을 것이라고 생각한다.

③ 執行可能한 請求權 불법원인급여의 반환청구권, 부집행의 합의가 있는 채권, 자연채권 등은 채권자가 강제적으로 실현할 수 있는 것들이 아니기 때문에 파산채권이 될 수 없다고 보고 있다.

通說로는 不代替的 作爲(예: 演劇公演) 또는 不作爲(예: 競業禁止)를 구하는 청구권은 파산채권이 아니라고 보고 있는데, 이러한 청구권들은 집행불가능한 것이라는 점에서 파산채권이 될 수 없다고 볼 수 있다.[20]

이 사건의 '동의의 의사표시를 하라'라는 청구권은 부대체적 작위를 구하는 청구권이라 할 것이나, 소를 통하여 승소판결을 얻으면 그것으로 의사표시를 한 것으로 갈음할 수 있는 것이므로, 결국 집행가능한 것이라 할 수 있다. 원고

---

18) 엄밀히 말하자면 (채권적) 인도청구권 자체는 파산재단 전체에 대하여 攻取하는 것이 아니라, 해당 목적물에 대해서만 攻取하는 것이므로 인적 청구권이 아니지 않은가 생각될 여지가 있다고 본다. 그러나 인도청구권이 攻取對象으로 삼는 목적물은 결국 일반 채권자들이 공취대상으로 삼는 파산재단과 중복된다. 따라서 인도청구권을 파산채권에서 제외하면 파산절차가 제대로 진행될 수 없게 된다. 그 때문에 파산법에서는 비금전적 채권을 금전으로 평가하여 파산채권으로 편입시키는 것이다(파산채권의 金錢化). 한편 기한부채권을 그대로 두면 파산절차를 수행할 수 없으므로 모두 기한이 도래된 것으로 한 다음(파산법 제16조), 조건부채권의 경우 비금전채권과 마찬가지로 파산선고시를 기준으로 평가하게 된다(파산채권의 現在化). 이 두 가지 작업을 묶어서 '파산채권의 等質化'라고 표현한다.

19) 엄밀히 말하자면 통지 자체에도 통신비용 등이 소요될 수 있을 것이나 반드시 필요한 것은 아니므로 논외의 것이라 할 것이다.

20) 이러한 通說에 대한 반론에 대하여는 後述한다.

의 청구권은 위 요건은 갖추고 있다고 할 수 있다.

④ 財產上의 請求權 (i) 이 점이 가장 문제가 된다. 파산채권은 파산재단에 의하여 만족을 얻어야 하는 급부를 목적으로 하고, 반드시 금전채권일 필요는 없으나 금전으로 평가할 수 있는 것이 아니면 안 된다.[21)]

(ii) 따라서 파산자의 재산에 터잡지 않은 급부를 받을 인적·물적 청구권, 예를 들어 소유권에 터잡은 물권적 청구권은 재산상의 청구권이라도 還取權 등이 될 수는 있으나 파산채권은 되지 못한다. 또 파산자가 절차개시 전에 행한 부당노동행위에 의한 사죄의 광고를 요구할 권리, 노동자가 파산한 경우 노동자에 대한 사용자의 노동청구권은 그 이행에 반드시 채무자의 재산을 요하는 것이 아니므로 파산채권은 아니라고 한다.

(iii) 한편 不代替的 作爲 내지는 不作爲를 구하는 청구권은 어느 것도 이행의 내용이 부대체적이므로 間接強制에 의한 집행의 여지는 있지만, 권리 자체를 금전적으로 평가할 수는 없으므로 그 자체로는 원칙적으로 재산상의 청구권이라 할 수 없다고 한다.[22)]

이러한 청구권에 대하여는 파산선고 후에도 파산절차에 의하지 아니하고 직접 채무자에게 그 작위 또는 부작위를 요구하여 이를 실현할 수 있다는 것이 從來의 通說이었으나, 근래 부대체적 작위청구권도 재산상의 청구권으로 파산채권이 된다는 견해와 개인파산의 경우에는 되지 않지만, 법인파산의 경우에는 파산채권이 된다는 견해가 유력하게 제기되고 있다.[23)]

---

21) 第17條(非金錢債權 等의 破產債權額) ① 債權의 目的이 金錢이 아닌 때 또는 그 額이 不確定한 때나 外國의 通貨로 定하여진 때에는 破產宣告時의 評價額을 破產債權額으로 한다.
② 定期金債權의 金額 또는 存續期間이 確定되지 아니하였을 때에도 前項과 같다.

22) 田炳西, 「破產法」, 83면; 崔承綠, "파산채권과 재단채권," 「裁判資料(第82輯), 破產法上의 諸問題(上)」, 286면. 이러한 의무가 파산선고 전에 이미 불이행 상태에 빠져 있어 손해배상청구가 가능하였다면, 그 손해배상청구권이 파산채권이 됨은 당연한 것이고 별개의 문제이다. 파산선고 이후에 불이행된 경우에는 논란이 있다. 崔承綠, 위 논문, 같은 곳.

23) 崔承綠, 위 논문, 같은 곳. 즉 개인파산의 경우에는 파산자 자신의 행위를 요구하여 그 목적을 달성할 수 있기 때문에 파산채권이 되지 않지만, 법인파산의 경우에는 계약상의 작위청구권이 재산거래관계의 일환으로서 법인의 재산이기는 하나 그에 기초한 사업경영과 떨어져서 개인처럼 법인 자신의 행위로 이행되어야 하는 일은 없다는 점을 이유로 들고 있다.

이러한 점에 대해 다음과 같은 설명이 참고할 만하다. "비대체적 작위청구권이 파산채권이 되지 못하는 근거로는 주로 다음과 같은 이유가 제기된다. ① 금전평가가 불가능한 것인 점, ② 파산절차는 포괄적 강제집행이지만 위 청구권은 압류가 불가능한 것인 점, ③ 파산재단으로부터 만족을 얻어야 하는 채권이 아닌 점, ④ 파산선고결정에 의하여 파산자가 노동력을 잃는 것이 아닌 점 등을 종합하여 비대체적 작위청구권은 재산상의 청구권이 아니라는 결론을 이끌어내고 있다.

자본주의사회에 있어서는 노동력을 포함하여 모든 것이 상품이 되고 가치와 가격을 갖는 것

3. 私　見

(1) 부대체적 작위의무에 관한 이론에 대한 점

(가) 위에서 들고 있는 통설에도 일리가 있고, 유력설들도 각기 의미 있는 주장들이며 쉽게 배척하기는 어렵다.

(나) 그러나 通說의 내용이 부대체적 작위 또는 부작위 청구권은 '모두 예외 없이' 파산채권이 될 수 없다고 하는 것이라면, 이는 부당한 것으로 보인다. 모든 행위를 대체적 행위와 부대체적 행위로 나눈다면, 이전등기절차의 이행행위나, 채권양도통지의사표시, 이 사건에서와 같은 '동의의 의사표시' 등은 비대체적 행위(작위)라고 할 수밖에 없을 것이다. 다른 사람으로 대체하여 행할 수 없으므로 판결이라는 도구를 통하여 실현하고자 하는 것이다.

위에서 든 것들을 '대체적 행위' 및 '부대체적 행위' 외의 제 3 의 범주에 넣을 수 있다면 모르거니와, 그렇지 않다면 위와 같은 행위들은 부대체적 작위임을 부정할 수 없을 것이고, 그 중 다른 것들에 대해서는 논란의 여지가 있다고 하더라도, '이전등기청구권'을 파산채권으로 보는 것에 반대하는 견해는 없는 듯하므로, 이론적으로만 말한다면 위 통설이 적용되지 않는 범위도 있는 것이다.

(2) 재산상의 청구권인가

원고가 피고측의 동의를 얻어냄으로써 취득하게 되는 것은 담보금의 지급청구권이고(정확하게는 그 조건성취), 이는 정리회사의 반환청구권이 희생됨으로써 얻어지는 것이다. 이는 실질에 있어서 재산의 이전을 수반하는 것이고, 처음부터 어음금 자체에 대하여 정리채권확정의 소를 제기하는 것과 다를 바 없다.

을 이러한 주장(위 通說을 지칭함)은 간과하고 있다. 예를 들어 개성이 강하여 대체불능인 연주가의 연주도 가격을 매길 수 있기 때문에, 興行主는 대가를 지급하는 것이다. 이 대가가 흥행주의 연주가에 대한 비대체적 작위청구권의 평가액의 기준이다. 평가가 어려운 것은 사실상의 문제이고, 법률상 불가능한 것은 아니다. 이는 기타의 비금전채권의 평가에 반드시 수반되는 곤란과 같은 성질의 것이다.

다음 간접강제는 별론으로 하고 강제집행, 특히 그 최초의 단계에서 압류가 불가능한 것도 그 재산으로서의 성격을 항상 부정하는 근거가 되지 못한다. 예를 들어 영업양도는 상법에 명문이 있는 재산의 양도이지만, 영업 또는 영업권을 압류할 수 있는 것은 아니다. 노우하우도 그렇다. 따라서 노동력은 상품이고 물건은 아니지만, 재산성을 갖는 이상, 위 ①, ②(* 원문에는 '③, ④'라고 되어 있으나 誤記로 보인다)의 문제는 소멸하고, 비대체적 작위청구권도 재산상의 청구권이 되어 파산채권이 될 수 있다고 본다." 菅野孝久, "破産法及び和議法における非金銭債權の金銭債權化の有無,"「ジュリスト(941)」, 77頁.

생각건대 이러한 주장은 경청할 만한 것이고, 특히 금전적 평가가 가능한 점을 지적한 것은 일리가 있는 것으로 보이나, 연극공연청구권을 예로 들어 본다면, 論者는 위 ③, ④의 문제에 대하여 적절한 답을 제시해 주고 있지 못하다. 따라서 본인은 위 ① 내지 ④의 설명에 부합하는 청구권들은 파산채권이 될 수 없다고 보는 통설에 대하여 찬성한다.

따라서 본인은 원고의 위 청구권도 재산상의 청구권으로 정리채권이라고 보며, 애초부터 위와 같은 청구를 할 수 없는 것이었다고 생각한다.[24][25]

(3) 가령 정리채권이 아니라고 보더라도, 최소한 재산에 관한 청구권인 것은 분명하므로, 관리인에게 당사자적격이 있다고 보아야 할 것이다.

V. 사고신고담보금의 귀속에 관하여

1. 들어가는 말

대상판결을 비롯한 기존 대법원판결은, 발행인인 회사에 대해 정리절차가 개시되면, 소지인은 채권을 신고한 후 정리채권확정의 소를 제기할 수 있고, 소지인이 승소하면 위 규정상의 조건을 성취하는 것이 되어 은행에 대하여 담보금을 청구할 수 있다고 보고 있다.

이러한 결론에 따르면, 정리전회사가 담보금을 예탁해 놓은 경우, 소지인은 절차가 번잡하기는 해도 그 채권을 100% 회수할 수 있는 것이 된다. 그러나 대상판결이 지적하고 있듯이 소지인은 정리담보권자도 아니고, 근본적으로 정리채권자에 지나지 않는데, 위와 같은 결론이 꼭 타당한 것인지 의문이다. 이 점을 살펴본다.

2. 대법원의 태도

(1) 지금까지의 대법원의 태도는 소유권이 정리회사를 떠난 경우 그 재산에는 정리절차의 효력이 미치지 아니하고, 관련자는 아무 제한 없이 집행하거나 권리확보절차를 취할 수 있는 것으로 보고 있다고 할 수 있다.[26]

(2) 담보목적 신탁의 경우: 대법원 2001. 7. 13. 선고 2001다9267 판결[27]

(가) 위 사건에서 대법원은 신탁이 담보목적으로 이루어진 것이라 하더라도

24) 이러한 점은 '채권양도의 통지를 하라는 청구'에 대해서도 마찬가지이다.

25) 이와 달리 어음소지인의 동의청구권은 정리채권이 아니라고 보는 견해로는 위 李鎭萬의 논문, 343면.

26) 이러한 대법원의 태도가 옳다고 보는 견해는 鄭燦亨, "어음所持人인 整理債權者의 事故申告擔保金의 支給請求權－對象判決: 대법원 1995. 1. 24. 선고 94다40321 판결－," 「判例月報」(1996. 7), 21면; 林治龍, "도산절차에 있어서 어음채권자의 지위," 「司法論集」 제32집, 法院圖書館, 394면 등. 옳지 못하다고 보는 경우는 찾지 못하였다.

27) [판결요지]

신탁법상의 신탁은 위탁자가 특정의 재산권을 수탁자에게 이전하거나 기타의 처분을 하고 수탁자로 하여금 수익자의 이익을 위하여 또는 특정의 목적을 위하여 그 재산권을 관리·처분하게 하는 법률관계를 말하므로, 신탁자가 어음거래약정상의 채무에 대한 담보를 위하여 자기 소유의 부동산에 대하여 수탁자와 담보신탁용 부동산관리 처분신탁계약을 체결하고 채권

채권자의 수탁자에 대한 권리는 신탁자에 대한 정리절차의 개시로 인하여 영향을 받지 않는다고 보고 있다.

(나) 위 판결은 채권자의 권리가 회사정리법 제240조 제 2 항에서 말하는 '회사 이외의 자가 정리채권자 또는 정리담보권자를 위하여 제공한 담보'에 해당한다고 보고 있다. 원래 신탁은 신탁자에게 일어나는 일에 의하여 채권자가 영향을 받지 않기 위해 사용되는 경우가 많으므로, 바로 위 조문은 이러한 경우에 딱 들어맞는 것이라고 볼 수도 있으나, 달리 생각하면 신탁목적 자체가 소유권이 완전하게 회사로부터 떠나는 것이 아니라 담보목적인 경우는 달리 볼 여지가 있는 것이 아닌가 하는 생각이 든다. 양도담보권자들은 파산절차상으로는 환취권자가 아니라 별제권자로 보고 정리절차상으로는 정리담보권자로 보는 것이 통설적 견해라 할 수 있는데, 이러한 점에 비추어 보더라도 달리 볼 여지가 있다고 생각한다.[28]

(3) 본고에서 신탁이나 양도담보의 문제를 다루고자 하는 것은 아니다. 다만 본인이 파악하기로는 우리 대법원이 신탁의 경우나, 본고의 주요 고찰대상인 사고신고담보금의 경우에 대해 취하는 태도를 고찰해 보면, 위에서 본 대로의 경향을 보이고 있는 것이 아닌가 생각하는 것이다.

(4) 私見으로는 신탁이나 사고신고담보금이 회사정리법 제240조 제 2 항의 경우에 의문 없이 들어맞는 경우라고는 생각하지 않으며, 대체로 그간 회사정리절차에 부작용이 많았던 것으로 인식해 왔던 점이 위와 같은 대법원의 태도가 형성되는 데 영향을 미쳤다고 생각한다.

3. 사고신고담보금의 경우

(1) 그러나 신탁의 경우 만일 신탁의 형태를 취하지 않았다면 최소한 정리담보권자는 되었을 사안이라 할 수 있음에 반하여, 어음금채권자는 사고신고담

자에게 신탁원본 우선수익권을 부여하고서, 수탁자 앞으로 신탁을 원인으로 한 소유권이전등기를 경료하였다면, 위탁자의 신탁에 의하여 신탁부동산의 소유권은 수탁자에게 귀속되었다고 할 것이고, 그 후 신탁자에 대한 회사정리절차가 개시된 경우 채권자가 가지는 신탁부동산에 대한 수익권은 회사정리법 제240조 제 2 항에서 말하는 '정리회사 이외의 자가 정리채권자 또는 정리담보권자를 위하여 제공한 담보'에 해당하여 정리계획이 여기에 영향을 미칠 수 없다고 할 것이므로 채권자가 정리채권 신고기간 내에 신고를 하지 아니함으로써 정리계획에 변제의 대상으로 규정되지 않았다 하더라도, 이로써 실권되는 권리는 채권자가 신탁자에 대하여 가지는 정리채권 또는 정리담보권에 한하고, 수탁자에 대하여 가지는 신탁부동산에 관한 수익권에는 아무런 영향이 없다고 할 것이다.

28) 위 판결의 원심은 반대로 판시하였으나, 대법원에서 파기환송한 것이다.

보금의 존재 여부에 상관 없이 정리채권자에 불과하다. 생각건대 담보금의 예탁이라는 특수한 사정이 있다고 하더라도, 어음금채권자가 여타 정리채권자는 물론 정리담보권자보다 훨씬 우대를 받게 되는 결과는 담보금제도의 취지를 충분히 고려한다 하더라도 균형을 잃은 것이 아닌가 한다.

(2) 정리절차가 개시되면 정리채권자는 물론이고 원래는 우선적으로 채권을 변제받았어야 할 정리담보권자도 그 권리를 행사할 수 없으며 결국에는 상당부분 손실을 감수하여야 한다. 사정이 이러하다면 담보금이 예탁된 경우에도 그 예탁금은 정리회사의 재산으로 회수되어야 하고, 소지인은 정리채권자로서만 권리를 행사함이 옳다고 생각한다. 정리절차가 개시되기 전에 소지인을 위한 조건이 성취된 경우에는 정리회사의 권리는 확정적으로 소멸되게 되었다고 볼 것이므로 별개의 문제가 될 것이다.

(3) 대상판결 등의 논리는 명백하지 않으나, 정리전회사는 담보금으로 전액을 예탁하여 그 지급을 면하였으므로 원래는 그만큼 임의변제를 한 것과 마찬가지로 보아야 한다는 논리가 전제되어 있는 것이 아닌가 생각된다. 이러한 논리가 전제된 것이 아니라 하더라도, 결과를 놓고 보면 이러한 논리가 옳다고 해야 대상판결의 논리가 정당화될 수 있을 것이다.

(4) 소지인이 정리채권확정의 소에서 승소한 경우, 결과적으로 동인이 정당한 권리자임은 맞으나, 담보금을 예탁한 것과 임의로 변제한 것은 동시할 수 없다고 생각한다. 위와 같은 논리는 담보금이 예탁되고 정리절차 개시 전에 어음금지급청구의 권리를 행사하려 했던 자의 경우에는 어느 정도 일리가 있을 수도 있으나, 정리절차 개시 후에 권리행사를 시작한 자에게는 타당하지 않다. 담보금의 예탁은 어떻게 보더라도 임의변제와 同視할 수 없으며, 그 뜻은 임의변제하지 않겠다는 것에 더 가깝다고 할 것이다.

4. 대법원판결은 담보금의 회수과정은 정리회사의 재산에 대해 한 집행이 아니라고 하고 있으나,[29] 이는 형식적인 면만을 본 것이라 생각한다. 애초부터 금전 또는 그에 준하는 것은 다른 사람에게 넘어가는 순간 특별한 사정이 없는

29) 대법원 1995. 1. 24. 선고 94다40321 판결은 "사고신고담보금에 대한 권리를 정리담보권이 아니라고 보게 되면, 정리채권자인 보조참가인이 정리회사가 아닌 피고은행에 대하여 갖는 사고신고담보금 지급청구권을 행사하여 그 채권의 만족을 얻는 것을 가지고 정리절차에 의하지 아니하고 소외 회사의 재산으로부터 정리채권을 변제받는 것이라고는 할 수 없을 것이므로…."

한 그 소유권은 상대방에게 넘어가는 것이 옳으며 교부자는 채권적 청구권만 갖는 것이기 때문이다. 따라서 정리회사의 재산에 대한 집행이 아니었다는 점은 애초부터 대법원판시의 근거가 되기 어렵다고 생각한다.

발행인의 담보금반환청구권에 대해서는 그에 대한 조건이 성취되기 전에는 상계도, 집행도 불가능한 것으로 보고 있다. 따라서 소지인이 발행인에게 소를 제기하는 것이 유일한 집행방법이라 해도 과언이 아니다. 요컨대 담보금의 예탁으로 그 돈은 은행의 다른 돈과 섞여 더 이상 독립하여 존재하지 아니하는 것이고, 채권자는 실질적으로 정리회사의 반환청구권에 대해 집행하는 것이라고 생각한다.

이것은 채권을 전부받는 것과 흡사한 관계에 있다. 전부절차가 완료됨으로써 그 집행은 종료되는 것인데, 담보금과 관련하여 소지인은 발행인을 상대로 소를 제기하여 승소함으로써 그의 은행에 대한 채권은 조건이 성취되고, 동시에 발행인의 반환청구권은 소멸하는 효과를 얻게 되는 것이다.

5. 위 대법원판결의 논리대로라면 극단적으로는 정리회사의 은행예금도 그 소유권은 은행에 있는 것이니[30] 그에 대해 집행해도 정리회사의 재산에 대해 집행하는 것이 아니라는 것이 될 것이다.[31] 물론 채권자가 채무자의 예금에 대해 집행할 경우 그의 예금반환청구권을 압류한 후 추심 또는 전부하게 될 것이므로, 채무자에 대한 관계에서 집행대상은 예금 그 자체가 아니라 예금반환청구권이다.

이러한 관계를 담보금의 경우를 놓고 고찰해 보면, 소지인은 발행인에 대한 관계에서 승소함으로써 형식적인 집행절차 없이 집행을 완료한 효과를 얻게 된다고 볼 수 있다. 정리회사를 상대로는 더 이상 집행절차를 취할 것도 없고 취할 필요도 없는 것이다. 이러한 점에서 정리회사를 상대로 한 소의 제기는 집행절차를 겸하고 있는 것이고, 따라서 그것이 정리회사에 대한 집행절차라고 할 수 없다는 논리는 형식에만 치우친 것으로 찬동하기 어렵다.

---

30) 정리회사는 반환청구권을 갖고 있는 것에 불과하다.

31) 이러한 예는 얼마든지 들 수 있다. 만일 정리회사가 가압류의 집행을 풀기 위하여 해방공탁금을 걸어 놓은 경우, 가압류채권자는 그 공탁금에 대해 가압류한 효과를 갖게 된다. 이 경우에도 공탁금의 소유권은 국가에게 귀속되며, 정리회사는 일정한 경우 반환청구권만을 갖게 된다.

6. 위와 같은 의견에 제기될 수 있는 반론에 대하여

(1) 회사정리법의 규정과 관련하여

(가) 먼저 제240조 제2항이 적용되는가가 문제인데, 본인은 적용될 대상이 아니라고 생각한다. 담보금은 회사 이외의 자가 '제공한' 담보가 아니다. 담보금 제도에 따라 은행이 보관자적 지위만을 제공하고 있는 것에 불과하다. 근본적으로 담보금은 회사가 제공한 것이다. 신탁의 경우 수탁회사가 제공하는 행위가 있게 되므로 담보금의 경우와는 다르다고 본다.

(나) 따라서 여기에는 제112조가 적용되어 정리절차를 통해서만 변제받을 수 있는 것이라 하여야 한다고 본다.

(2) 약정의 효력에 대하여

어음을 발행하는 것은 은행과의 약정을 통하여 어음에 관한 일반적인 규정·관행에 따르는 것을 약속한 셈이 되고, 그 약정은 소지인에 대한 관계에서도 지켜져야 할 것이다. 따라서 어떤 이론으로든 발행인은 어음교환소규약에 따라야 하는 위치에 서게 될 것이나, 이러한 약정에 의하여 소지인에게 정리절차상 특별한 지위를 부여할 수는 없다.

정리절차상의 지위는 법의 정함에 의하는 것이고, 약정에 의한 권리는 정리회사에 대해 청구할 수 있는 권리, 즉 정리채권 또는 정리담보권을 만들어 내는 근거가 될 따름일 것이기 때문이다. 요컨대 당사자의 약정에 의하여 소지인이 100% 변제받아가는 것이 정당화될 여지는 없다고 생각한다.

(3) 담보금제도의 취지에 대하여

담보금은 어음의 유통성을 담보하기 위한 것이다. 따라서 담보금제도를 통하여 소지인이 100% 변제받아가는 것은 더 큰 이익을 위한 부득이한 조치라 생각될 수 있을 것이고, 私見에 따르면 어음의 유통성을 害하는 것이 아닌가 하는 의문이 제기될 수 있다.

그러나 회사정리절차에 의하여 그 효력이 발휘하지 않는 일반원칙은 많으며, 어음의 유통성에 의하여 위와 같은 강력한 효력을 인정하는 것은 다른 원칙·제도들과의 형평에도 맞지 않는다고 본다. 정리회사가 다툴 기회를 얻기 위하여 담보금을 예탁한 사실에 터잡아, 어음의 유통성을 확보한다는 이유로 100% 변제를 허락하는 것은 옳지 않다고 생각하며, 만일 그 이념이 반드시 지켜져야 할 것이라면, 회사정리법에 끌어들여 입법화하는 것이 바람직한 태도라고 생각한다.

Ⅵ. 結　論

대상판결은 위에서 살펴본 대로 정리채권의 의의에 대한 정밀한 분석을 하지 못하였고, 사고신고담보금의 정리절차에서의 지위에 대해서도 종전 판례를 답습하였을 뿐, 올바른 방향에서의 검토가 이루어지지 못하였다고 생각한다. 후자에 대해서는 본인은 지금까지의 대법원판례의 태도에는 의문의 여지가 있다고 생각하며, 다음 기회에 판례변경 여부가 심도 있게 논의되어야 한다고 생각한다.

대상판결에는 이상과 같은 아쉬운 점이 있으나, 한편으로는 실권된 정리채권의 성격에 관한 매우 중대한 판시를 남긴 점에서 그 당부를 떠나 큰 의의가 있는 판결이라 생각한다.

稅法에 나타난 株主의 有限責任의 例外

— 寡占株主의 第2次 納稅義務 —

朴　　薰*

대법원 2003. 7. 8. 선고 2001두5354 판결**

[事實의 概要]

X사는 비상장주식회사인 Y사의 발행주식총액의 28%를 소유하고 있었다. 1997. 12. 6.경 X사는 부도가 났고 X사의 대주주 및 이사인 갑이 X사의 재무구조를 개선한다는 명목으로 이 사건 Y사의 체납 법인세 납세의무 성립일로부터 2일 전인 1997. 12. 29.에 X사에게 Y사의 주식 50만주(발행주식총액의 25%에 해당)를 증여하였고 이때 X사는 Y사의 주식 53%를 소유한 과점주주가 되었다. X사는 1997. 12. 6. 부도가 난후 1997. 12. 10.경 경영권이 대표이사로부터 비상대책위원회로 사실상 이전되었고 1997. 12. 24.경 회사정리절차개시신청까지 하여 둔 상태여서 회사가 정상적으로 유지 경영되기 힘든 상황이었다.

과세관청은 Y사가 1997. 사업년도분 법인세 511,741,780원을 체납하자, 1998. 8. 5. 정리회사 X사가 1997. 12. 31. 현재 Y사 발행주식의 53%를 소유하고 있으므로 과점주주에 해당한다고 하여 Y사의 제2차 납세의무자로 지정하고 체납된 위 법인세를 X사에 부과하는 이 사건 처분을 하였다. 이에 대해 X사는 법인세 부과처분 취소를 구하는 소를 제기하였다.

[訴訟의 經過]

제1심에서는[1] X사의 청구를 인용하여 법인세 부과처분을 취소하는 판결을 하였다.

이에 과세관청은 抗訴를 하였는바, 제2심에서는[2] X사가 Y사의 주식을 증여받아 53% 과점주주로 된 시기가 이 사건 법인세 납세의무 성립일로부터

* 서울시립대학교 세무학과 교수.

** 공 2003. 8. 15.(184), 1725.

1) 서울행정법원 2000. 7. 14. 선고 99구33485 판결.

2) 서울고등법원 2001. 6. 5. 선고 2001누10399 판결.

불과 2일전이었고 X사의 경영권이 대표이사로부터 비상대책위원회로 사실상 이전되었다는 점 등을 들어 X사는 소유 주식에 관한 권리를 실질적으로 행사할 수 있는 지위에 없으므로 제2차 납세의무를 부담하는 과점주주에 해당하지 않는다고 판단하여 과세관청의 항소를 기각하였다.

이에 과세관청은 다시 上告를 하였는바, 大法院에서는 원심의 판단과는 달리 X사는 소유주식에 관한 권리를 실질적으로 행사할 수 있는 지위에 있는 것으로 보아 X사는 제2차 납세의무를 부담하는 과점주주에 해당한다고 판단하고 원심을 破棄還送하였다.

[判決要旨]

(1) 舊 國稅基本法(1998. 12. 28. 법률 제5579호로 개정되기 전의 것) 제39조 제1항 제2호는, 과점주주 중 주식을 가장 많이 소유하거나 출자를 가장 많이 한 자 {(가)목}, 법인의 경영을 사실상 지배하는 자 {(나)목} 등에 한하여 제2차 납세의무를 진다고 규정하고 있는바, 위의 (가)목이 규정한 '주식을 가장 많이 소유한 자'에 해당하는지의 여부는 과점주주 중 주식을 가장 많이 소유한 자라는 형식적인 기준과 함께 과점주주로서의 요건인 당해 법인의 과반수 주식 소유집단이 소유하는 발행주식 총액의 100분의 51 이상의 주식에 관한 권리를 실질적으로 행사하는지의 여부에 따라 판단하여야 한다.

(2) 위 (가)목에서 말하는 51% 이상의 주식에 관한 권리 행사는 반드시 현실적으로 주주권을 행사한 실적이 있어야 할 것을 요구하는 것은 아니고, 법인세 납세의무 성립일 현재 소유하고 있는 주식에 관하여 주주권을 행사할 수 있는 지위에 있으면 족하다고 보아야 할 것이다. 다음으로, X사의 경영권이 대표이사로부터 비상대책위원회로 사실상 이전되었다는 점은 X사 내부의 경영권이 이동된 것에 불과할 뿐 Y사에 대한 지배력의 행사에는 영향이 없는 것이고, 또 X사가 부도가 발생하여 회사정리절차개시신청까지 하는 등 정상적인 회사 경영이 어려웠다는 사정도 Y사에 대한 지배력을 행사하는 데 사실상의 장애사유가 될 뿐 법률상의 장애사유라고 볼 수는 없다고 할 것이다. (중략) X사가 Y사 주식을 증여받은 것이 적법하고 유효하여 이 사건 법인세 납세의무 성립일 현재 Y사 발행주식총액의 53%를 소유한 주주라면 특별한 사정이 없는 한 X사는 소유 주식에 관한 권리를 실질적으로 행사할 수 있는 지위에 있는 것으로 보아야 할 것이다.

[關係法令]

舊 國稅基本法(1998. 12. 28. 법률 제5578호로 개정되기 전의 것)[3] 제39조[출자자의 제 2 차 납세의무]

① 법인(주식을 한국증권거래소에 상장한 법인을 제외한다)의 재산으로 그 법인에게 부과되거나 그 법인이 납부할 국세·가산금과 체납처분비에 충당하여도 부족한 경우에는 그 국세의 납세의무의 성립일 현재 다음 각호의 1에 해당하는 자는 그 부족액에 대하여 제 2 차 납세의무를 진다. 〈개정 1993. 12. 31〉

1. 무한책임사원
2. 과점주주 중 다음 각목의 1에 해당하는 자
   가. 주식을 가장 많이 소유하거나 출자를 가장 많이 한 자
   나. 법인의 경영을 사실상 지배하는 자
   다. 가목 및 나목에 규정하는 자와 생계를 함께 하는 자
   라. 대통령령이 정하는 임원

② 제 1 항 제 2 호에서 "과점주주"라 함은 주주 또는 유한책임사원 1인과 그와 대통령령이 정하는 친족 기타 특수관계에 있는 자로서 그들의 소유주식의 합계 또는 출자액의 합계가 당해 법인의 발행주식총액 또는 출자총액의 100분의 51 이상인 자들을 말한다. 〈신설 1993. 12. 31〉

現行 國稅基本法(2003. 12. 30 법률 제7008호로 개정된 후의 것)[4] 제39조[출자자의 제 2 차 납세의무]

① 법인(주식을 한국증권거래소에 상장한 법인을 제외한다)의 재산으로 그 법인에게 부과되거나 그 법인이 납부할 국세·가산금과 체납처분비에 충당하여도 부족한 경우에는 그 국세의 납세의무의 성립일 현재 다음 각호의 1에 해당하는 자는 그 부족액에 대하여 제 2 차 납세의무를 진다. 다만, 제 2 호의 규정에 의한 과점주주의 경우에는 그 부족액을 그 법인의 발행주식총수(의결권이 없는 주식을 제외한다. 이하 이 조에서 같다) 또는 출자총액으로 나눈 금액에 과점주주의 소유주식수(의결권이 없는 주식을 제외한다) 또는 출자액(제 2 호 가목 및 나목의 과점주주의 경우에는 당해 과점주주가 실질적으로 권리를 행사하는 주식수 또는 출자액)을 곱하여 산출한 금액을 한도로 한다. 〈98. 12. 28. 단서 신설〉

1. 무한책임사원
2. 寡占株主 중 다음 각 목의 1에 해당하는 자〈98. 12. 28. 개정〉
   가. 당해 법인의 발행주식총수 또는 출자총액의 100분의 51 이상의 주식 또는 출자지분에 관한 권리를 실질적으로 행사하는 자
   나. 명예회장·회장·사장·부사장·전무·상무·이사 기타 그 명칭에 불구하고 법인의 경영을 사실상 지배하는 자
   다. 가목 및 나목에 규정하는 자의 배우자(사실상 혼인관계에 있는 자를 포함

3) 대상판결에서는 이 구 국세기본법의 적용을 받고 있으나 이 판결이 현행법하에서 갖는 의미도 함께 살펴본다는 점에서 관계법령에 현행 국세기본법도 함께 소개한다.

4) 2003. 12. 30. 법률 제7008호로 국세기본법 제39조 제 2 항은 과점주주가 납부할 체납액에 대하여 당해 법인이 제 2 차 납세의무를 지는 경우 과점주주에 대한 정의를 명문화하면서 개정되었다. 그러나 동조 제 1 항은 1998. 12. 28. 법률 제5578호로 개정된 이후에 변경이 없다.

한다) 및 그와 생계를 같이하는 직계존비속

② 제1항 제2호에서 "과점주주"라 함은 주주 또는 유한책임사원 1인과 그와 대통령령이 정하는 친족 기타 특수관계에 있는 자로서 그들의 소유주식의 합계 또는 출자액의 합계가 당해 법인의 발행주식총수 또는 출자총액의 100분의 51 이상인 자들(이하 "과점주주"라 한다)을 말한다. 〈2003. 12. 30. 개정〉

[評　　釋]

Ⅰ. 序　　說

주주는 회사에 대하여 주식의 인수가액을 한도로 출자의무를 부담할 뿐이며(상법 제331조), 회사의 채권자에 대하여는 원칙적으로 아무런 책임을 지지 않는다. 그런데 세법에서는 회사에 대해 국가가 조세채권을 갖는 경우 회사에 일정한 관계에 있는 주주에게 회사의 조세채권을 부담하도록 하고 있다. 이를 寡占株主의 第2次 納稅義務라고 한다(국세기본법 제39조 제1항 2호).

이러한 과점주주에게 지우는 제2차 납세의무는 처음 규정될 때에는 과점주주이기만 하면 회사의 모든 조세채무에 대해 책임을 지우도록 하였으나, 대법원 판례와 헌법재판소 결정의 영향으로 수차례 법개정을 통하여 현재에는 과점주주 중에서도 일정한 자에게만 제2차 납세의무를 인정하고 있고, 책임의 범위도 소유한 주식의 수에 따라 제한받고 있다. 그러나 여전히 주주에게 회사의 채무를 부담시킨다는 점에서 현행 세법상 과점주주의 제2차 납세의무도 회사법상의 주주의 유한책임의 예외라 할 수 있다.

대상판결은 과점주주의 제2차 납세의무를 인정하기 위한 요건에 관한 것이다. 구 국세기본법(1993. 12. 31 법률 제4672호로 개정된 것) 제39조 제1항 제2호 가목 '과점주주 중 주식을 가장 많이 소유한 자'라는 요건을 해석하는 데 있어 '과점주주 중 주식을 많이 소유한자'라는 형식적인 기준만을 충족해서는 안 되고 그 소유주식에 관한 권리를 실질적으로 행사할 수 있는 지위가 있어야 제2차 납세의무를 진다는 대법원 2000. 1. 14. 선고 99두9346 판결을 재차 확인하고 있다. 다만 원심에서는 주주인 원고 X사가 Y사 소유주식에 관한 권리를 실질적으로 행사할 수 있는 지위에 있지 않다고 보아 X사의 과점주주로서의 제2차 납세의무를 부정하였으나, 대법원에서는 권리를 실질적으로 행사할 수 있는 지위에 있다고 판단하였고 이러한 점에서 대상판결은 '소유주식에 관한 권리를 실질적으로 행사할 수 있는 지위'가 있는지 여부를 판정하는 것이 쉽지 않음을 보여준 좋은 예라 할 수 있다.

현행 국세기본법(2003.12.30 법률 제7008호로 개정된 후의 것) 第39조 제1항 제2호 가목에서는 제2차 납세의무를 지는 과점주주에 대해 '당해 법인의 발행주식총수 또는 출자총액의 100분의 51 이상의 주식 또는 출자지분'이라는 형식적 기준만이 아니라 실질적 기준으로서 '권리를 실질적으로 행사하는 자'라는 요건을 명문으로 인정하고 있다는 점에서 법률의 규정에 없는 실질적 요건을 필요로 한다는 대상판례의 쟁점은 더 이상 중요한 의미를 갖지 않는다고 할 수 있다. 그러나 '권리를 실질적으로 행사'한다는 의미에 대한 해석과 관련하여서는 현행 국세기본법하에서도 중요한 시사점을 주고 있다.

먼저 과점주주에 대한 제2차 납세의무에 관한 법령이 어떠한 변천과정을 거쳤는지를 살펴본 후 현행법하에서의 과점주주에 대한 제2차 납세의무의 의의와 요건을 검토한다. 그리고서 과점주주에게 제2차 납세의무를 지울 수 있는 이론적 근거로서 법인격부인론과 실질과세의 원칙의 의미와 시사점을 살펴본 후, 이 글의 결론으로 현행 국세기본법 제39조 제1항 2호 가목의 '권리를 실질적으로 행사하는 자'의 판단에 있어 주관적 사정으로 권리를 행사할 수 없는 경우라도 회사에 대해 권리를 행사할 수 있는 법적 지위에 있으면 제2차 납세의무를 지는 것으로 보고 있는 대상판결의 타당성 여부에 대해 견해를 밝히고자 한다.

Ⅱ. 寡占株主에 대한 第2次納稅義務에 관한 法令의 經過

과점주주에 대한 제2차 납세의무에 관한 세법상 규정은 과점주주에 대한 제2차 납세의무를 제한하는 쪽으로 변경이 되어 왔다. 憲法裁判所의 결정과 大法院의 판례가 이러한 개정에 중요한 영향을 미쳤다. 출자자에 대한 제2차 납세의무가 처음 규정되었던 구 국세징수법에서부터 과점주주에 대한 제2차 납세의무에 관한 현행 국세기본법까지의 법령의 경과는 다음과 같다.

1. 國稅徵收法에 도입(1951.6.22, 법률 제208호)

국세징수법상 출자자로서 제2차 납세의무를 지는 자를 현행법과는 달리 무한책임사원에 제한하고 있다.

국세징수법 제 9 조의3
법인의 재산으로써 국세, 독촉수수료 및 체납처분비에 충당하고 부족이 있을 경우에는 그 법인의 무한책임사원은 그 부족액에 대하여 연대하여 납부의 의무를 진다. 〈본조 신설 1951. 6. 22〉

2. 國稅徵收法 改正(1961. 12. 8, 법률 제819호)

국세징수법상 제 2 차 납세의무자의 범위를 확대하여 현행법과 유사하게 무한책임사원 뿐만 아니라 과점주주도 포함하고 있다. 이때 본래의 납세의무자가 비상장법인일 것을 제한하고 있지는 않았다.

국세징수법 제14조(과점주주의 제 2 차 납세의무)
체납된 국세의 최종납기일 현재 다음 각호의 1에 해당하는 법인의 주주 또는 사원은 그 법인의 체납액에 관하여 상법의 규정에 불구하고 각인의 미불입자본금의 한도액 내에서 제 2 차 납세의무를 진다.

1. 주주 또는 사원의 1 인과 그 친족 기타 그와 각령으로 정하는 특수의 관계가 있는 개인(이하 과점주주라 한다)이 가진 주식금액 또는 출자금액의 합계액이 그 법인의 주식금액 또는 출자금액의 백분의 50 이상에 상당하는 법인
2. 주주 또는 사원의 2 인과 그들의 과점주주가 가진 주식금액 또는 출자금액의 합계액이 그 법인의 주식금액 또는 출자금액의 백분의 60 이상에 상당하는 법인
3. 주주 또는 사원의 3 인과 그들의 과점주주가 가진 주식금액 또는 출자금액의 합계액이 그 법인의 주식금액 또는 출자금액의 백분의 70 이상에 상당하는 법인

3. 國稅基本法에 도입(1974. 12. 21, 법률 제2679호)

1974. 12. 21. 법률 제2679호로 국세기본법이 제정되면서 국세징수법상의 과점주주에 대한 제 2 차 납세의무 규정이 국세기본법으로 옮겨왔다. 현행 조세법규를 악용하여 법인의 임의해산, 사무소의 폐쇄 등의 방법으로 법인재산을 주주개인에게 귀속시킴으로써 법인의 조세채무를 면제하는 1 인 지배법인에 대한 조세채권 확보책으로서 주주 또는 법인에 대한 제 2 차 납세의무 규정을 두었다.[5)]

국세기본법 제39조(출자자의 제 2 차 납세의무)
법인(주식을 한국증권거래소에 상장한 법인을 제외한다)의 재산으로 그 법인에게 부과되거나 그 법인이 납부할 국세 · 가산금과 체납처분비에 충당하여도 부족

5) 대한민국 총무처, 「행정제도제안서－1 인 지배법인에 대한 조세확보책」(1973), 135～220면.

한 경우에는 그 국세의 납세의무의 성립일 현재 다음 각호의 1에 해당하는 자는 그 부족액에 대하여 제 2 차 납세의무를 진다.

1. 무한책임사원
2. 주주 또는 유한책임사원 1인과 그 외 대통령령이 정하는 친족 기타 특수관계에 있는 자들로서 그들의 소유주식금액 또는 출자액의 합계액이 <u>당해 법인의 발행주식총액 또는 출자총액의 100분의 51 이상인 자</u>(이하 "과점주주"라 한다)

4. 國稅基本法 改正(1993. 12. 31, 법률 제4672호)

대법원은 위 舊國稅基本法하에서 "주주에게 제 2 차 납세의무를 부담시키기 위하여는 과점주주로서 그 법인의 운영을 실질적으로 지배할 수 있는 위치에 있음을 요하고 단지 형식상으로 법인의 주주명부에 주주로 등재되어 있는 사유만으로 곧 과점주주라 하여 납세의무를 부담시킬 수 없다"고 일관적으로 판결하였다.[6] 명의주주는 제 2 차 납세의무를 지지 않는다는 이러한 입장을 반영하여 과점주주에 대한 제 2 차 납세의무를 제한하는 쪽으로 관련조항을 개정하였다. 자세한 조문은 관계법령에서 이미 소개하였다.

5. 國稅基本法 改正(1998. 12. 28, 법률 제5579호)

1998. 5. 28. 헌법재판소는 위 구 국세기본법 제39조 제 1 항 다목 및 라목은 위헌결정하고, 가목은 '주식에 관한 권리를 실질적으로 행사하는 자'가 아닌 과점주주에게 제 2 차 납세의무를 부담시키는 것은 실질적 조세법률주의에 위배되고 과점주주의 재산권을 침해하여 헌법에 위반된다는 결정을 하였다.[7] 이에 따라 제 2 차 납세의무를 지는 자의 범위를 과점주주 집단에 속하는 자 중 실질적으로 주주권을 행사하는 자, 법인의 경영을 사실상 지배하는 자로 제한하고 보충적 납세의무를 지는 금액의 한도를 객관적으로 제한하도록 법규정을 개정하였다. 자세한 조문은 관계법령에서 이미 소개하였다.

현행 국세기본법하에서도 (i) 배우자 및 그와 생계를 같이하는 직계존비속의 제 2 차 납세의무의 부당성,[8] (ii) 친족관계 및 기타 특수관계인의 범위의 비

---

6) 대법원 1985. 5. 28. 선고 85누55 판결; 대법원 1985. 6. 11. 선고 85누63 판결; 대법원 1987. 2. 24. 선고 86누747 판결; 대법원 1991. 6. 11. 선고 90누7821 판결 등.

7) 헌법재판소 1998. 5. 28. 97헌가13 전원재판부. 이에 대한 평석으로는 박훈, "과점주주의 제 2 차납세의무," 「조세판례백선」, 박영사, 77~82면 참조.

8) 대법원 2004. 7. 9. 선고 2003두1615 판결에서 현행 국세기본법 제39조 제 1 항 제 2 호 가목, 나목에 규정하는 자의 배우자 및 그와 생계를 같이하는 직계존비속은 법인의 경영에 관여하여 이를 사실상 지배하거나 당해 법인의 발행주식총액의 100분의 51 이상의 주식에 관한

논리성, (iii) 100분의 51 이상이 주식 또는 출자지분에 관한 권리를 실질적으로 행사하는 자의 조세채무 부담액 산정의 모호성, (iv) 제 2 차 납세의무를 지는 순서의 불명확성 등 과점주주의 제 2 차 납세의무에 대한 논쟁은 계속되고 있다.[9)]

Ⅲ. 寡占株主에 대한 第 2 次納稅義務의 意義와 要件

1. 寡占株主에 대한 제 2 차 납세의무 意義

대상판결에서는 비상장법인인 Y사의 법인세를 Y사의 과점주주인 X사가 납세의무를 지는지 여부가 문제가 되었다. 이때 X사는 본래의 납세의무자로서가 아니라 제 2 차 납세의무자로서 법인세가 부과되었다. 여기서 제 2 차 납세의무란 본래의 주된 납세의무자가 납세의무를 이행하지 아니하여 그의 재산에 대하여 체납처분을 집행하여도 징수하고자 하는 국세채권에 부족이 있는 경우 그 부족한 금액에 대하여 법률이 정한 특별한 관계에 있는 제 3 자가 주된 납세의무자에 갈음하여 보충적으로 부담하는 납세의무를 말한다.[10)] 제 2 차 납세의무제도는 과세관청의 입장에서 보면 납세자의 징수회피행위에 대하여 신속하고도 효과적으로 대처할 수 있고, 조세의 징수확보, 합리화라는 면에서도 매우 실효성 있는 제도이다. 반면 납세의무자의 입장에서 보면, 타인이 체납한 조세의 징수를 위하여 언제 어느 때 자기에게 일방적으로 납부책임이 지워져 예상하기 어려운 손해를 입게 될지도 모른다는 불안감을 갖게 한다는 점에서 사법상의 거래안전을 저해하는 부정적인 면도 갖고 있다.[11)]

이러한 제 2 차 납세의무를 부담하는 제 2 차 납세의무자로는 대상판결에서 문제된 과점주주 이외에도 ① 청산인, 잔여재산의 분배를 받은 자 ② 무한책임사원 ③ 법인 ④ 사업양수인 등이 있다(국세기본법 제 2 조 제11호, 제38조 내지 제41조). 제 2 차 납세의무는

권리를 실질적으로 행사하지 않더라도 과점주주로서 제 2 차 납세의무를 진다고 보고 있다. 현행 국세기본법 제39조 제 1 항 제 2 호 다목의 문언상 표현만을 보면 이러한 해석이 맞다. 우리나라 사회환경상 친족관계를 이용하여 회사의 이익을 이들에게 쉽게 이전할 수 있다는 점만을 생각하면 이러한 해석이 타당하다고 볼 수 있다. 그런데 배우자나 생계를 같이하는 자에게 회사의 이익을 이전하는 것은 사해행위취소제도를 통해 막는 것이 가능하다는 점에서 주식 보유분에 권리를 실질적으로 행사하고 있지 않은데 단지 배우자나 생계를 같이하는 자라는 이유만으로 제 2 차 납세의무를 지우는 것은 타당하지 않다.

9) 현행 2차 납세의무에 관한 국세기본법 제38조 내지 제41조의 위헌요소에 대한 자세한 사항은 안창남, "제 2 차 납세의무제도의 위헌요소,"「조세법연구」 10권 1호(2004. 7), 53~72면 참조.

10) 이태로 · 안경봉, 「조세법강의」 신정 4 판(2001), 66면. 달리 표현하면 남의 채무에 대한 책임을 지는 것이다(이창희, 「세법강의」(2004), 170면).

11) 강인애, "제 2 차 납세의무(I)," 「월간조세」(1990. 3), 3면.

양도담보권자의 물적 납세의무와 함께 보충적 납세의무에 해당하나, 제 2 차 납세의무는 제 3 자의 일반재산에까지 납세의무가 확장되는 인적 담보의 작용을 함으로써 물적 담보에 한정하는 물적 납세의무와 차이가 있다. 이러한 물적 납세의무를 지는 양도담보권자는 제 2 차 납세의무자에 해당하지 않는다.[12)]

제 2 차 납세의무는 본래의 납세의무에 갈음하는 의무인 까닭에 후자에 대하여 부종성과 보충성을 갖는다. 본래의 납세의무가 소멸하면 제 2 차 납세의무도 따라서 소멸하고(附從性), 제 2 차 납세의무는 본래의 납세의무자의 재산으로는 충족시킬 수 없는 부족액을 한도로 한다(補充性).[13)] 대상판결에서 본래의 납세의무자인 Y사가 1997 사업연도분 법인세를 체납하자 과점주주인 X사에게 그 법인세를 부과한 것은 이러한 보충성에 기인한 것이다.

위에서 살펴본 제 2 차 납세의무 중 주된 납세의무자인 비상장법인의 재산으로 그 법인에게 부과되거나 그 법인이 납부할 국세·가산금과 체납처분비에 충당하여도 부족한 경우에는 그 국세의 납세의무성립일 현재 과점주주 중 법정된 자가 그 부족액에 대하여 지는 제 2 차 납세의무를 과점주주의 제 2 차 납세의무라 한다(국기법 제39조).[14)] 대상판결에서 X사에게 부과된 제 2 차 납세의무가 바로 이것이다.

2. 과점주주에 대한 제 2 차 납세의무의 要件

(1) 본래의 납세의무자는 非上場法人일 것

주식회사의 과점주주 중 일정한 자가 법인의 조세채무에 대하여 책임을 지는 것은 비상장법인의 경우에 한한다. 국세징수법 제14조하에서는 이러한 제한이 없었으나 1974. 12. 21 과점주주의 제 2 차 납세의무에 관한 규정을 국세기본법 제39조에 가져오면서 이러한 제한을 가하고 있다.

비상장법인의 경우에만 과점주주의 제 2 차 납세의무를 묻는 이유는 비상장

12) 이러한 제 2 차 납세의무를 협의의 제 2 차 납세의무라 하고, 물적 납세의무, 납세보증까지 포함하여 최광의의 제 2 차 납세의무라고 하는 견해도 있다(송쌍종, 「요해국세기본법」(서울시립대학교, 2003), 129면). 이러한 최광의의 제 2 차 납세의무는 보충적 납세의무라고도 한다(최명근, 「세법학총론(2004개정증보판)」(세경사, 2004. 3), 224면).

13) 이 보충성을 민법상 보증채무의 보충성과 같은 뜻으로 이해할지 여부에 대해서는 견해가 나뉜다. 이질설로는 이철송, "과점주주의 제 2 차 납세의무," 「월간조세」, 1989. 5, 22면; 이전오, "과점주주의 제 2 차 납세의무," 「기업과 법」, 도암 김교창 변호사 화갑기념논문집 간행위원회(1997), 858면; 최명근, 위의 책, 231면; 강인애, 「조세법 Ⅲ」(조세통람사, 1990), 232~233면 등이 있고, 동질설로는 北野弘久, 「稅法學原論」(青林書院, 1985), 226頁이 있다.

14) 임승순, 「조세법」(2004), 94면.

법인은 상장법인과 달리 주로 친척들로 구성된 폐쇄적인 회사들로서 법인을 자기의 의사대로 지배·운영하여 회사의 수익과 재산은 주주에게 귀속시키고 손실은 회사에 떠 넘기는 방법으로 법인제도를 남용하여 형해화시킬 우려가 있기 때문이다.[15] 입법론적으로는 협회등록법인은 포함시켜서는 안 된다는 견해,[16] 상장법인을 제외시키는 것이 타당하지 않다는 견해,[17] 비상장법인이라도 1인회사로 국한하는 것이 타당하다는 견해[18]등 현재의 요건에 대해 여러 비판이 가능하다.

대상판결에서 본래의 납세의무자인 Y사가 비상장법인이기 때문에 현행법하에서는 주주인 X사의 제2차 납세의무가 문제될 수 있다.

(2) 본래의 납세의무일 현재의 과점주주일 것

여기서 과점주주란 주주 또는 유한책임사원 1인과 그와 대통령령이 정하는 친족 기타 특수관계에 있는 자로서 그들의 소유주식의 합계 또는 출자액의 합계가 당해 법인의 발행주식 총액 또는 출자총액의 100분의 51 이상[19]인 자들을 말한다(국기법 제39조 제2항). 그런데 주식은 자유로이 양도될 수 있으므로 과점주주가 바뀔 수 있다.

국세기본법에서는 법인의 본래의 납세의무의 성립일 현재의 과점주주가 제2차 납세의무를 진다고 명확히 규정하고 있다(국기법 제39조 제1항 본문). 이 규정이 없었다면 대상판결에서 X사는 1997. 12. 29.에는 Y사의 발행주식총액의 53%를 소유하게 되지만, 그 이전에는 Y사의 발행주식총액의 28%만을 소유하고 있었기 때문에 X사의 과점주주 인정 여부에 대해 논란이 있을 수 있다. 그러나 위 규정에 따라 1997 사업연도분 법인세 납세의무 성립일인 1997. 12. 31. 현재 X사는

15) 임승순, 위의 책, 95면.

16) 국세기본법 제39조에서는 "주식을 한국증권거래소에 상장한 법인을 제외한다"고 되어 있어 협회등록법인의 과점주주도 제2차 납세의무를 질 수 있는 것으로 해석할 여지가 있다. 그런데 협회등록법인은 폐쇄회사로서의 법인제도의 형해화의 문제가 주식이 한국증권거래소에 상장되어 있지 않는 것은 물론이고 협회등록도 되어 있지 않은 회사와 비교하여 그리 심각하다고 보기 어렵다는 점, 주주의 유한책임에 대한 예외는 좁게 인정하는 것이 본 취지라는 점에서 상장회사와 마찬가지로 협회등록법인의 과점주주의 제2차 납세의무를 인정하지 않는 것이 타당하다. 따라서 입법상 이를 명확히 할 필요가 있다.

17) 이창희, 위의 책, 172면에서는 상장법인의 과점주주에 대해 제2차 납세의무를 무조건 배제하는 것이 옳은가에 대해 의문을 제기하고 있다.

18) 박정우·양인욱, "과점주주의 제2차 납세의무에 관한 연구,"「상사판례연구」제15집(한국상사판례연구회, 2003. 12), 731면.

19) '과반수'로 표현할 것을 '100분의 51 이상'으로 잘못 규정한 것으로 보인다. 1만주를 발행한 회사에 있어서 '과반수'는 5천 1주이고, '100분의 51 이상'은 5천 1백주라는 점에서 양자는 분명히 차이가 난다. 이철송, 위의 글, 18면; 박정우·양인욱, 위의 글, 730면 참조.

Y사 발행주식총액의 53%를 소유하고 있으므로 과점주주로 인정된다.

(3) 과점주주 중 일정한 요건을 갖춘 자일 것

과점주주 모두가 법인의 租稅債務에 대해 책임을 지는 것은 아니다. 이는 출자자 등에 제 2 차 납세의무를 부담시키는 것이 상법상 주주의 유한책임에 대한 중대한 예외이므로 그 범위를 가능한 한 축소시키는 것이다.[20]

대상판결하의 적용법규인 구 국세기본법(1993.12.31 법률 제14473호로 개정된 것) 이전의 구 국세기본법(1974.12.21 법률 제2679호로 제정된 것)에서는 과점주주이면 제 2 차 납세의무를 지는 것으로 규정하고 있었다(구국기법 제39조 제 2 호). 다만 대법원에서 단지 형식상으로 법인의 주주명부에 주주로 등재되어 있는 사유만으로 곧 과점주주라 하여 납세의무를 부담시킬 수 없다고 일관적으로 판결[21]하여 실제 운영에 있어서는 과점주주의 제 2 차 납세의무를 제한하여 적용하였다. 이러한 판례를 반영하여 1993.12.31.에 국세기본법을 개정하여 과점주주라도 일정한 요건을 갖춘 자만이 제2차 납세의무를 진다는 것을 분명히 밝히고 있다.

과점주주에 대한 제 2 차 납세의무를 제한하는 일정한 요건에 대해서는 대상판결시의 구 국세기본법과 현행 국세기본법은 서로 차이를 보이고 있다. 구 국세기본법 제39조 제 1 항 2 호에서는 과점주주 중 (i) 주식을 가장 많이 소유하거나 출자를 가장 많이 한 자 (ii) 법인의 경영을 사실상 지배하는 자 (iii) (i) 및 (ii)에 규정하는 자와 생계를 함께 하는 자 (iii) 대통령령이 정하는 임원 등이 제 2 차 납세의무를 진다. 이에 반해 현행 국세기본법하에서는 과점주주 중 (i) 당해 법인의 발행주식총수 또는 출자총액의 100분의 51 이상의 주식에 관한 권리를 실질적으로 행사하는 자 (ii) 명예회장 · 회장 · 사장 · 부사장 · 전무 · 상무 · 이사 기타 그 명칭에 불구하고 법인의 경영을 사실상 지배하는 자 (iii) (i) 및 (ii)의 배우자(사실상 혼인관계에 있는 자를 포함한다) 및 그와 생계를 같이하는 직계존비속 등이 제 2 차 납세의무를 진다.

대상판결에서 주주인 X사가 Y사의 주식을 53%를 소유하고 있었기 때문에 과점주주는 되지만 제 2 차 납세의무를 지는 자가 되는지 여부는 위 일정한 요건을 충족하는지에 따라 결정된다. X사는 과점주주이면서 Y사의 주식을 가장 많이 소유하고 있기 때문에 구국세기본법 제39조 제 1 항 제 2 호 가목의 '주식을 가장 많이 소유하거나 출자를 가장 많이 한 자'라는 요건을 갖추었다고 보

20) 임승순, 위의 책, 95면.

21) 대법원 1985.5.28. 선고 85누55 판결; 대법원 1985.6.11. 선고 85누63 판결; 대법원 1987.2.24. 선고 86누747 판결; 대법원 1991.6.11. 선고 90누7821 판결 등.

아 제 2 차 납세의무를 부과하는 것이 타당하다고 해석할 여지가 있다. 그러나 대상판결에서는 법문은 그렇게 되어 있지만 주식을 가장 많이 소유하거나 출자를 가장 많이 한 것만으로는 부족하고 당해 법인의 과반수 주식 소유집단이 소유하는 발행주식총액의 100분의 51 이상의 주식에 관한 권리를 실질적으로 행사하여야 제 2 차 납세의무를 진다고 판시하였다.[22] 이는 법원이 과점주주의 제 2 차 납세의무를 해석상 제한한 것이다. 이러한 해석하에서는 X사가 Y사의 발행주식총액의 100분의 51 이상의 주식에 관한 권리를 실질적으로 행사하고 있는지 여부가 X사가 제 2 차 납세의무를 지는지를 결정하게 된다.

현행 국세기본법에서는 1998. 5. 28. 과점주주 중 '주식을 가장 많이 소유한 자'에게 일률적으로 제 2 차 납세의무를 부담시키는 구 국세기본법 제39조 제 2 항 가목이 헌법에 위반된다는 헌법재판소의 결정에[23] 따라 제 2 차 납세의무를 지는 과점주주는 과점주주 중 '당해 법인의 발행주식총수 또는 출자총액의 100분의 51 이상의 주식 또는 출자지분에 관한 권리를 실질적으로 행사하는 자'일 것으로 규정하여 과점주주의 제 2 차 납세의무를 명문으로 제한하고 있다. 이러한 현행 국세기본법하에서도 X사가 Y사의 발행주식총액의 100분의 51 이상의 주식에 관한 권리를 실질적으로 행사하고 있는지 여부에 대해서는 판단을 요한다.

대상판결의 原審에서는 X사가 Y사의 주식을 증여받아 53% 과점주주로 된 시기가 이 사건 법인세 납세의무 성립일로부터 불과 2 일전이었고 X사의 경영권이 대표이사로부터 비상대책위원회로 사실상 이전되었다는 점 등을 들어 X사는 과점주주이기는 하지만 소유 주식에 관한 권리를 실질적으로 행사하는 자는 아니라고 보았다. 이에 반해 대상판결에서는 X사가 Y사의 발행주식총액의 100분의 51 이상의 주식에 관한 권리를 실질적으로 행사하고 있다고 보아

---

22) 同旨: 대법원 2000. 1. 14. 선고 99두9346 판결. 이 판결은 대상판결보다 먼저 과점주주의 제 2 차 납세의무의 범위에 대하여 합리적으로 제한하려한 점에서 기존 판례보다 상당히 발전한 것으로 평가받고 있다. 그러나 주식에 관한 권리를 실질적으로 행사하는 것이 무엇인지에 대하여는 분명하게 판시하고 있지는 않아 이 판결 이후 법인으로부터 취한 배당, 상여 등 이득에 관하여 행사하는 주식에 관한 권리 외에 단지 형식적으로 대표이사를 취임시키는 데 사용한 주식의 권리까지 실질적으로 행사하는 것으로 인정함으로써 전체 법인의 수입 중 100분의 98을 지배한 자는 과점주주에 해당하지 않는다고 하여 제 2 차 납세의무를 부담하지 아니하고 전체 법인의 수입 중 100분의 1을 지배한 당초 법인의 대표이사는 전체 법인의 법인세에 대하여 제 2 차 납세의무를 지는 불합리한 판결(대법원 2000. 9. 5. 선고 2000두4019 판결)이 나오게 되었다. 김영우, "과점주주의 제 2 차 납세의무," 「판례연구」 제14집, 서울지방변호사회, 2001, 89~90면 참조.

23) 97헌가13.

X사의 제 2 차 납세의무를 인정하고 있다.[24)]

Ⅳ. 寡占株主에 대한 제 2 차 납세의무의 理論的 根據

지금까지 과점주주에 대한 제 2 차 납세의무의 의의와 그 요건에 대해 살펴보면서 세법상 과점주주에게 제 2 차 납세의무를 지우고는 있지만 일정한 제한이 있음을 보았다.

주주의 상법상 유한책임원칙[25)]에 따른다면 원칙적으로 회사의 조세채무에 대해서는 책임을 지지 않아야 할 것이지만, 세법에서는 일정한 경우 주주에게 회사의 조세채무에 대해 책임을 지우고 있다.[26)] 法人格否認論이나 實質課稅의 原則이 그 이론적 근거가 되고 있다.

그런데 상법상 주주의 유한책임을 완전히 무시하고서 모든 주주에게 회사의 조세채무를 지우는 것은 아니고 일정한 범위에서 주주에 대한 제 2 차 납세의무를 제한하고 있다. 대상판결에서도 회사의 발행주식총액의 100분의 51 이상의 주식을 갖고 있는 자라도 일정한 요건을 충족하였을 때 회사의 조세채무를 진다고 보고 있다. 주주의 제 2 차 납세의무가 제한되는 이론적 근거도 주주에게 제 2 차 납세의무를 인정하는 법인격부인론이나 실질과세의 원칙이 될 것이다. 이에 대해 자세히 살펴보면 다음과 같다.

1. 法人格否認論

(1) 內　容

법인격부인론이란 회사의 법인격을 전면적으로 부정하지 않고, 회사의 특정한 법률관계에 한하여 법인격을 부인함으로써 그 법인의 배후에 있는 실체

---

24) 현행 국세기본법하에서는 제 2 차 납세의무를 지는 과점주주라도 부족액 전액에 대하여 제 2 차 납세의무를 지는 것은 아니다. 과점주주 중 법정된 자는 부족액을 그 법인의 발행주식총수(의결권 없는 주식 제외) 또는 출자총액으로 나눈 금액에 과점주주의 소유주식수 또는 출자액(실질적 지배주주 혹은 법인의 경영을 사실상 지배하는 자의 경우에는 실질적으로 권리를 행사하는 주식수 또는 출자액)을 곱하여 산출한 금액을 한도로 한다(국기법 30조 1항 단서).

25) 주식회사의 투자자들이 자신들이 투자한 금액의 범위에서만 책임을 지고, 그 이상에 대해서는 책임을 지지 않는다는 주식회사에 있어서 유한책임원칙은 주식회사를 지탱해 주는 중요한 원리 중 하나로서 예찬의 대상이 되어 왔으나 최근에는 절대적인 것이 아니라 수정 또는 변혁을 가져와야 된다는 주장이 제기되고 있다. 더 자세한 것은 박세화, "주식회사의 유한책임," 「새울법학」 제 2 호(대전대학교 법문화연구소, 1998. 2), 117~118면 참조.

26) 이러한 주주의 책임을 일종의 무한책임이라고 표현하는 견해도 있다. 송쌍종, "M&A와 세법상의 문제," 「상사법연구(9)」(한국상사법학회, 1999. 11), 204면 참조.

(지배회사 또는 모회사)를 기준으로 하여 법률적으로 취급을 하려는 것이다.[27] 이러한 법인격부인론은 미국의 판례에서 발달한 이론으로 미국의 경우 주로 사법상에서 적용되어 왔고 조세법률관계에서는 제한적으로 이용되고 있다.[28]

1974. 12. 21. 법률 제2679호로 국세기본법이 제정될 당시 주무관청에서는 상법상의 법인격부인론을 근거로 주주에 대한 제 2 차 납세의무규정을 도입하였다. 즉 "현행 조세법규를 악용하여 법인의 임의해산, 사무소의 폐쇄 등의 방법으로 법인재산을 주주개인에게 귀속시킴으로써 법인의 조세채무를 면제하는 1인지배 법인에 대한 조세채권 확보책으로서 그 이론을 도입하여 주주 또는 법인에 대한 제 2 차 납세의무규정을 둘 것"이라고 밝히고 있다.[29]

현행 우리나라 과점주주의 제 2 차 납세의무규정은 법인격부인의 법리를 그 이론적 근거로 하면서 그 운용은 징세관서의 편의성이 있도록 변형된 것이라고 보는 견해도 있다.[30]

⑵ 批　判

법인격부인론은 개별적·구체적인 거래에 한하여 주주자신의 거래로 취급하여 법인격부인의 결과 주주가 거래에 관하여 지는 책임은 보충적인 것이 아니라 바로 자기 자신의 책임이 되는 데 반하여, 과점주주의 제 2 차 납세의무는 획일적인 요건을 규정하고 그에 해당하는 회사의 과점주주에게 일반적으로 유한책임을 부정하고 주주가 거래에 관하여 지는 책임은 보충적인 것이다. 이 점에서 보면 법인격부인론은 과점주주의 유한책임을 부정하고 제 2 차 납세의무를 과할 근거가 되기 어렵다 할 수 있다.[31]

2. 實質課稅의 原則

⑴ 內　容

세법상 형식적 귀속관계를 부인하고 제 3 자에게 책임을 귀속시킬 수 있는

27) 최기원, 「신회사법론」 제11대정판(2001), 56면.

28) 납세자측에서 법인격부인을 주장하는 경우도 있다. 예컨대 지배주주가 채권자로부터 강제집행당할 것을 피하기 위하여 법인을 설립하고 자기의 부동산을 소유하게 하면서 그 법인은 그 부동산 소유 외에는 아무런 활동도 한 바 없다가 그 부동산과 관련한 법인소득이 발생한 사안에서, 미국 법원에서 이 법인은 단지 지배주주의 부동산을 소유하기 위해 존재하는 꼭두각시에 불과하다고 하여 법인의 납세의무를 부정하였다(Paymer v. Commissioner, 150 F. 2d 33(2d. Cir. 1945)).

29) 대한민국 총무처, 위의 책, 135~220면.

30) 최명근, 위의 책, 241면.

31) 안경봉, "조세법상 법인격부인론," 「사회과학연구」 제18집 제 2 권(영남대학교 사회과학연구소, 1999. 2), 68면.

근거는 실질과세의 원칙(국기법 제14조)이다. 判例에서는 제2차 납세의무제도는 "조세징수의 확보를 위하여… 원래의 납세의무자와 특수한 관계에 있는 제3자에 대하여 원래의 납세의무자로부터 징수할 수 없는 금액을 한도로 하여 보충적으로 납세의무를 부담케 하는 제도로서 일반적으로는 형식적으로 제3자에게 귀속되어 있는 경우라도 실질적으로는 원래의 납세의무자에게 그 재산이 귀속되어 있는 것으로 보아도 공평을 잃지 않는 경우 등 형식적 권리의 귀속을 부인하여 사법질서를 어지럽히는 것을 피하면서 그 형식적 권리귀속자에게 보충적으로 납세의무를 부담케 하여 징수절차의 합리화도 아울러 도모하려는 제도"라고 판시하고 있다.[32)]

과점주주의 제2차 납세의무는 과점주주이기만 하면 제2차 납세의무를 지는 경우에는 실질과세의 원칙으로 설명하기 어려운 점이 있었으나,[33)] 51% 이상의 주식소유라는 수량적 기준만이 아니라 법인과 주주의 실질적인 관계를 고려하는 현행법하에서는 실질과세의 원칙에 의해 충분히 설명할 수 있다. 법인의 주주에 대하여 제2차 납세의무를 부담시키기 위해서는 과점주주로서 그 법인의 운영을 실질적으로 지배할 수 있는 위치에 있음을 요하고 형식상 법인의 주주명부에 주주로 등재되어 있는 사유만으로 곧 과점주주라고 하여 납세의무를 부담시킬 수 없다.[34)]

(2) 批　判

제2차 납세의무는 조세징수의 편의를 위한 징수절차상의 제도인데, 조세징수절차에서 법적 형식을 도외시하고 실질과세의 원칙을 적용하면 제3자에게 예기치 못한 손해를 입히는 등 사법질서에 격심한 교란적인 영향을 미친다는 비판이 있다.[35)] 그러나 현행 국세기본법상 과점주주에 관한 제2차 납세의무는 실질적 요건만으로 그 여부를 판단하지 않고 형식적 요건도 요구하는 경우도 있고 실질적 요건만으로 판단하더라도 그러한 주주의 책임은 법인이 납부할 세액 중 법인의 재산으로 충당하고도 부족한 부분 전액이 아니라 부족액 중 과점주주의 지분에 따른 부분에 대한 책임이라는 점에서 위 비판은 받아들이기 어

---

32) 대법원 1982. 12. 24. 선고 82누192 판결; 1997. 6. 26. 헌법재판소 결정(93헌바49, 94헌바38·41, 95헌바64)에서는 과점주주의 제2차 납세의무는 실질과세의 원칙을 구현하는 것이라고 밝히고 있다.

33) 이철송, 위의 글, 17면.

34) 대법원 1989. 12. 12. 선고 88누9909 판결; 대법원 1991. 6. 11. 선고 90누7821 판결; 대법원 1995. 1. 20. 선고 94누7997 판결 등.

35) 최명근, 위의 책, 239면.

렵다.

또한 국세기본법 제14조에 규정된 실질과세의 원칙은 '과세물건의 판정과 그 귀속의 판정'에 대해서만 적용된다고 규정하였고 과세표준의 계산에 관한 규정이 아닌 징수절차에 관한 규정에서는 이를 적용할 수 없는 것이라는 비판이 있다.[36] 그러나 실질과세의 원칙은 명문의 규정을 기다려 그 기능을 갖는 것이 아니라고 보는 입장에서 보면[37] 실질과세의 원칙이 명백히 밝히지 않았다고 하여 징수절차에 적용 못할 바는 아니다. 다만 실질주의에 따르면 제2차 납세의무를 지울 필요도 없이 과점주주에 대하여 직접 과세하고 이로부터 국세를 징수할 수도 있어야 한다는 비판[38]은 타당한 면이 있다.

3. 小　結

지금까지 법인격부인론과 실질과세의 원칙을 별개의 이론으로 구별하여 설명하였지만 양자는 동일한 기능을 가지고 있고 또한 동일한 조세결과를 가져온다는 점에서 구별의 실익은 크게 없다고 하겠다.[39] 중요한 것은 과점주주라고 해서 모두 제2차 납세의무자가 되는 것은 아니며 법인격을 부인할 만큼 주주에게 책임을 지울 이유가 있는 범위 내의 주주로 제한되는 것이고 이것이 실질과세에 부합한다는 것이다.

V. 結　語

형식적으로 회사 총발행주식의 일정부분을 보유하고 있다는 사실만을 갖고 제2차 납세의무를 정한다고 하면 과세관청이나 납세의무자 어느 쪽의 입장에서도 제2차 납세의무를 지는지 여부에 대해 판단하기는 쉬울 것이다. 그러나 이러한 형식적 요건만을 기준으로 하는 경우에는 납세의무자에게 형식적 요건을 피해나감으로써 조세를 회피하는 유인을 주는 결과를 가져올 수도 있다. 또한 너무 형식적 요건만을 강조하는 경우 회사의 운영에 대해 전혀 관여하지 않고 회사의 재산변동에 전혀 영향력을 행사하지 못하는 자에 대해 회사의 일정 주식만을 가지고 있다는 이유만으로 회사의 채무에 대해 책임을 지우는 것은 주식회사의 유한책임제도에 반하는 면도 있다.

---

36) 최명근, 위의 책, 239면.
37) 이태로·안경봉, 위의 책, 28면.
38) 최명근, 위의 책, 240면.
39) 안경봉, 위의 글, 60면.

이러한 이유 때문에 형식적 요건 이외에 형식적 요건에 따른 주식 보유분에 권리를 실질적으로 행사하고 있느냐 라는 실질적 요건을 가미하여 과점주주의 제 2 차 납세의무를 제한하고 있는 것이다. 이러한 과점주주의 책임을 제한하는 일련의 입법과정이 어떠한 이론적 근거를 바탕으로 하는지에 대해서는 단언하기는 어렵다. 그러나 법인격부인론에 따르면 일정한 조세채무에 관해서 회사의 법인격을 부인하여 그 회사의 소유자인 주주에게 회사의 채무를 부담시킬 수 있게 되고, 실질과세의 원칙에 따르면 회사를 통해 이익을 얻는 자는 그 손실에 대해서도 책임을 진다고 할 때 과점주주라도 일정한 범위 내에서만 회사의 조세채무를 진다고 말할 수 있을 것이다.

대상판결에서는 실질적 요건을 갖추지 않았다는 주장이 과점주주가 제 2 차 납세의무를 벗어나는 하나의 방편으로 쓰인 것으로 보이고 대법원에서는 실질적 요건 충족을 쉽게 인정하여 이러한 조세회피를 사실상 막고 있다. 입법이나 판례가 과점주주에 대한 제 2 차 납세의무를 제한하는 쪽으로 법리를 정리하고 있는 상황하에서 이러한 제한이 오히려 조세회피의 수단으로 쓰이는 우려 때문에 대상판결에서 과점주주에 대해 제 2 차 납세의무를 인정한 것으로 보인다. 과점주주이면서 제 2 차 납세의무를 지지 않는 폐단을 막기 위한 해석이라는 점에서는 긍정적으로 볼 수 있다.

그러나 51% 이상의 주식을 갖는 경우에는 사실상 권리 행사를 할 수 없는 경우에도 제 2 차 납세의무를 지우는 결과를 가져오는 해석이라는 점에서 검토를 요한다. 주식에 관하여 주주권을 행사할 수 있는 지위를 인정하는 데에 있어 엄격한 운용이 뒤따라야 한다. 자칫 대상판결이 주주명의자 모두를 주주권을 행사할 수 있는 자로 해석하여야 한다는 취지로 오해될 소지가 있다.

繼續保險料의 納入遲滯와 解止豫告附 納入催告의 效力

權 純 姬*

대법원 2003. 4. 11. 선고 2002다69419·69426 판결**

[事實의 槪要]

원고(반소피고, 피상고인) 동부화재해상보험 주식회사는 1999. 2. "서광가구"라는 상호로 가죽소파 등의 가구를 판매하는 피고(반소원고, 상고인)와 「사업안전종합보험계약」을 맺고, 보험료는 매월 11일(후에 15일로 변경되었다) 일반자동이체방법으로 지급받기로 약정하였다. 피고는 2001. 2.분까지의 보험료를 납입하였고, 그 후의 보험료를 내지 않았다. 그런데 피고는 2001. 7. 14.부터 그 다음날까지 사이에 내린 집중호우로 "서광가구"에 진열되어 있던 가죽소파 등의 가구와 피혁이 침수되어 47,253,440원 상당의 손해를 입었다.

원고는 피고가 2001. 3.분 이후의 보험료를 납입하지 아니하여 원고가 피고에게 2001. 5. 1.까지 미납 보험료의 납부를 최고하면서 불이행시 그 다음날에 이 사건 보험계약이 자동해지됨을 통지하였음에도 불구하고, 위 기일까지 미납 보험료를 납입하지 않아 2001. 5. 2.자로 이 사건 보험계약이 실효되었고, 이 사건 사고는 그 후에 발생하였으므로 이 사건 보험계약에 기한 보험금 채무는 존재하지 않는다고 주장하였다.

이에 대하여 피고는 원고로부터 위와 같은 계약해지예고부 보험료납입 최고서를 받은 사실이 없고, 설령 이를 수령하였다 하더라도 이 사건 보험계약 약관은 납입일이 속하는 달의 다음달 말일까지 납입유예기간을 규정하고 있는바, 이는 보험료의 납입기한을 연장한 것이므로 원고가 위 보험계약을 해지하려면 위 유예기간 이후에 상당한 기간을 정하여 보험료 납입의 최고를 한 후 보험계약을 해지하여야 할 것임에도 그와 같은 절차를 밟지 아니하였으므로 이 사건 보험계약은 여전히 유효하고 따라서 피고는 이 사건 사고로 인한 보험금 85,619,715원을 지급할 의무가 있다고 주장하였다.

---

* 연세대학교 법학연구소 전문연구원, 법학박사.

** 법원공보미게재. 원심은 서울고등법원 2002. 11. 12. 선고 2002나28458·28465.

[訴訟의 經過]

원심은 보험료의 납입연체시 계약의 효력에 관하여는 이 사건 보험계약 당시의 약관 제14조 제 1 항[1])은 상법 제650조 제 2 항 및 제663조에 위배되어 무효라고 볼 것이므로, 위 약관조항은 납입유예기간이 지나면 최고 없이 자동실효된다는 부분에 관하여는 그 적용이 배제되고 상법 제650조 제 2 항이 적용되어 원고는 약정된 납입일이 지난 후 상당한 기간을 정하여 납입을 최고하여야 비로소 이 사건 보험계약을 적법하게 해지할 수 있다고 보았다.[2])

그리고 위의 상법규정의 취지가 보험자가 보험계약자에게 보험료 미납사실을 알려주어 이를 납부할 기회를 줌으로써 불측의 손해를 방지하고자 하는 것임에 비추어, 보험자가 보험계약을 해지하기 위해서는 반드시 최고와 해지의 의사표시를 별도로 하여야 한다고 볼 것은 아니고, 보험료의 납입을 최고하면서 보험료가 납입되지 않고 납입유예기간을 경과하면 별도의 의사표시 없이 보험계약이 해지된다는 취지의 통고(해지예고부 납입최고) 역시 그것이 상당한 기간을 정한 최고이고 그 최고기간의 종기가 이 사건 약관이 정한 납입유예기간의 종기보다 앞선 것이 아니라면, 최고기간 내의 불이행을 정지조건으로 하는 해지의 의사표시로서 특별히 계약자에게 불이익을 주지 않으므로 유효하다고 보았다.

나아가 원심은 피고가 2001. 3.분부터 보험료를 납입하지 않은 사실, 이에 따라 원고가 같은 해 4. 19. 피고에게 '보험료 미납입 안내'(이하에서는 '안내장'이라 한다)를 발송하였는데, 위 안내장에는 같은 해 5. 1.까지 보험료를 납입하지 않으면 이 사건 보험계약의 효력이 상실된다는 내용의 문구가 기재되어 있는 사실, 피고는 같은 해 4. 21. 피고의 가구점으로 송달된 안내장을 그 직원인

---

1) 사업안전종합보험보통약관 제14조 ① 제 2 회부터의 보험료는 납입일이 속하는 달의 다음달 말일까지 납입유예기간을 둡니다. 그러나 보험료를 내지 아니하고 납입유예기간이 지나면 그 다음날부터 계약은 효력을 상실합니다.

1999. 5. 1. 개정된 사업안전종합보험보통약관 제14조 ① 계약자가 제 2 회 이후의 보험료를 납입기일까지 납입하지 아니하는 때에는 납입기일 다음날부터 납입기일이 속하는 달의 다음달 말일까지를 납입최고기간으로 하며, 회사는 제 3 항에서 정한 바에 따라 최고하고 이 납입최고기간 안에 보험료가 납입되지 않을 경우 납입최고기간이 끝나는 다음날 계약을 해지합니다. ③ 제 2 회 이후의 보험료가 납입기일까지 납입되지 아니하여 보험료 납입이 연체중인 경우에 회사는 계약자에게 납입최고기간 안에 연체보험료를 납입하여야 한다는 내용과 납입최고기간이 끝나는 날까지 보험료를 납입하지 아니할 경우 납입최고기간이 끝나는 날의 다음날부터 계약이 해지됨을 납입최고기간이 끝나기 15일 이전까지 서면 또는 전화(음성녹음)로 알려주어야 합니다.

2) 이는 이 사건 약관조항의 개정으로 약관상으로도 이제는 별 문제가 없게 되었다.

A를 통하여 수령한 사실, 피고는 같은 해 5. 1.까지 미납된 보험료를 납입하지 아니한 사실을 인정하고, 원고는 2001. 3.분 보험료 납입일인 2001. 3. 15.이 지난 후 피고에게 이 사건 약관에 의한 납입유예기간인 2001. 4. 30.보다 뒤인 2001. 5. 1.을 종기로 하여 상당한 기간을 정한 계약해지예고부 납입최고를 하였다 할 것이고, 따라서 이 사건 보험계약은 위 기간이 종료한 다음날인 같은 해 5. 2. 적법하게 해지되었다고 판단하였다.

원심은 또한 납입유예기간이란 그 경과로서 보험계약이 자동실효된다는 효과를 발생시키기 위하여 규정된 것일 뿐만 아니라, 이 사건 약관 제13조 제2항은 납입유예기간과는 별개의 납입기한으로 납입(기)일을 규정하고 있는 사실이 인정되는바, 납입유예기간을 납입기한의 연장으로 보면 이 같은 납입일이 무의미하다는 점, 보험계약자가 보험료를 납입하지 않는 경우 1개월 내지 2개월의 납입유예기간과 함께 다시 최고기간이 경과한 후에서야 보험자가 보험계약으로부터 벗어날 수 있도록 하는 것은 불합리한 점 등을 고려하여 보면, 납입유예기간을 납입기한을 연장하는 효력을 갖는 기간으로 볼 수는 없고, 오히려 계약상 정하여진 보험료납입기일을 경과하면 보험료 지급지체의 효과는 즉시 발생하나 단지 납입유예기간은 보험자가 적극적인 최고 등 계약의 해지조치로 나아가는 것을 유보하는 기간에 불과한 것으로 보았다. 따라서 보험계약상의 보험금채무는 존재하지 않는다고 보아 피고의 항소를 기각하였다.

[判決要旨]

대법원은 다음과 같은 이유로 상고를 기각하였다.

(1) 상법 제650조 제2항은 "계속보험료가 약정한 시기에 지급되지 아니한 때에는 보험자는 상당한 기간을 정하여 보험계약자에게 최고하고 그 기간 내에 지급되지 아니한 때에는 그 계약을 해지할 수 있다."라고 규정하고, 같은 법 제663조는 위의 규정은 당사자 간의 특약으로 보험계약자 또는 피보험자나 보험수익자의 불이익으로 변경하지 못한다고 규정하고 있으므로, 분납보험료가 소정의 시기에 납입되지 아니하였음을 이유로 그와 같은 절차를 거치지 아니하고 곧바로 보험계약을 해지할 수 있다거나 보험계약이 실효됨을 규정한 약관은 상법의 그 규정에 위배되어 무효라 할 것이다.

(2) 반대되는 사정이 없으면 보험약관에서 정한 납입유예기간을 납입기한

을 연장하는 효력을 갖는 기간으로 볼 수는 없고, 오히려 계약상 정하여진 보험료 납입기일을 경과하면 보험료 지급지체의 효과는 즉시 발생하나 단지 납입유예기간은 보험자가 적극적인 최고 등 계약의 해지조치로 나아가는 것을 유보하는 기간에 불과한 것으로 보아야 할 것이므로, 특별한 사정이 없는 한 납입유예기간을 지난 일자를 기한으로 한 최고를 거쳐 그 기한이 지나면 별도의 의사표시없이 해지의 효과가 생기게 하는 것은 상법 제663조에 위반된다 할 것은 아니다.

[評　　釋]

I. 問題의 提起

보험법은 최초보험료의 지급이 없는 경우에는 보험자의 책임이 개시되지 않게 함으로써 보험료의 지급을 고무하여 보험기금의 확보에 중점을 두고 있으나, 계속보험료가 약정된 지급기일에 지급이 없는 경우에는 곧바로 보험자의 책임을 소멸하게 하는 것이 아니라 보험자로 하여금 일정기간을 설정하여 催告하도록 함으로써 보험계약자가 일단 개시된 보험보호를 쉽게 잃어버리지 않도록 하는 데 중점을 두고 있다.[3] 상법 제650조 제 2 항은 "계속보험료가 약정한 시기(지급기일, 납입기일)에 지급되지 아니한 때에는 보험자는 상당한 기간을 정하여 보험계약자에게 최고하고, 그 기간 내에 지급되지 아니한 때에는 보험계약을 해지할 수 있다."고 규정하고 있다. 이 규정에 의하면, 보험자는 계속보험료의 지급지체에 대해서는 최고와 해지의 절차를 밟아야 보험금지급책임을 면하게 된다.

한편 종전의 실무에서는 계속보험료의 지급지체에 대해서 이른바 失效約款(失效條項)에 의하는 것이 통상적이었다. 실효약관 또는 실효조항이란 보험계약자가 계속보험료[4]를 약정한 지급기일까지 지급하지 않는 경우에, 그 지급기일로부터 일정기간(이를 猶豫期間 또는 支給猶豫期間이라고 한다) 당해 보험료의 지급을 유예해 주고,[5] 그 유예기간이 경과할 때까지도 지급이 없으면 보험자는 별도의 최고나 해지의 의사표시 없이 곧바로 보험계약의 효력이 상실된다는 내

3) Bruck-Möller, Kommentar zum VVG, 1 Bd., 8. Aufl. 1961, §35 Anm. 31.

4) 실무에서는 보통 '제 2 회 이후의 보험료'로 규정하고 있다.

5) 그 기간 내에 보험사고가 발생하면 그 때까지 보험료의 지급이 없었더라도 보험자는 보험금지급책임을 진다.

용의 조항을 말한다.[6)]

보험약관에서의 실효약관을 유효한 것으로 보았던 종전의 대법원 판례를 변경하여 이를 무효로 본 이후, 실무계에서는 이 판결에 맞추기 위하여 해지예고부 납입최고약관으로 개정하고 보험계약자에 대한 보험료지급의 최고에 보다 주의를 기울이게 되었다.[7)] 대상 판결은 1995. 11. 대법원이 전원합의체 판결[8)]로 실효약관[9)]의 효력을 무효화한 이후 각종 보험약관에서 계속보험료의 납입이 연체되는 경우에 해지예고부 최고를 하도록 규정하고 있는 것과 관련하여, 실효약관이 무효임을 재차 확인하면서 해지예고부 납입최고의 유효성을 선언한 판례이다.[10)] 따라서 본 글에서는 실효약관에 대한 과거의 논의는 배제하고, 계속보험료의 납입지체시의 해지예고부 납입최고의 유효성 여부를 상법 제650조 제 2 항 및 제663조와의 관계에서 논하려고 한다.

6) 장경환 · 권기범, "상법 제650조 제 2 항과 실효약관,"「서울대학교 법학」 110, 서울대학교 법학연구소(1999. 5.), 125면.

7) 그러나 이러한 대법원의 태도에 대하여는 실효약관의 무효화로 인하여 생겨나는 왜곡현상과 지급기일 도래 전에 보험료 지급에 관한 통지를 하는 실무관행을 이유로 반대하는 논의가 있었다(장경환, "상법 제650조 제 2 항과 실효약관,"「보험법연구 3」 보험법연구회편(삼지원, 1999), 209~222면; 김성태, "실효약관의 효력부인,"「상사판례연구 Ⅱ」(박영사, 1996), 98~107면). 그러나 현재는 보험업계가 개정된 표준약관에서 실효약관을 대신하여 해지예고부 납입최고의 규정을 두고 있으며, 이러한 약관의 사용이 보편화되었다.

8) 대법원 1995. 11. 16. 선고 94다56852 전원합의체 판결에 의하면, "구 상법(1991. 12. 31. 법률 제4470호로 개정되기 전의 것) 제650조는 보험료가 적당한 시기에 지급되지 아니한 때에는 보험자는 상당한 기간을 정하여 보험계약자에게 최고하고 그 기간 내에 지급하지 아니한 때에는 계약을 해지할 수 있도록 규정하고, 같은 법 제663조는 위 규정을 보험당사자 간의 특약으로 보험계약자 또는 보험수익자의 불이익으로 변경하지 못한다고 규정하고 있으므로, 분납 보험료가 소정의 시기에 납입되지 아니하였음을 이유로 그와 같은 절차를 거치지 아니하고 막바로 보험계약이 해지되거나 실효됨을 규정하고 보험자의 보험금지급 책임을 면하도록 규정한 보험약관은 위 상법의 규정에 위배되어 무효이다."라고 판시하고 있다. 그 밖에도 대법원 1997. 7. 25 선고 97다18479 판결; 대법원 2001. 6. 29. 선고 2000다64953 판결 등이 있다.

9) 실무상 생명보험, 장기저축성 손해보험, 자동차종합보험에서는 계속보험료의 지급이 지체되는 경우에 상법 제650조 제 2 항의 상당기간설정부 최고와 해지의 절차를 밟는 대신, 약정된 시기(납입기일)로부터 일정한 기간을 유예기간으로 설정하여 그 기간이 경과할 때까지 계속보험료의 지급이 없으면 그대로 보험계약을 실효시키는 이른바 失效約款이 사용된 바 있다(최기원,「제12판 상법학신론(하)」(박영사, 2003), 650면).

10) 비록 대상 판례의 보험계약에 직접 적용되는 약관은 실효약관이었으나, 당해 계약존속 중에 개정된 해지예고부 납입최고조항에 따라서 이루어진 보험사의 납입최고절차가 상법 제650조 제 2 항에 부합하는지 여부를 살펴봄으로써, 해지예고부 납입최고의 유효성 여부를 검토하고 있다.

Ⅱ. 繼續保險料 納入遲滯의 效果

1. 保險契約者의 契約解止權

계속보험료[11]의 납입이 없으면, 보험자는 상당한 기간을 정해 보험계약자에게 그 납입을 최고하고, 그 기간 내에 지급되지 않으면 해지의 의사표시를 함으로써 보험관계에서 벗어날 수 있다. 즉 계속보험료의 불지급은 계약해지사유가 된다(상법 제650조 제2항).[12]

(1) 契約解止의 要件

보험자는 계속보험료가 지급기일에 지급되지 않은 경우에 상당한 기간을 정하여 보험계약자 또는 특정한 타인을 위한 보험의 경우에 그 타인에게 최고하고 그 기간 안에 지급하지 아니한 때에는 계약을 해지할 수 있다(상법 제650조 제2항·제3항). 계약해지의 요건은 다음과 같다.

(가) **계속보험료가 약정한 시기에 지급되지 아니하였어야 한다.** 여기서 약정한 시기라 함은 보험계약에서 정한 그 보험료의 지급기일이다. 그리고 이러한 보험료의 납입지체는 보험계약자의 歸責事由로 인한 것이어야 한다.[13]

(나) **보험자는 상당한 기간을 정하여 보험료지급채무자에게 보험료의 지급을 최고하여야 한다.** 여기서 催告라 함은 보험계약자 또는 그 타인[14]에게 보험료를 지급하도록 요구하는 보험자의 의사통지[15]로서, 그 방법은 제한이 없으

---

11) '최초보험료(Erstprämie)'와 '계속보험료(Folgeprämie)'는 독일 보험법학상의 용어이다. 특히 계속보험료는 독일보험계약법(VVG) 제39조와 우리 상법 제650조 제2항에서 사용되고 있는 법전상의 용어이다. 최초보험료란 그 지급이 없으면 보험자의 책임이 개시되지 아니하는 보험료를 말하고, 계속보험료란 그 지급이 없으면 이미 개시된 보험자의 책임이 더 이상 계속되지 아니하는 보험료를 말한다. 최초보험료는 항상 '제1회 보험료(die erste Prämie)'가 되지만, 제1회 보험료의 지급을 유예하는 경우에는 제1회 보험료는 최초보험료가 아니라 계속보험료가 된다. 그리고 '제2회 이후의 보험료(die folgenden Prämien)'는 항상 계속보험료가 된다(Bruck-Möller, §35 Anm. 16).

12) 김성태, 앞의 글, 100면.

13) 따라서 만일 보험자가 보험계약자에게 보험료를 받아가기로 한 경우에 수금사원이 그 보험료를 받으러 가지 아니하였거나 보험료액의 다툼이 있어 이를 지급하지 아니한 경우에는 보험계약자에게 그 책임을 물릴 수는 없다(대법원 1991. 7. 9. 선고 91다12875 판결). 그리고 보험대리점이 제1회 보험료를 받으면서 제2, 3회의 계속보험료를 약속어음으로 받아 횡령하였다면 그 책임은 보험자에게 돌아간다(대법원 1987. 12. 8. 선고 87다카1793, 1794).

14) 대법원 2003. 2. 11. 선고 2002다64872 판결은 "분할보험료가 약정한 시기에 지급되지 아니한 경우 보험자는 상당한 기간을 정하여 보험계약자에게 최고하고 그 기간 안에 보험료가 지급되지 아니한 때에는 그 보험계약을 해지할 수 있으나, 보험계약자와 피보험자가 다른 때에는 상법 제650조 제3항에 따라 피보험자에게도 상당한 기간을 정하여 보험료의 지급을 최고한 뒤가 아니면 그 계약을 해지하지 못한다"고 판시하고 있다.

15) 보험회사의 의사통지를 수령할 장소에 관하여 위 대법원 2003. 2. 11. 선고 2002다64872

므로 구두로 하든 서면으로 하든 상관없다.[16)17)] 보험자가 지급기일이 도래하기 전에 보험료의 지급의 통지를 하더라도 이는 단순한 통지일 뿐 상법 제650조 제2항에서 말하는 최고가 되지 못한다. 보험료의 지급의 통지는 이를 '지급기일 이후'에 해야 적법한 최고가 된다.[18)] 이는 과거에 계속보험료의 납입기일 이전의 최고와 실효약관을 사용하던 보험업계의 관행이 대법원 전원합의체 판결로서 그 효력이 부인됨으로써 명백해졌다.[19)] 또 상당한 기간은 거래의 통념에 따라 정할 문제인데 2주 이상을 정하는 것으로 충분하다고 본다.[20)21)] 독일 보험계약법(VVG) 제39조 제1항[22)]도 계속보험료의 경우 그 최고기간을 2주 이상으로 하고 있다.

최고기간은 최고가 보험계약자에게 도달된 날의 다음날로부터 시작하여 그 기간의 마지막 날이 경과할 때 종료한다.[23)] 즉 최고기간은 최고가 실제로 보험계약자에게 到達[24)]된 때를 기준으로 기산되는 것이고 '지급기일로부터 30일간

판결은 "이 사건 보험계약에 적용되는 개인용자동차보험 특별약관의 보험료 분할납입특별약관 제3조 제3항은 보험계약자 또는 피보험자가 주소변경을 통보하지 아니하는 한 보험증권에 기재된 보험계약자 또는 피보험자의 주소를 보험회사의 의사표시를 수령할 지정장소로 본다고 규정하고 있으나, 이 규정은 보험회사가 과실 없이 보험계약자 또는 피보험자의 주소 등 소재를 알지 못한 경우에 한하여 적용된다"고 판시하고 있다. 관련 판례로는 대법원 1991. 12. 24. 선고 90다카23899 전원합의체 판결; 대법원 2000. 10. 10. 선고 99다35379 판결이 있다.

16) 최기원, 「보험법」 제3판(박영사, 2002), 248면; 양승규, 「보험법」 제2판(삼지원, 1996), 152면.

17) 스위스 보험계약법 제20조에서는 최고는 서면으로 함을 원칙으로 하고 보험료를 채무자로부터 추심할 때에는 서면에 의한 최고는 구두에 의한 최고로 갈음할 수 있다고 규정하고 있다.

18) 장경환, 앞의 글, 206면.

19) 실효약관의 효력을 부인한 대법원 전원합의체 판결 전에는 납입기간이 도래하기 전에 이루어진 통지도 최고와 마찬가지로 계속보험료의 지급을 촉구하고 이행의 기회를 부여하고 있으므로, 상당한 기간 내에 이루어진 사전통지도 유효한 최고라고 보았다(심상무, "계속보험료 납입지체에 관한 유예기간부 실효조항의 효력," 「상사법연구」 제12집(1993), 273면).

20) 최기원, 앞의 책, 248면; 양승규, 앞의 책, 152면.

21) 상법 제650조 제2항에 따라 보험자가 최고에서 정해야 하는 '상당한 기간'을 보험기간이 1년을 초과하는 장기보험(생명보험, 장기저축성 손해보험)의 경우에는 '2주 이상'으로 하고, 1년을 초과하지 않는 단기보험(자동차종합보험)의 경우에는 '1주 이상'으로 풀이함이 적절하다고 주장하는 견해도 있다(장경환·권기범, 앞의 글, 133면 각주 27).

22) 독일 보험계약법 제39조(계속보험료의 지급지체) ① 계속보험료가 適時(rechtzeitig)에 지급되지 아니하는 경우에는, 보험자는 보험계약자에 대하여 보험계약자의 비용으로 서면에 의하여 2주 이상의 지급기간(Zahlungsfrist)을 지정·통지할 수 있으며, 서명은 자필서명의 복사로도 충분하다. 이때에는 제2항, 제3항에 따라 지급기간 경과시에 생겨나는 법적 효과를 摘示해야 한다.

23) 민법 제111조 제1항, 제157조, 제161조에 의해 최고가 보험계약자에게 도달된 날의 다음날로부터 시작하여(初日不算入의 原則) 그 기간의 마지막 날이 경과할 때 종료한다.

24) 대법원 2002. 7. 26. 선고 2000다25002 판례는 "내용증명우편이나 등기우편과는 달리, 보통우편의 방법으로 발송되었다는 사실만으로는 그 우편물이 상당기간 내에 도달하였다고 추정할 수 없고 송달의 효력을 주장하는 측에서 증거에 의하여 도달사실을 입증하여야 한다"고

을 최고기간으로 한다'는 식으로 그 기산점을 일정한 시점(예컨대 지급기일)으로 고정해서는 안된다.[25]

(다) **보험료지급의무자가 최고에서 지정한 기간 안에 보험료의 지급이 없어야 한다** 그 최고가 보험계약자에게 도달된 때로부터 催告期間이 경과할 때까지도 보험료의 지급이 없어야 한다.

(라) **보험자는 계약해지의 의사표시를 하여야 한다** 최고기간이 경과할 때까지도 보험료의 지급이 없으면 보험자는 계약해지의 통지를 해야 한다. 이 해지의 통지가 보험계약자에게 '到達'된 때로부터 비로소 보험자는 책임을 면하게 된다. 즉 해지는 보험계약자에게 도달되면 즉시 그 계약을 소멸시킨다.[26]

(2) **보험계약해지의 효과**

이 경우에 보험자는 계약해지의 통지가 보험계약자에게 도달된 이후에 생겨난 보험사고에 대해서만 책임을 면하게 되는지가 문제된다. 보험자는 해지통지가 보험계약자에게 도달되는 때에 비로소 책임을 면하게 되므로, 계약해지 전에 생긴 사고에 대해서는 언제나 책임을 져야 할 것처럼 생각된다.

그러나 상법 제655조에 의하면 보험자는 보험사고가 발생한 후에도 상법 제650조 제 2 항에 의하여 계약을 해지할 수 있고, 이 경우 보험금을 지급할 책임이 없으며 이미 지급한 보험금의 반환을 청구할 수 있다.[27] 즉 계약해지 후에 생겨난 사고에 대해서만 책임을 면하는 것이 아니라 계약해지 전에 생긴 사고라도 '催告期間 經過後에 생긴 사고'에 대해서는 계약해지에 의하여 책임을 면할 수가 있다.[28] 이 점에서 제650조 제 2 항에 의한 계약해지는 해지시부터

판시하고 있다.

25) 장경환, 앞의 글, 206면.

26) 오스트리아 보험계약법 제29조 제 2 항, 독일 보험계약법 제39조 제 3 항 등.

27) 양승규, 앞의 책, 158면.

28) 대법원 2001. 4. 10. 선고 99다67413 판결에 의하면 보험자가 계속보험료 지급의 연체를 이유로 상법 제650조 제 2 항에 의하여 보험계약을 해지한 경우, 상법 제655조의 규정을 들어 계속보험료 지급의 연체 이전에 발생한 보험사고에 대하여 지급한 보험금의 반환을 구할 수 있는지 여부에 대하여 다음과 같이 판시하고 있다. 즉 "상법 제655조 본문은 보험사고가 발생한 후에도 보험자가 제650조의 규정에 의하여 계약을 해지한 때에는 이미 지급한 보험금액의 반환을 청구할 수 있다고 되어 있어, 법문의 외양상으로는 계속보험료(월납분담금) 미지급에 따른 상법 제650조 제 2 항의 규정에 의한 계약해지의 경우에도 이미 지급한 보험금액의 반환을 청구할 수 있는 것으로 되어 있으나, 상법 제650조 제 2 항이 보험계약자를 보호하기 위하여 계속보험료가 연체된 경우에 상당한 최고기간을 둔 다음 해지하도록 규정하고 있는 점 등에 비추어 볼 때, 계속보험료의 연체로 인하여 보험계약이 해지된 경우에는 보험자는 계약해지시로부터 더 이상 보험금을 지급할 의무만을 면할 뿐, 계속보험료의 연체가 없었던 기간에 발생한 보험사고에 대하여 이미 보험계약자가 취득한 보험보호를 소급하여 사라지게 하는 것이 아니므로, 보험자는 보험계약자에 대하여 이미 지급한 보험금의 반환을 구할 수 없다

의 장래적 효력뿐만 아니라 최고기간 경과시까지의 소급적 효력도 지니는 것으로서 통상의 '解止'의 효력과는 다르다.[29]

그리고 보험자는 계속보험료의 불지급으로 보험계약을 해지한 때에는 보험자가 위험을 담보한 기간이 속하는 보험료기간에 대한 보험료의 지급을 청구할 수 있다고 본다.[30]

2. 解止豫告附 納入催告

⑴ 意　義

상법 제650조 제 2 항에 의하면 보험자는 최고와 해지의 2개의 절차를 밟아야 한다. 그러나 최고기간을 정하여 보험료의 지급을 최고하면서 동시에 "그 기간 내에 보험료를 지급하지 않으면 그 기간 경과시에 계약을 해지한다."는 뜻의 "해지예고부 최고"를 미리 덧붙여 할 수가 있다. 즉 최고와 동시에 '최고기간 내의 보험료 불지급'을 정지조건으로 하여 해지의 의사표시를 미리 하는 것이다. 해지예고부 최고를 할 경우에는 해지의 의사표시는 별도로 할 필요가 없지만 최고만은 해야 하고, 최고기간의 기산일은 '최고도달일의 다음날'이 된다.[31]

그리고 이때의 도달이라 함은 상대방의 지배권 내에 들어가 사회관념상 상대방이 그 내용을 알 수 있는 객관적 상태에 놓여졌다고 인정되는 상태를 지칭하고 그 최고서를 상대방이 현실적으로 수령하였거나 그 내용을 알았을 것까지는 필요하지 않다.

⑵ 解止豫告附 納入催告의 有效性

이러한 해지예고부 납입최고는 앞에서 살펴본 것처럼 최고기간 경과시까지

고 할 것이다."라고 보았다.

본 판결에서 계속보험료의 연체가 없었던 기간 중에 발생한 보험사고에 대하여 보험자가 지급한 보험금은 그후 계속보험료 지급의 연체를 이유로 계약이 해지된 경우에도 보험자가 반환을 청구할 수 없다고 본 것은 타당한 해석이나, 상법 제650조 제 2 항은 계속보험료의 납입최고기간중에 발생한 사고에 대한 보험자의 책임의 해석에서 상법 제655조와 관련된다. 즉 계속보험료의 납입최고기간 동안에 발생한 사고에 대하여는 최고기간중에 계속보험료의 지급이 없다면 상법 제655조의 해석에 의하여 보험자는 보험금 지급책임이 없다고 해석할 수 있을 것이다.

29) 장경환, 앞의 글, 207면.

30) 최기원, 앞의 책 249면; 양승규, 앞의 책, 153면.

31) 실효약관에 의하면 최고와 해지의 절차를 밟을 필요 없이 단지 유예기간의 경과만으로 자동적으로 보험계약이 실효되고 보험자는 면책이 되고, 유예기간의 기산일은 '지급기일의 다음날'이 된다는 점이 양자의 차이이다. 실효약관에 대한 평석으로는 장경환, "보험약관상의 실효조항의 효력," 「상사판례연구(Ⅱ)」, 85~97면; 김성태, 앞의 글, 98~107면.

계속보험료의 지급이 없으면 그 후에 생긴 사고에 대하여는 보험자는 계약해지에 의하여 보험금지급책임을 면할 수 있기 때문에 해석론상 허용된다고 본다(상법 제655조 참조).[32] 즉 최고기간중에 보험사고가 발생하였을 경우에 보험계약자는 사고 발생 후에라도 최고기간 종료 전에 연체보험료를 납입하기만 하면 보험금지급을 받게 되는 것이다.[33]

보험자는 해지예고부 납입최고에 의해 최고기간 경과시 별도로 해지의 의사표시는 하지 않아도 되지만,[34] 지급기일 이후에 최고만은 반드시 해야 하는 것이다.[35] 해지예고부 납입최고의 최고기간은 상법 제650조 제2항에 의하여 부여되는 기간 즉, 지급기일로부터 최고기간을 거쳐 계약해지의 효력발생일까지의 기간보다 장기간이 되어야 할 것이다.[36] 그렇다면 해지예고부 납입최고에서는 해지통지를 생략하는 대신에 해지통지에 소요되는 기간 즉, 우리나라에서 우편에 의해 서신이 도달될 때까지는 보통 발송일로부터 2~3일이 걸리므로 해지통지가 보험계약자에게 도달되는 기간을 3일로 보고 최고기간을 2주로 본다면, 해지예고부 납입최고의 최고기간은 도달일로부터 최소한 '17일' 이상이 되어야 하리라고 본다.[37]

해지예고부 납입최고에서 상법 제650조 제2항의 해지절차를 생략하는 것에 관하여는 실효약관의 효력에 관한 과거의 논의가 참고가 될 것이다. 즉 계속보험료의 불지급이 보험계약자의 귀책사유로 말미암은 경우에 일정한 기간을 유예했음에도 불구하고 그 지급이 없는 때에 보험자가 계약해지의 절차를 밟지

32) 양승규, 앞의 책, 158면; 심상무, 앞의 글, 273면.

33) 이와는 달리 과거 '선원특수공제 공제료분납특별약관' 및 '선원노동자재해보상보험 보험료분납특별약관'에서는 유예기간 동안 사고가 발생하더라도 그 전에 보험료의 지급이 없는 이상 보험자가 책임을 지지 않는다는 조항이 있었다. 따라서 이 경우에는 보험료의 지급을 지체하는 동안 보험계약은 존재하고 보험자의 책임은 없는 상태가 지속되므로 이러한 유예기간은 이른바 불완전유예기간(unvollkommene Stundungsfrist)에 해당한다. 동 조항의 효력에 관하여 대법원은 각각 무효(대법원 1992. 11. 24. 선고 92다23629 판결)·유효(대법원 1992. 11. 27. 선고 92다16218 판결)라고 하여 엇갈린 판결을 내렸다. 이에 관한 자세한 내용은 한창희, "분납보험료의 지급지체와 유예기간 없는 실효조항의 효력,"「인권과 정의」, 1993. 7, 101~106면.

34) 민법의 해제의 해석론에서도 최고를 하면서 최고기간 내에 이행하지 않으면 다시 해제의 의사표시를 하지 않더라도 당연히 해제되는 것으로 하는 것은 유효하다고 한다(곽윤직, 「신정판 채권각론」(박영사, 1995), 163면.

35) 장경환, 앞의 글, 208면.

36) 실효약관의 효력에 관한 과거의 학설의 논의에서 실효약관이 최고와 해지의 절차를 밟을 경우에 부여되는 기간보다 훨씬 장기간의 유예기간을 부여한다면 제650조 제2항보다 불이익한 조항이라고 할 수 없다는 주장이 있었다(장경환, "보험약관상의 실효약관의 효력,"「사법행정」, 1991. 10. 21~22면).

37) 장경환·권기범, 앞의 글, 133면.

아니하였다고 해서 그 후의 보험사고에 대해서 보험자의 책임을 인정하는 것은 보험료의 지급을 게을리한 보험계약자에게는 이익이 되나, 보험단체전체의 이익이 되지는 않을 것이다.[38)]

그리고 독일 보험계약법 제39조[39)]의 규정은 보험자가 면책되기 위해서는 '지급기일 이후의 최고절차'를 거칠 것을 요구하는 점에서 우리 상법 제650조 제 2 항과 맥을 같이 하고 있으며,[40)] 특히 동조 제 3 항 제 2 문에서는 '해지예고부 납입최고'를 명문으로 규정하고 있다.

⑶ 現行 約款條項의 檢討

실효약관의 효력을 무효로 본 1995. 11. 대법원판결 이후 손해보험협회와 생명보험협회를 중심으로 약관개정작업이 이루어져 그 결과 현재 통용되고 있는 자동차보험 보험료분할납입 특별약관[41)]과 생명보험 표준약관[42)]에서는 납입최고기간의 설정 및 그 기간 종료전 해지예고부 최고를 규정하고 있다.

---

38) 양승규, 앞의 책, 138면.

39) 독일 보험계약법 제39조(계속보험료의 유예기간확정) ① 계속보험료가 適時(약정한 지급기일)에 지급되지 아니하는 경우에는, 보험자는 보험계약자에 대하여 보험계약자의 비용으로 서면에 의해 2주 이상의 지급기간(Zahlungsfrist)을 지정·통지할 수 있으며, 서명은 자필서명의 복사로도 충분하다. 이때에는 제 2 항, 제 3 항에 따라 기간 경과시에 생겨나는 법적 효과를 摘示하여야 한다.

② 지급기간 경과 후 보험사고가 발생하고 그때까지 보험계약자가 보험료나 이자·비용 등의 지급을 지체한 경우에는 보험자는 보험금 지급의무를 면한다.

③ 보험계약자가 지급을 지체하고 있는 경우에는 보험자는 지급기간 경과 후 해지기간의 유보 없이 보험관계를 해지할 수 있다. 해지는 보험계약자가 지급기간 경과시까지 지급을 지체하는 경우 그 지급기간의 경과와 동시에 효과가 생겨나도록 지급기간의 지정·통지시에 미리 할 수 있으며, 이 점은 그 해지시에 보험계약자에게 명시적으로 적시되어야 한다. 해지 후 1월 내에 또는 해지가 지급기간의 지정·통지와 동시에 행해진 경우에는 그 지급기간 경과 후 1월 내에 보험계약자가 지급을 추완하는 경우에는, 그때까지 보험사고가 이미 발생하지 않은 한, 해지의 효과는 소멸한다.

④ 제 2 항, 제 3 항에서 정해진 법적 효과가 이자나 비용의 불지급으로 인한 경우에는, 그 효과는 지급기간의 지정·통지시에 그 이율이나 액수가 적시되었던 경우에만 발생한다; 독일 보험계약법 제39조상의 지급기간((Zahlungsfrist)은 우리의 경우 해지예고부 납입최고시의 催告期間에 해당할 것이다.

40) 장경환·권기범, 앞의 글, 136면.

41) 1995. 11. 대법원 전원합의체 판결 이후 개정된 자보분납약관에서는 납입최고기간의 설정, 그 기간 종료 전의 해지예고부 최고 및 추가비용의 납입이 규정되었다. 그런데 보험계약자가 납입일자 후에 보험료를 납입하는 경우 이와 더불어 무조건 추가비용을 납입해야 하는 것은, 실제로 보험회사가 납입일자 후의 최고를 하기도 전에 납입일자의 경과만으로 최고에 따르는 사무비용을 납입하는 셈이 되어 추가비용의 근거를 합리적으로 설명하기 곤란하다는 비판이 제기되어, 1998년의 자보분납약관에서는 추가비용에 관한 규정이 삭제되었다(장경환, "상법 제650조 제 2 항과 실효약관," 211면).

42) 1998년 12월 16일에 개정된 생명보험 표준약관에서 이러한 규정을 도입하였다. 대상 판결의 「사업안전종합보험 보통약관」 역시 이러한 해지예고부 최고에 관한 약관조항을 두고 있다. 앞의 각주 1) 참조.

(가) 자동차보험 보험료분할납입 특별약관상의 납입최고 조항

제 3 조(분할보험료의 납입최고) ① 보험계약자가 약정한 납입일자까지 제 2 회 이후의 분할보험료를 납입하지 아니하는 때에는 약정한 납입일자로부터 30일간의 납입최고기간을 둡니다. 회사는 이 납입최고기간 안에 생긴 사고에 대하여는 보상합니다.

② 제 1 항의 납입최고기간 안에 보험료를 납입하지 아니하는 때에는 납입최고기간이 끝나는 날의 24시부터 보험계약은 해지됩니다.

③ 보험계약자가 약정한 납입일자까지 분할보험료를 납입하지 아니한 경우, 회사는 보험계약자 및 기명피보험자에게 납입최고기간이 끝나는 날 이전에 제 1 항 및 제 2 항의 내용을 서면으로 최고합니다.(이하 생략)

자보분납약관 제 3 조의 납입최고는 제 2 항에서 '납입일자로부터 30일이 되는 날'까지 보험료의 납입이 없으면 그 때 계약을 해지한다는 뜻을 담고 있으며, 제 3 항에서 "납입최고기간이 끝나는 날 이전에 제 1 항 및 제 2 항의 내용을 서면으로 최고합니다"라고 규정하고 있으므로 납입기일 이후의 적법한 해지예고부 최고를 한 것이다. 그러나 제 1 항의 "약정한 납입일자로부터 30일간의 납입최고기간을 둡니다"라는 규정은 잘못된 것이다. 왜냐하면 최고기간[43]은 앞에서 살펴본 것처럼 최고가 실제로 보험계약자에게 도달된 때로부터 기산하는 것이지, 그 기산일을 약관에서 미리 납입일자로 고정시킬 수는 없는 것이다. 특히 납입최고서의 도달기한조차도 규정하고 있지 않기 때문에 보험계약자가 납입을 준비할 수 있는 최소한의 기간도 보장하고 있지 않다. 이렇게 납입일자로부터 일정기간을 고정시켜 놓으면 명칭만 '납입최고기간'일 뿐 실제로 '실효약관상의 유예기간'이나 다를 바 없는 것이 된다.[44] 따라서 해지예고부 납입최고에서 보험계약자가 납입을 준비하기에 상당한 기간 즉, 17일 이상을 최고기간으로 설정하거나, 아니면 최고기간이 종료되기 최소한 17일 이전에 납입최고서가 도달되는 내용으로 개정되어야 할 것이다.[45]

(나) 생명보험 표준약관상의 납입최고 조항

第60조(보험료의 납입연체시 납입최고와 계약의 해지) ① 계약자가 제 2 회 이후의 보험료를 납입기일까지 납입하지 아니하는 때에는 납입기일 다음날부터 납입기일이 속하는 달의 다음달 말일까지를 납입최고기간으로 하며, 회사는 제 3

43) Bruck-Möller, § 39 Anm. 20.

44) 장경환, 앞의 글, 219면.

45) 동 조항의 해석에 있어서 '납입일자로부터 30일이 되는 날'에서 역산하여 상당한 기간 전에 발송하여야 하는 것으로 해석하는 견해도 있다(장경환, 위의 글, 220면).

> 항에서 정한 바에 따라 최고하고 납입최고기간 안에 보험료가 납입되지 않은 경우 납입최고기간이 끝나는 날의 다음날 보험계약을 해지합니다. 납입최고기간 안에 발생한 사고에 대하여 회사는 약정한 보험금을 지급합니다.
> ② (생략)
> ③ 제 2 회 이후의 보험료가 납입기일까지 납입되지 아니하여 보험료납입이 연체중인 경우에 회사는 계약자(타인을 위한 보험의 경우 특정된 수익자 포함)에게 납입최고기간 안에 연체보험료를 납입하여야 한다는 내용과 납입최고기간이 끝나는 날까지 보험료가 납입되지 않은 경우 납입최고기간이 끝나는 날의 다음날부터 보험계약이 해지됨을 납입최고기간이 끝나기 15일 이전까지 서면 또는 전화(음성녹음)로 알려주어야 합니다.

생명보험 표준약관도 제60조 제 1 항과 제 3 항에서 '납입기일이 속하는 달의 다음달 말일' 안에 연체보험료를 납입해야 하고 납입하지 않으면 그 다음날 계약이 해지된다는 뜻을 '납입기일 이후'에 통지하도록 하고 있으므로, 역시 납입기일 이후의 적법한 해지예고부 최고이다. 그러나 동조 제1항에서 역시 자보분납약관처럼 납입최고기간을 '납입기일 다음날부터 납입기일이 속하는 달의 다음달 말일까지'로 규정하여 기산일과 종료일을 처음부터 고정시켜 두고 있다. 대신 제 3 항에서 '납입최고기간이 끝나기 15일 이전까지' 최고하도록 하여 어느 정도 상당한 최고기간을 두고 있다. 그러나 상법 제650조 제 2 항과의 관계에서 볼 때 해지예고부 납입최고의 최고기간은 해지절차를 생략하는 대신 제650조 제 2 항에 의한 최고기간보다는 장기간이어야 한다고 보므로 앞에서 살펴보았듯이 최소한 17일 이상이어야 할 것이다. 따라서 동 약관조항을 '17일 이전까지'로 개정하여야 한다고 본다. 또한 동 조항의 해석에서 "15일 이전까지 서면 또는 전화로 알려주어야 합니다"를 최고를 발송하는 때와 납입최고기간사이의 기간으로 해석하는 견해[46]도 있으나, 보험계약자에게 충분한 납입준비기간을 보장해 줄려면 이 기간은 '도달'로 해석하여야 할 것이다.

Ⅲ. 判決의 檢討

대상 판결에서는 우선 원고가 행한 해지예고부 납입최고가 상법 제650조 제 2 항과의 관계에서 유효한가가 문제된다. 앞에서 살펴본 것처럼 계속보험료의 불지급으로 보험계약이 해지된 때에는 보험계약은 원칙적으로 장래에 대하여 효력이 없는 것이지만, 보험자는 보험사고가 발생 후에 보험료불지급으로

46) 장경환, 위의 글, 220면.

인하여 계약을 해지한 때에는 보험금액을 지급할 책임이 없고 이미 지급한 보험금액의 반환을 청구할 수 있다(상법 제655조 본문). 그리고 상법 제650조 제2항에 따르면 보험자는 보험료 지급기일 이후에 최고를 하고 최고기간의 경과시까지도 보험료의 지급이 없으면 보험자는 보험계약자에게 계약해지의 통지를 해야 한다. 그리고 이 해지의 통지가 보험계약자에게 '도달'된 때에 비로소 책임을 면하게 된다. 그러나 상법 제655조에 의하여 보험자는 보험사고의 발생 후에도 보험계약을 해지하고 이미 지급한 보험금의 반환을 청구할 수 있으므로, 계약해지 후의 사고뿐만 아니라 계약해지 전에 생긴 사고라도 '최고기간 경과 후에 생긴 사고'에 대해서는 계약해지에 의하여 책임을 면할 수 있다.[47] 따라서 해지예고부 최고의 경우에도 보험자의 책임은 최고기간의 경과시까지 보험료의 지급이 없으면 별도의 해지의 통지를 하지 않더라도 자동적으로 계약이 해지되므로 보험자가 면책되는 사고발생의 시간적 범위가 동일하므로 그 유효성을 인정할 수 있을 것이다.

그러나 대상 판결은 해지예고부 납입최고의 효력을 이러한 관점이 아닌 이 사건 약관상의 납입유예기간의 해석과 관련하여 판단하고 있다. 즉 원심 판단에 따르면, 납입유예기간이란 그 경과로서 보험계약이 자동실효된다는 효과를 발생시키기 위하여 규정된 것일 뿐만 아니라, 납입유예기간과는 별개의 납입기한으로 납일(기)일을 규정하고 있으므로 납입유예기간은 납입기한의 연장으로 볼 수 없다고 보았다. 또한 보험계약자가 보험료를 납입하지 않는 경우 1개월 내지 2개월의 납입유예기간과 함께 다시 최고기간이 경과한 후에 보험자가 보험계약에서 벗어날 수 있도록 하는 것은 불합리하다고 보았다. 따라서 계약상 정하여진 보험료납입기일의 경과로 지급지체의 효과는 즉시 발생하고, 납입유예기간은 보험자가 적극적인 최고 등 계약해지조치로 나아가는 것을 유보하는 기간에 불과하다고 보았다. 이러한 원심의 판단을 대법원도 원용하여 특별한 사정이 없는 한 납입유예기간을 지난 일자를 기한으로 하여 최고한 경우에는 해지예고부 납입최고가 상법 제663조에 위반되지 않으므로 유효하다고 판시하였다.

해지예고부 납입최고의 유효성을 인정하는 근거는 다르지만, 납입유예기간은 납입기한의 연장이 아니고 계속보험료의 납입지체시에 보험계약자가 지급기일의 경과와 동시에 이행지체에 빠진다고 본 판례의 해석 역시 타당하다고 본

47) 장경환 · 권기범, 앞의 글, 126~127면.

다. 피고가 납입유예기간을 납입기한의 연장으로 보는 근거는 나타나 있지 않으나, 추측하건대 보험거래의 현실에서 계속보험료의 납입지체시에 최고기간중에 보험료를 지급한 때에는 지연이자의 지급 없이 연체보험료만을 받고 있음을 이유로 하지 않았을까 생각된다. 그러나 이행지체와 계약해제에 관한 민법 제544조에 따르면 당사자 일방이 그 채무를 이행하지 아니하는 때에는 상대방은 상당한 기간을 정하여 그 이행을 최고하고 그 기간 내에 이행하지 아니하면 계약을 해제할 수 있다고 규정하고 있으며, 이 때에 이행지체의 성립시기는 민법 제387조에 의하여야 하므로 보험료 납입의무는 確定期限附 債務로 보아 그 기한이 도래한 때로부터 지체의 책임이 있다고 봄이 타당하다고 본다(민법 제387조 제1항 1문). 따라서 실무의 관행과는 별개로 법이론상으로 해석할 때에 계속보험료의 납입지체시에 보험계약자는 지급기일의 경과와 동시에 履行遲滯에 빠지게 되고, 납입유예기간은 납입기한의 연장으로 볼 수 없다고 할 것이다.

다음으로 해지예고부 납입최고를 할 때 그 催告期間의 설정에 관하여 대상판결은 '특별한 사정이 없는 한 납입유예기간을 지난 일자를 기한으로 한 최고'를 거치면 상법 제663조에 위반되지 않는다고 보았다. 그러나 최고기간은 원칙적으로 최고가 실제로 보험계약자에게 '도달'된 때를 기준으로 기산하여야 되는 것이므로 그 기산점을 일정한 시점으로 고정해서는 안 된다고 볼 것이다. 대상판결의 개정약관 역시 '납입기일 다음날부터 납입기일이 속하는 달의 다음달 말일'까지를 최고기간으로 보고 있어서 그 기산점을 고정하고 있으나, '납입최고기간이 끝나기 15일 이전까지' 최고가 도달하도록 하고 있으므로 보험계약자가 납입을 준비할 수 있는 어느 정도의 기간은 보장하고 있다. 그러나 해지예고부 납입최고의 최고기간은 상법 제650조 제2항의 최고기간보다는 장기간이어야 보험계약자에게 불리하지 않으므로 최소한 '17일' 이상을 보험계약자에게 보장하여야 된다고 본다. 또한 약관조항상의 '15일'의 해석에 관하여도 최고를 발송하는 때로부터가 아닌 도달로부터 '15일'임을 원심에서 밝히고 있다. 즉 해지예고부 최고가 4.16.까지 도달했어야만 최고기간인 2001.5.1.까지 15일의 최고기간을 보험계약자가 가지게 되는데 실제는 4.19.일에 최고통지를 발하여 4.21.에 도달하였으므로 5일이 늦었다고 밝히고 있다. 최고기간을 보험계약자에게 납입최고가 도달한 시점을 기준으로 해석하는 점은 타당하다고 할 것이다.

그리고 최고통지의 도달이 늦어진 경우에 해지예고부 납입최고의 효력은 원심판단처럼 그 늦어진 기간만큼 계약해지일자가 늦어진다고 봄이 타당할 것이다.

Ⅳ. 結　論

대상판결은 실효약관의 효력이 부인된 이후에 실무에서 통용되고 있는 계속보험료의 납입기일 이후의 '해지예고부 납입최고 약관'의 효력을 검토하였다는 점에서 나름의 의미가 있다고 하겠다. 해지예고부 납입최고의 유효성을 밝히는 근거를 상법규정이 아닌 납입유예기간의 해석에서 찾은 점은 아쉽게 생각되나, 본 판결의 취지에는 찬동하는 바이다. 특히나 실효약관의 무효를 선언한 과거의 대법원판례에 대하여 지나치게 보험계약자측의 이익보호에 치중하였다는 비판이 많았다는 점을 생각하면, 보험자와 보험계약자의 이익의 균형적 보호의 측면에서도 타당하다고 생각된다. 그러나 현행 자보분납약관 제 3 조는 상법 제650조 제 2 항보다 보험계약자에게 불리한 조항으로서 상법 제663조에 위반되므로 개정되어야 할 것이다.

重複締結된 傷害保險契約

張 德 祚*

대법원 2001. 1. 5. 선고 2000다31847 판결**
대법원 2001. 11. 27. 선고 99다33311 판결***

[事實의 槪要]

1. 〔對象判決 1〕 대법원 2001. 1. 5. 선고 2000다31847 판결

A보험사는 1998. 9. 10. 김○○와 사이에 피보험자 김○○, 보험기간이 1998. 8. 10.부터 2008. 8. 10.까지 사망보험수익자를 법정상속인으로 하여 김○○가 보험기간 중 교통사고 또는 급격하고도 우연한 외래의 사고로 신체에 상해를 입었을 때에는 그 상해로 생긴 손해를 약관이 정하는 바에 따라 보상하기로 하는 상해보험계약을 체결하였다. 한편 김○○는 이 사건 보험계약을 체결하기 전에 이미 다른 보험회사들과 사이에 4개의 상해보험계약을 체결한 상태였고, 이 사건 보험계약체결 이후에도 다른 보험회사들과 3개의 상해보험계약을 더 체결하였다. 그리고 김○○는 1998. 10. 25. 승용차를 운전하여 가던 중 가로수를 들이받는 교통사고를 일으켜 두개골 골절 등으로 인하여 사망하였다. 김○○는 이 사건 보험계약을 체결함에 있어서 보험청약서상에 다른 보험계약체결 내용을 기재하도록 되어 있음에도 다른 보험계약사항란에는 아무런 기재도 하지 않았고, 또한 이 사건 보험계약체결 후 위와 같이 자신을 피보험자로 하여 상해로 인한 손해를 보상받는 내용의 다른 보험계약을 체결하였음에도 불구하고 A보험사에게 이 사실을 알리지 아니하였다. 김○○의 법정상속인이 A보험사를 상대로 보험금을 청구한 사건이다.

2. 〔對象判決 2〕 대법원 2001. 11. 27. 선고 99다33311 판결

이○○은 수산업협동조합의 계장으로서 면세유를 부정유출시켰다는 혐의로 경찰에서 조사를 받고 있던중, 자신의 승용차를 운전하고 가다가 위험한 곳에서 과속으로 운전하는 바람에 반대쪽에서 마주오던 화물차와 충돌하여 현장에서 사망하였다. 이○○은 사건 사고 당시 월급 금 2,500,000원 가량을 받고 있었던 반면에, 총 39개의 보험 및 공제에 가입하여[1] 그 보험료는 월 평균 금 5,000,000원 정도이고, 이○○이 재

---

* 아주대학교 법과대학 교수.

** 공보불게재.

*** 공 2002. 1. 15.(146), 144.

1) 이 사건에서 쌍용화재와는 3개, 삼성생명과는 6개, 삼성화재와는 4개, 엘지화재와는 3개 등 동일보험자와 수개의 보험계약을 체결하고 있다.

해로 사망할 경우 수령할 수 있는 보험금은 금 5,000,000,000원 정도이다. 보험자는 사고발생 후 이○○이 다른 보험에 가입하고서도 이를 고지·통지하지 않았음을 이유로 일부의 보험들을 해지한다는 취지의 통지를 그 보험금청구권자에게 하였다.

[判決要旨]

1. 〔對象判決 1〕

대법원은 이 사건에서 고지의무위반을 인정하고 보험자의 계약해지권을 인정하였다.

(1) 보험계약자나 피보험자가 보험계약 당시에 보험자에게 고지할 의무를 지는 상법 제651조 소정의 '중요한 사항'이란, 보험자가 보험사고의 발생과 그로 인한 책임부담의 개연율을 측정하여 보험계약의 체결 여부 또는 보험료나 특별한 면책조항의 부가와 같은 보험계약의 내용을 결정하기 위한 표준이 되는 사항으로서, 객관적으로 보험자가 그 사실을 안다면 그 계약을 체결하지 않든가 적어도 동일한 조건으로는 계약을 체결하지 않으리라고 생각되는 사항을 말하고, 어떠한 사실이 이에 해당하는가는 보험의 종류에 따라 달라질 수밖에 없는 사실인정의 문제로서 보험의 기술에 비추어 객관적으로 관찰하여 판단되어야 할 것이나, 보험자가 서면으로 질문한 사항은 다른 특별한 사정이 없는 한 보험계약에 있어서 중요한 사항에 해당하는 것으로 추정되고(상법 제651조의2), 여기의 서면에는 보험청약서도 포함될 수 있으므로, 보험청약서에 일정한 사항에 관하여 답변을 구하는 취지가 포함되어 있다면 그 사항은 상법 제651조에서 말하는 '중요한 사항'으로 추정된다고 할 것이다.[2)]

(2) 김○○은 이 사건 보험계약을 체결하기 전에 이미 다른 보험회사들과 사이에 4건의 상해보험계약을 체결하고 있었으면서도 이 사건 보험청약서의 '다른 보험계약사항'란에 아무런 기재도 하지 아니한 사실을 알아 볼 수 있는바, 위와 같은 '다른 보험계약사항'란의 위치 및 크기와 그 기재항목의 내용 등

2) 이에 대한 원심(대구고등법원 2000. 6. 1. 선고 99나6402 판결)의 입장을 살펴보는 것은 유용하다. 원심은 질문서에 기재되지 아니하였다 하더라도 중요한 사항으로 추정할 수 있다는 듯한 입장을 취하고 있다. "보험계약자로서 그의 재력에 비하여 지나치게 무거운 보험료만을 지출하게 되는 반면, 보험사고가 발생할 경우에는 실제의 손해액 이상으로 지나치게 과다한 보험금을 지급받게 됨으로써 불법적인 보험사고를 유발할 가능성이 적지 않을 뿐 아니라 다수의 상해보험계약을 체결하는 경우에는 자신의 신체안전에 관한 주의를 덜 기울이게 되어 보험사고를 초래할 위험을 증대시키기 쉽다는 점 등에 비추어 볼 때 다른 보험계약의 존재사실은 보험자인 원고가 보험사고의 발생 및 그로 인한 책임부담 정도의 개연율을 측정하여 이 사건 보험계약의 체결업무 또는 그 보험료를 결정하는 데 중요한 관련자료가 된다고 할 것이어서"라고 판시하고 있다.

에 비추어 보면 이는 그에 관하여 답변을 구하는 취지라고 할 것이므로, 다른 보험계약의 존재사실은 보험계약자인 김○○이 보험자에게 고지하여야 할 상법 제651조 소정의 '중요한 사항'으로 추정된다고 할 것이고, 따라서 김○○이 이 사건 보험청약서의 '다른 보험계약사항'란에 아무런 기재도 하지 아니한 것은 고의 또는 중대한 과실로 인하여 중요한 사항을 고지하지 아니한 경우에 해당한다고 할 것이다.[3)]

2. 〔對象判決 2〕

대법원은 여기서 〔대상판결 1〕과는 달리 고지의무위반을 인정하지 않았고 기타 요지는 다음과 같다.

(1) 다수의 보험회사와 다수의 보험계약을 체결하고 수입에 비하여 과다한 보험에 가입하였다는 사유만으로는 이 사건 각 보험가입이 신의칙에 반하거나 공서양속 및 사회질서에 위반된다고 볼 수 없다.

(2) 이 사건 각 보험은 인보험으로서 중복보험의 법리를 주장할 수 없다.

(3) 보험자가 생명보험계약을 체결함에 있어 다른 보험계약의 존재 여부를 청약서에 기재하여 질문하였다면 이는 그러한 사정을 보험계약을 체결할 것인지의 여부에 관한 판단자료로 삼겠다는 의사를 명백히 한 것으로 볼 수 있고, 그러한 경우에는 다른 보험계약의 존재 여부가 고지의무의 대상이 된다고 할 것이다.

(4) 보험자가 다른 보험계약의 존재 여부에 관한 고지의무위반을 이유로 보험계약을 해지하기 위하여는 보험계약자 또는 피보험자가 그러한 사항에 관한 고지의무의 존재와 다른 보험계약의 존재에 관하여 이를 알고도 고의로 또는 중대한 과실로 인하여 이를 알지 못하여, 고지의무를 다하지 않은 사실이 입증되어야 할 것이다. 보험계약을 체결할 때 작성된 청약서에는 다른 보험계약사항을 기재하도록 되어 있고, 이○○이 이를 기재하지 않은 사실은 인정되나, 나아가 이○○이 위와 같은 고의 또는 중과실로 보험자에게 다른 보험계약의 체결사실을 알리지 않았다고 볼 만한 증거는 찾을 수 없으므로 보험자는 그와 같은 고지의무위반을 이유로 보험계약을 해지할 수 없다고 할 것이다.

---

3) 원심의 설시는 "보험계약청약서상에 동일 피보험자에 대한 다른 보험회사와의 보험계약체결사실을 기재하도록 되어 있음에도 위 김모가 이를 기재하지 아니함으로써 원고에게 그 사실을 고지하지 않은 이상 이는 보험계약체결시에 위 김모가 고의 또는 중대한 과실로 인하여 중요한 사항을 고지하지 아니한 경우에 해당한다고 할 것이어서"라고 한다(대구고등법원 2000. 6. 1. 선고 99나6402 판결).

(5) 통지의무위반 주장에 대하여는 보험계약체결 당시 다른 보험계약의 존재 여부에 관하여 고지의무가 인정될 수 있는 것과 마찬가지로 보험계약체결 후 동일한 위험을 담보하는 보험계약을 체결할 경우 이를 통지하도록 하고, 그와 같은 통지의무의 위반이 있으면 보험계약을 해지할 수 있다는 내용의 약관은 유효하다고 할 것이다. 보험자가 통지의무위반을 들어 이 사건 보험계약을 해지하기 위하여는 우선 이○○이 그와 같은 통지의무의 존재를 알거나 알 수 있었음에도 이를 통지하지 않은 사실이 입증되어야 할 것인데, 기록상 이를 인정할 아무런 자료도 발견할 수 없고, 따라서 피고 보험자는 그와 같은 통지의무위반을 이유로 이 사건 보험계약을 해지할 수는 없다 할 것이다.

(6) 생명보험계약체결 후 다른 생명보험에 다수 가입하였다는 사정만으로 상법 제652조 소정의 사고발생의 위험이 현저하게 변경 또는 증가된 경우에 해당한다고 할 수도 없으므로 피고 보험자로서는 상법 제652조를 들어 해지를 주장할 수도 없는 것이다.

[評 釋]

I. 判決의 爭點과 意義

대상판결들은 다수 상해보험계약에서의 고지의무라는 동일한 문제를 다루었음에도 상반된 판결을 하고 있다. 다수의 상해보험계약을 체결하는 고지의무자가 다른 보험계약의 체결사실을 묻는 질문란에 무응답을 함으로써 고지의무위반이 쟁점으로 되었고, 이를 풀이하는 과정에서 다른 보험계약의 체결사실이 질문란에 기재되어 있으므로 그것이 중요한 사항이 된다고 한 점은 양 판결이 동일하다. 그럼에도 양 판결이 정반대의 결과가 나오게 된 결정적인 차이점은 주관적 요건인 고의와 중과실의 존재 여부에 관한 것이다. 〔대상판결 2〕는 보험자가 고의와 중과실을 입증하지 못하였음을 이유로 해지권행사를 부인하고 있으나, 〔대상판결 1〕은 보험자의 입증책임을 문제삼지 아니한 채 청약서에 불기재한 사실로 고의나 중과실에 해당한다고 보고 보험자의 해지권을 인정하였다. 그런데 문제된 피보험자들은 〔대상판결 1〕의 사안에서는 9개의 보험에 가입하였고 〔대상판결 2〕에서는 39개의 보험에 가입함으로써, 오히려 〔대상판결 2〕에서의 고지의무자가 〔대상판결 1〕에서의 고지의무자보다 자신의 보험계약체결사실을 보다 잘 알고 있었으리라는 추측이 가능함에도, 대법원은 〔대상판결 2〕에서의 고지의무자에 대한 고의나 중과실이 입증되지 아니하였음을 이유로 보험자의 해지권을 제한한다. 하지만 〔대상판결 2〕는 고지의무위반의 주관적 요건에 대한 일반적인 해석에 비추어 보면 의문이 있다. 물론 문제된 판결들이 상반된 판시를 하게 된 배경에는 필자로서는 알 수 없는 사실관계의 미세한 차이가 있을 수도 있다. 그러나 대법원판례는 명문의 법규정에 버금가는 중요한 法源으로서의 역할을 하는 것이고, 이러한 법원으로서의 중요성으로 볼 때 그 판례를 검토함에 있어 판결문 이외의 사실관계마저 참작하여야 하는 것은 바람직하지 않다고 본다. 이런 관점에서 대상판결들은 상호 모순되고 그 모순되는 결정에 이르게 된 근거나 법적 논리는 충분한 검토의 가치가 있다.

대상판결들은 다수의 상해보험계약을 고지의무위반의 측면에서 다루고 있는 것으로 향후 선례로서의 중요한 의의를 지니고 있으며, 실제 〔대상판결 2〕의 한 달 정도 이후 유사한 사안에서 대법원은 〔대상판결 2〕와 동일한 판시를 한다.[4] 이러한 점에 있어서도 명확한 법리의 구명은 반드시 필요한 작업이다. 本稿는 크게 두 가지의 관점에서 본 판결들을 조명한다. 사안의 쟁점인 고지의무위반의 주관적 요건에 관한 것이 그 첫번째이고, 두 번째로는 법정책적인 관점에서 다수의 상해보험으로 인한 보험의 도박화나 도덕적 위험방지의 문제를 피보험이익의 도입문제와 관련하여 살펴본다.

Ⅱ. 告知義務違反과 故意

1. 告知義務違反으로 인한 解止

보험계약 당시에 보험계약자 또는 피보험자가 고의 또는 중대한 과실로 인하여 중요한 사항을 고지하지 아니하거나 부실의 고지를 한 때에는 보험자는 일정한 기간 내에 계약을 해지할 수 있다(상법 제651조). 여기서 보험자가 고지의무위반을 이유로 계약을 해지하기 위하여는 불고지나 부실고지된 사항이 중요한 것이라는 객관적 요건과 아울러, 고지의무자가 고의 또는 중과실이 있었다는 주관적 요건이 충족되어야 한다. 대상판결들에서는 불고지된 사항이 중요한 사항

4) 대법원 2001. 12. 28. 선고 99다14037 판결에서 "이 사건 각 보험계약의 보험계약자를 대리하여 각 보험계약을 체결한 김○○이 계약 전 다른 보험계약의 존재에 관한 사실을 알리지 않았고, 또 보험계약자가 계약 후 다른 보험계약체결사실을 알리지 않은 사실은 원심이 인정한 바와 같으나, 나아가 김○○이나 보험계약자가 과연 고의 또는 중과실로 위와 같은 다른 보험계약체결사실을 알리지 않았는가에 관하여 살펴보면, 앞서 제 2 항에서 본 사정들 기타 원심이 인정한 사실들만으로는 이 점을 인정할 수 없고, 달리 이 점을 인정할 증거를 기록상 찾아볼 수 없다"고 하여 〔대상판결 2〕와 동일한 취지의 판결을 한다.

이라는 점은 일치되고, 그 설시도 동일하다.[5] 즉 대상판결들은 중요한 사항에 관하여 "보험자가 보험사고의 발생과 그로 인한 책임부담의 개연율을 측정하여 보험계약의 체결 여부 또는 보험료나 특별한 면책조항의 부가와 같은 보험계약의 내용을 결정하기 위한 표준이 되는 사항으로서 객관적으로 보험자가 그 사실을 안다면 그 계약을 체결하지 않든가 적어도 동일한 조건으로는 계약을 체결하지 않으리라고 생각되는 사항을 말하고 어떠한 사항이 이에 해당하는가는 보험의 종류에 따라 달라질 수밖에 없는 사실인정의 문제로서 보험의 기술에 비추어 객관적으로 관찰하여 판단되어야 한다"라고 한다.[6] 그리고 질문표에 기재된 사항은 중요한 사항으로 추정된다는 규정(상법 제651조의2)에 의하여 보험청약서에 다른 보험에 관한 사항을 질문하였다면 이는 중요한 사항이 된다는 것이다. 필자는 대상판결들의 이러한 논리에 대하여는 의문이 없고, 다만 다른 보험에 가입한 것이 고지할 중요한 사항이 된다는 또 다른 근거가 가능한지에 대하여 검토한다.

보험자가 피보험자의 다른 상해보험계약의 체결사실을 알았다면 적어도 동일한 조건으로는 계약을 인수하지 않았을 것으로 파악한다면 이는 중요한 사항이 될 것이고, 이에 대한 숙고는 위험변경증가의 통지의무와 위험유지의무에서의 논의에 대한 또 다른 기초를 제공해 줄 수도 있다. 이에 대하여 〔대상판결 1〕의 원심[7]은 그것이 중요한 사항이라 파악하면서, 그 근거로 ① 지나치게 과다한 보험금을 수령할 수 있게 된다면 불법적인 보험사고를 유발할 가능성이 있다. ② 주의를 덜 기울이게 되어 보험사고를 초래할 위험을 증대시킨다. ③ 보험계약의 체결업무 또는 그 보험료를 결정하는 데 중요한 관련자료가 된다는 등을 내세운다. 과다한 보험료를 납부하면서 이후 자신의 수입에 비하여 지나치게 과다한 보험금의 수령이 인정된다면 불법적인 보험사고 유발의 가능성이 상당할 것이고, 보험자로서는 보험료 등을 결정함에 있어 중요한 자료로 활용

---

5) 고지의무의 대상이 되는 중요한 사항에 관한 해석을 대법원 1996. 12. 23. 선고 96다27971 판결에서 의미 있는 판시를 하고 있고 대상판결들은 이를 따르고 있다.

6) 독일 보험계약법 제16조에서는 이에 대한 명확한 규정을 두고 있다. 제 1 항의 제 2 문에서 "계약체결 또는 계약내용결정에 관한 보험자의 판단에 영향을 미치는 위험사실은 중요하다"라고 규정한다. 또한 영국에서도 영국 해상보험법 제18조에서 "보험료 산정이나 위험인수 여부를 정함에 있어서 합리적인 보험자의 판단에 영향을 미치리라는 것은 중요한 사항이다"라고 규정한다. 단 영향을 미칠 것에 대한 해석에 있어서는 결정적 영향설과 비결정적 영향설 등에 관한 학설의 대립이 있다. 이에 관한 상세는 정호열·한기정, "고지의무에 관한 고찰," 서울대학교「법학」제49권 제 1 호(1999), 89~91면.

7) 대구고등법원 2000. 6. 1. 선고 99나4602 판결.

하겠다는 의도로 질문표에 그 내용을 추가한 것으로 보는 것이 옳지 않은가 한다.

2. 告知義務違反의 主觀的 要件에 대한 解釋

(1) 故意·重過失

고지의무위반의 주관적 요건이 되는 故意는 중요한 사실의 존재를 알고 있거나, 고지한 사실이 부실임을 알고 있는 것으로 이해된다.[8] 따라서 고지의무를 위반하여 보험료를 적게 낼려는 의도 등이 있는지 여부는 불문하고 알면서 고지하지 아니한 경우 불고지에 있어서의 고의라고 보고 있다. 즉 고지의무위반에서의 고의는 사기의 경우와는 달리 그 인정범위가 상당히 넓고 기타 법영역에서의 고의와는 다르게 해석된다.[9] 그리고 이 점이 고지의무라는 제도를 도입함에 의하여 불량위험의 배제와 도덕적 위험의 방지 기타 보험사고발생의 개연율을 측정하고,[10] 특히나 보험자를 위하여는 고지의무위반시 민법상 사기로 인한 취소의 경우에 비하여 보다 쉽게 계약을 무효로 할 수 있는 장점이 된다.[11] 왜냐하면 보험자로서는 주관적 요건에 대한 입증책임이 사기 등의 경우와는 달리 상당히 경감되어 있어 해지권행사의 기간 내이기만 하면 사기로 인한 취소를 하는 것보다는 고지의무위반을 이유로 해지하는 편이 훨씬 간이하기 때문이다. 그리고 고지의무위반에서 고의 등의 주관적 요건에 관한 입증책임의 문제가 최근까지 논의가 많지 않았던 까닭은 바로 이 때문이 아닌가 한다. 그러나 〔대상판결 2〕에서는 고지의무위반의 주관적 요건에 관한 입증을 보험자가 하지

8) 이상훈, "고지의무위반의 효과," 「보험법의 쟁점」(법문사, 2000), 151면; 장덕조, "고지의무위반의 요건과 효과에 대한 체계적 해석," 「보험법연구」(1999), 155~162면.

9) 양승규, 「보험법」(삼지원, 1998), 121면에서는 "고의라 함은 해칠 의사가 아니고 중요한 사항에 관하여 알면서 고지하지 아니하거나 부실의 고지를 한 것을 말한다. 다시 말하면 상법 제651조에서 정한 고의라 함은 사기 등의 방법으로 보험자를 착오에 빠지게 하려는 것이 아니고, 가령 피보험자가 지난날의 병력을 밝히고 싶지 아니하여 이를 고지하지 아니한 것이 이에 해당하는 것이다"라고 설명하고, 최기원, 「보험법」(박영사, 1998), 157면에서도 "고의란 중요한 사항의 존재와 이를 고지하여야 된다는 것을 알면서도 고지하지 않았거나 사실과 다르게 고지한 것을 말하며, 이 경우에 고지의무자의 해의까지를 필요로 하지 않는다"고 한다. 또한 김성태, 「보험법강론」(법문사, 2001), 223면에서도 "고의는 고지하지 아니한 중요한 사실의 존재를 알고 있거나 고지한 사항이 부실임을 알고 있음을 가리키며, 반드시 사기 등과 같은 적극적 기망의사를 요하지 않는다"고 한다.

10) 고지의무제도의 인정근거에 관하여는 보험의 요소인 위험의 동질성을 확보하기 위하여 위험을 정확하게 측정해야 하는 것이고, 이를 위하여 보험자가 그 인수하는 위험의 중요사항을 알아야 하는 이유로 고지의무를 부과한다는 技術說이 다수설이다. 최기원, 위의 책, 141면.

11) Malcolm A. Clarke, The Law of Insurance Contracts, Lloyds of London Press, 1994, 550면.

못하였다는 이유로 해지권행사를 거절한 바 이러한 취지의 판례로는 최초인 것으로 보이며, 고의에 대한 통설적인 입장을 견지하는 한에서는 수긍하기 힘든 판례이다. 문제된 보험계약자가 수십 개의 보험계약을 체결하고 있음에도, 법원은 "고지의무자가 이를 기재하지 않은 사실은 인정되나, 나아가 고지의무자가 위와 같은 고의 또는 중과실로 보험자에게 다른 보험계약의 체결사실을 알리지 않았다고 볼 만한 증거는 찾을 수 없으므로 보험자는 그 같은 고지의무위반을 이유로 보험계약을 해지할 수 없다고 할 것이다"고 설시한다.

(2) 故意解釋의 不適切

고지의무위반에서의 고의의 일반적인 해석은 고지의무자가 다른 보험계약 체결사실을 알고 있음에도 불구하고 고지를 하지 아니하면 그 주관적인 의도 여하는 묻지 않는 것으로, 대상판결들에서의 고지의무자들의 행위는 전형적인 고의의 개념에 해당하는 것으로 보인다. 〔대상판결 2〕의 고지의무자는 39개나 되는 보험계약을 체결하였고, 자신 월급의 두 배에 달하는 보험료를 납부하고 있는 사람으로서 자신의 보험계약의 체결사실을 알지 못하였다는 것은 납득이 되질 않는다. 가장 극단적인 예는 당해 보험계약자가 38개의 보험계약을 체결한 이후 39번째의 계약을 체결함에 있어 청약서상의 "다른 보험계약을 체결한 사실이 있는지"의 질문에 대하여 불고지할 때, 이전의 보험계약체결사실에 대하여 알지 못하였다고 하는 것은 이해되기 힘들다.[12] 자신의 월급보다 많은 보험에 가입하고 있는 자가 다시 새로운 보험계약을 체결하는 경우, 기존의 보험계약의 체결사실에 대하여 알지 못한다거나 또는 알지 못할 수 있다고 할 수 있을까?[13]

생각건대 통설적인 견해에 의한다면 〔대상판결 2〕의 보험계약자가 그 자신의 보험계약체결사실을 알지 못한다고 할 수 없는 것이고, 따라서 고의의 주관적 요건이 충족되었고, 설사 고의는 아니더라도 중과실이 있다고 보아야 한다.[14] 즉 〔대상판결 2〕에서도 〔대상판결 1〕과 동일한 논리로 청약서에의 불고지라는

12) 비교법적 검토에서 살펴보는 바와 같이 Clarke 교수는 청약서의 불기재로 고지의무위반이 문제되었다면 보험자는 그 청약서를 법원에 제출하는 것으로 족하다고 한다(Malcolm A. Clarke, 앞의 책, 554면).

13) 혹시나 고의를 불고지나 부실고지의 결과 재산적 이득을 편취하는 뜻으로 이해한다면 그 설시내용은 정당화될 수도 있으나, 만약 이러한 뜻으로 이해하였다면 고의의 개념에 대한 보다 명확한 지적이 있어야 할 것이다.

14) 생각건대 특별한 사정이 없는 한 수개의 보험계약을 체결한 자가 다시 보험계약을 맺을 때는 다수의 계약을 체결하고 있다는 것을 인식하고 있다고 보아야 할 것이고, 이 점 〔대상판결 1〕의 태도가 타당하다고 본다.

사실 자체만으로 고의나 중과실을 구성한다고 봄에는 별 문제가 없고, 이런 경우마저도 보험자에 대한 주관적 요건의 입증을 요구하는 〔대상판결 2〕는 타당하지 않다.

(3) 比較法的 檢討

고지의무위반의 주관적 요건을 우리의 통설과 같이 해석하는 것은 독일과 영국도 마찬가지로 보인다. 독일보험계약법 제16조 제1항은 "계약체결시 보험계약자는 위험의 인수에 중요한 그가 알고 있는 모든 사실을 보험자에게 고지하여야 한다," 제3항에서 "보험계약자의 과실 없이 고지가 행하여지지 아니한 경우에는 해제권[15]이 배제된다"고 하고, 이 때의 과실은 명확치 못한 질문에 대한 오해의 결과 고지의무를 제대로 이행하지 못한 경우, 중요성의 판단을 그르친 경우 등을 일컫는다고 한다.[16] 즉 고지의무위반에서의 주관적 요건이 기망이나 사기의 의도까지 요하는 것은 아니다. 또한 영국[17]에서도 고지의무위반의 주관적 요건으로 보험자를 기망하여 재산적 이득을 취하겠다는 의도를 요하지 아니하고, 알고 있음에도 고지하지 않거나 허위고지하는 경우를 고지의무위반으로 하고 있음[18]은 우리와 동일하다. 따라서 보험자가 고지의무위반을 이유로 보험금지급을 거절하기 위하여 입증할 것으로는 계약 당시 중요한 사항의 존재, 고지의무자가 알고 있었음, 그리고 그 사항이 고지되지 않았음, 이 세 가지로 족하고 고지의무자의 기망의 의도 등을 입증할 필요는 없다고 한다.[19] 만약 보험자와 보험계약자 사이의 고지의무위반에서 청약서의 불기재나 부실기재가 문제된다면, 보험자는 그 청약서를 재판부에 제출하고 그 재판부로 하여금 추정하게 하는 것으로 족하다고 본다.[20] 그리고 미국의 다수 주에서는 영국과

15) 해제는 Rücktritt의 번역이다.

16) Prölss/Martin, Versicherungsvertragsgesetz, 26. Aufl., 1998, 255면.

17) 영국에서는 1967년 부실고지법 이전까지는 고의(fraudulent)에 의한 부실고지와 선의의 부실고지를 구분하고 있었다. 그리고 그 고의(fraudulent)는 고지가 거짓임을 알면서도 또는 진실임에 대한 확신 없이 행하는 것이고 그것이 허위임을 알지 못하고 하였을 때는 선의라고 하고 선의라 하더라도 과실이 있는 경우에는 고지의무위반이 된다.

18) Graham v. Western Australian Ins. Co. Ltd.(1931), 40Ll L Rep 64, 66; Murphy v. Sun Life Assurance Co.(1964), 44 DLR(2d) 369.

19) Malcolm A. Clarke, 앞의 책, 554면.

20) 이와 같이 청약서만을 통하여 보험자와 고지의무자의 의사표시의 교환이 있었으면 별 문제가 없으나, 기타의 다른 수단을 통하여 의견교환이 있었다면 보험자로서는 입증의 곤란을 겪을 수도 있다. 그러나 이도 그러한 고지에 대한 명백한 입증이 없음에도 불구하고 보험자는 "고지되지 아니한 사실을 보험자가 알았더라면 동일한 조건으로는 인수하지 않았을 것"이라는 사실만 입증한 경우만으로 족하다고 한 사건으로 Greenhill v. Federal Ins. Co.(1927), 1KB 65도 있다.

달리 'fraud'(고의)를 요구하고 있으나 이도 보험자에 대한 기망의 의도가 아니라 고지할 사항이 있다는 것을 알고 있음에도 고의적으로 알리지 아니한 것으로 족하다.[21)]

이상과 같이 고지의무위반에서의 주관적 요건에 대하여는 비교 국가에서 근소한 차이가 있긴 하나 보험자에 대한 기망의 의도까지 요구하지 않음은 공통된 것으로 우리법에서의 통설적 해석과 별반 다를 것이 없다.

(4) 小　　結

보험자가 고지의무위반에 대한 입증책임을 부담하는 것은 당연하나 그 고의에 관한 입증책임을 〔대상판결 2〕에서와 같이 요구한다면, 고지의무위반을 이유로 한 보험계약의 해지가 과연 가능한 것인지, 그리고 고지의무제도를 상법에 특별히 둔 의의가 있는 것인지에 대한 회의론이 대두된다. 〔대상판결 2〕의 논지는 보험자가 고지의무위반을 이유로 계약을 해지하기 위하여는 보험계약자의 재산적 편취의 의도도 입증하여야 한다는 것으로 이해될 수 있다. 왜냐하면 〔대상판결 2〕에서의 보험계약자는 자신의 다른 보험계약체결사실을 알고 있다고 보는 것이 지극히 상식적인 추론이기 때문이다. 결과적으로 〔대상판결 2〕는 고지의무위반에서의 고의의 통설적 해석을 부정하는 것으로 보이므로, 그 고의 개념에 대한 새로운 정립도 하였어야 할 것이다.

3. 保險者의 惡意로 인한 解止權의 制限

〔대상판결 2〕에서는 보험자의 악의로 인한 해지권의 제한사유에 대한 검토가 필요하다. 〔대상판결 2〕가 당해 사안에 대하여 고지의무위반은 있었으나 보험자의 악의로 인하여 해지권이 제한된다는 결론을 취하였다면 법논리적인 의문은 불식할 수 있지 않았을까 한다. 상법은 보험계약자의 고지의무위반사실을 알았거나 중과실로 알지 못한 때에는 보험자의 해지권을 제한하고 있다(상법 제651조 단서). 그런데 〔대상판결 2〕와 관련된 보험회사는 17개이고 대다수의 회사가 동일인을 대상으로 수개의 보험계약을 체결하였으며,[22)] 이러한 보험자들은 자신과의 보험계약사실을 고지의무자가 고지하지 아니한 경우라도 알고 있었다고 혹은 몰랐다 하더라도 중과실이 있다고 볼 것이다. 그러하다면 고지의무위반이 있어도

21) National Aviation Underwriters Inc. v. Fischer, 386 F. 2d 582(8 Cir., 1967); 특히 fraud의 개념과 관련하여서는 Merchants Fire Assurance Corp. v. Lattimore, 263 F. 2d 232(9소 Cir., 1959).

22) 예를 들어 삼성생명은 6개, 현대해상화재는 7개 등의 보험계약을 동일인과 체결하였다.

보험자가 이를 이유로 해지권을 행사할 수 없다고 하는 논리가 상법과 부합한다.

4. 危險의 變更增加와 '顯著한'의 意味

〔대상판결 2〕에서는 위험변경증가도 쟁점이 되었다. 그런데 보험자가 그 통지의무위반의 주관적 요건인 고의나 중과실을 입증하지 못하였다는 설시에 대하여는 고지의무위반에서와 같은 비판이 가능할 것이나, 기타 '현저한'의 의미와 약관의 유효성과 관련하여 재고되어야 할 점이 있다.

(1) '顯著한'의 의미

하나의 생명보험계약의 체결 이후 또 다른 생명보험계약을 체결하는 것이 현저한 위험의 증가가 있는 것인지에 대하여는 선불리 판단하기는 힘들다. 그런데 위험변경증가에서의 '현저한'의 의미에 대하여 대법원은 "사고발생의 위험이 현저하게 변경 또는 증가된 사실이란 그 변경 또는 증가된 위험이 보험계약의 체결 당시에 존재하고 있었다면 보험자가 보험계약을 체결하지 않았거나 적어도 그 보험료로는 보험을 인수하지 않았을 것으로 인정되는 사실을 말한다고 할 것"이라고 한다.[23] 이는 고지의무에서의 '중요한'과 동일한 해석이고,[24] 결과적으로는 위험변경증가의 통지의무(상법 제652조)와 위험유지의무(상법 제653조)에서의 '현저한'의 의미는 고지의무에서의 '중요한'의 그것과 동일하다는 논리가 된다.[25]

그런데 〔대상판결 2〕에서 고지의무의 대상이 되는 중요한 사항을 판단함에 있어 대법원은 다른 보험계약의 체결사실이 질문표에 기재되었음을 근거로 중요한 사항이라고 하였다. 따라서 동일한 논리라면 그 사실은 보험기간중의 위험변경증가에 있어서도 '현저한'에 해당한다고 보아야 한다. 즉 다른 보험계약의 체결사실은 보험자가 그 사실을 알았더라면 계약체결을 거절하였거나 계약조건이 변경되었을 사실에 해당하는 것이고 이는 보험기간중에는 현저한 위험의 변경이나 증가에 해당한다. 그럼에도 〔대상판결 2〕가 다른 보험계약체결사

---

23) 대법원 1997. 9. 5. 선고 95다25268 판결; 대법원 1998. 11. 27. 선고 98다32564 판결.

24) 양승규, 앞의 책, 161면에서도 "위험의 현저한 변경 또는 증가라 함은 그 정도의 위험이 계약체결 당시에 존재하였다고 하면 보험자가 계약을 체결하지 않았든가 또는 적어도 동일한 조건으로는 그 계약을 체결하지 아니하였으리라고 생각되는 정도의 위험의 변경·증가를 말한다"라고 한다.

25) 독일법에서도 법률규정으로 명확한 기준을 두는 것은 아니나, 여기서의 위험증가는 계약체결 이후 증대된 위험을 말하고, 위험증가의 정도는 보험계약체결시의 중요한 것과 동일하게 해석한다. Prölss/Martin, Versicherungsvertragsgesetz, S. 275.

실을 고지의무에서의 '중요한' 사항으로 파악하면서도, 위험의 '현저한' 증가에 해당하지 않는다고 한 것에는 의문이 있다.[26] 요컨대 다른 보험계약의 체결사실을 중요한 사항으로 파악한다면, 보험기간중 반복적으로 다수의 상해보험계약을 체결하는 것은 위험발생률을 주관적으로 증가시키는 것으로 상법 제653조의 위험유지의무위반이라 볼 것이고, 보험자로서는 통지의무를 문제삼을 필요도 없이 해지권을 행사할 수 있다. 단 그렇다고 하여 〔대상판결 2〕에서의 모든 보험자가 상법 제653조를 근거로 해지권을 행사할 수는 없다. 왜냐하면 여기서도 고지의무위반의 해지권제한과 동일하게 보험자의 악의에 대한 제한사유가 있고(상법 제653조) 보험자는 그 사실을 안 날로부터 1개월의 기간 내에 계약을 해지하여야 하는 것인데, 이 건에서 동일인을 상대로 수개의 계약을 체결한 보험자는 계약체결일자에 그 사유를 알았다고 볼 것이고, 따라서 이로부터 1월이 경과하면 보험계약을 해지할 수 없게 된다.

(2) 통지의무약관의 유효성

보험약관에 대한 입법적 규제에 해당하는 상법 제663조에 의하면 상법보다 보험계약자 등에게 불리한 약관은 무효가 되므로 통지의무에 관한 대상약관이 상법보다 불리한 것이면 그 약관은 무효가 된다 할 것이다. 따라서 약관이 유효라는 배경에는 상법보다 보험계약자 등에게 불리하지 않다는 전제가 있어야만 한다.

생각건대 대상약관은 유효라고 본다. 이상에서 살펴본 논리로는 다른 보험계약의 체결이 현저한 위험의 증가에 해당하는 것이고, 이는 보험계약자가 주관적으로 의도한 것으로 상법 제653조에 해당하는 위험유지의무위반에 해당하게 되어 통지 여부를 불문하고 보험자가 계약을 해지할 수 있다. 그런데 대상약관은 보험계약자에게 통지기회를 부여하고 그 통지를 이행하지 아니한 경우에 한하여 보험자가 계약을 해지할 수 있도록 하는 것으로 상법보다 보험계약자에게 유리하다고 볼 것이다.

---

26) 〔대상판결 2〕는 다른 보험계약의 체결에 대한 통지의무 약관에 대하여 "보험계약체결 당시 다른 보험계약의 존재 여부에 관하여 고지의무가 인정될 수 있는 것과 마찬가지로 보험계약 체결 후 동일한 위험을 담보하는 보험계약을 체결할 경우 이를 통지하도록 하고, 그와 같은 통지의무의 위반이 있으면 보험계약을 해지할 수 있다는 내용의 약관은 유효하다고 할 것이다"라고 한다. 이 논리는 보험자가 다른 보험계약의 체결이 보험계약의 체결 당시에 존재하고 있었다면 보험자가 당 보험계약을 체결하지 않았거나 적어도 그 보험료로는 보험을 인수하지 않았을 것으로 인정되는 사실로 판단하는 것이 되는 것으로 보인다. 그러하다면 어찌되었던 이는 현저한 위험의 증가에 해당하는 것으로 상법 제652조나 제653조의 적용대상이 된다.

Ⅲ. 多數 傷害保險契約締結에 대한 法政策的 論議

1. 多數 傷害保險契約의 締結과 道德的 危險

고지의무위반과 관련한 법적 쟁점 이외에 상해보험계약을 다수 체결하는 경우 이를 방치하는 것이 법정책적인 견지에서 별 문제가 없는 것인가 하는 점에 대하여 짚어본다. 일부 이와 관련하여 〔대상판결 2〕는 다수의 상해보험계약 체결이 신의칙에 반하거나 공서양속에 반하는 것은 아니라고 하고 있다. 그렇다면 인보험에는 피보험이익 · 보험가액의 개념 기타 손해보상의 원칙 등이 없다는 이유로 다수의 계약체결을 무제한 허용할 것인가? 자신의 월평균 수입보다 많은 보험료를 납부하면서까지 수많은 보험계약을 체결하고 사고발생으로 거액의 보험금을 수령함에도 도덕적 위험의 발생, 보험의 도박화 등의 문제가 발생하지 않는다고 볼 수 있는가? 〔대상판결 2〕에서와 같이 보험계약자가 수십개의 상해보험에 가입하고, 치료비나 일반적인 위자료 등의 손해배상액 산정의 경우보다 과다한 액수를 보험금으로 수령하는 것에 대하여 아무런 문제가 없다고 할 수 있을지 의문이다.[27] 대상판결들을 연구하며 이에 대한 법정책적인 문제제기의 일환으로서 피보험이익 개념의 인보험에의 도입가능성을 다루어 본다.

2. 傷害保險의 損害保險性과 被保險利益

(1) 傷害保險의 損害保險性

〔대상판결 2〕의 기본적인 입장은, 상해보험은 인보험으로 분류되어 보험가액, 피보험이익 등의 개념이 인정되지 않고, 따라서 중복보험에 관한 법리가 적용되지 않는다는 것이다. 상해보험은 보험자가 피보험자의 신체의 상해에 관한 보험사고가 생길 경우 보험금액 기타의 급여를 할 책임을 지기로 하는 인보험이다(상법 제737조). 여기서 상해라 함은 급격하고도 우연한 외래의 사고로 피보험자 신체의 손상을 입는 사고라는 점에서 생명보험과 다른 면도 있다. 상해보험은 인보험으로서 보험가액의 관념이 없으나 상해의 정도에 따라 보험자가 지급하는 보험금에 차이가 생기고, 또한 치료에 관한 실비를 지급하는 손해보험의 요소가 포함되어 있다. 즉 상해보험은 상해라는 보험사고의 결과에 따라 손해의 정도와 지급보험금이 정해지는 것이므로 손해보험과 인보험의 성질을 모두 가

27) 양승규, "수개의 상해보험계약과 통지의무위반의 효과," 「보험판례연구」(삼지원, 2000), 506면.

지고 있다.[28] 이는 보험업법에도 반영되어 상해보험은 생명보험사뿐만 아니라 손해보험사에서도 취급할 수 있는 보험종목으로 정하고 있는 이유이기도 하다.[29] 즉 상해보험의 손해보험적 측면을 부정할 수 없는 현실에서, 다수의 상해보험계약의 체결에 중복보험의 법리가 적용될 수 없다는 이론으로 일관하는 경우 도덕적 위험이 발생할 소지가 충분히 있다.[30]

(2) 英美法上 人保險에서의 被保險利益 法理

영미에서는 인보험에서도 피보험이익을 보험계약의 유효요건으로 삼고 있다. 혈연관계나 금전관계에서 피보험자의 생존으로부터 이익을 기대하는 사람은 그 피보험자의 생명보험에 피보험이익이 있다고 한다.[31] 영국에서는 1774년 인보험법(Life Assurance Act 1774)에 의하여 명문화되었고, 미국에서는 영국의 인보험법을 보통법으로 인정하였고 1881년 연방대법원의 판결[32]에서 이를 명백히 한다. 따라서 영미에서는 인보험에서도 피보험이익이 존재하지 아니하면 당해 보험계약은 무효가 되는 것으로, 그 근거를 손해보험과 유사하게 도박보험의 방지와 인위적 사고의 방지 등[33]에 두고 있다. 이는 다수의 생명보험과 상해보험 등을 체결함에 있어 발생가능한 문제가 손해보험과 유사하다는 점을 인식하고 있는 때문으로도 보인다. 더욱이 영국의 1774년 인보험법 제3조에서는 손해보험과 동일하게 인보험의 보험수익자가 피보험이익 이상으로는 보상받을 수 없다는 것을 규정하고 있다.[34] 따라서 보험수익자가 단일의 보험에서 그의 모든 피보험이익을 보상받았다면, 다른 보험계약하에서의 보상은 부정되고,[35] 인보험에서도 그 보상의 범위는 보험사고로 실제 입을 수 있는 금전적인 손해액으로 한정된다. 미국에서의 보다 현실적인 견해로, 인보험에서의 실손해액 산정이 쉬운 일이 아니므로 "피보험이익만 존재한다면 보험금액의 총액은 피보험이익의 평가액을 일부 초과할 수도 있으나, 그 차액이 보험을 도박으로

28) 양승규, 앞의 논문, 502면.

29) 상해보험의 이러한 성격으로 생손보회사 모두가 상해보험을 취급할 수 있다. 노상봉·홍범식, 「보험업법해설」(매일경제신문사, 1990), 143면.

30) 양승규, "사회질서에 어긋난 과다한 상해보험계약의 효력," 「보험판례연구」(삼지원, 2000), 499면.

31) Robert E. Keeton/Alan I. Widiss, Insurance Law, West Publishing Co., 1988, 181면.

32) Warnock v. Davis, 104 U.S.(1881), 775 at, p. 779.

33) Malcolm A. Clarke, 앞의 책, 77면.

34) Malcolm A. Clarke, 위의 책, 78면.

35) Hebdon v. West(1863), 3 B&S 579, 590에서 법원은 적은 양의 피보험이익이 다수의 보험계약체결의 근거로서 허용이 되고 각각의 보험에서의 지급되는 보험금이 피보험이익의 한도까지 담보되고, 사고발생으로 모든 보상을 받을 수 있게 된다면 제3조에 반하게 된다고 한다.

전환시키는 것까지는 허용하지 않는다"는 입장[36]도 있다. 단 상해보험은 치료비와 손실된 예상수익 등을 보상하는 것으로 손해보험의 성격을 지니고 있다고 보아, 생명보험과는 달리 손해보험에서의 損害補償의 原則을 적용하여 실제의 손해액 이상으로는 결코 보상받을 수 없다고도 한다.[37]

종합하여 보면, 영미에서 인보험에서의 피보험이익 개념의 역할은 도박보험의 방지 등이라는 손해보험에서의 그것과 유사하며, 또한 다수 인보험계약의 체결로 말미암은 폐단을 염두하고 있고, 기타 상해보험에서는 보상액을 실손해액으로 엄격히 한정하고자 한다.

(3) 被保險利益 概念의 導入可能性

우리나라에서도 다수의 상해보험계약체결로 말미암은 부작용을 최소화하는 방법으로 인보험에 피보험이익 개념의 도입문제를 생각하여 볼 수 있다. 보험계약의 목적은 금전으로 산정할 수 있는 이익에 한한다는 상법규정(상법 제668조)에 의하여 손해보험에서만 피보험이익의 개념이 인정된다는 것이 통설이다. 그러나 피보험이익의 개념을 피보험자가 보험의 목적에 대하여 보험사고가 발생하지 않는 동안 누리는 이익이라고 정의할 때, 인보험에도 이 개념의 도입이 반드시 불가능하지는 않다. 또한 사람의 생명이나 가치를 비록 금전으로 환가할 수는 없다 하더라도, 인명사고의 발생시 위자료나 치료비 등을 산정하는 기준이 마련되어 있고 그러한 산정된 손해액에 준한다면 피보험이익에 대한 평가도 할 수 있지 않은가 한다.[38]

3. 重複保險의 法理

상해보험의 손해보험성을 강조하는 입장에서는 일반적인 치료비나 통상의 위자료가 보험가액과 유사한 기능을 하는 것으로 파악하여 상해보험도 중복보험의 법리에 의한 해석이 가능하다는 견해가 있다.[39] 다만 현행 법제하에서는 상해보험의 경우 피보험이익과 보험가액의 개념을 인정할 수 없고, 또한 명문의 근거규정 없이 중복보험의 법리를 해석에 의하여 도입하는 것은 논쟁의 소지가 있다. 그러나 책임보험의 경우 보험가액의 개념을 인정할 수는 없지

36) Bowman v. Zenith Life Ins. Co., 384 NE 2d 949, 950(ILL., 1978).

37) Malcolm A. Clarke, 앞의 책, 76면.

38) 그러나 타인의 사망보험계약에서 과연 어느 범위까지 피보험이익이 있는 것인지 명확하지 못하므로, 인보험에의 피보험이익 도입이 현행법에 비하여 보다 많은 문제점이 있다는 견해로는 정찬형, "미국법상 생명보험에서의 피보험이익,"「보험법연구 3」(삼지원, 1999), 412면.

39) 양승규, 앞의 논문, 506면에서 성질상 중복보험에 준하도록 하는 것이 필요하다고 한다.

만 상법이 명문으로 중복보험의 규정을 준용한다고 정하고 있음에 비추어 보면 (상법 제725조의2), 상해보험에도 상법에 명문의 규정을 두어 중복보험의 법리를 적용할 수 있을 것이며 이러한 입법적 조치가 필요하다고 본다. 그리고 중복보험의 법리를 준용하는 경우에는 상법 제672조 제 2 항의 규정에 의하여 다른 보험가입의 사실을 통지하여야 하는 의무도 부과된다.[40)]

Ⅳ. 結　論

상해보험은 보험법상 인보험으로 분류되어 피보험이익과 그 평가액의 개념인 보험가액이 인정되지 않으므로, 명문의 근거규정 없이 중복보험의 법리를 적용하여야 한다는 주장은 타당하지 않을 수 있다. 그리고 수개의 상해보험계약을 체결하였다는 것이 신의칙위반이나 공서양속위반에 이르는 것인지에 대하여도 단언할 수 없다. 따라서 현행 법이론하에서는 대상판결들의 주쟁점이 고지의무위반의 문제로 압축된다. 그런데 대상판결 모두 다른 보험계약의 체결사실을 중요한 사항으로 인정하면서도 결론에 있어서는 상반된다. 〔대상판결 1〕과는 달리, 〔대상판결 2〕는 보험자가 고지의무위반의 주관적 요건인 고의나 중과실을 입증하지 못하였음을 근거로 당해 계약을 해지할 수 없다 하였고, 이는 고지의무위반에서의 고의의 일반적인 해석에 비추어 보면 비판의 여지가 있다.

고지의무위반에서의 주관적 요건인 고의는 사기의 의도 등을 불문하고 단순히 알면서 고지하지 않는 경우라고 해석된다. 〔대상판결 2〕의 보험계약자이자 피보험자가 수십 개의 보험계약을 체결하고, 또한 그로 인한 보험료가 자신의 통상의 수입보다 많은 상황에서, 특단의 사정이 있는 경우를 제외하고는 그가 새로운 계약체결시 다른 보험가입의 사실을 알지 못하였다고 할 수 없다. 즉 〔대상판결 2〕에서도 〔대상판결 1〕의 입장과 같이 청약서에의 불고지는 고의를 구성한다고 보는 것이 타당하다고 보인다. 그럼에도 불구하고 이러한 입장을 견지하고자 한다면, 고지의무위반에서의 고의가 무엇을 의미하는지에 대한 명확한 적시가 있어야 한다. 단 〔대상판결 2〕에서의 일부 보험자는 보험계약자와 수개의 계약을 체결한 사실이 있고 그들은 고지의무위반의 사실을 알았거나 중

40) 독일 보험계약법도 우리 상법과 마찬가지로 손해보험에서의 병존보험에 관하여 다른 보험계약의 체결에 관한 통지의무를 부과하고 있다. 독일보험계약법 제58조는 ① 동일한 위험에 대한 하나의 이익에 대하여 복수의 보험자에게 부보하는 자는 각 보험자에 대하여 다른 보험에 관한 사항을 지체없이 통지하여야 한다. ② 통지에는 다른 보험을 인수할 보험자를 표시하고 그 보험금액을 기재하여야 한다고 규정한다.

과실로 알지 못하였기 때문에 해지권이 제한당할 수 있다는 점도 검토하였다.

대상판결에서는 '현저한'에 대한 해석문제도 존재한다. 고지의무는 계약성립 전의 의무이고 이것이 계약성립 후에는 위험변경증가의 통지의무나 위험유지의무로 변경되고, 고지의무에서의 '중요한'은 위험변경증가의 통지의무나 위험유지의무에서의 '현저한'과 그 의미가 동일하다. 만약 다른 보험계약의 체결사실을 '중요한' 사항이라고 한다면 이는 '현저한'에 해당하게 되고, 결과적으로 다른 보험계약의 체결은 현저한 위험의 변경이나 증가가 된다. 그리고 다른 보험의 가입을 보험계약자가 스스로 하였다면 이는 주관적인 위험의 변경증가에 해당하는 것으로 위험유지의무위반에 해당한다는 논리가 명료할 것이나, 단 여기서도 보험자의 악의는 문제된다. 끝으로, 인보험에서도 다수의 보험계약체결로 말미암은 폐단에 대한 법적 대책을 마련할 시점이 아닌가 하는 제안도 하여보았다. 단기간에 과다한 보험료를 납부하면서 사고발생시 거액의 보험금을 받을 수도 있는 경우 이와 관련한 도덕적 위험 등의 발생소지가 충분히 존재한다. 향후 상해보험에 피보험이익의 개념을 필요범위 내에서 도입하거나, 중복보험의 규정을 준용하는 법규정 신설 등의 입법적 조치가 검토의 대상이다.

保險契約者의 詐欺에 의해서 체결된 保證保險契約의 效力

韓 基 貞*

대법원 2001. 2. 13. 선고 99다13737 판결**

[事實의 概要]

원고는 1996. 10. 1. 소외 박종언의 대리인임을 자칭하는 소외 홍성만과 사이에 소외 박종언 명의로 계약기간은 1년, 물품거래금액은 위 박종언을 보험계약자로 하고 원고를 피보험자로 하는 보증보험증권의 보험가입금액 상당으로 하고, 그 대금은 납품일이 속한 달의 다음달 27일까지 지급하기로 하는 내용의 물품공급계약을 체결하였다. 위 홍성만은 1996. 10. 2. 위 박종언의 대리인임을 자칭하여 ① 원심공동피고 한국보증보험 주식회사(이하 한국보증보험이라 한다)와는 피보험자를 원고로, 보험가입금액을 금 20,000,000원으로, 보험기간을 1996. 10. 2.부터 1997. 10. 1.까지로 하고 위 원심공동피고가 위 박종언이 원고에 대한 외상물품판매대금채무를 이행하지 않음으로써 원고가 입게 되는 손해를 보상하기로 하는 내용의, ② 피고와는 피보험자를 원고로, 보험가입금액을 금 30,000,000원으로, 보험기간을 1996. 10. 1.부터 1997. 9. 30.까지로 하여 위 피고가 위 박종언이 원고에 대한 외상물품대금채무를 이행하지 않음으로써 원고가 입게 되는 손해를 보상하기로 하는 내용의, 각 보증보험계약을 체결하였고, 이에 따라 위 원심공동피고 및 피고는 각 보증보험증권을 교부하였다. 원고는 위 홍성만으로부터 위 각 보증보험증권을 교부받은 다음, 위 물품공급계약에 따라 위 홍성만에게 1996. 10. 5.부터 같은 달 23.까지 합계 금 39,010,820원 상당의 가전제품을 인도하였다. 위 박종언 또는 홍성만은 위 가전제품대금을 현재까지 지급하지 않고 있다.

홍성만이 대리인으로서 이행보증보험계약을 체결함에 있어서, 한국보증보험은 채무자인 보험계약자에 대한 구상권을 담보하기 위해서 보험계약자에게 보증인을 요구하였다. 홍성만은 보증보험계약을 체결함에 있어 보증인으로 내세운 소외 이인승, 박충재, 조금자는 위 박종언과 아무런 관련이 없는 사람들임에도 각각 그의 사촌, 이모라고 하면서 보증보험약정서에 그와 같이 기재하게 하였다. 보험사고의 발생으로 인해서 피보험자인 원고가 보험금을 청구하자 한국보증보험은 다음과 같은 이유에서 지

---

* 이화여자대학교 법과대학 부교수.

** 공 2001. 4. 1(127), 641.

급을 거절하였다. 즉, 보험계약자의 사기에 의해서 보증보험계약이 체결되었다는 점과 보험계약자가 고지의무를 위반했다는 점이다.

[訴訟의 經過]

제 2 심은 보험자의 항변을 인정하지 아니하고 보험금의 지급을 명하는 판결을 선고하였다.[1] 그 이유는, 피고가 보증보험계약의 체결과 관련한 최소한의 조사 · 확인의무를 해태함으로 인하여 발생한 것이고, 설사 사기 또는 착오에 해당한다고 하여도 선의의 제 3 자인 원고에게는 대항할 수 없다는 점과, 일응 보험계약자의 대리인인 위 홍성만이 고의로 위 보증보험계약상의 중요한 사항을 고지하지 아니한 경우에 해당한다고 할 것이나, 피고가 보증보험계약의 체결과 관련한 최소한의 조사 · 확인의무를 해태한 중대한 과실로 인하여 발생하였다는 점을 들고 있다. 이에 피고는 대법원에 상고하였고, 대법원은 상고를 기각하였다.

[判決要旨]

1. 보증보험은 보험계약자인 채무자의 채무불이행으로 인하여 채권자가 입게 되는 손해의 전보를 보험자가 인수하는 것을 내용으로 하는 손해보험으로서, 형식적으로는 채무자의 채무불이행을 보험사고로 하는 보험계약이지만 실질적으로는 보증의 성격을 가지고 보증계약과 같은 효과를 목적으로 하는 것이며, 이 사건 이행보증보험과 같은 경우 피보험자는 보증보험에 터잡아 물품공급계약을 체결하거나 이미 체결한 물품공급계약에 따른 물품인도의무를 이행하는 것이 보통이므로, 일반적으로 타인을 위한 보험계약에서 보험계약자의 사기를 이유로 보험자가 보험계약을 취소하는 경우 보험사고가 발생하더라도 피보험자는 보험금청구권을 취득할 수 없는 것과는 달리, 보증보험계약의 경우 보험자가 이미 보증보험증권을 교부하여 피보험자가 그 보증보험증권을 수령한 후 이에 터잡아 새로운 계약을 체결하거나 이미 체결한 계약에 따른 의무를 이행하는 등으로 보증보험계약의 채권담보적 기능을 신뢰하여 새로운 이해관계를 가지게 되었다면 그와 같은 피보험자의 신뢰를 보호할 필요가 있다. 그러므로 주채무자에 해당하는 보험계약자가 보증보험계약을 체결함에 있어서 보험자를 기망하였다는 이유로 보험자가 보증보험계약 체결의 의사표시를 취소하였다 하

1) 서울고등법원 1999. 2. 9. 선고 98나43177 판결.

더라도, 이미 그 보증보험계약의 피보험자인 채권자가 보증보험계약의 채권담보적 기능을 신뢰하여 새로운 이해관계를 가지게 되었다면, 피보험자가 그와 같은 기망행위가 있었음을 알았거나 알 수 있었던 경우이거나, 혹은 피보험자와 보험자 사이에 피보험자가 보험자를 위하여 보험계약자가 제출하는 보증보험계약 체결 소요 서류들이 진정한 것인지 등을 심사할 책임을 지고 보험자는 그와 같은 심사를 거친 서류만을 확인하고 보증보험계약을 체결하도록 미리 약정이 되어 있는데, 피보험자가 그와 같은 서류심사에 있어서 필요한 주의의무를 다하지 아니한 과실이 있었던 탓으로 보험자가 보증책임을 이행한 후 구상권을 확보할 수 없게 되었다는 등의 특별한 사정이 없는 한 그 취소를 가지고 피보험자에게 대항할 수 없다.

2. 보험계약자나 피보험자가 보험계약 당시에 보험자에게 고지할 의무를 지는 상법 제651조에서 정한 '중요한 사항'이란, 보험자가 보험사고의 발생과 그로 인한 책임부담의 개연율을 측정하여 보험계약의 체결 여부 또는 보험료나 특별한 면책조항의 부가와 같은 보험계약의 내용을 결정하기 위한 표준이 되는 사항으로서, 객관적으로 보험자가 그 사실을 안다면 그 계약을 체결하지 않든가 적어도 동일한 조건으로는 계약을 체결하지 않으리라고 생각되는 사항을 말하고, 어떠한 사실이 이에 해당하는가는 보험의 종류에 따라 달라질 수밖에 없는 사실인정의 문제로서 보험의 기술에 비추어 객관적으로 관찰하여 판단되어야 한다. 보증보험에서는 그와 같은 사항으로서 주계약상의 거래조건, 금액, 기간, 보험계약자의 신용이나 자력 등에 관한 사항을 들 수 있을 것이며, 보증인이 누구인가는 보험사고발생의 가능성 등과는 관계없이 보험사고가 이미 발생한 후에 보험자가 구상권을 행사하기 위한 대비를 해 두기 위한 것이므로, 보증인에 관한 사항은 일반적으로는 고지의무의 대상이 되지 않는 것이라고 할 것이다. 보증인은 보험계약자의 채무불이행이라는 보험사고가 발생하여 보험금이 지급된 경우 보험자에 대하여 구상채무를 지게 되므로 친척관계에 있는 사람들을 보증인으로 세우는 경우 보험사고 발생에 대한 방지책이 될 수 있어서 보증인이 누구냐에 따라 보험사고의 발생률이 달라지고 따라서 피고가 그와 같은 이유로 보험계약시에 일정한 요건을 갖춘 보증인을 요구한 사정이 인정되는 경우에는 보증인에 관한 사항이 고지의무의 대상이 되는 중요한 사항이 될 수 있을 것이다.

3. 보험계약자와 보증인들 사이의 관계에 대하여는 호적등본 등 서면을 통

하여 쉽게 확인할 수 있는 것인데도 피고가 그와 같은 중요한 점에 대하여 최소한의 서류도 확인하지 않았고 그들이 알려 주는 대로 보증보험약정서에 기재케 하였을 뿐이므로 피고에게 중대한 과실이 있다고 할 것이어서 피고는 고지의무위반을 이유로 이 사건 보험계약을 해지할 수 없다고 할 것이다.

4. 보증보험의 성질상 상법 제659조의 규정은 보증보험계약이 보험계약자의 사기행위에 피보험자가 공모하였다든지 적극적으로 가담하지는 않았더라도 그러한 사실을 알면서도 묵인한 상태에서 체결되었다고 인정되는 경우를 제외하고는 원칙적으로 보증보험에는 그 적용이 없다.

[關聯判決]

대법원 1999. 7. 13. 선고 98다63162 판결

보험계약자인 채무자의 채무불이행으로 인하여 채권자가 입게 되는 손해의 전보를 보험자가 인수하는 것을 내용으로 하는 보증보험계약은 손해보험으로서, 형식적으로는 채무자의 채무불이행을 보험사고로 하는 보험계약이지만 실질적으로는 보증의 성격을 가지고 보증계약과 같은 효과를 목적으로 하고 … 일반적으로 타인을 위한 보험계약에서 보험계약자의 사기를 이유로 보험자가 보험계약을 취소하는 경우 보험사고가 발생하더라도 피보험자는 보험금청구권을 취득할 수 없는 것과는 달리, 보증보험계약의 경우 보험자가 이미 보증보험증권을 교부하여 피보험자가 그 보증보험증권을 수령한 후 이에 터잡아 새로운 계약을 체결하거나 혹은 이미 체결한 계약에 따른 의무를 이행하는 등으로 보증보험계약의 채권담보적 기능을 신뢰하여 새로운 이해관계를 가지게 되었다면 그와 같은 피보험자의 신뢰를 보호할 필요가 있다. 그러므로 주채무자에 해당하는 보험계약자가 보증보험계약 체결에 있어서 보험자를 기망하였고, 보험자는 그로 인하여 착오를 일으켜 보증보험계약을 체결하였다는 이유로 보증보험계약 체결의 의사표시를 취소하였다 하더라도, 이미 그 보증보험계약의 피보험자인 채권자가 보증보험계약의 채권담보적 기능을 신뢰하여 새로운 이해관계를 가지게 되었다면, 피보험자가 그와 같은 기망행위가 있었음을 알았거나 알 수 있었던 경우이거나, 혹은 이 사건에서 원고가 주장하는 것처럼 피보험자가 보험자를 위하여 보험계약자가 제출하는 보증보험계약 체결 소요 서류들이 진정한 것인지 등을 심사할 책임을 지고 보험자는 그와 같은 심사를 거친 서류만을 확인하고 보증보험계약을 체결하도록 피보험자와 보험자 사이에 미리 약정이

되어 있는데, 피보험자가 그와 같은 서류심사에 있어서 필요한 주의의무를 다하지 아니한 과실이 있었던 탓으로 보험자가 보증책임을 이행한 후 구상권을 확보할 수 없게 되었다는 등의 특별한 사정이 없는 한 그 취소를 가지고 피보험자에게 대항할 수 없다고 보아야 할 것이다.

[評 釋]

Ⅰ. 序 論

우리나라에서 보증보험이란, 곧 후술하는 바와 같이, 보험계약자(채무자)의 계약상의 채무불이행 또는 법령상의 의무불이행으로 인해서 피보험자(채권자)가 입게 되는 손해를 보험자가 보상할 것을 목적으로 하는 타인을 위한 보험이다. 이러한 보증보험계약을 체결할 때, 보험자는 보험금지급 후 보험계약자에 대한 구상권 또는 보험자대위권을 담보하게 하기 위해서 보험계약자에게 연대보증인을 내세울 것을 요구하는 것이 보통이다. 만약 보험계약자가 청약서상의 연대보증인에 관한 사항을 고의로 허위기재하고 이에 기해서 보험자가 보증보험계약의 승낙의 의사표시를 한 경우에, 그러한 사실을 알게 된 보험자는 사기에 의한 의사표시의 취소(민법 제110조) 또는 고지의무위반을 이유로 한 계약의 해지(상법 제651조)를 시도하려 할 것이다. 만약 취소 또는 해지가 가능하다면, 보험계약자의 사기행위에 관여하지 않은 피보험자(채권자)가 보호될 수 있는지, 다시 말하면 취소 또는 해지가 피보험자의 보험금청구권에 영향을 미치는지 여부가 본 논문이 다루고자 하는 주제이다. 본 주제가 부각되고 있는 이유는, 보증보험계약의 경제적 기능이나 체결과정을 고려할 때 선의의 피보험자를 보호해야 할 필요성이 인정될 수 있다는 점에서 찾을 수 있다.

먼저, 민법 제110조의 적용과 관련해서, 보증보험의 법적 성질을 순수하게 타인을 위한 보험으로 이해하게 되면 피보험자가 선의라도 보호될 수 없으며, 따라서 그 보호를 위한 방법을 모색해야만 한다. 한편, 대법원 1999. 7. 13. 선고 98다63162 판결 및 대법원 평석대상 판결은, 보증보험계약이 순수한 타인을 위한 보험이 아니며 오히려 실질적으로는 보증계약적 성격을 갖는다는 견지에서 선의의 피보험자를 보호한다. 그런데, 구체적으로 어떠한 법적 근거를 통해서 선의의 피보험자가 보호되는지에 대해서 분명하지 않으며, 따라서 이에 대한 검토가 필요하다. 본 논문은, 보증보험계약에는 보증위탁관계(보험자와 채무자인 보험계약자 사이)와 보증계약관계(보험자와 채권자인 피보험자 사이)가 병존하며, 양자는 법적으로 무관한 것으로써 전자의 효력 문제가 후자에 아무런 영향을 미치지 못하게 되고, 따라서 보증위탁관계에서 보험계약자의 사기가 존재하더라도 선의의 피보험자가 보호될 수 있다는 법적 근거를 제시하고자 한다.

다음, 상법 제651조와 관련해서는, 보험계약자의 연대보증인에 대한 부실고지가 고지의무위반의 요건을 충족하는지 여부를 먼저 검토해야 한다. 부실고지된 사항이 고지의무위반의 요건인 중요사항에 해당하는지 여부와, 보험자의 고의 또는 중과실이 있는 경우에 고지의무위반을 문제삼을 수 없다고 한 상법 제651조 단서 규정이 적용될 수 있는지 여부가 주요 쟁점이다. 그리고, 만약 고지의무위반의 요건이 충족된다면, 사기의 경우와 마찬가지로, 선의의 피보험자를 보호할 필요성이 있는지에 대한 검토가 필요하다. 왜냐하면, 민법 제110조의 적용과 관련해서 선의의 피보험자를 보호하려는 시도는, 보증보험계약의 경제적 기능이나 체결과정을 고려할 때 선의의 피보험자를 보호할 필요성 때문이며, 이 필요성은 상법 제651조의 적용과 관련해서도 마찬가지라고 주장될 수 있기 때문이다.

이하에서는, 보증보험의 개념 및 법적 성질 일반론을 개관한 후, 민법 제110조 및 상법 제651조의 순서에 따라서 선의의 피보험자의 보호 문제를 논의한다.

Ⅱ. 保證保險의 槪念

보증보험의 개념에 대한 상법 보험편의 규정은 없다. 한편, 보험업법은, 보험사업의 범주에 "매매 · 고용 · 도급 기타 계약에 의한 채무 또는 법령에 의한 의무의 이행에 관하여 발생할 채권자 기타 권리자의 손해를 보상할 것을 채무자 기타 의무자에게 약정하고 채무자 기타 의무자로부터 그 보수를 수수하는 것"을 포함시키고 있다(동법 제5조 제1항).

학설과 판례의 보증보험에 대한 개념 정의는 보험업법과 대체로 유사하다. 즉, 보증보험이란 보험자가 보험료를 수령하고 보험계약자(채무자)의 계약상의 채무불이행 또는 법령상의 의무불이행으로 인해서 피보험자(채권자)가 입게 되는 손해를 보상할 것을 목적으로 하는 손해보험이라는 점에 대체로 일치한다.[2)]

2) 양승규, 「보험법」 제3판(삼지원, 1998), 420면; 최기원, 「보험법」 제3판(박영사, 2002), 566면; 정찬형, 「상법강의(하)」 제4판(박영사, 2002), 677면; 김성태, 「보험법강론」(법문사, 2001), 768면; 대법원 1990. 5. 8. 선고 89다카25912 판결; 대법원 1997. 10. 10. 선고 95다46265 판결.

이러한 개념정의를 분설하면 다음과 같다. 첫째, 보증보험은 손해보험이다. 즉, 피보험자에게 발생한 재산상의 손해를 보상하는 것을 내용으로 한다. 둘째, 보험계약자(채무자)의 계약상의 채무불이행 또는 법령상의 의무불이행이 보험사고이다. 셋째, 보증보험은 타인을 위한 보험이다. 보험계약자(채무자)와 피보험자(채권자)가 항상 다르기 때문이다.

Ⅲ. 保證保險의 法的 性質

1. 意　　義

우리나라에서 보증보험계약을 순수한 보증계약으로 이해하는 학설이 주장된 적은 없다. 한편, 보증보험계약을 순수하게 보험계약으로 파악하는 견해도 발견되지 않는다. 대신, 보증보험계약이 보험계약성과 보증계약성을 겸비하고 있는 것으로 파악하는 것이 지배적 입장이다. 다만, 보험계약성과 보증계약성이 상충되는 경우에 어느 것을 우선할 것인지에 대해서는 아래에서 보는 바와 같이 일치하지 않는다.

보증보험계약의 종류는 실로 다양하다. 이론적으로는 보증보험계약의 종류별로 법적 성격을 다루는 것을 생각해 볼 수 있다. 하지만, 실제로 종류별로 법적 성격을 논의한 학설은 찾아보기 힘들다. 또한, 대법원 판례도 보증보험계약의 법적 성격을 일반적으로 논의하는 것이 보통이고 종류별로 구분하거나 그렇게 해야 한다고 명시적으로 언급한 바 없다. 지금 단계에서는, 학설과 판례를 아래와 같이 일반화하여 논의하더라도 무리가 없을 것이다.

2. 學　　說

먼저, 보증보험계약의 보험계약성을 우선하면서 보증계약성으로 보충하는 입장이다. 다수의 학자들이 지지하는 견해이다.

첫째, 약관과 보험계약법의 규정이 불분명하거나 불충분한 경우에 한해서 보증계약법리가 참고가 될 수 있으며, 민법 제433조, 제435조, 제439조, 제440조, 제441조가 검토대상이 될 수 있다는 견해이다.3)

둘째, 보증계약법리를 유추적용해야 하며, 다만 보증채무의 부종성 또는 보

3) 손주찬, "보증보험의 성격과 몇 가지 법률상의 문제점," 「상사법의 제문제」(박영사, 1983), 340~341면; 유영일, "보증보험계약," 「보험법의 쟁점」(법문사, 2000), 628면. 위 규정들이 유추적용된다고 보는 견해로는, 한창희, "보증보험의 법적 고찰," 「보험학회지」 제33집(한국보험학회, 1989), 212~213면.

충성은 보증보험에서 인정되지 않는다는 견해이다.[4] 다만, 보험금을 지급한 보험자가 보험계약자에게 보험자대위권이 아니라 구상권을 행사할 수 있다고 한다.

셋째, 약관규정이 불분명하거나 불충분할 때에 보충적으로 보증계약법리를 유추적용해야 하고, 보증보험에서는 보충성이 인정될 수 없고 주채무자가 갖는 항변으로 대항할 수 없으며, 다만 구상권에 대한 약관조항이 존재하는 경우에는 보험금을 지급한 보험자가 구상권을 행사할 수 있다는 견해이다.[5]

넷째, 보증보험은 보험성이 강하기 때문에 종국적으로는 보험계약법리를 기준으로 하면서, 민법 보증에 관한 규정이 적용 또는 유추적용된다고 보고, 보험자는 구상권이 아니라 보험자대위권을 행사할 수 있고 다만 그 권리행사의 내용이 민법상 보증인의 구상권 범위로 제한된다고 한다.[6]

한편, 보증보험계약의 보증계약성을 사실상 우선하는 견해도 있다. 즉, 보증보험은 보증의 실질과 보험적 위험처리의 결합이며, 보증보험계약에서 특별히 보험계약법상의 규정과 민법의 보증에 관한 규정을 명시적으로 배제하지 않았다면 양 규정이 서로 모순되지 않는 범위 내에서 모두 적용된다고 전제하고, 보증보험에는 부종성·수반성 및 구상관계 등이 인정된다고 한다.[7] 보증보험계약에 보증계약성을 인정하고, 다만 보험계약법리와 충돌하는 경우에만 양 성격의 한계를 신중히 검토해야 한다는 것이다.[8] 보증계약법리와 보험계약법리가 충돌하는 경우 어느 것이 우선하는지에 대해서는 명확하지 않다. 다만, 보증채무의 보충성·수반성 및 구상관계 등은 보험계약법리에서 인정되지 않는 것이 원칙이므로, 이 견해는 사실상 보증계약성을 우선하는 입장으로 분류될 수 있다.

3. 判 例

판례는 보증보험계약의 법적 성질과 관련하여 '보험형식·보증실질'이라는 이론구성을 하고 있다. 예를 들면, 대법원 1990. 5. 8. 선고 89다25912 판결은 "보증보험이란 … 손해보험으로, 형식적으로는 채무자의 채무불이행을 보험사

4) 양승규, 전게서, 422~423면.

5) 최기원, 전게서, 569~570면.

6) 김성태, 전게서, 778, 789면.

7) 정경영, "보험보험에서 보험자의 구상권," 「심당 송상현 선생 화갑기념논문집」(박영사, 2002), 396, 407, 413면.

8) 정경영, 전게논문, 413면.

고로 하는 보험계약이나, 실질적으로는 보증의 성격을 가지고 보증계약과 같은 효과를 목적으로 하는 것"이라고 판시하고 있다.[9]

'보험형식 · 보증실질'이론이 보증보험계약에 대한 보증계약법리의 전면적 적용을 의도하고 있는 것으로 보이지는 않는다. 이 점은 가령 평석대상판결이 보험계약자의 고지의무(상법 제651조)를 적용하고 있다는 점에서 알 수 있다.

그렇다면 어떠한 경우에 보증계약법리를 적용할 것인지가 문제이다. 보증계약법리를 적용한 판결은 다음과 같은 것이 있다. 지급계약보증보험에 보증채무의 부종성을 적용한 판결,[10] 할부판매보증보험에 보증채무의 수반성을 적용함으로써 피담보채권이 양도되면 보험금청구권도 그에 수반하여 이전된다고 한 판결,[11] 또는 대출보증보험에 보증인의 구상권 법리를 적용하여 보험자가 구상권을 행사할 수 있다고 한 판결[12] 등이 그것이다.

이와 달리, 이행보증보험에서 보험자가 구상권을 행사하는 것은 보험계약법리에 반하는 것이므로 개별 약정이 없으면 인정될 수 없다고 한 판결도 있다.[13] 이 판결도 '보험형식 · 보증실질'이라는 이론구성을 그대로 따르고 있지만 구상권과 관련해서는 보증계약법리보다 보험계약법리를 우선했던 것이다. 또한, 이행보증보험에서 보증채무의 성질인 목적 · 형태상의 부종성을 인정하지 않은 판결도 있다. 즉, 보증채무의 목적 · 형태상의 부종성에 의하면 주채무의 변제기한이 유예될 때 보증채무에도 영향을 미친다고 보는 원칙을 따르지 않고, 보증보험은 보험계약이라고 하면서 피담보채무의 변제기한이 유예되었다고 해서 보험기간이 당연히 변경된다고 볼 수 없다고 하였다.[14]

4. 檢 討

보증보험계약의 보증계약성과 보험계약성이 충돌하는 경우는 크게 세 가지로 나누어 볼 수 있다. 첫째, 보험금지급채무와 피담보채무의 관계에서 부종성이나 보충성이 인정되는가의 문제이다. 둘째, 보험금을 지급한 보험자가 보험계약자에 대해서 구상권을 행사할 수 있는가의 문제이다. 셋째, 보증보험계약의

9) 유사한 내용의 설시는 보증보험 관련 대법원 판결의 다수에 나타난다. 예를 들면, 대법원 1999. 6. 8. 선고 98다53707 판결.
10) 대법원 1990. 5. 8. 선고 89다카25912 판결.
11) 대법원 1999. 6. 8. 선고 98다53707 판결.
12) 대법원 1981. 10. 6. 선고 80다2699 판결.
13) 대법원 2001. 2. 9. 선고 2000다55089 판결.
14) 대법원 1997. 4. 11. 선고 96다32263 판결.

효력 문제를 가지고 보험자가 피보험자에게 대항할 수 있는가의 문제이다.

우리 학설과 판례는 보증보험계약의 보증계약성과 보험계약성을 동시에 인정하며, 다만 양자가 충돌하는 경우에 어느 것을 우선할 것인지에 대해서 일치하지 않고 있고, 또한 과연 어떤 근거 하에서 보증계약성 또는 보험계약성을 우선하고 있는지 분명하지 않다. 그런데, 현재 우리 학설의 논의는 주로 첫째 및 둘째에 대해서 이루어지고 있고, 본 논문의 주제인 셋째에 대해서는 언급이 없다. 그렇다고 해서, 첫째 및 둘째에 관한 학설을 가지고 셋째에 대한 입장을 추론하기는 어렵다. 한편, 앞서 언급 바와 같이, 대법원 1999. 7. 13. 선고 98다63162 판결 및 평석대상판결은 셋째 문제에 대해서 보증계약성을 우선하는 입장을 취하고 있다.

생각건대, 보증보험계약에 보험계약성과 보증계약성이 공존한다고 보게 되면, 양자가 충돌하는 경우에 어느 것이 우선하는가에 대해서 선택이 어렵고 또한 모순되는 결과를 가져오기도 한다. 따라서, 보증보험계약의 실질을 판단하여 보험계약 또는 보증계약 중 어느 하나로 처리하는 것이 간명한 해결이라고 판단된다.[15] 이에 의할 때, 보증보험계약이 보험계약인지 아니면 보증계약인지는 다음의 기준에 따른다.

만약 보험자가 위험에 합당한 보험료를 부과하여 수지균 등을 도모한다는 보험의 원리에 따른 것이 아니라, 단순히 보증수수료를 징수한 채 보험사고가 발생하면 채권자인 피보험자에게 보상한 후 주채무자인 보험계약자에 대한 구상권의 행사를 통해서 수지균등을 맞추는 것이라면 이는 보험의 실질을 결여하고 있는 것이다. 보험계약법리란 보험의 원리를 반영하는 것이므로, 보험의 원리가 존재하지 않는 계약에 적용될 이유가 없다.[16] 예를 들면, 단순히 보증수수료를 징수하는 데 불과한 보증보험계약에 보험계약자의 고지의무가 적용되는 것은 고지의무의 취지에 맞지 않는다. 따라서, 이러한 경우는 보증보험계약이라는 명칭 하에서 보험자, 보험계약자, 피보험자, 보험기간, 보험금 등 보험계약상의 용어를 사용하고 있다고 해서 보험계약성을 인정할 이유는 없는 것이다. 다

15) 한기정, "보증보험의 법적 성질에 대한 연구," 「상사법연구」 제21권 제1호(한국상사법학회, 2002), 621면.

16) 영미에서도 명칭 등의 형식보다는 실질에 따라서 보험인지 본드(bond)인지를 구분하고 있다: 미국은 Appleman *et. al.*, *Insurance Law and Practice*, revised ed. (St. Paul, Minnesota: West Publishing Co., 1981) §5273, pp. 173~176, 영국은 MacGillivray *et. al.*, *MacGillivray on Insurance Law*, 9th ed.(London: Sweet & Maxwell, 1997), pp. 440~441.

시 말하면, 위험을 측정해서 각 보험계약자로부터 보험료를 받고 이를 통하여 공동기금을 형성한 후 보험사고가 발생한 보험계약자에게 보험금을 지급한다고 하는 보험의 본질을 결여하고 있다면 보험계약상의 명칭을 사용하고 있다고 해서 보험계약성을 인정하기는 어렵다. 이렇듯, 보증보험계약을 보증계약으로 보게 되면 보증계약법리가 적용될 뿐 보험계약법리는 적용되지 않는 것이 원칙이라고 보아야 한다. 그 결과, 첫째, 보험금지급채무와 피담보채무의 관계에 보증계약법리의 부종성이나 보충성이 적용된다. 둘째, 보험금지급채무를 이행한 보험자는 주채무자인 보험계약자에게 구상권을 행사할 수 있다. 셋째, 보증보험계약의 효력 문제가 선의의 피보험자에게 미치는 영향도 보증계약법리로 해결해야 한다. 그런데, 보증보험계약은 제 3 자를 위한 계약의 형식을 취하고 있지만, 일반 보증계약은 채권자와 보증인 사이의 2당사자 계약의 형식을 취하고 있기 때문에, 구체적으로 어떻게 보증계약법리를 적용할 것인지는 매우 까다로운 문제이며, 이하에서 자세히 다룰 주제이다.

한편, 위와 같은 보험의 실질을 갖추고 있으면, 보증보험계약을 순수한 보험계약으로 운용하는 것이 순리라고 판단된다. 첫째, 보험금지급채무와 피담보채무의 관계에 보험계약법리를 적용하더라도 보증계약법리의 부종성이나 보충성이 적용되는 것과 실질적으로 유사한 결과가 발생하는 경우가 많고, 일부 차이가 나는 부분과 관련해서도 보증보험계약이 보험적 위험처리방식을 취하는 한 보험계약법리를 따르는 것이 불가피하다.[17] 둘째, 보험자가 수지상등에 부합하는 보험료를 부과했다면 보험금지급채무는 자신의 채무이고, 자신의 채무를 이행한 자가 타인에게 구상권을 행사하는 것은 논리적으로 모순이다.[18] 채무자인 보험계약자에 대해서는 보험자가 보험자대위의 일종인 청구권대위(상법 제682조)를 할 수 있다. 예를 들면, 현재 이행(지급)보증보험약관 제11조에는 구상권 및 대위권에 대해서 동시에 규정하고 있는바, 만약 동 보험이 보험의 원리에 입각하고 있다면 연대보증인을 세우도록 요구하는 것은 대위권의 행사와 관련해서만 효력이 있는 것으로 해석해야 한다. 한편, 보험계약자에 대해서 대위권을 행사할 수 없다는 입장에 따르면서,[19] 구상권을 인정하지 않는 입장에서는

17) 한기정, 전게논문, 619면.

18) 한기정, 전게논문, 611면.

19) 보험계약자에 대해서 보험자대위권을 행사할 수 있는지에 대해서 학설은 나뉘며(긍정설은 최기원, 전제서, 327면; 이기수,「보험법 · 해상법학」제 4 판(박영사, 1998), 136면; 김성태, 전게서, 452면이고, 부정설은 양승규, 전게서, 244～247면; 정찬형, 전게서, 587면), 판례는 긍정하고 있다(대법원 1990. 2. 9. 선고 89다카21965 판결).

연대보증인에 관한 조항은 아무런 효력이 없는 것이고 따라서 이에 대한 부실기재가 있다고 해도 보험자가 보험계약의 취소(민법 제110조) 또는 보험계약의 해지(상법 제651조)를 행사할 수 없게 된다. 하지만, 고의로 채무를 불이행한 보험계약자가 보험자대위에서 벗어난다는 것은 보증보험계약이 사행계약으로 될 우려가 있으므로 보험자대위가 반드시 적용된다고 보아야 할 것이다.[20] 셋째, 보증보험계약의 효력 문제가 피보험자에게 미치는 영향을 보험계약법리로 해결하면 선의의 피보험자라도 보호되기 어려운데, 현실적으로는 피보험자 보호의 필요성이 인정될 수 있기 때문에 이를 위한 대책이 필요하며, 이에 대해서는 이하에서 논의하기로 한다.

Ⅳ. 民法 제110조의 적용 문제

1. 意　義

대법원 1999. 7. 13. 선고 98다63162 판결 및 평석대상판결에서는, 보험계약자가 자신의 구상채무를 연대보증할 자에 관하여 고의로 위법한 기망행위를 범했고 이에 기해서 착오에 빠진 보험자의 승낙으로 이행보증보험계약이 체결되었다. 따라서, 민법 제110조가 규정하는 사기에 의한 의사표시의 요건(사기자의 고의, 기망행위의 존재, 사기의 위법성, 사기에 기한 표의자의 착오 및 착오와 의사표시의 인과관계)[21]을 충족시키고 있다. 사기로 인해서 착오에 빠진 사항이 법률행위 내용의 중요부분에 해당하지 않더라도 표의자는 보호되므로,[22] 구상채무를 연대보증할 자가 법률행위 내용의 중요부분에 해당하는지 여부는 문제되지 않는다.

민법 제110조가 표의자를 보호하는 방법은 다음과 같이 두 가지이다. 첫째, 표의자가 그 상대방의 사기에 의해서 의사표시를 한 경우에 표의자는 그 의사표시를 취소할 수 있다(동조 제1항). 둘째, 표의자가 제3자의 사기에 의해서 상대방 있는 의사표시를 한 경우에는 그 상대방이 그 사실을 알거나 알 수 있었을 경우에 한하여 그 의사표시를 취소할 수 있다(동조 제2항). 첫째 및 둘째에서, 표의자가 행한 의사표시의 취소는 선의의 제3자에게 대항하지 못한다(동조 제3항).

민법 제110조 제1항과 제2항 중 어느 것을 본 사건에 적용할 것인가에 따라서 선의의 피보험자가 보호되는지 여부가 달라질 수 있으며, 그 선택은 보

20) 한기정, 전게논문, 591~592면.

21) 곽윤직, 「민법총칙」, 신정수정판(박영사, 1998) 349면.

22) 곽윤직, 전게서, 348면; 대법원 1969. 6. 24. 선고 68다1749 판결.

증보험계약의 법적 성격을 보험계약성과 보증계약성 중 어느 것으로 보느냐에 크게 의존한다. 그 이유는 다음과 같다.

2. 保險契約의 觀點

(1) 민법 제110조 제 1 항의 적용

여기서 보증보험계약을 보험계약의 관점에서 본다는 것은, 보증보험계약을 순수하게 보험계약이라고 보거나, 또는 보험계약성과 보증계약성을 겸비하지만 보증보험계약의 효력 문제가 피보험자에게 미치는 영향 면에서는 보험계약성이 우선한다고 보는 관점을 가리킨다. 이렇듯 보증보험계약을 보험계약의 관점에서 보게 되면, 본 사건은 민법 제110조 제 2 항이 아니라 제 1 항의 적용을 받게 된다. 왜냐 하면, 그러한 관점에서는, 보증보험계약에서 보험자가 행한 승낙의 의사표시는 피보험자가 아니라 보험계약자에 대한 것이고, 따라서 본 사건에서 보험자는 그 상대방의 사기에 의해서 그에게 의사표시를 한 경우에 해당하기 때문이다. 민법 제110조 제 1 항을 적용하면, 보험자는 승낙의 의사표시를 취소할 수 있다.

(2) 민법 제110조 제 3 항의 제 3 자 해당 여부

민법 제110조 제 3 항에 의하면, 표의자가 행한 의사표시의 취소는 선의의 제 3 자에게 대항하지 못한다. 만약 피보험자가 여기의 제 3 자에 해당한다면, 보험자는 의사표시의 취소를 가지고 선의의 피보험자에게 대항할 수 없게 된다. 하지만, 다음과 같은 이유에서 인정되기 어렵다.

첫째, 타인을 위한 보험에서 보험자는 보험계약의 성립·효력에 관한 대항사유로 그 타인에게 대항할 수 있기 때문이다.[23] 평석대상판결도, "일반적으로 타인을 위한 보험계약에서 보험계약자의 사기를 이유로 보험자가 보험계약을 취소하는 경우 보험사고가 발생하더라도 피보험자는 보험금청구권을 취득할 수 없는 것"이라고 함으로써 이 점을 긍정하고 있다.

둘째, 통설 및 판례는 타인을 위한 보험계약의 본질을 제3자를 위한 계약으로 파악하고 있는데,[24] 여기에는 민법 제542조가 (유추)적용되기 때문이다. 민법 제542조에 따르면, 제 3 자를 위한 계약에서 낙약자는 그 계약관계에 기한 항변으로써 그 계약의 이익을 받을 제 3 자에게 대항할 수 있다고 한다. 민법 제

---

23) 김성태, 전게서, 357면.

24) 양승규, 전게서, 183면; 최기원, 전게서, 133면; 대법원 1981. 10. 6. 선고 80다2699 판결.

542조의 취지는, 제 3 자의 권리도 요약자와 낙약자 사이의 계약에 기한 것이고, 낙약자는 그가 요약자 자신에 대하여 의무를 부담한 경우보다 더 나쁜 지위에 놓이지 않아야 한다는 점에서 발견할 수 있다.[25] 따라서, 제 3 자는 계약의 당사자는 아니지만 그에 준하는 취급을 하게 된다. 여기에 항변에는 계약에 관하여 무효 또는 취소의 원인이 있을 때 제 3 자에 대해서 권리의 불발생을 주장하는 것도 포함된다.[26] 따라서, 의사와 표시의 불일치 및 사기 · 강박의 의사표시와 관련하여, 선의의 제 3 자를 보호하기 위한 규정이 존재하지만(민법 제107조 제 2 항, 제108조 제 2 항, 제109조 제 2 항, 제110조 제 3 항), 제 3 자를 위한 계약에서 제 3 자는 여기에서 제외시키는 것이 원칙이다.[27] 제 3 자를 위한 계약에서 제 3 자의 권리의 성질이 급부의 단축(낙약자-요약자-제 3 자로 거치게 될 급부과정을 낙약자-제 3 자로 단축)인 경우와 관련해서는, 제 3 자를 위한 계약의 제 3 자를 민법 제110조 제 3 항의 제 3 자로 보려는 논의가 유력하지만,[28] 보증보험에서 피보험자의 보험금청구권의 성질은 급부의 단축이라고 볼 바 아니다.

셋째, 설령 민법 제110조 제 3 항이 적용된다고 해도 피보험자가 제 3 자에 해당하는지도 의문이다. 민법 제110조 제 3 항의 제 3 자는, 당사자 및 그 포괄승계인 이외의 자로서 사기에 의한 의사표시로 생긴 이해관계에 기초하여 새로운 법률관계를 가진 자를 가리킨다고 보는 것이 통설 및 판례의 입장이다.[29] 그런데, 타인을 위한 보험계약에서 피보험자가 보험자에 대해서 보험금청구권을 갖게 된 것은, 사기에 의한 법률행위에 기초해서 새로운 이해관계를 맺은 결과는 아니며 사기에 의한 의사표시로 인해서 자연히 맺어진 이해관계에 불과하다. 즉, 여기의 피보험자는 사기에 의한 의사표시를 기초로 하여 새로운 이해관계를 맺은 자가 아니라 직접 그 의사표시에 의하여 권리를 취득하는 자이다. 따라서, 통설 및 판례가 말하는 제 3 자에 해당될 수 없다.

(3) 피보험자 보호의 필요성 및 대책

위와 같이, 보증보험계약을 순수하게 보험계약이라고 보거나, 또는 보험계약성과 보증계약성을 겸비하지만 보증보험계약의 효력 문제가 피보험자에게 미

25) 송덕수(집필), 「민법주해[XIII]」(박영사, 1997), 220~221면.

26) 곽윤직, 「채권각론」 신정수정판(박영사, 2000), 95면.

27) 곽윤직, 「채권각론」, 93면; 송덕수(집필), 「민법주해[XIII]」, 220~221면.

28) 제철웅, "보상관계 또는 대가관계에서의 흠결이 이미 경료된 중간생략등기에 미치는 영향," 「저스티스」 제33권 제 1 호(한국법학원, 2000), 143면.

29) 곽윤직, 「민법총칙」 신정수정판(박영사, 1998), 335, 351면; 송덕수(집필), 「민법주해[II]」(박영사, 1992), 595면.

치는 영향 면에서는 보험계약성이 우선한다고 보면, 피보험자가 보호되기 어렵다. 이러한 결과는, 예를 들면, 자동차할부판매보증보험이나 이행보증보험계약의 체결과정을 고려할 때 선의의 피보험자의 기대에 반할 수 있다는 점을 고려해야 한다. 이러한 보증보험에서 채권자인 피보험자는 보증보험계약의 체결과정에 직접 관여하지 않는다. 즉, 피보험자는 보험계약자로부터 보증보험증권을 교부받고 이를 신뢰하여 그것이 담보하는 채권과 관련된 새로운 이해관계를 맺는 것이 보통이다. 상인이 대부분인 보증보험의 피보험자 입장에서는, 만약 보증보험증권에 대한 신뢰가 보호되지 않는다면, 보험계약자인 채무자와 채무에 관련된 새로운 이해관계를 맺는 데 주저하게 될 것임은 분명하다.

따라서, 이러한 보증보험의 표준약관에서, 보험계약자의 사기로 인한 보험계약의 체결과 같이 보증보험계약의 효력이 문제되는 경우에 보험자가 선의의 피보험자에게 대항할 수 없다는 규정을 두는 조치를 고려할 필요가 있다고 본다. 이것이 보증보험이 타인을 위한 보험이라는 점을 존중하면서, 선의의 피보험자의 보호라는 거래상의 필요를 충족시킬 수 있는 방법이라고 본다. 이러한 약관조항을 두면, 보험자가 보험계약자와의 보증보험계약 체결과정에서 보다 주의를 기울이는 계기가 될 수 있다. 예를 들면, 연대보증인의 인감증명서와 같은 문서를 요구해서 확인하는 것이다. 이러한 과정에서 보험계약의 체결심사에 보다 많은 비용과 시간이 소요되는 것은 피할 수 없다. 물론 그러한 문서가 본인의 동의 없이 또는 위조된 채 제출될 가능성도 없지 않다. 대법원 1999. 7. 13. 선고 98다63162 판결이 바로 인감증명서가 위조된 사건을 다룬 것이다. 이를 막기 위해서는, 연대보증인이 보험자를 직접 방문할 것을 요구하는 것도 한 방법이지만, 수인의 연대보증인을 내세울 것을 요구하는 보증보험의 실무를 고려하면 상당한 불편을 야기하여 채택될 가능성이 낮다. 이렇듯 보험계약자에 의한 사기의 가능성은 상존하는 것이며, 그 결과 보험자는 보험계약자의 사기에 의한 계약체결에도 불구하고 피보험자에게 보험금을 지급해야 하는 위험을 부담하게 된다. 물론, 보험자는 이러한 위험을 보험료에 반영하는 방법으로 회피할 수 있다. 이러한 방법이 선의의 보험계약자 입장에서는 불만스러울 수 있으므로, 보험자가 해당 보험계약자에 대해서 보험자대위권을 철저히 행사할 필요가 있다. 이렇듯, 보험자는 보험계약자의 사기에 의한 계약체결로 입게 되는 위험을 분산 처리할 수 있는 위치에 있으며, 선의의 피보험자가 보험금을 청구하지 못하게 하는 것보다는 보험자가 그러한 위험을 분산 처리하는 것이 바람직한 것으로 판단된다. 다만 보험자가 독점적 보증보험자인 경우 주의의무를 다해서 위험을 감소시키기보다 만연히 위험을 보험료에 반영하는 안이한 태도를 취할 가능성이 상존한다. 이 점을 감안하더라도, 약관조항을 두고 피보험자의 보호를 우선하는 것이 바람직하다고 본다.

3. 保證契約의 觀點

(1) 意　義

여기서 보증보험계약을 보증계약의 관점에서 본다는 것은, 보증보험계약을 순수하게 보증계약이라고 보거나, 또는 보험계약성과 보증계약성을 겸비하지만 보증보험계약의 효력 문제가 피보험자에게 미치는 영향 면에서는 보증계약성이 우선한다고 보는 관점을 가리킨다. 보증보험계약을 보증계약의 관점에서 본다는 것이 구체적으로 무엇을 가리키는가? 이하에서는, 보증계약의 관점에서 접근하여 선의의 피보험자를 보호할 것을 판시한 대법원 1999. 7. 13. 선고 98다63162 판결 및 평석대상판결을 먼저 검토한 후, 보증보험계약에서의 보증위탁관계와 보증계약관계의 공존이라는 이론구성을 시도해 보기로 한다.

(2) 判例의 動向

대법원 1999. 7. 13. 선고 98다63162 판결은 자동차할부판매보증보험과 관련해서, "보험계약자인 채무자의 채무불이행으로 인하여 채권자가 입게 되는 손해의 전보를 보험자가 인수하는 것을 내용으로 하는 보증보험계약은 손해보험으로서, 형식적으로는 채무자의 채무불이행을 보험사고로 하는 보험계약이지만 실질적으로는 보증의 성격을 가지고 보증계약과 같은 효과를 목적으로 하고 (대법원 1997. 11. 14. 선고 95다11009 판결; 1997. 10. 10. 선고 95다46265 판결; 1992. 5. 12. 선고 92다4345 판결 등 참조), 이 사건 자동차할부판매보증보험과 같은 경우 피보험자는 보증보험에 터잡아 할부판매계약을 체결하거나 혹은 이미 체결한 할부판매계약에 따른 상품인도의무를 이행하는 것이 보통이므로, 일반적으로 타인을 위한 보험계약에서 보험계약자의 사기를 이유로 보험자가 보험계약을 취소하는 경우 보험사고가 발생하더라도 피보험자는 보험금청구권을 취득할 수 없는 것과는 달리, 보증보험계약의 경우 보험자가 이미 보증보험증권을 교부하여 피보험자가 그 보증보험증권을 수령한 후 이에 터잡아 새로운 계약을 체결하거나 혹은 이미 체결한 계약에 따른 의무를 이행하는 등으로 보증보험계약의 채권담보적 기능을 신뢰하여 새로운 이해관계를 가지게 되었다면 그와 같은 피보험자의 신뢰를 보호할 필요가 있다. 그러므로 주채무자에 해당하는 보험계약자가. 보증보험계약 체결에 있어서 보험자를 기망하였고, 보험자는 그로 인하여 착오를 일으켜 보증보험계약을 체결하였다는 이유로 보증보험계약 체결의 의사표시를 취소하였다 하더라도, 이미 그 보증보험계약의 피보험자인 채권자가 보증보험계약의 채권담보적 기능을 신뢰하여 새로운 이해관계를 가지게 되었다면, 피보험자가 그와 같은 기망행위가 있었음을 알았거나 알 수 있었던 경우이거나, 혹은 이 사건에서 원고가 주장하는 것처럼 피보험자가 보험자를 위하여 보험계약자가 제출하는 보증보험계약 체결 소요 서류들이 진정한 것인지 등을 심사할 책임을 지고 보험자는 그와 같은 심사를 거친 서류만을 확인하고 보증보험계약을 체결하도록 피보험자와 보험자 사이에 미리 약정이 되어 있는데, 피보험자가 그와 같은 서류심사에 있어서 필요한 주의의무를 다하지 아니한 과실이 있었던 탓으로 보험자가 보증책임을 이행한 후 구상권을 확보할 수 없게 되었다는 등의 특별한 사정이 없는 한 그 취소를 가지고 피보험자에게 대항할 수 없다고 보아야 할 것"이라고 판시하였다. 평석대상판결은, 이행보증보험과 관련해서, 동일한 입장을 취한 바 있다.

이 판결들이 보증보험 특유의 법리를 주창하고 있는 것임에는 틀림 없으며, 핵심은 다음에 있는 것으로 보여진다. 첫째, 보증보험계약은 일반보험과 달리 보증의 효과를 목적으로 한다는 점이다. 둘째, 보증의 효과인 채권담보기능을 신뢰한 피보험자를 보호할 필요가 있는데 그 이유는, 예를 들면, 자동차할부판매보증보험과 같은 경우 피보험자는 보증보험에 터잡아 할부판매계약을 체결하거나 혹은 이미 체결한 할부판매계약에 따른 상품인도의무를 이행하는 것이 보통이기 때문이다. 그런데, 보증보험계약이 타인을 위한 보험계약이며 제 3 자를 위한 계약이라는 당사자구조를 전제하는 한, 보증의 효과인 채권담보기능을 신뢰한 피보험자라도 보호하는 것이 곤란하다는 점을 이미 살펴보았다. 따라서, 그러한 당사자구조를 벗어날 수 있는 이론구성이 있기 전에는 이 판결들은 정당화되기 어렵다고 판단된다. 하지만, 그 이론구성에 대해서 이 판결들은 구체적으로 언급하고 있지 않다.

한 가지 첨언할 것은, 적어도 평석대상판결은 기본적으로 보증계약의 관점에 입각하고 있지만, 그렇다고 해서 보증보험계약을 순수하게 보증계약으로 보는 것은 아니다. 왜냐 하면, 동 판결은, 후술하는 바와 같이, 연대보증인에 대한 부실고지가 상법 제651조의 고지의무위반에 해당되는지 여부도 검토하고 있으며, 적어도 이러한 범위 내에서는 보험계약성을 인정하고 있는 것으로 보아야 하기 때문이다. 다시 말하면, 이 판결은 보증보험계약의 보험계약성과 보증계약성을 동시에 인정하고 있으며, 적어도 사기로 인한 보험계약의 취소가 선의의 피보험자에게 미치는 영향의 문제에 대해서는 보증계약성을 우선하고 있는 것이다.

(3) 보증위탁계약과 보증계약의 공존

(가) 내 용 우선, 일반 보증계약의 계약 당사자 관계를 살펴본다. 일반 보증계약에서는 보증위탁계약과 보증계약이 채무자와 보증인 그리고 채권자와 보증인 사이에서 각각 별도로 체결된다. 보증위탁계약은 채무자와 보증인 사이의 2당사자 계약, 보증계약은 채권자와 보증인 사이의 2당사자 계약인 것이 원칙이다.[30] 보증계약은 주채무자와 보증인 사이의 보증위탁계약의 성립·효력에 의해서 영향을 받지 않는다.[31]

다음, 보증보험계약의 계약 당사자를 보험계약의 관점에서 바라보면, 보험자와 보험계약자가 그것에 해당하며 피보험자는 수익자인 제3자에 불과하다. 하지만, 보증보험계약의 계약 당사자를 보증계약의 관점에서 바라보는 이론구성을 취하면 전혀 다른 결론에 이를 수 있다. 즉, 보증보험계약을 보증계약적 관점에서 바라보면, 보증보험계약에 보증위탁계약적 측면과 보증계약적 측면이 병존한다고 보는 것이 가능해진다. 보증위탁계약적 측면 및 보증계약적 측면이 병존한다는 것은, 보증보험관계가 성립되면 보험계약자와 보험자 사이에는 보증위탁계약관계, 한편 피보험자와 보험자 사이에는 보증계약관계가 존재하는 것을 가리킨다. 즉, 형식적으로는 단일한 제3자를 위한 계약이지만, 실질적으로는 위와 같은 2개의 계약이 병존한다고 보는 것이다. 이것의 결과는, 보증보험계약의 피보험자는 보험자와 보증계약관계에 있으며, 보험계약자와 보험자 사이의 보증위탁계약의 성립·효력에 의해서 영향을 받지 않게 된다는 것을 법적으로 인정할 수 있는 길을 열어 주는 것이다.

이러한 이론구성은 보험자를 희생시키고 선의의 피보험자를 보호하는 데 목적이 있다. 따라서, 무한정 인정되기는 어렵다. 대법원 1999.7.13. 선고 98다63162 판결은, "자동차할부판매보증보험과 같은 경우 피보험자는 보증보험에 터잡아 할부판매계약을 체결하거나 혹은 이미 체결한 할부판매계약에 따른 상품인도의무를 이행하는 것이 보통"이라는 상황을 강조하였다. 즉, 피보험자

30) 곽윤직, 「채권총론」 신정 수정판(박영사, 2000), 245면.
31) 곽윤직, 「채권총론」 신정 수정판(박영사, 2000), 245면.

가 보험계약자와 채무관계를 발생시키거나 그 채무의 반대급부를 이행하는 데 있어서 보증보험계약의 존재가 그 결정적 이유이지만 피보험자가 보증보험계약 체결과정에 관여되지 않는 것이 분명한 경우에만, 보험자와 보험계약자 사이의 보증보험계약의 성립·효력이 피보험자에게 미치는 영향을 단절시킨 채 피보험자를 보호할 필요가 있을 것이다.

요컨대, 위와 이론구성을 취하면, 민법 제110조 제2항을 적용하여 선의의 피보험자를 보호하는 것이 가능해진다. 즉, 보증계약관계를 중심으로 보면, 채권자에 해당하는 피보험자와 보증인에 해당하는 보험자가 계약 당사자의 위치에 있으며 보험계약자는 제3자에 불과하다고 보게 된다. 그렇다면 보험자가 제3자인 보험계약자의 사기에 기인해서 피보험자에게 보증의 의사표시를 한 것이고, 따라서 민법 제110조 제2항이 적용된다고 볼 것이며, 피보험자가 보험계약자의 사기를 알거나 알 수 있었을 경우에 한하여 보험자가 보험계약을 취소할 수 있게 된다. 대법원 1999.7.13. 선고 98다63162 판결 및 평석대상판결은, "보증보험계약의 채권담보적 기능을 신뢰하여 새로운 이해관계를 가지게 되었다면"을 요건으로 하고 있다. 보증계약적 이론구성 하에서 민법 제110조 제2항의 적용을 시도하는 것은, 기본적으로 보험자를 희생하고 피보험자를 보호하는 데 목적이 있다고 이해할 수 있다. 그러한 보호의 필요성은 만약 피보험자가 보증보험계약의 채권담보적 기능을 신뢰하여 새로운 이해관계를 맺기 전이라면 두드러지지 않으며, 이 경우는 오히려 보험자를 보호하는 것이 타당하다는 점에서, 위 판결들의 태도는 이 점에 관한 한 정당한 것이라고 판단된다.

(나) 평 가 위와 같은 이론 구성은 다음 같은 근본적 난점을 피하기 어렵다. 보험자와 보험계약자 사이에 보증계약관계에 있다고 하기 위해서는 양자 사이에 보증계약이 체결되어 있어야 하는데, 타인의 보험의 형식을 취하고 있으므로 외형적으로는 가능한 것이 물론 아니다. 왜냐 하면, 타인을 위한 보험에서, 피보험자는 보험계약체결의 당사자가 아닌 것은 물론이고, 피보험자의 권리는 피보험자의 수익의 의사표시가 없어도 당연히 발생하기 때문이다(상법 제639조 제2항 본문).

다만, 다음과 같이 대체하는 방법을 생각해 볼 수 있다. 대법원 1999.7.13. 선고 98다63162 판결 및 평석대상판결은, "보증보험계약의 경우 보험자가 이미 보증보험증권을 교부하여 피보험자가 그 보증보험증권을 수령"할 것을 요구한다. 즉, 보험자에 의한 보증보험증권의 발행·교부는 보증의 의사표시를 표시한 것이고, 피보험자의 보증보험증권의 수령은 그 의사표시를 수령한 것이다. 보험자는 보증보험증권의 발행·교부의무를 보험계약자에게 부담하고 있고(제640조), 피보험자는 보험계약자로부터 보증보험증권을 수령하게 된다. 피보험자가 보증보험증권을 수령한 후, 예를 들어 물품공급계약을 체결하거나 이미 체결한 물품공급계약에 따른 물품인도의무를 이행하는 등 새로운 이해관계를 맺었다는 것은 실질적으로 승낙의 의사표시를 한 것에 준하는 것으로 다루는 것이다.

이러한 이론구성이 다소 의제적이고 복잡하다는 점은 부인하기 어렵다. 위 대법원 판결들이 구체적인 이론구성에 대해서는 언급을 회피하고 있는 것이 바로 이러한 문제점들을 염두에 둔 결과가 아닌가 생각된다. 다만, 보증보험계약의 실질이 보증계약인 경우에는, 이러한 이론구성이 그 실질과 잘 어울릴 수 있는 것이며 당사자들의 의사에도 부합될 수 있다는 점에서, 불가피한 이론구성이라고 생각된다.

Ⅴ. 商法 제651조의 적용 문제

1. 意　義

상법 제651조는 고지의무에 대해서 규정하고 있다. 즉, 보험계약자가 고의 또는 중대한 과실로 인해서 중요사항에 대해서 불고지하거나 부실고지하면 보험자가 계약을 해지할 수 있다. 따라서, 보증보험계약을 순수한 보험계약이라고 보거나, 또는 보증보험계약의 보험계약성과 보증계약성을 동시에 인정하면서 다만 고지의무와 관련해서는 보험계약성이 우선한다는 입장에서는, 보험계약자가 연대보증인에 관한 사항을 부실고지한 것이 고지의무위반에 해당하는지를 검토해야 한다. 우리 통설과 판례가 상법 제651조와 민법 제110조가 중복 적용된다는 입장을 취하고 있고,[32] 따라서 보험자는 보험계약자의 사기를 이유로 해서 민법 제110조를 원용할 수 있을 뿐만 아니라, 보험계약자의 고지의무 위반을 이유로 해서 상법 제651조를 원용하는 것이 가능하다. 한편, 보증보험계약을 순수한 보증계약이라고 보거나, 또는 보증보험계약의 보험계약성과 보증계약성을 동시에 인정하면서 다만 고지의무와 관련해서는 보증계약성이 우선한다는 입장에서는, 상법 제651조의 적용은 없다고 보게 되지만, 이러한 주장을 하는 학설이나 판례는 우리나라에 존재하지 않는다. 이하에서는, 연대보증인에

32) 양승규, 전게서, 129면; 최기원, 전게서, 205면; 대법원 1991. 12. 27. 선고 91다1165 판결.

관한 사항을 부실고지한 것이 고지의무위반에 해당하는지를 먼저 검토하고, 선의의 피보험자 보호 문제를 논의한다.

2. 重要事項

고지의무의 대상인 중요사항이란, 보험자가 보험계약을 체결할지 여부 및 그 조건을 정함에 있어서 보험자의 판단에 영향을 미치는 사항이다.[33] 보험계약의 체결 여부 및 조건에 관련된 사항에는 보험사고의 발생가능성과 관련된 사항 및 기타 사항으로 나누어 볼 수 있다. 고지의무의 대상인 중요사항은 보험사고의 발생가능성에 관련된 사항으로 한정된다고 보는 견해가 있다.[34] 이는 타당하다고 본다. 연혁적으로 고지의무는 위험의 측정과 관련된 사항으로부터 발달되었다.[35] 또한, 고지의무의 법적 근거로서 우리나라에서 지배적인 기술설도 위험의 측정과 관련된다. 위험측정과 무관하게 계약체결 여부 및 그 조건에 관련된 사항은 고지의무가 아니라 일반 계약법리에 의해서 해결할 일이다. 평석대상판결도, 중요사항이란 "보험자가 보험사고의 발생과 그로 인한 책임부담의 개연율을 측정하여 보험계약의 체결 여부 또는 보험료나 특별한 면책조항의 부가와 같은 보험계약의 내용을 결정하기 위한 표준이 되는 사항"이라고 정의하고 있는 점으로 보아서 동일한 입장임을 알 수 있다.[36]

그렇다면, 보험계약자가 내세운 연대보증인에 관한 사항이 보험사고의 발생가능성에 영향을 미치는지를 검토해야 한다. 평석대상판결은, "보증인이 누구인가는 보험사고 발생의 가능성 등과는 관계 없이 보험사고가 이미 발생한 후에 보험자가 구상권을 행사하기 위한 대비를 해 두기 위한 것이므로, 보증인에 관한 사항은 일반적으로는 고지의무의 대상이 되지 않는 것이라고 할 것이다. … 보증인은 보험계약자의 채무불이행이라는 보험사고가 발생하여 보험금이 지급된 경우 보험자에 대하여 구상채무를 지게 되므로 친척관계에 있는 사람들을 보증인으로 세우는 경우 보험사고 발생에 대한 방지책이 될 수 있어서 보증인이 누구냐에 따라 보험사고의 발생률이 달라지고 따라서 피고가 그와 같은 이유로 보험계약시에 일정한 요건을 갖춘 보증인을 요구한 사정이 인정되는 경

33) 양승규, 전게서, 120면; 최기원, 전게서, 160면; 김성태, 전게서, 214면; 대법원 1997. 9. 5. 선고 95다25268 판결.

34) 최기원, 전게서, 160면; 김성태, 전게서, 214면.

35) *Carter v. Boehm*(1766) 3 Burr 1905.

36) 대법원 1997. 9. 5. 선고 95다25268 판결도 동일함.

우에는 보증인에 관한 사항이 고지의무의 대상이 되는 중요한 사항이 될 수 있을 것이지만"이라고 하여, 그 가능성을 인정하고 있다. 여기서는, 보험계약자의 연대보증인에 관한 사항은 고지의무의 대상인 중요사항에 해당하는 것으로 보기로 한다.

3. 保險者의 探知義務

상법 제651조 단서에 따르면, 보험자가 고지의무위반을 알거나 중대한 과실로 알지 못하면 고지의무위반을 주장할 수 없다. 평석대상판결은 호적등본 등 서면을 통하여 쉽게 확인할 수 있는 것인데도 알려 주는 대로 보증보험약정서에 기재케 하였을 뿐이므로 보험자에게 중대한 과실이 있다고 판시하였다.

그런데, 상법 제651조 단서의 '중대한 과실'이 무엇을 가리키는지를 먼저 검토하는 것이 순서이다. 이에 대한 기준을 제시한 우리 학설은 발견되지 않는다. 대법원 판례도 상법 제651조의 단서를 적용한 것은 있지만,[37] 중대한 과실 자체가 구체적 쟁점으로 다루어지지는 않았다.

생각건대, 보험계약자의 고지의무위반을 '의심할 만한 사정'이 없음에도 불구하고 막연히 호적등본을 요청해서 확인하지 않은 것을, 과실은 별론으로 하고, 중대한 과실이라고 여기는 것은 신중을 기해야 할 문제이다. 보험계약은 보험계약자의 선의성을 중시하는 계약이다. 고지의무는 보험계약자의 선의성에 기초를 둔 것이며, 보험자의 역할은 질문표를 제시하는 등의 역할을 수행하는 데 머무르는 것이 보통이다.[38] '의심할 만한 사정'이 없는 경우에까지 중대한 과실을 확대해서 적용하게 되면, 보험계약체결의 심사를 위해서 상당한 시간과 비용을 필요로 하게 된다. 보험자의 탐지의무는 연대보증인에 관한 사항으로만 한정될 이유가 없고 다른 모든 중요한 사항에 대해서 적용될 수 있다는 점을 고려하면, 중대한 과실의 확대 적용으로 인한 비효율 문제는 매우 심각해질 수 있다. 대량적 · 집단적 성격을 띠면서 신속성을 요하는 가계보험을 거래하는 경우에 그러한 비효율성을 감내하면서 고의로 고지의무를 위반한 보험계약자를 보호할 필요성이 인정되어야 한다고 보기는 어렵다. 생각건대, 보험자가 보험계약 당시에 보험계약자에게 호적등본을 요청해서 수령한 경우와 그렇지 않은 경우는 중대한 과실과 관련해서 달리 취급할 필요성이 크다. 전자의 경우에는 보

37) 대법원 1989. 2. 14. 선고 87다카2973 판결; 대법원 2001. 1. 5. 선고 2000다40353 판결.
38) 양승규, 전게서, 118면.

험자가 호적등본의 확인을 통해서 고지의무위반을 발견하지 못한 것이 중대한 과실에 해당한다고 볼 여지가 존재한다. 이와 달리, 후자의 경우에는, 보험자가 호적등본을 요청해서 고지의무의 이행이 제대로 되었는지를 확인하지 않은 것이 중대한 과실에 해당하는 것인지에 대해서 의문이 있다는 것이다. 평석대상판결에는 보험자가 보험계약 당시에 호적등본을 요청했는지 여부가 판시내용에 드러나 있지 않으며, 따라서 이러한 기준을 적용을 적용한 것으로 보이지 않는다.

4. 被保險者 保護問題

먼저, 보증보험계약을 순수한 보험계약이라고 보거나 또는 본 문제와 관련해서 보험계약성을 우선하는 입장에서는, 법리상 선의의 피보험자가 보호되지 못한다. 즉, 보험의 법리에 따르면, 타인을 위한 보험계약에서 보험계약자가 고지의무위반을 한 경우에도 피보험자는 보험자의 해지에 대항할 수 없다. 선의의 피보험자 보호를 위해서는, 민법 제110조에서 논의한 바와 같이, 상법 제651조와 관련해서도 선의의 피보험자 보호를 위한 약관조항을 두어야 한다.

다음, 보증보험계약을 순수한 보증계약이라고 보거나 또는 본 문제와 관련해서 보증계약성을 우선하는 입장에서는, 법리상 선의의 피보험자를 보호할 수 있게 된다. 즉, 고지의무위반은 보증보험계약 중 보증위탁관계에만 관련될 뿐이고 보증계약에는 영향을 미치지 않는 것으로 보면 되는 것이다. 다만 모든 피보험자를 보호할 필요는 없으며, 사기에 관련하여 대법원 1999. 7. 13. 선고 98다63162 판결 및 평석대상판결이 판시한 바와 같이, "보증보험계약 체결의 의사표시를 [해지]하였다 하더라도, 이미 그 보증보험계약의 피보험자인 채권자가 보증보험계약의 채권담보적 기능을 신뢰하여 새로운 이해관계를 가지게 되었다면, 피보험자가 그와 같은 [고지의무위반행위]가 있었음을 알았거나 알 수 있었던 경우"로 한정하는 것이 바람직할 것이다. 이와 달리, 평석대상판결은 보험계약자의 고지의무 위반이 있다면 보험자가 보증보험계약을 해지하고 피보험자에게 보험금지급을 거절할 수 있다는 전제 하에 논의를 전개한 것으로 판단된다.[39] 우리 대법원 판결들 중에서, 보증계약에는 존재하지 않는 상법 제651조의 고지의무를 보증보험계약에 적용하기를 부정한 것은 없으며, 이는 대법원이

39) 이와 달리 대법원 1999. 7. 13. 선고 98다63162 판결은 고지의무위반에 대해서는 아무런 판시를 하지 않았다.

보증보험계약은 보증계약성과 보험계약성을 겸비하고 있으며, 상법 제651조의 고지의무를 보험계약성의 대표적인 요소로 파악하고 있다는 것을 나타내 주는 것이다. 하지만, 이러한 접근에 대해서는 다음과 같은 비판이 가능하다.

첫째, 보험계약자의 사기에 의해서 보증보험계약이 체결된 경우에 보험계약의 취소가 있더라도 선의의 피보험자를 보호할 필요성은 이미 지적하였는데, 이러한 필요성은 보험계약자의 고지의무 위반으로 인한 보험계약의 해지에서도 마찬가지로 인정되어야 한다고 생각된다. 보증보험계약을 보증계약적 관점에서 접근하여, 보증보험계약에는 보증위탁관계와 보증관계가 병존하며 보증위탁관계에서의 사기가 후자에 영향을 미쳐서는 안 된다는 이론구성을 한 취지가 무엇보다도 선의의 피보험자를 보호하기 위한 것이지 이와 달리 보증보험계약의 당사자 구조가 그러한 병존적 구조임을 당연히 전제하고 있는 것이라고 본 것은 아닐 것이다. 본 주제는 보험자와 보험계약자 사이의 관계가 선의의 피보험자에게 어떠한 영향을 미치는가의 문제로 일반화시켜야 하며, 보험자와 보험계약자 사이의 관계에는 보험계약의 취소, 해지, 무효 문제 등이 포함되는 것으로 보아야 할 것이다.

둘째, 동일한 내용이 한편으로는 사기에 해당할 수 있고 또 한편으로는 고지의무위반에 해당하는 경우가 있을 수 있는데,[40] 선의의 피보험자가 사기와 관련해서는 보호를 받고 고지의무위반과 관련해서는 보호받을 수 없다면 이는 이상한 결과임을 부정하기 어렵다. 혹자는 고지의무란 보증보험계약이 보험적 성격을 유지하기 위한 필요최소한의 요건이어서 선의의 피보험자 보호보다 우선해야 한다고 주장할지 모른다. 하지만, 보험자의 합리적 의사결정에 미치는 부정적 영향이 고지의무위반에 비해서 절대로 부족하지 않은 사기의 경우에도 보험자를 희생하면서 선의의 피보험자를 보호하는데 고지의무위반에 대해서는 보험적 성격을 포기할 수 없다고 하는 것은 맹목적이라는 비판을 피하기 어렵다. 물론, 고지의무위반과 관련해서도 선의의 피보험자를 보호하게 되면, 보증보험계약의 경우 피보험자 자신의 고지의무 위반이 아니라면 보험계약자에 의한 고지의무 위반이 있더라도 보험자는 보험금을 지급할 수밖에 없게 되는 것이고, 보험금 지급 후 보험계약자에 대한 구상권 또는 대위권의 행사로 만족할 수밖에 없게 된다. 그 결과, 보험계약의 본질적 요소라는 고지의무가 유명무실

40) 평석대상판결은 보험자에게 중대한 과실이 있는 것으로 판시했지만, 전술한 바와 같이 그 타당성에 의문이 있다. 또한, 사안에 따라서는 보험자의 중대한 과실이 없는 경우도 얼마든지 있을 수 있다.

한 것으로 된다. 이렇듯 고지의무가 유명무실해진다면 위험을 측정해서 합당한 보험료를 부과하고 이를 통해서 보험단체를 구성한다는 보험의 원리가 작용하는 것도 곤란해질 것이다. 이렇게 되면, 결국 보증보험계약은 사실상 순수한 보증계약의 성격을 띠게 될 것이다. 여기서 알 수 있는 것은 보증계약성과 보험계약성이 양립하기가 쉽지 않다는 점이다. 필자는 이러한 이유에서 보증보험계약이 보증계약성과 보험계약성을 겸비한 것으로서 서로 상이한 것의 혼합물(hybrid)로 되는 것에 반대하며, 보증보험계약은 보험계약이든 보증계약이든 어느 하나로 처리되는 것이 옳다고 본다. 만약 대법원이 보증보험계약의 보증적 요소를 중시하려 한다면 보증보험계약은 순수한 보증계약으로 처리하는 것이 옳았다고 판단된다.

Ⅵ. 結　論

보증보험계약은 원칙적으로 순수한 보험계약 아니면 순수한 보증계약으로 다루는 것이 타당함을 이미 지적하였다. 수지상등에 입각한 보험료의 부과 및 보험금지급이라는 보험의 기본원리가 적용되어 있는 경우에는 전자로 되며, 그렇지 않은 경우는 후자로 되어야 한다. 이와 달리, 보증보험계약에 보험계약성과 보증계약성이 공존한다고 보게 되면, 양자가 충돌하는 경우에 어느 것이 우선하는가에 대해서 선택이 어렵고 또한 모순되는 결과를 가져오기도 함을 앞에서 지적하였다. 현존하는 각종의 보험계약이 보험의 원리를 채용했는지 여부를 일률적으로 말하기는 어렵고, 구체적·개별적으로 판단해 볼 일이다. 보험의 기본원리가 적용되어 있는 보증보험계약의 경우에는, 보험법리가 전면적으로 적용될 것이고, 결과적으로 선의의 피보험자가 보호될 수 없게 된다. 선의의 피보험자를 보호하는 약관규정을 두어서 문제를 해결할 필요가 크다고 판단된다.

한편, 보험의 기본원리가 적용되어 있지 않은 보증보험계약의 경우에는, 보증법리가 전면적으로 적용될 것이고, 보증보험계약에는 보증위탁관계와 보증관계가 존재하고 양자는 분리되며 서로 독립적이어서, 전자가 후자에 영향을 미치지 않는다는 다소 파격적이고 의제적인 이론구성을 통해서, 보증위탁관계의 취소·해지사유에 대해서 선의인 피보험자를 보호하는 것이 가능해진다. 그리하여, 보증보험계약의 보험계약자가 사기 또는 고지의무위반을 범한 경우에도 일정한 요건하에 선의의 피보험자가 보험금청구권을 갖는 것으로 보게 된다.

한편, 평석대상판결은 이행보증보험계약에는 보증계약성과 보험계약성이 공존함을 전제하고서 논의를 전개하였고, 보험계약자의 사기와 관련해서는 위의 이론구성을 취한 것과 동일한 결론에 이르고 있다는 점에 비추어 보증계약성을 우선한 것으로 보이며, 보험계약자의 고지의무위반과 관련해서는 위의 이론구성을 취하고 않고 상법 제651조를 그대로 적용한 것에 비추어 보험계약성을 우선한 것으로 보인다. 하지만, 이 판결처럼 보증보험계약에 보험계약성과 보증계약성이 공존한다고 보는 것은 부당한 결과를 야기할 수 있다. 즉, 대법원은 보증보험계약에는 보험계약성이 있음을 전제하면서 그러한 성질의 대표적인 것이 보험계약자의 고지의무라고 하고 있고 따라서 이에 대해서는 보증계약성에 입각한 위와 같은 이론구성을 적용할 수 없음을 전제하고 있는 것으로 보인다. 그런데, 선의의 피보험자 보호는 사기에 관한 민법 제110조뿐만 아니라 고지의무에 관한 상법 제651조에도 적용되는 것이 바람직하다. 왜냐하면 그러한 의제적인 이론구성을 취하는 근본적 취지가 선의의 피보험자를 보호하자는 데 있는 것인데, 이 점은 민법 제110조의 적용에서나 상법 제651조의 적용에서나 동일하게 다루어질 필요가 있기 때문이다. 그러기 위해서는, 보증보험계약에 보증계약성과 보험계약성이 공존한다고 보는 전제를 포기하는 것이 불가피하며, 또한 그것이 바람직하다고 판단된다.

保證保險에서 保險者의 求償權

鄭 敬 永*

대법원 2001. 2. 9. 선고 2000다55089 판결**

[事實의 槪要]

1. 소외 청명농산 주식회사(이하 '청명농산'이라 한다)는 1988. 6. 2. 산림조합중앙회(이하 '산림조합'이라 한다)로부터 밤가공공장시설 융자금으로 금 464,000,000원을 대출받기로 약정하고 같은 날 이병문(피고) 등 4인은 청명농산의 위 대출금채무에 관하여 연대보증을 하였고 동 약정에 따라 청명농산은 7차례에 걸쳐 산림조합으로부터 대출금을 지급받았다.

2. 서울보증보험(원고)은 1989. 9. 4. 청명농산과 청명농산이 위 대출원리금을 상환하지 아니하여 산림조합이 입을 손해을 담보하기 위하여 피보험자를 산림조합중앙회, 보험가입금액을 162,000,000원, 보험기간을 1989. 9. 4.부터 1998. 6. 1.까지로 한 이행보증보험계약을 체결하고 보험료 16,670,130원을 납입받았으며, 제종태 · 박수웅 · 김예희 · 이금수 · 염숙빈 · 김점득이 보험계약상의 채무이행을 연대보증하였다.

3. 청명농산이 대출금 변제를 지연하자 산림조합은 보험금을 청구하여 1992. 8. 5. 보험금 162,000,000원을 수령하였고, 서울보증보험(원고)은 공동보증인인 이병문(피고)에게 부담부분인 32,400,000(162,000,000의 1/5)원 및 이에 대한 공동면책일 이후의 지연손해금을 청구하였다.

4. 이에 대해 원심은 원고의 청구를 기각하였고, 원고(상고인)가 이병문(피상고인)에 대해 상고하여 본 판결에 이르렀다.

[判決要旨]

이행(지급)보증보험은 보험계약자인 채무자의 주계약상의 채무불이행으로 인하여 피보험자인 채권자가 입게 되는 손해의 전보를 보험자가 인수하는 것을

* 성균관대학교 법과대학 교수, 법학박사.
이 논문은 심당 송상현 선생 화갑기념논문집인「二十一世紀 韓國商事法學의 課題와 展望」(2002), 392~414면에 게재된 논문을 일부 보완한 것임.

** 공 2001, 621. 원심 판결은 창원지방법원 2000. 8. 29. 선고 99나12448 판결. 제1심은 창원지방법원 진주지원 1999. 10. 21. 선고 98가단7090 판결임.

내용으로 하는 손해보험으로서 실질적으로는 보증의 성격을 가지고 보증계약과 같은 효과를 목적으로 하는 점에서 보험자와 채무자 사이에는 민법의 보증에 관한 규정이 준용된다고 할 것이나, 이와 같은 보증보험계약과 주계약에 부종하는 보증계약은 계약의 당사자, 계약관계를 규율하는 기본적인 법률규정 등이 상이하여 보증보험계약상의 보험자를 주계약상의 보증인과 동일한 지위에 있는 공동보증인으로 보기는 어렵다 할 것이므로, 보험계약상의 보험자와 주계약상의 보증인 사이에는 공동보증인 사이의 구상권에 관한 민법 제448조가 당연히 준용된다고 볼 수는 없다.

[評 釋]

I. 保證保險과 求償權

보증보험은 채무자(의무자)의 채무(의무)불이행으로 인해 채권자(권리자)가 입은 손해를 보상할 것을 목적으로 하는 보험으로서 고의 또는 과실에 의한 채무자(의무자)의 채무(의무)불이행을 보험사고로 한다는 점이 특징적인 신종보험이다. 보증보험은 채무자의 신용보완이라는 보증의 목적을 달성하기 위해 보험적인 방법을 도입하여 성립된 보험으로서 보증과 보험의 양 성격이 혼합되어 있어 보증보험의 계약관계를 해석함에 있어서 양 성격을 어떻게 조화시킬 것인가 하는 점이 문제되어 오고 있다.

보증보험이 보험업법에 규정되어 도입된 이후 거래에서 보증보험이 차지하는 비중이 증가하였고 이에 비례하여 보증보험 관련판례가 꾸준하게 누적되어 오고 있는 실정이다. 이행보증보험의 법적 성질에 관한 판례로부터 할부판매보증보험, 리스보증보험에 관한 판례에 이르기까지 다양한 판례들이 나타나고 있다.

판례는 보증보험의 법적 성질에 관해 보험성과 보증성을 모두 받아들여 이중적 성격을 인정해 오고 있었으나, 보험금을 지급한 보험자가 주채무 보증인에 대해 구상권을 행사할 수 있는가 하는 점이 문제된 본 대상판결에서 보험성에 비중을 둔 듯한 판결을 하고 있다. 이렇게 볼 때 보증보험의 법적 성질은 여전히 논란의 여지가 있고 보험성과 보증성이 중복되거나 상충될 경우 어느 성질을 우선시킬 것인가 하는 점은 어려운 문제로서 판례상으로나 학설상 논의가 진전될 필요가 있다.

이 글의 대상판결의 원심은 보증보험도 보험계약자가 보험료를 지불하고 위험의 전가를 시도한 보험계약이므로 보증성, 그리고 그를 근거로 한 구상권은 아예 문제되지 않는다는 입장으로 보인다. 이 점에서 원심 법원의 입장은 보증성을 인정하는 대법원의 일관된 판례에 반한다고 볼 수 있고, 후술하는 바와 같이 보증보험의 본질을 정확하게 파악하지 못한 판결이라 본다.

원심 판결과 달리 대법원판결의 취지는 다음과 같이 정리될 수 있다.

첫째, 보증보험의 보증성을 인정하고 민법의 보증에 관한 규정이 적용된다는 점은 대법원의 일관된 판례로서 본 판결에서도 이를 인정함에는 이론이 없다. 이 점에서 원심 법원의 입장과는 상반된다.

둘째, 보증보험계약과 주계약에 부종하는 보증계약은 계약의 당사자, 계약관계를 규율하는 기본적인 법률규정 등이 상이하여 보증보험계약상의 보험자를 주계약상의 보증인과 동일한 지위에 있는 공동보증인으로 보기는 어렵다고 본다.

셋째, 보험계약상의 보험자와 주계약상의 보증인 사이에는 공동보증인 사이의 구상권에 관한 민법 제448조가 당연히 준용된다고 볼 수는 없다고 판단하고 있다.

넷째, 보험자의 구상권행사는 보험 일반의 원리에 반하는 것이어서 이를 인정하기 위해서는 특별한 약정이 있어야 하는데 이행보증보험약관 등에서 대위권만 규정하고 대위권행사는 별론으로 하더라도 구상권에 관한 약정이 없어 구상권을 인정할 수 없다고 판단하였다.

이러한 대법원의 입장은 일견 보기에 보증보험에 보증성을 인정하면서도 타보증인과의 관계에서는 공동보증이라는 실체를 인정하지 않고 민법의 적용을 부정하고 있다. 본 판례는 지속적으로 보증보험에 보증성을 인정하던 종래의 입장[1)]에 약간의 수정을 가해 보증보험에 민법보증의 법리를 제한적으로 적용하려는 최초의 시도로 본다. 보증보험에 민법보증의 법리의 적용을 제한하려는 대법원의 해석은 보증보험의 보증성이라는 본질에 대한 의문을 제기한 것인지, 그렇다면 보증성을 제한적으로 인정하는 근거는 무엇인가 하는 점이 문제된다.

이하에서는 보증보험의 법리를 이론적으로 검토한 후 보증보험의 구상권에 관한 대법원판례들을 고찰하고 보증의 법리에 따른 구상권과 보험자대위제도의 관계 및 민법상 보증법리의 적용한계에 관해 고찰해 본다.

---

1) 대법원 1992. 5. 12. 선고 92다4345 판결; 대법원 1997. 10. 10. 선고 95다46265 판결; 대법원 1999. 7. 13. 선고 98다63162 판결; 대법원 2001. 2. 13. 선고 99다13737 판결.

Ⅱ. 保證保險의 法律關係

1. 보증보험의 개념

보증보험이란 보험계약자인 채무자(의무자)가 계약(법령)에 의한 채무(의무)불이행으로 인해 피보험자인 채권자(권리자)가 입은 손해를 보상할 것을 목적으로 하는 타인을 위한 손해보험이다.[2] 이는 보험업법 제5조 제1항[3]에서 보증보험이 보험사업에 포함된다고 명시한 규정에 근거하여 탄생하였다.

보증보험의 경제적 기능은 채무자에게는 신용력을 보완하게 하는 작용을 하고 채권자에게는 채권담보로서 작용한다는 데 있다.[4] 보증보험과 유사하게 채권의 존재를 전제로 하고 채무불이행의 위험을 담보하는 보험으로서 신용보험이 있는데, 이는 채권자가 채무자의 채무불이행에 대비하여 스스로 보험계약자가 되어 체결하는 보험이다. 경제적 기능이라는 관점에서 볼 때 신용보험은 채권자가 스스로 보험계약자가 되는 자기를 위한 보험으로서 채권자에게 채권담보로서 기능만 나타나고 채무자의 신용을 보완하는 기능은 없다는 점에서 타인을 위한 보험인 보증보험과는 구별된다.

2. 법적 성질: 이중성

보증과 보험은 연혁상 둘 다 불확실성을 제거하는 제도로서 전개되어져 왔으며 '근심으로부터의 해방'(free from care)이라든가 '안전'(secure)을 의미하는 'securus'라는 라틴어를 공통의 어원으로 하고 있다.[5] 보증과 보험은 위험처리라는 동일목적에서 출발하여 각각 그 기능적 특질을 선명하게 하면서 타제도로 발전하였지만 양자는 매우 유사한 제도로 볼 수 있다. 후술하는 바와 같이 외국의 기업보증제도가 국내에 도입되면서 위험의 분산을 통한 보험화가 이루어져 보증보험이 탄생하였다. 이렇게 보증보험은 보증의 실질과 보험적 기법이 결합한 제도인데, 보증과 보험의 근친성 혼혈아라는 혈통으로 인해 그 법적 성질, 보험성과 보증성에 대한 의문이 제기된다. 이하에서는 보증보험의 손해보험성

---

2) 보증보험의 보험목적은 채권인 경우도 있고 법령상의 권리인 경우도 있어 개념이 이원적이다.

3) 동 규정은 "보험사업(매매 · 고용 · 도급 기타의 계약에 의한 채무 또는 법령에 의한 의무의 이행에 관하여 발생할 채권자 기타 권리자의 손해를 보상할 것을 채무자 기타 의무자에게 약정하고, 채무자 기타 의무자로부터 그 보수를 수수하는 것을 포함한다. 이하 같다)을 영위하고자 하는 자는 금융감독위원회의 허가를 받아야 한다"고 규정하고 있다.

4) 大城裕二, "保證保險の機能的 特質," 「保險學雜誌」(第490號), 40頁.

5) 大城裕二, 前揭論文, 42頁.

과 보증성이라는 이중적 성격을 고찰함으로써 보증보험의 법적 성질을 살펴본다.

(1) **손해보험성**

(가) **보험사고의 우연성** 　　보험은 예기하지 못한 우연한 사고에 대비하기 위한 제도로서 사고발생 여부 또는 발생시기가 불확실하여야 하는데, 보증보험의 보험사고는 보험계약자의 귀책사유나 보험자의 고의적인 채무불이행에 의해 발생하므로 보험사고의 우연성을 결여하는게 아닌가 하는 점에서 보증보험의 보험성에 의문이 제기된다.

그러나 일반적으로 보험사고의 우연성이라는 것은 보험계약성립시에 그러한 사고가 생길 가능성은 있으나 생길지 또는 생기지 않은 채 끝날 것인지가 미확정인 상태에 있는 것으로 보고 있다.[6] 즉 보험사고의 우연성은 어떤 자의 의사와 관계 없는 사고라는 의미에서의 우연성을 뜻하는 것이 아니라고 본다. 따라서 보험사고가 보험계약자의 의사에 의해서 발생하는 보증보험에서도 보험사고의 우연성이 부인되지는 않으므로 보험사고의 우연성이라는 관점에서 보증보험의 보험성에는 아무런 문제가 없다.

(나) **보험계약자에 의한 보험사고 유발** 　　보증보험과 같이 보험계약자의 고의·중과실에 의해 보험사고가 발생하면 상법 제659조 제1항에 의해 보험자는 면책되는 것이 아닌가 하는 의문이 제기된다. 그런데 상법 제659조 제1항은 피보험자의 고의 또는 중과실에 의해 보험사고가 초래되어 보험자가 면책되는 경우와 보험계약자의 고의·중과실에 의해 보험사고가 초래되어 보험자가 면책되는 경우를 동일하게 규정하지만 양자의 면책근거를 달리 보아야 한다. 전자는 보험사고로 보험금을 수령하는 자에 의한 보험사고 유발이라는 점에서 도덕적 위험이 내재하므로 이 경우 보험자가 면책되는 것은 보험제도의 본질적인 내용(강행규정성)이다. 그러나 보험계약자는 피보험자의 지위를 함께 겸병하는 경우를 제외하고는 보험료의 지급주체이고 보험의 이익을 향유하는 주체는 아니므로 보험계약자에 의한 보험사고 유발에 도덕적 위험의 정도는 피보험자에 비해 훨씬 덜 하다는 점에서 이를 보험자의 면책사유로 하는 것은 단순히 정책적인 의미를 가진 것(임의규정성)에 지나지 않아 보험금 지급을 약속

6) 손주찬, “보증보험계약의 특색(상),” 「보증사보」(1977. 1), 9면. 통설적인 견해는 보험사고의 우연성이란 보험계약의 성립시에 사고발생의 불확정성을 의미한다고 보아 보증보험에도 보험성이 인정된다는 입장이다(양승규, 「보험법」(삼지원, 1998. 9), 424면; 최기원, 「상법학신론(하)」(박영사, 2001. 3), 731면; 김성태, 「보험법강론」(법문사, 2001. 3), 771면).

하더라도 무효라고 보기는 어렵다.[7)]

뿐만 아니라 보증보험에 있어서 사고를 초래한 보험계약자는 보험자로부터 구상당하고 이후 보험관계로부터 쫓겨나게 되어 보증보험을 조건으로 하는 계약에 대해서는 계약자로서의 자격을 박탈당한다고 하는 사실상의 벌칙이 과해진다는 점까지 고려할 때 보험계약자에 의한 보험사고 유발을 보험자의 면책사유에서 제외하더라도 유효하다고 본다. 이에 관해 판례에서도 보험계약자의 고의 또는 중과실로 인한 보험사고에 대한 보험자의 면책을 규정한 상법 제659조 제1항이 보증보험에도 적용되는지 여부가 문제된 사건에서 보증보험은 피보험자와 어떠한 법률관계를 가진 보험계약자의 채무불이행으로 인하여 피보험자가 입게 될 손해의 전보를 보험자가 인수하는 것을 내용으로 하는 손해보험이므로, 보증보험의 성질상 보험계약자의 고의 또는 중과실로 인한 보험사고의 경우 보험자의 면책을 규정한 상법 제659조 제1항은 특별한 사정이 없는 한 보증보험에는 적용되지 않는다고 판단한 바 있다.[8)]

(2) 보 증 성

보험과 보증의 구별기준에 관해 다양한 견해가 주장되었는데,[9)] 보험에는 손해보상성이 존재하나 보증에는 인적 담보성은 있지만 손해보상성이 없다는 점에서 손해보상성을 기준으로 구별하는 견해가 가장 설득력 있다고 본다. 보증보험도 채무자의 채무불이행으로 인한 채권자의 손해를 보상한다는 점에서 손해보상계약이고 손해보험에 속한다.

보증보험은 연혁적으로 볼 때 민법상 보증에 거의 유사한 Bond제도를 도입하여 보험화시킨 것이고, 기능적으로 볼 때 다른 보험과는 달리 위험분산기능뿐만 아니라 실질적으로 채권담보적 기능을 가지고 있어 보증보험은 실질적으로 보증의 기능을 담당하고 있다. 채권담보기능을 주로 하는 민법상 보증제도는 채무자에게는 신용보완기능을 하고 채권자에게는 채권담보 내지 위험처리

---

7) 독일 보험계약법(Versicherungsvertragsgesetz)은 고의·중과실로 인한 경우는 면책이 됨을 원칙으로 하면서(동법 제61조), 책임보험에서는 피해자보호라는 관점에서 '고의이며 위법하게' 보험사고를 발생시킨 때에는 보험자가 면책되지만 중과실로 인한 사고는 면책사유가 되지 않는 동시에 단순한 고의도 면책사유가 되지 않고 이 밖에 위법한 것이라야 면책이 되는 것으로 규정(동법 제152조)하고 있다.

8) 대법원 1997. 1. 24. 선고 95다12613 판결; 대법원 1998. 3. 10. 선고 97다20403 판결.

9) 보험과 보증의 구별기준으로 유상성설, 사고의 의사기인성설, 독립성설, 공동준비재산성설 등이 주장되지만, 보험과 보증 특히 보험계약과 보증계약 간에 있어 각 학설들은 부분적인 기준은 되어도 결정적 기준은 될 수 없다(자세한 내용은 정경영, "보증보험의 법적 구성," 서울대 석사학위논문(1985), 52~66면).

방법으로서의 기능을 한다. 그러나 보증제도의 위험처리기능은 보증인의 재력에 의존하여 불확실하다는 단점이 있으므로 보증제도의 위험처리기능의 한계를 보완하여 보험적인 방법으로 위험을 처리하도록 등장한 것이 보증보험이다.[10] 이렇게 볼 때 보증보험은 보증제도에 보험적 위험처리가 결합한 보험이며, 보증보험의 본질에는 필연적으로 보증성과 보험성이 결합되어 나타난다.

이상과 같이 보증보험의 연혁과 보증보험의 기능을 고려할 때 보증보험에는 보험성과 아울러 보증성을 긍정하지 않을 수 없다. 그리고 보험성과 보증성은 결코 서로 모순되는 성격이 아니고 양립될 수 있는 성격이어서 구상권, 공동보증인제도 등 민법상 보증채무에 관한 일반규정이 보증보험에 적용될 수 있다. 보증보험계약에서 특별히 보험계약법상의 규정과 민법의 보증에 관한 규정을 명시적으로 배제하지 않았을 경우에는 보증보험의 보험성과 보증성이라는 이중적 성격으로 인해 양 규정이 서로 모순되지 않는 범위 내에서 모두 적용된다고 보아야 한다.

대법원판례도 보증보험은 채무자의 채무불이행으로 인하여 채권자가 입게 될 손해의 전보를 보험자가 인수하는 것을 내용으로 하는 손해보험으로서 형식적으로는 채무자의 채무불이행을 보험사고로 하는 보험계약이나 실질적으로는 보증의 성격을 가지고 보증계약과 같은 효과를 목적으로 하므로 민법의 보증에 관한 규정이 준용된다고 하는 입장을 견지하고 있다.[11]

Ⅲ. 保險者의 求償權

1. 序

손해보험계약은 일종의 손해보상계약으로서 보험사고로 인하여 피보험자에게 어떤 이익을 주려는 것이 아니라 단순히 손해의 보상만을 목적으로 하므로 보험법은 보험금을 지급한 보험자에게 보험계약자 또는 피보험자의 일정한 권리를 취득하도록 하는 보험자대위제도를 인정하고 있다. 한편 보증채무를 이행한 보증인은 주채무자에게 구상권을 행사할 수 있는데 보증보험도 실질적으

10) 大城裕二, 前揭論文, 40頁 이하.

11) 구체적으로 민법의 보증에 관한 규정 특히 민법 제441조 이하에서 정한 보증인의 구상권에 관한 규정이 보증보험계약에도 적용된다고 보았고(대법원 1997. 10. 10. 선고 95다46265 판결), 보증보험이 담보하는 채권이 양도되면 당사자 사이에 다른 약정이 없는 한 보험금청구권도 그에 수반하여 채권양수인에게 함께 이전된다고 보았으며(대법원 1999. 7. 13. 선고 98다63162 판결), 보증보험계약의 취소로써 피보험자에게 대항할 수 없다고 보았다(대법원 2001. 2. 13. 선고 99다13737 판결).

로 보증이므로 보험금을 지급한 보험자가 주채무자에게 보험자대위권과는 별개의 구상권을 행사할 수 있는가 하는 점이 문제된다.

보증보험은 손해보험의 일종으로서 다른 손해보험과 마찬가지로 보험자대위 규정이 적용되며, 보증의 실질을 가지고 있어 민법상 보증에 관한 규정이 준용된다고 본다. 따라서 대부분의 보증보험약관에 대위와 구상에 관한 규정을 함께 두고 있다. 이하에서는 보증보험에서 보험자대위와 구상권의 특수성을 살펴보고 양 제도의 상호관계와 아울러 책임보험에서 피해자 직접청구권과 비교해 보고, 최근에 나타난 보험자구상권에 관한 판례를 검토함으로써 보증보험에서 구상권의 법적 성질을 고찰한다.

2. 이론적 검토

(1) 保險者代位

보증보험은 손해보험의 일종이므로 보험자대위권이 인정될 수 있으나, 보험사고가 보험계약자에 의해 발생한다는 특수성으로 인해 보험자가 보험료를 계속적으로 납입한 보험계약자에게 보험자대위권을 행사할 수 있는가 하는 문제가 발생한다. 이는 보증보험에서만 생기는 문제는 아니고 타인을 위한 손해보험에서 일반적으로 문제되는데, 결국 보험계약자가 상법 제682조의 '제 3 자'에 포함될 수 있는가 하는 문제이며, 이에 관해 학설이 대립되고 있다. 보증보험약관에는 "회사는 보험금을 지급한 때에는 보험계약자에 대하여 구상권을 가지며, 피보험자의 이익을 해치지 아니하는 범위 안에서 피보험자가 보험계약자에 대하여 가지는 권리를 대위하여 가집니다"[12]라고 명시하고 있다.

일반 손해보험에서 보험계약자를 보험자대위에서 제 3 자의 범위에 포함시켜 보험계약자에 대한 보험자의 대위권행사를 긍정한 판례[13]는 있지만, 보증보험에서 보험계약자에 대한 대위권행사를 긍정한 판례는 아직 발견할 수 없다. 학설상으로는 다른 타인을 위한 보험계약과 마찬가지로 보증보험의 경우에 보험계약자도 상법 제682조의 제 3 자에 포함된다고 보면서,[14] 다만 보증보험의 실질적 기능이 채권담보에 있음을 고려하여 보험자의 권리행사의 내용이 민법상 보증인의 구상권의 범위로 제한된다고 설명할 수밖에 없다고 보는 견해[15]가

12) 리스보증보험약관 제12조.

13) 대법원 1989. 4. 25. 선고 87다카1669 판결. 동판결에 대해 비판한 견해로는 정경영, "타인을 위한 손해보험에서의 보험자대위," 「보험조사월보」(1990. 11), 38~52면 참조.

14) 최기원, 앞의 책, 734면.

15) 김성태, 앞의 책, 789면.

있다.

이에 대해 보증보험계약에서도 보험계약자는 보험료를 지급한 보험계약의 당사자로서 제3자로 볼 수는 없다고 보고 보험자가 보험금을 지급한 때에는 채권자인 피보험자의 채무자인 보험계약자에 대한 권리를 취득한다는 것은 뜻이 없고, 구상권의 문제만 남는다고 보아 보험계약자에 대한 대위권행사를 부정하는 견해[16]가 있다.

일반 보험에서 보험계약자가 상법 제682조 보험자대위 규정의 제3자에 포함되는가 하는 문제와 보증보험에서 보험계약자에 대한 대위권행사가 가능한가 하는 점은 구별되어야 한다. 보증보험에서는 특별히 보험자대위에 관한 약관규정을 두고 보험계약자에 대한 대위권행사를 예정하고 있으므로, 규정의 문언상 보험계약자를 제3자의 범위에서 제외시키고 있는 상법 제682조를 강행규정으로 해석하지 않는 한 약관상 명시하고 있는 보험계약자에 대한 보험자대위권은 계약자유의 원칙상 유효하다고 본다. 그리고 보증보험의 채권담보적 성격을 전제할 때 동 약관이 상법 제663조에 반하는 규정이라고도 볼 수 없다.

요컨대 보험계약자에 대한 대위권행사를 예정하고 있지 않은 기타 타인을 위한 손해보험에서는 해석상 보험계약자가 상법 제682조의 제3자의 범위에 포함되는지 여부가 문제되나, 약관상의 명문규정으로 보험계약자에 대한 보험자의 대위권을 명시하고 있는 보증보험에서는 제3자의 범위가 문제되지 않고 약관의 규정에 따라 보험금을 지급한 보험자는 보험자대위권을 가진다고 본다.

(2) 求 償 權

보증보험에서 보험계약자의 채무불이행으로 인해 보험자가 피보험자에게 보험금을 지급하면 보험료를 납입한 보험계약자에게 구상권을 행사할 수 있는가? 보증보험에서 대위권 외에 민법상의 구상권을 별도로 인정하여야 할 것인가 하는 점에 관해 논란이 있다.

보증보험상의 구상권에 관해 보증보험사업을 보증사업으로 전환하지 않고 보험사업의 이름으로 영위하고 있는 한, 보험의 본질에 비추어 구상권행사는 불가능한 것이고, 이를 가능하게 한 약관조항은 무효라고 하지 않을 수 없다고 주장하여 구상권 규정을 삭제하는 것이 타당하다는 견해가 있다.[17]

이에 대해 보증보험계약은 앞에서 본 바와 같이 피보험자인 채권자가 채무

16) 양승규, 앞의 책, 433면.

17) 고평석, "보증보험 약관상 '구상권' 규정의 유효론에 관한 재검토,"「창원지방변호사회지」 제2호(1996.12), 136면.

자인 보험계약자의 채무불이행으로 입게 될 손해를 담보하는 손해담보계약의 일종으로서 보증과 비슷하다 할 수 있으므로, 보험금을 지급한 보험자는 보증인과 마찬가지로 보험계약자에 대하여 구상권을 가진다고 보는 견해[18]가 통설적인 입장이다.

보험계약자에 대한 구상권은 보험료를 납입하여 위험의 전가를 시도한 보험계약자에게 다시 구상한다는 점에서 부정설이 주장하는 것처럼 효력에 의문이 없는 것은 아니나, 보증보험은 그 실체가 보증의 성격을 가지고 있다는 점에서 보험자에게 보증인의 지위를 인정하는 것이 반드시 무리한 것은 아니다. 뿐만 아니라 주로 보험계약자의 고의·중과실에 의해 보험사고가 발생하는 보증보험에서 보험사고를 유발하는 보험계약자에 대한 책임을 묻는 것은 모랄리스크의 방지라는 측면에서 오히려 필요한 제도이고 구상권이 존재함으로써 보증보험에서 보험사고는 '우연성'을 회복한다고 볼 수 있을 것이다. 그리고 후술하는 바와 같이 판례의 입장도 보증보험에 민법상 구상권 규정이 적용된다고 보았다.

⑶ 求償權과 代位權 비교

보험금을 지급한 보험자는 앞서 본 바와 같이 약관상 보험계약자에 대하여 대위권을 행사할 수도 있고 구상권을 행사할 수도 있어 양 채권이 경합하는데, 대위권과 구상권은 구체적으로 어떠한 차이점이 있을까?

대위권은 보험자가 피보험자에게 보험금을 지급함과 동시에 피보험자의 보험계약자에 대한 권리가 이전하고 보험계약자는 피보험자에 대해 가지는 항변으로써 보험자에게 대항할 수 있다. 그리고 대위채권의 소멸시효기간도 그 권리의 이전과 함께 새로이 개시되는 것이 아니고 그대로 진행한다.[19]

이에 반해 구상권은 보험자가 피보험자에게 보험금을 지급함으로써 비로소 주채무자인 보험계약자에 대한 새로운 구상채권을 원시취득하고 대위권행사시와는 달리 피보험자가 보험계약자에게 가지던 권리를 이전받는 것이 아니다. 따라서 구상권의 소멸시효기간은 구상권이 발생하여 이를 행사할 수 있는 시점부터 진행한다.[20] 그리고 소멸시효기간은 구상금채권이 민사채권이냐 상사채권이냐에 따라 10년이냐 5년이냐가 결정되지만 주채무가 상행위에 의한 것이라 하여 그에 따른 구상채권도 상사채권인 것은 아니다. 하지만 수탁보증에서

18) 양승규, 앞의 책, 433면; 김성태, 앞의 책, 786면.

19) 양승규, 앞의 책, 249면.

20) 곽윤직, 「민법주해(X)-채권(3)」(이하 '앞의 책 1'이라 함), 박영사(1995. 11), 319면.

보증보험회사처럼 보증의 수탁 자체가 상행위인 경우에는 구상권도 상사채권임은 의문의 여지가 없다.[21] 다만 주채무자인 보험계약자가 채권자인 피보험자에 대해 가지는 항변권을 구상권자에게 행사할 수 있느냐 하는 점은 민법에 별다른 규정이 없어 해석상 의문이나, 주채무자의 구상채무가 주채무보다 더 강화될 아무런 이유가 없다는 점에서 구상권자에게도 행사할 수 있다고 본다.

(4) 피해자 직접청구권과 구별

책임보험에서 피해자인 제3자는 피보험자가 책임을 질 사고로 입은 손해에 대하여 보험금액의 한도 내에서 보험자에게 직접 보상을 청구할 수 있다(상법 제724조 제2항). 보증보험은 책임보험이 아니어서 피해자 직접청구권과는 무관하나 소송상 간혹 양자가 서로 혼동되어 주장되는 경우가 있으며 대법원은 양자를 구별하고 있다. 이는 보험자에 대한 관계에서 볼 때, 보증보험에서 피보험자의 지위는 일견 책임보험에서 피해자의 지위와 유사해 보이기 때문인 듯하다. 그리고 피보험자가 보험금청구권 이외에 직접청구권을 주장하는 이유는 보험금청구권의 소멸시효는 2년이나 판례에 따를 경우 직접청구권은 손해배상청구권으로서 소멸시효가 3년 혹은 10년이 되어 보험금청구권 시효소멸완성 이후 직접청구권에 의한 청구의 실익이 있기 때문이다.[22]

직접청구권이 문제된 대법원판결을 보면, 보험계약자인 가압류 신청인 등의 부당 신청으로 인하여 피보험자인 피신청인 등이 손해배상청구권 및 소송비용상환청구권에 관한 채무명의를 받은 경우에 보험자가 그 변제를 보증하는 보증보험계약을 체결한 경우, 피해자의 직접청구권 규정인 상법 제724조 제2항을 적용할 수 있는지 여부가 문제된 사건에서 대법원은 이를 부정하였다.[23]

부동산중개업법 제19조 제1항·제3항의 규정에 의하여 중개업자가 체결한 인·허가보증보험계약은 타인을 위한 손해보험계약으로서 중개의뢰인은 그 계약의 이익을 받아 보험자에게 보험금을 청구할 수 있으므로 중개의뢰인이 보험자에게 보험금을 청구하는 경우, 이는 상법 제724조에 의하여 피보험자가 책임질 사고로 입은 손해에 대하여 보험자에게 직접 보상을 청구하는 것으로는 볼 수 없다고 한 사례가 있다.[24]

판례도 보증보험계약이 실질적으로는 보증의 성격을 가지고 보증계약과 같

21) 곽윤직, 앞의 책 1, 319~320면.
22) 김성태, 앞의 책, 773면.
23) 대법원 1999. 4. 9. 선고 98다19011 판결.
24) 대법원 1999. 3. 9. 선고 98다61913 판결.

은 효과를 목적으로 하는 것이어서 보험자는 보험계약자가 주계약에 따른 채무를 이행하지 아니함으로써 피보험자가 입게 되는 손해를 보상하는 것이라 할지라도 그 보상은 보험약관이 정하는 바에 따라 그 보험금액의 범위 내에서 보상하는 것이니, 보증보험계약의 보증성에서 곧바로 피보험자가 보험약관이 정한 채무명의 없이도 보험자에 대하여 직접청구권을 취득한다고 볼 수는 없다고 판단하였다.

(5) 변제자대위 규정의 적용

기본적으로 일반 보험계약에 따라 보험금을 지급한 보험자가 변제자대위권을 가지느냐 하는 점에 관해 대법원은 자신의 계약상 채무이행으로 보험금을 지급한 보험자는 민법 제481조에 의한 변제자 대위를 주장할 수 있는 자에 해당하지 아니한다는 입장을 취하고 있다.[25]

그런데 판례상 리스보증보험의 보험자에게 변제자대위의 법리가 적용되는지 여부가 문제된 사건에서 리스이용자의 계약상 채무불이행으로 인한 손해의 보상을 목적으로 한 리스보증보험은 보험금액의 한도 내에서 리스이용자의 채무불이행으로 인한 손해를 담보하는 것으로서 보증에 갈음하는 기능을 가지고 있어 보험자의 보상책임은 본질적으로 보증책임과 같으므로, 그 보증성에 터잡아 보험금을 지급한 리스보증보험의 보험자는 변제자대위의 법리에 따라 피보험자인 리스회사가 리스이용자에 대하여 가지는 채권 및 그 담보에 관한 권리를 대위하여 행사할 수 있다고 보았다.[26]

보증인이 자신의 출재로 주채무를 소멸하게 하면 주채무자나 다른 공동보증인에 대하여 구상권을 취득하는 외에 변제자대위에 관한 규정에 따라 채권자의 주채무자에 대한 본래의 채권이나 다른 보증인 및 물상보증인에 대한 담보권을 행사할 수 있게 된다. 그러나 이 변제자대위는 구상권의 효력을 담보하기 위한 제도이므로 보증인이 원채권 및 그에 부수하는 담보권행사 범위는 구상권의 범위 내로 제한되며 구상권이 소멸하면 대위권도 당연히 상실하게 된다. 그런 의미에서 보증인이 가지는 구상권과 대위에 의하여 취득한 원채권은 청구권경합의 관계에 있기는 하지만, 병렬적인 경합이 아니라 주종관계의 경합을 이룬다.[27] 이렇게 볼 때 보증보험의 경우 보증성이 인정되므로 보험금을 지급한 보험자는 주채무자나 다른 공동보증인에 대한 담보권을 행사할 수 있다고 본다.

25) 대법원 1993. 1. 12. 선고 91다7828 판결.

26) 대법원 1997. 11. 14. 선고 95다11009 판결; 대법원 2000. 1. 21. 선고 97다1013 판결.

27) 곽윤직, 앞의 책 1, 318~319면.

3. 이중 면책행위를 한 보험자의 구상권에 관한 판결[28)]

(1) 사실관계

피고 갑(보험계약자)이 (주)일화와 대리점 계약을 체결하면서 (주)일화의 상품을 공급받고 대금을 변제하지 않을 경우 (주)일화가 입게 되는 손해의 전보를 원고(보증보험사)가 인수하는 내용의 보증보험계약을 체결하였다. 갑이 대금을 갚지 않아 (주)일화의 청구에 따라 보험회사가 보험금을 지급하였으나 이 사실을 갑(보험계약자)에게 통지하지는 않았다. 그러던중 갑이 일부 금액을 변제함으로써 (주)일화는 이중의 변제를 받게 되었다.

(2) 쟁　점

이 사건에서는 보증보험계약의 법적 성질 및 보증보험계약에 보증에 관한 민법 규정이 적용되는지 여부와 수탁보증에 있어 주채무자가 면책행위를 하고도 보증인에게 통지를 하지 않고 있는 동안에 보증인이 사전통지 없이 이중의 면책행위를 한 경우, 보증인이 주채무자에게 구상권을 행사할 수 있는지 여부가 문제되었다.

(3) 판　결

이 사건에서 원심은 거래관계가 중단된 상태에서 상품대금 결제를 한 피고 갑은 특별한 약정이 없는 한 채무가 소멸된 사실을 원고(보증보험사)에게 통지하여야 할 의무가 있으므로 갑이 그 통지를 게을리하여 원고가 선의로 피보험자인 (주)일화에게 보험금을 지급하였으므로 원고는 피고에게 자기의 면책행위의 유효를 주장하여 구상할 수 있다. 다만 원고 역시 (주)일화로부터 보험금의 지급을 청구받은 때에는 이를 지체없이 피고에게 통지하여 피고들이 이미 소외 회사에게 변제하거나, 상계하는 등으로 면책행위를 하였을 경우 소외 회사가 이중으로 이득을 보는 것을 방지할 신의칙상 의무가 있다고 보아 과실상계하였다.

이에 대해 대법원은 보험계약자인 채무자의 채무불이행으로 인하여 채권자가 입게 되는 손해의 전보를 보험자가 인수하는 것을 내용으로 하는 보증보험계약은 손해보험으로, 형식적으로는 채무자의 채무불이행을 보험사고로 하는 보험계약이나 실질적으로는 보증의 성격을 가지고 보증계약과 같은 효과를 목적으로 하므로, 민법의 보증에 관한 규정, 특히 민법 제441조 이하에서 정한 보증인의 구상권에 관한 규정이 보증보험계약에도 적용된다고 보았다.

---

28) 대법원 1997. 10. 10. 선고 95다46265 판결.

그리고 민법 제446조의 규정은 같은 법 제445조 제 1 항의 규정을 전제로 하는 것이어서 같은 법 제445조 제 1 항의 사전통지를 하지 아니한 수탁보증인까지 보호하는 취지의 규정은 아니므로, 수탁보증에 있어서 주채무자가 면책행위를 하고도 그 사실을 보증인에게 통지하지 아니하고 있던 중에 보증인도 사전통지를 하지 아니한 채 이중의 면책행위를 한 경우에는 보증인은 주채무자에 대하여 민법 제446조에 의하여 자기의 면책행위의 유효를 주장할 수 없다고 봄이 상당하고, 따라서 이 경우에는 이중변제의 기본 원칙으로 돌아가 먼저 이루어진 주채무자의 면책행위가 유효하고 나중에 이루어진 보증인의 면책행위는 무효로 보아야 하므로 보증인은 민법 제466조에 기하여 주채무자에게 구상권을 행사할 수 없다고 판단하였다.

Ⅳ. 對象判決에 대한 檢討

이중 면책행위를 한 보험자의 구상권에 관해서 대법원은 민법보증에 관한 규정이 보증보험에 적용되고 수탁보증에서 변제에 관한 사전통지를 결여한 보험자의 변제행위와 사전통지를 결여하고 이중 변제한 주채무자의 변제행위간의 우선적 효력에 관한 판결로서 타당한 결론에 이르고 있다고 보여진다.

이에 반해 대상판결은 보증보험의 보증성을 제한적으로 해석하고 민법의 보증규정의 적용을 부정하고 있어 민법보증에 관한 규정이 보증보험에 적용된다고 보았던 앞선 판결과 일견 모순되는 것으로 보인다. 이하에서는 대상판결의 판결이유를 검토함으로써 과연 민법의 일부 보증규정을 제한적으로 보증보험에 적용하여야 할 것인가 하는 점을 살펴보고 이를 통해 보증보험의 법적 성질에 관한 논의를 정리한다.

1. 보증과 구별하는 판결이유에 대한 검토

대법원은 주계약에 부종하는 보증계약과 보증보험계약은 계약의 당사자, 계약관계를 규율하는 기본적인 법률규정 등이 상이하다는 이유를 들어 보증보험에 민법상 보증규정이 적용됨에 제한이 있을 수 있다고 판단하였다. 그러면서 보험자가 위험부담의 대가로 보험료를 지급받고 다시 보험계약자에게 구상권을 행사하는 것은 보험의 일반적인 원리에 반하는 것이어서 특별한 약정이 없는 한 인정될 수 없다고 보았다. 이하에서는 대법원이 민법상의 보증규정의 적용을 제한하는 논거로 제시하고 있는 주계약에의 부종성, 계약의 당사자, 계약관계를 규율하는 기본적인 법률규정의 차이, 구상권에 관한 특별한 약정이라는 네 가지 요소가 보증보험과 민법상 보증을 구별짓는 요소로 볼 수 있는가 하는 점을 고찰한다.

(1) 보증채무의 부종성

보증채무의 부종성이란 주채무가 무효·취소되거나 소멸된 경우 보증채무도 무효·소멸되고 주채무의 내용에 변경이 있을 경우 보증채무의 내용도 변경되며, 보증채무는 주채무보다 무거울 수 없으며, 보증인은 주채무자가 가지는 항변권으로 채권자에게 대항할 수 있다는 성질을 의미한다.[29]

보증보험이 부종성을 가지는가에 관해 특별히 논의되고 있지 않지만, 실질적으로 보증의 기능을 하는 보증보험계약을 그 기능면에서 부종성을 검토할 필요가 있다. 보증보험에 의한 보증을 받는 주채무는 보증보험에서는 보험의 목적이 되며, 보험의 목적이 무효·취소 등의 사유로 소멸되면 주채무의 담보를 목적으로 하는 보증보험 역시 소멸된다고 보아야 한다.[30] 뿐만 아니라 보험기간중에 위험이 감소되었거나 증가된 경우에는 보험계약관계도 변경된다고 보므로[31] 주채무의 액수가 감소된 경우 보증보험도 손해보험인 이상 변경된 채무범위로 감축된다고 보아야 한다. 손해보험에서는 손해액 범위 내에서 보상되므로 보증보험에서 보증채무는 당연히 주채무보다 무거울 수 없다. 주채무자가 채권자에 대해 동시이행항변권 등을 가질 경우 이는 보증보험의 관점에서 볼 때 아직 보험사고가 발생되지 않은 것이 되고 보험자에게 보험금을 청구할 수 없다는 점에서 결과적으로 보험자가 주채무자의 항변권을 행사한 것과 동일하게 된다. 따라서 보증보험에도 일반의 보증채무와 동일하게 부종성인 인정된다고 본다.

보증보험의 수반성에 관한 대법원의 판결이 있는데, 보증보험이 담보하는 채권이 양도된 경우 보험금청구권도 그에 수반하여 채권양수인에게 이전되는지 여부가 문제된 사건에서 보증보험은 채무자의 채무불이행으로 인하여 채권자가 입게 될 손해의 전보를 보험자가 인수하는 것을 내용으로 하는 손해보험으로서 형식적으로는 채무자의 채무불이행을 보험사고로 하는 보험계약이나 실질적으로는 보증의 성격을 가지고 보증계약과 같은 효과를 목적으로 하므로 민법의 보증에 관한 규정이 준용되고, 따라서 보증보험이 담보하는 채권이 양도되면

29) 곽윤직, 「채권법총론」(이하 '앞의 책 2'라 함)(박영사, 1985), 308면.

30) 상법 제644조.

31) 양승규, 앞의 책, 178면.

당사자 사이에 다른 약정이 없는 한 보험금청구권도 그에 수반하여 채권양수인에게 함께 이전된다고 보아야 한다고 판단하고 있다.[32]

이상과 같이 보증보험은 보증과 동일하게 주채무에의 부종성, 수반성을 가진다고 볼 수 있어 부종성을 근거로 보증보험과 보증을 구별하는 것은 타당하지 못하다고 본다.

(2) 계약당사자

보증계약의 계약당사자는 원칙적으로 채권자와 보증인인데 반해, 보증보험계약의 당사자는 채무자와 보증인에 해당하는 보험자이다. 아마 대법원은 계약의 당사자가 양 계약에서 다르므로 서로 동일시할 수 없다는 입장에서 판단한 것으로 파악된다. 그리고 민법 해석상으로도 채권자가 개입하지 않은 담보계약을 보증계약의 범주에서 배제한다. 즉 보증인이 되고자 하는 자가 채권자가 아닌 주채무자와 책임부담의 약정을 하였더라도 이는 보증계약은 아니며 이행인수나 변제위임계약 내지는 제 3 자 변제계약에 지나지 않는다고 본다.[33]

그런데 보증보험은 타인을 위한 손해보험이고 이는 제 3 자를 위한 계약의 일종으로 해석된다. 보증보험에서 피보험자는 보험사고가 발생하면 자신의 권리로서 보험금을 청구할 수 있고, 보험계약은 피보험자의 동의 없이는 보험계약자가 이를 취소 혹은 해지하는 것이 제한된다고 본다.[34] 이렇게 피보험자의 보증인에 대한 직접적인 보증채권취득, 계약자에 의한 보증보험계약의 해지제한, 보증보험이 채무자인 보험계약자와 보험자 간에 체결되는 계약이기는 하나 보증보험은 피보험자의 요구에 의해 체결되고 보험계약상의 권리 · 의무는 피보험자에게 집중된다는 점, 보험계약자는 채무자로서 단지 보험료 지급책임을 부담하는 주체에 지나지 않는다는 점, 채무자는 보증보험계약 체결로 자신의 신용확장에만 관심을 가진다는 점, 채권자인 피보험자가 보험증권을 수령하는

32) 대법원 1999. 6. 8. 선고 98다53707 판결.

33) 곽윤직, 앞의 책 1, 182면.

34) 보증보험의 채권담보적 기능으로 주계약상의 채권 · 채무가 소멸되지 않는 한 보험계약자는 피보험자의 동의 없이는 임의로 계약을 해지할 수 없다고 본다(최기원, 앞의 책, 735면; 김성태, 앞의 책, 789면). 판례는 상법 제649조 소정사유, 즉 보험사고가 발생하기 전에 보험계약자에 의하여 계약의 전부 또는 일부가 임의해지된 경우에는 그 해지의 효과로서 그 범위에서 민법 제541조의 적용이 배제된다고 보아 임의해지를 인정하였으나(대법원 1974. 12. 10. 선고 73다1591 판결), 최근 판결에서 보증보험계약의 경우 보험자가 이미 보증보험증권을 교부하여 피보험자가 그 보증보험증권을 수령한 후 이에 터잡아 새로운 계약을 체결하거나 이미 체결한 계약에 따른 의무를 이행하는 등으로 보증보험계약의 채권담보적 기능을 신뢰하여 새로운 이해관계를 가지게 되었다면 그와 같은 피보험자의 신뢰를 보호할 필요가 있다는 입장이다(대법원 2001.2.13. 선고 99다13737 판결; 대법원 1999.7.13. 선고 98다63162 판결).

점 등을 고려할 때, 타인을 위한 손해보험 특히 보증보험계약에서 채권자는 일반의 이행인수나 변제위임계약, 제 3 자 변제계약에서와 같이 제 3 자적인 지위에 있는 것이 아니라 실질적 계약당사자의 지위에 있다고 볼 수 있다.

설령 형식적인 당사자론에 매달려 보증보험계약의 당사자는 보험계약자이지 피보험자가 아니므로 이는 채무자와의 계약이어서 보증계약이 될 수는 없다는 입장에 서더라도 이러한 입장이 보증보험의 보증성에 제한을 가하고 민법상의 보증관련 규정의 적용을 제한하는 논거가 될 수는 없다고 본다. 왜냐하면 보증보험의 보증성을 긍정하는 통설이 보험계약을 보증계약과 동일시하자는 것이 아니라 보험계약이지만 보증성을 인정하자는 취지이기 때문이다. 따라서 적어도 보증보험에서 보증성을 전면적으로 부인하지 않는 이상 보험성과 모순·충돌되지 않는 민법의 보증에 관한 규정의 적용을 제한함은 논리상 어렵다고 보여진다.

(3) 기본적인 법률규정의 차별성

대법원은 공동보증인의 지위를 부인하는 또 다른 논거로 계약관계를 규율하는 기본적인 법률규정이 상이하다는 점을 들고 있다. 기본적인 법률규정이 상이하다는 정확한 뜻이 무엇인지는 애매하나 대체로 보증계약에는 민법의 채권총론상의 보증에 관한 규정이 적용되고 보증보험계약에는 상법의 보험에 관한 규정이 적용된다는 의미로 볼 수 있다.

이렇게 대법원의 판결이유를 이해할 때 같은 판결 전반에서 전제한 보증보험의 보증성과 모순된다. 따라서 전후 문맥이 모순되지 않도록 배려한다면 대법원이 파악하고 있는 보증보험의 성격은 1차적으로 보험계약이고 2차적으로 보증성을 지닌다든지, 기본적으로 보험계약이고 부수적으로 보증성을 지니는 정도로 이해할 수밖에 없다.

그러나 앞서 언급한 바와 같이 보증보험의 본질을 오히려 보증으로 이해하여야 하고, 다만 위험처리방식으로 보험의 방식을 취하였다고 해석하여야 한다. 채무자는 보증보험으로 자신의 신용력을 보완하고 채권자는 채무불이행이라는 위험에 대한 담보를 취득하고 보험자는 보험료를 받고 신용과 담보라는 이익을 제공하고, 다만 보험사고가 발생하였을 경우 보험자는 보험금지급이라는 형태로 이미 제공한 이익을 현실화시키는데 그 방식이 보험의 방식일 뿐이다. 따라서 채권자 · 채무자와 관련된 보험자의 지위는 보증인과 동일하다고 보아야 하며 보험계약과 양립할 수 없는 범위 내에서 보증성에 의문이 제기될 수 있을 뿐이다.

(4) 특별한 약정의 법적 성질

대법원은 보험자가 위험부담의 대가로 보험료를 지급받고 다시 보험계약자에게 구상권을 행사하는 것은 보험의 일반적인 원리에 반하는 것이어서 특별한 약정이 없는 한 인정될 수 없다고 하면서, 이행(지급)보증보험 보통약관에서 보험계약자에 대한 구상권만 정하고 있고 보증인에 대한 구상권을 정하고 있지 않아 주계약상의 보증인에 대하여 주계약에 대한 공동보증인의 지위에서 구상권을 행사할 수는 없다고 보았다.

보험계약자에 대한 구상권을 비롯하여 민법보증제도상의 권리의 성격과 이에 관한 약관 규정의 성질이 문제된다. 판결의 표현대로라면 약관에서 보험계약자에 대한 구상권을 정하고 있기 때문에 보험계약자에 대한 구상권은 인정된다고 보게 되고 약관에 규정이 없는 보증인에 대한 구상권은 인정되지 않으며, 따라서 약관의 규정은 권리의 발생에 관한 창설적 규정으로 이해된다.

하지만 보험계약자의 구상권은 본 판결에서도 언급한 바와 같이 보증보험의 보증성이라는 본질에 따라 인정되는 권리로서 이는 약관규정의 유무에 관계없이 모든 보증보험에 인정되는 권리로서 이를 정한 약관규정은 당연규정으로 해석하여야 한다. 왜냐하면 보증보험에서 보험자의 구상권은 채무자에 의한 보험사고 발생이라는 도덕적 위험을 감소시킬 수 있는 수단이고, 특히 보험계약자를 상법 제682조의 보험자대위 규정상의 제 3 자의 범위에서 제외시키는 입장에서는 구상권마저 없게 되면 보험계약자가 채무를 이행할 수밖에 없는 유인을 제거하는 것이 되어 보증보험의 보험으로서의 성질에도 영향을 미치게 된다.

그리고 이 사건에서 문제가 되는 보증인에 대한 구상권의 약관상 근거규정은 보증인이 보증보험계약과 무관한 제 3 자이고 보증인에 대한 구상권은 대위권과 달리 보험관계자의 권리를 취득하는 것이 아니라 보험자가 직접 보증인에 대해서 취득하는 권리이므로 법률의 규정으로 정해질 내용이고 계약당사자나 피보험자가 아닌 제 3 자에 대한 권리이므로 약관에서 규정하기에 적합한 성질의 권리로 보기 어렵다. 이렇게 볼 때 본 판결과는 달리 보증보험약관에 보증인에 대한 대위권에 관한 사항을 정하지 않았다 하더라도 보증보험의 보증성에서 민법의 규정이 준용되어 보험계약자에 대한 대위와 아울러 보증인에 대한 대위권이 당연히 인정된다고 보는 편이 타당하다고 본다.

2. 보험자와 보증인의 관계 검토

채무자의 채무이행을 보증하면서 채무담보로 보증인과 보증보험을 함께 이용한 경우 보증채무 이행과 관련하여 보증계약과 보증보험의 관계가 문제되고, 그 중 일방이 보증채무를 이행한 경우 타방에 대해 구상권을 행사할 수 있는가 하는 점이 이 사건에서처럼 다툼의 대상이 될 수 있다. 보험자와 보증인은 모두 보증인으로서의 실체를 가지고 있으므로 양자는 일응 공동보증과 유사하다고 볼 수 있어, 아래에서는 민법상의 공동보증의 법리를 간단하게 살펴보고 보증보험에서 보험자와 보증인 간의 관계를 고찰한다.

(1) 보증보험의 공동보증 적격성

앞서 살펴본 바와 같이 보증보험은 보증의 실질을 가지고 보험의 형식을 빌었다고 볼 수 있다. 따라서 보험자 · 보험계약자(채무자) · 피보험자(채권자)의 관계에서 보험의 법리가 적용될 뿐 아니라 이는 보증관계로서 보증의 법리가 경합적으로 적용된다. 따라서 보증보험사는 보험자로서의 지위와 동시에 보증인의 지위를 가진다고 보아야 하고 보험관계와 보증관계가 서로 모순되는 경우를 제외하고는 보증의 법리가 적용된다.

보증보험의 본질을 이렇게 이해할 경우 보험자와 타 보증인 간의 관계도 일반 공동보증인 간의 관계와는 달리 이해해야 할 아무런 이유가 없다. 특히 보험자의 보증채무와 다른 보증인의 보증채무 간에 우선 순위가 있지 않고 이들 중 한 당사자가 채무를 이행하면 다른 보증인이 채무를 면하는 관계에 있으므로 공동보증관계에 해당된다.

공동보증관계는 공동보증인 중 1인이 보증채무를 이행하여 공동의 면책이라는 효과가 발생하면 다른 보증인에 대하여 구상권을 가진다는 점에 의의가 있다. 만일 보험자와 일반 보증인 간에 공동보증관계를 인정하지 않게 되면 본 판결과 같이 보험자의 보험금 지급에 따라 공동의 면책이라는 효과가 발생하였음에도 불구하고 보험자는 다른 보증인에 대한 구상권을 취득하지 못하게 된다. 이는 채무자가 보증보험계약을 체결하였다는 우연한 사정에 의하여 보증인은 실질적으로 자신의 보증채무를 면하는 결과가 된다.[35] 물론 보증계약의 무상성과 보험계약의 유상성에 비추어 본다면 경제적 관점에서 부분적 타당성도

35) 보험자대위권을 행사하여 보증인의 우연한 이득을 보험자가 취할 수 있으나, 앞서 살펴본 바와 같이 구상권과 대위권은 구별되고 보험계약자에 대한 보험자대위권행사를 인정할 것인가 논란이 있으므로 보증보험의 보증성에 비추어 본다면 논리적으로 보증제도상의 구상권을 당연히 인정할 필요가 있다.

없지 않으나, 보험자의 구상권 역시 크게는 보험자의 비용절감과 그에 따른 보험료 감소라는 관점에서 보증인이 예상하였던 부담을 그대로 인정하는 편이 공평하다고 본다.

(2) 보험자의 구상권

보증보험도 다른 일반 보증과 같이 공동보증의 하나로 이해할 때, 보험자가 보험금을 지급하면 이는 공동보증인간의 면책이 이루어진 것으로 볼 수 있고 자신의 부담부분을 초과하여 채권자에 변제한 보험자는 다른 보증인에 대하여 구상권을 행사할 수 있다. 이는 보증인이 보험자보다 먼저 보증채무를 이행할 경우에도 동일하게 해석되어 보험자에 대하여 구상권을 행사할 수 있다고 본다.

다만 보험자와 일반 보증인간에 분별의 이익을 인정할 것인가 하는 점이 문제되는데, 상법 제57조 제2항에서 보증인이 있는 경우에 그 보증이 상행위이거나 주채무가 상행위로 인한 것인 때에는 주채무자와 보증인은 연대하여 변제할 책임이 있다고 규정하고 있어 보증보험에 의해 보증이 이루어진 경우 이는 동조에서 말하는 전형적인 '보증이 상행위'인 경우로 볼 수 있고 보증보험과 일반보증의 관계는 당사자 간에 특별한 의사표시가 없는 한 연대보증의 관계로 보아야 하는게 아닌가 하는 의문이 제기된다.

그러나 연대보증에서는 보증인에게 최고·검색의 항변권이 인정되지 않으므로 주채무자에게 이행청구하지 않고 직접 보증인에게 보증채무의 이행을 청구할 수 있는바, 이는 채무불이행을 보험사고로 하여 보험금을 지급한다는 형식을 가진 보증보험과는 조화될 수 없다. 이와 같이 보증보험과 타 일반보증의 관계를 연대보증으로 볼 수 없다면 이 사건과 같이 보증보험과 일반보증이 공동으로 이루어진 경우 보험사고를 보험금지급 요건으로 하는 보험의 본질에 비추어 당사자 간에 보증연대에 관한 특별한 합의가 있었다고 보아야 하지 않을까 생각한다. 이렇게 해석하는 것은 보험약관상의 보험금 지급사유로서 보험사고에 관한 규정에 근거한다고 볼 수도 있다. 물론 분할보증관계로 해석할 수도 있으나 보험자의 채무가 피보험자의 손실의 보상이므로 부담부분에 따른 분별의 이익을 인정할 수 없고 전부의 이행의무를 부담한다는 점에서 보험자와 보증인의 공동보증은 보증연대로 이해하는 편이 가장 적절하다고 보여진다. 즉 일반보증인이 다수인 경우 일반보증인간의 관계는 분할보증채무관계일 수도 있지만 적어도 일반 보증인 전체와 보험자 간의 관계는 이 경우에도 보증연대로 봄이 타당하다고 본다.

(3) 구상권 관련 기타 문제

보험금을 지급한 보험자가 구상권을 행사하면 구상채무에 관해서는 다수의 공동보증인은 자신들 간의 공동보증관계에 따라 구상채무를 부담하게 되며, 구상채무의 성질은 채권자와 일반보증인들 간에 합의된 채무의 형태(연대보증 혹은 보증연대 혹은 분할보증관계)에 따르게 될 것이다. 다만 보증이 상행위로 인한 경우와 주채무가 상행위로 인한 경우에는 상법 제57조 제 2 항에 따라 수인의 보증인이 있으면 주채무자와 각 보증인뿐만 아니라 보증인 간에도 채권자보호의 취지에서 연대관계가 생긴다고 보는 견해가 통설이다.[36)]

위의 판결에서는 주채무도 상행위로 인한 것이라 볼 수 있고 보증도 상행위로 인한 것이어서 수인의 보증인 간에도 채권자보호의 취지에서 연대관계가 인정될 수 있다고 보며, 따라서 보험금을 지급한 보험자에 대한 일반보증인의 구상채무도 연대채무로 해석함이 논리적으로 보인다. 그러나 위의 판결에서는 보증보험사는 일반보증인에 대해 일종의 분할채권을 행사하고 있는데, 당사자 간의 특약이 없는 한 지급한 보험금 전액에 관한 구상책임을 피고에게 물을 수도 있었다고 보여진다.

위의 판결과는 달리 만일 보증인이 먼저 보증채무를 이행한 경우 보증인은 보험자에 대해 구상권을 행사할 수 있는가 하는 점이 문제된다. 이 경우 보증채무의 이행은 연대보증이 아닌 한 주채무자의 채무불이행을 전제하므로 보증보험에서 보험사고가 발생한 것으로 볼 수 있다. 따라서 채권자로서 보험금을 청구할 권리를 가진 상태에서 보증인이 보증채무를 이행하였으므로 변제자대위권 성립 여부가 문제된다. 다만 채무를 변제한 보증인을 변제할 정당한 이익이 있는 자로 볼 것인지 여부는 보증채무의 성격에 따라 달라질 수 있다고 본다. 보증의 성격이 연대보증인 경우는 보증인은 최고·검색의 항변권을 가지지 못하므로 보증금액의 한도 내의 변제금액일 경우 항상 변제할 정당한 이익이 있는 자로 보여지나, 연대보증을 제외한 보증일 경우 변제금액이 부담부분을 넘는지 여부, 채무불이행이 선행하였는지 여부에 따라 변제할 정당한 이익이 판단된다고 본다.

---

36) 최기원, 「상법학신론(상)」(박영사, 2001. 3), 223면.

V. 結　論

보증보험의 법적 성질에 관해 학설이나 판례의 입장은 대체로 손해보험으로서의 보험성은 물론 그 실질을 고려하여 보증성까지 인정하고 있다. 보험성과 보증성 간에 충돌이 없는 경우에는 보증보험의 이중성에 별 문제가 없으나, 보험료를 납입한 보험계약자의 구상의무와 같이 보험성과 보증성이 일견 모순되는 관계에 있을 때 보험성과 보증성의 한계를 설정하는 것은 쉬운 일이 아니다.

앞서 소개한 판례에서도 보증보험의 이중성이라는 확고한 판례의 입장에도 불구하고 보험자와 보증인간의 공동보증 형태에서 보험자의 구상권을 인정할 것인가 하는 점에 대해 보험성을 이유로 다시 보증성에 제한을 가하고 있다. 공동보증관계를 부정하는 위의 판례의 입장은 보험자의 구상권 인정에 관한 선례를 부분적으로 수정한 것으로 이해되며, 민법의 보증에 관한 다수의 규정 중 어느 규정까지만 적용할 것인가 하는 의문을 던지고 있다.

보증채무에도 부종성이 인정되고, 일반 보증계약의 계약당사자와 구별된다는 점은 보증성을 제한할 결정적인 이유가 될 수 없다는 점, 기타 보증성을 제한할 적극적인 이유의 제시가 없었다는 점, 보증보험에서 구상권의 당연규정성, 보증보험과 주채무에 대한 일반보증의 관계는 공동보증이라는 점에서 볼 때 위의 판결은 스스로 인정하고 있는 보증보험의 보증성을 제한할 적극적인 이유를 제시함에 소홀하였다고 볼 수 있고, 따라서 민법상 보증규정의 적용한계를 밝힐 기준을 제시하지 못하였다는 점에서 문제가 있다고 보여진다.

보증보험은 연혁적으로 보나 법적 성질에 관한 논의를 보나 보험이라는 옷을 입은 보증으로 보아야 한다. 따라서 보증보험에 보증으로서의 성격을 원칙적으로 인정함이 타당하고 보험법리와 서로 충돌하여 보험이라는 옷을 입을 수 없을 정도의 특별한 이유나 근거가 있을 경우에만 양 성격의 한계를 신중하게 검토하여야 한다고 본다. 특별히 보험으로서의 성격과 충돌이 실질적으로 없음에도 불구하고 보증성에 한계를 설정함은 자의적인 법규정의 해석이라는 비난을 면하기 어렵고, 민법상 보증관련 규정 중 어떠한 규정만 보증보험에 적용되는가에 관한 수많은 논쟁을 유발시킬 위험마저 있다. 따라서 보증보험에서 보험금을 지급한 보험자는 다른 보증인에 대해 구상권을 행사할 수 있다는 점은 일반 보증과 동일하게 해석하여야 하고 이에 관련 민법규정이 적용되어야 한다고 본다.

保稅倉庫에의 保管중 送荷人의 運送人에 대한 積荷의 返送要求와 積荷保險의 終了

韓 昌 熙*

대법원 2003. 6. 13. 선고 2001다42660 판결**

[事實의 槪要]

원고는 1998. 6.경 인도네시아의 수입상인 피티 부아나 파자르 수기(PT. Buana Fajar Sugih. 이하 '부아나'라 한다)에게 청바지원단 3,246롤을 미화 690,000＄에 수출하기로 계약하였고, 부아나의 의뢰를 받은 알루트레이드(Alu-trade PTE Ltd.)는 싱가포르에 있는 메리타 머천트 은행(Merita Merchant Bank Singapore Ltd.)에 신용장의 개설을 의뢰하였으며, 메리타 머천트 은행은 같은 달 11. 수익자를 원고로 하여 미화 690,000＄의 지급을 보증하는 취소불능의 신용장을 개설하였다. 이 신용장은 화물이 1998. 7. 14.까지 선적될 것, 유효기간인 1998. 8. 10. 이내로서 선적일로부터 14일 이내에 서명된 상업송장, 선하증권, 포장명세서, 보험증권, 신용장개설의뢰인이 선적일 이전에 발행한 이 사건 화물에 대한 품질증명서, 개설의뢰인이 품질증명서의 발행을 확인하였음을 통보하는 개설은행의 암호텔렉스의 진정한 사본을 선적서류로서 제시할 것을 요구하였다. 한편 원고는 1998. 6. 24. 피고 보험자와 사이에 피보험자를 원고로 하고 이 사건 화물의 운송과정 중 이 사건 화물의 멸실 등의 사고가 발생하는 경우 원고에게 미화 759,000＄를 지급하기로 하는 내용의 적하보험계약을 체결하였는데, 위 보험계약의 조건에 대하여는 협회적하보험약관(Institute Cargo Clauses A. 이하 '약관'이라 한다)을 적용하기로 하였고, 약관에 따르면 이 보험은 영국의 법과 관습의 적용을 받는다는 조항이 삽입되어 있었다. 원고는 또한 소외 주식회사 디더블유인터내셔날(이하 '디더블유인터내셔날'이라 한다)와 1998. 6. 25. 디더블유인터내셔날은 화물을 부산항에서 인도네시아 자카르타항까지 운송하기로 하는 계약을 체결하고, 원고에게 이 사건 화물에 관한 선하증권을 발행하여 주었는데, 선하증권상의 수하인은 메리타 머천트 은행이 지시하는 자이고, 통지처는 부아나와 알루트레이드이었으며,

* 서경대학교 법학과 교수, 오스틴 텍사스 대학교 방문 교수.
이 글은 2005년 5월 7일의 상사법무연구회에서 발표되어 여러 회원들의 귀중한 코멘트와 경희대학교의 정완용 교수님의 지적을 받아 수정되었다. 물론 이 글의 오류에 대한 책임은 본인에게 있음을 밝힙니다.

** 공 2003. 7. 15.(182), 1518.

디더블유인터내셔날은 주식회사 한진해운과 화물의 운송계약을 체결하였다. 원고는 1998. 6. 23. 알루트레이드의 대리인인 장욱으로부터 이 사건 화물에 관한 품질증명서를 받았으나, 메리타 머천트 은행의 암호텔렉스는 받지 못하고 있었는데, 수입상인 부아나가 이 사건 화물을 빨리 운송하여 주기를 원하므로 같은 달 25. 디더블유인터내셔날과 주식회사 한진해운을 통하여 이 사건 화물을 컨테이너 5개에 담아 자카르타항으로 운송한 사실, 메리타 머천트 은행은 원고가 암호텔렉스를 제시하지 않음을 이유로 신용장대금의 지급을 거절하였고, 부아나는 곧 신용장대금문제를 해결하여 줄 것처럼 하면서도 차일피일 미루기만 할 뿐, 이 사건 화물의 대금을 지급하지 아니하므로 원고는 1998. 7. 20. 화물을 우리나라로 다시 반송하기로 결정하고 디더블유인터내셔날에게 이러한 의사를 전달하였다. 화물은 1998. 7. 5. 자카르타항에 도착하여 항만부두의 컨테이너야적장인 탄중 프리옥(Tanjung Priok CY. 이하 '탄중 프리옥'이라 한다)에 장치되었다가 같은 달 20. 보세창고인 피티 비마루나 자야(PT. Bimaruna Jaya. 이하 '비마루나'라 한다)로 옮겨졌는데, 부아나는 이 사건 화물의 반송이 지체되는 사이에 이 사건 선하증권 대신 디더블유인터내셔날의 인도네시아 선박대리점인 피티 콤비 카고(PT. Combi Kargo 또는 PT. Combi Airship Trans. 이하 '콤비 카고'라 한다)가 발행한 화물인도지시서를 비마루나에 제시하면서 같은 달 29. 이 사건 화물의 컨테이너 2개를, 같은 해 8. 3. 나머지 컨테이너 3개를 각 무단반출하였다. 이에 원고는 적하의 무단반출로 인한 멸실손해의 보상을 보험자에게 청구하였으나 보험자가 이를 거부하여 보험금지급을 청구하는 소송을 제기하였다.

[訴訟의 經過]

原審(서울고등법원 2001. 6. 12. 선고 2000나45244 판결)

원심 법원은 운송계약상의 수하인도 아닌 부아나에 의하여 선하증권과 상환함이 없이 이 사건 화물이 불법으로 반출됨으로써 화물은 보험계약에서 예정한 운송과정중 멸실된 것으로 보아야 한다고 판단하고, 보험이 통상의 운송과정중에 계속된다는 약관 제8.1조의 기재는 별도로 독립된 보험종료사유로 보아야 하는데 늦어도 원고가 화물의 반송을 결정한 시점에서 이 사건 화물은 원고의 의도적인 운송중단에 의하여 통상적인 운송과정에서 벗어나게 되었으므로 보험계약은 그 때 이미 종료되었다는 피고의 주장에 대하여는, 보험은 통상의 운송과정중에 계속된다는 약관 제8.1조의 규정은 그 규정의 방식과 다른 보험종료사유, 특히 제8.1.2.1조와의 관계에 비추어 독립된 보험종료사유를 규정한 것이라고는 보이지 아니하고, 가사 위 구절이 독립된 보험종료사유를 규정한 것이라 하더라도 원고가 대금을 지급받기 어렵게 되었다거나 화물의 반송을 결정하였다는 점만으로 보험이 종료되었다고 판단할 정도로 화물이 통상의 운송과정을 벗어난 것이라 인정할 수는 없다 하여 원고에게 이 사건 보험계약에서 정한 보험금의 지급을 명하였다.

[判決要旨]

영국의 해상보험법(Marine Insurance Act, 1906)이나 판례 또는 관습에 의할 때 보험이 통상의 운송과정중에 계속된다는 약관 제8.1조의 해석상 제8.1.1조 내지 제8.1.3조에서 정하는 보험종료사유가 발생하기 이전이라도 통상의 운송과정을 벗어나는 경우에는 이로써 보험이 종료하는 것인지 여부 및 피보험자가 운송을 중단하고 화물을 반송하기로 결정하는 경우 그러한 의도적인 운송중단에 의하여 통상의 운송과정에서 벗어나게 되는 것인지 여부는 분명하지 아니하나, 일반적인 해석기준에 따라 위 약관조항의 내용을 검토해 보면, 약관 제8.1조에서 보험이 통상의 운송과정중에 계속된다는 부분의 해석상 제8.1.1조 내지 제8.1.3조에서 정하는 보험종료사유가 발생하기 이전이라도 통상의 운송과정을 벗어나는 경우에는 이로써 보험이 종료하고, 피보험자가 운송을 중단하고 화물을 반송하기로 결정한 경우에는 그러한 의도적인 운송중단에 의하여 통상의 운송과정에서 벗어난 것이어서 결국 보험이 종료한다고 봄이 상당하다. 약관 제8.1조의 문언 자체로도 보험이 계속되기 위한 요건으로서 '통상의 운송과정중'(during the ordinary course of transit)이라는 제한을 둔 것으로 해석될 뿐만 아니라, 이를 독립한 보험종료사유로 보지 않는다면 굳이 그러한 문구를 둔 이유를 찾기 어렵고, 또한 '인도'나 '반송을 위한 출발'과 같은 장소적 이동이 있어야만 보험이 종료한다고 보게 보면 창고에 입고할 때에는 통상의 운송을 위한 보관으로 시작하였으나 보관기간중 피보험자의 의사가 변경되는 경우로서 예컨대, 보관을 개시한 직후 매수인으로부터 매매계약의 취소통지가 와서 피보험자가 제 3 자에게 다시 매도할 때까지 장기간 창고에 보관하기로 결정하는 경우나 최종목적지인 창고에 여유 공간이 부족하여 보관기간중 그 최종목적지로의 운송을 중단하고 그 창고에서 그대로 계속 보관하기로 결정하는 경우까지도 약관 제8.1.3조에 따라 60일이 경과하지 않는 한 여전히 보험이 계속된다고 하여야 하고, 이는 당초 보험계약에서 보험의 목적인 운송의 일부로서 예정하지도 아니하고, 또한 그 운송을 위하여 필요하지도 아니한 보관 중의 위험을 보험자에게 인수시키는 결과가 되어 부당하다. 만약 이처럼 당초 예정하지 아니한 보관 중의 위험도 부보하고자 하는 경우에는 보험자와 사이에 그 점에 관하여 별도의 합의가 있어야 할 것이다.

[評　　釋]

Ⅰ. 問題의 所在

이 판결은 협회적하보험약관상의 운송조항(transit clause)과 관련하여 대법원이 1988년 자가보세장치장에 최종창고가 포함되는가 여부에 관하여 내린 판결(대법원 1988. 9. 27. 선고 84다카1639·1640 판결)에 이은 두 번째 판결에 해당한다. 이 보험계약은 그 내용으로 포함된 협회적하보험약관상 영국법준거조항에 따라 영국 해상보험법과 영국의 판례와 관습이 적용되는바, 이 사건에서는 첫째, 보험이 통상의 운송과정중에 계속된다는 약관 제8.1조의 해석상 제8.1.1조 내지 제8.1.3조에서 정하는 보험종료사유가 발생하기 이전이라도 통상의 운송과정을 벗어나는 경우에는 이로써 보험이 종료하는 것인가, 즉 이를 약관상 별도로 독립된 보험종료사유에 해당하는가가 문제된다. 둘째, 적하가 목적지에 도착하여 보세창고에 보관중 수입상이 대금을 지급하지 아니하자 송하인이 운송을 중단하고 화물을 반송하기로 결정하고 이를 운송인 디더블유인터내셔날[1]에게 통지한 것이 의도적인 운송중단에 의하여 통상의 운송과정에서 벗어나게 되는 것인지 여부가 문제된다. 원심법원은 두 논점 모두 부정하지만 대법원은 영국 해상보험법이나 판례 또는 관습상 명백하지 않다고 하면서 이를 긍정한다.

Ⅱ. '通常의 運送過程중 保險擔保의 繼續'條項과 保險擔保의 終期

1. 문제의 소재

협회적하보험약관 제8.1.1조는 "이 보험은 통상의 운송과정중(during the ordinary course of transit) 계속되며"라는 내용을 포함하고 제8.1.1조에서 제8.1.3조까지 3가지 보험담보의 종료사유를 규정하고 있는데 영국 해상보험법상 보험이 통상의 운송과정중에 계속된다는 약관 제8.1조의 해석상 위의 3가지 보험종료사유가 발생하기 이전이라도 별도로 독립된 보험종료사유에 해당하는가가 문제된다.

---

1) 디더블유인터내셔날은 송하인과 부산항에서 자카르타항까지 운송하기로 하는 계약을 체결하고 선하증권을 발행하였으며, 디더블유인터내셔날이 한진해운과 운송계약을 체결하였다는 사실관계에서 디더블유인터내셔날과 한진해운의 법적 지위가 문제된다, 우리나라 해상법은 함부르크 규칙과는 달리 운송인의 개념 혹은 계약운송인과 실제운송인의 개념정의 규정을 두고 있지 않다. 이 사건에서 디더블유인터내셔날은 복합운송주선인 혹은 복합운송인(Freight Forwarder)으로서 한진해운과 운송계약을 체결한 것이 아닌가 판단된다.

2. 적하보험의 보험기간

⑴ 협회적하보험약관상의 보험기간조항

적하에 대하여서는 협회적하보험약관 A·B 또는 C조건을 보험계약의 내용으로 체결되는 것이 보통이다. 또한 오늘날의 운송계약은 둘 이상의 운송수단이 이용되는 복합운송인 경우가 대부분이기 때문에 보험계약도 전체 운송을 이루는 해상운송과 육상운송 부분 모두를 내용으로 하게 된다. 따라서 적하보험계약은 해상항해에 부수적인 것임을 조건으로 육상운송 또는 내륙 수면상의 운송에 대하여서도 보험담보가 확장된다. 영국 해상보험법에도 이를 명시하고 있다. 즉 "해상보험계약은 명시적인 특약이나 상관습에 의하여 해상상해에 부수되는 육상위험 또는 내수면에서의 손해로부터 피보험자를 보호하기 위하여 담보구간이 확장될 수 있다"(영국 해상보험법 제2조 제1항). 그러나 제2조 제1항은 내륙운송과 내수면에서의 운송을 해상보험계약에 포함하기 위한 일반적인 규정에 불과하고, 보험계약의 조건을 정하는 것은 협회적하보험약관에 의거하고 있다.

협회적하보험약관에는 보험기간(duration)이라는 표제 아래 ① 제8조-운송조항(또는 창고사이조항), ② 제9조-운송계약의 종료조항, ③ 제10조-항해의 변경조항이 두어져 있다. 제8조, 제9조, 제10조는 밀접히 연관지어 해석되어야 하는데, 이 제3조항은 보험기간(duration of the risk)에 관한 것이기 때문이다.[2)]

⑵ 운송조항(transit clause)

㈎ 약관 제8조의 규정 협회적하보험약관 제8조는 운송조항이라는 표제 아래 다음과 같이 규정하고 있다.

8.1. 이 보험은 화물이 운송을 개시하기 위하여 이 보험증권에 기재된 장소의 창고 혹은 보관지점을 떠나는 때에 개시하고, 통상의 운송과정중에 계속되며,
 8.1.1. 이 보험증권에 기재된 목적지에 있는 수하인의 또는 기타의 최종창고 혹은 최종보관지점에 화물이 인도될 때,
 8.1.2. 이 보험증권에 기재된 목적지 이전에서이든 목적지에서이든 불문하고, 피보험자가 다음의 목적을 위하여 사용하고자 선택한 기타의 창고 혹은 보관지점에 화물이 인도될 때,
  8.1.2.1. 통상의 운송과정에 포함되는 보관이 아닌 보관을 위하여, 혹은
  8.1.2.2. 할당 또는 분배를 위하여,
 8.1.3. 최종양하항에서 외항선으로부터 부보된 화물의 하역이 완료된 후 60일

2) N. Geoffrey Hudson, The Institute Clauses, 3rd ed., London: LLP, 1999, p. 26.

이 경과한 때 중 어느 것이든 먼저 발생하는 때에 종료한다.

8.2. 최종양하항에서 외항선으로부터 양하 후 그러나 이 보험이 종료되기 전에, 화물이 이 보험에 부보된 목적지 이외의 장소로 운송되는 경우에는 이 보험은 상기 보험종료의 규정에 따라 계속되나, 그러한 다른 목적지로 운송이 개시될 때 종료한다.

8.3. 이 보험은 (상기보험종료의 규정 및 하기 제 9 조의 규정에 따라) 피보험자가 좌우할 수 없는 지연, 일체의 이로, 부득이한 양하, 재선적 또는 환적 및 해상운송 계약상 선주 또는 용선자에게 부여된 자유재량권의 행사로 인하여 해상사업이 변경된 경우에도 유효하게 계속된다.

제 8 조는 이전의 협회적하보험약관에서 사용된 창고사이조항(Warehouse to Warehouse clause)에서 유래하는 것으로,[3] 위험에 개시하고 종료하는 점에 관하여 정의하고, 피보험자의 통제 밖의 사고의 경우에도 효력이 계속되는 경우를 추가하고 있다.

(나) 약관내용

① 운송개시　　이 보험은 화물이 운송을 개시하기 위하여 이 보험증권에 기재된 장소의 창고 혹은 보관지점을 떠나는 때에 개시한다(제8.1조). 떠난다는 것은 운송을 하고자 하는 의도를 가지는 물리적인 이동을 의미한다. 구내에 잔존한 채 트럭에 적재하는 것만으로는 충분하지 않다.

'운송을 개시하기 위하여 이 보험증권에 기재된 장소'는 피보험자가 명세서에 정확히 그 장소를 확인하고 해상보험증권에 기재된 경우에는 실내이어도 된다.

② 통상의 운송과정중 보험담보의 계속

(a) '통상의 운송과정중 보험담보의 계속'조항의 의미　　적하보험은 통상의 운송과정중에만 담보가 유지된다. 협회적하보험관은 통상의 운송과정을 벗어난 경우의 보험담보의 종료에 관하여 제 2 조항에서 규정하고 있다. 즉 "이 보험은 … 통상의 운송과정중에 계속되고"(제8.1조), 통상의 운송과정에 포함되는 보관이 아닌 보관의 경우에도 보험담보가 종료된다(제8.1.2.1조). Gilmore와 Black에 따르면 "항해보험의 경우 보험자는 통상적인 상업적 항로에 의한 항해의 신속한 수행에 내재하는 위험만을 담보할 의도가 있는 것으로 간주된다. 선박이 이유 없이 항로를 이탈하거나 항해를 수행하는 데 있어서 비합리적으로 지체하

3) 이 성립배경에 관하여서는 양승규, "해상적하보험약관의 운송조항에 규정된 최종창고의 범위," 「보험판례연구」(삼지원, 2000), 259~260면.

는 경우에는 보험담보는 배제된다. 보험담보는 이로에 의하여 일단 배제되면 영원이 소멸한다. 본래의 항로에의 귀속이 보험계약을 회복하는 것은 아니다."[4] 이에 약관 제 8 조는 항해보험인 적하보험계약은 통상의 운송과정중에만 계속된다는것을 명확히 하고 있는 것이다. 따라서 적하보험은 통상의 운송과정 동안에만 담보가 유지되는 것을 유념하여야 한다. 따라서 선의의 피보험자에게는 매우 가혹하지만, 화물이 선박, 해상수송용구(carft) 또는 운송용구에 적절히 선적된 경우에도 통상의 운송과정이 중단된 경우에는 보험담보가 중단된다.[5] 그렇다고 하여 '운송중'에 해당하기 위하여 적하가 계속하여 이동하여야 한다는 것은 아니다. 통상의 운송과정중 적하운송이 자주 휴식하건 선적항에서 선적을 기다리는 동안 또는 환적항에서 환적하는 동안, 세관절차를 진행하거나 적하운송차량을 기다리는 동안 중간창고에 임치되는 것은 무방하다.[6]

(b) 통상의 운송과정을 벗어난 경우의 예 　　적하보험은 통상의 운송과정중에만 보험담보하고 이를 벗어나면 보험담보는 즉시 종료된다. 영국 판례 S.C.A. Freight Ltd. v. Gibson 사건[7]에서 피보험자의 화물을 적재한 트럭이 목적지로의 운송의 진행과 무관한 여행중 전복된 경우, 이는 운송의 통상 과정에 있지 않았으므로 보험자는 피보험자가 입은 화물상의 손해를 보상할 책임이 없다고 판시되었다. Safadi v. Western Assurance Co. 사건[8]에서 법원은 보험계약자가 적하의 대금을 지급하지 못하여 세관에 방치한 경우 위험은 종료한다고 판시하였다.

적하가 선적을 위하여 그 창고를 떠난 후에 송하인이 선적의 취소통지를 받고 다른 새로운 시장을 찾을 수 있을 때까지 선적항의 창고에 보관하게 된 경우에는 그 창고에 하물이 도착한 때에 곧 보험계약은 끝나게 된다. 그것은 이미 통상의 운송과정에 있는 것이 아니기 때문이다.[9] 또 피보험자가 그 물건이 시급히 소용되는 것이 아니기 때문에 일정한 기간의 여유를 가지거나 관세의 지급을 연기하기 위하여 관세창고에 보관하는 것도 통상의 운송과정 이외의 방

---

4) Grant Gilmore/Charles L. Black, The Law of Admiralty, 2nd., New York: Foundation Press, 1975, p. 66.

5) N. Geoffrey Hudson, op. cit., p. 26.

6) R. J. Lambeth, Templeman on marine insurance-Its principle and practice, London: Pitman, 1986, p. 103.

7) (1974) 2 Lloyd's Rep. 533.

8) (1933) 46 Ll L. Rep. 140.

9) R. J. Lambeth, op. cit., p. 102.

법으로 적하를 보관하는 것이라 할 수 있고, 이러한 경우에는 그 적하를 그 창고에 인도한 때에 보험계약은 종료된다.10) 또한 수하인의 창고공간 부족으로 인하여 일정한 기간 동안 적하를 세관에 방치하는 경우 적하가 세관에 도착한 시점에서 보험은 종료한다.11)

또한 적하를 양육할 목적이 아니라 가능한 때까지 보관할 목적으로 부선에 하역한 경우에는 선박에 있는 적하는 보험담보가 유지되지만, 부선에 적재한 적하에 대한 보험은 종료한다.12)

(c) 이 사안의 검토　　이 사안에서는 피보험자인 화주가 운송 도중에 매매대금을 지급받지 못하게 되자 운송인인 디더블류인터내셔날에게 화물의 반송 의사를 전달하였다. 그러나 선하증권이 운송인으로부터 발행되어 있는 이 사안에서 운송의 중단과 반송의 지시에도 불구하고 운송인의 인도네시아 대리점의 화물인도지시서에 기하여 수하인이 화물이 보관중인 보세창고에서 반출한 것이 통상의 운송과정을 벗어난 것에 해당하는 것이 문제된다.

이 사건은 영국법준거조항이 삽입되어 있는 협회적하보험약관을 보험계약의 내용으로 하고 있으므로 보험담보의 종료사유인 통상의 운송과정을 벗어나는 운송의 중단에 해당하는가 여부도 영국의 물건운송법(Carriage of Goods by Sea Act)을 비롯한 영국의 법과 관례에 의하여 판단되어야 할 것이다. 그러나 우리의 해상법이 헤이그-비스비규칙에 따라 제정되어 있으므로 우리 법의 내용은 크게 영국법과 다르지 않을 것으로 판단된다. 우리 상법상 운송에는 시간이 걸리기 때문에 물건의 운송중에 물건의 매수인의 신용상태가 변경되는 경우 등에 송하인의 권리를 보호하기 위하여 그에게 운송의 중지, 운송물의 반환 기타의 처분을 청구할 수 있도록 하고 있고(상법 제812조, 제139조), 선하증권이 발행된 경우에는 그 소지인이 그 처분권을 가진다.13)

이 사건에서 운송인이 화주인 피보험자에게 선하증권을 발행하고 있지만 선하증권이 수하인의 수중에 있지 않은 것은 운송인의 선박대리점의 화물인도지시서를 제출하고 화물을 반출한 데서 알 수 있다. 한편 선하증권은 신용장개설은행의 요구로 동 은행에 교부되어 있었다. 따라서 이 사건에서는 비록 선하증권이 발행되었다고 하더라도 송하인에게 여전히 운송인에 대한 운송물의 반

10) 양승규, 앞의 논문, 261면.
11) R. J. Lambeth, op. cit., p. 103.
12) Ibid.
13) 한창희, 「상법총론」(청목출판사, 2001), 321～322면.

환을 청구할 수 있다고 판단된다. 이에 화주가 운송물의 반환을 운송인에게 지시한 이상 운송은 통상의 운송과정을 벗어났으므로 보험담보는 종료되었다고 판단된다.

③ 운송의 종료

(a) 약관 제8.1조

(aa) 3가지 종료사유: 협회약관 제8.1조에 따르면 적하보험은 통상의 운송과정중에 계속되다가 다음 3가지 경우 중 어느 것이 먼저 발생하는 때에 보험자의 책임은 종료된다. 따라서 피보험자는 보험계약이 이미 종료하였음을 안 경우에는 보험자에게 통지하여 추가담보를 요구하여야 한다. 3가지 사유는 (i) 적하가 보험증권에 기재된 목적지에서 수하인의 최종창고·보관장소에 인도된 때, (ii) 보험증권에 기재된 목적지 이전에서이든 목적지에서이든 불문하고 피보험자가 통상의 운송과정이 아닌 보관·구분 또는 분배를 위하여 사용하고자 하는 기타의 창고·보관장소에 적하가 인도된 때, (iii) 적하가 최종 양륙항에서 본선으로부터 하역이 완료된 후 60일이 경과된 때이다.

따라서 본선하역 후의 보험기간은 60일을 한도로 하지만, 적하가 60일 이내에 적하의 구분·배분을 위하여 사용하는 장소로 인도되는 경우에는 보험기간은 그 인도시에 종료된다.

(bb) 최종창고·보관장소의 의미: 최종창고 또는 최종보관장소가 무엇을 의미하는가는 각 사건의 사실관계에 따라 구체적으로 결정되어야 한다. 적하가 보험증권 기재의 목적지에 있는 최종창고 또는 보관장소에서 인도된 후 어느 행위 또는 절차가 완료된 때 비로소 수하인이 적하를 점유할 수 있는 경우에도, 보험은 그 행위 또는 절차가 완료될 때까지 계속되는 것은 아니고, 적하가 최종의 창고 또는 보관장소에 인도되는 것과 동시에 종료된다. 따라서 영국판례인 G. H. Renton & Ltd. v. Black Sea & Baltic General Insurance Co. Ltd. 사건[14]에서 "목적항에서 하역될 때까지, 그리고 목적항 또는 내륙에 있는 최종항까지"라는 조건으로 원목이 보험이 들었는데 런던항에서 하역하여 부두에 쌓아두었지만, 원목을 종류별로 정돈하여 양륙허가증를 발행할 때까지는 수하인이 원목을 인도받을 수 없었던 경우 보험기간은 런던항에서 하역되었을 때 완료한다고 보았다.

우리나라의 법원은 원면의 적하에 대하여 "최종원면창고(final mills ware-

14) (1941) 1 KB.

house)에 입고될 때까지"를 보험기간의 종기로 하는 적하보험계약에 들었는데 수입원면이 인천항과 부산항을 통하여 천안과 예산에 있는 최종창고가 아니라 대전공장 내의 자가보세장치장에 입고되어 있던중 화재가 발생하여 수입원면 중 일부가 소실된 사건에서, 최종창고에는 자가보세장치장이 포함된다는 이유로 보험자의 보상책임을 인정하지 아니하였다.[15] 법원은 그 이유로 보험계약자가 관세법의 규정에 따라 설치한 자가보세장치장은 보세구역으로서 세관장의 엄격한 관리감독을 받더라도, 자가보세장치장에 반입된 물품은 화주인 원고의 지배하에 있는 것으로서 그 보관책임은 원고에게 있고, 다만 관세확보라는 관세행정목적의 범위 내에서 세관장의 감독을 받는 데에 지나지 않는다는 것을 든다.

(b) 제8.2조 제8.2조는 제8.1조에서 규정하는 3가지 종료사유 이전에 보험이 종료하는 다른 경우를 규정하고 있다. 즉 적하가 선박으로부터 하역된 후에 부보된 목적지 이외로 계속 운송된 경우이다. 이 조항은 피보험자가 고객에게 재매매하는 경우를 다루기 위한 것으로 보험계약이 원래의 피보험자 또는 고객에게 유효함을 명확하게 하고, 원래의 보험계약은 새로운 운송이 개시하는 때에 종료함을 규정한다. 제8.2조는 폭넓게 규정되어 있지만 이는 예컨대 다른 배송지로의 화물의 재분배와 같은 최종목적지가 피보험자에 의하여 변경된 경우를 예정하여 규정한 것은 아니다. 이는 제10조에 의하여 취급된다.[16]

(c) 제8.3조 제8.3조는 열거된 상황이 보험계약이 체결될 당시 고려하였던 위험에 추가되었지만 보험자가 보험담보를 유지하고자 하는 경우를 규정한다. 따라서 피보험자의 통제범위 밖의 지연, 이로, 강제하역, 허용된 운송계약의 변경 중의 재선적 또는 환적의 경우 피보험자의 보험자에 대한 통지 없이도 보험계약은 유효하다. 이는 선박의 수선이 안전한 항해의 계속을 위하여 필요한 경우에 선박의 우연한 훼손을 수선하기 위하여 피난항으로 선박을 이동하는 것을 포함한다. 이 때 선박의 수선을 위하여 적하를 하역하여 해안에 임치하는 것이 필요할 수 있는데, 이 경우 그 해안을 포함하여 포괄적인 위험에 대한 보험담보가 계속되는 것이다.[17]

15) 대법원 1988. 9. 27. 선고 84다카1639·1640 판결.

16) N. Geoffrey Hudson, op. cit., p. 27. 이에 대하여 조항의 목적이 그와 같다면 이를 명확히 하기 위하여 보다 적극적인 용어가 사용되었으면 좋았을 것이라고 하여 불명료함을 지적하는 견해가 있다(Susan Hodges, Law of Marine Insurance, London: Cavendish Publishing Limited, 1996, p. 67).

17) N. Geoffrey Hudson, op. cit., p. 28.

⑶ **운송계약의 종료조항**(Termination of contract of carriage contract)

제 9 조는 운송계약의 종료조항이라는 표제 아래 다음과 같이 규정한다.

> 피보험자가 좌우할 수 없는 사정에 의하여 운송계약이 그 계약서에 기재된 목적지 이외의 항구 또는 지역에서 종료되거나 또는 기타의 사정으로 상기 제 8 조에 규정된 화물의 인도 이전에 운송이 종료될 경우에는 이 보험도 또한 종료된다. 단, 보험자에게 지체없이 그 취지를 통지하고 담보의 계속을 요청할 경우에 보험자의 요구가 있으면 추가보험료를 지급하는 조건으로 이 보험은 다음의 시점까지 유효하게 계속된다.
>
> 9.1. 화물이 상기의 항구 또는 지역에 매각된 후 인도될 때 또는 별도의 합의가 없는 한 그러한 항구 또는 지역에 피보험화물의 도착 후 60일이 경과한 때 중 어느 한쪽이 먼저 생길 때까지 또는
>
> 9.2. 만약 화물이 상기 60일의 기간(또는 합의하에 60일의 기간을 연장한 기간) 내에 이 보험증권에 기재된 목적지 또는 기타의 목적지에 계속운송될 경우에는 상기 제 8 조의 규정에 따라 보험이 종료될 때까지.

제 9 조는 일정한 사유가 발생하였어도 즉시 추가보험료를 지급하고 보험담보의 계속을 청구할 수 있음을 규정한다. 이 규정은 이전의 협회적하보험약관에 비교하여 약간 변경되었지만 효과는 동일하다. 이 조항은 항해가 정당한 이유가 있건 없건 선주 또는 운송인에 의하여 포기되었거나 봉쇄로 인하여 선박이 수에즈 운하에 갇힌 경우와 같이 항해가 좌절된 경우를 상정한다.[18] 그러나 이 조항에 의한 보험담보의 계속은 매우 제한적이다. 적하가 운송이 종료하는 항구나 장소에서 매각되어 인도되거나 또는 60일의 만료 이전에 매각되지 않아도 60일이 만료한 때 또는 적하가 60일이나 약정한 연장기간 안에 계속 운송되어도 원래의 목적지나 이후 합의된 목적지로 인도되는 때에는 보험담보는 종료하기 때문이다.

⑷ **항해의 변경조항**(change of voyage clause)

협회적하보험약관 제10조는 항해의 변경조항이라는 표제 아래 "이 보험의 개시 후 목적지가 피보험자에 의하여 변경된 경우에는 보험자에게 지체없이 통지할 것을 조건으로 추후에 협정되어야 할 보험료 및 보험조건에 의하여 담보가 계속된다"라고 규정하고 있다.

이 조항은 "항해의 변경이나 관련 선박이나 항해의 명세상의 생략이나 착오의 경우 추가보험료를 지급하여 계속담보를 약정할 수 있다"라고 규정하고

---

18) N. Geoffrey Hudson, op. cit., p. 28.

있는 1963. 1. 1.의 구 협회적하보험약관에 비하여 훨씬 제한적이다.

항해의 변경에 관하여서는 영국 해상보험법 제45조에서 규정하고 있다. 즉 항해의 변경은 위험이 개시된 이후에 선박의 목적항이 보험증권에 정하여진 곳이 아닌 다른 곳으로 자발적으로 변경된 경우로 정의하고(제45조 제1항), 그 효과로는 보험증권에 달리 규정하지 않는 한 항해의 변경의사가 명백한 때로부터 보상책임을 면하고, 이는 손해가 발생한 때 선박이 실제로 보험증권상 정하여진 항로를 이탈하지 않았더라도 무관하다고 규정한다(제45조 제2항).

운송선박이 다른 항구로 항해하도록 지시하는 것은 선주 또는 운송인일 것이기 때문에 선의의 피보험자가 운송의 과정에 영향을 미치는 것이 전적으로 불가능할 것이므로, 항해가 변경되어도 보험담보가 유지될 필요가 큰 것이다. 이에 약관 제8.3조는 항해의 변경과 같은 것은 아니지만 선박의 이로 동안, 그리고 선주나 용선자가 해상운송계약하에서 수행하는 항해사업의 변경 중에도 담보의 계속을 규정한다.

이 제10조는 오직 목적지가 피보험자에 의하여 변경된 경우에 적용하기 위한 것이다. 따라서 의도적이건 아니건 선주 또는 다른 운송인에 의한 항해변경의 경우 피보험자의 보험담보를 계속할 수 있는 조항은 없다. 이와 같은 상황이 발생하는 경우 선주 또는 용선자에 의한 항해의 변경은 운송계약의 종료나 이로와 같이 전적으로 피보험자의 통제범위 밖의 사고라는 근거로 피보험자가 보험담보를 받도록 하는 것이 형평에 맞다고 주장하여 보험자에게 통지하도록 하여야 한다고 주장된다.[19)]

또 하나의 제한은 보험목적의 기재에 있어서 착오나 생략이 있는 경우 보험자에 의하여 피보험자를 계속담보할 수 있다는 내용이 약관상 이제는 존재하지 않는다는 점이다. 1963. 1. 1.의 적하보험약관에서는 보험자에 의한 이러한 계속담보의 허용은 선의의 피보험자에게만 허용되고, 의도적으로 적하를 잘못 기재한 피보험자에게는 적용되지 않았다.[20)] 이 1982. 1. 1.의 적하보험약관은 선의든 악의든 적하를 잘못 기재한 경우에는 이 계속담보가 인정되지 않기 때문에 피보험자와 중개인은 부보되는 보험의 목적을 더욱 정확하게 기재하는 데 주의하여야만 한다.

---

19) N. Geoffrey Hudson, op. cit., p. 29.

20) Liberian Insurance Agency Inc. v. Mosse(1977) 1 Lloyd's Rep. 500.

Ⅲ. 이 사건의 檢討

이 사건에서 적하가 목적지에 도착하여 보세창고에 보관중 수입상이 대금을 지급하지 아니하자 송하인이 운송을 중단하고 화물을 반송하기로 결정하고 이를 운송인 디더블유인터내셔날에게 통지하였음에도 불구하고, 수입상이 운송인의 인도네시아 선박대리점이 발행한 화물인도지시서로 보세창고에서 적하를 무단반출한 것이 의도적인 운송 중단에 의하여 통상의 운송과정에서 벗어나게 되는 것인지 여부가 문제된다.

적하보험은 예외 없이 기간보험이 아니라 항해보험으로 인수되고 있고, 항해보험에서는 위험은 항해의 개시시에 시작하여, 그 항해가 수행되는 동안에는 존속하며, 항해의 종료시에 위험도 종료하게 된다.[21)]

오랫동안 적하보험이 담보하는 항해는 적하의 전체 운송구간 중 해상항해를 넘어서 확장되어 왔는데, 최초에는 창고사이조항(Warehouse to Warehouse clauses and Craft clause), 그리고 현재는 1982년 협회적하보험약관 제8조의 운송조항이 그것이다.

이 조항은 이 보험은 "운송의 개시를 위하여 이 보험증권에 기재된 장소의 창고 또는 보관지점을 출발하는 때 개시하고, 통상의 운송과정중 계속되며," 보험증권에 기재된 목적지에서 인도되거나 또는 통상의 운송과정 이외의 보관을 위하여 사용되거나 또는 할당 또는 분배를 위하여 사용되는 목적지 이외의 이전의 창고에서의 인도되거나 또는 운송선박으로부터 하역된 후 60일이 지나는 경우 중 어느 것이 먼저 발생하든 종료한다고 규정한다.

이 조항의 해석과 관련하여 영국의 학자의 견해와 판례를 종합하여 보면 영국 해상보험법상 통상의 운송과정을 벗어나는 것은 적하보험이 항해보험의 성격을 가지고, 또 협회적하보험약관 제8.1조의 규정상 적하보험계약의 독립한 종료사유에 해당한다고 판단된다. 따라서 이 사건에서 이 점에 관한 대법원의 판단은 타당하다고 생각된다.

다음으로 이 사건에서는 피보험자인 화주가 운송 도중에 매매대금을 지급받지 못하게 되자 운송인인 디더블류인터내셔날에게 화물의 반송의사를 전달하였음에도 불구하고 선하증권이 운송인으로부터 발행되어 있는 이 사안에서 운

21) Robert P. Grime, Insurance cargoes in the 1990s, The modern law of marine insurance (edited by D. Rhidian Thomas), London: LLP, 1996, p. 125.

송의 중단과 반송을 지시하였음에도 불구하고 운송인의 인도네시아 대리점의 화물인도지시서에 기하여 수하인이 화물이 보관중인 보세창고에서 반출한 것이 통상의 운송과정을 벗어난 것에 해당하는 것이 문제된다.

이 사건은 영국법준거조항이 삽입되어 있는 협회적하보험약관을 보험계약의 내용으로 하고 있으므로 보험담보의 종료사유인 통상의 운송과정을 벗어나는 운송의 중단에 해당하는가 여부도 영국의 물건운송법(Carriage of Goods by Sea Act)을 비롯한 영국의 법과 관례에 의하여 판단되어야 할 것이다. 그러나 우리의 해상법이 헤이그-비스비규칙에 따라 제정되어 있으므로 우리 법의 내용은 크게 영국법과 다르지 않을 것으로 판단된다. 우리 상법상 송하인에게 운송의 중지, 운송물의 반환 기타의 처분을 청구할 수 있도록 하고 있고(상법 제812조, 제139조), 선하증권이 발행된 경우에는 그 소지인이 그 처분권을 가진다. 이 사건에서 운송인이 화주인 피보험자에게 선하증권을 발행하고 있지만 선하증권은 신용장개설은행에 대금의 회수를 위하여 제공하여 놓고 있다. 따라서 이 사건에서는 비록 선하증권이 발행되었다고 하더라도 송하인에게 여전히 운송인에 대한 운송물의 반환을 청구할 수 있다고 판단된다. 이에 화주가 운송물의 반환을 운송인에게 지시한 이상 운송은 통상의 운송과정을 벗어났으므로 보험담보는 종료되었다고 판단된다. 대법원이 이 점에 관하여 명확히 판단하지 않은 것이 매우 아쉽다.

無保險自動車에 의한 傷害保險과 約款의 明示·說明義務

呂 美 淑*

대법원 2004. 4. 27. 선고 2003다7302 판결**

[事實의 槪要]

1. 원고 김달식은 2000. 9. 5.경 피고 제일화재해상보험 주식회사와 사이에 자신 소유의 화물차량에 관하여 ① 피보험자: 원고 김달식, ② 보험기간: 2001. 9. 5.까지, ③ 담보종목: 책임보험(대인배상 Ⅰ), 임의보험(대인배상 Ⅱ, 대물배상, 자기신체사고, 무보험차상해), ④ 보험료: 549,720원[1]인 개인용 자동차종합보험계약을 체결하였다.

2. 이 사건 보험계약에 적용되는 자동차종합보험 보통약관에 의하면, 담보종목 중 '무보험자동차에 의한 상해'에 관하여, ① 보험자는 피보험자가 무보험자동차에 의하여 생긴 사고로 죽거나 다쳤을 때에, 그 손해에 대하여 배상의무자가 있을 경우 약관에서 정한 바에 따라 보상하고, ② 보험자가 무보험자동차에 의한 사고로 지급책임을 지는 금액은 피보험자 1인당 2억 원을 한도로 [별표 1]의 보험금 지급기준 중 2. 대인배상 Ⅱ와 4. 과실상계 등에 의하여 산출한 금액에서 자동차손해배상보장법에 의한 대인배상 Ⅰ 또는 책임공제에 의하여 지급될 수 있는 금액 등을 공제한 액수로 하며, ③ [별표 1] 소정의 보험금 지급기준은 상해의 경우 ㉠ 적극손해(치료비 등), ㉡ 위자료: 책임보험 상해구분에 따라 또는 노동능력상실률에 따라 최고 1,000만 원의 한도 내에서 차등 정액지급, ㉢ 상실수익액: 월 평균 현실소득액×노동능력상실률×노동능력상실기간에 해당하는 라이프니쯔 계수에 의하고, 위 월 평균 현실소득액은 사고발생 직전 과거 1년간을 기준으로 세법에 따른 관계증빙서에 의하여 산정하되, 세법에 따른 관계증빙서에 의하여 소득을 산정할 수 없는 경우 일용근로자 임금을 적용하여 산정, ㉣ 개호비: 노동능력상실률 100%의 후유장해판정을 받은 자로서 식물인간상태의 환자 등에 한하여 인정함 등이며, ④ 무보험자동차란 자동차보험 대인배

---

* 판사, 법원도서관 조사심의관.

** 공 2003상, 875.

1) 대인배상 Ⅰ(220,370원)+대인배상 Ⅱ(156,610원)+대물배상(104,310원)+자기신체사고(48,760원)+무보험차 상해(19,670원).

상 Ⅱ나 공제계약이 없는 자동차 등을 말한다.

3. 소외 장수영이 2001. 2. 28. 23:30경 혈중알콜농도 0.22%의 주취상태로 승용차(위 차량은 소외 현대해상화재보험 주식회사에 책임보험만 가입되어 있어, 이 사건 약관이 정한 무보험자동차에 해당된다)를 운전하고 청주시 흥덕구 사창동에 있는 시계탑사거리를 쌍둥이체육관 방면에서 사직주공아파트 방면으로 진행하던중 정지신호를 위반하여 직진하다가 마침 그 진행방향 오른쪽 사창사거리 방면에서 왼쪽 사직사거리 방면으로 진행신호에 따라 진행하던 원고 김달식 운전의 화물차량의 좌측 앞바퀴 부분을 위 승용차의 앞 부분으로 충격하였고, 이로 인하여 원고 김달식은 뇌진탕, 좌·우슬내장증 등의 상해를 입게 되었다.

4. 원고 김달식과 그 가족들이 피고를 상대로 이 사건 사고로 인하여 실제로 입은 손해액 상당의 보험금의 지급을 구하는 이 사건 소를 제기하였고, 이에 피고는 이 사건 약관에서 정한 지급기준에 따라 산정된 금액만을 지급할 의무가 있다고 주장하였다. 이에 대하여 원고들은 피고가 이 사건 약관에서 정한 지급기준에 대한 설명의무를 위반하였으므로 그 지급기준을 이 사건 보험계약의 내용으로 주장할 수 없다는 취지로 주장하였다.

[訴訟의 經過]

1. 제 1 심 판결[2)]의 요지

보험금의 산정기준은 보험사고의 내용, 보험한도액 등과 함께 보험상품의 내용 중 핵심적인 사항이라 할 것이고, 무보험이란 대인배상 Ⅱ에 가입하지 아니한 경우를 의미하므로 무보험차량으로 인한 손해를 배상한다고 함은 통상 대인배상 Ⅱ에 상응한 배상을 예상하기 마련인데도 불구하고 대인배상에 비하여 현저하게 낮은 지급기준을 정하고 있으며, 무보험상해에 가입하기 위해서는 여타 종목의 항목에 가입할 것이 강제되어 있는 등 보험금의 산정기준은 보험계약의 체결 여부 또는 담보종목 중 무보험차상해를 선택할 것인가의 여부를 결정하는 데 있어서 보험계약자가 알아야 할 중요한 내용으로서 설명의무의 대상이 되는데, 피고가 이를 설명할 의무를 위반하였다.[3)] 약관에 대한 설명의무를 위반한 경우 그 약관의 내용을 보험계약의 내용으로 주장할 수 없으나, 약관의 일부 조항이 계약의 내용이 되지 못하여 무효인 경우 그 계약은 나머지 부분만으로 유효하게 존속하는바, 피보험자가 무보험자동차에 의한 교통사고로 인하

2) 청주지방법원 2002. 7. 11. 선고 2001가단15514 판결.

3) 한편, 원고 김달식의 처가 무보험자동차에 의한 상해특약을 포함하는 자동차종합보험에 5년 동안 가입한 바 있으므로 무보험차상해보상에 관하여 그 내용을 충분히 잘 알고 있는 경우에 해당하여 약관의 내용을 따로 설명할 필요가 없다는 피고의 주장에 대하여는, 그와 같은 보험가입사실만으로는 원고 김달식이 이 사건 약관에 대한 설명 없이도 이미 그 내용을 충분히 잘 알고 있었다고 단정하기 어렵다고 판시하였다.

여 상해를 입었을 때에 그 손해에 대하여 배상할 의무자가 있는 경우 보험자가 약관에 정한 바에 따라 피보험자에게 그 손해를 보상한다는 내용의 약관 규정과 무보험자동차에 의한 상해담보특약이 상해보험의 성질과 함께 손해보험으로서의 성질도 갖고 있다는 점에 비추어, 피고가 지급할 보험금은 최고 2억 원의 범위 내에서 대인배상에 있어서 일반적인 계산방법에 의하여 정하여야 한다.

2. 원심 판결[4)]의 요지

위 제1심 판결에 설시된 이유를 그대로 인용하였다.

[判決要旨]

破棄還送

1. 일반적으로 보험자 및 보험계약의 체결 또는 모집에 종사하는 자는 보험계약의 체결에 있어서 보험계약자 또는 피보험자에게 보험약관에 기재되어 있는 보험상품의 내용, 보험료율의 체계 및 보험청약서상 기재사항의 변동사항 등 보험계약의 중요한 내용에 대하여 구체적이고 상세한 명시·설명의무를 지고 있으므로 보험자가 이러한 보험약관의 명시·설명의무에 위반하여 보험계약을 체결한 때에는 그 약관의 내용을 보험계약의 내용으로 주장할 수 없다고 할 것이나, 이러한 명시·설명의무가 인정되는 것은 어디까지나 보험계약자가 알지 못하는 가운데 약관의 중요한 사항이 계약내용으로 되어 보험계약자가 예측하지 못한 불이익을 받게 되는 것을 피하고자 하는 데 그 근거가 있으므로, 약관에 정하여진 사항이라고 하더라도 거래상 일반적이고 공통된 것이어서 보험계약자가 별도의 설명 없이도 충분히 예상할 수 있었던 사항이거나 이미 법령에 의하여 정하여진 것을 되풀이하거나 부연하는 정도에 불과한 사항이라면, 그러한 사항에 대하여까지 보험자에게 명시·설명의무가 있다고는 할 수 없다.

2. 무보험자동차에 의한 상해보상특약의 보험자는 피보험자의 실제 손해액을 기준으로 위험을 인수한 것이 아니라 보통약관에서 정한 보험금 지급기준에 따라 산정된 금액만을 제한적으로 인수하였을 뿐이어서 그 특약에 따른 보험료도 대인배상 Ⅱ에 비하여 현저히 저액으로 책정되어 있고, 이 사건 보험금 산정기준이 급부의 변경, 계약의 해제사유, 피고의 면책, 원고측의 책임 가중, 보험사고의 내용 등에 해당한다고 보기 어려울 뿐만 아니라 보험자에게 허용된 재량을 일탈하여 사회통념상 용인할 수 있는 한도를 넘어섰다고 보기도 어려우

4) 대전고등법원 2002. 12. 26. 선고 2002나6133 판결.

며, 만약 원고 김달식이 이 사건 보험계약 체결 당시 그 구체적인 산정기준이나 방법에 관한 명시·설명을 받아서 알았다고 하더라도 이 사건 특약을 체결하지 않았을 것으로는 보이지 않고, 나아가 이러한 산정기준이 모든 자동차 보험회사에서 일률적으로 적용되는 것이어서 거래상 일반인들이 보험자의 설명 없이도 충분히 예상할 수 있었던 사항이라고도 볼 수 있는 점 등에 비추어 보면, 위의 무보험자동차에 의한 상해보상특약에 있어서 그 보험금액의 산정기준이나 방법은 약관의 중요한 내용이 아니어서 명시·설명의무의 대상이 아니라고 보는 것이 옳다.

[評　　釋]

I. 시작하며

자동차보험은 보험에 든 자동차의 사고로 피보험자가 입은 손해를 보상하는 손해보험인데(상법 제726조의2), 무보험자동차에 의한 상해보험은 그 자동차보험의 피보험자가 보험에 들지 아니한 다른 자동차의 사고로 상해를 입은 경우에 그 손해를 보상하기 위한 보험이다. 이 보험은 자동차보험에 들지 아니한 자동차의 사고로 손해를 입은 피보험자를 보호하기 위한 보험으로서 무보험자동차 보유자의 책임 있는 사유로 손해를 입은 피보험자가 그 보유자를 상대로 효율적으로 손해배상청구권을 행사할 수 없게 됨으로써 입은 손해를 보상하기로 하는 보험으로,[5] 약관에 정해진 지급기준에 따라 산정된 보험금은 대인배상에 있어서의 일반적인 계산방법에 의한 보험금에 비하여 제한적인 것인바, 이러한 보험금액의 산정기준이나 방법이 약관의 명시·설명의무의 대상이 되는지 여부가 이 사건의 쟁점이다. 대상판결은 무보험자동차에 의한 상해보험에 있어서 그 보험금액의 산정기준이나 방법은 약관의 중요한 내용이 아니어서 명시·설명의무의 대상이 아니라고 본 최초의 대법원 판결이다.

우선 무보험자동차에 의한 상해보험의 법적 성질 및 보험금 산정방식의 유효성 등에 대하여 살펴본 후, 보험약관의 명시·설명의무에 관한 학설 및 판례에 대한 검토를 통하여 대상판결의 의미를 살펴보고자 한다.

---

5) 양승규, "자동차종합보험의 무보험자동차에 의한 상해담보의 보상한도," 「손해보험」 363호 (1999. 1.), 118면.

Ⅱ. 無保險自動車에 의한 傷害保險

1. 沿　革

무보험자동차에 의한 상해담보는 1976. 1. 1. 일본에서 손해보험업계가 새로운 세트상품으로 자가용자동차보험을 판매하면서 그 상품내용을 보완하기 위해 미국의 무보험자동차보험(UMC: Uninsured Motorist Coverage)을 모범으로 하여 도입한 것으로,[6] 대인배상보험에 가입함으로써 그 피해자에 대하여 충분한 배상능력을 갖춘 자가 자신이 피해자가 되었을 때에 그에 대해 배상책임이 있는 자가 대인배상보험에 가입하지 않았기 때문에 충분한 배상을 받을 수 없게 된 경우 그 손해를 전보하기 위하여 신설된 것이다.[7]

우리나라는 1992. 2. 자동차종합보험 약관 개정시 이를 가정용 자동차패키지보험의 일부로 도입하였다.[8] 1996. 8. 이전의 약관에서는 무보험자동차 패키지보험 특별약관으로 규정되었는데, 1996. 8. 약관 개정시 보통약관조항에 들어가게 되었다.[9] 1997. 8.부터 보상한도가 책임보험 초과 1억 원에서 2억 원으로 상향조정되었고, 1998. 8.부터는 보상받을 수 있는 피보험자의 범위가 대폭 확대되었으며, 보험료도 손해율을 반영하여 최고 25%까지 인하 조정되었다.[10] 현재 이 보험의 피보험자는 기명피보험자 및 기명피보험자의 배우자(피보험자동차에 탑승중이었는지 여부를 불문한다), 기명피보험자 또는 그 배우자의 부모 및 자녀(피보험자동차에 탑승중이었는지 여부를 불문한다), 피보험자동차에 탑승중이었던 경우로 기명피보험자의 승낙을 얻어 피보험자동차를 사용 또는 관리중인 자 및 위 피보험자들을 위하여 피보험자동차를 운전중인 자이다.

이 보험에 가입하기 위하여는 대인배상Ⅰ, 대인배상Ⅱ, 대물배상, 자기신체사고에 가입하여야 하는바, 자기신체사고에 가입을 요구하는 이유는 이 보험의 성격이 일종의 상해보험의 성격을 띠고 있기 때문에 자기신체에 대한 손해를 담보하지 않는 가입자에게 무보험자동차에 의한 손해나 다른 차량 운전에 의한

---

6) 山下丈, "無保險車傷害保險,"「金融·商事判例 別册」No. 3: 自動車保險の法律問題 135 (1991. 11.), 135頁.

7) 梅野讓治, "昭和五一年一月の自動車保險の改定について: 自損事故, 無保險車傷害の概要," 交通法硏究(6): 自動車保險の改定·交通事故の變遷(1977. 7.), 25頁.

8) 김철영, "무보험자동차에 의한 상해 담보의 도입배경·법적 성질 등에 대한 의견,"「손해보험」376호(2000. 2.), 36면.

9) 남원식 외 6인,「(조문별해석)자동차보험약관(개정·증보판)」(한올출판사, 1998), 339면.

10) 김철영, 앞의 글, 37~38면.

사고에 대해 자기신체에 대한 위험을 담보한다는 것은 모순이기 때문이라고 한다.[11)]

2. 法的 性格

(1) 論議의 意味

무보험자동차에 의한 상해보험의 법적 성격이 상해보험인지 손해보험인지가 문제되는데, 이는 우선 무보험자동차에 의한 상해보상특약에 따라 보험금을 지급한 보험자가 무보험자동차의 보유자에 대하여 구상권을 갖는 법적 근거가 무엇인가 하는 문제와 관련되어 있다. 상법 제 2 장 손해보험, 제 1 절 통칙에 "손해가 제 3 자의 행위로 인하여 생긴 경우에 보험금액을 지급한 보험자는 그 지급한 금액의 한도에서 그 제 3 자에 대한 보험계약자 또는 피보험자의 권리를 취득한다"는 규정이 있는바(제682조), 이러한 보험자대위는 손해보험의 특유한 제도이다. 제 3 장 인보험, 제 1 절 통칙에는 "보험자는 보험사고로 인하여 생긴 보험계약자 또는 보험수익자의 제 3 자에 대한 권리를 대위하여 행사하지 못한다"는 규정을 두어(제729조 본문) 인보험에는 제 3 자에 대한 보험자대위를 금지하고 있으나, 1991. 12. 31.의 상법 개정으로 제729조에 "상해보험계약의 경우에 당사자간에 다른 약정이 있는 때에는 보험자는 피보험자의 권리를 해하지 아니하는 범위 안에서 그 권리를 대위하여 행사할 수 있다"는 단서가 추가되어 상해보험에 있어서는 법정대위는 인정되지 않지만 당사자의 약정에 의한 대위는 허용되게 되었다. 자동차종합보험 보통약관 제71조 제 1 항이 "회사가 보험금을 지급한 때에는 자기신체사고를 제외하고는 지급한 보험금 한도 내에서 피보험자가 제 3 자에 대하여 가지는 손해배상청구권을 취득한다"고 규정함으로써 무보험자동차에 의한 상해보험에 있어서도 보험자는 구상권을 취득하는데, 그 근거가 무엇인지 즉, 상법 제682조의 법정대위인지 아니면 제729조 단서에 따른 약정대위인지는 무보험자동차에 의한 상해보험의 법적 성격을 어떻게 보느냐에 따라 달라진다.

또한, 大法院은 무면허 · 음주운전 면책약관의 유효 여부를 보험의 종류에 따라 다르게 해석하고 있는바, 즉 손해보험인 경우에는 위 면책약관의 유효성을 인정하고 있으나, 인보험(생명보험이나 상해보험)에 있어서는 위 면책약관이 고의뿐 아니라 과실(중과실 포함)로 평가되는 행위로 인한 경우까지 포함하는

---

11) 남원식 외 6 인, 앞의 책, 339면.

경우라면 과실로 평가되는 행위로 인한 사고에 관한 한 무효라고 판시하고 있다.[12] 따라서 무보험자동차에 의한 상해보험의 법적 성격에 따라 무면허·음주운전 면책약관의 효력이 달라진다.

한편 보험금 산정에 있어 과실상계가 허용되는지 여부는 약관의 규정을 어떻게 해석하느냐의 문제이기는 하지만,[13] 무보험자동차에 의한 상해보험에 있어 손해배상의무자가 존재하고, 보험금의 일부는 실손해를 기준으로 한다는 점 등 손해보험 성격이 일부 있음을 고려하여 과실상계가 적용된다고 해석하는 것이 더욱 타당하다는 점에서 과실상계 문제도 법적 성격과 관련이 있다고 본다.

(2) 學 說

(가) 무보험자동차에 의한 상해보험의 법적 성격에 관한 학설은 손해보험설, 상해보험설, 손해보험형 상해보험설로 구분할 수 있다.

損害保險說은 무보험자동차에 의한 상해보험은 상해보험의 형식(피보험자의 생명·신체에 관한 보험사고의 발생 등)을 취하지만 실질적으로는 무보험자동차에 의한 사고로 피보험자가 입은 손해를 전보하는 손해보험의 성질을 가지는 특수한 보험이라고 한다.[14]

傷害保險說은 무보험자동차에 의한 상해보험의 법적 성격을 손해보험으로 볼 수 있는 근거 중 하나인 법률상 손해배상의무자가 존재해야 한다는 점은 손해배상의무자의 존재 여부가 상법상 손해보험과 상해보험을 구분하는 특징이라고 할 수 없고, 이 보험이 법률상 손해배상의무자를 전제로 하고 있는 것은 피보험자에게 어떠한 범위 내에서 보상을 할 것인지에 대하여 보험자와 보험계약자 사이에 약정한 것에 지나지 않는다고 보아야 하며, 지급할 보험금액이 대인배상의 지급 기준에 의해 산정되는 피보험자의 실손해를 기준으로 하고 있다는 점에 대하여는 보험회사가 지급해야 할 보험금액이 정액급여인가 아니면 부정액급여인가에 의해서 상법상 보험계약의 성질이 상해보험인가 아니면 손해보험인가로 구별되는 것은 아니며, 손해보험적 성격을 일부 가지고 있다고 해서 상해보험이 아니라고 할 수 없다. 오히려 사람의 신체 자체에 생긴 사고를 보험사고로 한다는 점에서 이 보험계약의 성질을 상해보험으로 보아야 한다고 한다.

12) 대법원 1996. 4. 26. 선고 96다4909 판결; 대법원 1998. 3. 27. 선고 97다27039 판결; 대법원 1998. 10. 20. 선고 98다34997 판결; 대법원 1998. 12. 22. 선고 98다35730 판결; 대법원 1999. 2. 12. 선고 98다26910 판결 등.

13) 판례는 약관의 해석상 무보험자동차에 의한 상해조항에 따른 보험금의 산정시 과실상계에 관한 약관규정이 적용된다고 한다(대법원 1999. 7. 23. 선고 98다31868 판결).

14) 김철영, 앞의 글, 44면.

또한, 손해보험의 성격을 규정한 상법 제668조는 "보험계약은 금전으로 산정할 수 있는 이익에 한하여 보험계약의 목적으로 할 수 있다"라고 규정하여 손해보험의 성격을 가지기 위해서는 피보험이익의 존재를 전제조건으로 하고 있으나, 이 보험의 경우에는 생명 · 신체에 대한 위해를 그 보험사고로 하고 있으므로 손해보험이 될 수 없으며 통상의 상해보험과 본질이 동일하다고 한다.[15]

損害保險型 傷害保險說은 무보험자동차에 의한 상해보험은 자동차종합보험의 피보험자가 대인배상책임보험에 들지 아니한 다른 자동차의 사고로 상해를 입은 경우에 보험금을 지급하기로 하는 일종의 상해보험에 속하고, 그 손해액은 배상의무자의 책임을 전제로 산정하는 점에서 책임보험의 성격을 띠고 있다고 설명하거나,[16] 약관의 해석에 따라 손해보험의 성질을 가지기도 하고 상해보험의 성질을 가지기도 하는 특이한 정책적 보험으로 상해보험의 성질이 짙다고 설명한다.[17]

(나) 日本의 학설은, 무보험자동차에 의한 상해보험은 약관의 문언상으로도 명백한 것처럼 실손전보형(부정액급부형)의 상해보험이고, 피보험자가 손해배상책임을 부담함으로써 입은 손해를 전보하는 것을 목적으로 하는 책임보험과는 본질적으로 다른 것으로 설계되었다고 보고 있다.[18] 무보험자동차에 의한 상해보험의 창설 목적은 무보험자동차에 의해 야기된 피보험자의 손해(실손해)를 상해보험의 형식으로 전보하고, 무보험자동차에게 충분한 배상자력이 갖추어져 있는 것과 마찬가지의 효과를 발생시키려고 하는 점에 있으므로 이는 배상원리와는 다른 원리에 의해 구축된 보험이라는 것이다.[19]

약관이 "보험회사가 지급하여야 할 보험금은 배상의무자가 법률상 부담하여야 할 것으로 인정되는 손해배상책임액에 의하여 정한다"고 규정하고 있기 때문에 무보험자동차에 의한 상해보험계약은 손해전보형 상해보험계약임과 동시에 손해보험계약의 일종이라고 할 수 있는데,[20] 이와 같이 보험회사가 지불하여야 할 보험금액을 계산하는 기준으로서 '법률상 부담하여야 할 것으로 인

15) 장수태, "무보험자동차에 의한 상해의 법적 성질,"「보험법률」33호(2000. 6.), 25~26면.
16) 양승규, "무보험자동차에 의한 상해담보특약과 보험자대위,"「손해보험」381호(2000. 8.), 74면.
17) 오창수, "무보험자동차에 의한 상해담보의 법적 성질과 보험자대위,"「판례연구」14집(2001. 1.), 208~209면.
18) 梅野讓治, 앞의 글, 30頁; 八島宏平, "無保險車傷害保險の塡補範圍について,"「早稻田法學」74卷 3號(1999. 3.), 328頁.
19) 八島宏平, 위의 글, 328頁.
20) 肥塚肇雄, "無保險車傷害保險と請求權代位,"「損害保險研究」61卷 3號(1999. 11.), 7頁.

정되는 손해배상책임액'을 원용하고 있는 것은, 이는 사회적·일반적으로 지지를 받고 있는 타당한 기준이고, 상대방 가해자에 대하여 손해배상을 청구한 경우와 마찬가지의 산정기준으로 지불보험금액을 계산하는 것이 보험계약자·피보험자의 합리적 의사에 합치한다는 점이 고려된 것이므로 이로써 무보험자동차에 의한 상해보험이 배상원리를 원용한 것으로 평가하는 것은 곤란하다고 본다.21)

보험자대위에 관하여는, 약관은 피해자(피보험자)에게 보험금을 지급한 보험자는 그 지급 범위 내에서 피해자가 가해자에 대하여 가지는 손해배상청구권을 대위취득한다는 내용을 규정하고 있는데, 비정액급부형의 상해보험에 대하여는 보험자대위를 긍정하는 것을 원칙으로 하므로 실손전보형(비정액급부형)의 상해보험인 무보험자동차에 의한 상해보험 약관에서 대위 규정을 둔 것은 보험의 성격에서 보아 타당하다고 해석한다.22)

⑶ 判　例

㈎ **損害保險**　서울지방법원 1996. 11. 28. 선고 96가합57274 판결은 "무보험자동차 상해보상특약에 의한 보험은 보상책임의 전제로서 손해배상의무자의 존재를 전제로 하는 점, 보험금액 결정에서 피보험자의 실질손해액을 산출하고 있는 점, 보험자대위를 인정하고 있는 점 등을 고려할 때, 이 보험은 형식상 상해보험의 형식을 가지고 있지만 그 실질은 피보험자가 무보험자동차에 의한 사고로 사망 또는 상해의 손해를 입게 됨으로써 전보되지 못하는 실손해액 부분의 손해배상청구권에 대한 손해보험으로 보아야 한다. 그 실손해액은 피보험자가 배상의무자에 대하여 청구할 수 있는 손해배상액이라고 할 것이므로 이러한 손해배상액을 산정함에 있어 피보험자의 과실에 의한 과실상계는 허용된다"고 하여 이 보험을 손해보험으로 보았다.

㈏ **傷害保險**　대법원 1999. 2. 12. 선고 98다26910 판결은 "자동차종합보험계약상의 무보험자동차에 의한 상해특약은 상해보험의 일종으로서, 상법 제732조의2, 제739조, 제663조의 규정에 의하면 사망이나 상해를 보험사고로 하는 인보험에 관하여는 보험사고가 고의로 인하여 발생한 것이 아니라면 비록 중대한 과실에 의하여 생긴 것이라 하더라도 보험금을 지급할 의무가 있다고 할 것이므로, 그 약관 중 '피보험자가 무면허운전을 하던 중 그 운전자가 상해

---

21) 八島宏平, 앞의 글, 329頁.
22) 山下丈, 앞의 글, 139頁.

를 입은 때에 생긴 손해는 보상하지 아니한다'고 규정한 무면허운전 면책조항이 보험사고가 전체적으로 보아 고의로 평가되는 행위로 인한 경우뿐만 아니라 과실(중과실 포함)로 평가되는 행위로 인한 경우까지 보상하지 아니한다는 취지라면 과실로 평가되는 행위로 인한 사고에 관한 한 무효라고 보아야 한다"고 판시하였다.[23] 위 판결의 원심판결[24]은 "배상의무자의 존재를 전제로 한다는 것이 손해보험과 인보험의 보험사고상의 구분특징이 될 수 없는 점, 상해보험에는 정액보험과 실손해보험의 두 종류가 공존하는 점, 종래 인보험에서는 보험자대위는 엄격히 금지되어 왔으나 상법 제729조 단서의 신설에 의하여 상해보험의 경우에는 보험자대위가 허용되는 점, 무보험자동차 상해특약은 자기신체사고 보험에 가입한 것을 전제로 하여 적용되며, 보험사고 발생시 위 특약에 의하여 지급될 보험금에서 자기신체사고에 의하여 지급될 수 있는 금액을 공제한 후 지급하거나 자기신체사고 보험금의 청구를 포기한 경우에는 이를 공제하지 아니하는 것으로 미루어 위 특약은 인보험인 자기신체사고보험의 특칙으로서의 성격을 띠고 있는 점, 무보험자동차 상해특약이 실손해에 대한 손해배상청구권을 전보해 주는 손해보험의 형식을 취하고 있다고 할지라도 위 특약상의 무보험자동차에는 피보험자를 죽이거나 다치게 한 자동차가 명확하게 밝혀지지 않은 경우의 자동차도 포함하고 있음에 비추어 현실적으로 확보할 수 없는 배상의무자에 대한 배상청구권을 전보한다고 하는 면만을 참작하여 이를 손해보험으로 파악하기보다는 피보험자의 생명, 신체에 대하여 발생한 위해를 그 보험사고로 하고 있다는 점에서 통상의 상해보험과 본질이 동일하다고 볼 수 있는 점 등에 비추어 보면 상해보험으로 보아야 한다"고 판시하여 상해보험설을 취하는 구체적인 근거를 밝히고 있다.

㈐ **損害保險型 傷害保險** 대법원 2000. 2. 11. 선고 99다50699 판결 및 대법원 2003. 12. 26. 선고 2002다61958 판결은 "피보험자가 무보험자동차에 의한 교통사고로 인하여 상해를 입었을 때에 그 손해에 대하여 배상할 의무자

23) 대법원 2001. 12. 27. 선고 2001다55284 판결은 무보험자동차에 의한 상해보험의 보험자인 피고는 무보험자동차에 의한 사고의 배상의무자가 법률상 손해배상책임을 지는 피보험자의 실제 손해액을 기준으로 위험을 인수한 것이 아니라 보통약관에 정한 [별표 1]의 보험금 지급기준에 따라 산정된 금액만을 제한적으로 인수한 것이라고 보아야 한다고 하면서, 그 근거의 하나로 위 98다26910 판결을 인용하여 무보험자동차에 의한 상해보험은 인보험 중 상해보험의 일종이며, 책임보험의 일종인 대인배상 부분이 피보험자가 피해자에 대하여 부담하는 손해배상액 전부, 즉 피해자의 실제손해액 전부를 보험금으로 지급할 의무가 있는 것과 다르다고 판시하였다.

24) 부산지방법원 1998. 5. 1. 선고 97나13945 판결.

가 있는 경우 보험자가 약관에 정한 바에 따라 피보험자에게 그 손해를 보상하는 것을 내용으로 하는 무보험자동차에 의한 상해담보특약은 손해보험으로서의 성질과 함께 상해보험으로서의 성질도 갖고 있는 손해보험형 상해보험으로서, 상법 제729조 단서의 규정에 의하여 당사자 사이에 다른 약정이 있는 때에는 보험자는 피보험자의 권리를 해하지 아니하는 범위 안에서 피보험자의 배상의무자에 대한 손해배상청구권을 대위행사할 수 있다"라고 판시하였다.

(4) 檢　討

손해보험설과 상해보험설 모두 무보험자동차에 의한 상해보험이 손해보험과 상해보험의 성격을 모두 가지고 있음을 부정하는 것은 아니고 다만 그 본질이 무엇인가 하는 점에 차이가 있을 뿐이라고 생각된다. 인보험은 목적이 사람이고, 사람의 생명·신체에 관한 사고를 보험사고로 하고 있는 점에서 물건 기타 재산에 생기는 사고를 보험사고로 하고 있는 손해보험과 본질적으로 다르다. 무보험자동차에 의한 상해보험은 피보험자의 사망이나 상해를 그 보험사고로 하고 있다는 점에서 인보험에 해당하는 것으로 보는 것이 타당하다. 피보험자가 향후 무보험자동차와의 사고 발생시 무보험자동차의 보유자가 무자력으로 인하여 보호받을 수 없는 상해에 대하여 일정한 한도 내에서 전보하는 것을 주요 내용으로 하여 보험자와 피보험자와의 사이에 체결한다는 점에서 상법상의 일반적인 상해보험계약으로서의 성격이 강하다고 볼 수 있다. 무보험자동차에 의한 상해보험과 상법의 상해보험계약을 비교하여 보면, 상법에서 말하는 상해보험이 통상의 정액급부형인 반면, 무보험자동차 상해담보는 약관에서 실손해액에 기초한 부정액급부형인 손해전보형 방식을 택하고 있고, 일반 상해보험은 손해배상의무자의 존재 여부를 불문하나 무보험자동차에 의한 상해조항은 피보험자에게 입힌 손해에 대하여 법률상 손해배상책임을 지는 배상의무자가 있을 것을 그 요건으로 하고 있으므로, 무보험자동차에 의한 상해보험이 일반적인 상해보험계약과 동일한 성질을 가지는 것으로 보기는 어렵고, 부정액급부형인 손해보험계약의 성격도 가진다고 할 수 있다. 따라서 손해보험형 상해보험이라고 보는 것이 타당하다.

이에 의하면, 무보험자동차에 의한 상해보험에 있어 약관상 보험자가 취득하는 구상권의 근거는 상법 제729조 단서에 따른 약정대위이고, 무면허·음주운전 면책약관은 고의뿐 아니라 과실(중과실 포함)로 평가되는 행위로 인한 경우까지 포함하는 경우라면 과실로 평가되는 행위로 인한 사고에 관한 한 무효라고 할 것이며, 또한 그 손해보험적 성격에서 보아 과실상계가 허용되는 것이 마땅하다고 해석할 수 있겠다.

3. 保險金 算定方式과 그 有效性

(1) 위에서 본 바와 같이 자동차보험약관은 무보험자동차에 의한 상해조항에 기한 보험금의 지급기준을 정하고 있는바, 이는 실손해액을 배상하는 대인배상 Ⅱ의 지급기준과는 다르다.

判例도 무보험자동차에 의한 상해조항에 기한 보험금 산정은 피보험자의 실제 손해액이 아니라 그 보험약관 [별표 1]에서 정한 보험금 지급기준에 의한 금액만으로 제한된다고 하고 있다. 즉, 당사자 사이에서 보험약관을 기초로 하여 보험계약이 체결된 때에는 특별한 사정이 없는 한 그 보험약관은 계약내용에 포함시키기로 합의된 것으로서 계약당사자에 대하여 구속력을 가지는 것이라 할 것인바, 약관의 규정에 비추어 볼 때 보험자는 무보험자동차 상해조항에 의하여 무보험자동차에 의한 사고의 배상의무자가 법률상 손해배상책임을 지는 피보험자의 실제 손해액을 기준으로 위험을 인수한 것이 아니라 보통약관에 정한 [별표 1]의 보험금 지급기준에 의한 금액만을 제한하여 인수한 것이라고 보아야 한다는 것이다.[25] 그리하여 보험금 중 일실수입액을 산정함에 있어, 보통약관 [별표 1]에서 정한 보험금 지급기준에 따라, 향후 예상되는 호봉승급에 따른 임금 증가를 고려하지 아니하고 사고 당시의 수입을 기준으로 하였고, 위자료도 위 보험금 지급기준에 따라 산정하는 것이 타당하다고 한다.[26]

위와 같은 판례의 태도는, 무보험자동차에 의한 상해보험의 경우 상대방이 피보험자에 대하여 부담하는 법률상 손해배상책임액의 개념을 상정할 수도 있

25) 대법원 1996. 10. 11. 선고 96다19307 판결; 1998. 2. 27. 선고 97다46153 판결; 2003. 11. 13. 선고 2002다31391 판결 등. 위 96다19307 판결의 원심판결(대구고등법원 1996. 3. 29. 선고 95나5746 판결)은 "패키지보험약관의 무보험자동차에 의한 상해조항에 의하면, 보험자는 무보험자동차에 의하여 기명피보험자가 죽거나 다쳤을 때 또는 피보험자동차에 탑승중인 피보험자가 죽거나 다쳤을 때에, 그 손해에 대하여 배상의무자가 있을 경우 그 손해액이 책임보험 등으로 지급되거나 지급될 수 있는 금액을 초과하는 금액에 대하여 보상하기로 규정되어 있으므로, 위 패키지보험은 보험회사가 배상능력이 없는 배상의무자에 갈음하여 피보험자에게 그 배상의무자가 부담할 손해배상액을 지급하는 것이라 할 것이므로 보험약관에 규정된 보험금 지급기준은 배상의무자의 손해배상액을 산정하는 일응의 기준에 불과한 것으로서 법원으로서는 위 보험약관에 기속되어 보험금을 산정할 필요 없이 피보험자가 실제로 입은 손해액을 산정하여 그 금액 상당의 보험금을 정할 수 있다"라고 판단하고 피보험자가 입은 법률상 손해액을 산정하여 이를 보험금으로 지급할 것을 명하였으나 파기환송되었다.

26) 대법원 1998. 2. 27. 선고 97다46153 판결.

으며, 바로 그 손해를 보상하는 것이 보험제도의 취지이기도 하나, 보험금의 지급기준이 상대방의 법률상 손해배상책임액을 논리적 전제로 하는 것은 아니며, 무보험자동차에 의한 상해의 경우 어떠한 범위 내에서 보상을 할 것인지는 그와 같은 보험상품을 마련한 보험정책의 문제일 뿐이라는 점, 약관의 보험금의 지급기준을 어떻게 정하느냐에 따라 담보되는 위험의 범위가 달라지고, 이에 따라 가입자가 부담하는 보험료가 달라질 뿐이며, 약관규정과 같이 대인배상과 대물배상은 [별표 1]에 따라 산정한 보험금을 원칙으로 하고 소송이 제기된 경우 판결금액에 따르도록 하면서, 무보험자동차상해보험의 경우는 소송이 제기된 여하를 구별하지 않고 [별표 1]만을 기준으로 정하더라도 보험제도의 체계상 문제가 생기는 것은 아니라는 점, 따라서 결국 보상의 범위는 보험금의 지급기준을 조절함으로써 피보험자 보호의 목적과 적정한 보험료의 유지를 조절하는 선에서 정해진 것이라고 보아야 할 것이며, 또한 보험금 지급기준을 대인배상에서의 지급기준과 달리 정한 약관이 피보험자에게 부당하게 불리하다거나 그 권익을 부당하게 제한하는 것으로서 공정성을 상실한다고 할 수 없다는 점 등을 기초로 한 것이다.[27]

대법원 2001. 12. 27. 선고 2001다55284 판결은 그 근거를 구체적으로 설시하고 있는데, "약관의 규정들을 대비하여 보면 무보험자동차에 의한 상해보험의 경우 보험금 지급기준은 대인배상의 경우와는 달리 보통보험약관 [별표 1]에서 정한 보험금 지급기준에 의한 금액만을 1인당 금 2억 원의 한도 내에서 지급한다는 취지임이 분명하다 할 것이고(책임보험의 일종인 대인배상 부분은 피보험자가 피해자에 대하여 부담하는 손해배상액 전부, 즉 피해자의 실제손해액 전부를 보험금으로 지급할 의무가 있는 것과 다르다), 자동차종합보험계약과 아울러 체결하는 무보험자동차에 의한 상해보험은 인보험 중 상해보험의 일종으로서, 자동차에 의한 상해보험의 보험자인 피고는 무보험자동차에 의한 사고의 배상의무자가 법률상 손해배상책임을 지는 피보험자의 실제 손해액을 기준으로 위험을 인수한 것이 아니라 보통약관에 정한 [별표 1]의 보험금 지급기준에 따라 산정된 금액만을 제한적으로 인수한 것이라고 보아야 할 것이고, 상해보험의 경우 보험금의 지급범위와 보험료율 등 보험상품의 내용을 어떻게 구성할 것인가는 그 보험상품을 판매하는 보험자의 정책에 따라 결정되는 것이므로, 무보

27) 서명수, "가정용자동차패키지보험의 무보험자동차상해보험에 의한 보상의 범위," 「대법원 판례해설」 26호(1996. 12.), 180~181면.

험자동차에 의한 상해보험의 경우 보험금 지급기준에 따라 산정된 금액만을 보험금으로 지급하는 대신 그에 상응하는 보험료만을 징수하기로 함으로써, 책임보험에 해당하는 대인배상에서의 보험금 지급기준과 달리 정하였다거나, 혹은 사업소득자의 경우 세법에 따른 관계 증빙서에 의하여 현실소득액의 입증이 곤란한 경우에는 일용근로자의 임금을 소득액으로 한다고 규정함으로써 대체고용비 입증을 통한 현실 소득액의 산정 가능성을 배제하였다고 하더라도, 이를 가리켜 피보험자에게 부당하게 불리하다거나 그 권익을 부당하게 제한하는 것으로서 불공정하다고 볼 수 없으므로, 위와 같이 보험금 지급기준을 정한 약관조항의 전부 또는 일부가 약관의규제에관한법률에 위반되어 무효라고 할 수 없고, 수정해석의 대상이 된다고 볼 수도 없다"고 판시하였다.

(2) 學說도 판례를 지지하고 있다. 자동차종합보험계약에서 무보험자동차에 의한 상해보험은 피보험자동차 이외의 다른 자동차의 사고로 피보험자가 상해를 입은 경우에 가해차량의 보유자가 대인배상책임보험에 들지 아니하였거나, 가령 고의로 보험사고를 일으켜 보험자가 보험금지급책임을 지지 않는 경우에 보험자가 배상의무자의 배상책임을 전제로 약관의 정함에 따라 피보험자의 손해를 보상하는 것이므로 자동차종합보험의 피보험자가 무보험자동차의 사고로 상해를 입고, 자신의 보험자에게 보험금을 청구하는 경우에는 보험금액의 한도에서 약관의 보험금 지급기준에 의하여 계산한 손해액의 보상을 받을 수 있고, 대인배상책임보험의 피해자와 같이 그 사고로 인한 모든 손해액의 지급을 청구할 수는 없다는 것을 전제로 위 97다46153 판결은 보험계약에서 보험자는 보험사고가 발생한 때에 그 계약에서 정한 조건에 따라 보험금의 지급책임을 진다는 점에서 옳다고 한다.[28] 또한, 보험은 수많은 보험가입자를 대상으로 그 위험을 분산하고 보험사고로 피해를 입은 피보험자에게 보험계약에서 정한 조건에 따라 보험금을 지급하고자 하는 제도이므로 보험약관의 지급기준이 있으면 특별한 사정이 없는 한 그에 따르는 것이 순리이고, 따라서 위 2002다31391 판결이 이 보험의 특성을 인정하여 무보험자동차에 의한 상해조항에 기한 보험금 산정은 피보험자의 실제 손해액이 아니라 그 보험약관 [별표 1]에서 정한 보험금 지급기준에 의한 금액만으로 제한된다고 판단한 것은 옳다고 한다.[29]

(3) 한편 日本의 약관은 우리와 달리 "보험회사가 보험금을 지불하여야 할

28) 양승규, 앞의 글, 119면.

29) 양승규, "무보험자동차에 의한 상해담보와 보상한도,"「손해보험」426호(2004. 5.), 69면.

손해의 액은 배상의무자가 법률상 부담하여야 할 것으로 인정되는 손해배상책임액에 의하여 정한다"라고 명확히 규정하고 있다. 그 보험금은 피보험자동차의 대인배상보험의 보험금액과 같은 금액이고, 다만 대인배상보험의 보험금액이 무제한으로 약정되어 있는 경우에는 2억 엔을 한도로 한다.[30)]

일본이 손해액의 산정기준으로 대인배상보험과 같이 배상의무자가 피보험자 등이 입은 손해에 관하여 부담하여야 할 법률상의 손해배상책임의 액이라고 한 이유는, 물적 손해와는 달리 인신손해의 경우에는 손해액산정의 방식으로서 법률상 확립된 척도로서는 손해배상액의 산정에 쓰이는 척도밖에 존재하지 않기 때문으로 만약 이를 채용하지 않으면 장례비나 치료비 등에 있어 피보험자의 사회적 지위 등에 의해 지불된 과대한 비용을 상당인과관계에 있는 손해라고 보아 지급하게 되어 무보험자동차에 의한 상해보험의 기능을 초과하는 것이 되고, 이 보험제도의 목적 내지 기능은 보험금청구권자에 대해 배상의무자가 가입한 책임보험 및 임의대인배상보험에 의해서도 여전히 전보될 수 없는 손해(손해배상액 중 불이행부분)를 보완하는 것에 있으므로 일관되게 손해배상액의 산정에 쓰이는 척도를 채용함으로써 과실상계를 포함하여 각 제도 간에 모순이 없게 되기 때문이며, 또한 보험자가 대위권을 행사함에 있어 손해액의 산정기준을 이와 같이 정해 놓으면 구상액의 산정에 편리하기 때문이라고 한다.[31)] 그리고 보험금을 2억 엔으로 제한한 이유는, 이 보험 창설시에 미국에서는 대인배상보험금액과 무보험자동차 상해보험조항의 보험금액이 반드시 일치하지는 않았다는 점, 대인배상보험과 무보험자동차 상해보험이 장차 각각의 수요에 따라 별개의 요율을 받아들이는 방향으로 진행될 것이라고 생각했다는 점도 있지만, 가장 큰 이유는 보험금액을 무제한으로 하면 그 이익을 받는 자가 일부의 고액소득자 등에 한정될 가능성이 크고 보험계약자 간의 보험료율부담이 불공평하게 될 위험이 있기 때문에 보험료율의 공평성을 확보하기 위한 것이었다.[32)]

그리하여 일본에서는 보험금 산정기준이 피보험자의 실제 손해액인지 여부는 문제되지 않고, 다만 보험금액의 범위와 관련하여 피보험자에게 후유장해가 잔존하는 경우 그 증상이 고정될 때까지 필요한 상해관련 제비용이 손해액의 범위에 포함되는지 여부, 교통사고에 대한 배상의무자를 상대로 한 소송에서의 변호사비용이 이에 포함되는지 여부 등이 문제되었고, 판례는 이를 긍정하고

30) 山下丈, 앞의 글, 136頁.
31) 鴻常夫, 「(註釋)自動車保險約款(上)」(有斐閣, 1995), 301~302頁.
32) 위의 책, 265頁.

있다.[33]

(4) 檢　討

대인배상은 피보험자가 제 3 자에 대하여 손해배상책임을 지게 됨으로써 입는 손해의 보상을 위한 것이므로, 피보험자가 부담하는 법률상 손해배상액이 전제로 되는 것이지만, 무보험자동차에 의한 상해보험의 경우는 피보험자의 손해배상책임과 관계없이 보상받기 위한 것이어서 법률상의 손해배상액을 당연한 전제로 하고 있지 않다고 보아야 하므로, 대인배상이 보통약관에서 정한 보험금 지급기준을 일응의 기준으로 하되 판결금액이 있을 경우 그에 따르게 하면서, 무보험자동차에 의한 상해보험의 경우는 판결금액을 배제한 채 보통약관 [별표 1]의 보험금 지급기준만을 기준으로 정하더라도 각 보험의 취지 목적에 반하는 것이라 할 수 없다.

대법원판례가 적절히 판시하고 있듯이 무보험자동차에 의한 상해보험의 보험금 지급기준은 피보험자 보호의 목적과 적정한 보험료의 유지를 조절하는 선에서 정해진 것으로 공정성을 상실한 것이 아니고 보험정책의 문제로서 그 유효성이 인정된다고 본다.

Ⅲ. 保險約款의 明示 · 說明義務

1. 關係 規定 및 根據

보험약관의 명시 · 설명의무에 관하여는 상법과 약관의규제에관한법률에 관련 규정이 있다. 1986. 12. 31. 제정되어 1987. 7. 1.부터 시행된 약관의규제에관한법률 제 3 조(약관의 명시 · 설명의무)는 "사업자는 계약체결에 있어서 고객에게 약관의 내용을 계약의 종류에 따라 일반적으로 예상되는 방법으로 명시하고, 고객이 요구할 때에는 당해 약관의 사본을 고객에게 교부하여 이를 알 수 있도록 하여야 한다. 다만, 다른 법률의 규정에 의하여 행정관청의 인가를 받은 약관으로서 거래의 신속을 위하여 필요하다고 인정되어 대통령령이 정하는 약관에 대하여는 그러하지 아니하다(제1항). 사업자는 약관에 정하여져 있는 중요한 내용을 고객이 이해할 수 있도록 설명하여야 한다. 다만, 계약의 성질상 설명이 현저하게 곤란한 경우에는 그러하지 아니하다(제2항). 사업자가 제 1 항 및 제 2 항의 규정에 위반하여 계약을 체결한 때에는 당해 약관을 계약의 내용으로 주장

33) 山下丈, 앞의 글, 135頁 이하; 八島宏平, 앞의 글, 331頁 이하; 肥塚肇雄, "無保険車傷害保険の法的構造に關する一考察: 弁護士費用の塡補性を契機として,"「早稲田法學」74卷 3號 (1999. 3.), 279頁 이하 참조.

할 수 없다(제3항)"고 규정하고, 제30조(적용범위)는 위 법의 적용범위에 관하여 "이 법은 약관이 상법 제3편, 근로기준법 기타 대통령령이 정하는 비영리사업의 분야에 속하는 계약에 관한 것일 때에는 이를 적용하지 아니한다(제1항). 특정한 거래분야의 약관에 대하여 다른 법률에 특별한 규정이 있는 경우에는 이 법의 규정에 우선한다(제3항)"고 규정하고 있다.

1991. 12. 21. 개정되어 1993. 1. 1.부터 시행된 상법은 보험계약자의 보호를 위하여 제638조의3(보험약관의 교부·명시의무)을 신설하여 "보험자는 보험계약을 체결할 때에 보험계약자에게 보험약관을 교부하고 그 약관의 중요한 내용을 알려주어야 한다(제1항). 보험자가 제1항의 규정에 위반한 때에는 보험계약자는 보험계약이 성립한 날부터 1월 내에 그 계약을 취소할 수 있다(제2항)"고 규정하고 있다.

이와 같이 보험자에게 보험약관의 명시·설명의무를 지우는 것은 보험계약자가 알지 못하는 가운데 약관에 정하여진 중요한 사항이 계약내용으로 되어 보험계약자가 예측하지 못한 불이익을 받게 되는 것을 피하고자 하는 데 그 근거가 있다.[34)]

2. 明示·說明의 對象

(1) 約款의 중요한 내용

위 규정에서 정하고 있듯이 사업자는 약관의 모든 내용을 설명하여야 하는 것은 아니고, 약관 중의 중요한 내용만을 설명하면 된다. 무엇이 중요한 것인가는 해석에 의하여 결정될 수밖에 없는데, 고객의 이해관계에 중대한 영향을 미치는 사항으로서 사회통념상 그 사항의 知·不知가 계약체결 여부에 영향을 줄 수 있는 사항을 중요내용이라고 할 수 있다. 일반적으로 급부의 변경, 계약해제사유, 사업자의 면책, 고객의 책임 가중, 부제소합의 등에 관한 사항은 중요한 내용이라고 할 수 있다.[35)]

보험약관의 중요한 내용이 무엇이냐는 보험의 종류에 따라 다를 수 있으나, 보험금의 지급사유, 보험자의 면책사유, 보험계약자 또는 피보험자가 지는

---

34) 대법원 1998. 11. 27. 선고 98다32564 판결; 대법원 2000. 7. 4. 선고 98다62909, 62916 판결; 대법원 2001. 7. 27. 선고 99다55533 판결; 대법원 2003. 5. 30. 선고 2003다15556 판결 등.

35) 손지열, "약관의 계약편입과 명시·설명의무," 「민법학논총 2권」(후암 곽윤직 교수 고희기념)(1995), 302면.

의무와 그 의무를 게을리한 경우에 받을 불이익, 보험계약의 해지사유, 보험자의 책임개시시기 등이 이에 속한다고 할 수 있다.36) 판례는 보험약관의 중요한 내용으로 보험약관에 기재되어 있는 보험상품의 내용, 보험료율의 체계 및 보험청약서상 기재사항의 변동사항 등을 들고 있다.37)

판례가 보험약관의 명시·설명의무를 인정한 사례와 명시·설명의무가 없다고 한 구체적인 사항을 아래에서 살펴본다.

(2) 判例에 나타난 명시·설명의무의 대상

(가) 주운전자제도에 관한 사항38) 자동차보험계약에 있어 주운전자의 개념이 없었다가 1989. 7. 1.부터 자동차보험 상품내용 및 요율체계가 개정되고 주운전자 개념이 도입되어 주운전자와 그 운전면허번호가 보험청약서 기재사항으로 되고 보험료산정에 있어 주운전자의 성별, 연령이 그 요소로 되게 되었는데,39) 주운전자의 개념이나 중요성, 주운전자의 성별·연령에 따른 보험료율 체계, 부실고지시 입게 되는 계약해지의 불이익 등 주운전자제도와 관련된 보험약관의 내용은 보험약관의 중요한 내용으로서 명시·설명의무의 대상이라고 한다.

(나) 태양 1종보험에 오토바이 사용자는 가입할 수 없다는 내용40) 태양 1종보험은 피보험자가 보험기간중 재해를 직접원인으로 사망한 경우 주계약보험금의 10배를 지급하는 내용으로서 위험직종 1급 또는 2급으로 분류되는 영업상 또는 비영업상 오토바이 사용자는 가입할 수 없도록 되어 있는데, 그러한 내용은 명시·설명의무의 대상이라고 한다.

(다) 연령한정운전 특별약관41) 1995. 8. 1.부터 사고를 일으킨 운전자가

36) 양승규, "보험자의 약관설명의무위반과 보험계약자의 고지의무위반의 효과,"「저스티스」 29권 2호(1996. 10.), 137면.

37) 대법원 1992. 3. 10. 선고 91다31883 판결; 대법원 1996. 3. 8. 선고 95다53546 판결; 대법원 1998. 6. 23. 선고 98다14191 판결 등.

38) 대법원 1992. 3. 10. 선고 91다31883 판결; 대법원 1996. 3. 8. 선고 95다53546 판결; 대법원 1996. 4. 12. 선고 96다4893 판결; 대법원 1996. 7. 30. 선고 96다18106 판결; 대법원 1997. 3. 14. 선고 96다53314 판결; 대법원 1997. 9. 9. 선고 95다45873 판결; 대법원 1997. 9. 26. 선고 97다4494 판결; 대법원 1998. 4. 10. 선고 97다47255 판결; 대법원 1998. 6. 26. 선고 98다4118 판결; 대법원 1999. 1. 26. 선고 98다49432 판결 등.

39) 주운전자제도는 1995. 8. 1. 폐지되었다.

40) 대법원 1995. 8. 11. 선고 94다52492 판결.

41) 대법원 1997. 8. 29. 선고 97다16343 판결; 대법원 1998. 5. 22. 선고 98다10816 판결; 대법원 1998. 6. 23. 선고 98다14191 판결; 대법원 2001. 2. 9. 선고 2000다43055 판결; 대법원 2001. 7. 27. 선고 2001다23973 판결; 대법원 2003. 1. 10. 선고 2002다32776 판결; 대법원 2003. 4. 25. 선고 2003다12373 판결; 대법원 2003. 11. 14. 선고 2003다35611 판결.

누구인지를 불문하고 보험금을 지급하던 종래의 자동차종합보험 대신에 운전자의 연령을 한정하지 아니하거나 운전자를 21세 이상 또는 26세 이상으로 한정하되, 그 보험료가 전연령운전의 보험료를 100%로 볼 때 21세 이상 한정운전은 80%, 26세 이상 한정운전은 70%인 반면, 해당 한정연령 미만의 자가 피보험자동차를 운전하던중 일으킨 사고에 관하여는 보험금을 지급하지 아니하는 새로운 보험상품제도가 마련되었는데, 이와 같은 연령한정운전 특별약관의 내용은 보험약관의 중요한 내용으로서 명시·설명의무의 대상이라고 한다.

㈃ 가족운전자 한정운전 특별약관[42] 이 약관은 기명피보험자와 그 가족 이외의 자가 운전중에 발생한 사고에 대하여는 책임보험(대인배상Ⅰ)의 범위를 넘어서는 보상을 하지 아니하는 내용으로, 가족의 범위를 제한하여 기명피보험자의 부모와 양부모, 기명피보험자의 배우자의 부모 또는 양부모로서 기명피보험자 또는 그 배우자와 동거중인 자, 법률상의 혼인관계에서 출생한 자녀, 사실혼 관계에서 출생한 자녀, 양자 또는 양녀, 법률상의 배우자 및 사실혼 관계에 있는 배우자, 며느리, 기명피보험자 또는 그 배우자와 동거중인 사위를 가족으로 규정하고 있는데, 정신장애 2급의 장애인으로서 자동차운전면허 취득할 자격도 없는 자가 동생과 사실혼관계에 있는 자가 실제로 소유하고 있는 승용차를 자신 명의로 등록하고 가족운전자 한정운전 특별약관이 적용되는 자동차보험계약을 체결한 사안에서, 이 특별약관은 보험자의 면책과 관련되는 중요한 내용에 해당하는 사항으로서 일반적으로 보험자의 구체적이고 상세한 명시·설명의무의 대상이 되는 약관이라고 한다.

原審[43]은 "보험계약자인 원고가 가족운전자 한정운전 특별약관상의 가족의 범위를 정확히 알지 못한 상태에서 다만, 가족운전자 한정운전 특별약관에 의하면 기명피보험자와 그 가족 이외의 자가 운전중 발생한 사고에 대하여 책임보험(대인배상Ⅰ)의 범위를 넘어서는 보상을 받을 수 없다는 점만을 알고 이 사건 보험계약을 체결하였다고 보이는바, 그렇다면 가족운전자 한정운전 특별약관 중 기명피보험자와 그 가족 이외의 자가 운전중 발생한 사고에 대하여 책임보험(대인배상Ⅰ)의 범위를 넘어서는 보상을 받을 수 없다는 점은 보험계약자인 원고나 그 대리인이 그 내용을 충분히 잘 알고 있는 경우에 해당하여 그 부분 약관이 바로 계약내용이 되어 당사자에 대하여 구속력을 갖는다고 할 것

42) 대법원 2003. 8. 22. 선고 2003다27054 판결.
43) 서울고등법원 2003. 4. 23. 선고 2002나25800 판결.

이므로 보험자인 피고회사로서는 보험계약자인 원고 또는 그 대리인에게 그 부분 약관의 내용을 따로 설명할 필요가 없다 할 것이나, 다만 가족운전자 한정운전 특별약관의 가족의 범위에 관하여는 보험계약자인 원고나 그 대리인이 그 내용을 알지 못하였으므로 보험자인 피고회사에게 명시·설명의무가 있다고 할 것이고, 피고회사측에서 이를 명시·설명하지 않았으므로, 결국 보험자인 피고회사는 이 사건 보험계약의 가족운전자 한정운전 특별약관상의 가족의 범위는 계약의 내용으로 주장하지 못하고 따라서 가족의 범위는 민법과 사회통념이 정하는 바에 의함이 상당하다고 할 것이다. 그런데 원고의 남동생과 사실혼 관계에 있던 자는 민법상(민법 제779조는 호주의 배우자, 혈족과 그 배우자 기타 본법의 규정에 의하여 그 가에 입적한 자는 가족이 된다고 규정하고 있다)이나 사회통념상 원고의 가족에 포함된다고는 도저히 볼 수 없으므로 피고의 원고에 대한 보험금지급채무는 원고가 교통사고 피해자들에게 법률상 손해배상책임을 짐으로써 입게 되는 손해 중 책임보험(대인배상 I) 부분을 제외한 나머지 부분에 관한 피고의 보험금지급채무는 면책이 되었다"고 판단하였다. 이에 대하여 대법원은 "가족운전자 한정운전 특별약관을 설명할 필요가 없을 정도로 원고측이 그 내용을 잘 알고 있었다고 보기 위해서는 그 가족의 범위에 관한 약관규정을 모두 포함한 일체의 위 특별약관이 이 사건 보험계약에서 구체적으로 어떤 의미를 가지는가를 알고 있었던 점이 인정되어야 할 것이므로, 만일 원고의 대리인이 기명피보험자가 원고로 되는 경우 자신들이 가족의 범위에 포함되는 점을 전혀 알 수 없었다고 한다면 피고로서는 여전히 위 특별약관 전체를 명시·설명해 줄 의무가 있다고 할 것이고 그럼에도 불구하고 피고가 그러한 전체 약관의 명시·설명의무의 이행을 다하지 아니한 경우에는 위 특별약관에 관한 약관 전체가 구속력 있는 이 사건 보험계약의 내용으로 편입될 수는 없다"고 하여 원심판결을 파기·환송하였다.

이 대법원판결에 대하여는 가족운전자 한정운전특약은 자동차종합보험계약을 체결할 때에 보험계약자의 동의로 이루어지는 것이고, 이 경우 보험자는 보험계약자에게 그 특약의 내용을 알려 주어야 할 의무가 있음은 당연한데, 기명피보험자의 가족의 범위를 정한 것은 민법 제779조에 터를 잡은 것으로 구체적으로 기명피보험자의 가족 범위를 설명하여 주지 아니했다는 이유로 가족운전자 한정운전 특별약관의 효력이 부인될 수는 없다고 하며 원심법원의 입장이 옳다는 설[44)]이 있는 반면, 보험계약자가 잘 알지 못한 채 약관에 정한 내용이

44) 양승규, "가족운전자 한정운전약관의 설명의무," 「손해보험」 425호(2004. 4.), 54~55면.

계약의 내용으로 되는 것을 방지하여 보험계약자를 보호하고자 하는 약관의 교부·설명의무의 제도취지에서 볼 때 특별보통보험약관의 일부 내용에 관한 의미를 이해하지 못하여 그 약관 전체 내용의 의미를 이해할 수 없다면 그 전체에 대한 설명의무가 이행되지 아니한 것으로 보는 대법원의 판단이 옳다고 보는 견해가 있다.[45)]

위 특약은 가족의 범위에 관한 규정을 포함하여 전체로서 의미가 있으므로 그 특약 전체가 명시·설명의무의 대상이 된다고 본다. 그 후의 대법원 2004. 4. 16. 선고 2003다66196 판결도 보험회사는 보험계약자에게 가족운전자 한정운전 특별약관상 가족에는 동생이 포함되지 아니한다는 취지를 구체적으로 명시·설명할 의무가 있다고 한다.

(마) **보험계약의 승계절차조항**[46)] 보험계약의 승계절차에 관하여 자동차종합보험약관에 보험계약자가 서면에 의하여 양도통지를 하고 이에 대하여 보험회사가 보험증권에 승인의 배서를 하도록 규정되어 있는데, 보험회사가 그와 같은 약관내용을 보험계약을 승계하고자 하는 자에게 구체적으로 명시하여 상세하게 설명하지 아니한 때에는 이를 보험계약의 내용으로 주장할 수 없다고 한다. 이 사건은 자동차보험이 1989. 9. 24. 체결되었고 자동차를 매수한 후 아직 등록 명의를 변경하지 못한 자가 1990. 3.경 보험회사 대리점에 가서 그와 같은 사정을 말하고 등록 명의자 명의로 제 2 회 보험료를 납입하려 하자 당시 대리점 직원은 위 보험계약의 승계절차에 관한 약관 내용에 대하여 아무런 설명도 하지 아니하고 보험료를 영수한 사안이다.

1991. 12. 31. 개정되어 1993. 1. 1.부터 시행된 개정 상법은 제726조의4를 신설하여 "피보험자가 보험기간 중에 자동차를 양도한 때에는 양수인은 보험자의 승낙을 얻은 경우에 한하여 보험계약으로 인하여 생긴 권리와 의무를 승계한다. 보험자가 양수인으로부터 양수사실을 통지받은 때에는 지체없이 낙부를 통지하여야 하고 통지받은 날부터 10일 내에 낙부의 통지가 없을 때에는 승낙한 것으로 본다"고 규정하고 있다. 그리하여 상법 개정 이후의 판례는 "상법 제726조의4는 자동차보험에 있어서 보험의 목적인 피보험자동차를 양도하더라도 양수인은 보험자의 승낙이 있거나 보험자가 양도통지를 받고 10일 내에 낙부의 통지를 하지 않은 경우에 한하여 보험계약을 승계한다고 규정하고 있으

45) 강대섭, "보험자의 보험약관 명시·설명의무의 범위," 「상사판례연구」 15집(2003. 12.), 855면.

46) 대법원 1994. 10. 14. 선고 94다17970 판결.

므로, 위 법률의 규정과 같은 내용의 보험약관 조항에 대하여는 보험자가 명시·설명의무를 위반하였다 하더라도 이를 이유로 그 약관 조항의 효력을 부인할 수 없다"고 한다.[47] 판결의 결론은 타당하나, 약관상의 승계절차조항은 상법에 의하여 정해진 것을 되풀이하거나 부연하는 정도에 불과하므로 명시·설명의무의 대상이 아니라고 하는 것이 타당하다고 본다. 다만, 피보험자 또는 양수인이 양도통지를 하였으나 서면에 의한 통지가 아니어서 보험회사가 보험계약의 승계사실을 부인하는 경우에는 이는 상법 규정의 내용을 넘어선 약관에 따른 주장으로 만약 약관의 내용을 설명하지 않았다면 이를 계약의 내용으로 주장할 수 없을 것이다.

(바) 안전설계보험약관에 규정된 '자동차 소유자'에 자동차의 등록명의자만이 포함된다는 내용[48] 보통거래약관의 내용은 개개 계약체결자의 의사나 구체적인 사정을 고려함이 없이 평균적 고객의 이해가능성을 기준으로 하되 보험단체 전체의 이해관계를 고려하여 객관적·획일적으로 해석하여야 하고, 고객보호의 측면에서 약관내용이 명백하지 못하거나 의심스러운 때에는 약관작성자에게 불리하게 제한해석하여야 한다는 약관해석의 원칙에 비추어 보면, 안전설계보험약관 소정의 자동차 소유자에는 자동차를 매수하여 인도받아 자기를 위하여 자동차를 운행하는 자는 물론이고, 부득이한 사유로 자동차의 소유명의를 제3자에게 신탁한 채 운행하는 명의신탁자도 포함된다고 해석함이 상당하다고 하면서, 만약 위 약관 소정의 자동차의 소유자가 자동차등록원부상의 소유자만을 뜻한다고 해석된다면, 자동차등록원부상의 등록명의자가 아닌 자동차의 실질적인 소유자가 보험자와 안전설계보험계약을 체결하였을 리가 없을 것이므로, 위 약관 소정의 자동차 소유자에 자동차의 등록명의자만이 포함된다는 사실은 약관의규제에관한법률 제3조 제2항 소정의 약관의 중요한 내용에 해당한다고 한다.

(사) 다른 자동차 운전담보 특별약관 중 보상대상에서 제외되는 사항 다른 자동차 운전담보 특별약관은, 피보험자가 무보험자동차에 의한 상해 종목에 가입한 경우, 기명피보험자가 다른 자동차를 운전중 생긴 대인·대물사고로 인하여 법률상 손해배상책임을 지게 되는 손해를 입은 때에는 기명피보험자가 운전한 다른 자동차를 보통약관의 '대인배상Ⅱ, 대물배상' 규정의 피보험자동차로

47) 대법원 1998. 6. 23. 선고 98다15682 판결.
48) 대법원 1996. 6. 25. 선고 96다12009 판결.

간주하여 보통약관의 배상책임에서 규정하는 바에 따라 보험회사가 보상하기로 하는 내용인데, 보상하지 아니하는 손해의 하나로서, '기명피보험자가 사용자의 업무에 종사하고 있을 때 그 사용자가 소유하는 자동차를 운전중 생긴 사고로 인한 손해'를 규정하고 있었는바, 이러한 특별약관상의 면책조항은 단순한 주의적 조항에 불과한 것이 아니라 보험상품의 내용과 관련하여 보험계약의 중요한 내용을 이루고 있는 것이어서 명시·설명의무의 대상이 된다고 한다.[49]

또한, 보상을 하지 아니하는 손해 중의 하나로 '피보험자가 자동차정비업, 주차장업, 급유업, 세차업, 자동차판매업 등 자동차 취급업무상 수탁받은 자동차를 운전중 생긴 사고로 인한 손해'를 규정하고 있는데, 이러한 면책약관도 보험계약의 중요한 내용에 대한 것으로서 설명의무의 대상이 된다고 한다.[50]

(아) 인보험계약상의 무면허운전 면책조항 및 직업변경에 관한 사항의 고지의무 불이행으로 인한 계약해지조항[51] 이 사건 골든패키지보험계약은 피보험자가 국내에서 교통사고 또는 화재사고 등으로 사망하거나 신체에 장해를 입었을 때 그 손해를 보상하는 내용의 적금식 보험계약인데, 이와 같은 인보험계약에 있어서 무면허운전 면책조항은 자동차사고로 인한 책임보험과는 달리 보험약관의 일반적·공통적 규정이 아니라 보험자의 면책에 관한 중요한 사항이므로 명시·설명의무의 대상이라고 한다.[52] 한편, 이 사건 보험약관상 피보험자가 그 직업 또는 직무를 변경한 때에는 지체없이 서면으로 이를 회사에 알려야 하고, 이를 이행하지 아니할 때에는 보험자는 계약을 해지할 수 있다고 규정하고 있는데, 원심[53]은 이에 대하여 "인보험의 경우 정액보험이므로 보험자의 책임범위가 당초 예상한 등가성의 범위를 일탈할 가능성이 비교적 적고, 피보험자의 직업이 변경됨으로 인하여 사고발생의 위험이 다소 높아질 수는 있지만 특별한 경우가 아니면 보험 구성원 간의 위험의 동질성을 해할 정도에 이르는 경우는 별로 없을 것이며, 그럼에도 불구하고 원고의 보험약관에 의하면 피보험자의 직업변경에 관한 사항의 고지의무를 해태한 경우 원고는 계약을 해지하는 방법으로 면책되도록 규정하고 있으므로, 이는 계약에 관한 중요사항으로서 원고는 계약체결시 이에 관하여 상세한 설명의무를 부담한다"고 판시하였다.

49) 대법원 1998. 6. 23. 선고 98다14832 판결; 대법원 2001. 2. 9. 선고 2000다52028 판결.
50) 대법원 2001. 9. 18. 선고 2001다14917·14924 판결.
51) 대법원 1998. 6. 26. 선고 98다13976 판결.
52) 인보험에 해당하는 상해보험에 있어서의 무면허운전 면책약관의 효력에 관하여 판시하면서 부가적으로 판단한 부분이다.
53) 대전고등법원 1998. 2. 12. 선고 97나6191 판결.

㈜ **상해보험계약상의 위험한 운동을 하는 동안에 생긴 손해를 보상대상에서 제외한 면책조항**[54] 상해보험약관에 피보험자가 전문등반(전문적인 등산용구를 사용하여 암벽을 오르거나 특수한 기술과 경험을 필요로 하는 등반)·글라이더 조종·스카이다이빙·스쿠버다이빙·행글라이딩 또는 이와 비슷한 위험한 운동을 하는 동안에 생긴 손해를 보상하지 않는 손해의 일종으로 규정하고 있는 경우, 이러한 면책약관의 내용은 명시·설명의무의 대상이 된다고 한다.

㈶ **업무용자동차보험계약상의 유상운송 면책약관**[55] 업무용자동차보험은 대인배상, 대물배상, 자기신체사고, 무보험차량상해 및 자기차량손해 모두를 담보하는 것으로, 그 약관에 따로 유상운송특약이 있는데, 그 내용은 이에 가입할 경우 보험료율이 높아지고 이에 가입하지 아니하고 피보험차량을 유상운송에 제공할 경우에는 보험자가 면책되는 것으로, 이러한 면책약관은 명시·설명의무의 대상이 된다고 한다.

㈷ **기중기를 대상으로 한 영업용자동차종합보험계약상의 지반의 침하로 생긴 손해 등을 보상하지 않는다는 규정**[56] 기중기를 대상으로 체결한 이 사건 영업용자동차종합보험은 '피보험자가 피보험자동차를 소유·사용·관리하는 동안에 생긴 피보험자동차의 사고로 남의 재물을 멸실·파손 또는 오손하여 법률상 손해배상책임을 짐으로써 입은 손해'를 보상하는 보험인데, 그 약관이 '피보험자가 피보험자동차를 공사수행을 위하여 사용 또는 관리하던중 지하케이블, 도관 기타 지하시설물을 파손한 경우 또는 지반의 침하로 생긴 손해 및 건물, 구조물의 붕괴 또는 도괴로 생긴 손해'에 대해서는 보험자인 원고가 보상하지 않는다고 규정하고 있는바, 이러한 면책약관은 보험계약의 중요한 내용에 관한 것으로서 설명의무의 대상이 된다고 한다.

㈸ **후유장해보험금의 지급대상 제한에 관한 사항**[57] 이 사건 자동차보험약관은 '후유장해보험금'의 지급대상을 신체의 일부 상실 또는 영구적 장해만으로 제한하고 있는데, 이와 같은 보험금 지급대상의 제한은 사실상 보험자의 책임을 제한하는 보험계약상 중요한 사항으로서 보험계약자가 별도의 설명 없이도 충분히 예상할 수 있었던 사항이라고 볼 수 없으므로 명시·설명의무의

54) 대법원 1999. 3. 9. 선고 98다43342, 43359 판결.

55) 대법원 1999. 5. 11. 선고 98다59842 판결.

56) 대법원 2000. 7. 7. 선고 2000다10222 판결; 대법원 2003. 8. 22. 선고 2003다25409 판결. 위 2000다10222 판결은 나아가 위의 약관조항을 거래상 일반적이고 공통된 것이어서 별도의 설명이 없더라도 충분히 예상할 수 있었던 사항으로 볼 수는 없다고 한다.

57) 대법원 2002. 4. 12. 선고 2001다81047 판결.

대상이라고 한다.

㈑ 자동차보험계약상의 후유장해율에 따른 보험금 산정기준에서의 예외조항[58] 슈퍼운전자 보험약관은 사고로 두 가지 이상의 후유장해가 생긴 때에는 그 각각에 대하여 해당 지급률을 적용하여 그 합계액을 지급한다고 규정하면서, 다만 장해의 상태가 신체의 같은 부위에 발생한 때에는 그 같은 부위의 등급 안에서 높은 등급에 해당하는 금액을 지급한다는 규정을 두고 있는데, 이와 같은 신체의 같은 부위의 장해에 대한 보험금 지급규정은 후유장해보험금액 산정방식에 관하여 보험계약자가 인식하고 있던 사항과 다른 내용으로서 피보험자의 이해관계에 중대한 영향을 미치는 내용일 뿐 아니라 보험계약자의 인식 여부에 따라서는 보험계약 체결에 영향을 미칠 수도 있는 중요한 내용이라고 봄이 상당하다고 하여 명시·설명의무의 대상이라고 한다.

㈒ 암보험계약상의 치료전력에 대한 고지의무에 관한 사항[59] 이 사건에서 문제된 고지의무사항은 '최근 5년 이내에 위궤양·위염·위경련 등의 병명으로 계속 7일 이상 치료·복약·입원하였거나 또는 수술·정밀검사(심전도, X선, 종합건강진단 등)를 받은 적이 있는지'에 관한 것인데, 상법상 보험계약 해지에 관한 일반적인 고지의무 규정이 있을 뿐 위와 같은 구체적인 고지의무사항이 이 사건 보험계약에 당연히 적용되는 법령에 규정되어 있지 아니하므로 보험계약자가 이를 당연히 알고 있었다고 볼 수 없어 보험자에게 그에 관한 명시·설명의무가 있다고 한다.

⑶ 明示·說明義務를 否定한 判例

㈎ 보험계약자가 보험약관의 내용을 충분히 잘 알고 있는 경우

① 판례는 상법 제638조의3에서 보험자의 약관설명의무를 규정한 것은 보험계약이 성립되는 경우에 각 당사자를 구속하게 될 내용을 미리 알고 보험계약의 청약을 하도록 함으로써 보험계약자의 이익을 보호하자는 데 입법취지가 있고, 보험약관이 계약 당사자에 대하여 구속력을 갖는 것은 보험계약 당사자 사이에 그것을 계약 내용에 포함시키기로 합의하였기 때문이라는 점 등을 종합하여 보면, 보험계약자나 그 대리인이 약관의 내용을 충분히 잘 알고 있는 경우에는 그 약관이 바로 계약 내용이 되어 당사자에 대하여 구속력을 갖는다고 할 것이므로, 보험자로서는 보험계약자 또는 그 대리인에게 약관의 내용을

58) 대법원 2002. 9. 27. 선고 2002다24737, 24744 판결.
59) 대법원 2002. 12. 24. 선고 2000다45266 판결.

따로 설명할 필요가 없다고 보는 것이 상당하다고 한다.[60]

어떤 경우에 약관의 내용을 충분히 잘 알고 있었다고 볼 수 있는지는 사실판단의 문제이다. 이에 관한 판례를 살펴보면, 보험계약자를 대리하여 보험계약을 체결한 자가 차량지입회사의 관리과장으로서 이 사건 보험계약체결 이전부터 많은 지입차량의 보험계약을 체결하여 온 경우 주운전자제도에 관한 사항에 대해 잘 알고 있었다고 보았고,[61] 헬리콥터에 관하여 기체전위험 및 배상책임보험을 체결하면서 사용용도를 '사적 사업 및 오락, 줄에 매단 화물을 포함한 상업용 화물 및 여객의 운송과 업무 지원'으로 한정하였는데, 보험계약자가 헬리콥터를 산불진화작업의 용도로 사용하다 사고가 난 사안에서, 이전에 다른 헬리콥터에 관하여 다른 보험회사와 이와 유사한 위험을 부보하는 내용의 보험계약을 체결하였던 점 등 '약관의 내용을 잘 알고 있거나 별도의 설명 없이도 충분히 알 수 있었던' 사정을 들어 보험자자 보험약관을 따로 설명할 필요가 없다고 하며,[62] 이 사건 보험계약 체결시까지 약 7년 동안 같은 보험회사와 이 사건 화물차를 포함한 자신 명의의 5대의 자동차에 관하여 보험계약을 체결하여 왔는데 그 대부분은 운전자 연령 만 26세 이상 한정운전특별약관부 계약이었고, 이 사건 보험계약은 종전의 같은 내용의 특별약관부 보험계약이 종료되자 그 갱신을 하기 위하여 체결된 계약이었으며, 특별약관의 내용도 만 26세 미만의 사람이 자동차를 운전하다가 사고를 일으킨 경우에는 약정보험금 중 일부가 지급되지 않는다는 것으로서 보험자가 그 내용을 설명하지 않으면 알 수 없는 내용이라고 볼 수 없는 점에서, 이 사건 보험계약 체결 당시 위 특별약관의 내용 및 의미에 관하여 잘 알았다고 본 반면,[63] 선박미확정 해상보험계약에서 사용된 협회선급약관의 선급유지 및 계속담보조항이 문제된 사건에서는 이전에 수차례에 걸쳐 선박미확정보험을 체결한 사실만으로는 보험계약자가 약관의 내용을 알았다고 보기 어렵다고 하였다.[64]

② 아래의 두 판례도 보험계약자가 보험약관의 내용을 알고 있었다는 것을 전제로 명시·설명의무를 인정하지 않은 것으로 보인다.

---

60) 대법원 1998. 4. 14. 선고 97다39308 판결; 대법원 1999. 2. 12. 선고 98다46761 판결; 대법원 1999. 2. 12. 선고 98다51374, 51381 판결; 대법원 2002. 12. 26. 선고 2002다18862 판결; 대법원 2003. 5. 16. 선고 2003다11035 판결 등.

61) 대법원 1998. 4. 14. 선고 97다39308 판결.

62) 대법원 1999. 2. 12. 선고 98다51374, 51381 판결.

63) 대법원 2003. 5. 16. 선고 2003다11035 판결.

64) 대법원 2001. 7. 27. 선고 99다55533 판결.

대법원 1993. 4. 13. 선고 92다45261, 45278 판결은 이 사건 화재보험체결 이전에도 "화재로 생긴 것이든 아니든 파열 또는 폭발로 생긴 손해는 보상하여 드리지 아니 합니다. 그러나 이 결과로 생긴 화재손해는 보상하여 드립니다"라고 규정된 국문으로 쓰여진 화재보험보통약관에 따라 화재보험을 체결하여 오다가 그 기존화재보험을 해지하고 F.O.C.(F)약관에 따른 담보조건으로 이 사건 화재보험계약을 체결하였고, 그 폭발면책약관의 내용에 해석상 차이가 없다고 보이므로 위 면책약관을 특별히 설명하여 주지 않았다 하더라도 이를 약관의규제에관한법률 제3조 제2항이 정하는 설명을 하지 아니한 것이라고 할 수 없다고 하고, 대법원 1997. 3. 14. 선고 96다53314 판결은 최초 보험계약체결시에 보험약관의 명시·설명의무를 이행하였다면 그 보험계약기간이 만료된 지 1년 후에 같은 차량에 관하여 같은 내용의 이 사건 보험계약을 체결함에 있어서는 주운전자의 변동 유무를 확인하는 것만으로도 주운전자에 관한 보험계약상의 고지의무 등에 대한 보험약관의 명시·설명의무를 다하였다고 볼 것이라고 한다.

(나) 거래상 일반적이고 공통된 사항 거래상 일반적이고 공통되는 규정은 보험자의 설명을 요할 정도의 중요한 것으로 볼 수 없어 명시·설명의무의 대상이 되지 않는다고 한다.

① 자동차종합보험 보통약관상의 피해자가 배상책임이 있는 피보험자의 피용자로서 근로기준법에 의한 재해보상을 받을 수 있는 사람인 경우는 면책된다는 조항[65)]

② 비사업용 자동차가 요금이나 대가를 받고 자동차를 사용한 때에 생긴 사고로 인한 손해에 대하여는 면책된다는 조항[66)]

③ 자동차종합보험 보통약관이 정한 배우자에 사실혼관계의 배우자도 포함된다는 내용[67)]

---

65) 대법원 1990. 4. 27. 선고 89다카24070 판결. 이에 대하여는 이 면책약관은 사용자가 업무상 운행하는 자동차로 말미암아 피용자가 사상되었다고 하는, 현대의 산업사회에서 흔히 일어날 수 있는 유형의 자동차사고에 대하여 자동차보험의 면책을 규정한 것이고, 피보험자인 피용자는 보험료를 내고서도 자신의 귀책사유 없이 보험금을 받을 수 없어 보험가입의 목적을 달성할 수 없는 경우에 관한 것이며, "노사관계에서 발생하는 자동차사고는 자동차사고가 아니다"라는 식의 인식이 일반인에게 거의 형성되어 있지 않기 때문에 이 면책약관은 당연히 중요사항에 해당한다고 하여야 할 것이고, 이를 중요사항이 아니라고 한 판시는 납득하기 어렵다는 비판이 있다{권성, "산재보험급여대상자에 대한 자동차종합보험면책약관의 유효 여부," 「민사판례연구 XIII」(박영사, 1991), 179면}.

66) 대법원 1992. 5. 22. 선고 91다36642 판결.

67) 대법원 1994. 10. 25. 선고 93다39942 판결.

당시의 자동차종합보험보통약관(대인배상보험)은 보험회사가 '보상하지 아니 하는 손해'를 규정하면서 "보험증권에 기재된 피보험자 또는 그 부모, 배우자 및 자녀가 죽거나 다친 경우에는 보상하지 아니 합니다"라고 규정하고 있었는데, 이러한 면책조항은 피보험자나 그 배우자 등이 사고로 손해를 입은 경우에는 그 가정 내에서 처리함이 보통이고 손해배상을 청구하지 않는 것이 사회통념에 속한다고 보아 규정된 것으로서, 그러한 사정은 사실혼관계의 배우자에게도 마찬가지라 할 것이므로 여기서 '배우자'라 함은 반드시 법률상의 배우자만을 의미하는 것이 아니라 사실혼관계의 배우자도 이에 포함된다고 봄이 상당하다고 할 것이고, 또한 객관적으로 보아 보험계약자가 위 약관면책조항의 배우자에 사실혼관계의 배우자가 포함됨을 알았더라면 이 사건 보험계약을 체결하지 아니 하였으리라고 인정할 만한 사정도 엿보이지 않으므로 위 사실은 약관의 중요한 내용이 아니라고 한다.[68]

④ 약관에 용어풀이되어 있는 사항[69]　　교통승용구와의 접촉 등에 의한 교통상해를 입을 경우 이를 보상하기로 하는 내용의 새시대종합보험계약 약관에 교통승용구가 중기인 경우에는 작업기계로서만 사용되는 동안은 교통승용구로 보지 아니 한다고 용어풀이로서 기재되어 있었던 경우, 약관에 용어풀이되어 있는 그 사항을 그 보험모집인이 보험가입자에게 설명해야 할 중요한 약관조항이라고 볼 수 없다고 한다.

⑤ 건설자재구입보증상의 보상대상[70]　　대한주택보증주식회사(변경 전 상호: 주택사업공제조합)가 조합원으로부터 보증수수료를 받고 조합원이 주택건설사업과 관련하여 주택건설자재를 구입하는 경우에 그 자재공급자에 대하여 채무보증을 하였고, 그 건설자재구입보증약관 제 1 조에는 "우리 조합은 자재공급을 받은 조합원이 보증서에 기재된 자재매매계약에서 정한 채무(이행기일이 보증기간 안에 있는 채무에 한함)를 이행하지 아니함으로써 자재공급자가 입은 손해를 이 보증서에 기재한 사항과 약관에 따라 보상합니다"라고 규정되어 있는 사안에서, 이 사건 지급보증은 그 성질에 있어서 조합원 상호의 이익을 위하여 영위하는 상호보험으로서 보증보험에 유사한 것이라고 할 것이고 이에 대하

68) 현재 자동차종합보험 보통약관에 피보험자의 배우자는 '법률상의 배우자 또는 사실혼관계에 있는 배우자'라고 용어풀이되어 있는 점을 고려하면 명시·설명의무의 대상이 되지 않는다고 봄이 타당하다.

69) 대법원 2002. 2. 8. 선고 2001다72746 판결.

70) 대법원 2002. 9. 10. 선고 2000다13818 판결.

여 보험에 관한 법리가 적용되는데, 보증기간 내에 자재공급자가 자재매매계약에서 정한 채무를 이행하지 아니 하는 것을 보증사고로 하여 그 보증기간 내에 이행기가 도래하는 것에 한하여 보증책임을 진다는 것은 거래상 일반적이고 공통된 것이므로 명시·설명의무의 대상이 되지 아니한다고 한다.

(다) 이미 법령에 의하여 정하여진 것을 되풀이하거나 부연하는 정도에 불과한 사항

① 피보험차량의 구조변경에 관한 통지의무규정[71] 보험계약을 체결한 후 피보험자동차의 구조변경 등의 중요한 사항에 변동이 있을 때 또는 위험이 뚜렷이 증가하거나 적용할 보험료에 차액이 생기는 사실이 발생한 때에는 보험계약자 또는 피보험자는 지체 없이 이를 원고 회사에 알릴 의무를 규정한 보험약관은 상법 제652조에서 이미 정하여 놓은 통지의무를 자동차보험에서 구체적으로 부연한 정도의 규정에 불과하다고 한다.

이 판결에 대하여는 여러 가지 비판이 있다.

우선 보험자가 보험계약자에게 트럭에 크레인을 장착하는 것과 같은 위험의 현저한 변경·증가의 경우에는 그 사실을 보험자에게 알리고 보험계약의 변경절차를 밟아야 한다는 약관의 내용에 대한 설명의무를 위반하였다 하더라도 보험계약자가 차량의 구조를 변경하고 이를 보험자에게 알려 보험계약의 변경절차를 밟지 아니한 것은 보험계약자의 중대한 의무위반으로서 정당화할 수 없고 따라서 보험계약자가 보험자의 동의 없이 피보험자동차의 구조변경을 한 것은 보험계약자의 고의로 현저하게 위험을 변경 또는 증가한 것이므로 보험자가 상법 제653조에 의하여 그 보험계약을 해지한 것은 정당하다고 판단하는 것이

71) 대법원 1998. 11. 27. 선고 98다32564 판결. 이 판결의 사안은 트럭에 크레인을 장착하고서도 이러한 구조변경을 알리지 않은 경우로, 대법원은 "일반적으로 보험자 및 보험계약의 체결 또는 모집에 종사하는 자는 보험계약의 체결에 있어서 보험계약자 또는 피보험자에게 보험약관에 기재되어 있는 보험상품의 내용, 보험료율의 체계 및 보험청약서상 기재사항의 변동사항 등 보험계약의 중요한 내용에 대하여 구체적이고 상세한 명시·설명의무를 지고 있으므로 보험자가 이러한 보험약관의 명시·설명의무에 위반하여 보험계약을 체결한 때에는 그 약관의 내용을 보험계약의 내용으로 주장할 수 없다고 할 것이나, 보험자에게 이러한 약관의 명시·설명의무가 인정되는 것은 어디까지나 보험계약자가 알지 못하는 가운데 약관에 정하여진 중요한 사항이 계약 내용으로 되어 보험계약자가 예측하지 못한 불이익을 받게 되는 것을 피하고자 하는 데 그 근거가 있다고 할 것이므로, 보험약관에 정하여진 사항이라고 하더라도 거래상 일반적이고 공통된 것이어서 보험계약자가 별도의 설명 없이도 충분히 예상할 수 있었던 사항이거나 이미 법령에 의하여 정하여진 것을 되풀이하거나 부연하는 정도에 불과한 사항이라면 그러한 사항에 대하여서까지 보험자에게 명시·설명의무가 인정된다고 할 수 없다"고 판시하여 명시·설명의무의 범위에 관한 기준을 제시하고 있다.

옳다는 견해가 있다.[72] 그러나 보험계약자의 중대한 의무위반이 있으면 보험자가 명시·설명의무를 위반해도 된다고 해석하기는 어렵다고 본다.

또한, 이 판결은 위험변경증가의 통지의무는 상법 제652조에 규정된 것이기 때문에 이를 설명하지 않는다고 하더라도 그것은 보험계약의 내용이 되고 따라서 이를 위반한 보험계약자에 대하여 보험자는 계약해지권을 행사할 수 없다는 논리인데,[73] 이러한 입장이라면 고지의무도 상법에 규정되어 있는 보험계약자의 의무이고 보험계약자가 이를 위반한다면 고지의무에 관한 설명의무를 이행하지 아니한 보험자도 당연히 계약의 해지권을 행사할 수 있어야 한다고 주장하는 견해가 있다.[74]

위 견해에 대하여는 이 판결의 전제는 구조변경시 통지하여야 한다는 약관이 설명의무의 대상이 안 되기 때문에 그 약관상의 통지의무는 그대로 계약의 내용으로 되어 보험자는 상법에 따라 보험계약해지권을 행사할 수 있게 되는 것인데, 구조변경통지에 관한 약관을 설명하지 않아도 되는 이유는 거래상 일반적이고 공통된 것이어서 보험계약자가 별도의 설명 없이도 충분히 예상할 수 있었던 사항으로 보거나 보험계약자가 보험약관의 내용을 충분히 잘 알고 있는 경우라고 보이기 때문이며, 다시 말하여 약관상의 고지의무, 통지의무, 위험변경유지의무 같은 사항은 이 판결에서 판시한 설명의무의 예외로서 '법령에 의하여 정하여진 것을 되풀이하거나 부연하는 정도에 불과한 사항'이므로 그러한 의무 자체에 대한 설명은 필요 없고(법의 부지는 면책되지 않는 법리에 비추어 당연하다), 문제된 약관이 설명의무의 대상이 되는 경우 이를 설명하지 않은 때에는 보험자는 고지의무, 통지의무, 위험변경유지의무의 위반을 이유로 계약을 해지할 수 없으며, 설명의무의 대상이 되지 않을 경우에는 보험자는 위와 같은 제의무위반을 이유로 계약을 해지할 수 있게 되는 것으로 해석하여야 대법원 판결을 일관성 있게 이해할 수 있게 된다는 견해가 있다.[75]

이 판결에 따르더라도 고지의무에 관한 약관 규정에 대한 설명의무를 이행하지 아니한 보험자도 당연히 계약의 해지권을 행사할 수 있는 것으로 보기는 어렵고, 또한 이 판결은 약관을 설명하지 않아도 되는 이유를 법령에 의하여 정

72) 양승규, "차량의 구조변경과 약관의 명시·설명의무와의 관계," 「손해보험」 369호(1999. 7.), 93면.

73) 다만, 이 사건은 상법 제653조에 규정된 위험유지의무 위반에 관한 것인데 대법원이 상법 제652조에 관한 것으로 잘못 이해하였다고 한다. 이는 적절한 지적이라고 본다.

74) 장덕조, "보통보험약관의 구속력," 「보험법연구(3)」(삼지원, 1999), 25면.

75) 주기동, "약관설명의무와 위험유지의무와의 관계," 「법조」 524호(2000. 5.), 239면.

하여진 것을 되풀이하거나 부연하는 정도에 불과한 사항이라고 명시하고 있으므로 그 이유를 거래상 일반적이고 공통된 것이어서 보험계약자가 별도의 설명 없이도 충분히 예상할 수 있었던 사항으로 보거나 보험계약자가 보험약관의 내용을 충분히 잘 알고 있는 경우라고 보는 것도 타당하지 않다. 고지의무나 통지의무는 보험약관 이전에 상법의 규정에 의하여 보험계약자에게 인정된 의무이므로 그 자체가 명시·설명의무의 대상이 될 수는 없을 것이다. 고지의무에 관한 약관이 문제되어 명시·설명의무를 인정한 판결들에서는 그 약관의 내용이 상법상의 고지의무를 되풀이하거나 부연하는 정도에 불과한 것이 아니라 보험상품의 내용, 보험료율의 체계 등에 관련된 것이었으므로 이 판결과는 사안이 다르다고 본다. 뒤에서 살펴볼 대법원 2001. 1. 5. 선고 2000다31847 판결도 보험계약 체결시 보험계약자, 피보험자 또는 이들의 대리인이 보험계약청약서의 기재사항에 관하여 아는 사실을 빠짐 없이 그대로 알려야 하고 이에 위반하였을 때는 계약을 해지할 수 있는 것으로 규정하고 있는 보험약관은 상법이 이미 정하여 놓은 것을 이 사건 보험에서 구체적으로 부연한 정도에 불과하므로 그에 대하여는 보험자에게 별도의 명시·설명의무가 있다고 할 수 없다고 한다.

② 피보험건물의 증·개축에 관한 통지의무규정[76] 화재보험 보통약관에 규정된 보험계약자 또는 피보험자의 보험자에 대한 피보험건물의 증·개축 등과 관련된 통지의무의 규정이 상법 제652조 제1항에서 이미 규정된 통지의무를 구체적으로 부여한 정도에 불과하여 그 내용에 관하여 보험자에게 별도의 설명의무가 없다고 한다.

③ 건설자재구입보증상의 자재매매계약사항 변경시 승인절차규정[77] 대한주택보증주식회사(변경 전 상호: 주택사업공제조합)가 조합원으로부터 보증수수료를 받고 조합원이 주택건설사업과 관련하여 주택건설자재를 구입하는 경우에 그 자재공급자에 대하여 채무보증을 하였는데, 그 건설자재구입보증약관 제3조에는 "보증채권자는 자재매매계약 사항의 변경이 있는 경우에는 미리 서면으로 조합의 승인을 받아야 합니다. 제1항의 규정을 위반한 때에는 조합은 손해를 보상하지 아니 합니다"라고 규정되어 있는데, 이는 상법 제652조 제1항에서 이미 규정된 통지의무를 구체적으로 부여한 정도에 불과하여 그 약관내용에 관하여 피고에게 별도의 설명의무가 있다고 볼 수 없다고 한다.

76) 대법원 2000. 7. 4. 선고 98다62909, 62916 판결.
77) 대법원 2002. 9. 10. 선고 2000다13818 판결.

④ 한국수출보험공사와 외국환은행 사이의 수출어음보험계약약관상의 수출계약의 의미[78]　　당해 거래계약에 당연히 적용되는 법령에 규정되어 있는 사항은 그것이 약관의 중요한 내용에 해당한다고 하더라도 특별한 사정이 없는 한 사업자가 이를 따로 명시·설명할 의무는 없다는 전제하에, 이 사건 구 수출어음보험약관 및 구 수출신용보증약관에 의하면 수출계약에 의하여 수출하는 화물의 대금 회수를 위햐여 발행된 화환어음에 대하여 수출어음보험관계 및 수출신용보증관계가 성립하도록 되어 있으므로 위 각 약관에 규정된 수출계약의 의미는 약관의 중요한 내용에 해당한다 할 것이나, 피고 한국수출보험공사가 외국환은행만을 고객으로 하여 비영리적으로 운영하는 수출어음보험은 수출보험법에 근거한 것이므로 그 수출어음보험계약에는 당사자의 특별한 의사표시가 없더라도 수출보험법의 관련 규정이 당연히 적용된다고 할 것이고, 위 각 약관에는 수출보험법의 규정이 적용된다고 명시되기까지 하였으므로, 위 각 약관에 규정된 수출계약의 의미는 구 수출보험법에 규정된 것으로서 피고로서는 그 수출계약의 의미를 특별히 설명할 의무가 없다고 봄이 상당하다고 한다. 이 사건 약관에는 "수출계약이라 함은 국내에 주소를 둔 수출자가 국내에서 생산·가공 또는 집하된 화물을 수출하는 계약을 말한다"고 규정되어 있는데 이는 구 수출보험법의 규정과 같은 내용이다. 문제된 무역거래는 국내에 주소를 둔 회사가 미국 소재 회사에 운동화를 판매하면서 대만 소재 회사에 원자재를 공급하여 그 회사가 중국 소재 생산업체에 가공을 의뢰하여 제작한 다음 완제품을 중국 또는 홍콩에서 수입자인 미국 소재 회사 앞으로 직접 운송한 경우로, 위 수출계약에 포함되지 않는 경우였다.[79]

⑤ 어떤 면허가 있어야 무면허운전이 되지 않는지에 관한 사항[80]　　제 1 종 대형면허로 운전할 수 있는 피보험 화물자동차를 제 1 종 보통면허 소지자

---

78) 대법원 1999. 9. 7. 선고 98다19240 판결.

79) 이 판결의 결론에 찬성하면서, 판결의 근거를 국민은 누구나 법을 알고 있는 것으로 다루어진다(Nul n'est cense ignorer la loi)는 명제에서 출발하고 있는 것으로 보고 그 전제인 법률의 공개성을 강조하는 견해가 있다{김성태, "보험자의 약관설명의무,"「민사판례연구 XXII 권」(박영사, 2000), 462~463면}.

80) 대법원 2000. 5. 30. 선고 99다66236 판결; 대법원 2000. 12. 12. 선고 2000다48036 판결. 위 99다66236 판결에 대하여는 무면허운전중에 발생한 사고에 대하여는 보험금을 지급하지 않는다는 것을 알리는 것은 약관의 명시는 될 수 있더라도 약관의 '구체적이고 상세한 설명'은 될 수 없으며, 약관의 명시·설명의무는 약관이 당사자 간의 계약내용이므로 이 계약에 의해서 어떤 권리의무가 발생하는지를 당사자가 알고 동의하도록 하기 위해서 보험자에게 부담시킨 것인데, 보험자측의 보험모집인과 대리점 직원도 어떤 운전면허가 있어야 피보험차량을 운전할 수 있는지에 관한 내용을 잘못 알고 있었으므로 당사자가 계약의 내용을 알고 합의

가 운전하여 무면허운전 면책약관에 따른 면책사유에 해당된 사안에서, 무면허운전 면책약관 자체에 대한 것이 아니라 피보험자동차를 어떤 면허를 가지고 운전하여야 무면허운전이 되지 않는지에 관한 것은 보험자의 약관설명의무 범위 밖의 사항이라 할 것이어서, 그와 같은 점에 관하여 정확한 설명을 하여 주지 않았다는 이유만으로 약관설명의무를 위반하였다고 볼 수는 없다고 한다.

⑥ 보험계약서의 기재사항에 관한 고지의무규정[81] 보험계약 당시에 보험계약자 또는 피보험자가 고의 또는 중대한 과실로 인하여 중요한 사항을 고지하지 아니하거나 부실의 고지를 한 때에는 보험자가 계약을 해지할 수 있다는 점과 보험자가 서면으로 질문한 사항은 중요한 사항으로 추정된다는 점은 상법이 이미 규정하고 있는 바이므로(상법 제651조 및 제651조의2), 이 사건 보험약관이 보험계약체결시 보험계약자, 피보험자 또는 이들의 대리인이 보험계약청약서의 기재사항에 관하여 아는 사실을 빠짐 없이 그대로 알려야 하고 이에 위반하였을 때는 계약을 해지할 수 있는 것으로 규정하고 있다고 하더라도 이는 상법이 이미 정하여 놓은 것을 이 사건 보험에서 구체적으로 부연한 정도에 불과하다고 할 것이므로 그에 대하여는 보험자에게 별도의 명시·설명의무가 있다고 할 수 없다고 한다.

⑦ 보험금청구에 관한 서류의 허위기재에 의한 보험금청구권 상실 규정[82] '계약자 또는 피보험자가 손해의 통지 또는 보험금청구에 관한 서류에 고의로 사실과 다른 것을 기재하였거나 그 서류 또는 증거를 위조하거나 변조한 경우'를 보험금청구권의 상실사유로 정한 보험약관은 보험계약에서 신의칙에 반하는 사기적인 보험금 청구행위를 허용할 수 없다는 취지에서 규정된 것으로, 상법 제659조, 제669조 제 4 항에 비추어 보험자의 설명 없이도 당연히 예상할 수 있

했다고 보기 어렵다고 하는 점에서 비판하는 견해가 있으나{정진세, "보험약관설명의무의 범위 및 무면허운전,"「법률신문」2912호(2000. 9.), 14면}, 통상적으로 무면허운전중에 사고가 발생하면 보험금을 지급하지 않는다는 것을 설명하는 외에 피보험차량을 운전하려면 어떤 운전면허가 있어야 되는지에 관하여서까지 설명할 것을 요구하기는 어렵지 않을까.

81) 대법원 2001. 1. 5. 선고 2000다31847 판결. 이 판결에 대하여는, 결론에는 찬동하지만 보험자는 보험계약자에게 고지의무 또는 통지의무에 관한 약관조항을 설명하여 주는 것은 필요하다 하더라도 보험자가 약관의 교부·설명의무를 위반하였다고 해서 고의 또는 중대한 과실로 고지의무를 위반한 보험계약자에 대하여 보험자의 계약해지권을 제한할 수 없다고 판단하는 것이 보다 합리적이라고 하는 견해가 있으나{양승규, "다른 보험계약의 존재사실에 대한 고지의무,"「손해보험」400호(2002. 3.), 75면}, 고지의무에 관한 약관 규정이 보험상품의 내용 또는 보험료율의 체계 등에 관련된 중요한 사항이면 명시·설명의무가 인정되고, 그렇지 않고 상법상의 고지의무를 되풀이하거나 부연하는 정도에 불과한 것이면 명시·설명의무의 대상이 아니라고 보는 것이 일관성이 있다고 본다.

82) 대법원 2003. 5. 30. 선고 2003다15556 판결.

었던 사항에 해당하여 설명의무의 대상이 아니라고 한다.

3. 명시 · 설명의무 違反의 效果 — 상법 제638조의3과 약관의규제에관한 법률 제 3 조의 관계

보험자가 명시 · 설명의무를 위반한 때의 효과에 관하여 상법 제638조의3 제 2 항은 "보험계약자는 보험계약이 성립한 날부터 1월 내에 그 계약을 취소할 수 있다"고 규정하고 있다. 한편, 약관의규제에관한법률 제 3 조 제 3 항은 사업자가 명시 · 설명의무를 위반한 때에는 "당해 약관을 계약의 내용으로 주장할 수 없다"고 규정하고 있다. 보험자가 명시 · 설명의무를 위반한 경우에 보험계약자는 1월 내에 보험계약을 취소할 수 있으나 보험계약자가 보험계약을 취소하지 않고 그 기간이 경과한 때에는 상법의 규정만이 적용되어 보험약관이 보험계약의 내용이 되는지, 그렇지 않고 약관의규제에관한법률이 적용되어 그 보험약관은 보험계약의 내용이 될 수 없는지에 관하여는 견해가 대립되고 있다. 아래에서 학설과 판례를 살펴본다.

(1) 學 說

(가) 商法適用說 "특정한 거래분야의 약관에 대하여 다른 법률에 특별한 규정이 있는 경우에는 약관의규제에관한법률의 규정이 우선한다"고 규정한 약관의규제에관한법률 제30조 제 3 항에 따라 보험약관에 관하여는 같은 법 제 3 조가 적용되지 않고, 오로지 상법 제638조의3만 적용될 뿐이므로, 보험자가 보험약관에 대하여 명시 · 설명의무를 다하지 않았더라도 보험계약자가 보험계약일로부터 1월 내에 보험계약을 취소하지 않는 한, 그 보험약관은 보험계약의 내용이 된다고 보는 견해로 다수설이다. 그 근거는 다음과 같다.

① 양 규정의 관계 — 特別法인 상법의 우선적용 상법 제638조의3은 조문의 표제나 내용으로 보아 보험약관에만 적용되는 특별법의 성질을 가지는 규정이므로 특별법 우선의 원칙상 모든 약관에 적용되는 일반법인 약관의규제에관한법률에 우선하여 적용된다고 한다.[83)]

---

83) 손주찬, "보험약관명시의무위반과 고지의무위반을 이유로 하는 계약해지," 「판례월보」 313호(1996. 10.), 20면; 양승규 · 장덕조, "보험자의 보험약관의 명시설명의무," 「법학」 40권 1호(1999. 5.), 27면; 이균성, "주운전자의 허위고지와 보험계약 해지: 보험가입자에게 유리하게 변경된 약관에는 약관규제법이 적용 안 돼," 「보험법률」 11호(1996. 10.), 4면; 장경환, "보험약관의 교부 · 설명의무: 입법취지와 성격을 중심으로," 「보험학회지」 46집(1995. 10.), 107면; 한창희, "위험변경증가에 대한 통지의무의 위반과 보험자의 책임," 「상사판례연구 Ⅳ」(박영사, 2000), 415면.

② 保險契約의 特性　약관의규제에관한법률 제 4 조는 약관에 의한 거래에서 당사자 사이의 개별약정이 우선함을 인정하고 있으나, 보험계약의 경우에는 그 단체적 구조에서 구체적인 계약조항에 대하여 개별적으로 흥정하여 변경을 할 수는 없으므로, 보험계약자가 비록 그 약관의 내용을 알지 못하고 계약을 체결하였다 하더라도 보험계약을 취소하지 않는 한 보험약관의 효력을 부인할 수는 없다고 보는 것이 옳고,[84] 보험계약은 보험제도의 성질상 같은 위험에 놓여 있는 많은 사람을 대상으로 하는 위험단체의 관념에 기초를 두고 있는 점에서 그 계약내용을 담고 있는 보통보험약관도 비록 개별적인 보험계약의 내용을 정하고 있다 하더라도, 그것은 구체적으로 보험에 든 위험의 개별적인 차이를 고려함이 없이 동질적인 위험에 관한 다수의 보험계약을 기초로 하여 작성된 계약조항이기 때문에, 약관의규제에관한법률 제 3 조 제 3 항의 근거를 상대방에 대한 명시·설명이 민법상의 의사표시 및 계약에 관한 규정과 직접 연결되어 있는 데서 찾는 논리가 보험계약에는 적용될 수 없으며,[85] 보험사업은 공공의 이익과 밀접한 연관을 가지고 있는 것으로 재경부장관의 엄격한 감독을 받으면서 그 사업을 영위하고 있으므로, 보험계약은 보험자가 주무관청의 인가를 받아 미리 마련한 보험약관에 의하여 동일한 방식으로 체결되어 집단적으로 이루어지는 다수계약이라는 점에서 약관의규제에관한법률의 예외를 인정하지 않을 수 없다고 한다.[86]

또한, 보험제도는 위험단체의 형성을 전제로 하는 제도이기 때문에, 그 단체 내에서 보험계약자는 평등하게 대우되어야 하는데(보험계약자 평등 대우의 원칙), 누구에게는—특정 약관조항이 교부되거나 설명되지 아니했다는 이유로—그 조항의 계약편입을 거부하고 그 조항 대신에 다른 규율을 적용하는 한편, 누구에게는—그 조항이 교부되고 설명되었다는 이유로—그 조항을 그대로 적용하는 것은 정면으로 평등 대우에 반하게 되고,[87] 위험단체의 관리를 맡고 있는 보험자로서는 그 단체의 유지에 반드시 필요한 수지상등을 구현하기 위해 그 단체 내에서 책임질 수 있는 위험과 그렇지 못한 위험을 구분하고, 책임질 수 있는 각각의 위험에 상응하는 보험료를 대수의 법칙에 의해 산출하여 보험계약자에게 부과해야 하므로 보험약관을 통한 보험자의 위험의 선정과 평가는 그것

84) 양승규, 앞의 글, 138면.
85) 양승규·장덕조, 앞의 글, 30면.
86) 위의 글, 31면.
87) 장경환, 앞의 글, 105~106면.

이 당해 보험상품의 효용과 취지로부터 명백히 벗어나지 않은 이상 존중되어야 할 성질의 것이라고 설명한다.[88)]

③ 立法趣旨　약관의 명시·설명의무에 관하여 약관의규제에관한법률에 규정이 있음에도 상법에 규정을 신설하여 이 의무를 명문화하면서 그 위반의 효과로 보험계약자에게 계약성립일로부터 1월 내의 계약취소권을 부여한 취지는 취소권을 행사하지 않으면 교부·설명되지 아니한 보험약관조항이라도 그대로 보험계약에 편입되어 그 약관조항이 보험계약의 내용으로 되도록 하는 것이라고 한다. 즉, 상법의 위 규정을 신설한 것은 위에서 본 보험계약의 특성에 부합하는 조치이고, 이것이 입법자의 의도라고 한다.[89)]

④ 比較法的 檢討　독일은 1994년 보험계약법에 우리의 상법 제638조의3과 유사한 규정을 신설하여 "보험자가 보험계약자에게 보험약관을 교부하지 아니하거나 소비자정보를 제공하지 아니한 경우에도 계약은 보험증권, 보험약관 및 계약내용에 대하여 표준이 되는 소비자정보에 근거하여 체결된 것으로 본다. 그러나 보험계약자가 문서를 수령한 후 14일 이내에 이의를 제기한 경우에는 그러하지 아니하다"고 규정하였다. 이는 보험자가 약관에 대한 명시설명의무를 위반하였다 하더라도 보험계약자가 14일 이내에 이의제기를 하지 않으면 그 약관은 보험계약의 내용이 된다는 뜻을 밝혀 독일 약관규제법 제2조(우리의 약관의규제에관한법률 제3조와 유사한 규정이다)에 대한 예외의 규정을 마련한 것으로, 보험의 단체성이라는 특성, 즉 동질적인 위험을 전제로 한다는 특성을 충분히 고려하여 입법을 하고 있는 것이고 우리도 이와 같이 해석하여야 한다고 한다.[90)]

(나) **重複適用說**　보험계약자는 1월 내에 계약을 취소하지 않더라도 다시 약관의규제에관한법률을 근거로 설명을 듣지 아니한 약관의 효력을 다툴 수 있다는, 즉 보험자가 약관의 명시·설명의무를 해태한 경우 해당 약관을 보험계약의 내용으로 주장하지 못한다는 견해로 소수설에 속한다.[91)] 그 근거는 다음과 같다.

① 양 규정의 관계　보험약관의 교부·설명의무에 관하여는 특별법우선의 원칙에 의하여 일단은 상법 제638조의3이 특별법으로서 일반법인 약관

---

88) 위의 글, 106면.

89) 위의 글, 104, 106면; 김성태, 앞의 글, 453면; 손주찬, 앞의 글, 20면; 양승규·장덕조, 앞의 글, 31면.

90) 양승규·장덕조, 위의 글, 34면.

91) 정동윤, 「상법(하)」 개정판(법문사, 2003), 497면; 정찬형, 「상법강의(하)」 제5판(박영사, 2003), 489면; 최기원, 「보험법」 제3판(박영사, 2002), 126면 참조.

의규제에관한법률 제3조에 우선하여 적용되지만, 이는 보험약관에 대한 설명을 제대로 해 주지 않은 경우에는 1월 내에 계약을 취소할 수 있다는 점에서 상법이 약관의규제에관한법률에 비하여 특별규범적으로 다른 규정을 하고 있기 때문에 인정되고, 취소하지 않은 경우의 효과로는 특별규범인 상법에서 별도의 규정을 하지 않고 있기 때문에 약관의규제에관한법률 제3조 제3항이 당연히 적용되는 것으로 해석하여야 한다고 한다.[92)]

② 保險契約者 保護　　보험약관의 교부를 받은 바 없고 그 중요한 내용에 대한 설명을 들은 바 없는 보험계약자가 아무런 지식도 없이 보험계약을 취소한다는 것은 기대할 수 없다는 점에서 볼 때 보험약관의 교부에 관한 규정을 두어 보험계약자의 이익을 도모한다는 입법취지는 명분에 그치고 그 실효를 기대할 수 없게 될 것이고, 또한 보험자가 약관교부 및 설명의무를 위반한 경우에도 보험계약이 성립한다는 것도 재고의 여지가 있을 뿐만 아니라 보험계약자의 취소가 없는 한 그 보험계약을 그대로 유지하도록 하는 것이 보험계약자 개인의 이익을 위해서나 위험단체의 이익을 위해서나 바람직하다고 하지만 이는 보험계약자의 이익을 보호하려는 입법취지에 비추어 보아 보험계약자에게는 불리한 결과가 초래되고 다만 보험자에게만 유리한 결과가 되며, 더욱이 입법취지에서는 위험단체의 이익을 위해서 바람직하다고 하나 보험계약자의 이익을 희생하면서 위험단체의 이익을 보호한다는 것도 합리성을 결여한다고 한다.[93)]

③ 立法論的 側面　　입법론적으로 볼 때 상법 제638조의3 제2항의 규정은 문제점이 있으며 약관의규제에관한법률 제3조의 내용을 보험계약에도 그대로 적용하는 것이 더 합당하였을 것이라고 하면서, 상법 제638조의3 제2항은 보험계약의 특수성을 부당히 강조한 잘못된 규정내용으로서 장래 고쳐져야 하며, 특히 보험계약자의 취소권에 대한 보험자의 명시적인 주지의무가 선행되어야 한다고 한다.[94)]

(2) 判　例

판례는 重複適用說의 입장을 견지하고 있다.

大法院 1996. 4. 12. 선고 96다4893 판결은 "상법 제638조의3 제2항에 의하여 보험자가 약관의 교부 및 설명의무를 위반한 때에 보험계약자가 보험계약

92) 최병규, "상법 제638조의3과 약관규제법 제3조의 관계," 「보험법률」 제15호(1997. 6.), 25면.
93) 최기원, 앞의 책, 126~127면.
94) 이기수·최병규·김인현, 「보험·해상법(상법강의 Ⅳ)」(박영사, 2003), 69면.

성립일로부터 1월 내에 행사할 수 있는 취소권은 보험계약자에게 주어진 권리일 뿐, 의무가 아님이 그 법문상 명백하므로, 보험계약자가 보험계약을 취소하지 않았다고 하더라도 보험자의 설명의무 위반의 법률효과가 소멸되어 이로써 보험계약자가 보험자의 설명의무 위반의 법률효과를 주장할 수 없다거나 보험자의 설명의무 위반의 하자가 치유되는 것은 아니다"라고 판시하였고,[95] 그 후의 대법원 1998. 11. 27. 선고 98다32564 판결은 "일반적으로 특별법이 일반법에 우선한다는 원칙은 동일한 형식의 성문법규인 법률이 상호 모순·저촉되는 경우에 적용되는 것이고, 법률이 상호 모순·저촉되는지 여부는 법률의 입법목적, 적용범위 및 규정사항 등을 종합적으로 검토하여 판단하여야 하는데, 약관의규제에관한법률 제30조 제 3 항에서 다른 법률에 특별한 규정이 있는 경우에 그 규정이 우선 적용되는 것으로 규정하고 있는 것도 위와 같은 법률의 상호 모순·저촉시의 특별법 우선 적용의 원칙이 약관에 관하여도 적용됨을 밝히고 있는 것이라고 할 것이다. 그런데 상법 제638조의3 제 2 항은 보험자의 설명의무 위반의 효과를 보험계약의 효력과 관련하여 보험계약자에게 계약의 취소권을 부여하는 것으로 규정하고 있으나, 나아가 보험계약자가 그 취소권을 행사하지 아니한 경우에 설명의무를 다하지 아니한 약관이 계약의 내용으로 되는지 여부에 관하여는 아무런 규정도 하지 않고 있을 뿐만 아니라 일반적으로 계약의 취소권을 행사하지 아니하였다고 바로 계약의 내용으로 되지 아니한 약관 내지 약관 조항의 적용을 추인 또는 승인하였다고 볼 근거는 없다고 할 것이므로, 결국 상법 제638조의3 제 2 항은 약관의규제에관한법률 제16조에서 약관의 설명의무를 다하지 아니한 경우에도 원칙적으로 계약의 효력이 유지되는 것으로 하되, 소정의 사유가 있는 경우에는 예외적으로 계약 전체가 무효가 되는 것으로 규정하고 있는 것과 모순·저촉이 있다고 할 수 있음은 별론으로 하고, 약관에 대한 설명의무를 위반한 경우에 그 약관을 계약의 내용으로 주장할 수 없는 것으로 규정하고 있는 약관의규제에관한법률 제 3 조 제 3 항과의 사이에는 아무런 모순·저촉이 없다고 할 것이다. 따라서 상법 제638조의3 제 2 항은 약관의규제에관한법률 제 3 조 제 3 항과의 관계에서는 그 적용을 배제하는 특별규정이라고 할 수가 없으므로 보험약관이 상법 제638조의3 제 2 항의 적용대상이라 하더라도 약관의규제에관한법률 제 3 조 제 3 항 역시 적용이 된다"고 판시하

95) 대법원 1998. 2. 13. 선고 97다17988 판결; 대법원 1998. 6. 26. 선고 98다13976 판결; 대법원 1999. 3. 19. 선고 98다43342, 43359 판결; 대법원 2001. 2. 9. 선고 2000다43055 판결도 같은 취지로 판시하였다.

였다.[96]

이와 같은 판례의 태도에 대하여 多數說은 위에서 살펴본 바와 같은 근거에서 상당한 비판을 가하고 있고, 이러한 보험법학자들의 주장은 상법 제638조의3을 개정하여 제2항 후단에 "보험계약자가 보험계약을 취소하지 아니한 때에는 보험계약관계는 그 보험약관의 규정에 따른다"는 조문을 신설하려는 시도로 이어지고 있어, 머지않은 장래에 학자들의 주장과 같이 개정될 가능성이 높기 때문에 판례를 변경하면 좋을 것이라는 의견도 있다.[97]

(3) 檢　討

보험제도의 본질적인 측면에서 보면 다수설이 취하는 견해가 설득력이 있으나, 법문상 찬성하기 어렵다. 약관의규제에관한법률 제3조 제3항에 의하여 설명의무를 다하지 아니한 약관이 계약의 내용으로 되지 않는다는 것은(이 경우에도 계약은 유효하다) 상법 제638조의3 제2항에 의하여 그 설명의무 위반을 이유로 계약을 취소할 수 있다는 것에 아무런 장애가 되지 않고, 또 상법 제638조의3 제2항에 의하여 설명의무 위반을 이유로 계약을 취소할 수 있다고 하여 취소하지 아니한 경우에는 그 약관이 계약의 내용이 된다고 볼 법문상의 근거도 없다. 상법 제638조의3 제2항은 설명의무 위반의 효과로 '계약의 효력'에 관하여 그것이 취소사유가 됨을 규정하고 있을 뿐이지, 보험계약자가 그에 기하여 계약을 취소하지 아니하고 계약의 효력을 유지하고자 하는 경우에 문제된 약관 내지 약관 조항이 계약의 내용으로 되는지 여부에 관하여는 침묵하고 있는 것이다.

다수설의 설명은 이러한 침묵이 그 약관 내지 약관 조항이 계약의 내용으로 편입됨을 의미한다고 주장하지만, 입법자의 의도가 그러하였는지는 몰라도 법문에 따른 객관적인 해석론으로는 그렇게 볼 근거가 없다. 애당초 약관은 계약의 내용에 관한 것이고 직접적으로 계약의 효력과는 관계없는 것이므로, 약관이 계약 내용으로 되어야만 계약의 효력이 유지되거나, 역으로 계약의 효력을 유지하기 위하여는 반드시 약관이 계약 내용에 포함되어야만 하는 것은 아니기 때문이다. 따라서 독일과 같이 보험계약자가 계약을 취소하지 아니한 경우 보험자가 설명의무를 위반한 약관 내지 약관 조항도 계약의 내용이 된다고

96) 대법원 1999. 3. 9. 선고 98다43342, 43359 판결; 대법원 2001. 2. 9. 선고 2000다43055 판결; 대법원 2002. 4. 12. 선고 2001다81047 판결도 같은 취지로 판시하였다.

97) 이상훈, "판례가 상법개정에 미친 영향에 관한 소고," 「21세기 한국 상사법학의 과제와 전망」(심당 송상현 선생 화갑기념논문집), 박영사(2002), 12~13면 참조.

명시적으로 규정하지 아니한 이상, 보험자가 설명의무를 다하지 아니한 약관조항이 계약의 내용이 된다고 해석할 수는 없다.

또한, 보험거래의 실정을 보면 보험계약자가 기업화·전문화되어 있는 보험자에 비하여 열악한 지위에 있을 뿐만 아니라 보험에 가입시키기 위하여 보험계약자에게 불리한 내용을 숨길 가능성이 큰 점에 비추어 볼 때, 만일 약관의규제에관한법률 제3조 제3항의 적용이 없다고 한다면, 보험약관의 중요한 내용을 알지 못한 채 취소권마저 상실하게 되는 경우가 빈번하게 일어나 보험약관에 대한 편입통제가 불가능할 것이므로, 대법원판례의 입장은 타당하고, 이 점에 관하여 이러한 대법원판례를 따른 이 사건 원심판결은 정당하다고 하겠다.

상법적용설을 취하면서도 그 설이 계약자보호에 미흡함을 인정하는 견해가 있는데, 설명되지 않은 보험약관이라도 보험계약자의 취소가 없는 한 적용될 수밖에 없으므로 보험약관의 설명의무로 (개별)보험계약자를 보호하는 것에는 한계가 있고, 불공정한 내용의 보험약관으로부터 보험계약자를 보호하는 것은, 개별 보험계약자의 이익과 보험단체의 이익을 교량하여 그 조화의 관점에서 무효인(불공정한) 약관을 거래계에서 추방하는 것을 과제로 삼는 이른바 직접적 내용통제(불공정성통제)에서 해야 할 일이며, 교부 또는 설명되지 않은 보험약관이—계약이 취소되지 않을 경우—계약에 그대로 적용될 수 있다는 결론이 보다 설득력을 갖기 위해서는 약관의 공정성이 확보되어야 한다고 한다.[98)]

Ⅳ. 맺 으 며

무보험자동차에 의한 상해보험과 명시·설명의무에 관한 판례로는, 피보험자에 승낙피보험자가 포함되지 않는다는 점에 관하여, 보험계약자가 같은 보험회사와 같은 차량을 피보험자동차로 하는 업무용 자동차보험계약을 체결하고 보험계약의 담보내용을 변경하거나 추가하지 않고 같은 내용의 보험을 1년 단위로 수차 갱신하여 온 점, 통상 보험계약에서 피보험자의 범위나 보험혜택 유무에 관한 내용은 보험계약자가 가장 관심을 갖는 사항인 점 등을 고려하여 보험계약자가 이 사건 보험계약 당시 그러한 사항을 이미 잘 알고 있었을 것으로 추인된다고 한 판결과,[99)] 개인용 자동차보험계약을 체결한 사안에서도 이는 거

98) 장경환, 앞의 글, 116면.
99) 대법원 2002.12.26. 선고 2002다18862 판결.

래상 일반적이고 공통된 것이어서 보험계약자가 별도의 설명 없이도 합리적으로 충분히 예상할 수 있었던 사항이고, 보험계약자가 이러한 사정을 알았다고 해서 계약을 체결하지 아니 하였으리라고 인정할 만한 사정도 보이지 않으므로 설명의무의 대상이 되는 약관의 중요한 내용에 해당하지 않는다고 한 판결이 있다.[100]

보험금 산정기준이 명시·설명의무의 대상인지 여부에 관하여는 다수의 하급심 판결이 명시·설명의무의 대상이 되지 않는다고 보았는데,[101]이 사건 원심판결은 명시·설명의무의 대상이 된다고 보았다.

무보험자동차에 의한 상해보험의 보험자는 피보험자의 실제 손해액을 기준으로 위험을 인수한 것이 아니라 보통약관에서 정한 보험금 지급기준에 따라 산정된 금액만을 제한적으로 인수하였을 뿐이고,[102] 이러한 지급기준이 불공정하거나 사회통념상 용인할 수 있는 한도를 넘어선 것도 아니어서 그 유효성이 인정되며, 그리하여 그에 해당하는 보험료도 대인배상Ⅱ에 비하여 현저히 낮은 금액인 점, 이 사건 보험금 산정기준이 급부의 변경, 계약의 해제사유, 피고의 면책, 원고측의 책임 가중, 보험사고의 내용 등에 해당한다고 보기 어려운 점, 통상적으로 일정한 금액의 보험금을 지급하는 계약에서는 그 보험금액 자체는 계약의 중요한 내용이겠지만, 그렇지 않은 보험계약의 경우 그 보험금 산정기준까지도 중요한 내용이라고 보기는 어려운 점, 만약 보험계약자가 그 구체적인 산정기준을 알았다면 이 사건 특약을 체결하지 않았을 것으로는 보이지 않는 점, 이러한 방식의 산정기준은 모든 자동차 보험회사에서 일률적으로 적용하는 원칙으로 거래상 일반적이고 공통된 것이므로, 굳이 별도의 설명이 없더라도 충분히 예상할 수 있었던 사항으로 볼 여지도 있는 점 등을 고려하면,

---

100) 서울고등법원 2002. 12. 24. 선고 2002나39939 판결(2003. 5. 16. 심리불속행기각으로 확정되었다). 무보험자동차에 의한 상해보험에 있어 승낙피보험자가 피보험자에 포함되지 않는다는 사실이 거래상 일반적이고 공통된 것인지는 의문이다.

101) 인천지방법원 2000. 7. 21. 선고 99나854 판결; 서울지방법원 2002. 6. 21. 선고 2000나52584 판결; 서울고등법원 2002. 7. 4. 선고 2001나64235 판결; 대구고등법원 2003. 1. 10. 선고 2002나6587 판결.

102) 대인배상Ⅱ의 지급기준이나 이 사건 특약에 의한 보상기준은, 대인배상의 경우 최종적으로는 법원의 판결에 의한 금원을 지급하고 이 사건 특약에 따른 보상한도가 2억 원에 한정된다는 것을 제외하고는 다를 게 거의 없기 때문에 이 사건 특약상의 보상기준을 설명할 의무가 없다고 보아 대상판결에 찬성하는 견해도 있는데{김광석, "무보험자동차에 의한 상해보상특약의 법적 성격," 「법률신문」 3284호(2004. 7.), 15면}, 그 보상기준이 거의 차이가 없다고 보기는 어렵고, 실질적으로 차이가 있기는 하지만 보험자가 약관에서 정한 지급기준에 따른 금액을 인수한 것이라는 점, 그 보상기준의 유효성이 인정된다는 점 등에 비추어 명시·설명의무의 대상이 되지 않는다고 보는 것이 보다 타당할 것이다.

명시 · 설명의무의 대상이라고 볼 수 없다고 한 대상판결은 타당하고, 이를 명시적으로 선언한 최초의 대법원판결로서 의미가 있다. 또한, 대상판결은 앞서 살펴본 명시 · 설명의무의 대상에 관한 판례에 나타난 기준에도 합치된다고 본다.

運轉者 年齡 限定運轉 特別約款에 있어서 '被保險自動車를 盜難당하였을 경우'의 意味

文 英 和*

대법원 2003. 6. 27. 선고 2001다67751 판결**

[事實의 槪要]

1. 차량의 소유관계 및 자동차종합보험계약의 내용

A는 B회사에 23톤 덤프트럭(이하 '이 사건 차량'이라 함)을 지입하여 운행하면서, 1996. 2. 28. 피고와 사이에 기명피보험자를 A 및 B회사, 보험기간을 1996. 2. 28. 24:00~1997. 2. 28. 24:00, 담보종목을 대인배상, 대물배상, 자기신체사고 및 무보험자동차상해로 하고, 만 26세 이상 한정운전 특별약관을 적용하기로 하는 자동차종합보험계약을 체결하였다.

2. 이 사건 차량 매매 및 운행

A는 1996. 12. 13. 원고와 사이에 이 사건 차량을 대금 24,000,000원에 매도하되 계약금 14,000,000원은 계약당일, 잔대금 10,000,000원은 1996. 12. 30. 각 지급받고 소유권은 잔대금의 지급과 동시에 이전하기로 하는 내용의 매매계약을 체결한 다음 원고에게 이 사건 차량을 인도하였다.

원고는 1996. 12. 16.부터 C를 운전사로 고용하여 이 사건 차량을 운행하였다.

3. 이 사건 사고의 발생

C(만 24세)가 1996. 12. 25. 14:40경 대구-포항간 편도 2차로 도로에서 전방 및 좌우방 주시의무를 게을리 한 채 회전(U턴)하다가 반대방향에서 진행해 오던 승용차의 앞범퍼 부분을 이 사건 차량의 뒷바퀴 부분으로 들이받아 승용차에 타고 있던 D로 하여금 척추굴곡신연골절 등의 상해를 입게 하였다.

4. 손해배상 및 구상권행사

위 승용차의 보험자인 E보험회사가 피해자 D에게 금 87,385,250원 지급한 다음, 대구지방법원 97가단61777호로 원고를 상대로 구상금청구소송을 제기하였는바, 1998. 12. 3. 원고는 E보험회사에게 65,538,937원 및 지연 손해금 지급하라는 판결이 선고되어 확정되었다.

---

* 판사, 대법원 재판연구관.

** 공보불게재.

B회사는 2000. 1.경 원고에게 피고에 대한 보험금지급청구권을 양도하고, 2000. 3. 9. 피고에게 위 양도사실을 통지하였다.

[訴訟의 經過]

1. 제 1 심 판단의 요지

A는 이 사건 사고가 발생할 당시에 이 사건 차량을 원고에게 매도하기로 매매계약을 체결하고 인도하여 주었으나 그때까지 잔대금을 지급받지 아니하였고 소유권이전등록에 필요한 서류를 교부한 것도 아닌 이상 A와 B회사가 여전히 이 사건 차량에 관한 운행이익이나 운행지배를 상실하였다고 할 수 없어 이 사건 보험계약상의 기명피보험자에 해당한다.

원고는 A로부터 승낙을 얻어 이 사건 차량을 운행한 이상 기명피보험자의 승낙을 얻어 피보험자동차를 사용 또는 관리중인 자(승낙피보험자)에 해당한다.

피고는 이 사건 보험계약에 만 26세 이상 한정운전 특별약관이 부가되어 있었는데, 이 사건 사고 당시 운전자인 C는 만 26세 미만이었으므로 위 약관에 따라 면책된다고 주장하나, C가 이 사건 사고 당시 승낙피보험자인 원고의 승낙하에 이 사건 차량을 운전하였으나, 기명피보험자인 A나 B회사로부터 명시적 또는 묵시적 승낙을 받아 이 사건 차량을 운전하였다는 점에 관하여 이를 인정할 증거가 없으므로 결국 피고의 면책 주장은 받아들일 수 없다.

2. 원심 판단의 요지

이 사건에 있어서는 A는 기명피보험자이고 원고는 승낙피보험자인데, C는 기명피보험자가 아니라 승낙피보험자의 명시적 승낙에 의하여 이 사건 차량을 운전한 것이긴 하나, A가 원고에게 이 사건 차량을 인도하면서 차량관리, 운행방식, 운전사의 고용 및 급여의 지급 등에 관한 모든 권한을 아울러 양도한 사실, 이에 따라 A는 원고에게 이 사건 차량을 인도한 이후에는 원고가 직접 이 사건 차량을 운전하든지 아니면 어느 누구를 운전사로 고용하여 운전하게 하든지에 관하여는 아무런 관심도 없었던 사실이 인정되는바, 기명피보험자인 A는 승낙피보험자인 원고가 이 사건 차량의 운전사로 고용한 자인 C의 운전행위에 관하여서도 이를 승인하는 의도가 명시적으로 표현되어 있는 경우와 동일시할 수 있을 정도로 묵시적인 승인을 하였다고 봄이 상당하므로, 이 사건 사고는 도난운전중의 사고로서 이 사건 면책약관이 적용되지 아니한다는 취지의 원고의 위 주장은 받아들일 수가 없고, 이 사건 사고는 이 사건 면책약관이 적용되어 피고의 보험금지급의무가 면책되었다.

[判決要旨]

자동차종합보험의 26세 이상 한정운전 특별약관 소정의 '피보험자동차를 도난당하였을 경우'라 함은 피보험자의 명시적이거나 묵시적인 의사에 기하지 아니한 채 제3자가 피보험자동차를 운전한 경우를 말하고, 여기서 '묵시적인 의사'라 함은 명시적인 의사와 동일하게 위 약관의 적용으로 이어진다는 점에서 피보험자의 연령 미달자의 운전에 대한 승인 의도가 명시적으로 표현되어 있는 경우와 동일시할 수 있을 정도로 그의 승인 의도를 추단할 만한 사정이 있는 경우에 한정되어야 하되, 묵시적인 의사의 존부에 관하여는 피보험자와 연령 미달 운전자와의 관계뿐만 아니라, 평소 사고 차량의 운전 및 관리 상황, 당해 연령 미달자의 운전이 가능하게 된 경위와 그 운행 목적, 평소 연령 미달 운전자에 대한 피보험자가 취해 온 태도 등의 제반 사정을 함께 참작하여 인정하여야 할 것이다.

원심은, 그 채용증거들을 종합하여, 원고가 A로부터 이 사건 차량을 매수하여 계약금만 지급한 상태에서 차량을 인도받고 26세가 되지 아니한 C를 운전자로 고용하여 이 사건 차량을 운행하여 오던중에 이 사건 사고가 발생한 사실과 이 사건 차량의 매도인인 A는 원고에게 이 사건 차량을 인도하면서 차량관리, 운행방식, 운전자의 고용 및 급여의 지급 등에 관한 모든 권한을 아울러 양도하였고 원고에게 이 사건 차량을 인도한 이후에는 원고가 직접 이 사건 차량을 운전하든지 아니면 어느 누구를 운전사로 고용하여 운전하게 하든지에 관하여는 아무런 관심도 없었던 사실을 인정한 다음, 그 인정 사실에 터잡아 이 사건 차량의 기명피보험자인 A는 승낙피보험자인 원고가 이 사건 차량의 운전사로 고용한 자인 C의 운전행위에 관하여서도 이를 승인하는 의도가 명시적으로 표현되어 있는 경우와 동일시할 수 있을 정도로 묵시적인 승인을 하였다고 봄이 상당하다고 판단하여 이 사건 사고는 도난중의 사고로서 26세 이상 한정운전 면책약관이 적용되지 아니한다는 취지의 원고의 주장을 배척하였는바, 관계 증거들을 기록에 비추어 살펴보면, 원심의 위와 같은 사실인정과 판단은 정당하다.

[評　　釋]

Ⅰ. 運轉者 年齡 限定運轉 特別約款의 適用範圍

1. 운전자 연령 한정운전 特別約款

(1) 運轉者限定特約의 特徵

자동차보험의 운전자한정특약에는 개인용·업무용·영업용의 운전자 연령 한정운전특약(만 21세 이상, 만 26세 이상), 개인용자동차보험의 가족운전자 한정운전특약 및 부부운전자 한정운전특약, 영업용자동차보험의 기명피보험자 1인 한정운전특약 등이 있다. 운전자한정특약에 의하여 보험계약이 체결된 경우에는 특약상 한정된 운전자 이외의 자가 운전하던중에 발생한 사고에 대하여는 보험금이 지급되지 않는데, 보험자가 이러한 특별약관의 내용을 알려주었다는 사실을 입증하지 못한 경우에 면책되지 않는다.[1)]

(2) 운전자 연령 한정운전 特別約款

(가) 趣　旨　　자동차사고의 발생률은 운전자의 연령에 의하여 큰 차이가 있다. 운전자 연령한정특약은 보험계약에서 보험사고를 특정 연령 운전자의 운전중의 사고에 한정함으로써 보통보험약관에 있어서의 담보위험을 축소하고 보험료의 할인[2)]을 가능하게 하는 데 그 취지가 있다.[3)] 大法院은 “운전자 연령 26세 한정운전 특별약관은 그로 인하여 담보범위가 축소되어 보험계약자에게 불리한 것은 분명하나 보험계약자에게도 위 특별약관을 보험계약에 편입시킴으로써 보험료가 할인되어 그 할인된 만큼의 보험료를 납부하지 아니함으로써 얻는 이익이 있고, 위 특별약관을 보험계약에 편입시킬 것인지 여부는 전적으로 보험계약자의 의사에 달려 있는 것이므로 위와 같은 특별약관이 약관규제법 제7조 제2호에 위반하여 무효라고 볼 수도 없다”고 하였다.[4)]

(나) 特約의 內容　　제1조(회사의 보상책임) 회사는 피보험자가 보험증권에 기재된 자동차(‘피보험자동차’라 합니다)에 대하여 운전할 자를 26(21)세 이

---

1) 대법원 2003. 8. 22. 선고 2003다27054 판결은 가족운전자 한정운전 특별약관이 설명의무의 대상이 된다고 하였고, 대법원 2003. 1. 10. 선고 2002다32776 판결은 운전자 연령 한정운전 특별약관이 설명의무의 대상이 된다고 하였다.

2) 운전자 연령 한정운전 특별약관의 보험료의 할인율은 대체로 만 26세 이상의 경우는 20% 정도, 만 21세 이상의 경우는 10% 정도라고 한다.

3) 編集代表 鴻 常夫, 註釋 自動車保險約款(下), 199頁.

4) 대법원 1998. 6. 23. 선고 98다14191 판결.

상으로 한정하는 경우에는 이 특별약관이 정하는 바에 따라 보상합니다. 그러나 대인배상 Ⅰ에 대하여는 그러하지 아니 합니다.

제2조(보상하지 아니하는 손해) ① 회사는 이 특별약관에 의하여 26(21)세 미만의 자가 피보험자동차를 운전하던중에 발생된 사고에 대하여는 보험금을 지급하지 아니 합니다.

② 전 ①항의 규정에도 불구하고 회사는 보험계약자 또는 피보험자에게 이 특별약관의 내용을 알려 주었다는 사실을 회사가 입증하지 못하는 경우에는 보통약관 제10, 21, 32, 38조[5] 에서의 손해에 대하여 보험금을 지급합니다. 또한, 피보험자동차를 도난당하였을 경우, 그 도난당하였을 때로부터 발견될 때까지의 사이에 발생한 피보험자동차의 사고로 피보험자가 배상책임을 짐으로써 입은 보통약관 제10, 21조에서의 손해와 그 피보험자동차에 생긴 보통약관 제38조의 자기차량손해에 대하여는 그러하지 아니 합니다.

㈐ 特約 제2조 제2항의 意味

① 大法院判例 대법원은 "26세 이상 한정운전 특별약관 제2조 제2항의 '피보험자동차를 도난당하였을 경우'라 함은 피보험자의 명시적이거나 묵시적인 의사에 기하지 아니한 채 제3자가 피보험자동차를 운전한 경우를 말하는 것"이라고 하면서, "여기서 '묵시적인 의사'라 함은 명시적인 의사와 동일하게 위 약관의 적용으로 이어진다는 점에서 피보험자의 도난운전에 대한 승인 의도가 명시적으로 표현되어 있는 경우와 동일시할 수 있을 정도로 그 승인 의도를 추단할 만한 사정이 있는 경우에 한정되어야 할 것이고, 따라서 과연 어떠한 사정이 있어야 이러한 묵시적인 의사가 있었다고 보아야 할 것이냐는 피보험자와 도난운전자와의 관계뿐만 아니라, 평소 사고 차량의 운전 및 관리 상황, 당해 도난운전이 가능하게 된 경위와 그 운행 목적, 평소 도난운전자에 대한 피보험자가 취해 온 태도 등의 제반 사정을 함께 참작하여 인정하여야 할 것이다"고 하여, '피보험자동차를 도난당하였을 경우'의 의미를 형법상의 절취 또는 강취에 한정시키지 않고 넓게 인정하면서 피보험자의 승낙의사를 도난에 해당되는지의 주요한 판단요소로 보아 기명피보험자의 의사에 기하지 않은 무단운전을 도난당하였을 경우로 해석한다.[6] 또 대법원판례는 피보험자동차의 운전에

---

5) 제10조는 대인배상 Ⅱ의 보상책임에 관한 조항, 제21조는 대물배상에서의 보상책임에 관한 조항, 제32조는 자기신체사고에서의 보상책임에 관한 조항, 제38조는 자기차량손해에서의 보상책임에 관한 조항이다.

6) 대법원 1998. 7. 10. 선고 98다1072 판결; 2000. 2. 25. 선고 99다40548 판결; 2002. 9. 24.

대한 승낙의 주체에 관하여는 "기명피보험자의 승낙을 받아 자동차를 사용하거나 운전하는 자로서 보험계약상 피보험자로 취급되는 자(이른바 승낙피보험자)의 승인만이 있는 경우에는 보험계약자나 피보험자의 묵시적인 승인이 없다고 보는 것이 옳다"고 하여 기명피보험자로 한정하고 있다.[7)]

② 日本에서의 解釋論　일본 자동차보험의 운전자 연령 한정운전 특별약관에서도 '피보험자동차가 도난된 시점부터 발견되기까지 사이에 그 피보험자동차에 관하여 생긴 사고'에 대하여 보험자가 책임을 지도록 규정하고 있는데(가족운전자 한정운전 특별약관도 동일함), 이는 기명피보험자가 운전자한정특약을 체결함으로써 통상 한정된 운전자 이외에는 피보험자동차를 사용하지 않게 하였으나 도난까지를 완전히 배제하는 것은 곤란하므로 피보험자동차의 도난중에 생긴 사고에 의하여 배상책임을 부담함으로써 입은 손해까지를 면책하는 것이 가혹하기 때문이라고 하면서, '盜難'은 형법상의 절도 및 강도에 한정되어야 한다고 하고 무단운전 등에 있어서까지 위 규정을 확대 적용하는 것은 본 특약의 취지에 반한다고 한다.[8)]

2. 運轉者年齡限定特約의 適用에 관한 旣存 大法院判例에 대한 檢討

(1) 無免許運轉免責約款의 解釋

당초 자동차종합보험의 무면허운전면책약관은 "피보험자동차의 운전자가 무면허운전을 하였을 때에 생긴 사고로 인한 손해에 대하여는 보험회사가 보상하지 아니한다"고 규정하고 있었는데, 대법원 1991. 12. 24. 선고 90다카23899 전원합의체 판결에서 "무면허운전면책조항에 대하여 문언 그대로 무면허운전의 모든 경우를 아무런 제한 없이 보험의 보상대상에서 제외한 것으로 해석하게 되면 절취운전이나 무단운전의 경우와 같이 자동차보유자는 피해자에게 손해배상책임을 부담하면서도 자기의 지배관리가 미치지 못하는 무단운전자의 운전면허소지 여부에 따라 보험의 보호를 전혀 받지 못하는 불합리한 결과가 생기는바, 이러한 경우는 보험계약자의 정당한 이익과 합리적인 기대에 어긋나는 것으로서 고객에게 부당하게 불리하고 보험자가 부담하여야 할 담보책임을 상당한 이유 없이 배제하는 것이어서 현저하게 형평을 잃은 것이라고 하지 않을 수 없으며 이는 보험단체의 공동이익과 보험의 등가성 등을 고려하더라도 마찬

선고 2002다27620 판결.

7) 대법원 2000. 2. 25. 선고 99다40548 판결.

8) 鴻 常夫, 앞의 책, 196頁.

가지라고 할 것이므로 무면허운전면책조항이 보험계약자나 피보험자의 지배 또는 관리가능성이 없는 무면허운전의 경우에까지 적용된다고 보는 경우에는 그 조항은 신의성실의 원칙에 반하는 공정을 잃은 조항으로서 약관의규제에관한법률 제6조 제1, 2항, 제7조 제2, 3호의 각 규정에 비추어 무효라고 볼 수밖에 없기 때문에 위 무면허운전면책조항은 위와 같은 무효의 경우를 제외하고 무면허운전이 보험계약자나 피보험자의 지배 또는 관리가능한 상황에서 이루어진 경우에 한하여 적용되는 조항으로 수정해석을 할 필요가 있으며, 무면허운전이 보험계약자나 피보험자의 지배 또는 관리가능한 상황에서 이루어진 경우라고 함은 구체적으로는 무면허운전이 보험계약자나 피보험자 등의 명시적 또는 묵시적 승인 하에 이루어진 경우를 말한다"고 판시한 후 무면허운전면책약관은 "피보험자 본인이 무면허운전을 하였거나, 피보험자의 명시적·묵시적 승인 하에서 피보험자동차의 운전자가 무면허운전을 하였을 때에 생긴 사고로 인한 손해는 보상하지 아니한다"는 내용으로 규정이 변경되었다.

무면허면책약관에 규정된 '피보험자의 묵시적 승인 하에 무면허운전을 하였을 때'의 의미에 관하여 대법원 1995.7.28. 선고 94다47087 판결에서 "이 경우 '묵시적 승인'은 명시적 승인의 경우와 동일하게 면책약관의 적용으로 이어진다는 점에서 피보험자의 무면허운전에 대한 승인 의도가 명시적으로 표현되는 경우와 동일시할 수 있는 정도로 그 승인 의도를 추단할 만한 사정이 있는 경우에 한정되어야 할 것이고, 과연 어떠한 사정이 있어야 이러한 묵시적 승인이 있었다고 보아야 할 것이냐는 평소 무면허운전자의 운전에 관하여 보험계약자나 피보험자가 취해 온 태도뿐만 아니라, 보험계약자 또는 피보험자와 무면허운전자의 관계, 평소의 차량의 운전 및 관리상황, 당해 무면허운전이 가능하게 된 경위와 문제로 된 무면허운전의 목적 등의 제반 사정을 함께 참작하여 인정하여야 할 것이다"고 한 이래 동일한 내용의 대법원판결이 선고되고 있다.[9]

(2) 개인택시운전자 한정특약과 가족운전자 한정특약의 解釋

개인택시운전자 한정특약에 관한 대법원 1995.2.24. 선고 94다41232 판결은 "개인택시운전자 한정특별약관 제2조 단서 소정의 '도난을 당하였을 경우'란 개인택시운전자의 명시적·묵시적 의사에 기하지 않고 제3자가 당해 개

9) 대법원 1997.9.9. 선고 97다9390 판결; 1998.3.24. 선고 96다38391 판결, 1999.4.23. 선고 98다61395 판결 등.

인택시를 운전한 경우를 의미한다고 보아야 할 것이고, 그 중 형법상 절도죄가 성립하는 경우만을 의미한다고 볼 수 없다"고 하여[10] 도난을 당하였을 경우를 넓게 인정하였다.

가족운전자 한정특약에 관한 대법원 1996. 2. 23. 선고 95다50431 판결[11]은 '피보험자동차를 도난당하였을 경우'에 관하여 피보험자의 명시적이거나 묵시적 의사에 기하지 아니한 채 제 3 자가 피보험차량을 운전한 경우를 말한다고 하면서, '묵시적 의사'의 의미 및 묵시적 의사 존부의 판단기준에 관하여 무면허운전면책약관에 관한 대법원 1995. 7. 28. 선고 94다47087 판결을 인용하여 '무면허운전'을 '도난운전'으로 바꾸어 동일하게 판시하였다.[12]

---

10) [事案] 이 사건 택시의 소유자로서 개인택시운전자 한정특약에 가입한 A가 사고 전날 밤에 광주 서구 월산동 소재 원광다방에서 B 등과 계모임을 하였는데, B가 밖으로 나오면서 추워서 A의 오리털파카를 입고 음료수가 먹고 싶어 동전을 찾기 위하여 주머니를 뒤지다가 이 사건 택시의 열쇠가 있는 것을 발견하고 2년 전에 가출한 아내가 나주시 영산동에 있는 다방에서 근무한다는 것이 생각나서 A 모르게 이 사건 택시를 운전하고 나주에 가서 다방을 돌아다니며 문을 열어달라고 하였으나 문을 열어주지 않자 위 원광다방으로 되돌아오다가 행인을 치어 사망에 이르는 사고를 내었고, A는 사고 당일 00:30경 오리털파카와 택시가 없어진 것을 알고 B를 찾기 위하여 광주 서구 소재 B의 집까지 갔다가 다시 위 원광다방으로 되돌아와 기다리던 중 이 사건 사고 소식을 듣게 되었다.

11) [事案] 자신의 소유인 이 사건 승용차에 관하여 가족운전자 한정운전특약부 자동차보험계약을 체결한 A가 1990. 8. 31. 19:00경 부친상을 당한 친구 B 집에 가서 그 집 앞에 주차를 해두면서 잠깐 있다 나올 생각으로 시동만 끈 채 시동열쇠를 그대로 꽂아 놓았는데, A, B의 중학교 동기생으로서 택시기사로 근무하던 C가 그들과 어울려 놀던중 피보험차량에 시동열쇠가 꽂혀 있는 것을 보고서 잠시 볼일을 보고 오려고 A에게 알리지 아니한 채 피보험차량을 운전하였다가 중앙선을 침범하여 반대방향에서 진행하던 차와 충돌하는 사고가 발생하였다.

[訴訟經過] 원심은 C의 운전은 A의 묵시적 의사에 기한 것으로 볼 수 있어서 도난당한 경우에 해당되지 않는다는 이유로 교통사고의 피해자들인 원고의 청구를 기각하였는데, 대법원은 A가 평소 다른 사람에게 피보험차량를 빌려주거나 C에게 운전해 볼 것을 권한 적이 없다는 사실 등을 들어 A는 C가 피보험차량을 운전할 것을 기대하지 아니하였던 것으로 보이고, 원심이 단순히 이 사건 도난운전의 운전자가 A의 중학교 동창생이고 차량에 시동열쇠를 꽂아 놓았다는 사정만 가지고 C의 운전이 A의 묵시적인 의사에 기하여 이 사건 승용차를 운전한 경우에 해당한다고 추단한 것은 채증법칙이나 경험칙에 위배하여 사실을 잘못 인정하였거나 묵시적 의사표시에 관한 법리를 오해한 위법이 있다고 하여 원심을 파기하였다.

12) 이후 선고된 대법원 1997. 11. 14. 선고 95다45828 판결도 동일함.

[事案] 이 사건 승용차에 대하여 자신을 기명피보험자로 하여 가족운전자 한정운전특약부 자동차종합보험계약을 체결한 A가 1994. 11. 2. 22:00경 아파트 주차장에 이 사건 승용차를 주차시켜 놓고 귀가하자, 그의 아들로서 당시 17세 8개월의 고등학교 3년생인 B가 아버지가 잠자는 사이에 친구들과 함께 자동차를 타고 놀러 다니다가 돌아올 생각으로 22:10경 학원에 간다고 하면서 거실에 있던 이 사건 승용차의 예비열쇠를 가지고 나가 그의 친구인 C에 교부하였고, C가 이 사건 승용차에 B와 친구들을 태우고 운전하여 다니다가 다음날 02:40경 자유로에서 가로등을 들이받고 전복되어 위 탑승자들이 모두 사망하였다.

[訴訟經過] 원심은 C가 이 사건 승용차의 운전에 관하여 A의 명시적·묵시적 승인을 받은 바는 없다고 하더라도 이를 가리켜 위 특별약관에 규정된 자동차를 도난당하였을 경우로 보기는 어렵다고 판단하여, 동승자인 B 친구의 부모들이 원고가 되어 제기한 청구 중 자동차

(3) 운전자 연령한정특약에 관한 大法院判例

(가) 운전자 연령한정 特約을 適用하여 保險者의 免責을 인정한 例는 다음과 같다.

① 대법원 2000. 2. 25. 선고 99다40548 판결

[事案] 운전자 연령 21세 이상 한정운전 특약부 자동차보험계약을 체결한 렌트카업체의 영업소장이 소외 A의 업무에 사용하기 위하여 자동차를 임차하는 소외 B에게 자동차를 대여하면서 소외 B는 운전면허는 있으나 21세가 되지 않았고, 소외 A는 21세 이상이나 운전면허가 없어 주운전자는 다시 통보해 주기로 약정하였는데도 계약체결 직후 자동차를 소외 B에게 즉시 인도하여 그가 운전하여 갔다. 소외 A는 단란주점을 경영하고 있고 소외 B는 그 종업원인데, 소외 A는 자동차 임차 후 단란주점의 영업 등에 필요한 때마다 종업원들에게 운전을 시켜왔으며, 때때로 스스로 자동차를 운전하여 오다가, 소외 A가 자동차를 운전하여 낚시터로 놀러가서 주점 종업원인 소외 C에게 물을 사오라고 심부름을 시켰고, 소외 C는 다른 종업원들이 피곤하여 차안에서 자고 있던 상태에서 그대로 이 사건 자동차를 운전하여 가다가 사고를 내어 동승자 전원이 사망하였고, 소외 C는 사고 당시의 연령은 16세 3월에 불과하였다. 렌트카업체의 영업소장은 이 사건 자동차 대여계약일로부터 20일이 지난 이 사건 사고일까지 소외 A, B로부터 주운전자에 대한 아무런 통보를 받지 못하였음에도 차량반납 등의 조치를 취하지 않았고, 다만 전화상으로 그 차량사용료 등 미수금 1,500,000원에 대한 독촉만을 하였다.

[判示] 기명피보험자인 렌터카업체의 영업소장은 자동차종합보험약관상 피보험자동차를 운행할 자격이 없는 만 21세 미만자인 소외 B 또는 자동차 운전면허가 없는 소외 A를 임차인으로 하여 이 사건 자동차를 대여하고 21세 미만자인 소외 B에게 이 사건 차량을 현실적으로 인도해 주었는데, 이는 영업소장이 대여 당시 21세 미만의 자가 소외 A 또는 B로부터 지시 또는 승낙을 받아 이 사건 자동차를 운전하는 것을 승인할 의도가 있었음을 추단할 수 있는

손해배상보장법에 의한 책임보험금액을 넘는 부분을 배척한 제1심 판결을 유지하면서 원고들의 항소를 기각하였는데, 대법원은 B가 사고 당시 18세가 되지 아니하여 자동차운전면허를 받을 자격이 없고, 그가 학원에 간다고 하면서 거실에 있던 예비열쇠를 몰래 가지고 나와 심야에 여자와 동승하여 놀러 다닐 목적으로 친구인 C로 하여금 자동차를 운전하게 하였다는 등의 사정을 종합하여 보면, 기명피보험자인 A는 B에 대하여 이 사건 승용차의 운전을 금하고 있었다고 보아야 할 뿐더러 C의 운전행위를 승인할 여지도 없다 할 것이므로 이 사건 사고는 위 특별약관에서 정한 피보험자동차 도난중의 사고에 해당한다고 보아야 할 것이라고 하여 원심을 파기하였다.

직접적 또는 간접적 표현이 있는 때에 해당한다고 봄이 상당하고, 따라서 소외 C의 이 사건 자동차의 운전은 승낙피보험자의 승인만이 아니라 기명피보험자의 묵시적인 승인도 있는 때에 해당한다 할 것이다.

② 대법원 2003. 1. 24. 선고 2002다62203 판결

[事案] A는 이 사건 승용차에 대하여 26세 이상 한정운전특약부 자동차종합보험에 가입하였고 B(사고 당시 만 24세 1개월)는 A의 아들로서 이 사건 사고 당시 A와 함께 거주하면서 평소 A가 구입해 준 갤로퍼 승용차를 이용하여 노래방을 운영하고 있는 어머니를 영업이 끝날 무렵에 데리러 다녔는데, 이 사건 사고 전날 아침 A가 자신의 차량인 이 사건 승용차에 이상이 있다고 하면서 위 갤로퍼 승용차를 타고 나갔다가 저녁이 되어도 귀가하지 아니하자 친구들과 저녁약속이 있었던 B가 안방 TV 위에 놓여있던 자동차 키를 가지고 나와 이 사건 승용차를 운전하다가 이 사건 사고에 이르게 되었고, 이 사건 사고 후 A는 운전자를 자신으로 바꿔치기 하여 자신이 이 사건 승용차를 운전하다가 사고를 일으켰다고 피고 회사에 허위로 사고 신고를 하였으나 피고 회사의 담당직원의 현장조사 및 탐문조사를 통하여 허위신고한 사실이 밝혀졌다.[13]

[判示] 원심이 그 판시와 같은 피보험자인 A와 운전자인 B와의 관계, B가 운전을 하게 된 경위, 차량열쇠의 보관상태 등의 제반 사정을 함께 참작하여 B의 이 사건 자동차 운전은 피보험자인 A의 묵시적 승인 아래 이루어진 것이라고 추인할 수 있어, 이 사건 사고는 '피보험자동차를 도난당하였을 경우'에 발생한 것이라고 볼 수 없다고 인정・판단한 것은 정당하다.

(나) 운전자 연령한정 特約의 適用을 排除하여 보험자의 면책을 인정하지 않은 例는 다음과 같다.

① 대법원 1998. 7. 10. 선고 98다1072 판결

[事案] 무면허로서 미성년자인 B가 아버지인 A가 출타한 사이에 바지 호주머니에 넣어 둔 자동차 열쇠를 꺼내어 친구를 태우고 운전하다가 사고를 냈다.

[判示] 이 사건 승용차의 소유자인 A와 그의 미성년 자녀인 B와의 관계, A의 평소 사고 차량의 운전 및 관리 상황, B의 운전이 가능하게 된 경위와 그 운행목적 등의 제반 사정을 함께 참작하여 보면, A는 B가 위 승용차를 운전할 것을 기대하지 아니하였던 것으로 보이고, 달리 B의 운전을 승인할 의도가 있

13) 사안은 원심판결인 광주고등법원 2002. 10. 9. 선고 2002다3036 판결의 내용을 참조한 것임.

었음을 추단할 수 있는 직접적 또는 간접적인 표현이 있었다고 볼 만한 사정이 없었으므로 이 사건 사고는 '피보험자동차를 도난당하였을 경우'에 발생한 것으로서 피고의 면책이 허용되지 아니한다고 판단한 원심은 옳다.

② 대법원 2002. 9. 24. 선고 2002다27620 판결

[事案] 승용차의 소유자이며 피보험자인 A가 식당을 운영하면서 가정용 및 개인업무용으로 자신만이 운전하던 승용차의 열쇠를 평소 본인이 직접 관리하여 왔으나, 사고 당일 오후 친구들과의 계모임으로 외출하면서 식당관리를 처제 및 종업원에게 맡기고 식당열쇠와 같이 묶여 있던 차량열쇠를 방안에 있던 바구니에 넣어두었는데, 사고 당시 만 15세인 A의 아들 B가 열쇠를 몰래 들고 나와 무면허로 승용차를 운전하다가 이 사건 사고를 발생시켰다(A는 평소 B가 가끔 식당 주차장 내에 주차된 이 사건 승용차를 주차장 내에서 운전하는 것을 볼 때마다 주차장 내에서는 운전연습을 하더라도 주차장 밖으로 나가서는 안 된다고 주의를 주어 이 사건 사고 전에는 B가 승용차를 운전하여 주차장 밖으로 나간 적이 없었다).

[判示] 원심은 피보험자인 A와 운전자인 B의 관계, 평소 차량의 관리 상황, 만 15세의 B가 승용차를 무면허로 운전하게 된 경위, 평소 B의 운전에 관하여 A가 취해 온 태도 등에 비추어 A가 만 15세의 B가 승용차를 무면허로 운전하는 데 대하여 묵시적으로 승인하였다고 보기 어렵다고 할 것이라는 이유로 피고의 면책항변을 배척하였는바 원심의 사실인정과 판단은 모두 수긍이 된다.

(다) 운전자 연령한정특약에 관한 대법원판례는 무면허운전면책약관에 관한 대법원판례를 引用한 가족운전자 한정특약에 관한 대법원 1996. 2. 23. 선고 95다50431 판결을 따르고 있다.

대법원은 1995. 7. 28. 선고 94다47087 판결에서 무면허운전면책약관의 적용에 있어서 무면허운전에 대한 묵시적 승인 여부의 판정기준을 제시하였고 이후 대법원판례들이 이에 따르고 있으나 묵시적 승인의 판정기준을 엄격하게 보아 무면허운전에 대한 묵시적 승인을 인정하는 경우는 거의 없다.[14]

운전자 연령한정특약의 적용을 배제하여 보험자의 면책을 인정하지 않은 대법원 1998. 7. 10. 선고 98다1072 판결과 대법원 2002. 9. 24. 선고 2002다27620 판결은 미성년자로서 무면허인 운전자의 사고라는 점에서 연령한정특약

14) 김수형, "무면허운전면책약관의 유효요건인 무면허운전의 묵시적 승인의 존부에 관한 판단기준," 「대법원판례해설」 1997년 하반기(통권 제29호), 189면.

이외에 무면허운전면책약관의 적용 여부가 문제된 사안이었는데, 도난운전에 대한 피보험자의 묵시적 승인 여부에 관하여 무면허운전에 대한 승인과 결론을 같이 함으로써 두 약관의 적용을 모두 배제하여 보험자의 면책을 인정하지 않았다.

⑷ 운전자 연령한정특약에 관한 기존 대법원판례에 대한 批判論

운전자 연령한정특약의 적용이 배제되는 "피보험자동차를 도난당하였을 경우"의 의미를 무면허면책약관의 적용이 배제되는 경우와 동일하게 '피보험자의 명시적 또는 묵시적 승인이 없이 제 3 자가 운전한 경우'로 해석하고 있는 대법원판례에 대하여는 다음과 같은 비판이 제기될 수 있다.

① 피보험자의 명시적이거나 묵시적인 의사에 기하지 아니한 무단운전은 한정운전특약의 '도난당하였을 경우'와 명백히 의미를 달리하는 것으로서[15] '도난당하였을 경우'를 무단운전으로 해석하는 것은 지나친 확장해석이다.

② 무면허운전에 대하여는 명시적 또는 묵시적 승인 여부가 문제로 될 수 있지만, '도난운전'을 '절취하여 운전하는 것'('도난운전자'를 '절취하여 운전하는 자')이라는 의미로 해석한다면 피보험자가 도난운전에 대한 승인 의도를 가지는 것은 범죄행위를 허용하는 것으로서 묵시적으로도 그러한 의도가 인정되는 경우는 거의 없을 것이므로 한정운전특약이 적용되는 경우는 극히 제한된다.[16]

③ 기명피보험자의 입장에서 무단운전에 해당되는 경우라 하더라도 도난당한 경우에 해당되지 않을 수가 있는데, '도난당하였을 경우'를 무단운전과 동일하게 해석하면 자동차종합보험보통약관에 가입함으로써 무단운전을 담보범위에 포함시킬 수 있음에도 한정운전특약에 가입하여 보험료할인의 이익을 누린 보험계약자 및 피보험자를 지나치게 보호하는 것이 된다.[17]

3. 운전자 연령 한정운전특약의 適用範圍

⑴ 한정운전특약의 적용 범위에 관한 새로운 解釋의 시도

기존 대법원판례와는 달리 한정운전특약을 무면허운전면책약관과 차별하여 적용하는 해석론으로는 다음과 같은 견해가 가능하다.

---

15) 양승규, "한정운전특별약관 소정의 자동차도난의 경우," 「손해보험」(2003. 8.), 111면.

16) 무면허운전면책약관에 관한 대법원판례의 판시와 비교해 볼 때 연령한정특약에 관한 기존 대법원판례상의 '도난운전'은 '절취운전'의 의미가 아니라 연령미달자의 운전을 의미하는 것으로 보아야만 이해가 가능하다.

17) 박성호, "운전자 연령 한정운전특별약관부 자동차종합보험계약에서 연령 미달의 임의운전자가 보험계약자 또는 피보험자의 동거가족인 경우, 상법 제682조 소정의 보험자대위권 행사의 대상인 제 3 자에 포함되는지 여부," 「대법원판례해설」, 2000년 상반기(통권 제34호), 185면.

① 한정운전특약의 적용 배제 사유인 '도난당하였을 경우'의 의미를 절취 또는 강취된 경우로만 제한하여 해석하자는 견해[18]

② '도난당하였을 경우'를 피보험자의 명시적이거나 묵시적인 의사에 기하지 않은 채 제3자가 운전한 경우로 보는 기존 대법원판례를 유지하되, 연령미달자의 운전에 대한 승인 주체를 기명피보험자 이외에 승낙피보험자 등도 포함시켜 한정운전특약의 적용 범위를 넓히자는 견해

③ '도난당하였을 경우'의 의미에 관한 기존 대법원판례를 유지하되 연령미달자의 운전에 대한 기명피보험자의 묵시적 승낙이 있는 경우를 넓게 보아 기명피보험자에게 차량의 운행 및 관리상황 등에 있어서 귀책사유가 있는 경우에는 기명피보험자의 연령미달자의 운전에 대하여 묵시적 승인이 있는 것으로 보아 한정운전특약의 적용 범위를 무면허운전면책약관의 적용 범위와 차별화하여 넓히자는 견해

(2) 각 견해에 대한 檢討

(가) ① **견해에 대하여** 대법원판례는 절취운전에 대하여 '자동차 보유자는 원칙적으로 자동차를 절취당하였을 때에 운행지배와 운행이익을 잃어버렸다고 보아야 할 것이고, 다만 예외적으로 자동차 보유자의 차량이나 시동열쇠 관리상의 과실이 중대하여 객관적으로 볼 때에 자동차 보유자가 절취운전을 용인하였다고 평가할 수 있을 정도가 되고, 또한 절취운전중 사고가 일어난 시간과 장소 등에 비추어 볼 때에 자동차 보유자의 운행지배와 운행이익이 잔존하고 있다고 평가할 수 있는 경우에 한하여 자동차를 절취당한 자동차 보유자에게 운행자성을 인정할 수 있을 것'이라고 하여[19] 피보험자동차가 절취된 경우에 있어서 보유자의 운행자성을 제한적으로 인정하고 있다. 대법원판례에 따를 때 피보험자동차가 절취된 경우에 있어서 보험자가 피해자에게 보험금을 지급하여야 하는 경우는 피보험자에게 운행자성이 인정되는 제한적인 경우와 자동차사고에 대하여 피보험자에게 피보험자동차의 관리소홀로 인하여 민법상의 불법행위책임이 인정될 수 있는 경우[20]로 제한될 것인바, 그러한 경우만을 '도난당하였을 경우'에 해당된다고 한다면 연령한정특약의 적용이 배제되는 범위는 지극히 좁게 된다.

위 ① 견해에 대하여는 형법상의 절취에 해당되지 않더라도 연령미달자의

18) 양승규, 앞의 글, 111면.

19) 대법원 1998. 6. 23. 선고 98다10380 판결 등.

20) 대법원 2001. 6. 29. 선고 2001다23201,23218 판결.

운전에 관하여 피보험자에게 귀책사유가 없거나 피보험자의 피보험자동차에 대한 지배 또는 관리가 전혀 미치지 못하는 경우[21]가 있을 수 있는바, 한정운전특약의 적용 배제 사유를 형법상의 절취의 경우로만 제한한다면 피보험자의 지배 또는 관리가능성이 전혀 없는 연령미달자의 운전의 경우까지 보험자가 면책되어 불공정한 경우가 발생할 뿐만 아니라, 형법상 자동차에 대한 불법사용죄가 신설되어[22] 권리자의 동의 없이 자동차를 일시 사용하는 것(소위 사용절도)을 처벌하고 있으므로[23] 한정운전특약상의 '도난'의 의미를 반드시 형법상의 절취로 제한할 필요가 없다는 비판이 제기될 수 있다.

(나) ② 견해에 대하여　　무면허운전면책약관의 적용범위와 관련하여 무면허운전에 대한 승인의 주체에 관하여는 (i) 자동차보험보통약관상 피보험자로 되어 있는 기명피보험자 및 승낙피보험자 등이 모두 승인의 주체가 된다는 견해(被保險者說), (ii) 타인으로 하여금 피보험자동차를 사용하게 할 수 있는 자인 기명피보험자만이 승인의 주체가 된다는 견해(記名被保險者說), (iii) 기명피보험자 외에 기명피보험자로부터 자동차를 사용 또는 관리할 권한을 부여받은 자도 승인의 주체가 될 수 있다는 견해(使用·管理主體說)가 있을 수 있는데, 대법원판례는 "무면허운전이 보험계약자나 기명피보험자의 명시적 또는 묵시적 승인 하에 이루어진 경우에는 무면허운전면책조항에는 해당하지만, 기명피보험자의 승낙을 받아 자동차를 사용하거나 운전하는 자로서 보험계약상 피보험자로 취급되는 승낙피보험자의 승인만이 있는 경우는 이에 해당하지 아니한다"고 하여 기명피보험자설의 입장을 취하고 있고,[24] 한정운전특약에 관하여도 동일하

21) 예를 들어 타인에게 운전을 하게 할 권한이 없이 기명피보험자를 위하여 피보험차량을 운전하는 자가 불법영득의사 없이 일시 사용할 목적으로 연령 미달자인 제3자에게 운전을 하게 하였다가 발생한 사고.

22) 第331條의2(自動車등 不法使用) 權利者의 同意 없이 他人의 自動車, 船舶, 航空機 또는 原動機裝置自轉車를 일시 사용한 者는 3年 이하의 懲役, 500萬원 이하의 罰金, 拘留 또는 科料에 處한다. [本條新設 95·12·29]

23) 자동차 등 불법사용죄의 일시사용의 의미는 권리자의 동의 없이 권리자를 배제하는 데까지는 이르지 않은 것으로 평가되는 단시간 동안에 한하여 경제적 용법에 따라 그 물건을 이용하는 것을 말한다고 한다. 「제3판 주석 형법(V)」[각칙(3)], 한국사법행정학회(2001), 120면.

24) 박성호, 앞의 글, 187면; 대법원판례는 지입차량과 렌트카에 있어서 승낙피보험자의 승인이 있는 경우에도 무면허운전면책약관의 적용을 부정한다. 대법원 1994. 1. 25. 선고 93다37991 판결; 1995. 9. 15. 선고 94다17888 판결; 1997. 12. 12. 선고 96다26954 판결; 2000. 5. 30. 선고 99다66236 판결 등. 양승규 교수는 "기명피보험자가 다른 사람에게 자동차의 사용을 허락하였으면 그 자동차는 그 승낙피보험자를 통하여 관리하는 것이고, 자동차의 관리를 맡고 있는 사람은 누구나 도로교통법에 의하여 무면허운전이 금지되고 있음을 알고 있고 이는 처벌의 대상이 되고 있으므로 무면허운전면책조항은 기명피보험자뿐만 아니라 승낙피보험자 또는 그들의 운전자의 명시적 또는 묵시적 승인하에 무면허운전이 이루어진 경우

게 취급한다.[25)]

위 ② 견해에 대하여는 연령미달자의 운전에 대한 승인주체에 승낙피보험자를 포함시킨다면 기명피보험자에게 연령미달자의 운전에 대하여 귀책사유가 없는 경우[26)]에 기명피보험자로서는 손해배상책임을 지면서도 보험의 혜택을 받지 못하여 부당한 경우가 있을 수 있다는 비판이 있을 수 있다.

(다) ③ **견해에 대하여** 위 ③ 견해에 대하여는 기명피보험자의 피보험차량의 관리에 있어서의 귀책사유의 존재를 연령미달자의 운전에 대한 묵시적 승인의사의 추정으로 연결시키는 것은 타당하지 못하다는 비판이 제기될 수 있다.

그러나 한정운전특약을 한 기명피보험자가 피보험자동차의 관리에 있어서 과실이 있는 경우, 예를 들어 제 3 자에게 피보험자동차를 운전하게 하면서 그 연령을 제대로 확인하지 않은 경우나 자동차 열쇠의 관리를 소홀하게 함으로써 연령미달자의 운전이 쉽게 이루어지게 한 경우에 있어서는 기명피보험자에게 누구나 운전을 하더라도 승인을 할 의사가 있는 것으로 추정할 수 있고, 또 제3자에게 피보험자동차를 사용 또는 관리하게 하면서 연령미달자의 운전에 대하여 명시적으로 금지하지 않은 경우는 제 3 자에게 피보험자동차의 운행에 관하여 전적으로 위임한 것으로서 제 3 자가 누구에게 피보험자동차를 운전하게 하더라도 승인하겠다는 의사가 있는 것으로 추정할 수 있으므로 이러한 경우에 있어서 피보험자에게 연령미달자의 운전에 대하여도 묵시적 승인의사가 있다고 인정하는 것이 무리라고 볼 수는 없고, 운전자 연령한정특약을 한 피보험자는 자신의 선택에 의하여 할인된 보험료를 한정특약에 가입한 만큼, 위와 같은 경우에 있어서 연령미달자의 운전에 대한 승인의사를 추정하는 것이 부당하다고 할 수도 없다.

Ⅱ. 被保險自動車의 賣買에 있어서 讓渡人과 讓受人의 地位

1. 讓渡人과 讓受人의 被保險自動車와의 關聯

(1) 讓渡人(賣渡人)의 運行支配

大法院은 "자동차 보유자의 운행지배는 현실적으로 보유자와 운전자 사이

에는 모두 원용할 수 있도록 하는 것이 마땅하다"고 하여 위 대법원판례를 비판한다("무면허운전면책약관의 적용범위," 「보험판례연구」, 2000, 391면).

25) 대법원 2000. 2. 25. 선고 99다40548 판결.

26) 예를 들어 렌트카업자가 임차인에게 연령미달자의 운전을 명시적으로 금지하였음에도 임차인이 연령미달자로 하여금 운전을 하게 하였다가 사고가 난 경우.

에 사실상의 지배관계가 존재하는 경우뿐만 아니라 간접적이거나 제 3 자의 권리를 통한 관념상의 지배관계가 존재하는 경우도 포함하는 것이므로, 자동차를 매도하고도 자동차 등록명의를 그대로 남겨둔 경우에 매도인의 운행지배 유무는 매도인과 매수인 사이의 실질적 관계를 살펴서 사회통념상 매도인이 매수인의 차량운행에 간섭을 하거나 지배관리할 책무가 있는 것으로 평가할 수 있는지의 여부를 가려 결정하여야 한다"고 한다.[27]

대법원판례에 따르면, 자동차 매매계약의 이행단계에 따라 양도인의 지위는 대체로 다음과 같이 구분될 수 있다. (i) 매매계약 후 계약금만을 수령한 채 차량을 인도하여 운행케 한 매도인은 대체로 운행자성이 인정되고,[28] (ii) 매매대금을 완제받고 차량을 인도하였으나 소유권이전등록을 하지 못한 매도인은 매수인 사이의 실질적인 관계를 고려하여 운행자성이 결정되며,[29] (iii) 매매대금을 완제받고 차량을 인도하고 소유권이전등록을 마친 매도인은 일반적인 매매에 있어서 운행자성이 부정된다.[30]

⑵ 被保險車輛을 引導받아 運行하는 讓受人

대법원 1990. 12. 11. 선고 90다7708 판결은 피보험차량의 매수인이 잔대금을 지급하지 아니하여 소유권이전등록을 마치지 아니한 채 차량을 인도받으면서 양도인과 합의 하에 그를 피보험자로 하는 자동차보험계약을 체결하고 운행하던 중 사고가 발생한 경우에 관하여 양수인을 승낙피보험자로 인정하고 있다.

승낙피보험자의 지위에 있는 양수인으로부터 다시 피보험자동차를 전매한 전전양수인은 승낙피보험자가 아니라는 점[31]에서 기명피보험자와 승낙피보험자의 지위는 다소 차이가 있지만, 승낙피보험자 역시 피보험자동차의 사용 또는 관리중에 피보험자동차의 사고에 대하여는 법률상 손해배상책임을 지는 지위에 있는 자[32]로서 피보험자동차에 대한 운행이익을 가진다.

---

27) 대법원 1996. 7. 30. 선고 96다6110 판결; 대법원 1995. 1. 12. 선고 94다38212 판결; 대법원 1994. 9. 23. 선고 94다21672 판결 등.

28) 대법원 1991. 3. 12. 선고 91다605 판결; 대법원 1980. 6. 10. 선고 80다591 판결; 대법원 1980. 4. 22. 선고 79다1942 판결 등.

29) 자세히는 황경남, "보험차량에 대한 운행지배의 상실 여부에 관한 판단기준," 「대법원판례해설」 1996년 하반기(통권 제27호), 312~315면.

30) 대법원 1992. 12. 22. 선고 92다30221 판결; 대법원 1992. 4. 10. 선고 91다44803 판결; 대법원 1991. 8. 9. 선고 91다1158 판결; 대법원 1991. 7. 26. 선고 91다14796 판결 등.

31) 대법원 1993. 2. 23. 선고 92다24127 판결 등.

32) 대법원 1997. 8. 29. 선고 97다12884 판결.

(3) 讓渡人의 被保險自動車에 대한 管理

양도인이 계약금만 수령한 채 피보험자동차를 양수인에게 인도한 경우에 있어서 양도인은 피보험자동차에 운행지배를 가지는 운행자의 지위에 있고 양수인은 승낙피보험자의 지위에서 피보험자동차를 운행하게 되지만, 이러한 양도인과 양수인의 관계는 렌트카에 있어서 자동차임대인과 임차인의 관계와는 다르다. 렌트카에 있어서는 기명피보험자가 피보험차량에 대한 소유권을 보유하는 것을 전제로 하면서 타인에게 그 사용 및 관리를 일시적으로 승낙하는 경우이지만, 자동차매매에 있어서 피보험자동차를 인도한 양도인은 피보험자동차의 보유자로서 관념상의 운행지배를 갖고 있기는 하나 조만간 양수인으로부터 매매잔대금을 지급받고 소유권이전등록을 함으로써 피보험자동차의 운행지배를 상실할 지위에 있으므로 통상의 경우는 피보험자동차를 인도한 양수인은 피보험자동차의 운행 및 관리에 관하여 양수인에게 일임하고 양수인의 피보험자동차에 대한 운행 및 관리 등에는 관심이 없는 것으로 볼 수 있다.

2. 讓渡人의 年齡未達者의 運轉에 대한 默示的 承認

피보험자동차에게 양도인에게 관념상의 운행지배를 인정하는 것은 사회통념상 양수인의 차량운행에 간섭을 하거나 지배관리할 책무가 있는 것으로 평가할 수 있기 때문인데, 운전자 연령한정특약을 한 기명피보험자인 양도인이 양수인에게 피보험자동차를 인도하면서 운전자의 연령에 관하여 유보를 하거나 피보험자동차의 운행에 관하여 명시적인 제한을 두지 않았다면 이는 기명피보험자인 양도인의 피보험자동차의 관리에 있어서 과실이 있는 것으로 볼 수 있다.

운전자 연령한정특약을 한 피보험자동차의 양도인이 양수인에 대하여 피보험자동차의 운전자에 관하여 명시적인 제한을 두지 않은 상태에서 양수인이 임의로 운전자를 고용하여 자신을 위하여 피보험차량을 운행하게 하더라도 양도인의 의사에 반하는 것으로 보기는 어려우므로, 이러한 경우 양도인으로서는 양수인에 의하여 고용된 연령미달자의 운전에 대하여도 묵시적으로 승인을 한 것으로 추정할 수 있다.

Ⅲ. 이 判決의 意味

1. 이 事件에서

이 사건 차량의 양도인인 A와 양수인인 원고 사이에 이 사건 차량의 보험에 관하여 어떻게 하기로 하였는지 명확하지는 않으나, 매매계약서에 "종합보험은 일자 계산하고, 책임보험은 차대에 포함하기로 함. 할부차량이므로 1997. 1. 2. 까지 보증인을 교체하는 조건으로 매매한다. 보증인 교체 전까지 할부매매대금 2회 이상 연체하면 매도인이 임의 회수하여 처분하여도 이의를 제기하지 못한다"로 기재되어 있음에 비추어 볼 때 A와 원고 사이에서는 기준일자에 관하여는 명시적인 합의가 없지만 원고가 대인배상 Ⅱ에 관하여 새로 보험계약을 체결하거나 보험승계절차를 취하려는 의사가 있었던 것으로 보인다.

'연령미달자의 운전에 대한 묵시적 승인'의 의미를 A가 연령미달자의 운전을 알았다고 하더라도 승인하였을 경우와 같은 정도로 엄격하게 해석하면, 운전자 연령한정특약부 자동차종합보험계약을 체결한 A가 운전자에 대한 아무런 유보 없이 피보험차량을 원고에게 인도한 사정만으로는 연령미달자의 운전에 대하여 묵시적 승인이 있었다고 보기는 어려운 면은 있다.

그러나 A가 운전자 연령한정특약부 자동차종합보험에 가입하고도 피보험차량을 인도하면서 운전자의 연령에 관하여 명시적인 제한을 두지 않았다면 양수인인 원고의 피보험차량의 운행에 대하여 포괄적인 승인을 한 것이고 원고에 의하여 고용된 연령미달자의 운전에 관하여도 승인을 한 것으로 추인할 수 있다.

2. 이 判決의 意義

이 판결은 자동차종합보험의 26세 이상 한정운전 특별약관 소정의 '피보험자동차를 도난당하였을 경우'의 의미에 관하여 피보험자의 명시적이거나 묵시적인 의사에 기하지 아니한 채 제3자가 피보험자동차를 운전한 경우를 말한다는 기존의 대법원판례를 따르면서도, 피보험자동차를 매도하여 인도하고도 잔대금을 지급받지 아니하여 소유권이전등록을 마치지 아니한 양도인이 양수인에게 운전자의 연령에 관하여 명시적인 제한을 두지 않은 과실이 있는 경우에 있어서 양수인의 승낙을 받은 연령미달자의 운전에 대하여 피보험자인 양도인의 '묵시적인 의사'에 기한 것으로 인정하여 운전자 연령한정특약을 적용하여 보험자의 면책을 인정함으로써, 기존 대법원판례에 따른 무면허운전면책약관의 적용에 비하여 운전자 연령 한정특약의 적용에 있어서 피보험자의 '묵시적인 승인의사'가 인정되는 범위를 넓게 본 것이다.

이 판결 이후에 선고된 대법원 2003. 11. 13. 선고 2002다31391 판결은 무면허자의 운전에 대하여 피보험자의 묵시적 승인의사가 있는 것으로 볼 수 없다고 하여 무면허운전면책약관의 적용은 배제된다고 하면서도, 운전자의 연령에 대한 확인을 게을리한 기명피보험자에게 운전자 연령한정특약을 적용하여 보험자의 면책을 인정하였는데,[33] 운전자 연령한정특약에서 기명피보험자의 주의의무의 구체적인 내용과 그 적용범위 및 무면허운전면책약관의 적용과의 차별 여부는 향후 대법원판결의 집적을 통하여 밝혀질 것으로 생각된다.

---

33) [事案] 이 사건 승용차의 소유자로서 운전자 연령 21세 이상 한정운전특약부 자동차종합보험계약을 체결한 A는 일식집에서 아르바이트 생활을 하고 있으면서 그 일식집 맞은 편에 있는 단란주점에서 수금사원으로 근무하는 B를 동네 후배로 알고 지냈는데, B는 평소 이웃 점포운영자들로부터 자주 차동차를 빌려 운행하여 왔고, 친구 소유의 티코 차량을 몰고 다녔으며, 이 사건 이전에 A가 B에게 차량을 빌려주면서 운전면허가 있는지 직접 물어보았더니 B는 면허증이 있다고 대답한 적이 있다. A는 아르바이트를 하면서 이 사건 승용차를 구입하였고 아직 할부도 끝나지 않았기 때문에 남에게 차를 빌려주지 않고 승용차의 열쇠를 본인이 직접 관리하고 있었는데, A는 술에 취해 그 일식집에서 잠을 자고 있다가 사고 당일 아침에 B가 외상술값을 갚겠다는 고객의 전화를 받고 약속장소에 가기 위하여 이 사건 승용차를 빌려달라고 조르자 귀찮은 나머지 테이블 위에 있던 승용차의 열쇠를 가져가라고 대답하여 빌려주었다. 한편 A는 이 사건 사고 이전에 B와 1년 정도 알고 지냈는데 동네 주위사람들이 B가 24세라고 말하는 것을 들었고 단란주점에서는 미성년자를 고용할 수 없다고 생각하였기 때문에 더 이상 확인함이 없이 B가 24세라고 믿고 있었다.

[判示] 자동차보험계약의 보험계약자이자 피보험자인 A와 운전자인 B의 관계, A의 평소 자동차의 운전 및 관리 상황, 이 사건 무면허 운전이 가능하게 된 경위와 그 운행 목적, 평소 무면허운전자의 운전에 관하여 A가 취해 온 태도 등 제반 사정을 함께 고려하여 볼 때, B의 이 사건 무면허운전에 대하여 A가 묵시적으로나마 승인할 의도가 있었다고 추단할 만한 사정을 인정할 수 없어 결국 B의 무면허운전이 무면허운전면책약관에 해당되지는 않는다 하겠다.

그러나 자동차보험계약에서 21세 한정운전특약에 가입된 기명피보험자는 자신의 선택에 따라 적은 보험료를 내는 특혜를 받는 만큼 타인에게 피보험자동차의 운전을 허락하는 경우에는 운전자의 연령이 운전가능연령에 해당한다고 믿을 만한 특별한 사정이 없는 한 운전자의 연령을 확인할 의무를 지는 것이다.

그런데 통상 단란주점 종업원으로 근무하는 자는 자신이 미성년자인 것이 밝혀지면 단란주점에서 근무할 수 없게 될 것을 우려하여 실제 나이보다 많게 자신의 나이를 속이는 경우가 있으므로 21세 한정운전특약에 가입한 A로서는 위와 같이 동네 주위사람들로부터 B가 24세라고 말하는 것을 들었다고 하더라도 B에게 피보험자동차의 운전을 허락할 때 운전가능연령에 해당하는지를 확인하였어야 함에도 불구하고 그 확인을 게을리하였으므로 결국 B의 운전은 한정운전특약에 위배되어 대인배상 Ⅱ에서 정한 손해배상을 받지 못하는 경우에 해당된다고 할 것이다.

船主責任制限과 難破物除去債權

金　昌　俊*

대법원 2000. 8. 22. 선고 99다9646 · 9653 · 9660 · 9677 판결**

[事實의 槪要]

홍콩법인인 원고 파르텐리가 소유하는 알렉산드리아(Alexandria)호와 중국법인인 피고 상하이 하이싱 소유의 신화 7(Xin Hua 7)호는 1995. 6. 30.경 부산 남형제도 동방 4마일 부근에서 충돌하여 알렉산드리아호가 침몰하는 사고가 발생하였다. 알렉산드리아호가 침몰하면서 선박 내에 있던 연료유가 유출되어 부산 태종대 앞바다를 오염시키고, 위 선박에 적재되어 있던 컨테이너들이 해상을 부유하면서 다른 선박들의 항해에 지장을 초래하자, 부산해양경찰서장은 원고 파르텐리에게 위 유류를 제거하여 오염을 방지하고 부유중인 컨테이너 및 화물을 수거하라는 방제명령을 하였고, 이에 원고 파르텐리가 가입한 상호보험회사인 영국 스팀쉽 뮤추얼사에서 원고 파르텐리를 대리하여 유류오염방제비용으로 미화 879,338.96달러를 지출하였으며, 소외 협성검정, 선진종합, 용호쉽핑, 보스쉽핑 등에 의뢰하여 컨테이너를 인양하고 화물을 수거한 후 위 회사들에게 그 비용으로 美貨 572,446.75달러를 지급하였다.

그 후 피고 상하이 하이싱의 신청에 의한 선박소유자등의책임제한절차에서 부산지방법원은 1996. 6. 7. 원고 파르텐리의 선박가액손해 미화 9,750,000달러 및 선원들 송환에 따른 손해 미화 118,193.98달러 합계 미화 9,868,193.98달러만을 제한채권으로 인정하고, 나머지 유류오염관련비용, 유실된 컨테이너 및 화물의 수거 · 처리비용은 非制限債權으로 각 사정하는 사정재판을 하였다. 이에 대하여 피고 상하이 하이싱은 비제한채권으로 분류된 위 유류오염관련비용 등도 制限債權이므로 이미 부산지방법원에서 개시된 책임제한절차에서 제공된 책임기금인 537,740 SDR(한화 640,114,478원 상당)으로부터 다른 채권자들과 함께 채권액에 비례하여 배당받을 수 있을 뿐이라고 다투면서 사정재판에 대한 이의의 소를 제기하였다.

[訴訟의 經過]

1심인 부산지방법원은 유류오염관련비용과 유실된 컨테이너 및 화물의 수

* 변호사, 법무법인 세경.

** 집48(2)민, 1; 공 2000. 10. 15.(116), 1993.

거 · 처리비용을 비제한채권으로 분류함이 옳다고 판시하였다.[1] 반면 2심인 부산고등법원은 위 유류오염관련비용 등은 제한채권에 해당한다고 보는 것이 맞다고 판시하여 1심법원의 판단과는 다른 결론을 내렸다.[2]

[判決의 要旨]

大法院은 부산고등법원의 결론이 옳다고 판단하고 다음과 같이 判示하였다.

"상법 제748조 제4호에서 '침몰, 난파, 좌초, 유기 기타의 해양사고를 당한 선박 및 그 선박 안에 있거나 있었던 적하 기타의 물건의 인양, 제거, 파괴 또는 무해조치에 관한 채권(이하 '난파물 제거채권'이라 한다)'에 대하여 선박소유자가 그 책임을 제한하지 못하는 것으로 규정하고 있는바, 먼저 이 조항의 문언에 의할 때 이 조항에서 책임제한을 주장하지 못하는 선박소유자는 침몰 등 해난을 당한 당해 선박의 소유자로 한정된다고 보는 것이 자연스럽고, 또한 이 조항에서는 단지 '… 에 관한 채권'이라고 규정하고 있을 뿐, 상법 제746조 각 호의 규정과 같이 '… 로 인하여 생긴 손해에 관한 채권'이라고 규정하고 있지 아니한 점, 나아가 우리나라가 1991. 12. 31. 법률 제4470호로 이 조항, 즉 상법 제748조 제4호를 개정하면서 1976년 海事債權에 대한 責任制限條約(Convention on Limitation of Liability for Maritime Claims, 이하 '1976년 조약'이라 한다) 제2조 제1항 (d), (e)호의 적용을 배제할 수 있는 留保條項에 따라 난파물 제거채권에 대하여 책임을 제한하지 못하도록 한 것은, 이를 제한채권으로 하면 난파된 선박의 제거를 위한 대집행비용까지도 제한채권이 되어 그 선박소유자 등으로서는 자발적으로 제거하지 않는 쪽이 유리하기 때문에 그 의무 또는 책임의 원활한 이행이 저해될 우려가 있다고 하는 점에 주된 이유가 있고, 1976년 조약 제2조 제1항 (d), (e)호의 규정은 난파물 제거에 관한 법령상의 의무 또는 책임에 관하여 규정하고 있는 1957년 航海船舶 所有者의 責任制限에 관한 國際條約(International Convention Relating to the Limitation of the Liability of Owners of Seagoing Ships) 제1조 제1항 (c)호의 규정에 연원을 두고 있는 점 등 조항의 문언 내용 및 입법의 취지와 연혁에 비추어 볼 때, 이 규정의 의미는 선박소유자에게 해상에서의 안전, 위생, 환경보전 등의 공익적인 목적으로 관계법령에 의하여 그 제거 등의 의무가 부과된 경우에 그러한 법령상의 의무

1) 1998. 6. 24. 선고 96가합13968, 14015, 14046, 14053 판결.
2) 1999. 1. 8. 선고 98나8066, 8073, 8080, 8097 판결.

를 부담하는 선박소유자에 한하여 난파물 제거채권에 대하여 책임제한을 주장할 수 없는 것으로 봄이 상당하고, 위와 같은 법령상의 의무를 부담하는 선박소유자가 자신에게 부과된 의무나 책임을 이행함으로써 입은 손해에 관하여 그 손해발생에 원인을 제공한 가해선박의 소유자에 대하여 그 손해배상을 구하는 채권은 이 조항에 규정된 난파물 제거채권에 해당한다고 할 수 없으며, 오히려 이와 같은 구상채권은 구체적인 사정에 따라 선박소유자의 유한책임을 규정하고 있는 상법 제746조 제 1 호 혹은 제 3 호나 제 4 호에 해당한다고 보는 것이 타당하다. 그리고 상법 제748조 제 3 호의 적용을 받지 않는 散積油類를 화물로서 운송하는 선박 이외의 선박이 난파 등을 당하여 유출한 기름이 상법 제748조 제 4 호 소정의 '… 선박 안에 있거나 있었던 … 기타의 물건'에 해당하는 것은 그 문언 자체의 해석에서 뿐만 아니라, 이 조항이 앞서 본 바와 같이 공익적인 목적을 달성하기 위하여 위와 같은 물건의 제거 등에 관한 채권에 대하여 선박소유자가 책임을 제한하지 못한다고 한 점에 비추어 보아도 명백하다."

[評　　釋]

Ⅰ. 爭點의 整理

(1) 난파물을 제거한 沈沒船主가 加害船主에 대하여 행사하는 求償債權은 상법 제748조 제 4 호 소정의 非制限債權인가, 아니면 상법 제746조 소정의 制限債權인가

(2) 침몰선박 등에서 유출된 燃料油가 '難破物'에 해당하는가, 따라서 燃料油防除費用도 非制限債權인가

Ⅱ. 難破物을 除去한 沈沒船主가 加害船主에 대하여 行使하는 求償債權은 非制限債權인가

1. 難破物除去債權

난파물제거채권이란 예컨대, 항구의 경계 내 또는 경계부근에서 선박의 항행에 위험을 미칠 수 있는 침몰물, 부유물 등이 있는 경우 그 인양 또는 제거작업과 관련하여 발생한 채권을 말한다. 개항질서법 제26조는 "지방해양수산청장은 개항의 항계안 또는 항계의 부근에서 선박의 항행을 방해하거나 항행에 위험을 미칠 우려가 있는 표류물·침몰물 등의 물건을 발견한 때에는 그 물건의

소유자 또는 점유자에 대하여 그 제거를 명할 수 있다"고 규정하고 있는데, 이러한 법규정에 따라 침몰물 등의 인양 또는 제거 등의 난파물제거작업을 하게 되는 것이다. 해상에서 선박 등이 충돌하여 선박이 침몰하거나 좌초사고가 발생하는 경우 가장 빈번하게 문제되는 것이 유류의 유출로 인한 해양오염인데, 이에 관하여는 해양오염방지법에 따른 방제의무가 발생한다.[3] 이 경우 유출된 연료유 등 유류를 '難破物'로 볼 수 있을지에 관하여는 논의가 있는바, 이에 관하여는 후술한다. 이와 같은 인양 또는 제거작업은 난파물의 소유자와 인양업자 등 사이의 계약으로 이루어질 수도 있을 것이고, 관할 행정관청이 行政代執行法에 따라 대집행하는 방법으로 이루어질 수도 있다. 상법 제748조 제 4 호는 이와 같은 난파물제거채권을 비제한채권으로 하겠다는 취지이다. 이와 같은 난파물제거채권을 비제한채권으로 함으로써 난파물의 인양업자 또는 행정대집행을 마친 행정관청의 채권을 전액 회수할 수 있도록 허용한 것이다.

2. 沈沒船을 引揚한 沈沒船主의 加害船主에 대한 求償債權의 문제

선박충돌사고로 침몰한 선박의 선주가 침몰선을 인양한 이후에 가해선주에 대하여 가지는 구상채권이 동호에서 말하는 난파물제거채권으로 볼 것인가는 어려운 문제이다. 1976년 조약은 난파물제거채권을 제한채권으로 규정하면서 가해선주에 대한 구상채권에도 적용된다는 취지를 명문으로 밝혀 놓고 있어 이 점 의문의 여지가 없다. 이 점이 우리법상 문제가 되는 이유는 상법이 구상채권에 관하여도 비제한채권으로 한다는 것인지를 분명히 밝히고 있지 않기 때문이다. 이 점에 관하여는 다음과 같이 견해가 갈린다.

(1) 制限債權說

求償債權은 制限債權이 된다고 하는 주장이다. 이 주장의 주된 논거는 동호의 입법취지이다. 즉 상법 제748조 제 4 호가 난파물제거채권을 비제한채권으로 한 이유는 이를 제한채권으로 하여 놓을 경우 침몰선의 제거를 위한 대집행비용이 제한채권이 되어 그 선박소유자로서는 자발적으로 제거하지 않는 것이

3) 海洋汚染防止法 제48조 제 2 항은 이와 관련하여 다음과 같이 규정하고 있다.
다음 각 호의 1에 해당하는 자는 기름 등 폐기물이 배출되는 경우에는 대통령령이 정하는 바에 따라 배출되는 기름 등 폐기물의 계속적인 배출의 방지와 배출된 기름 등 폐기물의 확산 방지 및 제거(이하 '방제'라 한다)를 위한 응급조치를 하여야 한다.
1. 배출된 기름 등 폐기물이 적재되어 있거나 적재되어 있던 선박의 선장이나 시설의 관리자.
2. 선박 또는 시설의 종사자가 아닌 자로서 기름 등 폐기물의 배출원인이 되는 행위를 한 자.

유리하기 때문에 그 작업이 원활하게 이행되지 않을 우려가 있다는 점에 있다. 동호의 입법취지를 이렇게 새긴다면 가해선주에 대한 구상채권을 굳이 비제한채권이라고 풀이할 이유는 없는 것이 된다. 침몰선 선주의 책임을 무한책임으로 하여 놓은 이상 침몰선의 조기 제거라는 공익목적은 달성할 수 있기 때문이다. 따라서 이 경우의 구상채권은 일반 원칙으로 돌아가 제한채권으로 풀이하여야 한다는 주장이다.

(2) 非制限債權說

求償債權은 非制限債權이 된다고 하는 주장이다. 이 주장은 그 논거로서, ① 동호의 문언이 '침몰, 난파 … 무해조치에 관한 채권'이라고 하여 가해선주에 대한 구상채권을 반드시 배제한다고는 보기 어렵다는 점, ② 피해선박에 아무런 과실이 없거나 과실이 아주 경미한 경우에 침몰선박의 선주는 자신에 대한 비용청구권에 관하여 책임을 제한할 수 없는 데 반하여 가해선주는 책임제한을 할 수 있게 한다면 형평에 맞지 않다는 점, ③ 피해선박의 소유자가 무자력이어서 인양업자가 그 비용의 변제를 위하여 피해선박소유자가 가해선박소유자에 대하여 가지는 손해배상청구권을 代位行使해야만 할 경우에 인양업자는 그 비용을 전액 변제받지 못하게 되는 경우가 발생하여 동호의 입법취지에 배치되는 결과가 초래될 수 있다는 점, ④ 가해선주에 대한 구상채권을 제한채권으로 해석한 일본판례는 1957년 조약에 관한 것인데, 일본은 1957년 조약의 유보조항에 근거하여 "난파물제거에 관하여 법령에 의하여 부과된 의무 또는 책임"에 관하여만 비제한채권으로 하였으므로 가해선주에 대한 구상채권을 비제한채권으로 보는 것은 어렵게 되어 있으나 1976년 조약은 이와 같은 "법령에 따른 의무 또는 책임을 이행함으로 인한 난파물제거채권"이라는 제한이 없으므로 1957년 조약에 따른 일본 판례가 1976년 조약하에서도 그대로 유지된다고 보기는 어렵다는 점, ⑤ 가해선주에 대한 구상채권을 제한채권으로 하면 船主責任相互保險組合(P&I Club)이 인양작업 등에 소극적으로 되어 인양작업 등이 지연될 우려가 있다는 점 등을 제시하고 있다.

(3) 각 주장에 대한 法律的인 檢討

가해선주에 대한 구상채권이 상법 제748조 제 4 호에서 말하는 난파물제거채권에 포함되는 것으로 해석할 것인지 여부는 그것이 대단히 중요한 쟁점임에도 법률의 규정 자체로부터 명백하지 않으므로 실로 어려운 문제라고 할 수 있다. 입법으로써 이 점을 명백히 함으로써 해결할 수도 있겠으나, 법해석론으로서는 다음의 네 가지 요소 즉, ① 법문의 규정, ② 입법의 연혁, ③ 형평의 원리, ④ 입법정책의 측면에서 검토될 수 있으리라 본다.

(가) 法文의 規定에 근거한 檢討

① 비제한채권설은 상법 제748조 제 4 호의 문언에 '침몰, 난파, … 또는 무해조치에 관한 채권'이라고 되어 있으므로 동호가 인양업자의 침몰선주에 대한 보수채권은 물론 침몰선주가 인양업자에 보수를 지급한 후 가해선주에 대하여 행사하는 구상채권을 포함하는 것으로 해석하는 것은 당연하다고 주장한다. 이에 대하여 제한채권설은 위 제 4 호에 나오는 '침몰, 난파 등 해난을 당한 선박'의 소유자는 제748조의 첫머리에 나오는 '선박소유자'와 동일하므로 결국 비제한채권이 되는 것은 침몰 등 해난을 당한 그 선박의 소유자에 한정된다고 주장한다. 위 제 4 호를 일견하면 비제한채권설의 주장처럼 동호는 가해선주에 대한 구상채권까지 포함하는 것으로 해석할 여지가 많은 것으로 보인다. 그러나 이러한 비제한채권설의 난점은, 한걸음 나아가 제 4 호와 이웃하고 있는 나머지 각호의 규정을 살펴보면 비제한채권설과 같은 해석이 심각한 부작용을 낳는다는 것이다. 즉 위 제 4 호를 가해선주까지도 포함하는 것으로 해석하는 경우에는 같은 용어(즉 '…에 관한')를 사용하고 있는 다른 각호(제 2 호, 제 3 호 및 제 5 호)의 해석상 다음과 같은 문제가 발생한다.

② 우선 제 2 호의 경우에 동호에 '… 에 관한 채권'이라고 기재되어 있으므로 비제한채권설은 구조업자가 침몰선주에 대하여 행사하는 구조료채권은 물론 구조료를 전액 변제한 침몰선주가 가해선주에 대하여 행사하는 구상채권도 비제한채권이라고 주장하게 될 것이다. 또한 공동해손분담금을 부담한 화주가 선주에 대하여 구상책임을 묻는 경우(예컨대 共同海損이 선박의 不勘航性 때문에 발생한 경우)에도 이 채권을 비제한채권으로 보게 될 것이다. 이와 같은 해석은 우리나라의 어느 학자도 지지하지 않는다. 우리나라의 학자들은 위 제 2 호의 취지는 구조업자가 침몰선주에 대하여 가지는 해난구조료채권 자체 또는 선주에 대한 공동해손분담채권 자체만을 의미하는 것으로 보는 데 일치되어 있다. 1976년 조약상으로도 이 점은 異論의 여지가 없다. 1976년 조약의 원문은 다음과 같이 되어 있다.

Article 3: Claims excepted from limitation

The rules of this Convention shall not apply to:

(a) Claims for salvage or contribution in general average

1976년 조약이 말하는 "Claims for salvage"란 구조료채권 자체만을 의미한다는 데 대하여는 외국의 학자들 간에도 아무런 異見이 없다.[4)]

③ 제 3 호의 경우에도 비제한채권설과 같은 文言解釋은 문제가 있다. 동호는 유조선으로부터 유출된 유류에 의하여 피해를 입은 피해자가 유류를 유출시킨 유조선의 선주에 대하여 행사하는 채권에 관하여는 특별히 1969. 11. 29.에 성립한 油類汚染損害에 대한 民事責任條約(이하 '민사책임조약'이라 한다)과 1971년의 기금조약이 적용되므로 유조선 선주에 대하여 일반 선박의 소유자에 관하여 적용되는 1976년 조약을 적용시킬 필요가 없다는 고려에서 설치된 조항이다. 위 조약에는 동 조약이 적용되는 선주의 책임요건(무과실책임)과 책임제한 등을 규정하여 유조선주의 책임요건을 규정하는 일방으로 한편에는 거액에 달하는 국제보상기금을 설치하여 피해자에 대한 보상에 만전을 기하고 있으므로 굳이 일반 선박소유자에 대한 유한책임제도를 적용할할 필요가 없다는 데에서 동호가 설치된 것이다. 우리나라에도 위 조약의 취지를 그대로 살려 油類汚染損害賠償保障法(이하 '유배법'이라 한다)이 제정되어 시행중에 있으므로 유조선에 대하여는 일반선박에 적용되는 상법 제746조 이하의 유한책임제도는 적용의 여지가 없는 것이다.

문제는 제 3 호도 제 4 호와 마찬가지로 '…에 관한 채권'이라 하고 있으므로 예컨대, 유조선을 침몰시켜 유조선주로 하여금 위 조약이나 유배법에 따른 책임을 발생시킨 가해선주에 대하여 유조선주가 행사하는 구상채권에 대하여 비제한채권설은 동호의 규정을 적용하여 비제한채권이라고 주장할 수 있느냐에 있다. 그런데 민사책임조약이나 유배법은 그 적용대상을 '유조선'에 한정하고 있고 있으므로 유조선이 아닌 가해선주는 위 민사책임조약이나 유배법에 의한 보호를 받지 못한다.[5)] 그런데 위 제 3 호에 '…에 관한 채권'이라 되어 있다 하여 이를 위 가해선주에 대하여도 적용한다면 결국 가해선주는 상법에 따른 유한책임도 원용하지 못하고 위 조약이나 유배법에 따른 책임제한도 원용할 여지가 없게 된다. 그렇게 되면 유류오염손해에 관하여 배상책임을 마친 유조선주

4) Griggs & Williams, *Limitation of Liability for Maritime Claims (Lloyd's London Press Ltd., 1998)*, p. 24.

5) 가해선이 유조선이라 할지라도 그 유조선으로부터 유류가 유출되지 않으면 위 조약이나 유배법이 적용되지 않으므로 같은 문제가 생긴다.

나 국제보상기금으로부터 구상청구가 행하여질 때에는 가해선주는 무한책임을 져야만 한다. 이러한 결과는 유류오염으로 인한 피해가 때때로 엄청난 규모에 이른다는 현실에 비추어 볼 때 가해선주의 책임이 지나치게 가혹하게 된다. 이러한 결과는 동호를 규정한 입법취지에 맞지 않는다. 동호는 어디까지나 유조선주 자신의 책임은 별도의 조약이나 입법으로 규제되고 있으므로 유조선주의 책임에는 상법의 선주책임제한제도가 적용되지 않는다는 것만을 밝힌 것으로 보아야 한다. 1976년 조약상으로도 이 점은 이론의 여지가 없다. 1976년 조약의 원문은 다음과 같이 되어 있다.

(b) Claims for oil pollution damage within the meaning of the International Convention of Civil Liability for Oil Pollution Damage, dated November 29th 1969 or of any amendment or Protocol thereto which is in force

위 조약에서 말하는 "Claims for oil pollution damage"가 유출된 유류로 인하여 피해를 입은 자가 유조선주에 대하여 행사하는 손해배상청구권 자체만을 의미한다는 점에 대하여는 외국의 학자들 간에도 아무런 異見이 없다.[6]

④ 제 5 호의 경우에도 같은 문제가 있다. 原子力損害賠償法은 원자로를 설치한 원자력선을 운전함으로 인하여 발생한 원자력손해에 대하여는 원자력사업자가 단독으로 무과실책임을 부담하도록 하고 있다. 또한 원자력사업자 간의 핵연료물질 또는 그에 오염된 것의 운반으로 인하여 생기는 원자력손해에 관하여는 핵연료물질의 발송인인 원자력사업자가 단독으로 무과실책임을 지고 손해전액을 배상토록 하고 있다. 이와 같은 원자력손해의 배상에 관하여는 일반 책임보험자에 의한 보험계약으로 1차 담보토록 하고 그 보험보상을 초과하는 부분에 대하여는 정부의 보상계약에 의하여 담보가 되는 것으로 정하고 있다. 따라서 원자력선에 의한 원자력손해에 따른 원자력사업자의 책임 및 핵연료물질을 운반하는 선박의 소유자인 동시에 핵연료물질의 발송인인 원자력사업자의 책임에 관하여는 위 특별법에서 따로 원자력손해를 입은 자에 대한 배상에 관하여 만전을 기하고 있으므로 상법의 적용을 배제시킨 것이다.

그런데 여기에서도 '…에 관한 채권'이라고 되어 있다고 하여 원자력선을 침몰시켜 원자력손해를 야기시킨 가해선주에 대하여도 위 제 5 호를 적용하여

---

6) Geoffrey Brice, *The Scope of Limitation Action, The Limitation of Shipowners' Liability; The New Law(Institute of Maritime Law, 1986)*, p. 27～28.

일반 有限責任制度를 활용하지 못하도록 하면 가해선주의 책임은 대단히 무겁게 된다. 원자력손해배상법은 가해선주에 대한 구상책임에 관하여 종업원의 경과실의 경우에는 면책으로 하고 있으나 그들의 고의 또는 중대한 과실로 인하여 원자력손해가 발생한 경우에는 구상책임을 물을 수 있도록 하고 있으므로 가해선주가 무한책임을 지게 되는 경우는 매우 드물다고 할 수 있다. 그러나 가해선박의 선원의 고의 또는 중대한 과실이 있는 경우에는 가해선주는 원자력손해에 관하여 손해를 배상한 원자력사업자에게 손해전액을 전보하여 주어야만 하도록 되어 있다. 이렇게 되면 가해선주의 책임이 무한책임으로 되어 가해선주에 대하여 지나치게 가혹한 결과가 된다. 따라서 가해선주에 대한 구상채권은 위 제 5 호에 의하여 유한책임이 배제되는 채권은 아니라고 보는 것이 옳다. 1976년 조약상으로도 이 점은 마찬가지이다. 동 조약의 문언은 다음과 같다.

> (c) Claims subject to any international convention or national legislation governing or prohibiting limitation for nuclear damage
> (d) Claims against the shipowner of a nuclear ship for nuclear damage

우리나라는 원자력손해에 대한 책임제한을 규율하거나 금하는 조약에 가입한 바 없고 단지 원자력손해배상법에 의하여 원자력사업자의 무한책임을 인정하고 있는데, 위 (c)항은 원자력사업자가 가해선주에게 구상책임을 묻는 데에는 적용될 여지가 있다. 그러나 앞서 본 대로 우리 원자력손해배상법의 해석상으로도 가해선주에 대한 구상책임을 묻는 데에 일반 유한책임규정이 적용되는 것으로 보는 것이 옳다 하겠으므로 위 (c)항은 가해선주에 대한 구상책임에는 적용되지 않는 것으로 보게 된다. 위 (d)항은 원자력선의 선주에 대한 손해배상채권만 비제한채권으로 하겠다는 취지임이 분명하므로 가해선주에 대한 구상채권을 비제한채권으로 해석할 여지는 없다. 결론적으로 제 5 호의 경우에도 가해선주에 대한 구상책임을 묻는 데에는 동 규정의 적용이 없는 것으로 본다.

⑤ 이와 같이 상법 제748조 제 2 호, 제 3 호, 제 5 호에도 같은 용어(즉 '…에 관한 채권')를 사용하고 있지만 가해선주에 대한 채권을 비제한채권으로 해석할 수 있는 여지가 없다는 점에서 제 4 호의 경우 가해선주에 대한 채권을 당연히 비제한채권으로 보아야 한다는 비제한채권설의 주장에는 반박의 여지가 있는 것으로 본다. 결론적으로 상법 제748조 제 4 호의 문언상으로는 가해선주에 대한 구상채권도 비제한채권으로 볼 여지가 많다고 할 수 있지만 이와 같은

문언해석이 절대적으로 옳다고는 할 수 없다는 데에 그 한계가 있다.

· (나) 立法의 沿革에 의한 檢討

① 상법 제748조 제 4 호의 규정은 1976년 조약 제 2 조 제 1 항 (d), (e)에서 제한채권으로 되어 있는 것을 동 조약 제18조의 유보조항에 따라 비제한채권으로 규정한 것이다. 구상법에서는 1924년 조약의 규정을 받아 들여 난파물제거에 관한 채권을 제한채권으로 규정하였다. 1976년 조약도 1924년 조약과 마찬가지로 이 채권을 제한채권으로 함을 원칙으로 하고 있으나, 1976년 조약은 계약에 따른 보수채권을 비제한채권으로 규정하고 있고 또한 각국으로 하여금 이 채권을 제한채권으로 할지 아니면 비제한채권으로 할지에 관하여 국내법으로 달리 정할 수 있도록 유보조항을 설치하였다는 점에서 상이하다. 1976년 조약이 계약에 따른 보수채권을 비제한채권으로 한 것은 난파물인양업자로 하여금 책임제한의 우려 없이 인양작업에 임할 수 있게 한다는 점을 들고 있다. 상법이 1976년 조약을 도입함에 있어 위 유보조항에 따라 계약에 따른 보수채권 이외의 채권에 대하여까지 비제한채권으로 규정한 취지에 관하여 학자들은 다음과 같이 설명하고 있다.

우리나라의 開港秩序法 제28조, 동법 시행령 제16조의3, 行政代執行法 제 3 조 · 제 5 조 · 제 6 조, 海上交通安全法 제 9 조 · 제54조 등에 의하여 난파선 등의 제거명령을 국가기관이 내릴 수 있고, 이에 위반하면 형사처벌과 함께 국가가 행정대집행절차를 취하고 그 비용을 국세체납처분의 예에 따라 선주 등에게 구상청구할 수 있게 되어 있다. 그런데 이와 같은 국가의 구상채권을 제한채권으로 해 놓으면 난파선의 선주는 자발적으로 인양 또는 제거작업을 하지 않는 것이 유리하기 때문에 난파선의 제거작업이 원활하게 이행되지 않을 우려가 있고, 그로 인하여 선박의 통항방해상태가 장기간 지속되고 제2, 제 3 의 해난사고가 발생할 우려마저 있다. 이에 침몰선박의 인양 · 제거 등에 관한 채권을 비제한채권으로 하여 놓은 것이다.

입법의 취지를 이와 같이 새긴다면 가해선주에 대한 구상채권을 비제한채권으로 할 필요는 없다는 결론이 된다. 왜냐하면 침몰선주가 대집행비용에 대하여 무한책임을 진 이상 이를 비제한채권으로 한 국가의 목적은 달성된 셈이고, 침몰선주가 가해선주로부터 얼마를 받아낼 것인가 하는 것은 국가가 관여할 사항은 아니기 때문이다. 1957년 조약의 해석에 관한 일본 최고재판소의 판결은 이와 같은 배경에서 나온 것으로 볼 수 있다.

② 이에 대하여는 1976년 조약과 1957년 조약은 그 문언이 상이하므로 1957년 조약에 따른 일본법의 해석이 1976년 조약을 도입한 우리 상법에는 반드시 타당하지는 않다는 반론이 있다. 日本은 1957년 조약을 받아들이면서 동 조약의 유보조항에 따라 난파물제거채권을 비제한채권으로 규정하였다. 이와 관련하여 1957년 조약의 難破物除去債權에 관한 조약원문은 다음과 같다.

Article 1

(1) The owner of a sea-going ship may limit his liability in accordance with Article 3 of this Convention in respect of claims arising from any of the following occurrences, unless the occurrence giving rise to the claim from the actual fault or privity of the owner:

(c) any obligation or liability imposed by any law relating to the removal of wreck and arising from or in connection with the raising, removal or destruction of any ship which is sunk, stranded or abandoned (including anything which may be on board such ship) and any obligation or liability arising out of damage caused to harbour works, basins and navigable waterways.

日本은 1957년 조약을 도입하면서 난파물제거채권에 관한 위 조약규정을 비제한채권으로 하였다. 1957년 조약과 1976년 조약의 차이는 '난파물의 제거에 관한 법령에 의하여 과하여진 의무 또는 책임'이라는 표현(위 밑줄 그은 부분)이 1976년 조약에는 빠져 있다는 점이다. 즉 1957년 조약하의 日本法에서는 "난파물의 제거에 관한 법령에 의하여 과하여진 의무 또는 책임으로서, 침몰선의 인양, 제거 또는 파괴에 관한 의무 또는 책임으로 인하여 생긴 채권"은 비제한채권이라는 것이다. 그런데 가해선주에 대한 구상채권은 "난파물의 제거에 관한 법령에 의하여 과하여진 의무 또는 책임으로 인한 채권"이 될 여지가 없으므로 1957년 조약에 따른 日本法 하에서는 동 구상채권은 비제한채권이 될 수 없다는 최고재판소의 판결이 나왔다는 것이다. 이에 반하여 1976년 조약은 문언부터가 '난파물의 제거에 관한 법령에 의하여 과하여진 의무 또는 책임'이라는 표현이 없으므로 비제한채권으로 되어 있는 난파물제거채권에는 침몰선주에 대하여 행사하는 계약에 따른 보수채권 또는 대집행비용채권 외에 가해선주에 대한 구상채권도 포함된다는 것이다.

이와 같은 주장은 1957년 조약에 따른 日本 최고재판소의 판결을 1976년 조약하에서의 우리 상법 제748조 제 4 호를 해석하는 데에는 그대로 수용될 수 없다는 주장으로서는 일견 경청할 만하다고 할 수 있다. 1976년 조약은 '난파물의 제거에 관한 법령에 의하여 과하여진 의무 또는 책임'이라는 표현을 생략한 채 난파물제거채권을 정의하였다. 1976년 조약의 입안자가 그렇게 한 이유에 관하여 공식적으로 기록에 남아 있는 것은 없는 것으로 보인다. 그러나 1976년 조약 제 2 조 제 2 항은 전반부에서 "제 1 항에 게기된 채권은 계약 기타의 사유에 기한 상환 또는 보상으로 청구된 것인 경우에도 책임의 제한을 받는다"(Claims set out in paragraph 1 shall be subject to limitation of liability even if brought by way of recourse or for indemnity under a contract or otherwise)라고 명언하고 있으므로, 난파물제거채권을 제한채권으로 규정한 동 조약 제 2 조 제 1 항 (d), (e)호는 가해선주에 대한 구상채권까지도 내포하기 위하여 위 문언(즉 "난파물의 제거에 관한 법령에 의하여 과하여진 의무 또는 책임")을 삭제한 것이 아닌가 하는 추측은 해 볼 수 있겠다. 그렇다면 형식논리로 보아 1976년 조약 제 2 조 제 1 항 (d), (e)호의 적용을 유보할 목적으로 우리 상법 제748조 제 4 호가 생겨난 것이라면 가해선주에 대한 구상채권까지도 비제한채권으로 보아야 한다는 주장도 성립이 가능할 것이다.

③ 그러나 이와 같은 형식논리가 반드시 옳다고 할 수 있는지에 관하여는 좀더 깊이 생각하여 볼 점이 있다. 1976년 조약 제18조는 조약의 가입 또는 비준시 제 2 조 제 1 항 (d), (e)호의 적용을 배제할 수 있도록 하였다. 그리고 그와 같은 적용배제를 하는 방식과 내용에 관하여는 각국의 재량에 맡기고 있다. 그렇다면 동 조약 제18조의 유보조항에 따라 적용이 배제되는 것이 난파물제거에 따른 보수채권 또는 대집행비용채권만에 한정할 것인지 아니면 가해선주에 대한 구상채권까지도 배제할 것인지 하는 문제 역시 각국의 재량에 달려 있는 문제라고 하겠다. 그런데 난파물제거채권을 비제한채권으로 한 이유가 기본적으로는 국고부담의 증가를 우려하였기 때문이다. 그렇다면 이와 같은 난파물제거채권에 관한 유보가 반드시 가해선주에 대한 구상채권까지도 굳이 비제한채권으로 할 의사로써 그리한 것은 아니라고 볼 여지도 있고, 따라서 유보의 내용을 보다 제한적으로 해석할 필요가 있다는 논의도 있을 수 있으리라 본다. 더구나 국제조약이란 세계적인 입법의 통일을 기한다는 데에 그 근본적인 목적이 있다. 1976년 조약은 가급적 제한채권의 범위를 확대하기 위하여 동 조약 제 2 조에서 가해선주에 대한 구상채권까지도 제한채권으로 하였다. 그렇다면 가해선주에 대한 구상채권까지도 제한채권으로 하겠다는 조약 입안자의 의지를 존중

하기 위하여는 가급적 유보의 내용은 축소하여 해석하는 것이 바람직하다는 주장도 가능하다고 본다. 日本이 1976년 조약을 도입한 현재에도, 그리하여 난파물제거채권이 반드시 "난파물의 제거에 관한 법령에 의하여 과하여진 의무 또는 책임"이 아니어도 무방함에도, 日本의 학계나 실무계가 1957년 조약하에서의 위 판결의 결론이 비판 없이 그대로 유지하고 있다는 점은 형식논리에 근거하여 난파물제거채권의 범위를 해석하는 접근방식에 많은 시사를 주고 있다고 본다.[7)]

㈐ 衡平의 原理로부터의 檢討

① 법의 보편적인 원리라고 할 수 있는 형평의 이념이 선주유한책임제도라고 하여 적용되지 않는 것은 아닐 것이다. 가해선주에 대한 구상채권을 제한채권으로 보아서는 안 된다는 주장의 근거로서 이를 제한채권으로 보게 되면 형평에 반한다는 주장이 있다. 예컨대, 침몰선의 과실 없이 가해선의 일방적인 과실만으로 충돌사고가 발생한 경우 이 때에도 침몰선주는 침몰선을 인양·제거할 법적 책임을 진다. 開港秩序法은 난파물의 소유자나 점유자에게 그 제거의무를 부담시키고 있을 뿐이며, 海上交通安全法도 선장이나 선주에게 난파물의 제거의무를 부담시킬 뿐이다. 이와 같이 난파물제거 등과 관련된 각종 법률에서 난파물의 소유자나 점유자에게 우선적인 책임을 지우는 것은 책임소재를 파악하기가 용이하기 때문이다. 원인행위자에 대하여까지 책임을 추급하는 것은 원인행위자는 일단 책임을 부인하는 경우가 많은 것이 현실이므로 신속한 조치를 필요로 하는 사안의 성격상 원인행위자에 대하여 난파물의 제거를 명하는 것은 부적절하기 때문이다. 이렇게 침몰선주가 인양작업비용을 전적으로 부담하여 인양을 마쳐 놓은 다음에 원인행위자에게 구상청구를 하게 되는데 원인행위자가 책임제한을 하게 되면 침몰선주에게 지나치게 가혹한 결과가 된다. 따라서 가해선주에 대한 구상채권은 비제한채권으로 보아야 한다는 주장이 가능하게 된다.

② 일견 이와 같은 주장은 경청할 만하다. 일방적으로 잘못을 범하였음에도 책임제한을 하는 것은 정의의 구현이라는 법의 목적과도 상치되는 듯하기 때문이다. 그러나 이와 같은 접근방식이 반드시 옳은 것인가 하는 점에 대하여는 좀더 깊이 생각하여 볼 것이 있다. 선주유한책임제도라는 것은 기본적으로

7) 稻葉威雄/寺田逸郎, 「船舶の所有者の責任の制限に關する法律の解說」(法曹會1, 1988), 101頁; Makoto Hiratsuka, *Limitation of Shipowners' Liability in Japan*(Patrick Griggs/Richard Williams, *op. cit.*, p. 211.

피해자가 어느 정도는 희생을 감수한다는 것을 전제로 성립된 제도이다. 선박의 충돌이 발생하여 피해선주가 엄청난 손해를 입었음에도 그것이 상법 제746조 제1호 내지 제4호에서 정한 채권의 하나에 해당하게 되면 가해선주는 책임을 제한할 수 있다고 하는 것이 선주유한책임제도인 것이다. 그러한 결론은 가해선박에 전적인 충돌책임이 있는 경우에도 마찬가지이다. 그렇다면 유독 난파물제거채권에 한하여만 가해선주의 과실이 중하다고 하여 유독 난파물제거채권의 구상채권만은 비제한채권으로 보는 것이 형평에 맞다는 논리는 반박의 여지가 있는 것으로 본다. 또한 가해선주 역시도 언젠가는 피해선주가 될 수 있는 것이고 이때에는 자신의 채권에 관하여 책임제한을 당하게 된다는 점에서 기회는 어떤 선주에게나 균등하다고도 볼 수 있다.

㈑ 立法政策의 側面에서의 檢討

① 이것은 선주유한책임제도의 적용을 확대할 것인가 아니면 축소할 것인가 하는 정책판단의 문제이다. 따라서 이 점에서의 검토는 엄밀히 말하면 법해석론의 범위를 벗어나는 것이 된다. 그러나 본고에서 다루는 문제는 결국 입법정책의 면과 긴밀한 관계가 있을 수밖에 없다. 그 이유는 법규정이 분명치 아니하므로 본고와 같은 논의가 있는 것이기 때문이다. 결국 비제한채권으로 되어 있는 난파물제거채권에 가해선주에 대한 구상채권을 포함시킴으로써 제한채권의 범위를 축소하는 것이 입법정책적으로 바람직한 것인가 아니면 확대하는 것이 바람직한 것인가 하는 판단이, 앞서 본 바와 같이 법해석론상으로는 어느 견해도 성립할 수 있다는 점에서, 최종적인 판단의 실마리를 제공하는 것이라고 할 수 있겠다.

② 이와 관련하여 가해선주에 대한 구상채권을 제한채권으로 하면 난파물제거채권에 대한 보험보상을 제공하는 보험자들이 난파물제거작업에 소홀히 임할 우려가 있다는 주장이 있다. 그 주장의 요지는 다음과 같다. 난파물제거에 관한 비용은 통상의 선체보험에서는 담보되지 않고 船主責任相互保險組合(P&I Club)이 이를 담보하고 있다. 그런데 가해선주에 대한 구상채권을 제한채권으로 하여 놓으면 침몰선주의 P&I Club은 자신이 우선 비용을 지출하여 과실비율에 상응하는 부분을 가해선주의 P&I Club에 구상하는 것 자체가 부담스러운 외에 나아가 자신이 지출한 비용이 책임제한까지 당하게 되면, 외국에 앉아 있는 P&I Club 담당자로서는 한국의 해안이 난파물로 뒤덮이건 말건 자신의 비용만을 염두에 두게 될 것이므로 차후 난파물제거작업 수행에 있어 엄청난 악

영향을 미칠 것이라는 것이다.

이 견해는, 해운실무상 비용을 들여 작업을 한 당사자는 상대방의 과실비율에 상응하는 몫만큼 상대방으로부터 되돌려 받는 부담을 지게 되는데, 판결이 확정되는 동안 상대방회사가 없어질 수도 있고 청구를 하는 쪽에서는 부담이 많기 때문에 상당한 금액을 에누리하여 합의하자는 요청이 있게 되면 많은 양보를 하여 합의하는 경우가 태반인 사정이 고려되어야 한다고 주장한다. 또한 실제 작업을 먼저 하는 당사자는 작업중의 추가 사고위험을 떠맡게 되며, 후에 상대방으로부터 그 작업이 잘 되었느니 못 되었느니, 비용이 너무 비싸다느니 하는 공격을 받는 경우가 많고, 나아가 우리나라에 들어오는 외국선박 중 많은 선박들이 소위 one ship company가 소유하고 있어서 먼저 비용을 낸 당사자가 상대방으로부터 비용을 돌려 받는 데에 애로가 많다는 사정 역시 고려되어야 한다고 주장한다.

③ 이와 같은 견해는 침몰선주가 떠안아야 하는 현실적인 어려움을 부각시킨 일종의 동정론으로서 일견 경청할 여지가 있으나, 이 견해가 주장하는 바와 같은 가해선주에 대한 구상청구의 어려움은 그와 같은 구상채권이 비제한채권이라고 하여도 용이하게 사라지는 문제는 아니라는 점에서 결국은 선주유한책임제도 자체에 대한 공격에 다름 아니라는 반론이 가능하다. 말하자면 가해선주에 대한 구상채권을 비제한채권으로 하여 놓는다고 하여도 가해선주가 망하여 없어질 가능성이 주는 것은 아니고 난파물제거작업이 적정하게 경제적으로 수행되었는지에 대한 공격이 없어지는 것도 아니라는 것이다. 침몰선주는 이미 자기가 소유하는 선박이 침몰됨으로써 막대한 손해를 입은 상황이고 그와 같은 선체손해에 대하여 이미 책임제한의 대항을 받도록 되어 있는 마당에 난파물제거비용에 관하여 책임제한이 되는 것은 결국 구상을 받을 수 있는 액수의 다과의 문제인 것이지 그 채권의 본질을 바꿀만한 공익적 요소는 없다는 것이다. 가해선주에 대한 구상채권을 제한채권으로 하여 놓으면 현실적으로 침몰선주가 갖는 부담이 가중되는 것은 사실이라 하겠으나, 그렇다고 하여 이와 같은 현실적인 부담의 크기가 가해선주에 대한 구상채권을 비제한채권으로 보아야만 할 본질적인 이유가 되는 것은 아니라는 반론이 가능하다. 침몰선주의 P&I Club은 난파물제거비용에 관하여 전액부담의 책임을 면할 수 없으므로 구상청구의 어려움 때문에 난파물제거작업에 소홀하여질 것이라는 주장은 반드시 옳은 것은 아니라고 본다. 따라서 가해선주에 대한 구상청구의 어려움을 감안하여 구

상채권을 비제한채권으로 보아야 한다는 주장은 선주유한책임제도를 받아들인 현실에서는 일정한 한계가 있는 것으로 보인다.

3. 大法院判決

대법원은 위와 같은 논란에 종지부를 찍었다. 난파물제거채권을 부담한 침몰선주가 가해선주에 대하여 행사하는 구상채권은 제한채권이라는 것이다. 이 같은 결론은 영국, 일본 등 선진해운국과 같은 입장으로 이해된다. 사견으로는 이러한 대법원의 결론에 찬성한다.

Ⅲ. 燃料油除去債權의 문제

1. 問題의 所在

난파물제거작업은 일반적으로 손해방지경감조치의 한 유형이라고 할 수 있을 것이다.[8] 손해방지경감조치는 침몰선박 등의 인양·제거에 한정되지 아니하고, 선박의 운항과 관련하여 발생하는 인명손해를 방지·경감하기 위하여 선박의 항로를 변경하거나 운송의 지연을 피하기 위하여 대체선을 투입하는 경우 등이 포함된다. 그런데 우리 상법 제746조 제4호는 손해방지경감조치채권을 제한채권으로 정하고 있으므로, 어떠한 채권이 비제한채권인 난파물제거채권에 해당하는지를 판별해 내는 것은 매우 중요하다고 할 수 있다. 이와 관련해서는 특히 선박으로부터 연료유가 유출되어 인근어장에 손해를 발생시킬 것이 예상되는 경우에 그 기름을 제거하는 데 드는 비용채권이 어디에 속하는가가 문제된다.

2. 難破物의 槪念에 관한 見解의 對立

상법 748조 제4호는 "침몰, 난파, 좌초, 유기 기타의 해난을 당한 선박 및 그 선박에 있거나 있었던 적하 기타의 물건"을 비제한채권이 발생하는 작업의 목적물로 열거하고 있다. 여기서 해석론상 문제로 되는 것은 '기타의 물건'에 어떠한 것이 포함될 것인가 하는 것이다. 1976년 조약의 원문에는 "anything that is or has been on board such ship"라고 되어 있다. 1976년 조약은 적하(cargo)에 관하여는 따로 규정을 두고 있는데(동조약 제2조 제1항 (e)항), 우리 상법은 이를 통합하였다.

8) 鄭燦亨, 「商法講義(下)」(博英社, 1998), 724면.

이에 대하여는 제 1 설은, 침몰선박의 인양·제거 등의 작업이 필요한 이유가 소위 난파물에 의하여 다른 선박의 통항이 방해되거나 또 다른 사고를 유발시킬 우려가 있어 이를 방지하기 위한 데에 있는 것이므로 동호에서 정하는 인양 등의 작업의 목적물이 되는 것은 선박 자체나 적하처럼 그 물리적 존재로 인하여 선박의 통항을 방해하는 물건만을 의미하는 것이고, 예컨대 선박의 연료유와 같이 타 선박의 통항을 방해할 우려가 없는 것은 이에 해당하지 않는다는 주장이다. 이 경우 기름을 제거하기 위한 비용은 손해방지경감조치비용으로서 제한채권이 되는 것으로 풀이하게 된다.

제 2 설은, 상법의 문언이 '기타의 물건'이라고 되어 있으므로 반드시 통항을 방해할 수 있는 선박의 잔해나 적하에 한정하지 아니하고 해난을 당한 선박안에 있거나 있었던 것으로서 제거 또는 무해조치 작업의 대상이 될 수 있기만 하면 동호에서 말하는 비제한채권으로 보아야 한다는 주장이 있을 수 있다. 이 설에 따르면 기름제거작업에 관한 채권은 비제한채권이 된다.

3. 私　見

1976년 조약의 제정시에는 이와 같은 점은 논의의 대상이 되지 아니하였다. 1976년 조약의 이 점에 관한 문언은 1957년 조약의 문언을 다소 수정한 것인데, 1957년 조약에는 '난파물'(wreck)이라는 용어가 명시되어 있는데 1976년 조약에서는 "the ship is wrecked"라는 용어를 사용하고 있다. 난파물이라는 용어는 난파된 선박 자체를 지칭하는 것이 가장 보편적인 용법인 것으로 보인다.[9] 1976년 조약에서도 적하의 경우는 "wreck"이라는 표현을 쓰지 않는다. 그러나 중요한 것은 "wreck"이라는 용어가 선박만을 의미하는가 아니면 그 이외의 물건도 포함하는가 라는 용어풀이에 있는 것은 아니라고 생각된다. 연료유를 수거하는 작업비용채권이 비제한채권이 되는 난파물제거채권인가 하는 문제는 1976년 조약이나 상법의 법문의 전체의 취지에서 풀이하는 것이 옳을 것으로 보여진다. 이러한 관점에서 1976년 조약이 제 2 조 제 1 항 (d)호와 (e)호를 보면 다음과 같이 규정하고 있다.

> (d) Claims in respect of raising, removal, destruction or the rendering harmless of a ship which is sunk, wrecked, stranded or abandoned, including anything that is or has been on board such ship,

9) *Black's Law Dictionary*, 5th Edition, p. 1441.

(e) Claims in respect of the removal, destruction or the rendering harmless of the cargo of the ship

이 같이 1976년 조약은 제2조 제1항 (d)호에서 난파선과 그 선상에 있던 물건에 관하여 규정하면서 다시 동 조항 (e)호에서 적하에 관하여 규정하고 있는 사정을 종합하면, 동 조항 (d)호의 경우는 기본적으로 난파선에 관하여 규정하면서 이에 부수하여 그 난파선과 함께 인양되거나 제거되는 물건(적하 포함)을 다루는 규정인 것으로 보이고, 동 조항 (e)호는 난파선의 인양·제거와는 무관하게 적하만을 제거·파괴하는 데에 관한 규정인 것으로 판단된다. 동 조항 (d)호에서 선상의 물건을 포함시킨 것은 난파선을 인양하거나 제거하는 작업을 함에 있어 난파선상에 있는 물건을 따로 취급하는 것은 공연히 법률관계가 복잡해질 것을 우려한 것으로 판단된다. 즉 난파선의 인양·제거의 경우와 그렇지 않은 경우를 분리하고 있는 1976년 조약의 규정형식에 비추어 보면, 결국 동 조항 (d)호는 난파선의 인양·제거를 전제로 하여 적용되는 조항인 것으로 풀이하는 것이 합리적일 것으로 본다. 그렇다면 난파선을 인양·제거하지 않은 채 유출된 연료유만을 제거하는 작업은—연료유는 적하가 아니므로 동 조항 (e)호에도 해당된다고 할 수 없을 것이다—손해방지경감조치에 해당하는 것으로 보는 것이 1976년 조약의 문리해석으로는 맞을 것이다.

그러나 우리 상법은 1976년 조약과는 달리 난파선의 인양·제거의 경우와 적하만의 제거·파괴의 경우를 따로 규정하고 있지 않고, 이로 말미암아 '기타의 물건'도 반드시 난파선의 인양·제거작업과 함께 이루어질 것을 요구하는 것도 아니라 보여진다. 즉 우리 상법의 문언상으로는 선박으로부터 유출된 연료유의 제거작업에 관한 비용채권은 그 작업이 난파선 자체의 인양·제거에 부수하여 이루어졌는지와는 무관하게 난파물제거채권으로 볼 여지가 많을 것이다. 상법 개정시에도 이 점에 관하여는 별다른 논의가 없었던 것으로 보인다.[10]

4. 大法院判決

대법원은 상법 제748조 제3호의 문언 자체의 해석뿐만 아니라 이 조항이 공익적인 목적을 달성하기 위하여 위와 같은 물건의 제거 등에 관한 채권에 대하여 선박소유자가 책임을 제한하지 못한다고 한 점에 비추어 '기타의 물건' 속

10) 法務部, 「商法改正特別分科委員會 會議錄(Ⅱ)」, 357~397면.

에는 연료유가 당연히 포함되는 것으로 풀이하였다. 대법원의 결론에 찬성한다. 그러나 방제비용을 지출한 침몰선주가 가해선주에 대하여 행사하는 구상채권은 제한채권이 된다는 점은 앞에서 살펴본 바와 같다.

商法 第789條의2 第 1 項의 船積單位의 解釋에 관한 小考

崔 東 烈*

판례 1: 서울고등법원 2003. 9. 9. 선고 2002나70978 판결

판례 2: 서울고등법원 2004. 4. 7. 선고 2002나75621 판결

[판례 1]

[사안의 개요]

1. 목 적 물

아이피 압축냉각기(IP Compressor Cooler), 페데스털 크레인(Pedestal Crane), 에이취브이에이씨 시스템(HVAC System), 정밀해수여과기(Fine Seawater Filter) 및 연료가스조정기(Fuel Gas Conditioning).

2. 운송방법

위 앞 3개를 37개의 부분으로 나누어 바닥에 합판을 받친 다음 합판 위에 해당 화물을 올리고 다시 해당 화물의 윗 부분에 합판을 덮은 후 많은 수의 스틸밴드로 이를 엇갈려 묶고, 측면 및 바닥의 필요한 곳에 스틸빔 또는 골재받침대(Skid)로 보강하는 방식에 의하여 선적함.

3. 선하증권의 기재

1, 2는 37개 부분에 관한 하우스 선하증권이고, 3은 전체 화물에 관한 마스터선하증권임. 이 사건에서 손상을 입은 부분은 1, 2에 기재된 37개 부분 중 일부임.

(1) 선하증권 1

- number of packages: 20 units
- Discription: SAID TO CONTAIN: DESCRIPTION: DETAIL ARE AS PER OFFER NO PF88004 ISSUED BY DAEWOO HEAVY INDUSTRIES LTD(OKPO SHIPYARD)
- 총중량: 284,559.56kg
- 총용적: 1,351.843 CBM

* 판사, 대법원 재판연구관.

(2) 선하증권 2

- number of packages: 17 PCS
- Discription: SAID TO CONTAIN: PEDESTAL CRANE DETAIL ARE AS PER OFFER NO PF880011 ISSUED BY DAEWOO HEAVY INDUSTRIES LTD(OKPO SHIPYARD)
- 총중량: 63,435.54kg
- 총용적: 542.646 CBM

(3) 마스터 선하증권

- number of packages: 40 PCS
- Discription: SAID TO CONTAIN: 40 PCS TOTAL FITER, SKID HEATER EXCHANGER, CRANE
- 총중량: 373,212.830kg
- 총용적: 51,994.3930 CBM

4. 운임산정방식

CBM 기준으로 산정(선하증권 1, 2).

5. 손해의 발생

고박 및 안전장치가 잘리고 부러져 이 사건 수입화물이 선창에서 좌우로 움직이면서 이 사건 선박내부 벽면 또는 함께 실린 화물들과 충돌하여 37개 부분 중 27개 부분이 손상을 입어, 수리비 합계 1,411,432,572원 발생.

[쟁 점]

운송약관에 정한 책임한도와 관련하여, 포장 혹은 개수를 기준으로 할 것인가(이 경우 27×500=13,500 SDR)인가 아니면 운임산정단위인 CBM을 기준으로 할 것인가(운송물의 총 CBM을 기준으로 하면 947,244.5 SDR).

[판단의 요지]

선하증권의 기재와 선적의 방법 등에 비추어 보면, 개수를 기준으로 하여야 한다.

[결 론]

승계참가인(보험사)들에게 23,075,559원(=13,500 SDR 1.42620달러/SDR 1,198.5원/달러)을 지급금액에 비례·안분하여 인용함.

[판례 2]

[사안의 개요]

1. 목 적 물

중고 성형사출기 1대(총중량 77,560kg), 가액 일본화 2,150만엔(CIF 부산).

2. 운송방법

7개의 기계로 분리, 6부분은 2대의 컨테이너에 적입하여 운반문제가 된 계쟁목적물(58,000kg)은 별다른 포장을 하지 아니한 채 그대로 이 사건 선박에 선적(강철로프로 고정).

3. 선하증권의 기재

- No. of Containers or Pkgs.: 2 CONTAINERS & 1 BARE
- Description of Goods: USED CNC PLASTIC INJECTION MOULDING MACHINE WITH STANDARD ACCESSORIES NO. B0360 MITSUBISHI 1,600MM-340 MANUFACTURED: 1989 1 UNIT
  〈40'×1 HI-CUBE CONTAINER〉
- Gross Weight: 77,560.0kg
- Measurement: 126.478 CU. METER
- Total Number of Containers or Packages: TWO(2) CONTAINERS & ONE(1) BARE ONLY

4. 운임산정방식[1)]

- OCEAN FREIGHT: 중량(톤당 34불×58톤)=미화 $1,972
- BULKY S/C[2)]: 용적(입방미터당 46불×64.479입방미터)=미화 $2,996.03
- B.A.F.[3)]: 미화 $1,135.75
- C.A.F.[4)]: 미화 $375.29

5. 손해발생

이동식 다이를 고정하지 아니하여 풍랑으로 흔들리자 다이가 좌우로 요동하면서 손상됨. 수리비 감정액 105,316,000원.

[쟁 점]

운송약관에 정한 책임한도와 관련하여, 선적단위가 1개인가(피고측 주장) 아니면 운임산정단위(원고측 주장은 중량이 58톤이므로 58단위)인가.

[판단의 요지]

해당 목적물은 '포장'에는 해당하지 않는다(외부에 부가된 것이 없고, 선하증

1) 운임산정 및 청구에 관하여 발송된 선하증권사본의 기재에 의함.

2) S/C=surcharge.

3) Bunker Adjustment Factor, 연료가격 증감에 따른 할증, 이 사건의 경우 23% 할증됨.

4) Currency Adjustment Factor, 환율변동에 따른 할증, 이 사건의 경우 7.60% 할증됨.

권에 'Bare'라고 표현)고 전제하고 나아가 '선적단위'가 무엇인가에 관하여 다음과 같이 판시함.

첫째, 개정된 상법(1991. 12. 31. 법률 제4470호로 개정된 것)에 이른바 헤이그비스비규칙의 내용을 수용하여 운송인의 책임제한에 관한 규정을 신설하면서, 당초 헤이그비스비규칙과 같이 포장당책임제한 외에 중량당책임제한을 병행하는 포장중량병행방식을 채택하려 하였으나 그 입법과정에서 "중량당책임제한을 도입하면 우리나라 해운업계는 사실상 책임제한의 혜택을 누릴 수 없다"는 한국선주협회의 주장을 받아들여 중량당책임제한을 포기하고 포장당책임제한만을 규정하는 포장단일방식을 채택하였는바, 따라서 '선적단위'를 '운임단위'로 해석하여 중량당책임제한을 이끌어내는 것은 중량당책임제한을 배제하고자 한 입법자들의 의사에 반하고, 둘째, 위 개정상법의 위 '선적단위'란 이른바 함부르크규칙의 'shipping unit'의 표현을 도입한 것이라 할 것인데, 미국 해상화물운송법(Carriage of Goods by Sea Act) 제 4 조 제 5 항의 관행적 운임단위(customary freight unit)와는 명백히 다른 표현을 사용하고 있고, 위 함부르크규칙 역시 헤이그비스비규칙과 같이 포장당책임제한 외에 중량당책임제한을 병행하고 있어서 이를 운임단위로 해석할 필요성이 없는 점 등을 고려하면, 위 상법 제789조의2 제 1 항의 '선적단위'란 산적화물(散積貨物, bulk cargo)의 경우는 별론으로 하고, 적어도 당해 화물이 물리적으로 개수를 산정할 수 있는 개별화물인 경우에는 '운임단위'로 볼 수는 없고 개별적으로 산정가능한 물리적인 단위를 의미한다고 보아야 할 것이다.

[결　　론]

859,250원(=1 선적단위×500 SDR 변론종결일 당시 1 SDR인 1,718.5원)과 지연손해금만 인용, 나머지 청구는 모두 기각함.

[評　　釋]

I. 전　　론

1991. 12. 31. 개정시[5]에 신설된 우리 상법 제789조의2[6]는 해상물건운송

5) 법률 제4470호, 1993. 1. 1.부터 시행.

6) 제789조의2 ① 제787조 내지 제789조의 규정에 의한 운송인의 손해배상의 책임은 당해 운송물의 매포장당 혹은 선적단위당 500 계산단위의 금액을 한도로 이를 제한할 수 있다. 그

인의 책임에 관하여 “당해 운송물의 매포장당 혹은 선적단위당 500계산단위(SDR)의 금액을 한도로 이를 제한할 수 있다”고 규정하고 있다. 이는 헤이그조약의 해당 조항을 금액만 낮추어 입법화한 것으로서 당시 1978년에 이미 성립된 함부르크조약은 물론 1968년에 성립된 비스비규칙에 이미 반영된 중량당 책임제한을 채택하지 않고 있다. 미국의 COGSA의 경우를 제외하면 세계 주요 무역국가들, 특히 우리나라와 교역량이 많은 나라들은 거의 예외 없이 최소한 비스비규칙에 따른 중량당 책임제한을 두고 있는 현실에서 입법론으로서 우리의 책임제한조항이 시대에 뒤떨어져 지나치게 선주보호에 치우친 것은 아닌가라는 소박한 의문이 제기된다.

나아가 기계류 같은 重量物이나 산적화물(bulk-cargo) 운송인의 책임한도를 어떻게 설정할 것인가의 문제는 많은 화물이 컨테이너화된 운송방식으로 처리되는 현실에서도 여전히 ‘선적단위’에 관한 해석상 문제로 남아 있다.[7]

우리 법의 선적단위를 미국의 해상운송법(COGSA)의 경우처럼 ‘관행적인 운임의 계산단위’(customary freight unit)로 볼 것인가, 아니면 포장(package)과 유사 혹은 상호보완적인 개념으로 볼 것인가 등, ‘선적단위’를 해석하는 방법에 따라 위와 같은 경우에 책임한도의 범위는 크게 달라질 수 있고, 해석방법에 따라서는 중량당 책임조항을 둔 것과 유사하게 화주를 두텁게 보호할 여지는 충분히 있고, 그 반대의 경우도 물론 가능하다.

예컨대 50톤짜리 특장차 1대를 톤당 100불씩으로 운임을 계산하여 5,000불에 운송계약을 체결하고 운송하던중 멸실된 경우에 책임한도액은 25,000 SDR (=운임계산단위 50×500 SDR)이 될 수도 있고, 단 500 SDR로 그칠 수도 있다.

극단적으로는 벌크 화물인 석탄 1만톤을 운송하던중 멸실된 경우, 포장이

러나 운송물에 관한 손해가 운송인 자신의 고의 또는 그 손해가 생길 염려가 있음을 인식하면서 무모하게 한 작위 또는 부작위로 인하여 생긴 것인 때에는 그러하지 아니하다.

② 제1항의 적용에 있어 운송물의 포장 또는 선적단위의 수는 다음과 같이 정한다.

1. 컨테이너 기타 이와 유사한 운송용기가 운송물을 통합하기 위하여 사용되는 경우에 그러한 운송용기에 내장된 운송물의 포장 또는 선적단위의 수를 선하증권 기타 운송계약을 증명하는 문서에 기재한 때에는 그 각 포장 또는 선적단위를 하나의 포장 또는 선적단위로 본다. 이 경우를 제외하고는 이러한 운송용기 내의 운송물 전부를 하나의 포장 또는 선적단위로 본다.
2. 운송인이 아닌 자가 공급한 운송용기 자체가 멸실 또는 훼손된 경우에는 그 용기를 별개의 포장 또는 선적단위로 본다.

7) 물론 위 조항은 운송계약상 책임한도를 규정하는 경우에 위 조항의 한도 이하로 운송인의 책임을 경감시키지 못하도록 하는 한계를 설정한 것이어서(상법 제790조), 운송약관에 의하여 비스비규칙에 따른 중량당 책임한도를 병행하는 경우에는 문제의 소지가 없고, 그렇지 않은 경우에 한하여 문제가 될 것이다.

나 운송단위로 볼 만한 것이 없다면 단돈 500 SDR로 그칠 것이나, 운임산정단위인 톤(ton)을 기준으로 하면 책임한도는 무려 5,000,000 SDR에 이를 것이므로 목적물의 가액을 전액 배상받는 데 아무런 문제가 없을 것이다.

본고는 위 '포장' 및 '선적단위'를 어떻게 해석할 것인가를 다루고자 한다.

Ⅱ. 연혁과 입법례

1. 포장당 책임제한약관에 관한 조약

(1) 면책약관의 성행

운송인의 운송계약상의 책임은 아주 엄격하였다. 로마법에서는 레셉툼책임(Receptumhaftung)이 인정되어 운송인은 운송물의 손해에 관하여 절대적인 무과실책임 또는 결과책임을 져야 했다. 영국법에서도 보통법상 해상운송인은 공중운송인(common carrier)으로서의 책임, 즉 운송인은 운송물을 안전하게 운송하여 이를 인도하여야 할 의무를 지고, 그 동안 운송물에 대하여 생긴 일체의 손해를 배상할 절대책임을 부담하였다. 그러나 운송인은 선하증권에 면책약관(exception clause)을 삽입하여 그 책임을 면할 수 있었고, 이러한 면책약관은 점차 확대되어 1880년경에는 대부분의 정기항로의 선하증권이 적하의 취급에 관한 일체의 과실에까지 면책을 확장하는 절대적 과실약관과 선원의 악행 및 불감항으로부터의 면책도 포함하기에 이르렀고, 19세기 말경에는 "선주는 운임을 추심하는 것 외에는 아무런 의무도 지지 않는 것과 다름이 없다"고 할 지경에까지 이르렀다. 이에 화주·은행업자 및 보험업자측으로부터 면책약관에 대한 제한운동이 일어나기 시작하여 하주국의 지위에 있던 미국은 하터법(Harter Act 1893)[8]을 제정하여 면책약관에 제한을 가하였고, 국제적으로도 여러 차례의 국제회의가 개최되었다.

(2) 헤이그조약과 포장·단위당 책임제한

그 결과로서 탄생한 것이 1924년의 선하증권규정의 통일조약(International

8) 상업상의 과실 또는 운송인의 과실, 즉 운송물의 적당한 선적, 적부, 보관, 주의 또는 적당한 인도에 관한 과실에 대한 선주의 책임을 면제하는 특약을 무효로 하고(제1조), 다시 감항능력유지를 위하여 상당한 주의를 다할 의무 및 선원이 적하를 주의깊게 취급하고, 적부하며 또 적하를 주의하여 적당히 인도하여야 할 의무를 감경·면제하는 특약을 무효로 하고 있다(제2조). 반면 선주가 선박의 감항능력에 관하여 상당한 주의를 다한 때에는 항해 또는 선박의 취급에 관한 과실 곧 항해상의 과실에 대하여는 법률상 당연히 면책되고, 그 밖의 불가항력, 적하의 성질 또는 하자, 포장이 결함 등으로 인하여 생긴 손해 및 인명과 화물의 구조를 위한 이로로 인하여 생긴 손해에 대하여는 면책되도록 규정하였다(제3조).

Convention for the Unification of Certain Rules of Law relating to Bills of Lading, 1924. 이하 '헤이그규칙'이라 한다)이다. 여기서는 미국의 하터법을 기본으로 운송인에게 선박의 감항능력에 관한 주의의무, 운송물에 관한 주의의무 등 기본적 의무를 부과하고 이를 위반하여 발생한 운송물에 관한 손해에 대하여 책임을 지우는 반면, 그 밖에 다수의 원인으로 인하여 발생한 손해에 대하여는 운송인의 책임을 면제하고, 포장 혹은 선적단위당 책임한도액을 영국화 100파운드 이하로 규정한 포장당 책임제한규정을 무효로 규정하고 있다.[9)]

(3) 비스비규칙과 중량책임제한방식의 병용

헤이그규칙이 실제로는 운송인의 이익보호에 치우쳐 있다는 비판을 받아 왔고, 이러한 불균형을 완화하고 콘테이너운송 등 새로운 해운기술의 발전에 부응하기 위하여 1968년 선하증권통일조약을 개정하기 위한 의정서(1968 Protocol to amend the International Convention for the Unification of certain Rules of Law relating to Bills of Lading, 1924. 이하 '비스비규칙'이라 한다)가 성립되었다. 포장당 혹은 단위당 책임제한금액도 인플레이션 등의 이유로 현실성이 떨어진다는 지적에 따라 이를 보완하기 위하여 비스비규칙에서 수정이 이루어졌으며, 한도액을 영국화 100파운드에서 10,000골드프랑으로 인상하고, kg당 30골드프랑의 중량책임제한방식을 병행하는 것이었다.

1979년의 제2차 의정서(Protocol to amend the International Convention for the Unification of Certain Rules relating to Bills of Lading as modified by the Amending Protocol of February 23rd 1968)에서는 금액단위로서 골드프랑 대신 국제통화기금의 특별인출권(SDR)이 도입되어 포장당 666.67 SDR, kg당 2 SDR의 책임한도액이 규정되었다.

(4) 그 후의 조약들

그 후 UNCITRAL[10)] 주도하에 성립된 1978년의 함부르크규칙[11)]은 비스

9) 헤이그규칙 제4조(5)의 규정은 다음과 같다.
"Neither the carrier nor the ship in any event be or become liable for any loss damage to or in connection with goods in an amount exceeding 100 pounds sterling per package or unit, or the equivalent of that sum in other currency unless the nature and value of such goods have been declared by the shipper before shipment and inserted in the bill of lading."

10) United Nations Commission on International Trade Law.

11) United Nations Commission on the Carriage of Goods by Sea.

비규칙보다 운송인의 책임한도액을 증액시켜, 포장당 책임한도액을 835 SDR로, 중량책임한도액을 kg당 2.5 SDR로 각 규정하였고, 1980년 제네바에서 성립된 유엔국제물건복합운송조약(UN Convention on International Multimodal Transport of Goods)은 다시 책임한도액을 증액시켜 포장당 책임한도액을 920 SDR로, 중량책임한도액을 kg당 2.75 SDR로 각 규정하였다.

함부르그규칙 제 6 조 제 1 항 (a)는 헤이그/비스비규칙의 'per package or unit'을 'per package or shipping unit'으로 표현하고 있다. 전자는 '포장당 혹은 단위당'으로 번역될 수 있고, 후자는 '포장당 혹은 선적단위당'으로 번역될 수 있겠다. 결국 외관상으로는 후자를 직역한 것이 상법 제789조의2 제 1 항의 '매포장당 혹은 선적단위당'이라 할 수 있다.

2. 입 법 례

(1) 미국의 경우[12)]

미국에서는 헤이그조약 성립 후 12년 동안 진통을 겪어 마침내 COGSA (Carriage of Goods by Sea Act)로 입법화되었다. 통과될 때까지 1923년, 1925년, 1927년, 1930년, 1935년, 1936년에 여러 가지 형태의 법률안이 제출되었다.

초기의 법률안은 책임제한 기준으로 'package'만을 채택하였고 'unit'은 채택하지 아니하였다. 의회 해상・어업위원회에서의 청문회에서는 해상운임이 일반적으로 중량이나 부피로 산정되는 점에 비추어 포장 기준 책임한도는 이례적이라는 점이 지적되었고, 벌크 화물의 경우에는 톤당 혹은 100입방피트를 'unit'으로 보아 책임제한 기준으로 삼는 방안이 추천되었다.

1925년의 청문회에서는 곡물이나 유류와 같은 벌크 화물에 대한 책임제한을 염두에 둔 화주측의 요구로 'unit' 개념이 등장하였다. 'unit'당 책임제한은 포장되지 아니한 채 선적되는 화물, 즉 벌크 화물인 경우에만 비로소 적용되는 것으로 설명되었다. 따라서 여기서 화물의 'unit'이라 함은 특정 화물의 운임을 산정하기 위한 단위와 동일시되었다. 화주측은 그러나 그러한 설명만으로는 만족할 수 없었다. 선주측이 책임한도를 축소하기 위하여 unit을 자의적으로 해석할 것으로 예측했기 때문이다(unit의 해석을 어떻게 하는가에 따라 가산물의 책임한도가 변할 수 있는 불확실성이 있었다. 문면상으로는 반드시 벌크 화물에만 unit 개

12) H. Edwin Anderson Ⅲ & Jason P. Waguespack, "ASSESSING THE CUSTOMARY FREIGHT UNIT: A COGSA QUAGMIRE," University of San Francisco Maritime Law Journal, Fall 1996, pp. 176~180 이하.

념이 적용된다고 보기 어려웠다).

1927년의 법률안에서 마침내 '포장당 혹은 화물이 포장되지 아니하였을 때에는 관습적인 운임단위'(pre package, or in the case of goods not shipped in packages, per customary freight unit)라는 표현으로 삽입되었다. 위 표현은 package가 동시에 unit에도 해당할 수 있다는 모호성을 제거하기 위한 의도로 삽입된 것이다. 그렇지만 customary freight unit이라는 개념 자체가 불확실하기는 마찬가지이다. 불행히도 당시의 청문회 기록에는 위 개념의 설정에 관한 자세한 내용이 남아 있지 않다.

1935년의 상원 통상위 청문회에서는 운임의 산정방식과의 일관성을 도모하기 위하여 package와 freight unit이라는 개념 대신 중량 및 부피당 책임한도를 규정하는 방법이 제안되었으나 받아들여지지 아니하였다(주된 이유는 당시의 헤이그 룰에서 너무 벗어나 국제적 통일성에 지장을 초래한다는 것으로 짐작되나, 역설적이게도 후에 비스비규칙에서는 정면으로 중량당 책임제한을 채택하였다).

1936년에 마침내 COGSA의 section 4(5)의 현재 규정으로 정착되어 법안으로 통과되었다.[13]

헤이그규칙의 표현과 달리 COGSA에는 'unit'을 수식하는 'customary freight'이라는 수식어구가 있다. 그러나 당시 기록에는 입법자들의 의도를 명쾌하게 설명할 만한 자료가 없었고, 이를 어떻게 정의할 것인가라는 과제는 법원에게 돌아갔다.

(2) 영국의 경우

영국의 1924년과 1971년의 해상화물운송법(Carriage of Goods by Sea Act)는 각각 헤이그규칙과 비스비규칙을 국내법화시킨 법률이다. 조약 자체를 부칙으로 삽입하고 영국 법률로서의 효력을 갖는다고 규정하였다. 양자를 비교하면, 전자는 영국이나 북아일랜드의 항구로부터 발항하는 이외의 해상운송과 관련하여 발행된 것으로서 헤이그규칙의 규정에 따라 효력을 갖는다는 내용의 至上約款(paramount clause)을 포함한 선하증권에 대하여 헤이그규칙이 성문법으로서의 효력(statutory force)을 갖지 못하고 계약조항으로서의 효력(contrac-

13) Neither the carrier nor the ship shall in any event be or become liable for any loss or damage to or in connection with the transportation of goods in an amount exceeding $500 per package lawful money of the United States, or in case of goods not shipped in packages, per customary freight unit, or the equivalent of that sum and other currency, unless the nature and value of such goods have been declared by the shipper before shipment and asserted in the bill of lading.

tual force)만 가질 뿐이었으나, 後者에 의하여 헤이그/비스비규칙은 그러한 선하증권에 대하여도 성문법규로서의 효력을 갖게 되었고, 前者와는 달리 後者는 준거법 약정을 통하여 헤이그/비스비규칙을 적용할 수 없게 되는 결과가 되는 경우에는 이를 무효로 보게 되었다는 차이가 있다.[14)]

⑶ 일본의 경우

1957년(소화 32년) 국제해상물품운송법을 제정하여 헤이그규칙을 입법화하였다. 포장 혹은 선적단위당 책임제한규정만 있었고 중량당 책임제한규정은 없다(비스비규칙을 받아들이지는 아니함). 그 후 함부르크규칙 비준국이 늘어나자 부담을 느낀 나머지 헤이그/비스비규칙을 비준함으로써 함부르크규칙 비준압력을 벗어나고자 헤이그/비스비조약(1979년 제2차 의정서 포함)을 비준함과 아울러 국제해상물품운송법을 개정, 平成 4. 6. 3.에 공포하고 平成 5. 6. 1.부터 시행에 들어갔다.

⑷ 우리 상법의 개정

법무부는 상법 중 회사법편을 개정한 후인 1985년 11월경 보험·해상편을 개정하기 위하여 상법개정특별분과위원회(위원장 손주찬)를 발족하고 동 위원회에 보험법개정소위원회와 해상법개정소위원회(위원장 서돈각)를 두었으며, 각 소위원회는 15인씩의 위원이 위촉되었다. 상법개정특별분과위원회는 "현행상법이 헤이그규칙을 수용함에 있어 해상운송인의 포장당책임제한제도를 채택하지 아니한 것은 입법의 불비이고 국제입법동향에도 낙후되었다는 견지에서 개정상법에서 포장당책임제한을 인정하고 이를 불법행위책임과 사용인의 책임에까지 확장"하기로 하고, "다만 헤이그규칙은 성립된 이래 수십 년이 경과되어 사회·경제적 여건이 변화하였고 포장당 책임한도액도 비현실적이 되었으므로 비스비규칙상의 주요 규정을 수용"하기로 결정하게 되었다. 이들 규정을 담은 개정상법은 1991년 12월 국회를 통과하여 1993년 1월 1일부터 시행되게 되었다.[15)]

Ⅲ. 각국의 입법례와 학설에 나타난 단위(Unit)의 의미

1. 미 국

⑴ 앞서 본 바와 같이 미국은 1936년 COGSA 입법 당시 헤이그규칙의 'unit'이라는 표현 대신 'customary freight unit'이라는 용어를 사용하고 있거

14) 심재두, 「해상운송법」, 길안사, p. 456 이하.

15) 서영화, "개정상법 중 포장당책임제한에 관하여," 「인권과 정의」 제191호, 대한변호사협회.

니와 이러한 용어를 사용한 것은 미국의 COGSA가 유일하다.[16] 그런데 미국의 학설은 헤이그/비스비규칙의 'unit'는 다름 아닌 'freight unit'을 의미한다는 데 대체로 일치한다고 한다. 그 근거는 다음과 같다[17]

첫째, COGSA의 규정은 헤이그/비스비규칙의 조항에 비하여 훨씬 명료하다. COGSA 입법 당시 미의회의 의도는 헤이그/비스비규칙의 의미를 변경하고자 하였던 것이 아니라 명확히 하고자 하였던 데 있었다.

둘째, unit이 단순히 포장되지 아니한 화물을 의미하기 위하여 사용되었다면, unit이라는 단어 하나만으로도 충분하지 구태여 Package라는 용어를 사용할 필요가 없었다. 왜냐하면 unit이라는 단어는 포장된 물품이나 포장되지 아니한 물품 두 가지 다 해당시킬 수 있기 때문이다.

셋째, 포장되지 아니한 화물에 관하여 헤이그/비스비규칙은 'piece'라는 용어를 사용하고 있는데(제3조 제3항 b), 만일 책임제한에 관하여 비포장물품을 지칭하고자 하였다면, 여기에서도 piece라는 단어를 사용하였을 것이다. 따라서 여기서의 unit은 비포장물품을 지칭하는 것으로 의도하였다고 볼 수 없다.

넷째, 운임단위로 해석할 경우 bulk cargo의 경우를 설명하기 용이하다.

(2) 그러나 적어도 문면상으로는 헤이그/비스비규칙과 COGSA의 규정이 상이함을 부인할 수 없다.

즉 前者는 포장당 혹은 단위당(per package or unit)이라는 표현을 사용하여, 두 개념이 서로를 배척하는 것이 아니나, 後者는 "… $500 per package … or in case of goods not shipped in package, per customary freight unit"이라 기재하여 package와 freight unit의 적용이 배타적임을 알 수 있다.

그리고 '단위'의 의미를 '관습적인 운임산정의 단위'와 동일시하는 것은 아무리 헤이그규칙의 입법의도를 잘 살펴 입법을 한 것이라 하더라도 해석론으로서는 상당한 무리라고 하지 않을 수 없다.

2. 영국 등

캐나다에는 단위(unit)가 운임단위(freight unit)를 포함하지 않는다는 취지의 대법원판례가 있으나,[18] 영국의 학설은 갈린다.

---

16) Tetley, Marine Cargo Claims, 2nd, 1978, p. 440.

17) 같은 책, 438면 이하; Tetley, Marine Cargo Claims, International Shipping Publications, 3rd, 1988, p. 884 이하.

18) Anticosti Shipping v. St. Amand(1959) 1 Ll. R 352; 심재두, 전게서에서 재인용.

일부 학설은 운임계산단위를 포함한 개념으로 해석할 것을 주장하고,[19] 앞서 본 바와 같이 중량단위조항의 병용으로 'unit'의 해석에 관한 논란을 제거하였다고 적고 있기도 하다.[20]

이에 대한 반대설은[21] package와 unit이 서로 보완적 문구라는 견지에서, "미국 · 캐나다와 법규정이 다른 영국에서는 그에 관하여 논란이 없었다. (영국의) 그 누구도 Unit이 Bulk Cargo에 적용된다고 주장한 사람이 없었다"고 비난하면서 Anthony Diamond의 다음과 같은 글을 원용하고 있다. "여기서의 'unit'은 아마도 '포장'되지 않는 개개의 물품이나 화물을 언급한 것일 것이다. 예를 들어 요트, 자동차, 통나무 등이다. 이것이 헤이그/비스비규칙의 'unit'에 가장 적합한 의미일 것이다."[22] 영국의 그 어떤 권위자도 위와 다른 해석을 한 자가 없다고까지 단언하고 있다.[23]

3. 일 본

(1) 규정내용

운송인의 책임의 한도에 관한 제13조 제 1 항의 규정이 개정되어 중량당 책임제한이 신설되었으나, 법문의 규정은 헤이그/비스비규칙과 다소 상이하다. 즉 개정법은 "一包 또는 一單位에 대하여 다음에 거시한 금액 중 多額인 금액을 한도로 한다. ① 666.67 SDR(제1호) 혹은 ② 멸실 · 훼손 · 연착에 관련된 운송품의 총중량에 대하여 1kg당 2 SDR(제2호)"이라 규정하여, 포장과 단위가 확정한도액(666.67 SDR)뿐 아니라 중량제 한도에도 적용되게 되는 것처럼 해석할 소지가 있다. 그러나 학설은 '一包 또는 一單位에 대하여'라는 문구는 ①에 관한 것일 뿐이고 ②에 관한 것은 아니라고 해석함으로써 규칙과 동일한 해석을

19) A. A. Mocatta, M. J. Mustill, S. C. Boyd, Scrutton on Charterparties and Bills of Lading, 18th, Sweet & Maxwell, 1974, p. 443 이하

20) 위 같은 책(제19판), 1984, p. 455.

21) Raoul Colnvaux, Carver's Carriage by Sea, 12th, 1982, pp. 399~400.

22) unit may have referred to an individual article or piece of goods which was not packed; for example an unpacked car, a yacht … a log of goods. That is the meaning which best fits 'unit' in amended Rules.

23) Bulk Cargo에 관한 Anthony Diamond의 글을 더 소개하면, "true bulk cargo … Here I would say that there is no 'package' or 'unit' as the shipping unit," "freigt unit concepts would seem to irrelavant under the Amended Rules. I conclude that only limit ought to be one based on weight"[진정한 bulk cargo … 나는 여기에 관하여는 선적단위로서의 포장이나 'unit'의 개념은 설 자리가 없다고 본다 … (unit의 해석에 관하여) 운임단위라는 개념은 헤이그/비스비규칙과는 전혀 무관한 것으로 보인다. 결론적으로 (bulk cargo의) 유일한 (책임제한) 근거는 중량밖에 없다고 본다].

하기도 한다.[24)]

운송물이 포장 혹은 단위로 산정가능한 경우에 1포장 혹은 1단위의 중량이 333.335kg 이하인 때에는 확정한도액인 ①이, 초과할 때에는 중량제 책임한도액인 ②가 각 적용된다(예컨대 400kg인 운송단위의 경우 800 SDR).[25)]

(2) 단위(unit)의 해석에 관한 학설

포장의 경우에는 해석상 의문이 없으나, '단위'의 개념에 관하여는 의문의 여지가 있다.

(가) 주해 국제해상물품운송법(戸田修三, 中村眞澄)에서는 다음과 같이 설명한다(江頭, 「商取引法(下)」, 260頁 이하; 靑林書院, 「現代企業法講義(第6卷)(海商法)」, 170頁 이하도 同旨).

① 통상의 경우에는 선적단위(shipping unit, 예를 들면 차 1대)로 해석한다. 전형적인 경우는 포장되지 아니한 裸積貨物의 경우인바, 운송품인 물품의 개수에 의하여 산정하여야 한다. 예를 들어 yacht나 자동차, rail 등은 그 개수에 의하여 동재후판, 전선 등은 reel이나 coil의 개수로 결정할 것이다.

② bulk 화물의 경우에는 운임의 계산단위(freight unit)로 해석한다.

여기에 대하여 앞서 본 영국의 Diamond의 반론, 즉 unit은 개품(an individual article) 혹은 그 일부(piece of goods)만을 의미할 뿐이고 bulk cargo의 경우에는 unit이 아무런 의미를 갖지 아니한다(벌크 화물은 그 유일한 책임한도가 중량조항이다)는 입론을 소개하면서 이에 대한 견해도 소개하고 있다.

즉 (i) 산적화물의 운송은 대부분 용선계약에 의하여 이루어지고, 헤이그/비스비규칙에 의하면 선하증권이 용선자의 수중에 있는 한 규칙이 적용될 여지가 없고, (ii) 산적화물의 가액은 중량당 책임제한금액(kg당 2 SDR)을 넘는 경우를 찾아보기 어렵기 때문에 중량조항에 의한 책임제한이 문제되는 국면은 거의 없다는 것이다.

(나) 村田治美(「海商法テキスト」, 成山堂書店(1984), 169頁 이하; 「體系海商法」, 成山堂書店, 210頁 이하), 菊池洋一(菊池洋一, 「改正海上物品運送法」, 商事法務研究會(平成 4), 78頁 이하), 石井照久(海商法, 「法律學全集(第30卷)」, 有斐閣)는 '1단위'의 의미를 '해운관행상 정해진 운송품의 계산단위'라고 해석하고 있다.

(다) 그 외 일반 교과서에는 '단위'의 해석에 관하여 별다른 언급이 없다.[26)]

24) 谷川久, "海上運送人の責任制限," 「海法會誌 復刊(第37號)」, 66頁.

25) 菊池洋一, 「改正海上物品運送法」, 商事法務研究會(平成 4), 76~77頁의 도표 참조.

26) 加藤勝郎・金澤理, 「保險法・海商法 要說」, 靑林書院, 277頁 이하; 田村諄之輔・平出慶

Ⅳ. 우리 법의 해석

1. 입법과정 및 쟁점의 소재

⑴ 입법 당시의 논의과정에 비추어[27] '선적단위'라는 표현을 사용한 입법위원들의 의도는 COGSA처럼 '운임단위'(freight unit)를 의미하는 것이었다고 설명하기도 한다.[28] 그러나 그 취지가 명백하다고는 할 수 없다.[29]

⑵ 여기서 우리 법의 '선적단위'를 어떻게 해석할 것인가에 관하여, ① 극단적으로 미국의 판례 · 학설상(customary) 'freight unit'과 같은 의미로 해석하는 견해, ② 통상의 경우는 개수를 의미하는 것으로 보되, 그런 의미에서는 선적단위를 산정할 수 없는 산적화물(bulk cargo)의 경우에는 '운임의 산정단위'로 보는 견해, ③ 어떠한 경우에도 운임의 산정단위로 해석할 수는 없다고 보는 견해의 3가지 다른 견해가 있을 수 있다.

㈎ 예를 들어 무게 20톤, 부피 약 $40m^3$ 重量物을 예컨대 부피(입방미터)를 기준으로 운임을 산정하여 운송계약을 체결하였는데 멸실되었다면, ①설과 ②·③설 사이에 차이가 생길 수 있고, 원유나 곡물에 관한 운송계약의 경우에는 ①·②설과 ③설이 차이가 생길 수 있다.[30]

㈏ 벌크 화물에 대한 책임한도액이 그 규모, 가액에 무관하게 단지 500 SDR로 제한될 수 있다는 것은 상식적으로 납득하기 어렵고, 해석론으로 우리나라나 일본에서 그러한 결과를 주장하는 견해를 찾아볼 수 없으므로(다만 중량책임을 병행하고 있는 영국에서 그러한 학설이 유력함은 앞서 살핀 바와 같다), ③설은 우선 배제하기로 한다.

㈐ ①설과 ②설의 차이는 벌크 화물이 아닌 重量物의 경우에 단적으로 나

道, 「保險法 · 海商法」, 青林書院, 197頁 이하; 今井 薰 외 5인, 「保險 · 海商法」, 三省堂, 382頁 이하 등.

27) 상법개정특별분과위원회, 「회의록(Ⅱ)(보험 · 해상편)」(1990. 12), 640면.

28) 金炫, "海商法上 包裝當責任制限," 「서울지방변호사회 會員硏究論文集(제26집)」, 391면 이하.

29) 상법개정특별분과위원회, 「회의록(Ⅱ)(보험 · 해상편)」(1990. 12), 642면에서는 헤이그/비스비규칙의 'unit' 혹은 함부르크조약의 'shipping unit'의 번역 혹은 삽입에 관한한 논란 끝에 "배병태 위원: 그러니까 이것은 법원에 맡기죠. 선박관행에 맡기고 그런 의미에서 '선적단위'로 해버리고요. 선적단위로 하면 운임산출하는 운임단위일 수도 있고 그렇지 않을 수도 있고," "소위원장: 어휘정리는 배 박사님께 맡깁시다. 오늘은 여기서 마칩니다"고 기재되어 있어 입법의도가 반드시 명확한 것이라고 볼 수는 없다.

30) 대량 산적화물의 대부분은 용선계약에 의하여 운송되고, 비교적 소량 혹은 고가인 경우에 드럼통(barrel) 혹은 저장용기(tank)에 주입하여 운송하게 되므로 문제가 발생할 소지는 적다고 할 수 있다.

타나게 된다. ①설에 의하면 운임선정의 단위가 이른바 lump-sum base인지(그 경우 아무리 크고 무거운 것이라도 1개의 운임단위이므로 단돈 500 SDR로 제한할 수 있다), 아니면 중량 혹은 (선창에서 차지하는) 부피를 기준으로 하였는지에 따라 결론이 달라진다(500 SDR의 수십 배가 될 수 있다).

반면, ②설에 의하면 원칙적으로 bulk cargo가 아닌 한 개수를 기준으로 하는 것이 원칙이므로 500 SDR로 제한된다.

중량물의 경우는 500 SDR은 운임에도 미치지 못하는 액수이므로, 현행규정이 지나치게 선주측(혹은 P&I 그룹)의 이해관계를 반영하는 쪽으로 기울어져 있어 세계적인 추세에 맞지 않다고 여기고 화주(혹은 손해보험사)를 가급적 보호하는 쪽으로 해석하여야 한다는 견지에서는 상식적으로 ①설이 타당해 보이기도 한다.

(3) 결국 위 대립은 선적단위의 개념에 '운임'의 요소를 가미한 미국 COGSA의 해석론을 도입할 수 있는지 여부에 달려 있다 할 것이므로, COGSA에 규정한 package와 customary shipping unit의 개념에 관한 판례를 검토하기로 한다.

2. COGSA의 'package'의 개념

(1) 일 반 론

헤이그규칙 제정 당시에는 아직 컨테이너가 발명되지 않았을 뿐 아니라 포장단위도 상자(carton), 가마니(bale), 나무상자(crate), 드럼통(drum) 등이 고작이어서 포장의 종류가 비교적 통일적이고 전형적이었기 때문에 포장의 개념에 대한 정의규정을 따로 두지 않았다. 그러나 그 후 컨테이너, 팔레트, 스키드 등과 같은 새로운 운송용기가 사용되기 시작하자 포장의 정의에 대한 논쟁이 시작되었다. 여기서 컨테이너 등의 새로운 용기 그 자체가 포장의 단위가 되는지 아니면 컨테이너 등 내에 들어 있는 상자, 가마니, 나무상자, 드럼통 등이 포장의 단위가 되는지가 문제되었다. 당시 헤이그규칙은 물론 COGSA에서도 포장에 대한 정의개념을 두지 않아 포장의 정의에 대해 많은 판례이론이 등장하였다. 이러한 판례이론을 바탕으로 미국 법원은 포장의 정의에 대하여 일반적인 원칙을 세우기에 이르렀다.[31] 반면, 1971년의 영국 해상운송법은 비스비규

31) 金炫, "海商法上 包裝當責任制限,"「서울지방변호사회 會員研究論文集」 제26집, 386면 이하.

칙을 받아들여 위와 같은 내용의 포장 등에 대한 정의규정을 두고 있거니와[32] 우리 상법 제789조의2 제2항 제1호 역시 정의규정을 두고 있어 포장의 개념 및 정의를 둘러싼 분쟁 중 많은 부분을 회피할 수 있게 하였다. 결국 주로 컨테이너 화물에 관하여 전개된 미국의 복잡한 판례이론은 우리에게 별다른 실익이 없으므로 이를 제외한 부분에 한하여 검토하기로 한다.

(2) 개 념

포장이란 화물을 용역하게 운송할 수 있도록 그 안에 넣을 수 있도록 고안된 용기로서 상자, 박스, 카툰, 컨테이너, 스키드, 팔레트 등을 포함한다. 완전히 상자로 둘러싸임으로써 포장이 화물의 동일성을 숨기는 한[33] 크기나 무게, 형태에 관계 없이 package로 취급되는 것이 원칙이다.[34] 그러한 포장이 중첩(예컨대 1타스의 속옷이 든 작은 box 12개가 하나의 큰 box에 들어 있고 12개의 box가 하나의 pallet에 적재된 경우)된 경우에는 선하증권의 기재(선하증권 양식에 'Number of package'라고 부동문자로 인쇄되어 있고 그 밑에 숫자를 적도록 되어 있으므로, 원칙적으로 거기에 기재된 수를 기준으로 할 것이다)가 기준이 된다.[35]

한편 전혀 포장방법이 강구(packaging preparation by the shipper)되지 아니한 화물은 package로 취급될 수 없는 것이 원칙이다. 해양석유굴착장치와 같이 애초부터 감싸는 것이 불가능하고 운반에 필요한 장치도 부착할 수 없는 화물은 package로 취급될 수 없다.[36]

그러나 이동과 설치의 편의 및 보호를 위하여 처음부터 밀폐된 용기에 설치된 화물(예컨대 발전기)의 용기는 화물의 일부이지 packaging이 아니다.[37]

완전히 밀폐시킬 정도에 이르지 않고 화물을 부분적으로만 감싸는 정도에

---

32) 부칙(Schedule) Article Ⅳ, 5.(c).

33) "where the mode of packaging conceals the identity of the goods being shipped," Hartford Fire Ins. Co. v Pacific Far East Line, Inc.(1974, CA9 Cal) 491 F2d 960, cert den 419 US 873, 42 L Ed 2d 112, 95 S Ct 134.

34) Mitsubishi International Corp. v The Palmetto State(1962, CA2 NY) 311 F2d 382, 94 ALR2d 1412, cert den 373 US 922, 10 L Ed 2d 422, 83 S Ct 1523.

35) Vegas v Compania Anonima Venezolana de Navegacion(1983, CA11 Fla) 720 F2d 629. 자동차 브레이크 부품이 109개의 상자에 들어 있고 그 상자들은 다시 팔렛화(palletized)된 2개의 큰 상자(master cartons)에 적재되었는데, 선하증권의 포장의 갯수(number of packages)란에는 '2'라고 기재되고, 그 밑의 화물의 표시(description of cargo)란에는 "palletized master cartons, STC[said to contain]: 109 cartons: auto brake parts"라고 기재된 사안에서, package의 수는 2개라고 판시하였다.

36) Tamini v Salen Dry Cargo AB(1989, CA5 Tex) 866 F2d 741.

37) Solar Turbines, Inc. v S.S. 'Al Shidadiah'(1983, SD NY) 575 F Supp 939. 따라서 전체를 하나의 package로 보지 않고 운임단위에 의하여 한도가 정해진다.

그친 경우 package로 볼 것인가에 관하여 미국의 판례는 'facilitation of handling'(운반촉진) test를 통하여 일정한 제한하에 긍정하는 입장이 주류이다.[38)]

팔레트를 이용한 적재화물은 선하증권에 팔레트의 수가 package의 개수로 기재된 이상, 원칙적으로 개개의 상자나 드럼을 package로 보지 않고 1개의 팔레트를 1개의 package로 취급한다.[39)] 그러나 pallet라는 것이 원래 화물의 모습을 가리거나 보호하는 것이 아니어서 개개의 상자나 드럼 등이 노출되는 경우가 많고, 선하증권에는 pallet의 수와 상자의 수가 함께 기재되어 있는 경우가 대부분이므로, pallet이 아닌 개개의 상자 등을 하나의 package로 본 사례도 많다.[40)] 비스비규칙(컨테이너와 함께 pallet을 예시하고 있다)을 받아들인 국가에서는 이러한 혼선이 발생할 여지가 없을 것이다.

화주가 화물의 민감한 부분을 원양항해의 가혹한 조건 등으로부터 보호하기 위하여 덧대거나 감싸놓은 것은 package로 볼 수 없다(하나의 package로 취급하면 customary freight unit에 의한 책임한도보다 현저히 낮아질 가능성이 있는바, 화물을 소중히 여기는 화주를 무관심한 화주보다 불리하게 취급하는 결과가 되어 부당하다는 것이 그 이유 중 하나이다).[41)]

(3) 선하증권의 기재와 당사자의 의사

미국 판례의 입장은 선하증권 등 당사자들(특히 화주)이 작성한 서류의 기재를 가장 중요시한다. 선하증권의 'number of package'란과 'discription of goods' 해당란에 skid의 개수를 기재하고 skid를 package로 표현한 경우, 여러 개의 상자를 올린 skid는 package에 해당하고,[42)] skid 위에 올려진 기계류도 package로 취급될 수 있다.[43)] 여러 개의 drum이나 상자를 pallet에 적재한 경

38) General Motors Corp. v S. S. Mormacoak(1971, DC NY) 327 F Supp 666, affd(CA2 NY) 451 F2d 24; Island Yachts, Inc. v Federal Pacific Lakes Line(1971, DC Ill) 345 F Supp 889.

39) Standard Electrica, S. A. v Hamburg Sudamerikanische Dampfschifffahrts-Gesellschaft(1967, CA2 NY) 375 F2d 943, cert den 389 US 831, 19 L Ed 2d 89, 88 S Ct 97.

40) Sony Magnetic Products, Inc. v Merivienti O/Y(1987, SD Ala) 668 F Supp 1505, 1988 AMC 718; Insurance Co. of North America v M/V Frio Brazil(1990, MD Fla) 729 F Supp 826.

41) Gulf Italia Co. v American Export Lines, Inc.(1959, CA2 NY) 263 F2d 135, cert den 360 US 902, 3 L Ed 2d 1254, 79 S Ct 1285.

42) Standard Electrica, S. A. v Hamburg Sudamerikanische Dampfschifffahrts-Gesellschaft(1967, CA2 NY) 375 F2d 943, cert den 389 US 831, 19 L Ed 2d 89, 88 S Ct 97.

43) In Aluminios Pozuelo, Ltd. v S. S. Navigator(1968, CA2 NY) 407 F2d 152, 선하증권에 '1(one) package'로 기재되어 있었다.

Commonwealth Petrochemicals, Inc. v S/S Puerto Rico(1979, CA4 Md) 607 F2d 322

우, 관련 서류에서 pallet을 package의 개수로 기재하였다면 대체로 pallet이 package이다.[44]

⑷ 구체적인 사례

㈎ 차 량 기관차나 트랙터와 같은 대형차량(vehicle)은 package로 취급하지 않는 것이 원칙이나,[45] 트럭의 경우에는 인정한 사례도 있다.[46] skid에 고정되지 않았으나 부분적으로 방수천과 합판으로 윗부분을 둘러싼 트랙터를 선하증권에서 'semi-boxed'라고 기재한 경우도 package에 해당하지 않는다고 한다.[47]

더 나아가 11대의 트랙터를 포장하지 않은 채 적재한 경우, 선하증권에 트랙터를 package 혹은 unit으로 기재하였다 하더라도 package에 해당하지 않는다고 한다.[48]

승용차를 대량으로 운송하는 경우는 어떠한가? 대당 가격으로 운임을 정하는 경우가 대부분일 것이므로 package라기보다는 승용차 대수가 customary freight unit으로 취급될 것이다.[49]

㈏ 보트나 요트 보통 선가(船架, cradle)에 요트나 보트를 고정시키고 갑판에 적재하여 운송하며, 선하증권에는 "1 SHIPPING CRADLE containing: ONE(1) 41 foot-10 inch cruiser TOTAL: ONE(1) UNIT ONLY"라는 식으로 기재하게 된다. 그러한 경우 다수의 판례가 요트나 보트 자체를 하나의 package로 취급하여, 책임한도액을 500불로 제한하였다.[50]

㈐ 중기계류(重機械類, Heavy machinery) 박스로 싸거나 천으로 감싸

에서는 한 변이 10피트를 넘고 중량이 47,700파운드에 달하는 변압기를 skid에 볼트로 고정시킨 경우에도 package로 취급하였다.

44) Allied International American Eagle Trading Corp. v S. S. 'Yang Ming'(1982, CA2 NY) 672 F2d 1055.

45) Petition of Isbrandtsen Co.(1953, CA2 NY) 201 F2d 281. 미육군이 10량의 기관차와 부속 給炭車를 독일에서 한국으로 보냈는데 이탈리아에서 화재로 멸실된 사안이었다.

46) The Margaret Lykes(1944, DC La) 57 F Supp 466.

47) Gulf Italia Co. v American Export Lines, Inc.(1959, CA2 NY) 263 F2d 135, cert den 360 US 902, 3 L Ed 2d 1254, 79 S Ct 1285.

48) In Middle East Agency, Inc. v The John B. Waterman(1949, DC NY) 86 F Supp 487; Caterpillar Americas Co. v S. S. Sea Roads(1964, DC Fla) 231 F Supp 647, affd (CA5 Fla) 364 F2d 829.

49) General Elec. Co. v Inter-Ocean Shipping(1994, SD Tex) 862 F Supp 166.

50) Thus in Pannell v United States Lines Co.(1959, CA2 NY) 263 F2d 497, cert den 359 US 1013, 3 L Ed 2d 1037, 79 S Ct 1151; Island Yachts, Inc. v Federal Pacific Lakes Line(1971, DC Ill) 345 F Supp 889; Institute of London Underwriters v Sea-Land Service, Inc.(1989, CA9 Wash) 881 F2d 761, 1989 AMC 2516.

지 않고 그 어떤 종류의 skid도 이용하지 않고 적재된 press기계를 package가 아니라고 한 판례가 있거니와[51] 전혀 고정되지 않고 완전히 노출된 기계류(예컨대 해양시추용 구조물)는 package에 해당하지 아니한다는 것이 원칙이다.[52] 그러나 이에 반대되는 판례도 있다(선하증권에 부두사용료 계산을 위하여 중량을 기재하였음에도 629,000불짜리 시추장비가 하나의 package에 해당한다고 본 사례도 있었다).[53]

한편 중량 3톤, 높이 11피트가 넘는 toggle press가 가로 2개, 세로 3개의 목재 skid 위에 볼트로 고정되어 적재되었고, 선하증권에는 "One(1) Skid Machinery —2812(gross weight in kilos)— 6200(gross weight in pounds)"로 기재되었던 경우에, 이를 package로 판단한 사례[54]를 비롯하여, skid 혹은 발판에 고정시킨 기계를 package로 판단한 판례가 많다. 45,000파운드의 철판절단기(metal-working shear),[55] 목재안장에 고정되어 적재된 길이가 42피트 이상이고 중량이 155,500파운드 이상인 유정(油井)용 가스압입(壓入)기가 선하증권에 'one package: pressurizer'로 기재된 경우[56] 등이다.

그러나 고정되었더라도 package로 보지 아니한 취지의 판례도 있다.[57]

운반의 편의를 위하여 기계를 분해한 다음 개개의 부분품을 skid에 적재한 경우에는 개개의 부분품이 package 혹은 customary freight unit에 해당할 것이다.[58] 그러나 예컨대, 하나의 중기계를 21개의 부분으로 분해하여, 그 중 5개는 skid에, 11개는 바구니에, 4개는 상자에 각 실어 적재하고 가장 큰 부분은 그냥 와이어로 고정시켜 적재한 경우는 어떠한가? 20(=5+11+4)개는 package에 해당하나 가장 큰 부분은 package에 해당하지 않는다.[59]

(라) 금 속 류 　강판은 생산단계에서부터 두루마리 휴지처럼 감겨지고

---

51) Hanover Ins. Co. v Shulman Transport Enterprises, Inc.(CA1 Puerto Rico) 581 F2d 268.

52) Tamini v M/V Jewon(1988, SD Tex) 699 F Supp 105, 1988 AMC 2093.

53) Henley Drilling Co. v McGee(1994, CA1 Puerto Rico) 36 F3d 143.

54) Aluminios Pozuelo, Ltd. v S. S. Navigator(1968, CA2 NY) 407 F2d 152.

55) 46 U.S.C.A. §1304. Mediterranean Marine Lines, Inc. v John T. Clark & Son, Inc. (1980, DC Md) 485 F Supp 1330.

56) Taiwan Power Co. v M/V George Wythe(1983, ND Fla) 575 F Supp 422.

57) General Motors Corp. v S. S. Mormacoak(1971, DC NY) 327 F Supp 666, affd(CA2 NY) 451 F2d 24.

58) Stirnimann v The San Diego(1945, CA 2 NY) 148 F2d 141, infra, §31, 126개의 유원지용 크래인 부분품이 모두 package에 해당한다고 본 사례이다.

59) Middle East Agency, Inc. v The John B. Waterman(1949, DC NY) 86 F Supp 487.

(roll) 금속으로 된 wire로 고정하여 운반된다. 판례는 박스에 넣었는지 여부나 skid에 고정되었는지 여부와 무관하게 대부분 1 roll을 1개의 package로 본다.[60)]

잉곳(ingot)의 경우는 개개의 잉곳이 하나의 package를 구성할 터이지만, 예컨대 550개의 주석 잉곳이 22개 단위로 철제 밴드로 하나의 번들(뭉치)로 묶여져서 선적된 경우에는 하나의 번들을 package로 보게 된다.[61)]

(마) 액 체 류　　선창의 탱크에 적재하여 운송하는 경우는 물론, 선박에 설치, 고정된 대용량의 탱크에 적재한 경우에도 그 탱크는 선박의 일부분으로 보아 개개의 탱크를 package로 보지 않는다.[62)]

3. COGSA의 'customary shipping unit'의 개념

(1) 일 반 론

'customary freight unit'은 '관습적인 운임의 산정단위'이다. freight라는 단어는 운임이라는 뜻도 있고 화물이라는 뜻도 있지만, 前者로 해석하는 데에 미국의 판례는 일치한다. 따라서 물리적인 운송단위(physical shipping unit)으로 해석될 여지는 없다.[63)] 구체적으로는 수량과 중량, 부피를 들 수 있다(unit of quantity, weight, or measurement of the cargo customarily used as the basis for the calculation of the freight rate to be charged).

(2) 구체적인 사례

(가) 차　　량　　앞서 본 Petition of Isbrandtsen Co.(1953, CA2 NY) 201 F2d 281 사건에서 보듯이 미육군이 발송한 10량의 기관차는 그 하나하나를 package로 볼 수는 없지만, 한 대당 하나의 운임단위로 해석되므로 책임한도를 5,000불(=500×10)로 보았다. 판시에서 인정하듯이 25톤짜리 기관차 1대를 운송할 경우에는 통상 부피나 중량을 기준으로 운임을 산정할 것이고, 그런 경우 1대에 대한 책임한도가 무려 12,500불(=25톤×500불)에 이를 것인 점에 비추어 이상한 결과(strange result)에 이른 셈이다.

---

60) Mitsubishi International Corp. v The Palmetto State(1962, CA2 NY) 311 F2d 382, 94 ALR2d 1412, cert den 373 US 922, 10 L Ed 2d 422, 83 S Ct 1523; Nichimen Co. v M. V. Farland(1972, CA2 NY) 462 F2d 319 등.

61) Primary Industries Corp. v Barber Lines A/S(1974) 78 Misc 2d 603, 357 NYS2d 375.

62) Shinko Boeki Co. v S. S. 'Pioneer Moon'(1974, CA2 NY) 507 F2d 342.

63) Caterpillar Americas Co. v S. S. Sea Roads(1964, DC Fla) 231 F Supp 647, affd (CA5 Fla) 364 F2d 829.

어쨌거나 관련서류에 운임을 '1대당' 얼마씩으로 정한 기재가 나타난 경우에는 거의 예외 없이 1대를 하나의 customary freight unit으로 본다.[64] 대개의 경우 대당 운송료의 내부적 계산근거는 예컨대 40입방피트당 얼마라는 식으로 부피(체적)를 기준으로 할 것이고, 그렇게 해석할 경우, 책임한도는 극단적으로 증가될 것이지만,[65] 법원이 이를 받아들이는 예는 찾아볼 수 없다. 그러나 1대의 특수차량을 부피기준으로 운송한 경우에는 앞서 본 화차의 경우와 같은 아이러니가 발생한다.

한편 여러 대의 차량을 운송하더라도 명백히 체적을 기준으로 운임을 산정한 경우에는 단위체적(40입방피트)이 하나의 customary freight unit이다.[68]

(나) 요 트 이른바 lump-sum charge로 요트 1대의 운임을 정하였다면(즉 선하증권 등에 운임산정근거가 부피나 중량 등을 이용한 산식으로 운임이 표시되어 있지 않고 운임액 숫자만 기재된 경우), 요트 1대가 customary freight unit에 해당한다(책임한도는 500불).[67]

(다) 중 기 계 형태가 불규칙적이고 부피가 큰 중기계는 운송의 기회비용 때문에 체적을 기준으로 운임을 산정하는 예가 많다. 그러나 선하증권에는 운임의 산출식까지는 기재하지 않고 해당 기계 전체에 대하여 운임을 기재한 경우가 많을 것이다. 그런 경우 특정의 체적단위, 예컨대 40입방피트가 'customary freight unit'에 해당한다고 보면 이를 기준으로 책임한도를 산정하게 될 것이나, 그렇게까지 나아가지는 아니하는 것으로 보인다. 40입방피트당 38불의 기준으로 537입방피트인 toggle preess 기계가 운송중 훼손된 사안에서, 40입방피트는 'customary freight unit'이라 볼 수 없다는 이유로 500불을 책임한도로 정한 사례가 발견된다.[68]

기계나 플랜트 전체에 대하여 운임을 매기고, 중량(톤)을 기준으로 surcharge를 부가하는 형태의 운송계약을 맺고 거대한 발전기를 운송, 하역하다

---

64) FMC Corp. v S. S. Marjorie Lykes(1988, CA2 NY) 851 F2d 78, 1988 AMC 2113; Freedman & Slater, Inc. v M. V. Tofevo(1963, DC NY) 222 F Supp 964.

65) India Supply Mission v S. S. Overseas Joyce(1965, DC NY) 246 F Supp 536 사건은 6량의 기관차가 손괴된 사건이었고 대당 500불을 책임한도로 인정하였다. 그런데 40입방피트(관세상 주로 이용되는 단위)를 기준으로 한 책임한도는 무려 600,000불로 계산되었다. 법원은 이 주장을 배척하였다.

66) In Middle East Agency, Inc. v The John B. Waterman(1949, DC NY) 86 F Supp 487.

67) Island Yachts, Inc. v Federal Pacific Lakes Line(1971, DC Ill) 345 F Supp 889.

68) Aluminios Pozuelo, Ltd. v S. S. Navigator(1968, CA2 NY) 407 F2d 152.

바다에 빠져버린 사안에서, 체적(40입방피트)이 운임산정요소 중의 하나일 것이나 그러한 사정만으로는 체적이 운임산정단위가 될 수 없다고 하고, surcharge가 차지하는 비중이 10% 미만인 점을 들어 중량에 의한 책임한도도 인정하지 아니한 사례가 있다.[69]

기계를 분해하여 각각의 구성물을 선적하고 선하증권에 그 개수가 기재되었다면, 개개의 구성물 개수가 customary freight unit에 해당한다.

㈑ 금 속 류　　roll 형태의 강판을 하나의 package로 본다는 점은 앞서 보았다.

금속조각의 경우는 어떠한가? 698개의 쇠조각을 운송 중(선하증권에 가격이 기재되지는 아니하였다) 13개의 조각이 분실된 사안에서 피고측이 6,500불(=13×500불)의 한도를 주장했으나 100파운드당 64센트의 관세가 부과된 경우, 'customary freight unit'는 100파운드라고 본 사례가 있다(그렇게 계산할 경우 책임한도액이 실제 시장가격을 엄청나게 상회하므로, 결국 원고청구 중 도착지의 대체구매가격인 8,064.18불이 인용되었고, 확정되었다).[70]

㈑ 액 체 류　　예컨대 KL당 운임을 산정하였다면 1 KL가 customary freight unit일 것임은 자명하다. 용적을 아예 측정조차 하지 않았고 선하증권상 기재되지도 아니하였다면 어떻게 될까? 선박 탱크에 적재한 액체화물이 오염되었음을 이유로 한 청구에서, 운임이 lump-sum basis로 산정되었다는 이유로 책임한도액을 500불로 인정한 사례에 비추어(청구금액은 200,000불),[71] 책임한도액이 500불로 인정될 가능성이 있다. 유류에 관한 customary freight unit은 1kg이 아니라 1,000kg이라는 취지의 판례도 있다.[72]

4. COGSA 준용의 타당성 검토

(1) 입법취지와 미국의 현실

COGSA의 입법취지에 비추어 보건대, 입법과정에서 나타난 자료들에 의하면, 적어도 입법자들이 헤이그규칙과 다른 별도의 기준을 마련하려 하였다고 보기 어렵고, 오히려 헤이그규칙을 채택한 다른 나라들과의 법적 통일성(uni-

69) General Motors Corp. v Moore-McCormack Lines, Inc.(1971, CA2 NY) 451 F2d 24.
70) Waterman S. S. Corp. v United States Smelting, Refining & Mining Co.(1946, CA5 La) 155 F2d 687, cert den 329 US 761, 91 L Ed 656, 67 S Ct 115.
71) Union Carbide Corp. v M/V Michele(1990, SD NY) 764 F Supp 783, 1992 AMC 63.
72) The Bill(1944, DC Md) 55 F Supp 780.

formity)을 도모하기 위한 것이 주된 목적이었음을 부인하기 어렵다.[73]

그러나 헤이그규칙을 채택한 다른 나라들과는 달리 package의 개념, 나아가 customary freight unit에 관하여 무수히 많은 소송이 제기되었고 각 항소법원 별로 각기 다른 내용의 rule 혹은 test, 즉 기준을 모색하고 세우는 과정에서 서로 모순되는 판례가 양산되어 왔고 연방대법원은 그 혼란을 제거하는 데 극히 소극적이었다.

그 중에서도 package 개념의 통일성과 예측가능성에 치명타를 가한 것은 COGSA 입법 당시 도저히 예측하지 못했던 콘테이너 화물운송의 일상화와 pallet 등 새로운 포장수단의 대두라고 할 수 있는데, 비스비규칙에서 입법적으로 해결한 것을 그대로 받아들이지 아니한 미국에서는 판례에 의하여 독자적인 기준을 세우려다 보니 오히려 각 연방항소법원 별로 저마다 다른 원칙을 갖게 된 것이다. 이른바 컨테이너 선적화물에 관한 functional economics test,[74] 기타 여러 법원의 다양한 원칙[75]들이 백가쟁명식으로 제시되다보니, 당사자들의 입장에서 보면 운송목적물이 멸실된 경우 약관에서 정한 책임한도를 예측하는 것이 지극히 어렵다는 것이고, 나아가 소송의 승패를 예측하기도 어렵다는 것을 의미한다.

그러나 사실 해상운송은 대량적 · 정형적으로 이루어지는 것이고, 선주측 및 책임보험사(P&I)들과 화주 및 금융기관, 손해보험회사들의 이익 조절은 법률과 약관에 의하여 제시된 위험부담의 기준에 따라 획일적으로 이루어지는 것이므로(어느 한편으로 증가 혹은 이전된 위험은 결국은 보험료, 나아가서는 증가 혹은 감소된 운임수준으로 조정된다), 사실 '정의'(justice)의 문제라기보다는 예측가능성과 분쟁해결의 신속 · 경제성의 문제가 더욱 중요하다는 데에 문제의 심각성이 있다.

---

73) D. C. Toedt III, DEFINING 'PACKAGE' IN THE CARRIAGE OF GOODS BY SEA ACT, Texas Law Review, May, 1982, pp. 970~973.

74) Royal Typewriter Co. Div. Litton Business Systems, Inc. v M/V Kulmerland(1973, CA2 NY) 483 F2d 645 등, 화주 자신의 포장(packing unit)의 기능이 발휘되고 있으면(fumctional), 컨테이너가 package가 아니라는 추정이 가능하고 운송인이 당사자들의 의도는 컨테이너를 package로 취급할 의사였다는 점을 입증할 책임을 진다. 그 역의 경우에는 추정과 입증책임이 반대로 된다.

75) 미국의 Second Circuit는 "Some packaging preparation which facilitates handling" Test를, Ninth Circuit는 "Plain, ordinary meaning Rule"을, Miller 판사는 'Hidden from view' Test 이론을 각 제시하면서 개개의 사건에서 무엇이 포장인가의 문제를 해결하였지만 다른 법원이 이러한 이론에 동의하지 않고 저마다 다른 기준에 나라 포장을 정의하려 하므로 포장에 관한 통일적인 개념정립은 실패하게 되었다. 서영화, 전게서, 27~28면.

다른 나라들과는 달리, 이러한 혼란[76]의 극치를 초래한 원인은 무엇보다, 규정상의 모호함 때문이다.

(2) 혼란의 원인

COGSA에는 헤이그규칙과는 문면상 차이점이 엄연히 존재한다.

(가) "per package or per(shipping) unit"이라는 표현과 "per package ··· or in case of goods not shipped in packages, per customary freight unit"이라는 표현은, 전자는 어떠한 countable goods가 포장의 여부에 따라 package가 될 수도 있고 unit이 될 수도 있는 상호 보완적인 개념이어서, 둘 중 어느 하나에 해당하면 그만인 것이고(책임한도액의 결정 방식은 같다), 둘 중에서 어느 쪽에 포함시킬 것인가는 아무런 중요성을 갖지 못한다. 한편 후자는 포장된 물품과 포장되지 아니한 물품을 나누고 있으며, 어느 한쪽에 해당되면 다른 한쪽은 해당성이 배척되어야 하는 구조로 되어 있고, 그에 따라 책임한도액의 결정방식이 다르다(운임산정방식에 따라 물리적인 개수로 결정될 수도 있고 추상적인 척도로 결정될 수도 있다. 따라서 동일 종류의 화물이 포장 여부라는 우연한 사실에 따라 책임한도액이 크게 달라질 가능성이 상존한다).

(나) 뿐만 아니라 COGSA에는 unit을 수식하는 'customary'와 'freight'이라는 수식어가 부가되어 있는바, 그 의도가 아무리 헤이그규칙을 보다 명료하게 하기 위한 것이었다 하더라도 결과적으로는 보다 복잡하게 만든 것에 다름 아니다. '관습'을 추가함으로써 '신용장 기재에 나타난 당사자들의 의도' 외에 다른 운임산정 기준을 판단할 길을 열어 놓았고 관습의 판단은 당사자들은 물론 법원으로서도 쉬운 일이 아닐 뿐더러 국가 혹은 경제권마다 다를 수 있고(따라서 국제적인 통일을 도모하는 데 한계가 생긴다), 그리고 무엇보다 운임산정요인을 개입시키는 것이 현명한 것인지는 의문이 아닐 수 없다. 구체적인 운송 상황과 교섭조건에 따라 달라지는 것이기 때문이다(승용차를 수백대씩 실어나르는 Ro-Ro선의 운임결정방식과 우발적으로 중고차 한 대를 실어나르는 경우 등). COGSA처럼 package와 非package의 책임한도의 산정방식이 다르다면, 이 모든 요인들이 불확실성을 증폭시키는 요인으로 작용할 수밖에 없다.

---

76) H. Edwin Anderson III & Jason P. Waguespack, "ASSESSING THE CUSTOMARY FREIGHT UNIT: A COGSA QUAGMIRE," University of San Francisco Maritime Law Journal, Fall 1996, p. 180 이하. 이러한 상황을 'QUAGMIRE'(수렁, 진창)으로 부르고 있다.

5. 타당성 검토

(1) 분류기준의 검토

(가) COGSA의 경우

▶ 잠정적으로 영어권의 가산명사와 불가산명사의 분류에 착안하여 화물을 ① countable goods와 uncountable goods로 나누고(편의상 후자를 bulk 화물로 분류한다), ② 前者를 다시 (i) 구체적인 운송상황을 기준으로 포장이 된 경우(A)와 포장이 안 된 경우(B)로 나누는 한편, (ii) 운임산정방식을 기준으로 하여 package처럼 물리적인 개수를 기준으로 산정되는 것(a)과 입방미터 혹은 톤(ton)처럼 추상적인 척도(scale)로 산정되는 것(b)으로 나누어 보기로 한다. ③ 포장이 안 된 경우에도 원래 포장이 불가능한 화물이 있을 수 있고(초대형 플랜트, 형태가 지극히 불규칙적인 중량기계 등), 포장이 가능하나 어떤 이유에서든 포장을 하지 아니한 경우로 나눌 수 있다.

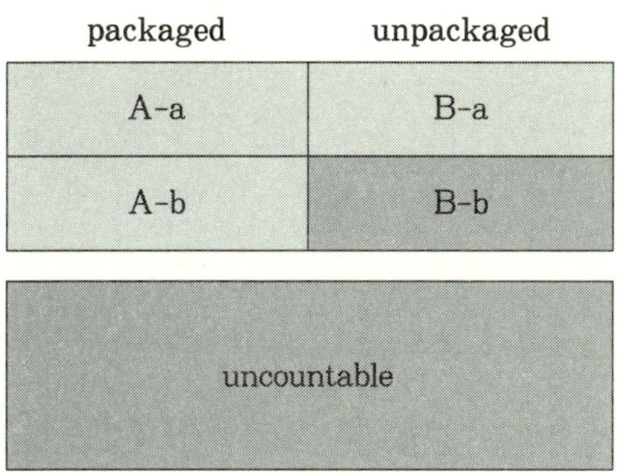

◦ COGSA 해당규정의 전단의 표현에 의하면 A-a와 A-b에 대하여 package당 500불의 책임한도가 적용되지만, B-a의 경우는 customary freight unit에 의하더라도 책임한도 설정은 packaging한 경우와 마찬가지 결과가 된다(물리적인 개수에 의하여 산정되므로 포장 여부의 판단실익이 없다).

◦ 즉 A-a와 B-a는 어떤 산정방식에 의하든 책임한도액에 원칙적으로 차이가 없을 것이다. 따라서 packaging을 했는지 여부는 중요치 않다.

◦ A-b와 B-b는 packaging을 했는지 여부 혹은 package로 인정하는지 여부에 따라 책임한도 산정방식이 달라질 것이다. 이 경우 구체적인 개개의 사건에서 package로 인정되는지 여부를 결정(당사자의 의사가 가장 중요한 기준이므로, 동일한 물건을 운송하는 경우라도 사건마다 달라질 수 있다)하는 것이지 객관

적 · 획일적으로 정해지는 것이 아니다. 포장 여부에 따라서 uncountable goods 처럼 customary freight unit에 따라 추상적인 척도당 500불의 책임한도가 적용되거나 아니면 물리적인 개수에 따라 1유닛, 즉 500불을 한도로 보게 된다 (그러나 미국의 판례상 문제는 package에 해당하는지 여부가 명쾌하지 않다는 것이다).

◦ a 해당 운송물과 b 해당 운송물의 분류, 즉 customary freight unit의 판단에 있어서도 물리적인 개수를 기준으로 할 것인지 추상적인 척도(m^3 혹은 ton)를 기준으로 할 것인지가 반드시 운송물의 객관적 성질에 따라 획일적으로 정해지는 것이 아니다.

◦ 결론적으로 유체물인 화물의 경우, 그 내부를 모두 점선으로 표시한 바처럼 그 경계가 구체적인 개개의 사건에서 판단되는 것이지 추상적 · 객관적으로 미리 정해지지 아니한다는 것이다. 따라서 소송이 빈발하는 것이 당연하고 판례모순이 발생하는 것도 당연하다 할 수 있다.

重量物의 경우를 예로 들면 B-b에 포섭되는 것이 하주측으로서는 가장 유리한 결론에 이르는 것이므로, 일단은 package로 간주되는 것을 막아야 하고, package에 해당하지 않는다는 것을 입증한 후에도 이른바 lump-sum base로 운임이 산정되지 않았다는 것을 입증하지 않으면 안 될 것이다. Petition of Isbrandtsen Co.(1953, CA2 NY) 201 F2d 281 사건과 General Motors Corp. v S. S. Mormacoak(1971, DC NY) 327 F Supp 666, affd(CA2 NY) 451 F2d 24 사건에서 보듯이, 일단 package에 해당하지 않은 경우에도 customary freight unit에 해당한다고 하여 단돈 500불의 배상에 그친 사례가 많았다(B-a로 인정됨). 소송비용의 규모를 생각하면, 重量物의 하주측은 극단적으로 높은 risk를 감수하여야 한다.

▶ 결국 customary freight unit을 책임한도의 설정에 도입하려고 한다면, 가급적 예측가능성을 높이고, 원칙적으로는 동일한 물건에 대하여 동일한 책임한도가 적용되도록 할 필요가 있고, 소송의 형태를 단순하게 만들어 줄 필요성이 있다.

◦ 구체적인 packaging 여부에 따라 책임한도를 결정할 것이 아니라 물리적인 개수에 의하여 운임이 산정되는 화물(관습적인 운임산정의 단위가 물건의 동일성과 개수)과 그렇지 아니한 화물(관습적인 운임산정의 단위가 추상적인 척도)로 一元的인 분류를 하면 다음과 같다(결론에 영향을 미치는 판단의 경계에는 점선 하나만 있을 뿐이다).

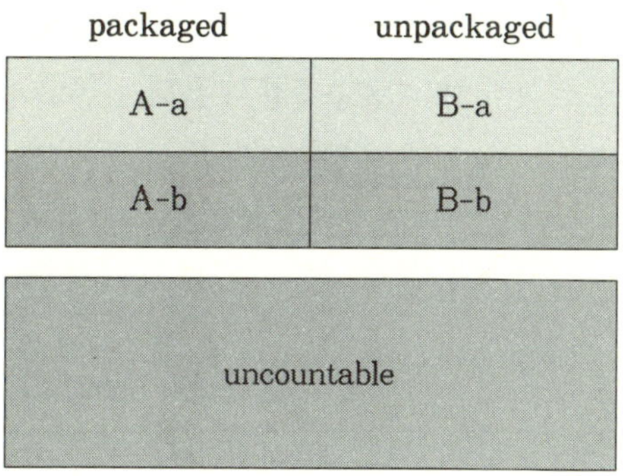

그러나 위와 같은 분류는 화물의 외견상 나타난 가장 쉽고 명백한 판단기준(packaging 여부)을 포기하는 것이고, 선하증권상으로도 가장 명백한 기준(Number of package 해당란의 기재)을 무시하는 것일 뿐 아니라 당사자들의 의사에도 반하는 측면이 있어 채택하기 어려울 것이다.

▶ 결론적으로 packaging 여부와 customary freight unit은 서로 square하고 자기완결적인 분류의 기준이라고 보기 어렵고, 소송이 빈발할 수밖에 없는 구조적인 모순이 있다고 생각된다.

(나) 선적단위 해석에서 운임산정단위를 전혀 고려하지 아니하는 경우

◦ 관습적인 운임의 산정단위를 책임한도액 산정에서 배제하면 다음과 같다.

모든 화물을 countable goods와 uncountable goods로 나눌 수 있다. 그런데 countable goods는 포장을 하지 않더라도(B-a, B-b) 물리적인 개수를 기준으로 선적단위로 삼을 수 있으므로, 공백은 상정하기 어렵다(즉 포장과 선적단위 어느 하나에는 반드시 포섭된다). 여기서 포장과 선적단위는 책임한도 산정방식이 같으므로, 다음과 같이 음영부분(countable goods)은 모두 동일한 방식으로 책임한도를 산정하게 된다.

벌크 화물을 선적단위로 보지 않는 입장에 의하면(영국의 Diamond, Carver의 입장, 어느 나라이건 중량책임한도를 인정하면 도대체 운임단위를 선적단위로 볼 실익이 없다. kg당 가격이 2 SDR을 초과하는 벌크화물이 드물기 때문이다) 다음 도표와 같다.

◦ 목적물의 성질에 따라 책임한도액이 미리 산정가능하므로 명쾌하고 예측가능성이 높다. 도대체 package 여부를 따지기 위한 소송이 의미가 없는 것이다. 헤이그/비스비규칙을 문면 그대로 채택한 나라들에서는 package 해당 여부에 관한 판례가 드물 수밖에 없다.

ㅇ 이 때 重量物의 경우, 물리적인 개수가 하나이므로 언제나 1계산단위, 즉 500 SDR을 한도로 인정하는 불공평한 부분이 잔존하게 된다.

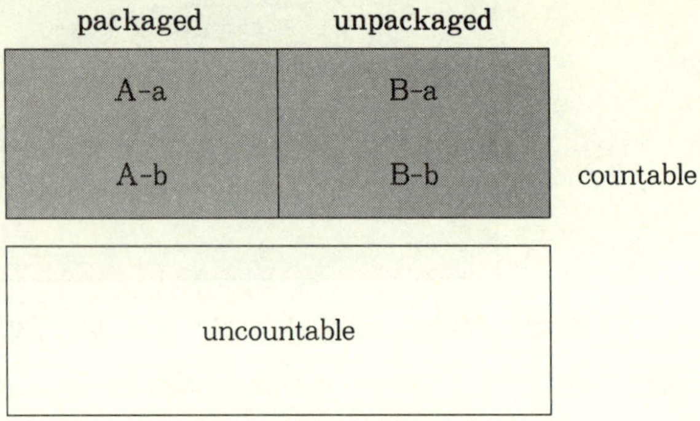

(다) **벌크 화물만을 따로 취급하는 경우** 벌크 화물, 즉 uncountable goods에 대하여만 운임산정단위(추상적인 척도)를 기준으로 책임한도액을 설정하더라도(앞서 소개한 일본의 개정 전 규정에 대한 해석론), 역시 물건의 객관적인 성질에 따라 명쾌하고 예측가능한 분류가 가능하다. 화주와 운송인 간의 위험의 이전 범위도 명백하다.

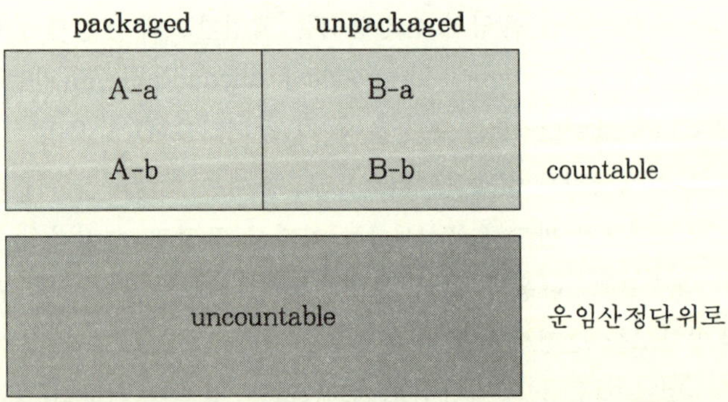

(라) **중량물의 경우만 운임산정단위를 예외적으로 인정하는 경우** uncountable goods, 즉 벌크 화물은 원칙적으로 운임산정단위로 책임한도를 설정하고, countable goods 중에서 특수한 경우, 즉 개별적인 검토를 거쳐 현저히 공평의 관념에 반하는 사례만을 따로 취급하는 경우에는 옅은 음영부분은 물리적인 개수에 따라 짙은 음영부분은 추상적인 척도인 운임산정단위에 따라 책임한도가 결정될 것이나, 적어도 미국 COGSA와 같이 분류기준의 혼선에 따른 정신분열적인 상황은 초래되지 않는다.

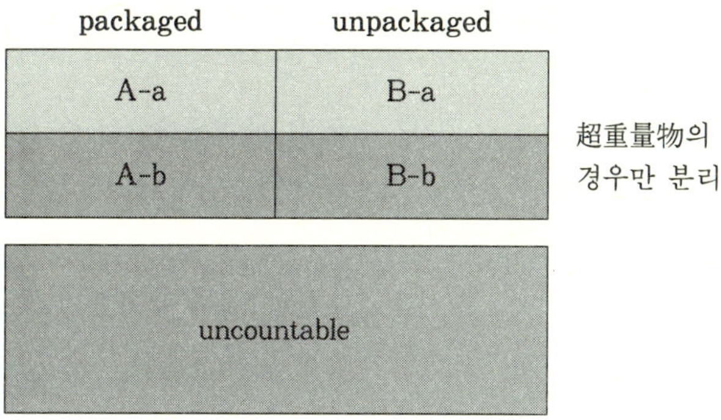

⑵ 구체적 타당성과 문제점의 검토

㈎ 분류기준에 대한 검토에서 보았듯이 벌크 화물을 별도로 취급하는 것은 별 다른 문제를 일으키지 아니한다. 이 점에 대하여 명백히 반대입장을 취하는 학설도 찾아볼 수 없다. 구체적 타당성의 견지에서도 벌크 화물의 경우는 별도로 취급할 실익이 있다.

㈏ 문제는 초중량물의 경우이다

예컨대 중량이 수백 톤에 달하는 수십 억짜리 기계가 멸실되었고 면책사유도 인정되지 아니하는데 책임한도가 500 SDR에 불과하다면 가액은 고사하고 운임의 1%에도 미치지 아니하는 금액이어서 상식에 반하는 측면이 분명히 존재한다. 이 경우 미국의 COGSA를 염두에 두고 운임산정단위를 선적단위로 해석하여 구제할 것인가?

▶ 여기서 가장 큰 문제점은 다름 아닌 불확실성에 있다.

① 어느 정도의 중량 · 가액의 경우에 예외를 인정할 것인가?

천차만별의 중량물에 대하여 수백 건의 소송이 이루어져야 예측가능한 기준이 설정될 수 있을 것이고, 법원이나 심급마다 그 판단이 다를 수가 있으므로, 당사자로서는 선불리 소송을 포기할 수도 없고, 항소를 포기할 수도 없는 딜레마에 빠지게 된다.

② 운임산정단위로 해석하더라도 중량을 기준으로 할 것인가 아니면 부피(체적)를 기준으로 할 것인가가 명확하지 않다(관습의 발견이 필요하다).

형상에 있어 비정형물인 경우가 많으므로 계근이 가능하다면 체적보다는 중량을 기준으로 선하증권 등에 목적물을 묘사할 것이다.

그러나 운송의 기회비용으로 따지자면 운송인 입장에서는 체적을 기준으로 산정하는 것이 가장 합리적인 경우가 많을 것이다.

여기서 선하증권 등 서류의 기재와 관습적인 운임단위 사이에 괴리가 발생한다.

또한 서울고등법원 2002나75621 사건에서처럼 중량에 비례한 가격과 체적에 비례한 가격을 합산하는 방식에 의하여 운임을 산정할 때에는, 둘 중 어느 것이 기준인지 명확하지 않을 것이고, 결국 합의가 되지 않으면 소송으로 가릴 수밖에 없다(그러나 판사가 해운종사자들보다 더 일관성 있게 잘 판단한다는 보장은 없다).

③ 결국은 분쟁해결비용이 실익을 압도하는 부당한 결과가 초래될 가능성을 배제할 수 없다고 생각된다.

▶ 두 번째 문제는, 미국에서조차 초중량물은 하나의 단위로 판단하는 사례가 많다는 점이다. 앞서 본 바와 같이 계근조차 불가능한 거대 플랜트는 물론이고, 선하증권에 운임의 산정근거가 자세히 기재된 경우가 드물어서, 결국은 운임산정이 lump-sum basis로 이루어졌다는 판단에 따라 하나의 unit으로 판단하게 되는 사례가 많이 발견되었다. 우리나라의 경우에 미국보다 넓게 하주를 보호할 것인가 여부는 쉽게 판단할 수 있는 문제가 아니다. 미국의 판례라도 원용하여 기준을 확립할 이점도 사라지기 때문이다.

▶ 세 번째 문제는, 그러한 무리한 해석 시도가 오히려 적절한 입법(비스비규칙의 수용)을 저해하는 요인으로 작용할 수 있다는 점이다. 근본적인 해결은 중량기준 한도를 도입하는 것 외에 다른 방법이 없고, 다른 교역국들의 입법 추세를 감안하면 오히려 늦은 감이 있다.

(3) 입법례의 검토

(가) 우리 상법의 개정 당시에는 비스비규칙에 따라 중량책임한도를 취하는 것이 다른 교역국에 비하여 불리하다고 강변할 여지가 있었을지 모르겠다.[77]

그러나 그로부터 14년이 경과한 지금은 그 사정이 변하였다고 생각된다.

서구를 보자면, 기존의 독일·프랑스 등 주요 해운국 외에 호주는 1991년, 캐나다는 1993년, 북구 4국(덴마크·핀랜드·노르웨이·스웨덴)은 1994년에 각 해상운송법을 개정하여 비스비규칙을 전면 수용하였고,[78] 아시아권에서는 중

77) 법무부, "보험·해상편의 개정방향," 「법무자료」 제126집, 90면에 의하면 중량책임한도에 반대하는 근거는 미국·일본·캐나다 등 주요 해운국이 포장단일방식을 채택하고 있다는 것이었다.

78) Samuel Robert Mandelbaum, Esq. "CREATING UNIFORM WORLDWIDE LIABILITY STANDARDS FOR SEA CARRIAGE OF GOODS UNDER THE HAGUE, COGSA, VISBY AND HAMBURG CONVENTIONS," Transportation Law Journal, Spring 1996, pp. 491~498 참조.

국(1993년)과 일본(1993년)까지 비스비규칙을 전면 수용하여(중국과 일본 모두 포장 혹은 단위당 666.67 SDR과 kg당 2 SDR로서 포장당 책임한도도 우리 상법보다 규칙에 더 충실하다) 중량책임제한을 병행하고 있는 마당[79]에 대규모 교역국인 우리나라가 언제까지 단일방식을 고집할 것인지 궁금하다. 주요 해운국 중에 중량책임한도를 전혀 채택하지 않고 포장단일방식을 고집하는 나라는 미국과 우리나라 외에는 거의 찾아볼 수 없게 되었다.

중량책임한도를 병행하는 국가에서 package의 개념에 관한 판례가 거의 존재하지 아니함과 그 이유는 앞서 본 바와 같다.

반면, 미국은 'customary freight unit'이라는 표현을 입법적으로 채택한 유일한 국가이고, 포장의 개념과 책임한도 설정에 관하여 연간 수백 건의 소송이 제기되고 소송관련비용에만 수억불의 비용을 지출하면서도 한 국가의 고등법원들이 저마다 다른 기준을 제시하는 지구상의 유일한 국가이다.

바꾸어 말하면, 주요 해운국 중 미국과 우리나라 외에는 선적단위와 운임산정단위를 둘러싸고 법정에서 다툼을 벌일 나라가 별로 존재하지 아니한다. 그렇다면 우리나라가 선적단위의 해석에 있어 미국의 customary freight unit 개념을 받아들여야 할 것인가?

(나) 미국의 경우도, Maritime Lawyers Association(이하 'MLA'라고 함)이 주축이 되어 1995년에 COGSA 개정안을 확정하였으며, 1996. 5. 3. 뉴욕에서 열린 MLA정기총회에서 표결(278 대 33)을 거쳐 승인을 얻은 다음 의회에 제출하였고, 미국 상원의 Surface Transportation and Merchant Marine 소위와 Commerce, Science and Transportation 소위에서 검토 과정을 거쳐 심의 중이다. MLA의 개정안은 물론, 상원에서 작성중인 여러 변경 안에 의하더라도, 책임한도액은 비스비규칙의 원문에 충실하게 포장당/선적단위당 책임제한(666.67 SDR)과 kg당 2 SDR로 규정하고 있으며, 어느 검토 안에도 더 이상 customary freight unit이라는 표현은 사용되거나 제안되지 아니하고 있다.[80]

(다) 주지하는 바와 같이 미국의 선주(P&I)측은 세계 주요 회원국 중에 유일하게 중량책임한도 규정을 두지 아니한 데에 대하여 많은 압력을 받아왔으

79) 위 논문, 492면에 의하면 호주·캐나다·벨기에·덴마크·독일·영국·프랑스·네델란드·북구 3국·스페인·스위스·홍콩·일본·중국이 모두 해당한다.

80) 위 논문, 497면과 William Tetley, "THE PROPOSED NEW UNITED STATES SENATE COGSA: THE DISINTEGRATION OF UNIFORM INTERNATIONAL CARRIAGE OF GOODS BY SEA LAW," Journal of Maritime Law and Commerce October 1999, p. 598.

나, 헤이그 룰에 집착하여 왔고 하주(손해보험사 및 무역관련 금융기관들)측은 비스비 룰의 채택을 강력히 주장하여 왔다. 선주의 책임을 더욱 엄격하게 규정하고(면책사유의 제한), 책임한도액을 증액한 Hamburg 규칙이 성립되고 주로 개도국을 중심으로 채택되기 시작하였으며, 북구 4국과 호주 등 주요 교역국들 역시 전향적인 검토를 진행하자, 선주측은 비스비규칙을 찬양하는 쪽으로 재빨리 입장을 바꾸고, 하주측은 함부르크규칙을 주장하는 한편, 비스비규칙을 비난하는 쪽으로 입장을 바꾸었다(The Great Switch[81]). 이러한 입장의 변화는 불과 수 년 사이에 일어난 것으로서, 1990년대 중반에 들어서서는 최소한 비스비규칙의 채택(중량당 책임한도의 신설)은 그 어느 쪽도 정면으로 반대하지 아니하는 대세로 굳어졌다고 할 수 있다. 그리고 그 논의과정에서 국제적인 통일성(International Unimormity)이 가장 강조되었던 점 등에 비추어, 새로이 개정될 미국의 COGSA에서는 컨테이너 조항을 포함, 비스비규칙의 원문에 충실한 형태의 입법이 이루어질 것으로 기대된다.

그렇다면 package의 개념과 customary freight unit을 둘러싼 그 수많은 판례와 이론들은 이제 조만간 역사의 뒤안길로 사라질 운명이라 할 것이고, 그 시기가 언제인지의 문제만 남아 있을 뿐이다.

(라) 우리의 경우, 문제의 해결은 비스비규칙의 채택에서 찾아야 할 것으로 생각된다. 벌크 화물의 경우는 별 문제가 없어 보이지만, 중량물의 경우는 예외적이고 구체적인 몇 개의 사례에서 구체적 타당성을 중시하여 법원이 '운임산정단위' 개념을 도입하는 순간, 수 많은 소송이 잇따를 것으로 생각되며, 이는 분쟁해결방식으로는 최악의 것이라 하지 않을 수 없다.

V. 결 론

위 두 검토대상 사건들은 이른바 중량물에 관하여 물리적인 개수를 기준으로 할 것인가 아니면 운임산정단위를 기준으로 할 것인가에 관하여 선주측의 명백한 주장이 있었고, 그에 대하여 법원의 판단이 있었던 보기 드문 선례들이다. 현재로서는 법원이 운임산정단위를 우리 상법의 선적단위 해석에 도입(COGSA의 해석론을 도입)하는 데 소극적인 것으로 보인다(두 사건의 1, 2심이 모두 같은 입장인 점에 주목한다).

앞서 본 미국 COGSA의 해석상 문제점들을 상기할 때, '운임산정단위'를

81) Samuel Robert Mandelbaum, Esq, 전게논문, pp. 484~485.

countable goods의 선적단위 해석에 도입하는 것은 문제의 해결이라기보다는 새로운 문제를 제기하는 것에 불과하고, 더구나 그 문제는 미국 판례나 학설에서도 난제 중의 난제로 손꼽히는 것이어서 우리나라에 도입하는 것이 과연 바람직한 것인지 의문이 아닐 수 없다. 미국도 비스비규칙의 문언에 충실하게 책임제한 조항을 바꾸려 하는 마당에 우리 법원이 선불리 그러한 해석론을 시도한다면 가까운 장래에 미국 COGSA가 개정되고 나면, '관습적인 운임산정단위'를 가지고 법정 공방이 벌어지는 세계 유일의 국가가 될지도 모른다.

제2사건에 부가적으로 설시된 바와 같이 bulk 화물의 경우에 예외적으로 운임산정단위를 선적단위로 해석하는 것은 별 다른 문제가 없으나, 중량물의 경우에까지 이를 확장하는 것은 앞서 본 바와 같이 난점이 있다고 생각되며, 결국은 상법 개정에 의하여 중량당 책임제한규정을 병행하는 것(비스비규칙의 수용)은 별론으로 하고, 해석론을 동원하여 하주를 보호하는 것은 어렵다는 것이고, 원칙적으로 두 연구대상 판례의 결론에 찬성한다.

10대국가 실질 소유선박 현황(1999. 1. 1. 현재, 해양수산부 자료)

	자국적		외국적		계		외국적 선박비중
	척	백만DWT	척	백만DWT	척	백만DWT	
그리스	796	43	2,271	84	3,067	127	66%
일본	790	20	2,079	74	2,869	94	79%
노르웨이	699	28	626	24	1,325	52	46%
미국	258	11	603	33	860	44	75%
중국	1,397	21	432	16	1,829	37	43%
홍콩	103	6	459	26	562	32	81%
독일	570	9	1,167	17	1,737	26	65%
한국	376	7	409	19	785	26	73%
스웨덴	155	2	235	19	390	21	90%
영국	229	6	416	14	645	20	70%
계	5,373	153	8,696	326	14,069	479	69%

定期傭船契約의 對外的 法律關係

崔 鍾 賢*

대법원 2001. 7. 10. 선고 99다58327 판결**

[事實의 槪要]

1. 대영컨벌팅 주식회사(이하 '대영컨벌팅'이라 한다)는 1994. 3.경 미국 마루찬 버지니아 인코퍼레이티드(이하 '마루찬 버지니아'라 한다)에게 식품포장용 필름 2,941롤(이하 '이 사건 화물'이라 한다)을 수출하기로 하는 계약을 체결하였다.

2. 대영컨벌팅은 위 수출계약의 이행을 위하여 대유해운 주식회사(이하 '대유해운'이라 한다)에게 이 사건 화물을 부산항에서 미국 노퍽(Norfolk)항까지 운송해 줄 것을 의뢰하였고 대유해운은 다시 조양상선 주식회사(이하 '조양상선'이라 한다)에게 위 운송을 의뢰하였다.

3. 조양상선은 1994. 3. 27.경 이 사건 화물을 부산항에서 도쿄 세나토르호(이하 '이 사건 선박'이라 한다)의 2번 선창에 선적하였다. 이 사건 선박의 선주는 콘티 카피타노 쉬파르츠 게엠베하 운트 체오 카게(Conti Capitano Shiffahrts-GmbH & Co. KG. 이하 '이 사건 선주'라 한다)이었던바, 데에스에르-세나토르 라인스 게엠베하(이하 'DSR'이라 한다)가 이 사건 선박을 이 사건 선주로부터 정기용선하여 운영하고 있었으며 조양상선은 DSR와의 사이에 상호 선복용선계약(space charter party)을 체결하고 있었다.

4. 이 사건 화물을 선적한 후 조양상선은 대유해운에게, 송하인 '대영컨벌팅을 대리한 대유해운,' 수하인 '컨테이너 트레이드 인터내셔널 코퍼레이티드'(이하 '컨테이너 트레이드'라 한다)로 하는 기명식 선하증권(이하 '조양상선 선하증권'이라 한다)을 발행하였다. 조양상선 선하증권 앞면 서명란에는 "CHO YANG SHIPPING CO., LTD."라고 인쇄된 문구 아래 "Authorized Rep. of Carrier or Master"라는 기재와 함께 서명이 되어 있었으며, 이면약관에는 운송인은 조양상선이라는 약관이 포함되어 있었다.

5. 한편 대유해운은 대영컨벌팅에게 송하인 '대영컨벌팅,' 수하인 '송하인의 지시에 따라'(to order of shipper), 통지처 '마루찬 버지니아'로 하는 지시식 선하증권(이하 '대유해운 선하증권'이라 한다)을 발행하였다.

---

* 연세대학교 법과대학 교수, 변호사.

** 판례공보 제137호(2001. 9. 1), 1819～1823면.

6. 대영컨벌팅은 1994. 3. 25.경 주식회사 대한화재해상보험(이하 '대한화재'라 한다)과 이 사건 화물에 관한 적하보험계약을 체결하였다.

7. 한편 DSR는 중국에서 미국 노퍽항까지 운송되는 이산화티오요소(Thiourea Dioxide) 300드럼(이하 '이 사건 화학물질'이라 한다)이 들어 있는 컨테이너 1개의 운송도 역시 인수하였었는바, DSR는 이 사건 화학물질을 다른 선박으로 중국에서 부산항까지 운송한 뒤 1994. 3. 28.경 부산항에서 이 사건 선박의 2번 선창에 환적하였다.

8. 이 사건 선박은 1994. 3. 29.경 부산항을 출항하여 같은 해 4. 28.경 미국 버지니아주 노퍽항에 도착하였다. 그런데 이 사건 화물이 선적된 2번 선창에서 연기와 냄새가 심하게 나는 것이 발견되었다. 이에 선원들이 2번 선창의 환기통을 닫고 이산화탄소를 주입하였다. 그 후 1994. 5. 10.경 마루찬 버지니아가 이 사건 화물이 든 컨테이너를 인도받아 개봉하였는데 이 사건 화물은 연기에 오염되었고 열반응에 의해 변형되어 모두 폐기되었다.

9. 대한화재는 1994. 8. 10.경 마루찬 버지니아에게 이 사건 화물의 훼손으로 인한 적하보험금으로 미화 192,167.36달러를 지급한 뒤 마루찬 버지니아를 대위하여 조양상선, DSR 및 이 사건 선주에 대하여 손해배상을 청구하였다.

10. 이 사건 손해배상청구에 관하여 협상이 진행되던중 DSR은 대한화재에 대해 제척기간을 1997. 3. 30.까지 연장해 주었다. 그러나 위 연장된 제척기간의 만기가 다가올 때까지 당사자들 사이에 손해배상에 관한 합의가 이루어지지 않자 대한해운은 1997. 3. 27. 조양상선, DSR 및 이 사건 선주를 상대로 서울지방법원에 155,079,059원(1994. 4. 28.자 환율에 따른 미화 192,167.36달러 상당 원화금액)의 손해배상을 청구하는 소송을 제기하였다.

[訴訟의 經過]

1. 제 1 심(서울지방법원 1998. 9. 17. 선고 97가단79526 판결)

제 1 심 법원은 대한화재의 조양상선 및 이 사건 선주에 대한 청구는 제척기간이 도과하였다는 이유로 각하하였으며 DSR에 대한 청구는 전부 인용하였다. DSR에 대한 청구에 관한 제 1 심 법원의 판시이유는 다음과 같다.

(1) DSR는 대영컨벌팅과의 사이에 직접적인 운송계약관계가 없으며, DSR가 조양상선과의 상호 용선계약관계에 따라 이 사건 화물을 직접 운송하였다고 하더라도 DSR는 조양상선의 이행보조자에 불과하므로 수하인에 대한 관계에서 직접 운송계약상의 채무를 부담하는 것은 아니다.

(2) 한편 DSR는 운송물의 수령 · 선적 · 적부 · 운송 · 보관 등에 관하여 선원들을 지휘 · 감독할 권한이 있으므로 이 사건 화물의 손상에 대해 선원들에게 과실이 있으면 DSR는 선원들의 사용자로서 수하인에 대하여 불법행위책임을 부담한다.

(3) 이 사건 화학물질은 공기 중의 습기 및 금속에 의해 화학반응을 일으키는 위험물질이므로 습기 및 금속과의 차단이 가능한 용기에 포장되었어야 함에도 불구하고 부적절한 용기에 포장되었을 뿐만 아니라 컨테이너 내에 상당히 빈 공간을 남긴 채 버팀목도 없이 부적절하게 적입되었기 때문에 운송중의 충격이나 흔들림으로 인하여 전도되면서 내용물이 쏟아져 나와 공기 중의 습기와 결합하면서 폭발적으로 반응이 일어나 가스 등을 분출하면서 다른 화물에 손해를 가할 위험이 있었다. 따라서 DSR는 만약의 사고에 대비하여 이 사건 화학물질이 컨테이너 내에 안전하게 적입되어 있는지의 여부를 확인하여야 할 주의의무가 있었음에도 이를 게을리한 과실이 있으므로 불법행위로 인한 손해배상책임을 부담한다.

(4) 조양상선 선하증권의 수하인란에 "지시식으로 발행되지 않는 한 양도할 수 없다"(not negotiable unless consigned to order)고 기재되어 있는 경우 이는 배서가 금지된 기명식 선하증권으로 보아야 한다. 그러나 마루찬 버지니아가 대유해운 선하증권의 소지인이었고 대유해운의 현지 대리점인 컨테이너 트레이드를 통하여 이 사건 화물을 인도받았다면 마루찬 버지니아는 설사 조양상선 선하증권상의 수하인으로부터 지명채권 양도방식으로 손해배상청구권을 양도받지 않았다고 하더라도 이 사건 화물의 소유자로서 불법행위자인 DSR에 대해 직접 손해배상청구권을 갖는다.

(5) 상법 제788조 제2항에서 운송인의 면책사유로 정한 '화재'란 가시적인 열 또는 빛 혹은 불꽃 또는 불씨가 있을 것을 요하고 단순히 열과 연기가 있다는 것만으로는 화재에 해당되지 않는다.

2. 제2심(서울지방법원 1999. 9. 3. 선고 98나59377 판결)

제1심 법원의 판결에 대해 DSR만이 항소하여 대한화재의 조양상선 및 이 사건 선주에 대한 소각하 판결은 확정되었다. 한편 항소심은 제1심 법원 판결을 취소하고 대한화재의 DSR에 대한 청구를 기각하였다. 항소심 판결이유는 다음과 같다.

(1) DSR은 대영컨벌팅과의 사이에 아무런 운송계약관계가 없다. 또한 이행보조자는 채권관계의 당사자가 아니므로 채권자에 대하여 채무불이행책임을 부담하지 않는다.

(2) 정기용선자는 대외적인 책임관계에 있어서는 선박임차인에 관한 상법 제766조가 유추적용되어 선박소유자와 동일한 책임을 지므로 선원들의 과실로

이 사건 화물이 훼손되었다면 사용자책임을 부담한다.

(3) 상법 제789조의3 제4항·제1항, 제788조 제1항의 규정에 의하면, 운송물에 대한 불법행위로 인한 손해배상청구가 실제 운송인에 대하여 제기된 경우에 실제 운송인은 자기 또는 선원 기타의 선박사용인이 운송물의 수령·선적·적부·운송·보관·양육과 인도에 관하여 주의를 해태하지 아니하였음을 증명하지 아니하면 운송물의 멸실·훼손 또는 연착으로 인한 손해를 배상할 책임이 있으므로 이 사건 화물의 훼손에 관한 무과실의 입증책임은 DSR에게 있다.

(4) 운송인이, 송하인측이 적입·봉인한 컨테이너의 운송을 인수한 경우에는 컨테이너가 봉인된 상태로 외관을 확인하여 운송에 적합한지를 확인하는 것으로 충분하며 내용물의 명세 및 상태에 관하여는 송하인측의 통지로부터 운송에 부적합하다는 점이 추정되는 등의 특별한 사정이 없는 한 컨테이너를 개봉하여 내용물의 상태 및 명세를 확인할 의무가 없다.

(5) 이 사건 화학물질이 부산항에서 환적될 때 이 사건 선박의 선원들은 이 사건 화학물질이 '화학물질'이라는 사실은 통지받았으나 당시 이 사건 화학물질은 국내법규인 위험물선박운송 및 저장규칙에 위험물로 분류되어 있지 않았고 국제적인 규칙인 국제해상위험물규칙에서도 위험물로 분류되어 있지 않았으며, 당시 이 사건 화학물질은 이미 송하인측에 의하여 컨테이너에 적입되어 봉인된 상태이었으므로 선원들은 컨테이너를 개봉하여 내용물의 상태 및 명세를 확인할 의무가 없었다. 따라서 이 사건 선박의 선원들이 이 사건 화물의 운송 등에 주의의무를 게을리하였다고 할 수 없다.

3. 上告理由

위 항소심 판결에 대하여 대한화재가 상고하였던바, 상고이유는 다음과 같다.

(1) 조양상선 선하증권상의 "Authorized Rep. of Carrier or Master"라는 기재는 조양상선이 운송인 또는 선장으로부터 서명권한을 위임받아 그 대리인으로서 서명하였다는 의미인바, 여기서 운송인은 정기용선자로서 이 사건 화물을 실제로 운송한 DSR로 보아야 한다. 따라서 조양상선 선하증권은 조양상선이 DSR의 대리인으로서 발행한 것이므로 DSR가 조양상선 선하증권상의 운송인으로서 이 사건 화물의 훼손에 대해 운송계약상의 손해배상책임을 진다.

(2) 이 사건 화학물질은 위험물이므로 DSR는 위험물 운송을 위한 선적·적부·보관·운송·관리상의 주의의무를 다하였어야 하나 이를 해태하여 이

사건 화물에 손상을 입혔으므로 화주에 대해 채무불이행 및 불법행위로 인한 손해배상책임을 진다.

[判決要旨]

大法院은 대한화재의 상고를 기각하였던바, 대법원 판결요지는 다음과 같다.

1. 조양상선 선하증권 이면약관에서 조양상선이 운송계약의 운송인이 됨을 명시하고 있을 뿐만 아니라 조양상선은 DSR에게 일정한 선복용선료만 지급할 뿐이고 대영컨벌팅과 조양상선 사이의 운송계약에 따른 운임은 모두 조양상선의 수입으로 되는 사정 등을 고려할 때 DSR는 운송계약상 책임을 지는 운송인의 지위에 있지 않다.

2. 상법 제789조의3 제 4 항은 운송물에 관한 손해배상청구가 운송인 이외의 실제운송인 또는 그 사용인이나 대리인에 대하여 제기된 경우에도 제 1 항 내지 제 3 항의 규정을 적용한다고 규정하고 있고, 같은 조 제 1 항은 이 장의 운송인의 책임에 관한 규정은 운송인의 불법행위로 인한 손해배상의 책임에도 이를 적용한다고 규정하고 있는데, 같은 조 제 1 항에서 말한는 '운송인의 책임에 관한 규정'에 입증책임의 분배에 관한 상법 제788조 제 1 항은 포함되지 아니하므로, 운송인에게 불법행위로 인한 손해배상책임을 묻기 위해서는 청구인이 운송인에게 귀책사유가 있음을 입증하여야 한다.

3. 실제운송인이 하주적입(shipper's load and count)의 방법으로 이 사건 화학물질이 적입된 컨테이너를 환적받을 당시, 그 컨테이너는 외관상 아무런 이상이 없었고, 또한 위 화학물질이 위험물선박운송 및 저장규칙이나 국제해상위험물규칙상 위험물로 분류되어 있지 아니하였으므로 통상적인 방법으로 위 컨테이너를 선적 · 적부하면서 컨테이너를 열고 그 안에 화물이 적절한 용기에 적절한 방법으로 포장 · 적입되었는지를 살피지 아니였다고 하더라도 이를 잘못이라고 할 수 없다. 따라서 실제운송인은 이 사건 화물의 훼손에 대하여 불법행위책임을 부담하지 않는다.

[評　　釋]

Ⅰ. 關聯論點

이 사건의 논점은 다음과 같다.

⑴ 정기용선계약하에서 발행된 선하증권상의 운송인은 누구인가?

⑵ 정기용선계약하에서 선원들의 불법행위에 대해 사용자책임을 지는 당사자는 누구인가?

⑶ 해상운송인의 불법행위로 인한 손해배상책임에 있어서 귀책사유의 입증책임은 누구에게 있는가?

⑷ 화주적입 방식의 컨테이너 화물취급시 선원의 주의의무는 어떠한가?

Ⅱ. 檢 討

1. 序 論

⑴ 定期傭船契約의 意義

용선계약은 여러 가지로 분류할 수 있으나 주된 구분은 항해용선과 기간용선의 구분이다. 항해용선은 선박을 특정한 항해를 단위로 하여 용선하는 것이고 기간용선은 선박을 일정한 기간을 단위로 하여 용선하는 것이다. 기간용선은 선박의 점유가 이전되는 기간용선(time charter by demise)과 선박의 점유가 이전되지 않는 기간용선(time charter not by demise)으로 나눌 수 있다. 선박의 점유가 이전되는 기간용선의 법적 성질은 선박의 임대차이다. 이러한 선박의 임대차는 선원공급부 선박임대차와 선원이 승선하지 않은 선박의 임대차로 나눌 수 있는데 실무상 후자를 나용선이라 한다. 선박임대차 형식의 용선은 나용선계약이 주로 사용되기 때문에 통상적으로 선박임대차라고 하면 나용선을 의미하는 것으로 이해된다.

한편 선박의 점유가 이전되지 않는 기간용선 중 용선자가 장기간에 걸쳐 선박을 자유롭게 사용할 권리를 가지며 그에 대한 대가를 선박사용기간에 따라 지급하기로 하는 기간용선을 정기용선이라 한다.[1] 우리 상법은 정기용선계약을 선박소유자 또는 임차인이 용선자에게 선원이 승무하고 항해장비를 갖춘 선박을 일정한 기간 동안 항해에 사용하게 할 것을 약정하고 용선자가 이에 대하여 기간으로 정한 용선료를 지급할 것을 약정하는 계약을 말한다고 정의한다(상법 제812조의2).

앞에서 살펴본 바와 같이 이러한 정기용선계약과 선박임대차를 구분하는

1) 채이식, 「상법강의(하)」(박영사, 1996), 673~674면 참조. 최기원 교수님은 정기용선계약이 일정한 특수약관을 포괄하는 정형약관에 의하여 선원이 승무하고 필요한 항해장비를 갖춘 타인소유의 선박을 일정한 기간 항해에 사용하게 할 것을 내용으로 하는 계약을 말한다고 하신다. 최기원, 「신정판 해상법」(박영사, 1997), 62면.

중요한 구별기준은 선박의 점유권의 이전 여부이다. 즉 용선자가 선박에 대한 점유권자로서 선박에 대해 물권적 지배·관리권을 갖는다면 이는 선박임대차이고 단순히 선박의 용익권만을 갖는다면 이는 정기용선이다. 이러한 정기용선계약은 선박에 대한 점유권을 취득하지 못하고 선원이 승무하고 항해장비를 갖춘 선박을 용선한다는 점에서 항해용선계약과 외관상 유사하나 항해용선계약에 비해 선박에 대한 이용권이 보다 강화되어 있다는 특성을 갖는다.

(2) 정기용선계약의 법적 성질에 관한 해묵은 논의

정기용선계약의 법적 성질에 관하여는 종래부터 운송계약설(또는 용선계약설), 선박임대차계약과 노무공급계약의 혼합계약설, 특수계약설, 영업임대차설 등 많은 논의가 있었다.[2)][3)] 이러한 정기용선계약의 법적 성질을 둘러싼 논의는 주로 정기용선계약의 대외적 법률관계를 규명하고자 하는 시도에서 비롯되었으나 운송계약설, 특수계약설, 영업임대차설 등은 이론을 위한 이론에 불과하고 실제적인 문제를 해결할 수 없다는 비판이 있으며 혼합계약설은 정기용선자에게 선박의 점유가 이전되지 않는다는 점을 간과한 학설로서 이론적으로 흠결이 있다. 사견으로는 비전형계약인 정기용선계약의 법적 성질에 관해 논의를 하는 것은 실익이 없으며, 정기용선계약의 대외적인 법률관계는 구체적인 사안에 따라 정기용선계약의 내용에 비추어 결정하는 것이 바람직하다고 생각된다.

2. 정기용선계약하에서 발행된 선하증권상의 운송인

(1) 總　說

정기용선계약하에서 발행된 선하증권상 누구를 운송인으로 보아야 할 것인가 하는 점에 관하여는 정기용선자설과 선박소유자설이 대립하고 있다.[4)] 정기

2) 최기원, 전게서, 63~65면; 정동윤, 「상법(하)」(법문사, 2000), 734~735면; 정찬형, 「상법강의(하)」 제 3 판(박영사, 2001), 722면 참조.

3) 우리나라에서는 혼합계약설이 다수설이다. 혼합계약설은 1901년 및 1913년의 독일 최고법원 판결을 토대로 한다. 19세기 중반부터 발전하기 시작한 정기용선계약의 초기형태는 점유가 이전되는 기간용선(time charter by demise)의 형태를 취했기 때문에 위 독일 판결은 당시의 상황하에서는 타당했다. 그러나 그 후 정기용선계약이 현재와 같이 점유가 이전되지 않는 기간용선으로 발전한 이래 독일 최고법원은 1956년 및 1957년에 정기용선계약의 선박임대차성을 부인하였다. 그러나 독일 초기의 판결에 영향을 받은 일본 및 우리나라에서는 여전히 혼합계약설이 다수설의 입장이다. 한편 우리 대법원은 1992. 2. 25. 선고 91다14215 판결에서 "정기용선의 경우 선박의 점유권이 용선자에게 이전되는 것이 아니며 단지 선박임대차와 유사하게 용선자가 선박의 자유사용권을 취득하고 이에 선원의 노무공급계약적 요소가 수반되는 특수한 계약관계"라고 판시하였는바, 이는 혼합계약설이 아니라 특수계약설의 입장에 가까운 것으로 생각된다.

4) 채이식, 「상법(Ⅳ)-보험법 · 해상법」(박영사, 2001), 250~251면.

용선자설은 정기용선계약의 법적 성질에 관한 혼합계약설이나 특수계약설 등의 입장에서 정기용선자는 상법 제766조의 유추적용에 의해 제 3 자에게 선박소유자와 동일한 책임을 져야 하므로 정기용선자가 선하증권상 책임의 주체가 된다는 견해이다. 이 견해에 의하면 선하증권 이면약관에 통상적으로 기재되는 소위 운송인특정조항(Identity of Carrier Clause), 즉 선하증권 발행인이 선박소유자나 임차인이 아닌 경우에는 동 선하증권은 선박소유자나 임차인과의 운송계약으로 간주한다는 규정은 상법 제790조의 강행규정 위반이므로 무효라고 한다. 이에 반해 선박소유자설은 정기용선계약의 법적 성질을 운송계약으로 보는 입장에서 정기용선자는 선박소유자의 대리인에 불과하므로 정기용선자가 발행한 선하증권의 경우에도 선박소유자가 운송인이 된다는 견해이다.

위에서 살펴본 학설들은 정기용선계약의 법적 성질을 먼저 규명하고 나서 그 논리적인 귀결로 운송인을 확정하려는 입장이다. 그러나 이는 타당하지 않다고 생각된다. 왜냐하면 누가 운송계약상 책임의 주체인가 하는 점은 누가 운송계약을 체결하였는가 하는 점에 따라 구체적인 사안별로 개별적으로 결정될 문제이기 때문이다.[5] 따라서 정기용선계약하에서 발행된 선하증권상 책임의 주체를 결정하기 위하여는 우선 선하증권에 표시된 당사자의 의사가 무엇이었는지를 확인해야 하고 만일 당사자의 의사가 불명확하면 그 단계에서 거래의 안전이나 관행 등을 고려하여 합목적적으로 운송인을 결정하여야 할 것이다. 다만 후자의 경우, 즉 당사자의 의사가 불분명한 경우에는 일반적으로 정기용선자가 선박에 관한 자유로운 사용권을 갖고 해상기업의 주체로서 활동한다는 점을 고려해 볼 때 정기용선자를 운송인으로 추정하는 것이 타당할 것이다.[6] 아래에서는 이러한 입장에서 정기용선계약하에서의 발행된 선하증권상 책임의 주체에 관하여 검토해 보기로 한다.

(2) 선하증권상 운송인이 명확한 경우

우선 정기용선자가 명시적으로 선박소유자를 운송인으로 표시하고 운송인의 대리인으로서 선하증권을 발행하였다면 이러한 경우에는 상법 제790조를 적용할 여지가 없이 선하증권상의 책임의 주체는 선박소유자라고 보아야 할 것이다. 이 경우 만일 정기용선계약상 정기용선자에게 선박소유자를 대리하여 선하증권을 발행할 권한이 없었다면 정기용선자는 무권대리책임을 져야 할 것이

5) 同旨: 채이식, 전게서, 250면.
6) 同旨: 채이식, 전게서, 250면.

며 사안에 따라서는 선박소유자가 표현대리책임을 부담할 경우도 있을 것이다.

한편 정기용선자가 자기를 운송인으로 표시하고 선하증권을 발행한 경우에는 사안을 나누어 살펴보아야 한다. 먼저 선하증권 전면 상단에 정기용선자가 운송인으로 표시되고 하단 서명란에 정기용선자의 피용인이나 대리점이 서명하였다면 정기용선자가 운송인이 되는 것은 당연하다. 또한 하단 서명란에 선장이 서명하거나 "For the Master"라고 하여 선박대리점이 서명하는 경우에도 후술하는 바와 같이 선장은 상사사항에 관하여 정기용선자의 지휘·감독을 받는 자이므로 역시 정기용선자가 운송인이라고 보아야 할 것이다.

(3) 선하증권상의 운송인이 불명확한 경우

선하증권상의 운송인이 불명확한 경우로는, 선하증권 전면에는 정기용선자를 운송인으로 표시한 반면 선하증권 이면약관에는 선박소유자 또는 임차인만이 운송인이라는 운송인의 특정에 관한 규정을 두고 있는 경우가 있다. 이 경우에는 선하증권에 표시된 당사자의 의사가 서로 상충되기 때문에 누구를 운송인으로 보는 것이 타당할 것인가 하는 문제가 생긴다. 일반적인 해석원칙상 선하증권의 이면에 인쇄된 약관보다는 전면에 타이핑한 것이 우선하며, 또한 송하인이나 선하증권의 소지인은 전면에 기재된 정기용선자가 운송인이라는 기재를 신뢰하고 거래를 하는 경우가 많을 것이므로 이러한 경우에는 정기용선자를 운송인으로 보는 것이 타당할 것이다. 이와 동일한 사안에서 영국의 제1심 법원은 선하증권 전면의 기재를 중시하여 정기용선자를 운송인으로 보았으나[7] 항소심은 운송인의 특정에 관한 이면약관은 그러한 경우에도 적용된다고 보아 선박소유자가 운송인이라고 판시하였다.[8] 그러나 영국의 House of Lords는 항소심 판결을 파기하고 제1심 법원과 마찬가지로 정기용선자가 운송인이라고 판시하였다.[9]

다음으로는 선하증권 전면에 운송인에 관한 아무런 명시적인 기재가 없는 경우가 있다. 이러한 경우 중 정기용선자의 로고가 기재된 선하증권 양식을 사용하는 경우에는 정기용선자가 자기가 운송인이라고 표시하였다고 해석할 수 있으며 제3자는 정기용선자를 운송인으로 믿고 거래하는 것이 보통일 것이므로 거래의 안전을 위하여 정기용선자를 운송인으로 보아야 할 것이다.

---

7) *The Starsin*(2000), 1 Lloyd's Rep. 85.
8) 항소심 법원의 판결은 2:1 다수결에 의해 결정되었다.
9) *The Starsin*(2003), 1 Lloyd's Rep. 571 이하 참조.

한편 선하증권이 운송인을 나타낼 만한 아무런 로고가 없는 백지의 양식에 발행되는 경우가 있다. 이 경우 선하증권 전면 하단에 "For the Master"라고 서명되고 이면약관에 선박소유자 또는 임차인을 운송인으로 본다는 운송인특정조항(identity of carrier clause)이 포함되어 있는 경우 누구를 운송인으로 보아야 할 것인가 하는 것은 어려운 문제이다. 생각건대 선하증권의 내용을 전체적으로 파악해 볼 때 동 선하증권은 선박소유자를 운송인으로 하여 발행되었고 화주측으로서도 정기용선자를 운송인으로 믿고 거래했다는 사정이 없으므로 선박소유자를 운송인으로 보아야 할 것으로 생각된다. 그러나 우리 대법원은 이러한 사안에서 위에서 살펴본 정기용선자설의 근거와 동일한 논리로 정기용선자를 운송인으로 보았다.[10] 이는 정기용선계약의 선박임대차성을 지나치게 강조한 결과가 아닌가 생각된다. 일본에서는 정기용선자의 로고가 기재된 선하증권 양식이 사용되고 서명은 "For the Master"로 되었으며 선하증권 이면약관에 소위 운송인특정조항이 포함되어 있는 사안에서 선박소유자를 운송인으로 보았다.[11]

(4) 이 사건 사안의 검토

위에서 살펴본 바와 같이 정기용선계약하에서 발행된 선하증권상의 책임의 주체가 문제로 되는 것은 대체로 정기용선자의 피용인·대리점 또는 선장이 선하증권을 발행한 경우들이다. 그런데 이 사건 사안은 정기용선자인 DSR와 선복용선계약을 체결하고 있었던 조양상선이 선하증권을 발행한 사안으로서 위의 경우들과는 다소 차이가 있다. 또한 이 사건에서 조양상선이 발행한 선하증권 이면약관에 조양상선이 운송인이라고 명시적으로 기재되어 있으므로 조양상선을 운송인으로 보는 것은 당연한 것으로 보일 수 있다. 그러나 정기용선자로부터 다시 선복의 일부를 용선한 자가 발행한 선하증권상의 운송인이 누구인가 하는 문제는 위 (1) 내지 (3)항에서 살펴본 논의와 무관하지 않다. 왜냐하면 이 경우에도 정기용선계약의 법적 성질에 비추어 볼 때 선하증권상에 기재된 운송인의 표시와는 달리 정기용선자가 책임의 주체가 되어야 한다는 입장이 있을 수 있기 때문이다. 즉 앞에서 살펴본 폴사 도스호 판결에서 우리 법원은 정기용선자는 선박임대차에 관한 상법 제766조의 유추적용에 의하여 선박소유자와 동일한 책임을 지는바, 이러한 정기용선자의 책임을 면하기 위한 소위 운송인

10) 대법원 1992. 2. 25. 선고 91다14215 판결(소위 폴사 도스호 판결).

11) 日本 最高裁判所 平成 10年 3月 27日(1998) 平成 5年(オ), 1492 判決(소위 자스민호 판결).

특정약관은 무효라는 입장을 취하였다. 이러한 입장에 의하면 이 사건에서 조양상선이 발행한 선하증권 이면약관에서 자기를 운송인으로 특정한 조항은 선박소유자와 동일한 책임을 지는 정기용선자의 책임을 배제하는 것이므로 무효이고 동 선하증권상의 운송인은 정기용선자인 DSR라고 보아야 한다는 결론이 나올 수 있다. 그러나 이 사건 대상판결에서 대법원은 선하증권상의 표시와 운임의 귀속 등의 사정을 고려하여 조양상선이 선하증권상의 운송인이고 정기용선자인 DSR는 운송인의 지위에 있지 않다고 판시하였다. 이는 대법원이 정기용선계약의 법적 성질을 먼저 결정한 뒤 그로부터 논리적인 귀결로 정기용선계약하에서 발행된 선하증권상의 운송인을 확정해야 한다는 입장이 아니라 구체적인 사안에 따라 선하증권에 나타난 당사자의 의사와 거래관행 등 모든 사정을 종합하여 운송인을 정하여야 한다는 입장을 채택한 것으로 보인다.[12] 이 사건 대법원판결은 타당하며 이 사건 판결을 계기로 정기용선계약하에서 발행된 선하증권상의 운송인의 확정에 관한 대법원의 경직된 입장이 유연해질 것을 기대한다.

(5) 餘論—상법 제806조의 적용 여부

이 사건에서 상법 제806조의 적용 여부가 쟁점으로 되지는 아니하였다. 그러나 조양상선이 선하증권상의 책임의 주체로 되는 경우에도 조양상선 이외에 정기용선자인 DSR가 상법 제806조에 따라 조양상선과 함께 책임을 질 것인가 하는 점이 문제로 될 수 있었다. 즉 우리 상법 제806조는 용선자가 자기 명의로 제 3 자와 운송계약을 체결한 경우에는 그 계약의 이행이 선장의 직무에 속한 범위 안에서 선박소유자도 그 제 3 자에게 운송물에 대한 책임을 부담한다고 규정하고 있는데, 여기에서 정기용선자인 DSR가 위 조문상의 선박소유자에 해당할 것인가 하는 문제가 있다.

개정 전 상법 제806조는 용선자가 제 3 자와 재운송계약을 체결한 경우에는 선박소유자만이 운송계약상의 책임을 부담한다고 규정하고 있었다. 위 구 상법의 해석에 관하여, 정기용선자는 동 규정상의 용선자에 해당되지 않고 오히려 선박소유자에 해당한다는 학설이 통설이었다. 이러한 통설의 근거는 정기용선

12) 다만 대법원이 운송인을 확정하는 요소 중의 하나로서 운임의 귀속 주체를 언급한 것은 의문이다. 왜냐하면 정기용선계약에 따라서는 정기용선자가 선박소유자에게 일정한 정기용선료만을 지급하고 운임이나 기타 재용선료는 정기용선자의 수입으로 하면서도 정기용선자가 발행한 선하증권상의 운송인을 선박소유자로 하기로 약정할 수 있기 때문이다. 그러므로 운임의 귀속은 운송인을 정하는 결정적인 표지라고 할 수 없다고 생각된다.

계약에는 선박임대차에 관한 상법규정이 유추적용되어 정기용선자가 선박소유자와 동일한 책임을 부담하기 때문이라고 하였다. 만일 정기용선계약에도 구 상법 제806조가 적용된다면 정기용선자가 운송계약의 주체가 되는 많은 경우에 계약상대방은 선박소유자만을 상대로 하여 책임을 물어야 하였으므로 제 3 자의 보호에 문제가 있을 수 있었다. 따라서 위 통설의 입장은 결과적으로 타당하였다.

그러나 현행 상법은 용선자와 함께 선박소유자도 책임을 부담한다고 규정하였으므로 제 3 자를 보호하기 위하여 구 상법에서와 같이 정기용선자가 동 조항상의 용선자에 해당하지 않는다고 해석할 필요성은 없어졌다. 오히려 정기용선자도 동 조항상의 용선자에 해당한다고 해석한다면 정기용선자가 제 3 자와 운송계약을 체결한 경우에 운송계약의 상대방은 정기용선자뿐만 아니라 선박소유자에게도 운송계약상의 책임을 묻는 것이 가능하므로 제 3 자를 더 보호하는 결과가 된다. 더구나 법문이 특별히 정기용선자를 제외하고 있지 않으므로 상법 제806조상의 용선자에는 정기용선자도 포함된다고 해석하는 것이 타당하다.[13] 그렇다면 이 사건에 있어서 선박소유자는 상법 제806조에 따라 조양상선과 함께 책임을 부담하나[14] DSR는 그러하지 아니하므로 결과적으로 DSR가 운송인으로서 책임을 지지 않는다는 결론에는 차이가 없다.

한편 정기용선계약에 선박임대차에 관한 규정이 유추적용되어 정기용선자가 선박소유자와 동일한 책임을 부담한다고 하는 입장에서는 정기용선자가 선박소유자의 지위에 서게 되므로 현행 상법 제806조의 해석상으로도 정기용선자가 재운송인과 연대하여 제 3 자에게 운송계약상의 책임을 진다고 해석하게 될 가능성이 많다. 대한화재로서는 이 점을 논점으로 제기해 볼 여지가 있었다고 생각된다.

3. 정기용선계약하에서의 불법행위책임

(1) 總　說

대법원은 DSR의 운송계약상의 책임을 부인한 뒤 DSR의 불법행위책임에 관하여 판시하면서 DSR이 선원들의 귀책사유에 대한 사용자책임을 지는 것을 전제로 하여 선원들의 귀책사유가 있었는가 하는 점을 판단하고 있다. 그러나

13) 同旨: 채이식, 「상법(IV)-보험법·해상법」, 250면.

14) 그러나 선박소유자에 대한 채권은 제척기간의 도과로 소멸하였다.

정기용선계약하에서 화물의 운송이 이루어지는 경우 선장이나 선원들의 과실에 대하여 불법행위책임을 지는 당사자가 누구인가 하는 점은 반드시 명백하지 아니하므로 이 점을 먼저 논의한 뒤 귀책사유의 유무를 검토하는 것이 논리적으로 타당하다. 따라서 이하에서는 정기용선계약하에서 선원들의 귀책사유에 대하여 불법행위책임을 지는 당사자에 관하여 검토해 보기로 한다.

(2) 정기용선계약하에서의 선원에 대한 지휘 · 감독권

정기용선의 경우 선박소유자는 선장과 선원의 고용자로서 해기사항에 대한 지휘 · 명령권을 갖는다. 한편 정기용선자는 정기용선계약에 근거하여 선장과 선원에 대해 상사사항에 대해 지휘 · 명령권을 갖는다.[15] 즉 정기용선계약에 관한 대표적인 표준약관인 NYPE 제 8 조는 "선장은 비록 선박소유자에 의해 고용되었더라도 선박의 사용에 관하여 용선자의 지휘 · 명령에 따라야 한다"(… The Captain(although appointed by the Owners), shall be under the orders and directions of the Charterers as regards employment …)라고 규정하고 있다.[16]

위 조항은 용선자의 지휘 · 명령권이 미치는 범위를 '선박의 사용에 관하여'라고 추상적으로 규정하고 있으나 일반적으로 선박의 기항지(선적항, 양하항, 중간 기항지)에 관한 사항, 화물의 취급에 관한 사항 등이 이에 포함되는 것으로 해석된다.[17] 또한 위 조항은 선장에 대한 지휘 · 명령권만을 규정하고 있으나 다른 선원에 대하여는 선장을 통하여 지휘 · 감독한다고 해석된다.

한편 우리 상법도 정기용선자는 약정한 범위 안의 선박의 사용을 위하여 선장을 지휘할 권리가 있으며, 선장이나 선원 등이 정기용선자의 정당한 지시에 위반하는 경우에는 선박소유자가 정기용선자에게 그로 인한 손해를 배상할 책임이 있다고 규정한다(상법 제812조의3). 우리 상법은 위 NYPE상의 정기용선자의 선장에 대한 지휘 · 감독권에 관한 조항을 수용한 것이다.

이처럼 일반적인 정기용선계약에서 정기용선자는 화물의 취급에 관한 사항

---

15) 해기사항이란 선박의 안전운항에 관한 사항, 즉 감항성 유지 등 선박관리에 관한 사항 및 선박의 항해와 조종에 관한 사항 등을 말하고 상사사항이란 화물의 운송을 위한 선박의 기항지에 관한 사항과 화물의 취급에 관한 사항을 말한다. 해기사항과 상사사항의 구별기준은 운송인의 면책사유와 관련하여 논의되는 항해과실, 상사과실의 구별기준과 대체로 같은 것으로 생각된다.

16) 정기용선에 관한 또 다른 표준양식인 Baltime 제 9 조도 거의 동일한 규정을 두고 있다.

17) Michael Wilford, Terence Coghlin, John D. Kimball, *Time Charters*, Lloyd's of London Press Ltd.(1995), pp. 296~297.

및 선박의 기항지에 관한 사항 등에 관해 선장과 선원에 대한 지휘・감독권을 갖는다.

(3) 정기용선계약하에서의 사용자책임

위에서 살펴본 바와 같이 정기용선계약하에서의 선장 및 선원에 대한 지휘·감독권이 선박소유자와 정기용선자에게로 양분되어 있으므로 정기용선계약하에서의 사용자책임도 둘로 나누어 살펴보아야 한다. 즉 해기사항과 관련하여 선장 또는 선원의 귀책사유로 제 3 자에게 손해를 입힌 경우에는 선박소유자가 제 3 자에 대하여 사용자책임을 부담하며,[18] 다른 한편 상사사항이 관련된 경우에는 정기용선자가 사용자책임을 부담한다고 생각된다.[19]

이러한 입장에서 이 사건에 관하여 살펴보면 선원들의 귀책사유가 문제로 되는 것은 운송물의 보관・운송・관리 등의 상사사항에 관한 것이므로 만일 이에 관하여 선원들에게 귀책사유가 있었다면 그에 대한 지휘・감독권을 가진 DSR가 사용자책임을 져야 한다고 생각된다. 대법원이 이 점에 관한 아무런 설시 없이 DSR가 사용자책임을 지는 것을 당연한 전제로 한 것은 불만이나 그 결론에 있어서는 차이가 없다.

4. 정기용선계약하에서의 불법행위책임에 관한 귀책사유의 입증책임 소재

상법은 운송물에 대한 손해배상청구가 실제운송인에게 제기된 경우에도 해상편 제 4 장 운송에 관한 규정 중 운송인의 책임에 관한 규정을 적용한다고 규정하고 있다(상법 제789조의3 제 1 항 및 제 4 항). 여기서 상법 제788조 제 1 항의 입증책임의 분배에 관한 규정이 위 조항에서 말하는 운송인의 책임에 관한 규정에 포함되는지의 여부가 문제로 된다.

이 점에 관해 대법원은 자세한 이유설시 없이 입증책임의 분배에 관한 규

18) 일본 최고재판소는 종래의 혼합계약설에 충실하여 해기사항에 관한 과실의 전형적인 예인 선박충돌사건에서 정기용선자에게 사용자책임을 부담시켰다. 일본 최고재판소 1992. 4. 28. 선고 Shinzan Maru No. 5 사건. 그러나 이 판결은 자스민호 판결 이전의 판결이므로 자스민호 판결 이후 일본 최고재판소가 동일한 입장을 취할 것인지의 여부는 분명하지 않다.

19) 우리 대법원은 정기용선자에게 선원의 과실로 인한 화물손상에 대해 불법행위책임을 지우는 근거를 정기용선자에게는 선박임차인에 관한 상법 제766조가 유추적용되어 선박소유자와 동일한 책임을 지기 때문이라고 설시하고 있다(대법원 1994. 1. 28. 선고 93다18167 판결). 그러나 이러한 입장에 의하면 선원들의 해기사항에 관한 과실로 인한 불법행위책임도 정기용선자가 부담해야 한다는 결론이 되어 부당하다. 따라서 정기용선자가 선원들의 과실에 대해 사용자책임을 부담하는가 하는 문제는 구체적인 사안에 따라 정기용선자가 선원들에 대해 지휘・감독권을 갖고 있는지의 여부를 검토하여 개별적으로 결정해야 할 것이다.

정은 운송인의 책임에 관한 규정에 포함되지 않는다고 판시하였다. 그러나 대법원은 운송인의 책임경감금지를 규정하고 있는 상법 제790조의 해석을 다룬 다른 사건에서는 입증책임의 분배에 관한 규정에 위반하여 화주측에게 입증책임을 지우는 약관은 운송인의 책임을 경감하는 특약으로서 무효라는 취지로 판시한 바 있었다.[20] 이 판결은 입증책임의 분배에 관한 규정도 운송인의 책임에 관한 규정임을 전제로 한 것이다.

이처럼 상법의 문언만으로는 입증책임의 분배에 관한 상법 제788조 제 1 항의 규정이 운송인의 책임에 관한 규정에 포함되지 않는다는 점이 명백하지 않다. 오히려 위 1983년 대법원판결과 같이 상법 제788조 제 1 항도 운송인의 책임에 관한 규정이라고 보는 것이 문리해석으로는 더 자연스럽다. 생각건대 계약책임과 불법행위책임을 준별하는 우리 법체계하에서 운송인의 책임에 관한 상법규정이 운송인의 불법행위책임에도 적용되는 것은 이례적이기 때문에 가급적 위 상법 제789조의3은 우리 법체계를 해하지 않도록 해석하는 것이 바람직하다고 생각된다. 따라서 상법 제789조의3 의 입법취지는 운송인의 주의의무에 관한 규정이나 운송인의 면책사유 및 책임제한에 관한 규정 등이 운송인의 불법행위책임에도 적용된다는 것이고 계약책임과 불법행위책임에 관한 입증책임 분배원칙까지 위 상법규정에 의해 변경하고자 하는 것은 아니었던 것으로 보는 것이 타당하다. 결국 대법원판결의 결론에는 찬성한다.[21] 그러나 대법원이 상법 제788조 제 1 항이 불법행위책임에 적용되지 않는다고 판시하기 위하여는 보다 상세한 이유를 설시하는 것이 바람직하였다고 생각된다.

5. 하주적입 컨테이너 화물의 경우 선원의 주의의무

실무상 컨테이너 화물의 경우 화주가 화물을 컨테이너에 적입하고 봉인한 뒤 이를 운송인에게 인도하는 경우가 많다. 이러한 컨테이너 화물의 경우 운송인의 책임과 관련하여는 두 가지 점이 문제로 된다.

우선 이러한 컨테이너 화물의 경우 선하증권상의 운송물의 기재는 송하인이 통지한 내용대로 기재될 수밖에 없는바, 실제로 운송된 화물이 선하증권 기재와 다른 경우 운송인의 손해배상책임이 문제로 된다. 이와 관련하여 운송인은 컨테이너 속 화물의 포장이나 적입상태를 알지 못하므로 통상 선하증권에

20) 대법원 1983. 3. 22. 선고 82다카1533 판결.
21) 채이식 교수도 전게서 313면에서 대법원과 동일한 입장을 취한다.

선하증권상에 운송물의 내용, 중량, 품질 등에 관하여 운송인은 알지 못한다는 취지의 약관, 소위 부지약관을 기재한다.[22] 여러 종류의 다양한 화물을 대량으로 신속하게 선적하여 운송해야 하는 운송인에게 화물의 종류나 중량 등에 대해 일일이 검사를 하여 이를 정확하게 선하증권에 기재하도록 요구하는 것은 일정한 한계가 있기 때문에 해운실무상으로는 운송인으로 하여금 선하증권에 기재된 화물의 종류나 중량 등의 기재의 구속을 받지 않게 할 목적으로 이러한 부지약관이 오래 전부터 사용되어 왔다.[23] 이처럼 부지약관은 실무상 그 필요성이 인정되어 관습적으로 사용되고 있는데 운송인의 책임과 관련하여는 이러한 부지약관의 효력이 문제로 된다.

다음으로는 이러한 컨테이너 화물로 인하여 혼적된 다른 화물이 손상을 입은 경우의 운송인(실제운송인)의 책임이 문제로 된다. 이는 이러한 컨테이너 화물에 대한 선원들의 주의의무의 내용 및 정도에 관한 문제이다. 이 사건에서 쟁점으로 되었던 점은 후자이므로 아래에서는 이 점에 관하여 살펴보기로 한다.

• 화주가 적입하고 봉인한 컨테이너 화물을 수령한 선원들은 컨테이너 외관상 어떠한 하자가 있거나 송하인이 통지한 운송물의 종류나 성질이 통상적인 운송에 적합하지 않은 경우를 제외하고는 컨테이너를 개봉하여 컨테이너 안의 운송물의 포장이나 적입상태까지 검사할 주의의무는 없다고 생각된다. 만일 그렇지 않다면 저렴한 운임으로 신속하게 운송이 이루어질 수 있다는 컨테이너 운송의 장점이 몰각되는 결과가 될 것이다.[24] 따라서 이 사건에서 중요한 점은 과연 이 사건 화학물질이 들어 있는 컨테이너가 이 사건 선박에 선적되었을 때 선원들이 이 사건 화학물질이 위험물인지의 여부를 알 수가 있었는가 하는 점이라고 생각된다. 그런데 이 사건 화학물질은 선적 당시에는 위험물의 운송에 관한 국내법규(위험물선박운송 및 저장규칙)[25]나 국제법규(국제해상위험물규칙)

---

22) 실무상 영문으로 "weight, measure, quality, quantity, … unknown" 혹은 "said to contain …"이라는 문언을 사용한다. *Noble Resources Ltd. v. Cavalier Shipping Corporation(The Atlas)*(1996), 1 Lloyd's Rep. 642에서 'unknown'이라는 용어를 사용한 부지약관과 'said to'라는 용어를 사용한 부지약관의 효력이 다르다는 주장이 제기되었으나 영국 여왕좌부(상사법원)은 두 가지 부지약관의 효력을 달리 볼 이유가 없다고 판시하였다.

23) 田中庸介, "船荷證券上の不知約款の效力,"「海事法研究會誌」 第151號(日本海運集會所, 1999. 8), 14頁.

24) 20세기 후반에 등장한 컨테이너 운송이 현대 해상운송에서 필수적인 지위를 차지하게 된 것은 운송의 신속성과 저렴한 비용 등으로 인한 것이다.

25) 1979. 4. 21. 교통부령 제619호.

상 위험물로 분류되어 있지 않았다.[26] 따라서 이 사건 화학물질을 선적할 당시 선원들로서는 이 사건 화학물질이 위험물인지의 여부를 알 수 있는 방법이 없었다. 그러므로 선원들에게 이 사건 화학물질이 든 컨테이너를 개방하여 포장이나 적입상태 등을 검사할 주의의무는 없었다고 보아야 하며, 이와 동일한 취지로 판단한 대법원판결은 타당하다. 이 사건 대법원판결은 화주가 적입하고 봉인한 상태로 운송인에게 인도한 컨테이너 화물에 대한 선원들의 주의의무에 관한 명확한 판단기준을 제시하였다는 점에서 의의가 있다고 생각된다.

26) 이 사건 화물에 대한 손해가 발생한 이후인 1997. 9. 25.에 국제해사기구 위험물, 산적고체화물 및 컨테이너 소위원회에서 국제해상위험물규칙 개정안에 이 사건 화학물질을 위험물로 추가하였고 1998. 5.에 국제해사기구 해사안전위원회에서 위 개정안을 채택하였다.

어음行爲의 客觀的 解釋

全 遇 賢*

대법원 2000. 12. 8. 선고 2000다33737 판결**

[事實의 槪要]

피고 회사 X는 1997. 10. 22. 액면 20,000,000원, 지급일 1998. 2. 23, 지급지 서울특별시, 지급장소 주식회사 한국상업은행 종로지점으로 기재하고, 수취인란은 백지로 한 약속어음 1장을 발행한 다음, K 슈퍼마켓을 경영하던 A에게 이를 교부하였다.

A는 1997. 10. 23.경 청과물 대금의 지급을 위하여 이 사건 약속어음을 L상회를 운영하는 B에게 수취인란이 백지인 상태로 배서 없이 단순 교부하였으며, B는 이 사건 약속어음을 수령한 다음 위 상업은행 종로지점에 전화로 이 사건 약속어음이 정상어음인지 여부를 문의하였는데, 아무 이상이 없는 어음이라는 응답을 받았다.

그 후, B는 청과시장 새마을 금고에 위 어음을 일시 보관시켰다가 회수한 후 1998. 2. 7.경 청과물 대금의 지급을 위하여 C에게 피배서인을 백지로 하여 제2 배서인란에 배서를 하여 양도하였다(이 사건 약속어음 이면, 제2 피배서인란 부근에 D의 성명을 기재하였으나, 이는 B가 A로부터 어음을 교부받으면서 당시 입회하였던 D의 성명을 기재하여 둔 것으로 피배서인의 취지로 기재된 것은 아니었다).

원고 C는 이 사건 약속어음의 수취인란에 위 '한아름 슈퍼'라고 보충 기재한 다음, 지급기일에 그 지급장소에서 지급제시하였으나, 분실을 원인으로 한 사고계가 접수되었다는 이유로 지급거절되자 X를 피고로 하는 어음금청구소송을 제기하였다.

[訴訟의 經過]

1. 原 審(서울지방법원 99나56238 판결)

수취인란이 백지인 약속어음은 그 약속어음의 교부에 의하여 어음상 권리가 이전된다고 할 것이므로, A로부터 수취인란이 백지인 이 사건 약속어음을 교부받은 B는 적법히 이 사건 약속어음상의 권리를 취득하였음을 인정하였다. 그리고, 원고 C가 소외 B로부터 백지식 배서의 방법으로 어음을 교부받았으므

---

* 영남대학교 법과대학 법학부 조교수.

** 공 2001. 2. 1(123), 260.

로, 피고 X는 특별한 사정이 없는 한 이 사건 약속어음금을 지급할 의무가 있다고 하면서 원고 C의 주장을 긍정하였다.

2. 上告理由

피고 X는 원심이 피고 X가 어음분실한 사실에 관한 채증법칙을 오인한 점, 피고 X의 어음분실주장이 사실이라고 하더라도 B나 원고 C가 어음을 선의취득한다는 예비적 판단에 법리오해의 위법이 있다는 점, B가 원고 C에게 한 배서는 기명식 배서로 피배서인을 D로 하는 것이어서 원고 C는 배서가 연속된 약속어음의 적법한 권리자로 추정할 수 없으므로 원고 C를 어음상 적법한 권리자로 인정하여 원고의 주장을 긍정하고 또 어음상의 권리를 지명채권양도의 방법으로 양도할 수 있다고 긍정한 것은 법리오해의 위법이 있다고 주장하여 원심판결을 파기환송할 것을 청구하였다.

[判決要旨]

원심에서의 항변을 상고이유로 한 피고 X의 상고에 대하여 대법원은 다음과 같이 판시하고, 상고를 기각하였다. 어음행위의 내용은 어디까지나 어음상의 기재에 의하여 객관적으로 해석하여야 하는 것이지, 어음 외의 사정에 의하여 어음상의 기재를 변경하는 방식으로 해석하여서는 아니된다. B는 A로부터 교부받은 이 사건 약속어음의 배서란에 배서인으로 서명날인하면서 소외 D의 성명을 그 피배서인란에 기재하였음을 알아 볼 수 있다. B의 위와 같은 피배서인란 기재의 의미는 어디까지나 어음상의 기재 자체에 의하여 객관적으로 해석하여야 하는 것이고 그의 내심의 의사 등과 같은 어음 외의 사정을 들어 그 기재와 달리 해석할 수는 없다. B의 위 배서는 그 어음상의 기재대로 D를 피배서인으로 하여 한 기명식 배서로 보아야 한다. 따라서 위 배서에 이은 D의 적법한 배서가 없는 이 사건에서는 배서의 연속이 흠결되어 원고 C를 이 사건 약속어음의 적법한 권리자로 추정할 수 없을 뿐만 아니라, 위 배서에 의하여 이 사건 약속어음의 어음상의 권리가 B로부터 원고 C에게로 실질적으로 이전되었다고 할 수도 없다.

그렇다면 원심이 D의 성명기재가 피배서인의 취지로 기재된 것이 아니라는 이유로 B의 위 배서가 피배서인을 지명하지 아니하고 한 백지식 배서라고 판단한 끝에 원고 C가 위 배서에 의하여 이 사건 약속어음상의 권리를 적법하게 양도받았다고 한 것은 잘못이다. 그러나 한편 원심판결 이유에 의하면, A로부터 이 사건 약속어음의 어음상의 권리를 적법하게 양도받은 B는 이 사건 소송 계속중인 1998. 11. 12. 위 배서와는 별도로 그 권리를 지명채권양도의 방법으로 다시 원고 C에게 양도하고 그 양도통지까지 마쳤다. 그렇다면 원고 C는 위 채권양도에 의하여 이 사건 약속어음상의 권리를 적법하게 취득하였다고 할 것이어서 원고 C를 이 사건 약속어음의 적법한 권리자로 본 원심의 판단은 앞서 본 잘못에도 불구하고 결론에 있어서는 정당하다.

[評　　釋]

Ⅰ. 問 題 點

1. 대상판결은 첫째 어음행위에서 배서의 연속이 무엇인지의 문제, 둘째 어음상 기재를 어떻게 해석해야 하는가의 어음행위해석의 문제, 셋째 어음상 권리를 배서 기타 어음법에서 정한 권리이전방법이 아닌 지명채권양도의 방법으로 이전할 수 있는지의 문제와 기타의 논점으로 어음행위의 효력발생요건으로서 어음교부가 갖는 의미를 기존의 어음학설내용과 관련하여 재음미할 수 있는 판결로서의 가치를 지니고 있다.

2. 본 사안에서 가장 중요하게 다투어지고 있는 것은 B의 배서에 의하여 어음상 권리가 원고 C에게 적법하게 이전하였는가이다. 사실관계에 따르면 B는 백지식 배서의 방식으로 원고 C에게 어음상 권리를 이전할 것을 의도하였다고는 하지만 (비록 실수에 의한 기재로 인한 것이기는 하나) 피배서인란에 소외 D를 기재하고 있어서 원고 C가 배서연속의 법리에 따른 어음상 형식적 권리자인지가 매우 불분명하게 되었다. 원고 C가 피고 X를 상대로 어음금청구권을 행사하는 것은 자신이 배서의 연속을 전제로 하는 형식적 자격자임을 주장하는 것인데 원고 C가 B로부터 백지식 배서를 받았다고 해석할 수 있는지가 문제이다.

3. 사안에서 B의 백지식 배서가 무효로 판단되어 C나 D 누구도 어음상 권리를 취득할 수 없다면 B가 다시 원고 C에게 지명채권양도의 방법으로 즉, 어음법적 양도방식 외의 권리이전방식으로 어음상 권리를 유효하게 이전할 수 있는지가 문제이다.

4. 사안에서는 소외 D가 다투고 있지 않아 본 사안의 다툼과는 무관한 사항이지만, 만약 B가 백지식 배서를 하거나 외관상 D를 피배서인으로 기재한 기명식 배서의 상태에서 B의 의사에 반하여 어떤 사정으로 인해 선의의 D에게 취득되고, D가 자신이 적법한 어음상 권리자임을 주장한다면 어떻게 될 것인가의 문제는 어음교부가 어음행위 효력발생요건으로서 필요한가에 관한 어음학설을 재검토하게 한다.

Ⅱ. 背書의 連續과 어음행위 解釋의 基準

사안에서 원고 C가 어음상 적법한 권리자로 인정될 수 있기 위해서는 어음의 수취인으로부터 현재의 어음소지인 C에 이르기까지의 배서가 연속되어 있으면 족하고 권리이전이 실질적으로 유효하다는 것까지 증명할 필요는 없다(어음법 제16조 제1항). 다투어지고 있는 것은 원고 C에 이르기까지 배서의 연속을 인정할 수 있는가이다. 특히 B가 원고 C에게 백지식 배서한 부분에 있어서 피배서인란에 D의 명칭이 이미 기재되고 있어서 이를 C에 대한 적법한 배서로 해석할 수 있는지가 문제이다.

1. 背書의 連續

(1) 背書連續의 내용

배서의 연속이란 어음의 기재에 있어서 수취인이 제1배서인이 되고, 제1배서의 피배서인이 제2배서인이 되는 것과 같이 어음이 수취인으로부터 최후의 피배서인인 현소지인에 이르기까지 배서가 중단 없이 차례로 이어지는 것을 말한다. 이러한 배서의 연속으로 인한 어음의 소지인은 어음상 권리의 형식적 자격을 지니게 된다. 민법의 일반원칙에 의하면 권리가 실질적으로 유효하게 순차적으로 이전하여 자기가 권리자가 되었다는 사실을 증명하여야 권리를 행사할 수 있을 것이나, 연속된 배서의 최후의 피배서인은 이를 증명하지 않아도 권리행사가 허용되는 것이다. 이를 배서의 효력측면에서 보아 자격수여적 효력이라고 한다.[1] 배서가 연속되기 위해서는 첫째, 각 배서는 형식에 있어서 유효하여야 한다. 공동수취인의 일부가 한 배서나 공연한 추심위임배서의 피배서인

1) 배서의 연속에 대하여 어음법이 인정하는 이러한 효과는 외형상의 사실과 실질상의 권리이전과정이 일치하는 개연성이 많기 때문이라는 점(古瀨村邦夫, "背書の連續,"「手形法・小切手法講座 Ⅲ」(1966. 5), 59頁 참조)뿐만 아니라, 이러한 개연성에 기초하여 어음을 취득하는 자의 신뢰를 보호하여 어음거래의 안전을 도모하자는 데 그 취지가 있다.

이 한 양도배서는 형식상 무효이기 때문에 이와 같은 자격수여적 효력을 발생시킬 수가 없다.[2] 둘째, 각 배서에 있어서 수취인(또는 피배서인)과 배서인의 표시는 어음상의 기재에서 보아 순차적으로 동일성이 인정되어야 한다. 이러한 동일성의 판단은 순전히 외형상의 판단에 의하고 다른 실질적인 권리이전의 내용을 고려하지 않는다.[3] 수취인과 제 1 배서인이 실질적으로 동일인이라도, 예컨대 성명을 기재한 채로 배서교부받은 자가 성명과 달리 상호로써 배서를 한 때나 실질상 대리권을 가진 대리인의 배서라고 하더라도 대리관계를 표시하지 않고 배서한 때는 배서의 연속을 인정할 수 없는 데 반하여, 배서 중에 가설인의 배서나 위조의 배서[4] 또는 무권대리인의 배서, 취소에 의하여 무효인 배서가 있거나 수취인과 제 1 배서인이 실질상 다르더라도 기재상 동일하다면 배서의 연속은 인정된다.[5] 배서연속의 형식성은 전배서의 피배서인과 후배서의 배서인이 엄격하게 一字一句 동일해야 할 정도로 요구하지는 않으나 그 주요한 부분에서 동일함을 요하고, 그 구체적인 판단은 사회통념에 의한다.[6]

어음수취인이나 배서인, 피배서인으로 표시되는 명칭은 그 동일성을 인식할 수 있을 정도로 특정되는 것으로 족하다. 그리하여 자연인의 경우에는 그 자연인의 성명을 기재하는 것이 통상적이지만 아호나 별명을 기재하는 경우도 있고, 그 성명과 함께 그 사람의 직명을 기재하는 예도 있어서 다종다양한 방식이 존재한다고 볼 수 있다.[7] 기명날인에 있어서 자연인을 표시하는 기명날인은 법인을 표시하는 기명날인의 방식과는 전혀 다른데도 자연인이 법인의 직인을 사

2) 대법원 1999. 3. 9. 선고 97다7745 판결(공 99. 4. 15.[80], 623)은「어음의 배서연속은 형식상 존재함으로 족하고 또 형식상 존재함을 요한다 할 것이므로, 그 배서가 배서의 요건을 모두 갖춘 유효한 배서여야만 그 어음상의 권리는 적법하게 이전되는 것이며, 그 배서가 배서의 요건을 갖추지 못한 경우에는 그 어음상의 권리는 적법하게 이전될 수 없다」고 판시하였다.

3) 손주찬,「제 9 정증보판 상법(下)」(박영사, 2001), 232면; 정찬형,「상법강의(下)」(박영사, 2000), 261면; 竟一郎, "背書の連續,"「ジュリスト(臨時增刊)」, 手形小切手判例百選(新版) 第24號, 180頁; 同旨의 판례로 대법원 1971. 4. 30. 선고 71다455 판결; 대법원 1973. 6. 22. 선고 72다2026 판결; 대법원 1977. 5. 10. 선고 76다1912 판결 등이 있다.

4) 대법원 1987. 7. 7. 선고 86다카2154 판결(공 1987. 9. 1.(807), 1296); 대법원 1974. 9. 24. 선고 74다902 판결(공 1974. 11. 15.(500), 8061) 참조.

5) 최기원,「상법학신론(下)」(박영사, 2001), 276면.

6) 손주찬, 앞의 책, 233면; 정찬형, 앞의 책, 262면; 鈴木竹雄,「手形法 · 小切手法」, 1976, 237頁; 大隅健一郎 · 河本一郎,「手形法 · 小切手法」, 1983, 132頁; 同旨 서울민사지방법원 1984. 1. 25. 선고 83나1613, 1614 판결.

7) 예컨대, 홍길동이라는 자연인에게 배서하면서도 그 피배서인 명칭의 표시는「○○회사 사장 홍길동」또는「○○협회 이사장 홍길동」으로 기재하는 예와 같다. 이는 그 자연인의 직위를 기재해야 피배서인 또는 배서인으로서의 표시가 정확해진다는 인식도 있겠지만, 사회적 지위표시를 선호하는 지극히 동양적인 사고도 작용하는 것으로 생각된다.

용하여 기명날인한 경우도 있다.[8] 이 때 그 배서인의 표시 나아가 배서의 기재 자체의 효력을 부정할 수 있는지 또는 그 배서의 효력 자체는 인정한다고 하더라도 배서의 연속은 부정되어야 하는지가 문제이다. 법인의 대표관계나 대리관계를 표시하는 경우에 그 판단의 어려움은 가중된다.

법인의 행위로서나 법인을 대리하는 어음상 표시가 이루어지기 위해서는 「○○주식회사 대표이사 홍길동」 또는 「○○주식회사 총무과장 홍길동」이라는 방식으로 배서행위가 행해져야 한다. 그러나 어음거래의 현실에서는 이러한 명확한 방식이 잘 준수되지 않고 있다. 일반 거래관념에서는 법인의 행위나 그 대리관계를 표시하는 행위방식의 정형성을 무시하고, 대표관계의 표시가 빠져 있다든지, 회사의 직인 대신 자연인의 인장을 사용하는 예도 많다. 이 경우 「○○회사 지점장 김○○」이라는 명칭사용을 김○○라는 자연인을 표시하는 것으로 해석할지, 법인의 대리를 표시하는 것으로 인정할 수 있을지가 문제로 된다.[9] 그리하여 배서의 연속 여부가 문제되는 경우에 있어서 법인의 표시와 자연인의 표시가 연속되어 있을 때(법인을 피배서인으로 기재한 직후의 배서인으로 자연인의 명칭이 기재되거나 또는 그 반대의 경우) 어떤 표시로 이해해야 하는지가 어려운 과제로 된다.

생각건대, 어음법상 배서연속 여부의 판단은 그 법률행위로서의 행위방식이 적법유효한가의 판단과는 달라야 한다고 보며 그 이유는 다음과 같다. 첫째, 어음법 제16조에서 말하는 배서의 연속은 어음의 발행인이나 배서인에게 어음채무를 부담하게 하려는 데 그 주안점이 있는 것이 아니라, 그 연속을 전제로 현재 어음소지인의 권리 유무를 판단하려는 데 근본취지가 있다. 둘째, 선행행위의 배서를 신뢰하여 어음을 취득하는 자나 배서를 하는 자는 법적으로 정형화된 기명날인이나 서명의 방식에 정통하지 못한 비전문가가 대부분일 것이고, 어음의 유통성을 보장하려면 배서의 연속에 있어서는 不適式의 배서라 하더라

8) 대법원 1995. 6. 9. 선고 94다33156 판결(공 996, 2375) 참조.

9) 법인을 피배서인으로 하는 「A회사 귀하」라는 표현이 있는가 하면 개인을 피배서인으로 하면서도 「A회사 귀하」라고 하는 경우가 있다. 또, 중간적인 형태로 「A회사 甲지점장 귀하」나 「A회사 대구 출장소장 甲」하는 표현도 있다. 원래 법인의 어음행위방식은 그 유효성을 매우 엄격하게 해석하는 반면(대법원 1987. 4. 14 선고 85다카1189(공 1987. 6. 1.(801), 775)판결에서는 「… 법인의 어음행위는 어음행위의 서면성, 문언성에 비추어 법인의 대표자나 대리인이 그 법인의 대표자나 대리권자임을 어음면상에 표시하고 … 방식에 의하든가 … 대행방식에 의해 이루어져야 … 한다…」고 한다. 同旨의 사례로 대법원 1999. 10. 8. 선고 99다30367 판결(공 99. 11. 15.[94], 2303)이 있다), 배서의 연속에 있어서는 그 엄격성을 현저히 완화하고 있다(대법원 1995. 9. 15. 선고 95다7024(공 1995, 3391)판결에서는 개인명의의 배서 후에 그를 대표자로 하는 법인명의의 배서가 이루어진 사안에서도 배서의 연속을 인정하고 있다).

도 항상 무효로 판단하는 것이 바람직하지는 않다. 셋째, 같은 어음행위라고 하더라도 약속어음의 발행, 인수, 어음보증 등에서는 어음행위자가 채무를 부담한다는 인식을 갖는 것에 비하여 배서에 있어서는 권리를 이전한다는 인식을 주로 하고 배서의 결과 어음채무를 부담한다는 인식에 따른 엄격한 주의를 기울이지 않는다는 점을 감안해야 한다.[10] 즉, 배서가 어떤 자격에서 행해졌는가를 판단하기 위해서는 先行背書와 後行背書가 어떻게 표시되었는가만을 고정된 기준으로 판단할 것이 아니다. 비록 법인명으로 기재되어 있다고 하더라도 자연인의 명칭에 그 직분을 표시하는 것과 같은 정도에 지나지 않는다고 볼 수 있다면 그 표시는 자연인 개인을 표시하는 것으로 볼 수 있을 것이고, 또 법인의 대표관계나 대리관계가 표시되지 않은 경우에도 그 직전 피배서인의 표시가 법인을 나타낸 것이었다면 그를 넓게 이해하여 법인의 표시로서 배서의 연속을 인정할 수 있을 것이다.[11] 비슷한 형태의 표시가 어떤 경우에는 법인을 표시하는 것으로, 또 다른 경우는 개인의 명칭을 표시하는 것으로 이해되는 것은 논리의 모순인 것으로 일응 보여질 수도 있으나, 법률전문가가 아닌 일반인의 상식적 견해를 존중해야 한다는 점과 배서연속의 제도적 취지를 고려한다면 이러한 점이 용인될 수 있다고 본다. 단, 前後 배서된 명칭이 동일인인가를 판단함에 있어서는 순전히 형식적인 기준에 의해야 할 것이고 만일 실질관계를 고려한다면 배서연속의 형식성이라는 법리에 반하는 것이 될 것이다.

---

10) 대법원 1995. 6. 9. 선고 94다33156판결(공 1995. 7. 15(996), 2375)에서는 수취인을 "甲"으로 하여 발행한 약속어음의 제 1 배서인이 "주식회사 甲 대표이사 乙"이라고 배서표시한 사례에서 양자의 표시는 형식적으로 동일인이라고 인정함이 상당하고, 따라서 그 약속어음의 배서는 연속되어 있다고 보았다. 그러나 피배서인인 국민은행이 후에 배서를 함에 있어서 배서인명칭을 국민은행 중부지점으로 하여 회사인만 날인하고 대표자의 기명날인이 없이 교부된 어음의 경우에는 배서연속이 없다고 하였다(대법원 1964. 10. 31. 선고 63다1168 판결).

11) 이러한 배서의 연속이 문제된 경우 법인의 경우보다 개인기업의 경우는 영업주 개인과 기업 간 商號가 긴밀하게 연관되어 있어서 더 쉽게 배서의 연속을 인정할 수 있다는 견해가 있다(山本桂一, "手形背書の連續,"「ジュリスト」第179號, 47頁). 일본에서의 배서의 연속에 관한 중요한 선례로는 '万代食品工業株式會社 鹿取久三郎殿'과 '万代食品工業株式會社 取締役社長 鹿取久三郎'간의 배서(最高裁 昭和 27. 11. 25, 民事判例集 第 6 卷 第10號, 1051頁)와 '愛媛 武盡會社 岡支店長殿'과 '岡善惠'간의 배서(最高裁 昭和 30. 9. 30, 民事判例集 第 9 卷 第10號, 1513頁)에서 각각 배서의 연속을 인정한 것이다. 日本 最高裁 昭和 56. 7. 17. 선고 昭(オ) 218判例는 어음의 수취인이 'ミツワ 商品株式會社'로 되어 있고 제 1 배서인의 표시는 'ミツワ 商品株式會社 黑田知弘'이라고 된 경우에 모두 회사를 표시한 것으로 보아 그 배서의 연속을 인정하였고(반대견해의 판례평석으로는 倉澤康一郎, "背書の連續,"「法學セミナ」第325號, 134頁), 東京抗訴法院 昭和 10. 7. 5(法律新聞 第3971號, 7頁)는 '中山太陽堂 東京支店長 坂本英次郎'과 '東京市京橋區 粻町 2丁目 7番地 4 中山太陽堂 東京支店, 坂本英次郎'간의 동일성을 인정하고 있으며, 大阪地方法院 昭和 31. 4. 7 昭29(ワ) 제3072판결에서는 '椿井商店'과 '椿屋商店 椿井健藏'간 배서의 동일성을 인정하였다.

배서의 연속에서 주로 다툼이 일어나는 것은 수 개의 배서의 중간에 배서연속이 흠결된 경우이지만 최후의 배서가 백지식배서나 숨은 추심위임배서인 경우도 본 사례와 같이 가끔 문제되고 있다. 또, 숨은 추심위임배서의 배서인이 피배서인으로부터 다시 어음을 반환받아 자신이 직접 채무자에 대해 어음상의 권리를 행사하려 하는 때에도 그 배서인은 자신이 한 숨은 추심위임배서를 말소하지 아니하는 한 배서연속은 부정된다.[12] 만약 말소한 배서가 있다면 배서의 연속에 관하여는 배서의 기재가 없는 것으로 본다(어음법 제16조 제1항 3문). 배서의 말소가 권한 있는 자에 의하여 행하여지건 권한 없는 자에 의하여 행하여지건 또 그 말소한 방법, 시기에 관계없이 배서의 연속에 관하여는 말소된 배서는 배서하지 아니한 것으로 본다.[13] 다만, 배서문구 일부의 말소, 특히 피배서인의 명칭만 말소된 경우에는 이를 백지식 배서로 보아야 할 것인가 배서의 말소로 보아야 할 것인가가 문제되나, 배서기재의 의사를 존중한다면 백지식 배서로 보는 것이 타당할 것이다.[14] 최후의 배서가 백지식 배서인 경우에는 배서가 연속된 것과 마찬가지로 형식적 자격이 인정되어 어음소지인이 권리자로 추정되고, 백지식 배서 이후에 다른 배서가 있는 경우에는 그 배서의 배서인은 백지식배서의 피배서인으로 볼 수 있다(어음법 제16조 제1항 4문).

배서연속의 판단시점은 사실심의 구두변론종결시를 기준으로 해야 하므로 소제기 후에도 사실심구두변론 종결 전까지는 배서를 말소하여 배서연속이 가능하게 할 수도 있다. 다만, 지급거절로 인한 지급인의 책임을 묻기 위한 경우 등에는 어음금지급청구를 한 시점을 기준으로 배서연속 여부를 판단해야 할 것이다. 어음의 점유자가 배서의 연속에 의하여 그 권리를 증명한 때에는 이를 적법한 소지인으로 추정한다.[15] 또, 배서연속의 효과로 선의의 취득자는 비록 무권리자 등으로부터 어음을 취득하였다고 하여도 어음상 권리를 원시취득하고(어음법 제16조 제2항), 그 형식적 자격자에게 선의로 지급한 지급인은 지급의 유효를 주장할 수 있다(어음법 제40조 제3항).

어음소구의 경우에 상환의무에 기해 어음을 취득한 상환의무자는 어음과 거절증서를 소지하는 것으로도 자기 이후의 배서를 말소하지 아니한 상태에서

---

12) 정찬형, 「상법강의(下)」, 262면; 小橋一郎, "背書の不連續と權利の行使," ジュリスト(別冊)「手形小切手判例百選(新版)」第24號, 194頁.

13) 대법원 1995. 2. 24. 선고 94다41973 판결(공 1995. 4. 1.(989), 1438).

14) 최기원, 앞의 책, 280면 참조.

15) 대법원 1973. 6. 22. 선고 72다2026(民事判決集 第21券 第2號, 84면).

형식적 자격을 갖는다고 보는 견해가 있으나,[16] 배서의 연속으로 인한 형식적 자격은 인정될 수 없다고 본다.[17] 배서의 연속에 있어서 어음상 권리자로서의 형식적 자격을 지니는 자는 연속배서의 최후의 피배서인일 뿐 연속된 배서의 중간에 존재하는 배서인은 이러한 자격을 지니지 않기 때문이다. 배서의 연속이 흠결된 때에는 원칙적으로 불연속 후의 피배서인은 어음상의 권리자로 추정을 받지 못한다. 그러나 배서불연속의 어음소지인은 배서가 연속된 어음소지인에 비하여 자기의 실질적인 권리를 증명해야 한다는 불리한 점이 있을 뿐, 권리행사가 배서불연속으로 인해 금지되는 것은 아니라고 하는 것이 배서연속의 제도적 취지에 부합한다.[18] 왜냐하면, 배서연속은 권리행사·취득과 의무이행의 간편성을 위한 수단일 뿐이고, 배서의 연속에 근거한 형식적 자격에 의하지 않고 어음상 권리를 주장하는 자에 대해서 그 실질적 권리증명에도 불구하고 항상 지급거절할 수 있다면 지나친 경직성을 초래하여 법률관계의 구체적 타당성을 해치기 때문이다.[19] 배서가 흠결된 경우에 실질적 권리를 증명하고자 하는 자는 권리이전의 전과정을 증명해야 하는가, 배서흠결된 부분에 관해서만 증명함으로써 족한가에 대해 견해가 나뉠 수 있으나, 흠결되지 않은 부분의 배서의 효력은 여전히 존중되어야 한다는 입장에서 흠결된 부분에 대해서만 실질적 권리이전을 증명함으로써 배서불연속은 가교된다고 보는 것이 타당하다.[20]

그 뿐만 아니라 어음배서의 형식상 연속이 단절되어 있으나 그 소지인이 실질적 권리자임이 증명한 때에는 어음상 권리뿐만 아니라 소구권의 행사도 인정된다.[21]

(2) 대상판결에 대한 검토

사안에서 어음발행인 X는 수취인 A에게 수취인 미기재의 백지어음을 발행하였고, 어음의 수취인 A는 B에게 이 백지어음을 단순교부하였으며, B는 다시 원고 C에게 백지식 배서를 하여 현재의 어음소지인인 원고 C는 B의 C자신

16) Staub-Stranz, Kommentar zum Wechselgesetz, 1934, Art. 16 Anm. 15; Jacobi, Wechsel und Scheckrecht, Walter de Gruyter, 1956, S. 52.

17) 정찬형, 앞의 책, 262면; 竹田 省,「手形法·小切手法」, 1976, 109頁.

18) 최기원, 앞의 책, 277면; Baumbach-Hefermehl, Wechselrecht und Scheckrecht, C. H. Beck, 1996, § 16, Rdn. 14; 小橋一郎, "背書連續の欠と手形上 權利行使の許否,"「民商法雜誌」第34券 第5號, 57頁; 대법원 1969. 12. 9. 선고 69다995 판결 참조.

19) Ulmer, Das Recht der Wertpapiere, 1938, S. 217; 小橋一郎, 앞의 논문, 195頁.

20) 同旨의 판례로 대법원 1995. 9. 15. 선고 95다7024 판결(공 1995, 3391); 반대의 견해로 Staub-Stranz, a.a.O., Art. 16 Anm. 13; Jacobi, a.a.O., S. 49.

21) 대법원 1995. 9. 29. 선고 94다58377 판결(공 1995, 3605).

에 대한 배서가 백지식 배서로 인정된다면 배서연속에 의한 형식적 권리자로서 피고 X에 대한 어음금지급청구는 적법한 것으로 된다. 다만, B의 C에 대한 백지식 배서의 認否(正否)가 여전히 문제로 남는다.

2. 어음행위 客觀解釋의 原則

(1) 원칙의 내용

(가) 원고 C에 이르기 직전까지 X → A → B간에 어음수취, 어음교부가 있었지만, 원고 C가 B로부터 배서를 받은 것이 C를 피배서인으로 한 것으로 해석할 수 있는지가 문제이다. B로서는 원고 C에게 배서를 함에 있어서 백지식 배서를 의도하였다고 하지만 과연 B의 배서가 백지식 배서로서의 효력이 인정될 수 있는지의 판단이 필요하다(배서 내용에 대한 해석).

(나) 유가증권의 본질은 본시 아무런 가치도 없는 紙片에 권리를 化體하여 권리행사에 편의를 기하는 데 있다. 권리를 紙片에 化體하여 권리와 증권의 점유(소지)를 불가분으로 한 것은 이와 같이 어음상 권리를 거래계에서 용이하게 輾轉讓渡하고 그 양수인을 보호하려는 경제적인 동기에서 고안·촉발된 것이다. 즉, 권리의 증서화는 특별한 경제적 동기를 함유하고 있는바, 이는 어음유통의 보호, 어음소지인의 권리보장, 어음채무자의 보호 등이다. 거래계의 이러한 경제적 동기는 유가증권제도를 발전시키고 일반민사법적 규율을 변경·수정한 것으로 그에 적합한 새로운 법리가 대두하게 하였다.[22] 즉, 유가증권에 대한 법적 규율은 권리내용을 증권상에 기재하고 그 행사·이전에 증권의 소지를 요구하는 것이고, 이로 인해 그 권리는 客觀化하여 강한 流動性을 지니게 되었다.[23]

어음행위는 저마다 다른 의사표시의 목적을 지니고 있어서 모든 어음행위에 대하여 실질적으로 통일적인 개념을 정립하기가 매우 곤란하다.[24] 다만, 어음행위는 법률에서 정하는 일정한 방식의 내용기재와 행위자의 기명날인 또는 서명을 필요로 한다는 점에서 매우 형식적이라는 최소한의 공통점을 나타낸다. 어음행위는 일반적인 법률행위와는 다른 특색을 지니는바, 이는 어음이 거래의

---

22) Baumbach-Hefermehl, a.a.O., S. 5 참조.

23) 권리의 客觀化와 流動化는 거래과정에서 발생하는 善意者를 보호할 필요를 제기하였고 증권을 선의로 취득하게 되면 그에 化體되어 있던 권리도 선의취득하는 결과를 낳았다("Das Recht aus dem Papier folgt dem Recht am Papier").

24) 정찬형, 「상법강의(下)」(박영사, 2000), 62면.

결제수단으로서 금전의 지급을 목적으로 발행되는 유가증권이라는 점, 어음법이 어음의 유통보호와 지급의 확실성을 목표로 규율하고 있다는 점에 기인한다.[25]

어음행위는 서면을 통해서만 의사표시를 하고 그 이외의 행위는 예정하고 있지 않다는 점에서 권리와 서면의 결합이 지극히 긴밀한 관계로 발전한 유가증권이다. 어음행위가 비록 사실관계와 다른 기재사항을 담고 있다고 하더라도 그 문언대로의 효력을 발생해야 한다는 점(文言性)도 이러한 어음제도의 근본이념에서 유래하는 것이다. 어음은 거래결제의 수단으로서 어음행위의 동기나 원인에 영향을 받지 않고 금전의 확실한 지급을 지향점으로 하기 때문에 그 문언 자체가 효력을 지니고 문언에 따른 권리의 수취·이전·행사가 철저히 보장되어야 한다.

또, 어음행위는 서면상에 하는 것이고 이러한 서면행위에 의해 비로소 어음상 권리가 발생한다는 점에서 設權的 성질을 지니고 어음행위의 이러한 성질은 완전유가증권의 無因的 성격에서 연유한다.[26] 어음의 유통을 확보하기 위해서는 서면행위(어음행위) 자체에 대하여 원인관계로부터 분리된 법률적 의미를 부여하여 기재된 문언만으로 어음상 권리가 독자적으로 탄생하여야 하고 이러한 設權的 성질은 어음상 권리의 처분·변경을 위한 기타의 어음행위에도 동일하게 작용한다. 어음행위의 상대방이 누구인가(즉, 어음행위가 어음상 권리를 발생시킨 경우라면 어음행위에 의해 권리를 취득한 자가 누구인가)도 서면외적 근거나 해석으로 결정할 것이 아니라 순전히 어음상 기재에 의해서만 판단되어야 하는 것도 어음행위의 이러한 성질과 관련되어 있다. 그리하여 어음상의 권리의 내용과 범위는 증권에 기재된 문언에 따라 정하여지고 그 이외의 사항은 당사자 간에만 효력을 지닐 뿐, 어음상의 권리와는 무관하다. 따라서 어음상 권리의 취득자는 어음면에 기재된 문언에 따라 권리를 취득하고 다른 당사자 간에

25) 손주찬, 앞의 책, 41면; 정찬형, 앞의 책, 77면; 鴻常 夫,「手形法·小切手法の諸問題」(有斐閣, 2001), 3頁.

26) 대법원 1993. 12. 10. 선고 93다35261 판결(공 1994, 348)에서는 「수취인란이 백지식인 어음을 정당하게 교부받은 어음소지인이 백지를 보충하여 타인에게 양도함에 있어서 수취인란을 임의로 기재한 후, 그 수취인을 제1배서의 배서인으로, 자신을 그 피배서인으로 하는 제1배서를 임의로 기재하고 이어 자신을 제2배서의 배서인으로, 임의의 사람을 그 피배서인으로 하는 제2배서를 한 다음, 그 제2피배서인을 제3배서의 배서인으로, 어음의 양수인을 그 피배서인으로 하는 제3배서를 임의로 기재하는 방법으로 양도하였다고 하더라도, 어음의 양도인이 양도 당시 정당한 소지인인 한 그 양수인은 적법하게 어음상의 권리를 이전받는다」고 하여 어음상 기재는 실질적으로 무효(허위표시)라고 하더라도 그 유효 여부는 형식적·무인적으로 판단하는 것임을 밝히고 있다.

어음 외의 법률관계가 존재한다고 하여도 자신에게 대항할 수 없음이 원칙이다.[27)]

(다) 어음행위의 解釋은 어음행위의 특색을 충분히 고려해야 하기 때문에 객관해석의 원칙, 유효해석의 원칙, 어음소지인 유리해석의 원칙 등이 적용된다.[28)] 그 중 어음행위 객관해석의 원칙이란 어음상 형식을 갖추었는가 아닌가, 어음상의 법률행위 내용이 어떠한가에 대해서는 다른 사항으로 판단할 수 없고 어음상 문언 자체만으로 결정해야 한다는 것이다.[29)] 아직 우리나라의 판례는 보이지 않지만, 일본에서는 이 원칙을 판례상 수용하였다. 일본의 판례상 대두한 어음행위 객관해석의 원칙은 본시 어음행위 외관해석의 원칙으로부터 발전하였으나, 현재 일본에서는 양자가 구별되는 것으로 본다. 어음행위 외관해석의 원칙은 어음요건을 구비하였는지의 판단문제에 있어서 형식상 법에 규정된 요건을 기재한 어음은 그 기재사실이 진실과 부합하지 않는 경우에도 어음요건을 구비한 것으로 보아야 한다는 것이었다. 어음행위 객관해석의 원칙도 처음에는 어음거래안전을 위해 어음행위방식이 형식상 갖추어진 어음에 대해 유효성을 인정하자는 것으로 어음행위 외관해석의 원칙과 동일한 내용으로 설명되었으나, 이후에는 어음행위에 사용한 문언내용은 어음문면이 아닌 다른 입증방법에 의해 변경되거나 보충될 수 없고 오로지 어음문면에 의해서만 판단되어야 한다는 논의로 변모하기에 이르렀다.[30)] 이는 어음행위 객관해석의 원리가 기재내용 자체만에 관한 문제라는 인식 때문이었다.[31)] 어음행위를 객관적으로 이해해야 하는 이유는 어음의 유통보호와 관련된 것으로서 어음을 취득하는 자로서는 어음상의 기재가 사실과 부합하는가를 알 수 없는 것이 대부분이고 만약 어음상의 기재 외에 진실한 사실관계까지 파악하여 그 권리취득 여부를 결정하게 한다면 그 유통은 제한될 수밖에 없기 때문이다. 위에서와 같이 일본의 판례상 발전한 어음행위 외관해석의 원칙과 어음행위 객관해석의 원칙은 연혁과 내용에서 약간의 차이를 나타내고 있으나, 외관해석의 원칙이 어음상의 기재자체가

27) 최기원, 앞의 책, 19~20면 참조.

28) 이기수, 「어음법·수표법(신판)」(박영사, 1996), 168면~177면 참조; 大隅健一郎, 「改正手形法·小切手法講義」(有斐閣, 1980), 30頁; 大森忠夫, 「手形法·小切手法」, 48頁 등 참조.

29) 田中耕太郎, 「手形法·小切手法概論」(有斐閣, 1935), 104頁.

30) 大審院判決 明治 37. 3. 15 「民事判決錄」 第10集, 279頁, 大審院判決 昭和 6. 9. 25 「法律新聞」 第3320號, 17頁, 大審院判決 昭和 16. 12. 4 「判決全集」 第9集 14號, 12頁; 伊澤孝平, 앞의 책, 85頁 이하 등 참조.

31) 伊澤孝平, 앞의 책, 85頁 이하.

의사표시의 내용으로 이해되어야 한다는 것이라면 그 구별은 상대화될 뿐만 아니라, 그 내용의 연원 자체도 모두 어음행위를 형식적인 면에서 이해하자는 문언중시의 입장이라는 점에서는 같으므로 그 엄격한 구별에 집착할 필요는 없다고 본다. 일반적인 법률행위의 해석에 있어서는 반드시 표시된 문언에만 구속되지 않고 모든 사정을 종합하여 당사자의 의사를 탐구하여 밝혀내려 하지만 어음에 있어서는 그와 같은 일반 민사법적 해석은 허용되지 아니한다(어음 嚴正의 원칙). 즉, 어음면의 기재가 객관적인 사실과 다르게 된 경우라도 어음행위의 유효 여부와 어음채무의 내용은 그 사실관계를 고려하여 판단되거나,[32] 어음상의 문언을 보충하거나 변경하여 그 의미를 이해할 수 없다. 어음거래관여자의 법률관계는 어음상의 문언자체에 대한 신뢰를 기초로 형성되고 나아가 연속적으로 발전하고 있다. 만일 기재된 사항 이외의 사항을 민법의 해석에서와 같이 어음행위해석의 기준으로 한다면 어음상 표시에 대한 제3자의 신뢰는 형성될 수 없고, 권리를 증권에 「表彰」하는 유가증권제도의 근본적 취지마저 훼손할 우려가 있게 된다.

(라) 완전유가증권으로서의 어음은 어음행위의 설권성·무인성 등을 기초로 하여 선의의 취득자를 보호하려는 정책적 의지의 표현으로서 法律(어음법)상 인적항변의 절단(어음법 제17조), 어음채무의 독립성(어음법 제7조, 제32조 제2항) 등을 규정하고 있다. 인적 항변의 절단은 어음취득자의 선의를 요건으로 하고 그 적용대상이 주로 어음채무자와 어음소지인 간의 권리범위문제라는 점에서, 그리고 어음채무의 독립성도 선행행위와의 관련성을 배제하여 당해 어음행위 자체에 따른 독자적 채무부담을 의도한다는 점에서 각각 어음행위의 文言性 개념과는 다르지만 어음상 기재 자체에 엄격한 법률적 의미를 부여하려는 점에서는 같다. 어음행위도 법률행위의 일종이라는 점에서 법률행위 해석에 관한 원칙이 적용될 수 있을 것이지만, 특히 어음행위에서 행위자의 효과의사보다 증서상 나타난 표시행위를 존중해야 하는 '強化된 表示主義의 요청'은 법률행위 해석도 사회경제적 요청과 법적 규율방식의 발전에 의해(비록 간접적이나마) 영향을 받는다는 한 예가 될 것이다.

(마) 어음상 권리는 유가증권에 고유한 양도방법인 「背書나 交付」에 의해 이전하는 것이 원칙이다. 이 배서의 방식은 어음법에서 定型化되어 있고 피배서인은 배서의 법정기재사항대로 권리를 취득한다. 어음행위의 문언성 원칙은 어

32) 대법원 1961.8.10 4293, 民上714; 대법원 1969.7.22. 선고 69다742 판결 참조.

음상 권리의 이전에 있어서도 배서내용 자체의 객관적 판단에 따를 것을 요구한다. 특히 기재된 외형만으로 권리자격의 효력을 인정하려는 것이 배서연속의 취지이기 때문에 그 연속 여부를 판단함에 있어서는 어음상 기재 이외의 실질적 권리관계를 고려해서는 안 된다. 예컨대, A가 B에게 배서교부한 경우에 B 이외의 제 3 자가 실질적인 양수인이라고 하더라도 B에게 형식적 자격을 인정해야 하는 이유는 B의 선의 내지 신뢰가 보호되어야 하는 점 이외에도 어음이라는 「증서상의 표시」는 다른 어음관계자의 권리의무에 관련되어 있기 때문이다.

(2) 대상판결의 검토

사안에서 A-B 간의 어음상 권리이전에 있어서 비록 실수에 의한 것이라고는 하나, 소외 D를 피배서인란에 기재하고 있기 때문에 B와 원고 C 사이에 의도하였던 무기명식 배서문구는 B-C 간의 내심적 의사에 지나지 않아서 이를 무기명식 배서로 볼 수 없고 문언을 객관적으로 해석하여 D를 피배서인으로 한 기명식 배서로 이해할 수밖에 없다. 그리하여, 원고 C는 前者 B의 배서가 백지식 배서로 인정받지 못하는 결과 자신에 이르기까지의 배서의 연속이 부정되고 피고 X에 대한 어음금지급청구를 할 수가 없어서 약속어음 발행인 X의 지급거절은 적법한 것으로 보인다(어음법 제40조 3항 참조). 이 점에 관한 원심판단의 오류를 지적하는 피고 X의 주장은 이유 있다고 본다. 그러나, 소외 D 또한 B로부터 어음을 취득한 권리자로 인정할 수 없어서 결국 B의 배서는 무효가 되고 어음상 권리는 여전히 B가 보유하는 것으로 된다.

Ⅲ. 指名債權讓渡方式에 의한 어음상 權利의 移轉

1. 문 제 점

원고 C가 B로부터 어음상 권리를 양도받으려고 의도하였던 백지식 배서는 D를 피배서인으로 기재한 점 때문에 어음행위 객관해석의 원칙에 의하여 그 효력을 발생할 수 없어서 원고 C가 권리를 취득하는 다른 방법을 취하고 배서연속 대신 실질적 권리양수를 증명, 어음상 권리를 행사하는 방법을 강구해야 한다.

현재 원고 C가 비록 어음을 소지하고는 있지만 배서의 연속이 부정되고 있으므로 형식적 무권리자로 취급받는 것을 면할 수 있는 방법은 실질적으로 B의 권리를 양수하는 것이다. B의 권리를 실질적으로 민사상 승계하는 방법은 상속 등 포괄승계나 轉付命令도 있으나, B-C 간에는 그와 같은 권리승계의 근거가 없으므로 지명채권양도에 의한 채권이전방식(민법 제450조, 451조)을 취할 수밖에 없다. 그런데 지명채권양도방식은 민법·어음법 등에서 마련된 지시채권·무기명채권의 양도규정을 무시하는 것으로서 어음상 권리의 이전방식으로 인정될 수 있는가 하는 문제가 있다.

2. 학설과 판례의 검토

(1) 否 定 說

지시채권이나 무기명채권에 특유한 방법인 배서나 교부에 의해 양도할 수 있는 어음을 채권의 일반적 양도방법인 지명채권양도방법으로는 양도할 수 없다는 견해가 있고 그 근거는 다음과 같다.[33)]

첫째, 지명채권양도방법에 관한 민법의 규정(민법 제450조, 제451조), 지시채권의 양도방법에 관한 민법의 규정(민법 제508조), 무기명채권의 양도방법에 관한 민법의 규정(민법 제523조), 기명식 또는 지시식 어음의 양도방법에 관한 어음법·수표법의 규정(어음법 제11조, 제77조 제1항 1호, 수표법 제14조 제1항)은 증권의 종류에 따른 고유한 권리양도방법을 정하고 있고 이는 강행규정이다.

둘째, 만일 지시채권이나 무기명채권에 대하여 지명채권양도방법에 의한 양도를 인정한다면 그 증권의 소지인이 배서의 연속이나 단순한 증권의 점유에 의해 권리를 증명하고 행사하게 하는 법의 정책적 배려를 무시한다.

셋째, 지시채권이나 무기명채권에까지 지명채권양도방법에 의한 채권양도를 인정할 실익이 없다.

(2) 肯 定 說

지시채권이나 무기명채권이 배서나 교부에 의해 양도될 수 있다고 하더라도 지명채권양도방법을 이용하여 그에 화체된 권리를 양도할 수 있다는 견해로서 다음과 같은 근거를 주장한다.[34)]

---

33) 정희철·정찬형, 「상법원론(下)」(박영사, 1995), 177면; 정찬형, 「상법강의(하)」, 박영사, 244~245면; 伊澤孝平, 앞의 책, 370頁 참조.

34) 서돈각·정완용, 「제4전정 상법강의(下)」, 1996, 184면; 손주찬, 「제6정 증보판 상법(下)」, 1996, 221면; 정동윤, 「어음·수표법(제4정판)」, 1996, 460~462면; 강위두, 「상법강의」(형설출판사, 1985), 606면; 강위두, 「어음·수표법」(형설출판사, 1996), 348면; 양승규·박길준, 「상법요론」(삼영사, 1993), 734면; 양승규 외, 「어음법·수표법」(한국방송통신대학교, 1985), 285면; 이범찬, 「개정상법강의」(삼영사, 1985), 323면; 정무동, 「상법강의(下)」, 1985, 411면; 채이식, 「상법(下)」(박영사, 1992), 125면.

첫째, 민법의 채권양도의 대항요건에 관한 규정은 절대적인 강행법규가 아니다.

둘째, 어음의 양수인이 지명채권양도에 따른 불이익을 감수하는 이상 지명채권양도방법에 의한 권리이전은 법의 취지에 반하지 않는다.

셋째, 어음의 당연한 지시증권성을 규정한 어음법 제11조의 문언에서 볼 때 어음상 권리의 양도방법을 배서에 한정하는 것이라고는 할 수 없고, 또 배서금지어음과 배서금지배서를 인정하고 있는 점을 고려하더라도 배서방식의 정형화도 절대적인 것은 아니다.

넷째, 지명채권양도의 경우에도 증권의 교부가 필요하여 증권과 권리가 분리되지 않으므로 유가증권의 본질을 해치지는 않는다.

다섯째, 지명채권양도의 방법에 의하면 어음상의 권리뿐만 아니라 어음채권에 부수된 어음 외의 종되는 채권도 이전하므로 오히려 그 방법에 의한 양수인의 법적 지위에 유리한 면도 있다.

(3) 判例의 태도

우리 판례에서 아직까지 지명채권의 양도방법에 의한 어음상 권리이전이 가능한가를 직접 판단한 예는 없으나, 간접적으로 이를 인정하는 것을 전제로 한 재판례는 있다. 즉, 어음의 수취인이 한 배서무효인 어음을 양수받은 자의 지위에 대한 판단에서 「… 원심의 취지를 이 사건 어음이 지명채권양도방식에 의하여 양도되었다고 인정한 것으로 이해한다 하더라도 약속어음상의 권리를 지명채권양도방식에 따라 양도함에 있어서는 민법 제450조 제1항 소정의 대항요건을 갖추지 아니하면 어음채무자에게 대항할 수 없는바, 만약 이를 요하지 아니한다고 하면 결국 어음의 교부만에 의한 권리양도를 인정하는 결과가 되어 어음의 간이양도에 관한 어음법의 명문규정에도 반할 뿐더러 …」라고 하여 간접적으로 지명채권양도방식에 의한 어음상 권리이전을 인정하고 있다.[35)]

(4) 小結(肯定說의 지지)

생각건대, 어음과 같은 지시채권이나 무기명채권에도 지명채권양도방법에 의한 채권양도가 허용되어야 한다고 본다. 이는 다음과 같은 근거에서이다.

첫째, 민법의 규정(민 제508조, 제523조)이나 어음법·수표법의 규정(어 제11조 제1항, 제77조 제1항 1호, 수 제14조 1항)에서는 채권양도의 일반적 방법보다 간이한 양도방법을 규정하고 있을 뿐이고, 권리이전방식의 固定化로 얻어지는 사회경제적 실익이 거의 없는 한 이를

35) 대법원 1996. 4. 26. 선고 94다9764 판결(공 96. 6. 15.[12], 1655).

강행규정으로 볼 근거는 없다.

둘째, 지시채권, 무기명채권이 권리이전방법으로 상대적으로 간편한 배서나 단순한 교부를 인정하고 있다고 해도 채권양도의 성질을 여전히 지니므로 채권양도의 일반적 방식을 배척할 합리적 근거가 없다.

셋째, 배서라는 어음행위에 대해 권리이전적 효력 뿐만 아니라, 자격수여적 효력(민법 제513조, 어음법 제16조 제1항), 선의취득(민법 제514조, 어음법 제16조 제2항), 인적항변 절단(민법 제515조, 어음법 제17조) 등을 인정하는 것은 배서제도에 어음상 권리의 안전한 행사를 보장하려는 것 뿐이고 이는 지시채권 등에 존재하는 유리한 권리보장책일 뿐이다.

넷째, 부정설에 따르면 지시채권이나 무기명채권에도 지명채권양도방법을 인정한다면 배서의 연속이나 증권의 소지라는 간편한 권리증명방식을 저해하여 그 권리행사에 불편을 초래한다고 하나, 지명채권양도방식은 채권양도의 본래적 방식일 뿐 지시채권 등의 (배서연속이나 증권의 단순한 점유를 통한) 형식적 권리증명방식을 배척한다고까지는 할 수 없고 간편한 권리증명방식을 갖추지 못한 실질적 권리자를 보호하려는 것 뿐이다.

다섯째, 부정설에서는 어음상 권리를 이전하려면 법이 인정하는 제도인 배서나 단순한 교부만으로 충분히 가능하고 편리하다고 한다. 그러나, 사안에서 보는 바와 같이 배서인이 잘못 기재한 경우에 다시 適式의 배서를 하는 것은 피배서인으로 기재된 자(D)가 실질적 권리자(원고 C)에게 다시 배서하게 하거나 실질적 권리자(원고 C)가 소지하고 있는 어음을 양도인(B)에게 다시 교부하여 잘못된 배서를 말소하고(어음법 제16조 제1항 3문 참조) 다시 배서하는 방법을 취할 수밖에 없는데, 이러한 방법은 실질적 권리자에게 매우 불편하거나 불안을 줄 수 있다. 따라서 어음상 권리이전방식으로 어음법상의 배서나 교부 이외에 지명채권양도방식을 인정할 실익이 있다.

3. 기타의 문제(어음교부 등)

지명채권양도방식으로 어음을 양도할 수 있다고 하더라도 양도의사표시 이외에 어음의 교부도 필요한가에 대한 논의가 있을 수 있으나 권리가 어음이라는 증권상에 화체되어 있고 권리를 행사함에 증권의 소지가 필요하므로 반드시 어음의 교부가 있어야 한다고 본다. 어음상의 권리는 이미 증권과 분리될 수 있는 것이 아니고 어음이라는 紙片과 一體化(化體)되어 있다.[36] 그리고 지명채권

36) Baumbach-Hefermehl, a.a.O., S. 6 참조.

양도로 어음상 권리를 양도할 수 있다고 하더라도 그 방식에 의한 양수인이 다시 어음상에 배서를 하면 배서가 갖는 효력(권리이전적 효력, 담보적 효력, 자격수여적 효력)은 모두 갖는다.[37]

4. 대상판결의 검토

소외 B가 원고 C에게 지명채권양도방식으로 권리이전하는 것은 가능하고 원고 C의 권리주장근거로 충분하다고 본다. 사안에서는 원고 C에게 배서한 전자 B로서는 자신의 백지식 배서가 무효임을 대비하여 원고 C의 실질적 권리행사를 가능하게 하기 위하여 지명채권양도방법을 취해 주었지만, 그 이외에도 자신이 한 배서를 말소하고 다시 원고에게 배서하는 방법을 생각할 수도 있었다. 다만, 이러한 방법을 위해서는 원고 C가 어음을 다시 B에게 교부하여야 하는 불편과 불안을 감수해야 하므로 지명채권양도방법을 채택하는 것이 가장 적절한 권리보호책이었던 것으로 된다.

Ⅳ. 어음상 權利의 取得基準(어음행위 理論과 그 批判)

1. 문 제 점

사안에서 다투고 있지는 않으나, 만약 B가 백지식 배서를 하거나 외관상 D를 피배서인으로 기재한 기명식 배서를 한 상태에서 B의 意思에 반하는 어떤 사정으로 선의의 D에게 어음이 취득되고, D 자신은 유효한 권리를 취득하였다고 주장한다면 이를 인정할 수 있는지가 문제될 수 있다. 이는 주로 어음학설에서 어음교부흠결의 문제로 다투어지던 쟁점이다.

2. 어음행위의 요건과 어음교부의 필요성(어음이론)

어음행위는 어음상 내용의 기재와 기명날인 또는 서명을 필요로 하지만(어음법 제1조 참조), 그 이외에도 상대방에 대한 어음교부가 어음행위효력발생을 위해 필요한지가 논의되어 왔다. 이를 어음행위이론 또는 어음이론이라고 일컬어 왔다.

(1) 어음학설의 논의범위

어음학설은 정상적인 어음교부가 이루어진 경우에 대한 것이라기보다는 어음이 어음행위자의 어음행위내용기재와 기명날인 또는 서명 후 점유를 상실하고 그 의사에 반하여 유통된 결과 善意의 자가 그 어음을 취득한 경우를 주로

37) Baumbach-Hefermehl, a.a.O., S. 202, Rn. 13.

논의의 대상으로 하였다. 예컨대, 보관·금융의뢰 기타목적으로 예탁한 어음이 예탁자의 의사에 반하여 보관자에 의해 유통된 경우, 우송중의 어음이 도난·분실된 경우, 기명날인 또는 서명 후 기명날인자 또는 서명자의 점유보조자가 도난당하거나 분실한 경우에 기명날인자 또는 서명자가 어음상의 책임을 지는가와 같은 사례를 설명하기 위하여 발달한 이론이다. 그리하여 어음학설의 논의가 적용되는 것은 어음상에 기명날인 또는 서명한 자가 최소한 자기자신의 기명날인이나 서명은 自意로 한 경우여야 하고 기명날인이나 서명이 위조되었다거나 강제로 이루어진 때에는 어음상 채무를 지우기 위한 기초가 전혀 존재하지 않는 것으로 보아 논의범위에서 제외된다. 또, 이는 어음발행자의 책임과 관련하여 가장 많이 논의되는 것이지만, 어음행위가 언제 그 효력을 발생시키는가에 대한 일반적 설명도 되므로 어음발행 이외에도 어음인수, 배서, 참가인수, 어음보증 등 기타의 행위에도 해당하는 이론이라고 볼 것이다.[38)]

(2) 어음학설의 내용과 그 평가

(가) 어음학설의 개요　　　어음이론에 관한 학설은 대체로 창조설(Kreationstheorie), 계약설(Vertragstheorie), 수정창조설(2단계설), 발행설, 권리외관설로 나뉜다. ㉠ 創造說(單獨行爲說)은 어음행위가 행위자의 일방적 행위인 어음작성에 의하여 완성된다고 설명하고 어음작성 후 이것을 교부하기 전에 도난·분실된 경우 뿐만 아니라 어음행위자가 증권의 교부 전에 사망하거나 행위무능력자로 된 경우에도 어음상 책임을 진다고 한다.[39)] ㉡ 契約說(交付契約說)은 어음상 채무가 성립하려면 창조설에서 주장하는 어음의 작성행위뿐만 아니라 어음 작성자와 최초의 취득자 사이에 유효한 교부계약이 필요하다고 하고 만약 이 계약이 존재하지 않으면 어음의 도취자나 습득자뿐만 아니라 그 후의 선의 취득자에 대하여도 어음의 작성자는 어음상의 책임을 지지 않는다고 한다. 위의 양 학설을 수정한 절충설로 수정창조설, 발행설과 권리외관설이 등장하였는데 ㉢ 修正創造說(2단계설)은 일본에서 발달한 이론으로 어음행위를 어음의 작성과 교부의 2단계로 나누어 보아, 제1단계의 어음작성은 기명날인자 또는 서명자의 단독행위로 성립하는데 어음채무는 이미 이 단계에서 발생한다고 하고, 제2단계로 어음교부가 기명날인자 또는 서명자와 상대방간의 계약으로 이루어진다고 한다. ㉣ 發行說은 창조설을 수정하여 어음에 기명날인한 자의 의무가

38) Baumbach-Hefermehl, a.a.O., S. 15. Rn. 26 참조.
39) Ulmer, a.a.O., S. 32ff.

발생하는 시점은 어음에 기명날인하여 어음을 작성한 때가 아니라 그것을 발행인의 의사에 의하여(bewußt von dem Aussteller) 누군가에게 교부한 때라고 한다. ㉤ 權利外觀說은 거래의 안전을 도모하기 위하여 계약설을 수정한 것으로서 어음상의 채무는 어음의 작성과 교부계약에 의하여 성립하지만 어음에 기명날인한 자는 교부계약이 흠결된 경우라도 그 자신이 어음상 권리가 발생하는 外觀을 형성하였고 그에 대한 귀책사유가 있는 때에는 교부계약이 존재하는 것과 동일하게 취급해야 한다고 한다.[40]

그러나 이러한 어음학설들은 다음과 같은 결함을 각각 지니고 있다고 본다.

① 創造說(單獨行爲說)에 대한 평가　　창조설에서는 어음행위자가 불특정다수인에 대하여 채무부담의 의사표시를 한 것만으로도 어음채무가 발생한다고 설명한다. 그러나 그에 의하면 비록 어음행위가 행해진 연후에도 어음채권자가 누구냐인가를 결정하기는 어렵다는 문제점이 있다. 그리고 의사표시의 상대방도 어음행위자가 어음작성 후 어음을 교부받을 자라고 명확히 설명하지 않고 어음의 유통과정에 따라 나타날지도 모르는 불특정다수인을 그 상대방으로 본다. 이는 정책적으로 어음행위자가 어음상 권리자에게 담보책임을 지게 하는 점을 의식하여 이론구성하는 것으로 지나치게 의제적이라는 난점을 안고 있다.

② 契約說(交付契約說)에 대한 평가　　계약설에서는 어음채무도 일반채무와 같이 당사자 간의 계약에 의해 성립한다고 한다. 그러나 어음행위의 원인행위가 계약에 의해 많이 이루어진다고 하여도 어음행위 자체가 단독행위의 형식(어음의 발행, 인수, 배서 등)을 취하는 한 계약의 법리만으로 어음행위의 성립을 설명할 수는 없다. 또, 계약설에 의하면 교부계약이 없이 어음이 교부된 때는 거래안전을 도모할 수 없다는 단점도 있다.

③ 修正創造說(2단계설)에 대한 평가　　修正創造說에서는 어음의 작성과 어음의 교부를 분리하여 각각 어음행위자의 단독행위, 상대방 간의 계약으로 그 법적 성질을 달리 설명하지만, 창조설(단독행위설)에서와 같이 어음행위에 존재하는 상대방을 무시하는 해석이라는 결점은 여전히 있다. 즉, 어음상 채권관계도 채권자와 채무자 쌍방을 예정하는데 어음채권자가 아직 발생하지도 않은 단계(1단계)에서 어음채무자만 발생할 수 있다고 하는 것은 무리라고 할 수 있다.

40) 이 학설이 독일의 통설과 판례의 입장이다(Jacobi, a.a.O., S. 93; Hueck-Canaris, Recht der Wertpapiere, 1986, S. 33; Zöllner, Wertpapierrecht, S. 34; Baumbach-Hefermehl, a. a.O., S. 24, Rdn 45; Larenz, Schuldrecht, BT, C. H. Beck, 1981, S. 500 참조).

④ 折衷說에 대한 평가　　발행설은 우리나라의 많은 학자가 취하고 있고,[41] 판례도 다수 지지한다고 할 수 있다.[42] 그러나 발행설은 선의의 제3자가 어음을 취득하였다고 하더라도 기명날인자 또는 서명자의 의사에 기한 점유이전이 없었다면 그 권리취득을 인정할 수 없다고 주장한다는 점에서 여전히 거래안전의 문제가 있다고 본다.

권리외관설은 원칙적으로 (교부)계약설의 입장을 취한다는 점에서 계약설이 지닌 결함을 모두 지닌다고 할 수 있다. 또, 어음채무가 교부계약에 의해 발생한다고 설명하면서도 선의의 제3자 보호근거를 '외관이론'이라는 어음법 외적 일반론에 구하여 계약설을 쉽게 수정하는 문제도 있다고 본다.

(3) 새로운 試論(抗辯制限論에 의해 보충된 어음交付時說)

(가) 법률행위로서의 어음행위　　어음상 채무를 부담하는 행위(어음행위)도 법률행위의 일종이므로 어음행위가 어떤 경우에 그 효력을 발생하는가의 문제는 그 법률행위의 성질에 따라 판단해야 할 것이다. 어음행위에 있어서 발행, 배서, 인수, 참가인수, 보증 등은 어음행위자와 상대방 간의 계약이 전제되고 그 계약에 근거하여 이러한 행위가 행해지는 사례가 많을 것이다. 그러나 이러한 교부계약이 어음행위에 항상 존재하는 것은 아니고(부탁 없는 어음보증은 그 좋은 예이다), 그 계약 없이 어음행위가 이루어지는 경우도 얼마든지 있을 수 있다. 어음행위는 어음상 기재 자체만으로 이해해야 한다는 입장에서 보면 위와 같은 어음행위의 법적 성질을 상대방 있는 단독행위로 봐야 할 것이다. 비록 어음수수당사자 간에 어음을 교부한다는 계약이나 어음행위의 원인관계상의 계약이 존재한다고 하더라도 이러한 실질관계로 어음행위의 유효성 여부를 판단하는 것은 타당하지 않고(어음행위의 無因性), 어음행위 자체의 성질(상대방 있는 단독행위)만을 고려하여 어음행위의 효력발생요건을 논해야 할 것이다. 어음행위도 법률행위의 일종인 만큼 법률행위의 성립요건, 효력요건에 대한 설명이 모두 적용되지만, 어음이론에서 문제로 삼고 있는 것은 특히 어음교부이므로

---

41) 정희철, 「상법학(하)」(박영사, 1990), 71면; 정동윤, 「어음·수표법(제4전정판)」(법문사, 1996), 121면; 서돈각·정완용, 「제4전정 상법강의(下)」(법문사, 1996), 178면; 손주찬, 「제9정증보판 상법(下)」(박영사, 2001), 65~66면(권리외관설에 의해 수정된 발행설); 강위두, 「어음·수표법」(형설출판사, 1996), 53면.

42) 대법원 1999. 11. 26. 선고 99다34307 판결(공 2000. 1. 1.[97], 35); 대법원 1989. 10. 24. 선고 88다카24776 판결(공 862, 1755); 서울민사지법 1981. 12. 22. 선고 81가소4723 판결(「법률신문」 제1430호, 8면); 대법원 1987. 4. 14. 선고 85다카1189 판결(공 801, 9)등. 그러나 이러한 판례 중에도 순수한 발행설보다는 권리외관설에 의해 수정된 발행설을 취하고 있는 예가 많다.

그 부분에 대해서만 논의하기로 한다.

생각건대, 어음행위의 효력발생을 위해 어음交付가 필요한가는 상대방이 존재하는 의사표시가 언제 효력을 발생하는가의 관점에서 접근해야 한다. 어음행위가 어음행위자의 手中에서 필요적 기재사항을 포함하는 기명날인이나 서명으로써(어음법 제1조, 제12조, 제25조, 제31조, 제56조 참조) 성립한다고 하더라도 그 의사표시의 상대방이 존재하는 한 그 상대방의 입장을 고려하여 효력발생시기를 정해야 한다. 상대방 있는 의사내용이 실현되기 위해서는 의사표시가 법률행위의 상대방에게 이해되어야 할 것이 필요하고 이는 그 상대방에 대한 전달(도달)을 전제로 한다. 우리 민법 제111조 1항에 의하면 상대방 있는 법률행위에 있어서 의사표시의 효력발생시기는 의사표시가 상대방에게 도달한 때임이 원칙이다. 이는 상대방 없는 단독행위와는 달리 표의자의 의사뿐만 아니라 표의자의 표시를 신뢰하여 행동양식을 결정해야 하는 상대방의 입장도 당연히 고려해야 한다는 점이 반영되었기 때문이다.

(나) 어음배서행위의 효력발생요건　　어음배서의 상대방은 배서라는 행위를 받는 피배서인이므로[43] 그 상대방인 피배서인에게 의사표시가 도달하여야 그 의사표시효력이 발생하고,[44] 이 점은 隔地者 간뿐만 아니라 對話者 간에 있어서도 타당하다.[45] 즉, 상대방 있는 의사표시는 그 의사표시가 상대방에게 도달하여야 효력이 발생하는 것이 원칙인데, 어음행위에서라고 하여 이러한 법리

43) 어음행위의 상대방을 설명함에 있어서 어음행위자로부터 직접 어음을 수취하거나 배서받는 자를 직접당사자라 하고 그 후 직접당사자로부터 권리를 취득하는 자를 간접당사자라고 하여 양자를 모두 어음행위의 상대방이라고 부를 수도 있다. 그러나 어음행위자는 간접당사자와는 거래관계를 맺은 바가 전혀 없고 간접당사자가 어음행위자에 대하여 갖는 어음금청구권이나 소구권 등의 권리는 어음이 배서·이전 등의 방법으로 유통된 결과에 따른 法定의 효과일 뿐이라는 점에서 어음이 전전양도된 결과 발생한 간접당사자까지 어음행위의 상대방이라고 볼 수는 없을 것이다.

44) 다만, 상대방 있는 의사표시에서 도달이 없으면 그 상대방에 대한 관계에서 의사표시가 존재할 수 없으므로 도달은 효력발생요건이 아니라 성립요건이라고 보는 견해도 있다(이영준, 「민법총칙」(박영사, 1995), 419면). 그러나 어떤 법률행위로서 다루어질 만한 최소한의 외형적인 요건을 성립요건이라고 한다면 表意者의 內心의 意思가 어떤 형태로든 外部로 表明된 단계라면 적어도 법률행위가 객관적으로 成立한 정도에 이르렀다고 할 것이다. 따라서 상대방 있는 의사표시에서 행위자가 일단 외부에 의사표명을 한 정도로도 (법률행위의 當事者, 目的, 意思表示가 존재하므로) 법률행위의 성립요건을 갖추었다고 보고 그 의사표시가 상대방에게 도달하면 효력요건을 갖추었다고 보아 兩者를 구별하는 것이 옳다고 생각된다. 법률행위의 성립요건과 효력요건의 구별은 입증책임에 관한 중요한 것이나, 어음교부가 어음행위의 효력발생을 위해 필요한가를 논의함에 있어서는 고려할 문제가 아니므로 상세한 언급을 피한다.

45) 김주수, 「민법총칙」(삼영사, 1997), 375면; 구민법 제97조는 「隔地者에 대한 의사표시는 그 통지가 상대방에 도달한 때에 그 효력이 생긴다」고 하였으나, 현행민법은 '隔地者'부분을 삭제하고 '相對方'이라는 용어로 바꾸었다.

의 예외로 될 수는 없다. 상대방 있는 의사표시에서 상대방에게 到達하지 않고 의사의 表白에 해당하는 서면의 작성 정도만으로 효력이 발생한다는 것은 상대방 없는 의사표시와 상대방 있는 의사표시의 차이를 무시하는 것이 될 것이다. 상대방이 존재하는 행위를 단순히 意思表明(비록 어음증서라는 서면상에 기명날인 또는 서명까지 요하는 정형적 행위를 하지만)하는 단계만으로는 어음발행이나 배서, 보증 등의 의사가 '상대방에게' 표시되었다고 할 수는 없는 것이다.[46] 예컨대, 일반 민사법적 거래에서 채권의 포기나 채무의 면제라는 상대방 있는 단독행위가 아무리 상대방인 채무자 일방에게만 유리하고 表意者인 채권자 자신에게는 불리하더라도 채권자의 의사표시는 상대방에게 도달하여야 그 의사대로의 효력이 발생한다. 만약, 표의자의 의사가 서면행위(어음작성 등)만에 의하여 그 효력이 발생한다고 하면 상대방 있는 의사표시의 전달과정에 관한 表白主義, 發信主義, 到達主義, 了知主義의 입법주의 중 표의자의 의사에 따라 의사표시의 효력이 좌우되는 表白主義를 취하는 것으로 볼 수밖에 없고 이는 우리 민법 제111조 1항에 정면으로 배치되는 것이다. 어음행위에 있어서도 어음행위자의 의사표시가 있어야 어음행위가 성립하고 그것이 상대방 있는 법률행위라면 그 상대방에게 도달해야 효력이 발생한다는 점은 의문의 여지가 없다. 어음의 발행이나 배서, 인수, 참가인수, 어음보증 등의 어음행위를 고찰하면 의사표시가 書面化되어 있을 뿐, 대체로 상대방 있는 단독행위라는 법률행위의 성격에서 벗어날 수는 없다. 또, 의사표시가 상대방에게 도달하려면 행위자가 표시한 의사를 그 상대방이 알 만한 객관적 상태로 두어야 하고,[47] 어음행위에 있어서 이는 상대방에게 어음 자체를 交付하는 것을 뜻한다. 의사표시가 서면상 이루어졌다면 意思表白된 서면 자체를 그 상대방에게 도달(교부)하게 하는 것이 당연히 예정되어 있기 때문이다. 그리고 어음상 권리자는 어음이라는 증서의 占有가 없이는 그 권리의 내용을 재판상 · 재판 외에서 주장할 수 없음이 원칙(유일한 예외가 어음의 除權判決의 경우)이라는 점을 생각하더라도 어음행위는 어음의 占有移轉(交付)이 있어야 그 예정된 효력을 발생시킬 단계가 되었다고 볼 것이다. 어음은 권리를 증권화하여 지급기일까지의 신용으로 유통시킬 것을

46) 상대방 있는 의사표시는 (서면의) 作成 · 發信 · 到達 · 了知라는 4단계를 거쳐야 한다. 그런데 表白主義, 發信主義와 了知主義는 당사자 일방(표의자 또는 상대방)에 치우치는 결점이 있기 때문에 민법은 到達主義를 원칙으로 하여 그 의사표시가 상대방에게 到達한 때에 그 효력이 생기는 것으로 한 것이다(김준호, 「민법총칙」(법문사, 2000), 387면 참조).

47) 대법원 1983. 8. 23. 선고 83다카439 판결(「대법원판결집」 第31券 第4集), 59면 참조.

예정한 유가증권으로 자본주의 경제의 상품경제·신용경제의 전형적인 특징을 나타내고 있다. 같은 유가증권이면서도 증권의 소지는 화물상환증·선하증권과 같은 非設權證券과 어음·수표 등의 設權證券 간에 약간 다른 의미를 지니고 있다. 화물상환증·선하증권과 같은 非設權證券은 증권의 작성에 의해 새로운 권리가 창설적으로 발생하는 것이 아니라 이미 존재하는 권리를 증권에 化體할 뿐이어서 그 증권작성 이전의 단계에서 권리의 부존재·무효·취소 등의 사유에 의해 증권상 권리가 영향을 받고 증권과 권리 간의 관계가 設權證券만큼 긴밀하지는 못하다. 그러나 設權證券은 원인관계에서의 하자와는 독립적으로 증권상의 권리가 발생하고 그 권리관계의 내용도 원인관계에서의 권리의 하자에 의해 영향을 받지 않음이 원칙이어서 증권과 권리 간의 관계가 매우 긴밀하고 증권의 占有移轉 없이 권리가 발생할 수 없다.

(다) 善意者 保護의 문제

① 어음抗辯論　　사안에서 만약 원고 C에게 背書한 B가 D를 被背書人으로 잘못 기재한 후(피배서인으로 아무도 기재하지 않은 백지식 배서를 한 경우에도 마찬가지이다), 원고 C에게 교부하기 전에 어떤 사유로 B의 의사에 반하여 D에게 어음이 유통되더라도 B의 의사는 D에게 어음을 교부(도달)할 의사가 아니었기 때문에(의사표시의 誤到達) D는 원칙상 어음상 권리를 취득하지는 않는다. 다만, 사안과는 무관한 假定이기는 하나, D에게 어음이 교부되고 D가 善意였다면 D의 권리취득 여부에 대해 기존의 어음이론 중 發行說은 어음행위자 자신의 의사에 기하여 타인에게 어음이 교부된 것을 근거로 선의의 자를 보호하려고 할 것이고, 權利外觀說에 의하면 어음행위자 자신이 어음상 채무부담의 外觀을 형성한 것을 근거로 선의자의 권리취득을 인정하려고 할 것이다. 그러나, 엄격히 보자면 발행설은 기명날인자 또는 서명자 자신의 의사에 기한 어음의 점유이전행위가 있어야 어음채무를 부담한다는 점에서 교부흠결이 문제되는 많은 경우에 선의의 취득자를 보호할 수 없다는 문제가 있다. 또, 權利外觀說에 의하면 權利外觀說이 터잡고 있는 교부계약설 자체가 어음채무발생을 위하여 상대방의 수령능력과 승낙의 의사표시까지 요한다는 점에서 어음행위의 성질에 부합하지 않는다는 결함을 지닌다고 본다.

私見으로는 어음의 기명날인자 또는 서명자의 의사에 반하여 어음이 유통되었더라도 그 결과로 善意의 취득자가 발생하였다면 그 善意者에 대해서는 기존의 抗辯制限의 法理에 의해 보호하면 충분하다고 생각한다. 생각건대, 어떤 자(甲)의 행위로 타인(乙)에 대해 손해를 끼친 경우 그 타인(乙)을 보호하는 기존의 실정법상 일반제도로 債務不履行(민법 제390조)이나 不法行爲(민법 제750조)를 이유로 한 損害賠償의 講究가 있으나, 이는 행위자의 과실, 위법성 등의 엄격한 요건을 요구하고 있을 뿐만 아니라, 위법행위와 인과관계에 있는 손해의 塡補에만 주안점을 두고 있어서 어음취득자의 선의에 터잡아 어음상 권리 자체를 보장하려는 것에는 미치지 못한다. 그리하여 어음법은 선의자를 보호하는 별도의 법리를 요구하게 되고 그에 따른 제도가 善意取得, 抗辯制限, 善意支給 등이다. 어음교부흠결 후 어음을 선의로 취득한 자를 보호하는 법리도 이러한 범주에서 해결하는 것이 바람직하다고 본다.

어음교부의 흠결시 어음취득자의 善意를 보호하는 방법은 선의자의 적극적 권리취득에 관한 것(善意取得)이 아니라, 어음채무자가 어음소지인에 대하여 어음상의 권리행사를 부정하거나 저지할 수 없도록 하는 데 핵심이 있다. 따라서 어음채무자의 채무부담 여부나 그 범위에 논의의 초점이 맞추어지고, 그 논의는 바로 어음법상 선의자보호에 관한 抗辯制限論의 일부라고 생각된다. 다시 말하여, 어음상의 기명날인자 또는 서명자가 자신의 의사에 반하여 유통된 어음에 대하여 자신의 행위미완성을 善意의 자에게 대항하지 못하게 하려는 것은 권리자측의 입장을 주로 고찰하여 권리취득 여부를 정하자는 것이 아니라, 어음행위자측에서 발생한 점유상실을 주장하지 못하게 하여 그 결과 거래안전을 도모하려는 것이므로 이 논의를 어음항변론으로 파악할 수 있다는 것이다.

어음교부흠결의 항변을 설명할 때 독일의 권리외관설 등 어음學說과 관련시켜서만 이해하려는 견해도 있으나,[48] 선의의 어음취득자를 어음채무자보다 보호하려는 시도는 어음채무자가 어음발행 등 행위의 외관을 부여했다는 점에서만 구하는 것은 아니고, 어음채무자와 선의의 취득자의 權利保護間 衡平의 관점과 어음의 文言性, 無因性을 고려하는 점도 있으므로 반드시 어음學說과 결부할 필요는 없다고 본다.

② 物的 抗辯과 人的 抗辯의 區別論　　어음抗辯(Einrede, defense)이란 어음에 의하여 청구를 받은 자가 채권자인 어음소지인의 청구를 거절하기 위하여 주장할 수 있는 모든 사유를 말한다. 어음항변의 실정법적 근거로 우리 어음법 제17조는 「어음에 의하여 청구를 받는 자는 발행인 또는 종전의 소지인에 대한 인적 관계로 인한 항변으로써 소지인에게 대항하지 못한다」고 규정하고

48) 정찬형, 앞의 책, 363면 참조.

있을 뿐이어서 어음채무자가 어음소지인에게 대항할 수 없는 '人的 關係로 인한 抗辯'이 무엇을 의미하는지는 學說에 맡겨지고 있다. 그에 따라 어음항변은 모든 어음소지인에게 대항할 수 있는 것과 함께 보호할 가치 없는 惡意(또는 害意)를 가진 자에게만 대항할 수 있는 것으로 구분하는 것이 실천적인 중요성을 지니고 매우 활발하게 논의되었다. 어음항변은 학자에 따라 매우 다양하게 분류된다. Canaris 교수는 크게 절단불능항변과 절단가능항변으로 구분하면서, 전자를 직접적 항변과 내용상의 항변, 귀책성 항변으로 다시 나누고, 후자는 효력적 항변과 인적 항변으로 세분하여 설명한다. Zöllner는 어음항변을 그 효력과 요건에 따라 각각 나누는바, 어음항변을 그 효력에 따라 절단되지 않는 절대적 항변, 절단되는 상대적 항변으로 구분하고 후자는 다시 어음취득자가 악의인 경우에 대항할 수 있는 것과 어음취득자에게 害意가 있는 경우에 대항할 수 있는 항변이 있다고 하며, 항상 절단가능한 항변도 인정한다. 어음항변의 요건을 기준으로 해서는 증권적 항변, 비증권적 효력에 관한 항변, 인적 항변으로 분류한다.

Hefermehl은 어음항변을 증권의 내용상의 항변, 어음채무자의 일정한 어음소지인과의 직접적인 관계에서 일어나는 항변, 어음채무의 객관적인 성립이 권리외관이론에 따라 좌우되는 효력적 항변으로 나눈다. Brox는 Zöllner의 요건에 의한 분류법과 같은 방식을 취하고 있다.

우리나라에서는 종래 물적 항변과 인적 항변으로 구분하여 인적 항변만 선의의 자에게 대항할 수 없는 것이라고 설명하는 단순한 방식을 취하는 것이 통설이었으나, 최근에 들어 권리외관설을 기초로 한 독일학설의 영향을 받아 구분하는 견해가 대두되었다. 즉, Brox와 Zöllner의 분류방식에 따라 증권적 항변, 비증권적 항변, 인적 항변으로 분류하는 견해,[49] Canaris의 방식에 따라 증권상의 항변, 귀책가능성에 관한 항변, 어음채무의 유효성에 관한 항변, 인적 항변, 배제불요의 항변으로 나누는 견해,[50] 어음항변을 물적 항변과 인적 항변으로 나누는 전통적 방식을 고수하되, 인적 항변 중 유효성의 항변을 새로 만들어 어음법 제17조의 항변과는 구별되는 인적 항변이라고 설명하는 견해[51] 도 있다.

私見으로는 기존의 物的 抗辯과 人的 抗辯의 구분방식이 어음抗辯을 설명

49) 정희철, 「상법학(下)」, 1990, 255면.
50) 정동윤, 「어음수표법(제 4 정판)」, 1996, 234면.
51) 정찬형, 앞의 책, 359면.

하기에 간명하다는 장점이 있고, 다만 인적 항변 중 항변가능한 사유를 「害意」 있는 경우만으로 한정하는 것은 어음취득자를 지나치게 보호하는 구체적인 문제가 있을 수 있다고 보아 인적 항변 중 일정한 부분을 어음의 효력에 관한 항변(어음법 제17조에 해당하지 않는 항변)으로 하여 별도로 고찰함이 좋다고 본다.

③ 어음 交付欠缺의 抗辯에 대한 고찰

(ㄱ) 人的抗辯의 성질　　어음교부의 흠결이 물적 항변과 인적 항변 중 어디에 속하는가에 대해서는 항변론에 따라 각각 다를 수 있다. 그러나 물적 항변(dingliche Einwendungen)은 어음채무자가 모든 어음소지인에게 대항할 수 있는 객관적 사유를 근거로 하고, 인적 항변(persönliche Einwendungen)은 어음채무자가 일정한 어음소지인에게만 대항할 수 있는 주관적 또는 상대적 사유를 근거로 한다는 점에서 어음교부의 흠결항변은 人的抗辯의 일종으로 보는 것이 타당할 것이다. 인적 항변은 항변사유가 있는 직접적 상대방에게만 주장할 수 있는 것이고, 다른 자에게 원칙적으로 주장하지 못하는 것이어서 인적 항변이 물적 항변과 구별되는 가장 중요한 특징이 바로 이러한 個別性, 屬人性이라고 할 때, 어음교부의 흠결은 어음채무자의 어음상실이라는 주관적 사유이므로 모든 어음소지인에게 대항하게 하는 것은 부적당할 뿐만 아니라 意思에 반한 어음유통이 어음채권 자체를 否定할 정도의 缺效事由가 된다고는 할 수 없기 때문이다.[52]

어음교부흠결이 아니더라도 어음의 유효한 양도를 부정하는 항변은 대체로 물적 항변이라고 보지 않고 인적 항변에 속한다고 본다.[53] 그 중에는 숨은 추심위임배서라는 항변, 어음 외에 존재하는 배서 내지 양도금지 항변, 어음소지

---

52) 대법원은 주식회사의 이사회의 승인 없이 상법 제398조에 위반하여 회사가 인수한 어음의 수취인이 어음상의 권리행사를 하는 것은 원인관계의 항변을 받는다고 하여 人的抗辯의 특징은 어음채권 자체의 효력을 부정할 정도에 이르지 못하는 어음채무자측의 주관적·개별적 사유임을 示唆한 바 있다(대법원 1965. 6. 22. 선고 65다734 판결 참조).

53) 洪裕碩, "어음항변에 관한 연구(권리외관이론을 중심으로)," 법학박사학위논문(동국대, 1985. 8), 55면 이하 참조; 平出慶道, 「手形·小切手法」(青林書院, 1997), 290~293頁; 따라서 어음행위가 의사표시의 상대방에 대한 도달이 결여된 경우 어음이 어떤 사정에 의하여 유통된 이상 일단 어음의 외관해석(문언해석)의 원칙에 의해 그 기명날인(또는 서명)대로의 효력이 발생하고 다만 그 교부를 흠결한 것은 어음행위자의 인적 항변에 지나지 않는다. 단, 서명이 있는 어음을 예탁받은 자가 금액을 함부로 기재하여 유통시킨 경우를 두고 어음위조라 하여 서명자의 책임을 부정한 일본의 판례도 있고(物的 抗辯)(東京高等法院 昭和 30. 6. 22. 선고 「下級審民事判例集」 第4卷 第6號, 905頁), 미완성의 어음을 도난·분실한 경우를 물적 항변에 해당한다고 하는 학설도 있다(小橋一郎, 「全訂手形法·小切手法講義」, 28~29頁 참조). 그러나 행위자가 스스로 발행인이나 배서인 등으로 기명날인이나 서명을 작출한 것은 이미 위험을 상당정도 부담한 것이라고 해야 할 것이고, 어음 취득자의 입장에서는 어음행위자가 어음을 예탁하여 부당유통된 경우이건 도난·유실한 경우이건 모두 우연한 사정에 불과한 것이어서 이러한 사례를 물적 항변사유라고 하는 견해는 수긍하기 어렵다.

인이 무권리자라는 항변이 포함된다. 이를 상세히 설명한다면 다음과 같다. ㉠ 숨은 추심위임배서는 형식적으로는 양도배서이지만 당사자 간에 추심목적의 합의가 존재하는 배서인데, 그 성질에 대해서는 신탁적 양도로 보는 견해가 다수설이다.[54] 신탁적 양도설에 의하면 어음상의 권리는 피배서인에게 이전되고 다만 당사자 간의 내부관계로만 추심위임합의로 항변할 수 있을 뿐이다. ㉡ 어음 외에 존재하는 배서 내지 양도금지의 특약이 어음수수당사자 간에 존재하는 때에도 이는 당사자 간의 인적 항변에 지나지 않고 선의의 취득자에게는 대항할 수 없게 하는 것은 그러한 합의의 실질관계와 어음상 법률관계를 분리하여 고찰하는 것이 완전 유가증권으로서의 요청이기 때문이다. 예컨대, 甲이 乙한테 어음을 맡겨 두면서 丙·丁의 배서도 함께 받기로 한 약속을 어기고 乙이 함부로 甲의 배서만을 하여 戊에게 교부한 경우라면 이러한 내부적 합의위반의 항변은 甲의 지배영역에서 발생한 개별적 사유에 불과하고 善意의 戊가 후에 지급거절당한 경우 甲에게 소구한다면 甲은 戊에게는 이런 항변으로써 상환의무를 면할 수 없을 것이다. 왜냐 하면, 甲은 乙이 타인에게 함부로 교부할 위험을 무릅쓰고 甲에게 배서를 위임한 것이라거나 甲의 부주의(過失)로 어음을 상실한 것 뿐이라고 해야 하기 때문이다. ㉢ 無權利의 抗辯에 대해 보자면, 어음의 배서연속에 의해서 자격수여적 효력을 받는 무권리의 어음소지인이 어음금 지급청구를 할 때 지급인이 그 주의를 심히 태만히 하여 지급하였다면 그에 대한 책임을 져야 하는데(어음법 제40조 제3항 참조), 이는 어음채무자가 무권리자에게는 지급을 거부할 수 있다는 것을 전제로 한다. 이러한 무권리의 항변도 일정한 어음소지인에게만 대항할 수 있다는 점에서 인적 항변의 일종으로 된다.[55]

그리하여 어음 交付欠缺에 있어서도 어음의 기명날인자 또는 서명자가 자신의 의사에 반하여 어음이 유통되었다는 주장을 하는 것은 어음상의 적법한 기재를 인정하면서 그 어음이 수취인에 대하여 교부되기 전에 도난·분실 등을 당하여 어음행위자의 의사에 반해 유통된 것을 사유로 책임을 면하고자 하는

54) 정희철, 「상법학(下)」(박영사, 1990), 197~198면; 서돈각·정완용, 앞의 책, 205면; 손주찬, 앞의 책, 251면; 정동윤, 앞의 책, 519면; 양승규·박길준, 「상법요론(제3판)」(삼지원, 1993), 747면; 양승규, 「어음법·수표법」(삼지원, 1994), 309면; 강위두, 앞의 책, 609면; 이기수, 앞의 책, 267면; 채이식, 「상법(下)」, 118면; 이철송, 「어음·수표법」(박영사, 1996), 376면 등.

55) 다만, 이러한 항변은 어음상 청구를 받은 자는 누구나 주장할 수 있는 것으로 어음법 제17조의 항변절단이 적용될 수 없다는 점에 그 특색이 있다. 그 무권리자로부터 어음을 양수하는 자의 보호는 선의취득의 문제로 될 것이다.

것이므로 인적 항변의 일종으로 분류하여야 할 것이다. 어음행위자는 (반드시 過失에 기한 것이라고는 할 수 없지만) 意思에 반한 어음교부를 사전에 방지할 수 있는 지위에 있었고, 어음의 점유상실을 당한 후에라도 신속히 그 반환을 받아 이후의 유통을 저지할 수 있었다는 점에서 어음소지인에게 일단 어음상 책임을 지고 다만, 그 소지인에게 악의나 중과실이 있다면 이를 면할 수 있게 하는 조치가 온당할 것으로 본다.

(ㄴ) 어음법 제17조에 해당하지 않는 人的 抗辯 交付欠缺의 항변은 인적 항변이면서도 어음행위자와 어음소지인 간 衡平의 문제이고 어음채무자와 관계 없는 어음발행인이나 어음소지인의 前者에 존재하는 사유에 관한 抗辯이 아니므로 어음법 제17조에서의 人的 抗辯과는 구별해야 한다. 따라서 어음교부흠결시 선의의 취득자는 어음의 점유를 상실한 어음채무자와 자신 간의 직접적인 衡平의 고려관계에 놓이게 되므로 어음채무자와 어음발행인, 前者 등 사이에 존재하였던 항변사유가 문제되는 어음법 제17조에서의 주관적 인식보다 더욱 철저한 善意性을 갖추어야만 할 것이다. 다시 말하면, 어음법 제17조에서는 어음취득자에게 害意 정도가 있어야 어음채무자가 예외적으로 어음소지인에게 항변할 수 있는 것과 달리,[56] 어음취득자에게 악의나 중대한 과실 정도의 귀책사유만 있다면 항변을 허용해야 할 것으로 본다(어음법 제17조에 해당하지 않는 인적 항변).

이를 교부흠결이 발생하는 두 가지 유형으로 나누어 설명하면 어음행위를 한 자가 자신의 의사에 반하여 어음을 유통시키고 그 교부흠결의 결과 ㉠ 직접적으로 어음이 취득되는 경우(예컨대, A → B에서 A의 교부흠결이 있고 선의자 B가 어음을 취득하는 경우) 뿐만 아니라, ㉡ 교부흠결로 인한 전전유통으로 간접적으로 어음을 취득하는 경우(예컨대, A → 甲 → B에서 A의 교부흠결이 있고 그 교부흠결에 대하여 B가 어음을 취득하는 경우)에도 A는 B에게 교부흠결에 대한 항변을 할 수 없다고 해야 한다. 특히 ㉡의 경우를 보면 A가 B에게 항변할 수 없는 것은 B가 甲으로부터 받은 배서의 권리이전적 효력을 강화하려는 때문이 아니라, A의 지배영역에서 발생한 점유상실에 대해 선의의 취득자를 상대적으

56) 어음법 제17조가 모범으로 삼은 제네바 통일어음법을 제정하기 위한 회의에서는 어음소지인의 惡意를 어떻게 정할 것인가에 대해 共謀說, 單純認識說, 害意說의 입장이 있었으나 통일어음법은 害意說에 따라 입법하였다. 우리 판례는 어음법 제17조의 '채무자를 害할 것을 알고'의 의미에 대해 「…악의의 항변이라 함은 항변사유의 존재를 인식하는 것만으로는 부족하고 자기가 어음을 취득함으로써 항변이 절단되고 채무자가 손해를 입게 될 사정이 객관적으로 존재한다는 사실까지도 알아야 한다…」고 하고 있다(대법원 1996.5.14. 선고 96다3449 판결(공 1996, 1852); 同旨의 판결로 대법원 1998.2.13. 선고 97다48317 판결 참조).

로 더 보호하기 위한 것일 뿐이다. 그러므로 교부흠결에 대한 B의 주관적 인식이 '害意' 정도에 이르지 않더라도 '惡意나 重過失'이 있는 상태라면 B의 법적 지위는 형평의 고려상 보호되기 어렵다는 것이다. 즉, 교부흠결의 하자 있는 경우 그 전전유통과정에서 어음을 취득하는 자는 어음법 제17조에서 배서의 효과로 보장받는 抗辯의 切斷을 주장할 수 있는 것이 아니라, A의 지배영역에서 발생한 점유상실에 대한 B 자신의 善意를 근거로 해서만 抗辯切斷(정확하게는 抗辯排除)을 주장할 수 있게 된다는 점에서 어음법 제17조의 抗辯과는 구별되어야 하는 것이다.[57]

④ 抗辯制限과 善意取得 競合可否의 문제　　인적 항변의 제한과 선의취득은 어음을 신뢰하고 취득한 자를 보호하여 어음거래의 안전을 꾀하려는 제도라는 점에서 그 취지가 공통된다. 그러나 어음항변은 어음에 의하여 청구를 받은 자의 책임 유무나 그 책임범위에 관한 것인 데 반하여, 선의취득은 어음이 무권리자의 手中에 들어간 경우에 그로부터 어음을 양수한 선의자가 그 권리를 취득하는가에 관한 것이다.[58] 다시 말하여 어음抗辯制限은 어음상 권리의 '존재 자체'가 불확실하거나(예컨대, 어음교부흠결의 경우) 어음상 권리의 '존재범위'가 불확실한 경우에 특히 논의되는 것이고, 善意取得은 어음상 권리가 확정적으로 존재한 후 이 어음이 무권리자에게 취득된 경우에 그로부터 어음을 '양수한 자의 권리취득 여부'를 논한다는 차이가 있다. 항변의 제한은 선행행위의 하자에도 불구하고 배서 등 어음법적 방법으로 권리를 이전받은 자에게 그 효력을 미치지 않게 하려는 것이고(배서의 권리이전적 효력), 선의취득은 취득행위의 상대방이 무권리자인 경우에 취득자 자신의 취득행위에 존재하는 인식 정도를 검토하여 권리취득 여부를 결정하려는 것이다(배서의 자격수여적 효력). 두 경우 모두 惡意는 보호되지 않지만 각각의 경우에 그 善·惡意의 대상은 달라서 항변제한의 경우에는 이전에 있었던 어음행위에 존재한 하자를 대상으로 하고, 선의취득의 경우에는 당해 취득행위에 있어서 상대방의 무권리 문제를 대상으로 한다.[59]

---

57) 다만, 앞의 예에서 B가 악의라고 하더라도 만약 前者인 甲이 선의라면 어음의 유통보호를 위하여 B의 법적 지위도 보호되어야 하는 것은 어음법 제17조의 항변절단에서와 같다(영미에서는 이를 엄폐율의 법칙(shelter rule)이라고 한다(U.C.C. §3-203 (b)참조).

58) 어음의 선의취득은 사유의 여하를 막론하고 어음의 점유를 상실한 경우에 있어서 그 점유상실자의 점유상실사유에 관계 없이 어음유통상 배서연속을 믿고 이를 취득한 자를 보호하려는 것이다(어음법 제16조 제2항 참조).

59) 어음취득자의 善·惡意 인식의 대상에 대해 抗辯制限論에서는 「… 어음행위에 착오 · 사기·

따라서 배서를 한 후 교부를 잘못하여 선의의 자에게 취득시킨 어음교부흠결에 있어서는 항변제한과 선의취득이 상호배척하는 관계에 있는 것이 아니다. 어음채무자의 측면에서는 어음교부의 흠결에 대해 어음취득자에게 무권리의 항변을 할 수 없다는 것 뿐이고, 어음취득자가 배서의 자격수여적 효력으로써 선의·무중과실의 사유로 선의취득할 수 있는 요건을 갖추는 것은 별개의 문제이다.[60]

V. 結　語

원고 C가 피고 X에 대하여 어음면의 기재만으로 어음금청구권을 행사할 수 없는 것은 前者 B의 원고 C에 대한 배서가 어음행위 객관해석원칙에 의해 D를 피배서인으로 하는 기명식 배서라고 판단될 수밖에 없으므로 C 자신이 배서연속에 따른 형식상 적법한 권리자로 인정될 수 없기 때문이다. 그 점에 관해 어음 文言을 무시한 채 B의 배서를 백지식 배서라고 인정한 원심의 판단은 어음의 특성을 무시하면서 어음행위를 해석한 잘못이 있다고 보고 이 점을 지적하는 피고 X의 주장은 타당하다고 생각된다. 다만, 배서의 연속이 부정되어 적법한 권리자로 추정받지 못하는 원고 C도 실질적으로 어음상 권리를 양수하였음을 입증하면 그 권리행사에 아무런 지장이 없다. 다만, B로부터 어음상 권리를 실질적으로 양수하는 방식으로서 사안과 같은 指名債權讓渡方法이 허용되는가에 대해 異論이 있지만, 민법과 어음법상의 지시채권, 무기명채권의 배서 등 이외에 당사자에게 필요·유익한 지명채권양도방법도 부정될 이유나 근거가 없으므로 이를 허용하면서 결론적으로 피고 X의 上告를 棄却한 대법원의 판단은 타당하다고 본다. 그리고, 비록 사안과는 무관한 가정적인 경우이기는 하지

강박 등 의사표시의 하자가 있다는 항변은 어음행위상대방에 대한 인적 항변에 불과한 것이므로, 어음채무자는 소지인이 어음채무자를 해할 것을 알고 어음을 취득한 경우가 아닌 한 … 인적 항변으로써 소지인에게 대항할 수 없다 …」고 하는 데 반하여(대법원 1997. 5. 16. 선고 96다49513 판결), 善意取得論에서는 「… 어음, 수표를 취득함에 있어서 통상적인 거래기준으로 판단하여 볼 때 양도인이나 그 어음, 수표 자체에 의하여 양도인의 실질적 무권리성을 의심하게 할 만한 사정이 있는데도 불구하고 … 조사를 하지 아니하고 만연히 양수한 경우에는 중대한 과실이 있다 …」(대법원 1995. 8. 22. 선고 95다19980 판결)고 하여 각각 구별되고 있다.

60) 다만, 배서에서는 다른 어음행위에서와 달리 교부흠결의 사정이 선의취득으로 치유할 수 있는 「무권리자의 어음소지」를 문제로 본다는 점에서 배서시의 교부흠결로 어음이 전전유통되어 善意者가 발생하면 어음항변절단뿐만 아니라 선의취득을 야기할 가능성이 매우 크다. 즉, 어음의 배서인이 배서내용의 기재(백지식 배서이든 피배서인이 잘못 기재된 기명식 배서이든)를 하고 기명날인 또는 서명을 한 후 의사에 반하여 유통되어도 善意·無重過失의 제3자가 어음을 취득(선의취득)하면 어음교부의 흠결은 그 선의취득 자체만으로도 완전히 치유될 수 있다는 점에서 다른 어음행위에서의 어음교부흠결과 차이를 나타낸다.

만 B의 C에 대한 배서과정에서 피배서인으로 표시된 D가 善意였고 D에게 어음법적 양도방법으로 어음교부가 이루어졌다면 어음 學說에서 주로 논의하는 어음 交付欠缺의 事例가 되고 D의 善意에 대해 B는 交付欠缺의 抗辯을 할 수 없어서 C는 어음상 권리행사를 할 수 없게 될 것이다.

不實公示로 인한 損害賠償責任 — 差額說과 被害株式數 算定

魯 赫 俊*

헌법재판소 2003. 12. 18. 선고 2002헌가23 결정

[事實의 槪要]

(1) 위헌 제청의 신청인('제청신청인') 대우종합기계 주식회사는 2000. 10. 23. 제청신청인 대우중공업 주식회사에서 분할되어 설립된 회사이고(이하 분할 전 대우중공업 주식회사를 '구 대우중공업'이라 함), 제청신청인 추호석은 구 대우중공업에서 1996. 3. 29.부터 2000. 1. 31.까지 대표이사로 근무한 자이다.

구 대우중공업은 1998. 3. 1. 1997회계연도 결산결과 구 대우중공업의 자기자본이 2조 8,273억 7,800만원에 이르고 당기순이익은 947억 3,200만원의 흑자가 발생하였다는 내용의 대차대조표와 손익계산서를 작성하여 외부감사 및 주주총회결의를 거쳐 위 대차대조표와 사업보고서를 공시하였다. 또한 1999. 3. 22.에도 1998회계연도 결산결과 구 대우중공업의 자기자본이 3조 9,992억 6,300만원에 이르고 당기순이익은 1,616억 1,700만원에 이른다는 내용의 사업보고서를 공시하였다. 그러나 1999. 10. 27. 안진회계법인의 실사결과 구 대우중공업이 3조 이상의 자산을 과다계상하였다는 사실이 언론에 보도되었고, 2000. 9. 15. 금융감독위원회 선물위원회는 구 대우중공업의 임직원 및 관련 외부감사인을 분식회계 및 부실감사 등의 이유로 수사기관에 형사고발하였다.

이광규는 1998. 2. 8.부터 2000. 9. 15.까지 증권거래소에 상장된 구 대우중공업의 주식 총 5,199,800주를 각 매수하고 위 기간 중 위 주식 총 5,063,960주를 각 매도하였으며, 2000. 9. 18.부터 같은 해 10. 19. 사이에도 위 주식 총 338,920주를 각 매수하고, 위 기간 중 위 주식 총 418,360주를 각 매도하였던 자이다. 이광규는 구 대우중공업의 사업보고서가 허위라는 점이 밝혀지고 구 대우중공업의 주가가 폭락하자, 증권거래법 제186조의5에 의하여 준용되는 같은법 제14조, 제15조에 근거하여 사업보고서 허위기재에 따른 손해배상청구의 소를 제기하였다(서울지방법원 2000가합78865).

(2) 당해 사건들의 피고들인 제청신청인들은 위 소송계속중 증권거래법 제186조

* 단국대학교 법과대학 교수.

** 헌공 제88호.

의5에 의해 준용되는 같은 법 제15조 제1항이 헌법에 위배되어 무효라고 주장하면서 서울지방법원에 위헌심판제청신청을 하였고(2002카기6904), 위 법원은 위 신청을 받아들여 2002. 10. 7. 위헌심판제청결정을 하였다. 제청법원이 문제삼은 것은 증권거래법 제186조의5 중 '제15조의 규정은 사업보고서, 반기보고서 및 분기보고서의 경우에 이를 준용한다'는 부분과 같은 법 제15조 제1항의 위헌 여부였다. 그 요지는 다음과 같다.

(i) 증권거래법 제15조는 부실공시로 인한 손해배상책임의 손해배상액에 관하여 '당해 유가증권'의 취득가액에서 '당해 유가증권'의 변론종결 시의 시장가격(시장가격이 없는 경우에는 추정처분가격) 또는 변론종결 전의 처분가격에 해당하는 액을 공제한 금액으로 한다고 규정하고 있다. 그러나 동일 종목, 종류의 유가증권을 모두 혼합보관하는 증권예탁결제제도의 특성상 증권예탁원에 보관 중인 유가증권 중 어느 유가증권이 언제, 어떻게 매매된 것인지 특정하는 것은 불가능하다. 예컨대 당해 사건처럼 유가증권 취득자가 상장법인의 허위공시가 있기 이전부터 그 상장법인의 유가증권을 보유하고 있다가 허위공시가 있은 후에 추가로 유가증권을 취득하고 그 중 일부만을 변론종결 전에 처분한 경우, 그 처분된 일부의 유가증권이 취득자가 허위공시 전에 보유하고 있던 유가증권 중 일부인지 또는 허위공시 이후에 취득한 유가증권의 일부인지를 특정할 수 없다. 따라서 법 제15조의 '당해 유가증권'의 의미를 특정한 개개의 유가증권으로 해석하여 손해배상을 구하는 취득자로 하여금 취득한 각 유가증권을 특정하여 그 처분 여부나 취득가액을 특정하도록 하는 것은, 유가증권 취득자에게 불가능한 손해액 산정방법을 요구하는 것으로서 이는 허위공시를 신뢰한 취득자의 재산권(손해배상청구권)을 부당하게 침해하는 것이다.

(ii) 허위공시 전후에 걸쳐 상장법인의 유가증권을 취득하였다가 그 중 일부만을 처분한 경우 취득자의 손해액을 산정함에 있어서, 허위공시 이전에 취득한 유가증권 중 일부가 우선적으로 처분된 것으로 의제하거나, 허위공시 이후에 취득한 유가증권 중 일부가 우선적으로 처분된 것으로 의제하는 방법이 있을 수 있다. 그러나 일부처분된 유가증권의 가격보다 변론종결 시의 유가증권의 시장가격이 상승하거나 하락한 경우에 어떤 유가증권을 먼저 처분한 것으로 의제하느냐에 따라 손해액에 차이가 생긴다. 그리하여 손해액이 많아지면 취득자에게, 적어지면 손해배상 의무자에게 유리하게 되는바, 이러한 처분대상의 의제는 취득자 또는 손해배상 의무자에게 불합리한 손해를 가할 수 있다. 또한 허위공시 전에 보유하고 있던 유가증권의 수량과 허위공시 이후에 취득한 유가증권의 수량에 따라 일부처분된 유가증권을 안분하여, 그 중 일부는 허위공시 이전에 보유한 유가증권이, 그 나머지는 허위공시 이후에 취득한 유가증권이 각 처분된 것으로 의제할 수도 있겠으나, 이는 증권거래법 제15조의 해석의 범위를 넘어서는 것으로 판단된다. 따라서 증권거래법 제15조는 이와 같은 문제점을 야기하는 경우에 대비한 명확한 규정을 두고 있지 아니하여 손해배상액 산정시 해석론에 따라 손해배상청구권자 또는 손해배상의무자에게 불리한 결과가 나타나게 되므로 동인들의 재산권을 부당하게 침해하는 것이다.

[憲法裁判所의 判斷]

헌법재판소는 이 사건의 쟁점을 ① 현행 증권예탁결제제도 아래에서 손해배상을 청구하는 유가증권이 어느 유가증권인지를 입증하는 것이 불가능한데도, 이 사건 규정이 준용하는 법 제15조 제1항이 그와 같은 불가능한 입증을 요구함으로써 손해배상청구권자의 재산권을 침해하고 있는지 여부, ② 이 사건 규정이 준용하는 법 제15조 제1항이 위 문제를 야기하는 경우에 대비한 명확한 규정을 두고 있지 아니하여 손해배상액을 산정함에 있어 동 조항의 해석론에 따라서 손해배상청구권자 또는 손해배상의무자에게 불리한 결과가 나타나게 되므로 동인들의 재산권을 침해하는지 여부의 두 가지로 보았다. 두 쟁점에 관한 헌법재판소의 판단 내용은 다음과 같다.

(i) 첫째 쟁점에 관하여, 부실공시로 인한 손해배상책임은 (a) 손해배상을 구하는 유가증권의 특정(손해배상을 구하는 유가증권이 수회에 걸쳐 취득된 동일회사의 동종 유가증권 중 언제 취득한 유가증권인지의 특정), (b) 특정한 유가증권의 취득가액, 변론종결 시의 시장가격(또는 변론종결 전의 처분가격)의 확정, (c) 손해배상액의 산정이라는 세 과정을 거쳐 결정된다고 할 것이다. 이 중 (a) 단계는 손해배상책임의 성립과 관련된 것으로서 손해배상액 산정에 관한 증권거래법 제15조 제1항이 적용되기 전 단계에 해당한다. 이처럼 '손해배상을 구하는 유가증권이 언제 취득한 유가증권인지'를 입증하는 문제는 증권거래법 제15조 제1항과 직접적인 관련이 없으므로, 그러한 입증이 불가능하다는 문제 역시 위 조항의 규율범위 밖에 있는 것이다.

(ii) 둘째 쟁점에 관하여, 증권거래법 제15조 제1항의 '당해 유가증권을 취득함에 있어서' 부분 중 '당해 유가증권'이란 문구가 어느 유가증권을 의미하는지에 관하여 규정하고 있지 아니하여 불명확하다고 주장할 수도 있으나, 위 조항에서 말하는 '당해 유가증권'이란 손해배상책임의 성립단계에서 손해배상의 대상으로 이미 특정된 유가증권을 단지 지칭하는 것에 불과하므로 위 문구는 결코 불명확하지 않다. 이처럼 법관의 해석론에 따라 손해배상청구권자 또는 손해배상의무자에게 불리한 결과가 발생하는 현상은 증권거래법 제15조 제1항과 무관하다고 할 것인바, 설령 이러한 현상이 증권거래법 제15조 제1항의 문제라고 하더라도 이로 인하여 손해배상청구권자 또는 손해배상의무자의 재산권이 침해되는 것은 아니다. 손해배상책임이 성립하였을 경우 어느 정도의 손해배상을 해 주어야 하는가는 법관이 법규를 적용하여 그 액수를 평가하는 과

정에 의해 비로소 정하여지는 것이지 미리 그 액수가 정해져 있는 것을 법관이 확인하는 것이 아니다. 불법행위에 의한 재산권의 침해, 즉 '손해'는 침해 순간에 이미 확정되어 존재하는 것이지만, 그 침해로 인한 '손해액'은 미리 확정되어 있는 것이 아니라 법관의 손해배상액 산정이라는 평가작용에 의하여 비로소 결정되는 것이기 때문에 법관의 손해배상액 결정행위에 의해 소송당사자의 재산권이 침해된다고 할 수는 없는 것이다.

[評　　釋]

Ⅰ. 序　論

증권거래법상 발행시장과 유통시장에서의 부실공시는 엄격한 제재의 대상이 될 뿐 아니라 당해 유가증권의 발행회사를 비롯한 부실공시 관여자의 손해배상책임의 발생원인이 된다. 즉 유가증권신고서 및 사업설명서(증권거래법 제14조 내지 제16조), 유통시장의 수시공시 또는 정기공시 서류(증권거래법 제186조 제4항, 제186조의5), 감사보고서(증권거래법 제197조)의 중요한 사항을 기재하지 않거나 허위로 기재한 때에는 당해 공시서류의 제출자 등은 손해배상책임을 지게 되는 것이다.[1] 또한 이러한 부실공시에 대하여는 위 증권거래법에 의한 책임 이외에 민법상의 불법행위책임도 성립하고, 양자는 청구권경합관계에 있다는 것이 확립된 판례이다.[2]

부실공시로 인한 손해배상책임 문제와 관련하여 실제 소송에서 많이 다투어지고 실무상으로 보다 중요한 것은 구체적인 손해액의 산정문제이다. 일반투자자들이 공시의 진정성 여부를 파악하기는 매우 어려운 탓에, 통상 부실공시에 관한 민사소송은 금융감독 당국의 감리결과 및 조치가 발표된 이후에 진행된다. 따라서 원고들은 이러한 자료들을 가지고 피고의 중요사항의 허위기재 내지 기재누락행위, 행위의 위법성 등을 큰 무리 없이 입증할 수 있는 것이 보통이다. 또한 대법원은 부실공시에 관한 증권거래법상의 책임뿐 아니라 일반 민법상의 불법행위책임에 관하여도 인과관계(거래인과관계: transaction causation)를 추정하고 있으므로,[3] 심리의 대부분이 구체적인 손해액의 산정문제에

---

1) 그 밖에 증권거래법은 공개매수신고서 및 그 공고, 정정신고서, 공개매수설명서의 부실기재에 관한 손해배상책임도 규정하고 있으나(증권거래법 제25조의3), 부실공시에 관하여 통상 문제되는 것은 위 조항들이다.

2) 대법원 1999. 10. 22. 선고 97다26555 판결; 대법원 1998. 4. 24. 선고 97다32215 판결 등.

3) 대법원 1997. 9. 12. 선고 96다41991 판결. 대법원은 "원고가 소외 회사의 주식을 매입함에 있어서는 다른 특단의 사정이 없는 한 증권거래소를 통하여 공시된 피고 회사의 소외 회사에

할애되는 예가 많은 것이다.

부실공시를 원인으로 한 손해배상청구소송에서, 통상 많이 문제되는 주식거래에 관한 구체적 손해의 범위는 '주당 손해액'과 '피해주식의 수'에 의해 결정된다고 할 것이다.[4] 본 논문은 위 헌법재판소 결정(이하 '대상결정'이라 한다)을 계기로 그 중에서도 지금까지 별다른 조명을 받지 못했던 '피해주식수'의 문제를 보다 상세하게 다루어 보고자 시도하고 있다. 여기에는 2005년부터 자산총액 2조원 이상인 대규모 주권상장(코스닥상장)법인에 대하여 증권거래법상 부실공시에 관한 증권관련집단소송이 가능해지고, 이에 따라 피해주식수의 산정을 두고 논란이 일 수 있다는 점이 감안되었다. 이하 먼저 부실공시에 관한 손해배상액 산정의 일반적인 구조와 피해주식수 산정에 관한 가설들을 살펴보고, 구체적으로 본건 결정의 내용 및 시사점을 검토해 보고자 한다.

Ⅱ. 不實公示에 관한 損害賠償額 算定의 構造

1. 不實公示에 관한 損害賠償額 算定時 差額說의 意義 및 適用

(1) 差額說의 意義

앞서 언급한 바와 같이 부실공시에 따른 손해배상액을 결정하는 기본요소는 주당 손해액과 피해주식수이다. 이 중 주당 손해액에 관하여(손해액 계산에 관하여 증권거래법 제15조와 같은 특칙이 없다는 전제 하에) 대부분의 견해는 이른바 '차액설'을 지지하고 있다.[5] 이러한 차액설을 부실공시에 따른 손해배상책임에 적용시키는 경우, 손해는 '피해자가 실제로 지불한 가격과 사기적 행위가

대한 감사보고서가 정당하게 작성되어 소외 회사의 정확한 재무상태를 나타내는 것으로 믿고 그 주가는 당연히 그것을 바탕으로 형성되었으리라는 생각 아래 소외 회사의 주식을 거래한 것으로 보아야 할 것이다"라고 판시하면서, "그럼에도 불구하고 원심이, 원고가 분식된 재무제표와 부실한 감사보고서를 신뢰하고 이를 투자판단의 자료로 삼아 주식을 취득하게 되었는지에 관하여는 이를 인정할 아무 증거가 없다고 판단하고 만 것은 채증법칙에 위배하여 사실을 오인함으로써 판결 결과에 영향을 미친 위법을 저지른 것"이라 하면서 원심을 파기 환송하였다.

4) Dean Furbush and Jeffrey W. Smith, Estimating the Number of Damaged Shares in Securities Fraud Litigation: An Introduction to Stock Trading Models, 49 Bus. Law, 1994, p. 527은 전자를 가격측면(the price aspect), 후자를 수량측면(the quantiy aspect)이라고 표현하고 있다. Kenneth R. Cone and James E. Laurence, How Accurate are Estimates of Aggregate Damages in Securities Fraud Cases?, 49 Bus. Law, 1994, p. 505는 손해배상액 산정의 첫단계는 정상가격선(true value line)을 찾는 것이고, 다음 단계는 부실공시기간 동안에 거래된 주식을 찾는 것이라고 하고 있다.

5) 李俊燮, "證券集團訴訟制의 前提條件으로서의 損害賠償責任制度의 整備方案,"「全經聯 調査研究資料」, 2003. 11, 78면; 장상균, "時勢操縱行爲로 인한 損害賠償請求訴訟에 있어서 損害額의 計算," BFL 제 6 호, 2004. 7, 96면; 김주영 · 김태선, "株價操作에 따른 損害賠償請求事件에 있어서 賠償額의 算定方法에 관한 考察,"「證券法硏究」 제 2 권 제 1 호, 2001, 132면 등.

없었더라면 형성되었을 가격의 차액,'[6] '부실공시가 없었더라면 형성된 주가로서 피해자가 매수할 수 있었으리라고 인정되는 주가와 그 부실공시로 인하여 형성된 주가로서 피해자가 실제로 매수한 주가와의 차액'[7] 등으로 정의된다고 할 수 있다.

원래 '손해의 발생'과 '배상되어야 할 손해액의 산정' 문제는 개념적으로 구분되는 것이다.[8] 즉 전자는 손해배상책임의 성립에 관련된 것이고, 후자는 손해배상책임의 성립을 전제로 하여 손해의 구체적인 내용을 평가하는 것이라고 할 수 있다. 개념적으로 접근한다면, 성립요건 단계에서는 가해행위로 인하여 피해자에게 무엇인가 손해가 발생했다는 사실만이 문제될 뿐이고, 그 손해의 구체적인 내용은 손해액의 산정단계에서 비로소 다루어지게 된다.[9] 이러한 점에서 볼 때 위 차액설은 그것이 '손해의 개념'을 정한다는 점에서는 손해배상책임의 성립과 관련이 있다고 할 수 있고, '손해액 산정기준'이 된다는 점에서는 구체적인 손해액 산정의 내용이 될 수도 있는 것이다.[10]

⑵ 差額說의 適用: '損害의 發生' 側面과 관련하여

손해발생 또는 손해액 산정의 기준으로서 차액설의 내용이 언제나 명확한 것은 아니다. 차액설에 따른 손해를 앞서 본대로 '피해자가 실제로 지불한 가격과 부실공시가 없었더라면 형성되었을 가격의 차액'으로 정의할 때, 과연 이러한 차액설은 어떤 방식으로 적용되는가.

먼저 피해자 갑이 가해자 을의 사기적 행위로 인해 실제가치 5,000원보다 가격이 두 배로 부풀려진 책상을 10,000원에 구입하였다고 하자. 이러한 경우 갑은 을을 상대로 위 '매매시점에' 지불가격과 실제가치와의 차액인 5,000원의 손해가 발생하였다고 주장하면서 책임을 물을 수 있을 것이다.[11] 이러한 논리를 확장하거나 또는 부당한 가격에 의하여 물품을 구입하지 아니할 수 없었다

6) 장상균, 앞의 논문, 92면.

7) 김주영 · 김태선, 앞의 논문, 132면. 이 논문은 본디 주가조작에 따른 손해배상액을 다룬 것이지만, 부실공시에 따른 손해배상책임 사례도 함께 분석함으로써 손해액의 산정에 있어서 이들을 별도로 구분하지는 않는 것으로 보인다.

8) 梁彰洙, "獨占規制法에서의 損害賠償,"「民法硏究」(제 5 권), 1999, 243면.

9) 李銀榮,「債權總論」, 1999, 263면.

10) 예컨대 郭潤直,「債權總論」, 1992, 177면; 金亨培,「債權總論」, 1998, 239면은 차액설을 '손해의 개념'에서 논하고 있는 데 반해, 李銀榮, 앞의 책, 320면은 이를 '손해액의 산정' 부분에서 상술하고 있다.

11) 대법원 1980. 2. 26. 선고 79다1746 판결도 피고가 임야의 성질을 기망하여 매도한 사례에서, 원고는 매수 가격에서 매수 당시의 진정한 시가를 뺀 차액에 대하여 피고의 손해배상책임을 물을 수 있다고 판시한 바 있다.

는 것 자체가 손해라는 견해를 택한다면,[12] 가해자 을의 부실공시 등으로 인해 실제가치 5,000원보다 많은 10,000원을 주고 증권거래소에서 주식을 취득한 피해자 갑은 '그 즉시'(이후 매도 여부와 진실한 정보공시에 따른 주가하락 여부를 불문하고) 을을 상대로 5,000원의 손해배상책임을 추궁할 수 있는 것처럼 보인다. 이에 따르면 차액설의 내용은 주식매입시의 차액(취득가격에서 실제가치를 공제함)을 기준으로 손해의 발생 및 손해액을 판단하는 것이 된다. 따라서 부실공시로 인해 실제보다 고평가된 주식을 취득하는 행위 자체로 손해가 발생하였다고 보게 되는바, 그러나 다음을 고려할 때 이는 찬성하기 어렵고, 진실한 정보가 시장에 알려져서 손해가 구체화된 때 비로소 '손해가 발생'한다고 할 것이다.

(i) 앞의 예에서 든 일반적인 물품과 증권거래소에서 거래되는 주식과는 여러 점에서 차이가 있다. 즉 주식은 그 자체로 사용가치가 없이 교환가치만을 가지며, 공개시장에서 수많은 사람들에 의해서 비대면적 방식에 의해 거래가 이루어진다. 불량한 책상을 매입한 자는 이를 제대로 사용할 수 없으므로 즉시 손해가 발생한다고 볼 수 있으나, 주식을 매입한 자의 경우 그 주식의 교환가치가 유지되고 있는 한 사용가치는 별다른 문제가 되지 않는다. 아직 부실공시가 밝혀지지 않아 언제든지 공개시장에서 매입가격으로 매도할 수 있는 상태라면 아직 손해가 발생하였다고 볼 수 없는 것이다. 또한 공개시장에서의 주식거래는 비대면적 · 집합적으로 이루어지기 때문에, 잘못된 정보가 반영된 탓에 고평가된 주식을 매입하여 그대로 고가에 매도하였다고 하더라도, 새로운 매수인에 대하여 채무불이행책임, 매도인의 담보책임문제가 발생하는 것도 아니다. 이러한 점에 있어서도 불량한 물품을 그대로 고가에 전매한 경우에도 채무불이행책임, 담보책임문제가 발생하는, 따라서 불량한 물품을 잘못 매입한 사실 자체가 곧 손해의 발생을 의미하게 되는, 일반 물품의 거래와는 차이가 있는 것이다.

(ii) 불법행위책임에서 가해행위와 손해발생 사이에 시간적 간격이 있는 경우에는 손해가 현실로 나타난 때에 배상청구권이 성립하는 것으로 보아야 하고,[13] 불법행위책임의 성립과 관련하여 현실적으로 손해가 발생하였는지 여부는 사회통념에 비추어 객관적이고 합리적으로 판단하여야 하는 것이다.[14] 차액

12) 梁彰洙, 앞의 논문, 244면은 부당한 거래제한, 불공정한 거래제한인 경우 손해의 발생과 손해액의 산정문제 등을 분리하기 위하여 이러한 접근방식을 시사하고 있다.

13) 李銀榮, 앞의 책, 337면.

14) 대법원 1998. 4. 24. 선고 97다28568 판결. 또한 대법원은 "… 불법행위로 인하여 배상할 손해는 현실로 입은 확실한 손해에 한하는 것이기 때문에 … 불법행위로 인하여 피해자가 제3자에 대하여 어떤 채무를 부담하게 된 경우 상대방에게 채무액과 동일한 배상을 구하기 위

설에 따른 손해의 발생이 인정되려면 피해자의 이익상태의 차이가 인정되어야 하는바, 부실공시가 아직 발각되지 않아 주식매수자가 아직 언제든지 당해 주식을 매수가격에 매도할 수 있는 상태라면, 객관적으로 보아 현실적인 손해가 발생하였다거나 이익상태의 차이가 있다고 보기는 어렵다.

(iii) 불법행위시의 가격을 기준으로 손해배상액을 산정하고 그 후 구체적인 손해배상시까지의 가격변동은 특별손해로 취급한 대법원 판례는 '손해가 이미 발생한 것'을 전제로 하여 그 손해의 가액을 어떻게 평가할지에 관한 문제이므로, 손해의 발생 여부를 어떻게 판단할 것인지에 관한 여기에서의 논의와 직접 관련이 있는 것은 아니다.

이렇게 볼 때 부실공시로 인한 손해배상책임을 논함에 있어 차액설에 따른 손해는 현실적으로 이익상태의 차이가 발생한 때, 즉 진실한 정보가 유포되어 당해 주식의 시장가격이 조정될 때 비로소 발생한다고 할 수 있다.[15] 따라서 그 이전 단계에서는 아직 손해가 발생하지도 않았고 불법행위책임도 성립하지 않은 것이 된다. 부실공시 탓에 실제보다 부풀려진 가격에 주식을 매수한 후 그 가격에 매도한 사례를, 일단 매수시에 손해배상청구권이 발생하고 매도시에 별도의 법률관계[16]가 발생한다는 식으로 파악하는 것은 아무래도 부자연스럽다. 이러한 경우에는 손해가 발생하지 않았다고 보는 것이 타당할 것이다.

2. 被害株式의 範圍

차액설에 따른 '손해의 발생'을 위와 같이 개념 정의할 때, 손해를 입은 주식의 구체적인 범위를 살펴보도록 하겠다. 여기에서는 논의를 피해주식의 범위에 집중하기 위하여, 정상가격(실제가치가 반영된 가격)은 10,000원으로 고정되어 있고, 부실공시 및 진실한 정보는 한 번에 효율적인 시장에 유포되어 주가에 영향을 미친다고 가정한다. 회사에 유리한 사기적 정보가 유통되었다가[17] 이후 사실이 드러난 경우 주가의 흐름을 단순화하면 다음과 같다.

하여는 채무의 부담이 현실적·확정적이어서 실제로 변제하여야 할 성질의 것임을 요한다"라고 하여 이른바 확실성의 원칙을 취하고 있다(1992. 11. 27. 선고 92다29948 판결).

15) 趙貴章, "外部監査人의 不實監査로 인한 제3자에 대한 損害賠償責任," 「民事判例研究(XXI)」(博英社, 1999), 534면도 매입시의 '잠재적 손해'가 부실공시의 발각으로 '현실적 손해'가 되어야만 손해배상청구가 가능하다는 입장이다.

16) 실제로는 수많은 투자자가 관여하는 공개시장에서 이루어진 거래에 관하여 당해 주식을 전득한 자가 특정인을 지목하여 손해배상 또는 부당이득반환 등을 청구하는 것은 불가능할 것이다.

17) 회사에 불리한 정보를 숨긴 경우에도 유사한 결과가 발생한다.

[그림 1][18]

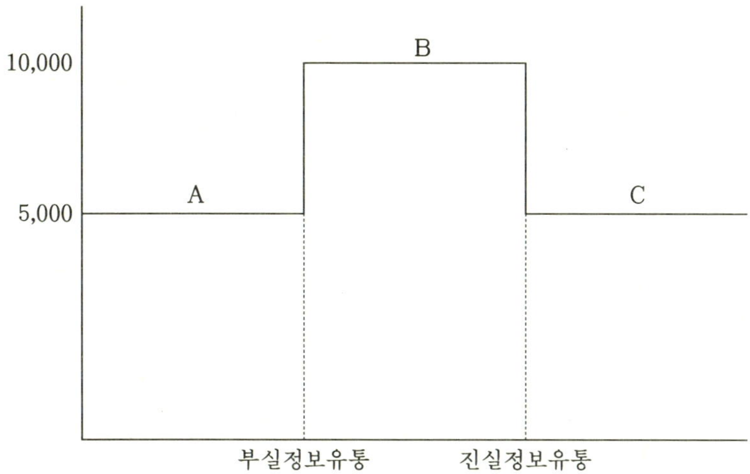

앞서 검토한 차액설을 염두에 두고 위 각 구간에서 거래한 자에 대한 손해 발생 여부를 따져보자면,

(i) A구간에서 매입하여 B구간에서 매도한 경우: 이러한 경우에는 오히려 부실공시로 인하여 이득을 보았다고 할 수 있을 뿐 손해는 없다. 비대면적, 집합적 거래가 이루어지는 증권시장의 특성상 B구간의 매입자로부터 이러한 이익의 반환청구를 받을 우려도 없다.[19]

(ii) A구간에서 매입하여 C구간에서 매도한 경우: 이 경우에도 손해는 발생하지 않는다.[20] 특히 부실공시와 무관하게 매입이 이루어진 것이므로 이른바 거래인과관계가 없다고 할 것이다.

(iii) B구간에서 매입하여 B구간에서 매도한 경우: 이 경우에는 앞서 차액설에서 살펴본 것과 같이 아직 손해가 발생하지 않았다고 보아야 한다. 물론 진실한 정보가 일부 유포되어 손해가 일부 현실화한 경우 그 부분만큼의 손해가 발생했다고 볼 여지는 있다. 하지만 시장상황이 나빠져서 주가가 떨어진 것이라면, 주식 매수자가 손해를 보았더라도 이는 부실공시와 무관한 것이다.

---

18) Dean Furbush and Jeffrey W. Smith, 앞의 논문, p. 531의 도표를 변형한 것이다.

19) 다만, 동일인이 A구간에서 매입하고 B구간에서 매도하여 이익을 본 다음, 다시 B구간에서 매입하고 C구간에서 매도하여 손해를 입은 경우에는 이러한 손익은 상계되어야 한다고 보는 견해로서, Kenneth R. Cone and James E. Laurence, 앞의 논문, p. 514.

20) Jon Koslow, Estimating Aggregate Damages in Class-Action Litigation under Rule 10b-5 for Purposes of Settlement, 59 Fordam L. Rev. Arpil, 1991, p. 813.

(iv) B구간에서 매입하여 C구간에서 매도한 경우(계속보유 포함): 이러한 경우는 손해의 발생이 인정된다. 전형적으로 부실공시에 기한 손해배상청구권이 인정되는 사례라고 할 수 있다.

(v) C구간에서 매입하여 C구간에서 매도한 경우: 이 때에는 진실한 정보가 유통된 이후에 매매가 이루어진 것이므로 부실공시에 따른 손해의 발생을 주장할 수 없다.

이처럼 회사가 자신에 유리한 허위공시를 하거나 불리한 정보를 숨긴 경우에 진실한 정보가 중간에 부분적으로 유통되는 일이 없이 일시에 시장에 유포된다면, 손해발생이 문제되는 주식은 B구간에서 매입하여 C구간에 매도된(계속보유 포함) 것에 한하게 된다. 만약 진실한 정보가 중간에 부분적으로 유통되었다고 하더라도, B구간에서 매입 후 매도된 경우[21](이른바 In-and-Out Shares)와 B구간에서 매입하여 B구간 내내 계속 보유된 경우(이른바 Retained Shares)는 피해액에 많은 차이가 있으므로[22] 구분되어야 한다. 이렇게 볼 때 결국 피해주식수의 산정에 있어서 중요한 것은, 먼저 B구간에서 매입된 주식을 파악하고(A구간 또는 C구간에서 매입한 주식은 애당초 손해의 발생이 없다), B구간에서 매입된 주식을 (i) B구간에서 매도한 주식(즉 In-and-Out Shares)과 (ii) C구간에서 매도된(계속보유 포함) 주식(즉 Retained Shares)으로 분리하는 작업이다.

Ⅲ. 被害株式數 計算에 관한 美國에서의 論議

부실공시 및 이를 수정하는 진실한 정보의 유통을 전후하여 주식의 매매가 이루어진 때에, 어떤 경우에 손해의 발생을 인정할 수 있는지에 대하여는 앞에서 살펴본 바와 같다. 이에 따르면 손해의 발생 여부를 결정함에 있어서는 그 주식의 매입·매도시점이 매우 중요하게 된다. 이와 관련하여 증권집단소송상 피해주식수 계산에 관한 미국에서의 논의를 검토할 필요가 있다. 특히 미국에서의 증권집단소송에서는 피해자 전원이 특정되지 않고 상세한 거래내역이 확

21) 미국의 법원은 이러한 In-and-Out Shares에 관하여도, 부실공시가 시장상황 등 사정에 따라 당해 유가증권에 대해 각기 다른 시점에 각기 다른 영향을 미칠 수 있다는 점을 근거로 손해배상청구를 허용하고 있다고 한다. Jon Koslow, 앞의 논문, p. 830.

22) Jon Koslow, 앞의 논문, p. 827도 일정한 상황 하에서 In-and-Out Shares에 관해 손해배상이 인정되는 경우가 있을 것이지만, 그 손해배상액은 Retained Shares에 비해 매우 적은 수준이라고 보고 있다; Dean Furbush and Jeffrey W. Smith, 앞의 논문, p. 530, 주 21 참조.

정되지도 않은 상태에서 화해가 이루어지는 경우가 많다. 이러한 경우 사건영향분석법 등 경제학적 방법에 의해 정상주가를 계산하여 주당 피해액을 산정하였다 하더라도 피해주식수를 파악하지 못한다면 전체손해액을 산출할 수 없다. 따라서 미국에서는 객관적으로 수집가능한 당해 주식의 일일 총거래량 등 자료를 이용하여 피해주식수를 산출하는 방법에 관해 다양한 이론이 전개되고 있다.

피해주식의 범위 산정과 관련하여 현재 많이 이용되고 있는 미국에서의 이론으로는 (i) 비례거래모델(PTM, the Proportional Trading Model), (ii) 가중거래모델(ATM, the Accelerated Trading Model), (iii) 2거래인모델(TTM, the Two Trader Model)의 세 가지가 있다.

1. 比例去來모델(PTM, the Proportional Trading Model)

비례거래모델은 전통적으로 집단소송의 원고들이 피해주식의 범위입증을 위해 사용해 왔던 모델로서, 모든 유통되는 주식들의 매매가능성이 동일하다고 전제한다. 예컨대, 집단기간의 첫째 날(Day 1) 20만주가 거래된 데에 이어 둘째 날(Day 2)에도 20만주가 거래되었다고 가정할 때, 첫째 날 거래된 20만주는 모두 새로이 집단기간에 거래된 주식들이다. 하지만 둘째 날 거래된 주식 20만주는 그것이 (i) 모두 첫째 날 거래된 주식이 다시 거래된 것일 수도 있고, (ii) 첫째 날 거래된 주식은 하나도 거래되지 않고 모두 새로 집단기간에 거래된 것일 수도 있다. 비례거래모델은 둘째 날 거래된 주식 중 일부는 새로 집단기간에 거래되기 시작한 것이고, 일부는 첫째 날 거래된 주식이 재매매된 것이라고 보면서, 그 매매가능성이 동일하다고 본다.[23] 이러한 비례거래모델은 과거 많은 미국 법원들이 이용해 오던 전통적인 방식이지만, 이에 대하여는 많은 비판이 제기되고 있다. 특히 비판이 집중되는 것은 이 모델이 취하고 있는 주식매매가능성 동일 가정(ETH, the Equiprobable Trading Hypothesis)이다. 이 가정은 모든 투자자들이 동질적이라는 전제 하에서만 성립할 수 있는 것으로서, 실제로 투자자들은 서로 다른 투자목적, 거래비용, 투자전략 등을 갖고 있으므로 동질적이라고 보기 어렵다.[24] 특히 장기투자자가 아닌 단기투자자들이 매수한 주식들은 또다시 매매의 대상이 될 가능성이 상대적으로 높다는 점이 지적되고

23) Kenneth R. Cone and James E. Laurence, 앞의 논문, p. 510.

24) Michael Y. Scudder, The Implications of Market-Based Caps in Securities Class Actions, 92 Nw. U. L. Rev. 1997, p. 451.

있다.[25)]

2. 加重去來모델(ATM, the Accelerated Trading Model)

가중거래모델에서는 비례거래모델의 가정을 보다 현실화하여, 최근에 거래된 주식이 다시 거래될 가능성이 아직 최근에 거래되지 않은 주식이 거래될 가능성보다 높다고 본다. 가중거래모델은 1991년 Jon Koslow 교수에 의하여 처음 제안된 것으로 알려지고 있다.[26)] 위의 예에서 본다면, Day 1에 20만주가 거래된 후 Day 2에 다시 20만주가 거래되었을 때, Day 2에 거래된 주식 중 상당수가 Day 1 거래분의 재거래일 가능성이 높다는 것이다. 이 모델에 대하여는 매매가능성 상대비율(TLR, Turnover Likelihood Ratio)[27)]이 일정한지 여부 및 그것이 얼마인지에 관한 불확실성이 존재한다는 비판이 제기될 수 있다. 또한 투자자를 중심으로 하는 것이 아니라 주식 자체를 중심으로 매매가능성을 판단하는 결과, 처음에 단기투자자이던 자가 나중에 장기투자자로 바뀌는 등 투자자들이 일관성 없이 주식을 거래하게 되는 현상이 발생하게 되므로, 가중거래모델은 실제 거래의 현실에 부합하지 않는다는 비판도 제기되고 있다.[28)]

3. 2去來人모델(TTM, the Two Trader Model)

마지막으로 2거래인모델에서는 주식을 거래하는 투자자를 크게 2개의 범주로 구분한다. 즉 투자자를 그 성향에 따라 (i) 보유주식을 다시 매매할 가능성이 높은 단기투자자들(high-intensity traders)과 (ii) 그 가능성이 상대적으로 낮은 장기투자자들(low-intensity trader)로 나눈다.[29)] 각 그룹에는 많은 투자자들이 있지만 같은 그룹에 속한 투자자들은 동일한 매매성향을 갖고 그 성향은

---

25) Dean Furbush and Jeffrey W. Smith, 앞의 논문, p. 541.

26) Craig J. McCann & David Hsu, Accelerated Trading Models Used in Securities Class Action Lawsuits, 8-Wtr. J. Legal Econ, 1998/1999, p. 22.

27) 구체적으로는, (집단기간에 이미 거래되었던 주식이 다시 거래될 가능성)÷(집단기간에 아직 거래되지 않은 주식이 거래의 대상이 될 가능성)으로 표시될 수 있다.

28) John Finnerty & George Pushner, An Improved Two-Trader Model for Measuring Damages in Securities Fraud Class Actions, 8 Stan. J.L. Bus. & Fin. 2003, p. 229.

29) William M. Bassin, A Two Trader Population Share Retention Model for Estimating Damage in Shareholder Class Action Litigation, 6 Stan. J. L. Bus & Fin, Fall, 2000, p. 51. John Finnerty & George Pushner, 앞의 논문, pp. 228-229는 'intensity'를 어떤 날 투자자가 보유주식을 매도할 가능성이라고 하면서 high-intensity traders를 'Traders'로, low-intensity traders를 'Investors'로 지칭하고 있다. 여기에서는 단기투자자, 장기투자자라는 용어를 사용하고자 한다.

집단기간 동안 일정하게 유지된다. 이에 따르면 앞서 본 비례거래모델은 두 그룹의 거래 성향이 동일한 특수한 상황을 상정하고 있는 셈이다.

4. 評 價

미국의 연방대법원은 법원이 전문가의 판단 내지 증언을 받아들이기 위하여는 다음 사항을 확인하여야 한다고 판시한 바 있다(이른바 Daubert기준).[30] 즉 ① 전문가가 제시한 이론 또는 기법이 유효한 것으로 적절하게 시험된 것인가, ② 그러한 이론 또는 기법이 동료들의 검토를 거친 것이며, 권위 있는 잡지 등에 의해 공간된 것인가, ③ 알려지거나 잠재적인 오류 가능성이 얼마이고, 이러한 오류 가능성에도 불구하고 그러한 이론 또는 기법은 신뢰할 만한가, ④ 관련 전문가들 사이에서 그 이론 또는 기법이 일반적으로 수용되고 있는가의 네 질문에 대해 긍정적인 답변을 얻을 수 있어야 비로소 그러한 이론 또는 기법을 이용한 전문가의 판단을 받아들일 수 있다는 것이다. 이러한 고려요소들은 우리나라 법원에서 새로운 이론을 수용함에 있어서도 참작되는 것이라 할 수 있다.

이러한 관점에서 볼 때 전통적인 비례거래모델은 수용하기 어려운 측면이 있다. 전혀 거래가능성이 없는 주식들을 정밀하게 제거하는 작업을 거치는 경우 비례거래모델은 실질적으로 2거래인모델과 별로 다를 바가 없다고 주장하면서, 비례거래모델을 옹호하는 견해도 있으나,[31] 비례거래모델이 모든 경우의 매매가능성을 동질적이라고 가정함으로써 결국 피해주식수를 부풀리는 면이 있음을 부인하기 어렵다. 최근 미국의 지방법원에서도 위 Daubert기준을 들어 비례거래모델의 적용을 거부한 사례가 있다.[32]

가중거래모델과 2거래인모델을 비교할 때, 두 모형은 모든 주식이 동일한 비율로 거래되지 않는다는 점을 전제하는 측면에서 동일하다. 어찌되었든 가중거래모델과 2거래인모델은 일부주식이 더 자주 거래되는 거래실정을 반영함으로써 비례거래모델의 문제점을 시정하고자 하는 것이다. 다만 가중거래모델은 주식 자체에 중점을 두어 한 번 거래된 것이 더 거래될 확률이 높다는 입장을

30) Daubert v. Merrell Dow Pharmaceuticals, Inc. 509 U. S. 579.

31) Michael Barclay & Frank C. Torchio, A Comparison of Trading Models Used for Calculating Aggregate Damages in Securities Litigation, 64-Sum. Law & Contemp. Probs. 2001, p. 112는 이러한 제거작업의 결과 매매가능성이 0인 주식과 그렇지 않은 주식의 2가지로 분류되는 것이며, 이러한 접근법이 실제거래에 더 부합한다고 주장한다.

32) Kaufman v. Motorola, Inc., No. 95-C1069, 2000 WL 1506892, (N. D. Ill. Sept. 21, 2000), John Finnerty & George Pushner, 앞의 논문, p. 215에서 인용.

취하는 것이고, 2거래인모델은 투자자의 성향에 중점을 두어 단기투자자가 매매할 확률이 더 높다는 입장을 취하고 있다고 하겠다. 2거래인모델에 대하여도 투자자의 성향은 두 가지로 대별할 수 없고 오히려 종형(bell-shaped) 분포를 보이는 것으로 보아야 한다는 비판이 있기는 하지만,[33] 투자자 개개인의 투자스타일이 크게 변화하지 않고 비교적 일정한 성향을 띤다는 점을 고려할 때 가중거래모델보다는 2거래인모델이 보다 설득력이 있는 것으로 보인다.

다만 이러한 결론은 위 세 가지 모델 중 이론적인 측면에서 우열을 가린 결과이고, 이를 곧 우리나라의 소송절차에 원용하는 데에는 보다 세심한 주의가 필요하다. 먼저 우리 증권시장에 대한 실증적인 분석이 선행되어야 할 것이고, 어느 정도 실증적 분석이 이루어진 후에도 과연 이러한 표본적·통계적 접근방식에 따른 피해주식수 산정이 우리 법제에 부합하는지 검토할 필요가 있는 것이다.

Ⅳ. 事案의 檢討 및 示唆點

1. 損害賠償成立要件과 損害賠償額 算定의 區分

대상결정은 손해배상책임의 성립단계와 손해배상액 산정단계를 엄별하면서 증권거래법 제15조 제1항을 후자의 문제로 보고 있다. 법익의 침해 자체를 손해배상책임 성립요건인 손해의 발생으로 보는 '구체적 손해설'과 달리 '차액설'을 취할 경우, 불법행위를 전후한 재산상태의 차이, 즉 차액의 존부를 파악하는 과정에서 손해배상액 산정도 함께 이루어진다는 점에서 위 두 단계가 뚜렷이 구별되지 않는 것처럼 보이고 실무적으로도 두 단계가 통합되어 처리되기도 한다.[34]

그럼에도 불구하고 손해배상책임의 성립요건과 손해배상액 산정은 개념적으로 구별할 필요가 있다. 즉 위 구분에 따라 법원의 역할과 당사자의 입증책임이 달라지는 것이다.[35] 손해의 발생은 그 배상을 구하는 사람이 어떠한 손해를 문제삼고 있는지 명확히 해야 한다는 측면에서도 피해자가 이를 주장·입증하여야 하는 반면에, 손해의 금전적 평가에 대하여는 그 판단이 비송적 성질을 가진다고 하여 법관의 창조적 역할이 강조[36]되고 있는 것이다. 또한 불법행위로

33) Michael Barclay & Frank C. Torchio, 앞의 논문, p. 111.
34) 李銀榮, 앞의 책, 263면.
35) 梁彰洙, 앞의 논문, 243면.
36) 黃鉉虎, "損害賠償訴訟에 있어서 證明의 程度 및 範圍," 「法曹」 제557호(2003. 2), 9면.

인한 손해배상사실이 인정되는 때에는 법원은 특단의 사정이 없으면 손해액을 심리하여 산정하여야 한다.37) 배상금액 및 그 산정자료는 피해자가 주장·입증함이 원칙이지만, 설사 손해액에 관한 입증이 없더라도 법원은 청구를 배척하지 말고 석명권을 행사하여 손해액을 심리판단하여야 하며 그와 같이 심리하지 않으면 심리미진의 위법이 있게 된다.38)

위 두 단계의 구별은 차액설 하에서도 실익이 있고, 또한 개념적으로도 가능하다고 할 것이다. 즉 앞서 살펴본 바와 같이 차액설에 의할 때 손해배상책임의 성립단계에서의 손해는 추상적으로 피해자가 어떤 피해를 입었다는 정도로 족하고, 손해배상액 산정단계에서 그 손해에 대한 구체적인 평가가 이루어지는 것이다. 이러한 관점에서 볼 때 대상결정이 판단의 기초로 삼고 있는 위 구분론은 타당하고, 증권거래법 제15조 제 1 항은 그 중 손해배상액 산정단계에서 문제되는 것임을 부인하기 어렵다.

2. 被害株式數 算定 問題의 性格 및 處理方案

(1) 앞서 본 바와 같이 미국의 증권집단소송에서는 손해액의 산정문제를 주당피해액과 피해주식수의 문제로 보아 그 중 후자에 대하여도 다양한 수리적 방식에 의하여 통계적 모델을 고안하고 있다. 그렇다면 우리 법체제하에서도 피해주식수의 문제는 단순히 손해배상액 산정요소 중의 하나가 될 뿐 손해배상책임의 성립단계에서는 논할 필요가 없는가. 생각건대 피해주식수의 문제는 곧 피해주식의 특정의 문제이고, 대상결정이 언급하고 있는 것처럼 손해배상책임이 성립하기 위해서는 반드시 피해의 목적물인 주식을 특정하여야 할 것이므로, 이는 반드시 손해배상책임의 단계에서 구체적으로 다루어져야 할 것이다. 후술하듯이 새로이 도입된 증권집단소송의 운영에 있어서도 이러한 원칙이 준수되어야 할 것으로 본다. 이렇게 볼 때 피해주식수의 산정문제를 손해액 산정에 관한 증권거래법 제15조 제 1 항과 연결시킨 위헌심판제청법원의 입장은 다소 무리가 있었던 셈이다.

---

37) 대법원 1965. 1. 26. 선고 64다1399 판결 등.

38) 대법원 1997. 12. 26. 선고 97다42892 판결 등. 다만 손해액에 관한 법원의 입증촉구에 응하지 않을 뿐 아니라 명백히 그 입증을 하지 않겠다는 의사를 표시한 경우에 법원은 피고에게 손해배상책임을 인정하면서도 그 액수에 관한 증거가 없다는 이유로 청구를 배척할 수 있으며(대법원 1994. 3. 11. 선고 93다57100 판결), 그렇지 않은 경우에는 가령 평균수익액 산출방법 등 통계 등을 이용하여 공평성과 합리성을 갖춘 범위 내에서 추상적인 방법으로 손해액을 산출할 수밖에 없다(대법원 1991. 12. 27. 선고 90다카5198 판결).

(2) 그렇다면 이 사건 법률조항의 위헌논의와 무관하게 이 사건에서 피해주식수를 산정하는 합당한 방법은 무엇인가? 논의의 편의를 위하여 본건 사안의 기본구조를 단순화하여 부실공시 이전에 100주, 부실공시 이후에 200주를 각각 매입했던 사람이 중간에 '50주를 매각'하고 변론종결일까지 250주를 보유하고 있다고 하자.

[그림 2]처럼 50주의 매각이 부실공시기간 중에 이루어진 때에는 증권거래법 제15조 제1항에 의하든 본 논문에서 다룬 차액설의 입장에 의하든, 그 매각된 50주의 출처에 따라 피해주식수가 달라진다. 즉 그 50주가 부실공시 이전에 매입된 100주 중 일부의 매각이라면 부실공시 이후 매수된 200주가 고스란히 피해주식으로 인정되어 손해배상액은 1,000,000원(주당 피해액 5,000원 200주)이 된다. 반면 그 50주가 부실공시 이후에 매입된 200주로부터 나온 것이라면, 이러한 50주만큼은 손해가 없는 것으로서 공제되므로 손해배상액은 750,000원(주당 피해액 5,000원 150주)이 된다.

[그림 3]의 경우에도 증권거래법 제15조에 의하는 경우에는 매각된 50주의 출처에 따라 피해주식수 및 손해배상액이 달라진다. 즉 그 50주가 부실공시 이전에 매입된 것의 매각이라면 손해배상액은 1,400,000원인데 반해(주당 피해액 7,000원×200주), 그것이 부실공시 이후에 매입된 것의 매각이라면 손해배상액은 1,450,000원(8,000원×50주+7,000원×150주)이 되는 것이다.

[그림 2]

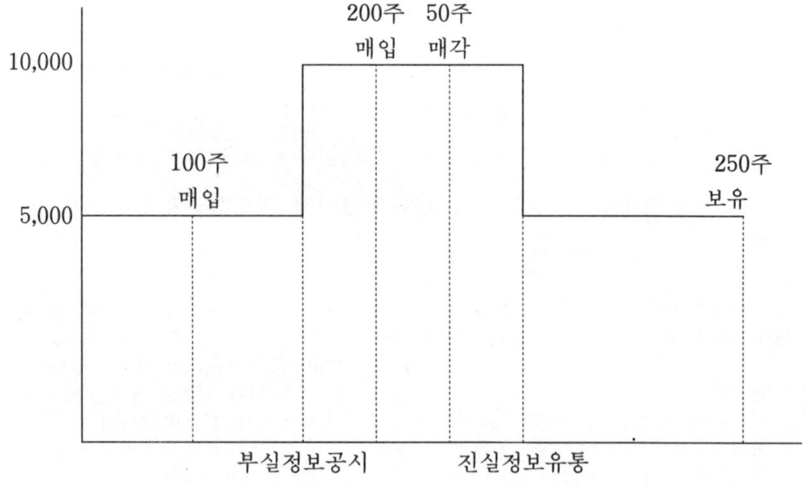

[그림 3]

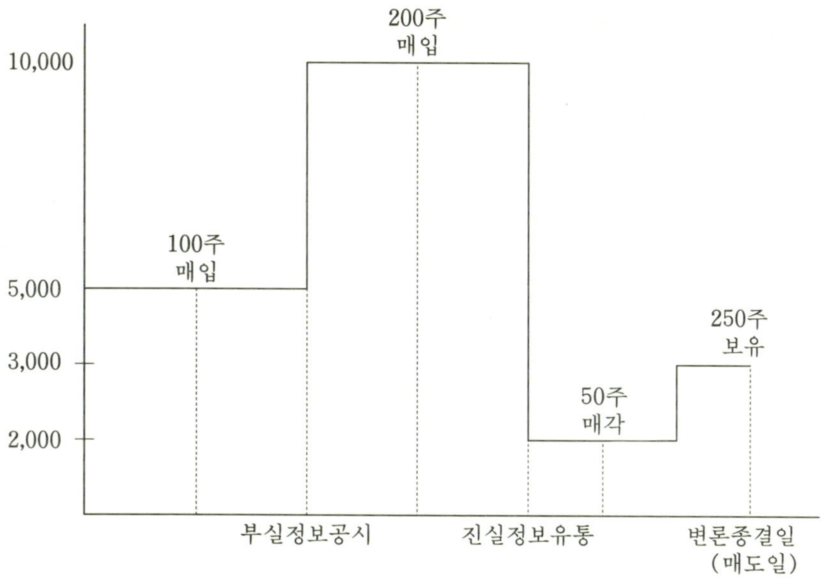

그렇다면 위 50주의 출처를 어떻게 보아야 할 것인가. 위헌심판제청법원도 언급하였듯이 증권예탁결제제도의 특성을 고려할 때 그 출처를 개별적 · 물리적으로 특정하는 것은 불가능할 뿐 아니라, 만약 특정이 가능하다고 하더라도 그 특정이 혼장임치 후 우연한 분류에 의해 이루어진다면 그것이 특별한 의미를 갖는 것도 아니다. 실제 소송에서는 이 문제를 당사자 사이에 다툼이 없는 사실로 정리하거나 먼저 매입한 것이 먼저 매각된다는 전제하에 소송이 진행되는 예가 많다고 한다.

이러한 피해주식의 특정 문제는 앞서 본 구분론에 따르면 손해배상 성립요건에 속하는 것이고 따라서 원칙적으로 피해자가 주장 · 입증하여야 할 것이다. 하지만, 당사자 사이에 다툼이 있는 경우에 증권예탁결제제도의 특성으로 말미암아 실제 피해주식을 특정하기 어려우므로, 앞서 본 Daubert기준 등을 참작하여 합리적인 대안을 강구하여야 할 것이다.

여기에서는 앞서 논의한 비례거래모델, 가중거래모델, 2거래인모델을 그림 2에 적용시켜 보도록 하겠다. 먼저 발행주식 총수가 300주인데 부실공시 이후 첫날 200주의 매매가 이루어지고, 둘째날 50주가 거래되었다고 하자. 둘째날의 50주는 어디에서 나온 것인가. 비례거래모델에 의하면 아직 부실공시기간 중에 유통되지 않은 주식 100주 중의 16.6주(16.6%)와 첫날 거래된 200주 중의 33.4주(16.6%)의 합계로 구성된다고 본다. 이에 반해 가중거래모델은 최근에 거래된 200주가 거래되었을 가능성이 더 높다고 본다. 마지막으로 2거래인 모델에서는 앞서 본 바와 같이 거래인의 투자성향을 나누어 분류작업을 진행하게 된다.

이 사안은 위 200주 매입 및 50주 매각이 동일인에 의해 이루어진 것이기 때문에 2거래인 모델과 비례거래모델의 결론이 동일하게 된다. 즉 동일인이 수일에 걸쳐 매수한 주식을 매각시에는 각 안분하여 매도하는 셈이 된다. 반면 가중거래모델에 따르면 부실공시기간에 거래된 주식이 다시 거래될 확률이 높으므로 위 50주는 첫날 매입된 200주가 다시 매도된 것일 가능성이 높다. 예컨대 피해자가 장기보유목적으로 100주를 매수해 놓고 200주는 투자목적으로 보유하면서 단기매매를 하는 경우라고 할 것이다.

본 논문은 투자자들의 성향은 여러 가지이지만, 동일투자자는 보유주식에 대하여 동일한 투자성향을 유지한다는 2거래인모델을 택하고 있는바, 이에 따르면 이 사안에서도 안분비례에 의해 매각되는 것으로 봄이 타당하다고 하겠다.

3. 關聯 問題: 證券關聯集團訴訟에의 示唆點

앞서도 잠시 언급한 것처럼 2005. 1. 1.부터 이루어지는 부실공시는 증권관련집단소송법의 적용대상이다. 증권관련집단소송법에 따르면 부실공시로 인해 피해를 입은 다수인이 이른바 총원을 구성하게 되는바, 총원의 구성원 및 그 구체적 권리는 판결 이후 분배절차에서 권리신고과정을 통해 확정하도록 되어 있다(제2조 제2호, 제49조). 법무부의 증권집단소송시안해설도 일단 opt-out방식에 따라 특별한 제외신고를 하지 않는 한 집단구성원이 되고, 그 개별적인 권리의 특정은 분배절차에서 이루어지는 것을 전제로 하고 있는 듯하다.[39]

그러나 특히 피해주식수를 개별적·구체적으로 특정하지 않은 채 법원의 판결이 내려지는 것은 대상결정의 취지에 비추어도 적절하지 않은 것으로 보인다. 즉 앞서 상세히 살펴본 피해주식수 특정에 관한 미국에서의 논의를 그대로 우리 증권관련집단소송에 도입하는 것은 문제가 있다.

---

39) 김진모, "證券關聯集團訴訟의 制定方向," 證券關聯集團訴訟法 制定 公聽會 資料, 法務部, 2001. 11. 2, 참조.

먼저 대상결정은 손해배상책임의 성립단계와 손해배상액 산정단계를 엄별하고 있고, 이러한 태도가 타당함은 앞서 본 바와 같다. 피해주식의 범위의 문제는 본디 손해배상책임의 성립단계에 속하는 것이므로 원칙적으로 피해자가 주장・입증하여야 할 사안이지 손해배상액 산정단계처럼 법관의 창조적 역할이 강조되는 분야가 아니다. 물론 이 사안에서처럼 동일인이 수회에 걸쳐 매입한 경우는 다른 도리가 없이 합리적 대안모형을 활용하여야 할 것이지만, 다수인이 매입・매도에 관여한 경우의 피해주식수는 구체적인 청구원인의 특정을 통해 주장・입증되어야 하는 것이다. 또한 전통적으로 opt-out방식을 취해 온 미국에서도 최근 법원이 심리전 개시절차에서 청구원인에 대한 실제적인 증거를 제출하도록 요구하여야 한다는 견해가 다수설이 되어가고 있다.[40] 이에 의하면 앞서 본 피해주식수의 산정모델은 화해 등을 위한 참고목적으로 활용된다.

이렇듯 수리적 모델을 통한 계산방식의 한계[41]와 대상결정의 취지에 비추어볼 때, 우리의 증권관련집단소송의 운용에 있어서도 피해자들이 판결 전에 일일이 청구원인에 관한 구체적 자료를 제출하도록 유도할 필요가 있다고 하겠다.

40) Janet Cooper Alexander, The Value of Bad News in Securities Class Action, 41 UCLA L. Rev. 1994. p. 1492; Michael Y. Scudder, 앞의 논문, pp. 451, 471; Kenneth R. Cone and James E. Laurence, 앞의 논문, p. 508.

41) 정부도 회계・재무이론에 의한 피해주식수 산정의 어려움을 인정하고 있다. "특히 손해기간 중 거래주식수 산정과 관련하여 정확한 산정은 사실상 불가능하다(주식은 끊임없이 거래되며 손해기간 중 한 주의 주식이 수백번 주인이 바뀔 수 있는 점을 감안하면 거래주식수 산정이 어렵다는 점을 이해할 수 있음). 위 계산을 위하여는 매우 복잡한 회계・재무이론을 이용하여 거래주식수를 추정하게 되는데, 그 부정확성으로 말미암아 분배절차 이후 승소금액이 남는 경우가 종종 발생하고 있으며, 어떠한 산정방식을 선택하는가에 따라 전체 승소금액의 30% 이상이 달라지는 경우가 발생한다. 김진모, 앞의 자료, 19면.

市勢操縱行爲로 인한 損害賠償請求訴訟에 있어서 損害額의 計算

蔣　尙　均*

대법원 2004. 5. 28. 선고 2003다69607·69614 판결 **

[事實의 槪要]

1. 1998. 4. 4.부터 1998. 11. 12.까지 약 7개월에 걸쳐 현대증권(주)와 현대전자(주)의 임원들이 공모하여 현대그룹의 자금을 동원함으로써 현대전자의 주식에 대하여 현실거래에 의한 시세조종행위를 하였다.

구체적으로 보면 ① 1998. 4. 4.부터 같은 해 5. 29.까지는 현대증권과 현대전자의 임원들이 공모하여 제3자 명의의 계좌를 이용하여 현대전자의 주식을 매매하는 과정에서 유가증권시장에서의 매매거래를 유인할 목적으로 224회에 걸쳐 합계 423,700주(체결수량 414,720주)에 대하여 장중접속매매시 및 종가결정을 위한 동시호가시에 고가의 매수주문을 내어 장중가 및 종가를 고가에 형성시키는 방법으로 그 시세를 변동시키는 매매거래를 하였고, 또한 ② 1998. 5. 26.부터 같은 해 11. 12.까지는 현대증권의 임원들이 공모하여 같은 그룹 내 다른 계열회사들 명의의 계좌를 이용하여 마찬가지로 시세를 직접 변동시키거나 매매거래가 성황을 이루고 있는 듯이 잘못 알게 하는 주가조작행위를 하였다.

2. 금융감독원은 이 사건 시세조종행위에 대한 조사를 거쳐 1999. 4. 8. 검찰에 수사의뢰를 하였으며 검찰에서는 같은 해 9. 9. 현대증권 및 그 임원 등을 증권거래법 위반죄로 각 기소하면서 같은 달 21. 수사종결 발표를 하였으며, 서울지방법원 99고단95559 사건 및 그 항소심인 같은 법원 99노11300 사건에서 모두 유죄가 선고되었다.[1)]

3. 이에 그 무렵 현대전자의 주식을 거래한 투자자들이 시세조종으로 말미암아 고평가된 주식을 매입하여 손해를 보았다고 주장하면서 현대증권 및 그 대표이사 등을 상대로 손해배상을 청구하였다.[2)]

---

* 판사, 대법원 재판연구관.

** 공 2004. 7. 1(205), 1067.

1) 참고로 형사사건은 그 후 2003. 12. 12. 대법원에서 유죄로 확정되었다.

2) 원고들은 변론종결일 이전에 이미 주식을 처분하였는데, 그 매도가격이 각 매수시점에서의 감정에 따른 정상가격보다 높다는 이유로 매도가격과 정상가격과의 차액을 스스로 공제한 후 '매수시점에서의 취득가격-매도가격'을 손해액으로 청구하였고(즉 '매수시점에서의 취득가격-

[訴訟의 經過]

1. 제 1 심 판결은 다음과 같은 이유로 원고들의 청구를 기각하였다[3]

(1) 증권거래법 제188조의4 제 2 항 제 1 호에서 금하는 시세조종 등 불공정거래행위를 하였으므로, 피고들인 현대증권과 그 대표이사는 원칙적으로 같은 법 제188조의5 제 1 항에 따라 손해배상책임이 있다 할 것이다.

원고들은 시세조종기간중 고평가된 '매수가액'과 그 매수시점에서의 '정상가격'의 차액을 손해라고 주장하나, 시세조종행위와 손해액(주가 상실액) 사이에 인과관계가 있다고 인정하기 위하여는 ① 주식가격이 시세조종행위로 인하여 정상가격에 비하여 높게 형성되었고, ② 이렇게 고평가된 주식가격이 시세조종행위의 중단으로 인하여 주식시장의 선순환에 의하여 정상가격을 찾아가는 과정에서 그 가격이 하락하였음이 인정되어야 할 것이므로, 이러한 주가상실액은 특별한 사정이 없는 한, '시세조종행위를 중단하기 직전에 형성된 주가'와 '시세조종행위의 중단으로 인한 주식시장의 선순환이 종료됨에 따라 정상적으로 형성된 주가'(주가가 다시 정상적으로 형성되기 이전에 매도가 이루어지고 그 가액이 그 후 다시 정상적으로 형성된 주가를 초과하는 경우에는 그 매도가액)와의 차액상당이라고 할 것이고, 이 사건에서 그와 같은 선순환의 종료시점은 종합주가지수 및 업종지수의 변동추이와 비교해 볼 때 1999. 12. 10.이다. 이후부터는 주식시장에서의 정상적인 수요 · 공급에 의하여 주가가 형성되었다.

(2) 그런데 우선 시세조종행위기간 내인 1998. 6. 26.부터 7. 1. 사이에 매수하여 시세조종이 중단되기 전인 7. 3.부터 7. 10.까지 사이에 매도한 원고들의 경우, 이로 인하여 매수가액과 매도가액의 차액상당의 손해를 입었다고 하더라도, 시세조종행위로 인하여 고평가된 이 사건 주식의 가격이 시세조종행위의 중단으로 인한 주식시장의 선순환에 의하여 정상가격을 찾아가는 과정에서 하락하였다고 볼 수 없어, 위 손해가 시세조종행위와 인과관계가 있다고 할 수 없다.

(3) 다음으로 시세조종행위의 중단으로 인한 주식시장의 선순환이 종료한 1998. 12. 10. 이후인 1998. 12. 23.부터 1999. 4. 2.까지 매수하여, 1999. 1. 4.~

(감정)정상가격'을 청구하고 있지는 아니함), 적게는 227,500원, 많게는 25,164,500원으로서 52명이 도합 약 348,000,000원 상당의 배상을 구하였다.

3) 원고들 중 일부는 거래소의 매매거래위탁에 의하여 주식을 취득하였다는 증명이 없어 그 청구가 기각되었고, 또한 그룹회장 등 일부 피고들은 공모협의가 인정되지 아니하여 그들에 대한 청구가 기각되었는데, 이 자리에서 검토하는 쟁점과는 거리가 있고 상고된 부분도 아니었으므로, 편의상 그 부분은 생략한다.

7. 15. 사이에 매도한 원고들의 경우, 매수시점에서의 이 사건 주식의 가격이 시세조종행위로 인하여 정상가격에 비하여 높게 형성되었다고 볼 수 없고, 시세조종행위의 중단으로 인한 주식시장의 선순환에 의하여 정상가격을 찾아가는 과정에서 하락하였다고 볼 수 없어, 역시 인과관계가 없다.

(4) 따라서 원고들의 청구를 모두 기각한다.

2. 原審(서울고등법원 2003. 12. 9. 선고 2002나3343·3350 판결)

원심은 다음과 같은 이유로 대부분의 원고들의 청구를 인용하였다.

(1) 손해배상책임의 발생

(가) 제 1 심은 인과관계를 부정하였으나, 제 1 차 감정결과에 의하면 인과관계가 인정된다. 즉 그 감정인들은 이른바 사건연구방식(event study)을 적용하여, ① 현대전자가 상장되어 거래되기 시작한 1997. 1. 3.부터 이 사건 시세조종행위가 시작되기 직전인 1998. 4. 8.까지 371거래일(estimation window. 이하 '추정기간'이라 한다) 동안 거래소 종합주가지수, 거래소 전기 · 기계지수(=업종지수), ○○전자(=동종업체)의 주가 등 세 가지 값(배당 및 유무상증자 등을 감안한 수익률)을 설명변수로 삼아 시계열분석에 의하여 같은 기간 동안 현대전자의 주가(수익률)를 가장 잘 설명해 줄 수 있는 회귀방정식[4]을 도출하고, ② 1998. 4. 9.부터, 금융감독원이 검찰에 수사의뢰를 함으로써 시세조종행위(혹은 그 개연성)가 시장에 알려지기 전날인 1999. 4. 7.까지 276거래일 동안(event window. 이하 '사건기간'이라 한다)의 위 회귀방정식에 의하여 도출된 현대전자 주가의 정상수익률과 같은 기간 동안 실제로 형성된 주가에 의한 실제수익률을 각 산정한 다음, ③ 비정상수익률(=정상수익률-실제수익률, abnormal return)로부터 같은 기간 동안의 누적 비정상수익률(cumulative abnormal return)을 산정하여 유의성을 검증한 결과, 1998. 5. 25.까지는 시세조종행위가 실제주가에 영향을 미쳤다고 보기 어려우나, 1998. 5. 26.부터 누적비정상수익률이 급격히 상승, 지속적으로 양(+)의 값을 갖기 시작하여 같은 해 9. 10. 최고치를 이룬 후 서서히 떨어지기 시작하나 사건기간 말일인 1999. 4. 7.에도 여전히 양(+)의 값을

4) 회귀방정식(回歸方程式, reggression equation): "개인소비는 무엇에 의존하고 있는가," "물가상승률을 결정하는 요인은 무엇인가" 등과 같이 경제행위의 인과관계를 과거의 통계를 기초로 추정한 방정식. 가령 개인소비(C)는 가처분소득(Yd) 사이에 일정한 관계가 있다고 가정하고 C=a+bYd라는 방정식을 세웠다고 할 경우, 여기에서 그치면 하나의 理論式에 지나지 않으나 과거의 소비와 소득통계를 조사분석하여 a와 b의 값을 추정해 냄으로써 회귀방정식이 되는 추정방법이고, 가장 대표적인 것으로 최소자승법(最小自乘法)이 있다(매일경제신문사, 2004 경제신어사전 참조).

유지하고 있는 것으로 나타난 것을 근거로 이 사건 각 시세조종행위가 1998. 6. 1.부터 1999. 4. 7.까지 사이에 현대전자 주가의 정상가격에 영향을 미친 것으로 감정하였다.

㈏ 우선, 현대전자의 주가 및 종합주가지수의 추이, 매입 규모 및 시기, 현대전자의 주식 중 실제 유통되는 주식의 비중, 현대전자의 영업실적과 전망, 부채비율, 피고들의 앞서 살핀 시세조종행위의 태양과 규모 및 기간 등에 비추어 이 사건 시세조종행위로 말미암아 현대전자의 실제주가가 정상주가보다 높게 형성되었을 개연성이 높고, 정상주가와의 괴리가 나타나기 시작한 1998. 5. 26.은 같은 날 종가결정을 위한 동시호가 주문시에 시세변동행위가 있었고, 계열회사들 명의의 계좌를 이용한 시세조종행위가 시작된 날이기도 하며, 그 날부터 상당기간 집중적인 시세조종행위가 장기간에 걸쳐 이루어진 점 등에 비추어, 위 감정결과는 신빙성이 높다.

㈐ 위 감정결과를 다투는 피고들의 주장은 모두 받아들이지 않는다.

① 사건연구방식의 신뢰성에 대하여 피고들은, 첫째 위 감정에서 사용된 사건연구(event study)방식은 이른바 준강형 효율적 시장가설(semi-strong form of efficient market hypothesis, 공식적으로 이용할 수 있는 모든 정보가 공시되자마자 주가에 반영되므로 투자자가 이미 공표된 증권시장 및 비시장정보를 이용하여 추가적 수익을 얻을 수 없다는 가설)을 전제로 한 것인바, 우리 주식시장은 회계의 투명성이 떨어지고 투자자들의 행태가 비합리적이어서 효율적 시장가설이 적용되는 시장이라고 볼 수 없고, 둘째 주식시장의 본질에 비추어 볼 때 정상주가의 산정은 불가능하다고 보아야 할 것인데도 사건연구방식은 과거의 자료로 장래주가를 예측하는 폐단이 있다고 주장한다.

그러나 첫째, 이 사건 시세조종행위는 직접 매매거래에 의하여 거의 매거래일에 걸쳐서 시세 자체를 직접 변동시키는 것을 주된 내용으로 하고 있어, 일반적·공식적으로 이용할 수 있는 정보의 왜곡 혹은 차단이 주가의 형성에 영향을 미쳤는지 여부에 관한 효율적 시장가설의 타당성 논의와는 다소 거리가 있고, 현대전자의 주식은 전국적 규모의 증권거래소에 상장되어 국내의 개인투자자 및 기관투자가들은 물론 외국인투자자들 사이에서도 활발히 거래되고 있었을 뿐 아니라(1998년에는 시세조종행위 이전부터 1일 평균거래량이 10만주를 상회하였다) 다수의 증권분석가 기타 시장전문가들의 분석·평가대상이 되고 있었던 점 등에 비추어, 피고들의 위 주장에 부합하는 듯한 제2차 감정결과는 믿기 어렵고 달리 위 주장을 뒷받침할 근거가 없으며, 둘째, 위 감정방식은 과거에 이미 확정된 설명변수를 사용하여(설명변수인 종합주가지수, 전기 · 기계업종지수 및 동종업체인 ○○전자의 주가는 이미 확정되어 있다) 비정상수익률의 존재 여부를 검증하는 방식이므로 미래의 주가를 예측하는 것이 아니다.

② 다중공선성의 존재로 말미암은 유의성에 대한 의문 　피고들은 종합주가지수와 전기 · 기계업종지수, ○○전자의 주가 사이에 다중공선성이 존재하는데도 위 세 가지를 설명변수로 삼은 이 사건 감정결과는 그 예측의 유의성을 인정할 수 없다고 주장하나, 현실적으로 시계열자료를 이용한 회귀분석에서는 독립변수들 간에 어느 정도의 상관관계가 존재하는 것이 일반적이어서 다중공선성의 문제는 정도의 문제일 뿐, 그 자체로서 분석의 효용성과 유의성을 배척하는 근거는 될 수 없다. 제 1 차 감정에서 설명변수로 삼은 종합주가지수, 전기 · 기계업종지수, ○○전자의 주가 사이에 존재하는 다중공선성이 제 1 차 감정상 분석의 유의성을 배척할 정도에 이르렀다고 보기 어렵고, 오히려 제 1 차 감정결과에 의하면 앞서 본 세 가지 설명변수들에 의한 이 사건 회귀방정식은 추정기간의 현대전자의 주가를 비교적 잘 설명하여 주고 있을 뿐 아니라, 설명변수 중 한 가지씩을 제외시켜 보았을 때 잔류하는 설명변수의 추정계수값의 유의성이 더 높아진다고 보기도 어려운 점에 비추어, 다중공선성 등을 이유로 한 피고들의 주장 역시 받아들이기 어렵다.

③ 이른바 주식시장의 선순환 주장 등(제 1 심의 논리)에 대하여 　피고들은 제 1 심과 같은 논리로써 원고들의 손해와 시세조종행위 사이의 인과관계를 인정할 수 없다는 취지로 주장한다. 그러나 1998. 12. 10. 무렵부터 현대전자의 주가가 종합주가지수나 업종지수, 동종업체의 주가와 같은 방향과 폭으로 변동되었다고 볼 증거가 없는 점, 이 사건 시세조종행위가 7 개월 가까운 장기간에 걸쳐 거의 매거래일마다 이루어지고, 동원된 자금이 2 천억 원을 넘고 시세조종행위 과정에서 체결된 매수물량이 전체 거래량에서 차지한 비중이 크게는 경우에 따라 60%에 이르고 전체적으로는 15%를 상회하였던 점, 금융감독원의 수사의뢰가 있기 전까지 시세조종행위가 시장에 알려졌다는 점에 관하여는 그 어떠한 흔적도 찾아볼 수 없는 점 등에 비추어 시세조종행위의 종료일인 1998. 11. 12. 혹은 1998. 12. 10. 무렵에 시세조종행위의 영향력이 소멸되었다고 보기는 어렵고, 오히려 1999. 4. 7.까지 주가가 시세조종행위의 영향을 받았다고 봄이 상당하므로, 위 주장은 이유 없다.

⑵ 손해배상의 범위

㈎ 일반원칙 　시세조종으로 인한 손해의 범위는, 시세조종행위가 없었다면 형성되었을 정상가격과 시세조종 등 불공정행위로 인하여 형성된 가격인 변동가격으로서 원고들이 매수한 가격과의 차액을 손해액으로 보되, 변론종결 전에 해당 주식을 이미 처분한 경우에 그 실제 처분가격과 위 매수가격의 차액이 정상가격과 매수가격의 차액보다 적다면 처분가격과 매수가격의 차액을 손해액으로 보아야 한다.

그리고 사건기간 직전일(추정기간 말일)인 1998. 4. 8.의 종가인 18,550원에 이 사건 회귀방정식에 의하여 도출된 정상수익률을 복리적용하는 방법으로 산정한 1998. 6. 1.부터 1999. 4. 7.까지의 현대전자의 정상주가를 산정하고, 정상주가의 산정방식에 관한 피고들의 아래와 같은 주장을 모두 배척한다.

① "1998. 1. 1.부터 1998. 5. 25. 사이의 최고가인 32,100원을 적정가격으로 삼아 정상주가를 산정하여야 한다"는 주장(중간최고가격 주장)에 대하여 　정상주가의 산정에 관하여 여러 가지 주장이 있을 수 있고 그 중에서도 과거의 주가추이를 토대로 정상주가를 산정함에도 여러 가지 방법이 있을 수 있으나, 중간최고가격을 정상주가로 삼는 것은 정상주가로부터 가장 거리가 먼 주가(특별한 사정이 없는 한 해당 기간의 최고가와 최저가일 것임)를 '정상'주가로 간주하는 셈이 되어 그 자체로 모순이다.

② "무위험수익률을 반영한 자본-자산가격결정모형(Capital-Asset Pricing Model. 이하 'CAPM'이라고만 한다)에 의하여 산정하되, 정상주가계산의 시발점을 추정기간중 평균주가인 30,763원을 기준으로 삼은 제 2 차 감정결과에 의하여야 한다"는 주장(제 2 차 감정결과에 의한 산정주장)에 대하여 　피고들은 제 1 차 감정결과는 무위험자산(미래의 수익률을 확실하게 예측할 수 있어 수익률의 변동가능성이 없는 자산)의 수익률을 고려하지 아니하여 신뢰성이 떨어지므로, 이를 고려한 CAPM 방식에 의하여 정상주가를 산정한 제 2 차 감정결과에 의하여 정상주가를 산정하여야 한다는 취지로 주장하나, 1997년부터 1999년 4 월까지 우리 주식시장에서 무위험자산의 존재를 가정함으로써 제 1 차 감정결과보다 유의성이 더 높아진다고 볼 증거가 없다.

③ 제 2 차 감정결과를 원용하여 "정상주가 산정의 시발점을 추정기간중의 평균주가(혹은 1997. 1. 3.부터 1998. 5. 26.까지의 평균주가)로 보아야 한다"는 주장에 대하여 　현대전자의 주식은 증권거래소에 상장되어

활발히 거래되고 있었을 뿐 아니라(1998년에는 시세조종행위 이전부터 1일 평균 거래량이 10만주를 상회하였다) 증권분석가 기타 시장전문가들의 분석·평가대상이 되고 있었던 점에 비추어 보면, 각 거래일의 현대전자의 주가는 각 거래일에 있어 현대전자의 재무상태 및 그 변경가능성과 전체 경제제상황은 물론 그 시점에서 과거의 주가와 거래량 등을 포함한 과거의 정보를 반영하고 있다 할 것인바, 추정기간의 평균주가에 의할 경우에는 과거의 주가일수록 그 영향력이 가중되는 효과를 초래하여 부당하고, 연속된 시계열 자료를 토대로 한 수익률 분석에 의한 정상주가 산정방식의 본질에도 반하고, 피고들 주장에 따르면 직전에 주가가 높게 형성되다가 급락한 주식의 경우에는 그 평균치에 이르지 아니하는 한 아무리 시세조종을 하여도 손해배상책임이 없다는 결론에 이르게 되어 부당하므로, 정상주가의 산정의 기준주가는 특별한 사정이 없는 한 제1차 감정결과처럼 사건기간 직전의 가격으로 봄이 상당하다.

(3) 결 론

원고들이 변론종결일 이전에 주식을 모두 처분하였는데, 각 취득일의 '실제 취득가격'(조작주가)과 '정상주가'의 차액보다 '실제 취득가격'과 '처분가격'의 차액이 더 적은 금액이므로, 후자의 손해액을 배상하여야 한다.

3. 被告들의 上告理由의 要旨[5]

(1) 제1점: 시세조종행위가 주가에 영향을 준 기간에 관한 채증법칙 위배

원심은 시세조종행위기간을 1998. 4. 4.부터 1998. 11. 12.까지로 보면서, 그 행위의 영향이 미친 기간을 그와 시차를 둔 1998. 6. 1.부터 1999. 4. 7.까지로 보았으나, 이를 뒷받침하는 제1차 감정결과는 믿기 어렵다. 제1차 감정결과는 누적비정상 수익률이 양(+)의 수를 나타내는 경우를 시세조종행위가 주가에 영향을 준 경우로 판단하였으나, 누적비정상 수익률이라는 요소는 주가가 영향을 받았는지 여부를 구별할 수 있는 정확한 징표가 못 된다. 원심의 사실인정에 의할 때 이 사건의 사건기간 직전일은 1998. 4. 3.임에도 제1차 감정인은 사건기간이 1998. 4. 9.부터인 것으로 오인하고 직전일을 4. 8.로 본 다음 이를 정상주가 산정을 위한 시발점으로 삼은 잘못이 있다. 즉 4. 8.의 종가 18,550원에 정상수익률을 적용할 것이 아니라 4. 3.의 종가 19,700원에 정상수익률을 적

5) 대표이사 개인의 상고이유는 시세조종행위가 없었다는 사실오인 부분이 있는 이외에는 피고회사의 그것과 대체로 중복되므로, 아래에서는 피고회사의 상고이유로서 대법원이 판단한 부분에 한하여 살핀다.

용하여야 한다. 그리고 오히려 제 1 심 판결과 같이 1998. 12. 10. 이후 현대전자의 주가를 종합주가지수, 전기기계업종지수와 비교해 보면 유사하게 변동한 사실을 확인할 수 있고, 따라서 영향은 시세조종행위 종료 한 달 정도 뒤인 1998. 12. 10. 이후에는 소멸되었다고 보아야 한다.

(2) 제 2 점: 시세조종행위로 인한 손해 및 손해의 범위에 관한 법리 오해

원심이 채용한 '(매수시점의) 정상주가에 의한 차액산정방식'은 정상주가를 산정하기 위한 적정한 방법이 없어 신뢰할 수 없는 것이고, 오히려 제 1 심 법원이 취한 '선순환 종료시 주가에 의한 차액산정방식'이 합리적이다. 외부감사인의 부실감사로 인하여 주식투자자가 입은 손해액의 산정에 있어 대법원은 유사한 방식을 확고하게 채택하고 있다(대법원 1997. 9. 12. 선고 96다41991 판결; 대법원 1998. 4. 24. 선고 97다32215 판결; 대법원 1999. 10. 22. 선고 97다26555 판결). 제 1 심 판결처럼 원고들의 경우 인과관계가 인정되지 않는다고 보아야 한다.

(3) 제 3 점: 정상주가산정의 위법성

주식시장의 특성상 정상주가의 산정은 원래 불가능하다고 보는 것이 옳다. 대한방직 사건의 항소심 판결에서는 정상주가의 산정이 불가능하다고 보고, 중간최고가액과의 차액을 손해로 인정하였다.

원심은 사건기간이 1998. 4. 4.부터라고 인정하고서도, 손해액 산정단계에서는 사건기간의 직전일이 4. 8.이라는 감정결과에 따라 그 날의 주가를 기초로 정상주가를 산정한 모순이 있다.

원심의 방식은 사건기간 직전일의 주가의 높고 낮음이라는 우연적 요소에 의하여 손해액이 결정되어 불합리하다. 하나의 거래일을 기준으로 할 것이 아니라, 일정기간의 가중평균주가를 기초로 함이 타당하다.

[判決要旨]

증권거래법 제188조의4 제 2 항 제 1 호의 시세조종행위로 인하여 형성된 가격에 의하여 유가증권시장 또는 코스닥시장에서 당해 유가증권의 매매거래 또는 위탁을 한 투자자가 그 매매거래 또는 위탁에 관하여 입은 손해를 산정함에 있어서는, 그와 같은 시세조종행위가 없었더라면 매수 당시 형성되었으리라고 인정되는 주가(이하 '정상주가'라 한다)와 시세조종행위로 인하여 형성된 주가로서 그 투자자가 실제로 매수한 주가(이하 '조작주가'라 한다)와의 차액상당(만약, 정상주가 이상의 가격으로 실제 매도한 경우에는 조작주가와 그 매도주가와의 차액상당)을 손해로 볼 수 있고, 여기서 정상주가의 산정방법으로는 전문가의

감정을 통하여 그와 같은 시세조종행위가 발생하여 그 영향을 받은 기간(이하 '사건기간'이라 한다)중의 주가동향과 그 사건이 없었더라면 진행되었을 주가동향을 비교한 다음 그 차이가 통계적으로 의미가 있는 경우 시세조종행위의 영향으로 주가가 변동되었다고 보고, 사건기간 이전이나 이후의 일정기간의 종합주가지수, 업종지수 및 동종업체의 주가 등 공개된 지표 중 가장 적절한 것을 바탕으로 도출한 회귀방정식을 이용하여 사건기간 동안의 정상수익률을 산출한 다음 이를 기초로 사건기간중의 정상주가를 추정하는 금융경제학적 방식 등의 합리적인 방법에 의할 수 있다 할 것이다.

[評　　釋]

I. 序　　論

주식시장에서 주가를 인위적으로 끌어올려 이익을 취하려는 사기행위에 대하여 증권거래법은 별도의 규정을 두고 있고, 증권거래법이 정하는 그러한 불공정거래행위의 유형은 다양한바, 그 중 이 사건에서 문제된 행위는 법 제188조의4 제 2 항 제 1 호의 '현실거래에 의한 시세조종'(이하 '시세조종'이라고만 한다)이다.[6] 이에 대하여는 형사처벌 이외에 민사책임이 인정된다. 즉 증권거래법 제188조의5는 "제188조의4의 규정에 위반한 자는 그 위반행위로 인하여 형성된 가격에 의하여 유가증권시장 또는 협회중개시장에서 당해 유가증권의 매매거래 또는 위탁을 한 자가 그 매매거래 또는 위탁에 관하여 입은 손해를 배상할 책임을 진다"라고 규정한다.[7] 그런데 유가증권신고서 등의 허위기재로 증권거래법 제14조를 위반한 경우에 관하여는 제15조에서 손해액 산정방법에

6) 제188조의4(시세조종 등 불공정거래의 금지) ② 누구든지 유가증권시장 또는 협회중개시장에서의 매매거래를 유인할 목적으로 다음 각호의 1에 해당하는 행위를 하지 못한다.
1. 단독으로 또는 타인과 공모하여 유가증권의 매매거래가 성황을 이루고 있는 듯이 잘못 알게 하거나 그 시세를 변동시키는 매매거래 또는 그 위탁이나 수탁을 하는 행위
2. 당해 유가증권의 시세가 자기 또는 타인의 시장조작에 의하여 변동한다는 말을 유포하는 행위
3. 당해 유가증권의 매매에 있어서 중요한 사실에 관하여 고의로 허위의 표시 또는 오해를 유발하게 하는 표시를 하는 행위

7) 제188조의5(시세조작의 배상책임) ① 제188조의4의 규정에 위반한 자는 그 위반행위로 인하여 형성된 가격에 의하여 유가증권시장 또는 협회중개시장에서 당해 유가증권의 매매거래 또는 위탁을 한 자가 그 매매거래 또는 위탁에 관하여 입은 손해를 배상할 책임을 진다.
② 제 1 항의 규정에 의한 손해배상청구권은 청구권자가 제188조의4의 규정을 위반한 행위가 있었던 사실을 안 때부터 1년, 그 행위가 있었던 때부터 3년간 이를 행사하지 아니한 경우에는 시효로 인하여 소멸한다.〈본조신설 1997. 1. 13〉

대한 특칙(원칙적으로 '취득가액-변론종결시 시가' 또는 '취득가액-처분가액')을 두고 있는 반면,[8] 시세조종의 경우에 관하여는 아무런 규정을 두고 있지 않다.

증권사기사건에서 손해액의 산정문제는 증권법상 가장 어려운 문제 중의 하나라고 하는바,[9] 종래 시세조종으로 인한 손해배상사건이 대법원의 판단을 받은 사례 자체가 드물었는데, 이 사건은 뒤에 관련사건으로 살펴볼 세종하이테크 사건 및 대한방직 사건과 더불어 '손해배상책임의 요건,' '손해액 산정방법의 당부'가 정면으로 문제된 최초의 사례이다. 미국에서도 학자들은 이 문제와 관련하여 원칙이 분명히 정립되어 있지 않고 상호 모순된다고 흔히 지적한다고 한다.[10] 다만 미국에서는 이 사건처럼 노골적인 현실거래방식의 불공정거래행위의 경우가 주로 논의되는 것이 아니라 부실공시, 공시누락이 주로 문제된다는 점에 유의할 필요가 있다.

Ⅱ. 시세조종행위로 인한 손해배상책임론 일반

1. 시세조종행위의 본질

시세조종은 주식의 적정가격 또는 적정가격에 영향을 미치는 수요량이나 거래량 등을 조작함으로써 투자자들의 판단에 간접적으로 영향을 미치는 행위로서 본질적으로 주식이라는 상품의 가치(가액)에 대한 사기행위라 할 수 있다. 따라서 그로 인한 손해배상책임의 본질은 그러한 사기행위에 의하여 피해자가 입은 손해의 배상으로 보아야 할 것이다. 다만 대면자(對面者) 간의 사기가 아니라 시장을 통한 사기이고, 손해액을 산정함에 있어 주식의 정상가치를 가늠하기가 쉽지 않다는 특징이 있다.

---

8) 제15조(손해배상액) ① 제14조의 규정에 의하여 배상할 금액은 청구권자가 당해 유가증권을 취득함에 있어서 실지로 지급한 액에서 다음 각호의 1에 해당하는 액을 공제한 금액으로 한다.

1. 당해 유가증권에 관하여 소송제기되어 있는 때에는 변론종결시에 있어서의 시장가격(시장가격이 없는 경우에는 추정처분가격)
2. 제 1 호의 변론종결 전에 당해 유가증권을 처분한 때에는 그 처분가격

② 제 1 항의 규정에 불구하고 제14조의 규정에 의하여 배상책임을 질 자가 청구권자가 입은 손해액의 전부 또는 일부를 허위로 기재·표시하거나 중요한 사항을 기재·표시하지 아니함으로써 발생한 것이 아님을 입증한 경우에는 그 부분에 대하여 배상책임을 지지 아니한다.

9) 김건식, 「미국증권법」, 홍문사, 167면.

10) 이스터브룩·피셸(이문지 역), "회사법의 경제학적 구조," 519면; 박제인, "위법한 증권거래로 인한 손해배상에 관한 연구—배상범위를 중심으로—," 서울대학교 석사학위논문(2003. 2), 1면에서 재인용.

2. 사기로 인한 손해액의 산정방식

일반 민법상 사기, 특히 매수인을 기망하여 헐값의 물건을 고가에 매수하도록 하는 사기에 있어서 불법행위법의 일반원칙과 판례는 '실제 매수가격'과 '매수 당시의 시가'와의 차액을 손해로 본다. 즉 '손해=실제 매수가격-매수 당시의 시가'이다.[11)]

위와 같은 일반법리를 시세조종의 경우에 적용해 보면, 시세조종이라는 불법행위로 인하여 투자자들이 초과로 지출한 금액을 기준으로 평가하여야 할 것이므로, 이는 '시세조종으로 인하여 형성된 주가로서 그 투자자가 실제로 매수한 주가(이하 '조작주가'라 한다)와 시세조종이 없었더라면 매수 당시 형성되었으리라고 인정되는 주가(이하 '정상주가'라 한다)와의 차액상당'이라고 보아야 할 것이고, 다만 정상주가 이상의 가격으로 실제 매도한 경우에는 조작주가와 매도주가와의 차액상당의 피해는 회복된 셈이므로, '조작주가와 그 매도주가와의 차액상당'이 배상할 손해가 된다고 할 것이다.[12)]

위 방식을 '매수시점의 정상가격을 기준으로 한 차액산정방식'(이하 '차액산정방식'이라 한다)이라고 할 수 있고, 국내의 통설적 견해라 할 수 있으며,[13)] 이 사건을 비롯하여 대법원의 관련사건들(대한방직 사건 및 세종하이테크 사건)에서 원심이 일치하여 채택하고 있는 방식일 뿐만 아니라, 이 사건에서 감정신청인이 원고이든 피고이든 불문하고 선정된 감정인들이 일치하여 타당성을 인정하는 방식이기도 하다. 또한 미국 법원이 주식시장의 불공정거래행위와 관련하여 가장 널리 적용하고 있는 이른바 'out of pocket 방식'도 기본적으로 이와 같은 것이라 할 수 있다.[14)]

그런데 차액산정방식에는 '정상주가'의 추정이 어렵다는 난점이 따른다.[15)]

---

11) 대법원 1980. 2. 26. 선고 79다1746 판결(피고가 자신이 매수한 임야가 개발제한 구역으로 결정되어 가격이 떨어지고 매수하려는 사람도 없어 상당한 가격으로 현금화하기가 어려운데도 그러한 사정을 모르는 원고에게 바로 비싼 값에 전매할 수 있다고 기망하여 매매계약을 체결하였다면 이는 불법행위로 되고, 그로 인하여 원고가 입은 손해는 다른 사정이 없는 한 매수가격과 매수 당시의 시가와의 차액상당액이다).

12) 예컨대 정상주가가 3만 원인데 시세조종으로 조작주가가 5만 원에 달한 때에 매수하였다가 1만 원에 처분한 경우라면 손해액은 2만 원(=5만 원-3만 원)이지만, 만약 4만 원에 처분한 경우라면 배상할 손해액은 1주당 1만 원(=5만 원-4만 원)이 된다는 것이다.

13) 김건식, 「증권거래법」(두성사, 2000), 330면; 임재연, 「증권거래법」(박영사, 2002), 430면; 김주영 · 김태선, "주가조작에 따른 손해배상청구사건에 있어서 배상액의 산정방법에 관한 고찰," 「증권법연구」 제2권 제1호(삼우사, 2001. 6), 122면 참조.

14) 김건식, 「미국 증권법」, 167면; 박제인, 앞의 글, 3면 참조.

15) 수많은 변수에 의하여 분초를 다투어 변동되는 주가를 추정한다는 것이 주가의 특성상 어려울 뿐만 아니라, 뒤에서 보다시피 결국 전문가의 감정에 의하여야 하는데, 감정인의 자의에

여기에서 여러 가지 대안이 모색되기 시작하였고 그와 같은 상황은 미국의 각급 법원이나 우리 하급심 법원의 경우도 마찬가지이었던 것으로 보여진다. 따라서 아래에서는 대안의 내용 및 장단점을 차례로 살피면서, 위 차액산정방식과 병행하여 채택하거나 또는 이를 대체할 만한 것인지 여부를 우선 검토한다.

3. 일본의 경우

일본의 증권거래법 규정은 우리 법과 대동소이하다. 즉 우리 법 제188조의4에 해당하는 제159조는 금지되는 불공정거래행위를 규정하고, 이어 우리 법 제188조의5에 해당하는 제160조에서 앞의 조항을 위반한 자의 손해배상책임을 규정하고 있으며, 별도의 손해배상액 산정에 관한 규정은 두고 있지 않다. 따라서 우리 법에 있어서와 마찬가지로, 청구자는 ① 우선 당해 피고가 시세조종을 하였다는 사실을 입증하여야 할 뿐만 아니라, ② 다음으로 당해 행위가 원고의 매매거래시점에 있어서의 가격에 영향을 미쳤고, ③ 그로 인하여 원고가 손해를 입었다는 것을 입증하지 않으면 안 된다.[16)]

일본에서 제160조의 손해배상책임이 문제된 하급심 판례로는, 동경지방재판소 1981. 4. 27. 판결(이른바 三菱地所 사건)이 있는데,[17)] 그 사건에서는 원고의 시세조종행위 자체가 인정되지 아니하여 청구가 기각되었기 때문에 손해액 산정방식의 문제는 다루어지지 못하였다.[18)]

4. 미국의 경우

⑴ 증권시장의 역사가 오래된 미국의 경우 다양한 증권사기 사건들이 나타난 바 있는데, 각종 증권사기 사건에 의한 손해배상액을 산정함에 있어서 미국 법원에서는 사안(유형)에 따라 다양한 방법을 채택한 바 있고, 대표적인 배상액 산정기준들은 다음과 같다.[19)]

㈎ out of pocket 방식(초과지출액 배상방식)　　원고가 실제로 지불한

의하여 다른 결과가 나올 가능성이 적지 않은 반면, 거기에 금융경제학 및 통계학적 기법을 동원되게 되어 해독하기 어려운 경우가 많다.

16) 神田秀樹 감수, 「註解 證券取引法」, 有斐閣, 1162頁 참조.

17) 그 밖의 시세조종에 관한 日本鍛工 사건, 協同飼料 사건, 藤田觀光 사건 등은 모두 형사사건들이었다. 위 사건들에 대한 소개는 河本一郎·大武泰南, 「證券取引法讀本」(有斐閣, 2002), 248頁 참조.

18) 「註解 證券取引法」, 1163면.

19) 자세한 내용은 박제인, 앞의 글, 3면 이하 및 김주영·김태선, 앞의 글, 123면 이하 참조.

가격과 사기적 행위가 없었더라면 형성되었을 가격의 차액을 배상하도록 하는 것이다. 미국의 사기적 증권거래소송(이른바 Rule 10(b)-5 소송)에서 법원이 가장 널리 적용하는 방식이다. 매매 당시의 가치(정상주가)를 산정하는 것이 현실적으로 어렵다는 점이 난점이다.

(나) 수정된 out of pocket 방식 허위공시 등이 적발되어 이로 인하여 하락한 주가와 원고의 매수 당시의 주가의 차액을 배상하도록 하는 것이다. 하락한 당해 주식의 가격이 반드시 원고의 매매 당시의 주식가치와 일치한다고 할 수 없다는 점에 난점이 있다.[20]

(다) rescission 방식(취소방식) 피고에게 증권과 상환으로 매매대금의 반환을 구할 수 있도록 하고, 이미 처분한 경우에는 원래의 매수가액과 매도가액의 차액을 배상하도록 하는 방식이다. 이 기준은 적용하기는 쉬우나, 매매 후의 가격변동을 그대로 피고에게 부담시키게 된다는 것이 난점이다. 대면자 간의 거래에 있어서 계약법상의 구제방법을 연상시키고, 특히 허위공시가 없었으면 원고가 당해 주식을 매매하지 않았을 경우에 적합하다고 평가된다.

(라) restitution 방식(이득반환방식) 배상액을 피고의 이익을 기준으로 산정하는 방식이다. 결과에 있어서 취소기준과 통한다고 볼 수 있다.

(2) 위 방식 중 ① 피고가 거래를 유도하는 유형의 증권사기 사건(즉 유도행위가 없었더라면 거래를 하지 않았을 경우)이라면 위 rescission 방식(취소방식)이, ② 피고가 원고에 대한 충실의무를 어긴 내부거래자라면 받은 이익의 반환(disgorgement of ill-gotten gain)을 명하는 restitution 방식(이득반환방식)이 더 적절할 수 있겠으나, ③ 그 밖의 공개시장거래(open market transaction)상의 증권사기에서는 전통적인 불법행위법상의 구제방법인 out-of-pocket 방식이 적용된다고 한다.[21]

---

20) 따라서 허위공시 등과 관련이 없는 가격하락분을 금융경제학적 기법을 활용하여 배제할 필요가 제기되는데, 그렇게 할 경우에는 금융경제학적 기법을 이용하여 정상주가를 산정하는 위 초과지출액 배상방식과 마찬가지로 난해해진다.

21) Hazen, Thomas Lee, Treatise on The Law of Securities Regulation, Vol. 2, West(4th ed., 2002), 534면 이하 참조. Cox, James D., Securities Regulation, Aspen Law & Business(3rd., 2001), 793면에서는 "피고가 매도인 또는 매수인이 아닌 open market transactions에 관한 한, out-of-pocket 방식에 대한 법원의 선호는 아주 분명하다"고 적고 있다.

다만 Hazen, Thomas Lee, 앞의 책, 541면에서는 Rule 10b-5 사건에서 전천후로 적용될 방법은 없고, 예컨대 공개시장에서의 내부자거래에 대하여는 out-of-pocket방식의 적정성이 다소 의심스러우나 회사정보의 유포와 관련한 사건(corporate dissemination case)에서는 좀 더 적정한 방식이라고 하고 있다.

5. 우리나라의 경우(주로 하급심의 실무례를 중심으로)

종래 대법원에서 이 문제에 관하여 정면으로 판시한 사례는 없었고, 하급심에서 다음과 같은 다양한 방식이 시도된 바 있다.

(1) 증권거래법 제15조를 준용한 사례

증권거래법 제15조는 사업설명서 허위기재의 경우 손해배상액을 법에서 정하고 있는데, 그 내용은 '매수가격-변론종결시 가격'(그 전에 처분한 경우는 매도가격)이다. 이 규정은 감사인의 손해배상책임의 경우 등에 준용되고 있다(증권거래법 제197조 제2항).

부산고등법원 1998. 8. 27. 선고 98나574 판결이 위 방식을 채택하였는데, 대법원 2000. 3. 28. 선고 98다48934 판결(피어리스 사건)로 확정되었다. 이 사건에서는 손해액의 산정방법이 상고이유가 아니어서, 대법원판결에는 손해액의 산정방법에 대한 언급이 전혀 없다.[22] 또한 위 사건에서 문제된 행위는 이 사건에서 문제되는 현실거래에 의한 시세조종이 아니라 '변동유포행위'이었던 차이가 있다.[23] 그 밖에 이 방식을 취한 것으로는 서울지방법원 2000. 6. 30. 선고 98가합114034 판결[24]이 있다.

그러나 위 방식은 다른 주가변동요인의 존재를 부정하는 다소 거친 방식이기 때문에 명문의 규정 없이 준용하기는 어렵다. 특히 매수시부터 변론종결시까지의 기간이 장기간일 경우에 문제가 많다고 할 수 있다. 또한 헌법재판소의 한정위헌결정 이후 제15조에 제 2 항(피고에게 손해액의 전부 또는 일부가 부실표시로 인한 것이 아님을 입증하면 그 부분의 책임을 인정하지 아니함)이 삽입된 이상[25] "문제된 시세조종이 주가에 영향을 미쳤는지 여부 및 그 정도의 점"이 다투어지는 사건에 있어서는 '차액배상방식'과 '제15조를 준용하는 방식'은 사실상 그

22) 피고회사의 직원이 원고에게 당해 주식—피어리스 및 한국전자—에 대하여 제 3 자가 곧 작전에 들어간다는 말을 전달(유포)하였고, 이에 편승하여 이익을 보려고 한 원고들이 그 주식을 매수하였다가 오히려 손해를 본 사안인바, 피고회사가 그 직원의 위 유포행위로 인하여 사용자책임을 부담하는지 여부가 주된 쟁점이었다. 대법원은 피고회사의 사용자책임을 부정한 원심을 확정하였다.

23) '현실거래에 의한 시세조종'은 증권거래법 제188조의4 제 2 항 제 1 호 해당하고, 변동유포행위(당해 유가증권의 시세가 자기 또는 타인의 시장조작에 의하여 변동한다는 말을 유포하는 행위)는 같은 항 제 2 호에 해당한다.

24) 항소심(서울고등법원 2000나41549)에서 조정으로 종결되었다.

25) 이처럼 발행인의 입증에 의하여 다른 요인으로 발생한 손해는 배상범위에서 제외시키는 규정은 헌법재판소 1996. 10. 4.자 94헌가8 결정에서 제15조(지금의 제 1 항) 규정을 추정규정으로 보지 아니하고 간주규정으로 볼 경우 위헌이라는 결정이 있은 후에 새로이 규정된 것이다.

영향 유무 및 정도의 점에 대한 입증책임이 원고에게 있는가(차액배상방식의 경우) 아니면 피고에게 있는가(제15조를 준용하는 방식)의 차이에 불과하고, 물론 그 차이가 매우 중요하기는 하지만, 어차피 실무상 감정을 통한 복잡한 분석을 피할 수 없다는 점은 마찬가지이다.

(2) 불법행위사실이 밝혀짐에 따른 주가하락분을 손해로 본 사례

이 사건의 제1심이 이 방식을 취한 것으로 볼 수 있고, 그 결과 원고들 중 주가조작기간중에 매도까지 마친 자들에 대하여 인과관계가 인정되지 아니한다는 이유로 손해배상을 모두 부정하였다. 다만 아래 부실감사 사건에서의 대법원판례의 논리에 따르더라도, 매도까지 마친 경우 손해배상이 부정되는지에 관하여는 다시 견해가 나뉠 수 있다고 보여진다.

대법원은 감사인의 부실감사로 투자자가 손해를 입은 경우 증권거래법 제197조에 의하여 제15조가 준용되나 증권거래법상의 책임이 아닌 민법상의 일반 불법행위책임을 구하는 경우에는 제15조를 준용할 수 없고 그 대신 "부실감사가 밝혀지기 직전의 정상주가에서 밝혀진 후 정상화된 주가를 공제한 금액"이 손해라는 입장을 밝힌 바 있다. 현재까지 선고된 3건의 판례는 모두 '한국강관(주)에 대한 청운회계법인의 부실감사 사건'에 대한 것이고, 원고별로 제소시기가 다르고 상고이유가 조금씩 달랐을 뿐 손해액 산정기준은 동일하게 보았으며, 모두 원심을 파기한 사례들이다. 판시사항을 차례로 살펴보면 다음과 같다.

[대법원 1997. 9. 12. 선고 96다41991 판결]

"주식을 매수한 원고가 소외회사의 분식결산 및 피고의 부실감사로 인하여 입은 손해액은 위와 같은 분식결산 및 부실감사로 인하여 상실하게 된 주가상당액이라고 봄이 상당하고, 이 사건의 경우 이와 같은 분식결산 및 부실감사로 인하여 상실하게 된 주가상당액은 특별한 사정이 없는 한 분식결산 및 부실감사가 밝혀져 거래가 정지되기 전에 정상적으로 형성된 주가와 분식결산 및 부실감사로 인한 거래정지가 해제되고 거래가 재개된 후 계속된 하종가를 벗어난 시점에 정상적으로 형성된 주가의 또는 그 이상의 가격으로 매도한 경우에는 그 매도가액과의 차액상당이라고 볼 수 있다."[26]

---

26) 원심은 민법상 불법행위로 인한 손해는 "원고가 매수할 당시 분식결산이 이루어지지 않았다면 형성되었을 소외회사의 주식가격과 원고의 실제 취득가격과의 차액상당"이라고 하면서(이 대목은 '차액배상방식'을 따른 것으로서 주목할만함), "이에 관하여 아무런 주장·입증이 없다"는 이유로 원고의 청구를 배척하였던바, 이를 파기환송한 것이다. 원고가 하종가를 벗어난 시점에 매도한 사건인바, 11.6. 거래정지된 날의 종가 13,700원과 거래가 재개된 11.8. 이후 계속된 하종가가 마감되고 정상적인 거래가 이루어진 것으로 보이는 11.10.의 종가 12,500원의 차액 1,200원이 1주당 손해액이라고 보고 총액을 계산하였다.

[대법원 1998. 4. 24. 선고 97다32215 판결]

"일반적으로 감사인의 부실감사를 토대로 주식거래를 한 주식투자자가 부실감사를 한 감사인에 대하여 민법상의 불법행위책임을 근거로 배상을 구할 수 있는 손해액은 부실감사로 인하여 상실하게 된 주가상당액이라고 봄이 상당하고, 이러한 주가상당액은 특별한 사정이 없는 한 그 부실감사가 밝혀져 거래가 정지되기 직전에 정상적으로 형성된 주가와 부실감사로 인한 거래정지가 해제되고 거래가 재개된 후 계속된 하종가를 벗어난 시점에서 정상적으로 형성된 주가와의 차액상당이라고 볼 수 있으며, 주가가 다시 정상적으로 형성되기 이전에 매도가 이루어지고 그 가액이 그 후 다시 형성된 정상적인 주가를 초과하는 경우에는 그 매도가액과의 차액상당액이라고 할 수 있다."

[대법원 1999. 10. 22. 선고 97다26555 판결]

"감사인의 부실감사로 손해를 입게 된 주식투자자가 민법상의 불법행위책임에 기하여 배상을 구할 수 있는 손해액의 산정은, 구 증권거래법(1997. 12. 13. 법률 제5423호로 개정되기 전의 것)상의 손해배상책임에 있어서의 손해액 산정에 관한 같은 법 제197조 제2항 및 제15조가 적용될 수 없고, 원칙적으로 그 실제 매수 또는 매도가액이 아니라 부실감사가 밝혀지기 직전의 정상적인 주가와 부실감사가 밝혀진 후의 거래에서 계속된 하종가가 마감되어 다시 정상적인 주가가 형성되었을 때 그 정상주가와의 차액에 의하여야 할 것이고, 또 그와 같이 주가가 다시 정상적으로 형성되기 이전에 매도가 이루어지고 그 가액이 그 후 다시 형성된 정상적인 주가를 초과하는 경우에는 그 매도가액과의 차액에 의하여야 한다."

부실감사로 인하여 원고가 입게 된 재산상의 적극적 손해를 단순하게 파악하면, 부실감사로 인하여 정상적인 주가보다 높게 매겨진 가액으로 매수함으로써 그 정상적인 주가와 실제 매수가액과의 차액상당이라고 할 수 있는데,[27] 위 판례들은 마치 사후에 공표함으로써 손해가 발생하는 것처럼 보는 듯하여 이론적으로 잘못이라 할 수 있다.[28] 원고나 법원의 입장에서 볼 때 쉬운 방법이지만 너무 단순하다는 것이 단점이다. 즉 원고별 취득시기를 불문하고 손해액이 동일해지는 결과가 될 뿐만 아니라, 시장의 과민반응이 그대로 손해로 계산될

27) 원인무효의 소유권이전등기가 경료된 부동산을 매수한 자가 진정한 소유자의 말소소송제기로 그 매수인의 등기가 말소당한 경우에 그 매수인이 입은 손해는 당초 그 부동산을 매수하기 위하여 지출한 매매대금이라고 본 판례(대법원 1992. 6. 23. 선고 91다33070 판결)와 어음 등을 할인취득한 결정적인 원인이 배서가 진정한 것으로 믿었기 때문이라면, 위조된 배서를 진정한 것으로 믿고 금원을 지급하고 어음 등을 취득한 때에 '이미' 불법행위책임이 성립하였고, 그 경우 손해액은 어음 등의 액면액이 아니라 그 어음 등을 취득하기 위하여 지급한 금원이라고 본 판례(대법원 1994. 11. 22. 선고 94다20709 판결)를 보더라도, 피고의 불법행위책임은 원고가 그 부실감사결과에 기하여 주식을 취득한 때에 이미 성립하는 것이라고 보아야 하고 그 때 이미 정상시가와 부실감사결과에 의하여 과대평가된 가액의 차액에 해당하는 만큼의 손해를 입게 된 것이라고 보아야 할 것으로 보인다.

28) 김주영 · 김태선, 앞의 글, 129면.

우려가 크다.

위 부실감사 사건의 판례에 대하여 여러 개의 평석이 나와 있는바, 정도의 차이는 있으나 대체로 비판적이다. ① 종합주가지수의 변동을 고려한 수정치를 정상주가로 삼는 방안을 시도하면서 대상판결의 방식은 당해 사안에서와 같이 분식결산 및 부실감사의 발각 이외에 다른 특별한 주가변동요인이 없는 경우에 한하여 적용될 수 있는 것이고, 다른 주가변동요인이 경합하는 경우에는 적용될 수 없다는 한계를 지적하는 견해,[29] ② 손해액은 매수가격과 매매 당시의 주식의 진정한 가치와의 차액이라고 할 것이라고 하고(이는 미국의 불법행위법상 널리 받아들여지고 있는 이른바 out-of-pocket 기준과 유사하다고 함), 부실감사사실이 공시되기 직전의 가격을 기준으로 함으로써 공시 직전의 주가가 매수가격보다 하락하는 경우 그 손해를 원고에게 부담(반대로 공시 직전의 주가가 매수가격보다 상승하는 경우에는 반대로 원고의 이익을 확대)시키는 대법원의 견해는 분식결산 내지 부실감사보다는 오히려 그 사실의 공시를 중시하는 태도이나, 원고의 손해는 이미 주식의 매수시에 발생한 것이지 그 후에 부실감사사실을 공시함으로써 발생하게 된 것이 아니어서 받아들이기 어렵다는 견해,[30] ③ 위 판례는 그 이론적 근거가 분명치 않고, 투자자의 손해는 분식결산이 충분히 알려진 경우의 주가와 알려지지 않은 상태의 주가의 차액이라 할 것인데, 주식의 가격은 해당회사의 재무정보, 동종업계의 상황, 시장상황, 경제전반의 상황, 정치사회상황, 국제무역상황, 환율, 다른 대체 투자수단의 조건 등 정치, 경제, 사회의 제반 미시 및 거시요소들이 시간의 연속성을 가지고 반영되어 형성되는 것이므로, 특정시점에서 분식결산이 알려졌다면 형성되었을 주가(정상주가)를 그로부터 몇 년이 경과한 후의 '시장가격'과 동일하게 보는 것은 곤란하다고 지적하는 견해[31] 등이 있다.

더욱이 위법행위의 유형이 전혀 다른 시세조종의 경우, 특히 이 사건과 같이 장기간에 걸쳐 위법행위가 일어난 경우에는 적절한 산정방식이라고 보기 어렵다.

---

29) 조귀장, 앞의 글, 539면 참조.

30) 위 조귀장 판사의 견해는 경청할 만하나 주가지수를 고려하려면 종합주가지수보다는 동종업체의 주가지수의 추이를 반영함이 더 합리적이라고 덧붙이고 있다. 김건식, "외부감사인의 부실감사로 인한 손해배상책임," 「상사판례연구(Ⅳ)」, 255면 참조.

31) 김광일, "외부감사인의 부실감사로 인한 제 3 자에 대한 손해배상책임," 「상사판례연구(Ⅳ)」, 268면 참조.

(3) 차액산정방식을 취한 사례

이 사건의 원심과 대한방직 사건 및 세종하이테크 사건의 원심이 모두 이 방식을 채택하였다. 현재 대한방직 사건의 다른 피해자가 뒤늦게 제소한 사건에서 같은 방식을 채택한 제 1 심 판결이 있다.[32)]

6. 차액산정방식의 이론적 타당성

미국의 대표적인 산정기준 중 out-of-pocket 방식이 이론적으로 합당할 뿐만 아니라 우리의 불법행위법 체계와도 맞으며, 미국에서 사용되는 다른 방식들은 직접 당사자 사이에서 계약법상의 법리에 의하여 가능함은 별론으로 하고 공개시장에서의 불법행위로 인한 손해배상액 산정기준으로 삼기에는 미국법은 물론 우리 법에서도 적절하지 아니한 것으로 생각된다.

위 (1) 방식(증권거래법 제15조를 준용하는 방식)은 문제된 행위 이외에는 주가에 영향을 미칠 다른 요인이 없었다는 매우 비현실적인 가정하에서나 가능한 것이고(실제 매수시점과 매도시점 간의 가격에 영향을 주는 요인은 무수히 많음), 제15조 제 1 항은 제 2 항이 없다면 다분히 위헌적인 조항이다. 따라서 명문의 규정도 없이 무리하게 시세조종행위로 인한 손해배상청구에까지 확대적용할 수는 없다고 생각된다. 위 (2) 방식(불법행위사실이 밝혀짐에 따른 주가하락분을 손해로 보는 방식)도 마찬가지로 당해 시세조종행위 이외의 주가변동요인을 전혀 고려하지 아니한 것일 뿐만 아니라 부실감사 사건과 시세조종행위는 위법행위의 유형이 크게 다르다는 점에서 보더라도 역시 그 방식을 원용하는 것은 적절하지 아니하다. 또한 손해액의 계산 이전에 어차피 손해배상책임의 성립 여부를 검토함에 있어서, "문제된 시세조종행위가 과연 통계적으로 의미가 있을 정도로 실제 주가에 영향을 미쳤는지 여부"(소위 materiality의 문제)[33)]를 검토하여야 함을 감안할 때, 금융경제학 및 통계학의 동원을 피하기는 어렵다. 또한 금융경제학적 모델을 도외시한다면 주가하락분에서 당해 위법행위와 무관한 부분을 배제할 수 없을 것이다. 결론적으로 위 (3) 의 방식(차액산정방식)이 가장 타당하다고 생각된다.

2005. 1. 1.부터 시행되는 증권관련집단소송법 제34조[34)]는 손해배상액의

32) 서울중앙지방법원 2004. 1. 20. 선고 2000가합67292 판결. 항소심(서울고등법원 2004나15166 사건) 심리중이다.

33) 쉽게 말하자면, "문제된 위법행위가 없었더라도 실제 주가가 우연히 그와 같이 되었을 여지는 없는지"의 문제.

34) 제34조(손해배상액의 산정) ① 손해배상액의 산정에 관하여 증권거래법 그 밖에 다른 법률에 규정이 있는 경우에는 그에 따른다.

산정에 관하여 주의적인 규정을 두고 있는바, 거기서 말하는 '표본적 · 평균적 · 통계적 방법'이 집단소송에만 어울리는 것이라고 볼 수는 없을 것이다.[35] 다만 미국의 증권소송개혁법(PSLRA)은 손해배상액의 상한을 "원고의 거래가격과 시장에 올바른 정보가 공시된 이후 90일 동안의 평균거래가격과의 차액"으로 규정한다고 하는바,[36] 우리의 경우에도 최소한 경제학적 · 통계적 분석으로 산정될 손해액의 상한을 입법으로 정해 두어 계산상의 불확실성을 어느 정도 견제할 필요는 있다고 보여진다. 그렇다면 이제 남은 문제는 '정상주가의 산정방식'이라 할 수 있다.

7. 정상주가의 산정방식과 사건영향분석(event study)

정상주가는 시장가치를 기준으로 산정하여야 할 것이고 주가조작이 없었을 경우의 정상적인 시장가격은 주가조작이 없었던 시기의 주가의 추이를 감안하여 결정하는 방식이 타당할 것인바, 이와 관련하여 미국에서는 시장모델을 이용한 사건영향분석(event study)이라는 검증방법이 널리 사용되고 있다고 한다.[37]

② 법원은 제1항의 규정에 의하거나 증거조사에 의하여도 정확한 손해액의 산정이 곤란한 경우에는 제반 사정을 참작하여 표본적 · 평균적 · 통계적 방법 그 밖의 합리적 방법으로 이를 정할 수 있다.

35) 이 조항의 해석론으로는 김주영, "증권집단소송에 있어서 손해배상액의 산정 및 분배방법에 관한 고찰," 「송상현 선생 화갑기념논문집」(2002. 1), 312면이 있다.

36) 임재연, 앞의 책, 461면 및 Hazen, Thomas Lee, 앞의 책, 540면 참조.

37) 박제인, 앞의 글, 34면 이하; 김주영 · 김태선, 앞의 글, 133면 이하 참조. 위 글들은 증권사기 사건과 관련하여 사건연구(event study)의 적용을 소개하는 글로서 Macey, Jonathan R., Gedffrey P. Miller, Mark L. Mitchell, and Jeffrey M. Netter(1991), "Lessons from Financial Economics: Materiality, Reliance, and Extending the Reach of Basic v. Levison," Virginia Law Review 1017, pp. 1021~1028; Alexander, Janet C.(1994), "The Value of Bad News," UCL Law Review 41(6), pp. 1421~1469; Kritzman, Mark P.(1994), 20; Tabac, David I. nd Frederick D. Dunbar(1999), "Materiality and Magnitude: Event Studies in the Courtroom," NERA Working Paper를 소개하고 있다. 위 미국 논문들은 제1·2차의 감정인들이 공통적으로 참조하였다고 언급하고 있는바, 그 중 가장 최근의 것인 Tabac & Dunbar의 글은 2004. 4. 4. NERA의 홈페이지 http://www.nera.com/wwt/publications/3841.pdf에서 다운로드하였고, 그 밖에 최근의 글로서 westlaw를 통하여 Dane A. Holbrook, Measuring and Limiting Recovery Under Rule 10B-5: Optimizing Loss Causation and Damages in Securities Frauds Litigation, 39 Tex. J. Bus. L. 215 (2003), Daniel R. Fischel, Market Evidence in Corporate Law, 69 U. Chi. L. Rev. 941 (2002), 기본적인 설명을 쉽게 해 놓은 Mitchell & Netter, The Role of Financial Economics in Securities Fraud Cases: Application at the Securities & Exchange Commission, 49 Bus. Law. 545(1994) 등을 찾을 수 있었다.

Hazen 교수의 주석서, Cox 교수의 교과서, 그리고 Mitchell & Netter(前 미국 SEC 직원들), Tabac & Dunbar(법정 내외에서 경제적인 문제의 감정을 전문으로 하는 회사인 NERA 소속의 경제학자들임), Holbrook(당시 연방지방법원 law clerk)의 논문에 의하면, event study가 미국 법원에서 활용되는 방식임을 확인할 수 있고, 미국의 실제 소송에서 이런 사건영향분석이란, 특정사건이 발생한 기간중의 주가동향과 당해 사건이 없었더라면 진행되었을 주가동향을 비교하여 그 차이가 통계적으로 의미가 있는 경우 그 차이를 가지고 정상가격을 산정(추정)하는 방식을 말한다. 사건영향분석법은 통상 ① 사건이 영향을 미치는 기간(defining the event window. 보통 '사건기간'이라 한다)의 정의, ② 사건과의 견련관계 속에서 비정상주가수익률의 산출(calculate abnormal stock price performance around the event), ③ 비정상주가의 통계적 유의성의 검증(testing the statistical significance of a abnormal stock price performance)절차로 이루어진다.

즉 사건연구는 주가에 영향을 주었다고 생각되는 시세조종 등을 파악하고 동 행위로 인하여 주가가 영향을 받았을 것으로 생각되는 기간(사건기간)을 한정하여 위 기간 동안의 주가(비정상주가)를 파악한 다음, 그로부터 일정한 재무공식에 의한 비정상 수익률을 계산하고, 통계학적으로 그 행위가 주가에 영향을 미쳤다고 말할 수 있기 위하여 비정상 수익률을 이용하여 계산된 수치가 통계학상 일정한 오류의 범위 내에 있는지를 검증하는 절차를 거치게 된다. 위와 같은 절차를 거쳐 비정상 수익률이 통계적으로 유의미하다고 밝혀지면 위 사건기간 동안의 문제된 주가는 그 기간 동안의 예상되었던 주가(정상주가)와 비교될 수 있게 된다. 이 때 정상주가는 시장과의 연관하에 파악되는데, 시장변수와 회사 내부의 자체적 변수 및 그 변수에 의한 영향의 정도를 고려한 수익률공식에 의하여 계산되는 값이라 할 수 있다.

예컨대 어떤 기업의 주가가 주가조작이 없었던 시기(추정기간)에는 통상 종합주가지수와 A라는 일정한 함수관계를 유지하면서 움직였다고 가정해 보면, 사건연구는 이러한 A라는 함수관계를 도출해 낸 후 이를 주가조작기간의 왜곡된 주가에 적용하여 비정상 수익률을 계산해 낸 후 이 비정상 수익률이 통계적으로 유의미할 정도로 나타나면 A라는 함수관계에 의하여 정상주가를 산정하는 방식이다. 극단적으로, 만약 A라는 기업의 주가가 추정기간 중에 종합주가지수와 똑같은 비율로 변동하였다고 한다면, 주가조작기간에도 주가조작이 없었더라면 똑같이 움직였다고 할 수 있을 것이다. 그런데 주가조작기간중에는

유형의 사건이 판결까지 가는 경우가 많지 않아 판례는 많지 않다고 하나, 금융전문가가 손해액을 산정한 보고서를 제출하였으나 "주가가 문제된 사기 이외의 다른 요인에 의한 영향은 받지 않았는지 여부 및 그 통계적 유의성을 확인할 수 있는 event study 기타 유사한 분석"을 거치지 않았다는 이유로 전문가증언을 채택하지 아니한 사례(In re Executive Telecard Ltd. Securities Litigation, 979 F. Supp. 1021, 5면. 뉴욕주 남부 관할 연방지방법원 판결)도 확인할 수 있다.

유독 종합주가지수가 10% 떨어졌음에도 불구하고 주가가 10% 올랐다고 한다면 비정상 수익률이 20%가 되는 것이며, 이 20%가 통계학적으로 유의미하다고 판단되므로 주가가 주가조작에 의하여 영향을 받았으며 정상주가는 종합주가지수의 변동률에 따라 산정되어야 한다는 결론에 이를 수 있는 것이다.[38)]

사건영향분석은 흔히 시장모델(market model)을 사용한다. 시장모델에서는 (일반적으로 사건기간에 선행하는) 추정기간[39)] 동안의 개별 기업의 주식 수익률과 전체 시장지수의 수익률 사이의 관계를 측정한 다음, 사건기간 동안의 그 기업의 주가변동을 사건기간 동안의 예상된 변동과 비교하여야 하고, 예상된 변동은 비교기간 동안의 그 기업주가의 시장에 대한 관계(일종의 방정식)에 근거하여 산출하게 된다.[40)] 따라서 사건영향분석으로 '정상주가'를 산정한다 하더라도 이는 '예측주가' 내지 '추정주가'를 의미하는 것이지, 기업의 내재가치와 같은 것을 고려한 그 주식의 정당한 가격을 산정한다는 의미가 아니다.[41)]

사건영향분석은 일종의 '절차'이며 시장모델 대신에 CAPM이나 APT 모델 등을 이용할 수도 있으나,[42)] 이들은 손해배상액 산정기준으로는 상대적으로 적절치 않다고 한다. 즉 이 사건의 원심 및 상고이유에서 거론되는 CAPM(Capital Asset Pricing Model: 자본자산 가격결정 모형)은 자산이 내포하고 있는 위험에 따라 기대수익률이 결정되는 관계를 제시하는 이론인데,[43)] CAPM은 투자자들이 부담하는 사전적 위험에 대하여 그들이 얼마만큼 보상받아야 하는지는 설명하지만 주식수익률과 시장 사이의 사후적 관계를 보여주지는 않으므로, 사기가 없었을 경우의 당해 주식의 수익률을 산정하는 기준으로 사용하기에 적합하지 않다고 평가된다.[44)] 또한 효율적 시장가설(efficient market hypothesis)이

38) 김주영 · 김태선, 앞의 글, 133면 이하 참조.

39) 보통 100일 내지 300일 정도로 잡는다고 한다.

40) 박제인, 앞의 글, 38면 참조.

41) 따라서 감정서상 "배당과 증자 등을 반영하였다"는 표현이 있더라도, 이는 배당락이나 증자 당일에 현금흐름의 변동에 따라 당일에 주가가 일정비율(배당율이나 희석비율)에 따라 불연속적으로 변하는 영향을 제거한 주가자료를 사용하였다는 의미이지 기업의 내재가치를 반영하였다는 의미는 아니다.

42) 박제인, 앞의 글, 38면, 각주 108) 참조. 주식시장지수라는 하나의 요인 이상의 요소를 이용하여 수익률을 측정하는 모델들은 대개 다요인 모델(multi-factor model)이라 불리고 APT(Arbitrage Peicing Theory)에 의하여 정당화되어 왔다고 함. 박제인, 앞의 글, 69면에서는 APT 모델이 유용하게 활용될 수 있으려면 방대한 자료를 토대로 각종 계수들이 산출되어야 하고 여러 위험요인들의 변화가 정확히 측정될 수 있어야 하는바, 아직 우리나라에서는 이러한 여건이 갖추어지지 못한 것으로 평가하고 있다.

43) 박정식, 「현대재무관리」, 237면; 박제인, 앞의 글, 55면에서 재인용.

44) 박제인, 앞의 글, 64면 참조.

라는 현실적으로 완전히 달성되기 어려운 가정이 event study의 전제가 된다는 점에서 event study의 효용성이 문제가 되곤 하지만, 이는 공시의무 위반, 허위정보의 유포와 같이 '정보의 불균형' 내지 '정보전달의 효율성'이 문제되는 유형의 사건에서 문제될 뿐 이 사건처럼 현실거래를 통하여 직접적으로 주가를 끌어올린 형태의 사안에서는 문제될 여지가 거의 없다고 생각된다.

8. 소 결 론

우리나라의 경우에도 전문가의 감정(event study를 활용한 금융경제학적·통계학적 분석)을 통하여 정상주가를 산정하는 것이 가능하고, 또한 반드시 필요하다고 할 것이다. 우선 손해배상책임의 성립 여부를 검토하는 단계에서 "문제된 시세조종이 과연 통계적으로 의미 있을 정도로 실제 주가에 영향을 미쳤는지 여부"(소위 materiality의 문제)를 우선 검토하여야 하고, 나아가 손해액 산정단계에서도, 금융경제학적 모델을 도외시한다면 주가하락분에서 당해 위법행위와 무관한 부분을 배제할 수 없을 것이다. 그리고 주가조작에 따른 배상액을 결정함에 있어서 정상주가를 산정하는 것은 결국 사실판단의 문제이며, 감정결과의 채택 여부는 물론 법관의 자유심증에 따르게 될 것이다.[45]

다만 다음 두 가지는 유의할 필요가 있다. 미국의 경우 전문가증언(expert witness)에 의한 손해액 산정은 증권사기 사건과 같은 특수한 유형의 사건에만 인정되는 것은 아니라 상당히 일반화되어 있고, 이 점은 사실인정을 배심이 한다는 제도적 특징과도 관련이 있는 문제이다. 그리고 기본적으로 동일한 계산방식을 사용하더라도 다른 영향요소를 어떻게 취급하느냐의 차이에 따라 금융경제학자들의 감정결과에 현저한 차이가 있을 수 있다는 점이 실무상 난점이 될 수 있다.

Ⅲ. 이 사건 判決理由에 대한 檢討

1. 차액산정방식과 시장모델을 적용한 사건영향 분석

대상판결은 먼저 손해액의 계산방식으로서 차액배상방식을 채용함을 밝히

45) 동일한 사항에 관하여 상이한 수개의 감정결과가 있을 때 그 중 하나에 의하여 사실을 인정하였다면 그것이 경험칙이나 논리법칙에 위배되지 않는 한 적법하다는 것이 판례(대법원 2002. 9. 24. 선고 2002다30275 판결 등 참조)이고, 하지만 수개의 감정결과 중 공지의 사실이 가장 적절하게 반영되거나 전문지식이 있는 감정인의 것을 채택하여야 한다는 판례(대법원 1973. 3. 20. 선고 73다233 판결)도 있다.

고, 나아가 정상주가의 산정방법에 있어서 원심이 사용한 방식, 즉 시장모델을 적용한 사건영향분석 방식을 수용할 수 있는 합리적인 방법의 하나로 보았다. 통계적 유의성에 대한 검증이 선행되어야 한다는 점, 그리고 시장모델에 의한 사건영향분석이 허용되는 유일한 정상주가의 산정방법이라고 한 것은 아니라는 점에 유의할 필요가 있다.

2. 원심판결을 파기한 이유

대상판결은 시세조종행위로 인한 손해액의 산정방식에 관한 원심의 법리적 판단이 옳다고 보면서도, 시세조종행위가 처음 일어난 시점이 언제인지에 관한 원심의 사실인정이 전후 모순되고 그러한 잘못이 원심의 결론에 영향을 미쳤다는 이유로 원심을 파기하였다. 즉 원심판결의 이유 제 1 의 다. (4)항에서는 피고들의 시세조종행위가 처음 일어난 시점을 1998. 4. 4.로 보면서도, 제 2 의 나. (2)항에서는 이를 같은 달 9.로 본 제 1 심 제 1 차 감정인들의 감정결과를 그대로 채용하였는데, 만약 시세조종행위의 개시시점이 같은 달 9.이 아니라 같은 달 4.이라면 원심이 판시한 추정기간의 종기 또한 달라져 회귀방정식도 달라질 뿐만 아니라, 정상주가의 산정을 위한 기초값이라 할 수 있는 사건기간 직전일의 주가 또한 달라져 결과적으로 정상주가 및 나아가 배상할 손해액이 모두 달라질 여지가 있다 할 것이고,[46] 따라서 금융경제학적 분석의 기초가 되는 최초 시세조종행위일에 관한 원심의 사실인정에는 이유모순 내지는 채증법칙위배의 위법이 있다는 것이 원심판결을 파기하여 원심 법원으로 환송한 이유이었다.

제 1 차 감정은 사건개시일의 직전일의 주가에 정상수익률을 곱하여 사건기간중 각 거래일의 정상주가를 산출하였는데, 공교롭게 4. 8.의 주가는 18,550원으로서 4. 3.의 주가 19,700원보다 낮고, 따라서 개시일을 잘못 입력함으로 인하여 정상주가가 낮게 산정되어 그만큼 배상할 차액이 많아지게 되었다고 할 수 있다.[47] 비록 원심은 각 취득일의 '실제 취득가격'(조작주가)과 '정상주가'의 차액보다 '실제 취득가격'과 '처분가격'의 차액이 더 적은 금액인 점을 인정한 후, 원고들이 구하는 후자의 배상을 명하였으나, 정상주가가 실제보다 낮게 잘

46) "기록에 첨부된 형사판결문에는 최초 시세조종행위일을 알아볼 수 있는 별지가 첨부되어 있지 아니한데, 위 감정인들은 별지를 제외한 형사판결문을 기초자료로 제출받은 상태에서 같은 달 9.을 최초 시세조종행위일로 속단한 다음 이를 기초로 감정을 한 것으로 보인다"고 한다. 실제 형사 제 1 심 판결의 범죄일람표상 첫번째 범행일은 1998. 4. 4.이었다고 한다.

47) 1998. 4. 8.의 주가 18,550원은, 1998. 1. 3. 이래 최저가에 해당하기도 하여 원고들에게 극히 유리하였다.

못 계산된 것이 밝혀진 이상 원심을 그대로 유지할 수 없어 원심을 파기환송한 것으로 보인다.

참고로, 정상주가를 산정함에 있어서 사건기간 개시일의 직전 하루의 수치만을 기초로 할 것인지 아니면 개시일 이전 일정기간의 평균주가를 기초로 할 것인지의 문제와 관련하여, 원심은 시계열분석(時系列分析, time series analysis)[48]의 본질에 반한다는 점, 직전에 주가가 높게 형성되었다가 급격히 하락한 주식의 경우에는 그 평균치에 이르지 아니하는 한 아무리 시세조종을 하여도 손해배상책임이 없다는 결론이 되어 부당하다는 점[49]을 근거로 전자의 입장을 취한 감정결과를 채용한 바 있다. 이론적으로는 위 판단이 타당하다 하더라도, 잘못된 기산일 4. 8.을 기준으로 할 경우 1998. 1. 3. 이래 최저가이어서 선뜻 받아들이기 어려워진다. 그렇다고 하여 반드시 3일, 7일 또는 10일 평균치이어야 한다고 단정적으로 말하기도 어려울 것이다. 다만 파기환송 후 4. 3.을 기준으로 할 경우 1998. 1. 3. 이래의 최저가는 벗어나는 셈이어서 좀더 설득력이 있게 될 것으로 보인다.

Ⅳ. 세종하이테크 사건 및 대한방직 사건과의 비교

1. 세종하이테크 사건

(1) 본건과 같은 날 선고된 대법원 2003다55486 사건은 세종하이테크 사건에 대한 상고심 판결이다. 본건과 마찬가지로 세종하이테크 사건의 원심 판결도 차액산정방식 및 시장모델을 이용한 event study 방식을 채용하였는데, 시세조종행위를 한 사실 자체는 인정되나 그 행위로 인하여 통계적으로 의미가 있

48) 계열은 수열(數列)이라고도 하며 같은 성질의 숫자의 줄로서(매일경제신문사, 2004 경제신어사전 참조) 통계숫자를 시간의 흐름에 따라 일정한 간격마다 기록한 통계계열을 시계열데이터라고 하며, 이 계열의 시간적 변화에는 여러 원인에 기인한 변동이 포함되어 있음. 예를 들면 돌연적인 사건을 원인으로 하는 것(우연변동 또는 불규칙변동), 해마다 똑같이 되풀이되는 계절변동 또한 오랜 세월에 걸쳐 추세적(趨勢的)으로 나타나는 구조변동, 1년 이상의 장기간에 걸쳐 규칙적으로 반복되는 순환변동 등이 있는데, 이들 변동이 복잡하게 혼합되어 하나의 시계열 데이터를 이루고 있다. 연구목적에 따라 특정한 원인에 의거하여 나타나는 변동부분만을 분리하여 추출하거나 또는 소거(消去)하는 일이 필요하게 되고, 이와 같은 통계기술을 사용하는 연구를 시계열분석이라고 한다. 제1차 감정결과는 시계열분석에 의하여 1997. 1. 3.부터 1998. 4. 8.까지의 주가를 분석한 다음 그에 가장 잘 부합하는 회귀모델에 의하여 1998. 4. 9.부터의 작전기간 동안의 주가를 산출하였다.

49) 예를 들어 과거 평균값이 30,000원이고, 초대형 악재의 발생(수익의 급감으로 존속 자체에 의문이 드는 상황)으로 인하여 주가가 10,000원으로 하락한 상태에서 대주주가 주식을 처분하기 위하여 작전을 펼친다고 가정할 때, 조작주가가 과거 주가의 평균치인 30,000원에 못 미치는 한 주가조작은 없다는 결론이 된다.

을 정도로 주가에 영향을 미쳤다는 증거가 없다고 보아 청구를 기각한 원심을 확정하였다는 점에 차이가 있다.

(2) 세종하이테크 사건은 코스닥 등록 직후 세종하이테크가 주요 투자신탁회사의 펀드메니저들에게 돈을 전달하면서 주식을 사달라고 요청하여 모두 120회에 걸쳐 110,250주에 대한 시세관여 매수주문 및 101회에 걸쳐 137,310주에 대한 허위 매수주문을 내도록 한 사건이었다.

(3) 세종하이테크는 코스닥 등록기업이었는데, 제 1 차 감정결과와 달리 세종하이테크의 주가가 사건 초반 크게 상승한 것은 시세조종행위에 의해서라기보다는 그 당시 코스닥에 신규등록하고 액면분할을 한 벤처기업들의 일반적인 주가행태라고 본 결과 주식투자자들의 손해배상청구가 기각된 것이라 하겠다. 즉 대법원은 "위 시세조종행위로 인하여 세종하이테크의 주가가 영향을 받았다고 판단한 제 1 심 감정인의 감정결과를, 위 시세조종기간중 세종하이테크가 액면분할을 공시하고, 또한 이를 실시하였음에도 그 효과를 제대로 반영하지 아니한 점 등을 들어 믿지 아니하고 달리 위 시세조종행위로 인하여 현대전자의 주가가 영향을 받았다고 인정할 만한 증거가 없으며, 오히려 액면분할 당일의 현대전자의 주가 움직임 및 액면분할공시의 효과를 모두 고려할 때 현대전자의 주가가 정상주가보다 통계적으로 의미 있을 정도로 현저히 높게 형성된 것은 같은 해 1. 27., 같은 달 28., 같은 달 31. 등 3일에 불과하고 원고들이 주식을 매수한 같은 해 2. 이후를 비롯하여 그 나머지 기간중의 주가는 정상주가보다 통계적으로 의미 있을 정도로 높거나 낮다고 볼 수 없다는 원심 감정인의 감정결과를 취신하여, 위 시세조종행위가 실제 원고들의 매수주가에 영향을 주었다고 인정하기는 어렵다"고 한 원심의 판단을 수긍하였다.

(4) 참고로, 시세조종행위로 인한 형사책임에 있어서 '시세변동의 결과'가 범죄의 구성요건인가와 관련하여, 시세를 변동시키는 매매거래라고 하지만 반드시 시세를 변동시키는 결과가 발생할 것은 필요하지 않고 '시세를 변동시킬 가능성이 있는 매매거래'이면 족하다는 것이 일반적인 해석이다.[50] 우리 판례에서도 "투자자의 오해를 실제로 유발하였는지 여부나 타인에게 손해가 발생하였는지 여부 등도 문제가 되지 아니한다"고 하거나 '인위적으로 변동시킬 가능

50) 김건식, 「증권거래법」, 327면; 임재연, 앞의 책, 450면; 황정근, "매수주문량이 많은 것처럼 보이기 위하여 매수의사 없이 하는 일련의 허수주문행위로 인한 시세조종행위의 증권거래법상의 죄책과 그 죄수 및 법정벌금형의 산정기준," 「대법원판례해설」, 2002년 상반기, 743면; 김정만, "시세조종행위의 규제," 「재판자료」, 216면.

성이 있는 거래'라는 판시내용에 비추어 볼 때 마찬가지 입장에 선 것으로 보이고,[51] 일본 판례도 마찬가지라고 한다.[52]

2. 대한방직 사건

(1) 대법원 2004. 6. 11. 선고 2000다72916 판결은 소위 대한방직 사건에 대한 상고심 판결이다. 대한방직 사건의 원심은 차액산정방식을 채택하면서도 기본적으로 주식시장의 특성상 정상가격의 산정은 불가능하다고 보고 "정상주가가 역대 최고가격인 102,000원을 넘지 않는다"고만 판단한 채 감정 등을 거치지 아니하고 매수가액과 위 최고가격과의 차액을 손해액으로 산정하였고, 이에 대하여 쌍방이 손해액 산정방식의 위법을 다투며 상고하였다.

(2) 정상가격의 산정이 매우 어려운 문제라는 점, 그리고 손해액의 주장·입증책임이 원고에게 있는데 이 사건에서는 원고가 정상가격을 금융경제학적 방법으로 입증하려는 노력을 전혀 하지 아니한 것으로 보이는 점에 비추어 실무적인 입장에서 간결한 해결책이라고 평가할 수도 있으나, 너무 단순하다는 것이 원심 판결의 단점이었다. 손해액 산정에 있어서 수학적 정확성을 요구할 수는 없을 것이나, 원심의 정상주가 판단은 논리비약의 측면이 있고, 금융경제학적 분석이 없는 상태에서 사실상 역대 최고가를 정상주가로 간주한 것은 설득력이 떨어진다고 할 수 있다. '역대 최고가'라는 것 자체가 정상주가에서 거리가 멀다는 것을 반증하는 것일 수 있는 점, 조작주가에 반영된 변수 중 시세조종 이외의 요인이 무엇이고 그 정도가 어느 정도인지를 금융경제학적 분석을 이용하여 따져 보아야 비로소 (주가에 영향을 미친 유의미한) 시세조종행위의 유무 및 나아가 순수하게 시세조종행위로 인한 손해액을 산정할 수 있을 것이라는 점에서 비판의 여지가 많았다. 실제 위 원심 판결에 대하여는 비판적인 견해가 여러 개 나와 있었다.[53]

---

51) 대법원 2003. 12. 12. 선고 2001도606 판결; 대법원 2002. 6. 14. 선고 2002도 1256 판결; 대법원 2001. 11. 27. 선고 2001도3567 판결 등.

52) 일본 최고재 1994. 7. 20.「판례시보」제1507호, 51면(소위 協同飼料事件). 김건식, 앞의 책, 327면에서 인용.

53) 비판적인 견해로는 ① 김정만, 앞의 글, 252면(법 제188조의5의 적용요건에 관하여 정확하게 판단하고 있고, 그 손해액의 산정방법에 관하여도 명확하게 기준을 제시하고 있으나 합리적인 근거 없이 정상가격을 지나치게 높이 인정한 점이 문제이다), ② 박제인, 앞의 글, 75면(시세조종행위로부터 2년 반 가량 이전부터 시세조종행위가 종료한 이후의 시점까지 주가변동상황을 살펴 시세조종행위 기간의 주가를 제외한 기간중 최고가를 위 주식의 정상주가로 보아, 각 매수가격과 정상주가의 차액을 손해액으로 인정하였다. 그러나 왜 '2년 반'이고 왜 '최고가'를 기준으로 하는지 근거를 밝히지 않고 있다. 연구자가 보기에는 특별한 근거 없이 '그냥' 그렇게 한 것 같다. 본 논문에서 금융학적 기법에 대한 논의에 역점을 둔 것도 이들 기

(3) 대법원은 이 판결과 같은 일반법리를 설시한 다음, 사건영향분석 또는 그와 유사한 기법을 활용하여 과연 시세조종행위가 실제 주가에 통계적으로 의미가 있을 정도로 영향을 주었는지 등에 대하여 합리적인 분석을 하지 아니한 채 시세조종행위의 영향을 받은 기간을 제외한 나머지 기간중 형성된 최고가격을 정상주가로 간주한 위법이 있다는 이유로 파기환송하였다.

Ⅴ. 맺 음 말

대상판결은 시세조종행위로 인한 손해배상청구 사건에서 그 손해액의 산정방법에 관하여 대법원이 처음으로 의견을 밝힌 것으로서 중요하다. 증권시장의 관여자들이 일반 주식투자자들에게 손해배상책임을 부담하는 원인은 여러 가지가 있을 수 있는데, 향후 다른 유형의 손해배상 사건에 대하여도 영향이 있으리라고 생각된다. 앞서 살펴본 차액산정방식, 그리고 시장모델에 의한 사건영향분석을 통한 정상주가의 산정방식이 금융경제학 내지 통계학적 분석을 필요로 하는 것이라는 점에서 실무상 여러 가지 난점을 안고 있는 것은 사실이다. 그러나 주가에 영향을 미치는 요소는 무수히 많은 반면, 증권사기 사건에 있어서 손해배상액의 산정에 관하여 입법적으로 완전하게 해결하는 것은 어렵다는 점에서 그러한 복잡한 작업은 불가피하다고 할 수 있다. 우리나라에서 손해액의 산정을 전문가의 증언 내지 감정에 맡기는 것이 일반화되어 있지 않지만, 증권사기 사건과 같은 경제적 손해가 문제되는 경우에는 감정을 할 만한 전문가 그룹의 존재가 확인되는 한 전문가의 증언이나 감정을 활용하는 방안을 적극적으로 고려하여야 할 것으로 생각된다.

법을 연구하지 않고서는 배상액 산정을 이 판례처럼 주먹구구식으로 하게 되기 때문이다), ③ 김주영 · 김태선, 앞의 글, 131면(이는 매수 당시의 정상가에 대한 구체적인 입증이 없는 상황에서 부득이한 것으로 보여지기는 하지만 정상주가에 대한 감정촉구 등을 통해 매수 당시의 정상주가를 확정하려는 노력을 게을리한 것이 아닌가 하는 생각이 든다. 물론 입증책임이 원고측에 있음을 감안한 것으로 보이긴 하지만 왜 주가조작개시 당시의 시가보다 높은 역대 최고주가를 기준으로 하였는지, 통계적 · 표본적 방법에 의한 정상주가산정은 할 수 없었는지 여러 가지 면에서 그 합리성을 납득하기 어렵다)이 있었다.

預金者保護法 제32조 제 1 항의 解釋

梁 鉉 周*

대법원 2001. 5. 8. 선고 2000다58880 판결**

[事實의 槪要]

1. 원고(풍림산업 주식회사)는 1999. 3.경 유상증자를 실시하여 재무구조를 개선하려는 대한종합금융주식회사(이하 '대한종금'이라 한다)의 증자참여 요청에 따라, 대한종금을 수취인으로 한 액면 금 30억원의 약속어음을 발행하여 주고(발행인 원고) 대한종금으로부터 신주인수에 필요한 자금 30억원을 어음할인형식으로 대출받아(이하 '이 사건 대출금 채무'라 한다) 액면 금 5,000원인 보통주 60만주를 인수하여 유상증자에 참여하였다.[1)]

2. 한편 원고는 1999. 4. 8. 대한종금과 예금계약을 체결하고 금 3,000,384,668원을 예탁하였다(이하 '이 사건 예금'이라 한다).[2)]

3. 대한종금은 1999. 4. 9. 금융감독원으로부터 영업정지명령을 받아 같은 달 10.부터 예금 등 모든 채무의 지급이 정지되었다(예금자보호법상의 보험사고 발생).

4. 원고의 대한종금에 대한 대출금반환을 담보하기 위하여 발행된 원고 발행의 위 약속어음은 대한종금이 농업협동조합중앙회(이하 '농협중앙회'라 한다)에 대하여 부담하고 있던 약 700억원의 예금원리금채무에 대한 담보로서 1999. 4. 9. 대한종금으로부터 농협중앙회에게 배서·양도되었다.

그 후 위 약속어음의 만기일인 1999. 4. 14. 원고는 위 약속어음을 회수하면서 만기가 1999. 4. 28.로 연장된 새 약속어음을 대한종금에게 발행·교부하였고, 대한종금은 그 약속어음을 다시 농협중앙회에 배서·양도하였다. 그 후에도 원고는 약속어음의 만기연장을 위하여 1999. 4. 28.부터 1999. 7. 8.까지 수 차례에 걸쳐 위와 같이 먼저 발행한 약속어음을 회수하면서 만기가 연장된 새로운 약속어음을 발행하였는데,

---

* 인천지방법원 부장판사.

** 판례공보 2001. 7. 1.(133), 1347.

1) 대한종금은 당시 재무구조가 부실한 관계로 퇴출당하지 않기 위하여 유상증자를 실시하고자 하였으나 신용도 추락으로 증자에 참여할 자를 찾을 수가 없자 대한종금에 대출금반환채무를 부담하는 원고 등을 비롯한 채무자들에게 대하여 유상증자에 참여하지 않으면 대출금을 회수하겠다는 압력을 가함으로써 원고 등이 그 유상증자에 참여하도록 한 것이다.

2) 이 사건 예금은 그 금액과 시기에 비추어 위 주식인수대금의 반환이 아닌가 의심되지만, 이하에서는 일단 정상적인 예금인 것을 전제로 본다.

1999. 7. 8.에는 최종적으로 만기가 1999. 7. 13.인 약속어음(이하 '이 사건 어음'이라 한다)을 발행·교부하였고, 대한종금은 이를 농협중앙회에 배서·양도하였으며, 농협중앙회는 1999. 7. 13. 원고에게 위 약속어음금의 지급제시를 하였으나, 원고는 피사취계를 제출하고 그 지급을 거절하였다.

5. 피고(예금보험공사)는 1999. 6. 2. 정리금융기관인 주식회사 한아름종합금융(이하 '한아름종금'이라 한다)을 통하여 대한종금에 대한 예금주에 대하여 預金者保護法(이하 '법'이라 한다)상 보험금 지급대상인 예금을 매입하고 그 매입대금을 지급하겠다는 예금지급공고를 하였는데, 피고와 한아름종금 측은 원고의 이 사건 예금채권은 이 사건 대출금 채무와 상계되어 한 푼도 남아 있지 아니하여 매입대금으로 지급할 금원이 없다고 함에 따라, 원고는 피고를 상대로 법에 따른 보험금의 지급을 청구한 것이 이 사건 소송이다.

6. 관련사건으로, ① 한아름종금은 1999. 7. 14. 농협중앙회에 대한 대한종금의 채무를 변제하고 원고 발행의 위 약속어음을 교부받은 다음, 같은 해 12. 24. 서울지방법원 99가단318201호로써 원고를 상대로 30억원의 약속어음금 청구의 소를 제기하였으며,[3] 한편 ② 대한종금은 영업정지기간중인 같은 해 6. 25. 해산하였고, 그 파산관재인은 대한종금이 농협중앙회에 이 사건 어음을 담보목적으로 제공한 것은 파산법 제64조 제1호 소정의 부인권의 대상이 되는 행위이고, 전득자인 한아름종금도 농협중앙회가 파산채권자를 해함을 알면서 담보 목적으로 어음을 양도하였음을 알고 있었다고 주장하면서 이 사건 어음을 소지한 한아름종금을 상대로 어음반환을 청구하는 소를 제기하였다.[4]

7. 쌍방의 주장

원고가 피고에 대하여 법 제31조에 기하여 이 사건 예금 상당 금액의 보험금 3,000,384,668원을 지급할 것을 청구함에 대하여, 피고는 법 제32조 제1항에 의하여 원고의 이 사건 예금 채권액에서 원고의 이 사건 대출금 채무 30억원 및 그에 대한 이자를 공제한 금액만을 지급할 의무가 있고, 법 제35조의6에 의하여 원고의 대한종금에 대한 채권과 대한종금의 원고에 대한 채권을 대등액에서 대위상계하면 피고가 원고에게 지급할 보험금은 없다고 항변하였으며, 원고는 다시 원고의 이 사건 대출금 채무와 관련하여 여러 재항변을 주장하였다.

---

3) 위 어음금사건은 이 사건 대법원 판결이 선고된 직후인 2001. 5. 22. 원고패소판결이 선고되어(그 사건의 피고 풍림산업 주식회사 대리인은 위 어음은 파산법상 부인권의 대상이라고 항변하였는데 이것이 받아들여짐으로써 그 사건 원고 한아름종금은 정당한 어음소지인이라고 할 수 없다는 결과가 되었다), 현재 서울고등법원 2001나34890으로 항소심 계속중이다.

4) 대한종금의 파산관재인이 원고, 풍림산업주식회사가 원고보조참가인이 되어 농협중앙회 및 한아름종금을 피고로 하여 제기한 서울지방법원 2000가합16683 부당이득금사건에서 2001. 3. 30. 위 파산관재인의 부인권 행사가 받아들여져 원고전부승소판결이 선고되었고, 이에 대하여 피고들이 항소하여 현재 서울고등법원 2001나24237로 항소심 계속중이다.

［訴訟의 經過］

1. 原審判決[5)]의 要旨

(1) 피고가 원고에 대하여 대한종금의 원고에 대한 어음대출금 채권의 공제를 주장할 수 있으려면 대한종금이 원고에 대하여 위 대출금의 지급을 구하거나 상계처리를 하는 등의 방법으로 그 채권을 행사할 수 있어야 하고, 그에 따라 이를 공제함으로써 원고에게 법률상 불이익이 없어야 한다. 대출금을 담보하기 위하여 발행된 약속어음이 제 3 자에게 양도되고, 제 3 자가 약속어음의 발행인에 대하여 어음금청구권을 행사하고 있는 경우에는 약속어음의 발행인이 약속어음의 소지인인 제 3 자에 대하여 어음금의 지급을 거절할 항변권을 행사할 수 있는 등의 특별한 사정이 없는 한, 그 원인관계에 있는 대출금채권자가 약속어음을 소지하지도 아니한 채 발행인에 대하여 대출금채권만을 분리하여 따로 행사할 수는 없다.

(2) 원고는 대한종금으로부터 30억원을 어음할인 형식으로 대출받으면서 그 지급을 담보할 목적으로 액면 금 30억원의 약속어음을 발행하였고, 대한종금은 위 약속어음을 농협중앙회에 배서·양도하여 더 이상 위 약속어음을 소지하고 있지 않을 뿐 아니라 위 약속어음의 최종소지인인 한아름종금이 원고를 상대로 약속어음금 지급청구 소송을 제기하고 있으므로 대출금채권자인 대한종금으로서는 위 약속어음을 회수하지 아니하는 한 그 채무자인 원고에 대하여 대출금채권 30억원에 관한 청구 등 그 권리를 행사할 수 없다고 봄이 상당하여 위 대출금채권은 법 제32조 제 1 항 소정의 예금 등 채권의 합계액에서 공제할 수 있는 예금자 등이 해당부보금융기관에 대하여 지고 있는 채무액에 해당한다고 할 수 없다.

2. 上告理由의 要旨

(1) 대한종금이 원고에게 대출할 때 원고로부터 어음을 교부받은 것은 대출에 대한 증거자료의 하나로서 교부받은 것이지 위 어음에 기하여 대출한 것은 아니므로 대출과 이 사건 어음 사이에 어떠한 견련관계도 지니고 있다고 할 수 없고 따라서 어음을 피고가 소지하지 아니하고 있다고 하더라도 공제 내지는 상계할 수 있다.

(2) 가사 그렇지 않다고 하더라도 대한종금이 어음을 농협중앙회에 배서·

---

5) 서울고등법원 2000. 9. 29. 선고 2000나18655 판결. 이 사건의 제 1 심은 서울지방법원 2000. 3. 15. 선고 99가합76375로 그 판결을 입수할 수 없었음.

양도하였다고 하여, 대한종금의 원고에 대한 대출금 채권 자체가 양도되어 그 대출금 채권을 행사하지 못한다고 할 수 없다.

(3) 가사 그렇지 않다고 하더라도 한아름종금은 피고의 이행보조자 지위에서 위 농협중앙회에게 보험금을 지급하고 이 사건 어음을 수취하게 된 것이므로 피고가 이 사건 어음을 수취하여 보관하고 있는 것과 마찬가지라고 보아야 한다.

[判決要旨]

1. 대한종금은 원고로부터 30억원의 약속어음을 발행, 교부받고 어음할인 대출로 30억원을 대출한 후 위 약속어음을 타인에게 배서·양도하였으므로 달리 특별한 사정이 없는 한 원고로서는 그 약속어음의 소지인에 대하여 어음금을 지급하여야 할 채무를 부담하고, 대한종금으로서는 원고가 약속어음의 발행인으로서 약속어음의 소지인에 대하여 어음금의 지급을 거절할 수 있는 특별한 사정이 없는 한 원고에 대하여 그 원인관계에 있는 대출금채권만을 분리하여 따로 행사할 수는 없고, 이를 자동채권으로 하여 원고에 대한 예금반환채무를 상계할 수 없다고 할 것이므로 이와 같은 취지의 원심의 판단은 정당하다.

2. 법 제32조 제 1 항은 "보험금지급공고일 현재 각 예금자 등의 예금 등 채권의 합계액에서 각 예금자 등이 해당 부보금융기관에 대하여 지고 있는 채무의 합계액을 공제한 금액"을 보험금으로 규정하고 있으나, 위에서 보는 바와 같이 대한종금이 원고에 대하여 대출금채권을 행사할 수 없고 이를 자동채권으로 하여 원고에 대한 예금반환채무를 상계할 수 없는 경우에는 위 규정이 적용되지 않는다고 할 것이므로 이와 같은 취지의 원심의 판단 또한 정당하다.

3. 한편 법 제35조의6은 "공사는 예금자 등을 대신하여 보험금 지급공고일 현재 각 예금자 등의 예금 등 채권(예금자 등이 타인을 위하여 당해 부보금융기관에 대하여 담보로 제공하고 있는 예금 등 채권을 제외한다)과 각 예금자 등이 해당 부보금융기관에 대하여 지고 있는 채무(보증채무를 제외한다)를 상계할 수 있다"라고 규정하고 있는바, 이 규정 역시 부보금융기관의 예금자 등에 대한 채권과 채무가 상계적상에 있음을 전제로 하는 규정인데, 이 사건의 경우에서 대한종금의 원고에 대한 대출금채권과 예금반환채무가 상계적상에 있지 않음은 위에서 본 바와 같으므로 위 예금자보호법 제35조의6 소정의 상계를 주장하는 피고의 항변 역시 이유 없다.

[評　　釋]

I. 원인채권의 행사와 어음반환에 관한 법리

피고는 그가 지급하여야 할 보험금 금액은 법 제32조 제 1 항에 의하여 예금액에서 대출금을 공제한 금액 내지는 법 제35조의6에 의하여 대위상계하고 남은 금액이라고 주장하였다. 법 제32조 제 1 항 또는 법 제35조의6[6]의 문언만을 그대로 해석하면 피고의 주장이 일리 있는 것으로 볼 수 있다.

> 제32조(보험금의 계산 등)
> ① 제31조의 규정에 의하여 공사가 각 예금자 등에게 지급하는 보험금은 보험금 지급공고일 현재 각 예금자 등의 예금 등 채권의 합계액에서 각 예금자 등이 해당 부보금융기관에 대하여 지고 있는 채무(보증채무를 제외한다)의 합계액을 공제한 금액으로 한다. 다만, 대통령령으로 따로 정하는 경우에는 그러하지 아니하다.
> 제35조의6(예금보험공사의 대위상계권)
> 공사는 예금자 등을 대신하여 보험금 지급공고일 현재 각 예금자 등의 예금 등 채권(예금자 등이 타인을 위하여 당해 부보금융기관에 대하여 담보로 제공하고 있는 예금 등 채권을 제외한다)과 각 예금자 등이 해당 부보금융기관에 대하여 지고 있는 채무(보증채무를 제외한다)를 상계할 수 있다.

그러나 그렇게 되면, 원고는 예금을 보호받지 못하는 한편 어음금 채무를 부담하게 되어 부당한 결과에 이르게 될 수 있으므로, 원심은 법 제32조 제 1 항을 제한적으로 해석하여 부보금융기관이 대출금채권을 행사할 수 없는 경우에는 예금보호공사가 제32조 제 1 항에 의하여 대출금채권을 공제할 수 없다는 해석론을 전개하였으며, 대법원은 이를 지지하였다.

따라서 대출금채권을 행사할 수 없는 경우의 하나로서, 어음대출금 채권을 행사함에 있어 어음이 제 3 자에게 양도되어 대출금융기관이 어음을 소지하고 있지 않은 경우의 법리에 관하여 먼저 본다.

1. 旣存原因債務에 대한 어음의 교부의 效果

(1) 기존 채무의 이행과 관련하여 어음이 발행된 경우 ① 기존원인채무를 소멸시키고 새로운 어음채무만을 존속시키고자 하는 데 있는 경우(지급에 갈음

6) 위 두 규정은 동전의 양면과 같은 규정으로서 사실상 동일한 효과를 가져오는 것이다.

하여), ② 어음을 수수한 당사자의 의사가 어음을 기존원인채무에 대한 지불수단 그 자체로서 수수하고자 하는 데 있는 경우(지급을 위하여), ③ 기존원인채무의 지급을 담보하기 위하여 그에 덧붙여 어음상의 권리를 부여하고자 함에 있는 경우(지급확보를 위하여 또는 담보를 위하여)의 세 가지로 분류된다.

(2) 이와 같이 기존원인채무와 관련하여 어음이 교부된 경우 특약이 없는 이상 기존원인채무는 소멸하지 아니하고 어음상의 채무와 병존한다고 추정하여야 한다. 즉 '지급을 위하여' 또는 '지급확보를 위하여(담보를 위하여)' 어음이 교부된 것이라고 추정하여야 한다.[7] 이 경우 어음상의 주채무자가 원인관계상의 채무자와 동일하지 아니한 때에는 제 3 자인 어음상의 주채무자에 의한 지급이 예정되고 있으므로 이는 '지급을 위하여' 교부된 것으로 추정하여야 한다.[8]

(3) 어음이 '지급을 위하여' 교부된 경우에는 채권자는 어음채권과 원인채권 중 어음채권을 먼저 행사하여 만족을 얻을 것을 당사자가 예정하였다고 할 것이므로 채권자로서는 어음채권을 우선 행사하고, 그에 의하여서는 만족을 얻을 수 없을 때 비로소 채무자에 대하여 기존의 원인채권을 행사할 수 있다고 하여야 한다.[9]

(4) 원인채권의 지급을 확보하기 위한 방법으로 어음이 수수된 경우에 원인채권과 어음채권은 별개로서 채권자는 그 선택에 따라 기존원인채권 또는 어음상의 권리를 행사할 수 있다. 따라서 원인채권에 기하여 청구를 한 것만으로는 어음채권 그 자체를 행사한 것으로 볼 수 없어 어음채권의 소멸시효를 중단시키지 못한다고 한다.[10] 다만 실제로는 채권자 어음상의 권리를 행사하는 것이 채권의 발생원인에 대하여 주장 · 입증할 필요가 없을 뿐만 아니라 직접의 당사자 이외의 제 3 자가 어음의 소지인인 때에는 원인관계에 기한 항변의 대항을 받지 않는 등 보다 간편하고 강력한 것이기 때문에 특별한 경우를 제외하고는 먼저 어음상의 채권을 행사하게 되는 것이 보통일 것이다.

(5) 이상에서 본 바에 의하면, '지급을 위하여' 교부된 경우나 '지급확보를 위하여' 교부된 경우는 모두 기존원인채무와 어음채무가 병존하지만 '지급을 위하여' 교부된 경우에는 원칙적으로 채권자가 어음상의 권리를 먼저 행사할 의

7) 대법원 1996. 11. 8. 선고 95다25060 판결; 대법원 1996. 12. 20. 선고 96다41588 판결 등.
8) 위 대법원 95다25060 판결.
9) 대법원 1996. 11. 8. 선고 95다25060 판결; 대법원 1995. 10. 13. 선고 93다12213 판결.
10) 대법원 1999. 6. 11. 선고 99다16378 판결.

무가 있는 결과, 채무자로서는 먼저 어음상의 권리를 행사할 것을 주장하여 원인관계의 행사를 저지할 수 있고, 먼저 어음상 권리의 행사 즉, 어음의 지급제시가 없는 한 기존원인채무에 대하여 이행지체에 빠지지 않으나, '지급확보를 위하여' 교부된 경우에는 기존원인채무의 변제기가 도래하면 어음·수표의 지급제시 및 반환 유무에 불구하고 채무자는 이행지체에 빠지고 채권자로서는 그를 이유로 계약을 해제할 수 있는 등 이행지체에 따른 책임을 물을 수 있다는 점에서 구별의 실익이 있는 것으로 설명되고 있다.[11)]

(6) 이하 원인채권과 어음채권이 병존하는 경우에 발생하는 문제를 보기로 한다.

2. 어음채권 및 기존원인채권 일방의 行使와 그 效果

(1) 기존원인채권과 어음채권이 병존하는 경우에 먼저 어음채권을 행사하여 어음상 채무자로부터 어음금의 지급을 받으면, 원인채권은 만족을 얻고 목적달성에 의하여 소멸한다. 채권자가 어음을 제 3 자에게 배서양도하여 그에게 어음금이 지급된 경우에도 원인채권이 소멸함은 당연하다.

그리고 기존원인채권과 관련하여 어음이 교부된 경우 채권자가 원인채권을 먼저 행사하여 만족을 얻으면, 그와 관련하여 교부된 채권자의 어음상의 권리도 목적달성에 의하여 소멸하게 된다. 다만 이와 같은 효과는 어디까지나 그 어음을 수수한 채권자와 채무자 간의 법률관계에 있어서 채권자의 어음상 권리가 소멸하는 것을 의미할 뿐, 어음을 취득한 제 3 자와의 관계에 있어서는 경우에 따라 인적 항변사유가 됨에 그친다.

(2) 원인채권이 어음채권과 분리되어 양도되었다고 하더라도 이로 인하여 어음채권이 소멸하는 것은 아니다. 또한 원인채권에 대한 압류, 전부명령의 효력은 어음채권에는 미치지 않는다. 이는 어음행위의 무인성에 따른 당연한 결과이다.[12)] 그리고, 채무자가 기존원인채무를 변제한 때에 비로소 어음채권의 청구를 거부할 수 있다. 이는 人的抗辯으로서 직접의 당사자 사이에 한하여 대항할 수 있는 것이기 때문에 어음이 다시 양도되어 선의의 제 3 자가 청구하는 경우에는 대항할 수 없다.[13)]

11) 이태운 "기존채무의 이행에 관하여 어음·수표가 교부된 경우의 법률관계," 「재판자료」 제 30집, 547면.

12) 이태운, 전게논문, 555면.

13) 이태운, 전게논문, 556면.

⑶ 원인채권과 분리하여 교부된 어음만을 그 지급기 전에 대가를 얻고 타에 배서양도할 수도 있다. 그러나 이 경우에는 어음의 지급을 받은 경우와는 달리 그에 의하여 바로 기존원인채무는 소멸하지 않고[14] 어음을 배서·양도한 채권자가 어음상의 상환의무를 면하게 된 때 즉, 어음금의 지급이 있거나 어음의 양수인이 보전절차를 해태함으로써 상환의무를 이행할 필요가 없게 된 때 또는 상환청구권이 시효소멸한 때에 비로소 채권자에게 남아 있던 기존원인채권은 소멸하게 된다.[15]

⑷ 한편 원인채권의 채권자가 어음을 소지하고 있다가 분실하거나 어음이 멸실되더라도 어음은 권리를 표창하는 수단이지 권리 그 자체는 아니기 때문에 어음상 권리가 소멸하는 것은 아니고, 따라서 그 결과 기존원인채권이 소멸하는 것도 아니다. 채권자로서는 제권판결을 얻은 후 채무자에게 제시하여 그 어음상 권리를 행사할 수 있고, 기존원인채권은 위 어음상 권리와 병존하게 된다.

3. 원인채권의 행사와 어음반환의 요부

⑴ 어음의 相換證券性

어음의 지급인은 어음금을 지급할 때에 그 영수를 기재한 어음의 교부를 청구할 수 있는데(어음법 제39조, 제77조), 이처럼 지급시에 어음의 교부청구를 인정한 것은 그 어음에 관하여 지급필의 증명을 용이하게 함과 동시에 지급자로 하여금 이중지급의 위험을 피할 수 있도록 하기 위함에 있다.

어음의 상환증권성에 관한 위 규정은 현실의 지급뿐만이 아니라 대물변제, 상계에 의하여 어음채권이 소멸하는 경우에도 적용된다. 다만 判例는 상계에 대하여, 재판 외의 상계는 어음채무자의 승낙이 없는 이상 어음의 교부가 필요불가결하고, 어음의 교부가 없으면 상계의 효력이 생기지 아니한다고 할 것이지만, 재판상의 상계는 어음을 서증으로 법정에 제출하여 상대방에 제시되게 함으로써 충분하다고 해석하고 있다.[16] 판례가 이처럼 재판상의 상계와 재판 외의 상계의 경우를 구별하고 있는 이유는, 재판상의 상계의 경우 그 효력이 변론종결 당시를 기준으로 판정되기 때문에 어음을 교부하고도 결과적으로 상계가 이루어지지 않는 경우가 생길 수 있고, 그 경우에는 미리 어음을 교부한 자동채권자가 불이익을 받게 되는 점을 고려한 때문으로 보인다.

14) 뒤에서 보는 대법원 1996. 9. 24. 선고 96다23030 판결 참조.
15) 이태운, 전게논문, 554면.
16) 대법원 1991. 4. 9. 선고 91다2892 판결.

또한 임의변제의 경우뿐만 아니라 強制執行에 의하여 어음금을 지급하게 되는 경우에도 어음의 상환증권성에 의하여 어음의 상환이 필요하다. 임의변제나 강제집행을 막론하고 어음의 상환이 필요하므로, 최후소지인이 어음금청구소송을 제기함에 있어서는 단지 이를 소지하고 있으면 족하고, 재판단계에서 이를 상대방에게 반환할 필요는 없으며, 판결주문에서 단순이행판결을 선고하더라도 실제로 이중지급의 위험은 없다.[17)]

(2) 原因債權의 행사와 어음반환의 同時履行關係 인정 여부

(가) 어음의 상환증권성에 관한 앞서 본 어음법 제39조의 규정은 어디까지나 어음의 지급인이 어음상 권리자에게 어음금을 지급하는 경우에 적용되는 규정이지 기존원인채권을 행사하는 자에게 원인채무를 변제하는 경우까지 곧바로 적용되는 것은 아니므로, 과연 기존원인채권을 행사하는 채권자에 대하여 채무자가 어음의 반환을 요구할 수 있는지, 요구할 수 있다면 기존원인채권의 이행과 어음의 반환은 어떠한 관계에 있는지 여부가 문제된다.

여기에는 ① 返還不要說, ② 원인채권을 행사함에 있어 어음상의 권리를 행사하는 경우와 마찬가지로 어음의 제시 및 교부가 필요하다는 返還必要說, ③ 채권자는 일단 원인채권을 어음의 반환 없이 행사할 수 있지만 채무자는 어음의 반환과 상환으로 지급하겠다는 항변을 할 수 있다는 설(同時履行抗辯說) 등의 대립이 있는바, 동시이행항변설이 통설이다.[18)]

同時履行抗辯說이 내세우는 論據는, 만약 어음의 반환을 받지 않을 경우, ㉠ 채무자가 원인채무를 변제하면, 나중에 채권자로부터의 어음금청구에 대하여는 원인채무가 소멸하였다는 원인관계상의 항변을 할 수 있지만, 어음을 선의의 제 3 자가 취득하여 그자가 채무자에게 어음금을 청구한 경우에는 이러한 인적 항변을 가지고 대항할 수 없어 이중지급을 하지 않으면 안 될 불이익이 있고, ㉡ 어음에 채무자 이외의 다른 어음상 채무자가 있는 경우, 예컨대 채무자가 제 3 자 발행의 약속어음을 취득하여 이를 채권자에게 교부한 경우 등에서 채무자가 어음을 회수하지 않으면 자기의 전자에 대한 소구권 또는 어음상 주채무자에 대한 어음금청구권을 행사할 수 없는 불이익이 있기 때문에, 이러한 불이익으로부터 채무자를 보호하기 위하여는 형평상 어음반환과의 동시이행항변권을 인정할 필요성이 있고, 또 이를 인정함으로써 채무자의 보호는 충분하

17) 대법원 1991. 12. 24. 선고 90다카28405 판결.

18) 노경식, "기존채무와 관련하여 어음이 교부된 경우 채무자의 어음반환과의 동시이행항변권,"「민사판례연구」19집, 448면 이하; 최기원,「어음 · 수표법」, 2001, 229면 이하.

다는 것이다.[19)]

(나) 이에 관한 判例의 태도를 본다　　대법원 1970.10.23. 선고 70다2042 판결을 비롯한 과거의 판례들은 채무의 이행확보를 위하여 약속어음이 교부되었을 경우에는 그 약속어음의 반환을 받지 않는 한 "채무이행을 거부할 수 있다"고 하는 표현을 사용하였는바, 이것이 동시이행항변권임을 의미하는지 여부에 관하여서는 명확한 언급을 하지 아니하였었다.[20)]

그 후 대법원 1985.11.26. 선고 85다카848 판결에서 위와 같은 채무자의 거절권이 동시이행항변권임을 명확하게 하였으며, 대법원 1993.11.9. 선고 93다11203, 11210 판결에 이르러서는 "기존의 원인채권과 어음, 수표채권이 병존하는 경우에 채권자가 원인채권을 행사함에 있어서는 어음, 수표의 반환이 필요하고, 이는 채무자의 채무이행과 동시이행의 관계에 있다고 할 것이고, 따라서 채무자는 어음, 수표와 상환으로 지급하겠다고 하는 항변으로 채권자에게 대항할 수 있고, 이와 같은 항변이 있을 때에는 법원은 어음, 수표와 상환으로 지급하라는 취지의 상환이행의 판결을 하여야 할 것이다"라고 판시하는 한편, 그 근거에 관하여서도 "채무자가 어음, 수표의 반환이 없음을 이유로 원인채무의 변제를 거절할 수 있는 것은 채무자로 하여금 무조건적인 원인채무의 이행으로 인한 이중지급의 위험을 면하게 하려는데 그 목적이 있는 것이지 기존의 원인채권에 터잡은 이행청구권과 상대방의 어음, 수표의 반환청구권이 민법 제536조에 정하는 쌍무계약상의 채권채무관계나 그와 유사한 대가관계가 있어서 그러는 것은 아니므로, 원인채무의 이행과 어음, 수표의 반환이 동시이행의 관계에 있다 하더라도 이는 어음, 수표의 반환과 상환으로 하지 아니하면 지급을 할 필요가 없으므로 이를 거절할 수 있다는 것을 의미하는 것에 지나지 아니한다고 할 것이다"라고 판시하여 여기서 인정되는 동시이행의 관계가 쌍무계약에서 말하는 동시이행항변권과는 그 인정근거를 달리하는 것임을 명백히 하였다.

이와 같은 판례의 태도는 대법원 1999.7.9. 선고 98다47542, 47599 판결에 그대로 이어지고 있다.

(다) 기존원인채권의 양수인이 원인채권을 행사하는 경우에도 채무자는 어

19) 노경식, 전게논문, 449면.

20) 대법원 1969.4.22. 선고 69다144 판결; 대법원 1969.12.30. 선고 69다1934 판결 등 참조.

음반환과 상환으로 지급할 것이라고 하며 지급을 거절할 수 있다.[21] 이는 채권양도의 경우 채무자는 그 양도통지를 받을 때까지 양도인에 대하여 생긴 사유를 가지고 양수인에게 대항할 수 있는 것이므로 위와 같은 경우 그 원인된 채권이 양도되었다면 채무자는 양수인에 대하여 그와 같은 항변권을 행사할 수 있는 것이라고 보아야 하기 때문이다.[22]

원인채권과 어음채권이 병존하는 경우 채권자는 교부받은 어음을 그 지급기 전에 대가를 얻고 타에 배서·양도한 경우 원인채권만이 분리되어 종전 채권자에게 남아 있게 되는데 이 때에도 종전 채권자가 기존원인채권을 행사함에 있어서는 어음의 반환이 필요하고 채무자는 동시이행의 관계를 주장하여 그 이행을 거절할 수 있다.[23]

⑶ 원인채권 행사에 대한 어음반환의 同時履行抗辯權 行使의 效果

㈎ 채무자는 위에서 본 바와 같이 어음, 수표와 상환으로 지급하겠다고 하는 항변으로 채권자에게 대항할 수 있고, 이와 같은 항변이 있을 때에는 법원은 어음, 수표와 상환으로 지급하라는 취지의 상환이행의 판결을 하여야 할 것이다.[24]

㈏ 동시이행항변권의 존재와 상계의 인정 여부에 관하여 본다.

일반적으로 자동채권에 동시이행항변권이 붙어 있는 때에는 채권의 성질상 상계를 허용하지 않는 것이 통설과 판례이다.[25] 이를 허용한다면, 상계자 일방의 의사표시에 의하여 상대방의 항변권행사의 기회를 상실케 하는 결과가 되므로 이와 같은 상계는 그 성질상 허용될 수 없기 때문이다. 따라서 쌍무계약에 인정되는 동시이행항변권의 실체법적 효력으로 이와 같은 항변권이 붙어 있는 채권을 자동채권으로 하여 행하는 상계가 금지된다.

㈐ 그런데 채무자가 원인채권에 관하여 어음이 교부되어 그 어음이 반환되기 전까지는 원인채권의 이행을 거절할 수 있는 경우, 채권자가 이와 같은 항변권이 붙어 있는 원인채권을 자동채권으로 삼아 상계하는 것도 마찬가지로 금지된다고 볼 것인가?

쌍무계약상의 동시이행항변권이 붙어 있는 채권을 자동채권으로 삼아 상계

21) 이태운, 전게논문, 556면; 대법원 1989. 5. 9. 선고 88다카7733 판결; 대법원 1996. 3. 22. 선고 96다1153 판결.

22) 대법원 1989. 5. 9. 선고 88다카7733 판결; 대법원 1996. 3. 22. 선고 96다1153 판결.

23) 이태운, 전게논문, 555면. 대법원 1996. 9. 24. 선고 96다23030 판결.

24) 위 대법원 93다11203, 11210 판결.

25) 대법원 1969. 10. 28. 선고 69다1084 판결; 「민법주해(11)」, 377면.

할 수 없다고 하는 것은 이로써 부당하게 채무자의 항변권을 박탈한다는 것에 근거하는 것인바, 원인채권을 행사함에 있어서 채무자에게 인정되는 동시이행항변권의 근거가 쌍무계약에 인정되는 동시이행항변권의 근거와 달라 이행지체책임을 면할 수 없다고 하더라도, 이와 같은 사정은 기존원인채권과 관련하여 어음이 교부된 경우 채권자가 기존원인채권을 자동채권으로 삼아 상계하는 경우에도 마찬가지라고 할 것이어서, 어음이 교부되었음을 사유로 원인채권의 이행을 거절할 수 있는 항변권을 채무자가 가지고 있는 경우 채권자가 그 원인채권을 자동채권으로 하여 상계하는 것은 허용되지 않는다고 보아야 할 것이다.

Ⅱ. 예금보험공사와 整理金融機關

피고대리인은 상고이유에서, 한아름종금은 피고의 이행보조자로서 이 사건 어음을 소지하고 있는 것이므로 피고는 이 사건 어음의 소지인임에도 원심이 피고가 어음을 소지하고 있지 않은 것으로 잘못 판단하였다는 취지의 주장을 한다. 그러나 원심은 부보금융기관인 대한종금이 이 사건 어음을 소지하고 있지 않으므로 법 제32조 제1항 또는 법 제35조의6에 따라 부보금융기관의 대출금채권으로 공제 또는 상계할 수 없다는 취지로 판시한 것이지 반드시 피고가 어음을 소지하고 있지 않다고 판시한 것으로는 볼 수 없으며, 대법원은 위 상고이유는 원심의 그와 같은 판시를 오해한 것임을 전제로 이유를 판시하고 있다.

다만 예금보험공사의 특수한 법적 지위로 인하여 피고가 어음을 소지하고 있는 경우에는 원고의 이중적인 채무부담의 염려가 없고 따라서 부보금융기관이 어음을 소지하고 있지 않은 경우에도 법 제32조 제1항 또는 법 제35조의6의 적용이 있어야 한다는 견해가 있을 수 있으므로 예금보험공사와 정리금융기관에 관하여 살핀다.

1. 예금자보호법에 의한 예금보험공사의 업무

(1) 예금보험공사는 예금자보호법에 의한 예금보험제도를 효율적으로 운영하기 위하여 설립된 특수법인으로서 예금보험기금의 관리 및 운용, 법 제31조 및 제32조의 규정에 의한 보험금 등의 지급을 업무로 하고 있다(제3조, 제18조).

(2) 예금보험공사와 부보금융기관(예금보험의 적용대상 기관, 종합금융회사는 이에 해당하는 금융기관 중의 하나이다, 법 제2조 제1호 타목) 및 예금자 등 사이

의 보험관계는 예금자 등이 부보금융기관에 대하여 예금 등 채권을 가지게 된 때에 성립하고(법 제29조 제1항), 예금보험공사는 부보금융기관에 보험사고가 발생한 때에는 당해 부보금융기관의 예금자 등의 청구에 의하여 보험금을 지급하여야 한다(법 제31조 제1항).

(3) 예금보험공사는 법 제31조 제 1 항의 규정에 의한 지급의 기간 · 개시일 · 방법 기타 필요한 사항을 공고하여야 하며, 예금자 등은 공고한 기간 내에 청구할 수 없는 사유가 있다고 인정되지 않는 한 그 지급기간 내에 지급을 청구하여야 한다(법 제31조 제3항).

(4) 예금보험공사가 예금자 등에게 금원을 지급하는 방법으로는 ① 보험금 지급청구에 따라 예금보험공사가 보험금을 지급하는 방법(법 제31조 이하)과 ② 채권매입을 하는 방식으로 보험금 상당 금액을 지급하는 방법(법 제35조의2 이하)의 두 가지가 있다.[26]

(5) 예금보험공사가 보험금을 지급하는 경우 그 업무를 제 3 자로 하여금 대행하게 할 수 있는데(법 제20조) 성업공사, 부보금융기관, 상호신용금고연합회, 신용협동조합중앙회가 그 대행기관이 될 수 있다(시행령 제12조). 이와 같은 대행기관의 성격은 단순한 이행보조자의 지위에 있는 것으로 생각된다.

그리고 지급하는 보험금은 법 제31조 제 3 항의 규정에 의한 보험금 지급공고일 현재 각 예금자 등의 예금 등 채권의 합계액에서 각 예금자 등이 해당 부보금융기관에 대하여 지고 있는 채무의 합계액을 공제한 금액으로 한다(법 제32조 제1항).

여기서 법 제32조 제 1 항에 의하여 예금자가 부보금융기관에 대하여 부담하고 있는 채무로서 예금보험공사가 예금자의 보험금청구에 따라 보험금을 지급함에 있어 공제되는 예금자의 채무는 예금자가 가지고 있는 항변권의 존재유무를 불문하고 부보금융기관에 대한 모든 채무가 되는 것으로는 볼 수 없다. 기한미도래된 부보금융기관의 예금자에 대한 채권의 경우는 예금보험공사가 공제할 수 있다고 여겨지나, 그 외에 보험금으로 청구하는 예금과는 별개로 예금자에게 그 채무의 이행을 거절할 수 있는 항변권이 붙어 있는 경우(동시이행의 항변권 등)에는 예금보험공사가 공제하는 채무에 포함시킬 수는 없다고 할 것이다.

(6) 예금보험공사가 채권매입형태의 방식으로 보험금 상당의 금원을 지급

---

26) 예금보험공사는 종합금융회사 및 상호신용금고와 관련하여 보험사고가 발생한 경우에 채권매입방식만을 채택하여 예금자를 보호하여 왔던 것이 실무례라고 한다.

하는 경우에 관하여 보면, 채권매입방식을 채택하고자 할 때에는 운영위원회의 결의를 거쳐 재정경제부장관의 승인을 얻어 이를 공고하여야 한다(법 제35조의5). 예금보험공사의 채권매입금액은 개산지급율에 의하는 것으로 법상 규정되어 있는데(법 제35조의2, 3, 4) 실제로는 보험금 지급방법을 택하여 보험금을 지급하는 경우와 채권매입금액이 동일하다고 한다.

(7) 한편 예금보험공사에서 채권매입방식에 의한 보험금 지급을 하겠다고 공고를 하였다고 하여 법에 예금자로 하여금 이에 따르도록 강제할 규정을 찾아 볼 수 없는 이상, 예금자 등은 채권매입방식에 따른 청구를 하지 아니하고 여전히 예금보험공사에 대하여 보험금 지급방식에 의한 보험금 청구를 할 수 있다고 보인다.

2. 예금자보호법상의 정리금융기관

(1) 정리금융기관의 설립과 업무범위

예금보험공사는 예금자 등의 보호 및 금융제도의 안정성 유지를 위하여 필요하다고 인정하는 경우에는 재정경제부장관의 승인을 얻어 부실금융기관의 영업 또는 계약을 양수하기 위하여 주식회사 형태로 예금보험공사가 자본금을 전액 출자하여 정리금융기관을 설립할 수 있는데(법 제36조의3), 정리금융기관으로는 주식회사 한아름종합금융과 한아름상호신용금고가 설립되었다.

정리금융기관의 업무범위는 예금 등 채권의 지급, 대출 등 채권의 회수 기타 부실금융기관의 정리업무를 효율적으로 수행하기 위하여 필요한 업무로서 재정경제부장관이 승인한 업무인바(법 제36조의5), 그 설립목적이라 할 부실금융기관의 영업 또는 계약을 양수하기 위한 업무가 주된 업무일 것이다.

이와 같이 부실금융기관의 정리와 관련된 범위 안에서는 부실금융기관으로 보아 법 제35조 내지 제36조, 제37조 내지 제39조의 규정을 적용한다(법 제36조의3 제5항).

한편 법 제36조의5 제 2 항은 "제 1 항의 규정에 의하여 정리금융기관이 예금자 등에게 지급하는 예금 등 채권의 금액은 보험금 및 개산지급금을 한도로 하고, 그 지급액은 제32조의 규정에 의한 보험금에서 이를 공제한다"고 규정하고 있는데, 이는 부실금융기관으로서의 정리금융기관에 대하여 예금자 등이 예금지급청구(예금보험공사에 대한 보험금지급 청구가 아님)를 하여 올 경우에 예금보험공사의 보험금 지급과의 균형상 보험금 한도에서만 예금을 지급하라는 취지를 규정한 것으로 풀이된다.

⑵ 예금보험공사와 채권매입방식의 보험금상당금액 지급업무를 수행하는 정리금융기관 사이의 관계

채권매입방식의 업무를 처리하는 정리금융기관의 지위는 시행령 제12조에서 규정하고 있는 업무대행기관에 속하지 않아서, 법 제20조가 규정하고 있는 업무대행자에 속한다고 볼 수 없고, 채권매입업무를 처리함에 있어 정리금융기관이 그 자신의 이름으로 채권매입공고를 하는 점 등에 비추어 보면, 정리금융기관은 단순한 이행보조자의 지위에 있는 것으로 볼 수 없으며, 비록 그 업무처리의 경제적 효과는 모두 예금보험공사에게 귀속되는 것이기는 하지만 예금보험공사와는 전혀 별개의 업무주체로서 예금보험공사로서 위임받은 사무를 자기의 사무로서 처리하는 자라고 할 것이라는 해석이 있을 수 있다. 그러나 위와 같은 시행령 규정을 반드시 업무대행기관의 한정적 열거로 볼 것은 아니고 정리금융기관도 앞서 본 업무의 실체적 성격상 예금보험공사의 이행보조자 역할을 한다고 보는 것이 오히려 권리관계를 불필요하게 복잡하게 하는 것을 피할 수 있다는 장점을 가진다고 생각된다.

따라서 정리금융기관이 보험금지급의 일환으로 채권매입을 하고 예금자 등으로부터 취득한 권리도 달리 특별한 사정이 없는 한 예금보험공사가 취득한 것으로 간주하여 예금보험공사가 이를 행사할 수 있다고 보는 것이 옳을 것이다.

Ⅲ. 硏究對象判決에 대한 具體的 檢討

1. 이 사건 어음교부의 性質

⑴ 원고가 대한종금과 사이의 어음할인거래를 위하여 작성한 어음거래약정서에 의하면, 대한종금이 원고에게 어음할인 방식으로 금원을 대출하여 주고, 대한종금은 어음상의 권리 이외에 금전소비대차상의 대여금채권도 취득하는 것으로 되어 있으므로, 대한종금이 단순한 어음매매에 해당하는 어음할인을 한 것이 아니고 이른바 어음貸付를 행한 것으로 보인다.

⑵ 이와 같은 어음貸付와 관련하여 교부된 어음은 그 금전소비대차상의 채무자의 반환의무를 담보하기 위하여 교부된 것으로 보는바,[27] 따라서 이 사건 어음은 이 사건 대출금반환채무의 지급을 확보하기 위하여 교부된 것으로서 앞

27) 이태운, 전게논문, 546면은 어음貸付의 경우 '지급확보를 위하여' 어음이 교부된 것으로 추정된다고 한다.

서 살펴 본 '지급을 확보하기 위하여' 교부된 어음의 지위를 그대로 갖는다고 볼 것이다.

(3) 그리고 대한종금이 농협중앙회에 이 사건 어음을 배서·양도한 사실관계를 보면, 이 사건 어음이 '지급확보를 위하여' 교부된 이상, 원인채권과 어음채권은 병존하고, 원인채권인 이 사건 대출금채권은 여전히 대한종금에 남아 있고(원인채권까지 농협중앙회에 양도되었다고 볼 아무런 자료가 없다), 어음상의 권리만이 농협중앙회에 양도된 경우라 할 것이다.

2. 이 사건 어음교부 및 그 배서양도에 따른 관련자들의 권리

(1) 대한종금의 권리

앞서 본 법리에 의하면, 원고는 이 사건 대출금청구에 대하여 이 사건 어음을 반환하지 않는 한 그 이행을 거절할 수 있고, 대한종금으로서는 상계주장을 할 수 없다.

(2) 피고의 권리

법 제32조 제1항에 의하여 예금자가 부보금융기관에 대하여 부담하고 있는 채무로서 예금보험공사가 예금자의 보험금청구에 따라 보험금을 지급함에 있어 공제되는 예금자의 채무는 항변권의 존재 유무를 불문하고 부보금융기관에 대한 모든 채무가 된다고 할 것이 아님은 위에서 본 바와 같다.

그러므로 이 사건의 경우 법 제32조 제1항에 의하여 원고가 부보금융기관인 대한종금에 대하여 부담하고 있는 채무로서 피고가 원고에게 보험금을 지급함에 있어 공제되는 원고의 채무인 이 사건 대출금반환채무에는 그 지급확보를 위하여 교부된 이 사건 어음이 반환되기까지는 그 이행을 거절할 수 있다는 항변권이 부착되어 있으므로 피고가 아무런 제한 없이 이를 가지고 공제할 수는 없고, 피고가 그 공제를 주장하기 위하여서는 부보금융기관인 대한종금이 이 사건 어음을 소지하고 있어야 할 것이다.

그리고 이와 같은 법리는 정리금융기관인 한아름종금이 예금보험공사의 이행보조자의 지위에 있다고 하더라도, 법 제32조 제1항 또는 법 제35조의6의 적용에 있어서 '각 예금자 등이 해당 부보금융기관에 대하여 지고 있는 채무'를 공제한 금액을 보험금으로 하거나 이를 상계할 수 있다는 것이므로, 한아름종금 또는 피고의 이 사건 어음소지가 곧바로 대한종금의 어음소지로 될 수 없는 이상, 피고는 한아름종금이 이 사건 어음을 소지하고 있음을 들어 위와 같은 원

고에게 지급할 보험금을 계산함에 있어 이 사건 대출금채무를 공제할 수는 없다고 할 것이다.

3. 이 사건 어음의 소지인인 피고가 민법상의 상계주장을 할 수 있는지 여부

한아름종금이 농협중앙회로부터 이 사건 어음을 회수하였음은 앞서 본 바와 같고, 한아름종금은 피고의 이행보조자의 지위에 있다고 볼 것이므로, 피고는 이 사건 어음의 소지인이라고 할 수 있다. 따라서 비록 법 제32조 제1항이나 법 제35조의6에 의한 공제나 상계는 할 수 없다고 하더라도, 어음소지인인 피고는 민법 제492조에 따라 어음채권을 자동채권으로 하여 이 사건 예금채권을 상계할 수 있을 것이다.[28] 그런데 이 사건에서는 피고가 이러한 민법상의 상계 주장을 분명히 하지 아니하였고, 법 제32조 제1항의 공제 또는 법 제35조의6에 의한 상계주장만을 하였던 것으로 처리되었다. 이 부분은 원심이 피고의 주장에 관하여 적극적으로 석명권을 행사하였다면 이 사건의 결론이 달라질 수도 있었던 부분이라고 생각된다(다만 이 점에 관하여 대법원은 원심의 석명의무 불행사로 인한 심리미진을 문제삼지 않았다).

Ⅳ. 結　語

연구대상판결은 예금자보호법 제32조 제1항 내지는 제35조의6에 관하여 최초로 우리 대법원의 견해를 밝힌 것이다. 즉 대법원은 법 제32조 제1항의 공제나 제35조의6 소정의 상계에 관하여 '각 예금자 등이 해당 부보금융기관에 대하여 지고 있는 채무'는 '해당부보금융기관'의 채권으로 보았을 뿐 이를 피고나 그 대행기관인 한아름종금의 채권과 구분하였으며, 비록 피고나 한아름종금이 원고에 대하여 상계적상에 있는 자동채권을 가지고 있었음에도 그에 관한 민법상의 상계주장이 없었다고 보고 상계를 인정하지 아니한 원심판단을 지지하였다. 한편 해당 부보금융기관인 대한종금에 대하여는 대한종금이 원고에 대하여 대출금채권을 가지고 있는 사실을 부인하지 않으면서도 그 대출금채권과 관련한 어음을 소지하지 않고 있음을 들어 법 제32조 제1항의 공제나 제35조의6 소정의 상계도 할 수 없다고 판시하였다. 이는 어음대출에 있어서 어음만이 제3자에게 배서·양도된 경우에 만약 어음의 소지 없이도 법 제32조 제1

28) 별소로 청구하고 있는 채권을 자동채권으로 하는 상계항변이 허용되는가의 문제에 대하여는 학설상으로 다툼이 있으나 판례는 허용된다고 하고 있다(대법원 1975. 6. 24. 선고 75다103 판결).

항의 공제나 제35조의6 소정의 상계를 할 수 있다고 한다면 결국 유통된 어음은 권리행사를 할 수 없다고 보아야 할 것인데, 그 경우 어음의 유통에 관한 거래의 안전을 심각하게 훼손하는 문제가 있고, 또 반대로 어음의 소지 없이 법 제32조 제1항의 공제나 제35조의6 소정의 상계를 허용하고 어음에도 아무런 영향이 없다고 한다면 예금자는 어음채무와 대출금채무를 이중으로 부담하여야 한다는 것이 되어 부당하며 예금자보호법의 立法趣旨에도 반한다는 점을 고려한 것이라고 생각된다.

그러나 이 사건의 구체적 사정을 보면, 한아름종금이 농협중앙회에 대한종금의 채무를 변제하고 이 사건 어음을 회수하였으므로 피고는 이 사건 어음을 소지하고 있다고 할 것이고, 비록 이것을 부보금융기관인 대한종금의 이 사건 어음 소지로 볼 수는 없어 법 제32조 제1항의 공제나 제35조의6 소정의 상계를 막바로 허용할 수는 없다고 하더라도, 피고의 성격상 원고가 어음채무와 대출금채무를 이중부담할 가능성은 거의 없다고 할 것이므로 보다 적극적으로 피고의 주장을 석명하여 민법상의 상계를 인정하였더라면 이 사건 예금 및 대출금채무를 둘러싼 권리관계가 훨씬 단순해 질 수 있었던 것이 아닌가 생각된다. 즉 이 사건 판결에 따라 피고는 원고에게 일단 예금을 지급하고, 별도로 어음소지인으로서 원고에게 어음금을 청구해야 하는 것이 되고, 더욱이 현재 아직 확정된 것은 아니나, 대한종금의 파산관재인이 이 사건 어음에 대하여 파산법상의 부인권을 행사한 것이 제1심(각주 4 참조)에서 받아들여졌고, 역시 별소로 제기된 어음금사건(각주 3 참조)에서도 부인권 주장이 받아들여졌다는 내용이 원용되어 제1심에서 피고가 패소하였는데, 만약 이러한 관련사건들의 판결이 그대로 확정된다면, 이 사건 어음의 적법한 소지인이 되는 대한종금이 먼저 발행인인 이 사건 원고를 상대로 어음금을 청구하고 그 결과에 따라 피고는 나중에 대한종금으로부터 이를 다시 환수하여야 하는 등 복잡한 절차를 밟지 않으면 안 될 것이므로 간결한 해결과는 더욱 멀어지게 되었다.

未成年者가 신용카드去來 후 신용카드 利用契約을 取消한 경우의 法律關係

金 大 元*

대법원 2005. 4. 15. 선고 2003다60297 판결**

[事實의 槪要][1]

원고들은 여신전문금융업법에 의한 신용카드업자인 피고들과 사이에 아래와 같이 신용카드 회원계약(이하 '카드이용계약'이라 약칭함)을 체결하였는데, 당시 원고들은 모두 미성년자로서 법정대리인의 동의를 얻지 아니하였다.

① 신용카드를 발급받은 원고들이 신용카드로 일시불 또는 할부로 상품을 구매하거나 용역을 제공받으려고 할 때에는 직접 대금을 지급하는 대신 피고들과 가맹점계약을 체결한 신용카드 가맹점에 신용카드를 제시하고 매출전표에 서명을 함으로써 결제한다(이하 이러한 방식의 거래를 '신용구매'라 한다).

② 원고들은 현금자동지급기 등을 이용하여 피고들로부터 현금을 대여받을 수 있다(이하 이러한 방식의 거래를 '현금서비스'라 한다).

③ 원고들은 피고들에게, 가맹점으로부터 제공받은 재화 및 용역에 대한 대금(할부구매의 경우는 상품 현금가격의 분할대금에 피고들이 정한 월간 할부수수료를 가산한 할부금), 현금서비스로 지급받은 대여금 및 이에 대하여 피고들이 정한 일정액의 현금서비스 수수료 등 카드대금을 약정한 방법에 따라 약정 대금지급일에 지급하되, 약정 대금지급일에 결제하지 못할 경우 약관에서 정한 계산식에 의한 연체료를 추가로 지급하여야 한다.

원고들은 위 각 신용카드 이용계약에 따라 피고들로부터 발급받은 신용카드를 제

---

* 판사, 대법원 재판연구관.

** 판례공보 2005상, 735.

1) 용어의 정리

신용카드업자 — 일반적으로는 '신용카드회사'라고 하나, 여신전문금융업법은 '신용카드업자'라고 함. 원심판결은 '신용카드업자'라는 용어를 쓰기도 하지만 대부분 '신용카드발행인'이라는 용어를 사용하고 있음. 본 논문은 여신전문금융업법에 따라 '신용카드업자'라는 용어를 사용함.

가맹점 — 신용카드업자와의 계약에 따라 신용카드회원에 대하여 신용카드에 의한 거래에 의하여 물품의 판매 또는 용역의 제공 등을 하는 자를 말함.

신용카드회원 — 신용카드업자와의 계약에 따라 그로부터 신용카드를 발급받은 자를 말함.

시하여 가맹점으로부터 재화와 용역을 신용구매하거나, 현금서비스를 받은 다음 그 사용대금을 지급해 오다가 이를 중단하였다.

원고들은 미성년자라는 이유로 신용카드업자와의 신용카드 이용계약을 취소하고 본소로 그동안 납부한 신용카드사용대금의 반환 및 신용카드 사용대금채무의 부존재 확인을 구하였고, 이에 대하여 피고들은 원고들이 가맹점에 대한 물품 및 용역대금채무를 면하여 이를 부당이득하였으므로, 위 부당이득반환채권으로 원고들에 대한 신용카드 사용대금 반환채권과 상계함과 아울러 반소로 그 나머지 대금의 지급을 구하였다.

[訴訟의 經過]

1. 原審判決의 要旨(현금서비스 부분은 상고의 대상이 아니므로 생략[2]))

(1) 신용구매의 법적 성질

신용카드회원이 신용카드를 사용하여 가맹점으로부터 물품을 구입하거나 용역을 제공받고, 그 대금을 일단 신용카드업자가 대신 변제한 다음 사후에 그 대금에 수수료 등을 가산한 금원을 신용카드회원으로부터 추심하는 일련의 법률관계는, 상품의 구매와 일정기간 내의 대금지급의무가 결합된 특수한 신용대부의 한 형태라고 할 것이고, 다만 신용카드업자가 가맹점과 사이에서 가맹점규약에 의하여 신용카드이용대금을 지급하기로 한 약정부분은 일종의 병존적 채무인수로서의 법적 성격을 가지며, 다른 한편 신용카드회원과 가맹점 사이의 구매계약의 효력은 원칙적으로 양 당사자 사이에 독립적으로 결정될 뿐 신용카드이용자의 신용카드업자에 대한 권리의무에 의하여 영향을 받지 않는다.

(2) 피고들의 부당이득반환의무의 발생

신용카드 이용계약에 따라 신용카드를 발급받은 자가 미성년자임을 이유로 그 법률행위를 취소한다면, 신용카드 이용계약은 소급하여 그 효력을 잃게 되고, 그에 따라 신용카드회원이 그 계약에 터잡아 신용카드업자에 대하여 부담하게 되는 신용카드대금이나 수수료 등의 채무는 더 이상 존재하지 않게 되고, 이미 납부한 신용카드대금 등은 신용카드업자의 편에서 볼 때 법률상 원인 없이 취득한 것이 되어 부당이득의 법리에 따라 이를 신용카드회원에게 반환할 의무를 진다.

이 사건 각 신용카드 이용계약 체결 당시 미성년자였던 원고들의 이 사건 각 신용카드 이용계약을 취소하겠다는 의사표시가 담긴 이 사건 소장이 피고들

2) 현금서비스의 경우 그 법적 성격을 일종의 신용대부, 즉 금전소비대차에 해당하는 것으로 보는 데에 별 異論이 없어, 원고들도 현금서비스 부분에 대해서는 상고를 제기하지 않았다.

에게 송달됨으로서 원고들과 피고들과의 이 사건 신용카드 이용계약은 취소되었으므로 신용카드 대금채무는 더 이상 존재하지 아니하고, 피고들은 원고들로부터 변제받은 카드대금 및 수수료 상당액의 이득을 부당이득으로 반환할 의무가 있다.

(3) 원고들의 부당이득반환의무의 발생

신용카드회원의 신용카드업자에 대한 카드대금채무의 발생 원인이 되는 신용카드회원과 해당 가맹점과 사이에 체결된 개별적인 구매계약은, 신용카드회원이 미성년자라고 하더라도 특별한 사정이 없는 한 신용카드업자와의 신용카드 이용계약취소와 무관하게 유효하게 존속한다고 할 것이므로, 신용카드업자가 이미 가맹점들에 대하여 그에 대한 대가를 지급한 부분은 해당 신용카드회원이 사용한 카드이용대금에 대한 변제로서 유효하고 이로써 신용카드회원은 법률상 원인 없이 자신의 가맹점에 대한 물품 및 용역대금 지급채무를 면함과 아울러 해당 신용카드업자에게 동액 상당의 손해를 가한 결과가 되는바, 따라서 신용카드회원은 부당이득의 법리에 따라 해당 신용카드업자에게 이를 반환할 의무가 있다.

이 사건 신용카드 이용계약이 취소됨으로써, 원고들은 법률상 원인 없이 피고들이 가맹점에 대신 지급하였던 물품, 용역대금채무를 면제받았고, 이로 인하여 실제로 위 금원 상당액을 지출한 피고들에게 손해를 입혔으므로 원고들은 그 받은 이익이 현존하는 한도에서 피고들에게 위 물품, 용역대금 및 현금용역금원 상당의 이득을 반환할 의무가 있다.

(4) 부당이득 반환의 대상

원고들과 가맹점 사이의 물품, 용역거래계약이 취소되지 아니한 이상 위 당사자들 사이의 거래관계는 여전히 유효하다고 할 것이고, 따라서 원고들이 취득한 물품이나 제공받은 용역은 유효한 위 거래관계에 의하여 얻게 된 것으로서 이를 부당하게 얻게 된 이익이라고 보기 어렵고, 다만 피고들이 위 거래관계에서 발생한 물품, 용역대금을 원고들을 대위하여 가맹점에 변제함으로써 원고들이 그 대금채무만을 면하게 된 것으로서 결국 원고들이 얻은 이익은 물품, 용역대금채무의 면제라고 봄이 상당하다.

다만, 원고들의 현존이익은 위 신용구매 대금과 현금서비스로 지급받은 현금 상당액일 뿐이며 할부구매에 따른 할부수수료와 현금서비스 이용에 따른 현금서비스 수수료는 현존한다고 볼 수 없다.

2. 원고들의 上告理由

원고들의 상고이유는 항소심에서 한 주장과 거의 비슷하지만, 그 내용을 간추리면 다음과 같다.

(1) 신용카드업자와 신용카드회원 사이에 체결된 신용카드 이용계약을 취소하게 되면 별도로 신용카드회원과 가맹점 사이에 이루어진 현실적인 거래계약을 취소하지 않더라도 구매행위 계약의 이행방법으로서 채무의 변제방법인 카드회사의 가맹점에 대한 대금결제는 원인무효이므로, 신용카드업자는 가맹점을 상대로 결제 대금 상당의 부당이득반환을 구할 수 있을 뿐 신용카드회원이었던 미성년자를 상대로 부당이득의 반환을 구할 수 없다.

(2) 신용카드 이용계약을 취소하는 경우 신용카드업자의 가맹점에 대한 대금결제는 무효여서 미성년자는 가맹점에 대한 대금채무를 면하지 못하게 되고, 결국 가맹점에 취득한 물품을 반환할 의무를 부담하게 되므로, 미성년자가 부당하게 얻은 이익은 가맹점에 대하여 면제받은 물품·용역대금채무가 아니라 가맹점으로부터 구입한 물품 및 용역 그 자체이다.

[判決要旨]

미성년자가 신용카드발행인과 사이에 신용카드 이용계약을 체결하여 신용카드거래를 하다가 신용카드 이용계약을 취소하는 경우 미성년자는 그 행위로 인하여 받은 이익이 현존하는 한도에서 상환할 책임이 있는바(민법 제141조), 신용카드 이용계약이 취소됨에도 불구하고 신용카드회원과 해당 가맹점 사이에 체결된 개별적인 매매계약은 특별한 사정이 없는 한 신용카드 이용계약취소와 무관하게 유효하게 존속한다고 할 것이고, 신용카드발행인이 가맹점들에 대하여 그 신용카드대금을 지급한 것은 신용카드 이용계약과는 별개로 신용카드발행인과 가맹점 사이에 체결된 가맹점 계약에 따른 것으로서 유효하므로, 신용카드발행인의 가맹점에 대한 신용카드이용대금의 지급으로써 신용카드회원은 자신의 가맹점에 대한 매매대금 지급채무를 법률상 원인 없이 면제받는 이익을 얻었으며, 이러한 이익은 금전상의 이득으로서 특별한 사정이 없는 한 현존하는 것으로 추정된다고 할 것이다.

[評　　釋]

I. 序　　說

신용카드거래로 인한 민사상의 문제에 관하여는 1980년대 말부터 1990년대 초까지 활발한 논의가 있었는데, 대체로 도난·분실 등으로 인한 부정사용시 손실부담자의 문제, 가맹점에 대한 항변의 가능 여부 등에 집중되었다. 그러나 그동안 신용카드업법, 여신전문금융업법과 약관 등에 여러 규정을 두어 그 해결을 꾀한 탓인지 최근에는 주로 신용카드 부정사용시의 형사책임 문제에 관하여 관심을 두고 있는 것 같고, 민사상의 문제에 대하여 논의하고 있는 글을 찾아보기가 아주 어려웠다.[3)]

그런데 최근 미성년자인 신용카드회원들이 신용카드를 사용하다가 신용카드 이용계약을 취소하여 그 사용대금의 반환을 구한 사례가 법원에서 문제가 되었다. 이러한 문제가 발생하게 된 원인은 여신전문금융업법 및 금융감독기구의설치등에관한법률 등에서 정하는 여신전문금융회사 등의 업무 운용 및 검사감독에 관련되는 사항 중 금융감독위원회 소관사항에 필요한 사항을 정하기 위해 마련한 여신전문금융업감독규정(2001. 7. 19. 금융감독위원회 공고 제2001-48호) 제24조가 "신용카드업자는 신청일 현재 만 18세 이상이고 일정소득, 일정재산이 있는 자에게 각자의 발급기준에 의거하여 신용카드를 발급하여야 한다"고 규정[4)]하는 바람에 신용카드업자들이 만 18세 이상인 미성년자들에게 부모의 동의 없이 신용카드를 남발하였기 때문으로 보인다.[5)]

3) 2000년도 이후에 발표된 문헌으로는 김대규, "신용카드 대금채무자의 항변,"「민사법연구」 제10집 제 2 권(대한민사법학회, 2002. 12), 187면 이하가 있다.

4) 제24조(신용카드의 발급 및 비밀보장) ① 신용카드업자는 신청일 현재 만 18세 이상이고 다음 각호의 1에 해당되는 자에게 각자의 발급기준에 의거 신용카드를 발급하여야 한다.
1. 근로소득, 사업소득, 재산소득 등의 일정소득이 확인되는 자
2. 재산세 납부실적이 있는 등 일정 재산을 보유한 것으로 확인되는 자
3. 연금수령, 이자소득 등을 통하여 일정소득이 있음을 의제할 수 있는 자
4. 기타의 방법으로 일정소득이 있음이 객관적으로 확인되는 자
5. 일정 소득이 확인되지는 않지만 신용카드 이용대금을 결제할 수 있는 자의 결제의사확인을 받은 자

5) 2002. 7. 1.부터 시행된 여신전문금융업법 제14조 제 3 항, 동법 시행령 제 6 조의7 제 2 항, 제 3 항에 의하면, 신용카드 발급일 현재 만 18세 이상인 자에게 신용카드를 발급하되, 미성년자의 경우 법정대리인의 동의서와 재직증명·납세증명 등 소득을 증명하는 서류를 제출하도록 규정하고 있어 향후에는 미성년자들에게 부모 동의 없이 신용카드가 발급되는 일이 발생하지 않을 것으로 보이지만, 신용카드를 무분별하게 발급해온 우리 신용카드업계의 현상을 볼 때 그 가능성이 전혀 없는 것도 아니다.

이 문제의 쟁점은 미성년자가 신용카드 이용계약만을 취소하고, 가맹점과의 물품계약은 취소하지 않은 경우에 미성년자에게 신용카드업자에 대한 부당이득반환의무가 있는지 여부와, 있다면 그 대상이 무엇이냐 하는 점에 있는데 이 점은 매우 흥미롭기도 하거니와 신용카드에 관련된 대법원의 민사판결로는 드문 사례이므로, 이에 대하여 평석을 해 보기로 한다.

Ⅱ. 신용카드去來의 構造

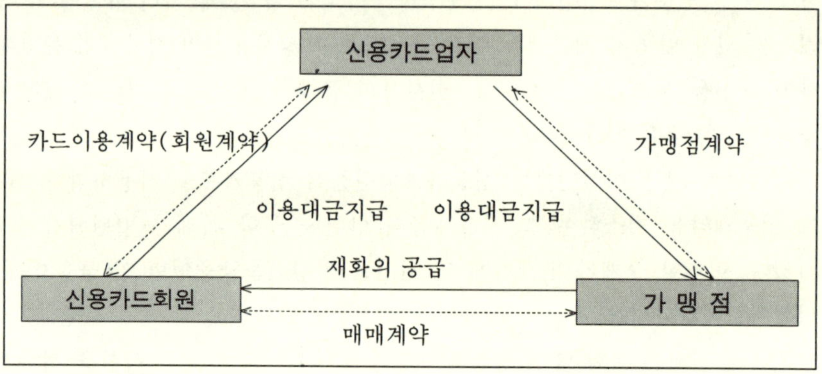

1. 신용카드去來의 構造

신용카드 거래는 신용카드회원, 신용카드업자, 가맹점이라는 3당사자의 존재를 전제로 하여 신용카드업자와 신용카드회원 사이의 카드이용계약, 신용카드업자와 가맹점 사이의 가맹점계약, 신용카드회원과 가맹점 사이의 매매계약이라는 3면 계약에 의하여 이루어진다.[6)]

(1) 신용카드이용계약 — 신용카드업자와 신용카드회원 사이

신용카드회원이 되려고 하는 자는 우선 신용카드업자와 사이에 신용카드 이용계약(회원계약)을 체결하고 신용카드를 발급받아야 하고, 신용카드를 발급받은 후 신용카드회원이 가맹점에서 신용카드를 제시하고 매출전표에 신용카드상의 서명과 동일한 서명을 함으로써 상품을 구입하거나 서비스를 제공받고, 신용카드업자에게 위 신용카드 이용계약에서 정한 대금 결제일까지 신용카드업자가 청구한 돈을 지급한다.

6) 백화점계 카드와 같은 2당사자카드, 다수의 은행이 참여하여 발행하는 다수 당사자카드도 있으나, 2당사자카드는 별 문제가 되지 않고, 다수당사자카드는 3당사자카드와 크게 다르지 않으므로, 여기서는 가장 문제가 되는 3당사자카드를 전제로 하여 검토함.

⑵ 가맹점계약 — 신용카드업자와 가맹점 사이

신용카드업자는 상품 또는 용역을 판매 또는 제공하는 상점 등과 사이에 가맹점계약을 체결하고, 가맹점은 위 신용카드 이용계약에 따라 신용카드회원이 유효한 카드를 제시하면 상품 또는 용역을 신용으로 판매하거나 제공한 다음, 신용카드회원으로부터 제공받은 매출전표를 신용카드업자에게 제시하여 그 액면금액으로부터 미리 위 계약에서 정한 일정 비율의 수수료를 공제한 금액을 신용카드업자로부터 지급받고, 이 경우 신용카드업자는, 가맹점이 상당한 주의의무를 다하여 신용카드사용에 이상이 없는지 확인하고 신용카드 조회기 등의 방법으로 거래승인을 받은 후 신용카드회원으로부터 정상적으로 교부받은 매출전표에 대하여는 그 대금을 결제할 의무를 진다.

⑶ 매매계약 — 신용카드회원과 가맹점 사이

일반 매매계약과 동일하나, 현금대신 신용카드로 거래대금을 결제받는다. 가맹점은 신용카드업자에 대하여 먼저 거래대금을 청구한다. 가맹점은 가맹점규약에 따른 의무를 이행하고 카드회사로부터 거래대금을 받게 되며 신용카드회원은 현금지급 없이 거래가 가능하다.

2. 신용카드會員이 신용카드業者에 代金을 支給하는 關係

⑴ 學　說[7)]

신용카드회원이 가맹점으로부터의 구매대금을 신용카드업자에 지급하는 관계에 관하여는 여러 학설이 있는데, 간추리면 다음과 같다.

㈎ 債權讓渡說(각국에서 널리 활용됨)　　가맹점이 신용카드회원에 대하여 가지는 카드대금채권을 신용카드업자가 양수하며, 신용카드업자는 이 양수한 대금채권을 신용카드회원에게 추심하는 것이라는 견해이다. 이 견해는 가맹점이 신용카드거래에서 발생한 매출채권을 신용카드업자 이외의 자에게 양도하여서는 안 된다는 여신전문금융업법 제20조 제 1 항의 취지와도 부합한다는 점을 근거로 든다.

그러나 아직 발생하지 않았거나 확정되지 아니한 채권양도의 유효성과 미발생・미확정의 채권양도에 관하여 미리 포괄적으로 승낙을 받아둠으로써 대항요건을 갖춘 것으로 볼 수 있는가 하는 의문이 있고, 가맹점은 신용카드회원

---

7) 외국과 우리나라의 학설에 관하여는 김문환 "신용카드의 법적 성질과 신용카드 거래의 법적구조,"「재판자료」제64집(법원행정처), 5면 이하 참조.

에 대하여 대금채권을 전혀 갖지 않으므로 신용카드업자가 파산을 한 경우에 신용카드회원에게 대금을 청구할 수 없다는 비판이 있다.

(나) 直接債務說 또는 直接貸付說(주로 미국에서 받아들여짐)　　신용카드회원이 직접 신용카드업자에게 채무를 부담하거나(직접채무설), 가맹점이 카드를 받고 물건을 팔 때 신용카드업자가 신용카드회원에게 직접 대부해 주는 것(직접대부설)이라는 견해이다.

그러나 이 견해는 신용카드회원은 매도인에 대한 항변을 가지고 신용카드업자에 대항할 수 없다는 비판이 있다.

(다) 支給指示說(주로 독일에서 받아들여짐)　　신용카드회원이 매출전표에 서명을 함으로써 카드이용대금을 가맹점에 지급하라는 지시를 신용카드업자에게 하며, 신용카드업자는 이 지급지시에 따라 가맹점에 지급을 한 뒤 신용카드회원에게 지급금액의 상환을 청구하는 것이라는 견해이다.

이 견해는 신용카드회원이 가맹점에 대하여 신용카드에 의한 거래를 요구할 수 있는 권리를 가지는 것을 설명할 수 없다는 비판이 있다.

(라) 替當支給說(주로 일본에서 받아들여짐)[8]　　신용카드회원이 가맹점에 대해 부담하는 대금채무를 신용카드업자가 신용카드회원의 위탁에 의하여 체당지급을 하고, 신용카드업자는 그 체당금을 신용카드회원에게 구상하는 것이라는 견해이다.

이 견해는 체당지급의 근거에 따라 보증·이행인수·채무인수의 세 가지 견해로 나누어진다.

保證說은 보증채무는 보충성을 갖는데도 실제 신용카드거래에서는 신용카드업자가 제1차적 지급책임을 지는 것을 설명할 수 없다는 비판이 있다.

履行引受說은 신용카드업자가 가맹점에 대하여 직접 변제의무를 부담하고 있는 점을 설명할 수 없다는 비판이 있다.

이에 債務引受說이 가장 많은 학설의 지지를 받고 있는데, 그 중에서도 원

8) 替當支給이라는 개념은 명확하지 않으나 일반 거래계에서 사용하고 있는 예를 고려하면 최광의 개념으로는 "원채무자 이외의 자가 채무자를 대신하여 변제하는 것"을 의미하는데 이를 법률적으로 구성하면 다음과 같은 경우를 생각할 수 있다. 첫째 소위 제3자가 변제하는 경우로서 여기에는 제3자와 채무자 및 채권자 간에 계약관계가 전혀 존재하지 않는 경우(사무관리에 의한 경우 등)와 제3자와 채무자 간에 '변제 그 자체'에 대한 계약관계가 있는 경우(이행인수)가 있을 수 있고, 둘째 제3자가 원채무자의 채무인 동시에 자기의 채무로서 변제하는 경우(채무인수, 보증 등)가 있을 수 있으며, 셋째 제3자가 제3자로서는 아니고 채무자의 수족과 같이 채무자의 이름으로 변제하는 경우(이행보조자 또는 이행대행자) 등이 있을 수 있다(淸水巖, "クレジット・カ-ド取引の法構造 2"「法律時報」第46卷 第6號 300頁 참조).

래의 매매계약 등에서 발생한 채권채무관계는 그대로 존재하고, 신용카드업자가 그 대금채무를 병존적(중첩적)으로 인수한 것으로 보는 병존적 채무인수로 풀이하는 것이 우리나라의 다수설이며, 원심판결도 이 견해를 택하였다.

그러나 竝存的 債務引受說은 가맹점의 법적 지위를 강화하는 정도만큼 신용카드회원의 지위를 열악하게 하는 문제점이 있다는 비판이 있다.

㈐ 二 元 說　　신용카드업자의 가맹점에 대한 대금지급의무의 근거는 면책적 채무인수설에서, 신용카드회원의 신용카드업자에 대한 대금지급의무의 근거는 채권양도설에서 찾아야 한다는 견해이다.

⑵ 判　例

대법원이 이 점에 관하여 직접 견해를 밝힌 민사판결은 아직 없으나, 형사판결에서 '직접대부설'을 취하는 것 같이 판시하였으므로 민사사건에서도 동일한 견해를 취할 것으로 보인다.

▶ 대법원 1996. 4. 9. 선고 95도2466 판결[9][공 1996상, 1475]

신용카드의 거래는 신용카드회사로부터 카드를 발급받은 사람이 위 카드를 사용하여 카드가맹점으로부터 물품을 구입하면 그 카드를 소지하여 사용하는 사람이 카드회사로부터 카드를 발급받은 정당한 소지인인 한 카드회사가 그 대금을 가맹점에 결제하고, 카드회사는 카드사용자에 대하여 물품구입대금을 대출해 준 금전채권을 가지는 것이고, 또 카드사용자가 현금자동지급기를 통해서 현금서비스를 받아 가면 현금대출관계가 성립되게 되는 것이다.

▶ 대법원 1997. 10. 10. 선고 96도2293 판결[공 1997하, 3530]

신용카드 회원이 국내 신용카드 발급회사와 제휴한 외국의 신용카드사에 신용카드를 제시하거나 그 신용카드사가 설치한 현금자동지급기 등을 이용하여 해외에서 현금서비스를 받는 경우의 법률관계는 거주자인 신용카드 회원과 역시 거주자인 국내 신용카드 발급회사 사이의 신용카드 거래계약에 따른 것으로서 그들 사이의 금전의 대차계약으로 봄이 상당하다.

Ⅲ. 未成年者가 신용카드업자와 맺은 신용카드利用契約을 取消한 경우의 法律效果

신용카드이용계약에 따라 신용카드를 발급받은 자가 미성년자임을 이유로

9) 같은 취지의 판결로는 대법원 1996. 5. 28. 선고 96도908 판결; 대법원 2001. 4. 27. 선고 2001도318 판결.

그 법률행위를 취소한다면, 신용카드이용계약은 소급하여 그 효력을 잃게 된다. 따라서 신용카드이용계약에 터잡아 신용카드회원이 신용카드업자에 대하여 부담하게 되는 신용카드대금이나 수수료 등의 채무는 더 이상 존재하지 않게 되므로 신용카드업자는 미성년자인 신용카드회원에게 신용카드대금 청구를 할 수 없음은 물론 미성년자인 신용카드회원으로부터 이미 납부받은 신용카드대금 및 수수료 등도 부당이득의 법리에 따라 신용카드회원에게 반환하여야 한다.

Ⅳ. 未成年者와 加盟店 사이의 賣買契約이 取消된 경우의 法律關係

이 문제는 카드사용대금을 지급하기 전에 신용카드업자에 대하여 가맹점과 사이에 체결된 매매계약이 취소된 것을 가지고 신용카드업자에 항변하여 대금지급청구를 거절할 수 있는가 하는 점과 이미 대금을 지급한 경우에 누구에 대하여 그 반환을 구할 수 있는가 하는 점으로 나누어 고찰할 필요가 있다.[10)]

1. 신용카드 會員約款

현재 삼성카드 회원약관 제22조는 다음과 같은 규정이 있으나, 국민카드나 BC카드의 회원약관에는 규정이 없다.

제22조(항변권 · 철회권)

① 회원이 카드를 이용하여 구매한 상품 또는 제공받은 용역에 관한 분쟁은 회원과 가맹점 간에 해결하여야 합니다. 그러나 다음과 같은 각 호의 사항이 전부 충족되었을 경우에는 회원이 카드사에 분쟁의 해결을 요청하고 대금지급을 거절할 수 있습니다.

1. 국내에서 할부로 구매한 상품 또는 용역의 할부계약이 무효, 취소, 해제되었거나, 회원이 가맹점의 하자담보책임불이행을 입증하였거나, 상품 또는 용역의 전부 또는 일부가 회원에게 인도 또는 제공되어야 할 시기까지 인도 또는 제공되지 아니한 경우
2. 당해 구매상품 또는 제공받은 용역금액이 200,000원 이상인 경우
3. 할부구매시 약정한 할부기간 이내에 해당 가맹점 및 카드사에 서면에 의하여 요청하는 경우
4. 해당 가맹점과 분쟁의 해결을 위하여 성실히 노력한 경우

② 제 1 항의 경우 카드사는 회원에 대하여 할부금의 잔액을 청구하지 않습니다. 단, 할부금 지급거절의 사유가 회원의 귀책사유로 인정될 때에는 할부금이 해당 약정 결제일에 청구된 것으로 인정합니다.

---

10) 신용카드거래와 대금채무자의 항변에 관하여는 정찬형, "신용카드거래와 대금채무자의 항변,"「상사법연구」제 6 집(한국상사법학회, 1988), 111면 이하가 자세하다.

위 약관의 규정을 두고 항변권 포기조항으로 해석하는 견해와 소비자보호의 입장에서 보아 위 규정이 소비자에게 지나치게 불리한 규정이어서 무효라고 하여 가맹점에 대하여 생긴 사유를 가지고 신용카드업자에 대하여 전부 대항할 수 있다는 견해가 있다.

위 항변권 포기조항에 관하여 日本 判例는[11] 신판업자와 판매업자 사이에 자금의 계속적인 공급을 하는 등의 밀접 불가분의 관계가 있다고 보고(즉, 個品割賦購入斡旋을 매개로 하여 사실상 기업경영자금을 대출하여 주는 것으로 파악하고 있다) 신판회사를 실질적으로는 판매업자와 동일시하여 위 조항을 신의칙에 반하는 무효의 조항으로 보고 있으나, 獨逸 判例는[12] 신용카드회원규약상의 항변절단규정은 약관규제법에 위반되지 않는 것으로 보고 있다.

한편 삼성카드 가맹점규약은 다음과 같이 규정하고 있다.

제5조(신용판매방법)

⑧ 가맹점은 거래의 취소, 무효, 반품, 철회 등의 사유 발생시 취소매출전표를 작성하거나 원래의 매출전표를 회원에게 반환하여야 하며 현금을 지급하여서는 안 됩니다.

제8조(매출전표의 접수)

① 가맹점은 매출전표를 집계표와 함께 신용판매를 한 날로부터 7일 이내에, '회원'의 철회 · 항변권 행사에 따른 취소매출전표는 작성일자로부터 3일 이내에 카드사에 제출하여야 합니다.

② '카드사'는 가맹점이 제1항의 취소매출전표의 접수를 지연하거나 태만하여 '회원'의 항변이 제기되는 경우에는 분쟁이 해결될 때까지 차회 지급할 대금 중 취소매출 상당액의 지급을 유예할 수 있으며, 가맹점의 귀책사유로 취소매출전표의 접수가 90일 이상 지연될 경우 상기의 지급유예 기간은 회원의 입금시까지로 합니다.

제11조(신용판매대금의 환입 및 상계)

① 가맹점이 '카드사'에 제출한 매출전표가 관계법령이나 이 규약에 위반한 경우 '카드사'는 해당 매출전표를 반환하며, 반환 매출전표 또는 취소매출전표의 대금이 이미 지급된 경우 가맹점은 이 대금을 직접 '카드사'에 환입하여야 합니다. 그러나 '카드사'가 차회 지급할 금액 범위 이내일 경우에는 그 금액에서 공제할 수 있습니다.

제13조(회원과의 분쟁)

① 회원과 카드의 거래로 인하여 청약철회 등의 분쟁이 발생한 경우, 가맹점은 이의 해결에 적극 노력하여야 하며, 카드사의 중재가 있는 때에는 이에 적극

---

11) 大阪簡判 昭和 55. 11. 27. 판결; 高松高判 昭和 57. 9. 13. 판결.

12) BGHZ 91, 221ff.

협조하여야 합니다.

② 생 략

③ 가맹점은 회원의 정당한 철회요청이 있을 경우, 즉시 카드사에 회원에 대한 대금의 청구를 정지 또는 취소할 것을 요청하여야 하며, 가맹점이 대금을 이미 지급받은 때에는 지체 없이 이를 카드사에 환입하여야 합니다. 만일 가맹점이 대금을 카드사에 환입하지 않는 경우, 카드사는 차회 대금에서 해당금액을 상계할 수 있습니다.

2. 一時拂인 경우

(1) 카드사용대금 지급 전에 신용카드업자에 대하여 抗辯이 가능한지 여부

(가) 學 說

① 債權讓渡說　신용카드회원이 이의를 유보하고 승낙하였다고 보는 경우에는 신용카드회원은 양수인인 신용카드업자에 대하여 매매계약상의 항변으로 대항할 수 있으나, 신용카드회원이 이의를 유보하지 아니하고 승낙하였다고 보는 경우에는 신용카드회원은 양수인인 신용카드업자에 대하여 매매계약상의 항변으로 대항할 수 없게 된다(민법 제451조 제1항).

② 直接債務說　'행해진 구매' 또는 '수여된 신용'이란 말은 상품이나 서비스 대금을 지급하겠다는 무조건적인 약속을 결과하는 것으로 해석되어지므로, 신용카드회원이 가맹점에 대하여 유효한 항변을 주장할 수 있어도 그와 관계없이 카드대금의 지급채무를 신용카드업자에 부담하는 것이 되므로, 신용카드업자에게 매매계약상의 항변을 주장할 수 없다.

③ 直接貸付說[13]　신용카드업자는 신용카드회원의 가맹점에 대한 항변에 구애받지 않는데, 그 이유는 은행이 대출한 돈을 고객이 잘못 사용한 데 대해 책임이 없는 것과 마찬가지이다.

④ 支給指示說　신용카드업자는 원인행위와 독립하여 신용카드회원에 대하여 상환청구권을 취득하므로,[14] 신용카드회원은 원인행위의 무효・취소나

13) 미국의 경우 통설적 견해는 신용카드 회원의 신용카드업자에 대한 항변을 인정하고 있고, 대부분의 주에서도 할부판매계약에서 항변절단규정은 금지되거나 엄격히 규제되고 있다. 그리고 1974년 통일소비자신용법에서 항변권의 제한・포기하는 것을 금지하였고, 1974년 10월 연방법인 소비자신용보호법 제1편 대부진실법에서는 가맹점과 신용카드 회원 사이의 항변사유를 신용카드업자에게 주장할 수 있도록 하였다(김대규, 앞 글, 199면 이하). 그럼에도 미국의 여러 법원은 직접대부설을 취하고 있는데, 그 이유는 소비자할부판매에서의 항변포기조항을 무효화시키는 여러 입법의 적용을 피하는 데 있다고 한다(김문환, 앞 글, 31면).

14) 독일의 경우 지급지시설이나 채권양도설 모두 카드회사가 가맹점에 대금지급채무를 이행하는 것은 유상사무처리계약(BGB §675)이나 도급계약(BGB §631)으로 보고 있다. 이러한 계약의 이행으로 신용카드업자는 신용카드 회원에 대하여 상환청구권을 취득한다(김대규, 앞

가맹점의 채무이행상 하자의 항변을 카드회사에 할 수 없다.[15]

⑤ 替當支給說　계약내용이 신용카드업자가 신용카드회원의 위탁을 받아 그에 따라 가맹점에 대금을 지급하는 것(채무인수설의 경우에는 신용카드회원의 위탁을 받아 면책적 또는 병존적으로 채무인수를 하여 지급하는 것)으로 그 법적 성격이 전형계약상의 위임계약이므로 신용카드업자는 수임인으로서 선관주의의무(민법 제681조)를 신용카드회원에 대하여 부담한다고 할 수 있는데 이를 매개로 하여 신용카드회원의 항변권을 인정한다.

(나) 判　例　이 점에 관하여 견해를 밝힌 대법원 판례는 없다. 다만 日本 最高裁 平成 2.2.20. 판결(판례시보 1354호 76면)[16]은 個品割賦購入斡旋에 관한 것이기는 하지만, "個品割賦購入斡旋[17]은 법적으로는 별개의 계약관계인 구입자, 알선업자 간의 立替拂契約과 구입자, 판매업자 간의 매매계약을 전제로 하는 것이기 때문에 양 계약이 경제적·실질적으로 밀접한 관계에 있는 것을 부정할 수는 없다고 하여도 구입자가 매매계약상 발생한 사유를 가지고 당연히 알선업자에 대하여 대항할 수는 없다고 해야 할 것이고, 昭和 59년 법률 제49호에 의한 개정 후의 할부판매법 제30조의4 제1항의 규정(구입자가 알선업자에 대하여 판매업자에 대하여 생긴 사유로 대항할 수 있다는 규정)은 법이 구입자보호의 관점에서 구입자에게 매매계약상 생긴 사유를 알선업자에 대하여 대항할 수 있다는 것을 새로이 인정한 것이므로, 개정 전에 있어서는 구입자와 판매업자 간의 매매계약이 판매업자의 상품인도채무의 불이행을 원인으로 하여 합의해제된 경우에 있어서도 구입자와 알선업자 간의 立替拂契約에 있어서 이

글, 203면).

15) 다만, 독일은 미성년자의 법률행위는 무효로 보고 있으므로, 신용카드회원이 무능력자이면 신용카드업자에 대하여 원인행위의 무효에 따른 항변을 주장할 수 있다고 한다(김대규, 앞글, 204면 이하).

16) 이 판결은 신판회사가 구입자의 상품대금을 立替한 후에 구입자가 매도인의 商品未引渡를 이유로 매도인과 합의해제하였는데 신판회사가 구입자에 대하여 立替한 상품대금의 지불을 구하여 온 사안에 관한 것이다.

17) 個品割賦購入斡旋(또는 自社割賦購入斡旋이라고도 불린다)은 판매점이 구매자에게 상품을 할부로 판매할 경우 할부금을 납입할 信販會社를 판매점이 구매자에게 알선하고 매매계약과 동시에 매매계약서에 첨부된 替當委託契約書에 구매자가 서명·날인하여 판매점을 통하여 信販會社에 제출하면 信販會社는 사후에 구매자에게 전화를 걸어 替當委託契約 의사와 상품을 인도받았는지를 확인하게 되는 구조인데(이런 거래구조 하에서는 매매계약과 체당위탁계약 사이에 성립상·이행상 견련관계를 인정할 여지가 많아 보인다), 신용카드는 발행되지 않고 개별적인 매매계약을 할 때마다 매매계약과 함께 체당위탁계약(신용카드거래에서는 개별적인 매매계약 이전에 이미 이용계약이 신용카드업자와 신용카드회원 사이에 체결되어 있다)이 체결된다는 점에서 신용카드거래와는 차이가 많다.

런 경우 구입자가 판매업자의 이행청구를 거절할 수 있다는 특별한 합의가 있거나 알선업자가 판매업자의 이런 채무불이행에 이를 수밖에 없는 사정을 알거나 혹은 알 수 있었음에도 대체 지급한 경우 등 위 채무불이행의 결과를 알선업자에게 귀속시키는 것을 신의칙상 상당하다고 인정되는 특단의 사정이 있는 때가 아닌 한 구입자는 위 합의해제로서 알선업자의 이행청구를 거절할 수 없다고 함이 상당하다"고 판시하였는데 참고가 될 것이다.

(다) 私 見　　신용카드거래의 구조에 관하여 대법원은 형사판결에서 직접대부설과 같은 태도를 취하였는바, 이러한 견해에 선다면 매매계약의 취소를 가지고 신용카드업자에 항변할 수 없다고 함이 원칙일 것이다. 신용카드회원이 신용카드업자에게 가맹점에 대한 항변으로 대항할 수 있다고 한다면, 신용카드업자로서는 원인관계에 의한 항변에 종속되어 대금청구관계가 매우 복잡하게 되어 신용카드이용 자체가 회피될 우려가 있으므로, 신용카드업자에 대하여는 가맹점에 대한 항변이 절단된다는 견해는 상당히 이유 있다(미국, 독일이 항변절단을 인정하고 있는 것도 이러한 취지에서 이해됨).

그러나 신용카드회원약관 제22조에 규정된 요건을 모두 충족한 때에는 항변이 가능하고, 또 신용카드업자와 가맹점 사이의 가맹점 약관에 의하면, 매매계약이 취소된 경우에는 반드시 취소매출전표를 작성하여야 하며(원래의 매출전표를 반환한 경우는 문제 안 됨), 현금을 지급하여서는 안 되도록 규정되어 있으므로, 신용카드회원이 취소매출전표를 작성한 경우에는 신용카드업자에게 매매계약이 취소되었다는 점을 항변으로 주장할 수 있다고 할 것이다.

(2) 이미 지급한 카드사용대금의 返還請求

(가) 學 說

① 債權讓渡說　　신용카드회원은 가맹점으로부터 무효인 채권을 양수받은 신용카드업자에게 변제한 셈이 되므로 신용카드업자에 대하여 채권의 원인관계상의 사유를 들어 부당이득반환으로서 이미 지급한 대금의 반환을 청구할 수 있을 것이나 가맹점에 대하여는 이미 지급한 대금의 반환청구를 할 수 없다.

왜냐하면 가맹점이 신용카드업자로부터 매매대금을 지급받았다 하더라도 이는 신용카드업자에게 위 채권을 양도한 대가로서 받은 것에 불과하므로 그 채권에 하자가 있으면 신용카드업자와 가맹점 간의 담보책임에 관한 문제이지 채권을 양도함으로써 그 채권관계에서 이탈된 가맹점에게 신용카드회원은 어떤 책임을 물을 수 없다고 보아야 하기 때문이다.

② 直接債務說 또는 直接貸付說, 支給指示說　　이 견해에 의하면, 매매계약상의 항변을 주장할 수 없으므로, 신용카드회원은 이미 지급한 신용카드대금의 반환을 신용카드업자에게 청구할 수 없고, 가맹점에 대하여 청구하여야 할 것이다.

③ 替當支給說　　체당지급설에 의하면 매매계약이 효력을 잃게 되면 체당위탁계약(카드이용계약)도 효력을 잃게 되는가에 따라 견해가 나뉘는데 매매계약이 효력을 잃게 되면 체당위탁계약도 효력을 잃게 된다고 보는 견해에 의하면 신용카드회원의 신용카드업자에 대하여 부당이득반환으로서 이미 지급한 대금의 반환을 청구할 수 있게 될 것이고, 양 계약이 독립된 것으로 파악하는 견해에 의하면 신용카드회원은 신용카드업자에게는 이미 지급한 대금의 반환을 청구할 수 없는 것으로 보게 될 것이다.

㈏ 私　見　　앞서 본 바와 같이 직접대부설의 태도를 견지한다면, 신용카드회원은 이미 지급한 대금의 반환청구를 가맹점에 대하여 하여야 함이 원칙일 것이다. 그리고 매매계약이나 카드이용계약, 가맹점 계약은 모두 당사자가 다르고, 규율의 목적이 달라 어느 하나의 계약이 다른 계약에 아무런 영향이 없다는 점을 감안한다면, 카드이용계약은 유효하므로, 유효한 카드이용계약에 기하여 신용카드업자가 가맹점에게 한 카드대금 지급의 효력은 유효하고 따라서 신용카드회원은 신용카드업자에게는 이미 지급한 카드대금의 반환을 청구하지 못하고, 단지 가맹점에 대해서만 매매계약의 효력 상실을 이유로 부당이득으로 그 대금의 반환을 청구할 수 있게 될 것이다. 다만 가맹점 약관에 의하면 가맹점은 거래의 취소, 무효, 반품, 철회 등의 사유 발생 시 취소매출전표를 작성하거나 원래의 매출전표를 신용카드회원에게 반환하여야 하며 현금을 지급하여서는 안 되고, 취소매출전표의 대금이 이미 지급된 경우 가맹점은 이 대금을 직접 '카드사'에 환입하여야 한다. 따라서 가맹점이 가맹점 약관에 따라 취소매출전표를 작성한 경우에는 신용카드 이용대금을 신용카드업자에게 반환한 결과가 되므로, 신용카드회원은 신용카드업자에게 이미 지급한 카드대금의 반환을 구할 수 있다.

3. 할부금인 경우

(1) 割賦去來에 관한 法律

신용카드로 할부거래를 한 경우에는 할부거래에 관한 법률이 적용된다(할부거래에 관한 법률 제2조 제1항 제2호).[18]

할부거래에 관한 법률 중 쟁점과 관련된 조항은 다음과 같다.

第12條(買受人의 抗辯權)

① 買受人은 다음 各號의 1에 해당하는 사유가 있는 경우에는 賣渡人에게 割賦金의 지급을 거절할 수 있다.

1. 割賦契約이 無效·取消 또는 解除된 경우
2. 目的物의 전부 또는 일부가 第4條 第1項 第2號의 規定에 의한 目的物의 引渡 등의 時期까지 買受人에게 引渡 또는 제공되지 아니한 경우
3. 賣渡人이 瑕疵擔保責任을 이행하지 아니한 경우
4. 기타 賣渡人의 債務不履行으로 인하여 割賦契約의 目的을 달성할 수 없는 경우

② 第2條 第1項 第2號의 契約인 경우 買受人은 第1項 各號의 1에 해당하는 사유가 있는 경우에는 割賦價格이 大統領令이 정한 금액 이상인 경우에 한하여 信用提供者에게 割賦金의 지급거절의사를 통지한 후 그 割賦金의 지급을 거절할 수 있다.

③ 第2項의 경우 買受人이 信用提供者에게 지급을 거절할 수 있는 금액은 割賦金의 지급을 거절한 당시에 買受人이 信用提供者에게 지급하지 아니한 나머지 割賦金으로 한다.

④ 第2項의 경우 買受人은 割賦金의 지급을 거절하기 전에 賣渡人과의 紛爭의 解決을 위하여 성실히 노력하여야 한다.

(2) 카드사용대금 지급 전에 신용카드업자에 대하여 抗辯이 가능한지 여부

할부거래에 관한 법률 제12조 제1항의 요건에 해당하는 경우 신용카드회원은 신용카드업자의 대금지급청구를 거절할 수 있고, 이 때 지급을 거절할 수 있는 금액은 할부금의 지급을 거절할 당시에 신용카드회원이 신용카드업자에게

---

18) 제2조(적용범위) ① 이 法은 契約의 명칭·形式 여하를 불구하고 動産 또는 用役(일정한 施設을 이용하거나 用役의 제공을 받을 權利를 포함한다. 이하 같다)에 관한 다음 各號의 契約(이하 "割賦契約"이라 한다)에 적용한다. 다만, 動産 또는 用役(이하 "目的物"이라 한다) 중에서 성질상 이 法을 적용하는 것이 적당하지 아니하여 公正去來委員會가 關係行政機關의 長과 協議하여 大統領令으로 정하는 目的物에 대하여는 그러하지 아니하다.
② 買受人이 信用提供者(賣渡人·買受人과의 각 약정에 따라 目的物의 代金에 충당하기 위하여 信用을 제공하는 者를 말한다. 이하 같다)에게 目的物의 代金을 2月 이상의 기간에 걸쳐 3回 이상 分割하여 지급하고, 그 代金의 完納 전에 賣渡人으로부터 目的物의 引渡 등을 받기로 하는 契約.

지급하지 아니한 나머지 할부금이다. 그러나 위 규정은 신용카드회원이 신용카드업자의 할부금 청구에 대하여 소극적으로 그 지급을 거절할 수 있음에 불과하고 신용카드업자에 대한 적극적인 청구권은 인정되지 않는다고 본다.[19] 그리고 위 규정에 해당하지 않는 경우는 앞의 일시불에서 본 것과 같이 처리하면 될 것이다.

(3) 이미 지급한 카드사용대금의 返還請求

가령 10개월 할부로 매매계약을 체결한 후 신용카드업자에게 5회분의 대금을 지급한 다음 매매계약을 취소한 경우 할부거래에 관한 법률 제12조에 의하여 6회분부터의 할부대금의 지급은 거절할 수 있지만, 그동안 납부한 5회분의 대금의 반환을 구할 수 있는가 하는 점이 문제될 수 있다.

學說은 신용카드회원의 지급거절사유가 매매계약상의 채무를 소멸시키는 사유일 때 카드이용계약계상의 채무도 소멸하는 것으로 볼 것인가의 문제와 관련하여, ① 매매계약상의 채무가 소멸되는지 여부와 관계없이 신용카드 이용계약은 유효하므로 신용카드업자에게 이미 지급한 카드사용대금의 반환을 구할 수 없다는 견해와 ② 무능력자의 매매계약의 취소로 매매계약상의 채무가 소멸되었으므로, 신용카드 이용계약상의 채무도 소멸하므로, 신용카드업자는 부당이득으로 신용카드회원에게 이미 지급한 대금의 반환의무가 있다는 견해가 대립된다.[20]

그러나 앞서 본 바와 같이 할부거래에 관한 법률 제12조는 소비자보호를 위하여 특별히 신용카드회원에게 지급거절규정을 둔 것에 불과한 것일 뿐 이를 넘어 신용카드업자에게 이미 지급한 할부금의 반환청구권까지 인정하고 있는 것은 아니므로, 위 규정에 의해서는 신용카드업자에게 반환청구를 할 수 없다고 생각된다. 다만, 매매계약이 취소됨으로 인하여 그 효과로서 반환청구권이 인정되어야 한다는 결론은 일시불의 경우와 같으므로 이미 지급한 대금의 반환에 관하여는 일시불의 경우와 동일하게 처리하면 될 것으로 보인다.

V. 未成年者와 加盟店 사이의 賣買契約과 未成年者와 신용카드업자 사이의 신용카드 利用契約이 모두 取消된 경우의 法律關係

이 경우는 앞서 본 두 가지 모두를 주장할 수 있다고 보여진다. 따라서 미

19) 황경웅, "신용카드대금의 변제와 소비자의 항변," 리스와 신용거래에 관한 제문제(下), 「재판자료」 64집, 94면.

20) 학설의 자세한 내용은 황경웅, 앞 글, 96면 참조.

성년자인 신용카드회원은 신용카드업자에 대하여 신용카드 이용계약에 따른 대급지급의무를 부담하지 않음은 물론, 일정한 요건을 갖춘 경우에는 가맹점과의 매매계약이 취소되었음을 항변으로 주장할 수 있다.

다만, 신용카드업자와 가맹점 사이에는 가맹점 규약에 의하여 가맹점이 그 매매대금을 지급받지 못할 위험을 부담하고 있는데, 위와 같은 가맹점 약관이 반드시 부당하지는 않다고 생각된다. 왜냐하면, 신용카드거래와 일반거래를 비교할 때 미성년자와 거래를 한 당사자는 가맹점이므로, 가맹점이 최종적인 위험의 부담자가 되는 것은 당연하다. 그리고 가맹점 약관은 분실, 도난, 위조된 신용카드의 사용으로 인한 위험은 신용카드업자가 부담하고 있는 것으로 되어 있고, 다만 약관에 정해진 고의 또는 중과실이 있는 경우에만 가맹점에 위험을 부담시키고 있으므로, 이러한 약관과의 균형에 비추어도 타당하다.

Ⅵ. 判決의 檢討

1. 未成年者에 대한 신용카드 利用契約의 取消시 法律關係

이 사건은 미성년자가 신용카드업자와의 사이에 체결한 신용카드 이용계약만이 취소되고, 미성년자와 가맹점 사이의 매매계약은 취소되지 아니한 사안에 관한 것이다.

원래 신용카드 거래 구조에서 신용카드업자와 신용카드회원과의 신용카드 이용계약, 신용카드업자와 가맹점 간의 가맹점계약, 신용카드회원과 가맹점 간의 매매계약은, 그것이 나머지 2면의 법률관계의 존재를 전제로 한다는 점에서 상호 유기적인 牽聯性을 가지고 있다고 볼 수 있으나, 개별적인 거래의 측면에서 살펴보면 위 3개의 계약은 계약 당사자를 달리할 뿐만 아니라 그 계약의 성립 여부나 효력이 구체적으로 성립된 당해 계약에 의하여 판단되어야 하는 독립적인 관계에 있으므로, 각각의 법률관계에 존재하는 사정이 다른 2개의 법률관계에 직접적으로 영향을 미치는 것이 아니다.

따라서 신용카드회원이 신용카드업자들과 사이에 신용카드 이용계약을 체결할 당시 미성년자였다는 사정을 들어 위 이용계약을 취소하더라도 곧바로 미성년자들이 신용카드업자들로부터 발급받은 카드를 이용하여 물품 등을 구매한 행위 효력이 상실되지 않는다. 물론 이러한 사정을 약관에 두어 규율하는 것은 별개의 문제지만, 신용카드회원약관이나 가맹점규약에 그러한 규정이 없다.

그렇다면 신용카드 이용계약이 취소되더라도 가맹점과의 물품 및 용역공급계약과 가맹점계약은 유효하게 존재하므로 가맹점은 매수인인 미성년자들에게 물품 및 용역공급계약에 따른 대금을 청구할 권리가 있고, 신용카드업자는 가맹점규약에서 정한 바에 따라 가맹점에 위 대금을 지급할 의무가 있다.

2. 未成年者의 신용카드업자에 대한 不當利得返還義務

미성년자의 법률행위 취소의 효과에 대하여 민법 제141조는 "취소한 법률행위는 무효인 것으로 본다. 그러나 무능력자는 그 행위로 인하여 받은 이익이 현존하는 한도에서 상환할 책임이 있다"고 규정하고 있는데, 일반적으로 부당이득의 반환은 선의인 경우에만 현존이익을 반환하도록 되어 있으나 무능력자의 경우에는 본인 또는 법정대리인의 선의·악의에 관계없이 현존이익만을 반환하면 되므로, 민법 제141조는 일반부당이득에 관한 특칙이다.

그 결과 미성년자가 신용카드 이용계약을 취소하면 이미 카드를 사용하였더라도 신용카드업자는 미성년자에게 카드사용대금을 청구할 수 없고, 현존하는 이익이 있으면 그 반환만을 청구할 수 있는데, '받은 이익이 현존하는 한도'란 미성년자에게 상대방인 신용카드업자의 계약이행으로 인하여 받은 이익 중 현재 남아 있는 이익을 말한다.

미성년자에게 남아 있는 현존이익을 판단함에 있어서는 앞서 본 신용카드거래 구조에 관한 제학설에 그다지 영향을 받지는 않는다. 왜냐하면, 신용카드업자와 신용카드회원 사이의 신용카드 이용계약이 무효로 된다고 하더라도 신용카드회원이 가맹점과 사이의 개별적인 구매계약에 의하여 가맹점에 대하여 물품 및 용역대금 지급채무를 부담하게 되는 점 및 신용카드업자가 가맹점규약에 따라 가맹점에 물품대금을 지급해 주어야 한다는 점에는 아무런 영향이 없고, 다만 신용카드업자가 신용카드회원을 위하여 가맹점에 물품 및 용역대금을 지급해 줄 법률상의 원인이 없어진 것뿐이기 때문이다.

따라서 신용카드회원은 신용카드 이용계약이 취소됨으로써 아무런 법률상 원인 없이 가맹점과의 매매계약에 기한 물품 및 용역 대금 채무를 면제받는 이익을 얻게 되는 것이고, 이러한 이익은 금전적 이익이므로 특별한 사정이 없는 한 현존하는 이익으로 추정될 것이다.

한편 상고인은 가맹점에게 물품공급계약에 따른 물품 자체를 반환할 의무가 있으므로, 물품 자체가 부당이득이라고 주장한다. 일반적으로 물품공급계약이 취소된 경우에 부당이득반환의 대상이 되는 것은 물품 그 자체인 것은 사실이나, 신용카드 거래에 있어 신용카드 이용계약이 취소되더라도 미성년자와 가맹점 사이의 물품공급계약은 취소되는 것이 아니므로, 미성년자가 취득한 물품이나 제공받은 용역은 유효한 물품공급계약에 의하여 취득한 것으로서 이를 부당하게 얻게 된 이익이라고 볼 수 없다.

물론 이에 대하여 미성년자와 가맹점 사이의 물품공급계약이 취소되었다면 미성년자는 이를 들어 항변할 수 있을 것이지만, 대개는 그렇지 못할 것으로 생각된다. 미성년자의 입장에서는 일일이 가맹점을 확인하기도 어렵거니와 또 가맹점이 확인되었다 하더라도 일일이 찾아가서 물품공급계약을 취소하기가 그리 쉽지 않은 것이 현실일 것이다. 그리고 물품공급계약이 취소되면 가맹점으로서는 취소전표를 작성해야 하기 때문에 신용카드회원과 신용카드업자 사이에 분쟁이 생기지도 않을 것이다.

3. 結 論

대법원은 본 평석대상판결에서 미성년자인 신용카드회원의 신용카드 이용계약을 취소하였더라도 신용카드회원과 해당 가맹점 사이에 체결된 개별적인 매매계약은 특별한 사정이 없는 한 신용카드 이용계약취소와 무관하게 유효하게 존속한다고 판단한 다음, 신용카드발행인의 가맹점에 대한 신용카드이용대금의 지급으로써 신용카드회원은 자신의 가맹점에 대한 매매대금 지급채무를 법률상 원인 없이 면제받는 이익을 얻었으며, 이러한 이익은 금전상의 이득으로서 특별한 사정이 없는 한 현존하는 이익으로 추정된다고 하여 그 반환을 명하였다.

이러한 대법원의 판단은 앞에서 자세히 검토한 것과 같은 취지로서, 옳은 판단이라 할 것이다.

信用狀 書類審査에 있어 嚴格一致의 原則

-DHL 영수증의 날짜와 선하증권상의 선적일 기재 모순-

蔡　東　憲*

대법원 2002.5.24. 선고 2000다52202 판결**

[事實의 概要]

1. 사실관계

(1) 맹○○이 운영하는 에스티엠 무역이 홍콩 소재 차이나 은행으로부터 신용장을 개설받은 소외 레거 인터내셔날에게 여성용 헤어밴드를 수출함에 있어, 피고는 1998.9.28. 원고에게 이 사건 수출신용보증서를 발급하여 원고가 이를 담보로 에스티엠 무역으로부터 환어음 등을 매입하는 방법으로 대출한 후 수입자로부터 그 수출대금을 지급받지 못하게 되는 경우 수출자가 원고에 대하여 부담하게 되는 상환채무를 피고가 대지급하기로 하는 수출신용보증계약을 체결하였는데, 위 수출신용보증계약약관 제6조 제4호에는 원고가 신용장조건의 주요 사항을 위반하여 발행된 환어음 등을 매입한 경우에 피고는 면책된다고 규정되어 있다.

(2) 한편, 차이나 은행이 발행한 이 사건 신용장에는 신용장대금청구를 위하여 필수적으로 구비하여야 서류로 상업송장, 포장명세서 등과 함께 ① 상품이 선적 전에 정상적인 상태에서 검사를 받았다는 것을 증명하는 신용장개설의뢰인으로부터 권한을 위임받은 사람이 작성하고 서명한(그 서명은 차이나 은행이 보관하고 있는 자료상의 서명과 일치하여야 한다) 검사증명서,[1] ② 수출자의 확인서 및 상품이 선적된 후 2일 이내에 양도불능 선적서류 사본 1부를 디에이치엘(DHL)로 수입자에게 발송하였음을 증명하는 디에이치엘 영수증 원본[2] 등이 규정되어 있고, 또한 위 신용장에는

* 판사, 사법연수원 교수.

** 공 2002.7.15.(158), 1488면.

1) INSPECTION CERTIFICATE ISSUED AND MANUALLY SIGNED BY AUTHORIZED SIGNATORY(IES) OF THE APPLICANT, WHOSE SIGNATURE(S) AND SIGNING AUTHORITY MUST BE IN CONFORMITY WITH THE RECORDS HELD IN OUR FILE, CERTIFYING THAT THE GOODS HAVE BEEN INSPECTED IN GOOD ORDER AND CONDITION BEFORE SHIPMENT SHOWING TOTAL VALUE AND QUANTITY OF THE GOODS AND THIS L/C NO.

2) BENEFICIARY'S CERTIFICATE TOGETHER WITH RELATIVE ORIGNAL DHL RECEIPT CERTIFYING THAT ONE FULL SET OF NON-NEGOTIABLE COPY OF

제 5 차 신용장통일규칙이 적용되지만 위 검사증명서상 서명확인 부분에 관하여는 위 통일규칙 제13조 c항은 적용되지 아니한다고 되어 있다.

(3) 레거 인터내셔날은 1998. 9. 17. 에스티엠 무역에게 검사증명서에 기재되어야 할 서명이 '펑'(Fung)임을 통지받았다는 사실을 통보하였고, 레거 인터내셔날측 검사자는 1998. 9. 24. 선적 대기 중인 상품을 확인한 후 에스티엠 무역측에 상품을 낱개로 포장하지 말고 세트로 포장하여 달라고 요청하면서 상품의 총 금액, 수량 및 신용장번호와 함께 "상기 품목에 대하여 우리의 수정 부분 및 재검사 부분을 확인한 후 귀사의 품질관리와 책임 아래 약정된 선적일까지 이를 선적해 달라"[3]는 문구가 기재된 검사증명서를 작성·교부하였다.

(4) 원고는 1998. 9. 28. 에스티엠 무역에게 이 사건 신용장에 기한 환어음과 검사증명서 등 선적서류를 매입하는 방법으로 미화 208,249$를 대출함에 있어 검사증명서에 기재된 서명 '펑'(Fung)과 레거 인터내셔날로부터 통보된 서명 '펑'(Fung)이 일치함은 확인하였으나, 나아가 그것이 차이나 은행이 보관하고 있는 자료상의 서명과 일치하는지에 대하여는 아무런 확인을 하지 아니하였고, 원고가 매입한 DHL 영수증 원본의 발송일자는 '1998. 9. 26.'로 기재되어 선하증권상의 선적일인 '1998. 9. 28.'보다 앞서 있었는데도 이에 대하여 별다른 조치를 취하지 아니하였다.

(5) 그 무렵 원고는 에스티엠 무역으로부터 매입한 환어음 등을 개설은행인 차이나 은행에게 송부·제시하였으나 위 은행은 1998. 10. 7.경 원고에게 검사증명서에 기재된 서명 '펑'(Fung)이 자신이 보관하고 있는 자료상의 서명과 일치하지 않으며, 검사증명서상의 내용이 이 사건 신용장조건에서 요구하는 내용과 다를 뿐 아니라, 디에이치엘 영수증 원본의 발송일자인 '1998. 9. 26.'은 선적 후 2일 이내가 아니라는 등의 이유를 들어 신용장대금의 지급을 거절하였다.

2. 이 사건의 쟁점사항과 이 글의 논의범위

(1) 이 사건의 쟁점은 다음과 같은 사항으로 요약되어질 수 있다.

(가) 이 사건 수출신용보증약관 제 6 조 제 4 호의 유효성

(나) ① 일치된 서명을 요구하는 검사증명서 원본의 제출이 서류적 조건인지의 여부 및 ② 비서류적 조건이 포함된 것으로 보는 경우 이를 무시하여야 하는지 혹은 그 유효성을 인정하여야 하는지 여부, ③ 이 사건에서 검사증명서상의 서명이 개설은행 보관 서명과 불일치하는 점이 입증이 되었는지 여부

(다) 이 사건 검사증명서의 내용이 신용장에서 요구하는 내용과 일치하는 것으로 볼 수 있는지 여부

(라) 선적 후 2일 이내에 발송하였음을 증명하여야 하는 DHL 영수증이 선적일 2일 전에 발송된 경우 신용장조건에 위배되는지 여부

DOCUMENTS HAS BEEN SENT BY DHL DIRECTLY TO APPLICANT WITHIN TWO DAYS AFTER SHIPMENT.

3) ON ABOVE GOODS, AFTER CHECKING OUR CORRECTION POINTS AND REVISED POINTS, AND YOUR ACHIEVING QUALITY CONTROL AND TAKING RESPONSIBILITY PLEASE MAKE SHIPMENT NOT LATHER THAN CONTRACTED SHIPPING DATE.

⑵ 이 글의 논의범위

이 글에서는 위 각 쟁점 중 마지막의 것, 즉 신용장대금 지급을 위하여 필요한 서류로서 선적 후 2일 이내에 발송하였음을 증명하여야 하는 DHL 영수증이 선하증권상에 표시된 선적일 2일 전에 발송된 경우 신용장조건에 위배되는지 여부에 관하여만 살펴보기로 하고, 나머지 쟁점에 대하여는 원심과 이에 관한 대법원의 판단만을 간단히 소개하기로 한다(대법원은 위 각 쟁점 중 두 번째와 세 번째 것은 판단하지 않았다).

[訴訟의 經過]

1. 原審(서울지방법원 2000. 8. 30. 선고 2000나28079 판결)

⑴ 2심 법원은 피고는 이 사건 수출신용보증계약에 따라 원고에게 차이나은행이 신용장대금을 지급하지 아니함으로 인하여 에스티엠 무역이 원고에 대하여 상환하여야 할 대출금 등을 지급할 의무가 있다고 판단한 다음, 피고의 면책항변에 대하여 다음과 같이 판단하고 있다.

⑵ 우선 첫째로 그 약관의 유효성 여부에 대하여, "… 이 사건 수출신용보증계약상 원고가 신용장조건의 주요사항에 위반하여 발행된 환어음 등을 매입한 경우 피고가 그 보증채무를 면하도록 규정한 조항(이하 '이 사건 면책조항'이라 한다)은 그 '신용장조건의 주요사항 위반'이라는 용어의 의미가 불분명하고 다의적이며, 이에 따라 사업자인 피고는 고객으로부터 보증채무의 이행을 청구받게 되더라도 '신용장조건의 주요사항 위반'이라는 용어를 자의적으로 해석하여 광범위한 면책의 기회를 가지게 될 가능성이 높은 반면, 고객인 원고로서는 환어음 등을 매입함에 있어 신용장조건에 불일치하는 부분이 있는 경우 장차 신용장개설은행으로부터 신용장대금의 지급이 거절되더라도 이 사건 수출신용보증계약에 따라 피고로부터 보증채무금을 지급받을 수 있을지의 여부를 확신할 수 없게 되는 점 등을 고려하면 이 사건 면책조항은 신의성실의 원칙에 반하거나 공정을 잃은 조항에 해당하므로 약관의규제에관한법률 제6조 제1항·제2항 제2호에 의하여 무효라고 할 것이므로 이 사건 면책조항이 유효함을 전제로 한 피고의 면책항변은 이유 없다"고 판단하였다.

⑶ 나아가 2심 법원은 "가사 이 사건 면책조항이 유효하다고 하더라도 다음과 같이 피고가 주장하는 원고의 신용장조건 위반사실을 인정할 수 없으므로 역시 피고의 면책항변은 이유 없다"고 하면서 그 근거로서 다음과 같은 점을 들고 있다.

(가) 검사증명서 서명 상이의 점 　 "검사증명서에 기재된 서명과 차이나 은행이 보관하고 있는 자료상의 서명이 일치하여야 한다는 것은 서명의 일치 여부를 확인하기 위하여 제시되어야 할 서류에 관하여는 명시하지 아니한 채 조건만을 명시하고 있는 경우에 해당하므로 비서류적 조건이라고 할 것인데, 이 사건 신용장의 매입은행인 원고로서는 신용장통일규칙 제13조 c항에 따라 이 사건 신용장에 기재된 위와 같은 조건이 제시되지 아니한 것으로 보고 이를 무시할 수 있다. 그리고 이 사건 신용장의 추가조건에 의하면 신용장통일규칙 제13조 c항의 적용이 배제되고 있기는 하나, 위 조항을 배제함으로써 위 비서류적 조건을 유효화시키는 이 사건 신용장의 특수조건은 서류만에 의한 거래라는 신용장거래의 본질을 해하는 것으로 무효라고 할 것이다."[4]

(나) 검사증명서 내용 상이의 점 　 "이 사건 신용장에서 필요하다고 규정하고 있는 검사증명서의 내용은 레거 인터내셔날로 수출될 상품이 선적 전에 정상적인 상태에서 검사받았음을 확인할 수 있을 것을 요구하는 것이라고 봄이 상당한데, 실제로 레거 인터내셔날로 수출될 상품에 대하여 수입자인 레거 인터내셔날측에 의하여 검사가 이루어졌고, 다만 레거 인터내셔날측에서 에스티엠 무역측의 책임하에 레거 인터내셔날측의 수정 부분 및 재검사 부분을 확인한 후 약정된 선적일까지 상품을 선적하여 줄 것을 추가로 요청하고 있다고 해석되므로 이를 가지고 검사증명서의 내용이 이 사건 신용장조건과 불일치한다고 볼 수 없으며, 가사 검사증명서의 내용이 이 사건 신용장조건과 불일치한다고 하더라도 그 불일치의 정도가 비교적 경미한 점 등에 비추어 보면 이를 이유로 면책을 주장할 수는 없다."

(다) 디에이치엘 영수증 원본 발송일자 상이의 점 　 "이 사건 신용장에서는 양도불능 선적서류 사본 1부를 물품선적 후 2일 이내에 디에이치엘로 수입자에게 발송하였음을 증명하는 디에이치엘 영수증 원본을 제출할 것을 요구하고 있는데, 원고가 매입한 디에이치엘 영수증 원본은 그 발송일자가 '1998. 9.

---

4) 앞서 언급한 바와 같이 이 사건 2심 판결의 상고심인 대법원에서는 이 쟁점에 대하여 적극적으로 판단하지 않았다. 그러나 거의 유사한 쟁점, 즉 검사증명서상의 서명과 개설은행이 보관하는 서명의 일치 여부에 관한 신용장의 조건이 비서류적 조건에 해당하는지 여부에 대하여 대법원은 다른 사건인 대법원 2002. 5. 28. 선고 2000다50299 판결[공 2002. 7. 15.(158), 1504], 대법원 2002. 7. 26. 선고 2000다51414 판결[법률신문 2002. 8. 29.자, 12면]들의 판결에서 그와 같은 조건은 비서류적 조건으로서의 성질이 있으나, 유효하다는 취지로 판시하였다. 필자가 다른 글을 통하여 밝힐 기회가 향후 있을 것으로 생각하지만, 필자는 위 대법원판결의 결론에 동의하지 않는다.

26.'인 반면, 선하증권에 기재된 선적일은 '1998. 9. 28.'인 사실이 인정되므로 이에 의하면, 원고가 매입한 디에이치엘 영수증 원본은 이 사건 신용장조건에 위반됨이 문면상 명백하다 할 것이지만, 디에이치엘 영수증 원본은 선하증권 등과는 달리 그 자체에 권리가 화체되었다거나 선적사실을 증명하기 위한 서류가 아니라, 다만 수출자측에서 선적 직후 신속하게 선적서류 사본을 수입자측에 송부하였음을 확인하기 위한 서류에 불과한 점, 또한 피고측 직원이 1998. 9. 25. 레거 인터내셔날로 수출될 상품이 화물차에 실리는 것을 직접 확인하였고 그 후 상품들은 모두 정상적으로 선적되었던 점 등을 종합하면 피고로서는 디에이치엘 영수증 원본의 발송일자가 이 사건 신용장조건과 불일치한다는 이유만으로 면책까지 주장할 수는 없다."

[判決要旨]

(1) 대법원은 우선 이 사건 면책약관의 약관으로서 유효성 여부에 대하여, "약관의규제에관한법률 제15조 및 동 시행령 제3조 제3호의 규정에 의하면 이 사건과 같은 수출보험법에 의한 수출보험의 약관에 대하여는 약관의규제에관한법률 제7조 내지 제14조의 규정을 적용하지 아니한다고 되어 있는바, 약관이 구체적으로 무효가 되는 경우들을 규정한 같은 법 제7조 내지 제14조의 규정이 적용되지 아니한다면 약관이 일반적으로 무효가 되는 경우를 포괄적으로 규정하고 있는 제6조의 규정 역시 적용이 없다고 보아야 할 것이므로 (대법원 1999. 12. 10. 선고 98다9038 판결 참조),[5] 이 사건 수출신용보증약관에는 위 법 제6조의 규정이 적용되지 아니한다고 할 것이다. 뿐만 아니라, 원심이 인정하고 있는 바와 같은 내용의 이 사건 수출신용보증계약약관 제6조 제4호의 내용이 특별히 그 뜻이 불분명하고 다의적이어서 신의성실의 원칙에 반하거나 공정을 잃은 조항에 해당한다고 볼 수도 없다"고 판단하여 원심의 판단을 뒤집었다.

---

5) 대법원 1999. 12. 10. 선고 98다9038 판결[공 2000. 1. 15.(98), 154]: 약관의규제에관한법률은 제15조에서 "국제적으로 통용되는 약관 기타 특별한 사정이 있는 약관으로서 대통령령이 정하는 경우에는 제7조 내지 제14조의 규정의 적용을 조항별·업종별로 제한할 수 있다"고 규정하고 있는바, 위 제15조의 문리해석상으로는 같은 법 제6조의 적용은 배제되지 않는다고 볼 수 있으나, 약관이 구체적으로 무효가 되는 경우들을 규정한 같은 법 제7조 내지 제14조에 대하여 약관이 일반적으로 무효가 되는 경우를 포괄적으로 규정하고 있는 제6조가 적용되게 되면 구체적 무효조항들의 적용을 배제하는 제15조의 규정취지가 거의 완전히 몰각되는 불합리한 결과를 가져오게 되므로, 제6조 역시 대통령령으로 정하는 특정 업종들의 약관에는 적용이 없다고 보아야 할 것이다.

(2) 나아가 이 글의 대상이 되는 마지막 쟁점, 즉 선적 후 2일 이내에 발송하였음을 증명하여야 하는 DHL 영수증이 선적일 2일 전에 발송된 경우 신용장조건에 위배되는지 여부에 대하여는 "… 디에이치엘 영수증 원본 발송일자 상이의 점에 관하여 본다. 원심이 인정하고 있는 바와 같이 이 사건 신용장에서는 양도불능선적서류 사본 1부를 물품선적 후 2일 이내에 디에이치엘로 수입자에게 발송하였음을 증명하는 디에이치엘 영수증 원본을 제출할 것을 요구하고 있는데, 이처럼 디에이치엘 영수증 원본을 신용장 필요서류로 하는 이유는 수입자에게 신속하게 선적서류 사본을 송부하여 그 내용을 확인시키려는 목적뿐만 아니라 선적일 전에 발행되는 선하증권의 경우에는 그 위조의 가능성과 실제 선적이 제대로 이행되지 아니할 가능성이 있어 이를 방지하기 위한 취지도 함께 있다고 보여지므로, 정상적인 방법으로는 성립할 수 없는 선적일 전에 선하증권 등의 선적서류를 이미 수입자에게 발송하였다는 내용의 디에이치엘 영수증 원본은 위 신용장조건에서 필요서류로 요구하고 있는 디에이치엘 영수증 원본에 포함된다고 보기 어렵다. 따라서 위 신용장조건에 위배하여 선적일 전에 선하증권 등의 선적서류를 발송하였다는 취지의 디에이치엘 영수증 원본을 매입한 은행으로서는 그러한 서류를 매입하여도 무방하다는 개설은행의 동의나 승낙이 있다는 등의 특별한 사정이 있기 전에는 위 신용장 필요서류를 갖추었다고 주장할 수 없고, 이러한 결론은 디에이치엘 영수증 원본이 선하증권 등과 달리 그 자체에 권리가 화체된 것이 아니라거나 혹은 피고측 직원이 이 사건 화물이 화물차에 실리는 것까지 확인하였고 그 이후 실제 선적이 이루어진 점을 감안하더라도 달라지지 않는다고 할 것이다.

그럼에도 불구하고, 원심이 원고가 매입한 디에이치엘 영수증 원본은 이 사건 신용장조건에 위반됨이 문면상 명백하기는 하지만 다른 사정을 살펴볼 때 피고로서는 디에이치엘 영수증 원본의 발송일자가 이 사건 신용장조건과 불일치하다는 이유만으로 면책까지 주장할 수 없다고 본 것은 신용장 서류의 일치에 관한 법리를 오해하여 판결에 영향을 미친 위법이 있다 할 것이다"고 판단하여 역시 원심의 판단을 번복하였다.

[評　　釋]

I. 신용장 서류심사에 있어 嚴格一致의 原則

1. 엄격일치의 원칙 일반[6)]

(1) 의　　의

(가) 신용장거래에 있어 은행에 제시되는 모든 서류는 신용장조건과 문면상 엄격히 일치하여야 하고 은행은 신용장조건과 문면상 엄격히 일치한 서류만을 수리하여야 하며 신용장조건과 문면상 엄격히 일치하지 않는 서류는 수리를 거절하여야 하는데, 이를 일반적으로 엄격일치의 원칙(the doctrine of strict compliance)이라고 한다.[7)]

(나) 위 원칙은 신용장거래의 독립·추상성의 원칙에 의하여 은행의 서류 조사가 신용장과 서류와의 문면상 합치 여부로 제한되어 전적으로 은행을 보호를 위한 것임과 아울러 신용장 개설의뢰인(매수인)의 보호를 위해서는 그 서류상 합치의 엄격성이 확보되지 않으면 안 되고, 이는 서류의 합치 여부 판단에 은행의 자의적 해석 등이 허용된다면 개설의뢰인의 지위가 불안전하게 되어 심각한 위험에 처하게 될 수 있기 때문이라고 설명된다.[8)]

(2) 신용장통일규칙의 근거

국제상업회의소(International Chamber of Commerce: ICC) 제정 제5차 개정 신용장통일규칙(UNIFORM CUSTOMS AND PRACTICE FOR DOCUMENTARY CREDITS, 1993 REVISION, ICC Publication No. 500 Effective January 1, 1994. 이하 '신용장통일규칙'이라 한다)의 경우 제13조 a항이 그 근거규정으로 해석되고 있는데,[9)] 신용장통일규칙 제13조는 서류심사의 기준(Standards for Ex-

6) 엄격일치의 원칙 일반에 대하여는 John F. Dolan, The Law of Letters of Credit(Commercial and Standby Credit, Revised Edition), A. S. Pratt & Sons(1999), 6-7～14 참조.

7) 朴在允, "信用狀과 書類와의 合致與否(대상판례: 대법원 1985.5.28. 선고 84다카696·84다카697 판결)," 「民事判例硏究(Ⅷ)」(1986.5), 273면; 安岡鉉, "信用狀去來에 있어서의 嚴格一致의 原則: 最近美國判例의 傾向을 중심으로," 「水原地方辯護士會誌」 第6號(1996.1), 57면.

8) 박재윤, 위 논문, 273면.

9) 安岡鉉, 위 논문, 58면 및 金善國, "信用狀의 嚴格一致性과 그 緩和手段," 「經營法律」 第5輯(1992.12), 446면은 통일규칙의 조문상 "strict compliance"라는 용어가 없음을 이유로 통일규칙상은 그 규정이 없다고 하나, 현재의 제5차 신용장통일규칙 제13조 a항의 경우 구統一規則 제7조가 같은 규정을 가지고 있었는데, 대법원 1985.5.28. 선고 84다카696 판결[집 33(2), 민 022, 공 1985, 893]; 대법원 1985.5.28. 선고 84다카697 판결[집 33(2), 민 031, 공 1985, 896]은 위 규정을 엄격일치원칙의 취지 규정으로 해석하고, 朴在允, 위 논문, 273면도 엄격일치원칙의 근거로 위 규정을 들고 있고, 필자도 이 의견에 동의한다.

amination of Documents)이라는 제하에 a항에서 "은행은 신용장에 약정된 모든 서류가 문면상 신용장조건에 일치하는가 아닌가의 여부를 확인하기 위하여 상당한 주의를 기울여 심사하여야 한다. 약정된 서류가 문면상 신용장조건에 일치하는가의 여부는 본 규칙에 반영된 국제적인 은행의 표준관행에 의해 결정된다. 서류가 문면상 다른 서류와 서로 모순이 된다는 것은 동 서류가 문면상 신용장조건에 일치하지 않는 것으로 간주된다"고 규정하고 있다.[10)]

2. 엄격일치원칙의 완화

(1) 그러나 신용장 관련서류의 조사와 조건의 일치 여부에 대하여는 초기의 엄격일치의 원칙에서 많이 후퇴하여 미국의 경우 사실상 실질적 일치의 원칙을 요구하는 판례들까지 나오고 있는데, 그 방향은 ① 엄격일치의 원칙 자체를 완화하여 적용하는 방향[11)]과, ② 위 원칙에 대하여 항변권의 포기나 신의칙 등에 의한 예외를 인정하는 방향[12)]으로 나아가고 있다.

(2) 은행실무의 경우에도 국제상업회의소 은행기술실무위원회(ICC Commission on Banking Technique and Practice. 이하 '국제상업회의소 은행위원회' 혹은 'ICC 은행위원회,' 'ICC Banking Commission'으로 줄여 부른다)의 1978. 4. 14. 결정, 즉 당시의 통일규칙 제 7 조 후단에 규정된 'consistency'의 의미는 제시된 각 서류가 동일한 거래에 관한 것임이 분명할 것, 다시 말하면 ① 각 서류가 다른 서류와 문면상 연결되고, ② 그 내용도 서로 충돌되지 않아야 한다는 것이라고 해석하고 모든 서류가 꼭 동일한 문구(exactly same wording)로 작성될 필요까지는 없다고 하여 그 원칙을 완화하는 취지로 해석하였고,[13)] 위와 같은 국제상업회의소 은행위원회의 유권해석 이후로는 서류들이 '서로 상호모순만 되

10) UCP 500 Article 13(Standard for Examination of Documents): A. Banks must examine all documents stipulated in the Credit with reasonable care, to ascertain whether or not they appear, on their face, to be in compliance with the terms and conditions of the Credit. Compliance of the stipulated documents on their face with the terms and conditions of the Credit, shall be determined by international standard banking practice as reflected in these Articles. Documents which appear on their face to be inconsistent with one another will be considered as not appearing on their face to be in compliance with the terms and conditions of the Credit.

11) 安岡鉉, 위 논문, 86면 이하; 金善國, 위 논문, 455~459면 각 참조.

12) 金昌俊, "信用狀과 信義誠實의 原則(엄격일치의 원칙과 금반언, 사기적 신용장대금 청구, 대법원 1998. 3. 13. 선고 97다54017 판결)," 「商事判例硏究(Ⅳ)」(博英社, 편집대표 최기원, 2000), 123면 이하; 金善國, 위 논문, 459면 이하 각 참조.

13) 朴在允, 위 논문, 280면.

지 않으면'(not in contradiction with on another) 된다는 추세로 엄격일치의 원칙이 완화되고 있다고 한다.[14)]

(3) 엄격일치의 원칙은 신용상의 상업적 효용에 필수불가결한 것으로서, 미국의 판례들의 주류는 엄격일치의 원칙을 적용한 사례들이지만, 경우에 따라 당사자에 의하여 위 원칙이 악용되어 거래의 공평한 해결을 저해하는 경우가 있게 되었고, 이에 미국의 일부 법원들은 엄격일치의 원칙을 일부 수정 내지 완화하여 신용상조건과 서류가 실질적으로, 즉 상당히(substantial) 일치하면 신용상조건을 충족한 것으로 보는 상당일치 또는 실질적 일치기준을 일부 사건에서 적용하였는데, 그 근거는 ① 발행인은 서류가 신용장조건을 충족하는가를 결정할 권리가 있고, 그러한 결정은 신의성실과 상당한 주의를 기울여야 하고 장래에 대한 생각이나 상환청구권의 상실이라는 위험 때문에 개설의뢰인의 판단을 그의 판단으로 대체하여서는 아니 된다는 점, ② 발행인이 단지 기술적으로 불충분한 경우, 예컨대 콤마의 누락이나 위치가 잘못된 경우 등과 같은 사소한 것에도 그것을 이유로 서류를 거절할 수 있다면, 그것은 국제거래에서 신용장의 자유로운 사용을 저해할 우려가 있는 점 때문이라 한다.[15)]

(4) 이러한 입장은 미국 판례의 경우 Banco Espanol de Credito v. State Street Bank & Trust Co. 판결[16)]과 Fragship Cruises, Ltd. v. New England Merchants National Bank 판결[17)]에서 채택되어 상당한 수의 판결들이 나오고 있는 실정[18)]이지만 엄격일치의 원칙을 옹호하는 입장에서는 은행의 자의적인 판단이 엄격일치원칙의 근본을 해한다는 입장에서 이들 판결들과 엄격일치원칙의 완화에 대한 비판도 많다.[19)]

---

14) 金昌俊, 위 논문, 123면: ICC Doc. No. 470/328, 470/330, April 1978. "The commission decided that the notion of 'consistency' referred to in Article 7 should be understood as meaning that the whole of the documents must be obviously relate to the same transaction, that is to say, that each should bear a relation(link) with the others on its face, and the documents should not be inconsistent with one another."

15) 金善國, 위 논문, 456면.

16) 사안의 내용과 법원 판시는 John F. Dolan, The Law of Letters of Credit(Commercial and Standby Credit, Revised Edition), A. S. Pratt & Sons(1999), 6-51~54 참조.

17) 사안의 내용과 법원 판시는 John F. Dolan, The Law of Letters of Credit, 6-54~56 참조.

18) 미국에서 엄격일치의 원칙을 완화한 입장에서 나온 판결들과 각 주별의 판례동향에 대하여는 安岡鉉, 위 논문, 86면 이하 및 柳重遠, "銀行의 書類調査義務와 嚴格一致原則의 緩和," 「法曹」 第44卷 第10號(1995. 10), 101면 이하 각 참조.

19) 金善國, 위 논문, 458~459면; 安岡鉉, 위 논문, 95면 이하 각 참조.

3. 엄격일치의 원칙에 대한 대법원의 태도

(1) 원칙적 입장

엄격일치의 원칙에 대하여, 우리 대법원은 대법원 1985. 5. 28. 선고 84다카 696·697 판결들[20]에서 이를 원칙적으로 수용하면서, "화환신용장에 의한 거래는 서류에 의한 거래이고 직접적인 상품의 거래가 아니므로 신용장거래는 그 기초가 된 상품의 매매계약과는 관계가 없는 전혀 별개의 거래로 취급되며 그 거래의 이행은 신용장에 기재된 조건과 형식상 엄격하게 합치함을 요한다. 따라서 신용장 개설은행은 개설의뢰인인 매수인을 대신하여 매도인에게 매매대금을 지급하는 지위에 있는 자로서 은행에 제시된 서류가 형식상 신용장조건과 엄격하게 합치(in accordance with)하는지를 상당한 주의를 기울여(with reasonable care) 조사·점검할 의무가 있고 이러한 의무를 다함으로써 책임을 면하게 되는 것으로 신용장통일규칙이 이러한 취지를 규정하고 있으며, 위 상당한 주의라 함은 상품거래에 관한 특수한 지식경험에 의함이 없는 은행원으로서의 일반적인 지식경험에 의하여 기울여야 할 객관적이고 합리적인 주의를 가리키며 은행원은 이러한 주의를 가지고 신용장과 기타 서류에 기재된 문언을 형식적으로 엄격하게 해석하여 신용장조건과의 합치 여부를 가려낼 의무가 있고 실질적인 심사의무는 없는 것이다"라고 판시하였다.

(2) 완화된 엄격일치의 원칙

그러나 대법원은 엄격일치의 원칙을 일부 수정하여, 다만 서류가 신용장조건과 문언대로 엄격하게 합치하여야 한다고 하여 자구 하나도 틀리지 않게 완전히 일치하여야 한다는 뜻은 아니며, 자구에 약간의 차이가 있더라도 은행이 상당한 주의(reasonable care)를 기울이면 그 차이가 경미한 것으로서 문언의 의미에 차이를 가져오는 것이 아니고, 또 신용장조건을 전혀 해하는 것이 아님을 문면상 알아차릴 수 있는 경우에는 신용장조건과 합치하는 것으로 보아야 한다는 입장을 취하고 있고,[21] 상품명세의 경우, 이는 상품의 명칭뿐만 아니라 그 상품을 특정하는 제한적 기재를 모두 포함하는 것이므로 위 신용장의 상품명세란에 기재된 상품명칭 외에 수량·단가·금액 및 원산지 등도 상품명세에 관한 기술이라고 볼 것인바, 상업송장은 명세란 외에 별도로 수량·단가·금액

20) 대법원 1985. 5. 28. 선고 84다카696 판결[집 33(2), 민 022, 공 1985, 893]; 대법원 1985. 5. 28. 선고 84다카697 판결[집 33(2), 민 031, 공 1985, 896].

21) 선하증권의 경우 같은 취지의 판시: 대법원 1992. 2. 25. 선고 91다30026 판결[공 1992, 1136].

의 각란을 두어 상품명세에 관한 기술을 하고 있으므로 이들 각란의 기재내용을 종합하여 신용장기재와의 일치 여부를 가려야 한다고 한다.[22]

(3) 엄격일치의 원칙에 대한 대법원의 구체적 적용

(가) 신용장조건에 일치한다고 본 예　　대법원은 상품명세에 관한 기술 중 신용장에는 상품명칭을 『SKETCH PAPER라고 기재하고 규격표시를 하지 않고 있음』에 반하여 상업송장에는 상품명칭인 『SKETCH PAPER 아래에 55cm×45cm라는 규격표시를 첨가』라고 되어 있는 사안에서 "상업송장에 첨가된 위와 같은 정도의 규격표시는 신용장에 기재된 상품의 개념을 확장하거나 그 품질을 저하시키는 성질의 표시가 아닐 뿐 아니라 단가 등의 기재에 의하여 문면상 물품의 동일성이 뒷받침되고 있다고 보여지므로 상업송장에 위와 같은 정도의 규격표시가 첨가된 것을 가지고 상품명세에 관한 문언의 의미에 차이를 가져오거나 신용장조건을 해하는 기재라고 볼 수 없다"[23]고 판시하였다.

또한 신용장 상품명세 중 원산지 표시로 『JAPANESE ORIGIN』, 상업송장에는 명세란 하단에 기재된 증명문구 중 『Details are Japanese Origin』이라고 표시된 사안에서도 대법원은 "상업송장의 원산지표시에 신용장에 없는 'Details are …'라는 자구가 첨가되어 있기는 하나, 위 원산지표시가 기재된 증명문구의 내용을 보면 'We hereby Certify that credit number has been marked on the surface of each package at the time of shipment. Details are Japanese Origin'이라고 되어 있어서 전후 문맥에 비추어 볼 때 후단의 Details란 전단의 package, 즉 포장에 대응하는 내용물이라는 뜻임을 쉽게 알아차릴 수 있으므로, 위와 같은 원산지표시의 차이를 가지고 상품명세에 관한 문언의 의미에 차이를 가져오거나 신용장조건을 해하는 기재라고는 볼 수 없다"[24]고 판시하였다.

그리고 신용장에는 화물(알루미늄 인코트)이 100메트릭 톤으로 기재, 선하증권상에는 그 수량이 총 중량 106.190메트릭 톤으로 기재, 당초 상업송장에는 수량이 106메트릭 톤으로 기재되었다가 원고가 위 송하인과의 합의에 의하여 100메트릭 톤으로 정정하여 신용장조건과 일치, 포장명세서에는 100메트릭 톤,

---

22) 상품의 명세와 관련하여 엄격일치원칙이 적용된 각국의 판결례에 대하여는 朴在允, 위 논문, 280면 이하 참조.

23) 대법원 1985. 5. 28. 선고 84다카696 판결[집 33(2), 민 022, 공 1985, 893]; 대법원 1985. 5. 28. 선고 84다카697 판결[집 33(2), 민 031, 공 1985, 896].

24) 대법원 1985. 5. 28. 선고 84다카697 판결[집 33(2), 민 031, 공 1985, 896].

총중량 106.190메트릭톤으로, 보험증권상에는 100메트릭톤으로 기재되어 있고, 선적서류상의 다른 기재사항은 모두 신용장과 일치한 사안에서, "선적서류 중 선하증권의 화물의 수량에 관한 기재가 신용장과 차이가 있고, 통일규칙 제43조 비(b)항에서 허용하고 있는 신용장 기재의 5%의 편차를 근소하게 초과하고 있기는 하나, 이는 화물의 순량 또는 총중량을 표시함에 따라 그와 같은 표시상의 차이가 나타난 것으로서 그 차이도 경미한 것으로 보여지고, 중요서류인 상업송장의 기재가 신용장과 일치하고 선적서류상 화물에 관한 다른 표시는 신용장조건과 모두 일치하고 있는 점 등의 사정에 비추어 보면 이는 신용장조건을 해하는 정도의 것이 아니고 상당한 주의를 기울이면 문면상 이를 알아차릴 수 있는 것이라 할 것이므로, 이 사건 선하증권상의 화물표시는 신용장조건에 합치한다"[25]고 판시하였다.

(나) **신용장조건에 일치하지 않는다고 본 예** 반면, 대법원은 신용장 상품명세 중에 원산지표시로 'origin Japan'이라고 기재되어 있고, 상업송장에는 상품명세란에 원산지표시가 없고 하인(Marks & Nos)란에 'MADE IN JAPAN'이라고 기재되어 있는 사안에서, "상업송장의 하인란은 송하물의 의장에 표시할 하인을 기재한 것으로서 하인은 송하물을 선적지나 양육지 등에서 다른 화물과 용이하게 식별할 수 있도록 하기 위하여 특정한 기호, 목적지 및 원산지 등을 송화물의 의장에 표시한 것에 지나지 않으므로, 이러한 하인란에 기재된 원산지표시는 이를 상업송장의 상품명세에 관한 기술(Description)에 포함된다고 볼 수 없는 것이다. 결국 이 사건 신용장에서는 원산지가 일본인 Sketch paper를 요구하고 있음에도 불구하고 상업송장에 기술된 상품명세에는 원산지표시가 누락되어 있어 이러한 상품명세는 신용장기재와 일치한다고 볼 수 없다"[26]고 판시하였다.

또한 신용장조건에 제시서류로 수익자(주식회사 Crown)가 서명한 상업송장(SIGNED INVOICE)을 요구한 사안에서 제시된 상업송장은 '株式會社 クラウン 代表取締役 金岡政弘'라는 이름으로 기명날인된 경우 대법원은 이는 신용장조건과 합치된다고 보기 어렵다고 보았다.[27] 이 판결에 대하여 박재윤 대법

25) 대법원 1992. 2. 25. 선고 91다30026 판결[공 1992, 1136]. 이 판결에 대한 해설은 鄭炳潤, "信用狀條件과 다른 船荷證券上 貨物表示의 效力與否(대상판례: 대법원 1992. 2. 25. 선고 91다30026 판결)," 「商事判例硏究」 第5輯(商事判例硏究會, 1992. 11) 참조. 위 해설 341면은 위 대법원의 판결에 찬성하고 있다.

26) 대법원 1985. 5. 28. 선고 84다카696 판결[집 33(2), 민 022, 공 1985, 893].

27) 대법원 1985. 5. 28. 선고 84다카697 판결[집 33(2), 민 031, 공 1985, 896]. 원심은 이와

관님은 위 대법원판결은 타당한 판단으로 생각된다고 하면서, 署名이란 그 本質上 自筆일 것을 要件으로 한다고 생각되는데, 고무스탬프의 押捺이란 타인에 의해서도 얼마든지 행해질 수 있는 것이어서 이를 서명과 동시할 수 없기 때문에 신용장의 조건과 불합치된 것이라고 한다.[28] 그러나 이 견해는 현재의 제5차 신용장통일규칙 제20조 b항의 규정과 현재의 국제적 은행표준관습[29]에 비추어 찬동할 수 없다. 따라서 위 대법원의 사안도 그 내용을 자세히 알 수는 없지만 만약 대표이사의 서명을 스템프로 만들어 날인한 것이라면 달리 보아야 할 여지가 있다고 본다.

그리고 신용장에는 매수인인 개설의뢰인의 표시가 'LAMI IND CO. LTD. SEOUL KOREA'라고 기재, 상업송장에는 매수인의 표시가 "Lami industrial Co. Ltd. B 1-26 Ban Wool Industry Comaplex. Gun Ja-Myen Si Hung-Gun Kyeong Gi Do, Korea"라고 기재된 사안에서 대법원은 "문면상 전자는 한국의 서울에 있는 회사이고 후자는 한국의 경기도에 있는 회사로서 각각 별개의 회사라고 인식될 여지가 없지 않으므로 위와 같은 상업송장의 매수인표시는 신용장기재와 합치된다고 볼 수 없다"[30]고 판시하였다.

(다) 최근 판결의 소개 최근 대법원은 대법원 2002. 6. 28. 선고 2000다63691 판결[31]을 통하여, 앞서 언급한 바와 같이 "신용장 첨부서류가 신용장조건과 문언대로 엄격하게 합치하여야 한다고 하여 자구 하나도 틀리지 않게 완전히 일치하여야 한다는 뜻은 아니며, 자구에 약간의 차이가 있더라도 은행이 상당한 주의(reasonable care)를 기울이면 그 차이가 경미한 것으로서 문언의 의미에 차이를 가져오는 것이 아니고, 또 신용장조건을 전혀 해하는 것이 아님을 문면상 알아차릴 수 있는 경우에는 신용장조건과 합치하는 것으로 보아야 하고, 그 판단은 구체적인 경우에 신용장조건과의 차이가 국제적 표준은행거래관습에 비추어 용인될 수 있는지 여부에 따라야 한다"고 판시하면서, 신용장에

같은 고무스탬프에 의한 대표자의 기명도 외관상 적법한 서명(signature)에 속한다고 하고, 다만 수익자인 회사(Crown Co. Ltd.)를 신용장표기와 같은 영문으로 기재하지 아니하고 한자 및 일본문자로 기재한 점에서 불일치가 있다고 판시하였으나, 대법원은 신용장상의 영문회사명을 서류에서 한자로 기재한 것의 하자 여부에 대하여는 판단하지 않고, 위 사안은 신용장조건과 합치되지 않는다고 판시하였다.

28) 朴在允, 위 논문, 287~288면.

29) ICC Commission on Banking Technique and Practice, International Standard Banking Practice(ISBP) for the Examination of Documents, as reflected in the Articles of the UCP{*Revised version of document 470/951rev4*—(October 2002)}, 12면 37항.

30) 대법원 1985. 5. 28. 선고 84다카697 판결[집 33(2), 민 031, 공 1985, 896].

31) 대법원 2002. 6. 28. 선고 2000다63691 판결[공 2002. 8. 15.(160), 1784].

서 지급을 위한 필요서류로서 위해 수출입공사의 류우웨홍이 발행하고 위해수출입공사의 명판이 찍힌 검사증명서 원본 1통(Inspection Cert. Issued by MR. LIU YUE HONG of WEIHAI IMP. & EXP. CORP, Stamped by WEIHAI IMP. & EXP. CORP. 1 Original)을 요구하였는데, 매입은행이 신용장서류 및 화환어음 매입시 수익자로부터 받아 개설은행에 제출한 검사증명서에는 위해수출입공사의 명판 대신 류우웨홍(劉岳宏, LIU YUE HONG)의 서명과 함께 개인인장이 날인되어 있으나, 류우웨홍의 서명 바로 뒷부분에 'OF WEIHAI IMP. & EXP. CORP. HUATAI BRANCH'라는 문구가 표시되어 있었던 사안에서, "이 사건에서 신용장조건으로 검사증명서상에 위해수출입공사의 스탬프를 찍도록 한 취지는 이로써 그 검사증명서가 이 회사를 대표하는 개인에 의하여 진정으로 작성되었다는 점을 서류심사만으로도 충분히 파악할 수 있도록 하기 위한 데에 있다고 보아야 할 것인데, 이 사건 검사증명서의 경우 그 용지가 우선 레터헤드에 위해수출입공사의 것임이 표시되어 있고, 작성자인 류우웨홍의 서명과 개인인장 이외 류우웨홍의 서명 바로 뒷부분에 'OF WEIHAI IMP. & EXP. CORP. HUATAI BRANCH'라는 문구가 표시되어 류우웨홍이 개인의 자격이 아닌 회사를 대표하여 서명하고 날인한 것임이 표시되어 있는바, 그렇다면 국제적 표준은행거래관습에 비추어 이 사건 검사증명서의 경우 비록 신용장에서 요구하는 회사의 스탬프가 누락되었다고 하더라도, 서류심사만으로 이 서류가 회사를 대표하는 개인에 의하여 정당하게 작성되었다는 것을 알 수 있고, 따라서 이 사건 검사증명서에 회사의 스탬프가 없다 하여 신용장에서 정한 조건에 위반된 것으로 보지 않는 것이 옳을 것이다"고 판단하여 일정한 범위에서 엄격일치의 원칙을 수정하고 있음을 명백히 하였다.[32)]

4. 수정된 엄격일치의 원칙

(1) 신용장통일규칙의 규정에 의하면 신용장 서류와 조건의 일치 여부는 은행이 국제적 은행표준관행(Internarional Standard Banking Practice)에 의하여 판단하도록 하고 있으므로 결국 엄격일치원칙의 적용 여부에 있어서도 위와 같은 국제적 은행표준관행이 무엇인지가 쟁점이 될 것이고,[33)] 무엇이 국제적 표

32) 이 판결에 대한 평석은 채동헌, "신용장거래에 있어 원본서류의 판단기준과 서류심사에 대한 엄격일치의 원칙(대상판결: 대법원 2002. 6. 28. 선고 2000다63691 판결)," 「저스티스(The Justice)」(2002. 12), 307면 이하 참조.

33) 柳重遠, 위 논문, 96~97면 참조.

준은행관습인가에 대하여는 구체적 사안에 따라 판단할 수밖에 없지만 ICC 은행위원회가 공식 회의를 통하여 결정한 "International Standard Banking Practice(ISBP) for the Examination of Documents, as reflected in the Articles of the UCP"[34](이 국제적 표준은행관습은 2002. 10. 30.과 10. 31. 양 일간 이탈리아의 로마에서 열린 ICC Banking Commission 회의에서 확정되었다[35]) 같은 것이 상당히 중요한 근거가 되리라 본다. 결국 엄격일치의 원칙은 위와 같은 국제적 표준은행관습에 의하여 수정되는 한도 내에서 상당일치 내지는 실질일치의 방향으로 움직이고 있다고 보아야 한다.

(2) 최근 신용장에 관한 미국의 석학인 John F. Dolan 교수가 2002. 5. 20. 자로 Documentary Credit Insight에 기고한 원고[36]에서 지적한 바에 의하면, 미국의 Ronald Mann 교수가 엄격일치원칙의 적용에 관하여 연구한 사례에서 대상 500건의 신용장 중 엄격일치에 따른 서류심사에 의하면 73%에서 서류와 조건의 불일치가 있었다고 하고, 그 대부분의 경우 개설의뢰인의 양해에 따라 개설은행이 모두 신용장대금을 지급하여 결과적으로 지급거절이 된 사례는 거의 없다고 한다.

(3) 즉 사실상의 신용장거래에서 엄격일치의 원칙은 상당 부분 수정되어 적용되는 것은 부정할 수 없는 현실로 보여진다. 물론 신용장 개설의뢰인의 입장에서는 은행의 자의적 판단이 개입될 여지가 넓어진다는 점에서 이를 비판하는 견해도 상당하다고 보여지지만, 해당 조건과 문구가 신용장에서 요구되는 이유를 객관적으로 판단하고, 그와 같은 취지가 충분히 충족된다면 이를 굳이 신용장조건의 불일치를 이유로 하자라고 할 이유는 없다는 것이 필자의 개인적 생각이다.

---

34) ICC Commission on Banking Technique and Practice, International Standard Banking Practice(ISBP) for the Examination of Documents, as reflected in the Articles of the UCP.

35) 필자는 이 로마회의에 초청받았으나, 사정이 여의치 못하여 참석하지 못하였다. 회의에서는 투표를 통하여 57-8로 위 안을 국제적 표준은행관습(ISBP)으로 확정하였다. 위 ISBP에 관한 국제 세미나가 2003. 3. 12. the Institute of International Banking Law & Practice의 주최로 미국의 Washington, DC.에서 열리고, 이어서 2003 Annual Survey of Letter of Credit Law & Practice가 3월 13~14일에 열린다.

36) John F. Dolan, Why Are So Many Documents Discrepant?, 2002. 5. 20.자로 Documentary Credit Insight에 기고한 원고.

Ⅱ. DHL 영수증의 날짜와 선하증권상의 선적일 기재 모순

1. 이 사건의 경우 문제의 소재

이 사건 신용장에서는 "수출자의 확인서 및 상품이 선적된 후 2일 이내에 양도불능선적서류 사본 1부를 DHL로 수입자에게 발송하였음을 증명하는 DHL 영수증 원본"을 필요서류의 하나로 요구하고 있는데, 이 사건 선적일은 1998. 9. 28.이고(선하증권 표면의 기재상), 원고가 매입한 이 사건 DHL 영수증 원본에 의하면 선적서류 발송일은 1998. 9. 26. 13:20이다(DHL 영수증). 따라서, 이 사건에서 선적일인 1998. 9. 28.에 발행된 선하증권이 그 이전인 1998. 9. 26.에 발송되었다고 기재된 DHL 영수증이 매입되었는바, 이는 이 사건 신용장조건에 기재된 '선적된 후 2일 이내에 발송된'(WITHIN TWO DAYS AFTER SHIPMENT)이라는 조건에 어긋나게 된다.

2. 신용장통일규칙의 규정 및 참고가 되는 ICC 은행위원회의 공식의견

(1) 제5차 개정 신용장통일규칙의 규정

제5차 개정 신용장통일규칙의 서류심사에 관한 규정은 앞서 언급한 바와 같이 제13조(서류심사의 기준) a항이다(규정내용은 I.항 참조).

(2) 참고가 되는 ICC 은행위원회의 공식의견

(가) 앞서 언급한 바와 같이 국제상업회의소 은행위원회가 확정한 '국제적 표준은행관습'[International Standard Banking Practice(ISBP) for the Examination of Documents]에 의하면, 'within 2 days after'는 '해당 사실이 있었던 날로부터 2일까지'라고 규정하고 있다.[37)]

(나) 이 사건의 해결에 참고가 되는 국제상업회의소 은행위원회(ICC Banking Commission)의 공식의견 하나를 소개한다.

① 사 안 　품질증명서(Certificate of Quality)와 위생증명서(Phytosanitary Certificate)의 작성일자가 1996. 12. 11., 선하증권상의 선적일자가 1996. 12. 8.인 사안에서 확인은행은 ICC Publication No. 535의 Case Study No. 21

---

37) 12. a) "within 2 days after" indicates a period from the date of the event until 2 days after the event.: ICC Commission on Banking Technique and Practice, International Standard Banking Practice(ISBP) for the Examination of Documents, as reflected in the Articles of the UCP{Revised version of document 470/951rev4-(October 2002)}, 7면 12. a)항.

에 의하여 위와 같은 품질증명서와 위생증명서의 작성일자가 선적일 이후로 되어 있다는 것은 신용장 서류의 하자라고 주장하였다. 이에 대하여 매입은행이 위 두 서류의 작성일자가 선하증권상의 선적일보다 이후로 되어 있다면 위 두 서류는 선하증권상의 일자(B/L Date)를 표시하고 있어도 따로 검사일자를 표시하여야만 하는가에 대하여 질의하였다.

② ICC Banking Commission의 의견(ICC Opinion R 268[38])

(a) 질의의 핵심은 어떤 서류가 선적일 이후에 작성된 것으로 되어 있다면 그 자체로서 무효의 서류가 되는가에 있다. 이 점에서 확인은행은 수익자에게 선적일 이후의 일자로 작성된 검사증명서 사건(ICC Publication No. 535[39])의 Case Study No. 21)과 원산지 증명서 사건(ICC Publication No. 535의 Case Study No. 22)를 참고 사건으로 제시하였고, 수익자는 이 사건의 경우는 위 두 사건과 다른 서류가 관련된 것으로서 같은 결론이 적용되지 않는다고 주장하였다.

(b) 검사증명서(Inspection Certificate)에 관한 위 사례의 경우 그와 같은 서류가 선적일 이후에 작성된 것으로 되어 있고, 실제 검사일이 선적일 이전인지 혹은 이후인지에 대하여 나타내고 있지 않을 경우 그 서류는 수리될 수 없다는 의견이 제시된 사례였다. 즉 그 서류의 제목 자체로부터 '실제적 행위'(검사)는 선적일 당일 혹은 적어도 그 전에 이루어지는 것을 전제로 하고 있다는 것이다. 그러나 반면에 원산지 증명서(Certificate of Origin)의 경우 그와 같은 '실제적 행위'를 전제로 하고 있지 않고, 단순한 시간과 일자의 기재는 '원산지'라는 점에는 아무런 영향을 주지 않는다. 은행위원회는 ICC Case Study Publication No. 535는 공식의견집으로서 취급되어서는 안 된다는 점을 지적한 바 있다. 검사증명서는 선적일 이후에 작성되는 경우도 있을 수 있다. 품질증명서와 위생증명서의 경우 Case Study 21의 이론(서류가 수리될 수 없다는 점)이 적용될 수 있는 '실제 일어났어야만 하는 행위'의 요소가 있다. 그러나 문제가 된 위 두 서류는 정확하게 선하증권의 기재와 실제 화물에 대한 정확한 기재를 담고 있으므로 확인은행은 그 서류들을 수리하여야만 한다고 본다.

38) ICC Opinion R 268: ICC Banking Commission Collected Opinions 1995-2001 on UCP 500 etc, International Chamber of Commerce(Ed. by Gary Collyer & Ron Katz, 2002), 164면.

39) Charles del Busto, Case Studies on Documentary Credits under UCP 500, Interantional Chamber of Commerce(ICC Publication No. 535, Paris: 1995).

3. 이 사건의 경우

(1) 이 사건 조건삽입의 취지

이 사건 신용장과 같이 DHL 영수증에 관한 일자조건을 삽입하게 되는 것은 ① 신속하게 수입자에게 선적서류 사본을 송부하여 그 내용을 확인시킬 뿐만 아니라, ② 선적 전에 발행되는 선하증권의 경우에는 그 위조의 가능성과 실제 선적이 이행되지 아니할 가능성이 있어 이를 방지하기 위한 취지로 보아야 한다.

(2) 조건을 무시할 경우의 문제점

제5차 개정 신용장통일규칙 제23조 a항 ii)[40]에 따르면 수리가능한 신용장은 상품이 지정된 선박에 본선적재 또는 선적되었음을 명시하고 있는 선적선하증권이라고 규정하고 있고, 본 건에서도 필요한 선적서류는 "無故障 '船積'船荷證券"(Clean 'On Board' Ocean B/L)이라고 명시되어 있는바, 위 선적선하증권은 반드시 운송물이 선적된 후에 발행되는 선하증권인데, 선적일이 1998. 9. 28.임에도 1998. 9. 26. 이전에 이미 위 선하증권이 발행되었다는 것은 위 선하증권이 위조되었거나 혹은 허위임을 알 수 있다고 할 것이고, 그렇다면 그 이후에 실제 상품이 선적되는지 여부가 매우 불확실하게 된다. 따라서 선하증권 발행일보다 앞서 일자의 선하증권 송부 DHL 영수증을 매입하게 되는 은행으로

40) 제23조(해상/해양 선하증권) a. 신용장이 항구간 선적에 적용되는 선하증권을 요구하는 경우에는 은행은 신용장에서 별도로 명시하고 있지 않는 한 그 명칭에 관계 없이 다음과 같은 서류를 수리하여야 한다.

ii. 물품이 지정선박에 본선적재 또는 선적되었음을 명시한 것.

지정선박에의 본선적재 또는 선적은 선하증권상에 물품이 본선적재 또는 선적되어 있다는 취지의 미리 인쇄된 문언에 의하여 이를 표시할 수 있으며, 이 경우 선하증권의 발행일을 본선적재일 및 선적일로 간주한다.

그 밖의 모든 경우에는 지정선박에의 본선적재는 반드시 물품의 본선적재일을 선하증권상에 기재하여 이를 증명하여야 하며 이 때에는 본선적재의 표기일을 선적일로 간주한다. … (생략) …

ARTICLE 23(Marine/Ocean Bill of Lading) A. If a Credit calls for a bill of lading covering a port to port shipment, banks will, unless otherwise stipulated in the Credit, accept a document, however named, which:

ii. indicates that the goods have been loaded on board, or shipped on a named vessel.

Loading on board or shipment on a named vessel may be indicated by pre-printed wording on the bill of lading that the goods have been loaded on board a named vessel or shipped on a named vessel, in which case the date of issuance of the bill of lading will be deemed to be the date of loading on board and the date of shipment.

In all other cases loading on board a named vessel must be evidenced by a notation on the bill of lading which gives the date on which the goods have been loaded on board, in which case the date of the board notation will be deemed to be the date of shipment. … (생략)…

서는 그 僞造나 船積不履行의 가능성을 고려하여 개설은행으로부터 확인이나 매입에 대한 동의가 있기 전에는 이를 매입하여서는 아니되고, 매입하는 경우에는 그 조건불일치로 인한 신용장대금의 지급거절위험을 감수하여야 할 것이다.

(3) 대법원판단의 근거

(가) 이 사건에서 원고는 DHL에 의한 선적서류의 송부가 늦는 경우에는 문제가 있을 수 있지만 이 사건과 같이 오히려 빠른 경우에는 별다른 문제점이 없고, 신속한 신용장 서류의 매도를 위하여 운송인으로부터 편의를 받은 것에 지나지 않는다고 주장하였다.

(나) 그러나 위에서 지적한 위험을 고려하면 이는 신용장조건에 부합하는 것으로 보기 어렵고, 원심은 ① DHL 영수증 원본은 선하증권 등과는 달리 그 자체에 권리가 화체되었다거나 선적사실을 증명하기 위한 서류가 아니고, ② 피고측 직원이 이 사건 화물이 실제 화물차에 실리는 것까지는 확인하였고 그 이후 실제 선적이 된 점, ③ 피고측에서도 서류를 확인한 점 등을 고려하면 원고의 과실이 있다고 할지라도 면책까지 하는 것은 허용할 수 없다고 판시하였으나, ① DHL 영수증이 선하증권과는 다르지만 그것이 일단 신용장 필요서류로 규정된 이상 요건에 맞는 DHL 영수증을 갖출 것이 필요하고, ② 실제 화물이 제때 선적되었다고 할지라도 정상적인 절차에 따른 선하증권의 발행이 아니라 이를 선일자로 작성함으로써 허위의 기재가 개입된 점, ③ 피고측에서 서류를 확인하였다고 할지라도 그 하자가 치유된다고 할 수는 없는 점 등을 고려하여 대법원은 2심의 판단을 번복한 것이다.

(다) 대법원 1995. 9. 29. 선고 95도803 판결[41]은 선하증권 기재의 화물을 인수하거나 확인하지도 아니하고, 또한 선적할 선편조차 예약하거나 확보하지도 않은 상태에서 수출면장만을 확인한 채 실제로 선적한 사실이 없는 화물을 선적하였다는 내용의 선하증권을 발행였다면 허위유가증권작성죄가 성립한다고 판시한 바 있으며, 서울고등법원 1996. 10. 22. 선고 96나15864 판결(확정)[42]은 운송주선인이 화물이 선적되기 전에 선(先)선하증권을 발행하는 행위의 위법 여부에 대하여 "운송주선인이 화물이 선적되기도 전에 미리 '선적' 표시가 된 이른바 선선하증권을 발행해 주는 것이 해운업계의 관행이 있다 하더라도, 이를 가리켜 정상적인 행위라거나 그 목적과 수단의 관계에서 보아 사회적 상

41) 대법원 1995. 9. 29. 선고 95도803 판결[공 1995, 3654].

42) 서울고등법원 1996. 10. 22. 선고 96나15864 판결(대법원 96다51103호로 상고되었으나, 1997. 1. 28. 상고기각으로 확정)[하집 1996-2, 190].

당성이 있다고 할 수는 없어, 그러한 선하증권의 발행행위는 위법성이 인정된다"고 판단하였다. 이 사건 대법원판결도 위 각 판결들과의 관계에서 그 일관성을 벗어나지 않는다.

(4) 필자의 견해

(가) 신용장에서 이 사건과 같이 서류발송일자에 관한 서류를 필요서류로 요구하는 조건을 둔 경우　앞서 언급한 바와 같이 신용장통일규칙 제13조 a항은 서류심사의 기준으로서, "은행은 신용장에 약정된 모든 서류가 문면상 신용장조건에 일치하는가 아닌가의 여부를 확인하기 위하여 상당한 주의를 기울여 심사하여야 한다. 약정된 서류가 문면상 신용장조건에 일치하는가의 여부는 본 규칙에 반영된 국제적인 은행의 표준관행에 의해 결정된다. 서류가 문면상 다른 서류와 서로 모순이 된다는 것은 동 서류가 문면상 신용장조건에 일치하지 않는 것으로 간주된다"고 규정하고 있으므로 이 사건과 같이 신용장에서 필요서류나 조건에서 신용장 관련서류의 발송일에 관한 서류를 요구하였는데, 그 기재가 명백히 다른 서류, 즉 이 사건의 경우 선하증권의 기재와 모순이 되는 경우는 조건불일치로 보아야 한다. 나아가 그 불일치의 중요도 측면에서 보건대, 그와 같은 명백한 불일치가 서류작성일자의 허위기재로 밝혀질 경우에는 신용장 관련서류의 하자로 지적하지 않을 수 없다고 본다.

(나) 신용장에서 서류의 발송일자에 관한 특별한 조건이나 이에 관한 필요서류를 요구하고 있지 않을 경우　신용장에서 서류의 발송일자에 관한 특별한 조건이나 이에 관한 필요서류를 규정하고 있지 않을 경우에는 은행은 서류의 발송일자가 서류의 발송봉투 등에 표시되어 있다고 하여도 신용장 서류심사에 있어 은행이 이를 조사할 의무는 없다고 할 것이다. 따라서 은행으로서는 신용장에서 요구하고 있는 서류와 신용장 사이에서만 그 작성일자 등에서 모순이 없으면 은행은 그 서류들을 수리하여야 하고, 더 나아가 서류의 발송일자에 대하여 조사할 필요는 없다.

그러나 신용장의 개설은행이 신용장과 함께 송부된 서류들을 조사하던 중 조사할 의무가 없는 서류나 신용장에서 요구된 서류가 아닌 서류를 조사하던 중 서류의 발송일자와 신용장 관련서류의 작성일자 사이에 모순을 발견하여 이를 매입은행이나 수익자에 대하여 하자로 통보한 경우 이를 정당한 것으로 볼 것인지가 문제로 될 것이다.

이 점에 대하여는 ① 개설은행의 입장에서는 조사할 의무가 없는 서류이지만 이를 참고로 하여 신용장 관련서류를 조사한 결과 명백한 불일치를 발견한 경우라면 이를 하자로서 지적할 수 있다고 보는 견해(긍정설)와, ② 다른 입장에서 개설은행에 의한 신용장 서류심사는 신용장의 조건과 필요서류만에 의하여 이루어져야 하므로 그 이외의 다른 자료에 의하여 신용장 관련서류의 하자로 지적하는 것은 서류의 문면상 하자가 아니므로 부당하다는 견해(부정설)가 있을 수 있다.

필자는 신용장의 서류심사에 있어서 그 기준은 문면상의 하자만을 기준으로 한다는 점[43]에서 원칙적으로 부정적 견해에 찬성한다. 그러나 신용장개설은행에 의한 서류심사상의 하자지적과는 별도로 신용장거래에 있어 사기거래의 경우 우리 대법원을 포함한 세계 각국의 태도는 은행이 그와 같은 사기거래사실을 알았거나 알 수 있었음에도 불구하고, 신용장의 대금을 지급한 경우 이를 개설의뢰인이나 개설은행에 대하여 구할 수 없다는 입장에 있다. 따라서 위와 같은 서류상 일자 기재의 중요도에 따라 은행이 사기거래 사실을 알 수 있었는지 여부에 대한 일응의 중요한 판단기준을 제공할 수 있다고 본다. 예를 들어 이 사건의 경우가 만약 실제 거래가 이루어지지 않고 사기거래로 차후에 밝혀지는 경우였다면 가사 신용장의 조건과 필요서류에서 이 사건의 경우와 같은 조건이 없었다고 하더라도 신용장 관련서류를 심사하는 은행의 입장에서는 서류의 발송일자로 인하여 선하증권상의 선적일 기재가 명백히 허위기재라는 점을 알 수 있었다는 점에서 개설은행의 입장에서는 사기거래사실을 인지할 수 있었다고 볼 중요한 하나의 근거가 될 수도 있을 것이다.

(5) 이 사건 대법원판결에 대한 각국 신용장 전문가들의 의견

이 사건 대법원판결에 대하여 각국의 신용장 전문가들은 찬성하는 견해[44]와 약간의 의문을 표시하는 견해[45] 등을 표시하였다. 그러나 이 판결의 전문이

43) 위 신용장통일규칙 제13조 a항 참조.

44) Rene Muller(a Swiss banker and a member of the Banking Commission), Malcolm Kemp(Stephenson Harwood & Lo., 영국변호사), Jin Saibo(중국 신용장 전문변호사), Don Smith(Citibank, New York) 등.

45) Gary Collyer(Technical Advisor of the ICC Banking Commission, ABN AMRO BANK), Buddy Baker(ABN AMRO BANK, Chicago branch, an advisor to the drafting of the Uniform Commercial Code Article 5 Letters of Credit), John F. Dolan(Wayne State University Law School, The Law of Letter of Credit의 저자), Laurence Bacon(a letter of credit consultant and an expert), N. D. George(National Bank of Fujairah in the U. A. E., a member of the ICC Banking Commission), Vincent Maulella(contributing editor to the Documentary Credit World), James E. Byrne(Director, Institute of International Banking Law and Practice).

영어로 번역되지 않은 상태에서 판결의 결론만을 보고 제시한 의견들이라 크게 무게를 두기는 어렵다고 사료되지만, 이 사건 대법원판결에 의문을 표시하는 견해들도 필자의 견해에서 앞서 제시한 바와 같이 신용장에서 위와 같은 서류의 발송시기에 대한 명백한 조건을 두고 있는 경우와 그렇지 않은 경우를 명백하게 구분하지 아니한 상태에서 오는 혼돈에서 초래된 것이 아닌가 하는 것이 필자의 개인적 견해이다.

仲裁合意의 有效性判斷과 그 準據法

金　　甲　　猷*

대법원 2001. 10. 12. 선고 99다45543 판결**

［事實의 槪要］

피고회사는 소외 축산업협동조합(이하 '축협')에 납품할 목적으로 1996. 9. 4. 스위스회사인 원고회사로부터 브라질산 대두박 40,000메트릭톤(이하 '이 사건 화물')을 매수하기로 하는 계약을 체결함에 있어 계약에서 정하지 않은 기타 조건은 당사자들이 숙지하고 있는 것으로 인정한 축협의 조건에 따르기로 약정하였다. 그런데 축협 입찰에 관한 일반약관 (General Terms and Conditions for N. L. C. F. Bid-Commodity & Freight,이하 '일반약관') 제14조 B항은 위 약관에서 규정하고 있지 않은 계약내용과 조건은 축협의 입찰과 계약에 관한 일반조항(General Provision for Bidding and Contract, 이하 '일반조항')이 적용된다고 규정하고 있고, 다시 일반조항 제22조는 당사자 간에 계약과 관련하여 발생한 분쟁은 대한상사중재원의 중재규칙과 대한민국법에 따라 서울에서 중재에 의하여 해결하도록 규정하고 있다. 피고는 이 사건 화물을 인도받아 축협에 납품하기 위하여 원고에게 선적지연 등으로 인하여 생긴 손해배상청구권을 유보한 채 약정매매대금인 미화 11,096,000 달러를 지급하였다. 그 후 피고는 1997. 6. 24. 원고를 상대로 대한상사중재원에 약정선적기한도과로 인한 여러 가지 손해배상금으로 미화 금 671,300.64 달러의 지급을 구하는 중재신청을 하였다.

大韓商事仲裁院 중재판정부는 1998. 3. 19. 중재 제97113-0015호로 약정지연손해금 미화 305,140 달러, 추가보험료 미화 47,181.75 달러, 조출료 미화 13,838.89 달러 및 이들 금액에 대하여 연 6푼의 상사법정이율에 따른 이자를 지급하라는 중재판정을 하였다.

이에 대하여 원고는 원·피고 사이에 중재약정이 존재하지 아니한다는 점을 지적하면서 위 중재판정은 '중재절차가 중재계약에 의하지 않은 때'에 해당한다는 이유로 중재판정의 취소를 구하였다.

---

* 변호사.

** 공 2001. 12. 1.(143), 2438.

[訴訟의 經過]

1. 제 1 심

제 1 심인 서울지방법원 제22민사부는 "중재계약은 당해 계약서 자체에 중재조항이 명기되어 있는 경우에 한하지 아니하고 중재조항을 포함하는 일반거래약관 등 다른 문서를 인용하는 경우에도 당사자가 이를 계약의 내용으로 삼은 이상 허용된다고 할 것"이라고 전제한 후 "당사자가 계약의 내용으로 삼았는지 여부는 의사해석의 문제이며, 원고가 주장하는 중재조항의 편입 여부에 대한 (위와 같은) 기준은 용선계약의 선하증권에의 편입에 있어서 제시되는 기준으로 이 사건에 적용할 기준으로 적절하지 않다고 할 것"이라고 판단하였다. 제 1 심 재판부는 당사자의 의사해석에 관하여 이 사건의 경우 원고는 1993년경부터 축협이 실시하는 곡물구매입찰에 수차 참여하여 2 회 이상 낙찰자로 선정된 바 있고 원고가 참여한 위 입찰에서도 위 일반약관과 일반조항이 적용되었으며, 그 내용도 이 사건에서와 동일하였던 사실을 인정할 수 있어 원고도 위 일반약관과 일반조항의 내용을 잘 알고 있었다고 보인다는 점, 축협에서 일반적인 계약에 적용하는 약관에 해당하는 것으로는 위 일반약관과 일반조항이 있을 뿐이라는 점 등에 비추어 당사자가 '축협의 조건 (N. L. C. F. TERMS)'이란 위 일반약관과 일반조항을 가리킨다고 볼 것이고 당사자는 위 일반약관과 일반조항을 이 사건 계약의 내용으로 삼았다고 봄이 상당하다고 판시하였다.

2. 제 2 심(서울고법 1999. 6. 29. 선고 98나62598, 62604 판결)

서울고등법원은 제 1 심판결내용을 그대로 받아들여 따로 판결이유를 설시하지 아니한 채 제 1 심판결의 내용을 그대로 인용하였다.

[判決의 要旨]

대법원은 원고의 상고를 기각하고 "중재계약은 당해 계약서 자체에 중재조항이 명기되어 있는 경우에 한하지 아니하고 중재조항을 포함하는 일반거래약관 등 다른 문서를 인용하는 경우에도 당사자가 이를 계약의 내용으로 삼은 이상 허용된다고 할 것"이라는 원심법원이 인용하였던 대법원 1997. 2. 25. 선고 96다24385 판결의 내용을 그대로 인용하면서, 원심의 당사자 의사 해석에 관한 사실인정과 판단은 정당한 것으로 수긍이 가고 법리오해나 채증법칙위반이 없다고 판단하였다.

[評　釋]

Ⅰ. 序　論

최근 특히 국제거래분야에 있어서 분쟁해결수단으로서 중재의 중요성이 날로 높아져가고 있으며, 실제 사건의 수도 꾸준히 늘어가고 있는 상황에 있다. 특히 우리나라의 경우 국제거래분야에서 중재의 의존도가 다른 국가보다 높은 편으로 알려져 있으며, ICC 등 대표적인 중재기관에서의 통계를 보더라도 우리나라의 국제중재 건수는 그 경제규모에 비하여 상당히 높은 수치를 보이고 있다.

그런데 중재사건에서 가장 기초적인 문제이면서 가장 먼저 검토의 대상이 되어야 하는 것이 바로 중재합의의 존재 여부에 관한 문제이다. 왜냐하면 중재의 합의란 당사자가 법원에 의한 분쟁해결절차를 배제한 채 당사자가 합의한 절차에 따라 종국적으로 분쟁을 해결하기로 하는 합의라는 점에서 그 존재 여부에 따라 당사자들의 이해관계에 지대한 영향을 미치게 되기 때문이다.

여기서는 우리 대법원의 판결에 나타난 중재합의에 관한 판단을 검토하는 것을 계기로 중재합의에 있어서의 여러 가지 이론적 · 실무적 문제를 진단해 보고자 한다.

Ⅱ. 仲裁合意의 槪念과 內容

1. 仲裁合意의 槪念

중재합의는 당사자가 일정한 분쟁을 어떤 국가의 법원의 판단에 의한 해결을 배제하고 당사자가 합의한 중재절차에 따라 해결하기로 하는 내용의 합의를 의미한다. 중재법 제 3 조 2호는 "계약상의 분쟁인지의 여부에 관계없이 일정한 법률관계에 관하여 당사자 간에 이미 발생하였거나 장래 발생할 수 있는 분쟁의 전부 또는 일부를 중재에 의하여 해결하도록 하는 당사자 간의 합의"를 중재합의라고 정의하고 있다. 우리나라가 1973. 5. 9. 가입하여 국내법과 동일한 효력을 가지고 있는 '외국중재판정의승인및집행에관한협약' 제 2 조는 "중재에 의하여 해결이 가능한 사항에 관한 일정한 법률관계에 대한 분쟁을 중재에 부탁하기로 하는 취지의 당사자 간의 서면에 의한 합의"가 있는 경우 각 체약국은 이를 승인하여야 한다고 규정하고 있다. 결국 중재의 합의의 주요요소는

"분쟁을 중재에 의하여 해결하도록 하는 당사자 간의 합의"라고 할 수 있을 것이다.

2. 仲裁合意의 內容

(1) 紛爭을 仲裁에 부탁하고자 하는 意思表示

중재합의의 내용에는 중재에 의하여 분쟁을 해결하기로 하는 합의와 더불어 중재기관, 중재의 장소, 중재절차, 중재인의 수, 사용언어, 중재합의해석의 준거법 등에 관한 내용이 포함될 수 있다. 그러나 분쟁을 중재에 부탁하기로 하는 명백한 의사표시가 포함된 서면의 합의가 있으면 일단 중재의 합의는 존재하는 것으로 해석되며[1] 나머지 사항은 그 중재조항과 당사자의 의사해석에 따라 보충될 수 있다. 실무에 있어서는 영국에서 중재에 의하여 해결한다고만 규정할 경우 영국중재법에 의한 중재절차를, 한국에서 중재에 의하여 해결한다고 규정한 경우 별다른 약정이 없으면 대한상사중재원의 중재절차에 따라 해결하는 것으로 보충해석하고 있으며, 이러한 해석은 각국의 법원에서 일반적으로 받아들여지고 있다. 또한, 어떤 중재기관의 중재절차규칙에 의한다고 규정한 경우 중재장소 및 중재절차, 중재인선정방식 등에 관한 내용이 포괄적으로 명시된 것으로 해석된다.[2]

(2) 仲裁合意의 解釋

중재합의의 내용의 해석에 관해서는 실무상 여러 가지 문제가 제기되곤 한다. 예컨대 중재에서 사용할 언어가 정해져 있지 아니한 경우 어떤 언어를 사용할 것인지는 실무상 매우 중요한 문제로 다투어진다. 실제 중재에서 어떤 언어를 사용하는가 하는 것이 당사자의 청구나 방어에 있어서 실무상 상당한 영향을 미치기 때문이다. 또 경우에 따라서는 사용할 언어가 복수로 지정되어 있는 경우[3]도 있는데, 이런 경우 실제로 두 가지 언어를 동시에 사용하는 것은 매우 불편한 일이므로 한 가지 언어를 선택하게 되는데 어떤 언어를 사용할 것인가

---

1) 대법원 1990. 4. 10 선고 89다카20252 판결. 이 판결은 뉴욕협약에서의 승인 및 집행의 요건으로서의 중재합의의 존재 여부에 관하여 판단한 것이지만 국내중재의 경우에도 같은 원칙이 적용될 수 있을 것으로 생각된다.

2) 위 같은 대법원판결은 "모든 분쟁은 본 계약일의 런던중재법원규칙에 따라 중재에 의하여 결정된다"라고 하는 내용의 중재합의를 "중재장소와 중재절차의 준거법이 한꺼번에 모두 명시되었다고 볼 것"이라고 판단하고 있다.

3) 예컨대, "English and/or French"라고 되어 있을 경우 영어로 진행할 것인가, 아니면 불어로 진행할 것인가 혹은 영어와 불어를 모두 사용하도록 할 것인가를 미리 정할 필요가 있게 된다.

하는 문제도 매우 중요한 결정이라고 할 것이다. 실무상으로는 중재인들이 이러한 문제에 관하여 양 당사자의 의견을 청취한 후 결정을 내리는 방식으로 처리되고 있다. 이러한 중재인의 언어결정에 관해서는 거의 불복할 방법이 없으며 그것이 명백히 중재의 합의에 반하는 것이 아닌 한 나중에 중재판정의 취소나 집행거절사유가 되지도 않는다고 해석되고 있다.

3. 仲裁合意가 문제되는 경우

법률적으로 이 중재의 합의가 의미를 가지는 것은 크게 세 가지 과정으로 나누어 생각해 볼 수가 있다. 첫째, 중재판정부에 의한 심사과정으로 중재절차에서 중재인이 중재의 가능성과 범위를 확정하는 경우, 둘째, 법원에서 중재합의의 존재를 이유로 방소항변이 제기된 경우 법원이 재판관할권의 존부를 정하기 위해 중재합의의 존재와 유효성 여부를 심사하는 경우, 그리고 셋째, 중재판정이 내려진 후 법원에 의한 심사과정으로 세부적으로는 중재판정의 실현단계인 그 승인 및 집행단계, 중재판정의 취소단계에서 중재판정취소의 청구를 받은 법원이 그 요건으로서 중재합의를 심사하는 경우이다.

Ⅲ. 仲裁合意의 獨立性(Autonomy)과 各國 法院의 態度

1. 仲裁合意 獨立性의 意義

중재합의는 독립성을 가진다고 해석된다. 중재합의의 독립성은 두 가지 의미를 가지는 것으로 설명되는데, 첫째는 다른 계약조항으로부터 독립하여 다른 조항이 무효가 되더라도 중재조항은 여전히 그 효력을 유지한다는 것(Separability)이고, 둘째는 중재조항의 해석에 있어서는 다른 계약조항의 해석에서와는 달리 독자적인 기준이 적용된다는 것이다. 첫 번째 의미, 즉 중재조항이 다른 계약조항의 효력에 영향을 받지 않고 독립하여 존속한다는 것에 대하여는 이론이 없다. 왜냐하면 중재조항이란 그 본질상 주된 계약의 무효·취소 등 하자를 이유로 분쟁이 발생할 수 있음을 전제로 존재하는 것이기 때문이다. 하지만, 두 번째 의미, 즉 중재조항이 그 해석이나 효력의 판단에 있어서 다른 계약조항과 독립하여 독자적인 기준이 적용되는지에 관해서는 여러 가지 논란이 있다. 이는 후술하는 중재합의의 준거법에 대한 논의에서 자세히 살펴보기로 한다.

2. 仲裁合意의 獨立的 存續에 대한 각국 法院의 態度

중재의 합의가 다른 계약조항이 무효가 되더라도 여전히 그 효력을 유지한다는 원칙은 각국의 법원의 판결[4]을 통하여 확인된 바 있을 뿐 아니라 중재법이나 중재규칙에서도 명시되고 있다. 예컨대 영국의 경우 1996년 중재법 제 7 조에서 중재계약의 독립성을 명시하고 있으며, ICC 중재의 경우 1955년부터 이러한 원칙을 채택하여 현재의 규칙 제 6 조 제 4 항에서 중재판정부는 중재계약이 포함된 계약이 무효가 되거나 부존재하게 되는 경우에도 계속하여 중재를 진행할 수 있도록 명시하고 있다. 또한 UNCITRAL 중재규칙의 경우에도 1976년 이후 이러한 원칙이 규칙 제21조 제 2 항에 명시되고 있다.

우리 법원에서는 판결에서 중재합의의 독립적 존속에 대한 원칙을 명시적으로 나타낸 바는 없으나, 대법원 1990. 4. 10. 선고 89다카20252 판결에서는 이전과 달리 중재합의의 존재를 기본계약과 분리시켜 살피는 태도를 취하고 있다는 점에서 주목할 만하다.

Ⅳ. 仲裁合意의 準據法

1. 問題의 提起

중재조항을 내용을 해석하고 그 효력을 판단함에 있어서는 어떠한 법률을 적용할 것인가? 일반계약이론에 의한다면 중재합의는 그 합의가 포함된 계약의 준거법에 따라 해석되어야 할 것이다. 반면 중재합의의 독립성을 강조하는 측면에서 보면, 중재의 합의는 본 계약과는 분리된 독립한 계약으로 취급되는 결과 본 계약에 적용되는 준거법과 상관없이 별도의 준거법에 의하여 규율되게 된다.

2. 準據法에 대한 여러 태도

(1) 傳統的 立場

법원의 중재합의의 존재나 그 효력에 관한 판단을 내리는 데 있어서 적용할 준거법에 관해서는 전통적으로 재판지의 國際私法의 원칙에 따라 준거법을 정하는 방법이 적용되어 왔다. 즉 중재합의의 효력의 판단문제는 계약해석의

4) 프랑스의 경우 일찍이 1963년 Ets. Raymond Gosset v. Carapelli, JCP, Ed. G., Pt. Ⅱ, No. 13405(1963) 사건에서 the Cour de cassation이 중재합의의 독립성의 원칙을 천명한 바 있으며, 영국의 경우 비교적 최근인 1993년 Harbour Assurance Co.(U.K.) Ltd. v. Kansa General International Insurance Co., Ltd. 사건에서 the Court of Appeal이 중재합의의 독립성의 원칙을 판시한 바 있다. 영국의 경우 이러한 판례상의 원칙이 1996년 중재법을 통하여 법에 명시되었다.

문제이므로 재판지 국가의 국제사법 규정에 따라 선택된 준거법을 중재계약에 관한 준거법으로 적용하는 것이다. 당사자가 중재조항이 포함된 계약에 관하여 준거법을 정한 경우 당사자 간에 특별한 사정이 없는 한 중재조항의 해석에 관해서도 같은 준거법을 적용하기로 한 것으로 해석하는 것이 타당하다는 견해[5]가 이러한 입장에 기초하고 있다고 할 수 있다. 한편으로는 중재판정이 어떤 국가에서 집행될 경우 중재판정이 국가의 공권력을 요구하는 단계에 이르게 되므로 그 국가의 법원이 국제사법의 원칙에 따라 선택한 국가의 법률을 적용하여 판정의 존부를 따지는 것이 타당하다고 하는 측면도 있다.

(2) 仲裁合意의 獨自性을 강조하는 입장

한편 이와는 달리 중재합의의 독자성을 강조하는 입장에서는 중재합의가 포함된 계약에 적용되는 준거법과 중재합의 자체의 해석이나 유효성 판단에 적용되는 준거법이 달라야 한다고 해석한다. 그러면 이러한 경우에는 어떤 기준을 적용할 것인가에 대해서 크게 두 가지 입장이 있다.

(가) 우선 중재판정이 내려진 국가의 국제사법의 원칙에 따라 준거법을 정해야 한다는 입장이 있다. 당사자가 중재지를 선택하는 것은 단순히 중재의 장소만을 정한다기보다는 그 중재장소에서 적용되는 중재에 관한 법률이나 규칙도 따르겠다는 의사가 포함된 것으로 보아야 한다는 견해[6]가 그것이다.

(나) 반면 국제중재의 경우 중재장소가 가지는 의미를 최소화해야 한다는 소위 '脫地域化理論'의 논의와 더불어 최근에 와서는 어떤 국가의 법률도 적용함이 없이 중재합의 그 자체에 의해서만 중재계약의 유효성이나 중재절차를 판단하여야 한다는 입장이 강력히 대두되고 있다. 이에 의하면 중재판정을 집행하는 단계 혹은 중재판정의 취소를 구하는 소송에 있어서 법원은 중재판정의 내용을 보고서 중재합의가 존재하였는지를 어떤 국가의 법률에 구속됨이 없이 당사자의 의사와 국제적인 공공질서에 맞추어 판단해야 한다는 것이다.[7] 이러한 해석방식은 중재판정부가 중재합의의 존재 여부에 관하여 법원의 판단을 구할 필요없이 스스로 판단할 권한을 가진다는 소위 "Competence de la Competence"원칙에 의할 경우 중재인이 그 사건에 대하여 내린 중재합의에 관한 판

5) 프랑스와 대조적으로 영국에서는 이러한 입장이 우세하다. Alan Redfern & Martin Hunter, Law and Practice of Internaltional Commercial Arbitration, Third Edition, London Sweet & Maxwell 1999, pp. 156~159 참조.

6) 이를 흔히 "The Seat Theory"라고 부른다.

7) 프랑스의 최근 판결들이 대표적인 예로 소개되고 있다. Fouchard Gaillard Goldman on International Commercial Arbitration, Klumer Law International pp. 228~236.

단이 옳은지를 판단할 경우 그것을 심사하는 어떤 국가의 법원이 그 국가의 국제사법적 원칙에 따라 선택한 준거법에 따라서 판단하는 것보다는 당사자의 의사나 상식, 국제적인 관례 등을 고려하여 합리적으로 결정하는 것이 보다 더 중재의 본래의 취지에 부합한다는 점에서 나름대로의 설득력을 가진다고 할 수 있다.

3. 구체적인 경우의 仲裁合意의 準據法

(1) 각 단계에서의 適用基準의 同一性 與否

이러한 중재합의의 유효성을 판단하는 기준이 되는 준거법이 무엇인가에 관해서는 각각의 경우를 나누어 살펴볼 필요가 있다. 즉 중재절차에서 중재합의의 유효성이 다투어지는 경우와 소송절차에서 다투어지는 경우가 있을 수 있으며, 후자의 경우에도 소송절차에서 방소항변으로 중재합의의 존재 및 그 효력이 다투어지는 경우와 중재판정의 승인·집행단계 또는 중재판정의 취소청구절차에서 중재합의의 존재 및 그 효력이 다투어지는 경우를 나누어 살펴볼 필요가 있다.

중재절차에서 중재인에 의하여 내려지는 중재합의의 유효성에 관한 판단은 전적으로 중재인의 독자적인 판단에 의하게 되지만 후에 법원의 심사대상이 된다는 점에서 소송절차에서의 중재합의의 유효성에 관한 판단에 있어서의 기준이 사후에 적용되는 결과를 낳게 된다.

한편 방소항변으로 중재합의의 존재가 문제된 경우에 법원이 중재합의의 존재와 유효성을 인정하여 소송을 각하한 경우 그 후 중재합의에 따라 중재를 진행하여 판정이 내려질 경우 적어도 그 판정의 승인 및 집행과정에서는 법원의 종전의 입장을 변경하여 중재합의의 유효성을 부인하는 경우가 있어서는 안될 것이라는 점에서[8] 적어도 법원의 소송절차에서 중재합의의 존재나 그 효력을 판단함에 있어서는 방소항변의 경우나 중재판정의 승인 및 집행 혹은 취소절차에 있어서나 같은 기준이 적용되어야 할 것으로 생각된다.

(2) 뉴욕협약의 適用與否에 따른 準據法의 差異

한편 각각의 경우에도 외국중재판정이 국내에서 집행될 경우, 즉 중재합의가 승인 및 집행의 요건을 명시하고 있는 뉴욕협약의 적용을 받는 경우와 국내

8) 만일 법원이 방소항변과 집행절차에서 중재합의의 유효성을 판단하는 데 있어서 서로 다른 기준을 적용한다면 당사자들에게 엄청난 혼란을 초래할 것은 물론 권리행사기간이나 시효 등과 관련해서 심각한 문제가 발생할 수 있을 것이다.

에서 내려진 중재판정이 국내에서 집행되는 경우를 나누어 검토할 필요가 있다. 뉴욕협약에서는 제 5 조 제 1 항 a호에서 중재합의 효력에 관한 준거법을 명시해 놓고 있기 때문이다.

(가) 중재합의가 뉴욕협약의 適用을 받는 경우

① 一般原則 뉴욕협약 제 5 조 제 1 항 a호는 "제 2 조의 중재합의의 당사자가 그 준거법 아래에서 무능력자이거나, 중재합의가 당사자들이 지정한 법, 만일 그 지정이 없다면 중재판정이 내려진 국가의 법 아래에서 효력이 없는 경우" 중재판정이 승인 또는 집행거부되게 됨을 명시하고 있다. 따라서 행위능력 이외의 점에 관한 실질법은 1차적으로 당사자들이 지정한 법, 2차적으로 중재판정지의 법이 됨은 논란의 여지가 없다.[9] 한편 위의 뉴욕협약규정은 중재합의가 '효력이 없는 경우'(not valid under the law)라는 표현을 사용하고 있는데, 이는 전체규정의 취지에 비추어 단순히 무효인 경우만이 아니라 중재합의의 부존재, 중재합의에 취소사유가 존재하고 그 취소권이 행사된 경우 등을 모두 포함하는 것이라고 해석해야 할 것으로 생각된다.

또한 뉴욕협약 제 2 조 제 3 항은 중재합의의 승인과 관련하여 "중재합의가 무효, 효력상실, 이행불능이 아닌 한 …… 당사자들은 중재에 회부하여야 한다" 라고 규정하고 있다. 이와 같은 중재합의의 승인의 경우 중재합의의 무효, 효력상실, 이행불능의 판단기준이 되는 준거법은 어떻게 정할 것인가가 논의되고 있으나 중재합의의 승인의 적법성은 결국 중재판정의 승인 및 집행단계에서 법원에 의하여 심사되는 것이고 중재합의가 뉴욕협약의 적용을 받는 경우에는 중재합의와 중재판정의 집행이 함께 가능해야 한다는 점에서 중재합의의 승인의 경우에도 중재판정의 승인 및 집행에 관한 뉴욕협약 제 5 조 제 1 항 a호에 따라 준거법을 정하는 것이 합당하다고 할 것이다.[10]

그러므로 일단 뉴욕협약의 적용을 받는 경우라면 중재합의와 관련하여 준거법이 문제되었을 경우에는 행위능력을 제외하고는 최우선적으로 당사자들이 지정한 법이 무엇인가를 살펴보는 것이 타당하다 할 것이다.

② 우리 법원의 태도 우리나라의 경우에는 중재합의의 철회문제를 다루는 데 있어서는 이를 중재합의의 효력에 관한 문제라고 보아 뉴욕협약 제 5 조 제 1 항 a호를 적용하고 있으나 중재합의에 있어서의 대리행위의 효력이나

9) 목영준, 「상사중재법론」, 61면.
10) 목영준, 전게서, 62면.

편입된 정형계약에 의한 중재계약의 존부 등을 판단함에 있어서는 우리나라 법률 혹은 우리나라의 섭외사법(현재의 국제사법)을 적용하는 입장을 보이고 있다. 대법원 1990.4.10. 선고 89다카20252 판결은 중재합의의 철회에 관한 판단을 함에 있어 뉴욕협약 제5조 제1항 a호를 인용하면서 당사자가 중재합의의 준거법으로 삼은 영국법에 따라 중재합의의 철회문제를 판단하여야 한다는 취지로 판시하고 있다. 반면 대법원은 같은 판결에서 당사자 간의 계약이 영국법을 준거법으로 정하고 분쟁해결은 런던중재법원 규칙에 따르기로 한 중재합의에 기하여 영국에서 진행된 중재사건판정의 집행을 구하는 사건에서 중재합의의 존재 여부를 판단함에 있어서 그 판단의 기준이 될 준거법에 관한 별다른 언급 없이 매매계약서 앞면 좌측상단에 명시된 "뒷면의 조건에 따라 공급하여 주십시요"라는 부동문자로 인쇄된 편입문구에 의한 중재합의의 효력을 인정하였다. 또한 같은 사건에서 대법원은 대리인이 체결한 중재합의가 본인에게 효력이 미치는지를 판단함에 있어서 "이 사건은 대한민국 국민의 섭외적 생활관계에 관한 것이므로 이에 적용될 준거법의 확정이 선행되어야 할 것인바, 임의대리에 있어서 대리인 혹은 대리인으로 칭한 자와 거래를 한 상대방에 대하여 본인에게 거래당사자로서의 책임이 있는지 여부는 거래의 안전 내지 상대방 보호를 위한 측면을 고려할 때 대리행위지법에 의하여 판단되어야 함이 상당하다고 하겠으므로 … 이 사건 중재계약상의 대리행위에 관하여는 그 준거법은 대리행위지법인 영국법이라 할 것이므로 이를 적용하여 판단하여야 할 것이다"라고 판시하고 있다.

③ 檢 討 위와 같은 우리 대법원의 판시내용은 뉴욕협약 제5조 제1항 a호의 내용을 충분히 고려하지 아니한 것으로 생각된다. 중재조항이 포함된 정형조항들의 계약편입 여부의 판단이나 대리행위를 통하여 체결된 중재계약의 본인에 대한 효력 여부의 문제 등은 모두 중재합의의 부존재나 중재합의의 효력의 문제라고 할 수 있을 것으로 생각되기 때문이다. 이 사건에 있어서는 결론적으로 영국법을 적용하는 것이 타당하다고 할 수 있을지 모르지만, 위 판결에 있어서는 우리 대법원은 그 이유를 설시함에 있어 '당사자가 지정한 법'에 관한 판단을 언급하였어야 할 것이다. 이 사건에서 '당사자들이 지정한 법'이 무엇인가에 관해서 살펴보면, 이 사건에서 당사자들은 계약에 편입된 이면약관에서 계약의 준거법은 영국법에 의한다고 합의한 바 있고 중재합의도 같은 이면약관에 명시되어 있다는 점에서 중재합의에 관해서도 영국법을 적용하였다

고 해석할 수 있을 것이다. 중재조항의 계약편입을 판단하기 이전에 중재합의의 효력을 문제삼는 범위 내에서는 어떤 국가의 법률이 적용될 것인지에 관해서 판단하였어야 할 것이며, 사안이 대한민국 국민의 섭외적 생활관계에 관한 것이고 또한 그것이 대리행위에 관한 문제라고 하더라도 중재계약의 효력을 문제삼는 범위 내에서는 뉴욕협약 제5조 제1항 a호를 적용하였어야 할 것이지 바로 우리나라의 섭외사법을 적용하는 것은 적절하지 않았다고 판단된다. 그런데도 우리 법원은 전체적으로 중재합의의 독자성을 인식하지 않고 기본계약의 준거법을 중재합의의 준거법으로 파악하려는 듯한 인상을 준다.

(나) 뉴욕협약의 적용을 받지 않는 국내에서 내려진 중재판정의 집행과정에 있어서의 중재합의의 검토기준

① 일반적 논의　　국내에서 내려진 중재판정의 집행이나 취소절차에 있어서 중재합의의 유효성 기타 효력을 판단하는 기준에 관해서는 중재법이나 다른 법률에 아무런 규정이 없다. 그러나 국내에서 내려진 중재판정이 국내에서 집행되거나 그 중재판정의 취소를 구하는 경우 중재의 합의가 있었는지 여부, 합의가 유효하였는지 여부가 문제가 된다면, 그리고 당사자가 서로 다른 국가에 속하여 어떠한 국가의 법률을 적용할 것인지가 문제된다면 어떤 기준에서 준거법을 선택할 것인가? 국내법원에서 재판이 이루어지는 만큼 우리 국제사법의 규정에 따라 준거법을 선택하면 족할 것인가? 아니면 재판지이자 중재장소인 우리나라 법률을 바로 적용할 것인가? 그것도 아니면 뉴욕협약의 경우와 같은 기준에 의하여 적용할 법률을 정할 것인가?

② 우리 중재법과 법원의 태도　　중재법 제36조 제2항 제1호의 가목은 "중재합의가 당사자가 그 준거법에 의하여 중재합의 당시 무능력자이었던 사실 또는 중재합의가 당사자가 지정한 법에 의하여 무효이거나 그러한 지정이 없는 경우에는 대한민국의 법에 의하여 무효인 사실"이 증명되는 경우 중재판정을 취소할 수 있음을 규정하고 있다. 이 규정은 중재합의의 부존재나 취소대상인 경우에 대하여는 언급하지 않고 있으나 행위능력에 관한 사항을 제외한 나머지 중재합의의 효력을 해석함에 있어서는 같은 원칙이 적용될 수 있을 것으로 해석된다.

현재의 대법원판결은 별다른 언급 없이 우리나라의 법률이 적용된다는 것을 전제로 판단을 내리고 있는 것으로 보인다. 아마도 당사자 간에 지정한 법률이 없는 경우에는 대한민국 법에 의한 무효 여부만 판단하면 된다는 전제에 있

는 것으로 생각된다.

③ 檢　討　당사자 사이에 중재합의의 해석에 관하여 적용하기로 합의한 준거법이 있다면 그것이 적용되어야 할 것임은 어떤 원칙에 의하건 거의 논란의 여지가 없다고 생각된다. 다만 중재합의의 독립성이라는 측면에서 본 계약의 준거법에 관한 합의가 있다고 해서 의당 중재합의도 같은 준거법에 의하여 판단할 것은 아니라고 생각된다. 즉 중재합의의 준거법에 관한 합의가 없는 경우에는 중재법규정에 따라 우리나라의 법률을 적용하여 중재합의의 효력을 판단하여야 할 것이다.

4. 기타—仲裁提起의 適法性을 판단하는 準據法

중재에 있어서의 권리행사적격 등의 문제에 있어서 어떤 기준이 적용되어야 할 것인가도 실무상 가끔 제기되는 문제이다. 예컨대 영국법에 따라 동업관계(Joint Venture)를 유지하고 있는 두 회사가 있고 그 Joint Venture가 한국기업과 한국법에 따라 계약을 체결한 경우, 그리고 그 계약에 의하면 한국에서 중재를 진행하도록 되어 있는 경우, 동업관계에 있는 회사 중 한 회사만이 한국기업을 상대로 계약위반을 이유로 한 중재를 신청한 경우 이러한 중재신청을 허용할 것인가 하는 문제를 어떤 나라의 법률에 따라 판단하여야 할 것인가 하는 문제가 제기될 수 있다. 중재장소가 한국이니 중재의 절차에 관해서는 한국의 법률이 적용되어야 한다는 주장이 있을 수 있고, 또 계약위반을 구하는 것은 계약상 권리를 행사하는 것이니 계약의 준거법인 한국법이 적용되어야 한다는 주장이 있을 수 있으며, 이와 반대로 동업관계를 규율하는 법률이 영국법이니 영국법을 적용하여야 한다는 주장 등이 있을 수 있을 것이다. 또한, 이러한 경우에도 이를 섭외사법의 문제로 보아 중재장소인 한국의 섭외사법 원칙에 따라 준거법을 결정할 것인가 혹은 중재계약의 독립성을 강조하여 중재장소인 한국의 법률과는 무관하게 중재계약과 당사자의 의사, 국제적인 관행 등에 따라 중재인이 독자적으로 결정하는 것이 적절한 것인가 하는 문제가 제기되기도 한다. 아직 이러한 문제들에 관하여 명확한 답을 제시하고 있는 판례는 없다. 실제 국제중재에 있어서는 많은 경우에 중재인들이 자신들이 정한 원칙에 따라 이러한 문제에 관한 결정을 내리고 그에 따라 중재를 진행하고 있다.

중재판정부가 독자적인 기준에 따라 준거법을 정하고 그에 따라 당사자의 중재제기의 적법성 여부를 판단한 경우 그 판단이 잘못되었음을 이유로 중재판정의 취소를 구할 수 있을 것인가 하는 것도 문제이다. 우선 당사자의 중재제기 허용 여부의 문제가 실체적인 문제인지 절차적인 문제인지부터가 문제이다. 그것이 절차적인 문제라면 그것이 중재지의 법률에 위반한 경우 뉴욕협약상 중재판정집행거절사유가 될 수 있을 것이기 때문이다.

V. 仲裁合意의 方式

1. 書面에 의한 合意

우리나라 중재법에 의한 중재 혹은 뉴욕협약에 의하여 승인 또는 집행되기 위한 중재의 합의는 반드시 서면에 의하여 이루어져야 한다. 구두로 한 중재의 합의는 그 효력을 인정받을 수 없다. 입법례에 따라서는 서면성을 요구하지 않는 국가들도 있다. 뉴욕협약의 경우 제 2 조 2호에서 중재합의의 방식을 (i) 당사자들이 서명한 계약에 포함된 중재조항 (ii) 당사자들이 따로 체결하고 서명한 중재계약 (iii) 서신이나 전보의 교환에 명시된 중재조항(당사자들의 서명 여부 불문) (iv) 서신이나 전보의 교환에 명시된 별도의 중재계약(당사자들의 서명 여부 불문)의 4가지[11])로 열거하고 있다. 이는 제한적인 열거로 해석되며 이러한 형식에서 벗어난 중재의 합의는 뉴욕협약상 중재의 합의로 인정받지 못한다. 반면 우리 중재법 제 8 조에서 열거된 중재방식은 예시적인 것으로 해석되고 있다. 따라서 실무에 있어서 국제중재합의를 함에 있어서는 중재합의가 뉴욕협약이 요구하는 4가지 형식 중의 하나에 맞도록 각별히 유의할 필요가 있다.

2. 다른 문서의 引用과 附合契約

뉴욕협약상 중재조항이나 중재계약이 서신이나 전보의 교환에 의하지 아니한 경우 중재조항을 포함한 계약이나 중재계약에는 당사자의 서명이 있어야 한다. 그런데, 중재조항이 당사자가 직접 서명한 문서에 포함되어 있지 아니하고 그 문서에서 인용된 다른 문서에 포함되어 있는 경우에는 어떠한가 하는 문제가 있다. 즉 서명된 문서 자체에는 중재합의가 명시되어 있지 않지만 이 문서가 인용한 다른 문서에 중재조항이 포함된 경우에 이와 같은 중재합의가 유효한가

11) 목영준, 전게서, 38~39면은 뉴욕협약 제 2 조의 문리해석상 아래의 4가지의 방식이 가능하며 이는 제한적인 것이라고 보고 있다: (i) 당사자들이 서명한 주된 계약에 들어 있는 중재조항 (ii) 주된 계약과 별도의 중재합의로서 당사자들의 서명이 있는 것 (iii) 서신이나 전보의 교환에 포함된 주된 계약에 들어 있는 중재조항 (iv) 서신이나 전보의 교환에 의하여 별도로 체결된 중재합의.

하는 문제이다.

우리 대법원은 앞서 소개한 1990.4.10. 선고 89다카20252 판결에서 "뒷면의 조건에 따라 공급하여 주십시오(please supply, subject to conditions overleaf)"라는 不動文字로 인쇄된 강철봉 매매계약에 있어서 뒷면의 조건에 포함된 런던중재법원규칙에 의한 중재약정의 효력을 인정한 바 있다. 이 판결은 당사자의 대리인이 이러한 조항의 내용을 충분히 이해하고서 매매계약서에 서명한 사실을 인정하고 "이러한 형태의 중재계약은 뉴욕협약 제2조 제2항 소정의 '계약문 중의 중재조항'으로서 같은 조 제1항 소정의 '분쟁을 중재에 부탁하기로 하는 취지'의 서면에 의한 중재합의에 해당한다"고 판시하고 있다. 판례의 취지에 의하면 중재의 합의가 당사자가 서명한 계약에서 인용한 다른 문서에 포함되어 있는 경우에 소위 이것이 예문에 불과한지 아니면 당사자가 계약에 편입하기로 하는 의사가 있었는지 여부를 일반계약법의 원칙에 따라 판단하여 당사자의 편입의사가 확인되면 인용된 문서에 의한 중재의 합의도 유효하다고 본다는 것이다.

한편 대법원 1997.2.25. 선고 96다24385 판결의 경우에는 외국회사가 국내에서 입찰에 참여하면서 물품매도확약서(Firm Offer)를 제출하였는데, 그 물품매도확약서의 비고란에 "기타조건은 축산물유통사업단 입찰안내서에 따른다"라고 기재되어 있는 경우, 설사 입찰시마다 입찰안내서를 교부하거나 그 내용을 설명하지는 않았지만 공급업체등록을 한 회사들의 경우 참가하는 입찰에서 공급업체 등록시 또는 첫 번째 입찰에서 이를 교부 설명하였고 신문공고 및 입찰안내서 위임자의 기재 등을 통하여 거래상대방으로 하여금 인지가능하게 한 경우 그 입찰안내서에서 다시 인용하고 있는 '입찰에 관한 일반조건'에 포함된 중재약정이 당사자 간의 계약내용으로 편입되었다고 판단하고 있다.

이와 같은 우리 대법원의 판결들은 대부분의 국가들의 인용된 문서에 의한 중재합의에 관한 판결과 입장을 같이 하는 것이다. 국제중재에 관한 한 매우 풍부한 판례를 가지고 있는 프랑스 대법원도 인용된 문서 자체에는 당사자의 서명이 없더라도 중재조항이 포함된 문서가 계약의 일부로 인용되어 있다면 그러한 중재합의는 유효하다는 입장을 취하고 있다.[12] 프랑스 법원의 판결 중에는 당사자가 어떤 문서를 인용하여 첨부하는 것으로 표시된 문서를 보낸 경우 그

---

12) CA Paris, Mar. 26, 1991, Comite populaire de la municipalite de Khoms El Mergeb v Dalico Contractors, 1991 Rev. Arb. 456.

것을 받은 상대방은 그 문서에 서명하기 이전에 그 첨부된 문서의 내용을 확인할 의무가 있다고 판시한 예도 있다.[13] 반면 인용된 문서에 의한 중재합의의 효력을 부인한 예도 있다. 즉 프랑스 법원은 선장이 서명한 선하증권에서 중재조항이 포함된 용선계약의 내용을 일반조건으로 인용하였으나 그러한 서류가 첨부되거나 그 서류의 내용이 다시 명시되지도 않은 경우에 있어서 원래의 용선계약의 당사자들 간에 일부 수정을 통하여 합의된 중재조항은 선박소유자에 대하여는 계약에 편입된 것이라고 볼 수 없다는 입장을 보이고 있다.[14] 영국의 판례도 같은 입장을 보이고 있다고 한다.[15] 선하증권과 용선계약의 경우에는 독특한 관계에 속하므로 일반적인 계약에 있어서의 다른 문서의 인용과 구별하여 생각할 필요가 있다고 할 것이다. 그러나 당사자가 그 내용을 이해하고 이를 인용한 경우에는 역시 편입을 인정하는 데 무리가 없을 것이다.

附合契約의 경우에는 어떠한가? 부합계약의 경우라고 해도 별달리 해석의 기준이 달라질 것은 없다고 생각된다. 즉 당사자가 그 내용을 이해하고 합의하였다고 볼 수 있는 경우에는 부합계약에 포함된 중재조항도 유효하다고 해석할 것이다. 다만, 소비자계약의 경우 약관의규제에관한법률에 따라 그 효력이 문제될 수 있을 것이다.[16]

Ⅵ. 結 論

1. 다른 문서의 引用과 編入

연구대상판결은 위에서 언급한 대법원판결들의 취지를 그대로 따라 "중재계약은 … 중재조항을 포함하는 일반거래약관 등 다른 문서를 인용하고 있는 경우에도 당사자가 이를 계약의 내용으로 삼은 이상 허용된다"는 입장을 다시 한번 확인하고 있다. 이 사건은 위에서 언급한 대법원 1997. 2. 25. 선고 96다24385 판결과 마찬가지로 축협의 입찰에 관한 일반조건과 그 일반조건에서 다시 인용된 일반조항에 포함된 중재계약이 당사자 간의 매매계약에 편입되었다고 판단한 경우이다. 또한, 그 판단의 이유에 있어서도 모두 당사자가 이전의

13) CA Paris, Nov. 30,1990, Jongerius Hanco BV v. Poliane, 1992 Rev. Arb. 645.

14) Cass. com., Jan 7, 1992, Psichikon Compaina Naviera Panama v. SIER, 1992 Rev, Arb. 553 이 판결은 프랑스 대법원에서 그대로 확정되었다.

15) 목영준, 전게서, 41~42면: 이는 용선계약에 있어서는 제 3 자에 해당하는 수하인을 보호하기 위한 것으로 이해되며 따라서 선하증권과 용선계약에 있어서 당사자가 동일한 경우에는 중재조항의 편입을 인정할 수 있다고 한다.

16) 목영준, 전게서, 42면도 같은 입장을 표시하고 있다.

경험 등을 통하여 그 내용을 알고 있었다는 것을 근거로 삼고 있다.

그러나 실제 그러한 일반조항이나 일반조건 등이 계약의 일부로 첨부되거나 그 주요 내용이 설명되지 아니한 상태에서 이전이 경험을 통하여 그 내용을 알고 있다는 이유만으로 과연 중재조항의 편입을 인정할 수 있을 것인지에 관해서는 다소 의문이 있다. 기본적으로 이 문제는 구체적인 사건에서 증거판단의 문제가 될 수 있겠으나 대법원의 판결취지만으로 보면 너무 의제적으로 중재조항의 편입을 인정하려는 인상을 준다.

중재의 합의란 당사자가 분쟁의 가장 강력한 구제수단인 법원에 의한 분쟁해결절차를 배제하기로 하는 매우 중요한 합의이다. 이러한 측면에서 일반적인 다른 계약조건의 계약에의 편입보다는 조금 더 엄격하게 해석할 필요가 있다고 생각된다. 입찰절차나 건설계약 등에서는 많은 경우에 본 계약에 다른 문서가 인용되게 되는데 이 경우 당사자들은 이미 정형화된 조건이나 조항들의 경우에도 이를 검토하면서 일부를 수정하고 그 수정한 내용을 본 계약에 첨부하는 것이 일반적인 계약관행이라고 할 수 있다. 입찰의 경우에도 일반조건이나 일반조항 등을 사용하는 경우라면 입찰안내서에 그러한 내용을 첨부하여 당사자로 하여금 그 내용을 숙지하도록 하는 것이 일반적인 경우라고 할 수 있을 것이다. 그런데 이러한 절차 없이 조항을 첨부하거나 조항의 내용을 설명함이 없이 혹은 편입하고자 하는 조항이나 조건의 명시적인 지적조차도 없이 인용된 문서의 내용이 계약에 편입되었다고 볼 것인지에 관해서는 조금 더 신중한 판단이 필요할 것으로 생각된다.

2. 仲裁合意의 有效性에 관한 準據法

또한 이 사건 대법원판결에서 대법원이 이러한 판단들을 함에 있어서 그 판단의 기준이 되는 법률이나 기타 규정들에 관하여 아무런 언급을 하지 아니한 점도 아쉽다. 이 사건 당사자 중 원고는 스위스회사이고 피고는 한국회사이어서 두 당사자 간의 중재합의의 부존재나 효력을 해석함에 있어서 어떤 국가의 법률을 적용할 것인지는 위에서 논의한 기준에 따라 결정되어야 할 문제라고 할 것이다. 설사 위와 같은 입장을 취하지 않고 대법원 1990. 4. 10. 선고 89다카20252 판결의 입장에 따라 한국의 국제사법을 적용한다고 하더라도 역시 이 부분에 관한 판시는 반드시 필요한 것이라 할 것이다. 또한 위에서 논의한 바에 따른다고 한다면 중재조항의 편입 여부의 판단은 중재합의의 부존재 혹은 효력의 문제라고 할 것이므로 그 판단에 있어서는 뉴욕협약 제5조 제1항 a호에 따라 당사자가 지정한 법이나 그러한 법이 없는 경우 중재장소의 법이 적용되어야 하는 것이다.

그런데 대법원은 이 사건에 있어서 외국당사자와 국내당사자의 섭외적 관계에서 문제되고 있는 중재합의의 존재 여부를 판단함에 있어서 의당 한국법이 적용된다는 것을 전제로 판단하는 가벼움을 보여주고 있다. 이 사건의 경우 당사자가 지정한 법이 계약에 명시되어 있는지는 판결내용만으로는 명백하지 아니하나 축협입찰에 관한 일반약관이 계약의 내용으로 편입된 것으로 미루어 한국법을 준거법으로 정한 것으로 해석할 수 있거나 적어도 한국법이 가장 이 사건 당사자 간의 계약과 가장 가까운 관계가 있는 법이라고 할 수 있을 것이다. 또한 중재장소의 법도 한국법이므로 어떠한 입장에 서건 결과적으로는 한국법을 적용하게 되는 결과를 낳게 된다. 우리 대법원이 이러한 고려를 다 한 연후에 중재합의의 준거법문제를 다루는 어려움을 피하기 위하여 그에 관한 판단을 의도적으로 명시하지 아니한 것인지는 모르지만 이 사건 판결이 중재합의의 유효성판단에 적용될 준거법에 관한 아무런 논의 없이 당연히 한국법이 적용된다는 입장에서 판단을 내린 것은 筆者로서는 아쉬운 점이라고 생각된다.

外國仲裁判定에 대한 執行裁判過程에서의 請求異議事由의 主張

蔣 尙 均*

대법원 2003. 4. 11. 선고 2001다20134 판결**

[事實의 概要][1)]

1. 원고는 베트남의 직물회사이고 피고는 우리나라의 자수기 제조회사인데, 피고가 제작하여 공급한 자수기에 하자가 있음을 원인으로 원고가 피고를 상대로 베트남 상사중재원에 신청한 중재사건에서 1999. 2. 6. 다음과 같은 내용의 중재판정이 내려졌다.

1. 피신청인(이 사건 피고)은 신청인(이 사건 원고)에게 이 판정일로부터 30일 이내에 다음과 같이 이행하여야 한다.
   1.1. 1997. 5. 3. 계약서(No. 014/GI/97)에서 체결한 것과 같은 충분한 성능을 가진 새로운 자수기계 2대를 제공하고 설치장소까지의 운송비와 조립을 부담하여야 하며 위 계약서에서의 규정에 따라서 기계를 보증하여야 한다.
   1.2. 미화 17,010달러 88센트를 변상하여야 한다. 만일 위와 같은 책임(새로운 기계의 제공, 금전보상)을 기한 내에 이행하지 못할 경우 피신청인은 베트남 은행의 대출이율에 따라 지체된 기간 동안의 이자를 지급하여야 한다.
2. 피신청인은 중재판정비 5,336달러 전부를 지급하여야 한다. 신청인이 이미 베트남 상사중재원에 지불한 것도 피신청인은 신청인에게 반환하여야 한다.
3. 이 판정은 최종판정이고, 신청인 및 피신청인에게 구속력을 가지며 판정한 날로부터 효력을 지닌다.

---

* 판사, 대법원 재판연구관.

** 공 2003. 6. 1.(179), 1148.

1) 대법원판결은 법률판단을 위하여 필요한 범위 내에서 원심이 인정한 사실관계를 요약하였고, 분쟁의 경위 및 중재판정 내용 등은 원심 판결인 서울고등법원 2001. 2. 27. 선고 2000나23725 판결에 자세히 적혀 있다. 원심 판결에 대한 평석으로는 채동헌, "청구이의 사유와 외국중재판정에 대한 집행판결 거부,"「중재」제300호(대한상사중재원, 2001년 여름) 참조.

2. 이에 따라 피고는 같은 해 3. 13. 원고에게 손해배상금 미화 17,010.88달러 및 중재판정비용 미화 5,336달러 합계 미화 22,346.88달러를 송금하였고, 이어 교체용 자수기를 생산하여 같은 달 26. 베트남으로 수송한 다음 수입통관 절차를 밟고 나서 같은 해 5. 17. 자수기를 교체·설치하고자 교체용 자수기 및 소유권이전에 필요한 수입서류 등을 가지고 원고의 공장으로 찾아갔으나, 원고가 수입절차상의 하자 등을 문제삼아 기계의 교체·설치를 거절하였다.

3. 그 후로부터 현재까지 교체용 자수기는 소유권이전용 서류와 함께 피고가 지정한 베트남의 수입대행사가 보관 중이다.

[訴訟의 經過]

1. 당사자들의 주장

(1) 원 고

원고는 외국중재판정의 승인 및 집행에 관한 협약(United Nations Convention on the Recognition and Enforcement of Foreign Arbitral Awards, 조약 제471호, 1958. 6. 10. 뉴욕에서 채택되어 보통 '뉴욕협약'이라 한다)에 따라 우리나라 법원에 위 중재판정에 대한 집행판결을 구하고, 피고가 주장하는 사유는 뉴욕협약에서 정한 외국중재판정의 승인이나 집행의 거부사유에 해당하지 아니하므로 집행재판절차에서 다툴 수 없고, 이에 관한 항변도 제출할 수 없으며, 중재판정에 취소사유가 있는 경우 중재법에 따라 그 취소소송을 제기할 수 있을 뿐이고, 가사 위 피고 주장의 사유가 외국중재판정의 집행을 거부할 수 있는 사유에 해당한다고 하더라도 피고는 이 사건 중재판정에 따른 적법한 이행을 한 사실이 없다고 주장한다.

(2) 피 고

피고는 이 사건 중재판정에 따라 성실하게 이행 내지 이행의 제공을 하였음에도 불구하고 원고가 그 수령을 거절하였으므로, 원고가 구하는 집행판결은 허용될 수 없다고 주장한다.

2. 제 1 심

원고의 청구를 인용하면서, 뉴욕협약 제 5 조에서 열거하고 있는 외국중재판정의 승인 및 집행의 거부사유는 한정적인 것으로 해석되는데, 피고가 주장하는 사유는 위 뉴욕협약의 집행거부사유 중 어느 경우에도 해당하지 아니하므로 집행을 거부할 수 없다고 판단하였다.[2)]

2) 제 1 심 법원은 가정 판단을 통하여 피고가 채무의 내용에 좇은 이행의 제공을 하여 원고를 채권자지체의 상태에 빠지게 함으로써 위 매매계약을 해제하였다는 점에 대한 주장·입증도 없다고 판시하였다.

3. 原審(서울고등법원 2001. 2. 27. 선고 2000나23725 판결)

(1) 쟁점에 대한 판단

(가) 확정된 외국중재판정이라 하더라도 그에 기한 권리는 신의에 좇아 성실히 행사되어야 하고 그 판정에 기한 집행이 권리남용이 되는 경우 기타 청구이의의 사유가 인정되는 경우에는 허용되지 않으므로, 그와 같은 권리남용이 되는 제한적인 경우에 한하여 공공질서 위반으로서 뉴욕협약에서 정한 집행거부사유에 해당한다.

(나) 뉴욕협약 제5조 제1항 (다)호에 비추어 볼 때, 판정주문이 여러 개의 항으로 나누어져 있고, 그 중 판정주문에 따른 이행이 완료된 부분에 관한 주문과 이행이 되지 아니한 부분에 관한 주문이 명백하게 나누어져 있는 경우에 그 중재판정 중 이행이 되지 아니한 부분의 주문에 한하여 집행이 허가된다. 다만 특정한 주문 중 이행이 된 부분과 이행이 되지 아니한 부분이 함께 기재되어 있는 경우에는 집행의 명료성을 위하여 그 항 전체에 대하여 집행판결을 하는 것이 타당하다.

(다) 기계교체의무(제1. 1항)와 관련하여 피고는 원고에게 1999. 5. 17. 이 사건 중재판정에 따른 의무의 이행제공을 하였으나 원고가 수령을 거절하였고 그 이후 이행제공이 계속되고 있다고 보이므로 중재판정에 따른 의무를 이행한 것이다. 금전배상(제1. 2항)과 관련하여 피고는 원고에게 1999. 3. 13. 전단 기재 배상액을 모두 송금하였는데, 이행기일(결정일로부터 30일=1999. 3. 8)이 경과한 이후의 이행이었으므로, 1999. 3. 9.부터 위 지급일까지의 지연손해금 상당액은 이행하지 아니하였다. 중재비용(제 2 항)은 1999. 3. 13. 전액 송금하였다.

(2) 결 론

이 사건 중재판정의 주문이 명백하게 분리되므로, 이행제공 내지 이행이 되지 아니한 부분이 포함된 제1.2항 전체에 대하여만 집행판결을 허가하고, 나머지 부분(제1. 1항 · 제 2 항)의 청구는 기각하였다.

4. 원고의 上告理由의 要旨

이에 원고가 패소부분(주문 제1. 1항 · 제 2 항 부분)에 대하여 상고하였다.

(1) 적법한 이행제공 여부에 대한 사실오인의 점〔제 1 점〕

이 사건 중재판정에 따른 교체용 자수기의 수입절차는 반드시 베트남 상무성의 특별승인절차를 거쳐야 하는데, 그와 같은 절차를 거치지 않은 채 수입된 기계는 적법한 거래의 대상이 될 수 없고, 따라서 이러한 기계를 이행제공하였

다 하더라도 채무의 내용에 좇은 이행이 되지 못한다.[3)]

피고가 1999. 5. 17. 원고 공장에 대체용 자수기를 가지고 오지 아니하였다.

결국, 피고는 아직까지 자수기 공급의무와 관련하여 중재판정에 따른 적법한 이행제공을 하지 않은 것임에도, 원심은 적법한 이행제공이 있었다고 오인하였다.

⑵ 베트남법상 수입 자수기의 물권변동요건에 대한 심리미진의 점〔제 2 점〕

베트남 상사중재원 또는 상무성에 수입 자수기의 소유권이전방법('인도'가 필요하다면, 적법한 인도방법은 어떠한지)에 대하여 확인하는 등의 증거조사를 하지 않았으므로 심리미진의 위법이 있다.[4)]

［判決要旨］

1. 뉴욕협약 제 5 조에서는 집행의 거부사유를 제한적으로 열거하고 있는데, 그 중 제 2 항 ⑷호에 의하면 중재판정의 승인이나 집행이 그 국가의 공공의 질서에 반하는 경우에는 집행국 법원은 중재판정의 승인이나 집행을 거부할 수 있는바, 이는 중재판정의 승인이나 집행이 집행국의 기본적인 도덕적 신념과 사회질서를 해하는 것을 방지하여 이를 보호하려는 데 그 취지가 있다 할 것이므로, 그 판단에 있어서는 국내적인 사정뿐만 아니라 국제적 거래질서의 안정이라는 측면도 함께 고려하여 제한적으로 해석하여야 할 것이고, 해당 중재판정을 인정할 경우 그 구체적 결과가 집행국의 선량한 풍속 기타 사회질서에 반할 때에 승인이나 집행을 거부할 수 있다고 할 것이다(대법원 1995. 2. 14. 선고 93다53054 판결; 대법원 1990. 4. 10. 선고 89다카20252 판결 참조).

2. 집행판결은 외국중재판정에 대하여 집행력을 부여하여 우리나라 법률상의 강제집행절차로 나아갈 수 있도록 허용하는 것으로서 그 변론종결시를 기

3) 구체적으로 보자면, 중재판정에 따른 교체용으로 자수기를 이행제공하기 위하여는 선적서류상의 구입자를 당초의 수입대행사(Getranimex 또는 변경된 회사명인 Tranimexco)로 지정하여 선하증권을 재교부하고 베트남 상무성의 허가를 얻은 다음 통관절차를 거치도록 하였어야 함에도 불구하고, 피고는 임의로 제 3 의 수입대행사와 별도의 허위매매계약을 체결하고 그 수입대행사에 대금도 결제하지 않은 상태에서 일반수입절차에 따라 자수기를 반입하였으므로, 이 기계는 원고가 합법적으로 인수할 수 없고 인수하더라도 베트남법상 몰수대상에 불과하다고 한다(당초 수입대행사의 명칭이 Getranimex에서 Tranimexco로 변경되었다는 것은 이미 중재판정문에 기재된 상태이었고, 또한 통관시 상호가 변경된 영업감찰을 제시하면 아무런 문제가 되지 않는다).

4) 상고이유서 제출기한이 도과한 이후에 제출된 상고이유보충서에서 "집행판결시 법원은 중재판결의 형식적 요건만 심사할 수 있으므로 중재판정의 이행에 관한 사항을 들어 집행판결을 거부할 수 없다는 점" 및 "수입 자수기는 소유권이전을 위해 등록이 필요하다는 점" 등을 새로 주장하였다.

준으로 하여 집행력의 유무를 판단하는 재판이므로, 중재판정의 성립 이후 채무의 소멸과 같은 집행법상 청구이의의 사유가 발생하여 중재판정문에 터잡아 강제집행절차를 밟아 나가도록 허용하는 것이 우리 법의 기본적 원리에 반한다는 사정이 집행재판의 변론과정에서 드러난 경우에는, 법원은 뉴욕협약 제 5 조 제 2 항 (나)호의 공공질서 위반에 해당하는 것으로 보아 그 중재판정의 집행을 거부할 수 있다 할 것이다. 이와 같이 해석하는 것이 집행판결의 확정 이후에 별도의 청구이의 소송을 통하여 다투도록 하는 것보다 소송경제에 부합할 뿐만 아니라, 변론을 거친 판결의 형식에 의하여 집행판결을 하도록 정한 우리 법제에 비추어 타당하기 때문이다.

[評 釋]

I. 外國仲裁判定에 대한 執行判決

1. 중재판정에 대한 집행판결

중재판정(arbitral award)은 중재인이 분쟁의 대상인 법률관계의 당사자 간의 합의(중재합의)에 의하여 부여받은 중재권한에 기하여 그 법률관계에 관한 분쟁해결을 위하여 하는 판단행위를 의미한다.[5]

이러한 중재판정에 대하여는 법원의 집행판결로써 그 적법함이 확인된 때에 한하여 강제집행을 할 수 있는데,[6] 특히 외국에서 내려진 중재판정 중 외국중재판정의 승인 및 집행에 관한 협약(뉴욕협약)의 적용을 받는 것에 대하여는 그 승인과 집행은 그 협약에 따른다.[7]

2. 외국중재판정의 승인 및 집행에 관한 협약('뉴욕협약')

(1) 적용 여부

외국중재판정의 승인 및 집행에 관한 협약(United Nations Convention on the Recognition and Enforcement of Foreign Arbitral Awards, 조약 제471호, 1958. 6. 10. 뉴욕에서 채택되어 약칭 '뉴욕협약'이라 한다)에는 이 사건의 관련 당

5) 이호원, "외국중재판정의 승인과 집행—뉴욕협약을 중심으로—," 「재판자료」 제34집(1986), 658면 참조.

6) 중재법 제37조(중재판정의 승인과 집행) 중재판정의 승인 또는 집행은 법원의 승인 또는 집행판결에 의한다.

7) 중재법 제39조 제 1 항(외국중재판정) 외국중재판정의승인및집행에관한협약의 적용을 받는 외국중재판정의 승인 또는 집행은 동 협약에 의한다(1999. 12. 31. 법률 제6083호로 중재법이 전문개정되면서 새로 마련된 조항임).

사국인 베트남을 포함하여 2001. 1. 25. 현재 125개국이 가입한 상태이고, 우리나라는 1973년 가입하였다.

우리나라는 위 협약에 가입함에 있어서 다른 가입국의 영토 안에서 내려진 중재판정에 한하여, 또한 한국법상 상사관계의 분쟁에 한하여 이 협약을 적용할 것을 유보하였다. 상사적 법률관계인지 여부는 우리 상법에 의하여 결정된다고 일반적으로 설명된다.[8)]

따라서 베트남 상사중재원이 상사관계에 대하여 내린 이 사건 중재판정의 집행판결에 관하여 뉴욕협약이 적용됨에는 별다른 의문이 없다.

(2) 뉴욕협약의 내용

외국중재판정의 '승인'이라 함은 외국에서 내려진 중재판정에 대하여 준거 외국법상 인정되는 효력을 국내에서도 인정하는 것을 의미하고, '집행'이라 함은 강제집행을 의미한다.

뉴욕협약의 적용을 받는 외국중재판정에 대한 승인·집행의 경우 가장 큰 특징은, 외국중재판정의 승인 및 집행의 실질적 요건들을 모두 원칙적으로 승인과 집행의 거부사유로 규정함으로써 승인 또는 집행을 구하는 당사자가 주장 및 입증을 하여야 할 요건에 관하여 그 상대방으로 하여금 승인과 집행의 요건의 부존재를 주장·입증하도록 주장·입증책임을 전환시켰다는 점에 있다.[9)]

그 결과 외국중재판정의 승인 또는 집행을 구하는 당사자는 뉴욕협약 제 4 조에 따라 ① 인증된 중재판정 원본 또는 등본, ② 중재합의 원본 또는 그 인증된 등본과, ③ 위 각 문서에 대하여 공증인 또는 선서한 번역관·외교관 또는 영사관에 의하여 증명된 번역문만을 제출함으로써 그 승인 및 집행에 관한 증거를 일단 제시한 것으로 보게 된다.[10)]

---

8) 목영준, 「상사중재법론」(박영사, 2001), 254면 참조.

9) 다만 법원이 협약 제 5 조 제 2 항에 의하여 직권으로 중재적격성, 공공의 질서에 관련된 집행거부사유를 인정할 수 있는 예외가 마련되어 있다.

10) Article Ⅳ

1. To obtain the recognition and enforcement mentioned in the preceding article, the party applying for recognition and enforcement shall, at the time of the application, supply:
   (a) the duly authenticated original awards or a duly certified copy thereof;
   (b) the original agreement referred to in article II or a duly certified copy thereof.
2. If the said award or agreement is not made in an official language of the country in which the award is relied upon, the party applying for recognition and enforcement of the award shall produce a translation of these documents into such language. The translation shall be certified by an official or sworn translator or by a diplomatic or consular agent.

뉴욕협약에 기한 중재판정의 승인·집행의 거부사유로는 우리 중재법 제36조에 열거된 중재판정 취소사유인 ① 중재합의 당사자의 무능력, ② 중재합의의 무효, ③ 적절한 통지의 결여 등, ④ 중재합의의 범위 일탈, ⑤ 중재판정부 구성 또는 중재절차의 위반(제5조 제1항의 사유)뿐만 아니라, 그 외에도 ① 중재적격성의 결여, ② 공공질서(public policy) 위반(제5조 제2항의 사유)이 있는데,[11] 후자의 두 사유는 당사자의 주장 없이도 법원이 직권으로 인정할 수 있다는 점에 유의하여야 한다. 즉 중재가능성과 공공질서의 문제는 그 집행국의 기본적 법질서를 지키기 위한 것이므로 피고의 주장과 입증을 기다릴 필요 없이 법원이 직권으로 판단하여 만일 중재판정이 이에 어긋난다면 청구를 기각하여야 함은 당연하다.[12]

---

11) Article V

1. Recognition and enforcement of the award may be refused, at the request of the party against whom it is invoked, only if that party furnishes to the competent authority where the recognition and enforcement is sought, proof that:
   (a) the parties to the agreement referred to in article II were, under the law applicable to them, under some incapacity, or the said agreement is not valid under the law to which the parties have subjected it or, failing any indication thereon, under the law of the country where the award was made; or
   (b) the party against whom the award is invoked was not given proper notice of the appointment of the arbitrator or of the arbitration proceedings or was otherwise unable to present his case; or
   (c) the award deals with a difference not contemplated by or not falling within the term of the submission to arbitration, or it contains decisions on matters beyond the scope of the submission to arbitration, provided that, if the decisions on matters submitted to arbitration can be separated from those not so submitted, that part of the award which contains decisions on matters submitted to arbitration may be recognized and enforced; or
   (d) the composition of the arbitral authority or the arbitral procedure was not in accordance with the agreement of the parties, or failing such agreement, was not in accordance with the law of the country where the arbitration took place; or
   (e) the award has not yet become binding on the parties, or has been set aside or suspended by a competent authority of the country in which, or under the law of which, that award was made.
2. Recognition and enforcement of an arbitral award may also be refused if the competent authority in the country where recognition and enforcement is sought finds that:
   (a) the subject matter of the difference is not capable of settlement by arbitration under the law of that country; or
   (b) the recognition or enforcement of the award would be contrary to the public policy of that country.

12) 목영준, 전게서, 262면 참조.

Ⅱ. 원심이 다룬 위 쟁점 (1), (2)에 대한 판단의 선례성

모두 대법원에서 최초로 다루는 내용이고, '공공질서 위반'은 민사소송법 제217조 제3호(舊 민사소송법 제203조 제3호에 해당)[13]에서 정하는 외국판결에 대한 집행거부사유이기도 한데, 쟁점 (1), (2)와 유사한 내용을 판시한 사례도 없었다. 이 문제들은 실체법 위반의 문제로서 원심의 판단에 오류가 있다면 파기하여야 하므로, 상고인이 상고이유로 삼지 않았더라도 우선적으로 검토하여야 할 사항이라 할 수 있다.

Ⅲ. 집행재판과정에서의 청구이의사유의 주장〔원심 쟁점 (1) 관련〕

1. 공공질서의 의미

(1) 뉴욕협약 제5조 제2항은 "승인 및 집행이 요구된 국가의 권한 있는 기관이 다음의 사항을 인정하는 경우에는 중재판정의 승인과 집행은 거부될 수 있다. 가. (생략). 나. 판정의 승인이나 집행이 그 국가의 공공의 질서에 반하는 경우"라고 규정하고 있다.

공공질서에 반하는지 여부는 그 나라의 정치, 경제적 기본이념, 윤리관, 법규범 등을 고려하여 결정할 문제이나, 법정지의 기본적인 도덕적 신념과 사회질서의 보호를 위한 방어적 기능을 가지는 것이지 적극적으로 법정지 국가의 법규범을 적용한다고 하는 의미가 있는 것은 아니라고 한다.[14] 통상 보편적인 반윤리적 행위들, 예컨대 마약, 폭력, 부패, 미성년자 이용 등에 관한 계약과 분쟁해결절차의 부정직성 또는 불공정성 등이 될 것이라고 한다.[15]

대법원의 판례는 뉴욕협약 제5조 제2항 (나)호에 대하여, "이는 집행국의 기본적인 도덕적 신념과 사회질서를 보호하려는 데 그 취지가 있다 할 것이므로 그 판단에 있어서는 국내적인 사정뿐만 아니라 국제적 거래질서의 안정이라는 측면도 함께 고려하여 제한적으로 해석하여야 할 것이다"라고 판시하고,[16]

---

13) 민사소송법 제217조(외국판결의 효력) 외국법원의 확정판결은 다음 각호의 요건을 모두 갖추어야 효력이 인정된다.
3. 그 판결의 효력을 인정하는 것이 대한민국의 선량한 풍속이나 그 밖의 사회질서에 어긋나지 아니할 것.

14) 조연호, "뉴욕협약하의 외국중재판정의 승인과 집행—미국과 한국에의 적용사례를 중심으로—," 「재판자료」 제47집, 425면 참조.

15) 기타 미국 판례상 공공질서 위반 여부가 문제된 ① 국가외교정책 또는 안보, ② 증권거래법 위반, ③ 독점금지법 위반, ④ 파산절차, ⑤ 중재인의 편파성, ⑥ 징벌적 배상, ⑦ 외국주권행위 등의 문제에 관하여는 목영준, 전게서, 276면 이하 참조.

16) 대법원 1990. 4. 10. 선고 89다카20252 판결.

나아가 "외국중재판정에 적용된 외국법이 우리나라의 실정법상 강행법규에 위반된다고 하여 바로 승인거부의 사유가 되는 것은 아니고, 해당 중재판정을 인정할 경우 그 구체적 결과가 우리나라의 선량한 풍속 기타 사회질서에 반할 때에 한하여 승인 및 집행을 거부할 수 있다"고 한다.[17)]

(2) 중재판정에 대한 집행판결과 관련하여 우리 판례에서 문제된 주요 사례를 살펴보면 다음과 같다.

(가) **대법원 1990. 4. 10. 선고 89다카20252 판결** 불출석 상태에서 중재판정이 내려졌고, 지연이자율에 관하여 일반적으로 통용되는 국제금리인 미국 우대금리에 따랐으며, 중재판정에 자세한 이유기재가 없는 점이 문제된 사건이었는데, 불출석한 경위에 있어서 자신의 귀책사유가 인정될 뿐만 아니라, 국제상거래에 있어서 일방당사자의 채무불이행에 관하여는 일반적으로 승인된 적절한 국제금리에 따른 지연손해금의 지급을 명함이 관행이라 할 것인데, 영국 런던중재법원이 일반적으로 적용되는 국제금리인 미국은행 우대금리(그 최고이율도 연 2할 5리로서 당시 우리나라 이자제한법의 제한범위 내임)에 따른 지연손해금의 지급을 명한 것은 상당하므로 우리나라의 공공질서에 반하지 아니한다고 보았다.

(나) **대법원 1995. 2. 14. 선고 93다53054 판결** 외국중재판정에 적용된 외국법이 우리나라의 실정법상 강행법규에 위반된다고 하여 바로 승인거부의 사유가 되는 것이 아니고, 해당 중재판정을 인정할 경우 그 구체적 결과가 우리나라의 선량한 풍속 기타 사회질서에 반할 때에 한하여 승인과 집행을 거부할 수 있다고 하면서, 이 사건의 준거법인 네덜란드 안틸레스법상의 소멸시효가 30년으로 우리나라의 그것보다 길고 소멸시효규정이 강행법규라 하더라도 그것만으로 이 판정의 집행이 공공질서 위반이라고 할 수 없다고 하였다.[18)]

(다) **대법원 2000. 12. 8. 선고 2000다35795 판결** 중재판정에 중요한 판

17) 대법원 2000. 12. 8. 선고 2000다35795 판결; 대법원 1995. 2. 14. 선고 93다53054 판결.

18) 그 밖에도 원심은, 이 사건 중재판정부는 원고회사의 피고회사에 대한 1978. 11. 8.자 노하우 실시계약에 따라 보유한 권리는 소외 사우디 회사에 양도되지 아니하였음을 전제로 중재관할권을 인정하여 이 사건 중재판정을 하였는바, 이와 같은 중재판정부의 판단은 수긍할 수 있고, 이에 관한 중재판정부의 판단이 금반언의 원칙에 위배하여 우리나라의 공서에 위반된다고 볼 수 없으며, 셋째 계약의 내용이 피고에게 불리하다는 점만으로 불공정행위라고 단정할 수 없고 권리의 행사가 늦었다고 하여 이를 신의칙 위반이라고 할 수도 없다고 판단하면서, 따라서 이 사건 중재판정의 승인이나 집행이 우리나라의 기본적인 도덕적 신념과 사회질서를 해하는 것으로 볼 수 없다고 하여 피고의 위 우리나라 공공질서 위배주장을 모두 배척하였는바, 대법원은 이러한 판단이 모두 타당하다고 보았다.

단유탈이 있고 이 점은 우리 법상 재심사유에 해당한다고 주장하면서 공공질서 위반이 다투어진 사건인데, 중재판정이 그 이유에서 피고의 주장이나 반대신청에 대하여 판단을 유탈한 것으로는 보기 어려워 민사소송법상 재심사유가 있다고 할 수 없고, 따라서 중재판정이 우리나라의 실정법상 강행법규에 위반된다거나 이를 인정할 경우 그 구체적인 결과가 우리나라의 선량한 풍속 기타 사회질서에 반한다고 보기 어렵다고 판단한 원심을 유지하였다.

(3) 외국판결에 대한 집행판결과 관련하여, 민사집행법 제27조 제2항 제2호(舊 민사소송법 제477조 제2항 제2호에 해당)에 의한 집행거부사유로서[19] 대법원의 판례상 사회질서 위반이 문제된 경우들은 다음과 같다.

(가) **대법원 1997. 9. 9. 선고 96다47517 판결** 외국판결의 성립절차가 대한민국 국민인 피고의 방어권을 현저히 침해한 경우에는 절차에 관한 선량한 풍속 기타 사회질서 위반으로 우리나라에서 승인 또는 집행될 수 없다고 하면서, 이 사건의 경우는 원고가 처음부터 한국에 있는 피고를 상대로 소송을 제기한 것이 아니라 미국에 거주하는 피고에게 소장 및 소환장을 송달하였는데, 피고가 특별한 사정 없이 응소하지 않고 한국으로 귀국한 것이므로 원격지 법원에의 제소로 인한 방어권 침해가 있었음을 주장할 수가 없고, 한편 위 미국 판결은 미국법상 결석판결에 의하여 불확정손해의 배상을 구함에 있어 요구되는 제반 절차를 제대로 거쳐 성립된 것으로서 비록 원고가 미화 500,000달러라는 거액을 청구금액으로 확정하여 결석판결을 신청하였다고 하더라도 이는 미국법상 추가적 청구는 아닌 것이며, 또 피고로서는 당초부터 미화 50,000달러를 초과하는 합리적 손해액의 배상을 구한다고 기재된 소장을 송달받음으로써 앞으로의 소송진행에 따라 더 많은 금액이 청구되어 인용될 수도 있음을 충분히 예상할 수 있었다고 봄이 상당함에도 별다른 응소를 하지 아니한 채 귀국함으로써 그 후에 있어서의 방어의 기회를 스스로 포기한 결과가 되었다 할 것인 데다가, 피고가 그 후로도 일부 소송서류를 수령하는 등으로 위 미국 판결이 문제가 되고 있음을 알고도 상소나 그 밖의 가능한 구제절차를 전혀 취하지 아니한 사실 등에 비추어 보면, 위 미국 판결이 그 성립절차에 있어서 우리나라의 선량한 풍속 기타 사회질서에 위반한다고 보기는 어렵다고 판단하였다.

(나) **대법원 1994. 5. 10. 선고 93므1051·1068 판결** 동일 당사자 간의 동

---

19) 외국판결이 민사소송법 제217조(구 민사소송법 제203조에 해당)의 조건을 갖추지 아니한 때에는 집행판결을 청구하는 소를 각하하여야 한다(민사집행법 제27조 제2항 제2호).

일 사건에 관하여 대한민국에서 판결이 확정된 후에 다시 외국에서 판결이 선고되어 확정되었다면 그 외국판결은 대한민국 판결의 기판력에 저촉되는 것으로서 대한민국의 선량한 풍속 기타 사회질서에 위반되어 민사소송법 제203조 제3호에 정해진 외국판결의 승인요건을 흠결한 경우에 해당하므로 대한민국에서는 효력이 없다.

2. 집행판결 단계에서 중재판정 이후 발생한 청구권소멸사유(청구이의사유)를 판단할 것인가

(1) 이 점에 관하여, 국내 대부분의 학설은 외국중재판정에 대한 집행판결에서 청구이의사유를 항변으로 주장할 수 있다고 한다. 그 논거로는 첫째, 집행판결절차는 이미 구속력 있는 판결·중재판정의 현재의 집행력의 유무를 확인해서 집행력을 부여하는 소송절차이므로 당해 절차에 있어서 청구이의소송에서 제출할 사유를 항변으로 하는 것이 가능하다고 보아야 한다는 점, 둘째, 집행판결이 확정되어 집행력이 발생한 이후에 다시 피고로 하여금 그 집행력을 배제시키고자 청구이의의 소로써 다투게 하는 것보다 소송경제적이라는 점을 들고 있다.[20] 다만 이 학설들은 뉴욕협약상의 직권거부사유인 '공공질서'의 개념에 포섭시켜 그 적용문제를 논의한 것은 아니었다.

외국판결에 대한 집행판결사건에서 청구이의사유를 항변으로 주장할 수 있다고 한 일본 하급심의 판례도 있는데,[21] 이 일본 하급심의 판결들도 외국판결에 대한 것이어서 뉴욕협약상의 직권거부사유인 '공공질서'의 개념에 포섭시켜 그 적용을 논의하는 것이 아니었다.

(2) 위 쟁점에 관하여 명시적으로 부정설을 취한 견해는 찾지 못하였으나,[22] 부정설의 논거가 될 만한 것을 정리해 보면 다음과 같다. 첫째 뉴욕협약이 제5조 제1항과 달리 공공질서조항이 포함된 제2항을 직권거부사유로 할 때에는

---

20) 이호원, 전게논문, 705면; 손경한, "외국판결 및 중재판정의 승인과 집행," 「국제거래법연구」, 170면; 김상원 외, 「주석 강제집행법(I)」, 171면 참조.

21) 동경 지방재판소 1959. 4. 30. 판결, 「판례 타임즈」 제93호, 781면; 동경 지방재판소 1965. 10. 13. 판결, 「쥬리스트」 제353호, 135면 참조.

22) 이 사건의 제1심 재판부가 부정설의 입장이었다. 다만 외국판결의 집행판결과 관련하여서 "집행력의 배제는 청구에 관한 이의의 소에 의하도록 하는 것이 집행의 신속을 위하여 타당하므로 외국판결의 집행판결절차 내에서는 실질적 권리관계의 변론을 허용하지 않아야 할 것이고, 외국판결확정 후의 권리소멸 또는 변경은 별소(청구이의의 소)로 해결하도록 하는 것이 옳다"는 부정설로는 방순원, 「민사소송법(하)」(한국사법행정학회, 1987), 59면 참조. 「주석 강제집행법(I)」, 172면에서 재인용.

중재판정문 자체(즉 주문 및 이유)로 보아 공공질서 위반이라고 보이는 경우를 예정한 것이라는 점, 둘째 집행판결을 할 때에 집행법원은 중재판정의 형식적 요건만을 심사하여야 한다는 점,[23] 셋째 뉴욕협약은 거부사유를 제한적으로 열거하는데 청구권의 소멸과 같은 이른바 청구이의사유는 분명 그 열거사유 이외의 것이라는 점을 들 수 있겠다.

(3) 이처럼 외국판결 또는 외국중재판정의 집행판결절차에서 소위 청구이의사유를 항변으로 주장할 수 있는가에 관하여 종래 찬반 양론이 있었고, 이를 인정한 일본 하급심 판결도 있었다. 그런데 그 논의는 그러한 사유가 '공공질서 위반'으로 인정될 수 있는지의 문제로 논의한 것은 아니었던 것으로 보인다.

위 찬반양론의 차이점은, 결국 집행판결단계에서 청구이의사유를 판단할 것인가 아니면 집행판결을 해 주어 집행력을 부여한 후[24] 청구이의소송에서 다시 집행력을 배제하는 형성판결을 얻도록 할 것인가의 문제이다.[25]

청구권의 소멸과 같은 사유는 일반적으로 뉴욕협약상 공공질서 위반의 전형적인 유형으로서 설명되고 있는 것은 아니지만, 집행재판의 절차는 나라마다 달라서 독일의 경우에는 '결정'의 형식으로 이루어지는 데 반하여 우리나라나 일본은 변론을 열어 '판결'의 형식으로 하고 있는 점까지 고려할 때,[26] "집행판결은 외국중재판정에 대하여 집행력을 부여하여 우리나라 법률상의 강제집행절차로 나아갈 수 있도록 허용하는 것으로서 변론종결시를 기준으로 하여 집행력의 유무를 판단하는 재판이므로, 만약 중재판정의 성립 이후 집행판결시까지의 기간 동안에 중재판정상의 채무가 이미 소멸하였거나 기타 중대한 사정변경이 있어 집행판정문에 터잡아 강제집행절차를 밟아 나가도록 허용하는 것이 정의에 반함이 명백하여 도저히 용인할 수 없을 정도인 사실이 집행재판의 변론과정에서 드러난 경우에, 법원은 직권으로 뉴욕협약 제5조 제2항 (나)호의 공공질서 위반에 해당하는 것으로 보아 그 외국중재판정의 집행을 거부할 수 있다" 고 정리해 볼 수도 있을 것이다.

23) 형식적 요건만 심사하여야 한다는 견해로는 조연호, 전게논문, 428면 참조.

24) 「주석 강제집행법(I)」, 326면 참조. 위 주석서는 "외국판결 또는 중재판정만으로는 집행력이 없고, 집행판결 자체는 집행의 기본이 되는 청구권의 존부와 범위를 확정하는 것이 아니므로, 외국판결 또는 중재판정과 집행판결은 일체로서 채무명의가 되며, 따라서 양자를 청구이의의 소의 대상으로 하여야 하며, 집행판결이 있기 전에 외국판결이나 중재판정을 대상으로 청구이의의 소를 제기함은 소의 이익이 없어 부적법하다"고 풀이한다.

25) 「주석 강제집행법(I)」, 172면〈#11〉에서는, 부정설(방순원, 전게서)에 따르면 집행판결을 청구하는 소에 대한 예비적 반소로서 청구이의의 소를 제기할 수 있다고 적고 있다.

26) 목영준, 전게서, 250면 참조.

예컨대 적법절차(due process) 위반의 경우처럼 집행판정문 자체에는 드러나지 않는 문제도 공공질서 위반으로 봄이 일반적인 점에 비추어 집행거부사유를 집행판정문의 주문과 이유 자체로 판단하여야 한다고 할 필요는 없다고 보인다. 기판력에 반하는 외국판결에 대하여 공공질서 위반을 인정한 우리 대법원의 판결도 반드시 주문 및 이유에 드러나는 사유만으로 공공질서 위반 여부를 형식적으로 판단하자는 견해와는 다른 입장에 선 것이라 할 수 있겠다.

3. 이 사건의 경우

이 사건에서 중재판정문 제1.2항 중 전단의 배상액 및 제 2 항의 집행비용이 모두 변제된 사실이 인정되는 이상, 이 부분에 대하여는 집행거부사유에 해당한다.

문제는 제1.1항(기계교체의무) 부분인데, 원심이 인정한 사실 그 자체에 의하더라도 기계교체의무가 이행되었다고 볼 수 없음이 분명하고 나아가 극단적인 권리남용에 해당하는 사정이 발생하였다고 보기도 어렵다고 판단된다.[27)] 대법원은 확정판결의 집행이 권리남용이 되는 경우 청구이의의 소가 허용된다고 판시한 바 있으나,[28)] 그 사건은 보증채무가 변제에 의하여 모두 소멸되었음에도 보증채무의 지급을 명하는 채무명의를 소지하고 있음을 기화로 이중변제를 받고자 한 사례로서 이 사건의 사안과는 큰 차이가 있다.

이 사건의 경우 피고가 새 자수기를 조립・설치하지 않은 사실 자체에는 다툼이 없는 것으로 보여져, 오로지 적법한 이행제공으로 채권자가 수령지체에 빠졌는지가 문제될 수 있을 뿐인데, 채무를 이행한 경우와 단순히 유효한 이행제공으로 채권자를 수령지체에 빠뜨린 데 불과한 경우는 그 법률효과가 서로 다를 뿐만 아니라,[29)] 권리남용의 기초 사실로서 평가함에 있어서도 당연히 차등을 두어야 할 것이다. 수령지체의 사실이 인정될 때, 그로 인한 손해를 채권자가 채무자에게 배상하여야 함은 별개의 문제이다.[30)]

---

27) 원심은 '적법한 이행제공'(아마도 채권자의 귀책사유도 있다고 보아 '수령지체'의 사정을 지칭한 것으로 보인다)의 사실을 인정한 후 곧바로 '이행'이 되었다고 인정하였는데, 이 점도 의문이다.

28) 대법원 1997. 9. 12. 선고 96다4862 판결.

29) 전자의 경우 채무가 소멸하지만, 후자의 경우 채무자가 손해배상 등 채무불이행의 책임을 지지 않을 뿐 채무 자체가 소멸하는 것은 아니다.

30) 실제 이 사건의 피고가 원고를 상대로 수령지체를 원인으로 하는 손해배상청구소송을 제기하였다(대법원 2002다70037 사건).

따라서 중재판정의 주문 제1.1부분(기계인도의무 부분)에 관하여는 청구권의 소멸 기타 청구이의의 사유가 발생하였다고 할 수 없고, 공공질서 위반으로 보아 집행을 거부하는 사유로 삼을 수도 없다 할 것이므로, 이 부분의 집행을 거부한 원심의 판단이 잘못이라고 본 대법원의 판단은 타당하다 할 것이다.[31)]

Ⅳ. 중재판정 중 일부에 대한 집행거부〔원심 쟁점 (2) 관련〕

종래 별로 논의된 문제는 아니었는데, 이와 관련하여 집행판결의 경우 집행법원은 중재판정의 형식적 요건만을 심사한다는 점에서 또한 집행판결은 외국중재판정의 전부에 대하여 집행력을 부여하는 형성판결이므로 그 일부분에 대해서만 집행판결을 허가할 수 없다는 점을 근거로 부정설을 취하는 견해가 있다.[32)] 그러나 집행할 부분이 가분적인 이상 이를 허용하는 것이 당연하다고 할 수도 있고, 뉴욕협약 제 5 조 제 1 항 ㈐호(중재인의 권한유월의 경우)는 중재판정이 중재 부탁된 사항과 부탁되지 않은 사항을 모두 포함하고 있고, 위 두 종류의 사항들이 분리될 수 있는 것이라면 중재부탁된 사항에 대한 판정부분은 승인 및 집행될 수 있다고 규정함으로써 부분집행을 당연히 예정하고 있다고 볼 수도 있으므로, 판정대상이 분리될 수 있는 것인 이상 중재판정 중 일부에 대한 집행거부도 가능하다고 생각된다.

이 사건의 경우를 살펴보자면, 원심은 제1.2항 전체에 대한 집행을 허용하였는데, 미이행된 지연이자 부분에 국한하여 집행을 허용할 수도 있었을 것으로 생각된다.[33)]

Ⅴ. 結　論

이 대법원판결은 뉴욕협약이 적용되는 외국중재판정의 성립 이후 청구권의 소멸과 같은 소위 청구이의의 사유가 발생한 경우 집행재판의 단계에서 이를 어떻게 취급할 것인지의 문제에 관하여 최초로 판단한 것이라는 점에 의의가 있다. 아울러 뉴욕협약에 의한 중재판정의 일부에 대한 집행판결도 가능하다는

31) 다만 주문 제 2 항(중재판정비용 지급부분)에 관하여는 상고장만 제출하고, 그에 관한 상고이유를 제출하지 아니하여, 상고가 기각되었다.

32) 조연호, 전게논문, 427면〈#4〉. 일부변제의 경우를 예로 들고 있으며, 한편 뉴욕협약 제 5 조 제 1 항 ㈐호의 해석에 관하여는 중재판정 중 중재인의 권한초과부분이 사소하고 명백한 경우에 한하여 부분집행을 허용함이 타당하다고 적고 있는데, 아마도 ㈐호를 중대한 예외조항으로 보는 듯하다.

33) 주문 제1.2항에 관하여는 상고가 제기되지 아니하였다.

입장에 선 것으로 보인다.

뉴욕협약 제 5 조에서 중재판정의 승인과 집행을 거부할 수 있는 사유를 제한적으로 열거하는 취지는 중재를 국제거래에서 발생하는 분쟁해결을 위한 효과적인 수단으로 만들기 위한 것이라 할 수 있다. 이 대법원판례는 뉴욕협약에 기한 중재판정의 성립 후 실제 이행된 부분에 관하여 다시 집행판결을 받아 집행에 착수하려는 것은 우리나라의 기본 법질서에 어긋나므로 허용하지 않겠다는 뜻으로 이해할 수 있는데, 이러한 해석은 뉴욕협약의 취지를 훼손하는 것으로 보이지 않고, 또한 소송경제 측면에서도 타당한 해석론이라고 생각된다.

◇ 참고자료 I

주제별 총목차 [I]~[Ⅵ]

제 1 편

總則 · 商行爲法

제 2 편

會 社 法

제 3 편

保 險 法

제 4 편

海 商 法

제 5 편

어음・手票法

제 6 편

會社整理 및 和議法

제 7 편

기타(證券・金融・信用狀)

判例索引[Ⅰ]~[Ⅵ]

商事判例硏究〔Ⅵ〕— 商法 · 會社整理法 · 어음法 · 기타

2006年 3月 5日 初版印刷
2006年 3月 15日 初版發行

編輯代表 崔 基 元
發 行 人 安 鍾 萬
發 行 處 博 英 社
서울特別市 鍾路區 平洞 13-31番地
電話 (733)6771 FAX (736)4818
登錄 1952. 11. 18. 제1-171호(倫)

www.pakyoungsa.co.kr e-mail: pys@pakyoungsa.co.kr

定 價 45,000원

ISBN 89-10-50763-2
ISBN 89-10-50410-2(세트)